全国霊場・
観音めぐり

日外アソシエーツ

Guide to Books
of
Pilgrim in Japan

Compiled by
Nichigai Associates, Inc.

©2017 by Nichigai Associates, Inc.
Printed in Japan

> 本書はディジタルデータでご利用いただくことができます。詳細はお問い合わせください。

●編集担当● 小川 修司
装丁：赤田 麻衣子

刊行にあたって

　〈「知」のナビ事典〉シリーズは、人々の知識のニーズに対応し、そのテーマを知るための事項・人物・団体などのキーワードを選定し、キーワードの解説と、より深く知るための図書リストを提示するスタイルのものであり、ブックガイドの機能も兼ね備えている。

　第1冊目となる本書では、四国遍路の弘法大師開創1200周年で話題にもなった、日本における霊場めぐりをテーマにとりあげる。霊場めぐりは、郷土史とも関係が深く、案内記・体験記の刊行も多い。収録した霊場の数は432、参考図書は2,156点である。9,128札所名から霊場名を引くことができる札所索引をも付した。

　聖地巡礼は、キリスト教におけるエルサレム巡礼をはじめ海外でも多く行われているが、日本における巡礼とは、専ら神道、仏教における霊場をめぐることをいう。日本における霊場めぐりは、7～8世紀開創の西国三十三所に始まり、その後、弘法大師の足跡を追う四国八十八ヶ所、源頼朝発願の坂東三十三所が生まれるに至ったが、民衆の間にまで普及したのは室町時代末期から江戸時代にかけてのことである。江戸期には、西国巡礼、四国遍路などが盛んに行われたが、遠地への巡礼の厳しさに加え、領外へ国富が流出する問題点から、各札所の霊砂を移したうつし霊場が全国的に発生することになった。明治の廃仏毀釈、昭和の世界大戦の影響で、多くの霊場・札所が一旦は廃れたが、近年になって、新しく生まれた七福神霊場、地蔵霊場などもあり、シニア世代のみならず若い女性の間でも霊場めぐりが再び脚光を浴びるようになっている。

　本書が、霊場めぐりについて興味を持たれている方々に広く活用されることを願っている。

2017年1月

　　　　　　　　　　　　　　　　　　　　　　　　　日外アソシエーツ

凡　例

1．本書の内容

　　本書は、全国各地の著名な 432 の霊場を解説するとともに、より深く知るための参考図書 2,156 点を付したものである。

2．見出し

　1）全国を「北海道」「東北」「関東」「中部」「近畿」「中国」「四国」「九州」の8つのブロックに分け、さらに都道府県別に排列し、どの地域区分にもあてはまらないものは、「全国」として末尾に付した。

　2）ブロック、地域区分内の排列は、霊場名の読みの五十音順とした。なお、その際濁音・半濁音は清音、ヂ→シ、ヅ→ス、拗音・促音は直音とみなし、長音は無視して排列した。

　3）各見出しには、霊場の概要を示す解説、霊場を構成する札所とその所在を付した。

　4）全国の複数の霊場をまとめて紹介する書籍のうち、入手しやすいと思われる書籍を、下記のごとく略号を付し、掲載事典名として掲げた。

略号	書　名	出版社	刊行年
癒事	こころを癒す巡礼・参拝用語事典	小学館	2000.8
古寺	古寺巡礼辞典	東京堂出版	1999.9
七幸	七福神―福を呼ぶ・幸運を呼ぶ	木耳社	1989.12
七巡	七福神巡拝	朱鷺書房	1995.2
七め	七福神めぐり	三心堂	1993.1
札所	知っておきたい日本の札所めぐり歩き方・楽しみ方徹底ガイドブック	メイツ出版	2013.10
巡遍	巡礼・遍路がわかる事典	日本実業出版社	2004.11
全七	全国七福神めぐり	東京堂出版	2002.11
霊大	全国霊場大事典	六月書房	2000.11
霊巡	全国霊場巡拝事典 改訂新版	大法輪閣	2005.2
日七	日本全国七福神めぐり	セントラル出版	2002.1
日巡	日本巡礼ガイドブック	淡交社	2001.4
霊典	霊場の事典	学習研究社	1997.12

3．参考図書リスト
  1）それぞれの霊場について、より深く知るための参考図書を示した。収録点数は2,156点である。
  2）参考図書は、刊行年の順に排列し、出版年月が同じ場合は書名の五十音順に排列した。

4．図書の記述

  書名／副書名／巻次／各巻書名／各巻副書名／各巻巻次／著者表示／版表示／出版地＊／出版者／出版年月／ページ数または冊数／大きさ／叢書名／叢書番号／副叢書名／副叢書番号／定価（刊行時）／ISBN（①で表示）／注記／目次／内容
  ＊出版地が東京の場合は省略した。

5．札所索引（巻末）

  各札所を読みの五十音順に排列して各霊場名とその霊場番号を示した。同名の札所がある場合はその所在を補記した。

6．書誌事項の出所

  本目録に掲載した各図書の書誌事項等は主に次の資料に拠っている。
    データベース「bookplus」
    JAPAN/MARC

目　次

北海道

001 北の都札幌七福神…………………1
002 函館山七福神………………………1
003 北海道三十三観音霊場……………1
004 北海道三十六不動尊霊場…………2
005 北海道十三仏霊場…………………3
006 北海道八十八ヶ所霊場……………3

東北

007 奥州三十三観音霊場………………5
008 奥州南部糠部三十三観音札所……5
009 奥の細道みちのく路三十三ヶ所め
　　　ぐり霊場……………………………6
010 三陸三十三観音霊場………………7
011 東北三十六不動尊霊場……………8
　　　東北の霊場…………………………8

青森県

012 津軽弘法大師霊場…………………9
013 津軽三十三観音霊場………………10
014 陸奥国津軽七福神…………………10
　　　青森県の霊場………………………11

岩手県

015 江刺三十三観音霊場………………11
016 気仙三十三観音札所………………12
017 遠野七観音…………………………12
018 西磐井三十三観音霊場……………13
　　　岩手県の霊場………………………13

宮城県

019 石巻牡鹿三十三札所霊場…………13
020 奥州仙臺七福神……………………14
021 韮神山三十三観音…………………14
　　　宮城県の霊場………………………14

秋田県

022 秋田三十三観音霊場………………15
023 秋田七福神…………………………15
　　　秋田県の霊場………………………15

山形県

024 羽州山形七福神……………………16
025 置賜三十三観音霊場………………16
026 尾花沢大石田三十三観音霊場……17
027 上山三十三観音霊場………………17
028 上山七福神…………………………18
029 さくらんぼ七福神…………………18
030 庄内三十三観音霊場………………18
031 出羽七福神八霊場…………………19
032 最上三十三観音霊場………………19
033 山形七福神…………………………21
034 山形十三仏霊場……………………21
035 山形百八地蔵尊霊場………………21
　　　山形県の霊場………………………22

福島県

036 会津五色不動尊霊場………………23
037 会津ころり三観音霊場……………23
038 会津三十三観音霊場………………23
039 会津七福神…………………………24
040 安積三十三霊場……………………24
041 安達三十三霊場……………………24
042 磐城三十三観音……………………25
043 いわき七福神………………………26
044 信夫新西国三十三観世音菩薩札所…26
045 信夫三十三観音霊場………………26
046 信達坂東三十三観音菩薩札所……27
047 福島浜三郡七福神…………………27
048 福島百八地蔵尊霊場………………28
049 町廻り三十三観音…………………28
　　　福島県の霊場………………………29

関東

050 銅七福神……………………………30

(6)

目 次

051 奥多摩新四国八十八ヵ所霊場 …… 30
052 関東三十六不動尊霊場 ………… 31
053 関東八十八ヵ所霊場 …………… 32
054 北関東三十六不動尊霊場 ……… 33
055 旧小机領三十三所観音霊場 …… 34
056 御府内八十八ヵ所霊場 ………… 34
057 狭山三十三観音霊場 …………… 36
058 準西国稲毛三十三所観音霊場 … 37
059 相模霊場八十八ヵ所 …………… 38
060 玉川八十八ヵ所霊場 …………… 39
061 東国花の寺 百ヶ寺 ……………… 40
062 坂東三十三観音霊場 …………… 41
063 武相卯歳観世音菩薩札所 ……… 46
064 武相寅歳薬師如来霊場 ………… 47
065 武相不動尊霊場 ………………… 47
066 武蔵野三十三観音霊場 ………… 48
　　関東の霊場 ……………………… 49

茨城県

067 奥久慈大子七福神 ……………… 50
068 佐竹七福神 ……………………… 50
069 とね七福神 ……………………… 51
070 とりで利根川七福神 …………… 51
071 常陸七福神 ……………………… 51
　　茨城県の霊場 …………………… 51

栃木県

072 足利七福神 ……………………… 52
073 今市宿七福神 …………………… 52
074 おおたわら七福神 ……………… 52
075 小野寺七福神 …………………… 52
076 上三川七福神 …………………… 53
077 佐野七福神 ……………………… 53
078 下野三十三観音霊場 …………… 53
079 下野七福神 ……………………… 54
080 那須三十三観音霊場 …………… 54
081 八溝七福神 ……………………… 54
　　栃木県の霊場 …………………… 55

群馬県

082 おうら七福神 …………………… 55
083 桐生七福神 ……………………… 55
084 城下町小幡七福神 ……………… 55
085 上州太田七福神 ………………… 56
086 上州七福神 ……………………… 56
087 高崎観音六観音霊場 …………… 56
088 つつじの館林七福神 …………… 56

089 沼田横堂三十三番札所 ………… 57
090 沼田坂東三十三番札所 ………… 57
091 東上州三十三観音霊場 ………… 57
　　群馬県の霊場 …………………… 58

埼玉県

092 足立坂東三十三札所 …………… 58
093 忍秩父三十四札所 ……………… 59
094 忍領西国三十三札所 …………… 60
095 行田救済菩薩十五霊場 ………… 60
096 くりはし八福神 ………………… 60
097 小江戸川越七福神 ……………… 61
098 児玉三十三霊場 ………………… 61
099 埼東八十八ヵ所霊場 …………… 61
100 秩父三十四観音霊場 …………… 62
101 秩父七福神 ……………………… 70
102 秩父十三仏霊場 ………………… 70
103 長瀞七草寺めぐり ……………… 71
104 日光街道すぎと七福神 ………… 71
105 深谷七福神・七草寺巡り ……… 71
106 武州川口七福神 ………………… 71
107 武州路十二支霊場 ……………… 72
108 武州本庄七福神 ………………… 72
109 武州寄居七福神 ………………… 72
110 武州寄居十二支守り本尊霊場 … 72
111 武蔵越生七福神 ………………… 73
112 武蔵国十三仏霊場 ……………… 73
113 武蔵野七福神 …………………… 73
114 与野七福神 ……………………… 73
　　埼玉県の霊場 …………………… 74

千葉県

115 安房三十四観音霊場 …………… 75
116 安房七福神 ……………………… 75
117 市川七福神 ……………………… 76
118 印西大師講 ……………………… 76
119 印旛七福神 ……………………… 77
120 上総国薬師如来霊場三十四ヵ所 … 77
121 上総の七福神 …………………… 77
122 行徳三十三観音霊場 …………… 78
123 九十九里七福神 ………………… 78
124 九十九里 浜の七福神 ………… 79
125 心の駅 外房七福神 …………… 79
126 佐倉七福神 ……………………… 79
127 しもふさ七福神 ………………… 79
128 しろい七福神 …………………… 80
129 新上総国三十三観音霊場 ……… 80

(7)

目 次

130 利根運河大師 …………… 80
131 利根川いんざい七福神 …… 81
132 流山七福神 ……………… 81
133 習志野七福神 …………… 81
134 松戸七福神 ……………… 81
135 八千代八福神 …………… 82
　　千葉県の霊場 …………… 82

東京都

136 青山七福神 ……………… 82
137 浅草名所七福神 ………… 82
138 池上七福神 ……………… 83
139 いこう七福神 …………… 83
140 板橋七福神 ……………… 83
141 江戸川ライン七福神 …… 83
142 江戸六地蔵 ……………… 84
143 荏原七福神 ……………… 84
144 亀戸七福神 ……………… 84
145 小石川七福神 …………… 84
146 五色（東都五眼）不動尊 … 85
147 下谷七福神 ……………… 85
148 柴又七福神 ……………… 85
149 昭和新撰 江戸三十三観音霊場 … 85
150 新宿山手七福神 ………… 86
151 隅田川七福神 …………… 87
152 千住宿千寿七福神 ……… 87
153 高尾山内八十八大師めぐり … 87
154 多摩（青梅）七福神 …… 87
155 多摩八十八ヵ所霊場 …… 88
156 調布七福神 ……………… 89
157 東海（品川）七福神 …… 89
158 豊島八十八ヵ所霊場 …… 89
159 日本橋七福神 …………… 90
160 八王子七福神 …………… 90
161 東久留米七福神 ………… 91
162 日野七福神 ……………… 91
163 深川七福神 ……………… 91
164 港区七福神 ……………… 91
165 谷中七福神 ……………… 92
166 山手七福神 ……………… 92
　　東京都の霊場 …………… 92

神奈川県

167 磯子七福神 ……………… 96
168 小田原七福神 …………… 96
169 鎌倉・江の島七福神 …… 96
170 鎌倉三十三観音霊場 …… 97
171 鎌倉十三仏霊場 ………… 98
172 鎌倉二十四地蔵霊場 …… 99
173 川崎七福神 ……………… 100
174 相模七福神 ……………… 100
175 湘南七福神 ……………… 100
176 相州小出七福神 ………… 101
177 津久井観音霊場 ………… 101
178 箱根七福神 ……………… 101
179 藤沢七福神 ……………… 102
180 武州稲毛七福神 ………… 102
181 武南十二薬師霊場 ……… 102
182 三浦三十三観音霊場 …… 102
183 三浦七福神 ……………… 103
184 横浜七福神 ……………… 104
185 横浜瀬谷八福神 ………… 104
　　神奈川県の霊場 ………… 105

中部

186 倶利伽羅峠三十三観音めぐり … 106
187 中部四十九薬師霊場 …… 106
188 東海三十六不動尊霊場 … 107
189 東海四十九薬師霊場 …… 108
190 東海白寿三十三観音霊場 … 109
191 北陸三十三観音霊場 …… 109
192 北陸不動尊霊場 ………… 110
　　中部の霊場 ……………… 111

新潟県

193 越後三十三観音霊場 …… 112
194 蒲原三十三観音 ………… 113
195 弘法大師越後廿一ヶ所霊場 … 113
196 佐渡西国三十三観音霊場 … 113
197 佐渡七福神 ……………… 114
198 佐渡八十八ヶ所霊場 …… 114
　　新潟県の霊場 …………… 115

富山県

199 越中万葉七福神 ………… 115

石川県

200 能登国三十三観音霊場 … 116
　　石川県の霊場 …………… 116

福井県

201 若狭三十三観音霊場 …… 117

目次

山梨県
- 202 甲斐石和温泉七福神 ……………… 117
- 203 甲斐七福神 ……………… 117
- 204 甲斐西八代七福神 ……………… 118
- 205 甲斐国三十三観音霊場 ……………… 118
- 206 甲斐百八ヵ所霊場 ……………… 118
- 207 甲洲都留七福神 ……………… 119
- 208 甲州東郡七福神 ……………… 120
- 山梨県の霊場 ……………… 120

長野県
- 209 いいやま七福神 ……………… 120
- 210 伊那七福神 ……………… 120
- 211 木曽七福神 ……………… 121
- 212 信濃三十三観音霊場 ……………… 121
- 213 信州(伊那・諏訪)八十八霊場 ……… 122
- 214 信州七福神 ……………… 123
- 215 信州筑摩三十三ヶ所観音霊場 ……… 123
- 216 諏訪湖・湖畔七福神 ……………… 123
- 217 諏訪八十八番霊場 ……………… 123
- 218 善光寺七福神 ……………… 124
- 219 仁科三十三番札所 ……………… 124
- 長野県の霊場 ……………… 125

岐阜県
- 220 恵那三十三観音霊場 ……………… 126
- 221 飛騨三十三観音霊場 ……………… 126
- 222 益田三十三観音霊場 ……………… 127
- 223 美濃三十三観音霊場 ……………… 127
- 224 美濃七福神 ……………… 128
- 225 美濃新四国八十八ヵ所霊場 ……… 128

静岡県
- 226 伊豆天城七福神 ……………… 129
- 227 伊豆国七福神 ……………… 130
- 228 伊豆八十八ヵ所霊場 ……………… 130
- 229 伊豆横道三十三観音霊場 ……… 131
- 230 伊東温泉七福神 ……………… 132
- 231 遠州三十三観音霊場 ……………… 132
- 232 遠州七福神 ……………… 133
- 233 源氏山七福神 ……………… 133
- 234 駿河三十三観音霊場 ……………… 133
- 235 遠江三十三観音霊場 ……………… 134
- 236 遠江四十九薬師霊場 ……………… 135
- 237 浜名湖七福神 ……………… 135
- 238 浜松七福神 ……………… 136
- 239 藤枝七福神 ……………… 136
- 240 焼津七福神 ……………… 136
- 静岡県の霊場 ……………… 136

愛知県
- 241 大府七福神 ……………… 137
- 242 奥三河七観音霊場 ……………… 137
- 243 尾張三十三観音霊場 ……………… 137
- 244 尾張三霊場 ……………… 138
- 245 尾張七福神 ……………… 138
- 246 高蔵十徳神 ……………… 138
- 247 知多七福神 ……………… 138
- 248 知多新四国八十八ヵ所霊場 ……… 139
- 249 東海七福神 ……………… 141
- 250 なごや七福神 ……………… 141
- 251 三河三十三観音霊場 ……………… 142
- 252 三河三不動霊場 ……………… 142
- 253 三河七福神 ……………… 143
- 254 三河十二支霊場 ……………… 143
- 255 三河新四国霊場 ……………… 143
- 256 南知多三十三観音霊場 ……………… 144
- 257 吉田七福神 ……………… 145
- 愛知県の霊場 ……………… 145

近畿

- 258 役行者集印巡り ……………… 146
- 259 役行者霊蹟札所 ……………… 146
- 260 関西花の寺二十五ヵ所 ……… 147
- 261 近畿三十六不動尊霊場 ……… 149
- 262 近畿楽寿観音三十三ヶ所霊場 ……… 149
- 263 西国愛染十七霊場 ……………… 150
- 264 西国三十三観音霊場 ……………… 150
- 265 西国薬師霊場 ……………… 164
- 266 聖徳太子御遺跡霊場 ……………… 165
- 267 新西国霊場 ……………… 166
- 268 神仏霊場 巡拝の道 ……………… 167
- 269 摂津国八十八ヵ所霊場 ……… 169
- 270 丹波古利十五ヵ寺霊場 ……… 170
- 271 丹波寿七福神 ……………… 171
- 272 丹波国三十三観音霊場 ……… 171
- 273 丹波光七福神 ……………… 172
- 274 西日本播磨美作七福神 ……… 172
- 275 阪急沿線西国七福神 ……… 172
- 276 播州薬師霊場 ……………… 172
- 277 仏塔古寺十八尊霊場 ……… 173
- 278 ぼけ封じ近畿十楽観音霊場 ……… 173

279 ぼけよけ二十四霊場 …………… *174*	315 南海沿線七福神 ……………………… *192*
近畿の霊場 ………………… *174*	大阪府の霊場 ……………………… *192*

三重県
- 280 伊賀四国八十八ヶ所霊場 ……… *175*
- 281 伊勢西国三十三観音霊場 ……… *176*
- 282 伊勢七福神 ………………………… *177*
- 283 志摩国七福神 ……………………… *177*
- 284 鈴鹿七福神 ………………………… *177*
- 285 松阪霊地七福神 …………………… *178*
- 286 三重四国八十八ヵ所霊場 ……… *178*

滋賀県
- 287 近江湖西名利二十七ヶ所霊場 …… *179*
- 288 近江湖東名利二十七ヶ所霊場 …… *179*
- 289 近江湖南名利二十七ヶ所霊場 …… *180*
- 290 近江湖北名利二十七ヶ所霊場 …… *181*
- 291 近江三十三観音霊場 ……………… *182*
- 292 近江七福神 ………………………… *182*
- 293 近江国・びわ湖七福神 …………… *183*
- 294 湖西蓬莱七福神 …………………… *183*
- 295 西近江七福神 ……………………… *183*
- 296 比牟礼山願成就寺四国八十八ヶ所巡礼 …………………………… *183*
- 　　滋賀県の霊場 ……………… *183*

京都府
- 297 天田郡三十三観音霊場 …………… *184*
- 298 綾部三十三観音霊場 ……………… *185*
- 299 京都十三仏霊場 …………………… *185*
- 300 京都泉涌寺七福神 ………………… *186*
- 301 京都六地蔵めぐり ………………… *186*
- 302 京洛七福神 ………………………… *186*
- 303 丹波七福神 ………………………… *186*
- 304 天龍寺山内七福神 ………………… *187*
- 305 都七福神 …………………………… *187*
- 306 洛西三十三観音霊場 ……………… *187*
- 307 洛陽三十三所観音巡礼 …………… *188*
- 308 洛陽六阿弥陀巡拝 ………………… *188*
- 　　京都府の霊場 ……………… *189*

大阪府
- 309 大坂三十三観音霊場 ……………… *190*
- 310 大阪七福神 ………………………… *190*
- 311 おおさか十三仏霊場 ……………… *190*
- 312 河泉二十四地蔵霊場 ……………… *191*
- 313 河内飛鳥七福神 …………………… *191*
- 314 河内西国三十三観音霊場 ………… *192*

兵庫県
- 316 明石西国三十三観音霊場 ……… *193*
- 317 淡路西国三十三観音霊場 ……… *193*
- 318 淡路四国八十八ヵ所霊場 ……… *194*
- 319 淡路島七福神 …………………… *195*
- 320 淡路島十三仏霊場 ……………… *195*
- 321 淡路四十九薬師霊場 …………… *196*
- 322 伊丹七福神 ……………………… *196*
- 323 甲山八十八所 …………………… *196*
- 324 神戸七福神 ……………………… *197*
- 325 神戸十三仏霊場 ………………… *197*
- 326 神戸六地蔵霊場 ………………… *198*
- 327 但馬七福神 ……………………… *198*
- 328 但馬六十六地蔵霊場 …………… *198*
- 329 茶之寿観音八ヶ寺霊場 ………… *199*
- 330 天台宗丹波七福神 ……………… *199*
- 331 中山寺山内七福神 ……………… *199*
- 332 播磨西国観音霊場 ……………… *200*
- 333 播磨七福神 ……………………… *201*
- 334 播州赤穂坂内西国三十三ヶ所 … *201*
- 335 兵庫七福神 ……………………… *201*
- 336 北摂七福神 ……………………… *202*
- 337 夢前七福神 ……………………… *202*
- 　　兵庫県の霊場 …………… *202*

奈良県
- 338 大和七福八宝めぐり …………… *202*
- 339 大和十三仏霊場 ………………… *202*
- 340 大和新四国八十八ヵ所霊場 …… *203*
- 341 大和ぼけ封じ二ヶ寺霊場 ……… *204*

和歌山県
- 342 紀伊之国十三仏霊場 …………… *204*
- 343 熊野古道 ………………………… *204*
- 344 高野七福神 ……………………… *215*
- 345 高野長峰霊場 …………………… *215*
- 346 和歌山西国三十三観音霊場 …… *215*
- 　　和歌山県の霊場 …………… *216*

中国
- 347 山陽花の寺二十四か寺 ………… *217*
- 348 瀬戸内三十三観音霊場 ………… *217*
- 349 せとうち七福神 ………………… *218*

目 次

- 350 中国観音霊場 …… 218
- 351 中国四十九薬師霊場 …… 219
- 352 中国地蔵尊霊場 …… 220
- 　　中国の霊場 …… 220

鳥取県
- 353 因幡三十三観音霊場 …… 221
- 354 因幡薬師霊場 …… 221
- 355 伯耆三十三観音霊場 …… 222

島根県
- 356 出雲三十三観音霊場 …… 222
- 357 出雲十大薬師霊場 …… 223
- 358 出雲国七福神 …… 223
- 359 出雲国十三仏霊場 …… 224
- 360 石見銀山天領七福神 …… 224
- 361 石見曼荼羅観音霊場 …… 224
- 362 松江三十三観音霊場 …… 225
- 363 松江六地蔵 …… 225
- 　　島根県の霊場 …… 225

岡山県
- 364 神島八十八ヵ所霊場 …… 226
- 365 高野山真言宗美作八十八ヵ所霊場 …… 226
- 366 児島四国八十八ヵ所霊場 …… 228
- 367 備中西国三十三所観音霊場 …… 228
- 368 美作国七福神 …… 229
- 369 良寛さん こころの寺めぐり …… 229
- 　　岡山県の霊場 …… 230

広島県
- 370 因島八十八ヵ所霊場 …… 231
- 371 黒滝山西国三十三ヶ所観音霊場 …… 232
- 372 鞆の浦古寺めぐり …… 232
- 373 広島新四国八十八ヵ所霊場 …… 232
- 374 備後西国三十三観音霊場 …… 233
- 　　広島県の霊場 …… 234

山口県
- 375 周南七福神 …… 234
- 376 周防大島八十八ヵ所霊場 …… 234
- 377 周防国三十三観音霊場 …… 235
- 378 長門三十三観音霊場 …… 236
- 379 萩八十八ヶ所めぐり …… 236
- 380 室積象鼻ヶ岬八十八ヶ所霊場 …… 237
- 　　山口県の霊場 …… 238

四国

- 381 四国三十六不動霊場 …… 239
- 382 四国十三仏霊場 …… 239
- 383 四国八十八ヶ所霊場 …… 240
- 384 四国別格二十霊場 …… 294
- 385 新四国曼荼羅霊場 …… 295
- 　　四国の霊場 …… 296

徳島県
- 386 阿波西国三十三観音霊場 …… 297
- 387 阿波七福神 …… 297
- 388 阿波秘境祖谷渓大歩危七福神 …… 298
- 389 徳島七福神 …… 298
- 390 わじき七福神 …… 298
- 　　徳島県の霊場 …… 298

香川県
- 391 讃岐三十三観音霊場 …… 299
- 392 さぬき七福神 …… 299
- 393 さぬき十二支霊場 …… 299
- 394 四国讃州七福之寺 …… 300
- 395 小豆島七福神 …… 300
- 396 小豆島八十八ヵ所霊場 …… 300
- 397 善通寺八十八ヶ所 …… 302
- 　　香川県の霊場 …… 302

愛媛県
- 398 伊予七福神 …… 302
- 399 伊予十三佛霊場 …… 303
- 400 伊予十二薬師霊場 …… 303
- 401 伊予（道前・道後）十観音霊場 …… 303
- 402 伊予府中十三石仏霊場 …… 304
- 403 えひめ大島准四国八十八ヵ所霊場 …… 304
- 404 四国七福神 …… 305
- 405 にいはま新四国八十八ヶ所霊場 …… 306
- 406 南予七福神 …… 307

高知県
- 407 土佐七福神 …… 307

九州

- 408 九州西国三十三観音霊場 …… 308

(11)

目　次

　409　九州三十六不動霊場 ……………… *309*
　410　九州二十四地蔵尊霊場 ……………… *309*
　411　九州八十八ヵ所霊場 ……………… *310*
　412　九州四十九院薬師霊場 ……………… *312*
　413　肥前国西海七福神 ……………… *313*
　　　　九州の霊場 ……………… *313*

福岡県
　414　篠栗八十八ヵ所霊場 ……………… *314*
　　　　福岡県の霊場 ……………… *315*

長崎県
　415　壱岐四国八十八ヶ所霊場 ………… *316*

熊本県
　416　相良三十三観音霊場 ……………… *317*
　417　山鹿三十三観音霊場 ……………… *318*
　　　　熊本県の霊場 ……………… *318*

大分県
　418　国東三十三観音霊場 ……………… *318*
　419　豊の国宇佐七福神 ……………… *319*
　420　豊後西国霊場 ……………… *319*
　421　豊後高田蓬莱七福神 ……………… *320*
　422　豊後国臨済七福神 ……………… *320*

宮崎県
　423　日向之国七福神 ……………… *320*
　424　日向国延岡七福神 ……………… *320*

全国

　425　尼寺霊場 ……………… *322*
　426　諸国一の宮巡拝 ……………… *322*
　427　真言宗十八本山巡拝 ……………… *325*
　428　親鸞聖人二十四輩 ……………… *325*
　429　西山国師遺跡霊場 ……………… *326*
　430　道元禅師を慕う釈迦三十二禅刹 … *326*
　431　日蓮宗の本山めぐり ……………… *327*
　432　法然上人二十五霊場 ……………… *328*
　　　　全国の霊場 ……………… *329*

札所索引 ……………………… *339*

北海道

001 北の都札幌七福神
【概　要】北海道札幌市を中心に石狩市・江別市に広がる七福神霊場。日本最北端の七福神として知られる。全行程は約60km、巡拝所要日数は車で1日。
【札所名】恵比須尊天 金毘羅密寺（札幌市西区），大黒天 立江寺（石狩市），毘沙門天 隆光寺（札幌市中央区円山西町），弁財天 誓願寺（札幌市中央区），福禄寿 光照寺（札幌市手稲区），寿老人 真言密寺（江別市），布袋尊 文殊殿（札幌市）
【掲載事典】七巡，霊大，霊巡，日七，日巡

◇北海道十三仏霊場めぐり　札幌　北海道十三仏霊場会　［200-］1枚　60×42cm（折りたたみ30cm）〈付：札幌七福神めぐり（北の都札幌七福神霊場案内略図）〉

002 函館山七福神
【概　要】北海道函館市は、江戸時代末期から商業都市として発展しており、その頃から町民文化が盛んで七福神祭りが営まれていたという記録が残っている。その後衰退したが、1999（平成11）年、東京都墨田区と交流し、すみだ文化函館研究会（現・函館山七福神研究会）を設立。七福神霊場の発掘に取り組み、2000（平成12）年に函館山七福神霊場を再興した。
【札所名】弁財天 厳島神社（函館市弁天町），毘沙門天 称名寺（函館市船見町），大黒天 実行寺（函館市船見町），福禄寿 船魂神社（函館市元町），恵比須 恵比須神社（函館市末広町），布袋尊 天祐寺（函館市青柳町），寿老神 住三吉神社（函館市住吉町）
【掲載事典】霊巡

◇函館山七福神めぐり　函館山七福神研究会（すみだ文化函館研究会）1枚　26×37cm

◇函館山七福神めぐり　嵐静治編　函館山七福神研究会　2004.3　27p

003 北海道三十三観音霊場
【概　要】北海道全域に広がる観音霊場。徳島市出身の女性山本ラクが困難な開拓に明け暮れる人々の心のよすがにしようと発願し、各寺院や開拓者らの協力により1913（大正2）年に開創された。その後衰退していたが、1985（昭和60）年に第13番札所真言宗名誉住職資延憲英僧正により霊場会が結成され、再興した。全札所が真言宗寺院で、弘法大師を祀っている。全行程は2300kmで、観光を含めると3000kmに達し、日本最北端かつ最長の霊場として知られる。巡拝所要日数は観光を含めて9泊10日程度。
【札所名】(1)北南山 高野寺（函館市住吉町），(2)明光山 神山教会（函館市陣川町），(3)密乗山 菩提院・奥之院（寿都郡寿都町），(4)覚王山 金剛寺（虻田郡倶知安町），(5)遍照山 本弘寺（岩内郡岩内町），(6)北明山 仁玄寺（余市郡仁木町），(7)小樽高野山 日光院（小樽市），(8)大網山 精周寺（小樽市），(9)成田山 新栄寺（札幌市中央区），(10)覚王山 立江寺（石狩市），(11)和光山 弘清寺（夕張郡栗山町），(12)空知山 遍照寺（空知郡奈井江町），(13)高野山 真言寺（深川市），(14)遍照山 丸山寺（深川市），(15)神楽山 春宮寺（上川郡東神楽町），(16)谷口山 金峰寺（旭川市），(17)慈雲山 弘照寺（空知郡中富良野町丘町），(18)護国山 富良寺（富良野市），(19)成田山 松光寺（帯広市），(20)大日山 密厳寺（中川郡本別町朝日町），(21)四恩山 西端寺（釧路市米町），(22)護国山 清隆寺

(根室市松本町),(23)護国山 大法寺(枝幸郡中頓別町),(24)大悲山 弘道寺(網走市桂町),(25)注連山 宝珠寺(紋別郡湧別町北浜村),(26)密乗山 大日寺(紋別市潮見町),(27)高野山 最北大師真言宗(稚内市),(28)天塩山 弘法寺(中川郡美深町),(29)静澄山 龍徳寺(日高郡新ひだか町),(30)高野山 日高寺(沙流郡日高町),(31)三石山 円昌寺(日高郡新ひだか町),(32)新高野山 亮昌寺(虻田郡洞爺湖町),(33)高野山 大正寺(室蘭市沢町)

【掲載事典】癒事,札所,巡遍,霊大,霊巡,日巡,霊典

北海道

◇北海道三十三観音―よみがえった霊場
資延憲英著 同成社 1988.6 175p 19cm 1000円 ①4-88621-052-X

◇北海道観音巡礼―よみがえる三十三カ所
平幡良雄著 銚子 満願寺教化部 1996.2 96p 19cm〈奥付の書名：北海道〉800円

◇北海道巡礼の旅―三十三観音霊場 滝口鉄夫著 札幌 北海道新聞社 1998.6 134p 21cm 1800円 ①4-89363-898-X
|目次|北南山高野寺 明光山神山教会 密乗山菩提院・奥之院 覚王山金剛寺 遍照山本弘寺 北明山仁玄寺 小樽高野山日光院 大網山精周寺 成田山新栄寺 覚王山立江寺〔ほか〕

◇北海道三十三観音―よみがえった霊場
資延憲英著 改訂版 同成社 2000.5 175p 19cm 1200円 ①4-88621-201-8
|目次|北南山高野寺(函館市) 明光山神山教会(函館市) 密乗山菩提院・奥之院(黒松内町) 覚王山金剛寺(倶知安町) 遍照山本弘寺(岩内町) 北明山仁玄寺(仁木町) 小樽高野山日光院(小樽市) 大網山精周寺(小樽市) 成田山新栄寺(札幌市) 覚王山立江寺(石狩市)〔ほか〕

004 北海道三十六不動尊霊場
【概 要】北海道に広がる不動尊霊場。1989(平成元)年に第23番札所滝泉寺の山瀬隆幸や第1番札所真久寺の久志卓世ら7人を設立発起人代表として開創された。旭川市を中心に道北に位置する1番札所から9番までを発心の道場、道東に散在する10番から20番までを修行の道場、夕張市から渡島半島にかけての道南に点在する21番から28番までを菩提の道場、札幌市・小樽市を中心とする道央に位置する29番から36番を涅槃の道場と称する。巡拝所要日数は約10日。
【札所名】(1)成田山 眞久寺(旭川市),(2)成田山 真王寺(歌志内市本町),(3)成田山 天祐寺(留萌市沖見町),(4)雲風山 大照寺(上川郡比布町寿町),(5)成田山 大聖寺(上川郡上川町北町),(6)霊水山 不動院(士別市南士別町),(7)成田山 法弘寺(名寄市),(8)真珠山 光願寺(中川郡美深町),(9)護国山 大法寺(枝幸郡中頓別町),(10)松光山 景勝寺(北見市留辺蘂町),(11)寶珠山 隆光寺(常呂郡訓子府町旭町),(12)成田山 真隆寺(北見市),(13)成田山 新盛寺(網走市),(14)護国山 寶光寺(斜里郡斜里町),(15)臥牛山 光圓寺(斜里郡小清水町),(16)護憲山 寶泉寺(川上郡弟子屈町),(17)護国山 清隆寺(根室市松本町),(18)西端寺(釧路市米町),(19)成田山 松光寺(釧路市中島町),(20)大聖山 金剛寺(帯広市),(21)成田山 夕張寺(夕張市旭町),(22)成田山 望洋寺(苫小牧市浜町),(23)成田山 瀧泉寺(登別市中登別町),(24)高野山 遍照院(虻田郡留寿都村),(25)成田山 大泉院 不動寺(伊達市鹿島町),(26)白龍山 真言宗(寿都郡黒松内町),(27)密乗院 菩提院(寿都郡寿都町新栄町),(28)成田山 函館寺(函館市松風町),(29)寶珠山 龍照寺(小樽市),(30)無漏山 不動院(小樽市),(31)成田山 新興寺(小樽市),(32)宝壽山 吉祥院(札幌市北区),(33)札幌大師 招福寺(札幌市南区),(34)成田山 大照寺(札幌市厚別区),(35)成田山 文教寺(石狩郡当別町北栄町),(36)成田山 新榮寺(札幌市中央区),(番外1)五徳山 真勝寺(芦別市東頼城町),(番外2)金剛山 元光院(芦別市旭町),(番外3)羅臼山 波切不動寺(目梨郡羅臼町),(番外4)寿光山 泉福寺(標津郡中標津町),(番外5)天神山 清瀧院(室蘭市天神町),(番外6)海渡山 阿吽寺(松前郡松前町),(番外7)成田山 不動院(小樽市),(番外8)至誠山 観霊院(札幌市清田区)
【掲載事典】札所,霊大,霊巡,日巡

◇北海道三十六不動尊霊場ガイドブック

北海道三十六不動尊霊場会事務局　　　　　　〔1992〕87p　15cm×22cm

005 北海道十三仏霊場

【概　要】十三仏とは、追善供養で初七日から三十三回忌までの13回の法事に、本尊とされる13の仏、菩薩。北海道十三仏霊場は、高野山真言宗の13寺院と番外4ヶ寺を含め17ヶ寺が集まり1987(昭和62)年5月に開創された。寺院は北海道全域に点在し、2泊3日で巡拝することができる。

【札所名】(1)不動明王　高野山北海道別院　隆光寺(札幌市中央区円山西町),(2)釈迦如来　誓願寺(札幌市中央区),(3)文殊菩薩　金毘羅密寺(札幌市西区),(4)普賢菩薩　光照寺(札幌市中央区円山西町),(5)地蔵菩薩　金毘羅大本院(小樽市),(6)弥勒菩薩　法蔵院(小樽市),(7)薬師如来　阿弥陀院(余市郡余市町入船町),(8)観世音菩薩　金毘羅寺(虻田郡倶知安町),(9)勢至菩薩　真言院(虻田郡真狩村),(10)阿弥陀如来　不動寺(伊達市鹿島町),(11)阿閦如来　観音院(白老郡白老町),(12)大日如来　龍照寺(勇払郡むかわ町),(13)虚空蔵菩薩　玉泉寺(石狩郡当別町太美町),(番外)般若菩薩　千光寺(登別市中央町),(番外)金剛薩埵　金寶院(小樽市),(番外)愛染明王　真言密寺(江別市),(番外)五秘密　弘隆寺(恵庭市文京町)

【掲載事典】霊巡, 日巡

◇北海道十三仏霊場めぐり　札幌　北海道　　　　　(折りたたみ30cm)〈付：札幌七福神め
　十三仏霊場会　〔200-〕1枚　60×42cm　　　　　　ぐり(北の都札幌七福神霊場案内略図)〉

006 北海道八十八ヶ所霊場

【概　要】自動車・通信の発達により道路事情の改善を受け、大聖寺住職伊藤見全を核として、2006(平成18)年開創した。北海道全域を対象とし、その全行程は3000kmにも達する。そのため開場期間は5月1日〜10月31日と限られ、冬季は閉鎖されている。八十八ヶ所の本尊は、仏師松本明慶の手になるもの。

【札所名】(1)眞久寺(旭川市),(2)眞久寺(旭川市),(3)旭山廟(旭川市東旭川町),(4)春光の丘寺(旭山廟預かり)(旭川市),(5)真勝寺(芦別市東頼城町),(6)大照寺(芦別市本町),(7)光元院(芦別市旭町),(8)千体山　観音寺(赤平市若木町),(9)弘徳寺(雨竜郡北竜町),(10)丸山寺(深川市一已町),(11)金剛寺(樺戸郡浦臼町),(12)郷芳寺(滝川市大町),(13)観音寺奥之院(留萌郡小平町),(14)観音寺奥之院(留萌郡小平町),(15)成田山　真如院(苫前郡羽幌町),(16)成田山　教信寺(天塩郡天塩町),(17)法弘寺(名寄市),(18)弘法寺(中川郡美深町),(19)光願寺(中川郡美深町),(20)実心寺(士別市上士別町),(21)大阿寺(士別市),(22)不動院(士別市南士別町),(23)眞弘寺(上川郡当麻町),(24)眞弘寺大師堂(上川郡当麻町),(25)大照寺(上川郡比布町寿町),(26)大聖寺(上川郡上川町北町),(27)法弘寺遍照閣(名寄市),(28)実心寺観音堂(士別市上士別町),(29)青龍寺(紋別郡滝上町),(30)龍光院(紋別郡興部町),(31)景勝寺(北見市留辺蘂町),(32)弘法寺(常呂郡置戸町),(33)弘法寺佛光寺(常呂郡置戸町),(34)眞王寺(網走郡津別町),(35)福王寺薬師堂(網走郡津別町),(36)波切不動寺(目梨郡羅臼町),(37)善照寺(標津郡標津町),(38)泉福寺(標津郡中標津町),(39)高野寺(厚岸郡厚岸町),(40)密厳寺(中川郡本別町),(41)鹿追寺(河東郡鹿追町),(42)照覺寺(河西郡芽室町),(43)弘真寺(帯広市),(44)新正寺(中川郡池田町),(45)真隆寺(中川郡幕別町),(46)高野寺(帯広市),(47)金剛閣(高野山寺)(広尾郡大樹町),(48)高野山寺(広尾郡大樹町),(49)地蔵寺(広尾郡広尾町),(50)妙龍寺(浦河郡浦河町),(51)望洋寺(苫小牧市浜町),(52)瀧泉寺(登別市中登別町),(53)千光寺(登別市中央町),(54)清瀧寺(室蘭市天神町),(55)壮栄寺(有珠郡壮瞥町),(56)不動寺(伊達市鹿島町),(57)大宝寺(亀田郡七飯町),(58)阿吽寺(松前郡松前町),(59)遍照寺(虻田郡留寿都村),(60)孝徳寺(余市郡仁木町),(61)仁玉寺(余市郡仁木町),(62)密厳寺(余市郡仁木町),(63)不動院(小樽市),(64)善導院(函館市東山町),(65)精周寺(小樽市),(66)明王寺(札幌市西区),(67)密修寺(札幌市中央区),(68)招福寺(札幌市南区),(69)浄徳寺(札幌市南区),(70)弘法寺奥之院(札幌市南区),(71)吉祥院(札幌市北区),(72)弘聖院(石狩

北海道

市),(73)善福寺(密修寺預かり)(札幌市中央区),(74)吉祥院(札幌市北区),(75)八葉峰寺(江別市緑町),(76)雷音寺(江別市朝日町),(77)覺良寺(江別市東光町),(78)長高寺(岩見沢市),(79)弘仙寺(三笠市幾春別町),(80)大心寺(美唄市),(81)高徳寺(岩見沢市上志文町),(82)龍光寺(岩見沢市志文本町),(83)孝恩寺(夕張郡栗山町),(84)観照寺(札幌市豊平区),(85)至勢山 観霊院(札幌市清田区),(86)成田山 真如院札幌別院(札幌市清田区),(87)大照寺別院(札幌市厚別区),(88)大照寺(札幌市厚別区)

【掲載事典】札所

◇北海道八十八ヶ所霊場巡拝ガイド　北海道八十八ヶ所霊場会編　札幌　北海道新聞社　2008.6　191p　21cm　1000円
①978-4-89453-454-4
|目次|発心の道場(眞久寺　旭山廟 ほか)　修行の道場(大師堂　大照寺 ほか)　菩提の道場(密厳寺　三昧堂 ほか)　涅槃の道場(明王寺　密修寺 ほか)

◇シェルパ斉藤のリッター60kmで行く！日本全国スーパーカブの旅　斉藤政喜著　小学館　2009.8　253p　19cm　1300円
①978-4-09-366538-4
|目次|スーパーカブとは、どんな旅道具？

第1章 東北気まぐれ放浪紀行　第2章 西国三十三ヶ所巡礼紀行　第3章 九州八十八ヶ所巡礼紀行　第4章 北海道八十八ヶ所巡礼紀行　入門者向き！ スーパーカブで旅立つためのツーリング・マニュアル　終章 父から息子へ、信州ふたり旅
|内容|これだけ読めば、あなたもすぐにカブ旅に出られます！ 入門者向け！ カブ旅お役立ちツーリング・マニュアルも収録。「カブ旅に出てみたいけど、何から揃えたらいいの？」「どうやって積んだらいいの？」「もし故障したら？」などなど。そんな質問や不安が、すっきり解消。

東北

007 奥州三十三観音霊場

【概　要】仙台市を起点に福島・宮城・岩手の3県に広がる観音霊場。伝承によると、1123（保安4）年に名取の老女として知られる旭という神女（巫女）が西国にならって三十三ヶ所の霊場を定めたのが起源だという。その後、1762（宝暦11）年に第30番札所補陀洛寺の智膏和尚ら7人の僧侶により再興された。札所の多くが松島・三陸・平泉など観光地の近辺に位置することも特徴である。1番札所紹楽寺は高舘山の山麓にあるが、同山中腹には奥州三十三観音霊場の発祥の地である那智神社が鎮座している。巡拝所要日数は3泊4日。

【札所名】(1)那智山　紹楽寺（宮城県名取市），(2)天苗山　秀麓斎（宮城県名取市），(3)桑島山　金剛寺（宮城県名取市），(4)安狐山　斗蔵寺（宮城県角田市），(5)名取千手観音堂（宮城県名取市），(6)青龍山　瑞巌寺（宮城県宮城郡松島町），(7)富春山　大仰寺（宮城県宮城郡松島町），(8)両峰山　梅渓寺（宮城県石巻市），(9)無夷山　箟峯寺（宮城県遠田郡涌谷町），(10)大嶽山　興福寺（宮城県登米市南方町），(11)香積山　天王寺（福島県福島市飯坂町），(12)大悲山　観音寺（福島県伊達郡桑折町），(13)明王山　大聖寺（福島県伊達郡桑折町），(14)法輪山　大慈寺（宮城県登米市東和町），(15)竹峯山　華足寺（宮城県登米市東和町），(16)音羽山　清水寺（宮城県栗原市），(17)龍雲山　大祥寺（岩手県一関市花泉町），(18)松沢山　六角堂（岩手県一関市花泉町），(19)新山観音堂（岩手県一関市花泉町），(20)中興山　徳寿院（岩手県一関市花泉町），(21)円通山　観音寺（宮城県栗原市），(22)楽峰山　勝大寺（宮城県栗原市），(23)大白山　長承寺（宮城県登米市中田町），(24)遮那山　長谷寺（宮城県登米市中田町），(25)妙見山　黒石寺（岩手県奥州市水沢区黒石町），(26)亀峰山　長泉寺（岩手県一関市大東町），(27)東光山　観福寺（岩手県一関市），(28)大善院　蛸浦観音（岩手県大船渡市赤崎町），(29)海岸山　普門寺（岩手県陸前高田市米崎町），(30)白華山　補陀寺（宮城県気仙沼市古町），(31)江峰山　聖福寺（岩手県八幡平市），(32)北上山　正覚院（岩手県岩手郡岩手町），(33)八葉山　天台寺（岩手県二戸市浄法寺町），(番外)関山　中尊寺（岩手県西磐井郡平泉町），(番外)医王山　毛越寺（岩手県西磐井郡平泉町），(番外)瑠璃光山　医王寺（福島県福島市飯坂町）

【掲載事典】癒事，札所，巡遍，霊大，霊巡，日巡

◇奥州札所一覧表―奥州三十三観音霊場案内　奥州札所連合会　奥州札所連合会　3枚　26cm

◇奥州観音巡礼　平幡良雄著　銚子　満願寺教化部　1993.12　96p　19cm〈奥付の書名：奥州〉800円

◇観世音　奥州三十三所―由来と巡礼案内　小原藤雄著　小原藤雄　1994.12　159p　21cm　1100円

◇奥州三十三観音の旅―岩手宮城福島　巡礼ガイドブック　河北新報社編　仙台　河北新報社　2001.1　175p　20cm　1900円　①4-87341-151-3

◇二本松郷土史研究会資料集　第18巻　奥州三十三観音巡りと信達の里札所巡り　二本松　二本松郷土史研究会　2008.11　1冊（ページ付なし）26cm

008 奥州南部糠部三十三観音札所

【概　要】現在の岩手県北部から青森県南東部にかけての糠部の33観音。成立は室町時代の1512（永正9）年、観光上人により、現在の33番札所天台寺桂泉観音を1番、22番長谷寺十一面観音を33番として設定されたとされ、この時の巡礼札4枚が現存する。現在の順番が設定されたのは江戸時代の1743（寛保3）年、八戸天聖寺の守西上人によると言われる。

糠部三十三観音札所。
【札所名】(1)寺下観音(青森県三戸郡階上町)，(2)清水寺観音(青森県八戸市)，(3)岡田観音(青森県八戸市)，(4)島守観音(青森県八戸市)，(5)白浜観音(青森県八戸市)，(6)白銀浜清水観音(青森県八戸市)，(7)岩淵観音(青森県八戸市)，(8)浄生寺観音(青森県八戸市)，(9)大慈寺三十三観音(青森県八戸市)，(10)来迎観音(青森県八戸市)，(11)横枕正観音(青森県八戸市)，(12)根城隅観音(青森県八戸市)，(13)坂牛観音(青森県八戸市)，(14)八幡櫛引郷三十三観音(青森県八戸市)，(15)七崎観音(青森県八戸市)，(16)霊現堂観音(青森県三戸郡南部町)，(17)相内観音(青森県三戸郡南部町)，(18)作和外手洗観音(青森県三戸郡南部町)，(19)法光寺観音(青森県三戸郡南部町)，(20)矢立観音(青森県三戸郡南部町)，(21)野瀬観音(青森県三戸郡三戸町)，(22)長谷観音(青森県三戸郡三戸町)，(23)早稲田観音(青森県三戸郡南部町)，(24)隅の観音(青森県三戸郡南部町)，(25)悟真寺観音(青森県三戸郡三戸町)，(26)清水寺観音(下田子観音)(青森県三戸郡田子町)，(27)釜淵観音(青森県三戸郡田子町)，(28)岩谷観音(岩手県二戸市)，(29)鳥越観音(岩手県二戸郡一戸町)，(30)朝日山観音(岩手県二戸市)，(31)観音林観音(岩手県九戸郡軽米町)，(32)実相寺観音(岩手県二戸郡一戸町)，(33)桂泉観音(岩手県二戸市)
【掲載事典】霊大

◇三十三観音参り　阿部久雄著　阿部久雄
　〔1998〕33p　30cm

◇改訂　奥州南部糠部三十三観音めぐり―地図案内　距離　阿部久雄著　阿部久雄
　1999.3　70p　30cm

◇奥州南部糠部三十三カ所観音霊場めぐり
　滝尻善英著　櫛桁幸一写真　八戸　デーリー東北新聞社　2003.8　171p　30cm　〈年表あり〉2000円　①4-9901445-4-6

◇奥州南部糠部三十三観音めぐり―先人のこころを訪ねる3コース　2005年度版
　阿部久雄著　改定版　八戸　阿部久雄
　2005.1　1冊　30cm　475円

009　奥の細道みちのく路三十三ヶ所めぐり霊場
【概　要】「奥の細道」にまとめられた松尾芭蕉の旅は、芭蕉が師と仰ぐ西行ゆかりの地を訪ねて、その五百年忌供養をするためのものであったといわれ、芭蕉の遊行廻国の旅であったとされる。芭蕉の足跡を訪ねる三十三カ所めぐりの霊場は、西行ゆかりの聖地・霊山をめぐる旅でもある。ほかに関東路、越後・北陸路に各33霊場があり、伊勢神宮を加えて、奥の細道百ヶ所霊場と称する。
【札所名】(1)陸奥國分寺(宮城県仙台市若林区)，(2)仙岳院(宮城県仙台市青葉区)，(3)大満寺(宮城県仙台市太白区)，(4)瑞巌寺(宮城県宮城郡松島町)，(5)圓通院(宮城県宮城郡松島町)，(6)禅昌寺(宮城県石巻市山下町)，(7)箟峯寺(宮城県遠田郡涌谷町)，(8)宝性院(宮城県登米市津山町)，(9)大徳寺(宮城県登米市津山町)，(10)弥勒寺(宮城県登米市)，(11)中尊寺(岩手県西磐井郡平泉町)，(12)法蔵寺(宮城県栗原市)，(13)養泉寺(山形県尾花沢市芹町)，(14)荒澤寺　正善院(山形県鶴岡市羽黒町)，(15)秀麓斎(宮城県名取市)，(16)善寶寺(山形県鶴岡市)，(17)持地院(山形県酒田市日吉町)，(18)海禅寺(山形県飽海郡遊佐町)，(19)蚶満寺(秋田県にかほ市)，(20)向川寺(山形県北村山郡大石田町)，(21)阿所川院　立石寺(山形県山形市)，(22)光恩寺(福島県二本松市杉田町)，(23)竹駒寺(宮城県岩沼市)，(24)繁昌院(宮城県柴田郡大河原町)，(25)妙見寺(宮城県白石市)，(26)観音寺(福島県伊達郡桑折町)，(27)医王寺(福島県福島市飯坂町)，(28)普門院鳥渡観音寺(福島県福島市)，(29)文知摺観音(安洞院)(福島県福島市)，(30)大隣寺(福島県二本松市成田町)，(31)常光院　岩角寺(福島県本宮市)，(32)石雲寺(福島県本宮市)，(33)光明院　満願寺(福島県白河市)
【掲載事典】霊大

◇奥の細道三十三ケ所霊場めぐり―越後・北陸路〜伊勢詣り　仏教文化通信編集部
　編　仙台　仏教文化振興会　1987.4　87p　19cm　500円

◇奥の細道・みちのく路33ヶ所めぐり―江戸より八十八里陸奥國分寺　佛教文化通信編集部編　佛教文化振興会　[1988] 98p 19cm

◇ふる里福島路　巡礼―Uターン歓迎墓地情報　細田栄治編　仏教文化振興会　1995.3　148p（図版共）26cm

◇私の道―『奥の細道』と『四国八十八札所』を歩く　川口襄[著] 川越　川口襄　2008.10　205p 21cm〈製作・印刷：喜怒哀楽書房（新潟），文献あり〉
|目次| 『奥の細道』を歩く　『四国八十八札所』を歩く

010　**三陸三十三観音霊場**

【概　要】宮城県と岩手県にまたがる全長369kmにおよぶ巡礼道は「369＝弥勒の道」とも呼ばれ数多くの巡礼者が巡っていた。1998（平成10）年、古くからの巡礼路を再編成する形で圓通院天野広道住職、地福寺片山秀光住職、浄念寺高橋清海住職、本増寺木村勝行住職らの宗派を越えたに尽力よって成立した。東日本大震災で被災した寺院もあり巡礼路としては活動を停止しており、御朱印を受けられる寺と、御朱印を受けられない寺院がある。

【札所名】(1) 白華峰　圓通院（宮城県宮城郡松島町），（番外）青龍山　瑞巌寺（宮城県宮城郡松島町），(2) 瑞雲峰　天麟寺（宮城県宮城郡松島町），(3) 富春山　大仰寺（宮城県宮城郡松島町），(4) 東渓山　観音寺（宮城県東松島市），(5) 無為山　功岳寺（宮城県東松島市），(6) 如意輪山　願成寺（宮城県東松島市），(7) 桂林山　禅昌寺（宮城県石巻市山下町），(8) 大良山　観音寺（宮城県石巻市），(9) 柳津山　宝性院（宮城県登米市津山町），(10) 舎那山　長谷寺（宮城県登米市津山町），(11) 松林山　大雄寺（宮城県本吉郡南三陸町），(12) 歌津山　津龍院（宮城県本吉郡南三陸町），(13) 安養山　浄勝寺（宮城県気仙沼市本吉），(14) 海岸山　観音寺（宮城県気仙沼市本吉），(15) 華光院　浄念寺（宮城県気仙沼市），(16) 遠浦山　松岩寺（宮城県気仙沼市），(17) 誓亀山　光明寺（宮城県気仙沼市），(18) 医王山　長命寺（宮城県気仙沼市），(19) 亀谷山　地福寺（宮城県気仙沼市唐桑町），(20) 厭離山　欣求院　浄土寺（岩手県陸前高田市高田町），(21) 功徳山　清浄院　荘厳寺（岩手県陸前高田市竹駒町），(22) 長谷山　観音寺（岩手県陸前高田市矢作町），(23) 愛宕山　地福寺（宮城県気仙沼市），(24) 大船山　本増寺（岩手県大船渡市大船渡町），(25) 青龍山　華蔵寺（岩手県陸前高田市小友町），(26) 龍福山　長谷寺（岩手県大船渡市猪川町），(27) 巌秀山　正寿寺（岩手県大船渡市三陸町），(28) 釜turn山　正福寺（岩手県釜石市甲子町），(29) 見生山　大念寺（岩手県上閉伊郡大槌町），(30) 虎龍山　吉祥寺（岩手県上閉伊郡大槌町），(31) 開運山　瑞然寺（岩手県下閉伊郡山田町），(32) 玉王山　長根寺（岩手県宮古市千徳町），(33) 宮古山　常安寺（岩手県宮古市）

【掲載事典】霊大

◇家庭通信 三陸三十三観音めぐり　家族のコミュニケーション　仏教文化振興会編　日本文化研究会　[1991] 84p 21cm

◇発心道場―三陸三十三観音霊場 リフレッシュの旅　ふる里「結」交流センター　先達八幡太郎栄治　仙台　ふる里「結」交流センター　1999.3　60p 21cm

◇三陸三十三観音御詠歌集　木村日應作　大船渡（岩手県）　大海　1999.8　1帖　17cm
|内容|宮城、岩手両県にまたがる三陸三十三観音霊場巡りの各札所を詠んだ御詠歌集。番外の瑞巌寺を含め三十四首を収める。作者は二十四番札所にあたる本増寺（大船渡市）の住職。折本。

◇三陸の海の文化を求めて―三陸観音紀行　木村勝行著　大船渡（岩手県）　大船山本増寺　2002.10　53p 26cm
|目次|1 三陸とはどんなところか　2 北上山地の貞任山　3 三陸の移民文化　4 絶島に二十一年生きる　5 船乗りたちへのメッセージ　6 釜石神力丸の漂流　7 気仙沼春日丸の清国漂流　8 小友船仲吉丸のハワイ漂流　9 仲吉丸の日米友情　10 三陸の海の風景　あとがき　三陸三十三観音霊場ガイドマップ　蒙古襲来と日蓮の時代

011 東北三十六不動尊霊場
【概　要】東北6県に広がる不動尊霊場。1987(昭和62)年に開創された。各県を六波羅蜜にたとえ、山形県を布施波羅蜜の道場、秋田県を持戒波羅蜜の道場、青森県を忍辱波羅蜜の道場、岩手県を精進波羅蜜の道場、宮城県を禅定波羅蜜の道場、福島県を智慧波羅蜜の道場として、各県に6ヶ寺を配置。真言系寺院を中心に、禅系・修験系の寺院も含まれる。
【札所名】(1)本山　慈恩寺（犬突き不動）(山形県寒河江市),(2)湯殿山　大日坊（御瀧大聖不動明王）(山形県鶴岡市),(3)高瀧山　光明院（高瀧山不動尊）(山形県天童市),(4)大樹院（雷不動明王）(山形県山形市),(5)龍覚寺（厄除不動尊）(山形県鶴岡市泉町),(6)羽黒山　荒沢寺　正善院（荒沢不動尊）(山形県鶴岡市羽黒町),(7)普伝寺（厄除不動尊）(秋田県秋田市大町),(8)嶺梅院（嶺梅院不動尊）(秋田県秋田市),(9)多聞院（波切不動尊）(秋田県秋田市),(10)吉祥院（波切不動尊）(秋田県男鹿市),(11)玉蔵寺（鯉川不動尊）(秋田県山本郡三種町),(12)遍照院（長久不動）(秋田県大館市上町),(13)國上寺（ねまり不動）(青森県平川市),(14)大圓寺（厄除不動尊）(青森県南津軽郡大鰐町),(15)最勝院（猫突不動）(青森県弘前市銅屋町),(16)弘法寺（身代り不動）(青森県つがる市),(17)青森寺（成田不動尊）(青森県青森市栄町),(18)青龍寺（厄除不動）(青森県青森市),(19)永福寺（降魔不動尊）(岩手県盛岡市),(20)長根寺（長根不動尊）(岩手県宮古市千徳町),(21)福泉寺（遠野のお不動さん）(岩手県遠野市松崎町),(22)興性寺（江刺不動尊）(岩手県奥州市江刺区),(23)達谷　西光寺（姫待不動尊）(岩手県西磐井郡平泉町),(24)如意山　金剛寺（気仙成田不動尊）(岩手県陸前高田市気仙町),(25)観音寺（身代不動）(宮城県気仙沼市本町),(26)大徳寺（横山不動尊）(宮城県登米市津山町),(27)松景院（神寺不動尊）(宮城県遠田郡美里町),(28)瑞巌寺（前立不動尊）(宮城県宮城郡松島町),(29)西光寺（大滝不動）(宮城県仙台市太白区秋保町),(30)愛敬院（駒場滝不動尊）(宮城県伊具郡丸森町),(31)相応寺（赤不動）（遠藤ヶ滝不動尊）(福島県安達郡大玉村),(32)大龍寺（長命不動尊）(福島県会津若松市),(33)会津薬師寺（高田不動尊）(福島県大沼郡会津美里町),(34)成田山　圓養寺（厄除不動）(福島県白河市),(35)山本不動尊（山本不動尊）(福島県東白川郡棚倉町),(36)常福寺（赤井嶽不動）(福島県いわき市)
【掲載事典】霊大，霊巡，日巡

◇東北三十六不動尊霊場記　富永航平著　小牛田町（宮城県）　東北三十六不動尊霊場会　1987.6　120p　21cm　1000円

◇人生遍路　富永航平著　大阪　朱鷺書房　1992.7　219p　20cm　1500円　①4-88602-149-2
 目次 1 信仰のかたち　2 四国恋歌―別格二十霊場娘巡礼記　3 霊験記―東北三十六不動霊場　4 インド紀行　5 一期一会
 内容 この世は同行二人の遍路行。各地の札所霊場開創にかかわり、宗教界を厳しく見つめてきた著者の辛口人生紀行。

◇東北三十六不動尊霊場ガイド　春野草結著　東北三十六不動尊霊場会監修　大阪　朱鷺書房　2011.8　239p　19cm　1500円　①978-4-88602-347-6
 目次 山形県札所案内（布施波羅蜜の道場）　秋田県札所案内（持戒波羅蜜の道場）　青森県札所案内（忍辱波羅蜜の道場）　岩手県札所案内（精進波羅蜜の道場）　宮城県札所案内（禅定波羅蜜の道場）　福島県札所案内（智慧波羅蜜の道場）
 内容 山形・秋田・青森・岩手・宮城・福島の東北6県をそれぞれ六波羅蜜の道場に見立て、各県で6つの札所をめぐる三十六不動尊巡拝の旅。

東北の霊場

◇北国八十八ケ所霊場めぐり　仏教文化通信編集部編　仙台　仏教文化振興会　1987.2～3　2冊　19cm〈「第1部」「第2部」に分冊刊行〉各550円

◇延喜式内陸奥一百座平成巡拝記　上　本田謙眞著　神社新報企画・葦津事務所　1997.6　614p　27cm　非売品　①4-89698-041-7

◇延喜式内陸奥一百座平成巡拝記　下　本

田謙眞著　神社新報企画・葦津事務所　1997.6　624p　27cm　非売品　①4-89698-042-5

◇磐越の三十三所　石川靖夫著　［富士見］［石川靖夫］2001.6　256p　19cm
目次 福島県（磐城三十三所　相馬三十三所　宇多郷三十三所　仙道三十三所　田村三十三所　田村姓司三十三所　三春領百観音巡禮　安積三十三霊場　郡山三十三所　安達三十三所　信達三十三所　信達坂東三十三所　伊達秩父三十四所　信達百番順禮　信夫新西国三十三所　信夫三十三所　小手三十三所　小手地蔵詣三十三所　伊達三十三所　會津三十三所　町廻り三十三札所　猪苗代三十三札所　御蔵入三十三札所）　新潟県（越後三十三観音　越後横道三十三所　蒲原三十三観音　小川庄三十三所　上田三十三所　寺尾三十三所　塩澤三十三所　湯澤内蔵組三十四所　魚沼三十三所　妻在百三十三番（美佐島三十四番）　倉俣三十三番　大井平三十三番　吉田三十三番）　松之山郷三十三所　小国三十三所　佐渡古佛三十三所　相川三十三所　灰佛三十三所　線佛三十三所　佐渡西国三十三所　佐渡西国三十三番）

◇陸羽の三十三所　石川靖夫著　富士見　石川靖夫　2002.6　206p　19cm
目次 東北（奥州三十三観音霊場　奥の細道みちのく三十三霊場）　宮城県（宮城三十三番札所　仙臺三十三所　刈田三十三所　伊具郡三十三所　柴田三十三所　黒川三十四所　加美郡三十三所　牡鹿三十三所　三陸三十三観音）　山形県（最上三十三所　最上新西国三十三所　山形三十三所　東山（東澤）三十四観音　上山三十三所　川西三十三所　大郷三十三所　東山（高瀬）三十三所　天童三十三観音　寒河江三十三所　長岡三十三観音　谷地三十三所　東通り三十三所　新西国中通三十三所　北部三十三所　新西国尾花沢大石田新西国三十三観音　小国三十三観音（最上町）　最上百観音　新庄地廻三十三所　庄内三十三所　荘内平和観音霊場三十三所　荘内平和観音百霊場　置賜三十三所　米澤三十三所　屋代郷三十三所　小国三十三所（小国町））

◇岩手・宮城御朱印を求めて歩く札所めぐり奥州ルートガイド　みちのく巡りん倶楽部著　メイツ出版　2016.7　128p　21cm　〈索引あり〉　1600円　①978-4-7804-1763-0
目次 奥州三十三観音霊場（紹楽寺　秀麓齋　観音堂 ほか）　三陸三十三観音霊場（天麟院　観音寺　功岳寺 ほか）　仙台七観音（金昌寺　秀麓齋　大満寺 ほか）
内容 ご利益いっぱいの札所霊場を詳しくご紹介します！

《青森県》

012 津軽弘法大師霊場
【概　要】1984（昭和59）年、弘法大師の1050年の御遠忌に津軽地方の真言宗寺院23寺が集まって定めたもの。1番最勝院は1532（天文元）年開基と伝えられ、五重塔は本州最北端の国指定重要文化財に指定されている。
【札所名】(1)金剛山 最勝院（弘前市銅屋町），(2)北門山 大王寺（弘前市新鍛冶町），(3)弘前高野山 法光院（弘前市），(4)鷹揚山 不動寺（弘前市茂森新町），(5)成田山 弘前寺（弘前市），(6)護國山 久渡寺（弘前市），(7)行峯山 覚應院（弘前市），(8)愛宕山 橘雲寺（弘前市），(9)岩木山 求聞寺（弘前市），(10)五色山 聖心寺（弘前市），(11)西の高野山 弘法寺（つがる市），(12)春光山 圓覚寺（西津軽郡深浦町），(13)成田山 大善院（五所川原市新町），(14)大峰山 蓮正院（北津軽郡板柳町），(15)元城山 照法寺（青森市），(16)高野山 青森別院（青森市），(17)成田山 青森寺（青森市栄町），(18)浅虫高野山 陸奥護國寺（青森市），(19)朝日山 常福院（青森市），(20)愛宕山 地蔵院（黒石市山形町），(21)赤倉山 金剛寺（平川市），(22)神岡山 大圓寺（南津軽郡大鰐町），(23)古懸山 國上寺（平川市）

青森県

【掲載事典】霊大

013 津軽三十三観音霊場

【概　要】青森県津軽地方に位置する観音霊場。起源は明らかでないが、伝説によると、1645（正保2）年に弘前藩第3代藩主津軽信義が、津軽統一時の戦没者や、その後の郡中開拓で死んだ人々を供養するために定めたとされる。他にも信義が1653（承応2）年に開いたとする説、第4代藩主信政の時代とする説もある。寛延年間（1748～51）には再編成され、現在の札所番付が確定した。明治の廃仏毀釈により衰退したが、明治時代中期に復興した。全行程は約400km、巡拝所要日数は徒歩で約2週間、車で3泊4日、公共交通機関を利用して4泊5日。

【札所名】(1)聖観音　護国山　久渡寺（弘前市），(2)千手観音　多賀神社（弘前市），(3)聖観音　岩木山　求聞寺（弘前市），(4)聖観音　南貞院聖観音堂（弘前市），(5)十一面観音　巌鬼山神社（弘前市），(6)聖観音　高倉神社（西津軽郡鰺ヶ沢町），(7)聖観音　北浮田弘誓閣（西津軽郡鰺ヶ沢町北浮田町），(8)十一面観音　高倉神社（西津軽郡鰺ヶ沢町），(9)如意輪観音　見入山観音堂（西津軽郡深浦町），(10)十一面観音　春光山　円覚寺（西津軽郡深浦町），(11)如意輪観音　高城八幡宮（つがる市森田町），(12)聖観音　蓮川観音堂（つがる市），(13)聖観音　川倉芦野堂（五所川原市），(14)千手観音　弘誓寺観音堂（北津軽郡中泊町），(15)千手観音　薄市観音堂（北津軽郡中泊町），(16)千手観音　今泉観音堂（北津軽郡中泊町），(17)聖観音　春日内観音堂（五所川原市），(18)聖観音　海満寺観音堂（北津軽郡中泊町），(19)聖観音　義経寺観音堂（東津軽郡外ヶ浜町），(20)十一面観音　高野山観音堂（東津軽郡今別町），(21)聖観音　鬼泊巌屋観音堂（東津軽郡今別町），(22)聖観音　正覚寺観音堂（青森市本町），(23)如意輪観音　安養山　夢宅寺（青森市），(24)聖観音　入内観音堂（青森市），(25)馬頭観音　松倉観音堂（五所川原市），(26)十一面観音　宝巌山　法眼寺（黒石市），(27)三十三観　白山姫神社（黒石市），(28)千手観音　広船観音堂（平川市），(29)十一面観音　沖館観音堂（平川市），(30)聖観音　大光寺慈照閣（平川市），(31)千手観音　居土普門堂（南津軽郡大鰐町），(32)聖観音　苦木観音長谷堂（南津軽郡大鰐町），(33)聖観音　観音山　普門院（弘前市）．

【掲載事典】癒事，古寺，巡遍，霊大，霊巡，日巡，霊典

◇津軽三十三観音霊場縁起　陸奥新報社編　弘前　陸奥新報社　［1971］66p　26cm　150円

◇新編津軽三十三霊場　山上貢編著　弘前　陸奥新報社　1973.1　290p　図・地図　18cm〈『陸奥新報』に昭和40年夏、「津軽三十三霊場」と題して連載し、昭和46年3月、『津軽三十三観音霊場縁起』として改題、刊行したレポートを全面的書き改めたもの．おもな参考文献：p.288-289〉500円

◇津軽三十三ヶ所観音霊場めぐり　平幡良雄著　［1978］208p　19cm（古寺巡礼シリーズ　10）850円

◇あづましい未来の津軽―地域学習のための津軽三十三ケ所めぐり　戸沼幸市編　弘前　津軽書房　1982.9　155p　21×22cm〈参考文献：p140〉1500円

◇津軽観音巡礼・恐山　平幡良雄著　改訂2版　銚子　満願寺教化部　1992.4　176p　19cm〈奥付の書名：津軽〉1000円

◇津軽三十三霊場―札所巡りと歴史の旅　陸奥新報社編　弘前　北方新社　2009.4　143p　19cm　1200円　①978-4-89297-131-0

014 陸奥国津軽七福神

【概　要】津軽地方の厚い信仰心を反映し、青森県弘前市、黒石市など広範囲に広がる七福神霊場。

【札所名】恵比須天　地蔵院（黒石市山形町），大黒天　求聞寺（弘前市），毘沙門天　加福不動

寺（弘前市），弁財天 蓮正院（北津軽郡板柳町），福禄寿 弘法寺（つがる市），寿老人 覚應院（弘前市），布袋尊 金剛寺（平川市）
【掲載事典】霊巡，日七

青森県の霊場

◇津軽八十八カ所霊場　清野昌邦著　改訂　1989.6　206p　19cm　1000円
　五所川原　津軽八十八ケ所霊場事務局

015　江刺三十三観音霊場
　【概　要】奥州市江刺区は岩手県の中南部に位置し、奥州藤原氏、藤原清衡の生誕地で奥州藤原氏関連の史跡も多い。江刺三十三観音霊場は仙台藩政時代の江刺郡（現在の奥州市江刺区・水沢区、北上市の一部）を主な範囲として成立したといわれる。成立年代は定かではないが、極楽寺住職だった司東真雄は札所寺院の制定年代から、1651（慶安4）年から1682（天和2）年以後と推定している。
　【札所名】(1)国見山 極楽寺（北上市稲瀬町），(2)金峰山 万蔵寺（北上市口内町），(3)伊豆山 常楽寺（奥州市江刺区），(4)大森山 大隣寺（奥州市江刺区），(5)音石山 青谷寺（奥州市江刺区），(6)黒田山 千蔵寺（奥州市水沢区羽田町），(7)妙見山 黒石寺（奥州市水沢区黒石町），(8)遮那山 長谷寺（奥州市水沢区黒石町），(9)中袋観音堂（奥州市水沢区羽田町），(10)中清水根 観音堂（奥州市水沢区羽田町），(11)鶯澤山 花林院（奥州市水沢区羽田町），(12)板橋観音堂（奥州市水沢区羽田町），(13)大仏観音堂（奥州市江刺区），(14)田代山 興国寺（奥州市江刺区），(15)蔵内観音堂（奥州市江刺区），(16)普光山 円通寺（奥州市江刺区），(17)尾山立金山 自性院（奥州市江刺区），(18)山ノ上観音堂（奥州市江刺区），(19)二渡観音堂（奥州市江刺区），(20)角川原観音堂（奥州市江刺区），(21)岩山観音堂（奥州市江刺区），(22)上青谷観音堂（奥州市江刺区），(23)江越観音堂（奥州市江刺区），(24)岩ノ目観音堂（奥州市江刺区），(25)南宮観音堂（奥州市江刺区），(26)宮内観音堂（奥州市江刺区），(27)小池観音堂（北上市口内町），(28)岩谷山 如意輪寺（北上市稲瀬町），(29)上台山 安楽寺（北上市稲瀬町），(30)蔦ノ木観音堂（奥州市江刺区），(31)円通山 観音寺（奥州市江刺区），(32)瑠璃山 松岩寺（奥州市江刺区），(33)玉崎観音堂（奥州市江刺区），(番外)奈良山観音堂（北上市相去町），(新番外)愛宕山 興性寺（奥州市江刺区）
　【掲載事典】霊大

◇江刺三十三所観音霊所　江刺　興性寺
　1984.10　3枚　94×32cm
◇複刻江刺三十三所御詠歌―弘法大師千百五十年御遠忌記念出版　江刺　愛宕山興性寺　1984.10　14p　22cm
◇江刺三十三観音へのいざない　江刺市観光協会編　江刺　江刺市観光協会
　1991.3　68p 図版1p　19cm
◇江刺三十三観音へのいざない―JOURNEY TO FIND

YOURSELF　富沢強一著　江刺市観光協会編集　江刺　江刺市観光協会
　1995.5　68p　19cm〈付：江刺三十三観音分布図（41×36cm）〉
◇探訪江刺三十三観音を訪ねて　相原康二著　［水沢］胆江日日新聞社　1999.11
　145p　19cm　952円
◇巡礼の道―江刺三十三観音を巡る　えさし郷土文化館　えさし郷土文化館
　2008.10　24p　30cm

岩手県

◇江刺三十三観音巡礼ガイドブック　えさし郷土文化館編　［奥州］えさし郷土文化館　2011.12　50p　26cm（えさし郷土文化館ふるさとの宝シリーズ 1）

016 **気仙三十三観音札所**
【概　要】岩手県陸前高田市を中心とした観音霊場。相原友直の「気仙風土草」に、1718（享保3）年、高田村の検断役佐々木三郎左エ門知則が、父母の安楽追善供養のために選定したと記されている。霊場の中には東日本大震災の津波によって堂宇・伽藍に壊滅的な被害を受ける、観音像が流失する、あるいは管理者の住居が被災したりしたものも多く、浄土宗の僧侶による「ひとさじの会」が中心となって霊場の再興をめざし、現状調査・情報発信を行っている。

【札所名】(1)泉増寺観音堂（陸前高田市気仙町），(2)金剛寺（陸前高田市気仙町），(3)古谷観音堂（陸前高田市気仙町），(4)要害観音堂（陸前高田市気仙町），(5)上長部観音堂（陸前高田市気仙町），(6)馬頭観音堂（駒形神社（片地家）），(7)観音寺（陸前高田市矢作町），(8)延命寺（瀧山千手観音堂）（陸前高田市矢作町），(9)羽縄観音堂（陸前高田市竹駒町），(10)正覚寺（陸前高田市竹駒町），(11)常光寺観音堂（陸前高田市横田町），(12)平栗福寿庵（陸前高田市横田町），(13)向堂観音堂（気仙郡住田町），(14)満蔵寺（気仙郡住田町），(15)中清水観音堂（気仙郡住田町），(16)長桂寺（気仙郡住田町），(17)城玖寺（気仙郡住田町），(18)坂本寺（気仙郡住田町），(19)稲子沢（大船渡市猪川町），(20)舘下観音堂（大船渡市猪川町），(21)洞雲寺観音堂（大船渡市盛町），(22)長谷寺観音堂（大船渡市猪川町），(23)田端観音堂（大船渡市赤崎町），(24)熊野堂（大船渡市赤崎町），(25)小舘観音堂（大船渡市赤崎町），(26)田東観音堂（陸前高田市小友町），(27)常膳寺観音堂（陸前高田市小友町），(28)立山観音堂（陸前高田市米崎町），(29)普門寺（陸前高田市米崎町），(30)大石観音堂（陸前高田市高田町），(31)氷上本地（陸前高田市高田町），(32)坂口観音堂（陸前高田市高田町），(33)浄土寺観音堂（陸前高田市高田町），(番外)尾崎神社（釜石市浜町），(番外)樺山三十三観音（気仙郡住田町）

【掲載事典】霊大

◇気仙三十三観音巡礼のしおり　根来功範著　気仙三十三観音のしおり編集班編　［住田町（岩手県）］　気仙三十三観音のしおり編集班　1982.8　68p　19cm〈著者の肖像あり〉

◇気仙三十三観音―郷土けせんを記録にとどめる写真集 Part1　こんののりお撮影・解説文　大船渡　共和印刷企画センター　2004.11　81p　21cm〈案内者：山田原三〉

◇祈りの道―気仙三十三観音霊場巡礼　佐々木克孝著　大船渡　東海新報社　2010.10　160p　26cm　1715円

◇気仙三十三観音祈りの道探訪―いわて三陸海岸　陸前高田　陸前高田市観光物産協会　［2012］　1枚　60×42cm（折りたたみ30cm）

◇気仙三十三観音霊場への招待―第1回仏に出遇い自らに出会う　［大船渡］ひとさじの会　［2012］　1枚　30×21cm

◇「祈りの道」被災地巡礼―気仙三十三観音霊場巡礼　佐々木克孝著　改訂版　大船渡　東海新報社　2013.4　196p　26cm　1800円　①978-4-905336-09-9

017 **遠野七観音**
【概　要】遠野七観音は、慈覚大師が一本の木から七つの観音像を得て、これを七寺の本尊としたことにはじまる。一昼夜のうちに七観音を巡ることができれば願いが叶うという。全行程約100km強。

【札所名】(1)山谷観音　大慈山　山谷寺（遠野市小友町），(2)松崎観音　麦沢山　松崎寺（遠野市松崎町），(3)平倉観音　谷行山　細山寺（遠野市上郷町），(4)鞍迫観音　鞍迫山　福滝寺（遠野市宮守町），(5)宮守観音　月見山　平沢寺（遠野市宮守町），(6)栃内観音（山崎観音・馬頭

観音）大月山 栃内寺（遠野市土淵町），(7) 笹谷観音 附馬牛山 長洞寺（遠野市附馬牛町）

◇遠野七観音　大矢邦宣,出羽振治編著
遠野　遠野市立博物館　1988.9　148p
26cm〈参考文献：p147〉

◇遠野七観音　大矢邦宣,出羽振治編著
改訂　遠野　遠野市立博物館　1989.3
148p　26cm

---

018 **西磐井三十三観音霊場**

【概　要】磐井は陸中国（岩手県）の旧郡名である。西磐井三十三観音霊場は、その磐井川圏の霊場として1737（元文2）年、中里の曹洞宗龍沢寺の乗順和尚と天台宗永泉寺の然栄法印が檀家・信徒と協力して創設したものと伝えられる。仙台藩直轄領と田村一関藩領を範囲とし、行政区域にとらわれずに設定されていることが特徴。現在複数の寺が廃寺となっているが、明治維新後の修験道解体と神仏分離により羽黒山、湯殿山の支配力の弱体化し、末寺が衰退したことが原因と考えられる。

【札所名】(1) 配志和神社内 旧信盛寺跡（一関市），(2) 円満寺（一関市），(3) 観音寺（一関市），(4) 長慶寺（一関市厳美町），(5) 瀧門寺（一関市厳美町），(6) 長泉寺（一関市），(7) 御嶽神社内 旧御嶽堂跡（一関市），(8) 駒形根神社内 旧御駒堂跡（一関市），(9) 西光寺（一関市），(10) 祥雲寺（一関市台町），(11) 瑞川寺（一関市），(12) 願成寺（一関市），(13) 豊谷寺（廃寺）（一関市），(14) 文殊院（一関市），(15) 正覚寺（一関市中新町），(16) 光西寺（一関市），(17) 宝性院（一関市），(18) 常光寺（一関市），(19) 慈眼寺（廃寺）（一関市），(20) 和光院（廃寺）（一関市地主町），(21) 般若寺（一関市地主町），(22) 延命寺（廃寺）（一関市大町），(23) 中尊寺赤堂（西磐井郡平泉町），(24) 白山堂（中尊寺境内白山神社）（西磐井郡平泉町），(25) 中尊寺経堂（経蔵）（西磐井郡平泉町），(26) 中尊寺金色堂（光堂）（西磐井郡平泉町），(27) 清水堂（中尊寺観音院）（西磐井郡平泉町），(28) 南谷山王堂（中尊寺常住院）（西磐井郡平泉町），(29) 千手院堂（毛越寺千住院）（西磐井郡平泉町），(30) 達谷窟西光寺（西磐井郡平泉町），(31) 寄木堂（毛越寺宝積院）（西磐井郡平泉町），(32) 龍澤寺（一関市），(33) 永泉寺（一関市）

【掲載事典】霊大

◇西磐井（一関・平泉）三十三観音―歴史と信仰　千坂嶨峰,小池平和著　一関
一関プリント　1994.10　137p　19cm　1200円

岩手県の霊場

◇盛岡三十三観音巡礼記　高木弥三郎著
［盛岡］［高木弥三郎］1983.2　59p
19cm

◇観世音―当国三十三所和賀稗貫紫波 由来と巡礼ガイド　小原藤雄著　和賀町（岩手県）和賀町史談会　1990.7　187p 21cm〈参考文献：p186〉1000円

◇興性寺巡拝史―百八十八カ所霊場巡拝満願記念誌　百八十八カ所霊場巡拝満願記念事業実行委員会,記念誌編集委員会編　江刺　愛宕山興性寺　1999.11　136p 27cm（興性寺史　第2巻）

《宮城県》

019 **石巻牡鹿三十三札所霊場**

【概　要】1768（明和5）年開創。宮城県東部の石巻市を中心に牡鹿半島を範囲とする。巡所要日数は車で2日。

【札所名】(1) 長禅寺（廃寺）（石巻市），(2) 梅渓寺（石巻市），(3) 法泉寺（廃寺）（石巻市），(4) 法山寺（石巻市），(5) 瑞鹿庵（廃寺）（石巻市），(6) 無量寿庵（石巻市渡波町），(7) 宮

宮城県

殿寺(石巻市渡波町),(8)長流寺(廃寺)(石巻市),(9)薬師堂(廃寺)(石巻市),(10)西念寺(石巻市),(11)浄蓮寺(廃寺)(石巻市),(12)長林寺(石巻市),(13)慈恩院(石巻市吉野町),(14)多福院(石巻市吉野町),(15)松巌寺(石巻市),(16)真宝寺(廃寺)(石巻市),(17)寿福寺(石巻市羽黒町),(18)称法寺(石巻市門脇町),(19)西光寺(石巻市門脇町),(20)海門寺(廃寺)(石巻市門脇町),(21)永巌寺(石巻市羽黒町),(22)永巌寺不動堂(石巻市羽黒町),(23)広済寺(石巻市住吉町),(24)禅昌寺(石巻市山下町),(25)瑞松寺(廃寺)(石巻市),(26)普誓寺(石巻市),(27)東雲寺(石巻市),(28)金蔵寺(石巻市),(29)龍洞院(石巻市),(30)吉祥寺(石巻市),(31)龍泉院(石巻市),(32)真法寺(石巻市),(33)長谷寺(石巻市)
【掲載事典】古寺,霊大,霊巡

◇石巻牡鹿三十三札所霊場　石巻観光協会編　石巻　石巻観光協会　[1982.6]　20p　19cm

020 奥州仙臺七福神
【概　要】宮城県仙台市内に位置する七福神霊場。1985(昭和60)年に開創された。毎月7・17・27日が縁日で、御宝印は毎日頂ける。全行程は約14km、巡拝所要時間は徒歩で6時間。
【札所名】弁才天　天総山　林香院(仙台市)、毘沙門天　金光山　満福寺(仙台市)、布袋尊　南谷山　福聚院(仙台市)、福禄寿　医王山　鈎取寺(仙台市)、えびす　藤崎えびす神社(仙台市)、寿老尊　喜福山　玄光庵(仙台市)、大黒天　喜伝山　秀林寺(仙台市)
【掲載事典】七巡,霊大,霊巡

◇仙台の守本尊信仰　吉岡一男著　仙台　宝文堂　1993.10　63p　19cm〈付・奥州仙台七福神〉600円　①4-8323-0061-X　目次 はじめに　守本尊とは何か　守本尊の具体例　おわりに　仙台守本尊の所在地一覧　付　奥州仙台七福神について　奥州仙台七福神の所在地一覧　あとがき　参考文献

◇奥州仙台七福神物語　奥州仙台七福神霊場会　[2003]　40p　21cm

021 韮神山三十三観音
【概　要】1845(弘化2)年、韮神山の頂に万吉・初吉の親子をはじめとした大河原・金ヶ瀬・沼辺の地元の寄進者によって、西国三十三観音を写す三十三観音の石仏が建立された。
【札所名】韮神山(柴田郡村田町)

◇韮神山三十三観音　大泉計一郎著　大河原町(宮城県)　大泉計一郎　1987.5　67p　30cm〈年表・主な参考図書:p67〉非売品

宮城県の霊場

◇ふる里宮城路百八地蔵尊霊場めぐり　仏教文化通信編集部編　仙台　仏教文化振興会　1988.2　229p　21cm　980円（新報社編集局監修）〈文献あり〉800円　①978-4-87341-265-8

◇黒川三十三所—陸前黒川の観音霊場めぐり　大宮司慎一著　大和町(宮城県)　当来山竜華院　1988.2　43p　21cm

◇祈りの街—仙台三十三観音を訪ねる　横山寛著　仙台　河北新報出版センター　2011.12　170p　19cm(河北選書　河北

◇風来坊—人間万事塞翁が馬　第8部　齋藤文夫著　[角田]　[齋藤文夫]　2012.3　196p　21cm　目次 まほろしの伊具三十三観音霊場巡礼　亘理堰(満卓、鳩原用水)についての考察

◇仙台三十三観音巡り専用御朱印帖—各札所由来・所在地記載　鎌田成子編　第4

版　仙台　楽遊ネットワーク宮城　〈タイトルは奥付による〉2500円
2014.12　1冊（ページ付なし）22cm　①978-4-9908850-0-7

《秋田県》

022　秋田三十三観音霊場
【概　要】秋田県に位置する観音霊場。『秋田六郡三十三観音巡礼記』によると、長久年間（1040〜44）に横手御嶽山の満徳長者保昌が出家して保昌房と称し、西国観音霊場を巡礼。その際に観音像の製作を大仏師定長に依頼し、出羽6郡（雄勝・平賀・仙北・河辺・秋田・山本）の寺社に三十三観音を請来したのが起源とされる。その後衰退したが、1743（享保14）年に秋田城下に住む鈴木定行・加藤政貞が前述の巡礼記を著して再興。1987（昭和62）年、同巡礼記と1982（昭和57）年刊行の『秋田三十三観音巡り』を基に、新たに秋田三十三観音霊場が選定された。
【札所名】(1)正傳寺（横手市大屋新町），(2)光明寺（横手市），(3)三井寺（横手市鍛治町），(4)雲岩寺（湯沢市），(5)蔵光院（横手市雄物川町），(6)久昌寺（雄勝郡羽後町），(7)向野寺（湯沢市），(8)長谷寺（由利本荘市），(9)誓願寺（湯沢市），(10)永泉寺（由利本荘市給人町），(11)大慈寺（横手市大森町），(12)常光院（仙北市角館町西勝楽町），(13)祇蘭寺（横手市），(14)本覚寺（仙北郡美郷町），(15)永泉寺（仙北郡美郷町），(16)円満寺（大仙市），(17)大川寺（大仙市大曲須和町），(18)昌東院（仙北市），(19)千手院（秋田市），(20)龍門寺（男鹿市），(21)源正寺（秋田市），(22)永源寺（男鹿市鵜木道行），(23)補陀寺（秋田市），(24)大悲院（秋田市旭北寺町），(25)龍泉寺（能代市清助町），(26)長楽寺（男鹿市），(27)長慶寺（能代市），(28)松源院（山本郡八峰町），(29)梅林寺（能代市二ツ井町），(30)圓通寺（鹿角市），(31)玉林寺（大館市），(32)仁叟寺（鹿角市），(33)信正寺（大館市花岡町）
【掲載事典】霊大，霊巡

◇秋田六郡三十三観音巡礼記　見聞略日記
菅原太郎左エ門著　湯沢市昔を語る会編
湯沢市昔を語る会　[1978]　38p　26cm
（湯沢市郷土資料）

◇秋田三十三観音巡り　七尾正治他著　七尾正治　1982.9　74p　22cm

◇秋田三十三観音札所案内地図　秋田三十三観音奉賛会編　秋田三十三観音奉賛会　1997.8　1冊　26cm

◇秋田三十三観音霊場めぐり　秋田魁新報社出版部編　秋田魁新報社　1998.3　156p　21cm　①4-87020-180-1

◇秋田三十三観音巡り　復刻版　七尾正治，七尾良子，本郷洋治，本郷都著　ボランティアくにます，まつだささちこ編　仙北市　ボランティアくにます　2010.10　75p　21cm

023　秋田七福神
【概　要】1985（昭和60）年頃、秋田市内7ヶ寺が集まり七福神霊場を開創した。5月に"つつじ祭り"を兼ねて七福神イベントを開催することもある。
【札所名】毘沙門天 道川神社（秋田市），福禄寿 乗福寺（秋田市），大黒天 補陀寺（秋田市），寿老人 石動神社（秋田市），布袋尊 鱗勝院（秋田市旭北栄町），弁財天 嶺梅院（秋田市），恵比須 土崎神明社（秋田市）
【掲載事典】霊巡，日七

秋田県の霊場

◇雄物川町郷土史資料　第23集　仙北三

山形県

十三観音巡拝記について　島田亮三著　　　1994.3　64p　26cm　非売品
雄物川町（秋田県）　雄物川町教育委員会

《山形県》

024 羽州山形七福神
【概　要】山形県山形市の湯殿山神社（恵比寿）を中心に集まった七福神霊場。通年にわたって御朱印、拝観対応がある。車での巡拝所要時間は約3時間。
【札所名】(1)恵比寿神　里之宮　湯殿山神社（山形市旅篭町），(2)大黒天　鳳凰山　白鳥寺（東村山郡山辺町），(3)毘沙門天　長光山　養千寺（山形市），(4)弁財天　真鏡山　無量寺（山形市双月町），(5)福禄寿　千歳山　萬松寺（山形市），(6)寿老人　大虚山　円同寺（東村山郡中山町），(7)布袋尊　白馬山　法来寺（山形市）
【掲載事典】全七，霊大，霊巡，日七

025 置賜三十三観音霊場
【概　要】山形県南部、飯豊連峰や吾妻連峰に囲まれた米沢・長井盆地に位置する観音霊場。戦国大名上杉景勝の重臣直江兼続の後室お船の方（1557～1637）が定めたと伝えられる。冬季は雪のため参拝できなくなる観音堂が多く、巡礼は4月中旬から11月初旬の間に行われる。巡拝所要日数は2泊3日。同県内の最上三十三観音・庄内三十三観音と合わせて、山形百観音または出羽百観音としての巡拝も行われている。
【札所名】(1)上小菅観音　観音堂（米沢市広幡町），(2)高峰観音　源居寺（西置賜郡飯豊町），(3)黒沢観音　高伝寺（西置賜郡飯豊町），(4)中村観音　観音堂（西置賜郡飯豊町），(5)九野本観音　観音寺（長井市），(6)時庭観音　正法寺（長井市），(7)高玉観音　円福寺（西置賜郡白鷹町），(8)深山観音　観音寺（西置賜郡白鷹町），(9)杉沢観音　観音堂（西置賜郡白鷹町），(10)宮ノ観音　普門坊（長井市宮横町），(11)萩生観音　観音堂（西置賜郡飯豊町），(12)赤湯観音　東正寺（南陽市），(13)関寺観音　円光寺（西置賜郡白鷹町），(14)置霊観音　大光院（東置賜郡川西町），(15)火の目観音　弥勒院（米沢市本町），(16)鮎貝観音堂（西置賜郡白鷹町），(17)芦沢観音　雲洞庵（長井市），(18)新山観音　珍蔵寺（南陽市），(19)笹野観音　幸徳院（米沢市笹野本町），(20)仏坂観音　観音堂（西置賜郡白鷹町），(21)小野川観音　宝珠寺（米沢市小野川町），(22)広野観音　真言院（西置賜郡白鷹町），(23)川井観音　桃源院（米沢市），(24)桑山観音　普門寺（米沢市），(25)赤芝観音　龍性院（米沢市赤芝町），(26)遠山観音　西明寺（米沢市），(27)高岡観音　観音堂（西置賜郡白鷹町），(28)宮崎観音　綱正寺（南陽市），(29)松岡観音　岡応寺（西置賜郡白鷹町），(30)長谷観音　観音堂（南陽市），(31)五十川観音　正寿院（長井市），(32)森の観音　観音堂（長井市），(33)浅川観音　泉養院（米沢市），(番外)亀岡文殊　大聖寺（東置賜郡高畠町）
【掲載事典】古寺，霊大，霊巡，霊典

◇置賜三十三観音―信仰の歴史を訪ねて
置賜タイムス社編　置賜タイムス社
1983.8　67p　15×21cm
◇置賜三十三観音霊場みちあんない　佐藤清敏著　［山形］［佐藤清敏］1985.4　43p　26cm
◇出羽路の巡礼みちあんない―奥の細道芭蕉紀行300年記念　佐藤清敏調査　［地図資料］山形　佐藤清敏　1989.2　地図2枚：色刷　84×58cm　目次　出羽路の巡礼みちあんない（最上）　出羽の巡礼みちあんない（庄内・置賜）
◇出羽百観音―やまがた巡礼ガイドブック　最上三十三観音・庄内三十三観音・置賜三十三観音　後ंभ博著　みちのく書房編　上山　みちのく書房　1996.8　244p　21cm　1800円　④4-944077-19-X
◇二人三脚置賜霊場巡り　奥村幸雄著　［白鷹町（山形県）］　奥村幸雄　1997.

12　99p　18×26cm

◇出羽百観音―やまがた巡礼ガイドブック　最上三十三観音・庄内三十三観音・置賜三十三観音　後藤博著　みちのく書房編　改訂版　山形　みちのく書房　2005.12　245p　21cm　1715円　①4-944077-82-3
|目次|最上三十三観音ガイド（若松観音　山寺千手院 ほか）　庄内三十三観音ガイド（羽黒山・荒沢寺　羽黒山・正善院 ほか）　置賜三十三観音ガイド（上小菅観音　高峰観音 ほか）　出羽百観音ひとり歩き同行二人（「最上三十三観音」「庄内三十三観音」ほか）
|内容|平成8年に初版発刊した『出羽百観音』を全面リニューアル！最上・庄内・置賜の番外、首番を含めた103霊場すべてを最新データ、最新地図とともに紹介し、新たに撮影した写真も加わって、改訂版として生まれ変わりました。徒歩巡礼記も引き続き併載、出羽百観音完全制覇の巡礼ガイド決定版。

◇置賜三十三観音御納経帳　横山孝著　横山孝　2011.3　1冊（頁付けなし）21×30cm

026　尾花沢大石田三十三観音霊場

【概　要】1893（明治26）年、山形県北西部に位置する尾花沢市と大石田町に、"新西国三十三観音"として開創された。当時は、身近な地に観音さまの聖地を創り、民衆に二世安楽のご縁を結せようとしたという。年に一度の例大祭が10月18日に霊場を回って開催される。1993（平成5）年、開創100周年記念に別当会が結成された。

【札所名】(1)向川寺（北村山郡大石田町）、(2)横山 里（北村山郡大石田町）、(3)高松院（北村山郡大石田町）、(4)曹源院（北村山郡大石田町）、(5)乗船寺（北村山郡大石田町）、(6)西光寺（北村山郡大石田町）、(7)龍昌寺（尾花沢市尾花沢上町）、(8)知教寺内 尾花沢薬師堂（尾花沢市）、(9)知教寺（尾花沢市）、(10)観音堂（尾花沢市）、(11)巣林寺（尾花沢市）、(12)宝鏡院（尾花沢市）、(13)岩松院（北村山郡大石田町）、(14)普門寺（北村山郡大石田町）、(15)延命寺（北村山郡大石田町）、(16)地福寺（北村山郡大石田町）、(17)種林寺（尾花沢市）、(18)長泉寺（尾花沢市）、(19)東光寺（尾花沢市）、(20)水月庵（田沢公民館）（尾花沢市）、(21)観音堂（尾花沢市）、(22)清印寺（尾花沢市）、(23)東照寺（尾花沢市）、(24)全尭院（尾花沢市）、(25)樹泉寺（尾花沢市）、(26)実相院（尾花沢市）、(27)円照寺（尾花沢市）、(28)龍泉寺（尾花沢市）、(29)金城寺（尾花沢市）、(30)龍護寺（尾花沢市）、(31)新町地蔵堂（尾花沢市）、(32)延命寺（尾花沢市）、(33)薬師寺（尾花沢市）、（番外）青松寺（北村山郡大石田町）

【掲載事典】霊巡

◇尾花沢大石田三十三観音新西国御詠歌　尾花沢大石田三十三観音札所別当会編　尾花沢大石田三十三観音札所別当　1989.12　82p　19cm

027　上山三十三観音霊場

【概　要】上山の三十三観音霊場は、1733（享保18）年、一声山称念寺の第9世快全上人の発願によると伝えられる。御詠歌は光明寺第22世海知上人の作とされる。観音堂には堂前に石の鳥居があるものがあり、出羽三山信仰の影響が感じられる。大正時代にはお家三十三観音とも呼ばれたという。

【札所名】(1)湯ノ神観音 観音寺（上山市十日町）、(2)長清水観音 円通寺（上山市）、(3)高松村観音（上山市）、(4)石曽根村観音（上山市）、(5)川口村若松観音（上山市）、(6)川口村いわや観音（上山市）、(7)小穴村観音 蓬莱院（上山市）、(8)細谷観音 春光院（上山市）、(9)下関根村観音（上山市）、(10)中関根村（相生）観音（上山市）、(11)上関根村（三上）観音 延命寺（上山市）、(12)皆沢村（京塚）観音（上山市）、(13)楢下村観音（上山市）、(14)小笹村小豆森観音（上山市）、(15)大門村観音（上山市）、(16)菖蒲村観音（上山市）、(17)萱ヶ平観音（上山市）、(18)大久保村（久保川村）観音（上山市）、(19)小笹村観音（上山市）、(20)牧野村観音（上山市）、(21)上生居村観音（上山市）、(22)中生居村観音 大慈院（上山市）、(23)下生居村観音（上山市）、(24)下生居村峯岸観音（上山市）、(25)宮脇村観音（上山市）、(26)宮脇村竹の下観音（上山市）、(27)金沢村（金生）観音

山形県

（上山市），(28) 永野村観音（上山市），(29) 小倉村観音（上山市），(30) 権現堂村観音（上山市），(31) 芦の口（足の口）観音（上山市），(32) 金谷村観音（上山市），(33) 北町（称念寺）観音（上山市北町），（番外）柳下観音（上山市），（元札納）外原（森の）観音（上山市）
【掲載事典】霊大

◇上山三十三観音　寺尾満著　上山郷土史　19cm
研究会編　寺尾まさ子　1998.2　107p

028　上山七福神
【概　要】山形県上山市の8ヶ寺が集まって結成された七福神霊場。布袋尊が久昌寺と川口寺の2か所にあるため、上山七福神八霊場ともいう。拝観は通年対応で、車での巡拝所要時間は約2時間の行程。
【札所名】(1) 福禄寿　長龍寺（上山市），(2) 弁財天　大慈院（上山市），(3) 布袋尊　久昌寺（上山市），(4) 恵比須　龍谷寺（上山市），(5) 大黒天　延命寺（上山市），(6) 寿老尊　圓通寺（上山市），(7) 毘沙門天　蓬莱院（上山市），(8) 布袋尊　川口寺（上山市）
【掲載事典】霊大，霊巡，日七

029　さくらんぼ七福神
【概　要】さくらんぼの産地である山形県の7ヶ寺が集まってできた七福神霊場である。拝観は通年対応。手ぬぐい、湯飲み、土鈴など七福神グッズの販売もある。
【札所名】恵比寿　岩松寺（西村山郡西川町），大黒天　永昌寺（西村山郡河北町），毘沙門天　禅会寺（東根市），弁財天　本源寺（東根市），布袋尊　満福寺（寒河江市），寿老人　泉蓮寺（寒河江市），福禄寿　長桂寺（寒河江市）
【掲載事典】霊巡，日七

030　庄内三十三観音霊場
【概　要】山形県北西部の庄内平野に広がる観音霊場。1714（正徳4）年、羽黒山正穏院の空照院胤慶と荒沢寺の経堂院大恵東水が三十三札所を選定し、播磨村（現・鶴岡市）の山伏宝蔵院明慶が西国三十三観音の土を勧誘したことを起源とする。1950（昭和25）年に再編成され、現在の札所は酒田市・鶴岡市・飽海郡遊佐町・東田川郡庄内町・三川町に散在している。
【札所名】（首番）羽黒山　荒沢寺（鶴岡市羽黒町），(1) 羽黒山　正善院（鶴岡市羽黒町），(2) 羽黒山　金剛樹院（鶴岡市羽黒町），(3) 長瀧山　善光寺（東田川郡庄内町），(4) 福地山　長現寺（鶴岡市羽黒町），(5) 桃林山　永鷲寺（鶴岡市），(6) 白狐山　光星寺（東田川郡庄内町），(7) 寺尾山　法光院（鶴岡市），(8) 相尾地蔵院（鶴岡市馬町），(9) 湯殿山　大日坊（鶴岡市），(10) 良茂山　持地院（酒田市日吉町），(11) 見龍山　円通寺（酒田市），(12) 洞瀧山　総光寺（酒田市），(13) 東林山　宝蔵寺（酒田市），(14) 梅枝山　乗慶寺（東田川郡庄内町），(15) 本居山　瀧沢寺（酒田市），(16) 松河山　海禅寺（飽海郡遊佐町），(17) 薬王山　東光寺（酒田市），(18) 生石山　延命寺（酒田市），(19) 鳥海山　龍頭寺（飽海郡遊佐町），(20) 春王山　光国寺（酒田市日吉町），(21) 鳥海山　松葉寺（飽海郡遊佐町），(22) 清流山　洞泉寺（東田川郡三川町），(23) 光国山　勝伝寺（鶴岡市），(24) 萬歳山　冷岩寺（東田川郡庄内町），(25) 明石山　龍宮寺（鶴岡市），(26) 大日山　長福寺（鶴岡市），(27) 大日山　井岡寺（鶴岡市），(28) 新山　龍覚寺（鶴岡市泉町），(29) 修行山　南岳寺（鶴岡市砂田町），(30) 高寺山　照光寺（鶴岡市羽黒町），(31) 湯殿山　注連寺（鶴岡市），(32) 太白山　吉祥寺（鶴岡市），(33) 金峰山　青龍寺（鶴岡市），（番外）慶光山　観音寺（酒田市）
【掲載事典】霊巡，霊典

◇庄内札所庄内三十三観音霊場みちあんな

い 佐藤清敏著　［山形］［佐藤清敏］
1985.4　57p　26cm
◇出羽路の巡礼みちあんない―奥の細道芭
蕉紀行300年記念　佐藤清敏調査　［地
図資料］山形　佐藤清敏　1989.2　地
図2枚：色刷　84×58cm
　目次 出羽路の巡礼みちあんない（最上）　出
羽路の巡礼みちあんない（庄内・置賜）
◇庄内札所霊場　池田宗機著　酒田　み
ちのく豆本の会　1990.4　58p　7.9×
11cm（みちのく豆本）〈限定版〉
◇出羽百観音―やまがた巡礼ガイドブック
最上三十三観音・庄内三十三観音・置賜
三十三観音　後藤博著　みちのく書房編
上山　みちのく書房　1996.8　244p
21cm　1800円　①4-944077-19-X
◇出羽百観音―やまがた巡礼ガイドブック
最上三十三観音・庄内三十三観音・置賜
三十三観音　後藤博著　みちのく書房編
改訂版　山形　みちのく書房　2005.12
245p　21cm　1715円　①4-944077-82-3
　目次 最上三十三観音ガイド（若松観音　山
寺千手院　ほか）　庄内三十三観音ガイド
（羽黒山・荒沢寺　羽黒山・正善院　ほか）
置賜三十三観音ガイド（上小菅観音　高峰
観音　ほか）　出羽百観音ひとり歩き同行
二人（「最上三十三観音」「庄内三十三
観音」ほか）

　内容 平成8年に初版発刊した『出羽百観音』
を全面リニューアル！最上・庄内・置賜
の番外、首番を含めた103霊場すべてを最
新データ、最新地図とともに紹介し、新た
に撮影した写真も加わって、改訂版として
生まれ変わりました。徒歩巡礼記も引き続
き併載、出羽百観音完全制覇の巡礼ガイド
決定版。
◇庄内三十三観音―平成二十二年庄内札所
三十三霊場開創三百年記念御開帳　庄内
三十三観音事務局監修　大風印刷企画・
編集　山形　大風印刷　2011.5　79p
21cm　1429円　①978-4-900866-38-6
◇祈りの繪詞―庄内三十三観音霊場札所め
ぐり　工藤幸治画・著　酒田　メディ
ア・パブリッシング　2016.2　91p
20cm　2500円　①978-4-9907521-9-4
◇山形御朱印を求めて歩く札所めぐり出
羽・庄内ルートガイド　みちのく巡りん
倶楽部著　メイツ出版　2016.10　128p
21cm〈索引あり〉1600円　①978-4-
7804-1774-6
　目次 最上三十三観音霊場（若松（若松寺）
山寺（千手院）　千手堂（吉祥院）　圓應寺
（圓應寺）　唐松（護国寺）　ほか）　庄内三
十三観音霊場（荒澤寺　正善院　金剛樹院
善光寺　長現寺　ほか）
　内容 ご利益いっぱいの札所霊場を詳しくご
紹介します！

---

031 **出羽七福神八霊場**
　【概　要】山形県に位置する七福神霊場。吉祥天を加えた八霊場になっていることが特徴。
同県中部から北部をほぼ一周する行程になっており、全行程は約240km。巡拝所要日数
は車で2日。
　【札所名】福禄寿　慈眼寺（酒田市），布袋尊　松岩寺（東田川郡庄内町），大黒天　冷岩寺（東
田川郡庄内町），吉祥天　永福寺（鶴岡市羽黒町），寿老人　如法寺（新庄市），恵比須神　慈
雲院（鶴岡市），毘沙門天　祥雲寺（村山市），弁財天　建昌寺（山形市）
　【掲載事典】七巡，霊巡，日七，日巡

---

032 **最上三十三観音霊場**
　【概　要】山形県を貫流する最上川流域に広がる観音霊場。伝説によると、羽州探題最上氏
の祖である斯波兼頼より5代目の最上頼宗（1441年没）の娘である光姫の観音信仰を起源
とし、東北で唯一室町時代に成立した観音霊場とされる。現在の札所は戦国大名最上義
光（1546～1614）の頃に成立し、江戸時代中期に順番が確定したという。札所は山形市を
中心に散在し、全行程は徒歩で7泊8日、車で3日。巡拝所要日数は徒歩で7泊8日、車で3日。
　【札所名】(1)若松　鈴立山　若松寺（天童市），(2)山寺　宝珠山　千手院（山形市），(3)千手堂
守国山　吉祥院（山形市），(4)圓應寺　大慈山　圓應寺（山形市宮町），(5)唐松　唐松山　護国
寺（山形市），(6)平清水　清水山　耕龍寺（山形市），(7)岩波　新福山　石行寺（山形市），(8)

山形県

六椹 六椹山 宗福院（山形市鉄砲町），(9)松尾山 金峰山 松尾院（山形市），(10)上の山 水岸山 観音寺（上山市十日町），(11)高松 高松山 光明院（上山市），(12)長谷堂 長谷山 長光院（山形市），(13)三河村 観音山 常福寺（東村山郡山辺町），(14)岡村 金剛山 正法寺（東村山郡中山町），(15)落裳 京集山 観音寺（寒河江市），(16)長岡 長岡山 長念寺（寒河江市），(17)長登 寒江山 長登寺（西村山郡西川町），(18)岩木 恵日山 慈眼院（西村山郡河北町），(19)黒鳥 東根山 秀重院（東根市），(20)小松沢 青蓮山 清浄院（村山市），(21)五十沢 如金山 喜覚寺（尾花沢市），(22)延沢 祥雲山 龍護寺（尾花沢市），(23)六沢 光沢山 円照寺（尾花沢市），(24)上の畑 宝沢山 薬師寺（尾花沢市），(25)尾花沢 弘誓山 養泉寺（尾花沢市梺），(26)川前 川前観音堂（北村山郡大石田町），(27)深堀 深掘観音堂（北村山郡大石田町），(28)塩の沢 塩沢山 曹源院（北村山郡大石田町），(29)大石田 石水山 西光寺（北村山郡大石田町），(30)丹生村 鷹尾山 般若院（尾花沢市），(31)富沢 浪高山 東善院 光清寺（最上郡最上町），(32)月 太郎田 慈雲山 明学院（最上郡最上町），(33)庭月 庭月山 月蔵院（最上郡鮭川村）（番外）世照 臥龍山 天徳寺（最上郡最上町向町）

【掲載事典】癒事，古寺，札所，巡遍，霊大，霊巡，日巡，霊典

◇智底比丘尼物語―最上札所順拝由来記
豊原愛郎著 山形 渡辺嘉兵衛 1976 174p 図 18cm

◇最上三十三観音巡礼記―絵馬をたずねて
渡辺信三著 山形 月刊やまがた社 1981.5 257p 19cm 1500円

◇最上参拾参霊場歴史 石山十四美著 ［天童］［石山智美］1983.8 85p 21cm〈折り込図1枚〉2350円

◇最上新西国三十三観音霊場巡礼道路案内略図 佐藤清敏著 ［山形］［佐藤清敏］1983.11 35p 26cm 非売品

◇最上三十三観音霊場みちあんない 佐藤清敏著 第2修正版 ［山形］［佐藤清敏］1984.3 51p 26cm 非売品

◇最上三十三観音霊場みちあんない 佐藤清敏著 第3修正版 ［山形］［佐藤清敏］1984.8 65p 27cm〈付：各観音霊場交通案内概略，霊場について概要，開創年代，歴史年表〉

◇最上三十三観音順礼始め―光姫物語 豊原愛郎編 山形 豊原愛郎 1987.4 146p 19cm〈折り込図1枚〉非売品

◇最上三十三観音霊場みちあんない―開創555年御開帳記念 2 佐藤清敏調査作成 改訂版 山形 佐藤清敏 1987.4 19p 19×26cm 380円

◇寛政十二年最上三十三観音巡礼記 江口哲夫編 上山 山元郷土史研究会 1987.8 125p 18cm

◇出羽路の巡礼みちあんない―奥の細道芭蕉紀行300年記念 佐藤清敏調査 ［地図資料］山形 佐藤清敏 1989.2 地図2枚：色刷 84×58cm
目次 出羽路の巡礼みちあんない（最上） 出羽路の巡礼みちあんない（庄内・置賜）

◇最上観音巡礼―みちのくの三十三カ所 平幡良雄著 改訂2版 銚子 満願寺教化部 1994.5 160p 19cm〈奥付の書名：最上〉1000円

◇最上三十三観音スケッチ帖 村山義和著 秋田 無明舎出版 1995.2 92p 24cm 2000円 ①4-89544-104-0

◇出羽百観音―やまがた巡礼ガイドブック 最上三十三観音・庄内三十三観音・置賜三十三観音 後藤博著 みちのく書房編 上山 みちのく書房 1996.8 244p 21cm 1800円 ①4-944077-19-X

◇最上三十三観音巡礼記 渡辺信三著 改訂 山形 最上三十三観音霊場別当会 2000.8 233p 19cm〈初版：月刊やまがた社昭和56年刊〉1905円

◇出羽百観音―やまがた巡礼ガイドブック 最上三十三観音・庄内三十三観音・置賜三十三観音 後藤博著 みちのく書房編 改訂版 山形 みちのく書房 2005.12 245p 21cm 1715円 ①4-944077-82-3
目次 最上三十三観音ガイド（若松観音 山寺千手観 ほか） 庄内三十三観音ガイド（羽黒山・荒沢寺 羽黒山・正善院 ほか） 置賜三十三観音ガイド（上小菅観音 高峰観音 ほか） 出羽百観音ひとり歩き同行二人（「最上三十三観音」 「庄内三十三観音」 ほか）

山形県

|内容|平成8年に初版発刊した『出羽百観音』を全面リニューアル！最上・庄内・置賜の番外、首番を含めた103霊場すべてを最新データ、最新地図とともに紹介し、新たに撮影した写真も加わって、改訂版として生まれ変わりました。徒歩巡礼記も引き続き併載、出羽百観音完全制覇の巡礼ガイド決定版。

◇山形御朱印を求めて歩く札所めぐり出羽・庄内ルートガイド　みちのく巡りん倶楽部著　メイツ出版　2016.10　128p　21cm〈索引あり〉1600円 ①978-4-7804-1774-6
|目次|最上三十三観音霊場（若松（若松寺）山寺（千手院）千手堂（吉祥院）圓應寺（圓應寺）唐松（護国寺）ほか）庄内三十三観音霊場（荒澤寺　正善院　金剛樹院　善光寺　長現寺　ほか）
|内容|ご利益いっぱいの札所霊場を詳しくご紹介します！

---

033 **山形七福神**
【概　要】山形県全域にわたる七福神霊場。湯殿山大日坊（真言豊山）（弁財天）は、木食行者・真如海の即身仏が安置されていることでも知られる。
【札所名】恵比寿　不動明王　福王寺（酒田市南千日町），大黒天　甲子大黒天本山（米沢市小野川町），毘沙門天　金比羅毘沙門天梨郷総社（南陽市），弁財天　湯殿山大日坊（瀧水寺）（鶴岡市），布袋尊　猿羽根山地蔵堂（最上郡舟形町），寿老人　居合神社（村山市），福禄寿　諏訪神社（山形市諏訪町）
【掲載事典】霊大，霊巡

◇山形七福神参り道路案内略図　佐藤清敏著　佐藤清敏　1984.1　33p　26cm
◇開運城下町山形七福神　2012　やまがた舞子もてなし委員会，城下町やまがた探検隊協力　山形市観光協会　2012.6　1枚　30cm

---

034 **山形十三仏霊場**
【概　要】山形市をはじめとする山形県内陸部の最上川沿いに点在する十三仏霊場。1992（平成4）年10月に開創された。急げば1日で巡拝可能だが、通常は1泊2日かかる。
【札所名】(1)六椹山　宗福院（山形市鉄砲町），(2)大石乗舩寺（北村山郡大石田町），(3)羽黒山　龍源寺（天童市），(4)三弘山　正源寺（最上郡真室川町新町），(5)芳林山　見性寺（最上郡最上町），(6)弥勒山　弥勒院（西村山郡河北町），(7)大谷山　永林寺（西村山郡朝日町），(8)庭月山　月蔵院（最上郡鮭川村），(9)上町勢至堂（山形市上町），(10)光沢山　誓願寺（寒河江市），(11)臥熊山　天性寺（東村山郡中山町），(12)千歳山　平泉寺（山形市），(13)千歳山　萬松寺（山形市）
【掲載事典】霊大，霊巡，日巡

◇山形十三仏めぐりーよろこび、やすらぎ、そしていのり　みちのく巡礼霊場　山形十三仏霊場会　［2012］1枚　30cm

---

035 **山形百八地蔵尊霊場**
【概　要】山形盆地を中心とする山形県内陸部に位置する地蔵尊霊場。1987（昭和62）年に開創された。
【札所名】(1)萬松寺（山形市），(2)風立寺（山形市），(3)西光寺（山形市小白川町），(4)法来寺（山形市），(5)耕龍寺（山形市），(6)平寺（山形市），(7)石行寺（山形市），(8)耕源寺（山形市），(9)地蔵院（山形市），(10)久昌寺（上山市），(11)延命寺（上山市），(12)浄光寺（上山市），(13)正徳寺（山形市上町），(14)正覚寺（山形市），(15)青林寺（山形市町），(16)浄光寺（山形市相生町），(17)泰蔵寺（山形市宮町），(18)迎接寺（山形市銅町），(19)長源寺（山形市七日町），(20)地蔵院（山形市東原町），(21)梵行寺（山形市三日町），(22)大昌院（山形市あずま町），(23)光禅寺（山形市鉄砲町），(24)誓願寺（山形市八日町），(25)宗福院（山形市鉄砲町），(26)寶光院（山形市八日町），(27)正楽寺（山

山形県

形市幸町),(28)楊柳寺(山形市飯塚町),(29)長泉寺(山形市),(30)広福寺(山形市),(31)高松寺(山形市),(32)吉祥院(山形市),(33)浄土院(山形市),(34)泉福寺(山形市落合町),(35)長谷寺(山形市),(36)高源寺(山形市),(37)正光寺(山形市),(38)天性寺(東村山郡中山町),(39)安国寺(東村山郡山辺町),(40)正福寺(東村山郡山辺町),(41)宗覚院(西村山郡朝日町),(42)福昌寺(西村山郡朝日町),(43)祥光院(西村山郡朝日町),(44)若宮寺(西村山郡朝日町),(45)永林寺(西村山郡朝日町),(46)巨海院(西村山郡大江町),(47)高松寺(西村山郡大江町),(48)長傳寺(西村山郡大江町),(49)光学院(西村山郡大江町),(50)岩松寺(西村山郡西川町),(51)長寿寺(寒河江市),(52)洞興寺(寒河江市),(53)祐林寺(寒河江市七日町),(54)高寺(寒河江市南町),(55)陽春院(寒河江市本町),(56)泉蓮寺(寒河江市),(57)平塩寺(寒河江市),(58)洞光寺(寒河江市),(59)永昌寺(西村山郡河北町),(60)岩松院(西村山郡河北町),(61)清龍寺(西村山郡河北町),(62)定林寺(西村山郡河北町),(63)宿用院(西村山郡河北町),(64)慈眼寺(西村山郡河北町),(65)高福寺(西村山郡河北町),(66)南泉寺(西村山郡河北町),(67)来運寺(天童市),(68)小原寺(天童市),(69)聽流寺(天童市),(70)若松寺(天童市),(71)昌林寺(天童市),(72)長龍寺(天童市),(73)安楽寺(天童市),(74)法体寺(天童市),(75)正法寺(天童市),(76)泉福寺(天童市),(77)常安寺(天童市),(78)東陽寺(東根市神町),(79)長源寺(東根市),(80)龍泉寺(東根市),(81)得性寺(村山市楯岡晦日町),(82)隣正寺(村山市),(83)宝鏡寺(村山市),(84)長松院(村山市),(85)大円院(村山市),(86)向陽寺(村山市),(87)西光寺(北村山郡大田町),(88)普門寺(北村山郡大石田町),(89)龍昌寺(尾花沢市尾花沢上町),(90)龍護寺(尾花沢市),(91)延命寺(尾花沢市),(92)巣林寺(尾花沢市),(93)光清寺(最上郡最上町),(94)松林寺(最上郡最上町),(95)天徳寺(最上郡最上町向町),(96)福昌寺(最上郡舟形町),(97)林昌院(最上郡舟形町),(98)積雲寺(新庄市),(99)清林寺(最上郡戸沢村),(100)月蔵院(最上郡鮭川村),(101)雲徳寺(最上郡鮭川村),(102)正源寺(最上郡真室川町新町),(103)滝応寺(最上郡真室川町),(104)會林寺(新庄市十日町),(105)英照院(新庄市十日町),(106)長泉寺(新庄市鉄砲町),(107)如法寺(新庄市),(108)定泉寺(最上郡舟形町).
【掲載事典】霊大,霊巡

山形県の霊場

◇新庄地廻観音巡り　伊藤九左エ門著　新庄　伊藤九左エ門　1982.10　50p　22cm

◇最上四十八ケ所地蔵菩薩霊場巡礼道路略図　佐藤清敏著　[山形][佐藤清敏]　1983.10　43p　26cm〈監修:梅津孝顕〉非売品

◇山形三十三観音霊場巡礼道路案内略図　佐藤清敏著　[山形][佐藤清敏]　1983.10　21p　26cm　非売品

◇最上四十八カ所地蔵菩薩霊場巡礼道路略図　佐藤清敏著　山形　定泉寺　1985.8　72p　26cm〈監修:梅津孝顕,付・経典及御詠歌〉

◇新庄地廻り三十三観音七所明神巡礼案内　伊藤妙子著　大友義助監修　[新庄][伊藤妙子]　2001.3　94p　21cm〈奥付のタイトル:新庄地廻り三十三観音と七所明神〉

◇羽前上ノ山四十八地蔵菩薩巡礼―慈悲の心を求めて　加藤和徳著　[山形]　村山民俗学会　2009.10　125p　21cm(蓬莱波形山叢書)

《福島県》

036 会津五色不動尊霊場
【概　要】福島県会津地方の5つの密教寺院により1989（平成元）年に開創された不動尊霊場。宇宙は大日如来の体であり地（黄）・水（白）・火（赤）・風（黒）・空（青）の五元・五色から成り立っているとの密教の教えに基づいており、心身若返りの御利益があるとして、「会津曼荼羅若がえり五色不動尊めぐり」と称している。巡拝所要日数は周辺の観光も兼ねて1泊2日。
【札所名】出発不動 如法寺（耶麻郡西会津町），奮起不動 西勝寺（耶麻郡猪苗代町），離脳不動 龍興寺（大沼郡会津美里町），慈愛不動 慈恩寺（福島市春日町），青春不動 常楽院（南会津郡南会津町）
【掲載事典】霊大，霊巡，日巡

037 会津ころり三観音霊場
【概　要】福島県の会津地方に位置する観音霊場。巡礼することにより仏教において克服するべきものとされる三毒（貪＝むさぼること・瞋＝いかること・癡＝おろかなことの3つの煩悩）が消え、心の安らぎや健康長寿を得、やがて「ころり」と安楽往生がかなうとされる。成立時期は明らかでない。三観音に加え、付近の伊佐須美神社・大山祇神社・円蔵寺を巡拝する人がいる。巡拝所要日数は1泊2日。
【札所名】立木観音 金塔山 恵隆寺（河沼郡会津坂下町），鳥追観音 金剛山 妙法寺（耶麻郡西会津町），中田観音 普門山 弘安寺（大沼郡会津美里町）
【掲載事典】霊大，霊巡

◇会津ころり三観音—鳥追観音・立木観音・中田観音　歴史春秋社編　歴史春秋社出版　1980.6　15p（図版共）26cm

◇会津観音巡礼—よみがえる三十三カ所　平幡良雄著　改訂2版　銚子　満願寺教化部　1994.5　96p　19cm〈奥付の書名：会津〉800円

038 会津三十三観音霊場
【概　要】福島県の会津地方に位置する観音霊場。会津松平家の祖である保科正之が1643（寛永20）年に会津若松23万石に入封した後、当時盛んだった伊勢参りや西国三十三観音巡りなどにより多額の費用が領外に流出するのを防ぐため、藩内に三十三所を定めたと伝えられる。札所は会津盆地を中心に、一部はその周辺の山際に点在し、会津地方奥地には存在しない。全行程は約187km。巡拝所要日数は車で2泊3日、徒歩で7泊8日。
【札所名】(1) 大木 紅梅山 常安寺（喜多方市塩川町），(2) 松野 物宝山 良縁寺（喜多方市慶徳町），(3) 綾金 長流山 金泉寺（喜多方市豊川町），(4) 高吉 吉例山 徳勝寺（喜多方市豊川町），(5) 熱塩 護法山 示現寺（喜多方市熱塩加納町），(6) 勝 松島山 勝福寺（喜多方市関柴町），(7) 熊倉 紫雲山 光明寺（喜多方市熊倉町），(8) 竹屋 大雲山 観音寺（喜多方市塩川町），(9) 遠田 福聚山 大光寺（喜多方市塩川町），(10) 勝常 瑠璃光山 勝常寺（河沼郡湯川村），(11) 東原 流古山 万蔵寺（河沼郡会津坂下町），(12) 田村山 福聚山 養泉寺（会津若松市北会津町），(13) 舘 福聚山 観音寺（会津若松市北会津町），(14) 下荒井 松命山 蓮華寺（会津若松市北会津町），(15) 高瀬 吉高山 福昌寺（会津若松市神指町），(16) 平沢 広沢山 国姓寺（会津若松市町北町），(17) 中ノ明 妙吉山 密蔵院（会津若松市町北町），(18) 滝沢 一箕山 滝沢寺（会津若松市一箕町），(19) 石塚 石塚山 蓮台寺（会津若松市城西町），(20) 御山 神護山 照谷寺（会津若松市門田町），(21) 左下り 左下山 観音寺（大沼郡会津美里町），(22) 相川 空窪山 自福寺（大沼郡会津美里町），(23) 高倉 高倉山 法華寺

福島県

（大沼郡会津美里町），(24)関山 日當山 日輪寺（大沼郡会津美里町），(25)領家 延命山 常楽寺（大沼郡会津美里町），(26)富岡 日用山 福生寺（大沼郡会津美里町），(27)大岩 牛伏山 仁王寺（大沼郡会津美里町），(28)高田 高田山 天王寺（大沼郡会津美里町），(29)雀林 雷電山 法用寺（大沼郡会津美里町），(30)中田 普門山 弘安寺（大沼郡会津美里町），(31)立木（塔寺）観音堂 金塔山 恵隆寺（河沼郡会津坂下町），(32)青津 示現山 正徳寺（河沼郡会津坂下町），(33)御池 羽黒山 西光寺（河沼郡会津坂下町），(番外1)浮身 道樹山 龍興寺（大沼郡会津美里町），(番外2)柳津 霊巌山 圓蔵寺（喜多方市塩川町），(番外3)鳥追 金剛山 如法寺（耶麻郡西会津町）
【掲載事典】札所，巡遍，霊大，霊巡，日巡

◇会津三十三所観音記―カラー版　栗城喜代蔵著　4版　会津若松　学習社　1989.3　1冊（頁付なし）26cm〈限定版〉

◇会津三十三観音札所と塩川町寺院の御詠歌集　佐藤一男編著　［塩川町（福島県）］［佐藤一男］1990.2　83p　21cm

◇会津観音巡礼―よみがえる三十三カ所　平幡良雄著　改訂2版　銚子　満願寺教化部　1994.5　96p　19cm〈奥付の書名：会津〉800円

039　会津七福神

【概　要】会津若松市を中心に福島県会津・郡山地方の広い範囲に散在する七福神霊場。1987（昭和62）年に旧会津領の寺社により開創された。全行程は約60km。車での巡拝所要時間は約5時間。

【札所名】弁財天 長福寺（郡山市湖南町），恵比須天 圓蔵寺（河沼郡柳津町），寿老福神 伊佐須美神社（大沼郡会津美里町），大黒天 会津薬師寺（大沼郡会津美里町），福禄寿 建福寺（会津若松市），布袋尊 大龍寺（会津若松市），毘沙門天 天寧寺（会津若松市東山町）

【掲載事典】七巡，全七，霊大，霊巡，日七

040　安積三十三霊場

【概　要】「安積三十三霊所物語」の序文によれば，昭和初期の恐慌期に人心の不安を抑えようと，当時の郡山仏教会が中心となって，仏教布教を兼ね，巡礼歌を定めたものであるという。農閑期などを利用した巡礼が行われ，諸縁吉祥や所願成就を祈ったという。

【札所名】(1)高岳山 如法寺（郡山市堂前町），(2)光明山 善導寺（郡山市），(3)清水山 大慈寺（郡山市），(4)楽永山 円寿寺（郡山市），(5)光明院（郡山市），(6)大邦山 小原寺（郡山市），(7)高照庵 子安堂（郡山市），(8)来迎山 天性寺（郡山市安積町），(9)公明山 宝光寺（郡山市安積町），(10)光邦山 徳成寺（郡山市安積町），(11)駒屋山 廣安寺（郡山市三穂田町），(12)来迦山 光伝寺（郡山市三穂田町），(13)金宝山 普賢寺（郡山市三穂田町），(14)八幡山 護国寺（郡山市三穂田町），(15)富岡山 西光寺（郡山市三穂田町），(16)大慶山 宗福寺（郡山市三穂田町），(17)天湯山 正法寺（郡山市三穂田町），(18)普門山 勝音寺（郡山市逢瀬町），(19)磐石山 長泉寺（郡山市大槻町），(20)高広山 善昌寺（郡山市逢瀬町），(21)深谷山 広修寺（郡山市片平町），(22)矢作山 岩蔵寺（郡山市片平町），(23)霊鵞鷲山 常居寺（郡山市片平町），(24)清凉山 慈音寺（郡山市熱海町），(25)医王山 竜角寺（郡山市喜久田町），(26)八幡山 西泉寺（郡山市喜久田町），(27)小室山 福田寺（郡山市喜久田町），(28)広沢山 西方寺（郡山市日和田町），(29)恵日山 保福寺（郡山市日和田町），(30)恵実山 本栖寺（郡山市富久山町），(31)金剛寺（郡山市富久山町），(32)西光寺（郡山市富久山町），(33)無量山 阿弥陀寺（郡山市富久山町）

◇安積三十三霊所物語　吉田元吉著　田中正能編　［郡山］吉田栄吉　1989.11　121p　19cm〈参考書目：p119，著者の肖像あり〉

041　安達三十三観音霊場

福島県

【概　要】安達三十三観音めぐりには、安達地方の観光名所が抜粋され、とくに14番札所観世寺には「奥州安達ヶ原」の鬼女伝説の「鬼婆の石像」がある。奈良～平安頃の創建と伝えられる由緒ある札所も含まれる。
【札所名】(1)木幡山 治陸寺(二本松市)、(2)光明山 善導寺(二本松市)、(3)月夜山 最勝寺(二本松市)、(4)松尾山 愛蔵寺(二本松市)、(5)月光山 永昌寺(二本松市)、(6)江月山 長泉寺(二本松市)、(7)新殿山 福田寺(二本松市)、(8)熊野山 息王寺(二本松市)、(9)屏風山 観音寺(二本松市)、(10)菩提山 西念寺(二本松市)、(11)瑞松山 東禅寺(二本松市)、(12)法性山 梅松寺(二本松市)、(13)久安山 観音寺(二本松市)、(14)真弓山 観世寺(二本松市)、(15)安達太良山 円東寺(二本松市)、(16)長谷山 長谷観音(二本松市)、(17)摩尼山 遍照尊光(二本松市)、(18)亀谷山 千手院(二本松市)、(19)慧日山 光現寺(二本松市)、(20)二松山 称念寺(二本松市)、(21)浅間山 塩沢寺(二本松市)、(22)永松山 龍泉寺(二本松市)、(23)神竜山 松岡寺(二本松市)、(24)正覚寺 法輪寺(二本松市)、(25)甘露山 珊瑚寺(二本松市)、(26)龍山 光恩寺(二本松市杉田町)、(27)薬師堂 龍泉寺(二本松市)、(28)安達太良山 相応寺(安達郡大玉村)、(29)高玉山 常円寺(郡山市熱海町)、(30)塩波山 日輪寺(本宮市)、(31)高松山 観音寺(本宮市)、(32)白岩山 金礼寺(本宮市)、(33)岩角山 岩角寺(本宮市)
【掲載事典】霊大

◇安達三十三観音霊場巡礼日程表　天台宗鏡石寺巡礼会著　天台宗鏡石寺巡礼会　[出版年不明]
◇安達三十三観音御詠歌―霊場巡拝案内　菅野啓蔵[著]　[二本松]　菅野啓蔵　[1988]　1冊　26cm
◇安達三十三所観音霊場 巡礼ガイド その4　植田辰年著　植田辰年　[1993]　36, 6p　26cm
◇ふる里福島路 巡礼―Uターン歓迎墓地情報　細田栄治編　仏教文化振興会　1995.3　148p(図版共)　26cm
◇二本松郷土史研究会資料集　第17巻　安達三十三観音巡り　[二本松]　二本松郷土史研究会　2008.10　1冊(ページ付なし)　26cm

042 磐城三十三観音
【概　要】1518(永正15)年、佐渡の沙弥宗永が、関東巡礼途上の磐城郡高野(現いわき市)で杉成観音の霊夢を受け、磐城三十三ヶ所霊場巡りをしたのがそのはじまりであるという。
【札所名】(1)普門寺 北目観音堂(いわき市)、(2)医王寺 天津観音堂(いわき市)、(3)寿司平 北郷童堂(いわき市内郷畷町)、(4)白水阿弥陀堂 つるし観音堂(いわき市内郷白水町)、(5)法海寺 湯之嶽観音堂(いわき市常磐藤原町)、(6)高蔵寺 高蔵観音堂(いわき市高倉町)、(7)法田寺 法田観音堂(いわき市山田町)、(8)蛭田通家 富澤観音堂(いわき市川部町)、(9)清水嘉七家 佛護山観音堂(いわき市山玉町)、(10)出蔵寺 出蔵観音堂(いわき市勿来町)、(11)松山寺 関田観音堂(いわき市勿来町)、(12)篠原理男家 鮫川観音堂(いわき市錦町)、(13)三戸満家 下川天狗堂(いわき市泉町)、(14)梵音寺 笛ヶ森観音堂(いわき市錦町)、(15)禅福寺 柳澤観音堂(いわき市)、(16)金光寺 久保中山観音堂(いわき市鹿島町)、(17)箱崎孝平家 高照観音堂(いわき市鹿島町)、(18)賢沼寺 沼之内観音堂(いわき市)、(19)安祥院 下大越観音堂(いわき市)、(20)増福寺 龍沢観音堂(いわき市)、(21)大運寺 日吉観音堂(いわき市)、(22)鈴木和夫家 朝日観音堂(いわき市)、(23)忠教寺 石森観音堂(いわき市)、(24)中根久一家 堂の作観音堂(いわき市)、(25)松崎昌幸家 青瀧観音堂(いわき市)、(26)渡辺徳幸家 高野坂観音堂(いわき市)、(27)馬上忠雄家 苗取観音堂(いわき市)、(28)恵日寺 玉山観音堂(いわき市四倉町)、(29)如来寺 小security山観音堂(いわき市四倉町)、(30)宝林寺 小久観音堂(いわき市大久町)、(31)成徳寺 折木観音堂(双葉郡広野町)、(32)修行院 岩下観音堂(双葉郡広野町)、(33)保應寺 岩井戸観音(双葉郡富岡町)
【掲載事典】古寺, 霊典

◇歩いて磐城三十三観音　ロング・ス

福島県

ロー・ディスタンス—走るに勝る薬なし、走るに追いつく病なし　鈴木秀ヲ著　220p　20cm　1142円　①978-4-904724-01-9
いわき　八幡印刷出版部雄峰舎　2011.8

---

043 いわき七福神
【概　要】1975(昭和50)年頃、福島県いわき市内の臨済宗妙心寺派の7ヶ寺が集まって開創した七福神霊場。
【札所名】弁財天 龍光寺(いわき市久之浜町)，恵比寿 波立寺(いわき市久之浜町)，寿老人 長興寺(いわき市好間町)，大黒天 聖樹院(いわき市内郷御厩町)，福禄寿尊 建徳寺(いわき市常磐藤原町)，毘沙門天 妙光寺(いわき市遠野町)，布袋尊 龍春寺(いわき市瀬戸町)
【掲載事典】全七，霊巡，日七

---

044 信夫新西国三十三観世音菩薩札所
【概　要】信夫新西国三十三観世音菩薩札所は、旧信夫郡の領域を含む福島市福島盆地の観世音を祀る33寺から成る。1928(昭和3)年開創。
【札所名】(1)常光寺(福島市清明町)，(2)真浄院(福島市清明町)，(3)誓願寺(福島市五月町)，(4)東安寺(福島市早稲町)，(5)大円寺(福島市)，(6)到岸寺(福島市大町)，(7)龍鳳寺(福島市腰浜町)，(8)宝積寺(福島市舟場町)，(9)長楽寺(福島市舟場町)，(10)宝林寺(福島市御倉町)，(11)常徳寺(福島市柳町)，(12)永京寺(福島市)，(13)満願寺(福島市黒岩上ノ町)，(14)長寿院(福島市)，(15)仲興寺(福島市清水町)，(16)常光院(福島市松川町)，(17)浅川観音堂(明宝院)(福島市松川町)，(18)永仁寺(福島市松川町)，(19)松川原観音堂(常円寺)(福島市松川町)，(20)常円寺(福島市松川町)，(21)西光寺(福島市松川町)，(22)関谷前越観音堂(盛林寺)(福島市松川町)，(23)陽泰寺(福島市)，(24)永井川光白観音堂(好国寺)(福島市)，(25)陽林寺(福島市)，(26)好国寺(福島市)，(27)陽泉寺(福島市)，(28)成川仲ノ内観音堂(円通院)(福島市大森本町)，(29)正眼寺(福島市)，(30)円光寺(福島市野田町)，(31)佛母寺(福島市)，(32)光徳寺(福島市)，(33)八幡寺(円蔵院)(福島市飯坂町)
【掲載事典】霊大

◇ふる里福島路 巡礼—Uターン歓迎墓地情報　細田栄治編　仏教文化振興会　1995.3　148p(図版共)　26cm

---

045 信達三十三観音霊場
【概　要】福島県中通り北部の信夫郡(現・福島市)と伊達郡(現・伊達市および伊達郡)にまたがることから信達と名付けられた観音霊場。成立時期には諸説あるが、江戸時代初期とする説が有力。札所のうち8ヶ所は法相宗の学僧である徳一が開基した寺で、他に戦国大名伊達氏ゆかりの寺、養蚕業に関わる蚕神・馬頭観音養蚕童子などを遺す寺が多い。巡拝所要日数は車で3日。信達三十三観世音菩薩札所。
【札所名】(1)大蔵寺(福島市)，(2)安洞院(福島市)，(3)薬王寺(福島市)，(4・5)円通寺(福島市)，(6)慈徳寺(福島市)，(7)東源寺(福島市)，(8)清水寺(福島市)，(9)大福寺(福島市)，(10)安楽寺(福島市)，(11)天王寺(福島市飯坂町)，(12)無能寺(旧満願寺)(福島市飯坂町)，(13)龍源寺(福島市瀬上町)，(14)宝寿寺(伊達市)，(15)明智寺(福島市飯坂町)，(16・17)桑原寺(伊達郡桑折町)，(18)慈雲寺(伊達郡桑折町)，(19)観音寺(伊達郡桑折町)，(20)松蔵寺(伊達郡国見町)，(21)福源寺(伊達郡国見町)，(22)大聖寺(伊達郡桑折町)，(23)光台寺(伊達市)，(24・25)長谷寺(伊達市保原町)，(26)高福寺(伊達市保原町)，(27)明福寺(伊達市保原町)，(28)三乗院(伊達市霊山町)，(29)霊山寺(伊達市霊山町)，(30)称名寺(伊達市梁川町)，(31)龍宝寺(伊達市梁川町)，(32)龍沢寺(伊達市梁川町)，(33)龍宝寺(伊達市梁川町)

【掲載事典】古寺，霊大

◇信夫の里札所めぐり―新しい眼で見る信夫・伊達の霊場　梅宮茂著　2版　福島　信楽社　1991.7　160p　19cm（新発見福島遍路）1300円

◇ふる里福島路 巡礼―Uターン歓迎墓地情報　細田栄治編　仏教文化振興会　1995.3　148p（図版共）26cm

◇信達三十三観音めぐり　鐵貞雄講師　福島市三河台公民館　1998.5　31p　26cm

◇ドライブでゆく信達三十三観音のみち　太田隆夫監修　村井幸三著　福島　福島リビング新聞社　2002.6　147p　21cm　1200円

◇心の友―信達三十三観音めぐり　井桁芳郎著　井桁芳郎　2002.8　87p　21cm

◇山門をくぐりて　［井桁芳郎］［著］福島　井桁芳郎　2004.10　86p　21cm

◇信達三十三観音膝栗毛―札所巡りガイド　ややまひろし著　福島　福島民報社　2005.5　187p　20cm　1200円　①4-939053-69-5

◇信達三十三観音霊場納経帳　梅津喜雄編者　改訂三版　梅津喜雄　2006.9　1冊　19cm

◇二本松郷土史研究会資料集　第18巻　奥州三十三観音巡りと信達の里札所巡り　二本松　二本松郷土史研究会　2008.11　1冊（ページ付なし）26cm

◇信達三十三観音札所 かんのんさま―静かな山あいの観音霊場を訪ねる旅　梅宮茂著　信楽社　2011.3　160p　19cm

---

046 **信達坂東三十三観世音菩薩札所**

【概　要】福島市（信夫）と伊達郡の観世音をまつる33寺から成る。22番札所観音寺は858（天安2）年慈覚大師の高弟道叡和尚が、吉野山の白滝の中から出現した聖観音菩薩（長野善光寺形）を本尊として開山したと伝えられるほか、第10番泉性院は1265（文永2）年開山、第17番清水寺は1615（元和元）年建立など、由緒ある寺院がある。

【札所名】(1)慈恩寺（福島市春日町）,(2)観音寺（福島市仲間町）,(3)観音寺（岩谷観音）（福島市）,(4)正福寺（福島市）,(5)大覚院（福島市）,(6)鎌秀院（福島市）,(7)元・養福院（福島市）,(8)鎌秀院（福島市）,(9)金源寺（福島市）,(10)泉性院（福島市）,(11)法伝寺（福島市飯坂町）,(12)元・法道院（福島市飯坂町）,(13)教法院（福島市飯坂町）,(14)金剛院（福島市飯坂町）,(15)東禅寺（福島市）,(16)大福寺（福島市）,(17)清水寺（福島市）,(18)東泉寺（福島市）,(19)覚寿院（福島市）,(20)長勝寺（福島市）,(21)和正院（福島市）,(22)観音寺（福島市）,(23)大林寺（福島市）,(24)桜本寺（福島市）,(25)桜本寺（福島市）,(26)定龍寺（伊達郡桑折町）,(27)泉秀寺（伊達郡国見町泉目立町）,(28)泉秀寺（伊達郡国見町泉目立町）,(29)長泉寺（伊達郡国見町）,(30)龍沢寺（伊達市梁川町）,(31)久昌寺（伊達市霊山町）,(32)慶福寺（福島市飯坂町）,(33)常泉寺（福島市飯坂町西滝ノ町）

【掲載事典】霊大

◇ふる里福島路 巡礼―Uターン歓迎墓地情報　細田栄治編　仏教文化振興会　1995.3　148p（図版共）26cm

---

047 **福島浜三郡七福神**

【概　要】平成の初めに福島県の浜三郡（いわき、双葉、相馬）の7ヶ寺で結成された七福神霊場。7年に一度、例大祭を開催する。

【札所名】寿老福神 医王寺（いわき市）,恵比須神 宝蔵寺（いわき市）,毘沙門天 長源寺（いわき市）,布袋尊 慈眼寺（双葉郡富岡町）,大黒天 金性寺（南相馬市）,福禄寿 法輪寺（いわき市常磐藤原町）,弁財尊天 摂取院（相馬市）

福島県

【掲載事典】霊巡, 日七

048 福島百八地蔵尊霊場
【概　要】福島県の地蔵尊を訪ねるもので、札所は県内の広い地域に点在する。
【札所名】(1)普門院 観音寺(福島市),(2)好国寺(福島市),(3)常光院(福島市松川町),(4)東源寺(福島市),(5)東泉寺(福島市),(6)大林寺(福島市),(7)清水寺(福島市),(8)薬王寺(福島市),(9)宝積寺(福島市舟場町),(10)円満寺(福島市),(11)常円寺(福島市),(12)安洞院(福島市),(13)宝積寺(伊達郡桑折町),(14)大安寺(伊達郡桑折町),(15)龍興寺(大沼郡会津美里町),(16)清龍寺(大沼郡会津美里町),(17)福泉寺(大沼郡会津美里町),(18)法用寺(大沼郡会津美里町),(19)弘安寺(大沼郡会津美里町),(20)龍門寺(大沼郡会津美里町),(21)萬願寺(南会津郡下郷町),(22)円福寺(南会津郡下郷町),(23)徳昌寺(南会津郡南会津町),(24)正法寺(大沼郡昭和村),(25)大泉寺(南会津郡南会津町),(26)西隆寺(大沼郡三島町),(27)西光寺(耶麻郡西会津町),(28)恵隆寺(河沼郡会津坂下町),(29)延命寺(会津若松市河東町),(30)大光寺(喜多方市塩川町),(31)示現寺(喜多方市熱塩加納町),(32)秀安寺(会津若松市一箕町),(33)正法寺(会津若松市東山町),(34)恵倫寺(会津若松市),(35)泰雲寺(会津若松市門田町),(36)照谷寺(会津若松市門田町),(37)円福寺(岩瀬郡天栄村),(38)白山寺(須賀川市),(39)宝泉院(岩瀬郡鏡石町),(40)雲月寺(西白河郡泉崎村),(41)観音寺(白河市),(42)関川寺(白河市愛宕町),(43)永蔵寺(白河市本町),(44)長寿寺(白河市本町),(45)龍蔵寺(白河市年貢町),(46)正金寺(白河市),(47)常在院(白河市),(48)賢瑞院(東白川郡塙町),(49)如意輪寺(白川郡棚倉町),(50)蔵光寺(白川郡棚倉町),(51)乗蓮寺(石川郡石川町),(52)長泉寺(石川郡石川町),(53)繁松院(石川郡石川町),(54)東福寺(石川郡玉川村),(55)長慶寺(石川郡玉川村),(56)金勝院 千用寺(須賀川市北町),(57)長禄寺(須賀川市諏訪町),(58)保泉寺(田村郡小野町小野新町),(59)光明寺(田村郡小野町),(60)松縁寺(田村郡小野町),(61)剛叟寺(田村市滝根町),(62)真照寺(田村郡三春町新町),(63)法蔵寺(三春町荒町),(64)広度寺(郡山市西田町),(65)西方寺(郡山市日和田町),(66)上合寺(郡山市熱海町),(67)常円寺(郡山市熱海町),(68)石雲寺(本宮市),(69)光恩寺(二本松市杉田町),(70)正法寺(二本松市),(71)龍泉寺(二本松市),(72)観音寺(二本松市),(73)円東寺(二本松市),(74)最勝寺(二本松市),(75)大円寺(伊達郡川俣町),(76)三乗院(伊達市霊山町),(77)霊山寺(伊達市霊山町),(78)法輪寺(相馬郡新地町),(79)摂取院(相馬市),(80)興仁本(相馬市),(81)泉龍寺(南相馬市原町区),(82)岩屋寺(南相馬市原町区),(83)大聖寺(双葉郡浪江町),(84)観音寺(双葉郡浪江町),(85)遍照寺(双葉郡大熊町),(86)慈眼寺(双葉郡富岡町),(87)林蔵寺(双葉郡広野町),(88)成徳寺(双葉郡広野町),(89)宝林寺(いわき市大久町),(90)長隆寺(いわき市四倉町),(91)最勝院(いわき市四倉町),(92)光円寺(いわき市),(93)宝蔵寺(いわき市),(94)安養寺(いわき市小名浜下明神町),(95)真浄院(いわき市),(96)長宗寺(いわき市常磐長孫町),(97)松山寺(いわき市勿来町),(98)宝徳院(いわき市後田町),(99)建瀧寺(いわき市遠野町),(100)観音院 円通寺(いわき市遠野町),(101)長寿院(いわき市好間町),(102)長源寺(いわき市),(103)菩提院(いわき市平古鍛冶町),(104)良善寺(いわき市平古鍛冶町),(105)医王寺(いわき市),(106)満蔵寺(いわき市内郷小島町),(107)清光院(いわき市内郷町),(108)願成寺(いわき市内郷白水町)。
【掲載事典】霊大

◇ふる里福島路百八地蔵尊霊場めぐり　仏教文化通信編集部編　仙台　仏教文化振興会　1988.9　229p　21cm　1200円

049 町廻り三十三観音
【概　要】会津若松市鶴ヶ城下町に所在する三十三観音で、宝永年間に創始されたものと伝

わる。「若松三十三観音」「城廻り三十三観音」「三十三所札所」とも。
【札所名】(1)興徳寺(会津若松市),(2)松栄寺(会津若松市),(3)玉泉寺(廃寺)(会津若松市),(4)長源寺(廃寺)(会津若松市),(5)円満寺(廃寺)(会津若松市),(6)宝積寺(会津若松市),(7)観音寺(会津若松市大町),(8)実相寺(会津若松市),(9)浄国寺(廃寺)(会津若松市),(10)観音堂(廃寺)(会津若松市),(11)文明寺(廃寺)(会津若松市),(12)融通寺(会津若松市),(13)東明寺(廃寺)(会津若松市),(14)秀長寺(会津若松市),(15)持宝院(廃寺)(会津若松市),(16)称名寺(廃寺)(会津若松市),(17)見性寺(会津若松市),(18)誓願寺(廃寺)(会津若松市),(19)自在院(会津若松市),(20)長楽寺(廃寺)(会津若松市),(21)弘長寺(会津若松市),(22)妙音寺(廃寺)(会津若松市),(23)城安寺(廃寺)(会津若松市),(24)阿弥陀寺(会津若松市),(25)長福寺(会津若松市),(26)安養院(会津若松市),(27)弘真院(会津若松市),(28)法林寺(廃寺)(会津若松市),(29)高巌寺(会津若松市),(30)千手院(会津若松市),(31)紫雲寺(会津若松市),(32)常光寺(会津若松市),(33)一桂院(桂松院)(会津若松市)

◇町廻り三十三観音札所　会津若松　婦人郷土研究会　1982.4　80p　21cm　800円

福島県の霊場

◇会津二十一地蔵尊霊場　宗教グラフ情報社編　[会津若松]　会津二十一地蔵尊霊場会　1988.6　70p　19cm　300円
◇仙道三十三観音札所―ガイドブック　山椒の会編　[土浦]　筑波書林　1994.12　76p　18cm〈発売：茨城図書〉850円　①4-900725-19-6
◇奥会津三十三所観音紀行　舟木正義著　[会津若松]　歴史春秋出版　1995.6　145p　19cm　1200円　①4-89757-329-7
◇会津の観音巡礼　宮崎十三八著　恒文社　1996.7　155p　18cm　1900円　①4-7704-0881-1
[目次]奥会津三十三観音詣り(梁取　塩の岐　小林　黒谷　楢戸　ほか)　会津三十三観音詣り(大木　松野　綾金　高吉　熱塩　ほか)
[内容]三十三番札所巡りの旅。観音詣りと散策の道案内。深い歴史と美しい自然を愛し続けた著者が会津の里に遺してくれた最後の一冊。
◇ぶらり三十三所観音めぐり―奥相・安達・田村各三十三所観音霊場　植田辰年著　植田辰年　[1997]　116p　26cm
◇聖地大仏都会津巡礼―「日本遺産」認定　会津の三十三観音めぐり　柴田聖寛著　ラピュタ　2016.8　175p　21cm〈付属資料：DVD1〉2200円　①978-4-905055-41-9
[目次]会津三十三観音霊場(一番　大木観音　二番　松野観音　三番　綾金観音　四番　高吉観音　五番　熱塩観音　ほか)　奥会津(御蔵入)三十三観音霊場(一番　梁取観音　二番　塩岐観音　三番　小林観音　四番　黒谷観音　五番　楢戸観音　ほか)
[内容]会津三十三観音霊場、奥会津(御蔵入)三十三観音霊場を網羅した会津観音めぐりの決定版!

関東

050 銅七福神

【概　要】群馬県と栃木県にかけて流れる渡良瀬川沿いに走る私鉄わたらせ渓谷鉄道が、観光を兼ねて企画開創した七福神霊場。銅(あがかね)は足尾鉱山で知られる銅山にちなむ呼称。わたらせ渓谷鉄道の6～7駅で下車、いずれも徒歩5～10分で札所に到着する。七福神めぐりのフリー切符や色紙、ガイドブックのセットも販売されている。

【札所名】弁財天　神明宮（栃木県栃木市旭町）、波之利大黒天・毘沙門天　宝増寺（栃木県日光市）、福禄寿　大澤寺（群馬県みどり市東町）、恵比寿尊　清水寺（群馬県みどり市東町）、布袋尊　祥禅寺（群馬県みどり市東町）、寿老人　常鑑寺（群馬県桐生市）

【掲載事典】霊巡

051 奥多摩新四国八十八ヵ所霊場

【概　要】東京都西部（西多摩郡・青梅市・羽村市・八王子市・あきる野市・東大和市・福生市）から埼玉県西南部（入間市・飯能市・所沢市・狭山市）にかけての奥多摩地域に広がる弘法大師霊場。弘法大師入寂1100年に当たる1934（昭和9）年、陶器商で大師信仰者の武田弥兵衛を中心とする「東京善心講」により開創された。真言宗寺院を中心としつつ、他宗派寺院も含まれている。巡拝所要日数の目安は徒歩で20日、交通機関を利用して4泊5日。奥多摩霊場八十八札所。

【札所名】開山所（東京都西多摩郡瑞穂町）、(1)小山家（東京都羽村市）、(2)長岡開山所（東京都西多摩郡瑞穂町）、(3)地蔵院（東京都青梅市）、(4)加藤家（東京都青梅市）、(5)西勝院（埼玉県入間市）、(6)島田家（東京都青梅市）、(7)宝光寺（埼玉県飯能市）、(8)花蔵院（東京都青梅市友田町）、(9)長光寺（埼玉県飯能市）、(10)浄心寺（埼玉県飯能市）、(11)岩蔵温泉儘多屋（東京都青梅市）、(12)燕岩（日原鍾乳洞）（東京都西多摩郡奥多摩町）、(13)天澤院（東京都青梅市）、(14)吉岡家（東京都西多摩郡瑞穂町）、(15)常福寺（東京都青梅市）、(16)金蔵寺（埼玉県飯能市）、(17)大徳院（東京都青梅市御岳本町）、(18)福昌寺（東京都青梅市）、(19)慈恩寺（東京都青梅市）、(20)常福寺（東京都青梅市）、(21)圓通寺（東京都八王子市高月町）、(22)心月院（東京都青梅市）、(23)密厳院（埼玉県所沢市）、(24)新光寺（埼玉県所沢市宮本町）、(25)海蔵院跡（東京都青梅市）、(26)原島家（東京都青梅市）、(27)長泉院（東京都青梅市）、(28)智観寺（埼玉県飯能市）、(29)加藤家（東京都羽村市）、(30)日原鍾乳洞（東京都西多摩郡奥多摩町）、(31)原島家（東京都青梅市）、(32)歓喜寺（埼玉県飯能市）、(33)宗禅寺（東京都羽村市）、(34)持田家（東京都青梅市）、(35)豊岡温故公園内（埼玉県入間市）、(36)長岡開山所（東京都西多摩郡瑞穂町）、(37)慈勝寺（東京都あきる野市）、(38)安楽寺（東京都青梅市）、(39)長福寺（東京都西多摩郡奥多摩町）、(40)北島家（東京都青梅市）、(41)龍圓寺（埼玉県入間市）、(42)清照寺（埼玉県所沢市）、(43)東光寺（東京都青梅市）、(44)明光寺（埼玉県狭山市）、(45)天覧山（埼玉県飯能市）、(46)東光寺（埼玉県入間市）、(47)宝入院（埼玉県所沢市）、(48)三ツ井戸大師（埼玉県所沢市）、(49)即清寺（東京都青梅市柚木町）、(50)寶泉寺（埼玉県所沢市）、(51)石倉院（東京都青梅市）、(52)金乗院（山口観音）（埼玉県所沢市）、(53)仏眼寺（埼玉県所沢市）、(54)金剛寺（東京都青梅市天ヶ瀬町）、(55)清泰寺（埼玉県飯能市）、(56)清泰寺（埼玉県入間市）、(57)円泉寺（埼玉県飯能市）、(58)圓照寺（埼玉県入間市）、(59)塩船観音寺（東京都青梅市）、(60)大光寺（埼玉県飯能市）、(61)籠岩（日原鍾乳洞）（東京都西多摩郡奥多摩町）、(62)長久寺（埼玉県入間市）、(63)岩井堂観音（埼玉県飯能市）、(64)観音寺（埼玉県飯能市山手町）、(65)金乗院（山口観

音)(埼玉県所沢市),(66)金仙寺(埼玉県所沢市),(67)金乗院(山口観音)(埼玉県所沢市),(68)実蔵院(埼玉県所沢市元町),(69)髙正寺(埼玉県入間市),(70)梅岩寺(東京都青梅市),(71)雲慶院(東京都青梅市),(72)普門院(埼玉県所沢市),(73)佛蔵院(埼玉県所沢市),(74)蓮華院(埼玉県入間市春日町),(75)平等院(埼玉県飯能市),(76)蓮華院(埼玉県入間市春日町),(77)金乗院(山口観音)(埼玉県所沢市),(78)慶性院(東京都東大和市),(79)金乗院(山口観音)(埼玉県所沢市),(80)清水家(東京都西多摩郡奥多摩町),(81)大徳院(東京都西多摩郡奥多摩町),(82)大沢家(東京都西多摩郡奥多摩町),(83)周慶院(東京都西多摩郡奥多摩町),(84)弁天峡(東京都西多摩郡奥多摩町),(85)慈眼寺(東京都西多摩郡奥多摩町),(86)永昌院(東京都福生市),(87)長岡開山所(東京都西多摩郡瑞穂町),(88)長岡開山所(東京都西多摩郡瑞穂町),(番外)福生院(東京都福生市),(番外)十夜橋霊場(東京都青梅市)
【掲載事典】古寺,霊大,霊巡,日巡

◇新四国奥多摩霊場八十八札所―風土と周辺の見どころ　桜沢孝平著　武蔵野　武蔵野郷土史刊行会　1978.7　244p　19cm〈参考文献:p244,発売:日新堂書店〉1000円

◇新四国奥多摩霊場八十八札所―風土と周辺の見どころ　桜沢孝平著　改訂版　武蔵野　武蔵野郷土史刊行会　1985.4　248p,図,写真　19cm　1000円

052 関東三十六不動尊霊場
【概　要】東京都を中心に神奈川県・埼玉県・千葉県に広がる不動尊霊場。1987(昭和62)年に開創された。日本最大の不動尊霊場として知られ、札所には五色不動・関東三不動・真言宗智山派の関東三山など著名な寺院が多く含まれている。巡拝はどこから始めて、どこを結願としても良いとされるが、神奈川を発心の道場、東京を修行の道場、埼玉を菩提の道場、千葉を涅槃の道場として札番が定められているので、この順に回るのが一般的である。
【札所名】(1)大山不動尊　雨降山　大山寺(神奈川県伊勢原市),(2)清瀧不動尊　大雄山　道了尊(神奈川県南足柄市大雄町),(3)野毛山不動尊　成田山　延命院(神奈川県横浜市西区宮崎町),(4)和田不動尊　大聖山　真福寺(神奈川県横浜市保土ヶ谷区),(5)日吉不動尊　清林山　金蔵寺(神奈川県横浜市港北区日吉本町),(6)神木不動尊　神木山　等覚院(神奈川県川崎市宮前区神木本町),(7)川崎大師不動堂　金剛山　平間寺(神奈川県川崎市川崎区大師町),(8)飯縄大権現　髙尾山　薬王院　有喜寺(東京都八王子市高尾町),(9)高幡不動尊　高幡山　金剛寺(東京都日野市),(10)田無不動尊　田無山　總持寺(東京都西東京市田無町),(11)石神井不動尊　亀頂山　三寶寺(東京都練馬区),(12)志村不動尊　宝勝山　南蔵院(東京都板橋区蓮沼町),(13)目赤不動尊　大聖山　南谷寺(東京都文京区),(14)目白不動尊　神霊山　金乗院(東京都豊島区),(15)中野不動尊　明王山　宝仙寺(東京都中野区),(16)目青不動尊　竹園山　教学院(東京都世田谷区),(17)等々力不動尊　瀧轟山　満願寺別院(東京都世田谷区),(18)目黒不動尊　泰叡山　瀧泉寺(東京都目黒区),(19)目黄不動尊　牛宝山　最勝寺(東京都江戸川区),(20)深川不動尊　成田山　深川不動堂(東京都江東区),(21)薬研掘不動尊　薬研堀不動院(東京都中央区),(22)浅草寿不動尊　阿遮山　寿不動院(東京都台東区),(23)橋場不動尊　砂尾山　不動院(東京都台東区),(24)飛不動尊　龍光山　正寶院(東京都台東区),(25)皿沼不動尊　皿沼山　永昌院(東京都足立区),(26)西新井大師不動堂　五智山　總持寺(東京都足立区),(27)川越不動尊　成田山　本行院(埼玉県川越市久保町),(28)川越大師不動堂　星野山　喜多院(埼玉県川越市小仙波町),(29)苔不動尊　不動山　洞昌院(埼玉県秩父郡長瀞町),(30)不動ヶ岡不動尊　玉崎山　總願寺(埼玉県加須市),(31)喜多向厄除不動尊　光明山　岩槻大師(埼玉県さいたま市岩槻区本町),(32)厄除岩瀬不動尊　普和山　最上寺(千葉県富津市),(33)高塚不動尊　妙高山　大聖院(千葉県南房総市千倉町),(34)夷隅不動尊　幸野山　宝勝院(千葉県いすみ市),(35)波切不動尊　阿舎羅山　大聖寺(千葉県いすみ市),(36)成田不動尊　成田山　新勝寺(千葉県成田市)

【掲載事典】札所，巡遍，霊大，霊巡，日巡

◇関東三十六不動霊場　冨永航平著　岩槻　関東三十六不動霊場会　1986.7　167p　21cm

◇関東三十六不動霊場ガイドブック　中山和久編　改訂版　関東三十六不動霊場会　2007.8　233p　19cm

◇関東三十六不動霊場ガイドブック　中山和久編　関東三十六不動霊場会　2010.8　233p　19cm

053 関東八十八ヵ所霊場

【概　要】関東地方の1都6県に広がる弘法大師霊場。「平成の開かれた大師の道」とも称される。「大師の教えを生かしながら21世紀の空海の道を実践しよう」との趣旨に基づき、2年半の準備期間を経て、1995(平成7)年11月に特別霊場3ヶ寺を加えた91ヶ寺で開創された。後に特別霊場4ヶ寺を追加。群馬県を発心の道場、栃木・茨城・千葉県を修行の道場、神奈川県・東京都を菩提の道場、埼玉県を涅槃の道場とする。全行程は約1500km。巡拝所要日数は車で9日、電車・バスを利用して12日。

【札所名】(1)高崎観音 慈眼院(群馬県高崎市石原町)、(2)不動寺(群馬県安中市松井田町)、(3)金剛寺(群馬県安中市松井田町)、(4)中村のお寺さん 光明寺(群馬県藤岡市)、(5)前橋厄除大師 蓮華院(群馬県前橋市下増田町)、(6)長明寺(群馬県太田市新田金井町)、(7)南光寺(群馬県みどり市笠懸町)、(8)柿薬師 光榮寺(群馬県みどり市大間々町)、(9)聖眼寺(群馬県桐生市元宿町)、(10)日限地蔵尊 観音院(群馬県桐生市)、(11)十輪寺(群馬県太田市新井町)、(12)吉祥寺(群馬県太田市下浜田町)、(13)教王寺(群馬県太田市細谷町)、(14)観性寺(群馬県館林市仲町)、(15)常楽寺(群馬県館林市木戸町)、(16)鑁阿寺(栃木県足利市家富町)、(17)堀込薬師 宝性寺(栃木県足利市堀込町)、(特別霊場)出流観音 満願寺(栃木県栃木市出流町)、(18)長清寺(栃木県栃木市本町)、(19)如意輪寺(栃木県栃木市大宮町)、(20)慈眼寺(栃木県下野市)、(21)前日光大師 観音寺(栃木県鹿沼市)、(22)東海寺(栃木県宇都宮市篠井町)、(23)野沢(光明寺)(栃木県宇都宮市野沢町)、(24)生福寺(栃木県宇都宮市仲町)、(25)明星院(栃木県宇都宮市白沢町)、(26)光照寺(栃木県那須郡那珂川町)、(27)十輪寺 馬頭院(栃木県那須郡那珂川町)、(28)安楽寺(栃木県那須烏山市)、(29)芳賀観音 観音寺(栃木県芳賀郡芳賀町)、(30)益子観音 観音寺(栃木県芳賀郡益子町)、(31)大山寺(茨城県東茨城郡城里町)、(32)鏡徳寺(茨城県常陸太田市上利員町)、(33)寶蔵寺(茨城県水戸市谷田町)、(34)慈眼寺(茨城県鹿嶋市)、(35)善應寺(茨城県土浦市)、(36)阿弥陀院(茨城県石岡市)、(特別霊場)雨引観音 楽法寺(茨城県桜川市)、(37)大輪寺(茨城県結城市)、(38)八町観音 新長谷寺(茨城県結城郡八千代町)、(39)永光寺(茨城県古河市)、(40)自性院(茨城県坂東市)、(41)無量寺(茨城県常総市菅生町)、(42)福永寺(茨城県取手市)、(43)取手大師 明星院(茨城県取手市)、(44)神崎寺(千葉県香取郡神崎町)、(45)観福寺(千葉県香取市)、(特別霊場)犬吠埼観音 満願寺(千葉県銚子市)、(46)四天様 勝覺寺(千葉県山武市)、(47)ちばでら 千葉寺(千葉県千葉市中央区千葉寺町)、(48)弘福院(千葉県袖ケ浦市)、(49)新宿不動堂(千葉県木更津市)、(50)圓鏡寺(千葉県富津市)、(51)不動院(千葉県富津市)、(52)久原寺(千葉県君津市)、(53)長泉寺(千葉県君津市)、(54)圓明寺(千葉県君津市)、(55)円如寺(千葉県君津市)、(56)那古寺(千葉県館山市)、(57)真野寺(千葉県南房総市)、(58)妙音寺(神奈川県三浦市初声町)、(59)鎮大師 青蓮寺(神奈川県鎌倉市)、(60)大山寺(神奈川県伊勢原市)、(61)融通大師 清徳寺(神奈川県愛甲郡愛川町)、(62)華蔵院(神奈川県相模原市緑区)、(63)金剛院(東京都八王子市上野町)、(64)千手院(東京都町田市小野路町)、(65)福泉寺(神奈川県横浜市緑区長津田町)、(66)林光寺(神奈川県横浜市緑区)、(67)東漸寺(神奈川県横浜市都筑区佐江戸町)、(特別霊場)川崎大師 平間寺(神奈川県川崎市川崎区大師町)、(特別霊場)東京別院(東京都港区)、(特別霊場)西新井大師 總持寺(東京都足立区)、(68)安養寺(東京都日野市)、(69)常性寺(東京都調布市国領町)、(70)三鷹不動尊 井口院(東京都三鷹市)、(71)即清寺(東京都青梅市柚木町)、(72)塩船観音 観音寺(東京都青梅市)、(73)圓照寺(埼玉県入間市)、(74)畑中の比丘さま 圓

通寺(埼玉県比企郡川島町),(75)吉見観音 安楽寺(埼玉県比企郡吉見町),(76)錫杖寺(埼玉県川口市本町),(77)東陽寺(埼玉県北葛飾郡松伏町),(78)延命院(埼玉県春日部市),(79)雨寶寺(埼玉県久喜市),(80)ろくさん除けの寺 南蔵院(埼玉県久喜市菖蒲町),(81)正法院(埼玉県久喜市菖蒲町),(82)金乗院(埼玉県加須市),(83)三ヶ尻の観音様 龍泉寺(埼玉県熊谷市),(84)瀬山の正福寺 正福寺(埼玉県深谷市),(85)長善寺(埼玉県深谷市),(特別霊場)西光寺(埼玉県秩父市中村町),(86)宥勝寺(埼玉県本庄市),(87)華蔵寺(埼玉県深谷市),(88)妻沼の聖天さま 歓喜院(埼玉県熊谷市)

【掲載事典】札所,巡遍,霊大,霊巡,日巡

◇関東八十八ヵ所霊場――一都六県心をひらく巡礼の旅　関東八十八ヵ所霊場会編集　関東八十八ヵ所霊場会　1995.9　193p　19cm

◇東国へんろ――関東八十八ヵ所をめぐる平成の開かれた大師の道　平幡良雄著　満願寺教化部　1997.12　256p　19cm　1000円

◇関東八十八ヵ所霊場ガイド　関東八十八ヵ所霊場会編集　関東八十八ヵ所霊場会事務局　2016.3　291p　21cm

054 北関東三十六不動尊霊場

【概　要】群馬・栃木・茨城の北関東3県に広がる不動尊霊場。1988(昭和63)年に開創されたが、札所には住職がいて護摩を焚く寺が選定されている。仏教でいう三密修行にちなみ、群馬県を身密修行の道場、栃木県を口密修行の道場、茨城県を意密修行の道場とする。巡拝所要日数は群馬・栃木が各1泊2日、茨城が2泊3日で、順番にこだわることなく、全ての札所を訪れることが大切とされる。

【札所名】(1)水上不動尊 成田山 水上寺(群馬県利根郡みなかみ町),(2)沼田成田不動尊 金剛院(群馬県沼田市坊新田町),(3)室田之瀧不動尊 大福寺(群馬県高崎市中室田町),(4)松井田不動尊 不動寺(群馬県安中市松井田町),(5)成田山不動尊 光徳寺(群馬県高崎市成田町),(6)茂呂不動尊 退魔寺(群馬県伊勢崎市美茂呂町),(7)みかえり不動尊 長安寺(群馬県伊勢崎市西小保方町),(8)笠懸不動尊 南光寺(群馬県みどり市笠懸町),(9)新田の触不動尊 西慶寺(群馬県太田市烏山上町),(10)黄金身代わり不動尊 医王寺(群馬県太田市新田小金井町),(11)赤岩不動尊 光恩寺(群馬県邑楽郡千代田町),(12)新宿不動尊 遍照寺(群馬県館林市緑町),(13)水掛け乙女不動尊 泉龍寺(栃木県小山市),(14)如意山 吉祥院 延命寺(栃木県栃木市大平町),(15)吹上不動尊 正仙寺(栃木県栃木市吹上町),(16)梅沢不動尊 華蔵寺(栃木県栃木市梅沢町),(17)金剛不動尊 金剛山 瑞峯寺(栃木県鹿沼市),(18)多気不動尊 持宝院(栃木県宇都宮市田下町),(19)成田不動尊 宝蔵寺(栃木県宇都宮市),(20)開運犬切り不動尊 崇真寺(栃木県芳賀郡芳賀町),(21)芝山薬師不動尊 慈光寺(栃木県さくら市),(22)感満不動 光明寺(栃木県さくら市),(23)那須波切不動尊 金乗院(栃木県那須塩原市),(24)龍頭不動明王 龍泉寺(栃木県大田原市),(25)身代わり不動尊 一乗院(茨城県那珂市),(26)田島の身代わり不動尊 和光院(茨城県水戸市田島町),(27)開運水戸不動尊 神崎寺(茨城県水戸市天王町),(28)開運不動尊 西福寺(茨城県東茨城郡大洗町磯浜町),(29)厄除不動尊 護國院(茨城県鹿嶋市),(30)願満不動尊 不動院(茨城県稲敷市),(31)土浦大師不動尊 大聖寺(茨城県土浦市),(32)筑波山 一乗院(筑波不動),(33)金色不動尊 妙法寺(茨城県桜川市),(34)牡丹不動尊 永光寺(茨城県古河市),(35)弓田のポックリ不動尊 慈光寺(茨城県坂東市),(36)安産子育不動尊 不動院(茨城県つくばみらい市)

【掲載事典】霊大,霊巡,霊典

◇北関東三十六不動尊霊場――こころをみつめる 茨城県 栃木県 群馬県 巡礼の旅 1988年版　北関東三十六不動尊霊場会事務局編　北関東三十六不動尊霊場会　[1988]　120p　21cm〈奥付書名:「北関東三十六不動尊霊場ガイドブック」〉

内容 昭和63年4月21日に「北関東三十六不動尊霊場」として、群馬県・栃木県・茨城県の3県にそれぞれ12ヶ寺ずつ、歴史ある霊験あらたかな不動明王をまつってあるお寺

◇**北関東三十六不動尊霊場―こころをみつめる 茨城県 栃木県 群馬県 巡礼の旅 2010年版**　北関東三十六不動尊霊場会事務局編　北関東三十六不動尊霊場会　［2010］120p　21cm〈奥付書名：「北関東三十六不動尊霊場ガイドブック」〉
内容 昭和63年4月21日に「北関東三十六不動尊霊場」として、群馬県・栃木県・茨城県の3県にそれぞれ12ヶ寺ずつ、歴史ある霊験あらたかな不動明王をまつってあるお寺を選び創設された。

055 旧小机領三十三所観音霊場

【概　要】神奈川県横浜市・川崎市麻生区・町田市に散在する観音霊場。1732（享保17）年開創と伝えられる。その後衰退していたが、1996（平成8)子年の本尊開帳を期して再興された。いずれも秘仏とされ、12年に一度、子歳の春に一斉開帳される。巡拝所要日数は2日間。

【札所名】(1)泉谷寺(神奈川県横浜市港北区小机町),(2)三會寺(神奈川県横浜市港北区鳥山町),(3)最勝寺(神奈川県横浜市神奈川区菅町),(4)専称寺(神奈川県横浜市神奈川区菅町),(5)正観寺(神奈川県横浜市保土ヶ谷区東川島町),(6)随流院(神奈川県横浜市保土ヶ谷区川島町),(7)本覺寺(神奈川県横浜市神奈川区),(8)宗興寺(神奈川県横浜市神奈川区本町),(9)慶運寺(神奈川県横浜市神奈川区神奈川本町),(10)東福寺(神奈川県横浜市鶴見区),(11)松蔭寺(神奈川県横浜市鶴見区),(12)歓成院(神奈川県横浜市港北区),(13)圓應寺(神奈川県横浜市港北区新吉田町),(14)御霊堂(神奈川県横浜市港北区新吉田町),(15)西方寺(神奈川県横浜市港北区新羽町),(16)専念寺(神奈川県横浜市港北区新羽町),(17)龍雲寺(神奈川県横浜市都筑区東方町),(18)観音寺(神奈川県横浜市都筑区池辺町),(19)寿福寺(神奈川県横浜市都筑区),(20)真福寺(神奈川県横浜市青葉区荏田町),(21)薬王寺(神奈川県横浜市青葉区大場町),(22)王禅寺(神奈川県川崎市麻生区),(23)徳恩寺(神奈川県横浜市青葉区恩田町),(24)福寿院(東京都町田市),(25)世尊院(神奈川県横浜市緑区北八朔町),(26)観護寺(神奈川県横浜市緑区小山町),(27)長源寺(神奈川県横浜市旭区上川井町),(28)三佛寺(神奈川県横浜市旭区本村町),(29)慈眼寺(神奈川県横浜市緑区寺山町),(30)長泉寺(神奈川県横浜市緑区中山町),(31)宝塔院(神奈川県横浜市緑区),(32)東観寺(神奈川県横浜市緑区),(33)法昌寺(神奈川県横浜市青葉区奈良町)

【掲載事典】古寺，霊巡

◇**小机三十三霊場納経帖**　森雄三編　旧小机三十三所霊場会　1972.3　1冊（頁付なし）19cm

◇**子年観音旧小机領三十三所霊場 順拝詳細地図**　旧小机領三十三所観音霊場会 1996.3　48p　21cm〈付図：1枚〉

◇**子年観音霊場巡り 旧小机領三十三所霊場 イラストガイドマップ**　中川智祐文　悟東あすか絵　旧小机領三十三所観音霊場奉賛会　1996.4　1枚　42×59cm（折りたたみ 21×15cm）

◇**旧小机領三十三所観音霊場御納経帖**　旧小机領三十三所霊場会　2008.3　1冊（ページ付なし）20cm

◇**子歳観音霊場巡りガイドブック 旧小机領三十三所観音霊場**　鹿野融完監修　鹿野融照ほか編　旧小机領三十三所子歳観音霊場奉賛会　2008.3　1冊（ページ付なし）21cm〈付：子歳観音旧小机領三十三所霊場巡拝詳細地図(1枚)〉

◇**旧小机領三十三所観音霊場 子年観音巡り運営委員会**　2008.4　33p　30cm〈簡易装丁(ステープル綴じ)〉

◇**小机領三十三観世音道中記―続「二俣川村内田家文書」を読む**　古文書小松塾編　[横浜]古文書小松塾　2008.10　4,9p　30cm（史料集 第6集）〈複製を含む〉

056 御府内八十八ヵ所霊場

【概　要】御府内(江戸市中)に設けられた弘法大師霊場。宝暦年間(1751～64)初めに信州

浅間山真楽寺上人と下総国松戸宿諦信により、四国八十八ヶ所霊場の写しとして開創されたもので、四国の450里を45里に縮め、四国各霊場の土を府内各霊場に納めたという。本霊場の開創を契機に、日本各地で四国写しの八十八ヶ所が開設されることになった。八十八ヶ所のうち異動なき寺56、明治以降の異動25、移転6、合併1。第25番札所長楽寺（東京都日野市）と第77札所仏乗院（神奈川県秦野市）以外は東京23区内に位置する。巡拝所要日数は電車・バスを利用して約7日。

【札所名】(1)高野山東京別院（高輪結び大師）（東京都港区）, (2)東福寺（東京都中野区）, (3)多聞院（東京都世田谷区）, (4)高福院（東京都品川区）, (5)延命院（東京都港区）, (6)不動院（東京都港区）, (7)室泉寺（東京都渋谷区）, (8)長遠寺（東京都大田区）, (9)龍厳寺（東京都渋谷区）, (10)聖輪寺（東京都渋谷区）, (11)荘厳寺（幡ヶ谷不動尊）（東京都渋谷区本町）, (12)宝仙寺（東京都中野区）, (13)龍生寺（東京都渋谷区）, (外)大竜寺（東京都北区）, (14)福шинь（東京都中野区）, (15)南蔵院（東京都練馬区）, (16)三寶院（石神井不動尊）（東京都練馬区）, (17)長命寺（東京都練馬区）, (18)愛染院（東京都新宿区）, (19)青蓮寺（東京都板橋区）, (外)円乗院（東京都大田区）, (20)鏡照院（身代不動）（東京都港区）, (21)東福院（東京都新宿区）, (22)南蔵院（牛込南蔵院）（東京都新宿区箪笥町）, (23)薬研堀不動院（東京都中央区）, (24)最勝寺（東京都新宿区）, (25)長楽寺（東京都日野市）, (26)来福寺（東京都品川区）, (27)麻布高野山 正光院（東京都港区）, (28)霊雲寺（覚彦さま）（東京都文京区）, (29)南蔵院（高田南蔵院）（東京都豊島区）, (30)放生寺（東京都新宿区）, (31)多聞院（東京都新宿区弁天町）, (32)圓満寺（木食寺）（東京都文京区）, (33)真性寺（東京都豊島区）, (34)三念寺（東京都文京区）, (35)根生院（東京都豊島区）, (36)薬王寺（東京都豊島区）, (37)萬徳院（相機寺）（東京都江東区）, (38)金乗院（東京都豊島区）, (39)真成院（東京都新宿区）, (40)普門院（東京都江東区）, (41)密蔵院（東京都中野区）, (42)観音寺（東京都台東区）, (43)成就院（百観音）（東京都台東区）, (44)顕性寺（東京都新宿区須賀町）, (45)観蔵院（東京都台東区）, (46)弥勒寺（川上薬師）（東京都墨田区）, (47)城官寺（東京都北区）, (48)禅定院（東京都中野区）, (49)多宝院（東京都台東区）, (50)大徳院（東京都墨田区）, (51)延命院（東京都台東区）, (52)観音寺（東京都新宿区）, (53)自性院（愛染かつら堂）（東京都台東区）, (54)新長谷寺（目白不動尊）（東京都豊島区）, (55)長久寺（東京都台東区）, (56)与楽寺（東京都北区）, (57)明王院（東京都台東区）, (58)光徳院（東京都中野区）, (59)無量寺（東京都北区）, (60)吉祥院（東京都台東区）, (61)正福院（柳の稲荷）（東京都台東区）, (62)威光院（東京都台東区）, (63)観智院（東京都台東区）, (64)加納院（東京都台東区）, (65)大聖院（東京都港区）, (66)東覚寺（赤紙仁王）（東京都北区）, (67)真福寺（愛宕薬師）（東京都港区）, (68)永代寺（東京都江東区）, (69)宝生院（東京都港区）, (70)禅定院（東京都練馬区石神井町）, (71)新井薬師梅照院（東京都中野区）, (72)不動院（浅草寿不動尊）（東京都台東区）, (73)東覚寺（亀戸不動尊）（東京都江東区）, (74)法乗院（深川ゑんま堂）（東京都江東区）, (75)威徳寺（赤坂不動尊）（東京都港区）, (76)金剛院（東京都豊島区）, (77)仏乗院（神奈川県秦野市）, (78)成就院（下谷田中成就院）（東京都台東区）, (79)専教院（東京都文京区）, (80)長延寺（東京都港区）, (81)光蔵院（東京都港区）, (82)龍福院（東京都台東区）, (83)蓮乗院（東京都新宿区）, (84)明王院（厄除大師）（東京都港区）, (85)観音寺（東京都新宿区）, (86)常泉寺（東京都文京区）, (87)護国寺（東京都文京区）, (88)文殊院（東京都杉並区）

【掲載事典】巡遍, 霊大, 霊巡, 日巡

◇御府内八十八箇所考　塚田芳雄著　［塚田芳雄］　1975　98p　図　21cm　18cm〈発売：星雲社〉1000円　①4-7952-2827-2

◇霊場源流考―府内八十八ヶ所　一瀬幸三編　新宿郷土会　1983.5　78p　21cm〈限定版〉

◇東京遍路―御府内八十八カ所霊場案内　新田明江著　栴檀社　1988.7　223p

◇東京遍路―御府内八十八カ所霊場案内　新田明江著　改訂版　栴檀社　1989.5　230p　18cm〈発売：星雲社, 参考文献：p222〉1030円　①4-7952-2827-2　内容　瀬戸大橋ができてもやはり四国は遠い。

時間のない人、足弱で歩けない人には東京の遍路を歩いてはどうであろうか。関東以北、近県の人には手近な霊場である。四国八十八ヵ所から御砂を持って来た「御府内八十八ヵ所」は四国遍路を行ったのと同様の御利益がある。本書は、弘法大師霊場への巡拝案内書である。

◇御府内八十八ヶ所・弘法大師二十一ヶ寺版木　東京都台東区教育委員会文化事業体育課編　東京都台東区教育委員会　1997.3　87p　26cm（台東区文化財報告書　第23集）

◇御府内八十八ヶ所霊場案内—弘法大師霊場・巡拝行脚　エリア別　塚田芳雄、遊佐喜美男共著　下町タイムス社　2000.12　238p　19cm　1429円

◇大江戸めぐり—御府内八十八ヶ所　和田信子著　集英社　2002.9　237p　22cm　1700円　①4-08-781227-8
　目次　城南二十ヶ寺めぐり—港区・渋谷区・品川区・大田区（東京別院（高輪）　龍生院（三田）ほか）　城東二十八ヶ寺めぐり—中央区・江東区・墨田区・台東区・北区（薬研堀不動院（東日本橋）　永代寺（深川）ほか）　城北二十四ヶ寺めぐり—文京区・豊島区・新宿区（円満寺（湯島）　霊雲寺（湯島）ほか）　城西十六ヶ寺めぐり—中野区・練馬区・板橋区・世田谷区・日野市・神奈川県秦野市・杉並区（宝仙寺（中野）　光徳院（上高田）ほか）
　内容　東京再発見の旅。明治の神仏分離、大正大震災、昭和の空襲を経て大都会にのこる十返舎一九も歩いた江戸の癒し旅を初めて紹介。

◇江戸御府内八十八ヵ所めぐり　高橋俊輔文　斎藤忠徳写真　JTB　2003.10　143p　21cm（JTBキャンブックス）　1600円　①4-533-04959-1
　目次　1 三田寺町界隈から隅田川へ　2 浅草通り界隈　3 谷中寺町界隈　4 中山道の周辺　5 江戸時代の郊外—城北から城西へ　6 新宿から城南へ

◇東京お遍路大江戸めぐり—江戸御府内八十八ケ所　出会いと発見、心が澄み渡る旅ガイド　林えり子著　主婦の友社　2011.4　191p　21cm〈主婦の友ベストbooks§50代からの人生の羅針盤シリーズ〉〈画：相原健二〉　1600円　①978-4-07-275412-2
　目次　第一番・東京別院（港区高輪）　第十三番・龍生院（港区三田）　第八十番・長延寺（港区三田）　第六十五番・大聖院（港区三田）　第六十九番・宝生院（港区三田）　第八十四番・明王院（港区三田）　第六十七番・真福寺（港区愛宕）　第二十番・鏡照院（港区愛宕）　第二十三番・薬研堀不動院（中央区東日本橋）　第三十七番・萬徳院（江東区深川）〔ほか〕
　内容　江戸文化を中心に歴史をひもとく、仏様から平穏な心とパワーをいただく、仏像に対峙し、いまは昔の人々の魂の声に耳を傾ける、寺院に流れる風に身をゆだねるなど…あなたは何を求めて「遍路」をしますか。この1冊を手にすれば、きっとその答えが見つかります。

◇江戸御府内八十八ヶ所御朱印を求めて歩く札所めぐりルートガイド　ジェイアクト著　メイツ出版　2015.11　128p　21cm〈索引あり、背のタイトル：御朱印を求めて歩く江戸御府内八十八ヶ所札所めぐりルートガイド〉　1600円　①978-4-7804-1605-3
　目次　阿波国の写し霊場（東京別院　東福寺ほか）　土佐国の写し霊場（最勝寺　長楽寺ほか）　伊予国の写し霊場（普門院　密蔵院ほか）　讃岐国の写し霊場（東覚寺　真福寺ほか）
　内容　江戸時代に開創し、語り継がれた歴史と伝統…。都内でもめぐれる大師さまゆかりのお遍路コースをわかりやすく解説します。

057　狭山三十三観音霊場
【概　要】埼玉県と東京都にまたがる武蔵野台地の北西部、狭山丘陵周辺に「の」の字を描くように位置する観音霊場。吾庵山金乗院の亮恭と光輪山妙善院の萬杲の発願により、1788（天明8）年に開創されたと伝えられる。第1番札所の金乗院（山口観音）は弘仁年間（810～23）に空海が創建したと伝わる古刹で、武蔵野観音霊場の13番札所、武蔵野七福神霊場の布袋尊の寺でもある。全行程は約42km。
【札所名】(1) 吾庵山　金乗院　放光寺（山口観音）（埼玉県所沢市），(2) 辰爾山　佛眼院　勝楽寺（埼玉県所沢市），(3) 六斎堂（埼玉県所沢市），(4) 正智庵（埼玉県所沢市），(5) 瑞幡山　勝

光寺(旧慈眼庵)(埼玉県所沢市),(6)祥雲山 瑞岩寺(埼玉県所沢市),(7)上洗山 普門院(埼玉県所沢市),(8)遊石山 新光寺(埼玉県所沢市宮本町),(9)芳林山 梅岩寺(東京都東久留米市久米川町),(10)梅岩寺内 大宙山 滝谷寺(東京都東久留米市久米川町),(11)福寿山 徳蔵寺(東京都東村山市諏訪町),(12)桃源山 永春庵(東京都東村山市諏訪町),(13)金剛山 正福寺(東京都東村山市野口町),(14)瑞光山 寶珠寺(東京都東村山市廻田町),(15)清水観音堂(東京都東大和市),(16)輪王山 三光院(東京都東大和市),(17)霊性庵(東京都東大和市),(18)天王山 雲性寺(東京都東大和市),(19)はやし堂(東京都東大和市),(20)龍華山 真福寺(東京都武蔵村山市),(21)原山観音堂(東京都武蔵村山市),(22)横龍山 吉祥院(東京都武蔵村山市本町),(23)白布山 慈眼寺(東京都武蔵村山市),(24)岸清山 禅昌寺(東京都武蔵村山市),(25)金龍山 福正寺(東京都西多摩郡瑞穂町),(26)山際観音堂(埼玉県入間市),(27)鶴門山 壽昌寺(埼玉県入間市),(28)円通庵(埼玉県入間市),(29)西勝院(埼玉県入間市),(30)長青山 松林寺(埼玉県所沢市),(31)長昌軒(埼玉県所沢市),(32)慈眼庵(埼玉県所沢市),(33)光輪山 妙善院(埼玉県所沢市)

【掲載事典】札所,霊巡,霊典

◇武蔵野狭山観音順礼記　栗原胡秋編　関東古寺研究会　1964.12　21p　18cm
〈書名は表紙による 奥付の書名「狭山観音順礼記」巻頭の書名は「狭山三十三所観世音順礼記」本書は文化2(1805)刊本により、編者の復刻〉

◇狭山三十三観世音霊場　東村山市役所職員郷土史愛好家一同　[1976] 14p 26cm

◇狭山三十三観音 武蔵野三十三観音札所―霊場めぐり　東村山市教育委員会編　東村山　東村山市教育委員会　1984.2　1冊　26cm

058 準西国稲毛三十三所観音霊場

【概　要】稲毛三十三所観音霊場の"稲毛"は、発願者・山田平七の出身地である武州橘樹郡稲毛領(現・神奈川県川崎市宮前区)に因んだ古い地名。1753(宝暦4)年の発願から10余年をかけ観音霊場を成就したとされる。4月15日が大願成就の日とされ、12年に一度午年のこの日を中心に各寺のご本尊を御開帳する。札所のなかには、無住の寺院・御堂もいくつかある。

【札所名】(1)稲毛山 広福寺(神奈川県川崎市多摩区),(2)萬休山 観音寺(神奈川県川崎市多摩区),(3)南嶺山 香林寺(神奈川県川崎市麻生区),(4)仙谷山 寿福寺(神奈川県川崎市多摩区),(5)雲騰山 妙覚寺(東京都稲城市),(6)無量山 観音寺(神奈川県川崎市多摩区),(7)雁三山 常照寺(神奈川県川崎市多摩区),(8)青龍山 龍厳寺(神奈川県川崎市多摩区),(9)法言山 安立寺(神奈川県川崎市多摩区),(10)清水山 盛源寺(神奈川県川崎市多摩区),(11)長澤山 秋月院(神奈川県川崎市宮前区),(12)寿栄山 福王寺(神奈川県川崎市宮前区),(13)諏訪山 観音寺(神奈川県横浜市都筑区),(14)南林山 蓮花寺(神奈川県川崎市高津区),(15)長唱山 蓮乗院(神奈川県川崎市高津区),(16)星王山 能満寺(神奈川県川崎市高津区),(17)宝林山 泉澤寺(神奈川県川崎市中原区),(18)龍宿山 西明寺(神奈川県川崎市中原区),(19)白王山 正福寺(神奈川県川崎市高津区),(20)諏訪山 明王院(神奈川県川崎市高津区),(21)富鳳山 養周院(神奈川県川崎市高津区),(22)光照山 大蓮寺(神奈川県川崎市高津区),(23)茂岳山 増幅寺(神奈川県川崎市高津区),(24)無量山 養福寺(神奈川県川崎市高津区),(25)泉福寺内 千手堂(神奈川県川崎市宮前区),(26)平栄山 泉福寺(神奈川県川崎市高津区),(27)赤城山 延命寺(神奈川県川崎市高津区),(28)等覚院 神木堂(神奈川県川崎市宮前区),(29)神木山 千手堂(神奈川県川崎市宮前区),(30)土橋観音堂(神奈川県川崎市宮前区),(31)青龍山 圓福寺(神奈川県川崎市高津区),(32)聚海山 西福寺(神奈川県川崎市宮前区),(32)芥志山 薬王寺(神奈川県川崎市宮前区),(33)泰平山 東泉寺(神奈川県川崎市宮前区),(番外)洞雲山 玉林寺(神奈川県川崎市多摩区),(別格)よみうりランド観音(神奈川県川崎市稲城市)

【掲載事典】古寺,霊巡

◇準西国稲毛三十三番札所観世音菩薩巡拝

帖　川崎市立中原図書館編集　川崎　川崎市立中原図書館　[1978] 72p　27cm

◇准西国稲毛三十三所総縁記・准西国稲毛三十三所じゅんれいうた　川崎　準西国稲毛三十三所観音霊場札所会　1978.11　2冊　17×25cm〈山田桂所蔵の版木による再刷,和装,帙入　限定版〉

◇準西国稲毛三十三所観音霊場札所めぐり　各務秋雄著　川崎　観音霊場札所会　[1979] 162p　21cm〈おもに図〉非売品

◇準西国稲毛三十三所観音霊場札所めぐり　各務秋雄著　2版　川崎　観音霊場札所会　1990.4　163p　21cm〈折り込図1枚〉非売品

◇準西国稲毛三十三所観音霊場札所めぐり　各務秋雄作・構成・写真　改訂版　川崎　観音霊場札所会　2002.4　92p　21cm〈折り込図1枚〉非売品

◇川崎遍路を尋ね歩く - 準西国・稲毛三十三所観音霊場の一周コース案内 -　金子忠司構成・文　辻村一男撮影　川崎　サンキン会　2009.8　32p　30cm〈巻頭に年表あり〉

059 相馬霊場八十八ヵ所
【概　要】利根川流域の相馬地区（茨城県取手市・千葉県我孫子市・柏市）に位置する弘法大師霊場。安永年間（1772～80）または宝暦年間（1751～64）、観覚光音大禅師が四国八十八ヶ所霊場を巡り、持ち帰った霊砂を安置して札所を開いたことに始まる。全行程は約60km、巡拝所要日数は1～2日。
【札所名】(1)長禅寺(茨城県取手市)、(2)念仏院(茨城県取手市)、(3)八坂神社(西照寺廃寺)(茨城県取手市)、(4)台宿チューリップ幼稚園前(不動院廃寺)(茨城県取手市)、(5)長禅寺(茨城県取手市)、(6)薬師堂(茨城県取手市)、(7)本泉寺(茨城県取手市)、(8)城山観音(茨城県取手市)、(9)小堀(常円寺廃寺)(茨城県取手市)、(10)観音堂(茨城県取手市)、(11)吉田消防第八分団(薬師堂焼失)(茨城県取手市)、(12)虚空蔵堂(空寺)(茨城県取手市)、(13)八幡神社(加納院廃寺)(茨城県取手市)、(14)地蔵堂(茨城県取手市)、(15)弥陀堂(茨城県取手市)、(16)観音堂(茨城県取手市)、(17)小文間公民館(成龍寺廃寺)(茨城県取手市)、(18)弥陀堂(茨城県取手市)、(19)明星院(茨城県取手市)、(20)地蔵堂(茨城県取手市)、(21)勝蔵院(千葉県我孫子市)、(22)八幡神社(白泉寺廃寺)(千葉県我孫子市)、(23)薬師堂(千葉県我孫子市)、(24)延命寺(千葉県我孫子市)、(25)地蔵院(千葉県我孫子市)、(26)南龍寺(千葉県柏市)、(27)最勝院(千葉県我孫子市)、(28)中峠青年館(法照院廃寺)(千葉県我孫子市)、(29)観音寺(千葉県我孫子市)、(30)一březe(廃寺)(茨城県取手市)、(31)天満神社(茨城県取手市)、(32)観音堂(茨城県取手市)、(33)野の井ぽっくり観音(長福寺)(千葉県我孫子市)、(34)永蔵寺(廃寺)(茨城県取手市)、(35)薬師堂(茨城県取手市)、(36)滝不動(千葉県我孫子市)、(37)勝蔵院(千葉県我孫子市)、(38)延寿院(子之神大黒天)(千葉県我孫子市)、(39)薬師堂(茨城県取手市)、(40)稲集会所(薬王寺廃寺)(茨城県取手市)、(41)稲荷神社(千葉県我孫子市)、(42)大光寺(千葉県我孫子市)、(43)延寿院(千葉県我孫子市)、(44)西光寺(茨城県取手市)、(45)永蔵寺境内(廃寺)(茨城県取手市)、(46)弥陀堂(茨城県取手市)、(47)龍禅寺(茨城県取手市)、(48)安養寺(廃寺)(茨城県取手市)、(49)高源寺(茨城県取手市)、(50)下高井集会所(東光寺廃寺)(茨城県取手市)、(51)法岩院(千葉県我孫子市)、(52)明音寺跡(茨城県取手市)、(53)弥陀堂(千葉県我孫子市)、(54)麻疹不動(大聖寺空寺)(茨城県取手市)、(55)円福寺(千葉県我孫子市)、(56)地蔵堂(茨城県取手市)、(57)弥陀堂(茨城県取手市)、(58)観音堂(千葉県我孫子市)、(59)興陽寺(千葉県我孫子市)、(60)我孫子中峠下集会所(照明寺廃寺)(千葉県我孫子市)、(61)大日堂(茨城県取手市)、(62)白山神社(茨城県取手市)、(63)福永寺(茨城県取手市)、(64)白山大神社(西光院廃寺)(茨城県取手市)、(65)無量院(千葉県我孫子市)、(66)東谷寺(茨城県取手市)、(67)薬師堂(千葉県柏市)、(68)東海寺(千葉県柏市)、(69)観音寺(茨城県取手市)、(70)東漸寺(永福寺より移転)(茨城県取手市)、(71)東漸寺(茨城県取手市)、(72)春日神社(茨城県取手市)、(73)正泉寺(千葉県我孫子市)、(74)西音寺(千葉県我孫子市)、(75)東源寺(千葉県我孫子市)、(76)龍泉寺(千葉県我孫子市)、(77)鵜不合神社

（千葉県我孫子市）,(78)弥陀堂（茨城県取手市）,(79)龍禅寺（茨城県取手市）,(80)毘沙門堂（茨城県取手市）,(81)長福寺（千葉県我孫子市）,(82)弘経寺（茨城県取手市）,(83)諏訪宮（茨城県取手市）,(84)宝蔵寺（千葉県我孫子市）,(85)円性寺（千葉県柏市）,(86)観音堂（茨城県取手市）,(87)地蔵堂（茨城県取手市）,(88)長禅寺（茨城県取手市）,（番外）浅間神社（千葉県我孫子市）
【掲載事典】霊巡

◇下総の四国詣り―相馬霊場写真集　山本武僊　［1985］1冊　26cm
◇新四国相馬霊場大師道―地理・民俗・文化財・美術建築部会報告　我孫子　我孫子市史研究センター合同部会　1995.3　122p　26cm〈折り込図1枚〉
◇新四国相馬霊場八十八ヶ所めぐり――歩心照　相馬霊場八十八ヶ所を巡る会　［2001］　［16p］30cm
◇ウォーキングマップ利根川流域―新四国相馬霊場八十八ヶ所巡り　取手市　2009.11　1枚　30cm
◇新四国相馬霊場八十八ヶ所を訪ねる　我孫子市史研究センター編著　柏　つくばね舎　2013.1　255p　21cm〈発売：地歴社、文献あり〉1800円　①978-4-924836-75-4
目次 取手市その1(1番 取手・長禅寺　88番同上 ほか）　我孫子市(58番 都・観音堂 24番 布佐・延命寺 ほか）　柏市(85番 布施・円性寺　26番 布施・南龍寺 ほか)　取手市その2(45番 戸頭・永蔵寺　34番 戸頭・薬師堂 ほか)

060 玉川八十八ヵ所霊場

【概　要】多摩川両岸に散在する寺院で構成される弘法大師霊場。札所は東京都（大田区・世田谷区中心）に56、神奈川県川崎市に22、横浜市に10存在し、全て真言宗寺院。開創時期は江戸時代の宝暦年間(1751～64)、天保・弘化年間(1830～47)、明治時代中期など諸説あり、詳細も明らかでない。日清・日露の両戦争後にブームとなったが、明治末期には衰退。1916(大正5)年に結成された「永楽講」により復興するが第二次世界大戦により途絶。1973(昭和48)年の弘法大師御誕生1200年を機に玉川八十八ヶ所興隆委員会が設置され、「多摩八十八ヶ所霊場」と紛らわしいことから名称を「多摩川八十八ヶ所」から「玉川八十八ヶ所」へ改めて再出発した。札所の多くが市街地にあるため交通の便が良い。徒歩での巡拝所要日数は8日。

【札所名】(1)平間寺（川崎大師）（神奈川県川崎市川崎区大師町）,(2)真観寺（神奈川県川崎市川崎区）,(3)金蔵院（神奈川県横浜市神奈川区）,(4)成就院（神奈川県川崎市川崎区）,(5)玉真院（東京都世田谷区）,(6)円能院（神奈川県川崎市川崎区）,(7)東漸寺（神奈川県横浜市鶴見区潮田町）,(8)正泉寺（神奈川県横浜市鶴見区）,(9)龍泉寺（神奈川県横浜市鶴見区）,(10)東福寺（神奈川県横浜市鶴見区）,(11)金剛寺（神奈川県横浜市鶴見区市場下町）,(12)宝蔵院（神奈川県横浜市鶴見区）,(13)真蔵寺（神奈川県川崎市川崎区堀之内町）,(14)延命寺（神奈川県川崎市幸区都町）,(15)正楽寺（神奈川県横浜市鶴見区）,(16)大楽寺（神奈川県川崎市中原区）,(17)無量寺（神奈川県川崎市中原区）,(18)大楽院（神奈川県川崎市中原区上丸子八幡町）,(19)成就院（神奈川県川崎市中原区小杉陣屋町）,(20)西明寺（神奈川県川崎市中原区）,(21)東福寺（神奈川県川崎市中原区）,(22)蓮花寺（神奈川県川崎市高津区）,(23)蓮乗院（神奈川県川崎市高津区）,(24)安養寺（神奈川県川崎市中原区）,(25)長福寺（神奈川県川崎市中原区）,(26)常楽寺（神奈川県川崎市中原区）,(27)東樹院（神奈川県川崎市中原区）,(28)宝蔵寺（神奈川県川崎市中原区）,(29)安養院（神奈川県川崎市高津区）,(30)明王院（神奈川県川崎市高津区）,(31)正福寺（神奈川県川崎市高津区）,(32)善養寺（東京都世田谷区）,(33)等々力不動院（満願寺）（東京都世田谷区）,(34)医王寺（東京都世田谷区）,(35)金剛寺（東京都世田谷区）,(36)覚願寺（東京都世田谷区）,(37)慈眼寺（東京都世田谷区）,(38)大空閣寺（東京都世田谷区）,(39)真福寺（東京都世田谷区）,(40)長円寺（東京都世田谷区）,(41)安穏寺（東京都世田谷区）,(42)東覚院（東京都世田谷区）,(43)宝性寺（東京都世田谷区）,(44)多聞院（東京都世田谷区）,(45)密蔵院（東京都世田谷区）,(46)西福寺（東

京都世田谷区),(47)善性寺(東京都世田谷区),(48)勝国寺(東京都世田谷区),(49)円光院(東京都世田谷区),(50)円乗院(東京都世田谷区),(51)円泉寺(東京都世田谷区),(52)西澄寺(東京都世田谷区),(53)金蔵院(東京都目黒区),(54)満願寺(東京都世田谷区),(55)東光院(東京都大田区田園調布本町),(56)密蔵院(東京都大田区),(57)観蔵院(東京都大田区西嶺町),(58)増明院(東京都大田区),(59)蓮光院(東京都大田区),(60)長福寺(東京都大田区),(61)吉祥院(東京都世田谷区),(62)花光院(東京都大田区),(63)円応寺(東京都大田区),(64)遍照院(東京都大田区),(65)金剛院(東京都大田区),(66)東福寺(東京都大田区),(67)大楽院(東京都大田区),(68)薬王寺(東京都大田区),(69)安養寺(東京都大田区),(70)蓮花寺(東京都大田区),(71)円乗院(東京都大田区),(72)長遠寺(東京都大田区),(73)鏡王院(東京都大田区),(74)来福寺(東京都品川区),(75)円能寺(東京都大田区),(76)密厳院(東京都大田区),(77)密乗院(東京都大田区),(78)自性院(東京都大田区),(79)正蔵院(東京都大田区),(80)龍王院(東京都大田区),(81)長松寺(神奈川県横浜市鶴見区),(82)観音寺(神奈川県横浜市港北区篠原町),(83)秀明寺(東京都大田区),(84)宝泉寺(東京都大田区),(85)宝珠院(東京都大田区),(86)東陽院(東京都大田区),(87)新照寺(東京都大田区),(88)宝幢院(東京都大田区)

【掲載事典】古寺,霊大,霊巡

◇多摩川遍路―玉川八十八カ所霊場案内　18cm〈発売：星雲社〉1030円 ①4-
新田明江著　栴檀社　1989.6　215p　7952-2828-0

061 東国花の寺 百ヶ寺
【概　要】東京、埼玉、群馬、栃木、茨城、千葉、神奈川からなる関東1都6県の「花の寺」が集まり、物質社会の現代に生きる人々の心に「花」を咲かせてほしいとの願いのもと、2001(平成13年)3月に発足された。2016(平成28)年現在、103ヶ寺が加盟している。
【札所名】(東京1)五智山 總持寺 西新井大師(足立区),(東京2)瑠璃山 薬王院(新宿区),(東京3)神齢山 護国寺(文京区),(東京4)長栄山 本門寺(池上本門寺),(東京5)見星山 高蔵寺(町田市三輪町),(東京6)唐澤山 吉祥院(多摩市),(東京7)高幡山 金剛寺(高幡不動尊)(日野市),(東京8)高尾山 薬王院 有喜寺(八王子市高尾町),(東京9)鴻ノ巣山 長福寺(八王子市川口町),(東京10)金色山 大悲願寺(あきる野市),(東京11)青梅山 金剛寺(青梅市天ヶ瀬町),(東京12)大悲山 塩船観音寺(青梅市),(埼玉1)清泰山 西善寺(秩父郡横瀬町),(埼玉2)笹戸山 長泉院(秩父市),(埼玉3)般若山 法性寺(秩父郡小鹿野町),(埼玉4)大用山 長泉寺(本庄市児玉町),(埼玉5)岩殿山 安楽寺(吉見観音)(比企郡吉見町),(埼玉6)慈眼山 圓通寺(比企郡川島町),(埼玉7)東高野山 徳星寺(上尾市),(埼玉8)阿日山 総持院(さいたま市緑区),(埼玉9)霊雲山 法華寺(さいたま市岩槻区),(埼玉10)慈眼山 正法院(久喜市菖蒲町),(埼玉11)胎智山 満願寺(行田市),(埼玉12)医王山 遍照院(行田市),(埼玉13)能満山 能護寺(熊谷市),(埼玉14)聖天山 歓喜院(妻沼聖天山)(大里郡妻沼町),(群馬1)紫雲山 常楽寺(太田市上田島町),(群馬2)妙満山 大慶寺(太田市新田大根町),(群馬3)石岡山 退魔寺(伊勢崎市美茂呂町),(群馬4)鷲翎山 宝積寺(甘楽郡甘楽町),(群馬5)弘誓山 長楽寺(甘楽郡下仁田町),(群馬6)碓氷山 金剛寺(安中市松井田町),(群馬7)観音山 慈眼院(高崎観音)(高崎市石原町),(群馬8)船尾山 柳沢寺(北群馬郡榛東村),(群馬9)泉峰山 泰寧寺(利根郡みなかみ町),(群馬10)参峰山 玉泉寺(利根郡みなかみ町),(群馬11)青龍山 吉祥寺(利根郡川場村),(群馬12)長壽山 福増寺(渋川市赤城町),(群馬13)石井山 珊瑚寺(前橋市富士見町),(群馬14)新川山 龍真寺(桐生市新里町),(栃木1)義任山 吉祥寺(足利市江川町),(栃木2)延命山 光永寺(佐野市飯田町),(栃木3)梅花山 成就院(栃木市岩舟町),(栃木4)金溪山 清水寺(栃木市大平町),(栃木5)大平山 寶樹院(栃木市大平町),(栃木6)瑠璃光山 常楽寺(鹿沼市),(栃木7)十善山 雲照寺(那須塩原市三区町),(栃木8)医王山 東輪寺(さくら市),(栃木9)武königs 馬頭院(那須郡馬頭町),(栃木10)光丸山 法輪寺(大田原市),(栃木11)黒羽山 大雄寺(大田原市黒羽町),(茨城1)東勝山 長福寺(久慈郡大子町),(茨城2)神戸山 慈眼寺(鹿嶋市),(茨城3)五智山 南圓寺(かすみがうら市),(茨

城4)三島山 如意輪寺（笠間市），(茨城5) 曜光山 月山寺（桜川市），(茨城6) 雨引山 楽法寺（雨引観音）（桜川市），(茨城7) 東叡山 千妙寺（筑西市），(茨城8) 太光山 新長谷寺（八町観音）（結城郡八千代町），(茨城9) 正覚山 安楽寺（常総市大輪町），(茨城10) 木崎山 無量寺（常総市菅生町），(茨城11) 廣厳山 光明院（つくばみらい市），(千葉1) 荒井山 清瀧院（流山市），(千葉2) 欠番，(千葉3) 正中山 法華経寺（市川市），(千葉4) 宮久保山 高圓寺（市川市），(千葉5) 寶雲山 大龍寺（香取市），(千葉6) 天応山 観音教寺（芝山仁王尊）（山武郡芝山町），(千葉7) 清水山 圓明院（君津市），(千葉8) 山王山 円如寺（君津市），(千葉9) 大悲山 佛母寺（富津市），(千葉10) 小湊山 誕生寺（鴨川市），(千葉11) 千光山 清澄寺（鴨川市），(千葉12) 青龍山 能蔵院（南房総市千倉町），(千葉13) 檀特山 小松寺（南房総市千倉町），(千葉14) 長安山 石堂寺（南房総市），(千葉15) 乾坤山 日本寺（安房郡鋸南町），(神奈川1) 飯盛山 妙音寺（三浦市初声町），(神奈川2) 壽福山 延壽寺（三浦市初声町），(神奈川3) 龍塚山 持経寺（武山不動院）（横須賀市），(神奈川4) 大富山 清雲寺（横須賀市），(神奈川5) 神木山 等覚院（川崎市宮前区神木本町），(神奈川6) 飯上山 長谷寺（飯山観音）（厚木市），(神奈川7) 日向山 寶珠坊（日向薬師）（伊勢原市），(神奈川8) 金鳳山 龍散寺（伊勢原市），(神奈川9) 萬年山 泉蔵寺（秦野市），(神奈川10) 地福山 浄徳院（秦野市），(神奈川11) 万松山 延命寺（足柄上郡松田町），(神奈川12) 龍虎山 長安寺（足柄下郡箱根町），(神奈川13) 雲渓山 常昌院（厚木市），(神奈川14) 龍珠山 瑞雲寺（小田原市），(神奈川15) 藤澤山 清浄光寺（遊行寺）（藤沢市），(鎌倉1) 霊鷲山 極楽律寺（鎌倉市），(鎌倉2) 天照山 光明寺（鎌倉市），(鎌倉3) 妙法蓮華山 安国論寺（鎌倉市大町），(鎌倉4) 錦屏山 瑞泉寺（鎌倉市），(鎌倉5) 功臣山 報国寺（鎌倉市），(鎌倉6) 東光山 英勝寺（鎌倉市），(鎌倉7) 扇谷山 海蔵寺（鎌倉市），(鎌倉8) 大機山 雲頂庵（鎌倉市），(鎌倉9) 金宝山 浄智寺（鎌倉市），(鎌倉10) 松岡山 東慶寺（鎌倉市），(鎌倉11) 瑞鹿山 円覚寺（鎌倉市）

◇東国花の寺百ケ寺ガイド―関東1都6県 花の寺巡り　東国花の寺百ケ寺事務局編
大阪　朱鷺書房　2010.3　228p　19cm
1500円　①978-4-88602-344-5
|目次| 中部エリア―東京・埼玉（西新井大師 薬王院 ほか）　北部エリア―群馬・栃木（常楽寺　大慶寺 ほか）　東部エリア―茨城・千葉（長福寺　慈眼寺 ほか）　南部エリア―神奈川・鎌倉（妙音寺　延壽寺 ほか）　東国花の寺百ヶ寺を巡る
|内容| 関東1都6県に点在する「花の寺」を巡る花巡礼。花の美しさにふれながらお寺を訪ね歩くことで、いつしか仏との出会いの機縁が育まれてゆく。

062 **坂東三十三観音霊場**
【概　要】源頼朝によって発願され、源実朝が西国の霊場を模範として札所を制定したと伝えられる。札所は東京・神奈川・千葉・埼玉・茨城・栃木・群馬の関東1都6県に点在しており全行程は約1300km。巡る順番は札所の順番に関わらず古来より自由とされている。数回に分けて日帰り、もしくは1～2泊の旅をしながら楽しむ巡礼が推奨されているが、一度に徒歩で巡ると40日を要するという。全ての札所を巡拝した後、長野県の善光寺および北向観音に「お礼参り」をすることが慣わしとされている。西国三十三観音霊場・秩父三十四観音霊場と合わせて日本百観音霊場へと発展し今日に至っている。
【札所名】(1) 杉本寺（杉本観音）（神奈川県鎌倉市），(2) 岩殿寺（神奈川県逗子市），(3) 安養院（田代観音）（神奈川県鎌倉市），(4) 長谷寺（長谷観音）（神奈川県鎌倉市），(5) 勝福寺（飯泉観音）（神奈川県小田原市），(6) 長谷寺（飯山観音）（神奈川県厚木市），(7) 光明寺（金目観音）（神奈川県平塚市），(8) 星谷寺（星の谷観音）（神奈川県座間市），(9) 慈光寺（埼玉県比企郡ときがわ町），(10) 正法寺（岩殿観音）（埼玉県東松山市），(11) 安楽寺（吉見観音）（埼玉県比企郡吉見町），(12) 慈恩寺（埼玉県さいたま市岩槻区），(13) 浅草寺（浅草観音）（東京都台東区），(14) 弘明寺（神奈川県横浜市南区弘明寺町），(15) 長谷寺（白岩観音）（群馬県高崎市），(16) 水沢寺（水沢観音）（群馬県渋川市），(17) 満願寺（出流観音）（栃木県栃木市出流町），(18) 中禅寺（立木観音）（栃木県日光市），(19) 大谷寺（大谷観音）（栃木県宇都宮市大谷町），(20) 西明寺（栃木県芳賀郡益子町），(21) 日輪寺（八溝観音）（茨城県久慈郡大子町），(22) 佐竹寺（茨城県常陸太田市），(23) 観世音寺（佐白観音）（茨城県笠間市），(24) 楽法寺（雨引観音）（茨城県桜川市），(25) 大御堂（茨城県

つくば市),(26)清瀧寺(茨城県土浦市),(27)円福寺(飯沼観音)(千葉県銚子市),(28)龍正院(滑河観音)(千葉県成田市),(29)千葉寺(千葉県千葉市中央区千葉寺町),(30)高蔵寺(高倉観音)(千葉県木更津市),(31)笠森寺(笠森観音)(千葉県長生郡長南町),(32)清水寺(清水観音)(千葉県いすみ市),(33)那古寺(那古観音)(千葉県館山市)
【掲載事典】癒事,古寺,札所,巡遍,霊大,霊巡,日巡,霊典

◇百観音順礼記　紫雲荘出版部　1961　284p　図版　地図　19cm

◇観音巡礼―坂東札所めぐり　清水谷孝尚著　文一出版　1971　514p　図　20cm　1300円

◇徳川治世諸国道中細見絵図集―並・四国,西国,坂東霊場順礼図　編集：日本地図選集刊行委員会,人文社編集部　人文社　1971　地図59枚　38cm〈日本地図選集〉〈帙入〉12000円

◇坂東三十三所観音霊場記　沙門亮盛輯　京都　金声堂　［1973］6冊(付共)　24cm〈書名は巻頭による　題簽の書名：坂東観音霊場記,西国札所関係書目：p.5-10,付(86p 図13枚)：坂東観音霊場記攷(清水谷孝尚),明治版の複製　帙入,和装〉

◇西国坂東観音霊場記　金指正三校註　青蛙房　1973　421p　22cm〈青蛙選書〉2800円

◇百観音の旅―西国三十三カ所・坂東三十三カ所・秩父三十四カ所　谷村俊郎著　北洋社　1975　311p　地図　20cm　1700円

◇坂東三十三カ所―観音霊場めぐり　平幡良雄著　銚子　満願寺事業部　1979.7　240p　18cm〈古寺巡礼シリーズ〉850円

◇足で歩いた百観音―随筆集　神谷恭平著　新ハイキング社　1980.4　230p　20cm　1700円

◇秩父坂東最上巡礼の旅　伊藤九左エ門著　新庄　伊藤九左エ門　1980.10　86p　22cm〈著者の肖像あり〉

◇札所めぐりの旅―西国・坂東・秩父百観音　竹村節子著　日本交通公社出版事業局　1982.2　258p　19cm〈交通公社のガイドシリーズ〉880円

◇坂東33カ所　清水谷孝尚著　大阪　保育社　1983.2　151p　15cm〈カラーブックス〉500円　①4-586-50597-4

◇観音巡礼のすすめ―その祈りの歴史　清水谷孝尚著　大阪　朱鷺書房　1983.4　296p　19cm　1200円

◇秩父坂東観音霊場―清水武甲写真集　清水武甲写真　西山松之助［ほか］解説　新人物往来社　1984.11　104p　図版96p　31cm　18000円　①4-404-01236-5

◇百観音　平凡社　1984.11　146p　29cm〈太陽シリーズ　太陽観音の道シリーズ4〉2000円

◇寺のある風景―坂東三十三カ所　小川和佑著　浦和　さきたま出版会　1985.1　212p　19cm〈さきたま双書〉〈参考文献：p212〉1500円　①4-87891-028-3

◇百観音巡礼―やすらぎと祈りの旅　小川和佑著　実業之日本社　1985.6　243p　18cm〈付：参考文献一覧〉1000円　①4-408-41043-8

◇霊場巡礼―心の案内　波羅蜜薩婆訶著　池田書店　1985.8　277p　19cm　980円　目次 第1章 巡礼への誘い　第2章 巡礼者の声　第3章 知っておきたいこと　第4章 巡礼のこころ　第5章 巡礼に生きた人　第6章 巡礼の歴史　付 巡礼みちしるべ

◇坂東観音いまむかし　栗原仲道著　国書刊行会　1987.3　234p　19cm〈参考文献：p232〉1800円

◇坂東三十三所観音巡礼―法話と札所案内　坂東札所霊場会編　大阪　朱鷺書房　1987.10　195p　19cm　980円　①4-88602-093-3

◇百観音札所巡礼　南良和ほか著　佼成出版社　1988.7　141p　21cm〈フォト・マンダラ〉〈付：読書案内〉1600円　①4-333-01356-9　目次 私と観音巡礼　西国・坂東・秩父札所地図　西国三十三礼所(カラー写真)　坂東三十三礼所(カラー写真)　百観音資料　秩父三十四礼所(カラー写真)　百観音巡礼史話　札所ガイド　読書案内

◇歩けたぞ六万キロ―全国行脚二千日　篠

42

崎由吉著　柏樹社　1988.9　235p　19cm　1400円
|目次|第1章 心のしこり―四国88カ所遍路　第2章 妻との別れ―百観音遍路　第3章 私に何ができるか―188カ寺遍路　第4章 運命を考える―第1次全国遍路　第5章 命あるかぎり―第2次全国遍路　第6章 遠い道、近い道―第3次全国遍路　第7章 歩けたぞ6万キロ―第4次全国遍路
|内容|前へ前へ―71歳から歩き始めて14年。6万3千キロ、2千日をただひたすら歩くことで、生きた観音さまと出会い、自己の病を克服し、人々に希望を与え続けてきた著者の感動の遍路行脚記。

◇巡礼と御詠歌―観音信仰へのひとつの道標　清水谷孝尚著　大阪　朱鷺書房　1992.10　363p　20cm　2678円　①4-88602-153-0
|目次|第1章 観音信仰と札所巡り　第2章 伝説が語る西国巡礼　第3章 史実から見た西国巡礼　第4章 坂東巡礼の成立事情　第5章 秩父巡礼と百番札所　第6章 民衆の参加による盛況　第7章 巡礼習俗の種々相　第8章 御詠歌の評釈について―江戸時代の版本を読む
|内容|札所めぐりという祈りの旅。それはなぜ人々の心をとらえつづけてきたのか。史実と伝説が錯綜するその信仰史をたどり西国・坂東・秩父札所の御詠歌のこころを江戸期の版本にみる。

◇巡礼―写真集　鶴田雄亮編・著　瀬戸　鶴田雄亮　1993　48p　27×27cm

◇坂東三十三観音札所巡り―関東を再発見する旅　講談社　1994.4　145p　21cm（講談社カルチャーブックス）〈監修：立松和平〉1500円　①4-06-198088-2
|目次|湘南から、箱根、丹沢をたどる―相模国・一番札所から八番札所まで　閑静な村を巡り、下町の賑わいを楽しむ―武蔵国・九番札所から十三番札所、相模国・十四番札所まで　榛名山、日光・中禅寺湖の山と湖を行く―上野国、下野国・十五番札所から二十番札所まで　信仰の山、筑波山と八溝山を訪れる―常陸国・二十一番札所から二十六番札所まで　銚子、館山、潮来…房総の海と水郷を巡る―上総、下総、安房国、二十七番札所から三十三番札所まで
|内容|関東地方の一都六県にわたる三十三の札所を巡り歩き、四季折々の自然と素朴な霊場のたたずまいに訪れる人々は心洗われるひとときを過ごす。鎌倉時代の観音信仰の足跡を訪ねる旅。

◇百観音霊場ご詠歌―音譜と解説　小室裕充著　渓水社　1994.5　228p　18cm〈発売：北辰堂〉1236円　①4-89287-094-3
|目次|百観音霊場巡拝―ご詠歌の信心とは　第1章 西国観音霊場ご詠歌　第2章 坂東観音霊場ご詠歌　第3章 秩父観音霊場ご詠歌

◇坂東―観音巡礼　平幡良雄著　改訂2版　銚子　満願寺教化部　1995.5　223p　19cm　1000円

◇巡礼道―旧国鉄と百観音の旅行学　間瀬一夫編著　間瀬一夫　1995.7　201p　19cm〈製作：丸善出版サービスセンター〉1000円

◇百観音霊場巡拝勤行聖典　銚子　満願寺教化部　[1996]　1冊　18×8cm〈折本,和装〉

◇坂東三十三カ所・秩父三十四カ所めぐり　安宅夏夫,大牟田太朗［執筆］JTB　1997.9　155p　21cm（JTBキャンブックス）1600円　①4-533-02794-6
|目次|坂東三十三カ所（杉本寺（杉本観音）岩殿寺　安養院田代寺（田代観音）長谷寺（長谷観音）ほか）　秩父三十四カ所（四萬部寺　真福寺　常泉寺（岩本寺）金昌寺（新木寺）ほか）

◇新西国・坂東・秩父百ケ所観音順礼―武州葛飾郡武州埼玉郡　埼葛の野に幻の札所を追う　石川靖夫著　富士見　石川靖夫　1997.11　119p　19cm

◇坂東三十三ケ所・秩父三十四ケ所巡り　昭文社　1999.1　175p　21cm（エアリアマップ　旅の森）1333円　①4-398-13185-X
|目次|坂東三十三観音（杉本寺　岩殿寺　安養院田代寺　長谷寺　ほか）　秩父三十四観音（四萬部寺　真福寺　常泉寺　金昌寺　ほか）
|内容|本書では、坂東三十三観音霊場と秩父三十四観音霊場を紹介しています。関東一円に広く点在する坂東霊場と、のどかな秩父盆地にある秩父霊場。寺院や巡礼の道の雰囲気が異なる2つの霊場には、それぞれに歴史や伝説、また魅力的な四季の自然があります。本書では、写真と地図、紀行文でこれらの札所を紹介しています。

関東

◇日本百観音―全国各地の霊場を巡る　秩父三十四観音・坂東三十三観音・西国三十三観音　後藤博著　上山　みちのく書房　1999.10　233p　21cm　1650円　①4-944077-42-4

◇坂東三十三ケ所・秩父三十四ケ所巡り　昭文社　2000.4（3刷）175p　21cm（旅の森）　1400円　①4-398-13199-X
|目次| 坂東三十三観音（一番・杉本寺―神奈川県鎌倉市　二番・岩殿寺―神奈川県逗子市　三番・安養院田代寺―神奈川県鎌倉市　四番・長谷寺―神奈川県鎌倉市　五番・勝福寺―神奈川県小田原市　ほか）　秩父三十四観音（一番・四万部寺―秩父市栃谷　二番・真福寺―秩父市山田　三番・常泉寺―秩父市山田　四番・金昌寺―秩父市山田　五番・語歌堂―秩父郡横瀬町　ほか）
|内容| 本書では、坂東三十三観音霊場と秩父三十四観音霊場を紹介しています。関東一円に広く点在する坂東霊場と、のどかな秩父盆地にある秩父霊場。寺院や巡礼の道の雰囲気が異なる2つの霊場には、それぞれに歴史や伝統、また魅力的な四季の自然があります。本書では、写真と地図、紀行文でこれらの札所を紹介しています。

◇百観音霊場巡拝記　森成著　文芸社　2001.4　231p　19cm　1200円　①4-8355-1591-9
|目次| 西国礼所（那智山青岸渡寺―獅子岩（天）　紀三井山金剛宝寺護国院（紀三井寺）―橋杭岩・南紀　風猛山粉河寺―観音霊場の始まり（一）　ほか）　坂東礼所（大蔵山杉本寺―坂東礼所の始まり（一）　海雲山岩殿寺―浪子不動　祇園山安養院田代寺―和賀江島　ほか）　秩父礼所（誦経山四萬部寺―秩父霊場の始まり（一）　大棚山真福寺―秩父霊場の始まり（二）　岩本山常泉寺―秩父霊場はなぜ三十四カ所なのか　ほか）
|内容| 子育ての終わった夫婦が16年かけてなし得た、西国、坂東、秩父礼所、百観音を巡る旅。霊場の話や、周辺の名所旧跡の話題のみならず、日頃疑問に思っている仏教の話など、自分なりに調べてみたことも含めて、百観音巡記として纏めました。

◇週刊古寺をゆく　別冊4　坂東三十三所巡礼　小学館　2002.3　34p　30cm（小学館ウイークリーブック）　533円

◇青天独歩―優しき道同行二人四国八十八ヶ所日本百観音徒歩順拝　加藤健一著　横浜　まつ出版　2002.7　444p　20cm〈肖像あり〉①4-944069-24-3

◇坂東三十三カ所を歩く　峰順一,入江織美文　芦沢武仁写真　山と渓谷社　2003.5　167p　21cm（歩く旅シリーズ　古寺巡礼）　1400円　①4-635-60101-3

◇菩薩の風景―日本百観音霊場巡拝記　酒本幸祐著　六月書房　2004.4　371p　20cm〈発売：星雲社〉1600円　①4-434-04107-X
|目次| はるかなる補陀洛への旅　秩父三十四観音霊場巡拝記　西国三十三観音霊場巡拝記　坂東三十三観音霊場巡拝記　鎌倉三十三観音霊場巡拝記
|内容| 本書は、観音霊場を廻りながら泣いたり、笑ったり、怒ったりの巡拝記。観音様の姿は見えないが、たえず観音様の慈愛に護られた巡拝記である。読後すべての読者に観音様の存在を、百観音巡拝成満を感じさせてくれる楽しい巡拝記となっている。観音霊場巡拝を考えている方、関心のある方などすべての人に、ご一読をお勧めしたい一冊である。

◇やさしい言葉―百観音ひとくち伝言集　草野榮應著　［出版地不明］草野啓子　2005.7　285p　20cm〈肖像あり,年譜あり,発行所：沙羅の集〉1429円

◇観音巡礼と那古寺―那古寺観音堂平成の大修理記念企画展　館山　館山市立博物館　2006.7　56p　26cm（展示図録 no.16）〈会期：平成18年7月15日―11月5日,年表あり〉
|目次| 1 補陀洛山 千手院 那古寺（境内を歩く　観音堂を拝観する）　2 那古寺の信仰と歴史（由緒と信仰　那古寺歴代住職　ほか）　3 観音巡礼（坂東三十三所観音巡礼　安房国札観音霊場　ほか）　4 那古寺諸堂と奉納文化財（那古寺観音堂、平成の大修理　那古寺観音堂、大修理の歴史　ほか）

◇旅・まぼろし　小沢隆明著　ルネッサンスブックス　2006.9　154p　20cm〈発売：幻冬舎ルネッサンス〉1300円　①4-7790-0089-0
|目次| 四国遍路記　ひとりぼっちの塔ヶ岳　熊野・夢幻　湖国・如幻　奥羽・幻影　最後の山・ペテガリ岳　坂東巡礼・自転車の旅　四国巡礼・ぼちぼち旅
|内容| 日本二百名山最後の山を目前にして、言い渡された二度目の癌告知。しかし完登

のために手術を拒否。果たして思いはかなったのか？ ひとり旅に出かけたくなる、山と霊場を巡る紀行エッセイ。

◇坂東三十三カ所を歩く—観音さまとご縁をつなぐ心の旅　改訂版　山と渓谷社　2006.11　167p　21cm（歩く旅シリーズ　古寺巡礼）　1500円　①4-635-60106-4
|目次|杉本寺　岩殿寺　安養院　長谷寺　勝福寺　長谷寺　光明寺　星谷寺　慈光寺　正法寺　安楽寺　慈恩寺　浅草寺　弘明寺　長谷寺　水澤寺　満願寺　中禅寺　大谷寺　西明寺　日輪寺　佐竹寺　観世音寺　楽法寺　大御堂　清瀧寺　円福寺　龍正院　千葉寺　高蔵寺　笠森寺　清水寺　那古寺

◇坂東三十三所観音巡礼—法話と札所案内　坂東札所霊場会編　第2版　大阪　朱鷺書房　2006.12　197p　19cm　1000円　①4-88602-338-X
|目次|杉本寺　岩殿寺　安養院田代寺　長谷寺　勝福寺　長谷寺　光明寺　星谷寺　慈光寺　正法寺〔ほか〕
|内容|坂東札所は東国人たちの西国札所に寄せる強い憧れと信仰によって、鎌倉時代、関東八ヵ国に設けられた。一都六県にわたるその霊場は、恵まれた自然の景観と素朴な伝統によって、巡礼者の心を澄ませ、今日も多くの人びとを迎えている。この祈りの旅を志す方に、札所の案内とあわせて霊場の住職が、巡礼の「こころ」を語る。

◇関八州の空と色—今様、わらしべ長者のたび　菅原惠著　新風舎　2007.4　175p　19cm　1660円　①978-4-289-01392-0
|目次|第1章　相模（神奈川県）—鎌倉の空は宗教色　第2章　武蔵編（埼玉県）—「灯台下暗し」と「脚下照顧」　第3章　武蔵編（東京都）—色に染まる　第4章　上野編（群馬県）—苦と楽は、「苦楽を共にす」　第5章　下野編（栃木県）—「あー、余の体の中を突き抜けていくぞ」　第6章　常陸編（茨城県）—生涯を終えたトンボやセミが道に横たう　第7章　安房・上総・下総（千葉県）—今様、わらしべ長者の結願　第8章　たびを終えて
|内容|関八州の札所を、心の貧しい男・わらしべ長者が、心の豊かさを求めて、観音さまと二人でたびをする物語。

◇西国坂東観音霊場記　〔厚誉,亮盛〕　〔著〕　金指正三校註　新装版　青蛙房　2007.5　421p　22cm　4400円　①978-4-7905-0142-8
|目次|西国三十三所観音霊場記図会（紀伊国那智山（那智山青岸渡寺）　紀伊国紀三井寺（紀三井山金剛宝寺）　紀伊国粉河寺（風猛山粉河寺）　和泉国施福寺（槙尾山施福寺）　河内国藤井寺（紫雲山葛井寺）ほか）　三十三所坂東観音霊場記（相模国鎌倉杉本（大蔵山杉本寺）　相模国岩殿寺（海運山岩殿寺）　相模国田代堂（祇園山長楽寺）　相模国鎌倉長谷寺（海光山長谷寺）　相模国飯泉（飯泉山勝福寺）ほか）
|内容|各地の観音の縁起利生譚の子細な記録「西国三十三所観音霊場記図会」五冊、「三十三所坂東観音霊場記」十冊の二点を完全復刻。

◇坂東三十三カ所めぐり　安宅夏夫文　大和田秀樹写真　JTBパブリッシング　2008.1　128p　21cm（楽学ブックス　古寺巡礼　3）　1600円　①978-4-533-06997-0
|目次|大蔵山杉本寺（杉本観音）　海雲山岩殿寺　祇園山安養院田代寺（田代観音）　海光山長谷寺（長谷観音）　飯泉山勝福寺（飯泉観音）　飯上山長谷寺（飯山観音）　金目山光明寺（金目観音）　妙法山星谷寺（星の谷観音）　都幾山慈光寺　巌殿山正法寺（岩殿観音）〔ほか〕

◇坂東三十三カ所を歩く旅—関東7県の古刹をめぐる観音巡礼札所を拠点に歩く特選11コース　ウエスト・パブリッシング編　山と渓谷社　2010.12　150p　21cm（エコ旅ニッポン）　1600円　①978-4-635-60046-0
|目次|坂東三十三ヵ所観音霊場（第一番・杉本寺　第二番・岩殿寺　第三番・安養院　第四番・長谷寺　第五番・勝福寺　ほか）　札所を拠点に「歩く旅」（1番杉本寺から鎌倉の札所を巡礼　白山巡礼峠道を歩き6番長谷寺へ　鎌倉街道の古社を巡り8番星谷寺へ　9番慈光寺、霊山院へハイキング　11番安楽寺や吉見百穴をめぐる　ほか）
|内容|関東7県の古刹をめぐる観音巡礼、札所を拠点に歩く特選11コース。

◇坂東三十三ケ所札所めぐりルートガイド　小林祐一著　メイツ出版　2011.5　128p　21cm〈索引あり〉　1600円　①978-4-7804-0926-0
|目次|相模国の札所　武蔵国の札所　上野国の札所　下野国の札所　常陸国の札所　下総国の札所　上総国の札所　安房国の札所
|内容|各霊場の歴史や由来はもちろん、順路

も丁寧に紹介。詳しい解説とわかりやすい地図で、巡礼の旅に案内。

◇中山逍雀老躬雑話 之2 坂東巡礼記　中山逍雀編著　[出版地不明]　中山逍雀　2013.5　1冊　22cm〈印刷：佐藤工房（[志木]）〉　5500円　①978-4-904055-49-6

◇日本の古寺を知る事典　渋谷申博著　三笠書房　2013.12　301p　15cm（知的生きかた文庫[CULTURE]）　590円　①978-4-8379-8230-2
　目次 第1章 古寺・名刹50を知る（法隆寺　東大寺　東寺 ほか）　第2章 お寺と仏教の基礎知識（仏教略史―釈迦の活動から鎌倉新仏教まで　なぜお経はたくさんあるのか　たくさんある「宗派」とは何か ほか）　第3章 全国寺院ガイド（各宗派総本山・大本山リスト　霊場（巡礼地）リスト　仏像がすばらしいお寺 ほか）

　内容 法隆寺から浅草寺まで…各寺の素顔・見所と寺院・仏教の基本がわかる。

◇坂東巡礼―三十三観音と心の法話　坂東札所霊場会監修　五叟鐵太郎文・絵　電気情報社　2014.5　301p　19cm〈文献あり〉　2000円　①978-4-924513-07-5

◇坂東三十三カ所めぐり　内田和浩文　JTBパブリッシング　2016.3　127p　21cm（楽学ブックス 古寺巡礼 3）　1600円　①978-4-533-10957-7
　目次 大蔵山―杉本寺（杉本観音）　海雲山―岩殿寺（岩殿観音）　祇園山―安養院田代寺（田代観音）　海光山―長谷寺（長谷観音）　飯泉山―勝福寺（飯泉観音）　飯上山―長谷寺（飯山観音）　金目山―光明寺（金目観音）　妙法山―星谷寺（星の谷観音）　都幾山―慈光寺　巌殿山―正法寺（岩殿観音）〔ほか〕
　内容 観音さまと出会う、癒しの旅へ。

063　武相卯歳観世音菩薩札所

【概　要】武相とは武蔵国と相模国のことで、現在の八王子市・日野市・多摩市・町田市と横浜市・相模原市・大和市に所在する48の札所から成る。観音像は卯歳の4月1ヶ月間だけ御開扉される。武相四十八観音霊場。

【札所名】(1)観音寺（神奈川県大和市），(2)随流院（神奈川県横浜市緑区），(3)松岳院（神奈川県横浜市青葉区），(4)観性寺（東京都町田市），(5)養運寺（東京都町田市），(6)千手院（東京都町田市小野路町），(7)観音寺（東京都多摩市），(8)真照寺（東京都日野市），(9)松連寺（百草観音堂）（東京都日野市），(10)清鏡寺（東京都八王子市），(11)大泉寺（東京都町田市下小山田町），(12)保井寺（東京都八王子市），(13)玉泉寺（東京都八王子市），(14)永泉寺（東京都八王子市），(15)福傳寺（東京都八王子市明神町），(17)泉龍寺（神奈川県相模原市南区上鶴間本町），(18)高乗寺（東京都八王子市初沢町），(19)福昌寺（神奈川県横浜市青葉区恩田町），(20)喜福寺（東京都八王子市），(21)長安寺（東京都八王子市並木町），(22)真覚寺（東京都八王子市散田町），(23)興福寺（東京都八王子市浅川町），(24)祐照庵（大戸観音堂）（東京都町田市相原町），(25)普門寺（神奈川県相模原市緑区），(26)長徳寺（神奈川県相模原市緑区），(27)清水寺（東京都町田市相原町），(28・29)福生寺（東京都町田市小山町），(30)高巌寺（神奈川県相模原市中央区），(31)観心寺（神奈川県相模原市南区），(32)清水寺（神奈川県相模原市南区），(33)覺圓坊（東京都町田市），(34)泉蔵寺（東京都町田市下小山町），(35)上柚木観音堂（東京都八王子市），(36)圓通庵（養樹院内）（東京都町田市上小山田町），(37)祥雲寺（東京都町田市），(38)慈眼寺（神奈川県相模原市緑区），(40)永昌院（東京都八王子市），(41)永林寺（東京都八王子市），(42)慈眼寺（東京都八王子市片倉町），(43)信松院（東京都八王子市台町），(44)宗印寺（東京都日野市），(45)観泉寺（東京都町田市真光寺町），(46)吉祥院（東京都八王子市長房町），(47)定寺（神奈川県大和市），(48)龍像寺（神奈川県相模原市中央区）

【掲載事典】霊大

◇武相観音札所五十ケ寺画集　橋本豊治画　八王子　武相観音札所五十ケ寺画集刊行会　1987.4　123p　22×26cm〈限定版〉5000円（税込）

◇武相観音めぐり―武蔵・相模四十八ヶ所　橋本豊治画　佐藤広著　八王子　のんぶる舎　1999.11　173p　21cm〈文献

あり〉 1800円 ①4-931247-70-9

---

064 武相寅歳薬師如来霊場

【概　要】東京都町田市と神奈川県横浜市北西部を中心に、鶴見川流域に広がる薬師如来霊場。1791(寛政3)年頃、第1番札所舊城寺の発起により12ヶ寺で開創された。その後寺院の追加があり、現在は神奈川19ヶ寺、東京6ヶ寺の計25ヶ寺で構成されている。12年に一度、寅年に一斉開帳が行われている。

【札所名】(1)旧城寺（舊城寺）(神奈川県横浜市緑区三保町)、(2)弘聖寺(神奈川県横浜市緑区台村町)、(3)観護寺(神奈川県横浜市緑区小山町)、(4)萬蔵寺(青砥薬師堂より変更)(神奈川県横浜市緑区)、(5)大蔵寺(神奈川県横浜市緑区中山町)、(6)宝塔院(神奈川県横浜市緑区)、(7)林光寺(神奈川県横浜市緑区)、(8)東漸寺(神奈川県横浜市都筑区佐江戸町)、(9)川和薬師堂(神奈川県横浜市都筑区川和町)、(10)瑞雲寺(神奈川県横浜市都筑区川和町)、(11)宗泉寺(神奈川県横浜市緑区北八朔町)、(12)朝光寺(神奈川県横浜市青葉区市ヶ尾町)、(13)萬福寺(神奈川県横浜市青葉区田奈町)、(14)福昌寺(神奈川県横浜市青葉区恩田町)、(15)医王寺薬師堂(神奈川県横浜市青葉区恩田町)、(16)東光寺(東京都町田市小野路町)、(17)安全寺(東京都町田市大蔵町)、(18)野津田薬師堂(東京都町田市野津田町)、(19)祥雲寺(東京都町田市)、(20)常楽寺(東京都町田市)、(21)観音寺(神奈川県大和市)、(22)福寿院(東京都町田市)、(23)福泉寺(神奈川県横浜市緑区長津田町)、(24)東観寺(ながや薬師堂より変更)(神奈川県横浜市緑区)、(25)宝俤寺(神奈川県横浜市緑区十日市場町)

【掲載事典】霊大、霊巡

◇武相寅歳薬師如来霊場御納経帳　武相寅歳薬師如来御納経帳発行委員会編　武相寅歳薬師如来霊場会　［1986］1冊

◇武相寅歳開扉薬師如来霊場　武相寅歳薬師如来霊場会　［2010］1枚(二つ折り)　30×42cm(折りたたみ30×21cm)

---

065 武相不動尊霊場

【概　要】神奈川県横浜市・川崎市を中心に東京都大田区・日野市に広がる不動尊霊場。旧武蔵・相模両国の28ヶ寺が集まり、1968(昭和43)年に開創された。1969(昭和44)年以来、12年に一度、寅年の5月1～28日に各札所の不動尊が一斉に開帳される。普段は秘仏とされているが、本堂前での参拝・御朱印は可能。所要日数は電車やバスを利用して3～4日。武相不動尊二十八ヶ所霊場。

【札所名】(1)川崎大師(神奈川県川崎市川崎区大師町)、(2)身代り不動(神奈川県川崎市高津区)、(3)龍厳寺(神奈川県川崎市多摩区)、(4)明王院(神奈川県川崎市高津区)、(5)龍台寺(神奈川県川崎市高津区)、(6)能満寺(神奈川県川崎市高津区)、(7)興禅寺(神奈川県横浜市港北区高田町)、(8)金蔵寺(神奈川県横浜市港北区日吉本町)、(9)西方寺(神奈川県横浜市港北区新羽町)、(10)福聚院(神奈川県横浜市都筑区池辺町)、(11)観音寺(神奈川県横浜市都筑区池辺町)、(12)東漸寺(神奈川県横浜市都筑区佐江戸町)、(13)西光寺(神奈川県横浜市緑区)、(14)三會寺(神奈川県横浜市港北区鳥山町)、(15)真福寺(神奈川県横浜市保土ヶ谷区)、(16)無量寺(神奈川県横浜市蒔田町)、(17)長松寺(神奈川県横浜市鶴見区)、(18)弘明寺(神奈川県横浜市南区弘明寺町)、(19)正泉寺(神奈川県横浜市鶴見区)、(20)東福寺(神奈川県横浜市鶴見区)、(21)宝蔵院(神奈川県横浜市鶴見区)、(22)宝幢院(東京都大田区)、(23)泉福寺(神奈川県川崎市宮前区)、(24)円光寺(神奈川県横浜市緑区新治町)、(25)正蔵院(東京都大田区)、(26)光明寺(神奈川県横浜市港北区新羽町)、(27)成就院(神奈川県川崎市川崎区)、(28)高幡不動尊(東京都日野市)

【掲載事典】霊大、霊巡

◇武相不動尊納經帳―武相不動尊二十八札所 巡拝のしおり　武相不動尊連合会　［編］武相不動尊連合会　［1969］1冊　19cm

066 武蔵野三十三観音霊場
【概　要】東京都と埼玉県にまたがる武蔵野に位置する観音霊場。1940(昭和15)年、郷土史家で篤信の柴田常恵を中心に何人かの住職らにより、西国・坂東・秩父と並ぶ観音霊場として選定された。第二次世界大戦や戦後の混乱により廃れていたが、昭和30年頃から再び巡拝が行われるようになった。札所は西武池袋線沿線に点在し、都会から山奥まで武蔵野の様々な顔を楽しむことができる。巡拝所要日数は電車・バスを利用して約4日。
【札所名】(1)高野山 長命寺(東京都練馬区)、(2)豊嶋山 道場寺(東京都練馬区)、(3)亀頂山 三寶寺(東京都練馬区)、(4)光明山 如意輪寺(東京都西東京市泉町)、(5)寶塔山 多聞寺(東京都東久留米市本町)、(6)安松山 全龍寺(東京都清瀬市)、(7)福寿山 徳蔵寺(東京都東村山市諏訪町)、(8)愛宕山 圓乘院(東京都東大和市)、(9)野老山 實蔵院(埼玉県所沢市元町)、(10)遊石山 新光寺(埼玉県所沢市宮本町)、(11)上洗山 普門院(埼玉県所沢市)、(12)梅林山 全徳寺(埼玉県所沢市)、(13)吾庵山 金乘院(山口観音)(埼玉県所沢市)、(14)光輪山 妙善院(埼玉県所沢市)、(15)吟龍山 松林寺(埼玉県所沢市)、(16)妙智山 慈眼寺(埼玉県狭山市)、(17)福聚山 徳林寺(埼玉県狭山市)、(18)世音山 蓮花院(黒須観音)(埼玉県入間市春日町)、(19)法栄山 東光寺(埼玉県入間市)、(20)龍岳山 龍圓寺(新久観音)(埼玉県入間市)、(21)諏訪山 高正寺(埼玉県入間市)、(22)光明山 圓照寺(元加治弁財天)(埼玉県入間市)、(23)寂光山 浄心寺(矢颪毘沙門天)(埼玉県飯能市)、(24)般若山 観音寺(埼玉県飯能市山手町)、(25)梅松山 圓泉寺(埼玉県飯能市)、(番外)箕輪山 靈巌寺(埼玉県日高市)、(26)高麗山 聖天院(埼玉県日高市)、(27)栗原山 勝音寺(埼玉県日高市)、(28)寶雲山 瀧泉寺(埼玉県日高市)、(29)清流山 長念寺(埼玉県飯能市)、(30)楊秀山 福徳寺(埼玉県飯能市)、(31)補陀山 法光寺(埼玉県飯能市)、(32)大鱗山 天龍寺(子ノ権現)(埼玉県飯能市)、(33)医王山 八王寺(竹寺)(埼玉県飯能市)
【掲載事典】古寺,札所,霊大,日巡,霊典

◇ドライブ西国三十三カ所・武蔵野三十三観音　札所研究会編　銚子　札所研究会　1970　176p　18cm(古寺巡礼シリーズ 5)　300円(税込)

◇武蔵野との語らい―武蔵野三十三札所をめぐる散歩道　小池基著　小池基［1978］91p　21cm〈内容「三宝寺池を経て如意輪寺まで」37～41p〉

◇武蔵野観音―三十三の霊場めぐり　平幡良雄編　2版　銚子　満願寺事業部　1979.7　97p　18cm(古寺巡礼シリーズ)　450円

◇狭山三十三観音　武蔵野三十三観音札所―霊場めぐり　東村山市教育委員会編　東村山　東村山市教育委員会　1984.2　1冊　26cm

◇武蔵野―観音巡礼　平幡良雄著　改訂2版　銚子　満願寺教化部　1993.3　80p　18cm　750円

◇武蔵野三十三観音霊場寺院の縁起と風光　武蔵野観音霊場会編　武蔵野観音霊場会　1995.1　99p　19cm

◇武蔵野の観音さま　柴田博,相川浩子著　シバ　1995.6　190p　19cm(シバ巡礼シリーズ 3)　1400円　①4-915543-03-X
目次 東高野山長命寺(練馬区)　豊島山道場寺(練馬区)　亀頂山三宝寺(練馬区)　光明山如意輪寺(保谷市)　宝塔山多聞寺(東久留米市)　安松山全龍寺(清瀬市)　福寿山徳蔵寺(東村山市)　安宕山円乗院(東大和市)　野老山実蔵院(所沢市)　遊石山新光寺(所沢市)〔ほか〕

◇武蔵野三十三所観音巡礼　武蔵野観音霊場会編　白木利幸著　大阪　朱鷺書房　2004.5　177p　19cm　1000円　①4-88602-332-0
目次 第1番・長命寺(練馬区高野台)　第2番・道場寺(練馬区石神井台)　第3番・三寶寺(練馬区石神井台)　第4番・如意輪寺(西東京市泉町)　第5番・多聞寺(東久留米市本町)　第6番・全龍寺(清瀬市中清戸)　第7番・徳蔵寺(東村山市諏訪町)　第8番・円乗院(東大和市狭山)　第9番・実蔵院(所沢市元町)　第10番・新光寺(所沢市宮本町)〔ほか〕
内容 石神井公園から飯能市に向けて走る西武池袋線。沿線にひろがる風景は東京都心から次第に山間の地へと移り変わり、自然の息吹に心が癒される。大都会のすぐ近く

にある魅力いっぱいの観音めぐり。
◇武蔵野観音霊場三十三札所巡礼スケッチ―心の安らぎを求めて　山岸秀夫著　入間　山岸秀夫　2004.11　74p　16×22cm〈折り込1枚〉

関東の霊場

◇奥の細道100霊場と伊勢詣り―関東路33ケ所めぐり　仏教文化通信編集部編　仙台　仏教文化振興会　1987.6　85p　19cm　500円
◇小田急沿線花の寺めぐり　大貫茂著　山と渓谷社　1989.5　155p　21cm　1700円　①4-635-60006-8
　目次 多摩・東京（イラストマップ　観音庵　靖国神社　明治神宮　高源院　浄真寺　泉竜寺　妙楽寺　広福寺　等覚院　深大寺　ほか）　相模・箱根（イラストマップ　専念寺　満福寺　星谷寺　無量光寺　竜源院　心岩寺　竜福寺　日向薬師　洞昌院　浄徳院　ほか）　鎌倉（イラストマップ　昌清院　円久寺　長谷寺　高徳院　収玄寺　光則寺　成就院　極楽寺　大巧寺　大覚寺　ほか）　藤沢・大船（本真寺　遊行寺　竜口寺　久成寺　貞宗寺　円光寺　竜宝寺　大船観音）
◇下総のへんろ道―地域信仰の歴史と霊場　小林茂多著　流山　小林茂多　1990.10　584p　26cm〈限定版、電子複写〉
◇林志翁百庚申巡礼記　石川博司編　青梅　ともしび会　1994.11　34枚　26cm
◇栃木と近県の七福神めぐりの旅―御利益祈願の旅全12コース　下野新聞社編　宇都宮　下野新聞社　1996.11　175p　21cm　1748円　①4-88286-073-2
　目次 七福神巡拝のすすめ　七体の福神たち　栃木の七福神めぐり（下野七福神　上三川七福神　八溝七福神　佐野七福神　足利七福神　JR烏山線「七福神列車」の旅　茨城の七福神めぐり（常陸七福神　奥久慈七福神　佐竹七福神）　群馬の七福神めぐり（上州七福神　太田七福神）　福島の七福神めぐり（いわき七福神　会津七福神）　A SCENE　東日本その他のおもな七福神めぐりコース（北の都札幌七福神　奥州仙台七福神　出羽七福神八霊場　武蔵野七福神　秩父七福神　隅田川（向島）七福神谷中七福神　浅草名所七福神　鎌倉・江の島七福神　三浦七福神　甲州東郡七福神　伊那七福神　佐渡七福神　伊豆国七福神　遠州七福神）
◇開運・ご利益・元気になる首都圏七福神めぐり　旅行読売出版社　1998.12　122p　26cm（旅行読売mook　歩くシリーズ）　857円　①4-89752-159-9
　目次 七福神プロフィール　相模の海に富士山を仰ぐ七福神めぐり　鎌倉・江の島七福神　東京の七福神めぐり〈15コース〉　神奈川・埼玉・千葉の七福神めぐり〈21コース〉　茨城・栃木・群馬の七福神めぐり〈15コース〉　静岡・山梨・長野の七福神めぐり〈8コース〉　初春の温泉郷を訪ねる開運の旅　伊豆の七福神めぐり　下町に今も息づく庶民信仰　浅草名所七福神　下町の味めぐり
◇下総のへんろ道―空海とともに歩む　小林茂多著　流山　小林茂多　1999.3　417p　19cm〈1990年刊の増訂〉
　目次 第1章 弘法大師空海（出生から入唐まで　唐における修業　帰国後の空海　ほか）　第2章 下総のへんろ道（西高野山報恩寺　印西新四国霊場　相馬新四国霊場　ほか）　第3章 東葛印旛組合大師を歩く（法螺の響き　前風景　練り込み宝泉寺へ）　第4章 新四国八十八ヶ所巡に係わる経文（礼拝　焼香供養　開経偈　ほか）　第5章 四国八十八ヶ所霊場（八十八ヶ寺院の開基・本尊・詠歌　道場別霊場一覧　四国における本尊仏）
◇北関東の三十三所　石川靖夫著　富士見　石川靖夫　2000.4　191p　19cm
　目次 栃木県（下野三十三所　佐野百番札所（佐野坂東札所　佐野西国札所　佐野秩父札所）　都賀三十三所　都賀三十三薬師　足利坂東三十三所　昭和足利坂東三十三所　西国移両野三十三所　芳賀百観音（芳賀坂東札所　芳賀秩父札所　芳賀西国札所）　下野・むつ百観音（東三十四観音　南三十三観音　西三十三観音）　那須順礼札所　那須三十三所観音霊場　石裂坂東三十三札所　鹿沼三十三観音）　茨城県（猿島坂東三十三所　葛飾坂東三十三所　水戸三十三所　常陸西国三十三観音　結城新坂東三十三所　西茨城郡百観音（新西国三十三所　新坂東三十三所　新秩父三

茨城県

十四所）　真壁郡の観音札所（新西国三十三霊場　新坂東三十三霊場）　常総百番観音霊場（西国　坂東　秩父）　鹿島郡百観音霊場（西国写三十三観音霊場　秩父写三十四観音霊場　坂東写三十三観音霊場））

◇**武蔵国の三十三所**　石川靖夫著　富士見　石川靖夫　2000.6　166p　19cm
目次 秩父三十四所　高麗坂東三十三所　比企西国三十三所　入比坂東三十三所　狭山三十三所　足立坂東三十三霊場　足立新秩父三十四所　足立坂東三十三所　新秩父三十四所　武蔵西三十三所　新西国三十三札所　埼玉郡 新秩父三十四札所　埼玉郡 新坂東三十三札所　忍秩父三十四霊場　武州葛飾郡 新坂東三十三所　武州葛飾郡 新西国三十三所　武州葛飾郡 新秩父三十四所　川越領秩父写し札所　三国秩父三十四所　武蔵野三十三観音　児玉三十三霊場　玉川北百番観音霊場　八王子三十三所　準西国稲毛三十三所　小机領三十三所　准秩父三十四観音札所　東海三十三所　多摩川三十三ヶ所　京王三十三所　秋川三十四番　武州金澤三十四所　金沢三十四ヶ所霊場　横浜市内三十三観音札所

◇**南関東の三十三所**　石川靖夫著　富士見　石川靖夫　2000.7　152p　19cm
目次 安房の国札・観音巡礼　安房郡三十三観音札所　長狭郡三十三観音札所　朝夷郡百観音霊場（西国写し三十三霊場　坂東写三十三霊場　秩父写三十四霊場）　上総国札・観音札所　新上総国三十三観音

小糸作札観音札所　天羽作札参拾参ヶ所観音霊場　小櫃作札観音札所　西望陀三十三所　西国移し亀丘久観音霊場　伊南観音札所　下総国札三十三所　行徳三十三所　東三十三所　新西国三十三観音霊場　武相卯歳開扉観音札所　小田急武相三十三所　津久井三十三所　高座郡三十三所　鎌倉郡三十三所　鎌倉三十三所　三浦三十三所　関東大震災記念 三浦半島三十三観音札所　相模新西国三十三所

◇**関東の三十三所―補遺編**　石川靖夫著　富士見　石川靖夫　2002.5　88p　19cm
目次 関東広域（坂東三十三所　奥の細道みちのく三十三霊場　関東路三十三所　ぼけ封じ関東三十三観音霊場）　茨城県（真壁郡百観音霊場（新西国　新坂東　新秩父））　栃木県（下野一國百番順禮仏（坂東西国　秩父）　新下野三十三霊場）　群馬県（新上州観音霊場三十三カ所）　千葉県（東葛飾の百観音（西国三十三観音　坂東三十三観音　秩父三十四観音））　長野県（伊你秩父三十三所（龍西））　静岡県（駿河秩父三十四所）

◇**多摩の寺社めぐり―御朱印帳付き**
tamatic works著　立川　けやき出版　2010.12　126p　19cm〈文献あり 索引あり〉1800円　①978-4-87751-428-0
目次 1自然とともにある寺社　2文化財・仏像をめぐる　3史跡・郷土文化に触れる　4街道沿いの寺社　5多摩ゆかりの人が眠る寺社　「めぐる」を楽しむ

《茨城県》

067　奥久慈大子七福神

【概　要】茨城県北西部の久慈郡大子町に位置する七福神霊場。1985（昭和60）年に大子町商工会が国の補助事業「むらおこし事業」として開創した。JR水郡線、国道118号・461号線沿いなどの広い範囲に散在しており、巡拝所要時間は3時間半。同町には袋田の滝・奥久慈温泉郷・八溝山などがあり、観光を兼ねた巡拝が行われている。

【札所名】寿老神 長福寺（久慈郡大子町）、布袋尊 龍泰院（久慈郡大子町）、福禄寿 実相院（久慈郡大子町）、大黒天 慈雲寺（久慈郡大子町）、恵比須 高徳院（久慈郡大子町）、毘沙門天 性徳寺（久慈郡大子町）、弁財天 永源寺（久慈郡大子町）

【掲載事典】七巡、七め、全七、霊大、霊巡、日七、日巡

◇**奥久慈大子探訪マップ―奥久慈大子七福神巡りマップ**　大子町観光ボランティア　ガイド　［20--］　1枚　30×42cm（折り畳み30×21cm）

068　佐竹七福神

【概　要】茨城県北部の5市町、北常陸と呼ばれた地域の2社5寺から成る。うち2寺は坂東三十三観音霊場の札所でもある。寺院間が離れている所もあり、車での巡礼が推奨される。
【札所名】恵比寿 静神社（那珂市），大黒天 立野神社（常陸大宮市），毘沙門天 小松寺（東茨城郡城里町），弁財天 日輪寺（久慈郡大子町），布袋尊 佐竹寺（常陸太田市），寿老人 德蔵寺（東茨城郡城里町），福禄寿 大山寺（東茨城郡城里町）
【掲載事典】霊巡

---

069 **とね七福神**
【概　要】茨城県北相馬郡利根町内の3社4寺から成る。全行程約13km。来見寺には、徳川家康に贈与された「松替の梅」のほか、「利根川図志」の著者赤松宗旦の墓がある。
【札所名】(1)毘沙門天 德満寺（北相馬郡利根町），(2)弁財天 来見寺（北相馬郡利根町），(3)恵比寿天 布川神社（北相馬郡利根町），(4)寿老人 応順寺（北相馬郡利根町），(5)大黒天 蛟蝄神社（北相馬郡利根町），(6)布袋尊 円明寺（北相馬郡利根町），(7)福禄寿 早尾天神社（北相馬郡利根町）
【掲載事典】全七，霊巡，日七

---

070 **とりで利根川七福神**
【概　要】茨城県取手市に位置する七福神霊場。1970（昭和45）年に同市観光協会により開創された。周辺の自然を楽しみながら散策できるよう、常磐線取手駅周辺および東郊外の利根川沿いの寺院が選定されている。巡拝所要時間は徒歩で4時間。
【札所名】寿老人 光明寺（取手市），布袋尊 普門院（取手市），恵比須 明星院（取手市），毘沙門天 福永寺（取手市），弁財天 東谷寺（取手市），福禄寿 念仏院（取手市），大黒天 長禅寺（取手市）
【掲載事典】七幸，七め，全七，霊大，霊巡，日七，日巡

◇取手ふるさと散歩―とりで利根川七福神　　　1981.12　1冊　19cm
　めぐり　ニーズ製作　取手市商工観光課

---

071 **常陸七福神**
【概　要】茨城県に位置する七福神霊場。1982（昭和57）年に開創された。霞ヶ浦や筑波山を擁する水郷筑波国定公園をほぼ一巡する行程となっており、「日本で一番長い巡路を持つ七福神詣」と称する。巡拝所要日数は車で1日。
【札所名】大黒天 笠間稲荷神社（笠間市），毘沙門天 西光院（石岡市），寿老人 西蓮寺（行方市），福禄寿 長勝寺（潮来市），弁財天 逢善寺（稲敷市），七福神七体 眞延寺（土浦市），恵比須 筑波山神社（つくば市），布袋尊 月山寺（桜川市）
【掲載事典】全七，霊大，霊巡，日巡

◇常陸七福神めぐり　常陸七福神霊場会事　　　22cm
　務局　［出版年不明］1冊（頁付なし）

茨城県の霊場

◇日立金山百観音考―附 観音札所の成立に関する私見　小林利喜写真と文　日立　小林利喜　1977.11　61p　26cm〈参考文献：p60〉680円

◇水戸三十三番札所をゆく　榎本実著　［日立］［榎本実］1986.1　70p　21cm　800円

◇ふる里茨城路百八地蔵尊霊場めぐり　仏

教文化通信編集部編　仙台　仏教文化振興会　1989.6　229p　21cm　1500円

◇水戸三十三観音札所—ガイドブック　山椒の会編　［土浦］筑波書林　1994.10　94p　18cm〈発売：茨城図書〉　850円
①4-900725-13-7

《栃木県》

072　足利七福神
【概　要】栃木県足利市に位置する七福神霊場。1942(昭和17)年に町の繁栄を願って開創された。第二次世界大戦後に途絶したが、1987(昭和62)年正月に再興された。10寺社(弁財天3柱・毘沙門天2柱)で構成される。やや遠方に位置する名草弁天と最勝寺を除く七福神(8寺社)の全行程は約8kmで、巡拝所要時間は徒歩で約3時間。
【札所名】大黒天　鑁阿寺(足利市家富町)、寿老人　心通院(足利市)、弁財天　明石弁天(本城厳島神社)(足利市)、弁財天　6丁目長尾弁天(通六丁目厳島神社)(足利市)、福禄寿尊　長林寺(足利市西宮町)、恵比須尊　西宮神社(足利市西宮町)、毘沙門天　常念寺(足利市)、布袋尊　福厳寺(足利市緑町)、弁財天　名草弁天(名草厳島神社)(足利市名草上町)、毘沙門天　大岩毘沙門天(最勝寺)(足利市大岩町)、大黒天　徳蔵寺(足利市猿田町)
【掲載事典】七め、全七、霊大、霊巡、日七

◇足利七福神めぐり　足利市観光協会編　足利市観光協会　［1986］40p　21cm　400円

073　今市宿七福神
【概　要】栃木県日光市内、旧今市市街地にあり、七福神のほか報徳二宮神社の8寺社をめぐるコースになっている点が特徴。1周約8km。
【札所名】福禄寿　明静寺(日光市)、寿老人　本敬寺(日光市)、弁財天　如来寺(日光市)、二宮尊徳　報徳二宮神社(日光市)、恵比寿　追分地蔵尊(日光市)、布袋尊　徳性院(日光市)、毘沙門天　瑞光寺(日光市)、大黒天　瀧尾神社(日光市)
【掲載事典】霊巡

074　おおたわら七福神
【概　要】栃木県大田原市内の1社6寺から成り、2003(平成15)年に開創された。開帳は1月、5月、9月の1日から7日のみ。
【札所名】恵比寿神　大田原神社(大田原市)、大黒天　光真寺(大田原市)、布袋尊　洞泉院(大田原市)、寿老尊　正法寺(大田原市)、弁財天　成田山(大田原市本町)、毘沙門天　不退寺(大田原市新富町)、福禄寿尊　長泉寺(大田原市)
【掲載事典】霊巡

075　小野寺七福神
【概　要】栃木県栃木市内旧下都賀郡岩舟町の小野寺地域の6寺1社から成り、2001(平成13)年に成立した。西宮神社の恵比寿神の開帳は1月1日から3日の3日間のみ。6寺のうち4寺は都賀坂東三十三観音札所でもある。
【札所名】恵比寿神　村桧神社　西宮神社(栃木市岩舟町)、大黒天　成就院(栃木市岩舟町)、毘沙門天　大慈寺(栃木市岩舟町)、弁財天　龍鏡寺(栃木市岩舟町)、福禄寿　浄琳寺(栃木市岩舟町)、布袋尊　住林寺(栃木市岩舟町)、寿老人　東光院(栃木市岩舟町)

【掲載事典】霊巡

076 上三川七福神
【概　要】栃木県河内郡上三川町に位置する七福神霊場。1991(平成3)年に開創された。豊かな田園風景の中に点在しており、全行程は約15km。巡拝所要時間は徒歩で4時間、車で40分。
【札所名】寿老人　西念寺(河内郡上三川町)，恵比須　宝光院(河内郡上三川町)，毘沙門天　見性寺(河内郡上三川町)，布袋尊　延命院(河内郡上三川町)，福禄寿　善門寺(河内郡上三川町)，大黒天　善応寺(河内郡上三川町)，弁財天　長泉寺(河内郡上三川町)．
【掲載事典】七め，霊大，霊巡，日七

077 佐野七福神
【概　要】栃木県佐野市内の真言宗豊山派7ヶ寺から成り、1992(平成4)年に開創された。巡拝所要時間は約4時間30分。弁財天は山腹に安置されており全国的にも珍しい。また、光永寺の庭園は市の銘木ツゲを中心に回遊式庭園になっている。
【札所名】恵比寿尊　安楽寺(佐野市並木町)，大黒天　観音寺(佐野市金井上町)，毘沙門天　西光院(佐野市赤見町)，出流原弁財天(佐野市出流原町)，福禄寿　光永寺(佐野市飯田町)，寿老尊　金蔵院(佐野市越名町)，布袋尊　圓照寺(佐野市上羽田町)．
【掲載事典】全七，霊巡

078 下野三十三観音霊場
【概　要】栃木県一円に札所が点在する観音霊場。起源は明らかでないが、江戸時代末期の開創と伝えられる。久しく途絶えていたが、1990(平成2)年に『下野新聞』に「下野三十三札所巡り」が連載され、同4年に単行本化されたことで復興した。
【札所名】(1)日光山　清滝寺(日光市清滝町)，(2)鉢石山　観音寺(日光市上鉢石町)，(3)日光山本宮　四本龍寺(日光市)，(4)星顕山　如来寺(日光市)，(5)岩戸山　観音院(佐貫観音院)(塩谷郡塩谷町)，(6)鶏鳥山　円満寺(廃寺)(塩谷郡塩谷町)，(7)与楽山　観音寺(寺山観音寺)(矢板市)，(8)補陀洛山　観音寺(澤観音寺)(矢板市)，(9)龍頭山　龍泉寺(大田原市)，(10)岩谷山　長泉寺(岩谷観音)(廃寺)(大田原市)，(11)瀧尾山　太平寺(那須烏山市)，(12)大慈山　永徳寺(芳賀郡市貝町)，(13)獨鈷山　西明寺(芳賀郡益子町)，(14)三光山　慈眼寺(芳賀郡市貝町)，(15)大慈山　長命寺(芳賀郡芳賀町)，(16)瀧海山　常珍寺(芳賀郡芳賀町)，(17)福寿海山　善願寺(宇都宮市)，(18)玉生山　能延寺(宇都宮市宮)，(19)神護山　光明寺(朝日観音)(宇都宮市本町)，(20)穴穂山　普門寺(茂原観音)(宇都宮市茂原町)，(21)医王山　興生寺(下都賀郡壬生町)，(22)医王山　玉塔院(栃木市都賀町)，(23)伊吹山　善応寺(観音堂)(栃木市吹上町)，(24)三級山　近龍寺(栃木市万町)，(25)金剛峯山　如意輪寺(栃木市大平町)，(26)金滝山　清水寺(栃木市大平町)，(27)引地山　日向寺(佐野市富岡町)，(28)金剛山　鑁阿寺(足利市家富町)，(29)出流山　満願寺(栃木市出流町)，(30)深岩山　満照寺(深岩観音)(鹿沼市)，(31)紫雲山　千手院(鹿沼市)，(32)天賜山　大谷寺(大谷平和観音)(宇都宮市大谷町)，(33)普門山　蓮華院(岩本観音)(廃寺)(宇都宮市新里町)，(番外)大雲山　龍蟠寺(鹿沼市)，(別格)多気山　持宝院(多気不動尊)(宇都宮市田下町)．
【掲載事典】古寺，霊巡，霊典

◇下野三十三ヶ所霊場　釜井宗一著　宇都宮　釜井宗一　1969　1冊　27cm
◇下野三十三札所巡りと小さな旅　下野新聞社編　宇都宮　下野新聞社　1992.8　248p　21cm　1500円　①4-88286-023-6

栃木県

◇下野三十三観音札所としもつけの民話四　　　開社　1998.4　175p　21cm〈付・古寺
十八　下野新聞社編　宇都宮　下野新　　　　紀行〉1600円　①4-88286-090-2

079 下野七福神
【概　要】栃木県に位置する七福神霊場。1981(昭和56)年に鬼怒川温泉のホテルが中心となって開創された。構成寺社は県内を横断する形で日光市・宇都宮市・芳賀郡益子町に散在する。巡拝所要時間は車で4〜5時間。
【札所名】大黒天 中禅寺(日光市)，毘沙門天 輪王寺(日光市)，福禄寿 明静寺(日光市)，寿老人 持宝院(宇都宮市田下町)，弁財天 大谷寺(宇都宮市大谷町)，恵比須 二荒山神社(日光市)，布袋尊 西明寺(芳賀郡益子町)
【掲載事典】七幸，全七，霊大，霊巡，日七

080 那須三十三観音霊場
【概　要】栃木県北東部の那須地域に位置する観音霊場。起源は明らかでないが、1682(天和2)年の『下野陸奥百観音巡礼記』に東三十四・南三十三・西三十三の計百観音霊場を巡拝した記録が残されており、後に東三十四霊場を中心に再編成して那須三十三観音霊場が成立した。昭和初期以後に衰退したが、1987(昭和62)年6月に再興された。いずれの札所も近辺に温泉宿があるのが特徴。また巡礼道には縄文遺跡・古墳・風土記の丘・芭蕉の句碑など、多くの史蹟・観光地が存在する。全行程は約240kmで、巡拝所要日数は車で2泊3日。
【札所名】(1)聖観音 高岩山 密蔵院 明王寺(大田原市黒羽向町)，(2)厄徐十一面観音 明王山 大聖寺 不動院(大田原市)，(3)聖観音 正覚山 実相院 光厳寺(大田原市)，(4)千手観音 妙賀山 医王寺 養福院(那須郡那須町)，(5)聖観音 補陀楽山 正福寺(那須郡那須町)，(6)聖観音 普門山 蓮乗院 会三寺(那須塩原市)，(7)聖観音 米澤山 金光峯寺 最勝院(那須郡那須町)，(8)千手観音 台明山 明星院 三光寺(那須郡那須町)，(9)聖観音 東蘆山 法性院 揚源寺(那須郡那須町)，(10)聖観音 抜苦山 補陀洛院 与楽寺(那須郡那須町)，(11)聖観音 瓔珞山 実相院 長久寺(那須郡那須町)，(12)准胝観音 小島山 金剛院 長楽寺(那須郡那須町)，(13)聖観音 医雲山 清光院 薬王寺(那須塩原市)，(14)聖観音 湯王山 観音寺 慶乗院(那須塩原市)，(15)白衣観音 日照山 宗源寺(那須塩原市東町)，(16)准胝観音 十善山 雲照寺(那須塩原市三区町)，(17)聖観音 沼瀧山 密蔵院 長泉寺(大田原市)，(18)施無畏観音 月江山 慈雲寺 実相院(大田原市)，(19)聖観音 宝持山 伝法寺 金剛寿院(大田原市)，(20)十一面観音 月桂山 明覚寺 宝寿院(大田原市)，(21)頂蓮寺 明王山 龍泉院 頂蓮寺(大田原市)，(22)聖観音 霊牛山 威徳院 極楽寺(大田原市)，(23)玉持観音 光丸山 実相院 法輪寺(大田原市)，(24)如意輪観音 紫雲山 迎照寺 宝蔵院(那須郡那珂川町)，(25)十一面観音 白久山 青龍院 長泉寺(那須郡那珂川町)，(26)朝日聖観音 三峰山 養山寺(那須烏山市)，(27)聖観音 医王山 宝生院 安楽寺(那須烏山市)，(28)聖観音 南台山 曹源院 天性寺(那須烏山市)，(29)十一面観音 高根山 他方院 宝蔵寺(那須烏山市)，(30)馬頭観音 武茂山 十輪院 馬頭院(那須郡那珂川町)，(31)子安観音 宝珠山 昇覺院 総徳寺(那須郡那珂川町)，(32)如意輪観音 日光山 東光院 松慶寺(那須郡那珂川町)，(33)千手観音 吉利俱山 玉泉院 光照寺(那須郡那珂川町)
【掲載事典】巡遍，霊大，霊巡，日巡

◇那須三十三所観音霊場―札所案内　　那須　　　音霊場会　1990.1　101p　18cm
三十三所観音霊場会編　那須三十三所観

081 八溝七福神
【概　要】栃木県那須郡(現・大田原市、那須郡那須町、那珂川町)、八溝山地の西側の那珂川沿いに位置する七福神霊場。毎月7の日が縁日で、御宝印は毎日頂ける。全行程は約37km。

【札所名】毘沙門天 三光寺（那須郡那須町）, 布袋尊 不動院（大田原市）, 恵比須尊 明王寺（大田原市）, 寿老尊 威徳院（大田原市）, 大黒天 光丸山（大田原市）, 弁財天 光照寺（那須郡那珂川町）, 福禄寿 乾徳寺（那須郡那珂川町）
【掲載事典】七巡, 七め, 全七, 霊大, 霊巡, 日七

◇八溝七福神めぐり　小川町（栃木県）　光照寺　[1987]　1冊　26cm

栃木県の霊場

◇重貞百観音巡礼記　[大金]重貞[著]　　　84p　22cm（馬頭町の文化財 第5集）[馬頭町（栃木県）] 馬頭町 [19--]

《群馬県》

082 おうら七福神
【概　要】群馬県邑楽郡邑楽町内の6寺1社からなる。一周約15km。寿老人をまつる永明寺の樹齢700年のキンモクセイは夢窓国師が植えたと伝えられ、国の天然記念物に指定されている。また浮島弁財天のある多々良沼公園は白鳥の飛来地としても知られる。
【札所名】(1) 大黒天 慶徳寺（邑楽郡邑楽町）, (2) 寿老人 永明寺（邑楽郡邑楽町）, (3) 浮島弁財天 恩林寺（邑楽郡邑楽町）, (4) 福禄寿 明王院（邑楽郡邑楽町）, (5) 毘沙門天 高源寺（邑楽郡邑楽町）, (6) 恵比寿神 長柄神社（邑楽郡邑楽町）, (7) 布袋尊 大信寺（邑楽郡邑楽町）
【掲載事典】霊巡

◇文化財と上州邑楽七福神巡り 10年の歩み　上州邑楽七福神を愛する会　2013.1　ページ付なし　44cm〈ファイル綴り〉

083 桐生七福神
【概　要】群馬県桐生市内の7つの寺からなり、1992（平成4）年1月に成立した。全行程7.5kmで巡拝所要時間は約2時間。光明寺にある弁財天像は宝珠型仏塔という珍しい形で「光明寺宝珠弁財天」とも呼ばれ、室町時代の造立とされる。
【札所名】(1) 弁財天 大慈山 光明寺（桐生市宮本町）, (2) 寿老人 平等山 妙音寺（桐生市西久方町）, (3) 大黒天 妙光山 法経寺（桐生市西久方町）, (4) 福禄寿 仏守山 義国院 青蓮寺（桐生市西久方町）, (5) 恵比寿 桂林山 久昌寺（桐生市天神町）, (6) 毘沙門天 桐生山 鳳仙寺（桐生市梅田町）, (7) 布袋尊 梅田山 西方寺（桐生市梅田町）
【掲載事典】霊巡

◇桐生七福神の寺々―光明寺 妙音寺 法経寺 青蓮寺　上巻　清水義男著　1996.8　128p　20cm　非売品

◇桐生七福神の寺々―久昌寺 鳳仙寺 西方寺　下巻　清水義男著　1996.8　142p　20cm　非売品

084 城下町小幡七福神
【概　要】1992（平成4）年に群馬県甘楽郡甘楽町の7ヶ寺が集まって開創した七福神霊場。小幡氏、織田氏、松平氏の城下町として栄えた、歴史と文化の城下町小幡は現在の甘楽町として、伝統や文化が引き継がれており、歴史民俗資料館となっている武家屋敷や、国峯城跡、織田家7代の墓などが遺されている。小幡七福神。
【札所名】(1) 大黒天 興巌寺（甘楽郡甘楽町）, (2) 福禄寿 福厳寺（甘楽郡甘楽町）, (3) 恵比

群馬県

　　　寿神 宝泉寺（甘楽郡甘楽町），(4)寿老人 龍門寺（甘楽郡甘楽町），(5)毘沙門天 長厳寺
　　　（甘楽郡甘楽町），(6)布袋尊 宝積寺（甘楽郡甘楽町），(7)弁財天 天徳寺（甘楽郡甘楽町）
　　【掲載事典】全七，霊巡，日七

◇城下町小幡七福神　［小幡七福神会事務局］［199-］1枚（二つ折り）27cm

085　上州太田七福神
　　【概　要】群馬県太田市の金山山麓に位置する七福神霊場。正月三が日明けの最初の日曜日
　　　に新春七福神巡りの行事が催される。全行程は約12kmで，巡拝所要時間は徒歩で3時間。
　　【札所名】恵比須尊天 長念寺（太田市本町），大黒天 受楽寺（太田市金山町），弁財天 大光
　　　院（太田市金山町），毘沙門天 金龍寺（太田市金山町），福禄寿 玉厳寺（太田市東金井
　　　町），寿老人 永福寺（太田市東金井町），布袋尊 さざえ堂（太田市東今泉町）
　　【掲載事典】七め，全七，霊大，霊巡，日七

◇上州太田 七福神めぐり　太田　太田市観光協会　［1985］1枚　26cm〈協賛太田・新田物産振興会，上州太田七福神（七草会）案内図，太田，新田のおみやげ〉

◇新田荘の歴史漫歩　Part2　上州太田七福神　千種義人著　太田タイムス編　太田市観光協会　［1993］151p　21cm〈太田地域の史跡名勝 上州太田七福神〉

086　上州七福神
　　【概　要】前橋市を中心に群馬県内全域に広がる七福神霊場。いずれも本堂に入堂して拝観
　　　できる他，団体客は希望により法話を聞くこともできる。巡拝所要日数は1泊2日だが，
　　　急げば1日でも可能。
　　【札所名】大黒尊天 善宗寺（太田市），福禄寿尊天 正円寺（前橋市堀之下町），恵比須尊天
　　　珊瑚寺（前橋市富士見町），弁財尊天 興禪寺（渋川市赤城町），寿老尊天 長松寺（北群馬
　　　郡吉岡町），毘沙門尊天 柳澤寺（北群馬郡榛東村），布袋尊天 霊山寺（甘楽郡下仁田町）
　　【掲載事典】七幸，七巡，七め，全七，霊大，霊巡，日七，日巡

◇上州七福神御寶印帳　上州七福神霊場会　22cm〈袋綴〉
　　事務局　［19--］1冊（ページ付なし）

087　高崎観音六観音霊場
　　【概　要】群馬県高崎市の観音山（海抜200m）に点在する6ヶ所を巡拝するミニ観音霊場で，
　　　巡拝所要時間は約1時間。同山は坂上田村麻呂が蝦夷征伐で戦死した兵士の霊を祀った霊
　　　山で，山頂にはこの時に創建された清水寺（京都清水寺の千手観音を勧請したもの）が鎮
　　　座している。
　　【札所名】聖観音 慈眼院（高崎市石原町），白衣観音 白衣大観音（高崎市石原町），一顧観
　　　音 光音堂（高崎市石原町），洞窟観音 山徳園洞窟（高崎市石原町），馬頭観音 馬頭観音
　　　堂（高崎市石原町），千手観音 清水寺（あじさい寺）（高崎市石原町）
　　【掲載事典】霊巡

◇高崎観音山六観音納経帖　高崎　高崎観光協会　［1985］1p　19cm

088　つつじの館林七福神
　　【概　要】群馬県館林市と邑楽郡板倉町の3つの神社，4つの寺院から成る。館林市は徳川綱
　　　吉のかつての城下町であり，樹齢800年を超えるヤマツツジを始めとしたつつじの名所と
　　　して知られ，「銀杏の恵比寿神」「萩の大黒尊天」など各七福神名にも花名が冠せられる。
　　　一周約25km。参拝印を押すことができるのは1月3日から31日までに限られる。
　　【札所名】銀杏の恵比寿神（蛭子命）長良神社（館林市代官町），萩の大黒尊天 茂林寺（館林

市堀工町），すみれの毘沙門天 善導寺（館林市楠町），藤の弁財天 尾曳稲荷神社（館林市尾曳町），蠟梅と椿の福禄寿 雷電神社（邑楽郡板倉町），水仙の寿老尊 善長寺（館林市当郷町），しだれ桜の布袋尊 普済寺（館林市羽附町）
【掲載事典】全七，霊巡，日七

089 沼田横堂三十三番札所
【概　要】群馬県沼田市と利根郡内の観音堂を巡る霊場めぐり。成立時期は1332（正慶元）年とも1522（大永2）年とも伝わり，明らかではない。
【札所名】(1) 千住院（利根郡みなかみ町），(2) 岩渕辻堂（利根郡みなかみ町），(3) 奥平観音堂（利根郡みなかみ町），(4) 奥田金泉寺（利根郡みなかみ町），(5) 駒形山観音堂（利根郡みなかみ町），(6) 大羽山観音堂（廃堂）（利根郡みなかみ町），(7) 体楽寺（廃寺）（利根郡みなかみ町），(8) 但馬院（利根郡みなかみ町），(9) 観音寺（利根郡みなかみ町），(10) 橋壁観音堂（廃堂）（利根郡みなかみ町），(11) 森原観音堂（利根郡みなかみ町），(12) 建明寺（利根郡みなかみ町），(13) 寿明院（廃寺）（利根郡みなかみ町），(14) 明徳寺（利根郡みなかみ町），(15) 清水寺（沼田市），(16) 安養寺 荒井堂（沼田市），(17) 岩屋観音堂（沼田市），(18) 観音寺（沼田市），(19) 大雲寺（沼田市），(20) 町田観音堂（沼田市），(21) 三光院（沼田市），(22) 岩井堂（沼田市），(23) 松尾山観音堂（利根郡昭和村），(24) 池野入観音堂（沼田市），(25) 雲谷寺（沼田市），(26) 辻堂観音堂（沼田市），(27) 昌龍寺（沼田市），(28) 浮島観音堂（沼田市），(29) 永福寺（利根郡片品村），(30) 善福寺（利根郡片品村），(31) 大御堂（利根郡片品村），(32) 音昌寺（利根郡片品村），(33) 大円寺（利根郡片品村）
【掲載事典】霊大

090 沼田坂東三十三番札所
【概　要】群馬県沼田市と利根郡内の観音堂を巡る霊場めぐり。成立年は1767（明和4）年とも伝えられるが，「群馬県史」には1801（享和元）年に新沼田坂東札所に発願されたとある。1番札所迦葉山弥勒寺は慈覚大師（円仁）により開山された関東有数の寺であり，「天狗の寺」としても知られる。
【札所名】(1) 迦葉山 弥勒寺（沼田市），(2) 久保観音堂（廃堂）（沼田市），(3) 迦陵山 慶福寺（沼田市），(4) 大徳寺（廃堂）（沼田市），(5) 天照寺（沼田市），(6) 湯之上堂（沼田市），(7) 大雲寺（沼田市），(8) 奈良観音堂（沼田市奈良町），(9) 生品観音堂（太田市），(10) 天神組観音堂（利根郡川場村），(11) 吉祥寺（利根郡川場村），(12) 別所胸札堂（利根郡川場村），(13) 湯原寺（利根郡川場村），(14) 中野観音堂（廃堂）（利根郡川場村），(15) 吹上堂（利根郡川場村），(16) 実相院（沼田市），(17) 峯之堂（廃堂）（沼田市），(18) 正眼寺（沼田市），(19) 孝養寺（沼田市），(20) 下久屋観音堂（廃堂）（沼田市），(21) 上沼須観音堂（沼田市），(22) 久遠山 寿量院（沼田市），(23) 砥石経蔵（沼田市），(24) 戸鹿野観音堂（沼田市），(25) 正覚寺（沼田市），(26) 歓楽院（旧・常楽院）（沼田市），(27) 白岩観音堂（廃堂）（沼田市），(28) 成孝院（旧・孝成寺）（沼田市），(29) 成院（旧・大源寺）（沼田市），(30) 眞成相堂（利根郡みなかみ町），(31) 師観音堂（廃堂）（利根郡みなかみ町），(32) 桜井堂（廃堂）（沼田市），(33) 長廣寺（沼田市）
【掲載事典】霊大

091 東上州三十三観音霊場
【概　要】群馬県桐生市，太田市，館林市にかけて渡良瀬川の南側に点在する観音霊場。江戸時代中期の1708（宝永5）年に崇禅寺の住職、尭観道心により創設された。かつては繁栄を極めていたが，第二次世界大戦頃から衰退し，一時は無住や廃寺になったりした。近年、地元在住の樋口正洋の尽力で全札所で御朱印がいただけることが確認された。地

元新聞にもガイド地図が掲載されるなど、復活の兆しが見えてきている。
【札所名】(1)宝福寺（邑楽郡板倉町）、(2)円満寺（岩л観音）（邑楽郡板倉町）、(3)花蔵院（邑楽郡板倉町）、(4)明善寺（館林市大島町）、(5)善導寺（館林市楠町）、(6)遍照寺（館林市緑町）、(7)蓮葉院（館林市上早川田町）、(8)宝生寺（館林市日向町）、(9)谷中観音堂（邑楽郡邑楽町）、(10)正眼寺（邑楽郡大泉町）、(11)浄光寺（太田市龍舞町）、(12)恵林寺（太田市矢場町）、(13)江徳寺（太田市台之郷町）、(14)観音山（太田市金山町）、(15)松島観音堂（太田市下浜田町）、(16)德性寺（太田市押切町）、(17)儀源寺（太田市亀岡町）、(18)円福寺（太田市別所町）、(19)正法寺（太田市脇屋町）、(20)四軒家観音堂（太田市新田村田町）、(21)医王寺（太田市新田小金井町）、(22)聖王寺（太田市寺井町）、(23)慈眼院観音堂（太田市鶴生田町）、(24)慈眼寺（太田市北金井町）、(25)法楽寺（桐生市広沢町）、(26)大雄院（桐生市広沢町）、(27)古庭観音堂（桐生市広沢町）、(28)福寿堂（桐生市広沢町）、(29)最勝寺（桐生市錦町）、(30)浄運寺（桐生市本町）、(31)妙音寺（桐生市西久方町）、(32)光明寺（桐生市宮本町）、(33)小倉峠観音堂（桐生市川内町）、(特)新田寺（太田市金山町）

◇東上州三十三観音札所めぐり　樋口正洋著　樋口正洋　[2004]　23p　30cm
◇東上州三十三観音札所めぐり―東上州三十三観音霊場会　樋口正洋著　前橋　上毛新聞社出版局　2005.9　82p　21cm　1200円　①4-88058-934-9

群馬県の霊場

◇南毛霊場三十三観音―上州の札所めぐり　青山ハルナ著　高崎　あさを社　1983.7　171p　19cm　1000円
◇上州の札所めぐり―三十三観音道しるべ　吾妻・利根沼田の巻　しの木弘明著　吾妻書館　1983.9　167p　26cm　1800円
◇上州の観音札所　内山信次著　前橋　みやま文庫　1991.3　230p　19cm（みやま文庫）
目次　東上州卅三所　西国移両野卅三所　東卅三所　東上州新田秩父卅四所　新田・山田・邑楽準西国卅三所　上毛佐波郡卅四所　西勢多卅三所　群馬卅三所　三郡坂東卅三所　上野卅四所　山中領西国卅三所写　沼田横堂卅三所　沼田秩東卅三所　吾妻卅三所　三原卅四所　三国秩父卅四所　準坂東卅三所　藤岡の七観音
◇ぐんま観音札所ぶらり旅―ドライブ＆ウォーキング　上毛新聞出版局編　前橋　上毛新聞出版局　2001.3　278p　19cm　1500円　①4-88058-798-2
目次　第一章　東三十三観音札所　第二章　沼田横堂三十三観音札所　第三章　吾妻三十三観音札所　第四章　三原郷三十四観音札所　第五章　南毛霊場三十三観音札所　第六章　東上州三十三観音札所　第七章　新上州観音霊場三十三カ所
◇上州新四国平成遍路記　内山信次著　前橋　上毛新聞社出版局（製作・発売）　2001.10　254p　19cm　1500円　①4-88058-822-9
◇新四国88カ所霊場めぐり―太田・伊勢崎・桐生　樋口正洋著　前橋　上毛新聞社出版局　2006.10　106p　21cm　1429円　①4-88058-964-0
◇古代の邑楽町付観音霊場　細谷清吉著　大泉町（群馬県）　細谷清吉　2010.4　174p　19cm　1890円
目次　邑楽郡長柄郷　長柄氏のおこり　長柄の地名　長柄の村名　長柄氏と光恩寺　篠塚の地名考　狸塚の地名考　東山道武蔵支道　光善精舎と光善寺　長柄神社と長良神社　長柄町の観音霊場　長柄町の観音霊場のまとめ

《埼玉県》

092　足立坂東三十三札所

埼玉県

【概　要】忍領西国三十三札所、忍秩父三十四札所と合わせて埼玉県内の百観音霊場と称する。1689(元禄2)年、番外札所である伊豆山龍花院の観照和尚の尽力により創建されたと伝えられる。足立坂東三十三札所は桶川市、上尾市、北足立郡、久喜市、北本市、鴻巣市、さいたま市の寺院から成る。

【札所名】(1)知足院(竜谷山 弥勒寺)(桶川市), (2)龍谷山 大雲寺(桶川市), (3)龍山院(慈雲山 観音寺)(上尾市), (4)小室山 松福寺(北足立郡伊奈町), (5)福王山 金剛院 清光寺(北足立郡伊奈町), (6)大悲山 観音寺(北足立郡伊奈町), (7)三仏堂(法界山 薬師寺)(桶川市), (8)慈眼院 正法院(久喜市菖蒲町), (9)文殊院(廃寺)(鴻巣市), (10)荒神山 東光院(桶川市), (11)加藤家(旧観音寺)(北本市), (12)妙龍山 如意寺(旧常楽寺)(北本市), (13)殿林山 寿命院(北本市), (14)深井邸(旧深井寺)(鴻巣市), (15)愛宕山 地蔵院 妙楽寺(鴻巣市), (16)妙音寺(北本市), (17)雙徳寺(荒井観音堂)(北本市), (18)諏訪山 福聚院 普門寺(桶川市), (19)福聚山 無量院(桶川市), (20)瑞露山 藤波寺 密厳院(上尾市), (21)弥勒院(桶川市), (22)新御堂(旧西光寺)(桶川市), (23)観音院(桶川市), (24)照明院(上尾市), (25)大悲庵(小泉観音堂)(上尾市), (26)皆応寺(谷津観音堂)(上尾市), (27)大谷観音堂(上尾市), (28)孤峯山 宝池院 馬蹄寺(上尾市), (29)観音寺(さいたま市西区), (30)大龍山 清河寺(さいたま市西区), (31)妙光寺(さいたま市西区), (32)普光山 浄蓮華院 慈眼寺(さいたま市西区), (33)楽邦山 満福寺(さいたま市北区)

【掲載事典】霊大

◇さいたまの巡り案内　埼玉県商業観光課　[19--]〔10〕p　26cm

◇観音巡礼―忍領西国三十三札所・足立坂東三十三札所・忍秩父三十四札所　山田計司著　浦和　さきたま出版会　1993.3　310p　19cm　2000円　①4-87891-329-0

◇観音巡礼　山田計司著　浦和　さきたま出版　1994.3　310p　19cm　2000円　①4-87891-329-0

[目次]忍領西国三十三霊場　足立坂東三十三霊場　忍秩父三十四霊場

◇足立坂東順礼歌　第3版　塚越定正寺世話人会　2014.3　1冊(ページ付なし)　17cm

093　忍秩父三十四札所

【概　要】忍領西国三十三札所、忍秩父三十四札所と合わせて埼玉県内の百観音霊場と称する。1689(元禄2)年、番外札所である伊豆山龍花院の観照和尚の尽力により創建されたと伝えられる。忍秩父三十四札所は熊谷市、行田市、大里郡の寺院から成る。忍三十四観音霊場。

【札所名】(1)龍昌寺(熊谷市), (2)松岩寺(熊谷市), (3)石上寺(熊谷市鎌倉町), (4)東竹院(熊谷市), (5)源宗寺(熊谷市), (6)観音寺(行田市), (7)宝蔵寺(行田市), (8)龍淵寺(熊谷市), (9)安養院(熊谷市), (10)観音寺(熊谷市), (11)観音寺(熊谷市), (12)利永寺(熊谷市), (13)集福寺(熊谷市), (14)慈眼寺(熊谷市), (15)大龍寺(熊谷市), (16)玉洞院(熊谷市), (17)長井寺(熊谷市), (18)観音寺(熊谷市), (19)観音寺(熊谷市), (20)観音堂(熊谷市), (21)清滝寺(廃寺)(熊谷市), (22)安楽寺(熊谷市), (23)香林寺(熊谷市), (24)妙音寺(熊谷市), (25)長慶寺(熊谷市), (26)観音寺(廃寺)(熊谷市), (27)大正寺(熊谷市), (28)狗門寺(廃寺)(熊谷市), (29)龍泉寺(熊谷市), (30)応正寺(深谷市), (31)十輪寺(廃寺)(深谷市), (32)明導寺(熊谷市), (33)吉祥寺(熊谷市), (34)福生寺(熊谷市)

【掲載事典】霊大

◇忍三十四番巡礼札所　小久保隆吽,小倉又夫筆　熊谷　熊谷市郷土文化会　[1968]　37p,図版　21cm(熊谷市郷土文化会誌 第18号)〈タイプ印刷 熊谷市文化祭参加記念号〉

◇観音巡礼―忍領西国三十三札所・足立坂東三十三札所・忍秩父三十四札所　山田計司著　浦和　さきたま出版会　1993.3

埼玉県

310p 19cm 2000円 ①4-87891-329-0
◇観音巡礼　山田計司著　浦和　さきたま
出版　1994.3　310p　19cm　2000円

①4-87891-329-0
|目次|忍領西国三十三霊場　足立坂東三十三霊場　忍秩父三十四霊場

094 **忍領西国三十三札所**
【概　要】忍領西国三十三札所、忍秩父三十四札所と合わせて埼玉県内の百観音霊場と称する。1689(元禄2)年、番外札所である伊豆山龍花院の観照和尚の尽力により創建されたと伝えられる。このうち忍領西国三十三札所は行田市、加須市、鴻巣市、久喜市の寺院から成る。
【札所名】(1)慈雲山 真観寺(行田市)、(2)大雄山 正覚寺(行田市)、(3)霊照山 観音寺(加須市)、(4)延年山 安楽寺(行田市)、(5)妙音山 観音院(鴻巣市)、(6)端王山 円通寺(旧観音寺)(鴻巣市)、(7)吹張山 平等院(鴻巣市)、(8)円通山 観音寺(鴻巣市)、(9)駒覚山 大悲庵(鴻巣市)、(10)円通庵観音堂(廃寺)(加須市)、(11)東光山 善勝寺(鴻巣市)、(12)稲荷山 正源寺(鴻巣市)、(13)長松寺(鴻巣市)、(14)宝蔵寺(廃寺)(加須市)、(15)観音坊(廃寺)(加須市)、(16)福聚山 観音寺(加須市)、(17)施無畏山 金蔵院(加須市)、(18)愛宕山 南蔵院(久喜市菖蒲町)、(19)久林山 永昌寺(久喜市菖蒲町)、(20)袋田山 吉祥院(久喜市菖蒲町)、(21)観音寺(廃寺)(久喜市菖蒲町)、(22)観音院(久喜市)、(23)吉祥寺(加須市)、(24)玄光寺(加須市)、(25)普門寺(加須市)、(26)如意山 圓満寺(加須市)、(27)稲荷山 愛染院 宝幢寺(加須市)、(28)龍光山 龍宮寺(加須市)、(29)大光寺(久喜市)、(30)上内山 寿徳寺(久喜市)、(31)開光山 遍照院(久喜市)、(32)太田山 高輪寺(久喜市)、(33)蓮華院(久喜市)、(番外)伊豆山 龍花院(加須市)、(番外)八幡山 宝積寺(行田市)
【掲載事典】霊大

◇観音巡礼—忍領西国三十三札所・足立坂東三十三札所・忍秩父三十四札所　山田計司著　浦和　さきたま出版会　1993.3　310p　19cm　2000円　①4-87891-329-0

◇観音巡礼　山田計司著　浦和　さきたま出版会　1994.3　310p　19cm　2000円　①4-87891-329-0
|目次|忍領西国三十三霊場　足立坂東三十三霊場　忍秩父三十四霊場

095 **行田救済菩薩十五霊場**
【概　要】埼玉県行田市の寺院を巡る。札所はJR高崎線の行田駅、吹上駅と秩父線の持田、行田市、東行田の各駅を最寄り駅に点在する。1日で回ることも可能だが、2回くらいに分けてゆっくり巡る方が推奨される。1番から15番までの全行程で41.9km。
【札所名】(1)遍照院(行田市)、(2)正覚寺(行田市)、(3)宝蔵寺(行田市)、(4)持宝院(行田市)、(5)宝珠院(行田市)、(6)観福寺(行田市)、(7)慶岩寺(行田市)、(8)宝泉寺(行田市)、(9)真福寺(鴻巣市)、(10)大長寺(行田市)、(11)竜泉寺(行田市)、(12)神仙寺(行田市)、(13)成就院(行田市)、(14)安楽寺(行田市)、(15)満願寺(行田市)
【掲載事典】霊大

096 **くりはし八福神**
【概　要】通常の七福神に吉祥天を加え八福神とする。埼玉県久喜市栗橋地区の8寺から成り、全行程約10km、巡拝所要時間2時間半。御朱印の押印は1月3日〜15日のみ。
【札所名】弁才天 迎盛院(久喜市)、布袋尊 定福院(久喜市)、吉祥天 寶聚寺(久喜市)、大黒天 常薫寺(久喜市)、毘沙門天 顕正寺(久喜市)、寿老人 浄信寺(久喜市)、恵比須 深廣寺(久喜市)、福禄寿 福寿院(久喜市)

【掲載事典】霊巡

097 小江戸川越七福神
【概　要】小江戸と称される埼玉県川越市に位置する七福神霊場。1986（昭和61）年に小江戸川越七福神霊場会が正式発足した。毎月1日が縁日となっている。全行程は約6kmで、蔵造りの町並み・時の鐘・菓子屋横丁など多くの史跡・観光スポットを楽しみながら巡拝できる。巡拝所要時間は徒歩で半日。
【札所名】(1)毘沙門天　妙善寺（川越市菅原町），(2)寿老人　天然寺（川越市仙波町），(3)大黒天　喜多院（川越市小仙波町），(4)恵比須天　成田山（川越市久保町），(5)福禄寿神　蓮馨寺（川越市連雀町），(6)布袋尊　見立寺（川越市元町），(7)弁財天　妙昌寺（川越市三光町）
【掲載事典】七め，全七，霊大，霊巡，日七，日巡

◇小江戸川越七福神めぐり　小江戸川越七福神霊場会　[201-] 1枚 多色刷 37×26cm〈折りたたみ19×13cm〉

◇小江戸川越七福神めぐり　小江戸川越七福神霊場会編　小江戸川越七福神霊場会 [2011] 19cm

◇小江戸川越七福神めぐり 元旦〜7日及び毎月1日は七福神の御縁日です　小江戸川越七福神霊場会　小江戸川越七福神霊場会 [2014] 1 (4ツ) 19cm

098 児玉三十三霊場
【概　要】埼玉県北西部に位置し、武蔵七党の児玉党が根拠地とした、児玉郡児玉町（現・本庄市児玉町）を中心に広がる観音霊場。1783（天明3)年の浅間山大爆発を契機に、霊場巡拝の機運が生じたと伝えられるが、正確な開創は明らかでない。戦後になって児玉三十三霊場奉賛会が設立された。巡拝所要日数は1泊2日。
【札所名】(1)成身院　百体観音堂（本庄市児玉町），(2)如意輪山　普明寺（本庄市児玉町），(3)白雉山　法養寺（本庄市児玉町），(4)雉岡山　玉蔵寺（本庄市児玉町），(5)歓喜山　実相寺（本庄市児玉町），(6)雉岡山　浄眼寺（本庄市児玉町），(7)吉祥山　天龍寺（本庄市児玉町），(8)渕龍寺別院　長谷観音堂（本庄市児玉町），(9)大光山　円通寺（本庄市児玉町），(10)戸田山　直正寺（本庄市児玉町），(11)聖徳山　本覚院（本庄市児玉町），(12)伏龍山　大興寺（児玉郡美里町），(13)広木山　常福寺（児玉郡美里町），(14)稲荷山　智徳寺（児玉郡美里町），(15)心鐘山　永明寺（児玉郡美里町），(16)見井山　宗清寺（児玉郡美里町），(17)威音山　光厳寺（児玉郡美里町），(18)諏訪山　光勝寺（児玉郡美里町），(19)西光山　宥勝寺（本庄市），(20)角折山　正観寺（本庄市），(21)安楽院　西福寺（児玉郡上里町），(22)崇栄山　陽雲寺（児玉郡上里町），(23)士峯山　華昌寺（児玉郡上里町），(24)阿保山　吉祥院（児玉郡上里町），(25)上郷山　上松寺（児玉郡上里町），(26)梅樹山　眞東寺（児玉郡美里町），(27)東方山　龍清寺（本庄市児玉町），(28)白岩山　光明寺（児玉郡神川町），(29)明鏡山　光福寺（本庄市児玉町），(30)宝玉山　渕龍寺（本庄市児玉町），(31)大用山　長泉寺（本庄市児玉町），(32)地持山　光福寺（本庄市児玉町），(33)金鑽山　大光普照寺（児玉郡神川町）
【掲載事典】霊大，霊巡，霊典

◇こだま霊場詣り―必携　田島三郎著　児玉三十三霊場奉賛会 [1984] 43p 21cm〈折り込図1枚〉

◇児玉三十三霊場めぐり―やすらぎの里　児玉三十三霊場奉賛会　2009.6　1枚 42×30cm〈共同刊行：本庄市観光協会，折りたたみ30×21cm〉

099 埼東八十八ヵ所霊場
【概　要】埼玉県北東部の加須市・幸手市・久喜市を中心とする旧利根川流域に散在する弘法大師霊場。1798（寛政10）年に地元有志の発願により開創されたと伝えられ、1984（昭

和59) 年に弘法大師御入定1150年御遠忌を機に再興された。構成寺院は全て新義真言宗に属していた。明治維新後の廃仏毀釈により廃寺・合寺が相次ぎ、現存する寺院は三分の二程だが、調査により残り三分の一の跡地も明らかにされている。
【札所名】(1)密蔵寺(久喜市),(2)金剛院(廃寺)(久喜市),(3)蓮花院(廃寺)(久喜市),(4)円明院(廃寺)(久喜市),(5)勝蔵院(廃寺)(久喜市),(6)薬王院(久喜市),(7)宝性院(幸手市),(8)寶積院(幸手市),(9)真乗院(幸手市),(10)安楽院(幸手市),(11)満福寺(幸手観音)(幸手市),(12)正福寺(幸手市),(13)成就院(廃寺)(幸手市),(14)正智院(廃寺)(幸手市),(15)福蔵院(廃寺)(幸手市),(16)正覚院(廃寺)(幸手市),(17)満蔵寺(幸手市),(18)地蔵院(幸手市),(19)真乗院(幸手市),(20)東光院(幸手市),(21)蓮花院(幸手市),(22)松田寺(北葛飾郡杉戸町),(23)無量院(北葛飾郡杉戸町),(24)大黒院(北葛飾郡杉戸町),(25)観音院(幸手市),(26)正明院(幸手市),(27)宝聖院(幸手市),(28)満福寺(幸手市),(29)大阿院(幸手市),(30)金剛院(廃寺)(幸手市),(31)光福院(廃寺)(幸手市),(32)多聞院(久喜市),(33)常楽寺(久喜市),(34)妙智寺(廃寺)(久喜市),(35)高輪寺(久喜市),(36)西蔵院(久喜市),(37)遍照院(久喜市),(38)明王院(久喜市),(39)光明寺(久喜市本町),(40)金剛院(阿弥陀堂)(久喜市本町),(41)金勝院(久喜市),(42)歓喜院(久喜市),(43)自性院(廃寺)(久喜市),(44)寿徳寺(久喜市),(45)福寿院(廃寺)(久喜市),(46)大乗院(廃寺)(久喜市),(47)地福院(廃寺)(加須市),(48)円光寺(加須市),(49)大福寺(加須市),(50)乗蔵院(廃寺)(加須市),(51)定泰寺(加須市),(52)普門寺(加須市),(53)勝蔵院(加須市),(54)玄光寺(加須市),(55)花蔵院(加須市),(56)大光寺(久喜市),(57)広福院(久喜市),(58)光明院(久喜市),(59)太芳寺(久喜市),(60)清福院(久喜市),(61)善徳寺(久喜市),(62)宝光院(久喜市),(63)密蔵院(久喜市),(64)雨寶寺(久喜市),(65)大聖院(久喜市),(66)蓮花院(久喜市),(67)普門院(久喜市),(68)観福寺(白岡市),(69)泉蔵院(廃寺)(白岡市),(70)大聖院(大日堂)(南埼玉郡宮代町),(71)真蔵院(南埼玉郡宮代町),(72)華蔵院(南埼玉郡宮代町),(73)西方院(南埼玉郡宮代町),(74)永福院(北葛飾郡杉戸町),(75)福正院(北葛飾郡杉戸町),(76)楊柳寺(廃寺)(北葛飾郡杉戸町),(77)宝性院(北葛飾郡杉戸町),(78)馬頭院(北葛飾郡杉戸町),(79)東福寺(北葛飾郡杉戸町),(80)延命院(北葛飾郡杉戸町),(81)来迎院(北葛飾郡杉戸町),(82)医王院(南埼玉郡宮代町),(83)青林寺(南埼玉郡宮代町),(84)遍照院(南埼玉郡宮代町),(85)宝生院(南埼玉郡宮代町),(86)地蔵院(廃寺)(南埼玉郡宮代町),(87)弥勒院(南埼玉郡宮代町),(88)西光院(南埼玉郡宮代町)
【掲載事典】霊大,霊巡

◇**埼東八十八霊場巡り―新四国弘法大師**
渡辺良夫著　浦和　さきたま出版会
1988.11　206p　19cm〈折り込み図1枚〉
1200円　①4-87891-175-1
内容　四国八十八箇所霊場巡りは、鎌倉時代に高野聖により始められたといわれますが、埼玉においても、坂東や秩父などの札所をはじめ各地に霊場が設けられ、多数の信者の参拝が盛んに行なわれています。本書には、明治維新の廃仏毀釈により廃寺や合寺され、現在は存在しない寺院についても、丹念に調査をすすめられ、その跡を探り全寺院を確認し、記録にとどめられてあります。また、各札所寺院の歴史的記述以外にも、広く郷土の歴史を調査研究され、その成果も盛りこまれています。

100　秩父三十四観音霊場
【概　要】埼玉県の秩父盆地、秩父市・秩父郡横瀬町・皆野町・小鹿野町に点在する観音霊場で、全行程は約100km。起源は明らかでないが、『武州秩父郡御札所之縁起』などに基づき1234(文暦元)年甲午3月18日開創とする説が定着している。また、1488(長享2)年の番付が現存することから、室町時代中期には成立していたと考えられる。札所の数は当初は三十三ヶ所だったが、後に一ヶ所が加えられて三十四ヶ所となり、西国・坂東と合わせて日本百観音霊場が成立した。なお、第三十四番水潜寺お堂の前には百観音のお砂を集めた「お砂踏み」の石があり、その足型の上に乗ると全霊場を巡拝したことになるという。

埼玉県

【札所名】(1)四万部寺（妙音寺）（秩父市），(2)真福寺（秩父市），(3)常泉寺（秩父市），(4)金昌寺（新木寺）（秩父市），(5)長興寺（語歌堂）（秩父郡横瀬町），(6)卜雲寺（荻野堂）（秩父郡横瀬町），(7)法長寺（牛伏堂）（秩父郡横瀬町），(8)西善寺（秩父郡横瀬町），(9)明智寺（秩父郡横瀬町），(10)大慈寺（秩父郡横瀬町），(11)常楽寺（秩父市），(12)野坂寺（秩父市），(13)慈眼寺（秩父市），(14)今宮坊（秩父市），(15)少林寺（秩父市），(16)西光寺（秩父市中村町），(17)定林寺（林寺）（秩父市），(18)神門寺（秩父市），(19)竜石寺（秩父市），(20)岩之上堂（秩父市），(21)観音寺（矢之堂）（秩父市），(22)栄福寺（童子堂）（秩父市），(23)音楽寺（秩父市），(24)法泉寺（秩父市），(25)久昌寺（御手判寺）（秩父市），(26)円融寺（岩井堂）（秩父市），(27)大淵寺（月影堂）（秩父市），(28)橋立堂（秩父市），(29)長泉院（石札堂）（秩父市），(30)法雲寺（秩父市），(31)観音院（秩父郡小鹿野町），(32)法性寺（秩父郡小鹿野町），(33)菊水寺（秩父市），(34)水潜寺（秩父郡皆野町）

【掲載事典】癒事，古寺，札所，巡遍，霊大，霊巡，日巡，霊典

◇百観音順礼記　紫雲荘出版部　1961　284p　図版　地図　19cm

◇秩父三十四所観音霊験円通伝研究　その1　矢島浩著　久喜町（埼玉県）　矢島浩　1965序　93p　26cm〈謄写版〉

◇秩父三十四所観音霊験円通伝研究　その2　矢島浩著　久喜町（埼玉県）　矢島浩　1965　74p　25cm〈謄写版〉

◇秩父観音霊場研究　上　矢島浩著　久喜町（埼玉県）　矢島浩　1966　120p　26cm　非売

◇秩父観音霊場研究　下　矢島浩著　久喜町（埼玉県）　矢島浩　1966　194p　26cm　非売

◇秩父観音霊場研究序説　矢島浩著　豊昭学園　1966　297p　図版　19cm　580円

◇秩父幻想行—観音霊場、そのこころと風土　清水武甲写真　木耳社編集部文　木耳社　1968　101p（おもに図版）　27cm　860円

◇秩父詠歌—秩父札所短歌・写真作品集　短歌：紺野幸子　写真：中村正　浦和　紅天社　1971　80p（図共）　22cm（朱楼叢書2）　1500円

◇秩父—札所三十四カ所めぐり　［文・画］：鶴田知也　［写真］：井上光三郎　思学社　1975　78p（図共）　18cm

◇冬の秩父札所　坂内亨著　八王子　ふだん記全国グループ　1975　71p（図共）　21cm（ふだん記本）

◇百観音の旅—西国三十三カ所・坂東三十三カ所・秩父三十四カ所　谷村俊郎著　北洋社　1975　311p　地図　20cm　1700円

◇日本アルプスと秩父巡礼　田部重治著　大修館書店　1975.10　342p　19cm（覆刻日本の山岳名著）〈企画・編集：日本山岳会　北星堂大正8年刊の複製　日本山岳会創立七十周年記念出版〉

◇関東古寺巡礼—秩父巡礼・親鸞の寺々・密教の寺　難波淳郎著　インタナル出版部　［1976］254p　18cm〈参考文献：p.104-105,251〉850円

◇心から心への旅路—秩父三十四観音めぐり　山田英二著　大蔵出版　1976　230p　18cm〈監修：仲田順和〉750円

◇秩父路の信仰と霊場—秩父札所記　栗原仲道著　国書刊行会　1976　264p　図　19cm〈付録：百番観音霊験記秩父（秩父三十四番観世音霊験記）（服部応賀著　明治15年刊の複製）〉950円

◇秩父浄土—秩父観音霊場写真集　清水武甲著　春秋社　1976.2　196p　図版7p　31cm

◇秩父札所ハイキング　浦野要編　緑書店　1976.9　134p　地図1枚　19cm（みどりオールガイド）700円

◇絵本秩父の札所　池原昭治絵・文　木馬書館　1979.12　118p　20cm　880円

◇秩父三十四カ所—観音霊場めぐり　平幡良雄著　2版　銚子　満願寺事業部　1980.1　196p　18cm（古寺巡礼シリーズ）750円

◇足で歩いた百観音—随筆集　神谷恭平著

埼玉県

新ハイキング社　1980.4　230p　20cm
1700円
◇秩父坂東最上巡礼の旅　伊藤九左エ門著
新庄　伊藤九左エ門　1980.10　86p
22cm〈著者の肖像あり〉
◇秩父巡礼ひとり旅　福田常雄著　現代書
林　1981.9　224p　20cm　1200円　①4-
905924-37-5
◇秩父34カ所　竹村節子著　大阪　保育
社　1982.1　151p　15cm（カラーブッ
クス）500円
◇札所めぐりの旅—西国・坂東・秩父百観
音　竹村節子著　日本交通公社出版事業
局　1982.2　258p　19cm（交通公社の
ガイドシリーズ）880円
◇観音巡礼のすすめ—その祈りの歴史　清
水谷孝尚著　大阪　朱鷺書房　1983.4
296p　19cm　1200円
◇不生不滅——市井人の秩父観音霊場巡礼
随想記　山崎守著　［山崎守］1983.9
256p　20cm〈制作：丸善出版サービス
センター〉1300円
◇秩父三十四札所考　河野善太郎著　浦和
埼玉新聞社　1984.3　370p　22cm〈参
考文献一覧：p367～370〉3800円
◇空からの巡礼・秩父三十四カ所　朝日新
聞浦和支局編　浦和　さきたま出版会
1984.6　146p　25cm　1500円　①4-
87891-158-1
◇秩父坂東観音霊場—清水武甲写真集　清
水武甲写真　西山松之助［ほか］解説
新人物往来社　1984.11　104p 図版96p
31cm　18000円　①4-404-01236-5
◇百観音　平凡社　1984.11　146p　29cm
（太陽シリーズ　太陽観音の道シリーズ
4）2000円
◇百観音巡礼—やすらぎと祈りの旅　小川
和佑著　実業之日本社　1985.6　243p
18cm〈付：参考文献一覧〉1000円
①4-408-41043-8
◇霊場巡礼—心の案内　波羅蜜薩婆訶著
池田書店　1985.8　277p　19cm　980円
目次 第1章 巡礼への誘い　第2章 巡礼者の
声　第3章 知っておきたいこと　第4章 巡
礼のこころ　第5章 巡礼に生きた人　第6

章 巡礼の歴史　付 巡礼みちしるべ
◇目で見る秩父札所—三十四ケ寺歩いてみ
たら　磯部謹作著　［浦和］［磯部謹
作］1985.12　113p　21cm
◇秩父路50年　清水武甲, 千嶋寿著　新潮
社　1986.3　119p　22cm（とんぼの本）
1100円　①4-10-601933-7
目次 神の山　武甲山　秩父を囲む峠　耕地の
くらし　秩父往還　秩父路50年　秩父夜
祭　秩父歳時記　秩父観光ガイドマップ
秩父34カ所札所案内　秩父路を訪ねる人
のために　秩父戦中の記録　私の50年
◇秩父三十四観音めぐり—心から心への旅
路　山田英二著　大蔵出版　1986.11
230p　18cm〈監修：仲田順和, 新装版〉
850円　①4-8043-1506-3
目次 秩父巡礼よもやま話　秩父三十四観音
めぐり　秩父札所巡りに参加して（俳句・
和歌）
内容 最近のカタログ的なガイドブックを読
みなれている私たちは、読みにくく、まど
ろっこしさを感じさせる本書ですが、著者
が、古い巡礼路を一歩一歩たずね、霊場か
ら霊場、むしろ "観音さま" から "観音さ
ま" を求めて歩む道すがら、路傍の石仏に、
また遠くに見えるお寺に、そして四方の
山々に心を寄せ書きしるしているうちに、
いつしか私たちに、昔の巡礼の姿・心を語
りかけています。
◇秩父三十四ヶ所観音霊場めぐり　新井慧
誉著　寿徳寺　1986.12　79p　26cm
（寿徳寺文庫 第14巻）1500円
◇秩父古寺を歩く　室生朝子著　新人物往
来社　1987.7　244p　20cm　2000円
①4-404-01433-3
目次 秩父巡礼への誘い　秩父34札所巡り
札所にある増上寺の灯篭について　秩父
13仏巡り
内容 父犀星をはじめ故人への切ない思いが
仏の里への旅にいざなう。34札所・13仏
のすべてをめぐり、心安まる風光のなかで
仏を拝み、仏に仕える人々と語らい、その
伝承・霊験を克明に記した文学紀行。納札
のすべてを写真におさめ、懇切な地理ガイ
ドを添えた。
◇秩父三十四所観音巡礼—法話と札所案内
秩父札所連合会編　大阪　朱鷺書房
1988.3　189p　19cm　980円　①4-
88602-103-4

埼玉県

　|内容| 坂東、西国の札所とともに、日本百観音霊場として長い歴史を持つ秩父三十四所。山紫水明の秩父地方に広がる観音霊場である。三峯山、武甲山などの山岳信仰とも結びついて発展してきたこの霊場には、庶民の素朴な信仰が今なお脈々と受けつがれ、守られている。札所案内とあわせて、札所住職の法話でつづる巡拝の手引き。

◇秩父の札所—紀行・ガイド・納経帖　坂本時次著　2版　荒川村（埼玉県）　木蘭舎　1988.7　150p　21cm〈写真：堀口英昭〉1200円

◇百観音札所巡礼　南良和ほか著　佼成出版社　1988.7　141p　21cm（フォト・マンダラ）〈付：読書案内〉1600円
　①4-333-01356-9
　|目次| 私と観音巡礼　西国・坂東・秩父札所地図　西国三十三礼所（カラー写真）　坂東三十三礼所（カラー写真）　百観音資料　秩父三十四礼所（カラー写真）　百観音巡礼史話　札所ガイド　読書案内

◇歩けたぞ六万キロ—全国行脚二千日　篠崎由吉　柏樹社　1988.9　235p　19cm　1400円
　|目次| 第1章 心のしこり—四国88カ所遍路　第2章 妻との別れ—百観音遍路　第3章 私に何ができるか—188カ寺遍路　第4章 運命を考える—第1次全国遍路　第5章 命あるかぎり—第2次全国遍路　第6章 遠い道、近い道—第3次全国遍路　第7章 歩けたぞ6万キロ—第4次全国遍路
　|内容| 前へ前へ—71歳から歩き始めて14年。6万3千キロ、2千日をただひたすら歩くことで、生きた観音さまと出会い、自己の病を克服し、人々に希望を与え続けてきた著者の感動の遍路行脚記。

◇秩父34カ所　竹村節子著　大阪　保育社　1991.4　151p　15cm（カラーブックス）620円　①4-586-50809-4
　|目次| 高篠鉱泉郷　横瀬のみどころ　羊山周辺のみどころ　秩父市内のみどころ　レトロチック秩父　秩父の味とみやげ　秩父夜祭り　巴川温泉郷味の宿　日野温泉〈浦山渓谷〉味の宿　琴平丘陵ハイキング　両神村のみどころ　小鹿野のみどころ　奥秩父温室郷　大滝村のみどころ　秩父観音霊場三十四カ所案内地図
　|内容| 各寺の佇まいや寺伝、歴史、エピソードを紹介。ご詠歌、交通等も付記。

◇のんびり歩こう関東古寺巡礼　京都　淡交社　1991.11　143p　21cm（うるおい情報シリーズ 14）1800円　①4-473-01220-4
　|目次| 東京　千葉　神奈川　群馬　栃木　埼玉　山梨　茨城　花の美しい寺100　仏像のみかた

◇画本・巡礼みち—秩父編　千木良宣行著［川越］千木良庄子　1991.12　146p　22×31cm〈私家版〉2500円

◇秩父札所めぐり—秩父34カ所観音霊場コースガイド　井上光三郎文・写真　石橋城呉イラスト　浦和　幹書房　1992.4　68p　21cm（見て歩きシリーズ 6）900円　①4-944004-10-9

◇巡礼と御詠歌—観音信仰へのひとつの道標　清水谷孝尚著　大阪　朱鷺書房　1992.10　363p　20cm　2678円　①4-88602-153-0
　|目次| 第1章 観音信仰と札所巡礼　第2章 伝説が語る西国巡礼　第3章 史実から見た西国巡礼　第4章 坂東巡礼の成立事情　第5章 秩父巡礼と百番札所　第6章 民衆の参加による盛況　第7章 巡礼習俗の種々相　第8章 御詠歌の評釈について—江戸時代の版本を読む
　|内容| 札所めぐりという祈りの旅。それはなぜ人々の心をとらえつづけてきたのか。史実と伝説が錯綜するその信仰史をたどり西国・坂東・秩父札所の御詠歌のこころを江戸期の版本にみる。

◇巡礼—写真集　鶴田雄亮編・著　瀬戸　鶴田雄亮　1993　48p　27×27cm

◇秩父—観音巡礼　平幡良雄著　改訂2版　銚子　満願寺教化部　1993.5　240p　19cm　1000円

◇秩父巡礼みち　柴田博，相川浩子著　シバ　1994.5　182p　19cm（シバ巡礼シリーズ 1）1200円　①4-915543-01-3

◇百観音霊場ご詠歌—音譜と解説　小室裕充著　渓水社　1994.5　228p　18cm〈発売：北辰堂〉1236円　①4-89287-094-3
　|目次| 百観音霊場巡拝—ご詠歌の信心とは　第1章 西国観音霊場ご詠歌　第2章 坂東観音霊場ご詠歌　第3章 秩父観音霊場ご詠歌

◇秩父34カ所霊場めぐり　大貫茂著　日地出版　1994.6　144p　19cm　1380円

埼玉県

◇秩父三十四札所めぐり―安らぎもとめて ぶらり旅 それぞれの思いを胸に 婦人画報社 1994.6 135p 21cm(Ars books 13)〈付:参考文献〉1600円 ④4-573-40013-3
目次 秩父の恐れ 札所めぐりと信仰の心 秩父観音霊場礼拝 秩父三十四か所札所めぐり 札所めぐりを愉しくする周辺スポット情報
内容 本書では三十四か所の各札所の案内と見どころをはじめ、秩父ならではの食べものや名所・旧跡など、札所めぐりをより楽しくするための情報を集めました。

◇巡礼道―旧国鉄と百観音の旅行学 間瀬一夫編著 間瀬一夫 1995.7 201p 19cm〈製作:丸善出版サービスセンター〉1000円

◇百観音霊場巡拝勤行聖典 銚子 満願寺教化部 [1996] 1冊 18×8cm〈折本、和装〉

◇秩父三十四観音めぐり―心から心への旅路 山田英二著 大蔵出版 1996.3 230p 18cm〈監修:仲田順和、新装版〉1545円 ④4-8043-2016-4
目次 秩父巡礼よもやま話 秩父三十四観音めぐり 秩父札所巡りに参加して(俳句・和歌)

◇秩父の札所―カラー版 池原昭治絵・文 木馬書館 1996.11 191p 20cm 1600円 ④4-943931-52-9
内容 池原昭治がカラーの民話絵とやさしい文章で札所34か所をご案内。札所ごとの詳細絵地図付き。巻末付録―札所巡りモデルコース、ハイキングガイド、見どころ、味、宿など最新の秩父情報を満載。

◇江戸氏と秩父流一族と秩父札所に関する考察 門間義一編著 [秩父][門間義一] [1997] 121p 26cm〈年表あり〉

◇坂東三十三カ所・秩父三十四カ所めぐり 安宅夏夫、大牟田太朗[執筆] JTB 1997.9 155p 21cm(JTBキャンブックス) 1600円 ④4-533-02794-6
目次 坂東三十三カ所(杉本寺(杉本観音) 岩殿寺 安養院田代寺(田代観音) 長谷寺(長谷観音) ほか) 秩父三十四カ所(四万部寺 真福寺 常泉寺(岩本寺) 金昌寺(新木寺) ほか)

◇新西国・坂東・秩父百ケ所観音順礼―武州葛飾郡武州埼玉郡 埼葛の野に幻の札所を追う 石川靖夫著 富士見 石川靖夫 1997.11 119p 19cm

◇秩父札所―観音霊場への誘い 清水史郎著 浦和 さきたま出版会 1998.4 95p 25cm 1500円 ④4-87891-111-5

◇坂東三十三ケ所・秩父三十四ケ所巡り 昭文社 1999.1 175p 21cm(エアリアマップ 旅の森) 1333円 ④4-398-13185-X
目次 坂東三十三観音(杉本寺 岩殿寺 安養院田代寺 長谷寺 ほか) 秩父三十四観音(四萬部寺 真福寺 常泉寺 金昌寺 ほか)
内容 本書では、坂東三十三観音霊場と秩父三十四観音霊場を紹介しています。関東一円に広く点在する坂東霊場と、のどかな秩父盆地にある秩父霊場。寺院や巡礼の道の雰囲気が異なる2つの霊場には、それぞれに歴史や伝統、また魅力的な四季の自然があります。本書では、写真と地図、紀行文でこれらの札所を紹介しています。

◇日本百観音―全国各地の霊場を巡る 秩父三十四観音・坂東三十三観音・西国三十三観音 後藤博著 上山 みちのく書房 1999.10 233p 21cm 1650円 ④4-944077-42-4

◇秩父札所―観音霊場への誘い 清水史郎著 改訂版 浦和 さきたま出版会 2000.3 95p 25cm 1500円 ④4-87891-122-0
目次 本編(1番・誦経山四万部寺 2番・大棚山真福寺 3番・岩本山常泉寺 4番・高谷山金昌寺 5番・小川山語歌堂 ほか) 資料編(札所地図 秩父独案内絵図 子孫繁昌手引草 峠道 秩父の為政者達ほか) 解説編(札所巡礼 本尊 建物 石造物ほか 歴史)
内容 静かなる秩父、美しき山河。日本画家の著者が魅せられた34カ所の霊場が、ここにある。

◇秩父札所めぐり―秩父34ヵ所観音霊場コースガイド 井上光三郎文・写真 新版 浦和 幹書房 2000.3 68p 21cm (見て歩きシリーズ 6) 857円 ④4-944004-60-5
目次 1番四万部寺から5番語歌堂へ 9番明智

寺から11番常楽寺へ　12番野坂寺から18番神門字へ　20番岩之上堂から25番久昌寺へ　26番円融寺から29番長泉院へ　30番法雲寺から32番法性寺へ　31番観音院から33番菊水寺へ　札立峠から34番水潜寺へ　秩父札所一覧　秩父への交通
　内容　ゆっくりのんびり仏の里をめぐる旅。そんな旅にあなたも出かけてみませんか。本書では全長90kmに及ぶ行程を8コースに分け案内。

◇**坂東三十三ケ所・秩父三十四ケ所巡り**　昭文社　2000.4（3刷）175p　21cm（旅の森）1400円　①4-398-13199-X
　目次　坂東三十三観音（一番・杉本寺―神奈川県鎌倉市　二番・岩殿寺―神奈川県逗子市　三番・安養院田代寺―神奈川県鎌倉市　四番・長谷寺―神奈川県鎌倉市　五番・勝福寺―神奈川県小田原市　ほか）　秩父三十四観音（一番・四万部寺―秩父市栃谷　二番・真福寺―秩父市山田　三番・常泉寺―秩父市山田　四番・金昌寺―秩父市山田　五番・語歌堂―秩父郡横瀬町　ほか）
　内容　本書は、坂東三十三観音霊場と秩父三十四観音霊場を紹介しています。関東一円に広く点在する坂東霊場と、のどかな秩父盆地にある秩父霊場。寺院や巡礼の道の雰囲気が異なる2つの霊場には、それぞれに歴史や伝統、また魅力的な四季の自然があります。本書では、写真と地図、紀行文でこれらの札所を紹介しています。

◇**百観音霊場巡拝記**　森戍著　文芸社　2001.4　231p　19cm　1200円　①4-8355-1591-9
　目次　西国礼所（那智山青岸渡寺―獅子岩（天）　紀三井山金剛宝寺護国院（紀三井寺）―橋杭岩・南紀　風猛山粉河寺―観音霊場の始まり（一）ほか）　坂東礼所（大蔵山杉本寺―坂東礼所の始まり（一）　海雲山岩殿寺―浪子不動　祇園山安養院田代寺―和賀江島　ほか）　秩父札所（誦経山四萬部寺―秩父霊場の始まり（一）　大棚山真福寺―秩父霊場の始まり（二）　岩本山常泉寺―秩父霊場はなぜ三十四カ所なのか　ほか）
　内容　子育ての終わった夫婦が16年かけてもし得た、西国、坂東、秩父札所、百観音を巡る旅。霊場の話や、周辺の名所旧跡の話題のみならず、日頃疑問に思っている仏教の話など、自分なりに調べてみたことも含めて、百観音巡拝記として纏めました。

◇**秩父巡礼道マップ＆ガイド―迷わず歩ける札所めぐり**　井上光三郎編　さいたま幹書房　2002.6　63p　26×11cm（見て歩きシリーズ 2）900円　①4-944004-82-6

◇**青天独歩―優しき道同行二人四国八十八ヶ所日本百観音徒歩順拝**　加藤健一著　横浜　まつ出版　2002.7　444p　20cm〈肖像あり〉①4-944069-24-3

◇**秩父三十四カ所を歩く―ゆっくり巡る日帰り8日間**　山と渓谷社　2002.10　158p　21cm（歩く旅シリーズ 古寺巡礼）1400円　①4-635-60100-5
　目次　四万部寺　真福寺　常泉寺　金昌寺　語歌堂　卜雲寺　法長寺　西善寺　明智寺　大慈寺〔ほか〕
　内容　三十四カ所観音霊場をカラー写真と解説文で紹介。極力昔の巡礼道を歩き、8日で巡礼するコースガイドと分かりやすい地図を掲載。札所巡りに役立つ参拝の心得や作法、観世音菩薩の説明、札所に近い日帰り温泉なども満載した秩父札所の徹底ガイド。

◇**菩薩の風景―日本百観音霊場巡拝記**　酒本幸祐著　六月書房　2004.4　371p　20cm〈発売：星雲社〉1600円　①4-434-04107-X
　目次　はるかなる補陀洛への旅　秩父三十四観音霊場巡拝記　西国三十三観音霊場巡拝記　坂東三十三観音霊場巡拝記　鎌倉三十三観音霊場巡拝記
　内容　本書は、観音霊場を廻りながら泣いたり、笑ったり、怒ったりの巡拝記。観音様の姿は見えないが、たえず観音様の慈愛に護られた巡拝記である。読後すべての読者に観音様の存在を、百観音巡拝成満を感じさせてくれる楽しい巡拝記となっている。観音霊場巡拝を考えている方、関心のある方などすべての人に、ご一読をお勧めしたい一冊である。

◇**遍路と巡礼の社会学**　佐藤久光著　京都　人文書院　2004.8　264p　22cm　3000円　①4-409-54067-X
　目次　第1章　研究の課題と各霊場の成立（巡礼・遍路研究の視点　観音巡礼の成立と四国遍路の起り）　第2章　江戸時代の巡礼・遍路の動向（江戸時代の西国巡礼の動向　江戸時代の秩父巡礼の動向　江戸時代の四国遍路の動向）　第3章　現代の巡礼・遍路の動向（明治期から昭和の復興期までの

札所の状況　西国巡礼の動向　秩父巡礼の動向　四国遍路の動向）　第4章 現代の巡礼・遍路の実態（西国巡礼の実態　秩父巡礼の実態　四国遍路の実態）

内容 西国、秩父の観音巡礼はどのようにして起こり、また大師信仰に基づく四国遍路がいかに発展していったか。今日の巡礼、遍路ブームの背景に先人のどのような歴史があったのか。成立、名称、順路、数の推移や巡礼者の年齢、性別、出身地、職業その他、日本を代表する三つの霊場のそれぞれに残る納札や過去帳を精査することで、江戸時代から現代にいたるまでの遍路と巡礼の営み、それぞれの歴史や特徴、その動向、実態に迫った労作研究。

◇やさしい言葉—百観音ひとくち伝言集　草野榮應著　[出版地不明]　草野啓子　2005.7　285p　20cm〈肖像あり、年譜あり、発行所：沙羅の集〉1429円

◇秩父巡礼　庭野隆雄著　第2版　下田出版　2005.8　95p　21cm

◇ちちぶ学セミナー専門講座レポート集—秩父文学碑探訪コース・秩父札所研究コース　[秩父]　秩父市　2006.3　114p　30cm〈秩父市大学講座　平成17年度〉〈共同刊行：秩父市教育委員会ほか, 年表あり, 年譜あり〉

◇秩父三十四カ所を歩く—ゆっくり巡る日帰り8日間　改訂版　山と溪谷社　2006.3　158p　21cm（歩く旅シリーズ　古寺巡礼）1400円　①4-635-60104-8

目次 秩父三十四観音霊場（第1番・四萬部寺　第2番・真福寺 ほか）　秩父札所を歩く一日帰り8コースガイド　札所巡りの手引き（参拝の心得と作法　秩父札所の観世音菩薩 ほか）　巡礼思い出帳

◇巡礼で知るカミサンとの付き合い方　鹿野島孝二著　日本放送出版協会　2006.9　243p　18cm〈生活人新書〉740円　①4-14-088193-3

目次 はじめに　「定年後の罪滅ぼし」はおとうさんの勝手な妄想　発心のきっかけは、妻の鋭い観察眼　泊まり巡礼で妻の本音にたじろぐ　二日酔い凡夫婦、巡礼者に変身　妻と歩く自然界・人間界・結界　外敵こそが団結のチャンス　甘味を出し、あやしい雲行きに　正念場、噴出する妻の不機嫌　男の友情より女の執念　第二の新婚旅行　またもやわざわざ泊まるのは　食べる心配、出る心配　七合目、またもや緊迫　何かが変わりはじめていく　三度目の正直、不機嫌回避　二人だけの露天風呂　冗談から出た真の信心　逞しき女房殿　いやいや、さらに見直しました　花は盛りを

内容 家族を守るべく一心不乱に働いてきた多くのおとうさんは、その間に家庭・地域で着実に自分の居場所を築いてきたおかあさんから、もはや相手にされないことに気づいていない。熟年離婚が激増する今、定年を前におかあさんとの関係を見つめ直すべく巡礼の旅に出た、ひとりのおとうさんの物語。

◇生きる！—秩父三社・三十四ヶ所と七草寺に　坂本時次著　木蘭舎　2007.5　249p　18cm　2100円

◇俳句で綴る、秩父札所めぐり　成澤幸子著　新風舎　2007.11　54p　19cm　800円　①978-4-289-03364-5

目次 三月二十三日（火）一番・四萬部寺〜四番・金昌寺—御堂の影に、懐かしい子供達　四月二十二日（木）十二番・野坂寺〜十五番・少林寺—苺を食べ、芹を摘む　五月十一日（火）八番・西善寺〜十七番・定林寺—武甲山を友に　六月八日（火）二十六番・円融寺〜三十番・法雲寺—駅員の優しさに、心温まる家路　十月十一日（月）三十三番・菊水寺〜二十四番・法泉寺—黄金の畦を往く　十一月十七日（水）三十一番・観音院と三十二番・法性寺—最大の難所へ　十一月十八日（木）三十四番・水潜寺—旅の終わり

内容 季節は春から秋へ—。静謐な自然描写が、秩父の荘厳な三十四景へと誘う。俳句と日記で綴る、七日間の秩父札所めぐり。

◇秩父三十四カ所めぐり　安宅夏夫文　西田伸夫写真　JTBパブリッシング　2008.2　128p　21cm（楽学ブックス　古寺巡礼 4）1600円　①978-4-533-07027-3

目次 誦経山四萬部寺　大棚山真福寺　岩本山常泉寺　高谷山金昌寺　小川山語歌堂（長興寺）　向陽山卜雲寺（荻野堂）　青苔山法長寺（牛伏堂）　清泰山西善寺　明星山明智寺　萬松山大慈寺　南石山常楽寺　仏道山野坂寺　旗下山慈眼寺　長岳山今宮坊　母巣山少林寺　無量山西光寺　実正山定林寺（林寺）　白道山神門寺　飛淵山龍石寺　法王山岩之上堂　要光山観音寺（矢之堂）　華台山童子堂（永福寺）　松風山音楽寺　光智山法泉寺　岩谷山久昌

寺　萬松山円融寺　龍河山大淵寺（月影堂）　石龍山橋立堂　笹戸山長泉院（石札堂）　瑞龍山法雲寺　鷲窟山観音院　般若山法性寺　延命山菊水寺　日沢山水潜寺

◇もうひとつの顔　石打正平著　東松山　まつやま書房　2008.10　269p　20cm　1500円　①978-4-89623-047-5
  |目次|もう一つの顔　坪庭の初夏　秩父札所観音巡礼　吾野一人山歩

◇秩父札所と巡礼の歴史　佐藤久光著　岩田書院　2009.9　203p　21cm〈文献あり〉　2000円　①978-4-87294-571-3

◇秩父三十四ケ所札所めぐりルートガイド　小林祐一著　メイツ出版　2009.9　128p　21cm　1600円　①978-4-7804-0667-2
  |目次|秩父市東部と横瀬町の札所（四萬部寺　真福寺　常泉寺　ほか）　秩父市街地と周辺の札所（野坂寺　慈眼寺　今宮坊　ほか）　秩父郊外・荒川・小鹿野・皆野の札所（音楽寺　法泉寺　久昌寺　ほか）
  |内容|各札所の歴史や由緒、「観音霊験記」に伝わる物語など、詳しい解説とわかりやすい地図で、巡礼の旅に案内します。

◇秩父三十四カ所を歩く旅―自然に包まれた遍路道ゆっくり巡る日帰り8コース　ウエスト・パブリッシング編　山と渓谷社　2010.11　143p　21cm（エコ旅ニッポン　8）　1600円　①978-4-635-60044-6
  |目次|秩父三十四観音霊場（第一番・誦経山四萬部寺　第二番・大棚山真福寺　第三番・岩本山常泉寺　第四番・高谷山金昌寺　第五番・小川山語歌堂　ほか）　歩いて巡る秩父三十四ヵ所日帰り8コース（1番・四萬部寺～5番・語歌堂―野辺の道あり、緑の山路あり、のどかなコース　6番・卜雲寺～11番・常楽寺―武甲山を常に仰ぎ見ながら坂道や田園の道を歩く　12番・野坂寺～18番・神門寺―レトロな建物が数々残る秩父の市街地をめぐる　19番・龍石寺～24番・法泉寺―河岸段丘の田園を行き23番前後は古道の山歩き　25番・久昌寺～29番・長泉院―岩井堂への巡礼古道や大岩壁の橋立堂が楽しみ　ほか）

◇秩父湯めぐり花さんぽ　比古地朔弥,ちっち倶楽部編　さいたま　幹書房　2011.3　160p　21cm（ちっち倶楽部GUIDEBOOKS 3）　1314円　①978-4-902615-83-8
  |目次|立ち寄り専門温泉　立ち寄り湯・日帰りプランのある宿　温泉のあるコテージ/キャンプ場　銭湯　スポット　春の花/3～6月頃　夏の花/7～9月頃　秋の花/9～11月頃　冬の花/12～2月　プライベートガーデン　秩父札所三十四ヶ寺　その他各種案内
  |内容|温泉・花・蛍―秩父札所の花情報150超。

◇秩父三十四カ所ウォーキング―三十四観音霊場全ガイド　JTBパブリッシング　2013.3　143p　21cm（大人の遠足BOOK 東日本 21）　1300円　①978-4-533-08978-7
  |目次|札所めぐりは第一番四萬部寺から―第一番～第四番　"関東の吉野山"と古社寺ハイキング―第一番　横瀬川から荒川沿いの歴史ウォーキング―第一番　武甲山麓の五番札所から十番札所へ―第五番～第十番　東丘陵の巡礼古道を歩く―第三番～第五番・第十番・第十一番　眺望と森林浴を満喫する林間ハイキング―第四番　芦ヶ久保駅から日向山を登って横瀬駅へ―第六番・第七番・第九番　繁華な街中の札所めぐり―第十一番～第十五番　第十六番から第十九番までのんびり歩く―第十六番～第十九番　札所二十番から南へ山裾をたどる―第二十番～第二十五番〔ほか〕
  |内容|緑の里山と清流の郷、札所をめぐる22コース。

◇中山逍雀老躬雑話　之1　秩父巡礼記　中山逍雀編著　［出版地不明］中山逍雀　2013.4　289,5p 図版7p　22cm〈印刷：佐藤工房（［志木］）〉　5500円　①978-4-904055-48-9

◇日本の古寺を知る事典　渋谷申博著　三笠書房　2013.12　301p　15cm（知的生きかた文庫［CULTURE］）　590円　①978-4-8379-8230-2
  |目次|第1章　古寺・名刹50を知る（法隆寺　東大寺　東寺　ほか）　第2章　お寺と仏教の基礎知識（仏教略史―釈迦の活動から鎌倉新仏教まで　なぜお経はたくさんあるのか　たくさんある「宗派」とは何か　ほか）　第3章　全国寺院ガイド（各宗派総本山・大本山リスト　霊場（巡礼地）リスト　仏像がすばらしいお寺　ほか）
  |内容|法隆寺から浅草寺まで…各寺の素顔・見所と寺院・仏教の基本がわかる！

◇秩父札所巡礼―花と人　比古地朔弥イラスト・文・写真　さいたま　埼玉新聞社　2014.4　142p　22cm　1200円　①978-4-

埼玉県

◇てくてく巡礼―秩父札所三十四ケ所観音霊場&三峯神社　蛸山めがね著　白夜書房　2015.6　145p　21cm　1500円　①978-4-86494-064-1
[目次]秩父札所一番 四萬部寺　秩父札所二番 真福寺　秩父札所三番 常泉寺　秩父札所四番 金昌寺　秩父札所五番 語歌堂　秩父札所六番 卜雲寺　秩父札所七番 法長寺　秩父札所八番 西善寺　秩父札所九番 明智寺　秩父札所十番 大慈寺〔ほか〕

◇元気になれる秩父おへんろさんぽ　さとうみゆき著　交通新聞社　2015.9　157p　21cm（散歩の達人POCKET）1200円　①978-4-330-60415-2
[目次]第1章 ビギナーおへんろいざ行かん！　第2章 秩父に癒やされる　第3章 ちょっと迷走　第4章 やっぱり歩くのって気持ちいい　第5章 もうひとふんばりで結願　第6章 楽しすぎる秩父道草ガイド
[内容]秩父札所巡りはいいことずくめ。運動嫌いでも大丈夫！頑張りすぎない秩父三十四観音巡り。ステキな道草だらけの秩父巡礼コミックエッセイ。

◇秩父三十四カ所めぐり　内田和浩文　宮地工写真　JTBパブリッシング　2016.10　127p　21cm（楽学ブックス 古寺巡礼 4）1600円　①978-4-533-11436-6
[目次]第1番 誦経山四萬部寺　第2番 大棚山真福寺　第3番 岩本山常泉寺　第4番 高谷山金昌寺　第5番 小川山語歌堂　第6番 向陽山卜雲寺　第7番 青苔山法長寺　第8番 清泰山西善寺　第9番 明星山明智寺　第10番 萬松山大慈寺〔ほか〕

101　秩父七福神
【概　要】埼玉県秩父地方、西武秩父線・秩父鉄道の沿線および周辺の山里に点在する七福神霊場。1978（昭和52）年に開創された。巡拝所要時間は車で5時間。
【札所名】福禄寿 普光山 総ерхcenter寺（秩父郡長瀞町）、大黒天 平量山 大浜円福寺（秩父郡皆野町）、毘沙門天 長慶山 鳳林寺（秩父郡小鹿野町）、寿老人 大寳山 田村円福寺（秩父市田村）、弁財天 光臺山 惣円寺（秩父市東町）、布袋尊 大聖山 金仙寺（秩父市）、恵比須 嶽頂山 東林寺（秩父郡横瀬町）
【掲載事典】七幸、七巡、七め、全七、霊大、霊巡、日七

◇秩父七福神長瀞七草寺めぐり　小見山憲彦著　東松山　まつやま書房　1995.7　146p　21cm　1300円　①4-94400377-3

102　秩父十三仏霊場
【概　要】埼玉県北西部、武甲山・三峰連峰・両神山などの秩父連山に囲まれ、荒川・赤平川・浦山川などの清流をのぞむ風光明媚な秩父路に点在する十三仏霊場。1980（昭和55）年に開創された。全行程は約108kmで、巡拝所要日数は車で1～2日、自転車で3～4日。とみまいり、または十三仏まいりとも。
【札所名】(1)不動明王 西光山 萬福寺（秩父郡皆野町）、(2)釈迦如来 龍王山 宝円寺（秩父郡小鹿野町）、(3)文殊菩薩 伊豆沢文殊堂（秩父郡小鹿野町）、(4)普賢菩薩 向岳山 宝林院（秩父市）、(5)勝軍地蔵菩薩 金龍山 徳雲寺（秩父市）、(6)弥勒菩薩 大東山 源蔵寺（秩父市）、(7)薬師如来 四阿屋山 法養寺薬師堂（秩父郡小鹿野町）、(8)十一面観音菩薩 融興山 瑞岩寺（秩父市）、(9)勢至菩薩 師慶山 医王寺（二十三夜寺）（秩父郡皆野町）、(10)阿弥陀如来 大應山 阿弥陀寺（秩父市）、(11)阿閦如来 大日向山 太陽寺（秩父市）、(12)大日如来 石雲山 昌安寺（秩父市）、(13)虚空蔵菩薩 上宮山 虚空蔵寺（秩父市）
【掲載事典】霊大、霊巡、日巡

◇秩父古寺を歩く　室生朝子著　新人物往来社　1987.7　244p　20cm　2000円　①4-404-01433-3
[目次]秩父巡礼への誘い　秩父34札所巡り　札所にある増上寺の灯篭について　秩父13仏巡り
[内容]父犀星をはじめ故人への切ない思いが仏の里への旅にいざなう。34札所・13仏のすべてをめぐり、心安まる風光のなかで仏を拝し、仏に仕える人々と語らい、その伝承・霊験を克明に記した文学紀行。納札

のすべてを写真におさめ、懇切な地理ガイドを添えた。

103 長瀞七草寺めぐり

【概　要】埼玉県西部の外秩父盆地を侵食してできた長瀞渓谷は、平らな岩畳が美しい国指定の名勝となっている。長瀞町内にある秋の七草を栽培する寺をハイキングやレンタサイクル、レンタカー「モビトロ」などで巡拝するという霊場。ハイキングですべてを周ると15km、巡拝所要時間は4時間程度。花は9月から10月が見頃。長瀞七草寺霊場めぐり。

【札所名】萩 不動山 洞昌院 (秩父郡長瀞町)、尾花 吉祥山 道光寺 (秩父郡長瀞町)、葛 野上山金剛院 遍照寺 (秩父郡長瀞町)、撫子 長瀞山五大院 不動寺 (秩父郡長瀞町)、女郎花 東谷山 真性寺 (秩父郡長瀞町)、藤袴 金嶽山 法善寺 (秩父郡長瀞町)、桔梗 金玉山 多宝寺 (秩父郡長瀞町)

【掲載事典】巡遍、霊大、霊巡

◇長瀞七草寺霊場めぐり　長瀞不動寺奉賛会編　国書刊行会　1984.7　155p　19cm　1000円

◇秩父七福神長瀞七草寺めぐり　小見山憲彦著　東松山　まつやま書房　1995.7　146p　21cm　1300円　①4-94400377-3

◇生きる！―秩父三社・三十四ヶ所と七草寺に　坂本時次著　木蘭舎　2007.5　249p　18cm　2100円

104 日光街道すぎと七福神

【概　要】埼玉県北葛飾郡杉戸町の7ヶ寺から成り、1997 (平成9) 年に成立した。全行程は姫宮駅から杉戸高野台駅までの約14km。

【札所名】大黒天 馬頭院 (北葛飾郡杉戸町)、恵比寿 来迎院 (北葛飾郡杉戸町)、弁財天 延命院 (北葛飾郡杉戸町)、毘沙門天 宝性院 (北葛飾郡杉戸町)、布袋尊 全長寺 (北葛飾郡杉戸町)、寿老人 永福寺 (北葛飾郡杉戸町)、福禄寿 福正院 (北葛飾郡杉戸町)

【掲載事典】霊巡、日七

◇日光街道すぎと七福神　［日光街道すぎと七福神事務局］［20--］1枚　26×37cm〈折りたたみ26×13cm片面印刷〉

◇日光街道すぎと七福神―健康と幸せを求めて　日光街道すぎと七福神事務局　［20--］1枚　42×30cm〈折りたたみ21×10cm〉

105 深谷七福神・七草寺巡り

【概　要】埼玉県深谷市内の7ヶ寺から成る。各寺には「秋の七草」として知られるハギ、オバナ (ススキ)、クズ、ナデシコ、オミナエシ、フジバカマ、キキョウも植えられており、ハイキングとして七草めぐりもできるようになっている。

【札所名】大黒天・萩 瑠璃光寺 (深谷市稲荷町)、布袋尊・撫子 一乗寺 (深谷市)、福禄寿・桔梗 宝泉寺 (深谷市)、寿老人・藤袴 全久院 (深谷市)、弁財天・尾花 惣持寺 (深谷市)、恵比寿天・女郎花 泉光寺 (深谷市)、毘沙門天・葛 正伝院 (深谷市)

【掲載事典】全七、霊大、霊巡、日七

106 武州川口七福神

【概　要】埼玉県南東端の川口市に位置する七福神霊場。七福神信仰者の熱請を受け、市内の寺院が協力して開創した。全行程はJR武蔵野線東川口駅からJR京浜東北線川口駅までの約21kmで、ハイキングを楽しみながら1日で巡拝可能。

【札所名】弁財天尊 西光院 (川口市)、大黒天尊 密蔵院 (川口市)、恵美須神 傑傳寺 (川口市)、布袋尊 正覚寺 (川口市)、福禄寿尊 錫杖寺 (川口市本町)、毘沙門天尊 吉祥院 (川

口市南町），寿老人 正眼寺（川口市宮町）
【掲載事典】全七，霊大，霊巡，日七

◇武州川口七福神　川口市観光協会
［199-］1枚　26×37cm（川口観光シリーズ3）〈共同刊行：川口市経済部商工課、武州川口七福神霊場会〉

◇武州川口七福神めぐり—案内マップ　川口市観光協会　2008.12　1枚　26×37cm〈折りたたみ26×10cm〉

107 武州路十二支霊場

【概　要】十二支霊場は全国でも極めて少ない。埼玉県では1978（昭和53）年に成立した武州寄居十二支守り本尊霊場に続き、2つ目の十二支霊場として武州路十二支霊場は成立した。坂東三十三観音霊場、関東八十八ヵ所霊場などと重複する札所もある。

【札所名】子年本尊霊場 少間山 龍泉寺（熊谷市）、丑年本尊霊場 能満山 大光寺（飯能市）、寅年本尊霊場 曹傳山 宝持寺（鴻巣市）、卯年本尊霊場 慈眼山 正法院（久喜市菖蒲町）、辰年本尊霊場 高根山 満讃寺（熊谷市）、巳年本尊霊場 水光山 大應寺（富士見市）、午年本尊霊場 聖天山 歓喜院（熊谷市）、未年本尊霊場 心王山 華蔵寺（深谷市）、申年本尊霊場 岩殿山 安楽寺（比企郡吉見町）、酉年本尊霊場 根本山 正福寺（深谷市）、戌年本尊霊場 大谷山 宝積寺（深谷市）、亥年本尊霊場 西光山 有勝寺（本庄市）

【掲載事典】霊巡

108 武州本庄七福神

【概　要】埼玉県本庄市内旧中山道沿いの約4kmのコースで、銭洗い弁財天が3か所あり、9寺社で構成されているのが特徴。2003（平成15）年12月に成立した。

【札所名】大黒尊天 城立寺（本庄市）、寿老人 泉林寺（本庄市）、恵比須尊 金鑽神社（本庄市）、銭洗い弁財天 佛母寺（本庄市）、毘沙門天 安養院（本庄市）、大黒尊天 普寛霊場（本庄市）、銭洗い弁財天 慈恩寺（本庄市）、布袋尊 開善寺（本庄市）、福禄寿 円心寺（本庄市）、弁財天 大正院（本庄市）

【掲載事典】霊巡

◇HONJO開運MAP—武州本庄七福神　本庄駅北口まちづくり推進の会　［200-］1枚　26×37cm〈折りたたみ26×13cm〉

109 武州寄居七福神

【概　要】埼玉県北西部の大里郡寄居町に位置する七福神霊場。1989（平成元）年に開創された。七福神はいずれも巨像で、中でも蓮光寺の布袋尊は地上高約6.5mで日本一大きいとも言われている。また、各像が露座で祀られており、一年を通して参拝可能。全行程は約25kmで、巡拝所要時間は徒歩で7時間。

【札所名】福禄寿・布袋尊 大谷山 蓮光寺（大里郡寄居町）、弁財天・毘沙門天 象頭山 極楽寺（大里郡寄居町）、大黒天 法雲山 常光寺（大里郡寄居町）、恵比須神 五眼山 常楽寺（大里郡寄居町）、寿老尊 高浄山 長昌寺（大里郡寄居町）

【掲載事典】霊大，霊巡

110 武州寄居十二支守り本尊霊場

【概　要】埼玉県北西部の大里郡寄居町に位置する十二支霊場。同地は中世の城下町で、近世には宿場町として栄えた歴史を持つ。1978（昭和53）年に開創された。札所は町中から山ふところにかけて散在し、ウォーキング・ハイキングを兼ねた巡拝が行われている。巡拝所要時間は3時間。

埼玉県

【札所名】子 善導寺(大里郡寄居町),丑寅 天正寺(大里郡寄居町),卯 少林寺(大里郡寄居町),辰巳 正龍寺(大里郡寄居町),午 放光院(大里郡寄居町),未申 正樹院(大里郡寄居町),酉 浄心寺(大里郡寄居町),戌亥 西念寺(大里郡寄居町)
【掲載事典】霊大,霊巡

111 武蔵越生七福神
【概　要】関東三大梅林の一つ越生梅林で知られる埼玉県入間郡越生町に位置する七福神霊場。1984(昭和59)年に開創された。山里の清流沿いに点在し、ハイキングコースとしても整備されている。越生駅からバスで黒山まで行き、そこから駅に向かって歩くコースが一般的。この場合の所要時間は約4時間で、うち徒歩は約13km、3時間強。
【札所名】布袋尊 全洞院(入間郡越生町),毘沙門天 龍穏寺(入間郡越生町),寿老人 円通寺(入間郡越生町),福禄寿 最勝寺(入間郡越生町),弁財天 弘法山(入間郡越生町),大黒天 正法寺(入間郡越生町),恵比須 法恩寺(入間郡越生町)
【掲載事典】七め,全七,霊大,霊巡,日七

◇むさし越生七福神ウォーキング―越生やまの辺の道 環境にやさしいテクテクエコロジー　須藤紀子著　東松山　まつやま書房　1992.3　62p　21cm　600円
①4-944003-56-0
◇武蔵越生七福神めぐり　東武鉄道(株)　東上業務部営業課編　東武鉄道[2011] 21cm
◇武蔵越生七福神めぐり 良いことがきっと…　東武鉄道(株)東上業務部営業課編　東武鉄道お客さまセンター[2014] 1(3ツ) 21cm

112 武蔵国十三仏霊場
【概　要】1993(平成5)年、埼玉県内に開創された霊場で、すべて天台宗の寺院から成る。
【札所名】(1)自然山 大日院 天然寺(川越市仙波町),(2)梅雲山 寛窓寺 明見院(川越市),(3)薬王山 地蔵院 広福寺(狭山市),(4)萬霊山 法護院 延命寺(川越市),(5)慈眼山 喜見院 満福寺(鶴ヶ島市),(6)長寿山 福正寺 松福院(日高市),(7)大願山 成就院 浄光寺(東松山市),(8)巌星山 明星院 円光寺(比企郡滑川町),(9)石青山 威徳院 大聖寺(比企郡小川町),(10)高勝山 恵覚院 長福寺(比企郡小川町),(11)宝珠山 地福院 高蔵寺(大里郡寄居町),(12)深谷山 光明院 瑠璃光寺(深谷市稲荷町),(13)龍智山 毘盧遮那寺 常光院(熊谷市)
【掲載事典】霊大

113 武蔵野七福神
【概　要】埼玉県所沢市・入間市・飯能市に位置する七福神霊場。1931(昭和6)年に開創された奥武蔵七福神を原型に、戦後に再出発した。巡拝期間は毎年1月1日から10日頃まで。西武池袋線・狭山線の沿線に散在し、巡拝所要日数は1日。
【札所名】布袋尊 金乗院(所沢市),大黒天 長泉寺(入間市),弁財天 圓照寺(入間市),福禄寿 円泉寺(飯能市),寿老人 観音寺(飯能市山手町),恵比須 飯能恵比寿神社(諏訪八幡神社内)(飯能市),毘沙門天 浄心寺(飯能市)
【掲載事典】七幸,七巡,七め,全七,霊大,霊巡,日七

114 与野七福神
【概　要】鎌倉街道(現・本町通り)に発達した中世以来の宿場町である埼玉県与野市(現・さいたま市中央区)に位置する七福神霊場。1984(昭和59)年に開創された。埼京線与野

埼玉県

本町駅周辺に点在し、全行程は約3km。
【札所名】福禄寿 上町氷川神社（正圓寺より変更）（さいたま市）、恵比須神 一山神社（さいたま市本町）、寿老人 天祖神社（さいたま市本町）、弁財天 御嶽社（弘法尊院により変更）（さいたま市本町）、大黒天 円乗院（さいたま市本町）、布袋尊 円福寺（さいたま市）、毘沙門天 鈴谷大堂（さいたま市）
【掲載事典】全七, 霊大, 霊巡

◇与野七福神MAP　与野　与野市観光協会　［2000］1枚折りたたみ　26cm
◇与野七福神MAP 2001　さいたま　与野七福神奉讃会,与野商工会議所　［2001］1枚折りたたみ　26cm
◇与野七福神MAP 2002　与野　与野市観光協会　［2002］1枚折りたたみ　26cm
◇与野七福神MAP 2003　さいたま　与野七福神パレード実行委員会　［2003］1枚折りたたみ　26cm
◇与野七福神MAP　さいたま　与野七福神パレード実行委員会　［2006］1枚折りたたみ　26cm
◇与野新八景からさいたま新都心への散策 - 与野七福神メグリ -　さいたま市環境経済局経済部経済政策課,さいたま観光コンベンションビューロー著　さいたま環境経済局経済部経済政策課　［2007］1枚　30cm
◇与野七福神MAP　さいたま　与野七福神パレード実行委員会　［2010］1枚折りたたみ　26cm

埼玉県の霊場

◇羽生領二十一ヶ所札所めぐり―浄土への祈り　羽生郷土研究会監修　羽生市教育委員会編　羽生　羽生市教育委員会　1988.3　51p　21cm〈折り込1枚〉
◇庄和の巡礼―庄内領新四国八十八所　［庄和町（埼玉県）］　庄和高等学校地理歴史研究部　1993.9　386p　21cm（庄和高校地理歴史部年報 10号）〈折り込図1枚〉
◇歩いて確かめた私の足立百不動尊巡拝記　高島英一著　［浦和］［高島英一］1993.11　177p　22cm　非売品　①4-89693-042-8
◇秩父歴史散歩 3　秩父路の寺々　井口一幸著　有峰書店新社　1999.10　216p　19cm　1714円　①4-87045-218-9
目次 はじめに―仏の郷"秩父"　秩父―十三仏霊場めぐり　長瀞―秋の七草寺めぐり　寄居―十二支寺めぐり　秩父―七福神めぐり　秩父三十四ヵ所観音霊場（札所）めぐり
内容 秩父は札所巡り以外にも、すばらしい寺々が静かな山里にたたずむ。一般に知られていない寺も含めて、十三仏霊場巡り、秋の七草の寺、寄居十二支の寺など、巡りに適した寺々を紹介。霊気に煙る山並み、ひっそりと立つ古寺、山寺に咲く花の香が、一層人々の心をいやす。

◇埼玉七福神めぐり　伊豫田浩美著　さいたま　幹書房　2003.12　112p　21cm（Uki・uki楽しく歩こうSaitama-ken見て歩きシリーズ new 5）1000円　①4-944004-95-8
目次 さいたま与野七福神「新旧対象の町並みで福めぐり」　小江戸川越七福神「小江戸風情で横丁の福めぐり」　秩父七福神「観音霊場の秩父で福めぐり」　越生七福神「梅・柚子の里で福めぐり」　深谷七福神「ロングウオークで福めぐり」　武州寄居七福神「大きなご神体を仰ぐ福めぐり」　武蔵野七福神「武蔵野の面影をたどる福めぐり」　武州川口七福神「市街と郊外をまたぐ福めぐり」　日光街道杉戸七福神「宿場町の面影のなかで福めぐり」　栗橋七福神「吉祥天も加わる八つの福めぐり」　秩父十三仏「風光明媚な秩父でとみまいり」　寄居十二支「守り本尊めぐりで幸せ参り」　児玉三十三霊場「花めぐりをかねた三十三霊場参り」　長瀞七草寺「荒川の景勝地で七草寺参り」　越生七草寺「里山の秋に出会う七草寺めぐり」
内容 幸せになろう！　福めぐり。歩いて巡ろ

う七福神！ 七草寺めぐり、十三仏めぐり、十二支めぐり、三十三霊場めぐりも同時掲載。

◇訪ねてみたい埼玉のお寺　インデックス
編集部編著　インデックス　2006.3
375p　21cm〈発売：ごま書房〉1429円
①4-341-13109-5
|目次|中央エリア（無量寺　普門院 ほか）
東部エリア（法光寺　清浄院 ほか）　北部エリア（宥勝寺　常光院 ほか）　西部エリア（中院　喜多院 ほか）　秩父エリア（金剛院　四萬寺 ほか）
|内容|お寺の縁起や境内、見所などを「面白く分かりやすく」紹介しています。散策しやすいように、お寺をエリアごとに分けました。これまでなかった、詳細で分かりやすい地図を掲載しています。秩父三十四札所を一ケ寺一ページでご紹介。小江戸川越・三郷・すぎと・武蔵越生・深谷などの七福神も紹介。

《千葉県》

115 安房三十四観音霊場
【概　要】房総半島を一周する形で広がる観音霊場。関東一円が悪疫や飢饉に苦しんでいた寛喜（1229〜31）・貞永（1232〜33）の頃、安房を訪れた一人の行脚僧が、あるいは国内の高僧らが、安房国内に奉安する観世音に御詠歌を奉納し、厨子の帳を開いて巡り、拝んだのが起源とされる。その後、霊場の興亡や所在地の変動により順路は大きく変更されたものの、今日に至るまで丑歳と午歳の約6年ごとの開帳が続けられている。
【札所名】(1)那古寺（館山市），(2)新御堂（館山市），(3)崖観音（館山市），(4)真勝寺（南房総市富浦町），(5)興禅寺（南房総市富浦町），(6)長谷寺（安房郡鋸南町），(7)天寧寺（安房郡鋸南町），(8)日本寺（安房郡鋸南町），(9)信福寺（安房郡鋸南町），(10)往生寺（安房郡鋸南町），(11)金銅寺（安房郡鋸南町），(12)福満寺（南房総市），(13)長谷寺（南房総市），(14)神照寺（南房総市），(15)高照寺（南房総市），(16)石間寺（鴨川市），(17)清澄寺（鴨川市），(18)石見堂（鴨川市），(19)普門寺（正文寺）（南房総市和田町），(20)石堂寺（南房総市），(21)智光寺（南房総市），(22)勧修院（南房総市），(23)宝珠院（南房総市），(24)延命寺（南房総市），(25)真野寺（南房総市），(26)小松寺（南房総市千倉町），(27)住吉寺（南房総市千倉町），(28)松野尾寺（自性院）（館山市），(29)金蓮院（館山市），(30)養老寺（観音寺）（館山市），(31)長福寺（館山市），(32)小網寺（館山市），(33)観音院（館山市），(34)滝本堂（鴨川市），（番外）震災観音堂（館山市），（番外）観音寺（安房郡鋸南町），（番外）水月堂（安房郡鋸南町）
【掲載事典】古寺，札所，巡遍，霊大，霊巡，日巡

◇安房三十四カ所—よみがえる観音霊場
平幡良雄編　満願寺事業部　［1980］
96p　18cm（よみがえる観音霊場シリーズ）500円

◇安房の国札—観音三十四カ所霊場を訪ねて　水野通雄著　中山書房仏書林
1987.6　149p　18cm　1600円

◇安房観音巡礼—よみがえる三十四カ所
平幡良雄著　改訂2版　銚子　満願寺教化部　1994.5　96p　19cm〈奥付の書名：安房〉800円

◇観音巡礼と那古寺—那古寺観音堂平成の大修理記念企画展　館山　館山市立博物館　2006.7　56p　26cm〈展示図録 no.16〉〈会期：平成18年7月15日—11月5日，年表あり〉
|目次|1 補陀洛山 千手院 那古寺（境内を歩く　観音堂を拝観する）　2 那古寺の信仰と歴史（由緒と信仰　那古寺歴代住職 ほか）　3 観音巡礼（坂東三十三所観音巡礼　安房国札観音霊場 ほか）　4 那古寺諸堂と奉納文化財（那古観音堂、平成の大修理　那古寺観音堂、大修理の歴史 ほか）

116 安房七福神
【概　要】千葉県房総半島南部、南房総に点在する。寺社だけでなく美術館が含まれる点が

千葉県

特徴。清澄寺は日蓮ゆかりの寺で安房三十四観音霊場にも含まれる。
【札所名】恵比須 妙の浦（鴨川市），布袋尊 清澄寺（鴨川市），毘沙門天 多聞寺（鴨川市），大浦弁財天 厳島神社（鴨川市），寿老人 仁右衛門島（鴨川市），真野大黒天 真野寺（南房総市），福禄寿 白浜海洋美術館（南房総市白浜町）
【掲載事典】全七，霊巡

117 市川七福神
【概　要】千葉県市川市内の7ヶ寺から成り、2003（平成15）年に成立した。毘沙門天が2か所あることと妙応寺が一寺で全七福神を祀っていることが特徴。
【札所名】(1)毘沙門天 国分寺（市川市），(2)恵比寿天 所願寺（市川市），(3)大黒天 本将寺（市川市大野町），(4)毘沙門天 浄光寺（市川市大野町），(5)福禄寿・寿老人 妙正寺（市川市北方町），(6)弁財天 中山奥之院（市川市），(7)布袋尊 安養寺（市川市），(8)一所七福神廻り 妙応寺（市川市）
【掲載事典】霊巡

◇市川七福神めぐり案内マップ　市川　1　　　枚　26cm

118 印西大師講
【概　要】千葉県印西地方（印西市・白井市）に位置する弘法大師霊場。1721（享保6）年に天台宗の僧で南陽院住職の臨唱により開創されたと伝えられる。他宗派の僧により大師巡礼が始められた珍しい例だが、『印西新四国霊場勧請縁起』によると利根川と印旛村の水害などに苦しむ民衆を救いたいと願っていた臨唱の夢の中に弘法大師が現れたため、四国を巡礼して霊砂を持ち帰り、霊場を勧請したという。全行程は100km以上。
【札所名】(1)泉倉寺（印西市），(2)竜泉院（印西市），(3)円光院（中台堂）（印西市），(4)西光寺（印西市），(5)泉倉寺地蔵堂（印西市），(6)安楽院（印西市），(7)山根不動尊かねとの堂（印西市），(8)長楽寺（印西市），(9)東祥寺（印西市），(10)観音堂（印西市），(11)真珠院（印西市），(12)宝珠院観音堂（印西市），(13)来迎寺別院（白井市），(14)福聚院（印西市），(15)円光院（印西市），(16)観音寺（印西市），(17)長栄寺（白井市），(18)安楽院奈木の堂（印西市），(19)西の堂（印西市），(20)宝泉地蔵堂（印西市），(21)龍腹寺地蔵堂（印西市），(22)東大寺（印西市），(23)薬王寺（白井市），(24)願定院（印西市），(25)東光院（印西市），(26)西福寺（白井市），(27)神宮寺（印西市），(28)東大寺（印西市），(29)長円寺（印西市），(30)観音堂（印西市），(31)弥陀堂（印西市），(32)高岩寺（印西市），(33)広福寺（印西市），(34)慈眼寺（印西市），(35)東漸寺浪の堂（印西市），(36)青竜堂（印西市），(37)馬場の堂（印西市），(38)厳島神社（印西市），(39)龍腹寺（印西市），(40)東祥寺（印西市），(41)三宝院（印西市），(42)佛法寺（白井市），(43)長楽寺観音堂（印西市），(44)南陽院（印西市），(45)東漸寺（印西市），(46)結縁寺（印西市），(47)龍湖寺（印西市），(48)西福寺（印西市），(49)円天寺（印西市），(50)多聞院（印西市），(51)安養寺（印西市），(52)岡の堂（印西市），(53)迎福寺（印西市），(54)延命寺（白井市），(55)薬師堂（印西市），(56)仲井堂（印西市），(57)慶昌寺（印西市），(58)観音堂（印西市），(59)星光院（印西市），(60)太子堂（印西市），(61)瀧水院（印西市），(62)西定寺（印西市），(63)吉祥院（印西市），(64)神宮寺（印西市），(65)栄福寺（印西市），(66)来福寺（印西市），(67)多聞院毘沙門堂（印西市），(68)大竹大師堂（印西市），(69)観音堂（印西市），(70)宝泉院（印西市），(71)辻の堂（印西市），(72)万福寺（印西市），(73)円蔵寺（印西市），(74)泉福寺（印西市），(75)松虫寺（印西市），(76)徳性院（印西市），(77)広福寺虚空蔵堂（印西市），(78)観音堂（印西市），(79)天王堂（印西市），(80)龍淵寺（印西市），(81)光明寺（印西市），(82)長楽寺（白井市），(83)薬師堂（印西市），(84)密蔵院（印西市），(85)観音堂（印西市），(86)岩不動（印西市），(87)観音堂（白井市），(88)歓喜院（印西市），(89)浅間神社（印西市）

千葉県

【掲載事典】霊巡

◇印西大師八十八か所 印旛・本埜編──北総の自然とともに歩く　五十嵐行男監修　北総ふるさと文庫　2004.3　47p　19cm（北総ふるさと文庫）　190円

◇印西大師八十八か所 印西・白井編──北総の自然とともに歩く　五十嵐行男監修　2005.4　44p　19cm（北総ふるさと文庫）　190円

119 印旛七福神
- 【概　要】千葉県印西市、旧印旛郡印旛村内の7ヶ寺から成る。巡拝所要時間は車で約2時間。
- 【札所名】恵比寿神 西定寺（印西市），大黒天 慶昌寺（印西市），毘沙門天 万福寺（印西市），弁財天 迎福寺（印西市），布袋尊 円蔵寺（印西市），寿老人 東祥寺（印西市），福禄寿 高岩寺（印西市）
- 【掲載事典】霊巡

120 上総国薬師如来霊場三十四ヵ所
- 【概　要】千葉県中央部（上総国）に、1996（平成8）年再興の新上総国三十三観音霊場に続いて創設された、新しい薬師霊場である。発起人が同じこともあり、約半数の札所が重複している。なお14番札所が東光院から宝性寺に当初より変更となったほか、札所数も28から34に増加している。
- 【札所名】(1)医王山 圓鏡寺（富津市），(2)古船山 像法寺（富津市），(3)無量山 慈眼寺（富津市），(4)醫王山 東明寺（富津市），(5)妙覚山 岩富寺（富津市），(6)普門山 正法院（富津市），(7)摩尼山 醫光寺（富津市），(8)護國山 最勝福寺（君津市），(9)摩尼山 空蔵院（君津市），(10)瑠輪山 長福寺（君津市），(11)華輪山 自性院（君津市），(12)愛宕山 円蔵寺（君津市），(13)山王山 円如寺（君津市），(14)寿延山 地蔵院 宝性寺（君津市），(15)成田山 新宿不動堂（木更津市），(16)福王山 喜光寺（袖ヶ浦市），(17)丸野山 円明院（市原市），(18)法然山 釋蔵院（市原市），(19)三途台 長福寿寺（長生郡長南町），(20)東頭山 行元寺（いすみ市），(21)医王山 法興寺（いすみ市町），(22)瑠璃山 三光寺（いすみ市），(23)硯山 長福寺（いすみ市），(24)岩井山 最明寺（夷隅郡御宿町），(25)大本山 薬王寺（東金市），(26)萬徳山 勝覺寺（山武市），(27)成東山 不動院（山武市），(28)月光山 普明院 妙音寺（夷隅郡御宿町），(29)実谷山 圓蔵寺（夷隅郡御宿町），(30)光明山 安楽院 西善寺（いすみ市岬町），(31)清龍山 明王院 長樂寺（木更津市），(32)音平山 栖安寺（木更津市），(33)東渓山 玉泉寺（長生郡長南町），(34)天應山 観音教寺（山武郡芝山町）
- 【掲載事典】霊巡

◇おんころころの心──上総国薬師如来霊場二十八ヵ所　一條薫［著］工藤光博［写真］千葉　千葉日報社出版局　2000.3　129p　21cm〈監修：上総国薬師如来霊場会〉1000円　①4-924418-38-2

121 上総の七福神
- 【概　要】千葉県富津市、君津市、木更津市の寺院から成る。全行程は約80km。巡拝所要時間は車で約2時間30分。新宿不動堂に弁才天が祀られた際、奉納者に高額宝くじが当選したために、宝くじの当選祈願を願う参拝者も多いという。
- 【札所名】恵比寿尊 圓藏寺（富津市），大黒天 長泉寺（君津市），弁財天 新宿不動堂（木更津市），毘沙門天 久原寺（君津市），福禄寿 圓明院（君津市），布袋尊 不動院（富津市），寿老人 円如寺（君津市）
- 【掲載事典】全七，霊巡，日七

◇開運招福 上総の七福神めぐり　木更津　市立岩根公民館　木更津市立岩根公民館

千葉県

［2006］4p 30cm

122 行徳三十三観音霊場

【概　要】千葉県市川市から浦安市・船橋市にかけて、江戸川放水路以南に広がる古い浜町である行徳に位置する観音霊場。1690（元禄3）年に徳願寺10世覚誉上人の発願で開創されたと伝えられる。第二次世界大戦を境に忘れ去られていたが、同地在住の市川市議会議員宮崎長蔵の共著書『行徳物語』で紹介されたことを契機に、行徳郷土文化懇話会が中心となって1984（昭和59）年に再興された。札所には江戸時代の史蹟や石仏のある寺が多く、石仏巡りも行われている。巡拝所要日数は1〜2日。行徳・浦安三十三ヶ所観音霊場。

【札所名】(1) 海厳山 徳願寺（市川市），(2) 行徳山 福泉寺（市川市），(3) 塩場山 長松寺（市川市），(4) 神明山 自性院（市川市），(5) 十方山 大徳院（市川市），(6) 浄林寺（廃寺）（市川市），(7) 聖中山 松寿院 正源寺（市川市），(8) 不動山 養福院（市川市），(9・10) 雙輪寺（旧竜厳寺・福王寺合併）（市川市），(11) 海中山 了極寺（市川市），(12) 海岸山 安養寺（市川市），(13) 眞寳山 法泉寺（市川市），(14) 仏性山 法善寺（市川市），(15) 飯澤山 浄閑寺（市川市），(16・17) 正覚山 成就院 教信寺（旧信楽寺・教善寺合併）（市川市），(18・19) 関東山 徳蔵寺（旧第18番 宝性寺を統合）（市川市），(20) 松柏山 清岸寺（市川市），(21) 来迎山 光林寺（市川市），(22) 仏法山 東漸閣 法伝寺（市川市），(23) 水奏山 圓明院（市川市），(24) 青暘山 慧日院 善照寺（市川市），(25) 西光山 安楽院 源心寺（市川市），(26) 親縁山 了善寺（市川市），(27) 秋葉山 新井寺（市川市），(28) 宝珠山 地蔵院 延命寺（市川市），(29) 東海山 善福寺（浦安市），(30) 海照山 花蔵院（浦安市），(31) 医王山 東学寺（浦安市），(32) 清滝山 宝城院（浦安市），(33) 光縁山 勢至院 大蓮寺（浦安市），（番外）藤原観音堂（船橋市藤原町）

【掲載事典】霊大，霊巡

◇観音札所のあるまち行徳・浦安　中津攸子文　石井久雄写真　中山書房仏書林　1984　164p　21cm　2200円

◇行徳物語―市川史誌　行徳札所めぐり・行徳年表　宮崎長蔵，綿貫喜郎共著　市川　青山書店　1987.2　367p　18cm〈発売：五柳書院，行徳歴史年表：p347〜367〉1200円　①4-906010-21-0
[目次] 第1章 歴史を訪ねて（宮本武蔵と里見八犬伝の行徳　行徳さまの話　金海法印の話　田中内匠と内匠堀　吉田佐太郎の陣屋　伊能忠敬と行徳測量行　源心寺と狩野一族）　第2章 行徳札所めぐり（札所一番本行徳・徳願寺　もとの二番札所の行徳山金剛院）　第3章 今と昔（宮本武蔵と藤原の身代わり観音　ねね塚悲話　横綱境川浪右衛門）　行徳歴史年表

◇行徳三十三所札所案内　鈴木恒男編著　市川　たくみぼり工房〔制作〕［1997］1冊　18cm

◇行徳三十三所札所案内　鈴木恒男編著［市川］［鈴木恒男］1997.1　1冊（頁付なし）18cm〈製作：たくみぼり工房，付（1枚）〉

◇明解行徳の歴史大事典　鈴木和明著　文芸社　2005.3　496p　19cm〈年表あり，文献あり〉1800円　①4-8355-8566-6
[目次] 一般事典項目（あいうえお順）　行徳・南行徳の地名　行徳・南行徳の神社　行徳・浦安三十三カ所観音霊場札所　行徳・南行徳地域の学校の沿革　資料・土地区画整理組合記念碑文
[内容] 行徳の歴史にまつわるすべての資料、データを網羅。政治、経済、地理、宗教、芸術など、あらゆる分野を、徹底した実証と鋭い感性で変化の道筋を復元した集大成。

123 九十九里七福神

【概　要】千葉県山武市の成東町・松尾町に点在する7ヶ寺から成る。南光坊天海の開創という。開帳期間は正月元旦から7日まで。巡拝所要時間は車で約2時間、徒歩で約6時間。旧成東町は「野菊の墓」で著名な伊藤左千夫の故郷である。

【札所名】毘沙門天 観音堂（光明寺別当）（山武市），寿老人 光明寺（山武市），大黒天 月蔵寺（山武市），福禄寿 宝積寺（山武市松尾町），布袋尊 真光寺（山武市松尾町），弁才天

海厳寺（山武市），恵比寿 慈広寺（山武市）
【掲載事典】全七，霊巡，日七

◇九十九里七福神めぐり　東総歩こう会　　　東総歩こう会　［1990］4p　27cm

124　九十九里 浜の七福神
【概　要】千葉県九十九里浜の県道122号、123号沿いに点在する3社4寺から成る。巡拝所要時間は車で2〜3時間。観明寺は心の駅・外房七福神の霊場でもある。
【札所名】布袋尊 四社神社（山武郡横芝光町），大黒天 五所神社（山武市），恵比寿 八坂神社（山武郡九十九里町），寿老人 要行寺（山武郡大網白里市），毘沙門天 真光寺（長生郡白子町），辯才天 清泰寺（長生郡長生村），福禄寿 観明寺（長生郡一宮町）
【掲載事典】霊巡

125　心の駅 外房七福神
【概　要】千葉県南部、いすみ市と長生郡の7ヶ寺からなり、2001（平成13）年に成立した。「心の駅」には共生と平和、慈悲の心を世界に発信しようという思いが込められている。7ヶ寺のうち観明寺は九十九里浜の七福神の霊場でもある。
【札所名】大黒天 法興寺（いすみ市岬町），恵比寿 遍南寺（長生郡一宮町），毘沙門天 行元寺（いすみ市），弁財天 三光寺（いすみ市），福禄寿 西善寺（いすみ市岬町），寿老人 観明寺（長生郡一宮町），布袋尊 東漸寺（長生郡一宮町）
【掲載事典】霊巡

126　佐倉七福神
【概　要】千葉県佐倉市内の7寺社から成る。2003（平成15）年に成立した。徒歩で1〜2時間でめぐることができ、市では周辺の順天堂記念館、旧堀田邸などと合わせた散策を勧めている。
【札所名】毘沙門天 甚大寺（佐倉市新町），弁天 嶺南寺（佐倉市新町），寿老人 宗圓寺（佐倉市新町），毘沙門天 松林寺（佐倉市弥勒町），大黒天 妙隆寺（佐倉市鏑木町），福禄寿・恵比寿（須）麻賀多神社（佐倉市鏑木町），大黒天・布袋尊 大聖院（佐倉市鏑木町）
【掲載事典】霊巡

◇佐倉七福神マップ―佐倉TMOガイド　佐倉　佐倉商工会議所まちづくり支援室　2005.3　1枚　21×30cm（折りたたみ21×10cm）

◇佐倉七福神創設10周年記念誌　佐倉七福神会記念誌編集委員会編　佐倉商工会議所　2014.6　25p　30cm

127　しもふさ七福神
【概　要】現成田市の一部である旧香取郡下総町の地域活性化事業の一環として、1986（昭和61）年に成立した。6寺院の他観光牧場1ヵ所を含む。毘沙門天のある龍正院は坂東三十三観音霊場札所でもある。
【札所名】弁財天 眞城院（成田市），福禄寿 成田ゆめ牧場（成田市），大黒天 常福寺（成田市），恵比寿 楽満寺（成田市），布袋尊 乗願寺（成田市），寿老人 昌福寺（成田市），毘沙門天 龍正院（成田市）

千葉県

【掲載事典】全七，霊巡，日七

128 しろい七福神

【概　要】千葉県白井市内7ヶ寺から成り、1993（平成5）年に成立した。1月1日から7日と毎月7日を御縁日として御朱印を受け付けている。車での所要時間は2時間。

【札所名】大黒天　延命寺（白井市）、弁財天　薬王寺（白井市）、恵比寿神　長楽寺（白井市）、布袋尊　来迎寺（白井市）、福禄寿　西輪寺（白井市）、毘沙門天　秋本寺（白井市）、寿老人　佛法寺（白井市）

【掲載事典】全七，霊巡，日七

129 新上総国三十三観音霊場

【概　要】千葉県中部に位置する観音霊場。かつては「上総の国の国札」と称された。安房・下総の国札霊場と相前後して成立したとみられ、江戸時代末期には3ヶ国の国札霊場に番外を加えた「房総百観音霊場」が盛んだった。明治の廃仏毀釈や第二次世界大戦後の農地開放などにより廃れていたが、1996（平成8）年11月に再興した。札所は木更津・君津・富津などJR内房線沿いを中心に点在し、巡拝所要日数は車で3～4日。

【札所名】(1) 平野山　高藏寺（木更津市）、(2) 泉福山　福性院　善雄寺（木更津市）、(3) 丸野山　円明院（市原市）、(4) 摩尼山　空藏院（君津市）、(5) 東光山　無量院　歡喜寺（長生郡睦沢町）、(6) 東渓山　玉泉寺（長生郡長南町）、(7) 岩井山　最明寺（夷隅郡御宿町）、(8) 山王山　薬王院　円如寺（君津市）、(9) 清水山　圓明院（君津市）、(10) 南仙山　東光院　長泉寺（君津市）、(11) 如意山　惣持院　久原寺（君津市）、(12) 松嶺山　吉祥院　興源寺（富津市）、(13) 金華山　華藏院　吉祥寺（富津市）、(14) 石洞山　不動院（富津市）、(15) 医王山　圓鏡寺（富津市）、(16) 古船山　地藏院　像法寺（富津市）、(17) 白雲山　慈光院　寶龍寺（富津市）、(18) 妙覚山　岩富寺（富津市）、(19) 護國山　最勝福寺（君津市）、(20) 普門山　正法院（富津市）、(21) 平野山　慈眼院　萬福寺（富津市）、(22) 摩尼山　高源院　醫光寺（富津市）、(23) 妙音山　海雲院　東福寺（富津市）、(24) 天満山　観音院　自在寺（木更津市）、(25) 成田山　新宿不動堂（木更津市）、(26) 坂戸山　瑠璃光院　金勝寺（木更津市）、(27) 如意山　千手院　飯富寺（袖ケ浦市）、(28) 発起山　遍照院　学道寺（市原市）、(29) 大悲山　長谷寺（市原市）、(30) 六高山　信隆寺（市原市）、(31) 法然山　釋蔵院　傳燈寺（市原市）、(32) 成東山　不動院（山武市）、(33) 天應山　観音教寺（山武郡芝山町）

【掲載事典】古寺，霊巡

◇新上総国三十三観音巡礼―心の豊かさ自分を探る旅　水野通雄著　中西文明撮影　新上総国三十三観音霊場会監修　千葉　千葉日報社出版局　1997.5　138p　21cm　〈文献あり〉　1000円　①4-924418-21-8

130 利根運河大師

【概　要】1912（大正）年、利根川流域の住民により創建された弘法大師八十八霊場。千葉県流山市、柏市、野田市に広がる。1941（昭和16）年の大水害を受けた工事の影響で堤防上の札所は立ち退きを余儀なくされたが、1986（昭和41）年に地元の有志により、創建当初に近い形で復元されたという。運河大師めぐりの日は毎年4月21日。

◇利根運河大師ガイドブック　利根運河大師護持会編　千葉　利根運河大師護持会　2003.3　199p　18cm　〈製作・発売：崙書房出版（千葉）〉　1000円　①4-8455-1092-8

目次　利根運河大師順路図（野田市三ツ堀・瀬戸　野田市瀬戸・下三ヶ尾・柏市船戸山高野 ほか）　大師様のお顔拝見―写真でみる運河大師　利根運河大師ものがたり・大正二年～平成十四年（利根運河会社の功績

呼びかけたのは森田繁男氏 ほか) 札所　　　　第二番礼所 ほか) 利根運河大師のお寺
ものがたり（第一番札所、第八十八番礼所　　（新竜山浄観寺　雨宝山医王寺 ほか)

131 利根川いんざい七福神
【概　要】千葉県北部の印西市に位置する七福神霊場。弁財天2ヶ所を含む8寺社で構成されている。同地は江戸時代には利根川水運の河港として栄え、古寺が多い他、獅子舞や称念仏踊りなどの郷土芸能が伝えられている。巡拝所要時間は車で2時間。JR成田線木下駅から徒歩での巡拝も可能である。
【札所名】寿老人 観音堂(印西市)、恵比須 三宝院(印西市)、福禄寿 宝泉院(印西市)、大黒天 長楽寺(印西市)、毘沙門天 泉倉寺(印西市)、弁財天 観音寺(印西市)、布袋尊 最勝院(印西市)、弁才天 厳島神社(印西市)
【掲載事典】霊大, 霊巡

132 流山七福神
【概　要】江戸川水運と醸造の町である千葉県流山市に位置する七福神霊場。1985(昭和60)年に開創された。江戸川沿い、東武野田線沿いの田園地帯、下総台地に広く分散しており、巡拝所要時間は車で半日。
【札所名】毘沙門天 福性寺(流山市)、福禄寿 西栄寺(流山市)、恵比須 長流寺(流山市)、大黒天 流山寺(流山市)、寿老人 清瀧院(流山市)、布袋尊 春山寺(流山市)、弁財天 成顕寺(流山市)
【掲載事典】七め, 全七, 霊大, 霊巡, 日七

◇爽やかふるさと流山―流山イラストマップ・流山七福神めぐり・ふるさと産品
流山市経済環境部商工課事務局　[19--]
地図1枚　折りたたみ30cm
◇流山七福神めぐりと散策マップ　流山市観光協会編　キッコーマン株式会社イラストマップ　[19--] 1枚　30×21cm

◇ながれやま七福神　流山市役所産業振興部商工課商政観光係協力　流山市観光協会協力　2010.1　4p　26cm
◇ながれやま七福神めぐりマップ　流山市観光協会編　2010.3　1枚　21×30(折りたたみ21cm)

133 習志野七福神
【概　要】千葉県習志野市内の7ヶ寺から成る。1月1日～3日、2月から12月の毎月7日を御縁日として御朱印を受け付けている。
【札所名】毘沙門天 光洋寺(習志野市)、恵比須 東福寺(習志野市)、福禄寿 東漸寺(習志野市)、大黒天 慈眼寺(習志野市)、布袋尊 正福寺(習志野市)、弁財天 薬師寺(習志野市)、寿老人 無量寺(習志野市)
【掲載事典】全七, 霊巡, 日七

134 松戸七福神
【概　要】千葉県北西部の松戸市、JR常磐線・武蔵野線および流鉄流山線の沿線周辺に点在する七福神霊場。1987(昭和62)年に開創された。巡拝期間は正月元日から7日まで。市内をほぼ一巡する行程になっており、市内の名所旧跡もたどることができる。巡拝所要時間は車で3時間、電車・バスを利用して6時間。
【札所名】大黒天 宝蔵院(松戸市)、布袋尊 善照寺(松戸市)、恵比須 金蔵院(松戸市旭町)、毘沙門天 医王寺(松戸市)、弁財天 華厳寺(松戸市)、福禄寿 円能寺(松戸市)、寿老人 徳蔵院(松戸市)

東京都

【掲載事典】七め，全七，霊大，霊巡，日七

◇松戸のお寺　松戸のお寺編集委員会編　　　松戸佛教会　2015.9　99p　21cm

135　八千代八福神
【概　要】千葉県八千代市の「八」にちなみ、七福神に吉祥天を加えた八福神で、市内の8寺院から成る。八千代市仏教連合会と八千代市郷土歴史研究会が1989（平成元）年に開創した。
【札所名】吉祥天　妙光寺（八千代市），大黒天　妙徳寺（八千代市），福禄寿　東栄寺（八千代市），弁財天　米本長福寺（八千代市），毘沙門天　正覚院（八千代市），寿老人　萱田長福寺（八千代市），恵比寿　貞福寺（八千代市），布袋尊　観音寺（八千代市）
【掲載事典】霊巡

◇八千代八福神めぐり　［八千代］［観音寺］一枚　26cm
◇七福よりさらなる福あり八千代八福神めぐり　八千代市郷土歴史研究会編　［八千代］八千代市郷土歴史研究会　［2015］30p　26cm

千葉県の霊場

◇下総国札—よみがえる観音札所　岡田秀樹文　石井久雄写真　仏教書林中山書房　1983.6　183p　21cm〈案内絵図・所在地一覧表付〉2200円
◇新東総四十九薬師　大木衛，高森良昌著　賢美閣　1990.8　206p　18cm　1500円
目次　新東総49薬師霊場分布図　新東総49薬師名鑑　般若心経　新東総49薬師札所設立の趣旨　札所と巡礼の意義　薬師如来と12神将　第14番　円勝寺　第15番　良福寺　第16番　持宝院　第17番　光厳寺　第18番　東岸寺〔ほか〕
内容　"薬師霊場めぐりの決定版"東総全域の薬師霊場を、多年にわたる実地踏査と厖大な資料を駆使し、多数の写真をまじえて読みやすく紹介。仏跡・史跡めぐりに絶好の書！

◇東葛印旛大師藤ヶ谷結願記念誌—合掌と感謝の心を子に孫に　平成17年度　柏准四国八十八箇所東葛印旛大師藤ヶ谷大師組合　2007.10　102p　30cm〈標題紙のタイトル：東葛印旛大師藤ヶ谷結願〉

《東京都》

136　青山七福神
【概　要】1924（大正13）年に開創されたもので、赤坂七福神ともいわれたが、現在休止中。東京都内の寺院に名残をとどめている。
【札所名】大黒天　長泉寺（渋谷区），恵比須　玉窓寺（港区），弁財天　梅窓院（港区），毘沙門天　高徳寺（港区），寿老神　善光寺（港区），福禄寿　長谷寺（港区），布袋尊　仙寿院（渋谷区）
【掲載事典】七幸，霊大，霊巡

137　浅草名所七福神
【概　要】東京都台東区から荒川区にかけての浅草界隈に広がる七福神霊場。1933（昭和8）年に開創されて、戦後の中断を経て、1977（昭和52）年に再興された。福禄寿と寿老人各2ヶ所を含む9寺社で構成されるが、「九は数のきわみ、一は変じて七、七変じて九とも為す。九は鳩でありあつまる意味をもち、また、天地の至数、易では陽を表す」との故事

に由来する。巡拝所要時間は徒歩で4時間。
【札所名】大黒天 浅草寺（台東区），恵比須 浅草神社（三社さま）（台東区），毘沙門天 本龍院（待乳山聖天）（台東区），福禄寿 今戸神社（台東区），布袋尊 橋場不動尊（台東区），寿老人 石浜神社（荒川区），寿老神 鷲神社（台東区），弁財天 吉原神社（台東区），福禄寿 矢先稲荷神社（台東区）
【掲載事典】七幸，七巡，七め，全七，霊大，霊巡，日七

◇浅草名所（などころ）七福神　浅草名所七福神会　1冊　18×19cm

◇浅草名所七福神詣で　浅草名所七福神会　編著　浅草名所七福神会　1979.12　55p　19cm

138 池上七福神
【概　要】東京都大田区池上に位置する七福神霊場で、東急電鉄池上線池上駅および日蓮宗大本山池上本門寺の周辺に散在している。1981（昭和56）年に地元の観光協会が中心となって開創された。開帳期間は正月元日から7日まで。巡拝所要時間は徒歩で2〜3時間。
【札所名】毘沙門天 微妙庵（大田区），大黒天 馬頭観音堂（大田区），弁財天 厳定院（大田区），福禄寿 本成院（大田区），寿老人 照栄院妙見堂（大田区），恵比寿 養源寺（大田区），布袋尊 曹禅寺（大田区）
【掲載事典】七幸，七め，全七，霊大，霊巡，日七

139 いこう七福神
【概　要】東京都足立区伊興の町内の4寺から成る。巡拝所要時間は徒歩で1時間。伊興七福神。
【札所名】恵比寿 源正寺（足立区），大黒天・毘沙門天・弁財天 福寿院（足立区），布袋尊 法受寺（足立区），寿老人・福禄寿 福寿院（足立区）
【掲載事典】霊巡

140 板橋七福神
【概　要】東京都板橋区から練馬区にかけて広がる七福神霊場。熊野町の彫刻師田中金太郎（通称・彫金）が製作し、1937（昭和12）年頃に旧板橋区の各寺に寄進したもの。開帳期間は正月元日から7日まで。巡拝所要時間は徒歩で4時間。
【札所名】恵比須 観明寺（板橋区），毘沙門天 文殊院（板橋区），大黒天 西光院（板橋区），布袋尊 西光寺（板橋区），福禄寿 長命寺（板橋区），弁財天 安養院（板橋区），寿老人 能満寺（練馬区）
【掲載事典】七幸，七め，霊大，霊巡，日七

141 江戸川ライン七福神
【概　要】東京都葛飾区柴又から東金町にかけての寺社で構成される七福神霊場。第二次世界大戦後に柴又七福神の変形として開創されたといわれ、柴又帝釈天など4ヶ寺が共通している。福禄寿は所在不明となっている。現在、七福神全体としての行事は行われていない。
【札所名】弁財天 葛西神社（葛飾区東金町），寿老神 半田稲荷神社（葛飾区柴又），福禄寿（現在不明），布袋尊 良観寺（葛飾区柴又），大黒天 宝生院（葛飾区柴又），恵比寿 医王寺（葛飾区柴又），毘沙門天 題経寺（柴又帝釈天）（葛飾区柴又）

東京都

【掲載事典】七幸，七め，霊大，霊巡，日七

142 江戸六地蔵
【概　要】東京都内の6ヶ寺で構成される地蔵尊霊場。お地蔵さまへ祈願し不治の病から快癒したという江戸深川の地蔵坊正元の発願により、1706（宝永3）年から14年をかけて、東海道、日光街道、甲州街道、中山道、水戸街道、千葉街道から成る江戸六街道の入り口に青銅製の座像が造立されたと伝えられる。第6番札所永代寺は寺・地蔵像ともに明治維新の戦災により失われた。現在、台東区上野桜木の浄名院に第6番の代仏が祀られている。
【札所名】(1)品川寺（品川区），(2)東禅寺（台東区），(3)太宗寺（新宿区），(4)真性寺（豊島区），(5)霊巌寺（江東区），(6)永代寺（廃寺）（江東区）
【掲載事典】古寺，霊大，霊巡

◇江戸六地蔵の研究　小松庸祐著　しながわを語る会　［1968］192p　18cm

◇江戸六地蔵建立之略縁起　かとうきんいち編　かとうきんいち　［1987］23p　25cm

143 荏原七福神
【概　要】東京都品川区内、旧武蔵国荏原郷の寺社から成り、1994（平成6）年に成立した。キャラクターデザインコンテストや満願絵馬など個性的な企画を実施する。巡拝所要時間は約2時間。
【札所名】福禄寿　大井蔵王権現神社（品川区），毘沙門天　不動院　東光寺（品川区），布袋尊　養玉院　如来寺（品川区），弁財天　上神明天祖神社（品川区），恵比寿　法蓮寺（品川区），寿老人　摩耶寺（品川区），大国天　小山八幡神社（品川区）
【掲載事典】霊巡

◇荏原七福神　しながわ観光協会　［出版］　年不明　1枚　30×21cm

144 亀戸七福神
【概　要】東京都江東区亀戸の亀戸駅・亀戸水神駅周辺に点在する七福神霊場で、延命長寿・勇気授福・有富蓄財などをもたらすとされる。明治時代に開創され、昭和50年代に再興された。色紙・絵あわせ台紙・絵あわせ用御神体（お姿）のお授けは正月元日から7日まで。開帳期間は札所により異なり、元日から3・7・15日までのいずれか。巡拝所要時間は参拝時間を含めて徒歩で1時間半。
【札所名】恵比須神・大国神　香取神社（江東区亀戸），弁財天　東覺寺（江東区亀戸），福禄寿　天祖神社（江東区亀戸），毘沙門天　毘沙門堂（普門院内）（江東区亀戸），布袋尊　龍眼寺（江東区亀戸），寿老人　常光寺（江東区亀戸）
【掲載事典】七幸，七巡，七め，全七，霊大，霊巡，日七

145 小石川七福神
【概　要】1995（平成7）年1月に成立した。丸ノ内線茗荷谷駅と後楽園駅の間に位置し、巡拝所要時間は2時間弱。弁財天が2か所あり、うち1つは祠。毘沙門天を祭る源覚寺は「こんにゃく閻魔」で知られる。福禄寿は小石川後楽園にまつられていたもので、現在は東京ドームシティに安置されている。
【札所名】恵比寿　深光寺（文京区），大黒天　福聚院（文京区），毘沙門天　源覚寺（文京区），弁財天　徳雲寺（文京区），弁財天　極楽水（文京区），布袋尊　真珠院（文京区），寿老人　宗慶寺（文京区），福禄寿　東京ドーム（文京区）

【掲載事典】全七，霊巡，日七

146 五色（東都五眼）不動尊
【概　要】東京都に位置する不動尊霊場。名称は東西南北および中央の5方角を色で表したもの。一説には江戸城守護のため、同城を中心（青）として、水戸街道（黄）・日光街道（黄）・中山道（赤）・甲州街道（白）・東海道（黒）の街道沿いに安置されたという。また、江戸城鎮護のために目黒・目白・目赤・目青の四不動尊が四方に配置された後、寛永年間（1624〜43）に徳川家光が目黄不動尊を加えて成立したとの説もある。いずれにせよ、江戸時代から庶民に親しまれており、当時は「五眼不動」と称された。なお、目白不動はかつては新長谷寺の本尊で、第二次世界大戦後に金乗院に移された。

【札所名】目黒不動尊 瀧泉寺（目黒区），目青不動尊 教学院（世田谷区），目赤不動尊 南谷寺（文京区），目黄不動尊 永久寺（台東区），目黄不動尊 最勝寺（江戸川区），目白不動尊 金乗院（豊島区）

【掲載事典】巡遍，霊大，霊巡

◇東都五色不動巡拝記　栗原仲道著　所沢　　リーズ 2)〈付：不動信仰拙稿〉
宝積庵　1969.5　24p　21cm（宝積シ

147 下谷七福神
【概　要】東京都台東区上野駅の北東部、谷中と隅田川に狭まれた約3kmの間に点在する七福神霊場。1977（昭和52）年に開創された。江戸時代には「根岸の里」と呼ばれた地域で、下町情緒を今に伝えている。開帳期間は正月元日から7日まで。巡拝所要時間は徒歩で1時間。

【札所名】寿老人 元三島神社（台東区），福禄寿 真源寺（入谷鬼子母神）（台東区），大黒天 英信寺（台東区），毘沙門天 法昌寺（台東区），弁財天 弁天院（台東区），恵比須 飛不動尊 正宝院（台東区），布袋尊 寿永寺（台東区）

【掲載事典】七幸，七め，全七，霊大，霊巡，日七，日巡

148 柴又七福神
【概　要】映画『男はつらいよ』シリーズで有名な柴又帝釈天を中心に、東京都葛飾区柴又から高砂にかけての7ヶ寺院で構成される七福神霊場。1933（昭和8）年に開創された。巡拝所要時間は徒歩で1〜2時間。

【札所名】恵比須天 医王寺（葛飾区柴又），福禄寿 万専寺（葛飾区柴又），布袋尊 良観寺（葛飾区柴又），毘沙門天 題経寺（柴又帝釈天）（葛飾区柴又），大黒天 宝生院（葛飾区柴又），弁財天 真勝院（葛飾区柴又），寿老人 観蔵寺（葛飾区高砂）

【掲載事典】七幸，全七，霊大，霊巡，日七，日巡

◇柴又七福神めぐり　葛飾区地域振興協会編　葛飾区地域振興協会　［出版年不明］1枚　15cm〈開いたサイズ：30×42cm〉

◇柴又七福神　テクノプラザかつしか編　テクノプラザかつしか　1992.1　1枚　36cm〈開いたサイズ：36×51cm〉

149 昭和新撰 江戸三十三観音霊場
【概　要】東京23区内に散在する観音霊場。1735（享保20）年刊の『江戸砂子拾遺』に記載されており、寛永（1624〜45）から元禄（1688〜1704）頃の開創と伝えられる。その後、廃寺や所在不明の札所が出るなど衰退していたが、1976（昭和51）年に山手線沿線沿いの往時の札所に新たな札所を加えて再興された。浅草・浅草寺に始まり目黒・瀧泉寺で打

ち納めとなる新撰札所は都内の代表的な大寺院が網羅されている。
【札所名】(1)浅草寺(台東区),(2)清水寺(台東区),(3)大観音寺(中央区日本橋人形町),(4)回向院(墨田区),(5)大安楽寺(中央区日本橋小伝馬町),(6)清水観音堂(台東区),(7)心城院(文京区),(8)清林寺(文京区),(9)定泉寺(文京区),(10)浄心寺(文京区),(11)円乗寺(文京区),(12)傳通院(文京区),(13)護国寺(文京区),(14)金乗院(豊島区),(15)放生寺(新宿区),(16)安養寺(新宿区),(17)宝福寺(中野区),(18)真成院(新宿区),(19)東円寺(杉並区),(20)天徳寺(港区),(21)増上寺(港区),(22)長谷寺(港区),(23)大円寺(文京区),(24)梅窓院(港区),(25)魚籃寺(港区),(26)済海寺(港区),(27)道往寺(港区),(28)金地院(港区),(29)高野山別院(港区),(30)一心寺(品川区),(31)品川寺(品川区),(32)観音寺(世田谷区),(33)瀧泉寺(目黒区),(番外)海雲寺(品川区)
【掲載事典】癒事, 古寺, 霊大, 霊巡, 日巡

◇**昭和新撰江戸三十三観音札所案内** 江戸札所会 [1976] 81p 19cm 300円

◇**心から心への旅路―昭和新撰江戸三十三観音めぐり** 山田英二著 大蔵出版 1979.7 212p 18cm 〈監修:仲田順和〉850円

◇**江戸三十三観音めぐり―心から心への旅路** 山田英二著 大蔵出版 1992.8 212p 18cm 〈監修:仲田順和,新装版〉1500円 ①4-8043-1507-1
|目次| 昭和新撰江戸三十三観音めぐり 般若心経 観音経偈文 新旧江戸観音札所番付対照表 道しるべ あとがき 心から心への旅路

◇**昭和新撰江戸三十三所観音巡礼** 新妻久郎著 大阪 朱鷺書房 2005.11 234p 19cm 〈文献あり〉1400円 ①4-88602-334-7
|目次| 浅草寺(台東区浅草) 清水寺(台東区松が谷) 大観音寺(中央区日本橋人形町) 回向院(墨田区両国) 大安楽寺(中央区日本橋小伝馬町) 清水観音堂(台東区上野公園) 心城院(文京区湯島) 清林寺(文京区向丘) 定泉寺(文京区本駒込) 浄心寺(文京区向丘)〔ほか〕
|内容| 大都会のど真ん中にあるのオアシス。新たに復興をみた江戸三十三観音霊場は、江戸の賑わいを今に伝える。浅草から目黒まで、足でめぐり、目で確かめたお寺の見どころと縁起―。

◇**心とカラダが元気になる観音めぐり―巡礼・江戸三十三観音を行く** 江藤玲子著 総合法令出版 2010.8 215p 21cm 〈文献あり〉1300円 ①978-4-86280-215-6
|目次| 第1章 あなたのとなりの観音さま(観音さまって、どんな存在? 仏教が教えてくれること 仏教の来た道 仏さまの種類を知ろう! ほか) 第2章 札所めぐり―三十三ヵ所紹介(江戸っ子の遊び場で半日のんびりお参りコース 江戸の名残を残す町で、観音さまに会おうコース 上野の森から湯島へ散策しようコース 江戸の寺町を散歩がてらお参りしようコース ほか) 第3章 祈りが届く巡礼作法(観音さまを前にして 江戸三十三観音Q&A)
|内容| 一日がっつりめぐるコースや、半日コースなど、34ヶ所を回りやすいコース順で紹介。観音さま&お寺の歴史や解説。MAPで道に迷わない。

◇**江戸三十三観音ガイド―みぢかな出会い** 文化図書 2010.11 95p 21cm (City Cultureシリーズ) 1300円 ①978-4-939017-00-1
|目次| 金龍山浅草寺 江北山清水寺 人形町大観音寺 諸宗山無縁寺回向院 新高野山大安楽寺 東叡山寛永寺清水観音堂 柳井堂心城院 東梅山花陽院清林寺 東光山定泉寺〔ほか〕
|内容| 現代に残る"江戸"が薫る…江戸三十三観音霊場―そこには江戸の匂いが漂う。それぞれの感覚で"江戸の薫り"を味わう処―。

150 新宿山手七福神
【概 要】東京都新宿区内に広く分布する昭和初期に創設された七福神。全行程は、約8km。巡拝所要時間は徒歩で2時間半、バス・電車等で1時間半。年間を通じて御朱印・宝船・御尊像対応がある。

【札所名】毘沙門天 鎮護山 善国寺（新宿区），大黒天 大乗山 経王寺（新宿区原町），恵比須尊天 稲荷鬼王神社（新宿区），辨財天 厳嶋神社（新宿区余丁町），福禄寿 大久保山 永福寺（新宿区），寿老人 春時山 法善寺（新宿区），布袋和尚 霞関山 太宗寺（新宿区）
【掲載事典】七幸，七巡，七め，全七，霊大，霊巡，日七，日巡

151 隅田川七福神

【概　要】東京都墨田区の隅田川東岸に沿って散在する七福神霊場。かつては向島七福神とも称された。1804（文化元）年，向島百花園に集う文人・墨客らにより開創された。七福神のうち寿老人のみが揃わなかったため，白鬚神社の白鬚大明神を寿老神としてあてたという。恵比寿と大黒神が三囲神社に祀られており，六寺社で構成される。開帳期間は正月元日から7日まで。全行程は約6kmで，所要時間は徒歩で約2時間。

【札所名】恵比須・大国神 三囲神社（墨田区），毘沙門天 多聞寺（墨田区），布袋尊 弘福寺（墨田区），弁財天 長命寺（墨田区），福禄寿尊 向島百花園（墨田区），寿老神 白鬚神社（墨田区）
【掲載事典】七幸，七巡，七め，全七，霊大，霊巡，日七，日巡

◇東京名所 隅田川七福神　向島七福会編　向島七福会　1967.12　10p　19cm
◇墨田の史跡ガイド―付 隅田川七福神めぐり　墨田区教育委員会編　墨田区教育委員会　［1975］29p　22×13cm
◇墨田の史跡ガイド―付 隅田川七福神めぐり　墨田区教育委員会編　改訂版　墨田区教育委員会　1976.10　54p　19cm

◇墨田区の民間伝承・民間信仰　墨田区教育委員会　2008.3　71p　30cm（墨田区文化財叢書 第2集）800円
[目次] 1.本所七不思議 2.隅田川七福神めぐり 3.民間伝承 4.民間信仰
◇隅田川七福神めぐり　- 墨堤名所案内 -　隅田川文庫編　隅田川七福会監修　第18版　隅田川文庫　2016.1　63p　13×15cm〈索引あり〉278円

152 千住宿千寿七福神

【概　要】東京都足立区千住の7社から成る。もともと町おこしのために近隣の神社・寺院に七福神の石造を安置して「千住七福神」と命名していたが，2008（平成20）年に全てを神社に移設した。巡拝所要時間は約3時間。

【札所名】大黒天 千住本氷川神社（足立区），布袋尊 大川町氷川神社（足立区千住大川町），寿老神 元宿神社（足立区千住元町），恵比寿天 千住神社（足立区千住宮元町），毘沙門天 八幡神社（足立区千住宮元町），福禄寿 河原町稲荷神社（足立区千住河原町），弁財天 仲町氷川神社（足立区千住仲町）
【掲載事典】全七，霊巡，日七

◇千寿七福神―千住宿　千寿七福神事務局　1998.1　1枚　26x37cm（26cm）

153 高尾山内八十八大師めぐり

【概　要】首都圏の代表的な観光地である高尾山内に，1903（明治36）年，第26世山主・志賀照林大僧正が関東地方の信徒の為に自ら四国八十八ヶ所を巡礼してその札所の土を持ち帰り，山内の各所に納めて大師像を建立したもの。

【札所名】高尾山 薬王院 有喜寺（八王子市高尾町）
【掲載事典】霊大

154 多摩（青梅）七福神

東京都

【概　要】古来より宗建寺の本尊が毘沙門天、玉泉寺には弁天池に弁才天など、各七福神は祀られていたが、昭和50年代の七福神巡りブームがきっかけとなり、徒歩でも1日で参拝でき、景観の良い古刹を七福神の寺院とし、1980（昭和55）年に創設された。
【札所名】恵比須 清宝院（青梅市），大黒天 延命寺（青梅市），毘沙門天 宗建寺（青梅市），弁財天 玉泉寺（青梅市），布袋尊 地蔵院（青梅市），福禄寿 明白院（青梅市），寿老人 聞修院（青梅市）
【掲載事典】七幸，七巡，七め，全七，霊大，霊巡，日七

◇七福神めぐりイラストマップ　1枚　26×37cm〈一枚もの地図 B5パンフレットバインダー〉

内容　青梅歴史の寺 多摩（青梅）七福神，多摩（青梅）七福神めぐりおすすめコースご案内

155　多摩八十八ヵ所霊場

【概　要】東京都多摩地域に位置する弘法大師霊場。1823（文政6）年に弘法大師御入定1000年を記念して開かれた武王新四国88ヶ所を起源とする。1934（昭和9）年の弘法大師1100年御遠忌を機に、東京三多摩の真言宗寺院を糾合して龍華会が設立され、1936（昭和11）年に多摩新四国八十八ヶ所霊場として現在の形に改めて再興された。巡拝所要日数は電車とバスを乗り継いで10～15日、車で5～6日。
【札所名】(1)安養寺（武蔵野市），(2)延命寺（武蔵野市），(3)井口院（三鷹不動尊）（三鷹市），(4)長久寺（三鷹市），(5)大正寺（調布市），(6)常性寺（調布市国領町），(7)威光寺（稲城市），(8)高勝寺（稲城市），(9)宝蔵院（稲城市），(10)高蔵寺（町田市三輪町），(11)慶性寺（町田市），(12)千手院（町田市小野路町），(13)東福寺（多摩市），(14)吉祥院（多摩市），(15)高蔵院（多摩市），(16)観音寺（多摩市），(17)真照寺（日野市），(18)法音寺（府中市），(19)最照寺（八王子市），(20)正光院（府中市），(21)光明院（府中市），(22)普門寺（府中市），(23)妙光院（府中市），(24)西蔵院（府中市），(25)宝性院（府中市），(26)正楽院（立川市），(27)観音寺（国分寺市），(28)東福寺（国分寺市），(29)国分寺（国分寺市），(30)真明寺（小金井市），(31)金蔵院（小金井市），(32)宝寿院（小平市），(33)総持寺（西東京市田無町），(34)寳蔵院（西東京市），(35)如意輪寺（西東京市泉町），(36)寳晃院（西東京市），(37)多聞寺（東久留米市本町），(38)圓乗院（東大和市），(39)三光院（東大和市），(40)蓮華寺（東大和市），(41)慶性院（東大和市），(42)真福寺（武蔵村山市），(43)薬王寺（青梅市），(44)真浄寺（青梅市），(45)安楽寺（青梅市），(46)梅岩寺（青梅市），(47)金剛寺（青梅市天ヶ瀬町），(48)東光寺（青梅市），(49)常福院（高水山不動尊）（青梅市），(50)宝蔵院（西多摩郡檜原村），(51)即清寺（青梅市柚木町），(52)花蔵院（青梅市友田町），(53)西福寺（西多摩郡日の出町），(54)光明寺（西多摩郡日の出町），(55)西光寺（西多摩郡日の出町），(56)常福寺（西多摩郡日の出町），(57)大行寺（あきる野市），(58)真照寺（あきる野市），(59)大悲願寺（あきる野市），(60)大光寺（あきる野市），(61)正福寺（八王子市），(62)大仙寺（八王子市），(63)安養寺（八王子市），(64)西蓮寺（八王子市），(65)宝生寺（八王子市），(66)浄福寺（八王子市），(67)吉祥院（八王子市長房町），(68)薬王院（高尾山）（八王子市高尾町），(69)金南寺（八王子市），(70)大光寺（八王子市），(71)真覚寺（八王子市散田町），(72)萬福寺（八王子市），(73)金剛院（八王子市上野町），(74)観音寺（八王子市），(75)妙薬寺（八王子市），(76)大義寺（八王子市），(77)福傳寺（八王子市明神町），(78)長福寺（八王子市川口町），(79)龍光寺（八王子市），(80)阿弥陀寺（昭島市），(81)西蓮寺（八王子市），(82)天龍寺（八王子市），(83)延命寺（日野市），(84)普門寺（日野市），(85)安養寺（日野市），(86)石田寺（日野市），(87)寿徳寺（日野市），(88)金剛寺（高幡不動尊）（日野市）
【掲載事典】古寺，霊大，霊巡

◇多摩八十八ヵ所霊場巡拝のしおり―宗祖弘法大師1150年ご遠忌記念発行　日野　龍華会本部　1984.1　189p　15cm〈付

図：多摩八十八ヵ所霊場巡拝地図〉

◇多摩八十八ヵ所霊場巡拝のしおり　日野　龍華会本部　1992.8　213p　19cm

東京都

156 調布七福神
【概　要】東京都調布市の京王線7駅間に点在し、全行程で約9km。1988(昭和63)年から調布市観光協会が一般市民を対象に毎年1月に七福神めぐりを開催している。
【札所名】恵比須神 大正寺(調布市)，大黒天 西光寺(調布市)，毘沙門天 深大寺(調布市)，弁財天 明照院(調布市入間町)，布袋尊 常性寺(調布市国領町)，寿老人 昌翁寺(調布市仙川町)，福禄寿 祇園寺(調布市佐須町)
【掲載事典】全七，霊大，霊巡

157 東海(品川)七福神
【概　要】東京都品川区北品川駅から大森駅にかけての旧東海道沿いに散在する七福神霊場。1932(昭和7)年に開創されたが、戦争により中断。1963(昭和38)年に復興している。巡拝期間は正月元日から15日まで。全行程は約5km、巡拝所要時間は徒歩で1〜2時間。
【札所名】大黒天 品川神社(品川区)，布袋尊 養願寺(品川区)，寿老人 一心寺(品川区)，恵比須 荏原神社(品川区)，毘沙門天 品川寺(品川区)，福禄寿 天祖諏訪神社(品川区)，弁財天 磐井神社(品川区)
【掲載事典】七幸，七巡，七め，全七，霊大，霊巡，日七

◇東海七福神　　しながわ観光協会　[出版]　　年不明] 1枚　30×21cm

158 豊島八十八ヵ所霊場
【概　要】1907(明治40)年に愛染院第17世亮意が開いた八十八ヵ所霊場。豊島の由来は、豊島区ではなく、江戸から明治にかけて豊島領、豊島七領、北豊島郡と変遷のあった旧地名。江戸時代の御府内八十八ヵ所霊場の15ヶ寺がそのまま札所になっているように、密接な関係にある。また、81番札所の観蔵院は、2001(平成13)年に仏画家の染川英輔筆「両部曼荼羅」を収蔵した曼荼羅美術館を完成させた。
【札所名】(1)安養院(板橋区)，(2)東福寺(中野区)，(3)龍泉院(新宿区)，(4)光徳寺(新宿区)，(5)浄光寺(荒川区)，(6)観音寺(荒川区)，(7)正覚寺(練馬区)，(8)圓照寺(新宿区)，(9)光明院(北区)，(10)光伝寺(練馬区)，(11)円光院(練馬区)，(12)寿徳寺(北区)，(13)重林寺(豊島区)，(14)長徳寺(板橋区)，(15)南蔵院(練馬区)，(16)三宝寺(練馬区)，(17)長命寺(練馬区)，(18)文殊院(板橋区)，(19)寿福寺(練馬区)，(20)地蔵寺(荒川区)，(21)大龍寺(北区)，(22)延命寺(板橋区)，(23)泉福寺(板橋区)，(24)自性院(新宿区)，(25)常楽院(板橋区)，(26)愛染院(練馬区)，(27)圓明院(練馬区)，(28)地福寺(北区)，(29)真光寺(北区)，(30)西音寺(北区)，(31)普門院(北区)，(32)金乗院(練馬区)，(33)真性寺(豊島区)，(34)南蔵院(板橋区蓮沼町)，(35)安楽寺(板橋区)，(36)薬王院(新宿区)，(37)大満寺(北区)，(38)西蓮寺(北区)，(39)専福寺(北区)，(40)自性院(北区)，(41)南蔵院(豊島区)，(42)阿弥陀堂(練馬区)，(43)金剛寺(北区)，(44)延命寺(北区)，(45)宝幢院(北区)，(46)教学院(練馬区)，(47)城官寺(北区)，(48)禅定院(中野区)，(49)日曜寺(板橋区)，(50)長命寺(板橋区)，(51)清涼寺(板橋区)，(52)観音寺(新宿区)，(53)不動院(北区)，(54)花蔵院(荒川区)，(55)金輪寺(北区)，(56)与楽寺(北区)，(57)福性寺(北区)，(58)荘厳寺(練馬区)，(59)無量寺(北区)，(60)蓮華寺(板橋区)，(61)能満寺(練馬区)，(62)西福寺(豊島区)，(63)阿遮院(荒川区)，(64)延命寺(板橋区)，(65)慈眼寺(荒川区)，(66)東覚寺(北区)，(67)西福寺(北区)，(68)寶蔵院(荒川区)，(69)真頂院(北区)，(70)禅定院(練馬区石神井町)，(71)遍照寺(板橋区)，(72)玄國寺(新宿区)，(73)養福寺(荒川区)，(74)実相院(中野区)，(75)阿弥陀堂(北区)，(76)金剛院(豊島区)，(77)青蓮寺(板橋区)，(78)東福寺(豊島区)，(79)清光寺(北区)，(80)西光寺(板橋区)，(81)観蔵院(練馬区)，(82)西光院(板橋区)，(83)密厳院(荒川区)，(84)成田山不動大教会(板橋区)，(85)観音寺(新宿区)，(86)龍福寺(板橋区)，(87)東光寺(中野区)，(88)観明寺(板橋区)

東京都

【掲載事典】霊巡

◇豊島八十八ヶ所霊場巡り　宝田朝一著　宮城島文夫編輯　宝田朝一　1974.3　116p　25cm
◇豊島八十八ヶ所札所　塚田芳雄著　塚田芳雄　1975.12　8p　26cm
◇東京遍路　2　豊島八十八カ所霊場案内　新田明江著　梅檀社　1990.1　214p　18cm〈発売：星雲社〉1030円　⓪4-7952-2829-9
◇豊島八十八ケ所巡礼―お大師様と共にあゆむ　石坂朋久著　鴻巣　石坂朋久（発売）　2010.9　126p　21cm　1714円　⓪978-4-9905413-0-9

159　日本橋七福神

【概　要】東京都中央区の日本橋周辺に位置する七福神霊場。1955（昭和30）年に開創され、1976（昭和51）年に再興された。ビルの谷間に建つ小さな神社8社に祀られる9柱（弁財天・恵比寿神各2柱）で構成される。初詣を兼ねた「日本橋七福神詣」の期間は正月元旦から7日まで。全行程は約4kmで、巡拝所要時間は2時間、正月三が日だと4時間。

【札所名】弁財天 水天宮（中央区日本橋蛎殻町），福禄寿・弁財天 小網神社（中央区日本橋小網町），布袋尊 茶の木神社（中央区日本橋人形町），恵比須神 椙森神社（中央区日本橋堀留町），寿老神 笠間稲荷神社（中央区日本橋浜町），毘沙門天 末廣神社（中央区日本橋人形町），大国神 松島神社（中央区日本橋人形町），恵比須神 寶田（恵比寿）神社（中央区日本橋本町）

【掲載事典】七幸，七巡，七め，全七，霊大，霊巡，日七

◇日本橋七福神めぐり―日本橋三越本店　日本橋三越本店　［1992］1枚　26cm〈パンフレットバインダー版 付：小網稲荷神社略縁起，万福舟乗弁天略縁起，小網神社社報（平成4年12月1日発行）〉
◇日本橋 七福神めぐり　日本橋七福会製作　日本橋三越本店　2004.1　1枚　26×37cm〈奉納 日本橋三越本店〉
◇日本橋 七福神めぐり―第二十二回 日本橋三越本店　日本橋七福会製作　日本橋三越本店　2007.1　1枚　26×37cm〈主催：日本橋三越本店 後援：中央区観光協会 協力：小津和紙博物館 山本海苔店〉

160　八王子七福神

【概　要】1981（昭和56）年設立で、東京都八王子市にある末広がりの八と、八王子の八をかけて、八福神を奉賛する。八王子市の市街地にあり、巡拝所要時間は徒歩2時間半程度。毎年色紙の色が変わり、7枚（色）集めると金色の色紙がいただける。

【札所名】恵比須天 成田山伝法院（八王子市南新町），毘沙門天 本立寺（八王子市上野町），走大黒天 善龍寺（八王子市元本郷町），吉祥天 吉祥院（八王子市長房町），新護弁財天 了法寺（八王子市日吉町），寿老尊 宗格院（八王子市千人町），福禄寿 金剛院（八王子市上野町），布袋尊 信松院（八王子市台町）

【掲載事典】七幸，七巡，七め，全七，霊大，霊巡，日七

◇八王子七福神いらすとまっぷ　八王子七福神会　1枚　18×26cm
◇八王子七福神めぐり―招福・開運　七福神会事務局　［1995］1枚　19cm〈共同刊行：七福神奉讃会〉非売品
◇八王子七福神めぐり―招福・開運　八王子七福神会　2006.12　1枚　30cm
◇八王子七福神めぐり―招福・開運　八王子　八王子七福神会　［2007］1枚　26×37cm〈共同刊行：八王子七福神奉讃会 折りたたみ26×19cm ケース入り 27cm〉
◇八王子七福神めぐり―招福・開運　八王子　八王子七福神会　［2011］1枚　26×37cm〈共同刊行：共同刊行：八王子

七福神奉讃会 折りたたみ19×13cm　　　　　ケース入り〉

161 **東久留米七福神**
【概　要】東京都・西武池袋線の東久留米駅の両側に点在する。落合川と黒目川に沿った約8kmの行程。武州東久留米七福神。
【札所名】恵比須・福禄寿・寿老尊 大圓寺（東久留米市），布袋尊 米津寺（東久留米市幸町），毘沙門天 多聞寺（東久留米市本町），弁財天 宝泉寺（東久留米市），大黒天 浄牧院（東久留米市大門町）
【掲載事典】全七，霊大，霊巡

162 **日野七福神**
【概　要】1999（平成11）年開創。浅川に沿って点在し、いずれの札所も京王線と多摩モノレールの駅から近い。弁財天を祀る金剛寺・高幡不動尊は関東三大不動尊に数えられる。
【札所名】恵比寿天 真照寺（日野市），福禄寿 石田寺（日野市），毘沙門天 安養寺（日野市），弁財天 金剛寺（高幡不動尊）（日野市），寿老尊 延命寺（日野市），大黒天 善生寺（日野市），布袋尊 宗印寺（日野市）
【掲載事典】霊巡

◇日野七福神めぐり―開運　日野七福神会事務局　1998.12　4p　30cm
◇日野七福神めぐり 2003―開運　日野七福神会事務局　2002.12　1枚　30cm
◇日野七福神めぐり 2005―開運　日野七福神会事務局　2004.12　1枚（リーフレット）　30cm
◇日野七福神めぐり 2007―開運　日野七福神会事務局　2006.12　1枚（リーフレット）　30cm

163 **深川七福神**
【概　要】東京都江東区の森下駅・清澄白河駅・門前仲町駅周辺に点在する七福神霊場。1970（昭和45）年に再興された。かつて木場の深川と称された下町情緒を残す寺町に位置しており、東京都が定めた「歴史と文化の散歩道」とほぼ同一のコースをたどって巡拝できる。開帳期間は正月元日から15日まで。巡拝所要時間は参拝時間を含めて徒歩で約2時間。
【札所名】恵比須神 富岡八幡宮（江東区），弁財天 冬木弁天堂（江東区），福禄寿 心行寺（江東区），大黒天 円珠院（江東区），毘沙門天 龍光院（江東区），布袋尊 深川稲荷神社（江東区），寿老神 深川神明宮（江東区）
【掲載事典】七幸，七巡，七め，全七，霊大，霊巡，日七，日巡

◇深川七福神　深川七福神会（心行寺）編　深川七福神会（心行寺）　2012.1　1枚　19×26cm
◇深川七福神―沿道名店ガイドマップ　深川七福神会（心行寺）編　深川七福神会（心行寺）　2012.1　1枚　30×21cm

164 **港区七福神**
【概　要】東京都港区に位置する七福神霊場。1933（昭和8）年に開創され、1966（昭和41）年に再興された。宝船を含めて8寺社で構成される。巡拝期間は正月元日から15日まで。全行程は約6km、巡拝所要時間は約3時間。
【札所名】弁財天 宝珠院（港区），恵比須 熊野神社（港区），宝船 十番稲荷神社（港区），大黒天 大法寺（港区），毘沙門天 氷川神社（港区），寿老神 桜田神社（港区），福禄寿 天祖神社（港区），布袋尊 久国神社（港区）

東京都

【掲載事典】七幸，全七，霊大，霊巡，日七

165 谷中七福神
【概　要】東京都台東区から荒川区・北区にかけて、上野台地から道灌山へ続く丘陵地の西端に点在する七福神霊場。開創は約250年前、江戸時代まで遡り、江戸市中最古の七福神として知られる。七福神には神社が含まれる事が多いが、本七福神は寺院だけで構成されている。巡拝期間は正月の元日から15日まで。全行程は約6kmで、巡拝所要時間は徒歩で約2時間。
【札所名】弁財天 不忍弁天堂（台東区），大黒天 護国院（台東区），毘沙門天 天王寺（台東区），寿老人 長安寺（台東区），布袋尊 修性院（荒川区），恵比須 青雲寺（荒川区），福禄寿 東覚寺（北区）
【掲載事典】七幸，七巡，七め，全七，霊大，霊巡，日七，日巡

166 山手七福神
【概　要】天台宗・瀧泉寺は平安時代初期に慈覚大師が開創したと伝えられ、江戸時代、徳川家光の帰依を受け、不動堂と別当瀧泉寺の改築が行われた。江戸城守護のため各所に置かれた江戸五色不動のひとつ「目黒の不動堂」「お不動さん」として参詣が多くなった。参詣道筋に江戸最初の七福神巡りが設置された。昭和初期に再興されたとされ、元祖山手七福神とも言われる。
【札所名】恵比須 瀧泉寺（目黒不動）（目黒区），弁財天 蟠竜寺（目黒区），大黒天 大圓寺（目黒区），福禄寿・寿老人 妙圓寺（港区），布袋尊 瑞聖寺（港区），毘沙門天 覚林寺（港区）
【掲載事典】七幸，七巡，七め，全七，霊大，霊巡，日七，日巡

東京都の霊場

◇江戸東京名数集誌―八十八ヶ所札所特集　礒部鎮雄編　江戸町名俚俗研究会　1975　40p　23cm〈謄写版 限定版〉950円
|目次|1 本四国八十八ヶ所霊場　2 御府内四国写弘法大師八十八ヶ所札所　3 荒川辺八十八ヶ所札所　4 豊島八十八ヶ所札所　5 豊島八十八ヶ所札所（現在地名のもの）　6 荒綾八十八ヶ所札所　7 玉川（現在）八十八ヶ所札所　8 多摩川（昭和十年頃）八十八ヶ所札所　9 多摩八十八ヶ所札所（三多摩）　10 新四国南葛八十八ヶ所札所　11 新四国東山八十八ヶ所札所　12 相模八十八ヶ所札所　13 武玉新四国八十八ヶ所札所

◇江戸三十三所　塚田芳雄著　塚田芳雄　1977　51枚　26cm〈和装〉30円
|目次|江戸　近古　江戸（坂東写）　山の手　西方　江戸（国写）　上野王子辺　葛西　新坂東　北豊島　東　行徳領　秩父写　東都　東都北部　東京　京王　多摩川　東海　武蔵野　新武州　狭山　武州　金沢　小机領　稲毛　準秩父

◇東都八十八所　塚田芳雄著　[塚田芳雄]　[1977]　132p　27cm〈電子複写〉

◇北区の札所　東京都北区立郷土資料館編　東京都北区教育委員会　1987.3　21p　26cm（北区立郷土資料館シリーズ 8）

◇江戸・東京札所事典　塚田芳雄著　下町タイムス社　1989.7　215p　18cm　1300円
|目次|1 三十三所の部（江都・江都詠歌　江戸山の手 ほか）　2 八十八所の部（御府内　荒川　四都 ほか）　3 その他の部（六阿弥陀　七福神　地蔵 ほか）

◇東京遍路　3　荒川辺八十八カ所と隅田川二十一カ所霊場案内　新田明江著　栴檀社　1991.1　229p　18cm〈発売：星雲社〉1100円　①4-7952-2831-0

◇八王子三十三観音霊場―その案内と現況　西田鼎江著　八王子　揺籃社　1993.8

246p 19cm〈参考文献：p241〜242〉1500円 ①4-946430-79-2

◇即清寺新四国霊場　石川博司著　青梅多摩野佛研究会　1999.1　52p　21cm

◇東京七福神めぐり　東京街歩き委員会著　日本放送出版協会　2002.12　218p　18cm（生活人新書）680円　①4-14-088053-8
[目次] 1 七福神の由来　2 東京の七福神をめぐる（谷中七福神めぐり─江戸時代から将軍や庶民に愛された七福神　浅草名所七福神めぐり─観光と神仏詣でを兼ねた江戸の行楽　隅田川七福神めぐり─江戸の風流人の遊び心が息づく　深川七福神めぐり─庶民の信仰が篤い下町を歩く　亀戸七福神めぐり─学問とスポーツの神様が見守る　柴又七福神めぐり─『男はつらいよ』の舞台を訪ねて　日本橋七福神めぐり─江戸の面影を残す街をぶらり歩く　港区七福神めぐり─先進的な街に残る歴史を辿る　新宿山ノ手七福神めぐり─いつでも、どこからでも参拝できる　東海道五十三次の振りだしを歩く）　その他の東京七福神（池上七福神　元祖山ノ手七福神　下谷七福神　板橋七福神　荏原七福神　小石川七福神　千寿（千住）七福神　伊興七福神）　七福神めぐりのマナー
[内容] 江戸庶民に流行した七福神めぐり。谷中、浅草、隅田川、深川、柴又をはじめとする、今も魅力的な風情が残る10のコースを厳選して紹介。街歩きの途中にある見どころ、地元の人が薦める名店や老舗も網羅する。食事や買い物を楽しみながらご利益が得られる、ちょっと欲張りな旅の案内書。各地の七福神めぐりにも十分役立つ蘊蓄が満載。

◇江戸・東京の三十三所　［石川靖夫］［著］富士見　石川靖夫　2003.2　104p　19cm
[目次] 江都三十三所　昭和新選江戸三十三所　葛西三十三所　江戸（坂東寫）三十三所　山の手三十三所　近世江戸三十三所　西方三十三所　近世江戸（西寫）三十三所　西国寫三十三所　江戸東方三十三所　秩父寫三十四所　東京寫東都三十三所　東方三十三所　東都北部三十三所　北豊島三十三所　東京三十三所　江戸三十三所辨天　世田谷区内三十三所　小田急沿線武相三十三所　京王五大霊場・三十三観音　東三十三霊場

◇東京ご利益散歩七福神巡り　畑中三応子著　平凡社　2003.12　141p　19cm　952円　①4-582-63051-0
[目次] 下町情緒と山手を堪能するコース（谷中七福神　下谷七福神　山手七福神　港七福神）　入門者向けの短距離コース（日本橋七福神　千寿七福神　亀戸七福神）　水辺で癒されるコース（深川七福神　柴又七福神　東海七福神）　本格派のための長時間コース（隅田川七福神　新宿山ノ手七福神　浅草名所七福神）　ご朱印帖
[内容] 谷中、下谷、山手、港、日本橋、千寿、亀戸、深川、柴又、東海、隅田川、新宿山ノ手、浅草名所。絶対おすすめの13七福神を紹介。

◇のんびり、ゆっくり江戸東京七福神めぐり　グループ漫歩編　日本出版社　2004.12　127p　22cm（Walking book）952円　①4-89048-877-4
[目次] 柴又七福神　隅田川七福神　浅草名所七福神　亀戸七福神　深川七福神　日本橋七福神　港七福神　元祖山手七福神　東海七福神　荏原七福神　池上七福神　新宿山之手七福神　小石川七福神　谷中七福神　下谷七福神　千寿七福神　伊興七福神　板橋七福神　調布七福神　日野七福神　八王子七福神　東久留米七福神　多摩青梅七福神　羽田七福神いなり　下町八福神　江戸六地蔵江戸五色不動
[内容] 寅さんのふるさとを、そぞろ歩きで新春詣で…柴又七福神、おとそ気分で、浅草界隈をたっぷり満喫…浅草名所七福神、下町風情を感じつつ訪ねる新春散歩…亀戸七福神、江戸情緒にふれながら、見所いっぱいの深川あたり…深川七福神、ちょっと小粋な神楽坂から、新宿歌舞伎町の繁華街へ…新宿山之手七福神、寺町情緒を楽しみながら歩く、江戸最古の七福神巡り…谷中七福神、近藤勇の生誕地から深大寺を巡り、野川沿いをそぞろ歩き…調布七福神ほか。

◇訪ねてみたい東京のお寺　インデックス編集部編著　インデックス　2006.3　366p　21cm〈発売：ごま書房〉1429円　①4-341-13108-7
[目次] 東京お寺日和　お寺の行事を見に行こう　あんな話こんな話　五色不動のミステリー　下町（寛永寺　浅草寺　總持寺（西新井大師）　題経寺（柴又帝釈天）　深川不動堂　ほか）　東京七福神めぐり（谷中七福神　板橋七福神　山手七福神　八王子

七福神　多摩七福神）　あんな話こんな話　五年間だけ存在したお寺　都心と中山道（傳通院寿経寺　護国寺　太宗寺　成願寺　妙法寺（やくよけ祖師）ほか）お寺で仏教に触れよう（座禅　写経　精進料理）　あんな話こんな話　古典芸能とお寺　山手と東海道（増上寺　妙厳寺豊川稲荷別院　泉岳寺　品川寺　祐天寺　ほか）　東京の八十八ヶ所霊場（御府内八十八ヶ所霊場　多摩新四国八十八ヶ所霊場）　あんな話こんな話　駆込寺に駆け込むと　多摩（深大寺　普濟寺　大悲願寺　光厳寺　東光院　ほか）　現代までの元号一覧　参考文献

[内容] お寺の縁起や境内、見所などを「面白く分かりやすく」紹介しています。散策しやすいように、お寺をエリアごとに分けました。これまでなかった、詳細で分かりやすい地図を掲載しています。お祭りや七福神、修行などの紹介も充実。さまざまな角度からお寺を知ることができます。ほとんど知られていなかった江戸と多摩の八十八ヶ所霊場を地図付きでご紹介。

◇東京七福神を歩く—谷中・隅田川・浅草名所・深川・亀戸・柴又・日本橋・港・新宿山ノ手・元祖山手・東海・小江戸川越　JTBパブリッシング　2007.1　143p　21cm（JTBキャンブックス　古寺巡礼 8）　1500円　①4-533-06590-2

[目次] 谷中七福神を歩く　隅田川七福神を歩く　浅草名所七福神を歩く　深川七福神を歩く　亀戸七福神を歩く　柴又七福神を歩く　日本橋七福神を歩く　港七福神を歩く　新宿山ノ手七福神を歩く　元祖山手七福神を歩く　東海七福神を歩く　小江戸川越七福神を歩く　七福神の由来を知ろう！

◇泉麻人の東京・七福神の町あるき　泉麻人著　京都　淡交社　2007.12　221p　19cm　1500円　①978-4-473-03443-4

[目次] 隅田川七福神—墨東の七福は肉離れに効能あり？　柴又七福神—寅さんの町の野趣の寺　港七福神—ヒルズの狭間のオシャレな神々　谷中七福神—上野の山から日暮らしの里へ　荏原七福神—立会川沿いの西郊巡礼地　東久留米七福神—武蔵野の川べりを歩く　東海七福神—品川宿の面影を探して　元祖山手七福神—目黒不動からシロガネーゼ地帯へ　伊興七福神—東京二十三区最北の寺町を歩く　小石川七福神—文京の迷宮で隠れキャラ探し　多摩青梅七福神—織物の町の里山歩き　池上七福神—城南の山寺、本門寺周縁を巡る　浅草名所七福神—正月のディープな浅草巡り　深川七福神—相撲部屋と堀川の水景を眺めながら　新宿山之手七福神—城西の艶っぽい寺町を往く　大島七福神—椿と御神火の島の七福　あとがきにかえて—フィナーレは銀座八福神めぐり

[内容] たのしみながらご利益を得て、おまけにダイエットもできるかも？「一石三鳥」の七福神巡りに、町あるきの達人・泉麻人さんが初挑戦！ビルの谷間の布袋さま、カフェのとなりの弁天さま、大黒天は路地の角…、ふだん見えない、東京の別の顔に出会うちいさな旅のはじまり。

◇東京ありがた七福神めぐり—ゆったり歩こう！　グループ漫歩編　日本出版社　2009.12　127p　21cm　952円　①978-4-7984-1022-7

[目次] 柴又七福神　隅田川七福神　浅草名所七福神　亀戸七福神　深川七福神　日本橋七福神　港七福神　元祖山手七福神　東海七福神　荏原七福神　池上七福神　新宿山之手七福神　小石川七福神　谷中七福神　下谷七福神　千寿七福神　板橋七福神　武蔵野吉祥七福神　調布七福神　八王子七福神　東久留米七福神　下町八福神

◇首都圏七福神めぐりご利益コースガイド　七福神散歩会著　メイツ出版　2011.1　128p　21cm　1600円　①978-4-7804-0903-1

[目次] 七福神の基礎知識　柴又七福神　亀戸七福神　千寿七福神　深川七福神　隅田川七福神　浅草名所七福神　谷中七福神　日本橋七福神　港七福神　東海七福神　荏原七福神　元祖山手七福神　池上七福神　小石川七福神　新宿山ノ手七福神　板橋七福神　武蔵野吉祥七福神　調布七福神　原町田七福神　日野七福神　八王子七福神　市川七福神　習志野七福神　佐倉七福神　草加宿七福神　与野七福神　小江戸川越七福神　川崎七福神　横浜金澤七福神　鎌倉・江の島七福神　ほかにもある七福神コースガイド

[内容] 東京・千葉・埼玉・神奈川…全30コース。開運招福・家内安全・大願成就・長寿延命…ウォーキングを楽しみながら、福の神を参拝して、幸福に過ごそう。

◇江戸・東京御朱印を求めて歩く札所めぐりガイドブック　ジェイアクト著　メイツ出版　2012.11　128p　21cm〈索引あり〉　1600円　①978-4-7804-1209-3

|目次|昭和新選江戸三十三観音(浅草寺　清水寺　ほか)　江戸六地蔵(品川寺　東禅寺ほか)　江戸五色不動(目黒　瀧泉寺　目白金乗院　ほか)　江戸六阿弥陀(西福寺　恵明寺　ほか)　浅草名所七福神(大黒天　浅草寺　恵比寿　浅草神社　ほか)

|内容|ご利益いっぱいの札所霊場を詳しくご紹介。

◇御朱印でめぐる江戸・東京の古寺　『地球の歩き方』編集室著　ダイヤモンド・ビッグ社　2013.9　128p　21cm(地球の歩き方)〈発売：ダイヤモンド社〉1500円　①978-4-478-04469-8

|目次|江戸御朱印めぐりマップ(江戸三十三観音めぐり　浅草名所七福神めぐり　「谷根千」古寺めぐり　江戸五色不動めぐりほか)　江戸の代表的な古寺(寛永寺　護国寺　増上寺　浅草寺・待乳山聖天・長命寺　ほか)　町並みも楽しむお寺さん(深川不動堂　高岩寺(とげぬき地蔵尊)　題経寺(柴又帝釈天)　徳大寺　ほか)　地域に根づく江戸の名刹(祐天寺　梅照院(新井薬師)　松月院　雑司が谷鬼子母神　ほか)　歴史を偲ぶ古刹めぐり(武蔵国分寺　豪徳寺　大圓寺　品川寺　ほか)　花と緑を楽しむ古寺(金剛寺　塩船観音寺　大悲願寺　薬王院　ほか)

|内容|駅名、地名でおなじみのお寺で頂く御朱印！ 5つのテーマ×主要モデルコースで江戸の名刹を案内。世界に誇る観光名所から、徳川家をはじめ歴史上の人物に所縁の菩提寺、地域密着の名刹まで。意外と知られていない東京を御朱印でめぐる！

◇東京近郊 七福神めぐり—アッケラカンの笑顔が待ってるコースガイド43　新ハイキング社編　新ハイキング社　2015.11　251p　21cm(新ハイキング選書)　1700円　①978-4-915184-44-4

|目次|山手線圏内と下町の七福神(谷中七福神　小石川七福神と日本橋七福神　山ノ手七福神　雑司が谷七福神　麻布七福神　亀戸七福神　板橋七福神　新千寿七福神)　横浜・湘南方面の七福神(荏原七福神　池上七福神　横浜七福神　横浜金澤七福神　横浜磯子七福神　横浜瀬谷の七福神　湘南の七福神(逗子・葉山)　三浦七福神　鎌倉・江ノ島七福神)　武蔵野・秩父地方の七福神(武蔵野吉祥七福神　東久留米七福神　日野七福神　武蔵五日市七福神　青梅七福神　武蔵越生七福神　与野七福神　小江戸・川越七福神めぐり　武蔵越生七福神)　下総方面の七福神(習志野七福神　佐倉七福神　印西七福神　とりで利根川七福神　三郷七福神・八木郷戸ヶ崎めぐり)　足を延ばして(足利七福神　伊豆長岡温泉の源氏山七福神　草加宿七福神　伊興七福神　伊東七福神　箱根七福神　小幡七福神　くりはし七福神　中山道本庄宿街歩き　奥久慈大子七福神)

◇東京ステキな神社の御朱印ブック—神様と縁結び　久能木紀子著　ブルーガイド編集部編集　実業之日本社　2015.12　111p　19cm(ブルーガイド)〈索引あり〉1500円　①978-4-408-00885-1

|目次|第1章 テーマ別 御朱印セレクション—思わず集めたくなる、きれいで、かわいい御朱印22(色鮮やか　植物　生き物　ユニーク)　第2章 御利益別 御朱印セレクション—心に秘めた願い事を、そっと託したくなる御朱印23(恋愛・縁結び　仕事運・勝運・学業成就　金運・商売繁盛　厄除け・健康)　第3章 地図で歩く御朱印名数めぐり—縁起のいい数字に導かれて、都心と下町を一日散歩(日本橋七福神めぐり　千住宿 千寿七福神めぐり　銀座八丁神社めぐり　東京十社と東都七天神)　第4章 訪ねたい神社一見どころも縁起も多彩。これぞ東京の16の神社(花の神社　祭りの神社　富士塚のある神社)　第5章 神社と神様の基礎知識—不思議でおもしろく、知るほどに楽しい神様の世界(神様たちの素顔とは？　御利益の由来を知ろう　神社には系統がある？—お稲荷様、八幡様、天神様　東京の神社を深く知る)

|内容|ステキな御朱印をいただきに、さあ、東京の神社さんぽへ！ 期間限定のレアな御朱印も！

◇江戸・東京札所めぐり御朱印を求めて歩く巡礼ルートガイド　ジェイアクト著　メイツ出版　2016.10　128p　21cm〈「江戸・東京御朱印を求めて歩く札所めぐりガイドブック」(2012年刊)の改題、加筆修正、索引あり〉1600円　①978-4-7804-1789-0

|目次|昭和新選江戸三十三観音(浅草寺　清水寺　ほか)　江戸六地蔵(品川寺　東禅寺ほか)　江戸五色不動(目黒　瀧泉寺　目白金乗院　ほか)　江戸六阿弥陀(西福寺　恵明寺　ほか)　浅草名所七福神(大黒天　浅草寺　恵比寿　浅草神社　ほか)

|内容|古寺社・名刹の歴史や由来を霊場ごとに詳しく紹介。御朱印をいただきながら、心を癒す巡拝の道行へ。

《神奈川県》

167 磯子七福神
【概　要】神奈川県横浜市磯子区のJR磯子駅西北部から隣接する南区にかけて点在する七福神霊場。1918（大正7）年に開創され、昭和初期に2ヶ寺を入れ替えて現在の構成となった。戦中戦後の混乱により途絶するが、1978（昭和53）年、磯子区制施行50周年記念事業として、磯子区青少年指導員協議会・構成寺院・磯子区体育指導委員協議会により「歴史・文化の研究保存、ふる里意識高揚と体力・健康保持のため」全行程約9kmとなる巡拝コースが作成された。横浜磯子七福神。
【札所名】寿老人　寶生寺（横浜市南区），大黒天　金剛院（横浜市磯子区），布袋尊　密蔵院（横浜市磯子区），恵比須　宝積寺（横浜市磯子区），弁財天　金蔵院（横浜市磯子区），毘沙門天　真照寺（横浜市磯子区），福禄寿　弘誓院（横浜市南区）
【掲載事典】七幸，七め，全七，霊大，霊巡，日七

◇磯子七福神めぐり　磯子区観光協会編　　　　磯子区観光協会　［1990］20p

168 小田原七福神
【概　要】小田原城を中心に神奈川県小田原市内の7ヶ寺から成り，1998（平成10）年に成立した。二宮尊徳を祀る報徳二宮神社と一緒にしたコースが設定されている。
【札所名】毘沙門天　潮音寺（小田原市），満願弁財天　福泉寺（小田原市），寿老人　鳳巣院（小田原市），大黒尊天　蓮船寺（小田原市），恵比寿神　報身寺（小田原市南町），福禄寿　大蓮寺（小田原市南町），布袋尊　圓福寺（小田原市本町）
【掲載事典】霊巡

◇小田原 七福神めぐり　小田原七福神会　　　　［1998］1枚　26cm

169 鎌倉・江の島七福神
【概　要】神奈川県の湘南に位置する七福神霊場。1982（昭和57）年に開創された。8寺社（弁財天2柱）で構成され，北鎌倉から江の島にかけての史蹟名勝巡りを兼ねて巡拝できる。1年を通して参詣可能。巡拝所要日数は電車・バスを利用して1日だが，観光をしなければ徒歩でも1日で巡拝可能。
【札所名】夷尊神　本覚寺（鎌倉市小町），大黒天　長谷寺（鎌倉市），毘沙門天　宝戒寺（鎌倉市小町），江島弁財天　江島神社（藤沢市），旗上弁財天　鶴岡八幡宮（鎌倉市），布袋尊　浄智寺（鎌倉市），福禄寿　御霊神社（鎌倉市），寿老人　妙隆寺（鎌倉市）
【掲載事典】七幸，七巡，七め，全七，霊大，霊巡，日七，日巡

◇鎌倉江の島七福神　鎌倉・江の島七福神会編　［出版者不明］［出版年不明］1枚　26×37cm〈謄写版　昭和29年6月1日現在〉

◇鎌倉の仏像　武藤晟造著　真珠書院　1989.1　152p　21cm（鎌倉シリーズ）2300円
　［目次］鎌倉の仏像について　鎌倉国宝館　二階堂・朝比奈街道　小町・大町・材木座　長谷・極楽寺・手広　扇谷　北鎌倉　植木・大船・今泉　鎌倉から移された像　横浜市　横須賀市　藤沢市　茅ヶ崎市　鎌倉市内指定文化財目録　鎌倉三十三観音霊場　鎌倉地蔵尊二十四所霊場　鎌倉江ノ島七福神

◇鎌倉札所めぐり御朱印を求めて歩く巡礼ルートガイド　ジェイアクト著　メイツ出版　2016.10　128p　21cm〈「鎌倉御朱印を求めて歩く札所めぐりガイドブック」（2011年刊）の改題，加筆修正，索引あり〉1600円　①978-4-7804-1790-6
　［目次］鎌倉三十三観音について（杉本寺　宝

戒寺　安養院　長谷寺　来迎寺(西御門)　瑞泉寺　光触寺　明王院　浄妙寺　ほか)　鎌倉二十四地蔵について(宝戒寺　来迎寺(西御門)　覚園寺　杉本寺　瑞泉寺　円応寺　建長寺　建長寺　建長寺　ほか)　鎌倉十三仏について(明王院　浄妙寺　本覚寺　壽福寺　円応寺　浄智寺　海蔵寺　報国寺　浄光明寺　来迎寺(西御門)　覚園寺　極楽寺　星井寺　鎌倉十井)　鎌倉

五山について　第2位　円覚寺　鎌倉を代表する神社鶴岡八幡宮　鎌倉江の島七福神について(浄智寺　旗上弁財天社　宝戒寺　妙隆寺　本覚寺　長谷寺　御霊神社　江島神社)
|内容|古寺社・名刹の歴史や由来を霊場ごとに詳しく紹介。御朱印をいただきながら、心を癒す巡拝の道行きへ。

170 **鎌倉三十三観音霊場**
【概　要】神奈川県の鎌倉に開かれた観音霊場。江戸時代前期から中期にかけて成立。元禄から宝暦にかけて盛んだったが、明治維新の後、廃寺や移転した寺が多く巡拝が途絶えた。昭和初期に、既存の11札所に新たな霊場を加えて再興された。現在は全ての札所が鎌倉市内の狭い範囲に集中しており、徒歩でも1泊2日で巡拝が可能。
【札所名】(1)杉本寺(鎌倉市)，(2)宝戒寺(鎌倉市小町)，(3)安養院(鎌倉市大町)，(4)長谷寺(鎌倉市)，(5)来迎寺(鎌倉市)，(6)瑞泉寺(鎌倉市)，(7)光触寺(鎌倉市)，(8)明王院(鎌倉市)，(9)浄妙寺(鎌倉市)，(10)報国寺(鎌倉市)，(11)延命寺(鎌倉市)，(12)教恩寺(鎌倉市)，(13)別願寺(鎌倉市)，(14)来迎寺(鎌倉市)，(15)向福寺(鎌倉市)，(16)九品寺(鎌倉市)，(17)補陀洛寺(鎌倉市)，(18)光明寺(鎌倉市)，(19)蓮乗院(鎌倉市)，(20)千手院(鎌倉市)，(21)成就院(鎌倉市)，(22)極楽寺(鎌倉市)，(23)高徳院(鎌倉市)，(24)寿福寺(鎌倉市)，(25)浄光明寺(鎌倉市)，(26)海蔵寺(鎌倉市)，(27)妙高院(鎌倉市)，(28)建長寺(鎌倉市)，(29)龍峰院(鎌倉市)，(30)明月院(鎌倉市)，(31)浄智寺(鎌倉市)，(32)東慶寺(鎌倉市)，(33)仏日庵(鎌倉市)
【掲載事典】古寺，札所，巡遍，霊大，霊巡，日巡，霊典

◇鎌倉観音霊場研究序説　矢島浩著　むさしの書房　1977.7　187p　19cm

◇鎌倉三十三カ所―観音霊場めぐり　平幡良雄著　銚子　満願寺教化部　1987.1　61p　19cm(古寺巡礼シリーズ　13)

◇鎌倉の仏像　武藤晟造著　真珠書院　1989.1　152p　21cm(鎌倉シリーズ)　2300円
|目次|鎌倉の仏像について　鎌倉国宝館　二階堂・朝比奈街道　小町・大町・材木座　長谷・極楽寺・手広　扇ガ谷　北鎌倉　植木・大船・今泉　鎌倉から移された像　横浜市　横須賀市　藤沢市　茅ヶ崎市　鎌倉市内指定文化財目録　鎌倉三十三観音霊場　鎌倉地蔵尊二十四所霊場　鎌倉江ノ島七福神

◇鎌倉三十三カ所　観音霊場めぐり　平幡良雄著　改訂再版　満願寺教化部　1990.3　61p　19cm(古寺巡礼シリーズ)

◇御朱印でめぐる鎌倉の古寺　「地球の歩き方」編集室著　ダイヤモンド・ビッグ社　2006.11　127p　21cm(地球の歩き方gem stone)〈発売:ダイヤモンド社〉1400円　①4-478-07888-2

◇御朱印でめぐる鎌倉の古寺　『地球の歩き方』編集室著　増補改訂版　ダイヤモンド・ビッグ社　2010.7　127p　21cm(地球の歩き方)〈発売:ダイヤモンド社〉1500円　①978-4-478-05996-8

◇鎌倉御朱印を求めて歩く札所めぐりガイドブック　ジェイアクト著　メイツ出版　2011.7　128p　21cm〈索引あり〉1600円　①978-4-7804-0974-1

◇御朱印でめぐる鎌倉の古寺　『地球の歩き方』編集室著　三十三観音完全掲載版　ダイヤモンド・ビッグ社　2012.6　127p　21cm(地球の歩き方)〈年表あり，発売:ダイヤモンド社〉1500円　①978-4-478-04302-8

◇鎌倉三十三観音巡り―アクリル淡彩・写真　加藤忠一著　相模原　ギャラリーパスタイム　2013.10　70p　26cm

◇御朱印でめぐる鎌倉の古寺　『地球の歩き方』編集室著　〈三十三観音完全掲

神奈川県

載）改訂版　ダイヤモンド・ビッグ社　2015.9　127p　21cm〈地球の歩き方御朱印シリーズ 01〉〈発売：ダイヤモンド社〉1500円　①978-4-478-04797-2
|目次|そもそも御朱印とは？　鎌倉五山（五山第一位 建長寺（三十三観音札所第二十八番）　五山第二位 円覚寺　五山第三位 寿福寺（三十三観音札所第二十四番）　五山第四位 浄智寺（三十三観音札所第三十一番）　五山第五位 浄妙寺（三十三観音札所第九番））　鎌倉三十三観音（第一番 杉本寺　第二番 宝戒寺　第三番 安養院　第四番 長谷寺　第五番 来迎寺（西御門）ほか）
|内容|鎌倉ツウは御朱印でめぐる。趣きある街並み、美しい花々に四季のイベントも盛りだくさん。日帰りでも十分楽しめる、魅力満載の鎌倉歩きにはこの一冊！ 寺院データを更新し、鎌倉三十三観音以外の御朱印も充実の改訂版、登場！ 折込MAP&掲載御朱印一覧。

◇鎌倉札所めぐり御朱印を求めて歩く巡礼ルートガイド　ジェイアクト著　メイツ出版　2016.10　128p　21cm〈「鎌倉御朱印を求めて歩く札所めぐりガイドブック」(2011年刊) の改題、加筆修正, 索引あり〉1600円　①978-4-7804-1790-6
|目次|鎌倉三十三観音について（杉本寺　宝戒寺　安養院　長谷寺　来迎寺（西御門）瑞泉寺　光触寺　明王院　浄妙寺 ほか）鎌倉二十四地蔵について（宝戒寺　来迎寺（西御門）　覚園寺　杉本寺　瑞泉寺　円応寺　建長寺　建長寺　建長寺 ほか）鎌倉十三仏について（明王院　浄妙寺　本覚寺　壽福寺　円応寺　浄智寺　海蔵寺　報国寺　浄光明寺　来迎寺（西御門）　覚園寺　極楽寺　星井寺　鎌倉十井）鎌倉五山について　第2位 円覚寺　鎌倉を代表する神社鶴岡八幡宮　鎌倉江の島七福神について（浄智寺　旗上弁財天社　宝戒寺　妙隆寺　本覚寺　長谷寺　御霊神社　江島神社）
|内容|古寺社・名刹の歴史や由来を霊場ごとに詳しく紹介。御朱印をいただきながら、心を癒す巡拝の道行きへ。

171　鎌倉十三仏霊場

【概　要】神奈川県鎌倉市内の13ヶ寺で構成された十三仏霊場。1983（昭和58）年に開創された。2日がかりで僧侶と共に巡拝し、各札所で般若心経を唱えて御朱印を頂く「僧侶と巡る鎌倉十三仏」が年間を通して開催されている。

【札所名】(1)不動明王　明王院（鎌倉市），(2)釈迦如来　浄妙寺（鎌倉市），(3)文殊菩薩　本覚寺（鎌倉市小町），(4)普賢菩薩　寿福寺（鎌倉市），(5)地蔵菩薩　円応寺（鎌倉市），(6)弥勒菩薩　浄智寺（鎌倉市），(7)薬師如来　海蔵寺（鎌倉市），(8)観世音菩薩　報国寺（竹寺）（鎌倉市），(9)勢至菩薩　浄光明寺（鎌倉市），(10)阿弥陀如来　来迎寺（鎌倉市），(11)阿閦如来　覚園寺（鎌倉市），(12)大日如来　極楽寺（鎌倉市），(13)虚空蔵菩薩　成就院（鎌倉市）

【掲載事典】霊大，霊巡

◇鎌倉御朱印を求めて歩く札所めぐりガイドブック　ジェイアクト著　メイツ出版　2011.7　128p　21cm〈索引あり〉1600円　①978-4-7804-0974-1

◇鎌倉札所めぐり御朱印を求めて歩く巡礼ルートガイド　ジェイアクト著　メイツ出版　2016.10　128p　21cm〈「鎌倉御朱印を求めて歩く札所めぐりガイドブック」(2011年刊) の改題、加筆修正, 索引あり〉1600円　①978-4-7804-1790-6
|目次|鎌倉三十三観音について（杉本寺　宝戒寺　安養院　長谷寺　来迎寺（西御門）瑞泉寺　光触寺　明王院　浄妙寺 ほか）鎌倉二十四地蔵について（宝戒寺　来迎寺（西御門）　覚園寺　杉本寺　瑞泉寺　円応寺　建長寺　建長寺　建長寺 ほか）鎌倉十三仏について（明王院　浄妙寺　本覚寺　壽福寺　円応寺　浄智寺　海蔵寺　報国寺　浄光明寺　来迎寺（西御門）　覚園寺　極楽寺　星井寺　鎌倉十井）鎌倉五山について　第2位 円覚寺　鎌倉を代表する神社鶴岡八幡宮　鎌倉江の島七福神について（浄智寺　旗上弁財天社　宝戒寺　妙隆寺　本覚寺　長谷寺　御霊神社　江島神社）
|内容|古寺社・名刹の歴史や由来を霊場ごとに詳しく紹介。御朱印をいただきながら、心を癒す巡拝の道行きへ。

172 鎌倉二十四地蔵霊場

【概　要】神奈川県に位置する地蔵尊霊場。武家政権のあった鎌倉は古戦場と縁深い地蔵尊信仰が古くから盛んであった。霊場は、宝暦年間(1751～1764)に深川木場の親方衆により開創されたが、明治時代の廃仏毀釈などで多くの地蔵像が失われた。現在の札所は1901(明治34)年に新たに選定されたもので、第19番東漸寺(横須賀市)を除き鎌倉市内に集中している。

【札所名】(1)子育・経読地蔵尊 宝戒寺(鎌倉市小町),(2)岩上蔵尊 満光山 来迎寺(鎌倉市),(3)黒地蔵尊 覚園寺(鎌倉市),(4)身代地蔵尊 杉本寺(鎌倉市),(5)塩嘗地蔵尊 光触寺(鎌倉市),(6)尼将軍地蔵尊 杉本寺(鎌倉市),(7)どこもく地蔵尊 瑞泉寺(鎌倉市),(8)詫言地蔵尊 円応寺閻魔堂(鎌倉市),(9)伽藍陀山地蔵尊 建長寺(鎌倉市),(10)済田地蔵尊 建長寺(鎌倉市),(11)勝上岳地蔵尊 建長寺(鎌倉市),(12)南無地蔵尊 浄智寺(鎌倉市),(13)南無地蔵尊 瑞鹿山 円覚寺内 正続院(鎌倉市),(14)延命地蔵尊 瑞鹿山 円覚寺内 佛日庵(鎌倉市),(15)岩船地蔵尊 海蔵寺(鎌倉市),(16)綱引地蔵尊 浄光明寺(鎌倉市),(17)矢拾地蔵尊 浄光明寺(鎌倉市),(18)いぼ地蔵尊 壽福寺(鎌倉市),(19)日金地蔵尊 東漸寺(横須賀市),(20)導地蔵尊 極楽寺(鎌倉市),(21)月影地蔵尊 極楽寺(鎌倉市),(22)延命地蔵尊 光明寺(鎌倉市),(23)身代地蔵尊 延命寺(鎌倉市),(24)日限地蔵尊 安養院(鎌倉市大町)

【掲載事典】霊大,霊巡

◇鎌倉の仏像　武藤晟造著　真珠書院　1989.1　152p　21cm（鎌倉シリーズ）2300円
　|目次|鎌倉の仏像について　鎌倉国宝館　二階堂・朝比奈街道　小町・大町・材木座　長谷・極楽寺・手広　扇ガ谷　北鎌倉　植木・大船・今泉　鎌倉から移された像　横浜市　横須賀市　藤沢市　茅ヶ崎市　鎌倉市内指定文化財目録　鎌倉三十三観音霊場　鎌倉地蔵尊二十四所霊場　鎌倉江ノ島七福神

◇鎌倉御朱印を求めて歩く札所めぐりガイドブック　ジェイアクト著　メイツ出版　2011.7　128p　21cm〈索引あり〉1600円　①978-4-7804-0974-1

◇鎌倉古寺歴訪—地蔵菩薩を巡る　山越実著　鎌倉　かまくら春秋社出版事業部　2014.10　402p　20cm〈文献あり〉1600円　①978-4-7740-0637-6
　|目次|禅宗寺院の多い山ノ内を歩む　扇ヶ谷の古刹を歩む　鎌倉の中心地(小町・西御門・二階堂)を歩む　金沢街道(浄明寺・十二所)を歩む　極楽寺坂周辺を歩む　大町大路を歩む　材木座を歩む　由比ヶ浜大通りを歩む　大船・今泉・岩瀬を歩む　山崎・台を歩む　後北条の里(岡本・玉縄・植木・城廻・関谷)を歩む　手広・鎌倉山・深沢地区(上町屋・梶原・常盤)を歩む　腰越を歩む　衣張山遊歩道から名越切通を歩む　天園ハイキングコースを歩む　番外
　|内容|地蔵菩薩には、名もなき人々の「祈り」の痕跡が、連綿と刻まれている。鎌倉に今も息づく朽ち果てることのない信仰の道をたどる。広範囲にわたる地道な調査をへて鎌倉の各寺・各所に佇む数多の地蔵菩薩を一冊にまとめた著者の集大成。歴史の重層的な重なりをとらえ、より深い歴史散策へ誘う―。

◇鎌倉札所めぐり御朱印を求めて歩く巡礼ルートガイド　ジェイアクト著　メイツ出版　2016.10　128p　21cm〈「鎌倉御朱印を求めて歩く札所めぐりガイドブック」(2011年刊)の改題、加筆修正,索引あり〉1600円　①978-4-7804-1790-6
　|目次|鎌倉三十三観音について(杉本寺　宝戒寺　安養院　長谷寺　来迎寺(西御門)　瑞泉寺　光触寺　明王院　浄妙寺)　鎌倉二十四地蔵について(宝戒寺　来迎寺(西御門)　覚園寺　杉本寺　瑞泉寺　円応寺　建長寺　建長寺　建長寺　ほか)　鎌倉十三仏について(明王院　浄妙寺　本覚寺　壽福寺　円応寺　浄智寺　海蔵寺　報国寺　浄光明寺　来迎寺(西御門)　覚園寺　極楽寺　星井寺　鎌倉十井)　鎌倉五山について　第2位 円覚寺　鎌倉を代表する神社鶴岡八幡宮　鎌倉江の島七福神について(浄智寺　旗上弁財天社　宝戒寺　妙隆寺　本覚寺　長谷寺　御霊神社　江島神社)
　|内容|古寺社・名刹の歴史や由来を霊場ごとに詳しく紹介。御朱印をいただきながら、

関東

神奈川県

心を癒す巡拝の道行きへ。

173 川崎七福神
【概　要】多摩川南岸に位置する神奈川県川崎市中原区に散在する七福神霊場。1983(昭和58)年に七福神会が結成され、正月元日から7日にかけて開帳されるようになった。ほとんどの七福神石像が屋外に存在する。全行程は14kmで、巡拝所要時間は徒歩で5時間、自転車で3時間、公共交通機関を利用して2時間半。
【札所名】(1)恵比須神　大楽院(川崎市中原区上丸子八幡町)、(2)大黒天　西明寺(川崎市中原区)、(3)毘沙門天　東樹院(川崎市中原区)、(4)弁財天　宝蔵寺(川崎市中原区)、(5)福禄寿　安養寺(川崎市中原区)、(6)寿老神　無量寺(川崎市中原区)、(7)布袋尊　大楽寺(川崎市中原区)
【掲載事典】全七、霊大、霊巡、日七、日巡

◇川崎名所初詣七福神めぐり 元日〜七日 - 川崎七福神 -　［199-］1枚　30×40cm

◇川崎七福神 - ふるさとの史跡 -　今井清一郎編　川崎　川崎七福神会　[1990]　18p　19cm

174 相模七福神
【概　要】神奈川県座間市と海老名市のJR相模線と小田急線沿いの7ヶ寺から成る。開帳期間は正月元旦から11日までと31日までの土曜日と日曜日。巡拝所要時間は徒歩で3時間程度。相模原七福神。
【札所名】毘沙門天　本覚寺(海老名市)、布袋尊　善教寺(海老名市)、大黒天　妙元寺(海老名市)、福禄寿　増全寺(海老名市)、恵比寿　浄土寺(座間市)、辨財天　龍源院(座間市)、寿老人　宗仲寺(座間市)
【掲載事典】全七、霊巡、日七

◇相模 七福神　本覚寺　［2003］1枚　30cm

175 湘南七福神
【概　要】神奈川県逗子市と三浦郡葉山町にまたがる七福神霊場。1974(昭和49)年に同地の真言宗寺院により開創され、初めは相州七福神と称した。開帳期間は正月元日〜10日。構成寺院は南北約4km・東西約2kmの範囲に点在しており、巡拝所要時間は自転車で3時間、電車・バスを利用して5時間。
【札所名】大黒天　宗泰寺(逗子市)、逗子弁財天　延命寺(逗子大師)(逗子市)、福禄寿　東昌寺(逗子市)、寿老人　光照寺(逗子市)、毘沙門天　仙光院(三浦郡葉山町)、布袋尊　長運寺(三浦郡葉山町)、恵比須　玉蔵院(三浦郡葉山町)
【掲載事典】七巡、七幸、七め、全七、霊大、霊巡、日七、日巡

◇湘南七福神をたずねて—御利益祈願 ゆかりの寺社 周辺・見どころ歩きどころ 遊びどころetc.　サンケイプランニング編　神奈川県異業種グループ連絡会議出版局監修　町田　サンケイプランニング事業部　1999.11　23p　25×14cm〈執筆者：石川旭　付属資料：1枚：お祭り・イベント暦ほか観光案内〉500円

◇干支守り本尊八佛霊場めぐり—三浦半島 逗子 葉山 横須賀 三浦 生きる力・人生の吉祥を願う祈りのスポット 三浦半島の古刹8ヶ寺を巡る　干支守り本尊八佛霊場会監修　三浦市(神奈川県)　高野山真言宗妙音寺編集部　2011.3　191p　22cm〈背のタイトル：三浦半島干支守り本尊八佛霊場めぐりガイド〉667円
①978-4-9905086-1-6
目次 干支守り本尊八佛霊場めぐり　札所概要　巡路ガイド　巻末資料(三浦半島の霊場) 三浦33観音霊場/三浦28不動尊霊場/三浦38地蔵尊霊場/湘南七福神/三浦七福神

神奈川県

176 **相州小出七福神**
【概　要】神奈川県茅ヶ崎市内の7ヶ寺から成り、1998（平成10）年に成立した。約14km、巡拝所要時間は徒歩で3時間程度。
【札所名】恵比寿 来迎寺（茅ヶ崎市），大黒天 宝蔵寺（茅ヶ崎市），毘沙門天 妙伝寺（茅ヶ崎市），弁財天 蓮妙寺（茅ヶ崎市），布袋尊 正覚院（茅ヶ崎市），寿老人 白峯寺（茅ヶ崎市），福禄寿 善谷寺（茅ヶ崎市）
【掲載事典】霊巡

◇相州小出七福神　　［出版者不明］1枚　　　　26cm〈パンフレット〉

177 **津久井観音霊場**
【概　要】神奈川県旧津久井郡（現・相模原市）全域に散在する観音霊場。宝暦年間（1751～63）に第1番札所雲居寺の大雲禅無和尚が西国三十三観音を勧請して開創した。当初は三十三霊場だったが、新たに加入した番外霊場を加えて現在は四十三霊場。将来的には百観音を目指すという。多くの寺院で秘仏とされており、12年に2回、午年に本開帳、子年に中開帳が行われる。御開帳期間は5月11日頃から15日間。
【札所名】(1)雲居寺（寺沢）（相模原市緑区），(2)春日堂（長竹）（相模原市緑区），(3)中野堂（根小屋）（相模原市緑区），(4)湘南寺（小倉）（相模原市緑区），(5)久保澤観音堂（久保沢）（相模原市緑区），(6)宝泉寺（小松）（相模原市緑区），(7)三井寺（三井）（相模原市緑区），(8)友林寺（中野）（相模原市緑区），(9)観音寺（奈良井）（相模原市緑区），(10)圓蔵寺（又野）（相模原市緑区），(11)長成寺（三ケ木）（相模原市緑区），(12)祥泉寺（大沢）（相模原市緑区），(13)宝珠庵（沼本）（相模原市緑区），(14)顕鏡寺（増原）（相模原市緑区），(15)正覚寺（山口）（相模原市緑区），(16)宝福寺（若柳）（相模原市緑区），(17)大通寺（赤馬）（相模原市緑区），(18)善勝寺（千木良）（相模原市緑区），(19)長福寺（中野）（相模原市緑区），(20)慈眼寺（与瀬）（相模原市緑区），(21)観福寺（矢部）（相模原市緑区），(22)藤野観音堂（藤野）（相模原市緑区），(23)福王寺（日野）（相模原市緑区），(24)浄禅寺（上岩）（相模原市緑区），(25)増珠寺（関野）（相模原市緑区），(26)青蓮寺（日連）（相模原市緑区），(27)向瀧寺（馬本）（相模原市緑区），(28)蓮乗院（大鐘）（相模原市緑区），(29)長昌寺（青根）（相模原市緑区），(30)井原寺（青野原）（相模原市緑区），(31)安養寺（青山）（相模原市緑区），(32)光明寺（関）（相模原市緑区），(33)来迎寺（長竹）（相模原市緑区），(34)宗安寺（相模原市緑区），(35)實相院（又野）（相模原市緑区），(36)龍泉寺（長野）（相模原市緑区），(37)根本観音堂（根本）（相模原市緑区），(38)東陽寺（鳥屋）（相模原市緑区），(39)東林寺（葉山）（相模原市緑区），(40)清真寺（鳥屋）（相模原市緑区），(41)大蔵寺（小網）（相模原市緑区），(42)東光寺（名手）（相模原市緑区），(43)福寿院（篠原）（相模原市緑区）
【掲載事典】古寺，霊大，霊巡

◇津久井観音霊場札所ガイドブック　津久井観音霊場札所会　2002.5　95p　21cm
◇津久井観音霊場札所ガイドブック 改訂　津久井観音霊場札所会　2008.11　106p　21cm
　目次 津久井観音霊場の由来　雲居寺　三明院　中野堂　湘南寺　久保沢観音堂　宝泉寺　三井寺　友林寺　観音寺　圓蔵寺　長成寺　祥泉寺　宝珠庵　顕鏡寺　正覚寺　宝福寺　大通寺　善勝寺　長福寺　慈眼寺　観福寺　藤野観音堂　福王寺　浄禅寺　増珠寺　青蓮寺　向龍寺　蓮乗院　長昌寺　井原寺　安養寺　光明寺　来迎寺　實相院　龍泉寺　根本観音堂　東陽寺　東林寺　清真寺　大蔵寺　東光寺　福寿院

178 **箱根七福神**
【概　要】富士箱根伊豆国立公園の中心、神奈川県足柄下郡箱根町に位置する七福神霊場。1984（昭和59）年に開創された。旧東海道沿い、芦ノ湖畔、駒ヶ岳山麓、小涌谷に点在し

神奈川県

ており、観光を兼ねて巡拝できる。全行程は約35km。巡拝所要時間は車またはバスを利用して約2時間（移動時間のみ）。
【札所名】大黒天 守源寺（足柄下郡箱根町），恵比須神 箱根神社（足柄下郡箱根町），布袋尊 興福院（足柄下郡箱根町），寿老人 本還寺（足柄下郡箱根町），毘沙門天 駒形神社（足柄下郡箱根町），弁財天 阿字ヶ池弁財天（足柄下郡箱根町），福禄寿 山王神社（足柄下郡箱根町）
【掲載事典】七め, 全七, 霊大, 霊巡, 日七

179 藤沢七福神
【概　要】神奈川県藤沢市に位置する七福神霊場。1953（昭和28）年に第二次世界大戦後の困窮した社会に役立てるために開創された。毘沙門天2ヶ所を含む8寺社で構成される。毎年正月に藤沢市観光協会により「新春 藤沢・江の島歴史散歩 七福神めぐり」が実施される。巡拝所要日数は電車・バスを利用して3時間。
【札所名】毘沙門天 白旗神社（藤沢市），大黒天 諏訪神社（藤沢市），寿老人 感応院（藤沢市），福禄寿 常光寺（藤沢市），布袋尊 養命寺（藤沢市），恵比須 皇大神宮（藤沢市），弁財天 江島神社（藤沢市），毘沙門天 龍口寺（藤沢市）
【掲載事典】七幸, 霊大, 霊巡

◇藤沢 七福神めぐり　藤沢市観光協会　［2003］ 1枚　30cm

180 武州稲毛七福神
【概　要】神奈川県川崎市北西部に位置する多摩区・麻生区に開かれた七福神霊場。1988（昭和63）年に開創された。開帳期間は正月1〜3日。構成6ヶ寺（盛源寺に弁財天と寿老人が祀られている）は小田急線向ヶ丘遊園駅から新百合ヶ丘駅の間に点在しており、巡拝所要時間は徒歩で3〜4時間。
【札所名】毘沙門天 安立寺（川崎市多摩区），大黒天 広福寺（川崎市多摩区），弁財天・寿老人 盛源寺（川崎市多摩区），恵比須 観音寺（川崎市多摩区），布袋尊 香林寺（川崎市麻生区），福禄寿 潮音寺（川崎市麻生区）
【掲載事典】霊大, 霊巡

◇武州稲毛七福神―かながわ七福神めぐり　サンケイプランニング　1997　13p
まるごとガイドシリーズ　木村清人著　25cm

181 武南十二薬師霊場
【概　要】神奈川県横浜市内の寺院で構成される薬師如来霊場。第1番札所貴雲寺に残る連印状によると、1779（安永8）年に同寺9世泰山大和尚が願主となって開創されたという。12年に一度、寅年に一斉開帳が行われる。
【札所名】(1) 岸雲山 貴雲寺（横浜市港北区岸根町），(2) 広厳山 東泉寺（横浜市神奈川区羽沢町），(3) 薬王山 東光寺（横浜市保土ヶ谷区），(4) 青樹山 福生寺（横浜市保土ヶ谷区上菅田町），(5) 医徳山 長王寺（横浜市都筑区池辺町），(6) 川向山 長昌院（横浜市都筑区川向町），(7) 医王山 金剛寺（横浜市港北区小机町），(8) 本願山 長福寺（横浜市港北区篠原町），(9) 医光山 薬王寺（横浜市神奈川区七島町），(10) 海運山 能満寺（横浜市神奈川区），(11) 平尾山 東光寺（横浜市神奈川区），(12) 瑠璃光山 三宝寺（横浜市神奈川区台町）
【掲載事典】霊大, 霊巡

◇武南十二薬師霊場納経帖　貴雲寺編集　横浜　貴雲寺　1974.3　32p　19cm

182 三浦三十三観音霊場

神奈川県

【概　要】三浦半島のうち、主として神奈川県三浦市・横須賀市に所在する寺院で構成される観音霊場。三浦半島一帯が大飢饉に苦しんでいた1192(建久3)年、源義経の家臣鈴木三郎重家が人々の救済を発願して三十三ヶ所の霊場を参拝して巡ったところ、たちまち人々が飢饉から救われたことに始まると伝えられる。宗派は天台宗・真言宗・浄土宗・臨済宗・曹洞宗・浄土真宗・日蓮宗と多岐にわたるが、浄土真宗・日蓮宗の寺院が観音霊場に含まれるのは珍しい。12年に2回、午年を本開帳、丑年を中開帳として、開帳供養が営まれる。

【札所名】(番外)龍徳山　光照寺(三浦市初声町)、(1)城谷山　音岸寺(三浦市三崎町)、(2)紫陽山　見桃寺(三浦市白石町)、(3)円通山　観音堂(三浦市原町)、(4)金剛山　大椿寺(三浦市向ケ崎町)、(5)立光山　海応寺(三浦市南下浦町)、(6)福泉山観音堂(三浦市南下浦町)、(7)岩浦山　福寿寺(三浦市南下浦町)、(8)金田山　清伝寺(三浦市南下浦町)、(9)菊名山　法昌寺(三浦市南下浦町)、(10)海東山　三樹院(三浦市南下浦町)、(11)酔蓮山　称名寺(横須賀市)、(12)明生山　伝福寺(横須賀市)、(13)延命山　東福寺(横須賀市西浦賀町)、(14)飯盛山　妙音寺(三浦市初声町)、(15)吉井山　真福寺(横須賀市)、(16)榮久山　等覚寺(横須賀市)、(17)普門山　慈眼院(横須賀市)、(18)岩戸山　満願寺(横須賀市)、(19)大冨山　清雲寺(横須賀市)、(20)七重山　浄林寺(横須賀市馬堀町)、(21)金鳳山　景徳寺(横須賀市)、(22)坂中山　観音院(横須賀市追浜東町)、(23)蓮沼山　観蔵院(逗子市)、(24)軍見山　海宝寺(三浦郡葉山町)、(25)守護山　玉蔵院(三浦郡葉山町)、(26)松葉山　観正院(三浦郡葉山町)、(27)海上山　円乗院(横須賀市)、(28)海照山　専福寺(横須賀市)、(29)金剛山　無量寺(横須賀市)、(30)禅林山　正住寺(横須賀市)、(31)鈴木山　長慶寺(横須賀市)、(32)網代山　海蔵寺(三浦市三崎町)、(33)白蓮山　心光寺観音堂(三浦市三崎町)

【掲載事典】古寺、霊大、霊巡、霊典

◇三浦の三十三観音　真鍋元之著　鎌倉新書　1978.4　142p　18cm(かくれた名利シリーズ)　700円

◇三浦半島の観音みち　辻井善弥著　有峰書店新社　1981.9　250p　19cm　1300円

◇三浦観音札所巡り　柴田秀二著　西田書店　1997.4　123p　20cm　1500円　①4-88866-259-2
|目次|城谷山音岸寺　紫陽山見桃寺　円通山蓮乗軒　金剛山大椿寺　立光山海応寺　仏光山観円寺　岩浦山福寿寺　金田山清伝寺　菊名山法昌寺　海東山三樹院〔ほか〕
|内容|のんびりと三浦半島を回ってみよう。陽光と潮風につつまれた33の札所。観音様は訪れるあなたを待っている。全札所地図付ガイド。

◇三浦三十三所巡礼　辻井善弥[著]　辻井善弥　[2002]　30p　21cm

◇干支守り本尊八佛霊場めぐり―三浦半島　逗子　葉山　横須賀　三浦　生きる力・人生の吉祥を願う祈りのスポット　三浦半島の古刹8ヶ寺を巡る　干支守り本尊八佛霊場会監修　三浦市(神奈川県)　高野山真言宗妙音寺編集部　2011.3　191p　22cm〈背のタイトル：三浦半島干支守り本尊八佛霊場めぐりガイド〉　667円　①978-4-9905086-1-6
|目次|干支守り本尊八佛霊場めぐり　札所概要　巡路ガイド　巻末資料(三浦半島の霊場)　三浦33観音霊場/三浦28不動尊霊場/三浦38地蔵尊霊場/湘南七福神/三浦七福神

183 三浦七福神

【概　要】神奈川県の三浦半島に位置する七福神霊場。1965(昭和40)年に三浦市内の7寺社が同市観光課の協賛を得て開創した。開帳期間は元日から1月末日まで。札所は京浜急行電鉄久里浜線三崎口駅周辺、三崎港、油壺、剱崎方面の海岸部に点在しており、巡拝所要日数はバスを利用して1日(うち徒歩約13km)。徒歩の場合は約24kmで1日だが、ゆっくりと2日で巡るコースも設定されている。

【札所名】(1)金光恵比須尊　金田山　圓福寺(三浦市南下浦町)、(2)白浜毘沙門天　慈雲寺(三浦市南下浦町)、(3)筌龍弁財天　海南神社(三浦市)、(4)桃林布袋尊　見桃寺(三浦市白石町)、(5)長安寿老人　白髭神社(三浦市三崎町)、(6)鶴園福禄寿　妙音寺(三浦市初声町)、(7)壽福大黒天　延壽寺(三浦市初声町)

神奈川県

【掲載事典】七幸，七巡，全七，霊大，霊巡

◇歩いて巡る 開運 三浦七福神―風光明媚な三浦を巡る ウォーキング参拝への誘い 附 三浦半島の霊場紹介　高野山真言宗妙音寺編集部　120p　21cm
目次 各寺社の紹介(妙音寺（鶴園福禄寿）圓福寺（金光恵比寿）慈雲寺（白浜毘沙門天）　海南神社（筌龍弁財天）　見桃寺（桃林布袋尊）　白髭神社（長安寿老人）　延壽寺（壽福大黒天））「地図」全体図/エリア図　ウォーキング沿線ガイド　モデルコース紹介　附三浦半島の霊場紹介　妙音寺を巡る　ウォーキング参拝ルートガイド

◇三浦七福神略縁起　三浦市編　三浦　三浦市　[出版年不明]　1冊　27cm〈付：三浦七福神めぐり〉

◇開運 三浦七福神―歩いて巡る 公認ガイドブック　宇佐恵介著　三浦市（神奈川県）妙音寺　[2009]　117p　21cm〈三浦半島の霊場紹介p104-109 附：ウォーキング参拝ルートガイド（携帯用）〉500円

◇干支守り本尊八佛霊場めぐり―三浦半島　逗子 葉山 横須賀 三浦 生きる力・人生の吉祥を願う祈りのスポット 三浦半島の古刹8ヶ寺を巡る　干支守り本尊八佛霊場会監修　三浦市（神奈川県）　高野山真言宗妙音寺編集部　2011.3　191p　22cm〈背のタイトル：三浦半島干支守り本尊八佛霊場めぐりガイド〉667円
①978-4-9905086-1-6
目次 干支守り本尊八佛霊場めぐり　札所概要　巡路ガイド　巻末資料（三浦半島の霊場）三浦33観音霊場/三浦28不動尊霊場/三浦38地蔵尊霊場/湘南七福神/三浦七福神

184　横浜七福神
【概　要】神奈川県横浜市港北区内に位置する七福神霊場。1965（昭和40）年に開創され、翌年に開帳が始まった。札所は市営地下鉄・東急東横線沿いに点在しており、巡拝所要時間は徒歩で1日、車で半日。
【札所名】弁財天 菊名池畔 妙蓮寺境外社（横浜市港北区）、毘沙門天 蓮勝寺（横浜市港北区）、大黒天 正覚院（横浜市港北区）、布袋尊 東照寺（横浜市港北区）、恵比須大神 西方寺（横浜市港北区新羽町）、福禄寿神 興禅寺（横浜市港北区高田町）、寿老神 金蔵寺（横浜市港北区日吉本町）
【掲載事典】七め，全七，霊大，霊巡，日七，日巡

◇横浜七福神めぐり　[出版社不明]　[出版年不明]　1枚　37×26cm（3つ折り37×11cm）〈七福神・各寺院解説文提供：平井誠二（大倉精神文化研究所）地図デザイン：和泉直子〉

◇横浜七福神めぐりコース　[出版社不明]　[出版年不明]　1枚　37×26cm

◇横浜七福神参拝の道しるべ　[出版社不明]　[出版年不明]　1枚　37×26cm

◇横浜七福神　内田大寛編　横浜七福神会　1978.9　13p　21cm

◇横浜七福神―かながわ七福神めぐり まるごとガイド・シリーズ　永井恒雄著　神奈川県中小企業支援財団・異業種交流センター出版局監修　サンケイプランニング　1997.12　19p　25cm〈簡易装丁（ステープル綴じ）横浜市立図書館で複製・製本したもの〉

◇「横浜七福神」の散策　平井誠二編　[大倉精神文化研究所]　2012.3　14枚　21×30cm〈非製本（無綴じ）平成24年3月24日　グループ・イナバウアー主催〉

185　横浜瀬谷八福神
【概　要】神奈川県横浜市瀬谷区に位置する七福神霊場。1984（昭和59）年に開創された。同地に古くから伝わる信仰に基づき、七福神にダルマ大師を加えた八福神となっている。初心者向け（全行程4.6km）・中級者（6.1km）・上級者向け（約10km）の、3つの巡拝コースが設定されている。
【札所名】ダルマ大師 長天寺（横浜市瀬谷区）、大黒尊天 妙光寺（横浜市瀬谷区）、恵比須

　　　　神 善昌寺（横浜市瀬谷区），毘沙門天 徳善寺（横浜市瀬谷区），弁財天 寶蔵寺（横浜市瀬谷区），布袋尊 西福寺（横浜市瀬谷区），福禄寿 宗川寺（横浜市瀬谷区），寿老人 全通院勢至堂（横浜市瀬谷区）
　　　　【掲載事典】七め，全七，霊大，霊巡，日七

◇横浜瀬谷八福神　［出版者不明］［出版年不明］　1枚（2つ折り）　27×38cm（折りたたみ27×19cm）

◇横浜瀬谷八福神めぐり　相鉄オリジナルスタンプブック　相模鉄道　［2005］　23p　15cm
　　目次 ダルマ大師（臨済宗建長寺派相澤山長天寺）　毘沙門天（曹洞宗瀬谷山徳善寺）　恵比寿神（浄土宗慈光山善昌寺）　大黒尊天（日蓮宗蓮昌山妙光寺）　弁財天（高野山真言宗瀬谷山寶蔵寺）　布袋尊（真言宗豊山派猿王山西福寺）　福禄寿（日蓮宗白東山宗川寺）　寿老人（徳善寺別院全通院勢至堂）

◇横浜瀬谷八福神めぐり　相鉄オリジナルスタンプ帳　相模鉄道　［2008.1］1枚　37×51cm（折りたたみ19×13cm）〈協力：瀬谷仏教会〉

◇横浜瀬谷八福神めぐり　相鉄オリジナルスタンプ帳　相模鉄道　［2008.12］1枚　37×52cm（折りたたみ19×13cm）〈協力：瀬谷仏教会〉

◇横浜瀬谷八福神めぐり　相鉄オリジナルスタンプ帳〔2012〕　保存版　相模鉄道　〔2011.12〕（折りたたみ）1枚　37×52cm（折りたたみ19×13cm）〈協力：瀬谷仏教会〉

神奈川県の霊場

◇相模国高座郡南部地蔵二十四札所巡り　池田錦七著　茅ケ崎　吉田新平　1991.11　56p　26cm

中部

186 倶利伽羅峠三十三観音めぐり

【概　要】観音信仰の高まった江戸末期嘉永年間(1848～54)に、長楽寺の秀雅上人を中心に、竹橋(津幡町)から埴生(小矢部市)に至る沿道約12kmにわたって、旅の安全祈願などを祈るとともに倶利伽羅峠の道標を兼ねて建立されたという。明治期の廃仏毀釈により、縁の寺社などに移転され行方がわからなくなっていたが、1988(昭和63)年8月に地元有志の努力により、その所在が確認されることとなった。

【札所名】(1)専修庵(石川県河北郡津幡町倉見)、(2)小原神社(石川県河北郡津幡町原)、(3)有声寺(石川県河北郡津幡町竹橋)、(4)杉瀬(石川県河北郡津幡町杉瀬)、(5)山森(石川県河北郡津幡町山森)、(6)杉瀬(石川県河北郡津幡町杉瀬)、(7)原(石川県河北郡津幡町原)、(8)竹橋(石川県河北郡津幡町竹橋)、(9)山森(石川県河北郡津幡町山森)、(10)医王院(富山県小矢部市埴生)、(11)医王院(富山県小矢部市埴生)、(12)杉瀬(石川県河北郡津幡町杉瀬)、(13)埴生(富山県小矢部市埴生)、(14)上藤又(石川県河北郡津幡町上藤又)、(15)城ヶ峰(石川県河北郡津幡町城ヶ峰)、(16)医王院(富山県小矢部市埴生)、(17)北一(富山県小矢部市北一)、(18)倶利伽羅(石川県河北郡津幡町倶利伽羅)、(19)竹橋(石川県河北郡津幡町竹橋)、(20)倶利伽羅(石川県河北郡津幡町倶利伽羅)、(21)医王院(富山県小矢部市埴生)、(22)医王院(富山県小矢部市埴生)、(23)医王院(富山県小矢部市埴生)、(24)医王院(富山県小矢部市埴生)、(25)石坂(富山県小矢部市石坂)、(26)北横根(石川県河北郡津幡町北横根)、(27)医王院(富山県小矢部市埴生)、(28)医王院(富山県小矢部市埴生)、(29)石坂(富山県小矢部市石坂)、(30)倶利伽羅(石川県河北郡津幡町倶利伽羅)、(31)医王院(富山県小矢部市埴生)、(32)倶利伽羅(石川県河北郡津幡町倶利伽羅)、(33)医王院(富山県小矢部市埴生)

◇倶利伽羅峠三十三観音めぐり　小矢部市婦人ボランティア育成講座文化財愛護コース(ふるさとグループ)編　小矢部　　小矢部市教育委員会　1992.3　95p　19cm

187 中部四十九薬師霊場

【概　要】中部地方の山岳地域、中部山岳国立公園に包含される一帯に広がる薬師如来霊場。1988(昭和63)年に東海四十九薬師霊場の姉妹霊場として開創された。毎月8日と12日がお薬師さまの縁日となっている。札所は長野・岐阜を中心に山梨・愛知を含めた4県に散在しており、東信・中信・山梨県、上伊那・下伊那・木曽、東濃、飛騨・中濃と4つの方面に分けることができる。巡拝所要日数は各方面ごとに1泊2日。

【札所名】(特別)善光寺大本願(長野県長野市長野元善町)、(特別)善光寺大勧進(長野県長野市長野元善町)、(1)国分寺(長野県上田市)、(2)金剛山 常楽寺(長野県上田市)、(3)龍王山 中禅寺(長野県上田市)、(4)龍洞山 宝蔵寺(岩谷堂)(長野県上田市)、(5)鳴竜山 妙見寺(長野県上田市)、(6)松泉山 瓊林院(長野県松本市)、(7)臨江山 温泉寺(長野県諏訪市)、(8)清龍山 長円寺(長野県茅野市)、(9)朝陽山 清光寺(山梨県北杜市長坂町)、(10)瑞雲山 江音寺(長野県諏訪市)、(11)城向山 照光寺(長野県岡谷市本町)、(12)妙雲山 高徳寺(長野県上伊那郡辰野町)、(13)西光山 無量寺(長野県上伊那郡箕輪町)、(14)医王山 香福寺(長野県伊那市高遠町)、(15)羽広山 仲仙寺(長野県伊那市)、(16)大嶋山 瑠璃寺(長野県下伊那郡高森町)、(17)大梅山 真浄寺(長野県下伊那郡喬木村)、(18)白雉山 雲彩寺(長野県飯田市)、(19)長熊山 運松寺(長野県飯田市)、(20)広拯山 長岳寺(長野県下伊那郡阿智村)、(21)瑠璃山 光徳寺(長野県木曽郡南木曽町吾妻上町)、

(22)日照山 徳音寺(長野県木曽郡木曽町), (23)瑠璃山 池口寺(長野県木曽郡大桑村), (24)瑠璃山 医王寺(岐阜県中津川市), (25)寿福山 東円寺(岐阜県中津川市東宮町), (26)萬松山 宗久寺(岐阜県恵那市), (27)医王山 林昌寺(岐阜県恵那市山岡町), (28)瑞光山 仏徳寺(岐阜県土岐市曽木町), (29)東岳山 正福寺(岐阜県土岐市鶴里町), (30)医王山 密蔵院(愛知県春日井市熊野町), (31)萬年山 福寿寺(岐阜県多治見市山下町), (32)寿門山 広福寺(岐阜県土岐市土岐津町), (33)天堂山 長久寺(岐阜県土岐市駄知町), (34)龍遊山 常久寺(岐阜県恵那市三郷町), (35)宝林山 高徳寺(岐阜県中津川市), (36)藤戸山 寳心寺(岐阜県中津川市付知町), (37)医王山 温泉禅寺(岐阜県下呂市), (38)龍沢山 禅昌寺(岐阜県下呂市萩原町), (39)神護山 清傳寺(岐阜県高山市江名子町), (40)桜雲山 相応院(岐阜県高山市桜町), (41)医王山 飛騨国分寺(岐阜県高山市総和町), (42)太平山 安国寺(岐阜県高山市国府町), (43)鍾山 慈恩護国禅寺(岐阜県郡上市八幡町), (44)萬方山 北辰寺(岐阜県郡上市美並町), (45)天沢山 萬休寺(岐阜県郡上市美濃市), (46)大龍山 洞雲寺(岐阜県加茂郡白川町), (47)寺平山 真光寺(岐阜県加茂郡七宗町), (48)恵昌山 萬尺寺(岐阜県美濃加茂市太田町), (49)大寺山 願興寺(岐阜県可児郡御嵩町), (番外)愛宕山 満願寺(長野県上田市), (番外)彌林山 平福寺(長野県岡谷市), (番外)如説山 光明寺(長野県下伊那郡高森町), (番外)稲荷山 長國寺(岐阜県恵那市大井町), (番外)南光山 寿楽寺(岐阜県飛騨市古川町)

【掲載事典】霊大、霊巡、日巡

◇中部四十九薬師巡礼　中部四十九薬師霊場会編　冨永航平著　大阪　朱鷺書房　1999.3　233p　19cm　1000円　①4-88602-316-9

目次 特別 善光寺(長野県長野市)　第1番 信濃国分寺(長野県上田市)　第2番 常楽寺(長野県上田市)　番外 満願寺(長野県上田市)　第3番 中禅寺(長野県上田市)　第4番 宝蔵寺(長野県丸子町)　第5番 妙見寺(長野県武石村)　第6番 瓊林院(長野県松本市)　第7番 温泉寺(長野県諏訪市)　第8番 長円寺(長野県茅野市)〔ほか〕

内容 長野県と岐阜県を中心に、山梨・愛知両県にまたがる中部四十九薬師霊場は、アルプスの山懐にいだかれ、温泉地にも恵まれた大自然のなかの巡拝コース。─その詳細ガイド。

◇南信州の寺院　「南信州の寺院」刊行委員会編　［出版地不明］飯伊仏教会　2012.2　277p　21cm　1429円

目次 寺院所在地図　南信州の寺院五十音順目次　伽藍を巡る(七堂伽藍・破風・基壇・墓股・裳階・内陣・外陣・垂木・桁・梁・斗栱・虹梁・木鼻・向拝・懸魚)　伊那西国観音札所　伊那坂東観音札所　中部四十九薬師霊場(飯田下伊那地域の寺院のみ)

188 東海三十六不動尊霊場

【概　要】愛知県を中心に三重県・岐阜県に広がる不動尊霊場。1990(平成2)年4月1日に開創された。同地域の歴史を反映し、尾張徳川家ゆかりの寺院などが多い。巡拝所要日数は7～8日程度だが、周辺の観光を兼ねて巡る人も多い。

【札所名】(1)成田山 名古屋別院 大聖寺(犬山成田山)(愛知県犬山市), (2)継鹿尾山 寂光院(つがお観音・もみじ寺)(愛知県犬山市), (3)宝部山 地蔵寺(愛知県一宮市), (4)長沼山 萬徳寺(愛知県稲沢市), (5)鳳凰山 甚目寺(甚目寺観音)(愛知県あま市甚目寺町), (6)味鏡山 護国院(みかがみ不動)(愛知県名古屋市北区), (7)東岳山 長久寺(愛知県名古屋市東区), (8)徳興山 建中寺(愛知県名古屋市東区), (9)稲園山 七寺(愛知県名古屋市中区), (10)北野山 宝生院(大須観音)(愛知県名古屋市中区), (11)成田山 萬福院(栄のなりたさん)(愛知県名古屋市中区), (12)如意山 福生院(袋町お聖天)(愛知県名古屋市中区), (13)如意山 寳珠院(中郷の不動さん・願かけ不動)(愛知県名古屋市中川区), (14)不動山 大学院(八事のお不動さん・八事の大学さん)(愛知県名古屋市天白区), (15)天林山 笠覆寺(笠寺観音・笠寺)(愛知県名古屋市南区笠寺町上新町), (16)転法輪山 養学院(みちびき不動)(愛知県豊川市麻生田町), (17)豊川閣 妙厳寺(豊川稲荷)(愛知県豊川市豊川町), (18)弘法山 遍照院(弘法さん・見返り大師・波切不動)(愛知県知立市弘法町), (19)西浦山 無量寺(西浦不動・ガン封じ寺)(愛知県蒲郡市西浦町), (20)清龍山 金蓮寺(あいば不動)(愛知県西尾市吉良町), (21)鶴林山 大御堂寺(野

間大坊)(愛知県知多郡美浜町),(22)金照山 大智院(めがね弘法・身代わり大師)(愛知県知多郡南粕谷本町),(23)青峯山 正福寺(三重県鳥羽市松尾町),(24)丹生山 神宮寺(丹生大師・女人高野)(三重県多気郡多気町),(25)石勝山 不動院(大石不動)(三重県松阪市大石町),(26)岡持山 継松寺(岡寺・岡寺観音)(三重県松阪市中町),(27)江寄山 常福寺(三重県伊賀市),(28)五宝山 新大仏寺(伊賀の成田山)(三重県伊賀市),(29)無動山 大聖院(日永の不動さん)(三重県四日市市),(30)成田山 貞照寺(芸能の寺)(岐阜県各務原市鵜沼宝積寺町),(31)瑞甲山 乙津寺(梅寺・鏡島の弘法さん)(岐阜県岐阜市),(32)池鏡山 円鏡寺(岐阜県本巣郡北方町),(33)谷汲山 華厳寺(たにくみさん)(岐阜県揖斐郡揖斐川町),(34)清開山 大徳院(森山のお不動さん)(岐阜県美濃加茂市森山町),(35)青龍山 長福寺(岐阜県多治見市弁天町),(36)八事山 興正寺(尾張高野)(愛知県名古屋市昭和区八事本町)

【掲載事典】癒事,札所,霊大,霊巡,日巡,霊典

◇東海三十六不動尊巡礼—法話と札所案内

東海三十六不動尊霊場会編 大阪 朱鷺書房 1991.11 206p 19cm 1030円
①4-88602-141-7
目次 大聖院(成田山名古屋別院) 寂光院(つがお観音) 地蔵院 万徳寺 甚目寺 護国院(みかがみ不動) 長久寺 建中寺 七寺 宝生院(大須観音) 東海三十六不動尊巡拝のすすめ 般若心経・慈救呪・一字金輪 東海三十六不動尊霊場一覧 〔ほか〕

内容 忿怒のお姿は厳しくとも、心の内には大慈悲を秘めたお不動さま。古来、熱心な信仰を集め、霊験の数々が今に伝えられている。愛知、岐阜、三重の東海三県の三十六ヵ寺の不動尊霊場を、山主の法話を織り込んで案内する。

189 東海四十九薬師霊場

【概 要】三重・愛知・岐阜・静岡の4県にわたる薬師如来霊場。1986(昭和61)年に開創された。三河湾国定公園・浜名湖県立自然公園・渥美半島県立自然公園・室生赤目青山国定公園・鈴鹿国定公園・飛騨木曽川国定公園といった豊かな自然に恵まれた広大な地域に番外3ヶ寺を含め52札所が散在する他、滋賀県大津市の総本山延暦寺と奈良県奈良市の大本山薬師寺を特別札所とする。2004(平成16)年8月1日、無住となった広徳寺に代えて番外札所であった瑞泉寺が4番札所となり、善光寺別院願王寺が番外札所に加えられた。

【札所名】(特別札所)総本山 延暦寺(滋賀県大津市坂本町),(特別札所)大本山 薬師寺(奈良県奈良市西ノ京町),(1)福成就寺(三重県名張市箕曲中村),(2)福田山 佛勝寺(三重県伊賀市),(3)塩岡山 德楽寺(三重県伊賀市),(4)石松山 瑞泉寺(愛知県常滑市),(5)大宮山 神王寺(三重県伊賀市),(6)瓦岡山 東日寺(三重県津市芸濃町),(7)福満山 慈心院 神宮寺(三重県鈴鹿市),(8)龍雲山 桃林寺(三重県鈴鹿市小岐須町),(9)瑞光山 禅林寺(三重県三重郡菰野町),(10)垂坂山 観音寺(三重県四日市市垂坂町),(11)善光寺別院 願王寺(愛知県名古屋市西区),(12)仙境山 禅林寺(愛知県一宮市),(13)青坂山 妙応寺(岐阜県不破郡関ケ原町),(14)医王山 東光寺(岐阜県揖斐郡揖斐川町),(15)水上殿 水薬師寺(岐阜県岐阜市加納南広江町),(16)川崎山 薬師寺(薬師寺別院)(岐阜県各務原市那雄飛ヶ丘町),(17)日輪山内 本誓院(愛知県江南市前飛保町寺町),(18)青海山 薬師寺(愛知県犬山市),(19)瑠璃光山 玉林寺(愛知県小牧市),(20)大福山 薬師寺(愛知県小牧市),(21)醫王山 高田寺(愛知県北名古屋市),(22)龍光山 瑞雲寺(愛知県春日井市神領町),(23)亀応山 萬寿寺(愛知県春日井市坂下町),(24)龍吟山 渓雲寺(岐阜県多治見市笠原町),(25)大昌山 宝泉寺(愛知県瀬戸市寺本町),(26)医王山 慶昌院(愛知県瀬戸市城屋敷町),(27)龍華寺 神藏寺(愛知県名古屋市名東区),(28)上野山 永弘院(愛知県名古屋市千種区),(29)医王山 盛福寺(愛知県瑠璃光町),(30)梅馨山 松音寺(愛知県名古屋市北区光音寺町),(31)竜雲山 法泉寺(愛知県名古屋市南区),(32)大雲山 医王寺(愛知県名古屋市南区),(33)薬師山 桂林寺(愛知県名古屋市緑区鳴海町),(34)白龍山 長翁寺(愛知県名古屋市緑区鳴海町),(35)芙蓉山 蓮華寺(愛知県岡崎市西本郷町),(36)霊鷲山 真福寺(愛知県岡崎市真福寺町),(外)吉祥山 瀧山寺(愛知県岡崎市滝町),(37)龍洞山 久雲寺(愛知県瀬戸市落合町),(38)黄梅山 渭信

寺(ソブミ観音)(愛知県岡崎市上衣文町)、(39)定光山 金地院(静岡県浜松市北区細江町)、(外)華嶽山 世楽院(静岡県掛川市)、(40)天龍山 洞雲寺(静岡県浜松市西区神ヶ谷町)、(41)富士山 東光禅寺(静岡県浜松市西区坪井町)、(42)瑠璃光山 妙法寺(愛知県知多郡東浦町)、(43)仙寿山 全久院(愛知県豊橋市東郷町)、(44)薬樹山 医王寺(愛知県田原市小中山町)、(45)醫王山 東光寺(愛知県常滑市)、(46)清涼山 海蔵寺(愛知県半田市乙川若宮町)、(47)長松山 正盛院(愛知県知多郡阿久比町)、(外)宝伝山 薬師堂(愛知県知多郡阿久比町)、(48)薬王山 法海寺(愛知県知多市)、(49)法憧山 普済寺(愛知県東海市加木屋町)

【掲載事典】霊大、霊巡、日巡

◇東海四十九薬師巡礼　東海四十九薬師霊場会編　冨永航平著　大阪　朱鷺書房　2000.1　229p　19cm　1000円　①4-88602-319-3

|目次|特別札所・薬師寺(奈良県奈良市)　特別札所・延暦寺(滋賀県大津市)　第1番・福成就寺(三重県名張市)　第2番・仏勝寺(三重県上野市)　第3番・徳楽寺(三重県上野市)　第4番・広徳寺(三重県大山田村)　第5番・神王寺(三重県伊賀町)　第6番・東日寺(三重県芸濃町)　第7番・神宮寺(三重県鈴鹿市)　第8番・桃林寺(三重県鈴鹿市)〔ほか〕

|内容|三重県を振り出しに、愛知、岐阜、静岡と四県にまたがる薬師霊場めぐりの詳細ガイド。お薬師さまの限りない慈悲の心にふれる巡拝は、心身のやすらぎと自己発見の旅―。詳細地図・付。

190 東海白寿三十三観音霊場

【概　要】和歌山・三重・岐阜・愛知の4県に広がる観音霊場。4県の僧侶らにより、1993(平成5)年に開創された。高齢化社会を迎え、豊かな老後を約束するために観音信仰を高めようとの趣旨に基づく霊場で、開創の際に全札所に共通の白寿観音像が迎えられた。健康長寿の御利益を得られるとされる。風光明媚で温泉や山海の幸に恵まれた地域でもあり、霊場会では「信仰・健康・観光の三幸巡り」を推奨している。

【札所名】(特別)那智山 青岸渡寺(和歌山県東牟婁郡那智勝浦町)、(1)丹鶴山 東仙寺(和歌山県新宮市)、(2)医王山 東正寺(三重県南牟婁郡鵜殿村)、(3)香積山 慈雲寺(三重県南牟婁郡御浜町)、(4)長生山 安楽寺(三重県熊野市有馬町)、(5)東嶽山 海恵寺(三重県熊野市磯崎町)、(6)大輪山 佛光寺(三重県北牟婁郡紀伊長島町)、(7)萬松山 長久寺(三重県いなべ市藤原町)、(8)祥光山 東漸寺(三重県松阪市飯高町)、(9)神護山 中山寺(三重県伊勢市勢田町)、(10)神照山 廣泰寺(三重県度会郡玉城町)、(11)東光山 神宮寺(三重県松阪市嬉野森本町)、(12)万年山 観慶寺(三重県津市片田久保町)、(13)袖合山 九品寺(三重県伊賀市守田町)、(14)五宝山 新大仏寺(三重県伊賀市)、(15)医王山 神福寺(三重県亀山市関町)、(16)北城山 養福寺(三重県鈴鹿市東庄内町)、(17)金剛山 江西寺(三重県鈴鹿市深溝町)、(18)太清山 龍雲寺(三重県いなべ市藤原町)、(19)仏道山 宝光院(岐阜県大垣市)、(20)春光山 地泉院(愛知県稲沢市祖父江町)、(21)高倉山 金剛寺(愛知県岩倉市東町)、(22)如意山 大宝院(愛知県江南市松竹町)、(23)徳雲山 昌福寺(愛知県春日井市松河戸町)、(24)龍洞山 正願寺(岐阜県可児郡御嵩町)、(25)飯高山 萬勝寺(岐阜県恵那市山岡町)、(26)小原山 白川寺(岐阜県加茂郡白川町)、(27)信貴山 山王坊(岐阜県下呂市)、(28)扶桑山 東禅寺(岐阜県加茂郡七宗町)、(29)花木山 香林寺(岐阜県関市)、(30)不動院(岐阜県岐阜市)、(31)大日山 美江寺(岐阜県岐阜市美江寺町)、(32)霊鷲山 法華寺(岐阜県岐阜市)、(33)谷汲山 華厳寺(岐阜県揖斐郡揖斐川町)

【掲載事典】巡遍、霊大、霊巡、日巡

◇東海白寿観音―三十三ケ所めぐり　善豊堂編　東海白寿三十三観音霊場会　1993.12　80p　19cm

191 北陸三十三観音霊場

【概　要】福井・石川・富山の北陸3県に広がる観音霊場。1987(昭和62)年に開創された。

札所は奈良時代の古刹が多く、本尊には重要文化財に指定された名像も少なくない。また、越前加賀海岸国定公園・能登半島国定公園などの観光地と共存しており、各県ごとに有名な温泉地が点在しているのも特徴とされる。全行程は約1135kmで、巡拝所要日数は4泊5日。
【札所名】(1)青葉山 中山寺(福井県大飯郡高浜町),(2)本光山 馬居寺(福井県大飯郡高浜町),(3)岩屋山 妙楽寺(福井県小浜市),(4)青井山 高成寺(福井県小浜市),(5)鳳聚山 羽賀寺(福井県小浜市),(6)宝篋山 天徳寺(福井県三方上中郡若狭町),(7)大悲山 石観世音(福井県三方上中郡若狭町),(特番)誓法山 金前寺(福井県敦賀市金ヶ崎町),(8)観音山 帆山寺(福井県越前市住吉町),(9)朝日山 福通寺(福井県丹生郡越前町),(10)萬松山 大安寺(福井県福井市田ノ谷町),(11)摩尼宝山 瀧谷寺(福井県坂井市三国町),(12)自生山 那谷寺(石川県小松市那谷町),(13)護国山 圓円寺(石川県金沢市宝町),(14)長谷山 観音院(石川県金沢市),(特番)俱利迦羅山 不動寺 西之坊 鳳凰殿(石川県河北郡津幡町),(15)諸嶽山 大本山 總持寺祖院(石川県輪島市門前町),(16)白雉山 岩倉寺(石川県輪島市町野町),(17)鷹王山 上日寺(石川県鳳珠郡能登町),(18)白雉山 明泉寺(石川県鳳珠郡穴水町),(19)小嶋山 妙観院(石川県七尾市小島町),(20)白良山 山田寺(石川県鹿島郡中能登町),(21)鷹王山 長楽寺(石川県鹿島郡中能登町),(22)洞谷山 永光寺(石川県羽咋市酒井町),(23)朝日山 上日寺(富山県氷見市朝日本町),(24)摩頂山 国泰寺(富山県高岡市),(25)等覚山 蓮華寺(富山県高岡市),(26)本覚山 観音寺(富山県小矢部市観音町),(27)弥勒山 安居寺(富山県南砺市),(28)芹谷山 千光寺(富山県砺波市),(29)法界山 常楽寺(富山県富山市婦中町),(30)稲荷山 海禅寺(富山県富山市),(31)慈眼山 正源寺(富山県富山市),(32)中尾山 十三寺(富山県下新川郡入善町),(33)明日山 法福寺(富山県黒部市宇奈月町)
【掲載事典】癒事,札所,巡遍,霊大,霊巡,日巡,霊典

◇北陸三十三カ所観音霊場案内　金子健樹編　北陸三十三ヵ所観音霊場会監修　北陸広域観光推進協議会企画　ブレーン・オアシス　1981.5　48p　19cm〈附図：北陸三十三観音巡拝コース1枚〉300円
◇北陸三十三カ所観音霊場案内　金子健樹編　改訂版　ブレーン・オアシス　1982.6　78p　19cm〈附図：北陸三十三観音巡拝コース1枚〉
◇北陸三十三カ所観音霊場案内　金子健樹編　北陸三十三ヵ所観音霊場会監修　北陸広域観光推進協議会企画　北陸三十三ヵ所観音霊場会,北陸広域観光推進協議会　1989.7　78p　19cm

192 北陸不動尊霊場
【概　要】石川・富山・福井の北陸3県に広がる不動尊霊場。番外2ヶ寺を含む38寺院で構成される。能登半島を一周して富山県に入り、石川県に折り返して福井県に向かう順路が一般的で、立山黒部アルペンルート・黒部峡谷・兼六園・東尋坊など3県の名所旧跡をほぼ網羅しており、観光を兼ねた巡拝が行われている。
【札所名】(1)鷹王院 長楽寺(石川県鹿島郡中能登町),(2)宝来山 常住院(石川県羽咋郡志賀町高浜町),(3)海松山 松尾寺(石川県羽咋郡志賀町),(4)鳴桜山 宝泉寺(石川県輪島市門前町),(5)白雉山 金蔵寺(石川県輪島市町野町),(6)医王山 不動寺(石川県鳳珠郡能登町),(7)熊野山 塩谷寺(石川県鳳珠郡能登町),(8)白雉山 明泉寺(石川県鳳珠郡穴水町),(9)小嶋山 妙観院(石川県七尾市小島町),(10)摩尼山 光善寺(石川県七尾市飯川町),(11)熊野山 円光寺(石川県鹿島郡中能登町),(12)朝日山 上日寺(富山県氷見市朝日本町),(13)高屋山 西福寺(富山県射水市八幡町),(14)等覚山 蓮華寺(富山県高岡市),(15)鷹尾山 蓮寺(富山県射水市),(16)宝林山 福王寺(富山県射水市),(17)医王山北叡山 各願寺(富山県富山市婦中町),(18)立本山 刀尾寺(富山県富山市太田南町),(19)医王山 東秦寺(富山県富山市),(20)大岩山 日石寺(富山県中新川郡上市町),(21)小川山 心蓮坊(富山県魚津市),(22)明日山 法福寺(富山県黒部市宇奈月町),(23)仁王山 護国寺(富山県下新川郡朝日町),(24)俱利伽羅山 不動(石川県河北郡津幡町),(25)白髪山 持明院(石川県金沢市),(26)俱利伽羅山 宝集寺(石川県金沢市寺町),

(27)国分山 医王寺(石川県加賀市山中温泉薬師町),(28)天王山 安楽寺(福井県あわら市),(29)大本山成田山福井別院 九頭龍寺(福井県坂井市三国町),(30)日曜山 高岳寺(福井県坂井市丸岡町),(31)朝日山 福通寺(福井県丹生郡越前町),(32)泰清山 窓安寺(福井県越前市),(33)霊方山 薬王院 温泉寺(石川県加賀市),(34)宝筐山 天徳寺(福井県三方上中郡若狭町),(35)地久山 圓照寺(福井県小浜市),(36)鳳聚山 羽賀寺(福井県小浜市),(特別番外)亀鶴蓬莱山 正覚院(石川県羽咋市寺家町)
【掲載事典】霊大,霊巡,日巡

◇北陸不動尊霊場案内　北陸不動尊霊場会　　会　1984.7　89p　19cm　500円
　監修　鹿西町(石川県)　北陸不動尊霊場

中部の霊場

◇神社仏閣開運ガイド—東海版　マック出版編　改訂版　七賢出版　1998.12　226p　19cm　1500円　①4-88304-392-4
|目次|名古屋市(愛知県護国神社　那古野神社　ほか)　愛知県(延命寺　弥勒寺　ほか)　岐阜県(動物観音　三仙院　武並神社 ほか)　三重県(多度大社　円妙寺 ほか)　知多四国めぐり　東海三十六不動尊めぐり　三十三観音めぐり
|内容|商売繁盛、家内安全、学業成就、縁結びetc.、ご利益たっぷり、見どころいっぱいの寺社を一挙掲載。

◇甲斐・信濃路の三十三所　石川靖夫著　富士見　石川靖夫　2000.5　168p　19cm
|目次|山梨県(甲斐国三十三観音　甲斐府内観音札所　横道三十三所　西郡三十三所　河内三十四所　郷地三十三所　郡内三十三所　塩川筋三十四所(北巨摩郡百観音)　逸見筋三十三所(北巨摩郡百観音)　武川筋三十三所(北巨摩郡百観音))　長野県(信濃百番観音順礼(信濃百番三十三番・松本信前三十三番　信後三十三番)　松本三十三番札所　信州筑摩三十三ヵ所観音霊場　川西三十四所　仁科三十三所　金熊三十三所　佐久三十三所　諏訪百番札所(東三十三所　中三十三所　西三十三所)　飯伊百観音(伊那西国三十三所　伊那坂東三十三所　伊那秩父三十四所)　下伊那坂東三十三所　木曽西国三十三所)

◇磐越の三十三所　石川靖夫著　[富士見]　[石川靖夫]　2001.6　256p　19cm
|目次|福島県(磐城三十三所　相馬三十三所　宇多郷三十三所　仙道三十三所　田村三十三所　田村姓司三十三所　三春領百観音巡禮　安積三十三霊場　郡山三十三所　安達三十三所　信達三十三所　信達坂東三十三所　伊達秩父三十四所　信達百番順禮　信夫新西国三十三所　信夫三十三所　小手三十三所　小手地蔵詣三十三所　伊達三十三所　會津三十三所　町廻り三十三札所　猪苗代三十三札所　御歳三十三札所)　新潟県(越後三十三観音　越後横道三十三所　蒲原三十三観音　小川庄三十三所　上田三十三所　寺尾三十三所　塩澤三十三所　湯澤内蔵組三十四所　魚沼三十三所　妻在百三十三番(美佐島三十四番　倉俣三十三番　大井平三十三番　吉田三十三番)　松之山郷三十三所　小国三十三所　佐渡古佛三十三所　相川三十三所　灰佛三十三所　線佛三十三所　佐渡西国三十三所　佐渡西国三十三番)

◇東海の三十三所　[石川靖夫][著]　富士見　石川靖夫　2003.12　199p　19cm
|目次|広域(中部新西国三十三所　東海圏新西国霊場　東海白寿三十三観音)　愛知県(尾張西国三十三所　尾張三十三観音　名古屋西国三十三所　金毘羅大権現三十三所　尾張城東西国三十三所　知多郡西国三十三所　南知多三十三所　三河国三十三所　三河国准坂東三十三所　三河国准秩父三十四所　三河三十三観音　東三河坂東三十三ヶ所　岡崎西国三十三所　豊橋新西国三十三所　吉良西国三十三所　東条吉良三十三所　西条吉良三十四所　愛知梅花三十三観音　加郡西国三十四所　東加茂郡准西国三十三所　観音様三十三ヶ所(旭町)　奥三河今西国三十三所)　岐阜県(美濃西国三十三所　美濃三十三観音　西濃新西国三十三所　大垣井近郊西国三十三所　西美濃三十三所　可児郡新西国三十三所　土岐郡三十三所　美濃瑞浪三十三霊場　恵那三十三観音霊場　神渕西国三十三所　益田国三十三

新潟県

所　飛騨三十三観音霊場）

◇北陸の三十三所　［石川靖夫］［著］富士見　石川靖夫　2004.8　114p　19cm
〈目次〉広域（北陸三十三ヶ所観音霊場　北陸白寿三十三観音霊場　奥の細道　越後北陸路三十三ヶ所霊場）　富山県（越中一国三十三所　新西国三十三所　富山地廻り三十三所　高岡新西国三十三所　氷見三十三所　俱利伽羅峠三十三観音）　石川県

（金澤西国三十三所　金澤坂東三十三所　能登国三十三所）　福井県（越前国三十三所　越の国観音三十三札所　福井地西国三十三所　福井坂東三十三所　復興慈母観音霊場　武生地西国三十三所　今立地西国三十三所　池田地西国三十三所　大野地西国三十三所　若狭国中順礼三十三所　若狭国西国三十三所　若狭観音霊場）　岐阜県・補遺（みやがわ三十三ヶ所霊場）

《新潟県》

193　越後三十三観音霊場

【概　要】新潟県に位置する観音霊場。鎌倉幕府第5代執権北条時頼が1256（康元元）年の越後巡錫の折に定めたと伝えられる。しかし、札所の多くが上杉家ゆかりの寺院であることから、上杉謙信（1530～78）の頃に定められたとの説もある。全行程は約600kmで、上杉家の居城だった春日山付近から始まり、上中越の海岸線から中越の山間部を経て下越の海岸線に達し、折り返して県央の内陸部に至る。全ての札所が車で乗り入れ可能になっており、巡拝所要日数は3泊4日。

【札所名】(1)岩屋堂（上越市名立区）、(2)照国山　摩尼王寺（妙高市）、(3)東山　大泉寺（柏崎市）、(4)普門山　妙智寺（柏崎市）、(5)不退山　宝蔵院（刈羽郡刈羽村）、(6)玉崎山　常楽寺（刈羽郡刈羽村）、(7)医王山　摩尼珠院（柏崎市）、(8)鷲尾山　不動院（柏崎市）、(9)円通山　広済寺（柏崎市高柳町）、(10)白雲山　長徳寺（十日町市）、(11)金精山　大福寺（南魚沼市）、(12)飯盛山　天昌寺（南魚沼市）、(13)大悲山　弘誓寺（魚沼市）、(14)池景山　真福寺（小千谷市片貝町）、(15)普門山　千蔵院（長岡市柏町）、(16)秘密山　椿沢寺（見附市椿沢町）、(17)小栗山　不動院（見附市小栗山町）、(18)大悲山　根立寺（長岡市）、(19)海嶽山　光照寺（三島郡出雲崎町）、(20)如意山　照明寺（長岡市泊片町）、(21)聖福山　吉田寺（燕市）、(22)雲高山　国上寺（燕市）、(23)龍岡山　観音寺（西蒲原郡弥彦村）、(24)大悲山　景清寺（新潟市西蒲区）、(25)金潮山　真城院（新潟市中央区西堀通8番町）、(26)如意山　乙宝寺（胎内市）、(27)遍照山　光浄寺（村上市）、(28)岩井山　白蓮寺（新発田市）、(29)聖籠山　宝積院（北蒲原郡聖籠町）、(30)大悲山　普談寺（新潟市秋葉区）、(31)龍形山　正円寺（五泉市）、(32)多宝山　宝塔院（三条市）、(33)明白山　最明寺（三条市）。

【掲載事典】癒事，古寺，札所，巡遍，霊大，霊巡，日巡，霊典

◇新潟県郷土叢書　5　蒲原三十三観音縁起集,蒲原観世音番外霊場記,越後三十三観音縁起集　新潟県郷土叢書編集委員会編　歴史図書社　1977.10　252p　図　22cm　6800円

◇越後巡礼―三十三観音札所　倉茂良海編　新潟　越後巡礼研究会　1982.1　64p　19cm〈付・巡拝コース明細地図　発売：考古堂書店〉600円

◇越後三十三観音詳細地図　青柳哲夫編　越後三十三番観音連盟　1986.9　35p　19×26cm

◇越後巡礼―三十三観音札所　倉茂良海編

増補改訂版　新潟　真城院　1987.4　89p　19cm〈付・巡拝コース明細地図〉①4-87499-907-7

◇越後三十三観音札所巡礼の旅　佐藤高編著　高橋与兵衛仏像撮影　新潟　新潟日報事業社出版部　1988.2　143p　21cm〈参考文献：p141〉1600円　①4-88862-331-7

◇越後・霊場・へんろ道―写真・詩文　小林良彦著　新潟　考古堂書店　1991.7　151p　24cm　1800円　①4-87499-946-8

◇越後三十三観音札所巡礼の旅　佐藤高編著　高橋与兵衛仏像撮影　改訂版　新

潟　新潟日報事業社　1998.10　131p　21cm　①4-88862-720-7

194 蒲原三十三観音

【概　要】元文年間（1736〜40）に、水原町長楽寺の第17世住職であった如霖道実により開創された。各札所は、新潟県北部阿賀野川下流域周辺に存在する。

【札所名】(1)寺社山 福隆寺（阿賀野市），(2)臨澤山 観音寺（阿賀野市），(3)切畑観音堂（五泉市），(4)雷雲山 東光院（五泉市），(5)雲栄山 永谷寺（五泉市），(6)龍形山 正円寺（五泉市），(7)龍雲山 興福寺（五泉市錦町），(8)錫丈山 延命寺（五泉市），(9)大悲山 普談寺（新潟市秋葉区），(10)山谷山 観音寺（新潟市秋葉区新町），(11)満願寺観音堂（新潟市秋葉区），(12)隆明山 大栄寺（新潟市江南区），(13)揚揮山 法憧寺（新潟市江南区），(14)虎岳山 東陽寺（新潟市江南区），(15)広喜山 長安寺（新潟市北区），(16)桃源山 養廣寺（阿賀野市），(17)玉峰山 西福寺（阿賀野市下条町），(18)百津観音堂（阿賀野市百津町），(19)台現山 鑑洞寺（阿賀野市），(20)五頭山 華報寺（阿賀野市），(21)慈鳳山 釈尊寺（阿賀野市），(22)女堂観音堂（阿賀野市），(23)補陀落山 千光寺（新発田市），(24)岩井山 白蓮寺（新発田市），(25)宝珠山 相円寺（新発田市中央町），(26)福聚山 興善寺（新発田市），(27)聖籠山 宝積院（北蒲原郡聖籠町），(28)島見観音堂（新潟市北区），(29)明白山 見龍寺（新発田市），(30)鷺林山 徳昌寺（阿賀野市），(31)金峰山 東陽寺（阿賀野市），(32)祥瑞山 大雲寺（阿賀野市外城町），(33)能満山 長楽寺（阿賀野市北本町）

【掲載事典】古寺，霊典

◇新潟県郷土叢書　5　蒲原三十三観音縁起集, 蒲原観世音番外霊場記, 越後三十三観音縁起集　新潟県郷土叢書編集委員会編　歴史図書社　1977.10　252p 図　22cm　6800円

195 弘法大師越後廿一ヶ所霊場

【概　要】新潟市を中心に新潟県北部に広がる弘法大師霊場。1923（大正12）年に弘法大師生誕1150年を記念して、第1番札所の不動院第25世吉見宥範住職の発願により開創された。大師が入定した3月21日にちなみ21ヶ寺を選定したという。

【札所名】(1)不動院（新潟市中央区西堀通4番町），(2)宝亀院（新潟市中央区西堀通9番町），(3)宝持院（新潟市中央区二葉町），(4)真城院（新潟市中央区西堀通8番町），(5)法光院（新潟市中央区），(6)悉地院（新潟市中央区），(7)得生院（新潟市東区），(8)乙宝寺（胎内市），(9)惣持寺（胎内市），(10)菅谷寺（新発田市），(11)福隆寺（阿賀野市），(12)福王寺（新潟市秋葉区新津本町），(13)宝光院（西蒲原郡弥彦村），(14)円福院（南蒲原郡田上町），(15)青龍寺（新潟市西蒲区），(16)金仙寺（新潟市西蒲区竹野町），(17)遍照寺（新潟市西蒲区），(18)照明寺（長岡市寺泊片町），(19)金剛寺（新潟市西蒲区），(20)国上寺（燕市），(21)西生寺（長岡市）

【掲載事典】古寺，霊大，霊巡

◇弘法大師・心の旅―越後二十一箇所霊場　高橋与兵衛著　新潟　新潟日報事業社出版部　1993.7　145p　21cm〈付：参考文献〉1600円　①4-88862-480-1

◇御府内八十八ヶ所・弘法大師二十一ヶ寺版木　東京都台東区教育委員会文化事業体育課編　東京都台東区教育委員会　1997.3　87p　26cm（台東区文化財報告書 第23集）

196 佐渡西国三十三観音霊場

【概　要】佐渡島のほぼ全域に平均的に点在する観音霊場。1982（昭和57）年3月17日、佐渡観光社の田中茂の発願で開創された。同社内に事務局をおく佐渡西国開創委員会では毎年3月から12月までの17日から19日までを定例巡拝日として、巡拝案内を実施している。海岸線や深山の景観、順徳天皇・日蓮・世阿弥らの流刑地、金銀山開発の歴史など、観光を兼ねての巡拝所要日数は2泊3日。

新潟県

【札所名】(1)東強清水(佐渡市),(2)逢田観音(佐渡市),(3)河内観音(佐渡市),(4)観音寺(佐渡市),(5)帰郷観音(佐渡市),(6)六句観音(佐渡市),(7)斉藤観音(佐渡市小木町),(8)宿根木(佐渡市小木町),(9)小太観音(佐渡市),(10)子安観音(佐渡市),(11)横山観音(佐渡市),(12)豊田観音(佐渡市),(13)新町観音(佐渡市),(14)三宮観音(佐渡市),(15)下新穂(佐渡市),(16)阿弥陀堂(佐渡市),(17)火伏観音(佐渡市),(18)円慶堂(佐渡市),(19)吾潟観音(佐渡市),(20)久知河内(佐渡市),(21)白瀬観音(佐渡市),(22)見立観音(佐渡市),(23)布願観音(佐渡市),(24)岩谷観音(佐渡市),(25)入川観音(佐渡市),(26)千佛堂(佐渡市),(27)波切観音(佐渡市),(28)下戸観音(佐渡市),(29)治門観音(佐渡市),(30)知空堂(佐渡市),(31)石田観音(佐渡市),(32)本屋敷(佐渡市),(33)堂林観音(佐渡市),(番外)光善寺(佐渡市小木町),(番外)稲葉堂(佐渡市),(番外)大浦観音(佐渡市),(本部)れんが寺(佐渡市)
【掲載事典】古寺,札所,霊大,霊巡,霊典

◇佐渡西国三十三番案内書　田中茂著　佐　渡観光社　1987.5　110p　21cm

197 佐渡七福神

【概　要】新潟県佐渡市(南佐渡)に1981(昭和56)年開創された。馬堀法眼喜孝画伯が佐渡の七ヶ寺に大画像を寄進したことが機縁であるという。巡拝所要時間は約8時間。

【札所名】渡海弁財天 称光寺(佐渡市),天沢布袋尊 大蓮寺(佐渡市),京極毘沙門天 禅長寺(佐渡市),倉崎恵比須天 智光坊(佐渡市),渋手大黒天 世尊寺(佐渡市),神護福禄寿 慶宮寺(佐渡市),善哉寿老人 清水寺(佐渡市)

【掲載事典】七幸,七巡,七め,霊大,霊巡,日七

198 佐渡八十八ヶ所霊場

【概　要】佐渡島に位置する弘法大師霊場。1815(文化12)年に小木小比叡の善策らが四国霊場の土を島内88ヶ寺に奉納したことを起源とし、1931(昭和6)年に畑野明持坊住職の鞍立長健師の発願により「佐渡一国遍路札所」として開創された。第二次世界大戦後に札所の変遷があり「佐渡四国八十八ヶ所霊場」と改称。2004(平成16)年に島内全市町村が合併して佐渡市が成立したことに伴い、2006(平成18)年に「佐渡八十八ヶ所霊場」に改編された。西部に散在する第1〜22番霊場の発心、北部の第23〜44番の修行、中部の第45〜66番の菩提、南部の第67〜88番の涅槃と、4ステージに分けられる。巡拝所要日数は番外や観光を含めて5日、これらを除くと4日。

【札所名】(1)佐渡国分寺(佐渡市),(2)西報寺(佐渡市),(3)真楽寺(佐渡市),(4)大光寺(佐渡市),(5)智光坊(佐渡市),(6)宝鏡寺(佐渡市),(7)常念寺(佐渡市),(8)本田寺(佐渡市),(9)長福寺(佐渡市),(10)曼荼羅寺(佐渡市),(11)龍吟寺(佐渡市),(12)定福寺(佐渡市),(13)安養寺(佐渡市),(14)観音寺(佐渡市),(15)弾誓寺(佐渡市),(16)大乗寺(佐渡市),(17)総源院(佐渡市),(18)多聞院(佐渡市),(19)萬福寺(佐渡市),(20)胎蔵寺(佐渡市),(21)大興寺(佐渡市),(22)清水寺(佐渡市),(23)常楽寺(佐渡市),(24)観音寺(佐渡市),(25)西光寺(佐渡市),(26)文殊院(佐渡市),(27)利済庵(佐渡市),(28)真法院(佐渡市),(29)安照寺(佐渡市),(30)聖徳寺(佐渡市),(31)極楽寺(佐渡市),(32)観音寺(佐渡市),(33)萬福寺(佐渡市),(34)光輪寺(佐渡市),(35)大聖院(佐渡市),(36)安養寺(佐渡市),(37)医福寺(佐渡市),(38)善積寺(佐渡市),(39)大慶寺(佐渡市),(40)正覚坊(佐渡市),(41)宝蔵坊(佐渡市),(42)投邨寺(佐渡市),(43)多聞寺(佐渡市),(44)真田寺(佐渡市),(45)円照寺(佐渡市),(46)蓮花院(佐渡市),(47)正法寺(佐渡市),(48)世尊寺(佐渡市),(49)種徳院(佐渡市),(50)法幢寺(佐渡市),(51)慶宮寺(佐渡市),(52)真禅寺(佐渡市),(53)玉林寺(佐渡市),(54)宝蔵寺(佐渡市),(55)長谷寺(ボタン寺)(佐渡市),(56)普門寺(佐渡市),(57)慶徳寺(佐渡市),(58)清水寺(佐渡市),(59)管明寺(佐渡市),(60)護村寺(佐渡市),(61)善光寺(佐渡市),(62)東光院(朱鷺の里寺)(佐渡市),(63)青龍寺(佐

渡市),(64)湖鏡庵(佐渡市),(65)世尊院(佐渡市),(66)昭和院(佐渡市),(67)不動院(佐渡市),(67)不動院(佐渡市),(68)長安寺(佐渡市),(69)正覚寺(佐渡市),(70)晃照寺(佐渡市),(71)宝珠院(佐渡市),(72)来迎寺(佐渡市),(73)誓願寺(佐渡市),(74)観音寺(佐渡市),(75)文殊院(佐渡市),(76)西龍寺(佐渡市),(77)平泉寺(佐渡市),(78)林光坊(佐渡市),(79)禅長寺(佐渡市),(80)東光寺(佐渡市),(81)地蔵院(佐渡市),(82)宮本寺(佐渡市),(83)如意輪寺(佐渡市),(84)弘仁寺(佐渡市),(85)海潮寺(佐渡市),(86)称光寺(佐渡市),(87)阿弥陀院(佐渡市),(88)蓮華峰寺(佐渡市)

【掲載事典】霊大，霊巡，日巡

◇佐渡新四国遍路―新版霊蹟参詣佐渡観光案内書　小田季吉編　［両津］佐渡観光所　1962.12　116p　18cm　400円

◇佐渡新四国遍路　小田季吉著　佐渡観光社　［1973］116p　19cm

◇全国九カ所島四国霊場めぐり　首藤一著　大阪　創元社　1984.10　274p　19cm　1800円　①4-422-25035-3

◇佐渡四国札所霊場案内　佐渡四国八十八ケ所霊場会編　佐渡四国八十八ケ所霊場会　［1988］88p　18cm

◇霊場案内　佐渡四国礼所　佐渡四国八十八ケ所霊場会編　佐渡時事新聞社　1988.11　88p　18cm

◇一心―佐渡新四国案内　田中茂著　［佐渡れんげ会］1995.6　108p　21cm

◇佐渡へんろ―佐渡八十八ヶ所霊場案内　佐渡八十八ヶ所霊場会監修　佐渡　佐渡八十八ヶ所霊場会　2010.4　183p　19cm

新潟県の霊場

◇上田三十三番縁起集　田沢秀一著　［塩沢町(新潟県)］［田沢秀一］1980.12　236p　22cm

◇越後八十八ケ所霊場めぐり　越後新四国八十八ケ所霊場会編　新潟　考古堂書店　1993.8　208p　21cm　1500円　①4-87499-183-1
　内容　弘法大師の四国にならって越後八十八ヶ所を訪ねる。自己を見つめ直し、苦しみや悩みをとり除く遍路の旅―。御本尊・内陣・本堂、御詠歌、縁起など、写真や地図を入れて分かりやすく紹介。

◇同行二人―越後・新四国八十八ケ所霊場めぐり　彩文舎企画編集　2版　吉田町(新潟県)　彩文舎　2002.6　182p　21cm　〈付属資料：図1枚〉650円

◇越後・新四国八十八ヶ所霊場遍路マップ　越後・新四国八十八ヶ所霊場会編　分水町(新潟県)　越後・新四国八十八ヶ所霊場会　2004.3　85p　19×26cm　1500円

◇遍路の旅―越後八十八カ所霊場　高橋与兵衛著　新潟　新潟日報事業社　2004.10　186p　21cm　1600円　①4-86132-072-0
　目次　発心の道場(光明院　実相院　ほか)　修行の道場(薬師寺　延命寺　ほか)　菩提の道場(福隆寺　普談寺　ほか)　涅槃の道場(法明院　宝生寺　ほか)
　内容　越後八十八カ所霊場の由緒、本尊や寺宝を紹介。魂のやすらぎを求める旅が今、始まる。

《富山県》

199　越中万葉七福神
【概　要】2001(平成13)年に成立した。富山県西部地区、越中の寺社から成り、大伴家持ゆかりの万葉の地ということから「越中万葉」にゆかりの寺社を巡ることができるとする。毘沙門天を祭る総持寺の「千手観世音菩薩」は国の重要文化財に指定されている。

石川県

【札所名】大黒天 高岡関野神社（高岡市末広町），毘沙門天 総持寺（観音寺）（高岡市関町），毘沙門天 摩頂巨山 弘源寺（高岡市二上山北），恵比須尊 西宮神社（新湊市本町），新湊弁財天（新湊市片口），福禄寿 仏舎利山 佛石寺（高岡市伏木），寿老人 金橋山 千手寺（氷見市幸町），布袋尊 萬年山 妙法寺（高岡市伏木）
【掲載事典】霊巡

《石川県》

200 能登国三十三観音霊場

【概　要】石川県の能登地方全域に散在する観音霊場。成立時期などは不明だが、石動山修験の勢力に支えられ江戸時代に栄えたという。明治維新後の廃仏毀釈により廃れ、多くの札所が廃寺となったが、昭和期に再興された。巡拝所要日数は2泊3日。

【札所名】(1)諸橋明泉寺（鳳珠郡穴水町），(2)宇加川上田寺（鳳珠郡穴水町），(3)嶽の宮（山目神社合祀）（鹿島郡能登町），(4)鹿渡島観音（七尾市鵜浦町），(5)大龍山 海門寺（尾市大田町），(6)万行清水観音堂（観音堂）（七尾市万行町），(7)小嶋山 妙観院（七尾市小島町），(8)江曽観音堂（七尾市江曽町），(9)石動山 天平寺（鹿島郡中能登町），(10)小田中観音堂（初瀬寺）（鹿島郡中能登町），(11)高畠正霊寺（観音堂）（鹿島郡中能登町），(12)四柳観音堂（羽咋市），(13)洞谷山 永光寺（羽咋市酒井町），(14)若部泉福寺（羽咋市），(15)岡松山 観音寺（羽咋市本町），(16)亀鶴蓬莱山 正覚院（羽咋市寺家町），(17)柳田光景寺（かけの観音）（羽咋市柳田町），(18)白山神社（鹿島郡中能登町），(19)鷹王山 長楽寺（鹿島郡中能登町），(20)白良山 山田寺（鹿島郡中能登町），(21)高田橋爪観音堂（七尾市高田町），(22)牛ヶ鼻観音堂（七尾市），(23)谷内妙法寺（七尾市中島町），(24)虫ヶ峰観音堂（七尾市中島町），(25)金谷山 龍護寺（羽咋郡志賀町），(26)高爪神社（羽咋郡志賀町），(27)鳴桜山 宝泉寺（輪島市門前町），(28)高尾山 立持寺（輪島市門前町），(29)伊須流岐神社（輪島市門前町），(30)蓬萊山 永福寺（輪島市鳳至町），(31)横地粉川寺（輪島市横地町），(32)白雉山 岩倉寺（輪島市町野町），(33)寒松山 翠雲寺（珠洲市三崎町）

【掲載事典】古寺，霊大，霊巡，霊典

◇能登国三十三所順礼歌　吉村諦承編　[1961] 20p　18cm〈乾式複写〉

◇能登国三十三観音巡礼　西山郷史著　七尾　能登文化財保護連絡協議会　1989.7　21p　26cm〈「能登の文化財」第23輯別刷〉

◇能登国三十三観音巡礼の旅―中世のロマンを求めて　蒲田邦雄[著]　蒲田邦雄　1995.6　1冊　26cm〈乾式複写〉

◇能登国三十三観音のたび　西山郷史，上陽子著　珠洲　能登ネットワーク　2005.12　152p　22cm〈発売：北國新聞社（金沢）〉1200円　①4-8330-1449-1
目次 諸橋・明泉寺　宇加川・上田寺　椿森観音堂　鹿渡島観音堂　大田・海門寺　万行・清水観音堂　小島・妙観院　江曽・観音堂　石動山・天平寺〔ほか〕
内容 西国、熊野にならび尊ばれた巡礼の地能登の魅力をたずねて、風土とみ仏たち。能登全域関連地図・札所周辺地図、三十三観音巡礼札所案内を収録。

石川県の霊場

◇金沢・西国三十三札所と花山法皇　辻口政雄著　金沢　馬場公民館読書会　1991.5　167p　19cm〈製作・発売：能登印刷出版部〉1500円　①4-89010-127-6

◇金沢観音巡礼西国三十三札所　高井勝己編　金沢　高井勝己　1993.1　64p　19cm〈参考文献：p59〉

《福井県》

201 若狭三十三観音霊場

【概　要】福井県小浜市を中心とする若狭路(福井県嶺南地方)に広がる観音霊場。1982(昭和57)年11月に開創された。北陸三十三観音霊場と同様に古刹が多く、重要文化財に指定された本尊も少なくない。札所は若狭湾国定公園に包含される風光明媚な海岸線に点在し、景勝を楽しみながら巡拝できることが特徴。巡拝所要日数は3泊4日。若狭観音霊場。

【札所名】(特番)大悲山 石観世音(三方石観世音)(三方上中郡若狭町),(1)永厳寺(敦賀市金ヶ崎町),(2)金前寺(敦賀市金ヶ崎町),(3)龍渓院(三方郡美浜町),(4)阿弥陀寺(三方郡美浜町),(5)瑞林寺(三方郡美浜町),(6)宝泉寺(三方上中郡若狭町),(7)慈眼寺(三方上中郡若狭町),(8)弘誓寺(三方上中郡若狭町),(9)天徳寺(三方上中郡若狭町),(10)大蔵寺(三方上中郡若狭町),(11)永源寺(小浜市),(12)蓮性寺(小浜市),(13)松福寺(小浜市),(14)円通寺(小浜市),(15)松源寺(小浜市),(16)神宮寺(小浜市),(17)神通寺(小浜市),(18)多田寺(小浜市),(19)妙楽寺(小浜市),(20)円照寺(小浜市),(21)高成寺(小浜市),(22)正法寺(小浜市),(23)栖雲寺(小浜市),(24)雲外寺(小浜市),(25)大智寺(小浜市),(26)檀渓寺(大飯郡おおい町),(27)海元寺(大飯郡おおい町),(28)潮音院(大飯郡おおい町),(29)宝楽寺(大飯郡おおい町),(30)馬居寺(大飯郡高浜町),(31)大成寺(大飯郡高浜町),(32)正楽寺(大飯郡高浜町),(33)中山寺(大飯郡高浜町)

【掲載事典】巡遍, 霊大, 霊巡, 日巡, 霊典

◇若狭観音霊場案内記　富永博次著　若狭観音霊場会　1982.11　68p　21cm〈書名は奥付による　表紙・背表紙の書名「若狭観音霊場」〉

◇四季・若狭の詩―若狭古寺み仏巡礼　岡村昌二郎文　福井　福井新聞社　1983.6　113p　18×19cm　1800円

《山梨県》

202 甲斐石和温泉七福神

【概　要】温泉観光地として知られる山梨県笛吹市石和町は石和温泉の7ヶ寺から成る七福神霊場。1993(平成5)年に成立した。年間を通じてのお参りが可能で、参拝順路も決まりがない。全行程は約10km。甲斐石和温泉七福神霊場。

【札所名】(1)恵比寿神 常徳寺(笛吹市石和町),(2)弥勒布袋尊 常在寺(笛吹市石和町),(3)弁財天 蓮朝寺(笛吹市石和町),(4)毘沙門天 恵法寺(笛吹市石和町),(5)大黒天 遠妙寺(笛吹市石和町),(6)福禄寿尊 佛陀禅寺(笛吹市石和町),(7)寿老尊 大蔵経寺(笛吹市石和町)

【掲載事典】全七, 霊巡, 日七

203 甲斐七福神

【概　要】戦国大名武田家ゆかりの地である山梨県北杜市の6寺と1企業から成る。弁財天を祀るのは酒造会社。無理なく巡拝できる手頃な行程が組まれている。

【札所名】福禄寿尊 淵嶽山 高福寺(北杜市小淵沢町), 寿老尊 鳳凰山 高龍寺(北杜市武川町), 恵比寿尊 長松山 萬休院(北杜市武川町), 弁財天 山梨銘醸(株)七賢(北杜市白州町), 布袋尊 朝陽山 清光寺(北杜市長坂町), 大黒尊天 薬王山 妙林寺(北杜市長坂町), 毘沙門天 城向山 道喜院(北杜市大泉町)

山梨県

【掲載事典】霊巡, 日七

204 甲斐西八代七福神
【概　要】山梨県西八代郡市川三郷町の高野山真言宗の7ヶ寺から成り、2003（平成15）年に成立した。全行程は約10km。
【札所名】(1)毘沙門天　高学山　福寿院（西八代郡市川三郷町），(2)弁財天　野中山　宝寿寺（西八代郡市川三郷町），(3)福禄寿　金剛山　宝寿寺（西八代郡市川三郷町），(4)布袋尊　広沢山　花園院（西八代郡市川三郷町），(5)恵比寿大神　河浦山　薬王寺（西八代郡市川三郷町），(6)寿老人　蔵澤山　不動院（西八代郡市川三郷町），(7)大黒天　市瀬山　光勝寺（西八代郡市川三郷町）
【掲載事典】霊巡

205 甲斐国三十三観音霊場
【概　要】富士五湖地方を除く山梨県のほぼ全域に広がる観音霊場。文明年間（1469〜87）頃の開創と伝えられるが、詳細は不明。甲斐国の歴史を反映して、戦国大名武田家ゆかりの寺が多く含まれる。時代の変遷に伴い札所の異動が繰り返されたため、現在では順番通りの巡拝は難しい。巡拝所要日数は1週間。
【札所名】(1)薬王寺（西八代郡市川三郷町），(2)永源寺（中央市），(3)光勝寺（西八代郡市川三郷町），(4)長谷寺（中央市），(5)興蔵寺（甲府市宮原町），(6)深草岩屋観音堂（甲府市上積翠寺町），(7)福寿院（甲府市），(8)法泉寺（甲府市和田町），(9)長禅安国寺（甲府市愛宕町），(10)福王寺（甲府市上町），(11)大福寺（中央市），(12)金剛寺（甲斐市），(13)海岸寺（北杜市須玉町），(14)長谷寺（南アルプス市），(15)観音寺（笛吹市），(16)霊峰寺（甲州市），(17)瑞岩院（甲府市上積翠寺町），(18)清水寺（甲州市），(19)清水寺（山梨市），(20)光雲寺（山梨市），(21)光福寺上の堂（甲府市横根町），(22)光福寺下の堂（甲府市横根町），(23)常楽寺（笛吹市境川町），(24)清光院（笛吹市一宮町），(25)安楽寺（笛吹市石和町），(26)心月院（笛吹市八代町），(27)方外院（南巨摩郡身延町），(28)本郷寺（南巨摩郡南部町），(29)高前寺（西八代郡市川三郷町），(30)真蔵院（大月市賑岡町），(31)西光寺（上野原市），(32)徳岩院（甲州市勝沼町），(33)青松院（甲府市山宮町）
【掲載事典】古寺，霊大，霊巡，霊典

◇甲斐三十三観音順礼記―付：甲斐三十三所納経帳　市川忠三, 坂上繁旦共著　霊場復興会　［1975］79p　23cm

◇甲斐三十三所納経帳　霊場復興会　［1975］1冊　22cm

◇甲斐国三十三ケ所巡礼記　藤巻勝著　藤巻勝　［2005］257p　19cm

206 甲斐百八ヵ所霊場
【概　要】山梨県全域に点在する霊場。正徳年間（1711〜16）に甲斐八十八ヶ所として開創され、1722（明和9）年に再編成された。廃寺なども多かったが、1980（昭和55）年にテレビ山梨の開局十周年記念行事として再興され、甲斐八十八ヶ所や甲斐三十三観音などに基づき各宗派を網羅した甲斐百八ヶ所が定められた。巡拝は車を利用して1日8ヶ寺が目安。
【札所名】(1)善光寺（甲府市），(2)光福寺（甲府市横根町），(3)大蔵経寺（笛吹市石和町），(4)永昌院（山梨市牧丘町），(5)洞雲寺（山梨市牧丘町），(6)普門寺（山梨市牧丘町），(7)吉祥寺（山梨市三富村），(8)放光寺（甲州市），(9)恵林寺（甲州市），(10)慈雲寺（甲州市），(11)雲峰寺（甲州市），(12)向嶽寺（甲州市），(13)雲光寺（山梨市），(14)清白寺（山梨市），(15)立正寺（甲州市勝沼町），(16)万福寺（甲州市勝沼町），(17)三光寺（甲州市勝沼町），(18)大善寺（甲州市勝沼町），(19)景徳院（甲州市大和町），(20)棲雲寺（栖雲寺）（甲州市大和町），(21)保福寺（上野原市），(22)花井寺（大月市七保町），(23)福泉寺（大

山梨県

月市七保町),(24)真蔵院(大月市賑岡町),(25)長生寺(都留市),(26)広教寺(都留市),(27)宝鏡寺(都留市桂町),(28)西方寺(富士吉田市),(29)月江寺(富士吉田市),(30)西念寺(富士吉田市),(31)承天寺(南都留郡忍野村),(32)妙法寺(蓮華山)(南都留郡富士河口湖町),(33)常在寺(南都留郡富士河口湖町),(34)称願寺(笛吹市御坂町),(35)広厳院(笛吹市一宮町),(36)超願寺(笛吹市一宮町),(37)国分寺(笛吹市一宮町),(38)慈眼寺(笛吹市一宮町),(39)遠妙寺(笛吹市石和町),(40)福光園寺(笛吹市御坂町),(41)広済寺(笛吹市八代町),(42)定林寺(笛吹市八代町),(43)瑜伽寺(笛吹市八代町),(44)聖応寺(笛吹市境川町),(45)向昌院(笛吹市境川町),(46)龍華院(甲府市上曽根町),(47)安国寺(甲府市心経寺町),(48)円楽寺(甲府市右左口町),(49)大福寺(中央市),(50)永源寺(中央市),(50)歓盛院(中央市),(51)遠光寺(甲府市),(52)千松院(甲府市中央町),(53)一蓮寺(甲府市太田町),(54)信立寺(甲府市若松町),(55)尊躰寺(甲府市),(56)東光寺(甲府市),(57)能成寺(甲府市東光寺町),(58)長禅寺(甲府市愛宕町),(59)大泉寺(甲府市古府中町),(60)円光院(甲府市岩窪町),(61)積翠寺(甲府市上積翠寺町),(62)法泉寺(甲府市和田町),(63)塩澤寺(甲府市),(64)羅漢寺(甲斐市),(65)天澤寺(甲斐市),(66)慈照寺(甲斐市),(67)光照寺(甲斐市),(68)満福寺(韮崎市穴山町),(69)長泉寺(北杜市須玉町),(70)正覚寺(北杜市須玉町),(71)海岸寺(北杜市須玉町),(72)清光寺(北杜市長坂町),(73)清泰寺(北杜市白州町),(74)高竜寺(北杜市武川町),(75)実相寺(北杜市武川町),(76)常光寺(韮崎市清哲町),(77)願成寺(韮崎市神山町),(78)大公寺(韮崎市),(79)本照寺(韮崎市竜岡町),(80)長谷寺(南アルプス市),(81)伝嗣院(南アルプス市),(82)妙了寺(南アルプス市),(83)明王寺(南アルプス市),(84)南明寺(南アルプス市),(85)深向院(南アルプス市),(86)古長禅寺(南アルプス市),(87)長遠寺(南アルプス市),(88)法善寺(南アルプス市),(89)昌福寺(南巨摩郡富士川町),(90)最勝寺(南巨摩郡富士川町),(91)妙法寺(徳栄山)(南巨摩郡富士川町),(92)蓮華寺(南巨摩郡富士川町),(93)永泰寺(甲府市古関町),(94)光勝寺(西八代郡市川三郷町),(95)薬王寺(西八代郡市川三郷町),(96)宝寿院(西八代郡市川三郷町),(97)慈観寺(南巨摩郡身延町),(98)方外院(南巨摩郡身延町),(99)永寿庵(南巨摩郡身延町),(100)大聖寺(南巨摩郡身延町),(101)上澤寺(南巨摩郡身延町),(102)南松院(南巨摩郡身延町),(103)龍雲寺(南巨摩郡身延町),(104)本遠寺(南巨摩郡身延町),(105)円蔵院(南巨摩郡南部町),(106)内船寺(南巨摩郡南部町),(107)最恩寺(南巨摩郡南部町),(108)久遠寺(南巨摩郡身延町)
【掲載事典】霊大,霊巡

◇甲斐百八霊場―山梨の古寺をたずねて
テレビ山梨編 植松又次,佐藤八郎監修
テレビ山梨 1980.3 16,271p 20cm

◇甲斐みほとけの国 矢野建彦撮影 清雲俊元,辰繁存文 佼成出版社 1988.4 151p 21cm(フォト・マンダラ) 1600円 ⓘ4-333-01326-7
目次 千古の仏像に歴史文化の深さを刻む(辰繁存) 山狭の国に仏教文化を築いた人びと(清雲俊元) 甲斐路地図 甲斐みほとけの国(カラー写真) 甲斐百八霊場ガイド 武田信玄ゆかりの寺院 武田信玄ゆかりの地 甲斐の伝統 甲斐の特産

◇甲斐百八霊場―山梨の名刹をたずねて
テレビ山梨編 植松又次,佐藤八郎監修
改訂版 テレビ山梨 1992.5 17,271p 20cm

◇甲斐百八霊場―時を超えた心のふるさと
清雲俊元監修 甲府 テレビ山梨
2000.8 348p 19cm ⓘ4-9980702-1-5

◇甲斐百八霊場―時を超えた心のふるさと
清雲俊元監修 テレビ山梨編集 改訂版
甲府 テレビ山梨 2005.11 348p
19cm ⓘ4-9980402-2-3

207 甲洲都留七福神
【概 要】富士山の北東にある山梨県都留市に所在。1985(昭和60)年、曹洞宗の7つの寺院により開創された。
【札所名】布袋尊 円通院(都留市),毘沙門尊天 普門寺(都留市),大黒尊天 保寿院(都留

長野県

市)，寿老尊 本光寺(都留市)，弁財尊天 長生寺(都留市)，恵美須神 用津院(都留市)，福禄寿尊 広教寺(都留市)
【掲載事典】七め，霊大，霊巡，日七，日巡

208 甲州東郡七福神

【概　要】山梨県の甲府盆地東部に創設された七福神で、真言宗の寺院のみからなる。JR中央本線の勝沼ぶどう郷駅、塩山駅、東山梨駅を起点とした各地に散在している。開運招福、諸願成就をもたらすとして、江戸時代には正月行事として七福神めぐりが行われたが、現在では年中参拝客が訪れる。

【札所名】厄除弁財天 柏尾山 大善寺(甲州市勝沼町)，みろく布袋尊 金剛山 福蔵院(甲州市)，招徳福禄寿 藤木山 龍光院(甲州市)，開運大黒天 高橋山 放光寺(甲州市)，不老長寿寿老人 八幡山 聡坊神宮寺(山梨市)，開運恵比須尊天 雁坂山 圓照寺(山梨市牧丘町)，招福毘沙門天 徳和山 吉祥寺(山梨市三富村)

【掲載事典】七巡，七め，全七，霊大，霊巡，日七，日巡

山梨県の霊場

◇風樹の嘆き―ぐんない三十三番札所道しるべ　池田敏雄著　甲府　朱官義長　　1997.4　159p　19cm　〈製作・発売：武蔵野書院〉　952円　Ⓢ4-8386-0386-X

《長野県》

209 いいやま七福神

【概　要】長野県北部に位置する飯山市に所在。城下町から発達した当時の面影を伝える寺院が市内各地に残る。七福神を祀る寺社は市街地の西北とJR北飯山駅周辺に点在している。七福神めぐりは、商売繁盛、人望福徳、不老長寿、結婚安産、勤労勉学、勇気授福、愛敬富財の福が授かるとされており、各寺でご朱印を集め、いいやま七福神色紙を作ることもできる。

【札所名】恵比須大神 飯笠山神社(飯山市)，福禄寿 英岩寺(飯山市)，毘沙門天 韶陽山 大聖寺(飯山市)，弁財天 本光寺(飯山市)，大黒天 流水山 常福寺(飯山市)，寿老人 明晶寺(飯山市)，布袋尊 斑尾山(斑尾高原ホテル)(飯山市)

【掲載事典】七め，全七，霊大，霊巡，日七

210 伊那七福神

【概　要】長野県南部の伊那谷において、1982(昭和57)年に創設された。天竜川に平行して走るJR飯田線沿いの市町村に広い範囲で散在している。各寺院へは交通不便な山間に多いので、車での巡拝が便利。

【札所名】布袋尊 常圓寺(伊那市)，毘沙門天 蓮華寺(伊那市)，弁財天 光前寺(駒ヶ根市)，寿老尊 蔵沢寺(駒ヶ根市)，福禄寿尊 聖徳寺(上伊那郡飯島町)，恵比須尊 西岸寺(上伊那郡飯島町)，大黒天 常泉寺(上伊那郡中川村)

【掲載事典】七幸，七巡，七め，全七，霊大，霊巡，日七

◇信州 伊那七福神の寺　桃沢匡行著　松本　藤原印刷株式会社出版部　1987.6　　132p　19×13cm　800円

長野県

211 木曽七福神
【概　要】長野県木曽郡内の臨済宗の寺院のみで構成された七福神霊場。名勝・史跡に恵まれた場所で、霊場ごとに七難即消、七福即生、家内安全などを祈願、特色ある接待に努めている。
【札所名】寿老人 大宝寺（塩尻市），毘沙門天 徳音寺（木曽郡木曽町），吉祥天 興禅寺（木曽郡木曽町），弁財天 臨川寺（木曽郡上松町），布袋尊 定勝寺（木曽郡大桑村），大黒天 妙覚寺（木曽郡大桑村），恵比須 光徳寺（木曽郡南木曽町吾妻上町）
【掲載事典】七巡，全七，霊大，霊巡，日七

212 信濃三十三観音霊場
【概　要】長野県中部地方を中心に、北信から南信まで広く分散する観音霊場。約400年前に西国三十三観音霊場にならって開創したと伝えられる。起源については諸説あるが、第33番高山寺の和尚と第16番清水寺の和尚を中心に考案されたとの説が有力。四国・西国への巡礼が盛んであった当時、巡礼費用の藩外流出を防ぐために松代藩・松本藩などが保護・発揚したことで栄えたという。
【札所名】(1)仏眼山 法善寺（東筑摩郡麻績村），(2)楊柳山 宗善寺（東筑摩郡麻績村），(3)笹命山 岩井堂（尻っみ観音）（東筑摩郡筑北村），(4)大里山 風雲庵（長野市），(5)倉科山 妙音寺（竹ノ尾観音）（千曲市），(6)洗淵山 観瀧寺（千曲市），(7)虫歌山 桑台院（虫歌観音）（長野市），(8)時頼山 西明寺（長野市），(9)蕢堂山 蕢堂（べべ出し観音）（須坂市），(10)妙徳山 高顕寺（須坂市），(11)明真山 清滝観音堂（長野市松代町），(12)菩提山 無常寺（長野市），(13)恵日山 開眼寺（千曲市），(14)姨捨山 長楽寺（姨捨観音）（千曲市），(15)富蔵山 岩殿寺（東筑摩郡筑北村），(16)阿弥陀山 清水寺（保科観音）（長野市），(17)福寿山 関昌寺（東筑摩郡筑北村），(18)金峯山 長谷寺（人肌観音）（長野市），(19)小菅山 菩提寺（飯山市），(20)鷲峯山 長安寺（松本市），(21)常光寺（長野市），(22)羽広山 仲仙寺（羽広観音）（伊那市），(23)瀧洞山 宝蔵寺（上田市），(24)法国山 阿弥陀寺（諏訪市），(25)天陽山 盛泉寺（松本市），(26)栗尾山 満願寺（栗尾観音）（安曇野市），(27)金峰山 牛伏寺（松本市），(28)龍頭山 龍福寺（上田市），(29)布引山 釈尊寺（布引観音）（小諸市），(30)歓喜山 正法寺（長野市），(31)慈眼山 広福寺（乳出し観音）（長野市），(32)椿峯山 西照寺（上水内郡小川村），(33)宝珠山 高山寺（上水内郡小川村），(客番）定額山 善光寺（長野市元善町），(客番）北向山 北向観音堂（上田市）
【掲載事典】癒事，古寺，札所，巡遍，霊大，霊巡，日巡，霊典

◇札所巡拝ドライブ道中記―信濃三十三観音霊場　倉石高衛　[1974] 82p　21cm
◇信濃三十三番観音札所めぐり―こころの旅路　藤本勇三著　コロニー印刷　1974.11　212p　19cm　800円
◇同行二人―信濃三十三番札所幻想　文：飯島一彦　絵：原山尚久　長野　銀河書房　1976　158p　22cm〈付：信濃三十三番観音霊場巡礼曼陀羅地図〉1500円
◇信濃三十三札所めぐり　柿木憲二，関保男著　松本　郷土出版社　1991.12　174p　19cm　1600円　①4-87663-177-8
◇信濃観音巡礼―よみがえる三十三カ所　平幡良雄著　改訂2版　銚子　満願寺教化部　1995.2　96p　19cm　800円
◇信濃三十三札所めぐり　柿木憲二，関保男著　新装第2版　松本　郷土出版社　1997　174p　19cm　1600円
◇信濃三十三番観音札所めぐり　改訂第8版　長野　カシヨ出版センター　1998.5　64p　19cm　500円
◇信濃三十三札所―スケッチ紀行　亀子誠文・絵　松本　郷土出版社　2001.10　89p　19cm　1400円　①4-87663-540-4
◇城下町松代　松代文化財ボランティアの会著　長野　ほおずき書籍　2004.5　93p　19cm〈発売：星雲社〉1000円　①4-434-04454-0

長野県

◇観音さまだいすき―信濃三十三番札所みちを歩く　信濃三十三番札所連合会監修　信濃毎日新聞社出版部編　長野　信濃毎日新聞社　2008.4　230p　21cm　1700円　①978-4-7840-7071-8
|目次| 善光寺街道―麻績～坂井、青柳～西条～会田　安曇野・松本平―穂高～南松本　甲州街道・伊那街道―諏訪～伊那　鎌倉街道―塩田平～丸子～小諸　谷街道・大笹街道―飯山～須坂　谷街道―保科～松代～倉科・森　善光寺街道―八幡～塩崎　大町街道・戸隠街道―篠ノ井～小田切　西山・戸隠街道―中条～小川
|内容| 救いと癒しを求める心に、究極の札所めぐり旅案内。

213 信州（伊那・諏訪）八十八霊場
　【概　要】1691（元禄4）年末に、飯島村城取氏、福岡村福沢氏の発願により、四国八十八ヶ所霊場になぞらえて伊那・諏訪の寺院88ヶ所を定めたものとされる。その際、61年目ごとに御開帳供養を行うこととしたという。伊那・諏訪八十八霊場。
　【札所名】(1)仲仙寺（伊那市）、(2)正全寺（上伊那郡箕輪町）、(3)香住寺（上伊那郡辰野町）、(4)観音堂（上伊那郡箕輪町）、(5)明音寺（上伊那郡箕輪町）、(6)薬王寺（上伊那郡辰野町）、(7)慈眼院（上伊那郡辰野町）、(8)明光寺（上伊那郡辰野町）、(9)長久寺（上伊那郡辰野町）、(10)池上寺（上伊那郡辰野町）、(11)観音堂（上伊那郡辰野町）、(12)瑞光寺（上伊那郡辰野町）、(13)七蔵寺（上伊那郡辰野町）、(14)法雲寺（上伊那郡辰野町）、(15)傳福寺（上伊那郡辰野町）、(16)昌福寺（岡谷市）、(17)照光寺（岡谷市本町）、(18)慈雲寺（諏訪郡下諏訪町）、(19)照光寺内　神宮寺（廃寺）（諏訪郡下諏訪町）、(20)地蔵寺（諏訪市）、(21)阿弥陀寺（諏訪市）、(22)観音寺（諏訪市）、(23)佛法紹隆寺（諏訪市）、(客番)佛法紹隆寺境内　神宮密寺（諏訪市）、(24)永久寺（諏訪市）、(25)法華寺（諏訪市）、(26)善光寺（諏訪市）、(27)龍雲寺（諏訪市）、(28)江音寺（諏訪市）、(29)小坂観音院（龍光山観音院）（岡谷市）、(30)高徳寺（上伊那郡辰野町）、(31)見宗寺（上伊那郡辰野町）、(32)山寺　毘沙門堂（多門山松月院）、(33)真金寺（上伊那郡辰野町）、(34)日輪寺（上伊那郡箕輪町）、(35)常前寺（上伊那郡辰野町）、(36)無量寺（上伊那郡箕輪町）、(37)普済寺（上伊那郡箕輪町）、(38)養泰寺（上伊那郡箕輪町）、(39)長松寺（上伊那郡箕輪町）、(40)光久寺（伊那市）、(41)澄心寺（上伊那郡箕輪町）、(42)清水庵（伊那市）、(43)吉祥寺（伊那市）、(44)真福寺（伊那市）、(45)満光寺（伊那市高遠町）、(46)香福寺（伊那市高遠町）、(47)樹林寺（伊那市高遠町）、(48)六道地蔵堂（伊那市）、(49)龍勝寺（伊那市高遠町）、(50)阿弥陀寺（伊那市）、(51)建福寺（伊那市高遠町）、(52)常圓寺（伊那市）、(53)祥雲寺（伊那市）、(54)圓福寺（伊那市）、(55)長桂寺（伊那市西町）、(56)法言寺（伊那市）、(57)白心寺（上伊那郡宮田村）、(58)熊野寺（上伊那郡宮田村）、(59)光前寺（駒ヶ根市）、(60)西蓮寺（駒ヶ根市）、(61)円通寺（駒ヶ根市）、(62)安楽寺（駒ヶ根市）、(63)正音寺（駒ヶ根市）、(64)善法寺（駒ヶ根市）、(65)蔵沢寺（駒ヶ根市）、(66)桃源院（駒ヶ根市）、(67)京宗寺（駒ヶ根市）、(68)栖林寺（駒ヶ根市）、(69)大蔵寺（駒ヶ根市）、(70)善福寺（駒ヶ根市）、(71)大正寺（駒ヶ根市）、(72)聖徳寺（上伊那郡飯島町）、(73)観音堂（上伊那郡飯島町）、(74)真光寺（上伊那郡飯島町）、(75)感通院（上伊那郡飯島町）、(76)東谷寺（上伊那郡飯島町）、(77)円通庵（上伊那郡飯島町）、(78)慈福院（上伊那郡飯島町）、(79)瀧泉寺（下伊那郡松川町）、(80)華厳寺（下伊那郡松川町）、(81)林叟院（下伊那郡松川町）、(82)観音堂（下伊那郡松川町）、(83)瑞応寺（下伊那郡松川町）、(84)清音寺（上伊那郡中川村）、(85)玉宝寺（上伊那郡中川村）、(86)祐源寺（上伊那郡中川村）、(87)西岸寺内　利生庵（上伊那郡飯島町）、(88)西岸寺（上伊那郡飯島町）
　【掲載事典】霊大

◇信州伊那諏訪八十八霊場　昭和五十三戊午年版　伊那市山本町常円寺内伊那諏訪八十八ヶ所札所開扉實行委員会編　伊那市山本町常円寺内伊那諏訪八十八ヶ所札所開扉實行委員会　[1978] 104p　21cm

長野県

214 信州七福神
【概　要】江戸時代、江戸から信州に戻った人々が松本藩ゆかりの寺院に七福神を祀り信仰するようになったのが起源とされる。その由来から1978(昭和53)年に長野県松本市周辺で開創された。
【札所名】恵比須神 大宮熱田神社(松本市)，布袋尊 盛泉寺(松本市)，弁財天 専称寺(松本市)，寿老尊 兎川霊瑞寺(松本市)，福禄寿尊 宗林寺(安曇野市)，大黒尊天 東光寺(安曇野市)，毘沙門天 長興寺(塩尻市洗馬元町)
【掲載事典】七幸，七め，霊大，霊巡，日七

215 信州筑摩三十三ヶ所観音霊場
【概　要】松本平(松本市を中心に、塩尻市・東筑摩郡の一部)の観世音を祀る寺から成る観音霊場。江戸時代に開かれた筑摩観音霊場が明治の神仏分離後衰退していたものが、平成に入ってから復興された。平安時代創建と伝えられる2番兎川寺、鎌倉時代末期創建の3番徳運寺など歴史のある寺、数々の重要文化財指定の仏像をもつ9番牛伏寺などがある。信州筑摩観音。
【札所名】(1)龍雲山 廣澤寺(松本市)，(2)恵日高照山 兎川霊瑞寺(松本市)，(3)福田山 徳運寺(松本市)，(4)洞水寺(松本市)，(5)桐原山 海岸寺(廃寺)(松本市)，(6)西大寺(廃寺)(松本市)，(7)金峯山 保福寺(松本市)，(8)隆光山 円城寺(松本市)，(9)金峯山 牛伏寺(松本市)，(10)加擁山 王徳寺(松本市)，(11)横林山 桃昌寺(松本市)，(12)塩澤山 法船寺(松本市)，(13)清水山 常楽寺(松本市)，(14)赤木山 弘長寺(松本市)，(15)雨寶山 常光寺(塩尻市)，(16)瑠璃山 松林寺(塩尻市)，(17)慈眼山 永福寺(塩尻市塩尻町)，(18)飯綱山 常光寺(塩尻市)，(19)慈光院(塩尻市)，(20)寶松山 西福寺(塩尻市)，(21)大淵山 泉龍寺(松本市)，(22)善立寺(塩尻市広丘野村)，(23)御手洗山 光明寺(塩尻市)，(24)慈恩寺(塩尻市)，(25)慈眼山 養福院(塩尻市)，(26)桔梗山 郷福寺(塩尻市)，(27)慈眼山 心念堂(塩尻市)，(28)普門山 古川寺(東筑摩郡朝日村)，(29)少林山 興龍寺(塩尻市)，(30)天陽山 盛泉寺(松本市)，(31)今村観音堂(松本市)，(32)小俣観音堂(松本市)，(33)青松山 長興寺(塩尻市洗馬元町)
【掲載事典】霊大

◇信州筑摩三十三ヵ所観音霊場案内　信州筑摩三十三ヵ所観音霊場会編　信州筑摩三十三ヵ所観音霊場会　1994.3　79p　19cm　500円

216 諏訪湖・湖畔七福神
【概　要】長野県諏訪湖周辺、諏訪市を中心に隣接する諏訪郡下諏訪町・岡谷市の広い範囲に散在する7寺社から成り、1996(平成8)年に成立した。
【札所名】恵比寿 秋宮恵比寿社(諏訪郡下諏訪町)，大黒天 法華寺(諏訪市)，毘沙門天 久保寺(岡谷市)，弁財天 教念寺(諏訪市)，布袋尊 温泉寺(諏訪市)，寿老人 平福寺(岡谷市)，福禄寿 江音寺(諏訪市)
【掲載事典】全七，霊巡

217 諏訪八十八番霊場
【概　要】長野県諏訪地方に位置する弘法大師霊場。信濃高島藩第3代藩主諏訪忠晴(1657～95)の頃に西国・坂東・秩父の百観音にちなんで諏訪百番霊場が始まり、後に(一説には文政年間(1818～30))新四国として諏訪八十八番霊場が開創された。寺院だけでなく御行堂が多く含まれるのが特徴で、江戸時代の農村における素朴な信仰の跡がうかがえる。
【札所名】(1)高森大師堂(諏訪郡富士見町)，(2)葛久保薬師堂(諏訪郡富士見町)，(3)先達 常昌寺(諏訪郡富士見町)，(4)田端地明院(諏訪郡富士見町)，(5)田端地明院(諏訪郡富

長野県

士見町), (6)池の袋松岳院(諏訪郡富士見町), (7)蔦木三光寺(諏訪郡富士見町), (8)神代薬師堂(諏訪郡富士見町), (9)烏帽子大師堂(諏訪郡富士見町), (10)乙事法隆寺(諏訪郡富士見町), (11)瀬沢西照寺(諏訪郡富士見町), (12)芋ノ木福昌院(諏訪郡富士見町), (13)木ノ間阿弥陀堂(諏訪郡富士見町), (14)若宮観音堂(諏訪郡富士見町), (15)松目堂(諏訪郡富士見町), (16)金沢泉長寺(茅野市), (17)菖蒲沢公会堂(諏訪郡原村), (18)室内公会堂(諏訪郡原村), (20)払沢臥龍院(諏訪郡原村), (21)柏木公会堂(諏訪郡原村), (22)丸山不動尊(茅野市), (23)田沢社宮寺(茅野市), (24)神宮寺法華寺(諏訪市), (25)南大熊観音堂(諏訪市), (26)北大熊阿弥陀堂(諏訪市), (27)南真志野善光寺堂(諏訪市), (28)野ména沢大日堂(諏訪市), (29)中沢大日堂(諏訪市), (30)西沢庚申堂(諏訪市), (31)北真志野観音堂(諏訪市), (32)後山地蔵堂(諏訪市), (33)椚平大日堂(諏訪市), (34)板沢大師堂(諏訪市), (35)覗石大師堂(諏訪市), (36)上野阿弥陀堂(諏訪市), (37)有賀江音寺(諏訪市), (38)下小川大日堂(諏訪市), (39)上小川大日堂(諏訪市), (40)文出極楽寺(諏訪市), (41)小坂観音院(岡谷市), (42)小田井久保寺(岡谷市), (43)小田井久保寺(岡谷市), (44)鮎沢薬師堂(岡谷市), (45)新倉薬師堂(岡谷市), (46)新倉観音堂(岡谷市), (47)今井観音堂(岡谷市), (48)横川真秀寺(岡谷市), (49)中村薬師堂(岡谷市), (50)中屋不動堂(岡谷市), (51)東山田峯見薬師堂(諏訪郡下諏訪町), (52)萩倉薬師堂(諏訪郡下諏訪町), (53)下諏訪来迎寺(諏訪郡下諏訪町), (54)下諏訪青雲閣(諏訪郡下諏訪町), (55)角間新田大師堂址(諏訪市), (56)小和田甲立寺(諏訪市), (57)岩窪観音堂(諏訪市), (58)桑原仏法寺(諏訪市), (59)神戸地蔵堂(諏訪市), (60)上原西方堂址(茅野市), (61)飯島称故院(茅野市), (62)赤沼公会堂(諏訪市), (63)福島薬師堂(茅野市), (64)下金子薬師堂(茅野市), (外)田辺堂(諏訪市), (65)上金子金乗院(諏訪市), (66)下新井薬師堂(茅野市), (67)中河原弘法堂(茅野市), (68)塚原総持院(茅野市), (69)鋳物師屋御行堂址(茅野市), (70)北大塩薬師堂(茅野市), (71)塩沢塩沢寺(茅野市), (72)湯川功徳寺(茅野市), (73)芹ケ沢泉渋院(茅野市), (74)金山御行堂(茅野市), (75)糸萱御行堂(茅野市), (76)須栗平御行堂(茅野市), (77)中村正光寺(茅野市), (78)下菅沢御行堂(茅野市), (79)上古田御行堂址(茅野市), (80)中沢蟻鱗堂(茅野市), (81)小屋場御行堂(茅野市), (82)柳沢御行堂(茅野市), (83)八ツ手御行堂(諏訪郡原村), (84)穴山長円寺(茅野市), (85)北久保古見堂(茅野市), (86)子ノ神御行堂(茅野市), (87)粟沢観音堂(茅野市), (88)矢ケ崎福寿院(茅野市)
【掲載事典】霊巡

◇郷土めぐり諏訪霊場　下巻　諏訪八十八ヶ所札所巡り　中村龍雄著　郷土学部
[1976] 171p　22cm　2000円

◇諏訪霊場八十八ヶ所札所千社札　上
[出版者不明] [1986] 1冊　20cm

◇諏訪霊場八十八ヶ所札所千社札　下
[出版者不明] [1986] 1冊　20cm

218 善光寺七福神
【概　要】庶民信仰で全国に名高い善光寺の表参道とその周辺に点在する7ヶ寺から成る。
【札所名】恵比寿　西宮神社(長野市岩石町)、大黒天　大国主神社(長野市南県町)、毘沙門天　善光寺世尊院(長野市元善町)、弁財天　蓮池山　往生院(長野市鶴賀権堂町)、布袋尊　御本陣藤屋(長野市大門町)、寿老人　かるかや山　西光寺(長野市北石堂町)、福禄寿　西後町秋葉神社(長野市南長野西後町)
【掲載事典】霊巡, 日七

219 仁科三十三番札所
【概　要】北アルプス山麓の大町・仁科に存在する観音霊場。1757(宝暦7)年に、弾誓寺住職覚阿上人によってまとめられたといい、「仁科三十三番御詠歌」が刊行されている。現在一部の札所は廃寺と成っている。

【札所名】(1)若一王子神社(大町市大町俵町),(2)弾誓寺(大町市大町九日町),(3)妙喜庵(大町市大町九日町),(4)西岸寺(大町市大町堀六日町),(5)大念寺(大町市大町堀六日町),(6)青柳寺(大町市大町堀六日町),(7)四辻堂(天正寺より変更)(大町市大町北原町),(8)了瑞庵観音堂(大町市大町高根町),(9)東陽院跡(大町市),(10)三川堂(西正院大姥堂)(大町市),(11)大澤寺(長野市),(12)海岳院(大町市),(13)三橋堂(大町市),(14)福聚堂(大町市),(15)堂崎観音(大町市),(16)海口庵(大町市),(17)夕陽庵(大町市大町),(18)霊松寺(大町市山田町),(19)牛立薬師寺(大町市),(20)浄福寺跡(大町市),(21)滝の入観音(定光寺)(大町市),(22)藤尾山 覚音寺(大町市),(23)来鳳山 成就院(北安曇郡池田町),(24)神宮寺跡地(仁科神明宮)(大町市),(25)源華山 盛蓮寺(大町市),(26)聖向山 浄念寺(北安曇郡池田町),(27)林泉寺(北安曇郡池田町),(28)観音堂(北安曇郡池田町),(29)蓮盛寺(北安曇郡松川村),(30)金福山 勘勝院(北安曇郡松川村),(31)慈眼山 清水寺(大町市),(32)佛崎山 観音寺(大町市),(33)長性院 六角堂(大町市大町南原町)。
【掲載事典】霊大

◇仁科三十三番札所めぐり　篠崎健一郎著　長野　一草舎出版　2005.6　158p　19cm〈信州の本棚 2〉　1400円　①4-902842-10-6

長野県の霊場

◇諏訪郡霊場百番札所詠歌道記　田中積水著　牛山岩治　1975.5　85p　図　19cm　非売品

◇郷土めぐり諏訪霊場　上巻　諏訪百番札所巡り　中村龍雄著　郷土学部　〔1976〕　128p　22cm　1000円

◇飯伊百観音—昭和五十四年開帳記念　飯伊百観音事務局編　飯田　飯伊百観音事務局　1979　128p　21cm〈付(図1枚)：飯伊百観音案内図、編者代表：石川良昱〉

◇伊那谷の巡礼　〔1〕　今村輝夫著　飯田　南信州新聞社　1979.3　117p　19cm〈共同刊行：伊那史学会〉

◇伊那谷の巡礼　〔2〕　伊那坂東三十三カ所・伊那秩父三十四カ所　今村輝夫著　飯田　南信州新聞社　1979.7　225p　19cm〈共同刊行：伊那史学会〉

◇佐久三十三番観音・札所めぐり　原田昭男編　佐久　櫟　1993.8　90p　19cm〈付・集印帳〉1600円　①4-900408-47-6

◇塩田平の古寺めぐり—塩田平の札所を歩く　長野　風景社　1997.4　112p　21cm　1200円

◇四国移土信濃八十八ヶ所道法案内　駒込孝英編著　ダブリュネット　1999.11　225p　図版25枚　21cm〈発売：星雲社〉2857円　①4-7952-7219-0
目次 案内手引書(文政十年の原本記載の序文)　札所案内 第一番〜第八十八番・打納　四国八十八ヶ所一覧表(移土元)　番外　巻末資料　駒込観音堂余伝　参考資料　郷土誌「長野」関保男著「駒込氏発願の新四国案内手引書」　開田事業余談
内容 今から約百八十年の昔、文化・文政の時代に幾多の辛苦を乗り越えて、信濃の地に「信濃新四国」を開いた駒込伊兵衛夫婦の遺跡を復活し、多くの人にその巡礼の道法を紹介する。

◇古道を歩く戸隠神社五社めぐり　越志徳門監修　堀井謙一文　今井達著　長野　信濃毎日新聞社　2013.4　172p　21cm　1400円　①978-4-7840-7202-6
目次 第1章 戸隠神社一之鳥居〜熊の石塔　第2章 地蔵堂〜宝光社　第3章 神道・火之御子社〜中社　第4章 中社〜越後道経由〜奥社　第5章 中社〜鏡池経由〜奥社　第6章 奥社・九頭龍神社　第7章 表山・三十三窟と裏山・十三仏
内容 神さま仏さまの気配を感じ、高原の空気と山岳の霊気に包まれて、日本屈指のパワースポットを歩く。

《岐阜県》

220 恵那三十三観音霊場

【概　要】岐阜県恵那地方（恵那市・中津川市）に散在する観音霊場。1758（宝暦8）年開創と伝えられるが、後に衰退。1985（昭和60）年に札所を整理統合して再興された。客番3ヶ所を含む全てが禅宗寺院で、うち曹洞宗26、臨済宗9、黄檗宗1。毎年、春（4月12～18日）と秋（10月12～18日）に御開帳期間が設定され、この間は各札所でお茶の接待を行っている。巡拝所要日数は車で2泊3日。

【札所名】(1)慧日山 東禅寺（恵那市大井町）、(2)法昌山 長栄寺（恵那市長島町）、(3)泰養山 高安寺（恵那市長島町）、(4)稲荷山 長国寺（恵那市大井町）、(5)嶺松山 大林寺（中津川市）、(6)久翁山 源長寺（中津川市）、(7)萬松山 宗久寺（恵那市）、(8)瑞雲山 禅林寺（中津川市）、(9)賀雲山 萬嶽寺（中津川市）、(10)天徳山 東光院（恵那市岩村町）、(11)久昌山 盛巌寺（恵那市岩村町殿町）、(12)興国山 清楽寺（恵那市岩村町日の出町）、(13)飯高山 萬勝寺（恵那市山岡町）、(14)清水山 萬光寺（恵那市上矢作町）、(15)寳林山 圓頂寺（恵那市上矢作町）、(16)龍洞山 玉泉寺（恵那市上矢作町）、(17)香林山 黄梅院（恵那市）、(18)瀧坂山 観音寺（恵那市明智町）、(19)久昌山 安住寺（恵那市明智町）、(20)龍雲山 普門寺（恵那市山岡町）、(21)瑞鳳山 徳祥寺（恵那市岩村町）、(22)医王山 林昌寺（恵那市山岡町）、(23)龍遊山 常久寺（恵那市三郷町）、(24)地久山 天長寺（恵那市三郷町）、(25)白峰山 威代寺（恵那市三郷町）、(26)銀松山 瑞現寺（恵那市武並町）、(27)不老峰洞禅院（恵那市武並町）、(28)祖廣山 自法寺（恵那市飯地町）、(29)雲嶽山 長楽寺（恵那市笠置町）、(30)寳林山 高徳寺（中津川市）、(31)天佑山 大洞院（中津川市）、(32)巨福山 長徳寺（恵那市長島町）、(33)長昌山 圓通寺（恵那市長島町）、(客番)出生山 子安寺（中津川市）、(客番)補陀山 龍泉寺（中津川市）、(客番)勝嶽山 大船寺（恵那市上矢作町）

【掲載事典】霊大、霊巡

◇恵那三十三観音霊場　［恵那三十三観音霊場会編］［恵那三十三観音霊場会］［1985］80p　21cm

◇恵那三十三観音霊場めぐり―観楽（みらく）・食楽（しょくらく）いやしの巡礼　恵那市観光協会編　恵那　恵那市観光協会　［2014］21p　30cm

221 飛驒三十三観音霊場

【概　要】岐阜県北部、高山市から飛驒市にかけて広がる観音霊場。1990（平成2）年開創。客番10ヶ所を含めた43札所の半数以上が円空仏を祀っており、「円空上人が歩いた道」をキャッチフレーズに掲げている。全行程は約250km。巡拝所要日数は車で2泊3日、鉄道・バスを利用して3泊4日。

【札所名】(1)医王山 飛驒国分寺（高山市総和町）、(2)桜雲山 相応院（高山市桜町）、(3)海蔵山 雲龍寺（高山市若達町）、(4)高隆山 素玄寺（高山市天性寺町）、(5)宝樹山 善応寺（高山市宗猷寺町）、(6)真龍山 宗献寺（高山市宗献寺町）、(7)神護山 清伝寺（高山市江名子町）、(8)慈恩山 正雲寺（高山市神明町）、(9)神護山 大幢寺（高山市神明町）、(10)集雲山 霊泉寺（高山市千島町）、(11)太平山 安国寺（高山市国府町）、(12)幽洞山 汲月院（飛驒市神岡町）、(13)南光山 寿楽寺（飛驒市古川町）、(14)福聚山 慈眼寺（飛驒市古川町）、(15)玉阜山 洞泉寺（飛驒市宮川町）、(16)天照山 円城寺（飛驒市神岡町船津大門町）、(17)宝福山 光円寺（飛驒市神岡町）、(18)華岳山 恩林寺（高山市下岡本町）、(19)久雲山 玄昌寺（飛驒市宮川町）、(20)瑞龍山 久昌寺（飛驒市宮川町）、(21)白雲山 金龍寺（飛驒市神岡町）、(22)天照山 円城寺（飛驒市神岡町）、(23)慶雲山 両全寺（飛驒市神岡町）、(24)高原山 本覚寺（高山市上宝町）、(25)冨渓山 永昌寺（高山市奥飛驒温泉）、(26)補陀山 洞雲寺（飛驒市神岡町）、(27)殿秀山 瑞岸寺（飛驒市神岡町）、(28)仁月山 桂峯寺（高山市上宝町）、(29)法円山 禅通寺（高山市奥飛驒温泉）、(30)旗鉾山 慈雲寺

（高山市丹生川町），(31) 普門山 善久寺（普門山 善久寺），(32) 大貫山 正宗寺（高山市丹生川町），(33) 袈裟山 千光寺（高山市丹生川町）
【掲載事典】札所，巡遍，霊大，霊巡，日巡

◇飛驒三十三観音霊場めぐり―円空上人の歩いた道　山本純一広告制作所企画制作　飛驒三十三観音霊場会　［2000］1枚　17×189cm（折り畳み17×8cm）

◇飛驒三十三観音霊場めぐり―円空上人の歩いた道　飛驒三十三観音霊場会編　飛驒三十三観音霊場会事務局　2005.10　141p　21cm

222　益田三十三観音霊場

【概　要】岐阜県下呂市の下呂温泉町を中心に点在する観音霊場。1839（天保10）年に禅昌寺18世の荊林和尚と下呂村の牧善安が益田郡内にある観音堂33ヶ所を選定して開創した。毎月18日には各地域の観音講が、また旧盆の8月15日から7日7夜にわたり「鐘たたき」の行事が開催される。全行程は150kmで、巡拝所要日数は徒歩で4日、車で2日。

【札所名】(1) 霊感堂（受持寺・玉龍寺）（下呂市金山町），(2) 弘誓堂（受持寺・玉龍寺）（下呂市金山町），(3) 潮音堂（受持寺・万福寺）（下呂市金山町），(4) 善応堂（受持寺・万福寺）（下呂市金山町），(5) 囲繞堂（受持寺・東泉寺）（下呂市），(6) 法雲堂（受持寺・玉龍寺）（下呂市），(7) 真如堂（受持寺・東泉寺）（下呂市），(8) 説現堂（受持寺・東泉寺）（下呂市），(9) 如日堂（受持寺・万福寺）（下呂市），(10) 妙智堂（受持寺・万福寺）（下呂市），(11) 自在堂（受持寺・万福寺）（下呂市），(12) 清浄堂（受持寺・地蔵寺）（下呂市），(13) 具足堂（受持寺・地蔵寺）（下呂市），(14) 真観堂（受持寺・慈雲院）（下呂市），(15) 解脱堂（受持寺・泰心寺）（下呂市），(16) 甘露堂（受持寺・泰心寺）（下呂市），(17) 恵日堂（受持寺・泰心寺）（下呂市），(18) 普明堂（受持寺・温泉寺）（下呂市），(19) 白雲堂（受持寺・東禅寺）（下呂市），(20) 常念堂（受持寺・泰心寺）（下呂市），(21) 唵摩訶山（受持寺・泰心寺）（下呂市），(22) 養松堂（受持寺・禅昌寺）（下呂市萩原町），(23) 浄聖堂（受持寺・大覚寺）（下呂市萩原町），(24) 神通堂（受持寺・竜寺寺）（下呂市萩原町），(25) 大雲堂（受持寺・竜泉寺）（下呂市萩原町），(26) 梵音堂（受持寺・竜寺寺）（下呂市萩原町），(27) 無量堂（受持寺・竜寺寺）（下呂市萩原町），(28) 大悲殿（受持寺・長谷寺）（下呂市小坂町），(29) 妙喜堂（受持寺・長谷寺）（下呂市小坂町），(30) 八相堂（受持寺・竜泉寺）（下呂市萩原町），(31) 福聚堂（受持寺・大覚寺）（下呂市萩原町），(32) 示現堂（受持寺・大覚寺）（下呂市萩原町），(33) 円通閣（受持寺・禅昌寺）（下呂市萩原町）

【掲載事典】霊巡

223　美濃三十三観音霊場

【概　要】岐阜県南部、木曽川と長良川に挾まれた平野部から山麓にかけて散在する観音霊場。美濃西国三十三観音霊場とも称される。享保年間（1716～35）の『美濃西国巡礼手引記』に当時の記録が残されており、それ以前に成立したと考えられるが、詳細は不明。後に衰退するが、戦後間もなく再興された。全行程は約200kmで、巡拝所要日数はバスを利用して1泊2日、観光を兼ねて2泊3日。湯の洞温泉や長良川温泉に宿を取るのが便利。

【札所名】(1) 大日山 日龍峰寺（関市），(2) 盧山 鹿苑寺（美濃市），(3) 長栄山 来昌寺（美濃市吉川町），(4) 金毘羅山 宝勝院（美濃市泉町），(5) 景久山 永昌寺（関市武芸川町），(6) 尾崎山 恵利寺（関市武芸川町），(7) 臨済山 龍福寺（関市武芸川町），(8) 龍王山 三光寺（山県市），(9) 富士山 東光寺（山県市），(10) 法雲山 廣厳寺（山県市），(11) 金粟山 大龍寺（岐阜市），(12) 大仙山 禅徳寺（美濃加茂市伊深町），(13) 白華山 甘南美寺（山県市），(14) 神護山 崇福寺（岐阜市），(15) 霊鷲山 法華寺（岐阜市），(16) 如意山 願成寺（岐阜市），(17) 雄総山 護国之寺（岐阜市），(18) 大日山 美江寺（岐阜市美江寺町），(19) 瑞甲山 乙津寺（岐阜市），(20) 椎倉山 弘誓寺（山県市），(21) 大祥山 宝積寺（加茂郡坂祝町），(22) 恵昌山 萬尺寺（美濃加茂市太田町），(23) 神宮山 吉祥寺（関市），(24) 今宮山 神光寺（関市），(25) 雲黄山 大智寺（岐阜市），(26) 白華山 清水寺（加茂郡富加町），(27) 龍興

岐阜県

山 祐泉寺（美濃加茂市太田本町），(28) 臨済山 龍福寺（加茂郡富加町），(29) 仁慈山 小山寺（美濃加茂市下米田町），(30) 松涛山 善福寺（岐阜市千手堂北町），(31) 金剛山 徳雲寺（美濃加茂市加茂野町），(32) 玉樹山 立蔵寺（関市西日吉町），(33) 吉田山 新長谷寺（関市長谷寺町）
【掲載事典】古寺，霊大，霊巡，日巡，霊典

◇美濃西国三十三霊場奉納経　護国之寺
　［1978］1冊　23cm
◇美濃三十三観音霊場めぐり　美濃西国三十三番霊場事務所編　岐阜　美濃西国三十三番霊場事務所　［1979］80p　17cm
◇美濃三十三観音霊場　美濃西国三十三観音霊場会事務局［編］改版　美濃西国三十三観音霊場会事務局　［1988］78p　21cm
◇美濃西国巡礼手引記　岐阜　岐阜県郷土資料研究協議会　1989.11　〔54〕,15p　24cm〈複製と翻刻〉①4-905687-16-0
◇東海の100観音―ガイド　白井伸昂著　名古屋　風媒社　1996.10　235p　21cm　1700円　①4-8331-0048-7
目次 尾張三十三観音（宝生院―大須観音　長栄寺―笠覆寺―笠覆観音 ほか）　美濃三十三観音（曹渓寺―宝生観音　鹿苑寺　来昌寺 ほか）　三河三十三観音（宝福寺　随念寺　九品院 ほか）
内容 尾張・美濃・三河の100観音と周辺の古寺古刹とを豊富な写真と詳細な地図で紹介。愛好家必携の"観音巡礼"ガイドブック。
◇美濃西国三十三所観音巡礼　美濃西国三十三所観音霊場会編　冨永航平著　大阪　朱鷺書房　1999.6　189p　19cm　1000円　①4-88602-317-7
目次 日龍峰寺（高沢観音）（武儀町）　鹿苑寺（美濃市）　来昌寺（美濃市）　宝勝院（美濃市）　永昌寺（武芸川町）　恵利寺（武芸川町）　龍福寺（武芸川町）　三光寺（美山町）　東光寺（伊自良村）　広厳寺（高富町）〔ほか〕
内容 江戸中期には成立していたと伝わる美濃西国霊場。岐阜県南部の12市町村にまたがり，長良川と木曽川にはさまれた風光明媚な地域は，のどかな自然につつまれて，巡礼の醍醐味を満喫できる。

224　美濃七福神
【概　要】岐阜県岐阜市を中心に広範囲にわたって点在する七福神で，1979（昭和54）年に発足した。毘沙門天と寿老人が1寺にあるため計6寺で構成される。平安時代に創建されたと伝えられる由緒ある寺院が多く，多くの尊像が秘仏となっている。
【札所名】恵比須神 甘南美寺（山県市），大黒天 真禅院（不破郡垂井町），毘沙門天 新長谷寺（吉田観音）（関市長谷寺町），弁財天 圓鏡寺（本巣郡北方町），福禄寿尊 大龍寺（だるま観音）（岐阜市），寿老尊 永保寺（多治見市），布袋尊 護国之寺（岐阜市）
【掲載事典】七幸，七巡，七め，全七，霊大，日七，日巡

◇美濃七福神納経帖　美濃七福神霊場会事務局編　美濃七福神霊場会事務局　［1980］1冊　21cm

225　美濃新四国八十八ヵ所霊場
【概　要】岐阜県岐阜市を中心に，長良川・木曾川・揖斐川に挟まれた地域に広がる弘法大師霊場。開創時期は明らかでないが，1864（文久4)年の霊場一覧表と地図が残されており，当時の札所は美濃全域に広がっていたことが分かる。明治時代末期に巡礼し易い規模に再編成され盛んとなったが，第二次世界大戦や戦後の混乱により途絶。1973（昭和48）年の弘法大師生誕1200年を機に岐阜県真言青年会の僧侶たちが再興に乗り出し，廃寺など欠番となった札所の補充や巡礼し易くするための番号の変更などが行われ，1975（昭和50）年5月に正式に再出発した。
【札所名】(1) 善光寺（岐阜市），(2) 安楽寺（岐阜市），(3) 法円寺（岐阜市），(4) 栽松寺（岐阜市），(5) 善澄寺（岐阜市），(6) 地蔵寺（岐阜市木挽町），(7) 禅林寺（岐阜市），(8) 瑞巌

寺(各務原市那加北洞町)、(9)梅英寺(本巣市)、(10)勝林寺(岐阜市木造町)、(11)本覚寺(岐阜市泉町)、(12)正覚寺(北向不動)(岐阜市神田町)、(13)願成寺(三弘法)(岐阜市春日町)、(14)瑞龍寺内 雲龍院(岐阜市寺町)、(15)龍興寺(岐阜市)、(16)弘峰寺(岐阜市)、(17)天衣寺(尼衆学林)(岐阜市)、(18)全超寺(岐阜市)、(19)願成寺(大洞観音)(岐阜市)、(20)神光寺(関市)、(21)宗休寺(関善光寺)(関市西日吉町)、(22)新長谷寺(吉田観音)(関市長谷寺町)、(23)法福寺(一願大師)(各務原市)、(24)薬王院(各務原市各務おがせ町)、(25)仏眼院(各務原市前渡東町)、(26)松本寺(各務原市山脇町)、(27)薬師寺(各務原市三井町)、(28)少林寺(各務原市那加新加納町)、(29)西明寺(羽島郡笠松町)、(30)江月寺(羽島郡岐南町)、(31)瑞応寺(赤門寺)(羽島郡笠松町奈良町)、(32)開白寺(羽島市正木町)、(33)徳林寺(寺嶋のお不動さん)(羽島市桑原町)、(34)真福寺(羽島市桑原町)、(35)一乗市(小熊弘法)(羽島市小熊町)、(36)慈恩寺(岐阜市)、(37)大日寺(川手善光寺)(岐阜市)、(38)水薬師寺(乳薬師)(岐阜市加納南広江)、(39)珠泉院(岐阜市)、(40)玉性院(岐阜市加納天神町)、(41)高家寺(銀杏弘法)(各務原市那加北洞町)、(42)西方寺(岐阜市加納新本町)、(43)医王寺(岐阜市此花町)、(44)乙津寺(梅寺)(岐阜市)、(45)善政院(鏡寺)(岐阜市)、(46)立江寺(真向寺)(岐阜市)、(47)玉蔵院(瑞穂市)、(48)花王院(瑞穂市)、(49)修学院(瑞穂市)、(50)宝樹寺(岐阜市)、(51)圓鏡寺(北方弘法)(本巣郡北方町)、(52)国恩寺(柊寺)(本巣市)、(53)延命寺(本巣市)、(54)大福寺(本巣市)、(55)来振寺(揖斐郡大野町)、(56)正法寺(岐阜市)、(57)龍雲寺(岐阜市)、(58)洞泉寺(山県市)、(59)林陽寺(岐阜市)、(60)霊松院(岐阜市)、(61)法華寺(岐阜市)、(62)宝泉院(岐阜市)、(63)大龍寺(だるま観音)(岐阜市)、(64)東光寺(山県市)、(65)甘南美寺(山県市)、(66)泉蔵寺(山県市)、(67)円教寺(山県市)、(68)善性寺(山県市)、(69)南泉寺(子供の寺)(山県市)、(70)般若寺(山県市)、(71)弘誓寺(山県市)、(72)智照院(岐阜市)、(73)林泉寺(山県市)、(74)三光寺(山県市)、(75)吉祥寺(山県市)、(76)薬師寺(岐阜市)、(77)清閑寺(岐阜市)、(78)乗福寺(山県市)、(79)広厳寺(山県市)、(80)延算寺東院(岐阜市)、(81)定恵寺(岐阜市)、(82)大智寺(岐阜市)、(83)真長寺(岐阜市)、(84)蓮華寺(関市)、(85)延寺(かさ神薬師)(岐阜市)、(86)西光寺(岐阜市)、(87)洞泉寺(岐阜市)、(88)護国之寺(岐阜市)

【掲載事典】霊大,霊巡

◇美濃新四国八十八ヶ所巡拝路　美濃新四国八十八ヶ所霊場会[編]　美濃新四国八十八ヶ所霊場会　[20--]　1枚　53×38cm(折りたたみ27cm)

◇美濃新四国八十八ヶ所奉納経　美濃新四国霊場会編　美濃新四国霊場会　[1975]　1冊　26cm

◇美濃新四国八十八ヶ所奉納経　美濃新四国霊場会編　美濃新四国霊場会　1997.3　1冊　26cm

◇美濃新四国八十八ヶ所巡拝路　美濃新四国霊場会[編]　美濃新四国霊場会　[1999]　1枚　38m

《静岡県》

226 伊豆天城七福神

【概　要】静岡県田方郡の旧天城湯ヶ島町内に古くからあった七福神を、1980(昭和55)年に再編成したもの。寺社は、狩野川流域を中心にして各所に点在する。天城連山を源とする狩野川上流とその支流には湯ケ島温泉など七湯が湧く。そのため、伊豆天城七湯七福神ともいわれる。

【札所名】恵比須尊 真正寺(伊豆市)、大黒天 明徳寺(伊豆市)、毘沙門尊天 宝蔵院(伊豆市)、弁財尊天 嶺松院(伊豆市)、福禄寿尊 弘道寺(伊豆市)、寿老人 大龍寺(伊豆市)、布袋尊 成就院(伊豆市)

静岡県

【掲載事典】七幸, 七巡, 七め, 全七, 霊大, 霊巡, 日七

227 伊豆国七福神
【概　要】静岡県下田市から伊豆半島の西海岸を巡る七福神めぐりコース。4月と10月には大祭がある。妻良善福寺「無量福禄寿尊天」には勝海舟が風待ちのため1週間滞在したと言われ、子浦西林寺「息災毘沙門天」には14代将軍徳川家茂のお手植の松がある。また伊浜普照寺「延命寿老尊天」の梵鐘は静岡県の重要文化財に指定されている。
【札所名】恵比須天　向陽院（下田市），大黒天　大安寺（下田市），大就弁財天　長楽寺（下田市），子育布袋尊天　入間海蔵寺（賀茂郡南伊豆町），福禄寿天　妻良善福寺（賀茂郡南伊豆町），息災毘沙門天　子浦西林寺（賀茂郡南伊豆町），延命寿老尊天　伊浜普照寺（賀茂郡南伊豆町），番外・愛染明王　明徳院（下田市）
【掲載事典】七幸, 七巡, 七め, 全七, 霊大, 霊巡, 日七, 日巡

228 伊豆八十八ヵ所霊場
【概　要】静岡県伊豆半島に位置する弘法大師霊場。開創の経緯などは明らかでないが、江戸時代末期頃に始まったとされる。久しく途絶していたが、1975（昭和50）年にガイドブックが刊行され、翌年5月には読売新聞静岡版で紹介され、再び巡拝が行われるようになった。巡拝所要日数の目安は車を利用して1泊2日を1回、2泊3日を3回の計7泊程度。
【札所名】(1)嶺松院（伊豆市），(2)弘道寺（伊豆市），(3)最勝院（伊豆市），(4)城富院（伊豆市），(5)玉洞院（伊豆市），(6)金剛寺（伊豆市），(7)泉龍寺（伊豆市），(8)益山寺（伊豆市），(番外)航浦院（沼津市），(9)澄楽寺（伊豆の国市），(10)蔵春院（伊豆の国市），(11)長源寺（伊豆の国市），(12)長温寺（伊豆の国市），(13)北條寺（伊豆の国市），(14)慈光院（伊豆の国市），(15)高岩院（伊豆の国市），(16)興聖寺（田方郡函南町），(17)泉福寺（三島市），(18)宗徳院（三島市），(19)蓮馨寺（三島市広小路町），(20)養徳寺（田方郡函南町），(21)龍澤寺（三島市），(22)宗徳寺（三島市），(23)東光寺（熱海市），(24)般若院（熱海市），(25)興禅寺（熱海市桜木町），(26)長谷寺（熱海市），(27)東林寺（伊東市馬場町），(28)大江院（伊東市），(29)龍豊院（賀茂郡東伊豆町），(30)自性院（賀茂郡東伊豆町），(31)東泉院（賀茂郡東伊豆町），(32)善應院（賀茂郡東伊豆町），(33)正定寺（賀茂郡東伊豆町），(番外)称念寺（賀茂郡河津町），(34)三養院（賀茂郡河津町），(35)栖足寺（賀茂郡河津町），(36)乗安寺（賀茂郡河津町），(37)地福院（賀茂郡河津町），(38)禅福寺（下田市），(39)観音寺（下田市），(40)玉泉寺（下田市），(41)海善寺（下田市），(42)長楽寺（下田市），(43)大安寺（下田市），(44)広台寺（下田市），(45)向陽院（下田市），(46)米山寺（下田市），(47)龍門院（下田市），(48)報本寺（下田市），(49)太梅寺（下田市），(50)玄通院（賀茂郡南伊豆町），(51)龍雲寺（賀茂郡南伊豆町），(52)曹洞院（下田市），(53)宝徳院（下田市），(54)長谷寺（下田市），(55)修福寺（賀茂郡南伊豆町），(56)正善寺（賀茂郡南伊豆町），(57)青龍寺（賀茂郡南伊豆町），(58)正眼寺（賀茂郡南伊豆町），(59)海蔵寺（賀茂郡南伊豆町），(60)善福寺（賀茂郡南伊豆町），(61)法泉寺（賀茂郡南伊豆町），(62)法伝寺（賀茂郡南伊豆町），(63)保春寺（賀茂郡南伊豆町），(64)慈雲寺（賀茂郡南伊豆町），(65)最福寺（賀茂郡南伊豆町），(66)岩殿寺（賀茂郡南伊豆町），(67)安楽寺（賀茂郡南伊豆町），(68)東林寺（賀茂郡南伊豆町），(69)常石寺（賀茂郡南伊豆町），(70)金泉寺（賀茂郡南伊豆町），(71)普照寺（賀茂郡南伊豆町），(72)禅宗院（賀茂郡松崎町），(73)常在寺（賀茂郡松崎町），(74)永禅寺（賀茂郡松崎町），(75)天然寺（賀茂郡松崎町），(76)浄泉寺（賀茂郡松崎町），(77)円通寺（賀茂郡松崎町），(78)禅海寺（賀茂郡松崎町），(79)建久寺（賀茂郡松崎町），(80)帰一寺（賀茂郡松崎町），(81)宝蔵院（賀茂郡松崎町），(82)慈眼寺（賀茂郡西伊豆町），(83)東福寺（賀茂郡西伊豆町），(84)法眼寺（賀茂郡西伊豆町），(85)大聖寺（賀茂郡西伊豆町），(86)安楽寺（伊豆市），(87)大行寺（沼津市），(88)修禅寺（伊豆市）

静岡県

【掲載事典】札所，霊大，霊巡

◇伊豆八十八ヵ所霊場めぐり　伊豆観光霊跡振興会編　伊東　伊豆観光霊跡振興会　[1976]　81p　21cm　600円

◇伊豆八十八ケ所巡拝御納経帳　伊豆観光霊跡振興会編　伊東　伊豆観光霊跡振興会　1978.3　1冊（ページ付けなし）24cm　700円
　目次 豆国礼所番・寺院・所在地

◇伊豆八十八ケ所巡拝―尋ね歩いた名号碑　芹沢亨編　函南町（静岡県）　芹沢亨　1996.2　132p　26cm〈付（地図1枚　袋入）〉

◇伊豆八十八ケ所霊場巡拝　村越正明著　[沼津]　[村越正明]　[2000.6]　45p　29cm（別冊ガイドブック　V1.02）非売品

◇伊豆八十八ケ所霊場　丹羽圓宗著　伊東　伊豆新聞本社　2001.8　161p　21cm　945円

◇伊豆のへんろ道―巡拝記　久保田豊・久江著　芦沢一郎監修　[清水町（静岡県）]　平成へんろ会　2006.7　151p　21cm　800円　①4-9903209-0-5
　目次 巡拝一　修善寺桂谷八十八ヶ所―桂谷八十八ヶ所の由来　巡拝二　伊豆横道三十三観音霊場―観音信仰の由来　巡拝三　伊豆八十八霊場　巡拝四　駿豆七観音

◇伊豆八十八ケ所霊場こころの旅　田中康男,永倉和泰監修　三島　ピーシードクター　2008.4　120p＋折り込み図1枚　21cm〈付属資料：CD1枚（12cm）：摩訶般若波羅蜜多心経〉2000円　①978-4-9904102-0-9

◇伊豆八十八ケ所霊場ほっと巡り―伊豆八十八ケ所遍路旅詳細ガイドブック2012～2013年版　インデックス社　2012.6　223p　21cm（メディアパルムック）〈発売：メディアパル〉1600円　①978-4-89610-385-4

229　伊豆横道三十三観音霊場

【概　要】静岡県伊豆半島の東西海岸に散在する寺々を結んだ観音霊場。伝説では伊豆配流中の源頼朝が巡拝して源氏再興を祈願したことが起源とされるが、実際には江戸時代の開創とする説が有力。「横道」という名称の由来も諸説あるが明らかではない。かつては三十三ヶ寺の観音が全て秘仏であったが、現在では多くが直接参拝できるようになっている。

【札所名】(1)延命寺（滝見観音堂）（賀茂郡西伊豆町），(2)帰一寺（賀茂郡松崎町），(3)西法寺（賀茂郡松崎町），(4)円通寺（賀茂郡松崎町），(5)長光寺（廃寺）観音堂（賀茂郡西伊豆町），(6)慈願寺（賀茂郡西伊豆町），(7)宝蔵院（賀茂郡松崎町），(8)円成寺（賀茂郡西伊豆町），(9)正法院（賀茂郡西伊豆町），(10)江月院（賀茂郡松崎町），(11)普音寺（賀茂郡松崎町），(12)法雲寺（下田市），(13)普門院（賀茂郡河津町），(14)小峰堂（賀茂郡河津町），(15)東大寺（賀茂郡河津町），(16)善光庵（賀茂郡河津町），(17)南禅寺（賀茂郡河津町），(18)満昌寺（下田市），(19)広台寺（下田市），(20)福泉寺（下田市），(21)観音寺（下田市），(22)補陀庵（下田市），(23)長楽寺（宝光院）（下田市），(24)泰平寺（下田市），(25)曹洞院（下田市），(26)修福寺（賀茂郡南伊豆町），(27)慈雲寺（賀茂郡南伊豆町），(28)大慈寺（賀茂郡南伊豆町），(29)正眼寺（賀茂郡南伊豆町），(30)海蔵寺（賀茂郡南伊豆町），(31)善福寺（賀茂郡南伊豆町），(32)潮音寺（賀茂郡南伊豆町），(33)普照寺（賀茂郡南伊豆町）

【掲載事典】古寺，霊巡，日巡，霊典

◇伊豆横道三十三カ所―観音霊場めぐり　平幡良雄編　銚子　満願寺事業部　1980.7　107p　18cm（よみがえる観音霊場シリーズ　4）

◇伊豆のへんろ道―巡拝記　久保田豊・久江著　芦沢一郎監修　[清水町（静岡県）]　平成へんろ会　2006.7　151p　21cm　800円　①4-9903209-0-5
　目次 巡拝一　修善寺桂谷八十八ヶ所―桂谷八十八ヶ所の由来　巡拝二　伊豆横道三十三観音霊場―観音信仰の由来　巡拝三　伊豆

静岡県

八十八霊場　巡拝四　駿豆七観音
◇静岡御朱印を求めて歩く札所めぐり伊豆・駿河・遠州ルートガイド　ふじのくに倶楽部著　メイツ出版　2014.10　128p　21cm　1600円　①978-4-7804-1507-0
[目次]伊豆横道三十三観音（延命寺　帰一寺　西法寺　ほか）　駿河一国三十三観音（清水寺　東光寺　智満寺　ほか）　遠州三十三観音（蓮華寺　大洞院　長福寺　ほか）

230　伊東温泉七福神
【概　要】静岡県伊豆半島の入り口にある伊東温泉に設けられた七福神。風光明媚な環境と市内に点在する文学散歩とを合わせて巡ることができ、観光客向けにガイドマップも作られている。また、"伊東七福神の湯"と名付けられた共同浴場が8湯あり、その入り口には目印に七福神の石像が飾られている。7湯ではなく8湯であるのは、2つの布袋の湯を含むためである。ほかに、湯の花通り商店街には"お湯かけ七福神石像"が配置され、お湯かけ七福神めぐりもできる。
【札所名】恵比寿神　新井神社(伊東市)，大黒天神　海上山　朝光寺(伊東市)，毘沙門天王　海光山　仏現寺(伊東市)，弁財天　桃源山　松月院(伊東市)，寿老神　宝珠山　最誓寺(伊東市音無町)，布袋尊　東林寺(伊東市馬場町)，福禄寿　水東山　林泉寺(伊東市)
【掲載事典】七幸，七め，全七，霊大，霊巡，日七，日巡

◇伊東の七福神（ファイル）　保坂正美,田上東平著　伊東市・伊東観光協会編　[19--]　1冊　27cm　非売品
[目次]『伊東温泉　七福神記』(1990)　『伊東の七福神』　『伊東の歴史と文学』(伊東の七福神)[1984]　『伊東温泉七福神めぐり』

◇伊東温泉　七福神の湯　湯香里マップ―共同浴場マップ　伊東市観光課，伊東市観光協会　伊東市観光課,伊東市観光協会　[出版年不明]　1枚　非売品

231　遠州三十三観音霊場
【概　要】静岡県西部の東海道沿線、掛川・袋井・磐田・浜松・湖西にかけて広がる観音霊場で、「遠州の西国」とも称される。1984(昭和59)年5月に「遠州の地に仏国土を」との理念を掲げて開創された。温暖な気候に恵まれ花の寺が多いこと、周辺に温泉や観光地が多数存在することが特徴で、一年を通して観光を兼ねた巡拝が可能である。全行程は約231km、巡拝所要日数は車で3泊4日、鉄道・バスを利用して4泊5日。
【札所名】(1) 八形山　蓮華寺(周智郡森町)，(2) 橘谷山　大洞院(周智郡森町)，(3) 安里山　長福寺(掛川市)，(4) 鞍淵山　春林院(掛川市)，(5) 瑞霧山　大雲院(掛川市)，(6) 和光山　永江院(掛川市)，(7) 曽我山　正法寺(掛川市)，(8) 龍谷山　常現寺(掛川市)，(9) 洞谷山　龍雲寺(菊川市)，(10) 江湖山　紅雲寺(御前崎市)，(11) 平等山　龍眠寺(掛川市)，(12) 千手山　普門寺(掛川市)，(13) 長嶽山　龍巣院(袋井市)，(14) 福聚山　慈眼寺(袋井市)，(15) 明星山　甚光寺　大慈殿(袋井市)，(16) 龍富山　松秀寺(袋井市)，(17) 珠玉山　宣光寺(磐田市)，(18) 風祭山　福王寺(磐田市)，(19) 東光山　正醫寺(磐田市)，(20) 今浦山　永福寺(磐田市)，(21) 円通山　観音寺(磐田市)，(22) 平遊山　延命寺(浜松市北区三ヶ日町)，(23) 海隣山　禮雲寺(湖西市)，(24) 海蔵山　岩松寺(湖西市)，(25) 宇津山　正太寺(湖西市)，(26) 種月山　閑田寺(湖西市)，(27) 半田山　龍泉寺(浜松市東区)，(28) 宝玉山　龍秀院(浜松市東区有玉北町)，(29) 八幡山　法雲寺(磐田市)，(30) 萬松山　可睡斎(袋井市)，(31) 實林山　成金寺(浜松市南区)，(32) 鹿苑山　香勝寺(周智郡森町)，(33) 実谷山　極楽寺(周智郡森町)
【掲載事典】霊大，霊巡

◇遠州三十三観音奉納経　遠州観音霊場会事務局編　遠州観音霊場会事務局　[1984]　1冊　26cm

◇遠州三十三観音奉納経　遠州観音霊場会編　遠州観音霊場会　[1985]　35p　24cm

◇遠州三十三観音霊場ガイドブック　東海の西国　遠州三十三観音霊場札所霊場会

［編］浜松　遠州三十三観音霊場札所霊場会　［1986］76p　21cm

◇史跡遠江三十三所観音霊場　桐田幸昭著　吉田町（静岡県）桐田栄　1987.2　55p　21cm〈参考文献：p54、製作：静岡教育出版社（静岡）〉600円

◇遠州三十三観音霊場ガイドブック　遠州三十三観音霊場札所霊場会編　遠州三十三観音霊場札所霊場会　1992.8　76p　21cm

◇遠州三十三所観音巡り　神谷昌志著　静岡　郷土出版社　1993.12　166p　19cm　1600円　①4-87665-051-9
[内容]『遠州三十三観音霊場』の由緒、見どころ、交通などのすべてを紹介。

◇遠州三十三観音霊場ガイドブック　遠州三十三観音霊場札所霊場会編　遠州三十三観音霊場札所霊場会　1994.08　76p　21cm

◇遠州三十三観音奉納経　遠州観音霊場会　1996.6　1p　21cm

◇静岡御朱印を求めて歩く札所めぐり伊豆・駿河・遠州ルートガイド　ふじのくに倶楽部著　メイツ出版　2014.10　128p　21cm　1600円　①978-4-7804-1507-0
[目次]伊豆横道三十三観音（延命寺　帰一寺　西法寺　ほか）　駿河一国三十三観音（清水寺　東光寺　智満寺　ほか）　遠州三十三観音（蓮華寺　大洞院　長福寺　ほか）

232　遠州七福神
【概　要】昭和50年代に開創された七福神で、静岡県掛川市、磐田市、御前崎市など広い範囲で点在する。広範囲のため、1泊2日で巡る人が多い。いずれの寺院も、庭園・植木に力を入れている。あじさい寺とも言われる極楽寺では、境内に1万3000株のあじさいが群生し、6月上旬ころから開花する。
【札所名】寿老尊天　極楽寺（あじさい寺）（周智郡森町）、大黒尊天　法雲寺（磐田市）、福禄寿尊天　福王寺（磐田市）、弁財天　松秀寺（袋井市）、恵比須尊天　官長寺（御前崎市）、毘沙門尊天　増船寺（御前崎市）、布袋尊天　永江院（掛川市）
【掲載事典】七幸、七巡、七め、全七、霊大、霊巡、日七

◇遠州花の寺七福神めぐり―黎峰富士山と紺碧の海　富永博次編　遠州七福神霊場会事務所　1980.1　1冊　21cm

233　源氏山七福神
【概　要】静岡県伊豆半島の古奈温泉と伊豆長岡温泉の間に位置する源氏山に設けられた七福神霊場。全行程は約6kmで、2〜3時間程度で回ることができる。伊豆長岡温泉源氏山七福神。
【札所名】恵比須神　湯谷神社（伊豆の国市）、福禄寿　長温寺（伊豆の国市）、弁財天　西琳寺弥勒堂（伊豆の国市）、寿老人　温泉神社（伊豆の国市）、布袋尊　最明寺（伊豆の国市）、大黒天　大黒堂（伊豆の国市）、毘沙門天　宗徳寺（伊豆の国市）
【掲載事典】七め、全七、霊大、霊巡、日七

234　駿河三十三観音霊場
【概　要】静岡県中部から東部にかけて広がる観音霊場。「駿河一国巡り」「駿河一国観音霊場」とも称される。江戸時代初期に、安部七観音霊場巡りを拡大して成立したものと推測されるという。行基菩薩や弘法大師の創建と伝えられる古寺が多い。熱海市伊豆山の東光寺が番外となっているが、巡礼を終えた後に温泉で旅の疲れを癒やす狙いがあるという。徳川家ゆかりの地であることから、江戸時代には隆盛を極めた。藤枝市を発して駿河湾沿いに東進して沼津市に至る行程で、巡拝所要日数は3〜4日。
【札所名】(1) 音羽山　清水寺（藤枝市）、(2) 池澤山　東光寺（島田市）、(3) 千葉山　智満寺（島田市）、(4) 広峰山　清林寺（藤枝市）、(5) 龍池山　洞雲寺（藤枝市）、(6) 村岡山　満願寺（廃

静岡県

寺）(藤枝市), (7)普門山 補陀洛寺(藤枝市), (8)谷川山 梅林院(藤枝市岡部町), (9)普門山 観音寺(藤枝市), (10)高草山 法華寺(焼津市), (11)仏会山 安養寺(静岡市駿河区), (12)大窪山 徳願寺(静岡市駿河区), (13)天桂山 歓昌院(静岡市駿河区), (14)牧ヶ谷山 耕雲寺(静岡市葵), (15)瑞祥山 建穂寺(廃寺)(静岡市葵区), (16)慈悲尾山 増善寺(静岡市葵区), (17)高福山 法明寺(法妙寺)(静岡市葵区), (18)祥雲山 慶寿寺(島田市), (19)音羽山 清水寺(静岡市葵区音羽町), (20)布袋山 平澤寺(平沢観音)(静岡市駿河区), (21)鷲峰山 霊山寺(大内観音)(静岡市清水区), (22)補陀洛山 鉄舟寺(旧久能寺)(静岡市清水区), (23)巌腰山 瑞雲院(静岡市清水区興津清見寺町), (24)仏光山 最明寺(静岡市清水区由比町), (25)八幡山 大法寺(大宝寺)(静岡市清水区由比町), (26)岩戸山 龍雲寺(静岡市清水区), (27)明星山 大悟庵(富士宮市), (28)藤沢山 妙善寺(富士市), (29)円通山 福聚院(静岡県富士市), (30)赤野山 廣大寺(沼津市), (31)稲久山 長谷寺(初瀬山)(沼津市千本緑町), (32)安養山 蓮光寺(沼津市三芳町), (33)東海山 潮音寺(沼津市), (番外)日金山 東光寺(熱海市)
【掲載事典】古寺, 霊大, 霊巡, 霊典

◇駿河三十三ケ所観音札所御詠歌　依田秀彦編　依田秀彦(発売)［1983］9p 26cm

◇駿河三十三所観音巡り　黒沢脩著　静岡 静岡郷土出版社　1989.7　166p　19cm　1500円　①4-87665-016-0

◇静岡御朱印を求めて歩く札所めぐり伊豆・駿河・遠州ルートガイド　ふじのくに倶楽部著　メイツ出版　2014.10　128p　21cm　1600円　①978-4-7804-1507-0
|目次|伊豆横道三十三観音(延命寺　帰一寺　西法寺　ほか)　駿河一国三十三観音(清水寺　東光寺　智満寺　ほか)　遠州三十三観音(蓮華寺　大洞院　長福寺　ほか)

235　遠江三十三観音霊場
【概　要】掛川市を中心とする静岡県西部、西は天竜川から東は大井川にかけての地域に位置する観音霊場。起源は明らかでないが、慶安(1648～51)以前あるいは文禄(1593～96)以前に西国写し霊場として成立したという。昭和初期まで盛んだったが、その後巡拝が途絶、1984(昭和59)年に再興された。伝統的に秋の彼岸巡礼をメインとする。
【札所名】(1)一澤山 結縁寺(掛川市), (2)保福山 常楽寺(掛川市), (3)東陽山 長谷寺(掛川市), (4)鶏足山(曽我山) 正法寺内 新福寺(掛川市), (5)法多山 尊永寺内 北谷寺(袋井市), (6)篠谷山 岩松寺(袋井市), (7)福聚山 慈眼寺(袋井市), (8)月見山 観正寺(袋井市), (9)岩室山 清瀧院(磐田市), (10)八形山 安住院 蓮華寺(周智郡森町), (11)高平山 遍照寺内 観音寺(周智郡森町), (12)神宮山 長源庵 山崎(掛川市), (13)大尾山 顕光寺(掛川市), (14)瑞興山 大雲院内 知蓮寺(掛川市), (15)五台山 文殊内 浄円寺(掛川市), (16)龍洞山 真昌寺(掛川市), (17)日林山 天養院(掛川市), (18)新福寺(掛川市), (19)明照山 慈明寺(掛川市), (20)子安山 観音寺(掛川市), (21)宝珠山 相伝寺内 光善寺(掛川市), (22)天王山 観泉寺内 長福寺(掛川市), (23)無間山 観音堂・龍谷山 常現寺内(掛川市), (24)岩崎山 観音寺(掛川市), (25)松島山 岩松寺(掛川市), (26)杖操山 妙国寺(島田市), (27)瀧性山 永寳寺内 慈眼寺(菊川市), (28)拈華山 正法寺(菊川市), (29)国源山 正林寺内 磯辺山(菊川市), (30)宝珠山 盛岩院内 青木寺(掛川市), (31)紅梅山 菊水寺(掛川市), (32)如意輪山 今瀧寺(掛川市), (32)佐束山 岩井寺(掛川市)
【掲載事典】霊巡

◇遠江三十三ケ所観音札所御詠歌　石野成子著　掛川　石野成子　1978.10　52p　26×18cm

◇遠江三十三所観世音霊場縁起　鈴木偉三郎著　鈴木偉三郎　1987.6　20p　20×14cm

◇遠江三十三所案内　桐田榮著　桐田榮［1988］79p　21cm

◇遠江心の旅路を歩く――遠江三十三観音

霊場巡拝－地図付　瀧茂編　浜名湖出版　1988.12　96p　26×19cm　980円

◇光と風と観音様と―遠江三十三観音霊場ガイド　竹腰幸夫［企画・編著］掛川　遠江三十三観音霊場保存会　2003.9　124p　19cm〈発売：静岡新聞社・出版局（［静岡］）〉800円　①4-7838-9575-9

|目次|第一番・結縁寺　第二番・常楽寺　第三番・長谷寺　第四番・正法寺内新福寺　第五番・尊永寺内北谷寺　第六番・岩松寺　第七番・慈眼寺　第八番・観正寺　第九番・清滝寺　第十番・蓮華寺〔ほか〕|
|内容|遠江三十三観音霊場巡拝ガイドブック。|

◇三十三観音めぐり―遠江霊場　古い歴史をもつ東海の西国　遠江三十三観音霊場企画・編集　遠江三十三観音霊場会　2005.1　222p　19×12cm　1300円

◇遠江三十三観音霊場巡りと奉額俳句・奉納連歌解読　新田愼一, 服部光子共著　［掛川］［新田愼一］2015.11　14,108p　26cm

236　遠江四十九薬師霊場

【概　要】静岡県西部に位置する薬師如来霊場。開創時期は明らかでないが、享保17（1732）年記銘の御詠歌が残っており、成立はそれ以前に遡ることができる。明治時代末期以降衰退したが、1977（昭和52）年に遠江四十九薬師奉賛会により再興された。全行程は約150km。

【札所名】(1)参慶山 国分寺(磐田市中央町), (2)無量山 泉蔵寺(磐田市), (3)嶺松山 金台寺(磐田市), (4)萬松山 宗安寺(浜松市東区市野町), (5)東光山 正醫寺(磐田市), (6)士石山 林昌寺(磐田市), (7)瑞雲山 妙法寺(磐田市), (8)鶴翁山 松林寺(浜松市東区中野町), (9)長福山 松雲寺(浜松市東区中野町), (10)古真山 安正寺(浜松市東区薬師町), (11)瑠璃山 龍谷寺(浜松市南区飯田町), (12)青林山 頭陀寺(浜松市南区頭陀寺町), (13)三島山 神宮寺(浜松市南区三島町), (14)寶林山 成金寺(浜松市南区), (15)護法山 地蔵院(浜松市南区高塚町), (16)長松山 富春院(浜松市南区小沢渡町), (17)大徳山 廣隣寺(浜松市南区若林町), (18)東光山 二ツ御堂(浜松市南区東若林町), (19)白王山 大厳寺(浜松市中区), (20)天王山 福厳寺(浜松市中区), (21)宝蔵山 宗源院(浜松市中区), (22)先照山 心造寺(浜松市中区紺屋町), (23)真徳山 天林寺(浜松市中区下池川町), (24)華木山 少林寺(浜松市中区), (25)赤池山 白華寺(浜松市中区), (26)薬王山 真光寺(浜松市浜北区), (27)小松山 光正寺(浜松市浜北区), (28)龍宮山 岩水寺(子安地蔵尊)(浜松市浜北区), (29)東谷山 栄林寺(浜松市天竜区二俣町), (30)阿蔵山 玖延寺(浜松市天竜区二俣町), (31)万世山 一雲斎(磐田市), (32)城谷山 蓮台寺(磐田市), (33)虎峰山 龍源院(袋井市), (34)医王山 建福寺(袋井市), (35)白龍山 蔵泉寺(袋井市), (36)清水山 長泉寺(袋井市), (37)安養山 西楽寺(袋井市), (38)医王山 油山寺(袋井市), (39)献壽山 鶴松院(袋井市), (40)陽福山 宗円寺(袋井市), (41)医光山 心宗院(袋井市), (42)聖雲山 長溝院(袋井市), (43)竜富山 松秀寺(袋井市), (44)松竜山 寿正寺(磐田市), (45)護国山 全久院(磐田市), (46)鎌田山 醫王寺(磐田市), (47)招宝山 東昌寺(磐田市), (48)東福山 西光寺(磐田市), (49)大梅山 慈恩寺(磐田市), (客番)風祭山 福王寺(磐田市), (番外)瑞光山 長泉寺(磐田市)

【掲載事典】霊大，霊巡

◇薬師のあるふるさと遠江―こころの歳時記/四十九薬師霊場巡り　遠江四十九薬師奉賛会　［1987］119p　26cm

◇遠江四十九薬師順拝帳　遠江四十九薬師奉賛会編　遠江四十九所薬師奉賛会　［1990］56p　26cm

◇遠江四十九薬師―寺院の歴史と文化を訪ねて　遠江四十九薬師編集委員会編著　宮前隆之挿絵　浜松　遠江四十九薬師奉賛会　2000.6　182p　26cm

237　浜名湖七福神

【概　要】静岡県内の高野山真言宗寺院7ヶ寺から成り、1989（平成元）年に成立した。福禄寿を祭る岩水寺の本尊、厄除子安地蔵菩薩、大黒天を祭る摩訶耶寺の不動明王像、千手

静岡県

観音像は国の重要文化財に指定されている。
【札所名】恵比須神 鏡光山 応賀寺（湖西市新居町），福禄寿尊天 竜宮山 岩水寺（浜松市浜北区），大黒尊天 大乗山 摩訶耶寺（浜松市北区三ケ日町），寿老尊天 光岩山 長楽寺（浜松市北区細江町），毘沙門天 遠州信貴山（浜松市中区中沢町），布袋尊 瑠璃山 大福寺（浜松市北区三ケ日町），弁才尊天 甲江山 鴨江寺（浜松市中区）
【掲載事典】全七，霊巡

238 浜松七福神
【概　要】静岡県浜松市内の7ヶ寺から成り、「浜松七福財天」とも。巡拝所要時間は車で4～5時間。
【札所名】恵比寿 常久院（浜松市東区上石田町），大黒天 円福寺（浜松市北区都田町），毘沙門天 養源寺（浜松市東区下石田町），弁財天 甘露寺（浜松市東区中郡町），布袋尊 好徳寺（浜松市南区堤町），寿老人 富春院（浜松市南区小沢渡町），福禄寿 半僧坊浜松別院（浜松市中区高町）
【掲載事典】霊巡

239 藤枝七福神
【概　要】静岡県藤枝市内の7ヶ寺から成る。巡拝所要時間はゆっくりめぐって車で2時間ほど。
【札所名】恵比寿 向善寺（藤枝市天王町），大黒天 清水寺（藤枝市），毘沙門天 大慶寺（藤枝市），弁財天 長楽寺（藤枝市本町），布袋尊 盤脚院（藤枝市），寿老人 洞雲寺（藤枝市），福禄寿 心岳寺（藤枝市）
【掲載事典】霊巡

240 焼津七福神
【概　要】静岡県焼津市内の7ヶ寺から成り、昭和50年代に成立した。弁財天を祭る法華寺は駿河三十三観音霊場札所でもある。大黒天を祭る海蔵寺は「こがわ（小川）のお地蔵さん」で親しまれている。福禄寿をまつる成道寺の「麓葉達磨図」は国の重要文化財に指定されている。
【札所名】恵比寿尊天 信香院（焼津市），大黒尊天 海蔵寺（焼津市），毘沙門尊天 正岳寺（焼津市），弁財尊天 法華寺（焼津市），布袋尊 泰善寺（焼津市），福禄寿尊天 成道寺（焼津市），寿老人尊天 法昌寺（焼津市）
【掲載事典】全七，霊巡，日七

◇駿河国焼津七福神めぐり　焼津七福神霊場会事務局編　焼津　焼津七福神霊場会　事務局　［1988］1冊　26cm

静岡県の霊場

◇文化財のしおり　第27集　御厨の順礼
御殿場市文化財審議会編　新居達也著
御殿場　御殿場市教育委員会　1993.9
94p　21cm

◇静岡県の三十三所　石川靖夫著　［富士見］［石川靖夫］2000.10　124p　19cm

目次 伊豆国横道三十三所　伊豆国中道三十三所　豆国三十三所　御厨横道三十三所　駿豆両国横道三十三所　駿河国観音霊場　駿河国府邊観音霊場　新撰府邊観音霊場　静岡新西国観音霊場　志太新西国三十三所　坂口谷三十三番札所　遠江三十三所

愛知県

遠州三十三観音霊場　豊田郡観世音順礼　三十三所　細江湖岸西国三十三所　浜松
磐田郡三十三所　川西国西三十三所　袖　手引観世音　浜名湖新西国三十三所　湖
ケ浦観音霊場　遠州天龍川西三十三所　南新西国三十三所
宮口三十三所　浜名国三十三所　引佐

《愛知県》

241　大府七福神
【概　要】愛知県大府市内の7ヶ寺から成る。1月下旬に「七福神めぐり」が開催され、特別に開帳される七福神をお参りすることができる。
【札所名】恵比寿尊　浄通院（大府市追分町），大黒尊天　普門寺（大府市横根町），毘沙門天　地蔵寺（大府市長草町），辨財尊天　光善寺（大府市北崎町），福禄寿尊　地蔵院（大府市中央町），寿老尊　大日寺（大府市月見町），布袋尊　賢聖院（大府市北崎町）
【掲載事典】霊巡，日七

242　奥三河七観音霊場
【概　要】1979（昭和54）年，愛知県新城市を中心に曹洞宗の8ヶ所の寺院（札所7ヶ寺と特番1ヶ寺）が集まり創設されたミニ霊場。この七観音は7札所の意味であり，本尊は十一面観音である。
【札所名】(1) 長谷山　長全寺（新城市），(2) 大慈山　正養寺（新城市），(3) 興休山　勅養寺（新城市），(4) 谷高山　高勝寺（北設楽郡設楽町），(5) 青龍山　満光寺（新城市），(6) 鳥原山　常福寺（新城市），(7) 光岩山　立岩観音（新城市），(特番) 真明山　庚申寺（新城市）

243　尾張三十三観音霊場
【概　要】名古屋市を中心とする愛知県西部（旧尾張国）に広がる観音霊場。江戸時代に栄えたが，当時は甚目寺で打ち始め，寂光院で打ち納めだった。明治時代の廃仏毀釈などで衰退したが，1958（昭和33）年に寺院の入れ替えや順番の変更をして再興された。全行程は336km。巡拝所要日数は車で2日，電車・バスを利用して4日。三河三十三観音霊場・美濃三十三観音霊場・豊川稲荷と合わせて東海百観音と称する。
【札所名】(1) 宝生院（大須観音）（名古屋市中区），(2) 長栄寺（名古屋市中区），(3) 笠寺（笠寺観音）（名古屋市南区笠寺町上新町），(4) 長楽寺（名古屋市南区），(5) 普門寺（大府市横根町），(6) 洞雲院（知多郡阿久比町），(7) 岩屋寺（知多郡南知多町），(8) 大御堂寺（野間大坊）（知多郡美浜町），(9) 斉年寺（常滑市），(10) 大智院（知多市南粕谷本町），(11) 観音寺（荒尾観音）（東海市荒尾町），(12) 観音寺（荒子観音）（名古屋市中川区荒子町），(13) 龍照院（海部郡蟹江町），(14) 大慈院（弥富観音）（弥富市），(15) 広済寺（あま市七宝町），(16) 甚目寺（甚目寺観音）（あま市甚目寺町），(17) 萬徳寺（稲沢市），(18) 龍潭寺（岩倉市本町），(19) 桂林寺（丹羽郡大口町），(20) 寂光院（継鹿尾観音）（犬山市），(21) 小松寺（小牧市），(22) 陶昌院（小牧市），(23) 玉林寺（小牧観音）（小牧市），(24) 龍音寺（間々観音）（小牧市間々本町），(25) 龍泉寺（名古屋市守山区），(26) 宝泉寺（瀬戸市宝寺本町），(27) 慶昌院（瀬戸市城屋敷町），(28) 長母寺（名古屋市東区），(29) 久国寺（名古屋市北区），(30) 善福院（名古屋市東区），(31) 聚福院（長久手市），(32) 仏地院（名古屋市天白区），(33) 興正寺（名古屋市昭和区八事本町）
【掲載事典】古寺，札所，巡遍，霊大，霊巡，日巡，霊典

◇尾張三十三所観音霊場めぐり　尾張三十三所観音霊場奉讃会巡拝道路地図出版編集部編　名古屋　尾張三十三所観音霊場奉讃会　1975.10　1冊（ページ付なし）

愛知県

19cm
◇尾張三十三所観音霊場案内記　尾張三十三所観音霊場奉讃会編　名古屋　尾張三十三所観音霊場奉讃会　［1978］48p 20cm
◇尾張三十三カ所―観音霊場めぐり　平幡良雄著　銚子　満願寺教化部　1987.8　80p　19cm（古寺巡礼シリーズ 15）
◇東海の100観音―ガイド　白井伸昂著　名古屋　風媒社　1996.10　235p　21cm　1700円　①4-8331-0048-7
|目次| 尾張三十三観音（宝生院―大須観音　長栄寺　笠覆寺―笠覆観音 ほか）　美濃三十三観音（曹渓寺―宝生観音　鹿苑寺　来昌寺 ほか）　三河三十三観音（宝福寺　随念寺　九品院 ほか）
|内容| 尾張・美濃・三河の100観音と周辺の古寺古刹とを豊富な写真と詳細な地図で紹介。愛好家必携の"観音巡礼"ガイドブック。

244　尾張三霊場
【概　要】中日新聞掲載の「物から心の時代へ」というテーマの連載を契機として、1974（昭和49）年6月に成立した。毎月20日が御縁日。
【札所名】(1)地泉院（稲沢市祖父江町），(2)大徳院（あま市），西福院（稲沢市）
【掲載事典】霊巡

245　尾張七福神
【概　要】愛知県稲沢市祖父江町内の木曽川左岸、国営木曽三川水郷公園に開設された七福神霊場。名鉄尾西線森上駅から西へ歩いた祖父江町祖父江地区に寺院が集まっている。堂内入堂本尊礼拝、福笹授与、住職の法話などがある。毎月7日に縁日が開かれる。
【札所名】福禄寿　善光寺（稲沢市祖父江町），恵比須　根福寺（稲沢市祖父江町），毘沙門天　正塔院（稲沢市祖父江町），寿老人　刈萱堂（稲沢市祖父江町），弁財天　刈萱堂（稲沢市祖父江町），布袋尊　永張寺（稲沢市祖父江町），大黒天　地泉院（稲沢市祖父江町）
【掲載事典】全七，霊大，霊巡

246　高蔵十徳神
【概　要】愛知県春日井市内で、1912（明治45）年の旧正月7日に高倉七福神として始まる。その後、戦争で一時期中断したものの、戦後1956（昭和31）年に復活した。1963（昭和38）年には三徳神が加わり、高蔵福徳神10ヶ寺の巡拝が始まった。1月7日が縁日とされる。
【札所名】毘沙門天　高蔵寺（春日井市高蔵寺町），恵比須天　玉龍寺（春日井市庄名町），大黒天　高福寺（春日井市松本町），弁財天　瑞法寺（春日井市出川町），福禄寿　太平寺（春日井市玉野町），寿老神　龍降寺（春日井市気噴町），布袋神　円福寺（春日井市白山町），厄除不動明王　林昌寺（春日井市外之原町），子安地蔵尊　常泉寺（春日井市大留町），智慧文殊菩薩　蓮蔵院（春日井市気噴町）
【掲載事典】七め，全七，霊大，霊巡，日七

247　知多七福神
【概　要】三河湾と伊勢湾に挟まれた愛知県知多半島に存在する七福神。1969（昭和44）年開創。客番が2ヶ寺ある。南知多七福神。
【札所名】毘沙門尊天　時志観音（知多郡美浜町），弁財尊天　遍照寺（知多郡南知多町），恵比須尊天　羽豆神社（知多郡南知多町），福禄寿尊天　影向寺（知多郡南知多町），寿老尊天　持宝院（知多郡南知多町），大黒尊天　野間大坊（知多郡美浜町），布袋尊天　相持院（常滑市），客番・鶴亀宝船（鶴）正法寺（知多郡南知多町），客番・鶴亀宝船（亀）安楽寺（知多郡南知多町）

【掲載事典】七幸，全七，霊大，霊巡，日七

248 知多新四国八十八ヵ所霊場

【概　要】愛知県知多半島の海沿いに散在する弘法大師霊場。1809（文化6）年に第79番札所妙楽寺13世の亮山阿闍梨が弘法大師の夢のお告げを受けて開創を発願，知多郡阿久比町福住の岡戸半蔵と讃岐国香川郡の武田安兵衛という2人の行者の助けを得て，1824（文政7）年に大願成就した。全行程は約194km，巡拝所要日数は車で1泊2日，バスで2泊3日。俗に弘法参りとも。知多四国霊場。

【札所名】(1)清涼山 曹源寺(豊明市栄町)，(2)法蔵山 極楽寺(大府市北崎町)，(3)海雲山 普門寺(大府市横根町)，(4)宝龍山 延命寺(大府市大東町)，(5)延命山 地蔵寺(大府市長草町)，(6)万年山 常福寺(大府市半月町)，(7)彼岸山 極楽寺(知多郡東浦町)，(8)上世山 傳宗院(知多郡東浦町)，(9)浄土山 明徳寺(知多郡東浦町)，(10)福聚山 観音寺(知多郡東浦町)，(11)光明山 安徳寺(知多郡東浦町)，(12)徳応山 福住寺(半田市有脇町)，(13)板嶺山 安楽寺(知多郡阿久比町)，(14)円通山 興昌寺(知多郡阿久比町)，(15)龍渓山 洞雲院(知多郡阿久比町)，(16)鳳凰山 平泉寺(知多郡阿久比町)，(17)樫木山 観音寺(知多郡阿久比町)，(18)開運山 光照寺(半田市乙川高良町)，(19)前明山 光照院(半田市東本町)，(20)萬松山 龍台院(半田市前崎東町)，(21)天竜山 常楽寺(半田市東郷町)，(22)御嶽山 大日寺(知多郡武豊町)，(23)意竜山 蓮花院(知多郡武豊町)，(24)慶亀山 徳正寺(知多郡武豊町)，(25)法輪山 円観寺(知多郡武豊町)，(26)龍華山 弥勒寺(知多郡美浜町)，(27)天竜山 誓海寺(知多郡美浜町)，(28)浄光山 永寿寺(知多郡美浜町)，(29)大悲山 正法寺(知多郡南知多町)，(30)宝珠山 医王寺(知多郡南知多町)，(31)宝珠山 利生院(知多郡南知多町)，(32)宝珠山 宝乗院(知多郡南知多町)，(33)宝珠山 北室院(知多郡南知多町)，(34)宝珠山 性慶院(知多郡南知多町)，(35)神光山 成願寺(知多郡南知多町)，(36)天永山 遍照寺(知多郡南知多町)，(37)魚養山 大光院(知多郡南知多町)，(38)龍門山 正法禅寺(知多郡南知多町)，(39)金剛山 医徳院(知多郡南知多町)，(40)普門山 影向寺(知多郡南知多町)，(41)松原山 西方寺(知多郡南知多町)，(42)瑞岸山 天龍寺(知多郡南知多町)，(43)大悲山 岩屋寺(知多郡南知多町)，(44)菅生山 大宝寺(知多郡南知多町)，(45)尾風山 泉蔵寺(知多郡南知多町)，(46)井際山 如意輪寺(知多郡南知多町)，(47)井際山 持宝院(知多郡南知多町)，(48)禅林山 良参寺(知多郡美浜町)，(49)護国山 吉祥寺(知多郡美浜町)，(50)鶴林山 大御堂寺(知多郡美浜町)，(51)鶴林山 野間大坊(知多郡美浜町)，(52)鶴林山 密蔵院(知多郡美浜町)，(53)鶴林山 安養院(知多郡美浜町)，(54)亀嶺山 海潮院(半田市亀崎町地)，(55)曇華山 法山寺(知多郡美浜町)，(56)祥雲山 瑞境寺(知多郡美浜町)，(57)孔雀山 報恩寺(知多郡美浜町)，(58)金光山 来応寺(常滑市)，(59)万年山 玉泉寺(常滑市)，(60)大光山 安楽寺(常滑市)，(61)御嶽山 高讃寺(常滑市)，(62)御嶽山 洞雲寺(常滑市井戸田町)，(63)補陀落山 大善院(常滑市)，(64)世昌山 宝全寺(常滑市本町)，(65)神護山 相持院(常滑市)，(66)八景山 中之坊寺(常滑市)，(67)松尾山 三光院(常滑市小倉町)，(68)龍王山 宝蔵院(常滑市大野町)，(69)宝苑山 慈光寺(知多市)，(70)摩尼山 地蔵寺(知多市)，(71)金照山 大智院(知多市南粕谷本町)，(72)白華山 慈雲寺(知多市)，(73)雨宝山 正法院(知多市)，(74)雨宝山 密厳寺(知多市)，(75)雨宝山 誕生堂(知多市)，(76)雨宝山 如意寺(知多市)，(77)雨宝山 浄蓮寺(知多市)，(78)宝泉山 福生寺(知多市)，(79)白泉山 妙楽寺(知多市)，(80)海鳴山 栖光院(知多市)，(81)巨渕山 龍蔵寺(知多市)，(82)雨尾山 観福寺(東海市大田町)，(83)待暁山 弥勒寺(東海市大田町)，(84)瑞雲山 玄猷寺(東海市富木島町)，(85)慈悲山 清水寺(東海市荒尾町)，(86)大悲山 観音寺(東海市荒尾町)，(87)鷲頭山 長寿寺(名古屋市緑区大高町)，(88)瑞木山 円通寺(大府市共和町)，(開)白泉山 妙楽寺(開山所)(知多市)，(開)天竜山 禅林寺(開山所)(知多市)，(開)達摩山 葦航寺(開山所)(知多市)，(外)清涼山 海蔵院(奥之院)(半田市乙川若宮町)，(外)亀宝山 東光寺(年弘法)(半田市亀崎月見町)，(外)慈雲山 影現寺(時志観音)(知多郡美浜町)，(外)寂静山 西方寺(月山篠山)(知多郡南知多町)，(外)青泰山 浄土寺(龍亀霊場)(知多郡南知多町)，(外)岩屋山 奥之院(知多郡南知多

愛知県

町),(外)金鈴山 曹源寺(厄払弘法)(常滑市)
【掲載事典】癒事, 古寺, 札所, 巡遍, 霊大, 霊巡, 日巡, 霊典

◇知多四国めぐり　知多四国霊場会記念出版編集部編　半田　知多四国霊場会　1968.1　104p　18cm〈書名は奥付・表紙による。標題紙の書名：知多四国霊場巡拝案内〉

◇知多四国八十八ケ所詳細地図　知多四国霊場会　半田　知多四国霊場会　1984.8　48p　21×30cm〈書名は表紙による　奥付の書名：知多四国めぐり地図帳　別刷：地図(1枚)あり〉

◇知多四国めぐり　半田中央印刷株式会社編　半田　半田中央印刷　1993.1　132p　26cm

◇知多四国88ケ所巡り完全ガイド　真野由季江著　名古屋　海越出版社　1993.7　127p　21cm　①4-87697-159-5
[内容]四国88ケ所に対して「新四国」といわれる知多四国88ケ所巡りのガイドブック。各寺院の特徴、宗派、御本尊・開基・開山者、交通・略図、付近のうまい処や雑学なども紹介。

◇知多四国八十八ケ所ひとり歩きの巡拝記　高木芳郎著　[知立]　[高木芳郎]　1993.8　78p　21cm〈折り込1枚,背の書名：ひとり歩きの巡拝記〉

◇知多四国88ケ所巡り完全ガイド　眞野由季江著　改訂版　名古屋　海越出版社　1998.3　127p　21cm　1300円　①4-87697-244-3
[目次]ジャンル別INDEX　見れたら幸運！　名物住職さんのいる寺　ココでこんなお土産　お遍路さん　お遍路さん巡拝入門　三河三弘法　西国33ヶ所観音巡礼

◇知多四国八十八所遍路　知多四国霊場会編　冨永航平著　大阪　朱鷺書房　2000.8　230p　19cm　1000円　①4-88602-320-7
[目次]曹源寺(豊明市栄町)　極楽寺(大府市北崎町)　普門寺(大府市横根町)　延命寺(大府市大東町)　地蔵寺(大府市長草町)　常福寺(大府市吉田町)　極楽寺(東浦町森岡)　伝宗院(東浦町緒川)　明徳寺(東浦町石浜)　観音寺(東浦町生路)[ほか]
[内容]弘法大師の霊跡が数多く残る愛知県・知多半島。江戸後期、弘法大師の夢告により亮山阿闍梨が開いた知多四国八十八ヵ所は、日本三大新四国の一として今に引き継がれ、年間数万人もの「弘法まいり」でにぎわう。番外札所を含めて98か寺の巡拝ガイド。詳細地図・付。

◇同行二人―知多四国八十八ヵ所巡拝ガイド　プレツィオーゾ編集室編　名古屋　プレツィオーゾ　2002.3　113p　19cm　1000円　①4-938869-30-6

◇知多四国八十八ヵ所めぐり―知多四国霊場会公認ガイド　眞野由季江著　祥伝社　2003.9　166p　19cm　1143円　①4-396-62037-3

◇仏との出会い知多四国遍路　冨永航平著　大阪　朱鷺書房　2004.11　204p　20cm　1800円　①4-88602-333-9
[目次]発心の門(曹源寺　極楽寺　ほか)　同行二人(葦航寺　影現寺　ほか)　遍路の魅力(良参寺　吉祥寺　ほか)　仏像との出会い(慈光寺　地蔵寺　ほか)
[内容]素朴な信仰に支えられた寺々に仏像を訪ね、信仰のあり方を問いかける。著者ならではの辛口批評も織り交ぜて、知多四国霊場のひと味違った魅力を発見。

◇出会い知多四国―朝日新聞連載　知多四国霊場会著　知多　知多四国霊場会　2005.1　105p　21cm

◇ぶらっと遍路知多四国―霊場開創二百年　中日新聞社出版部編　名古屋　中日新聞社　2008.2　95p　30cm　762円　①978-4-8062-0560-9

◇遍路知多めぐり―歴史巡礼ガイド　知多四国霊場会監修　名古屋　樹林舎　2008.2　255p　21cm　1429円　①978-4-902731-17-0
[内容]八十八ヶ所霊場と遍路みちを詳しく案内し、通りすぎる市町村の素顔も紹介。巡礼を支えてきた風土と歴史を知り、知多半島の魅力を感じてる新しいガイドブック。知多四国八十八ヶ所霊場開創200年記念出版。

◇知多四国霊場弘法道地図帳―保存版　知多四国霊場会監修　名古屋　樹林舎　2009.7　16,16p　26cm〈『知多巡礼紀行』別冊付録,左右同一ページ付〉非売

品　①978-4-902731-27-9

◇知多巡礼紀行―保存版　知多四国霊場会監修　名古屋　樹林舎　2009.7　271p　31cm〈年表あり〉9500円　①978-4-902731-27-9

◇知多四国巡礼　知多四国霊場会監修　名古屋　歴遊舎　2010.3　198p　26cm〈『知多巡礼紀行』（樹林舎2009年刊）の再編集、最新版〉1429円　①978-4-904896-00-6

◇遍路知多めぐり　知多四国霊場会監修　ハンディ版　名古屋　人間社　2012.10　158p　19cm〈初版：樹林舎2008年刊、文献あり〉1000円　①978-4-931388-69-7

◇知多四国巡礼―決定版：地図ガイド　知多四国霊場会監修　改訂新版　名古屋　歴遊舎　2013.2　198p　26cm　1600円　①978-4-904896-02-0
　目次 不思議な時間が流れている土地　知多四国霊場の歴史と知多半島　巡拝の手引きと弘法道　いよいよ歩く（ぶどう畑の丘の道 "東知多北部"　醸造蔵のならぶ町並み "東知多中部"　三河湾の陽光をあびて "東知多南部"　古道の面影をのこす土地 "西知多南部"　昭和の香り漂う焼き物の町 "西知多中部"　知多半島の原風景を探して "西知多北部"）
　内容 弘法大師が広めた現世利益の教えに導かれて、今日も幾千の老若男女が知多半島をめざす。その飾らない風土とまろやかな信仰を詳細地図と歴史解説で描きつくす、歩いて感じる知多四国霊場の魅力のすべて。

◇遍路知多めぐり　知多四国霊場会監修　改訂版　名古屋　人間社　2015.11　158p　19cm〈文献あり〉1000円　①978-4-931388-94-9
　目次 曹源寺　極楽寺　普門寺　延命寺　常福寺　極楽寺　傳宗院　明徳寺　観音寺〔ほか〕
　内容 巻頭にお参りの手順、巻末にルートマップを収録した、ビギナーにやさしい編集！　必要な情報を凝縮したコンパクトサイズで、持ち歩きに最適！　知多四国霊場会監修の公式ブック！

愛知県

中部

249　東海七福神
【概　要】1958（昭和33）年、三河湾国定公園に指定されている愛知県渥美半島に創設された七福神霊場。徳川家康が、民政の安定と庶民救済のため、七難即滅、七福招来を与え、天下泰平を願う庶民信仰として広めたのが、七福神の始まりと伝えられる。信仰と観光を兼ねて巡拝でき、春の大祭が3月10日、秋の大祭が11月10日に行われる。弁財天を祀る城宝寺は、幕末の先覚者・渡辺崋山の菩提寺でもある。
【札所名】弁財尊天　弁天山　城宝寺（田原市田原町）、恵比須尊天　東鰲山　成道寺（田原市江比間町）、大黒尊天　吉祥山　泉福寺（田原市山田町）、毘沙門尊天　隣江山　潮音寺（田原市福江町）、布袋尊天　霊松山　常光寺（田原市堀切町）、寿老尊天　高嶽山　法林寺（田原市越戸町）、福禄寿尊天　大悲山　瑪瑙寺（田原市高松町）
【掲載事典】七幸，七巡，全七，霊大，霊巡

250　なごや七福神
【概　要】1987（昭和62）年、愛知県名古屋市内に真言宗の寺のみで構成された七福神として開創された。各寺院にてそれぞれの福神様のご朱印を受けることができる。毎年1月名古屋三越栄本店で出開帳を開催。これとは別に、明治時代から戦前にかけて「名古屋七福神」があった。
【札所名】恵比須　笠寺観音　笠覆寺（名古屋市南区笠寺町上新町）、大黒天　如意山　宝珠院（名古屋市中川区）、毘沙門天　袋町お聖天　福生院（名古屋市中区）、辯才天　宝生山　辯天寺（名古屋市港区多加良浦町）、福禄寿　成田山　萬福院（名古屋市中区）、寿老人　八事山　興正寺（名古屋市昭和区八事本町）、布袋尊　大須観音　宝生院（名古屋市中区）
【掲載事典】七幸，七巡，七め，全七，霊大，霊巡，日七，日巡

◇幸せ求めてなごや七福神めぐり　なごや七福神霊場会　［2011］1枚　42×30cm　（折りたたみ30cm）

愛知県

◇なごや七福神めぐり　名古屋七福神霊場　　　枚　42×30cm
　会編　名古屋七福神霊場会　［2012］1

251 三河三十三観音霊場
【概　要】愛知県東南部の三河湾沿岸、岡崎市から蒲郡市や西尾市にかけて点在する観音霊場。1957（昭和32）年に第1番札所宝福寺の13世松林法泉らにより開創された。同寺には霊場会の事務局も置かれている。戦国時代に今川・武田・織田・徳川といった諸大名が覇を競った地域であることを反映し、徳川氏ゆかりの寺院や曹洞宗・浄土宗の寺院が多い。
【札所名】(1)宝福寺（岡崎市梅園町），(2)随念寺（仏現山善徳院）（岡崎市門前町），（番外）九品院（岡崎市鴨田町），(3)大樹寺（成道山松安院）（岡崎市鴨田町），(4)観音寺（岡崎市城北町），(5)松応寺（岡崎市松本町），(6)浄誓院（岡崎市松本町），(7)龍海院（是字寺）（岡崎市明大寺町），（番外）無量寺（岡崎市久後崎町），(8)安心院（明大寺観音）（岡崎市明大寺町），（番外）極楽寺（岡崎市中町），(9)観音寺（岡崎市太平町），(10)徳性寺（岡崎市場町），(11)渭信寺（岡崎市上衣文町），(12)法蔵寺（岡崎市本宿町），(13)天桂院（蒲郡市蒲郡町），(14)善応寺（蒲郡市元町），(15)永向寺（蒲郡市丸山町），(16)利生院（蒲郡市形原町），(17)真如寺（蒲郡市形原町），(18)補蛇寺（蒲郡市金平町），(19)太山寺（三ヶ根観音）（西尾市東幡豆町），(20)妙善寺（ハズ観音）（西尾市東幡豆町），(21)徳林寺（西尾市西幡豆町），(22)運光院（西尾市吉良町），(23)正法寺（西尾市吉良町），(24)宝珠院（西尾市吉良町），(25)西福院（西尾市吉良町），(26)海蔵寺（西尾市吉良町），(27)金蓮寺（饗庭不動尊）（西尾市吉良町），(28)華蔵寺（西尾市吉良町），（番外）観音寺（碧南市築山町），(29)実相寺（実相安国寺）（西尾市上町），(30)盛厳寺（西尾市馬場町），(31)康全寺（西尾市満全町），(32)法厳尼寺（西尾市寄近町），(33)長円寺（西尾市貝吹町）
【掲載事典】霊大，霊巡，日巡，霊典

◇三河三十三観音　御詠歌　三河三十三観音事務所　宝福寺　1964.4　1冊　18×13cm
目次 1 宝福寺　2 随念寺　3 大樹寺　4 観音寺・元能見　5 松応寺　6 浄誓院　7 龍海院　8 安心院　9 観音寺・大平　10 徳性寺　11 渭信寺　12 法蔵寺　13 天桂院　14 善應寺　15 永向寺　16 利生院　17 真如寺　18 補陀　19 三ヶ根山　20 妙善寺　21 徳林寺　22 運光寺　23 正法寺　24 宝珠院　25 西福院　26 海蔵寺　27 金蓮寺　28 華蔵寺　29 実相寺　30 盛厳寺　31 康全寺　32 法厳尼寺　33 長圓寺　番外　九品院・無量寺・極楽寺

◇三河三十三観音霊場　松林法泉編　三河三十三観音事務所　［1977］99p　19×26cm

◇三河三十三観音霊場　服部広秀写真撮影・構成　丸尾登久良編集・作図　岡崎　三河三十三観音事務所　1977.1　100p　19×26cm

◇東海の100観音―ガイド　白井伸昂著　名古屋　風媒社　1996.10　235p　21cm　1700円　①4-8331-0048-7
目次 尾張三十三観音（宝生院―大須観音　長栄寺　笠覆寺―笠覆観音　ほか）　美濃三十三観音（曹渓寺―宝生観音　鹿苑寺　来昌寺　ほか）　三河三十三観音（宝福寺　随念寺　九品院　ほか）
内容 尾張・美濃・三河の100観音と周辺の古寺古刹とを豊富な写真と詳細な地図で紹介。愛好家必携の"観音巡礼"ガイドブック。

252 三河三不動霊場
【概　要】愛知県三河地方の3ヶ寺で構成される不動尊霊場。昭和30年代に開創された。第1番札所総持寺は850（嘉祥3）年、第2番札所無量寺は951（天暦5）年、第3番札所養学院は1570（元亀元）年開創で、無量寺と養学院は東海三十六不動尊霊場の札所でもある。巡拝所要日数は1日。
【札所名】(1)流汗不動　神路山　総持寺（知立市西町），(2)西浦不動　西浦山　無量寺（蒲郡市西浦町），(3)みちびき不動　転法輪山　養学院（豊川市麻生田町）

【掲載事典】霊大，霊巡

253 三河七福神
【概　要】愛知県東部旧三河国（岡崎市、碧南市、蒲郡市、豊川市、西尾市）に、1979（昭和54）年創設された七福神霊場。徳川家康生誕の地である岡崎市には、松平家、徳川家ゆかりの社寺、史跡が数多くある。恵比寿尊を祀る法蔵寺は、家康が8歳から住職について学んだ寺で、その時に使用したとされる硯箱、硯石、机などが保存されている。家康は、南光坊天海の助言を受け、七福神信仰を奨励したことでも知られる。
【札所名】恵比須神　二村山　法蔵寺（岡崎市本宿町），福禄寿尊　白雲山　宝福寺（岡崎市梅園町），豊川弁財天　龍雲山　三明寺（豊川市豊川町），毘沙門天　多聞山　妙福寺（碧南市志貴町），子安布袋尊　長圓寺（西尾市貝吹町），寿老人　如意山　宝珠院（西尾市吉良町），大黒天　楠林山　安楽寺（蒲郡市清田町）
【掲載事典】七幸，七巡，七め，全七，霊大，霊巡，日七

◇三河七福神すごろく　安楽寺　1枚　38×51cm
◇三河七福神案内　三河七福神会編　宝福寺　1枚　18×10cm
◇七福神縁起　三河七福神霊場会編　三河七福神霊場会　［出版年不明］1冊

26cm
目次　法蔵寺　安楽寺　長円寺　宝福寺　妙福寺　三明寺　宝珠院

◇三河七福神霊場めぐり　朱印帖付　三河七福神霊場会事務局編　岡崎　三河七福神霊場会事務局　［1979］44p　17×18cm

254 三河十二支霊場
【概　要】愛知県の三河地方に位置する十二支霊場。1977（昭和52）年に開創された。構成寺院はいずれも病封じの霊効があるとされ、「医者いらず霊場」と称される。十二支霊場としては日本初という。
【札所名】(1)子　真福寺（岡崎市真福寺町），(2)丑・寅　世尊寺（岡崎市欠町），(3)卯　天恩寺（岡崎市片寄町），(4)辰・巳　木光寺（額田郡幸田町），(5)午　妙福寺（西尾市東幡豆町），(6)未・申　崇福寺（岡崎市中島町），(7)酉　善光寺岡崎別院（岡崎市伊賀町），(8)戌・亥　海徳寺（碧南市音羽町）
【掲載事典】癒事，巡遍，霊巡

255 三河新四国霊場
【概　要】愛知県東部に位置する弘法大師霊場。1625（寛永2）年に西加茂郷浦野上人という修行僧が幾度も四国霊場を巡拝して霊砂を持ち帰り、10年がかりで開創したと伝えられる。戦災や三河地震で途絶していたが、1960（昭和35）年に第61番札所無量寺の松山孝昌住職が弘法大師の夢のお告げにより江戸時代の納経帳を発見。これを機に再興の試みが始まり、1965（昭和40）年に霊場会事務局が発足し、8宗派により復興した。全行程は約300km。
【札所名】(開創)遍照院（知立市弘法町），(1)総持寺（知立市西町），(2)西福寺（刈谷市一ツ木町），(3)密蔵院（刈谷市一里山町），(4)無量寿寺（知立市八橋町），(5)龍興寺（豊田市中町），(6)龍興寺内　黄檗殿（豊田市中町），(7)三光寺（豊田市金谷町），(8)三光寺内　護摩堂（豊田市金谷町），(9)光明寺（豊田市下市場町），(10)光明寺内　直心殿（豊田市下市場町），(11)薬師寺（豊田市越戸町），(12)薬師寺内　瑠璃殿（豊田市越戸町），(13)観音院（豊田市越戸町），(14)観音院内　場頭殿（豊田市越戸町），(15)広昌院（豊田市力石町），(16)広昌院内　金重殿（豊田市力石町），(17)大悲殿（東昌寺）（豊田市猿投町），(18)大悲殿内　大師堂（豊田市猿投町），(19)雲龍寺（豊田市四郷町），(20)雲龍寺内　如意殿（豊

田市四郷町),(21)大樹寺(岡崎市鴨田町),(22)大樹寺内 成道閣(岡崎市鴨田町),(23)九品院(岡崎市鴨田町),(24)九品院内 善光寺堂(岡崎市鴨田町),(25)持法院(岡崎市井田町),(26)持法院内 大師堂(岡崎市井田町),(27)浄誓院(岡崎市井田町),(28)浄誓院内 松本観音(岡崎市松本町),(29)安心院(岡崎市明大寺町),(30)安心院内 金峯殿(岡崎市明大寺町),(31)吉祥院(岡崎市明大寺町),(32)吉祥院内 大師堂(岡崎市明大寺町),(33)明星院(岡崎市市場町),(34)明星院内 大聖殿(岡崎市市場町),(35)法蔵寺(岡崎市本宿町),(36)勝徳寺(岡崎市本宿町),(37)法厳寺(豊川市八幡町),(38)法厳寺内 金剛殿(豊川市八幡町),(39)快泉院(豊川市大崎町),(40)快泉院内 遍照殿(豊川市大崎町),(別格)妙厳寺(豊川市豊川町),(41)寿命院(豊川市三谷原町),(42)寿命院内 仏木殿(豊川市三谷原町),(43)徳宝院(豊川市下長山町),(44)徳宝院内 清瀧殿(豊川市下長山町),(45)金剛寺(蒲郡市三谷町),(46)金剛寺内 奥之院(蒲郡市三谷町),(47)光昌寺(蒲郡市三谷町),(48)光昌寺内 弘法堂(蒲郡市三谷町),(49)善応寺(蒲郡市元町),(50)善応寺内 厳松殿(蒲郡市元町),(51)薬証院(蒲郡市中央本町),(52)薬証院内 大師堂(蒲郡市中央本町),(53)真如寺(蒲郡市形原町),(54)真如寺内 観音堂(蒲郡市形原町),(55)実相院(蒲郡市形原町),(56)実相院内 行基殿(蒲郡市形原町),(57)利生院(蒲郡市形原町),(58)利生院内 観音堂(蒲郡市形原町),(59)覚性院(蒲郡市西浦町),(60)覚性院内 宝楽殿(蒲郡市西浦町),(61)無量寺(蒲郡市西浦町),(62)無量寺内 観音堂(蒲郡市西浦町),(63)千手院(西尾市東幡豆町),(64)千手院内 不動堂(西尾市東幡豆町),(65)妙善寺(西尾市東幡豆町),(66)妙善寺内 観音殿(西尾市東幡豆町),(67)太山寺(西尾市寺部町),(68)太山寺内 粟嶋堂(西尾市寺部町),(69)勝山寺(西尾市瓦町),(70)勝山寺内 明王殿(西尾市瓦町),(71)縁心寺(西尾市中町),(72)縁心寺内 輝厳殿(西尾市中町),(73)妙福寺(碧南市志貴町),(74)妙福寺内 弘法堂(碧南市志貴町),(75)観音寺(碧南市築山町),(76)観音寺内 融通殿(碧南市築山町),(77)称名寺(碧南市築山町),(78)称名寺内 東照殿(碧南市築山町),(79)清浄院(碧南市築山町),(80)清浄院内 南松殿(碧南市築山町),(81)海徳寺(碧南市音羽町),(82)海徳寺内 大仏殿(碧南市音羽町),(83)常行院(碧南市本郷町),(84)常行院内 聖道殿(碧南市本郷町),(85)林泉寺(碧南市本郷町),(86)林泉寺内 弘法堂(碧南市本郷町),(87)法城寺(碧南市天王町),(88)法城寺内 天王殿(碧南市天王町)
【掲載事典】霊大,霊巡

◇三河新四国めぐり案内記 御詠・ドライブ地図付 三河四国霊場会編 蒲郡 三河四国霊場会 [1976] 24p 27cm
◇三河新四國霊場案内記 蒲郡 三河新四国霊場会事務局 1983.3 60p 21cm
〈奥付のタイトル:三河新四国案内記,折り込1枚〉
◇三河新四国巡拝地図─八十八ケ所めぐり 三河新四国霊場会編 三河新四国霊場会事務局 [1995] 20p 26×38cm
◇三河新四國霊場案内記 松山孝昌編 蒲郡 三河新四国霊場会事務局 [1995] 60p 21cm
◇三河新四国霊場案内記 蒲郡 三河新四国霊場会 2000.3 60p 21cm

256 南知多三十三観音霊場

【概 要】愛知県知多半島南端の知多郡美浜町・南知多町に点在する観音霊場。1929(昭和4)年に開創され、東海地方最古の霊場ともいわれる。奉賛日は毎月8日。順路は海沿い・山裾・町中と変化に富んでおり、気候が温暖で史蹟名勝が多い土地柄もあり、観光を兼ねた巡拝が行われている。

【札所名】(1)慈雲山 影現寺(知多郡美浜町),(2)龍華山 弥勒寺(知多郡美浜町),(3)信渓山 全忠寺(知多郡美浜町),(4)浦養山 称名寺(知多郡美浜町),(5)天竜山 誓海寺(知多郡美浜町),(6)大乗山 法華寺(知多郡美浜町),(7)真厳山 長福寺(知多郡南知多町),(8)仙翁山 長寿寺(知多郡南知多町),(9)大非山 正法寺(知多郡南知多町),(10)宝珠山 医王寺(知多郡南知多町),(11)神光山 成願寺(知多郡南知多町),(12)宝光山 新蔵寺(知多郡南知多町),(13)白翁山 神護寺(知多郡南知多町),(14)天永山 遍照寺(知多郡

南知多町)、(15)亀翁山 延命寺(知多郡南知多町)、(16)青泰山 浄土寺(知多郡南知多町)、(17)梵音山 極楽寺(知多郡南知多町)、(18)成道山 光明寺(知多郡南知多町)、(19)池水山 正衆寺(知多郡南知多町)、(20)白雲山 円増寺(知多郡南知多町)、(21)普門山 影向寺(知多郡南知多町)、(22)龍翔山 宝珠寺(知多郡南知多町)、(23)松原山 西方寺(知多郡南知多町)、(24)瑞岸山 天龍寺(知多郡南知多町)、(25)大慈山 岩屋寺(知多郡南知多町)、(26)長泉山 龍江寺(知多郡南知多町)、(27)管生山 大宝寺(知多郡南知多町)、(28)献玉山 宝積院(知多郡南知多町)、(29)臨海山 慈光寺(知多郡南知多町)、(30)尾風山 泉蔵院(知多郡南知多町)、(31)井際山 如意輪寺(知多郡南知多町)、(32)法聲山 妙音寺(知多郡南知多町)、(33)井際山 持宝院(知多郡南知多町)、(番外)華誉山 宗真寺(知多郡南知多町)、(番外)東照山 松寿寺(知多郡南知多町)、(番外)岩屋山奥之院(知多郡南知多町)、(番外)宝山 長山寺(知多郡南知多町)
【掲載事典】札所、霊大、霊巡、日巡

◇南知多三十三観音めぐり　創夢社制作・編集　南知多三十三観音霊場会　1982.10　104p　18cm

◇南知多三十三観音めぐり　創夢社制作・編集　改訂版　南知多三十三観音霊場会　1990.1　116p　18cm　440円

257　吉田七福神
【概　要】愛知県豊橋市内の7ヶ寺に、達磨大師を加えた8ヶ寺から成り、1998(平成10)年に成立した。吉田というのは近世の旧地名。吉田七福神＋達磨大師霊場。
【札所名】大黒天 普門寺(豊橋市雲谷町)、弁才天 赤岩寺(豊橋市多米町)、恵比須天 神宮寺(豊橋市魚町)、毘沙門天 永福寺(豊橋市下地町)、福禄寿神 英霊殿 宝形院(豊橋市向山町)、寿老人 薬師寺(豊橋市牛川薬師町)、布袋尊 常心寺(豊橋市杉山町)、達磨大師 豊橋閣日進禅寺(豊橋市新吉町)
【掲載事典】全七、霊巡、日七

愛知県の霊場

◇愛知御朱印を求めて歩く札所めぐり名古屋・尾張・三河ガイドブック　東海まち歩き再発見隊著　メイツ出版　2014.7　128p　21cm　〈索引あり〉1600円

①978-4-7804-1435-6
目次　知多西国三十三観音霊場　名古屋二十一大師霊場　尾張六地蔵霊場　三河三封寺霊場

近畿

258 役行者集印巡り

【概　要】2000(平成12)年、役行者1300年忌を機に、醍醐寺、聖護院、金峯山寺などの寺院が中心となり、京都、大阪、奈良の38寺1社で設定された。通常の霊場巡礼と異なり、札所番号は定められていない。

【札所名】(1)聖護院(京都府京都市左京区聖護院中町)、(2)醍醐寺(京都府京都市伏見区醍醐東大路町)、(3)金胎寺(京都府相楽郡和束町)、(4)笠置寺(京都府相楽郡笠置町)、(5)瀧安寺(大阪府箕面市)、(6)四天王寺(大阪府大阪市天王寺区)、(7)法楽寺(大阪府大阪市東住吉区)、(8)七宝瀧寺(大阪府泉佐野市)、(9)弘川寺(大阪府南河内郡河南町)、(10)観心寺(大阪府河内長野市)、(12)千手寺(大阪府東大阪市東石切町)、(13)天龍院(大阪府東大阪市山手町)、(14)興法寺(大阪府東大阪市上石切町)、(15)慈光寺(大阪府東大阪市東豊浦町)、(11)転法輪寺 葛木神社(奈良県御所市)、(16)元山上千光寺(奈良県生駒郡平群町)、(17)寶山寺(奈良県生駒市門前町)、(18)霊山寺(奈良県奈良市中町)、(19)松尾寺(奈良県大和郡山市山田町)、(20)室生寺(奈良県宇陀市)、(21)大野寺(奈良県宇陀市)、(22)當麻寺(奈良県葛城市)、(23)當麻寺中之坊(奈良県葛城市)、(24)吉祥草寺(奈良県御所市)、(25)福田寺行者堂(奈良県大和高田市)、(26)壷阪寺(南法華寺)(奈良県高市郡高取町)、(27)世尊寺(奈良県吉野郡大淀町)、(28)龍泉寺(奈良県吉野郡天川村)、(29)鳳閣寺(奈良県吉野郡黒滝村)、(30)如意輪寺(奈良県吉野郡吉野町)、(31)竹林院(奈良県吉野郡吉野町)、(32)櫻本坊(奈良県吉野郡吉野町)、(33)喜蔵院(奈良県吉野郡吉野町)、(34)善福寺(奈良県吉野郡吉野町)、(35)大日寺(奈良県吉野郡吉野町)、(36)東南院(奈良県吉野郡吉野町)、(37)吉水神社(奈良県吉野郡吉野町)、(38)金峯山寺(奈良県吉野郡吉野町)、(39)大峯山寺(奈良県吉野郡天川村)

【掲載事典】霊大

259 役行者霊蹟札所

【概　要】2001(平成13)年、修験道の祖・役行者神変大菩薩1300年遠忌を機に、役行者集印巡りが行われ好評を得たことから、役行者の遺徳と修験道の世界をより多くの人々に知ってもらい、修験道への理解を広めようと、36寺社が役行者霊蹟札所会を結成し成立した。真言宗醍醐派総本山醍醐寺、本山修験宗総本山聖護院、金峯山修験本宗総本山金峯山寺の3本山のいずれもゆかりの深い古刹。札の順番はつけられておらず、寺社は奈良、京都、大阪、和歌山、三重、滋賀の2府3県にまたがる。

【札所名】(1)金峯山寺(奈良県吉野郡吉野町)、(2)如意輪寺(奈良県吉野郡吉野町)、(3)竹林院(奈良県吉野郡吉野町)、(4)櫻本坊(奈良県吉野郡吉野町)、(5)喜蔵院(奈良県吉野郡吉野町)、(6)善福寺(奈良県吉野郡吉野町)、(7)大日寺(奈良県吉野郡吉野町)、(8)東南院(奈良県吉野郡吉野町)、(9)吉水神社(奈良県吉野郡吉野町)、(10)大峯山寺(奈良県吉野郡天川村)、(11)龍泉寺(奈良県吉野郡天川村)、(12)菅生寺(奈良県吉野郡吉野町)、(13)吉祥草寺(奈良県御所市)、(14)千光寺(奈良県生駒郡平群町)、(15)寶山寺(奈良県生駒市門前町)、(16)霊山寺(奈良県奈良市中町)、(17)松尾寺(奈良県大和郡山市山田町)、(18)朝護孫子寺(奈良県生駒郡平群町)、(19)室生寺(奈良県宇陀市)、(20)大野寺(奈良県宇陀市)、(21)聖護院門跡(京都府京都市左京区聖護院中町)、(22)醍醐寺(京都府京都市伏見区醍醐東大路町)、(23)神峯山寺(大阪府高槻市)、(24)法楽寺(大阪府大阪市東住吉区)、(25)松尾寺(大阪府和泉市松尾寺町)、(26)七寶瀧寺(大阪府泉佐野市)、(27)弘川寺(大阪府南河内郡河南町)、(28)観心寺(大阪府河内長野市)、(29)転法

輪寺（奈良県御所市），(30) 千手寺（大阪府東大阪市東石切町），(31) 天龍院（大阪府東大阪市山手町），(32) 興法寺（大阪府東大阪市上石切町），(33) 巴陵院（和歌山県伊都郡高野町），(34) 飯福田寺（三重県松阪市飯福田町），(35) 世義寺（三重県伊勢市），(36) 伊吹山寺（滋賀県米原市）
【掲載事典】霊巡

◇役行者霊蹟札所巡礼―修験の聖地　役行者霊蹟札所会編　大阪　朱鷺書房　2002.10　225p　19cm　1000円　①4-88602-328-2
【目次】修験道の成り立ちと役行者―役行者霊蹟札所巡礼解説　金峯山寺（奈良）　如意輪寺（奈良）　竹林院（奈良）　桜本坊（奈良）　喜蔵院（奈良）　善福寺（奈良）　大日寺（奈良）　東南院（奈良）　吉水神社（奈良）〔ほか〕
【内容】修験道の祖とされる役行者は、山伏たちの間で「神変大菩薩」の尊称をもって、今も篤い信仰を集めている。役行者ゆかりの三十六寺社を巡る霊蹟札所の詳細ガイド。各寺社の山主・宮司の色紙が霊蹟めぐりの味わいを一層深める。詳細地図付。

260 関西花の寺二十五ヵ所
【概　要】古くから「ぼたん寺」「あじさい寺」「もみじ寺」などと称され"花の寺"として知られる関西一円の2府4県の25ヶ寺が集まり、関西花の寺二十五ヵ所霊場会が結成された。宗旨宗派の垣根を超えて集まった、花のみを縁とする霊場巡り。1993(平成5)年開創。毎年一度、各寺持ち回りで25ヶ寺の住職による「花法要」を開催する。また、10名以上のグループで巡拝すると、各寺の住職による「花説法」と呼ばれる法話を聴くことができる（要申込）。
【札所名】(1) 丹州觀音寺（京都府福知山市），(2) 楞厳寺（京都府綾部市舘町），(3) 鹿原山慈恩寺 金剛院（京都府舞鶴市），(4) 西天目瑞巌山 高源寺（兵庫県丹波市青垣町），(5) 栂尾山 高照寺（兵庫県養父市八鹿町），(6) 布金山長者峰 隆国寺（兵庫県豊岡市日高町），(7) 宝珠山 如意寺（京都府京丹後市久美浜町），(8) 妙見山 應聖寺（兵庫県神崎郡福崎町），(9) 刀田山 鶴林寺（兵庫県加古川市加古川町），(10) 摩耶山 天上寺（兵庫県神戸市灘区摩耶町），(11) 原山 永澤寺（兵庫県三田市），(12) 大澤山 久安寺（大阪府池田市伏尾町），(13) 五位山 法金剛院（京都府京都市右京区花園扇野町），(14) 高巌山 興聖寺（滋賀県高島市），(15) 高雄山 岩船寺（京都府木津川市加茂町），(16) 小田原山 浄瑠璃寺（京都府木津川市加茂町），(17) 法性山 般若寺（奈良県奈良市般若寺町），(18) 高円山 白毫寺（奈良県奈良市白毫寺町），(19) 釜の口山 長岳寺（奈良県天理市柳本町），(20) 慈雲山 石光寺（奈良県葛城市），(21) 當麻寺西南院（奈良県葛城市），(22) 醫王山 船宿寺（奈良県御所市），(23) 小松山 金剛寺（奈良県五條市），(24) 易産山 子安地蔵寺（和歌山県橋本市），(25) 桧尾山 観心寺（大阪府河内長野市）
【掲載事典】癒事，札所，巡遍，霊大，霊巡，日巡

◇花説法　関西花の寺25ヵ所霊場会編　善本社　1993.5　123p　19cm　800円　①4-7939-0318-5
【目次】第1番 観音寺―いとおしいかな、あじさい　第2番 楞厳寺―花と心　第3番 金剛院―白い小花　第4番 高源寺―冬のもみじ　第5番 高照寺―「貧乏」の話〔ほか〕
【内容】寺院に咲く四季折々の美しい花を求めて花の寺巡礼をしませんか。この本は花の寺のご住職さまのミニ説法集です。どうか花の寺巡礼の道づれにしてください。

◇神社仏閣開運ガイド―関西版　マック出版編　改訂版　七賢出版　1998.12　257p　19cm　1500円　①4-88304-393-2
【目次】滋賀県（木之本地蔵院　長寿院 ほか）　京都府（伏見稲荷大社　弁財天・長建寺 ほか）　奈良県（霊山寺　唐招提寺 ほか）　和歌山県（淡嶋神社　足守大明神・観音寺 ほか）　大阪府（露天神社　大阪天満宮 ほか）　兵庫県（摩耶山天上寺　再度山大龍寺 ほか）　札所めぐり（西国三十三観音　近畿三十六不動尊　西国四十九薬師　関西花の寺二十五寺）
【内容】本書は、近畿二府四県（大阪・兵庫・京都・奈良・和歌山・滋賀）の、ご利益（ご神徳）、由緒、庭園、仏像、建築物など、

何んらかで有名な神社・寺院を205社寺紹介したものである。

◇**関西花の寺二十五ヵ所**　山と溪谷社　2001.4　167p　21cm（歩く旅シリーズ）　1400円　①4-635-01144-5

◇**花寺和尚の心の花が開くとき**　友松祐也著　大法輪閣　2002.6　234p　19cm　1400円　①4-8046-1184-3
　目次 1 育つということ　2 若い人たちへ　3 人間、すばらしきもの　4 生きていく智恵　5 花の香り　6 還っていくところ
　内容 関西花の寺二十五ヵ所霊場第七番札所の住職が、花寺を訪れる老若男女との出会いの中で体験したこと、苦悩の人生に鮮やかな花を咲かせた人々の話など、人と自然を愛でた心温まるエッセイ集。

◇**関西 花の寺二十五カ所―四季の花とみ仏をたづねて**　藤井金治撮影　改訂第2版　山と溪谷社　2003.5　167p　21cm（歩く旅シリーズ　古寺巡礼）　1400円　①4-635-01144-5
　目次 観音寺（京都）　楞厳寺（京都）　金剛院（京都）　高源寺（兵庫）　高照寺（兵庫）　隆国寺（兵庫）　如意寺（京都）　応聖寺（兵庫）　鶴林寺（兵庫）　摩耶山天上寺（兵庫）〔ほか〕

◇**花説法―関西花の寺二十五ヵ所 花寺の和尚さん25人のちょっと心温まる話**　関西花の寺二十五ヵ所霊場会監修　山と溪谷社　2006.4　189p　19cm　1000円　①4-635-33041-9
　目次 観音寺―花から人生を学ぶ　楞厳寺―花から心につたわるもの　金剛院―黙声を聴く　高源寺―「いのち」　高照寺―高野山にて　隆国寺―仏心を育てる　如意寺―"心の旅"に出かけよう　應聖寺―沙羅無常　鶴林寺―花と如実知見　摩耶山天上寺―一人と生まれて〔ほか〕
　内容 花寺の和尚さん25人のちょっと心温まる話。

◇**関西花の寺二十五ヵ所―公認ガイドブック**　山と溪谷社　2008.3　167p　21cm（歩く旅シリーズ　古寺巡礼）　1500円　①978-4-635-01136-5
　目次 觀音寺（京都）　楞厳寺（京都）　金剛院（京都）　高源寺（兵庫）　高照寺（兵庫）　隆国寺（兵庫）　如意寺（京都）　應聖寺（兵庫）　鶴林寺（兵庫）　摩耶山天上寺（兵庫）　永澤寺（兵庫）　久安寺（大阪）　法金剛院（京都）　興聖寺（滋賀）　岩船寺（京都）　浄瑠璃寺（京都）　般若寺（奈良）　白毫寺（奈良）　長岳寺（奈良）　石光寺（奈良）　當麻寺西南院（奈良）　船宿寺（奈良）　金剛寺（奈良）　子安地蔵寺（和歌山）　観心寺（大阪）

◇**関西の花の寺々**　橋田昌幸文　郁朋社　2010.2　127p　19cm（絵：井上功,文献あり）　1000円　①978-4-87302-441-7
　目次 長岳寺とキャノン―奈良　老い牡丹―金剛寺・奈良　藤とお地蔵さま―子安地蔵寺・和歌山　菩提樹の鶴林寺―兵庫　沙羅の応聖寺―兵庫　二つの萩の寺―白毫寺・奈良　コスモスと般若寺―奈良　万物の移ろい―観音寺・京都　落葉の古寺―金剛院・京都　天目の高源寺―兵庫〔ほか〕
　内容 いにしえの名刹を四季折々彩る可憐な花々に魅せられ、日本の美と文化の原点に触れる巡礼紀行。二十五寺。

◇**関西花の寺二十五ヵ所の旅―近畿2府4県の花寺めぐり 公認ガイドブック**　ウエスト・パブリッシング編　山と溪谷社　2011.4　167p　21cm（エコ旅ニッポン 11）　1600円　①978-4-635-60047-7
　目次 丹州觀音寺（京都）　楞厳寺（京都）　金剛院（京都）　高源寺（兵庫）　高照寺（兵庫）　隆国寺（兵庫）　如意寺（京都）　應聖寺（兵庫）　鶴林寺（兵庫）　摩耶山天上寺（兵庫）〔ほか〕

◇**心がだんだん楽になる花説法―花の寺25人の和尚さんによる心にしみいる法話集**　関西花の寺二十五カ所霊場会編［丹波］あうん社　2013.6　196p　19cm〈発売：せせらぎ出版（大阪）,表紙のタイトル：花説法〉　1200円　①978-4-88416-221-4
　目次 丹州觀音寺―心の花（小籔実英）　楞厳寺―花が縁となり鏡となって（為廣哲堂）　金剛院―最高の御利益を頂く秘訣（松尾義空）　高源寺―紅葉の一生について（山本祖登）　高照寺―紙衾を求めて（密祐快）　隆国寺―幸せはこぶ「幸のとり観音」と真のべっぴんになる「うすさま明王」（大田大法）　如意寺―"あなたの花"は何ですか（友松祐也）　應聖寺―沙羅の寺の立体涅槃図（桑谷祐顕）　鶴林寺―花ざかりの仏教と私たち（幹栄盛）　摩耶山天上寺―仏教のめざすもの（伊藤淨厳）〔ほか〕
　内容 花の寺25人の和尚さんによる心にしみいる法話集。

261 近畿三十六不動尊霊場

【概　要】近畿地方に広がる不動尊霊場で、大阪府・京都府各12ヶ寺、兵庫県・滋賀県・奈良県・和歌山県各3ヶ寺で構成される。1979(昭和54)年に古寺顕彰会と各県が中心となり開創されたもので、不動産霊場の先駆とされる。札所は宗派にとらわれることなく一般の人々の立場から選定されたといい、日本三不動など名だたる名刹が多く含まれる。

【札所名】(1) 荒陵山　四天王寺(大阪府大阪市天王寺区)、(2) 有栖山　清水寺(大阪府大阪市天王寺区伶人町)、(3) 紫雲山　法楽寺(大阪府大阪市東住吉区)、(4) 心王山　京善寺(大阪府大阪市東住吉区)、(5) 高津山　報恩院(大阪府大阪市中央区)、(6) 佳木山　太融寺(大阪府大阪市北区太融寺町)、(7) 護国山　国分寺(大阪府大阪市北区)、(8) 大聖山　不動寺(大阪府豊中市宮山町)、(9) 再度山　大龍寺(兵庫県神戸市中央区)、(10) 若王山　無動寺(兵庫県神戸市北区山田町)、(11) 獨鈷山　鏑射寺(兵庫県神戸市北区道場町)、(12) 南山　安岡寺(大阪府高槻市浦堂本町)、(13) 嵯峨山　大覚寺(京都府京都市右京区嵯峨大沢町)、(14) 大内山　仁和寺(京都府京都市右京区)、(15) 五智山　蓮華寺(京都府京都市右京区)、(16) 魚山　三千院(京都府京都市左京区大原来迎院町)、(17) 曼殊院(京都府京都市左京区一乗寺竹ノ内町)、(18) 聖護院(京都府京都市左京区聖護院中町)、(19) 青蓮院(京都府京都市東山区粟田口三条坊町)、(20) 五百仏頂山　智積院(京都府京都市東山区)、(21) 紫雲山　中山寺(兵庫県宝塚市)、(22) 北向山　不動院(京都府京都市伏見区竹田浄菩提院町)、(23) 醍醐山　上醍醐寺(醍醐寺)(京都府京都市伏見区)、(24) 神遊山　岩屋寺(京都府京都市山科区西野山桜ノ馬場町)、(25) 円満院(滋賀県大津市園城寺町)、(26) 比叡山　無動寺(滋賀県大津市坂本本町)、(27) 安曇山　葛川明王院(滋賀県大津市葛川坊村町)、(28) 成田山大阪別院　明王院(大阪府寝屋川市成田西町)、(29) 生駒山　宝山寺(奈良県生駒市門前町)、(30) 塔尾山　如意輪寺(奈良県吉野郡吉野町)、(31) 大峯山　龍泉寺(奈良県吉野郡天川村)、(32) 瀧谷山　明王寺(大阪府富田林市)、(33) 犬鳴山　七宝瀧寺(大阪府泉佐野市)、(34) 一乗山　根来寺(和歌山県岩出市)、(35) 高野山明王院(和歌山県伊都郡高野町)、(36) 高野山南院(和歌山県伊都郡高野町)。

【掲載事典】癒事、巡遍、霊大、霊巡、日巡、霊典

◇近畿三十六不動　古寺顕彰会編著　河内長野(滋賀県)　古寺顕彰会　1980　325p　22cm

◇**近畿36不動尊霊場案内**　河内長野　古寺顕彰会　1980.7　80p　21cm　380円

◇近畿三十六不動尊巡礼　近畿三十六不動尊霊場会編　大阪　朱鷺書房　1986.9　217p　19cm　980円

◇神社仏閣開運ガイド―関西版　マック出版編　改訂版　七賢出版　1998.12　257p　19cm　1500円　①4-88304-393-2
　目次　滋賀県(木之本地蔵院　長寿院　ほか)　京都府(伏見稲荷大社　弁財天・長建寺　ほか)　奈良県(霊山院　唐招提寺　ほか)　和歌山県(淡嶋神社　足守大明神・観音寺　ほか)　大阪府(露天神社　大阪天満宮　ほか)　兵庫県(摩耶山天上寺　再度山大龍寺　ほか)　札所めぐり(西国三十三観音　近畿三十六不動尊　西国四十九薬師　関西花の寺二十五寺)
　内容　本書は、近畿二府四県(大阪・兵庫・京都・奈良・和歌山・滋賀)の、ご利益(ご神徳)、由緒、庭園、仏像、建築物など、何んらかで有名な神社・寺院を205社寺紹介したものである。

◇近畿三十六不動尊巡礼　近畿三十六不動尊霊場会監修　改訂新版　大阪　朱鷺書房　2011.6　207p　19cm　1300円　①978-4-88602-346-9
　目次　四天王寺　清水寺　法楽寺　京善寺　報恩院　太融寺　国分寺　不動寺　大龍寺　無動寺〔ほか〕
　内容　お不動さまは庶民の仏さまとして親しまれ、熱心な信仰を集めている。近畿地方の代表的な「お不動さまの寺」からなる近畿三十六不動尊霊場の巡拝とあわせ、それぞれの霊場寺院の法話で巡る不動尊信仰への招待。

262 近畿楽寿観音三十三ヶ所霊場

【概　要】1989(平成元)年に京都府、兵庫県、滋賀県の33ヶ寺が集まって発足した霊場。ボ

ケ封じを中心に、健康・信仰・観光の"三幸"をテーマとする。4番札所隆国寺は関西花の寺二十五ヶ寺の第6番、33番札所の宝厳寺は西国三十三観音霊場の第30番札所である。
【札所名】(1)成相寺(京都府宮津市),(2)泰平寺(京都府京丹後市久美浜町),(3)極楽寺(兵庫県豊岡市城崎町),(4)隆国寺(兵庫県豊岡市日高町),(5)日光院(兵庫県養父市八鹿町),(6)法雲寺(兵庫県美方郡香美町),(7)光明寺(兵庫県美方郡香美町),(8)蓮華寺(兵庫県養父市大屋町),(9)常楽寺(兵庫県宍粟市一宮町),(10)誠心院(兵庫県たつの市龍野町),(11)光明寺(兵庫県赤穂市),(12)七宝寺(兵庫県神崎郡神河町),(13)願成寺(兵庫県朝来市生野町),(14)常瀧寺(兵庫県丹波市青垣町),(15)安海寺(兵庫県多可郡多可町),(16)和田寺(兵庫県篠山市今田町),(17)松隣寺(兵庫県篠山市),(18)白毫寺(兵庫県丹波市市島町),(19)安養院(京都府福知山市),(20)観音寺(京都府福知山市),(21)正暦寺(京都府綾部市旧市町),(22)大聖寺(京都府舞鶴市),(23)祥雲寺(京都府船井郡京丹波町),(24)教伝寺(京都府南丹市園部町新町),(25)谷性寺(京都府亀岡市宮前町),(26)成就院(京都府南丹市日吉町),(27)大聖寺(京都府京都市右京区京北上弓削町),(28)覚伝寺(滋賀県高島市新旭町),(29)大崎寺(滋賀県高島市マキノ町),(30)西福寺(滋賀県米原市),(31)慈眼寺(滋賀県彦根市野田山町),(32)慈眼院(滋賀県蒲生郡日野町),(33)宝厳寺(滋賀県長浜市早崎町)
【掲載事典】霊巡

263 西国愛染十七霊場

【概　要】1994(平成6)年に古寺顕彰会の下休場由晴の尽力により近畿地方の愛染明王を祀る17寺院によって開創された新しい霊場。その後、10番札所の地蔵院が退会し、新たに高野山大塔近くの高野山増福院が10番札所として加入した。
【札所名】(1)荒陵山 愛染堂・勝鬘院(大阪府大阪市天王寺区夕陽丘町),(2)松泰山 東光寺(兵庫県西宮市門戸西町),(3)獨鈷山 鏑射寺(兵庫県神戸市北区道場町),(4)摩耶山 天上寺(兵庫県神戸市灘区摩耶山町),(5)再度山 大龍寺(兵庫県神戸市中央区),(6)上野山 須磨寺塔頭 正覚院(兵庫県神戸市須磨区須磨寺町),(7)恵龍山 大聖寺(岡山県美作市),(8)八幡山 教王護国寺(東寺)(京都市南区九条町),(9)北斗山 覚性律庵(滋賀県大津市),(10)増福院(和歌山県伊都郡高野町),(11)遍光山 愛染院 願成寺(三重県伊賀市上野農人町),(12)天王山 木津寺 久修園院(大阪府枚方市),(13)勝宝山 四王院 西大寺(奈良県奈良市西大寺芝町),(14)生駒山 寶山寺(奈良県生駒市門前町),(15)槇尾山 施福寺(大阪府和泉市槇尾山町),(16)福智院(和歌山県伊都郡高野町),(17)金剛三昧院(和歌山県伊都郡高野町)
【掲載事典】霊巡, 霊典

◆西国愛染十七霊場巡礼—法話と札所案内
西国愛染霊場会編　大阪　朱鷺書房　1994.4　117p　19cm　850円　①4-88602-301-0

◆西国愛染十七霊場巡礼—法話と札所案内
西国愛染霊場会編　新版　大阪　朱鷺書房　2012.6　115p　19cm　1000円　①978-4-88602-348-3
目次　勝鬘院愛染堂(大阪市)　東光寺(兵庫県西宮市)　鏑射寺(神戸市)　天上寺(神戸市)　大龍寺(神戸市)　正覚院(神戸市)　大聖寺(岡山県美作市)　東寺(京都市)　覚性律庵(滋賀県大津市)　増福院(和歌山県高野町)　愛染院(三重県伊賀市)　久修園院(大阪府枚方市)　西大寺(奈良市)　寶山寺(奈良県生駒市)　施福寺(大阪府和泉市)　福智院(和歌山県高野町)　金剛三昧院(和歌山県高野町)
内容　迷いをそのままに浄化し、無量の福徳を与えてくださる愛染明王は、ことに愛と良縁成就、福徳円満の仏さまとして、熱心な信仰を集めている。大阪・兵庫・岡山・京都・滋賀・三重・奈良・和歌山を結ぶ愛染さまの霊場巡拝コースを、詳細地図とともに案内する。

264 西国三十三観音霊場

【概　要】我が国最古の観音霊場で、2府5県に広がっている。『中山寺縁起』によると、718（養老2）年に大和長谷寺の徳道上人が病のため仮死状態になった時、閻魔大王の夢のお告げを受け起請文とて33の宝印を与えられ、回復した後に33ヶ所の霊場を開いた事が起源とされる。平安時代中期、花山法皇が熊野権現より廃れていた霊場を復興させるようお告げを受け、仏眼上人・性空上人らを伴って巡拝し、以後西国巡礼が盛んになったという。確かな記録としては嘉禄～天福年間（1225～34）に成立した『寺門高僧記』収録の「観音霊場三十三所巡礼記」が初見。平安時代末期には札所が現在のような形で制定され、室町時代に札番が確定した。行程は那智山を起点に畿内から美濃に至り、全長は約1000km。

【札所名】(1)青岸渡寺（和歌山県東牟婁郡那智勝浦町），(2)紀三井寺（金剛宝寺）（和歌山県和歌山市），(3)粉河寺（和歌山県紀の川市），(4)槇尾寺（施福寺）（大阪府和泉市槇尾山町），(5)葛井寺（大阪府藤井寺市），(6)壷阪寺（南法華寺）（奈良県高市郡高取町），(7)岡寺（龍蓋寺）（奈良県高市郡明日香村），(8)長谷寺（奈良県桜井市），(外)法起院（奈良県桜井市），(9)南円堂（奈良県奈良市），(10)三室戸寺（京都府宇治市），(11)上醍醐寺（准胝堂）（京都府京都市伏見区），(12)岩間寺（正法寺）（滋賀県大津市石山内畑町），(13)石山寺（滋賀県大津市），(14)三井寺（園城寺）（滋賀県大津市園城寺町），(外)元慶寺（京都府京都市山科区北花山河原町），(15)今熊野観音寺（京都府京都市東山区），(16)清水寺（京都府京都市東山区），(17)六波羅蜜寺（京都府京都市東山区），(18)頂法寺（六角堂）（京都府京都市中京区），(19)革堂（行願寺）（京都府京都市中京区），(20)善峯寺（京都府京都市西京区大原野小塩町），(21)穴太寺（京都府亀岡市曽我部町），(22)総持寺（大阪府茨木市），(23)勝尾寺（大阪府箕面市），(24)中山寺（兵庫県宝塚市），(外)花山院（菩提寺）（兵庫県三田市），(25)清水寺（兵庫県加東市），(26)一乗寺（兵庫県加西市），(27)圓教寺（書写山）（兵庫県姫路市），(28)成相寺（京都府宮津市），(29)松尾寺（京都府舞鶴市），(30)宝厳寺（滋賀県長浜市早崎町），(31)長命寺（滋賀県近江八幡市長命寺町），(32)観音正寺（滋賀県近江八幡市安土町），(33)華厳寺（岐阜県揖斐郡揖斐川町）

【掲載事典】癒事，古寺，札所，巡遍，霊大，霊巡，日巡，霊典

◇新釈西国巡礼歌　松原泰道著　京都　妙心寺派布教師連盟〔ほか〕　1960　146p　図版　18cm〈共同刊行：臨済会,鴻盟社〉

◇百観音順礼記　紫雲荘出版部　1961　284p　図版　地図　19cm

◇巡礼の旅―西国三十三カ所　白洲正子著［京都］淡交新社　1965　214p（図版共）22cm

◇西国巡拝記　杉本苑子著　大法輪閣　1966　357p（図版共）19cm　700円

◇巡礼の寺　三浦美佐子,小川光三共著　大阪　保育社　1967　153p（おもに図版）15cm（カラーブックス）250円

◇関西巡礼の旅―西国三十三観音　首藤一著　実業之日本社　1968　186p（図版共）18cm（ブルー・ガイドブックス）290円

◇巡礼の民俗　武田明著　岩崎美術社　1969　224p　図版　19cm（民俗民芸双書）1000円

◇ドライブ西国三十三カ所・武蔵野三十三観音　札所研究会編　銚子　札所研究会　1970　176p　18cm（古寺巡礼シリーズ　5）300円（税込）

◇西国巡礼―三十三所観音めぐり　佐和隆研著　西国札所会編　社会思想社　1970　278p　図版　15cm（現代教養文庫）280円

◇観音信仰と生活―付・西国霊場巡拝の手引　船富義夫著　改訂　明玄書房　1971　190p　地図　22cm　750円

◇巡礼の社会学　前田卓著　吹田　関西大学経済政治研究所　1971　276,2p　図13枚　22cm〈発売：ミネルヴァ書房（京都）〉980円

◇徳川治世諸国道中細見絵図集―並・四国,西国,坂東霊場順礼図　編集：日本地図選集刊行委員会,人文社編集部　人文社　1971　地図59枚　38cm（日本地図選集）〈帙入〉12000円

◇カラー巡礼の旅―西国三十三カ所　文：佐和隆研　写真：今駒清則　京都　淡交

近畿

151

社　1973　222p（図共）　22cm　1000円
◇西国坂東観音霊場記　金指正三校註　青蛙房　1973　421p　22cm（青蛙選書）2800円
◇歴史の旅西国三十三札所―付・小豆島八十八札所　徳永真一郎　十河信善共著　秋田書店　1973　280p　19cm　980円（税込）
◇西国巡礼　白洲正子著　京都　駸々堂出版　1974　218p（図共）19cm〈『巡礼の旅』（昭和40年刊）の改訂版〉1600円
◇西国巡礼紀行　中西芳朗著　東京堂出版　1974　183p　図　19cm　1200円
◇西国巡礼　沢野久雄著　平凡社　1975　204p（図共）20cm（歴史と文学の旅）900円
◇百観音の旅―西国三十三カ所・坂東三十三カ所・秩父三十四カ所　谷村俊郎著　北洋社　1975　311p　地図　20cm　1700円
◇祈りの旅路―西国三十三カ所　写真集　岩根一雄写真　平岡多聞文　中日新聞東京本社東京新聞出版局　1975.8　205p　22cm
◇西国三十三所巡礼　渡辺守順著　京都　白川書院　1976　251p（図共）20cm　1400円
◇西国三十三所順礼道中図―明和7年版　[和歌山]　紀三井寺法輪堂　1977　1枚　95×64cm〈限定版，付（別冊 40枚 26cm 和装）：奉巡礼西国三十三霊場（昭和55年改訂版），複製〉
◇ドライブ西国三十三カ所　札所研究会編　2版　銚子　札所研究会　1978.9　80p　18cm（古寺巡礼シリーズ）450円
◇西国巡礼紀行　伊藤九左エ門著　新庄　伊藤九左エ門　1978.9　53p　22cm
◇西国三十三カ所―観音霊場めぐり　平幡良雄著　銚子　満願寺事業部　1979.10　202p　18cm（古寺巡礼シリーズ）750円
◇足で歩いた百観音―随筆集　神谷恭平著　新ハイキング社　1980.4　230p　20cm　1700円
◇西国巡拝記　杉本苑子著　中央公論社

1980.11　272p　16cm（中公文庫）360円
◇西国霊場　浅野喜市写真　佐和隆研解説　新人物往来社　1981.5　64p 図版64枚　31cm　20000円
◇札所めぐりの旅―西国・坂東・秩父百観音　竹村節子著　日本交通公社出版事業局　1982.2　258p　19cm（交通公社のガイドシリーズ）880円
◇四国霊場の秘宝　原田是宏写真　新人物往来社　1982.3　72p 図版144p　31cm〈弘法大師千百五十年御遠忌記念 監修：蓮生善隆 編集：地域宗教研究会 付（色紙1枚）：同行二人 限定版〉28000円
◇旅と巡礼　瀬戸内寂聴述　富山　富山県教育委員会　1982.3　67p　19cm（精神開発叢書）非売品
◇寂聴巡礼　瀬戸内寂聴著　平凡社　1982.4　294p　19cm　980円
◇寂聴巡礼―装画本　瀬戸内寂聴著　平凡社　1982.5　294p 図版11枚　20cm　2400円
◇観音巡礼のすすめ―その祈りの歴史　清水谷孝尚著　大阪　朱鷺書房　1983.4　296p　19cm　1200円
◇天田愚庵―自伝と順礼日記　天田愚庵原著　高藤武馬著　古川書房　1984.11　266p　19cm（古川叢書）〈天田愚庵の肖像あり，愚庵年譜：p251〜263〉1800円　①4-89236-031-7
◇百観音　平凡社　1984.11　146p　29cm（太陽シリーズ 太陽観音の道シリーズ 4）2000円
◇寂聴巡礼　瀬戸内寂聴著　集英社　1984.12　340p　16cm（集英社文庫）380円　①4-08-750824-2
◇西国&新西国巡礼　高山瑛著　大阪　ナンバー出版　1985.4　239p　19cm（ナンバーガイド）〈付（地図1枚）〉980円　①4-88859-019-2
◇同行二人―西国三十三カ所めぐり　松原泰道著　講談社　1985.4　257p　15cm（講談社学術文庫）680円　①4-06-158680-7

◇百観音巡礼―やすらぎと祈りの旅　小川和佑著　実業之日本社　1985.6　243p　18cm〈付：参考文献一覧〉1000円　①4-408-41043-8

◇西国巡礼　白洲正子著　旺文社　1985.7　244p　16cm（旺文社文庫）370円　①4-01-064214-9

◇霊場巡礼―心の案内　波羅蜜薩婆訶著　池田書店　1985.8　277p　19cm　980円
|目次|第1章 巡礼への誘い　第2章 巡礼者の声　第3章 知っておきたいこと　第4章 巡礼のこころ　第5章 巡礼に生きた人　第6章 巡礼の歴史　付 巡礼みちしるべ

◇瀬戸内寂聴紀行文集　第4巻　巡礼みち　平凡社　1985.11　287p　20cm〈著者の肖像あり〉1400円　①4-582-37514-6

◇観音霊場西国三十三所の昔話　フジタ編集部編　奈良　フジタ　1986.3　79p　19cm　850円　①4-89349-301-9

◇西国33カ所巡拝　小林茂著　大阪　ナンバー出版　1986.4　149p　19cm（NUMBER GUIDE）1000円
|目次|西国巡礼の歴史　仏教とのふれあい　お寺のはじまり　伽藍配置のうつり変り　塔のはなし　石塔について　寺院のおもな建物　寺院建築物の名称　仏像の種類　仏像グループ　仏像の姿勢について　仏像の材質と技法　台座と光背　印相・持物について　曼荼羅について　般若心経について　お釈迦様の生涯　観音様は男か女か　観音信仰について　阿弥陀信仰について　薬師信仰について　地蔵信仰について　弥勒信仰について　不動信仰について　六道について　仏教伝来と聖徳太子について　神仏習合のはなし　廃仏毀釈の思いつくまま　日本庭園について　枯山水　古墳のみちしるべ

◇大慈大悲西国三十三所観音聚成　丸山石根,宮本竹逕編　講談社　1986.5　246p　38cm〈花山法皇中興一千年記念出版,監修：西国札所会,箱入〉58000円　①4-06-201824-1

◇西国33カ所巡拝―カラー版　小林茂著　大阪　ナンバー出版　1986.6　149p　18cm（Number guide）〈付：参考文献〉1000円　①4-88859-038-9

◇観音のこころ―西国巡礼の旅　松原哲明著　佼成出版社　1986.10　236p　19cm　1200円　①4-333-01244-9
|目次|1 観音との出逢い　2 「同行3人」の旅　3 ほとけに魅せられて　4 信仰と歴史と文学と　5 観音のこころをたずねる　6 かわかない心の巡礼
|内容|独りで生まれて独りで死ぬ旅―人生。その人生をいかにしたら安心した心境で、前向きに生きられるか―。

◇西国順礼道中記　大子町史編さん委員会編　大子町（茨城県）大子町　1986.10　124p　21cm〈大子町史料　別冊 9〉〈折り込図1枚〉

◇西国33カ所・新西国巡礼　高山瑛著　大阪　ナンバー出版　1987.2　239p　18cm　1000円　①4-88859-019-2
|内容|この本は、西国33観音・新西国33観音の札所について、宗派、本尊、開基、建立を明記すると共に、縁起と文化財にわけて分りやすく紹介してあります。

◇西国三十三所観音巡礼―法話と札所案内　西国札所会編　大阪　朱鷺書房　1987.2　207p　19cm〈札所案内：下休場由晴〉980円
|内容|千二百余年の昔、大和長谷寺の徳道上人によって創設、988年花山法皇の手で中興されたと伝えられる西国33所。2府5県にわたるこの最も歴史の古い観音霊場は、人々のあつい信仰に支えられて今日も多くの巡礼者が詣でる。観音巡礼に求めるものは何か。西国札所の案内とあわせて、各霊場山主が信仰生活の真髄を説く。

◇信ずる心　9　巡礼・遍路―共に歩む　松原泰道責任編集　松原哲明著　集英社　1987.6　267p　20cm〈編集：創美社〉1400円　①4-08-192009-5
|目次|観音巡礼（青岸渡寺から槇尾寺へ　葛井寺から上醍醐寺へ　岩間寺から頂法寺へ　行願寺から円教寺へ　成相寺から華厳寺まで）　四国88所遍路（発心の道場　修行の道場　菩提の道場　涅槃の道場）
|内容|金剛杖を手に鈴を振り鳴らしながら廻国する巡礼・遍路の旅。日常を離れた異質の世界をたどるとき、ほとけと共に歩む喜びが、澄みきった心身に沁みわたる。

◇西国三十三所―巡礼の手引　福田静男著　奈良　フジタ　1987.11　95p　19cm（歴史とのふれあい）〈参考資料：p95,和装〉600円　①4-89349-209-8
|目次|観音信仰と西国巡礼（観音経のこころ

観音信仰の霊験譚　現世利益から現当二世の救済へ　西国巡礼の起こり　江戸時代の巡礼　現代の巡礼　西国三十三所巡礼の手引

◇西国巡礼の旅　坂田武彦著　[坂田武彦]　1988.1　221p　20cm〈監修：東京都書店商業組合，製作：みづほ企業〉1000円

◇西国三十三カ所巡礼　井上隆雄，田中智彦著　新潮社　1988.3　127p　22cm（とんぼの本）1300円　①4-10-601957-4
|目次|第1番 青岸渡寺　第2番 紀三井寺　第3番 粉河寺　第4番 槇尾寺　第5番 葛井寺　第6番 壷阪寺　第7番 岡寺　第8番 長谷寺　第9番 南円堂　第10番 三室戸寺　第11番 上醍醐　第12番 岩間寺　第13番 石山寺　第14番 三井寺　第15番 今熊野　第16番 清水寺　第17番 六波羅蜜寺　第18番 六角堂　第19番 革堂　第20番 善峰寺　第21番 穴太寺　第22番 総持寺　第23番 勝尾寺　第24番 中山寺　第25番 清水寺　第26番 一乗寺　第27番 円教寺　第28番 成相寺　第29番 松尾寺　第30番 竹生島　第31番 長命寺　第32番 観音正寺　第33番 華厳寺　西国巡礼の1000年（田中智彦）

◇西国巡礼―三十三所観音めぐり　西国札所会編　佐和隆研著　新版　社会思想社　1988.3　286p　19cm　980円　①4-390-60304-3
内容　西国札所寺院は古くから庶民の信仰の中心，心のささえとして親しまれてきた。地方に散在していながら，各寺にはすぐれた仏像など数多くの文化財が現在でも巡拝にあるいは参観のため訪れる人が多い。本書は，紀伊南端の那智山からはじまり，近畿6県を経て岐阜谷汲山までの三十三ケ寺と番外三ケ寺の歴史，文化，信仰を中心に紹介し，本尊観音像をはじめ，豊富な写真と交通地図を添えて興味深い巡礼への手引書とした。

◇百観音札所巡礼　南良和ほか著　佼成出版社　1988.7　141p　21cm（フォト・マンダラ）〈付：読書案内〉1600円　①4-333-01356-9
目次　私と観音巡礼　西国・坂東・秩父札所地図　西国三十三礼所（カラー写真）　坂東三十三札所（カラー写真）　百観音資料　秩父三十四礼所（カラー写真）　百観音巡礼史話　札所ガイド　読書案内

◇やすらぎの旅路―四国遍路・西国巡礼旅日記　新居田胡頬子著　[今治]　[新居田胡頬子]　1988.8　403p　19cm

◇歩けたぞ六万キロ―全国行脚二千日　篠崎由吉著　柏樹社　1988.9　235p　19cm　1400円
目次　第1章 心のしこり―四国88カ所遍路　第2章 妻との別れ―百観音遍路　第3章 私に何ができるか―188カ寺遍路　第4章 運命を考える―第1次全国遍路　第5章 命あるかぎり―第2次全国遍路　第6章 遠い道，近い道―第3次全国遍路　第7章 歩けたぞ6万キロ―第4次全国遍路
内容　前へ前へ―71歳から歩き始めて14年。6万3千キロ，2千日をただひたすら歩くことで，生きた観音さまと出会い，自己の病を克服し，人々に希望を与え続けてきた著者の感動の遍路行脚記。

◇心のデッサン　前田常作著　佼成出版社　1989.4　203p　20cm　1850円　①4-333-01421-2
目次　プロローグ 巡礼　第1章 観音その命　第2章 自己を見つめる　第3章 闇から光明へ　第4章 心のデッサン
内容　巡礼は「行」である。巡礼は「心のデッサン」の道場である。観音の光を求めて西国巡礼に旅立った画家，前田常作の心に描かれたものは何か。第23回仏教伝道文化賞受賞。

◇江戸時代の西国巡礼三十三度行者について―嬉組・富田林組を中心に　玉城幸男著　[富田林]　[玉城幸男]　1990.2　70p　21cm

◇西国三十三所霊場寺院の総合的研究　浅野清編　中央公論美術出版　1990.2　288p 図版21枚　29cm　20000円　①4-8055-0195-2
目次　1 研究編（西国三十三所と観音信仰　西国三十三所の成立と巡札寺院の庶民化　西国三十三所寺院の構成と本堂の特質　西国三十三所札所の本尊　三十三所寺院の参詣曼荼羅の位置―図像の分析を通じて　"三十三所観音像"の成立とその性格―三十三所巡礼の一側面　勧化と巡礼―版木の歴史的役割について　順礼札からみた西国三十三所信仰　西国三十三所巡礼と石造遺品）　2 資料編　3 西国三十三巡霊場寺院の概要
内容　本書は西国三十三所霊場寺院を対象にした。建築史，歴史，美術史，民俗学など

の総合的な成果である。

◇京のみどころ味どころ no.51 京都・滋賀の西国霊場 京美観光出版社編 京都 京美観光出版社 1990.3 161p 19cm 〈発売：東洋文化社 付(図1枚)〉 420円 Ⓘ4-88599-068-8

◇西国33カ所巡拝 小林茂著 〔カラー版〕 大阪 ナンバー出版 1990.5 149p 19cm(ナンバーガイド) 1000円 Ⓘ4-88859-038-9
内容 本書は西国霊場のお寺の道順や説明にあわせて巻末に仏教全般や、その他参考となる事柄を記しました。

◇生きる—西国巡礼と観音信仰 伊佐早二郎著 泰流社 1990.7 264p 20cm 1800円 Ⓘ4-88470-728-1
目次 第1編 観音信仰と巡礼（巡礼 観音信仰 観音信仰内容の歴史的変遷 観音霊場 変化観音信仰 西国三十三カ所観音霊場巡礼 札所 日本各地の観音霊場巡礼 縁起 観音菩薩雑記 仏像と観音像） 第2編 西国三十三ヵ所観音霊場寺院（霊場寺各論 西国巡礼雑記） 第3編 観音経（観音経の構成とその大意 懺悔文他 妙法蓮華経観世音菩薩普門品第二十五 仏説摩訶般若波羅蜜多心経 三十三観音の尊名と概要）

◇歴史の道調査報告書 第1集 西国三十三所巡礼道 [神戸] 兵庫県教育委員会 1991.3 195p 30cm 〈付(地図7枚 袋入)〉

◇マンガ 西国三十三所観音巡礼 長谷邦夫画 鶴ヶ島町 三心堂 1991.4 182p 21cm 1000円 Ⓘ4-915620-41-7

◇西国三十三所名所図会 暁鐘成著 京都 臨川書店 1991.4 1041p 22cm 〈嘉永6年刊の複製〉 17510円 Ⓘ4-653-02200-3
内容 嘉永6(1853)年刊。伊勢・紀伊・和泉・河内・大和の霊場巡りの道中名所解説の書。当時の風俗を伝える写実的な図や鳥瞰図を数多く挿入。また伝承や遺跡・出土物の類も収録し、単なる名所図会に終らない。

◇西国・新西国観音霊場巡拝紀行 漆原秀男著 河原町(鳥取県) 漆原秀男 1991.8 128p 21cm

◇西国巡礼の寺 三浦美佐子,小川光三共著 第2版 大阪 保育社 1992.3 151p 15cm(カラーブックス) 620円 Ⓘ4-586-50825-6
内容 西国33カ所の寺を滋味溢れる文と、風趣あるカメラで描く好ガイド書。

◇巡礼と御詠歌—観音信仰へのひとつの道標 清水谷孝尚著 大阪 朱鷺書房 1992.10 363p 20cm 2678円 Ⓘ4-88602-153-0
目次 第1章 観音信仰と札所巡礼 第2章 伝説が語る西国巡礼 第3章 史実から見た西国巡礼 第4章 坂東巡礼の成立事情 第5章 秩父巡礼と百番札所 第6章 民衆の参加による盛況 第7章 巡礼習俗の種々相 第8章 御詠歌の評釈について—江戸時代の版本を読む
内容 札所めぐりという祈りの旅。それはなぜ人々の心をとらえつづけてきたのか。史実と伝説が錯綜するその信仰史をたどり西国・坂東・秩父札所の御詠歌のこころを江戸期の版本にみる。

◇西国巡礼歌諺註 渡辺守順編 大阪 和泉書院 1992.10 223p 21cm(和泉書院影印叢刊) 2575円 Ⓘ4-87088-567-0
目次 西国巡礼歌諺註(影印) 西国三十三所御詠仮名鈔(翻刻) 解説

◇西国札所古道巡礼—「母なる道」を歩む 松尾心空著 春秋社 1992.11 300p 20cm 1800円 Ⓘ4-393-13315-3

◇巡礼—写真集 鶴田雄亮編・著 瀬戸 鶴田雄亮 1993 48p 27×27cm

◇女性の西国巡礼三十三度行者—尼サンドについて 玉城幸男著 [富田林] [玉城幸男] 1993.2 107p 21cm

◇西国33か所霊場めぐり 小林茂著 日地出版(発売) 1993.4 149p 19cm 1380円 Ⓘ4-527-00552-9

◇西国三十三所仏画巡礼 小松庸祐編著 大阪 朱鷺書房 1993.6 222p 27cm 61800円 Ⓘ4-88602-161-1
目次 観音巡礼のすすめ 西国33所本尊仏画ならびに御詠歌 絵と観音経 西国33所巡礼案内 仏さまの物語

◇西国巡礼三十三度行者の研究 小嶋博巳編 岩田書院 1993.10 353p 22cm 〈折り込図4枚〉 8137円 Ⓘ4-900697-06-0

◇西国三十三カ所めぐり—歴史と四季が彩る観音の里 藤井金治写真 日本交通公社出版事業局 1994.3 144p 21cm

近畿

（JTBキャンブックス）〈監修：駒敏郎〉 1500円 ①4-533-02022-4

◇四国西国巡礼ポケット図鑑 オリジン社 1994.5 400p 15cm（主婦の友生活シリーズ）〈監修：金岡秀友 写真：溝縁ひろし, 発売：主婦の友社〉 1400円

◇百観音霊場ご詠歌―音譜と解説 小室裕充著 渓水社 1994.5 228p 18cm〈発売：北辰堂〉 1236円 ①4-89287-094-3
|目次| 百観音霊場巡拝―ご詠歌の信心とは 第1章 西国観音霊場ご詠歌 第2章 坂東観音霊場ご詠歌 第3章 秩父観音霊場ご詠歌

◇同行二人 池田錦七著［茅ケ崎］［池田錦七］ 1994.10 79p 26cm

◇西国観音巡礼―千余年の信仰にささえられた 平幡良雄著 改訂2版 銚子 満願寺教化部 1994.12 240p 19cm〈奥付の書名：西国〉 1000円

◇西国33カ所霊場めぐり 小林茂著 日地出版（発売） 1995.1 149p 19cm 1380円 ①4-527-00552-9
|目次| 西国33ヵ所霊場めぐり 寺院と仏像の手引

◇西国三十三カ所―歴史と信仰のみち ドライブ観音巡礼 平幡良雄著 改訂2版 銚子 満願寺教化部 1995.1 96p 19cm 700円

◇西国遍路と俳句―休日を楽しむ霊場の案内 淵脇逸郎著 大阪 新風書房 1995.1 114p 19cm〈著者の肖像あり〉 1500円 ①4-88269-295-3
|目次| 西国三十三霊場巡拝記 西国三十三霊場番外巡拝記 西国三十三霊場以外巡拝記 霊場巡拝あれこれ 西国遍路俳句集（渕脇逸郎）
|内容| 本書は仏教徒でもない現職サラリーマンが、西国の霊場（お寺）40ヵ所を巡り、その折々の俳句79句と紀行文をまとめたものである。

◇御詠歌の旅―西国三十三札所をめぐる 和田嘉寿男著 大阪 和泉書院 1995.7 225p 20cm（和泉選書） 2060円 ①4-87088-732-0

◇巡礼道―旧国鉄と百観音の旅行学 間瀬一夫編著 間瀬一夫 1995.7 201p 19cm〈製作：丸善出版サービスセンター〉 1000円

◇霊場巡礼 1 西国巡礼の寺 五来重著 角川書店 1995.12 349p 19cm 2500円 ①4-04-511301-0

◇百観音霊場巡拝勤行聖典 銚子 満願寺教化部［1996］1冊 18×8cm〈折本, 和装〉

◇西国33カ所霊場めぐり 小林茂著 日地出版（発売） 1996.3 149p 19cm 1380円 ①4-527-00552-9

◇西国三十三ケ所霊場めぐり 小林茂著 日地出版 1997.1 149p 19cm（日地出版の巡礼シリーズ） 1340円 ①4-527-00552-9
|目次| 那智山青岸渡寺 紀三井山金剛宝寺 風猛山粉河寺 槇尾山施福寺（槇尾寺） 紫雲山葛井寺 壷坂山南法華寺 東光山龍蓋寺（岡寺） 豊山法起院 豊山長谷寺 興福寺南円堂〔ほか〕
|内容| 本書は、西国霊場のお寺の道順や説明にあわせて巻末に仏教全般や、その他ご参考となる事柄を記しました。

◇西国三十三ケ所巡り 昭文社 1997.3 （3刷） 159p 21cm（旅の森） 1333円 ①4-398-13148-5
|目次| 那智山―青岸渡寺 紀三井山―金剛宝寺（紀三井寺） 風猛山―粉河寺 槇尾山―施福寺（槇尾寺） 紫雲山―葛井寺 壺阪山―南法華法（壺阪寺） 東光山―龍蓋寺（岡寺） 豊山―法起院 豊山―長谷寺 興福寺―南円堂〔ほか〕

◇西国巡礼のすすめ―御詠歌とともに歩む 前田孝道著 大阪 朱鷺書房 1997.7 239p 19cm 1200円 ①4-88602-310-X

◇西国33カ所札所めぐり 橋本哲二著 大阪 保育社 1997.9 146p 19cm（Prime books） 1400円 ①4-586-62003-X
|内容| 俗塵ばらいの西国巡礼。

◇西国巡礼 白洲正子著 名古屋 風媒社 1997.12 218p 22cm〈写真：土村清治, 牧直視, 矢沢邑一, 駸々堂1974年刊の再刊〉 2100円 ①4-8331-3108-0

◇御詠歌の旅―西国三十三札所を巡る 和田嘉寿男著 新装普及版 大阪 和泉書院 1998.4 226p 19cm（和泉ブックス） 1500円 ①4-87088-924-2

|目次|御詠歌と西国霊場 那智山—ふだらくや きしうつなみは みくまのの 紀三井寺—ふるさとを はるばるここに きみゐでら 粉河寺—ちちははの めぐみもふかき こかはでら 槙尾寺—みやまぢや ひばらまつばら わけゆけば 葛井寺—まゐるよりた のみをかくる ふぢゐでら〔ほか〕
|内容|西国三十三札所の観音霊場を訪ねて、いつの世にからか広く人々の心を支えて来た御詠歌のルーツを探り、日本文化史の深層に迫る。

◇西国三十三カ所こころの旅—四季を彩る霊場めぐり ブルーガイド編集部編 実業之日本社 1998.6 159p 21cm（通の行く旅） 1600円 ①4-408-00073-6
|目次|那智山 青岸渡寺 紀三井山 金剛宝寺護国院（紀三井寺） 風猛山 粉河寺 槙尾山 施福寺（槙尾寺） 紫雲山 葛井寺 壺阪山 南法華寺（壺阪寺）〔ほか〕
|内容|札所巡りの現代風コースの選び方、日程の作り方等を親切に紹介。各札所の境内の見どころ、歴史とのかかわりをわかりやすく解説。巡礼の旅を何倍にも楽しめるよう、札所周辺の観光ポイント、グルメ、温泉などを盛りだくさんにガイド。コースガイド地図、アクセス、宿泊施設など詳細データを収録。

◇西国巡礼と葉室組行者—三十三度の旅の祈り 平成10年度企画展図録 太子町立竹内街道歴史資料館編 太子町（大阪府） 太子町立竹内街道歴史資料館 1998.9 56p 26cm

◇神社仏閣開運ガイド—関西版 マック出版編 改訂版 七賢出版 1998.12 257p 19cm 1500円 ①4-88304-393-2
|目次|滋賀県（木之本地蔵院 長寿院 ほか） 京都府（伏見稲荷大社 弁財天・長建寺 ほか） 奈良県（霊山寺 唐招提寺 ほか） 和歌山県（淡嶋神社 足守大明神・観音寺 ほか） 大阪府（露天神社 大阪天満宮 ほか） 兵庫県（摩耶山天上寺 再度山大龍寺 ほか） 札所めぐり（西国三十三観音 近畿三十六不動尊 西国四十九薬師 関西花の寺二十五寺）
|内容|本書は、近畿二府四県（大阪・兵庫・京都・奈良・和歌山・滋賀）の、ご利益（ご神徳）、由緒、庭園、仏像、建築物など、何んらかで有名な神社・寺院を205社寺紹介したものである。

◇西国巡礼 白洲正子著 講談社 1999.6 211p 16cm（講談社文芸文庫）〈著作目録あり，年譜あり〉 980円 ①4-06-197667-2
|目次|西国巡礼について 熊野路 紀州から河内へ 大和の寺々 宇治より滋賀へ 洛中洛外 西国街道にそって 播磨路 丹後から近江へ 湖東から美濃へ〔ほか〕
|内容|見事な滝の景観で有名な第一番那智山の青岸渡寺、第二番紀三井寺、大和の長谷寺、滋賀の石山寺、洛中洛外の清水寺、六波羅蜜寺、琵琶湖の竹生島等に、三十三番美濃の華厳寺、番外の花山院。全て自らの足で巡り、観音信仰の広大無辺、自然の中の精神の躍動を、自己の存在を賭けた言葉で語る著者初めての巡礼の旅。後の多くの名著の出発点となった美と魂の発見の旅、西国三十三ヵ所巡り。

◇日本百観音—全国各地の霊場を巡る 秩父三十四観音・坂東三十三観音・西国三十三観音 後藤博著 上山 みちのく書房 1999.10 233p 21cm 1650円 ①4-944077-42-4

◇西国三十三ヶ所巡り 昭文社 2000.3 159p 21cm（旅の森）〈11刷〉 1400円 ①4-398-13198-1
|目次|第1番 那智山青岸渡寺（和歌山県那智勝浦町） 第2番 紀三井山金剛宝寺（紀三井寺）（和歌山県和歌山市） 第3番 風猛山粉河寺（和歌山県粉河町） 第4番 槙尾山施福寺（槙尾寺）（大阪府和泉市） 第5番 紫雲山葛井寺（大阪府藤井寺市） 第6番 壺阪山南法華寺（壺阪寺）（奈良県高取町） 第7番 東光山龍蓋寺（岡寺）（奈良県明日香村） 番外 豊山法起院（奈良県桜井市） 第8番 豊山長谷寺（奈良県桜井市） 第9番 興福寺南円堂（奈良県奈良市）〔ほか〕
|内容|本書は西国三十三観音霊場の、旅情豊かな紀行文と四季折々のオリジナル写真で綴る詳しいガイドである。

◇古道巡礼ひとりある記—西国三十三ヵ所観音霊場 能村進著 我孫子 大揚社 2001.4 465p 19×26cm〈発売：星雲社, 文献あり〉

◇百観音霊場巡拝記 森戍著 文芸社 2001.4 231p 19cm 1200円 ①4-8355-1591-9
|目次|西国札所（那智山青岸渡寺—獅子岩（天） 紀三井山金剛宝寺護国院（紀三井寺）—橋杭岩・南紀 風猛山粉河寺—観音

近畿

157

霊場の始まり（一）ほか）　坂東礼所（大蔵山杉本寺―坂東礼所の始まり（一）　海雲山岩殿寺―浪子不動　祇園山安養院田代寺―和賀江島　ほか）　秩父礼所（誦経山四萬部寺―秩父霊場の始まり（一）　大棚山真福寺―秩父霊場の始まり（二）　岩本山常泉寺―秩父霊場はなぜ三十四カ所なのか　ほか）
[内容]子育ての終わった夫婦が16年かけてなし得た、西国、坂東、秩父礼所、百観音を巡る旅。霊場の話や、周辺の名所旧跡の話題のみならず、日頃疑問に思っている仏教の話など、自分なりに調べてみたことも含めて、百観音巡拝記として纏めました。

◇週刊古寺をゆく　別冊3　西国三十三所巡礼　小学館　2002.3　34p　30cm（小学館ウイークリーブック）533円

◇青天独歩―優しき道同行二人四国八十八ヶ所日本百観音徒歩順拝　加藤健一著　横浜　まつ出版　2002.7　444p　20cm〈肖像あり〉④4-944069-24-3

◇寂聴巡礼　瀬戸内寂聴著　改版　集英社　2003.3　365p　16cm（集英社文庫）629円　④4-08-747552-2
[目次]はるかなり巡礼の道　紀州路　河内から大和へ　大和路　宇治　洛中巡礼　難所から湖畔へ　湖畔の巡礼みち　蒲生野から西国街道へ　播磨路　丹波から若狭へ　満願堂
[内容]幼い昔、春は巡礼の鈴の音が運んでくるものだと思い込んでいた著者にとって、巡礼への旅立は長い間の憧れだった。出離後はじめての巡礼の旅。那智谷を望む青岸渡寺に始まり、岐阜谷汲の華厳寺で満願を迎える西国三十三ヵ所。命の炎を求めて歩く祈りと出会いの紀行。

◇よくわかる西国三十三所徒歩巡礼ガイドブック　佐藤孝子著　東邦出版　2003.4　208p　19cm　1400円　④4-8094-0307-6
[目次]準備/西国巡礼を知る（巡礼のミニ知識　巡礼の地図　巡礼の持ち物と予算　巡礼のお参り　巡礼の用心　巡礼でお会いする観音さま）　実践/西国三十三所を歩く（眼試し・足試しの道―第二番紀三井寺から第十九番堂まで　熊野古道を歩く―第一番青岸渡寺から第二十番善峯寺へ　播州から第二十六番一乗寺まで　試練の120キロ―第二十七番円教寺から第二十九番松尾寺まで　琵琶湖へ、そして結願の谷汲山へ―第三十番宝厳寺から第三十三番華厳寺へ）　必携/西国巡礼リスト（霊場所在地・ご詠歌　お参りのしかた　近辺宿リスト）
[内容]「道」「宿」「トイレ」―必須情報が満載！　徒歩巡礼のためのパーフェクトガイドブック。

◇街道を歩く西国三十三所　加藤淳子著　大阪　創元社　2003.4　357p　19cm　1600円　④4-422-25038-8
[目次]伊勢から那智山青岸渡寺へ　青岸渡寺から中辺路を紀三井寺へ　紀三井寺から粉河寺、横尾山へ　横尾山から葛井寺へ　葛井寺から壺阪寺へ　壺阪寺から岡寺へ　岡寺から長谷寺へ、法起院へ　長谷寺から南円堂へ　南円堂から三室戸寺、上醍醐、岩間寺、石山寺へ　石山寺から三井寺へ〔ほか〕
[内容]第1番那智山から第三十三番谷汲山まで全長およそ1000キロ、幾たびも歩き通し、知り尽くした道のすべてをつぶさに紹介する。

◇西国三十三か所ガイジン巡礼珍道中　クレイグ・マクラクラン著　橋本恵訳　小学館　2003.10　349p　15cm（小学館文庫）638円　④4-09-411154-9
[目次]第1章 古の道　第2章 "芭蕉"誕生　第3章 "美人だが、意地悪だ"　第4章 我が頼もしき従者、芭蕉くん　第5章 自転車巡礼二人組　第6章 ゴルフの女神　第7章 日本海へ　第8章 見覚えのある道　第9章 金を数える坊主
[内容]「失われた日本」を求めて、ガイジン二人が西国三十三所巡礼の旅に出ました。真夏のうだるような暑さに耐えながら紀伊半島の山々を歩いて越え、やがてママチャリお遍路へと姿を変えて、京都・大阪を疾走します。そしてなんと二三日間で成し遂げたドタバタ珍道中。日本を心から愛するニュージーランド人クレイグ・マクラクランの、ユーモアあふれる、爆笑・日本の旅シリーズ第四弾。

◇西国三十三カ所ウォーキング　JTB　2003.10　143p　21cm（大人の遠足book）1400円　④4-533-04957-5

◇聖地を巡る人と道　田中智彦著　田中智彦論文集刊行会編　岩田書院　2004.3　379p　22cm〈著作目録あり〉8400円　④4-87294-309-0
[目次]序章　巡礼の成立と展開　第1編　西国巡礼路の復元（愛宕越えと東国の巡礼者―西

国巡礼路の復元　石山より坂打と東国の巡礼者―西国巡礼路の復元　大坂廻りと東国の巡礼者―西国巡礼路の復元　西国巡礼の始点と終点）　第2編　地域的巡礼地（近畿地方における地域的巡礼地　近世大坂における巡礼　地域的巡礼のデータベース作成に関する基礎的研究）　第3編　四国遍路と近世の参詣（『四国偏礼絵図』と『四国辺路道指南』　道中日記にみる金毘羅参詣経路―東北・関東地方の事例　道中日記にみる畿内―西国からの社寺参詣近世末、大坂近在の参詣的遊山地）　終章　日本における初巡礼の発達

◇**菩薩の風景―日本百観音霊場巡拝記**　酒本幸祐著　六月書房　2004.4　371p　20cm〈発売：星雲社〉1600円　①4-434-04107-X
目次　はるかなる補陀洛への旅　秩父三十四観音霊場巡拝記　西国三十三観音霊場巡拝記　坂東三十三観音霊場巡拝記　鎌倉三十三観音霊場巡拝記
内容　本書は、観音霊場を廻りながら泣いたり、笑ったり、怒ったりの巡拝記。観音様の姿は見えないが、たえず観音様の慈愛に護られる巡拝記である。読後すべての読者に観音様の存在を、百観音巡拝成満を感じさせてくれる楽しい巡拝記となっている。観音霊場巡拝を考えている方、関心のある方などすべての人に、ご一読をお勧めしたい一冊である。

◇**西国観音霊場・新紀行**　松本章男著　大法輪閣　2004.5　293p　20cm　2100円　①4-8046-1207-6
目次　日本人と観音さま（序文に代えて）　第一番・青岸渡寺（那智山寺）　第二番・金剛宝寺（紀三井寺）　第三番・粉河寺　第四番・施福寺（槇尾寺）／第五番・葛井寺　第六番・南法華寺（壺阪寺）／第七番・龍蓋寺（岡寺）　第八番・長谷寺　第九番・興福寺南円堂　第十番・三室戸寺　第十一番・上醍醐寺〔ほか〕
内容　十一面観音と王朝の女性たち・海のシルクロードと名花の物語・補陀洛説話と海女・香癒療法・渡来人と姨捨伝説等々。西国三十三観音霊場に秘められた伝説や寺の縁起を推理解明しながら、名刹・名像を詳しく案内。

◇**西国三十三カ所―やすらぎの観音巡り**　京都新聞出版センター編　京都　京都新聞出版センター　2004.6　142p　21cm　1333円　①4-7638-0538-X
目次　青岸渡寺　紀三井寺　粉河寺　槇尾寺　葛井寺　壺阪寺　岡寺　長谷寺　南円堂　三室戸寺〔ほか〕

◇**遍路と巡礼の社会学**　佐藤久光著　京都　人文書院　2004.8　264p　22cm　3000円　①4-409-54067-X
目次　第1章　研究の課題と各霊場の成立（巡礼・遍路研究の視点　観音巡礼の成立と四国遍路の起り）　第2章　江戸時代の巡礼・遍路の動向（江戸時代の西国巡礼の動向　江戸時代の秩父巡礼の動向　江戸時代の四国遍路の動向）　第3章　現代の巡礼・遍路の動向（明治期から昭和の復興期までの札所の状況　西国巡礼の動向　秩父巡礼の動向　四国遍路の動向）　第4章　現代の巡礼・遍路の実態（西国巡礼の実態　秩父巡礼の実態　四国遍路の実態）
内容　西国、秩父の観音巡礼はどのようにして起こり、また大師信仰に基づく四国遍路がいかに発展していったか。今日の巡礼、遍路ブームの背景に先人のどのような歴史があったのか。成立、名称、順路、数の推移や巡礼者の年齢、性別、出身地、職業その他、各国を代表する三つの霊場のそれぞれに残る納札や過去帳を精査することで、江戸時代から現代にいたるまでの遍路と巡礼の営み、それぞれの歴史や特徴、その動向、実態に迫った労作研究。

◇**歌僧天田愚庵『巡礼日記』を読む―父母の面影を求めて西国霊場巡り**　松尾心空著　鈴木出版　2004.10　263p　20cm〈肖像あり〉1700円　①4-7902-1111-8
目次　第1章　親子　第2章　旅立ちと松尾寺参篭　第3章　那智山より石山寺へ　第4章　ある義母像　第5章　観音寺より谷汲山へ　第6章　愚庵の詩歌・諸家随想　『順礼日記』抄録と日程表・地図
内容　戊辰戦争で父母と生き別れ、父母を求めて全国を放浪、師である山岡鉄舟の縁で清水次郎長の養子となり、最後に禅僧となるなど、波乱の人生を歩んだ天田愚庵。正岡子規もその教えを受けた歌人でもある愚庵の西国三十三所巡礼記を、現代の徒歩巡礼の達人が読み解く。

◇**西国三十三ケ所めぐり―全札所完全ガイド**　昭文社　2005.4　175p　21cm　1200円　①4-398-13332-1
内容　番外を含めた西国三十三ヶ所の36寺院と周辺の観光スポットを集めたガイドブッ

クです。西国巡礼の歴史、持ち物、観音、建築などの基礎知識も紹介し、観光を兼ねて楽しく巡礼の旅に出るための一冊にしています。

◇やさしい言葉―百観音ひとくち伝言集
草野榮應著　[出版地不明]　草野啓子　2005.7　285p　20cm〈肖像あり,年譜あり,発行所：沙羅の集〉1429円

◇遍路と巡礼の民俗　佐藤久光著　京都　人文書院　2006.6　310p　22cm　3100円　①4-409-54072-6
目次　第1章 研究の視点と各霊場の成立（研究の視点　各霊場の成立とその後の変遷）　第2章 西国巡礼と四国遍路の習俗（巡礼と遍路に共通な習俗　四国遍路の独自な習俗）　第3章 出版物と巡礼・遍路の動向（西国巡礼の出版物と巡礼者の動向　遍路の出版物と遍路の動向）　第4章 道中日記にみる西国巡礼と四国遍路の習俗（道中日記にみる西国巡礼の習俗　道中日記にみる四国遍路の習俗）　終章 まとめと遍路の世俗化
内容　不況にもかかわらず、四国遍路には人気があり、体験記の出版や遍路ツアーも盛んとなっている。そして、一時廃れていた歩き遍路が、平成期に入って再び脚光を浴びている。そうした遍路の習俗はどのようにして生まれたのか。また、観音巡礼としての西国巡礼は、祖師巡礼としての四国遍路の習俗にどのような影響を与えたのか。両者の関連性を、旅に不可欠な案内記や地図・体験記など、豊富な資料を通して明らかにし、遍路および巡礼の成立、その習俗に関する変容を考察する。

◇魂で聴く西国三十三観音の声―日本最古の霊場巡礼で聴いた観音様の導きの言葉
沖絃子著　グラフ社　2006.8　175p　19cm　1143円　①4-7662-0985-0
目次　天台宗那智山青岸渡寺　救世観音宗紀三井山金剛宝寺　粉河観音宗風猛山粉河寺　天台宗槇尾山施福寺　真言宗紫雲山葛井寺　真言宗壺阪山南法華寺　真言宗東光山岡寺龍蓋寺　真言宗豊山長谷寺　法相宗興福寺南円堂　本山修験宗明星山三室戸寺〔ほか〕
内容　五歳から不思議な霊能力を持ち、松田聖子、早見優など50名以上の人気タレントの名づけ親として活躍する著者が伝える、神々の声。

◇西国札所古道巡礼―「母なる道」を歩む
松尾心空著　新装版　春秋社　2006.11　300p　19cm　1700円　①4-393-13356-0
目次　松尾寺より竹生島へ　書写山より成相山へ　成相山より松尾寺へ　那智山より紀三井寺へ　紀三井寺より槇尾山へ　槇尾山より壺阪寺へ　壺阪寺より南円堂へ　南円堂より石山寺へ　長命寺より谷汲山へ　石山寺より穴太寺へ　穴太寺より清水寺へ　清水寺より書写山へ
内容　熊野古道の壮大な自然に胸を打たれ、歴史の重みに思いを馳せ、路傍の光景に笑みを浮かべて、ひたぶるに歩きつづけるその先にあるものは？　西国三十三所徒歩巡礼の感動の記録にして、必携のガイドブック。

◇西国三十三ヵ所を歩く―観音さまを訪ねる癒しの旅　改訂版　山と溪谷社　2006.11　190p　21cm〈歩く旅シリーズ　古寺巡礼〉1500円　①4-635-60107-2
目次　熊野路　紀州から河内へ　大和路　宇治から近江へ　京都　西国街道に沿って　播磨から丹後へ　近江から美濃へ

◇虫の心　岡田文正著　京都　ウインかもがわ　2007.3　237p　20cm〈発売：かもがわ出版（京都）〉1500円　①978-4-7803-0080-2
目次　生きる、生かされる（蜘蛛と蝶　釣り仲間 ほか）　骨とう趣味（猿の腰掛　塩津誠一画伯との出会い ほか）　胃ガンと肝炎（肝機能に障害あり　入院 ほか）　西国観音霊場巡り（巡礼出発　第一番・青岸渡寺 ほか）

◇西国坂東観音霊場記　[厚誉,亮盛] [著]　金指正三校註　新装版　青蛙房　2007.5　421p　22cm　4400円　①978-4-7905-0142-8
目次　西国三十三所観音霊場記図会（紀伊国那智山（那智山青岸渡寺）　紀伊国紀三井寺（紀三井山金剛宝寺）　紀伊国粉河寺（風猛山粉河寺）　和泉国施福寺（槇尾山施福寺）　河内国藤井寺（紫雲山葛井寺）ほか）　三十三所坂東観音霊場記（相模国鎌倉杉本（大蔵山杉本寺）　相模国岩殿寺（海運山岩殿寺）　相模国田代堂（祇園山長楽寺）　相模国鎌倉長谷寺（海光山長谷寺）　相模国飯泉（飯泉山勝福寺）ほか）
内容　各地の観音の縁起利生譚の子細な記録「西国三十三所観音霊場記図会」五冊、「三十三所坂東観音霊場記」十冊の二点を完全復刻。

◇西国巡礼と四国遍路―その歴史と巡礼の

諸相　大本邦夫著　［出版地不明］［大本邦夫］2007.5　246p　18cm〈私家版〉

◇西国三十三カ所ウォーキング―四季の花々と里山歩きを楽しむ31コース　改訂3版　JTBパブリッシング　2007.9　143p　21cm〈大人の遠足book 西日本6〉1400円　①978-4-533-06841-6
|目次|世界遺産を訪ねる道 熊野古道を歩いて那智山へ―第1番札所・青岸渡寺　近畿に最も早く春を告げる 桜の名所紀三井寺から和歌浦を望む―第2番札所・紀三井寺　枕草子にも書かれた古刹から 紀州徳川家を偲ぶ大和街道を訪ねる―第3番札所・粉河寺　空海が得度したという、深山の中の西国巡礼難所のひとつ―第4番札所・施福寺　藤井寺市町なかの寺から 古市古墳群を歩いて渡来人を偲ぶ―第5番札所・葛井寺　インドの大観音石像と お里・沢市の壺坂霊験記が有名―第6番札所・壺阪寺　古代史の里・飛鳥路を周遊し 厄除観音の岡寺へ―第7番札所・岡寺　初瀬街道を歩き賑やかな門前町を 法起院、長谷寺へ―第8番札所・長谷寺、番外札所・法起院　南円堂から東大寺、春日大社へ 世界遺産の古社寺を巡る―第9番札所・興福寺南円堂　三室戸寺から平安のロマンを訪ねて 宇治を巡る―第10番札所・三室戸寺〔ほか〕|
|内容|御利益あり、見どころ、味どころあり。四季の花々と里山歩きを楽しむ31コース。|

◇西国三十三カ所めぐり　百瀬明治監修　藤井金治写真　JTBパブリッシング　2008.1　168p　21cm〈楽学ブックス 古寺巡礼 1〉1500円　①978-4-533-06996-3
|目次|那智山青岸渡寺　紀三井山金剛宝寺（紀三井寺）　風猛山粉河寺　槇尾山施福寺　紫雲山葛井寺　壺阪山南法華寺（壺阪寺）　東光山龍蓋寺（岡寺）　豊山法起院　豊山長谷寺　興福寺南円堂〔ほか〕|

◇人はなぜ巡礼に旅立つのか　松•心空著　春秋社　2008.7　283p　19cm　1619円　①978-4-393-17282-7
|目次|第1章 観音さまを求めて　第2章 巡礼道での出逢い―西国三十三所と善光寺　第3章 西国札所の成立と歴史　第4章 お遍路みちでの出逢い―四国八十八ヶ所と小豆島　第5章 講演 歩いて巡礼六千キロ―旧制三高創立百三十年同窓会記念講演　第6章 ある巡礼日記―巡礼歌人僧・天田愚庵の歩み|
|内容|往来手形は、道中死するも連絡不要の非情な片道切符。行く手の苦難も顧みず旅立ったいにしえの巡礼者の気持ちはいかなるものだったのか。また現代の文明の世にあえて霊場をめぐる巡礼者たちのやむにやまれぬ思いとはいかなるものか。西国巡礼中興の祖・花山法皇や巡礼歌人僧・天田愚庵、そして、著者とともに西国・四国を歩む巡礼者たちの体験と出逢いから、巡礼のこころを爽やかに描きだす。|

◇西国三十三所結縁御開帳公式ガイドブック　西国三十三所札所会編　講談社　2008.8　135p　21cm　1500円　①978-4-06-214747-7
|目次|那智山青岸渡寺　紀三井山金剛宝寺（紀三井寺）　風猛山粉河寺　槇尾山施福寺（槇尾寺）　紫雲山葛井寺　壺阪山南法華寺（壺阪寺）　東光山岡寺（龍蓋寺）　豊山長谷寺　興福寺南円堂　明星山三室戸寺〔ほか〕|
|内容|西国三十三所の札所寺院をすべて詳細に紹介。四季折々の美しい境内と貴重な仏像をオールカラーで。ご詠歌、ご朱印、お札etc.西国巡礼の不思議がわかる。仏教美術専門家による本尊解説。観音さまって何？ 観音信仰をめぐるコラム満載。御開帳スケジュールや交通アクセス等、実用情報も充実。|

◇京から丹波へ山陰古道―西国巡礼道をあるく　石田康男著　京都　文理閣　2008.11　198p　21cm〈文献あり〉1700円　①978-4-89259-576-9
|目次|1 祈りの道をゆく（京都の西国三十三所巡礼道　京都より善峰道一順打ち総持寺まで　愛宕越え逆打ち丹波穴太へ　逆打ち大江坂（老ノ坂）越え―京より穴太へ六り半 ほか）　2 亀岡（亀山）城下町の散策（亀山城内堀（南郷公園）　亀山城跡　邁訓堂　光忠寺 ほか）|
|内容|江戸期庶民の旅・巡礼道と亀岡城下町をえがく。|

◇西国巡礼の寺　五来重［著］角川学芸出版　2008.11　406p　15cm〈角川文庫〉〈発売：角川グループパブリッシング〉857円　①978-4-04-408502-5
|目次|総論、十六番 清水寺　第一番 青岸渡寺、第二番 紀三井寺　第九番 興福寺南円堂　第六番 壺阪寺　第十一番 上醍醐寺、第十二番 岩間寺　第十三番 石山寺、第十四番 三井寺　第十五番 今熊野観音寺、第|

近畿

十七番 六波羅蜜寺 第十八番 六角堂、第十九番 革堂 第二十番 善峰寺、第二十一番 穴太寺 第三十番 竹生島宝厳寺、第三十一番 長命寺 第三十二番 観音正寺、第三十五番 葛井寺 第三十三番 谷汲山華厳寺
|内容|霊場はなぜ、どのように生まれたのか。われわれの祖先はそこで何を信仰し、何に祈りを捧げたのか—。青岸渡寺、壷阪寺、石山寺、六角堂、竹生島宝厳寺、観音正寺、谷汲山華厳寺など、西国三十三所の主要な観音霊場を案内し、その縁起や伝承、宗教的意義や霊場としての環境をやさしく解説。「歩くこと」と「めぐること」に宗教の原点を見出し、混迷する現代にむけ信仰の本質を照らし出す名著。

◇シェルパ斉藤のリッター60kmで行く！日本全国スーパーカブの旅　斉藤政喜著　小学館　2009.8　253p　19cm　1300円　①978-4-09-366538-4
|目次|スーパーカブとは、どんな旅道具？　第1章 東北気まぐれ放浪紀行　第2章 西国三十三ヶ所巡礼紀行　第3章 九州八十八ヶ所巡礼紀行　第4章 北海道八十八ヶ所巡礼紀行　入門者向け！　スーパーカブで旅立つためのツーリング・マニュアル　終章 父から息子へ、信州ふたり旅
|内容|これだけ読めば、あなたもすぐにカブ旅に出られます！　入門者向け！　カブ旅お役立ちツーリング・マニュアルも収録。「カブ旅に出てみたいけど、何から揃えたらいいの？」「どうやって積んだらいいの？」「もし故障したら？」などなど。そんな質問や不安が、すっきり解消。

◇観音巡礼のキセキ　川原大乗著　名古屋ブイツーソリューション　2009.12　101p　19cm〈発売：星雲社〉800円　①978-4-434-13946-8
|内容|2006年高野山から歩きによっての西国巡礼日記。

◇西国三十三ケ所札所めぐりルートガイド　関西巡礼の会著　メイツ出版　2010.3　128p　21cm〈索引あり〉1600円　①978-4-7804-0749-5
|目次|那智山青岸渡寺　紀三井山金剛宝寺（紀三井寺）　風猛山粉河寺　槇尾山施福寺（槇尾寺）　紫雲山葛井寺　壺阪山南法華寺（壺阪寺）　東光山龍蓋寺（岡寺）　豊山長谷寺　豊山法起院　興福寺南円堂〔ほか〕
|内容|各霊場の歴史や由来はもちろん、番外札所も取り上げています。詳しい解説とわかりやすい地図で、巡礼の旅にご案内します。

◇西国三十三所道中の今と昔　上　熊野街道「伊勢神宮～那智山」/第一番札所那智山青岸渡寺から第十四番札所長等山三井寺・京都市内へ　森沢義信著　京都　ナカニシヤ出版　2010.7　263p　21cm　2200円　①978-4-7795-0432-7
|内容|西国三十三所の巡礼道の現状と江戸時代の状況を詳しく紹介した"巡礼の文化誌"。

◇西国三十三所道中の今と昔　下　京都市内「第十五番札所新那智山今熊野観音寺」～第二十番札所西山善峯寺から第三十三番札所谷汲山華厳寺へ　森沢義信著　京都　ナカニシヤ出版　2010.7　245p　21cm〈文献あり〉2200円　①978-4-7795-0433-4

◇西国三十三所道中案内地図　上　熊野街道「伊勢神宮～那智山」/第一番札所那智山青岸渡寺から第十四番札所長等山三井寺・京都市内へ　森沢義信著　京都　ナカニシヤ出版　2010.7　151p　26cm　2400円　①978-4-7795-0434-1
|内容|本地図帳(上・下巻)は江戸時代後期の一般庶民が、西国三十三所観音霊場を一番から三十三番まで巡拝した時に利用した道の詳細なルートマップである。江戸時代の巡礼の「道中日記」や「西国案内記」、巡礼道・歴史街道に関する様々な文献をもとに、著者自ら実際に歩いて確認・再現したものである。

◇西国三十三所道中案内地図　下　京都市内「第十五番札所新那智山今熊野観音寺」～第二十番札所西山善峯寺から第三十三番札所谷汲山華厳寺へ　森沢義信著　京都　ナカニシヤ出版　2010.7　151p　26cm　2400円　①978-4-7795-0435-8

◇西国三十三カ所を歩く旅—千年の歴史を秘める観音巡礼札所を拠点に歩く特選7コース　ウエスト・パブリッシング編　山と渓谷社　2010.11　159p　21cm（エコ旅ニッポン　9）1600円　①978-4-635-60045-3
|目次|西国三十三ヵ所&番外三ヵ所（第一番・青岸渡寺　第二番・紀三井寺　第三番・粉河寺　第四番・施福寺　第五番・葛井寺ほか）　札所を拠点に「歩く旅」（補陀洛山

寺から1番・青岸渡寺へ　6番・壺阪寺から高取城跡へ　7番・岡寺を拠点として飛鳥の里を巡る　10番・三室戸寺から宇治平等院へ　11番・上醍醐准胝堂から岩間寺、石山寺へ　ほか〕

◇**近江の観音像と西国三十三所巡礼―第41回企画展**　近江八幡　滋賀県立安土城考古博物館　2011.2　62p　30cm〈会期・会場：平成23年2月11日～4月3日　滋賀県立安土城考古博物館企画展示室〉

◇**西国巡礼―西国三十三観音札所巡礼　画文集**　小宮山守画　小宮山久子文　［上田］，［小宮山守］　2013.9　75p　21×21cm〈私家版〉

◇**西国三十三所花めぐり―御朱印帳付きガイドブック**　池坊由紀監修　京都　日本華道社　2013.10　127p　19cm〈外箱入，文献あり〉　1800円　①978-4-89088-074-4
|目次|紀州/南河内エリア（第1番　青岸渡寺　第2番　金剛宝寺（紀三井寺）ほか）　奈良/大和路エリア（第6番　南法華寺（壺阪寺）　第7番　龍蓋寺（岡寺）ほか）　北摂/播磨エリア（第22番　総持寺　第23番　勝尾寺　ほか）　丹後/近江エリア（第28番　成相寺　第29番　松尾寺　ほか）

◇**日本の古寺を知る事典**　渋谷申博著　三笠書房　2013.12　301p　15cm（知的生きかた文庫［CULTURE］）　590円　①978-4-8379-8230-2
|目次|第1章　古寺・名刹50を知る（法隆寺　東大寺　東寺ほか）　第2章　お寺と仏教の基礎知識（仏教略史―釈迦の活動から鎌倉新仏教まで　なぜお経はたくさんあるのか　たくさんある「宗派」とは何かほか）　第3章　全国寺院ガイド（各宗派総本山・大本山リスト　霊場（巡礼地）リスト　仏像がすばらしいお寺ほか）
|内容|法隆寺から浅草寺まで…各寺の素顔・見所と寺院・仏教の基本がわかる！

◇**西国三十三か所めぐり―観音さまの功徳を授かる巡礼の旅へ**　2版　昭文社　2015.5　175p　21cm〈初版のタイトル：西国三十三ヶ所めぐり〉　1300円　978-4-398-13355-7
|目次|紀州・南河内（那智山青岸渡寺　紀三井山金剛宝寺（紀三井寺）ほか）　奈良・大和路（壺阪山南法華寺（壺阪寺）　東光山岡寺（龍蓋寺）ほか）　京都・大津（明星山三室戸寺　深雪山上醍醐准胝堂　ほか）　北摂・播磨（補陀洛山総持寺　応頂山勝尾寺　ほか）　丹後・近江（成相山成相寺　青葉山松尾寺　ほか）

◇**西国三十三所めぐり**　中田昭写真　JTBパブリッシング　2015.11　175p　21cm（楽学ブックス　古寺巡礼　1）〈文献あり〉　1600円　①978-4-533-10722-1
|目次|第1番　那智山　青岸渡寺　第2番　紀三井山　金剛宝寺（紀三井寺）　第3番　風猛山　粉河寺　第4番　槇尾山　施福寺　第5番　紫雲山　葛井寺　第6番　壺阪山　壺阪寺　第7番　東光山　岡寺（龍蓋寺）　第8番　豊山　長谷寺　第9番　興福寺　南円堂　第10番　明星山　三室戸寺〔ほか〕

◇**西国三十三所をあるく―観音霊場とあわせて巡りたい厳選おすすめ31コース**　JTBパブリッシング　2015.11　159p　21cm（大人の遠足BOOK　西日本　6）　1500円　①978-4-533-10723-8
|目次|第1番札所　那智山　青岸渡寺　第2番札所　紀三井山　金剛宝寺（紀三井寺）　第3番札所　風猛山　粉河寺　第4番札所　槇尾山　施福寺　第5番札所　紫雲山　葛井寺　第6番札所　壺阪山　南法華寺（壺阪寺）　第7番札所　東光山　岡寺（龍蓋寺）　第8番札所　豊山　長谷寺　第9番札所　興福寺　南円堂　第10番札所　明星山　三室戸寺〔ほか〕
|内容|観音霊場とあわせて巡りたい厳選おすすめ31コース。

◇**歩行禅―呼吸のくふうと巡礼の瞑想**　松尾心空著　新装版　春秋社　2016.2　283p　20cm〈文献あり〉　1545円　①978-4-393-17286-5
|目次|第1日目　大雲取越え　第2日目　小雲取越え　第3日目　請川の里より近露王子へ　第4日目　近露王子より大塔村へ　第5日目　大塔村より南部王子へ　第6日目　千里浜を経て道成寺へ　第7日目　鹿ヶ瀬・蕪坂を越ゆ　第8日目　橘本神社から紀三井寺へ到るその後
|内容|20年間に7000キロを踏破し、なおも歩みつづける巡礼の達人が、同行三人の対話形式をかりて懇切に説く「歩く瞑想」の極意。歩く意味、臍下丹田に気息を集める所以、その生理的機能、重心の置き方、呼吸と歩数の関係―仏教者であり、同時に、長年歩きつづけてきた著者だからこそわかる歩く瞑想のすべて。

◇**御朱印と御朱印帳で旅する神社・お寺**

大浦春堂著　マイナビ出版　2016.4　127p　19cm〈索引あり〉1300円　①978-4-8399-5962-3
|目次|1章 御朱印・御朱印帳のきほん(御朱印・御朱印帳とは何でしょうか？　神社の御朱印の見方 ほか)　2章 人気スポット別御朱印めぐり旅(東京下町御朱印めぐり　鎌倉御朱印めぐり ほか)　3章 ご利益別寺社&特長別御朱印めぐり(縁結びにご利益・ご神徳がある神社　金運、商売繁盛にご利益・ご神徳がある神社 ほか)　4章 デザイン別御朱印帳めぐり(御祭神・神話を描いた御朱印帳　仏様のお姿を描いた御朱印帳 ほか)
|内容|全国155箇所をご利益・テーマ別に紹介。東京・鎌倉・京都・高野山・日光おすすめ御朱印めぐり旅。いただき方やマナーも掲載。西国三十三所の巡礼特集も！

◇西国三十三所札所めぐり観音巡礼ルートガイド　関西札所めぐりの会著　メイツ出版　2016.5　128p　21cm〈索引あり〉1650円　①978-4-7804-1733-3
|目次|第1番 那智山 青岸渡寺　第2番 紀三山 金剛宝寺(紀三井寺)　第3番 風猛山 粉河寺　第4番 槇尾山 施福寺(槇尾寺)　第5番 紫雲山 葛井寺　第6番 壺阪山 南法華寺(壺阪寺)　第7番 東光山 岡寺(龍蓋寺)　第8番 豊山長谷寺　番外 豊山 法起院　第9番 興福寺 南円堂〔ほか〕
|内容|各霊場の由来や伝説・歴史を詳述。巡礼道をわかりやすく解説。

◇観世音菩薩西国三十三所霊場―ご詠歌でたどる巡礼のこころ　山口辨清著　大法輪閣　2016.7　151p　19cm〈文献あり〉1300円　①978-4-8046-8209-9
|目次|第1章 西国三十三所霊場巡礼ご詠歌のこころ(第一番 那智山青岸渡寺　第二番 紀三井山金剛宝寺(紀三井寺)　第三番 紀三井山粉河寺(施音寺)　第四番 槇尾山施福寺(槇尾寺)　第五番 紫雲山葛井寺(藤井寺) ほか)　第2章 西国観音霊場巡礼縁起(長谷観音ものがたり　花山院のものがたり)
|内容|明日からの、新しいいのちのために、さあ、一度はわたしも、死出の旅へ！ 最愛の人を失い、皇位も奪われ、身に随うのは悲哀と絶望…花山上皇と共に歩み、心を甦らせて生きぬこう！

265　西国薬師霊場

【概　要】奈良9ヶ寺、和歌山3ヶ寺、大阪6ヶ寺、兵庫9ヶ寺、京都12ヶ寺、滋賀6ヶ寺、三重4ヶ寺の2府5県に広がる薬師如来霊場。1989(平成元)年7月に古寺顕彰会の下休場由晴を創始者として西国三十三薬師霊場会が結成され、同年11月14日に開創大法要が執り行われた。西国四十九薬師霊場。

【札所名】(1)瑠璃宮 薬師寺(奈良県奈良市西ノ京町)、(2)登美山鼻高 霊山寺(奈良県奈良市中町)、(3)法性山 般若寺(花の寺、コスモス寺)(奈良県奈良市般若寺町)、(4)興福寺 東金堂(奈良県奈良市登大路町)、(5)元興寺(極楽坊)(奈良県奈良市中院町)、(6)日輪山 新薬師寺(奈良県奈良市高畑福井町)、(7)霊禅山 東塔院 久米寺(奈良県橿原市久米町)、(8)宀一山 室生寺(女人高野)(奈良県宇陀市)、(9)小松山 金剛寺(ぼたん寺、菊薬師)(奈良県五條市)、(10)高野山 龍泉院(和歌山県伊都郡高野町)、(11)小田原坊 高室院(小田原坊)(和歌山県伊都郡高野町)、(12)幡川山 薬師院 禅林寺(幡川のお薬師さん)(和歌山県海南市)、(13)龍池山 弘川寺(西行の寺)(大阪府南河内郡河南町)、(14)青龍山 野中寺(中の太子)(大阪府羽曳野市)、(15)一乗山 家原寺(家原の文殊さん、智慧文殊)(大阪府堺市西区家原寺町)、(16)荒陵山 四天王寺(天王寺さん)(大阪府大阪市天王寺区)、(17)護国山 国分寺(長柄国分寺)(大阪府大阪市北区)、(18)大沢山 久安寺(大阪府池田市伏尾町)、(19)昆嵩山 昆陽寺(行基さん)(兵庫県伊丹市)、(20)松泰山 東光寺(門戸厄神、厄神さん)(兵庫県西宮市門戸西町)、(21)東光山 花山院 菩提寺(兵庫県三田市)、(22)刀田山 鶴林寺(刀田の太子さん)(兵庫県加古川市加古川町)、(23)斑鳩寺(いかるがのお太子さん)(兵庫県揖保郡太子町)、(24)妙徳山 神積寺(田原の文殊さん)(兵庫県神崎郡福崎町)、(25)十九峰 達身寺(兵庫県丹波市氷上町)、(26)医王山 長安寺(京都府福知山市)、(27)紫金山 天寧寺(京都府福知山市)、(28)亀居山 大乗寺(応挙寺)(兵庫県美方郡香美町)、(29)末代山 温泉寺(兵庫県豊岡市城崎町)、(30)医王山 多禰寺(京都府舞鶴市)、(31)医王山 総持寺(頭の薬師、ぼたん寺)(滋賀県長浜市宮司町)、(32)龍應山 西明寺(滋賀県犬上郡甲良町)、(33)高富山 石薬師寺(石薬師のお薬師さん)(三重県鈴鹿市石薬師町)、(34)搭世山 四天王寺(三重県津市栄町)、(35)丹生山 神宮寺(丹生

大師)(三重県多気郡多気町)、(36)日朝山 弥勒寺(三重県名張市)、(37)小田原山 浄瑠璃寺(九体寺)(京都府木津川市加茂町)、(38)東光山 法界寺(日野薬師、乳薬師)(京都府京都市伏見区日野西大道町)、(39)醍醐山 醍醐寺(京都府京都市伏見区醍醐東大路町)、(40)瑠璃山 雲龍院(京都府京都市東山区泉涌寺山内町)、(41)法寿山 正法寺(西山大師)(京都府京都市西京区大原野南春日町)、(42)小塩山 大原院 勝持寺(花の寺)(京都府京都市西京区大原野南春日町)、(43)朝日山 神蔵寺(佐伯薬師、佐伯のお薬師さん、蒋田野薬師)(京都府亀岡市蒋田の野町)、(44)高雄山 神護寺(京都府京都市右京区梅ヶ畑高雄町)、(45)魚山 三千院(三千院門跡)(京都府京都市左京区大原来迎院町)、(46)繖山 桑實寺(桑峰薬師)(滋賀県近江八幡市安土町)、(47)岩根山 善水寺(滋賀県湖南市)、(48)円城寺別所 水観寺(滋賀県大津市円城寺町)、(49)比叡山 延暦寺(滋賀県大津市坂本本町)

【掲載事典】癒事、霊大、霊巡、日巡、霊典

◇西国四十九薬師巡礼―法話と札所案内
　西国薬師霊場会編　大阪　朱鷺書房　1989.11　218p　19cm〈札所案内：下休場由晴〉1030円　①4-88602-121-2

◇西国薬師巡礼　井上博道撮影　西国薬師霊場会編　京都　光村推古書院　1998.11　158p　26cm　2667円　①4-8381-0240-2

◇神社仏閣開運ガイド―関西版　マック出版編　改訂版　七賢出版　1998.12　257p　19cm　1500円　①4-88304-393-2
　|目次|滋賀県(木之本地蔵院　長寿院 ほか)　京都府(伏見稲荷大社　弁財天・長建寺 ほか)　奈良県(霊山寺　唐招提寺 ほか)　和歌山県(淡嶋神社　足守大明神・観音寺 ほか)　大阪府(露天神社　大阪天満宮 ほか)　兵庫県(摩耶山天上寺　再度山大龍寺 ほか)　札所めぐり(西国三十三観音　近畿三十六不動尊　西国四十九薬師　関西花の寺二十五寺)
　|内容|本書は、近畿二府四県(大阪・兵庫・京都・奈良・和歌山・滋賀)の、ご利益(ご神徳)、由緒、庭園、仏像、建築物など、何んらかで有名な神社・寺院を205社寺紹介したものである。

◇西国四十九薬師巡礼―法話と札所案内
　西国四十九薬師霊場会編　新版　大阪　朱鷺書房　2006.6　213p　19cm〈奥付の責任表示(誤植)：西国薬師霊場会〉1000円　①4-88602-335-5
　|目次|薬師寺(奈良市)　霊山寺(奈良市)　般若寺(奈良市)　興福寺東金堂(奈良市)　元興寺(奈良市)　新薬師寺(奈良市)　久米寺(奈良県橿原市)　室生寺(奈良県宇陀市)　金剛寺(奈良県五條市)　龍泉院(和歌山県高野町)〔ほか〕
　|内容|私たちのこころとからだのやまいを救ってくださるお薬師さまの霊場巡り。

266 聖徳太子御遺跡霊場
【概　要】聖徳太子が建立した寺や太子廟をはじめとする太子ゆかりの28寺からなる霊場。大阪、兵庫、京都、奈良の広範囲に点在する。聖徳太子を開山・開基とし、推古31年頃に創設されたという四天王寺を1番とし、推古15年に聖徳太子が開基として開創された世界最古の木造建築といわれる法隆寺が14番などと文字どおり古寺名刹からなる。ただし、現在霊場会としての活動は行われておらず、廃寺、無人の寺もある。

【札所名】(1)荒陵山 四天王寺(大阪府大阪市天王寺区元町)、(2)神妙椋樹山 大聖勝軍寺(大阪府八尾市)、(3)蓮土山 道明寺(大阪府藤井寺市)、(4)向原山 西琳寺(大阪府羽曳野市)、(5)青龍山 野中寺(大阪府羽曳野市)、(6)磯長山 叡福寺(大阪府南河内郡太子町)、(7)霊鷲山 世尊寺(奈良県吉野郡大淀町)、(8)仏頭山 橘寺(奈良県高市郡明日香村)、(9)定林寺(奈良県高市郡明日香村)、(10)医王山 金剛寺(奈良県高市郡明日香村)、(11)鳥形山 飛鳥寺(奈良県高市郡明日香村)、(12)太子山 向原寺(奈良県高市郡明日香村)、(13)天照山 日向寺(奈良県橿原市南浦町)、(14)法隆寺(奈良県生駒郡斑鳩町)、(15)法興山 中宮寺(奈良県生駒郡斑鳩町)、(16)妙見山 法輪寺(奈良県生駒郡斑鳩町)、(17)岡本山 法起寺(奈良県生駒郡斑鳩町)、(18)成福寺(奈良県生駒郡斑鳩町)、(19)片岡山 達磨寺(奈良県北葛城郡王寺町)、(20)信貴山 朝護孫子寺(奈良県生駒郡平群町)、(21)無量山 平隆寺(奈良県生駒郡三郷町)、(22)熊凝山 額安寺(奈良県大和郡山市額田部寺町)、(23)三論学山 大安寺(奈良県奈良市大安寺町)、(24)蜂岡山 広隆寺(京都府

都市右京区太秦蜂岡町),(25)紫雲山 頂法寺 六角堂(京都府京都市中京区),(26)紫雲山 中山寺(兵庫県宝塚市),(27)刀田山 鶴林寺(兵庫県加古川市加古川町),(28)斑鳩寺(兵庫県揖保郡太子町)
【掲載事典】霊巡

267 新西国霊場

【概　要】大阪・和歌山・奈良・京都・滋賀・兵庫の近畿地方2府4県にわたる古寺名刹で構成された観音霊場。1932(昭和7)年、大阪時々新報・京都日日新聞・神戸新聞を母体とした三都合同新聞社が読者からの人気投票により、「信仰と健全な探勝行楽を兼ねる巡拝コース」として選定した。第二次世界大戦により衰退したが、戦後の1967(昭和42)年、辞退した寺院に代わり新たに2ヶ寺を札所に迎えると共に客番5ヶ寺を加えて再出発した。巡拝所要日数は7～8日。新西国三十三観音霊場。

【札所名】(1)荒陵山 四天王寺(大阪府大阪市天王寺区),(客番)有栖山 清光院 清水寺(大阪府大阪市天王寺区伶人町),(2)佳木山 太融寺(大阪府大阪市北区太融寺町),(3)雲松山 鶴満寺(大阪府大阪市北区),(4)龍谷山 水間寺(大阪府貝塚市),(5)天音山 道成寺(和歌山県日高郡日高川町),(6)高野山 御衣寺 宝亀院(和歌山県伊都郡高野町),(7)天野山 金剛寺(大阪府河内長野市天野町),(客番)檜尾山 観心寺(大阪府河内長野市),(8)南向山 西方院(大阪府南河内郡太子町),(客番)磯長山 叡福寺(大阪府南河内郡太子町),(9)鳥形山 飛鳥寺(奈良県高市郡明日香村),(10)仏頭山 上宮皇院 橘寺(奈良県高市郡明日香村),(11)二上山 當麻寺(奈良県葛城市),(12)仏日山 東光院 萩の寺(大阪府豊中市),(13)神秀山 満願寺(兵庫県川西市満願寺町),(客番)南山 安岡寺(高槻観音)(大阪府高槻市浦堂本町),(14)根本山 神峯山寺(大阪府高槻市),(15)新京極 誓願寺(京都府京都市中京区新京極桜之町),(16)瑞応山 千本釈迦堂 大報恩寺(京都府京都市上京区),(17)立願山 楊谷寺(京都府長岡京市),(18)比叡山 延暦寺 横川中堂(滋賀県大津市坂本本町),(19)鞍馬山 鞍馬寺(京都府京都市左京区鞍馬本町),(20)立木山 立木寺(安養寺)(滋賀県大津市南郷町),(21)甲山 神呪寺(兵庫県西宮市甲山町),(22)摩耶山 忉利天上寺(兵庫県神戸市灘区摩耶山),(23)宝積山 能福寺(兵庫県神戸市兵庫区北逆瀬川町),(24)上野山 須磨寺(兵庫県神戸市須磨区須磨寺町),(25)三身山 太山寺(兵庫県神戸市西区伊川谷町),(26)大谷山 大谿寺 伽耶院(兵庫県三木市志染町),(27)刀田山 鶴林寺(兵庫県加古川市加古川町),(28)五峰山 光明寺(兵庫県加東市),(客番)極楽山 浄土寺(兵庫県小野市浄谷町),(29)泉生山 酒見寺(兵庫県加西市北条町),(30)七種山 金剛城寺(兵庫県神崎郡福崎町),(31)台雲山 花岳寺(兵庫県赤穂市),(32)いかるが 斑鳩寺(兵庫県揖保郡太子町),(33)船越山 南光坊 瑠璃寺(兵庫県佐用郡佐用町)
【掲載事典】癒事, 古寺, 札所, 巡遍, 霊大, 霊巡, 日巡

◇巡礼の旅―新西国霊場　京都新聞社編　京都　京都新聞社　1979.2　205p　19cm　850円

◇西国・新西国札所めぐり　首藤一著　大阪　創元社　1979.4　278p　19cm　980円

◇新西国巡礼の寺　橋本哲二著　大阪　保育社　1982.6　149p　15cm(カラーブックス)　500円　①4-586-50572-9

◇西国&新西国巡礼　高山瑛著　大阪　ナンバー出版　1985.4　239p　19cm(ナンバーガイド)〈付(地図1枚)〉980円　①4-88859-019-2

◇新西国霊場―古寺めぐりへの招待　下休場由晴著　大阪　朱鷺書房　1986.6　173p　19cm　880円

◇西国33カ所・新西国巡礼　高山瑛著　大阪　ナンバー出版　1987.2　239p　18cm　1000円　①4-88859-019-2
内容 この本は、西国33観音・新西国33観音の札所について、宗派、本尊、開基、建立を明記すると共に、縁起と文化財にわけて分りやすく紹介してあります。

◇京のみどころ味どころ　no.51 京都・滋賀の西国霊場　京美観光出版社編　京都　京美観光出版社　1990.3　161p

19cm〈発売：東洋文化社 付（図1枚）〉
420円 ①4-88599-068-8

◇西国・新西国観音霊場巡拝紀行　漆原秀
男著　河原町（鳥取県）　漆原秀男
1991.8　128p　21cm

◇新西国霊場法話巡礼　新西国霊場会編
大阪　朱鷺書房　1993.8　214p　19cm
1030円 ①4-88602-300-2

◇新西国・坂東・秩父百ケ所観音順礼—武
州葛飾郡武州埼玉郡 埼葛の野に幻の札
所を追う　石川靖夫著　富士見　石川
靖夫　1997.11　119p　19cm

◇新西国霊場法話巡礼　新西国霊場会編
第2版　大阪　朱鷺書房　2007.8　214p
19cm　1000円 ①978-4-88602-339-1
|目次|第1番 四天王寺（大阪）　客番 清水寺（大阪）　第2番 太融寺（大阪）　第3番 鶴満寺（大阪）　第4番 水間寺（大阪）　第5番 道成寺（和歌山）　第6番 宝亀院（和歌山）　第7番 金剛寺（大阪）　客番 観心寺（大阪）　第8番 西方院（大阪）〔ほか〕
|内容|昭和のはじめ、人気投票によって選定されたという近畿二府四県にわたるユニークな巡拝霊場。庶民の人気に支えられて今も変わらず賑わう三十八ヵ寺をめぐる。

268 神仏霊場 巡拝の道

【概　要】宗教学者山折哲雄と17社寺の代表が発起人となり、伊勢神宮を含めた西国近畿の古社名刹125社寺で2008（平成20）年に成立した。現在の参加社寺は151、満願者は1000人に達している。江戸期に盛んに行われた伊勢参り、熊野詣のように神仏をともに崇拝する精神風土を現代に取り戻すことを目的とするという。

【札所名】(特別参拝)皇大神宮（神宮内宮）（三重県伊勢市宇治館町）、(特別参拝)豊受大神宮（神宮外宮）（三重県伊勢市豊川町）、(和歌山1)熊野速玉大社（新宮市）、(和歌山2)青岸渡寺（東牟婁郡那智勝浦町）、(和歌山3)熊野那智大社（東牟婁郡那智勝浦町）、(和歌山4)熊野本宮大社（田辺市本宮町）、(和歌山5)闘鶏神社（田辺市）、(和歌山6)道成寺（日高郡日高川町）、(和歌山7)藤白神社（海南市）、(和歌山8)竈山神社（和歌山市）、(和歌山9)根来寺（岩出市）、(和歌山10)慈尊院（伊都郡九度山町）、(和歌山11)丹生官省符神社（伊都郡九度山町）、(和歌山12)丹生都比売神社（伊都郡かつらぎ町）、(和歌山13)金剛峯寺（伊都郡高野町）、(奈良1)東大寺（奈良市雑司町）、(奈良2)春日大社（奈良市春日野町）、(奈良3)興福寺（奈良市登大路町）、(奈良4)大安寺（奈良市大安寺町）、(奈良5)帯解寺（奈良市今市町）、(奈良6)石上神宮（天理市布留町）、(奈良7)大和神社（天理市新泉町）、(奈良8)大神神社（桜井市）、(奈良9)法華寺（奈良市法華寺町）、(奈良10)西大寺（奈良市西大寺芝町）、(奈良11)唐招提寺（奈良市五条町）、(奈良12)薬師寺（奈良市西ノ京町）、(奈良13)法隆寺（生駒郡斑鳩町）、(奈良14)中宮寺（生駒郡斑鳩町）、(奈良15)霊山寺（奈良市中町）、(奈良16)宝山寺（生駒市門前町）、(奈良17)朝護孫子寺（生駒郡平群町）、(奈良18)廣瀬大社（北葛城郡河合町）、(奈良19)當麻寺（葛城市）、(奈良20)橿原神宮（橿原市久米町）、(奈良21)安倍文殊院（桜井市）、(奈良22)長谷寺（桜井市）、(奈良23)室生寺（宇陀市）、(奈良24)談山神社（桜井市）、(奈良25)壷阪寺（南法華寺）（高市郡高取町）、(奈良26)金峯山寺（吉野郡吉野町）、(奈良27)丹生川上神社上社（吉野郡川上村）、(奈良28)丹生川上神社（吉野郡東吉野村）、(大阪1)住吉大社（大阪市住吉区）、(大阪2)四天王寺（大阪市天王寺区）、(大阪3)阿部野神社（大阪市阿倍野区）、(大阪4)今宮戎神社（大阪市浪速区）、(大阪5)大念佛寺（大阪市平野区平野上町）、(大阪6)法楽寺（大阪市東住吉区）、(大阪7)生國魂神社（大阪市天王寺区生玉町）、(大阪8)坐摩神社（大阪市中央区久太郎町）、(大阪9)大阪天満宮（大阪市北区）、(大阪10)太融寺（大阪市北区太融寺町）、(大阪11)施福寺（和泉市槙尾山町）、(大阪12)水間寺（貝塚市）、(大阪13)七宝瀧寺（泉佐野市）、(大阪14)金剛寺（河内長野市天野町）、(大阪15)観心寺（河内長野市）、(大阪16)叡福寺（南河内郡太子町）、(大阪17)道明寺天満宮（藤井寺市）、(大阪18)葛井寺（藤井寺市）、(大阪19)枚岡神社（東大阪市出雲井町）、(大阪20)四條畷神社（四條畷市）、(大阪21)水無瀬神宮（三島郡島本町）、(大阪22)総持寺（茨木市）、(大阪23)神峯山寺（高槻市）、(大阪24)勝尾寺（箕面市）、(兵庫1)生田神社（神戸市中央区）、(兵庫2)西宮神社（西宮市社家町）、(兵庫3)廣田神社（西宮市大社町）、(兵庫4)切利天上寺（神戸市灘区摩耶山町）、(兵庫5)湊川神社（神戸市中央区）、(兵庫6)長田神社（神戸市長田区長田町）、

近畿

（兵庫7）須磨寺（神戸市須磨区須磨寺町），（兵庫8）海神社（神戸市垂水区宮本町），（兵庫9）廣峯神社（姫路市），（兵庫10）圓教寺（姫路市），（兵庫11）赤穂大石神社（赤穂市），（兵庫12）一乗寺（加西市），（兵庫13）清水寺（播州清水寺）（加東市），（兵庫14）清荒神清澄寺（宝塚市），（兵庫15）中山寺（宝塚市），（京都1）石清水八幡宮（八幡市），（京都2）御香宮神社（京都市伏見区），（京都3）城南宮（京都市伏見区），（京都4）教王護国寺（京都市南区九条町），（京都5）善峯寺（京都市西京区大原野小塩町），（京都6）大原野神社（京都市西京区），（京都7）松尾大社（京都市西京区），（京都8）天龍寺（京都市右京区），（京都9）大覚寺（京都市右京区嵯峨大沢町），（京都10）神護寺（京都市右京区梅ヶ畑高雄町），（京都11）車折神社（京都市右京区），（京都12）仁和寺（京都市右京区），（京都13）鹿苑寺（金閣寺）（京都市北区），（京都14）平野神社（京都市北区），（京都15）北野天満宮（京都市上京区），（京都16）今宮神社（京都市北区），（京都17）宝鏡寺（京都市上京区），（京都18）大聖寺（京都市上京区），（京都19）相国寺（京都市上京区），（京都20）御霊神社（京都市上京区），（京都21）賀茂御祖神社（京都市左京区下鴨泉川町），（京都22）賀茂別雷神社（京都市北区），（京都23）鞍馬寺（京都市左京区鞍馬本町），（京都24）貴船神社（京都市左京区），（京都25）寂光院（京都市左京区），（京都26）三千院（京都市左京区大原来迎院町），（京都27）赤山禅院（京都市左京区），（京都28）曼殊院（京都市左京区一乗寺竹ノ内町），（京都29）慈照寺（銀閣寺）（京都市左京区），（京都30）吉田神社（京都市左京区），（京都31）真正極楽寺（京都市左京区），（京都32）聖護院（京都市左京区聖護院中町），（京都33）平安神宮（京都市左京区），（京都34）革堂（行願寺）（京都市中京区），（京都35）青蓮院（京都市東山区粟田口三条坊町），（京都36）八坂神社（京都市東山区），（京都37）清水寺（京都市東山区），（京都38）六波羅蜜寺（京都市東山区），（京都39）妙法院（京都市東山区），（京都40）智積院（京都市東山区），（京都41）泉涌寺（京都市東山区泉涌寺山内町），（京都42）観音寺（京都市東山区），（京都43）伏見稲荷大社（京都市伏見区），（京都44）三室戸寺（宇治市），（京都45）平等院（宇治市），（京都46）醍醐寺（京都市伏見区），（京都47）毘沙門堂（京都市山科区），（京都48）浄瑠璃寺（木津川市加茂町），（京都49）岩船寺（木津川市加茂町），（京都50）穴太寺（亀岡市曽我部町），（京都51）籠神社（宮津市），（京都52）松尾寺（舞鶴市），（滋賀1）多賀大社（犬上郡多賀町），（滋賀2）田村神社（甲賀市土山町），（滋賀3）金剛輪寺（愛知郡愛荘町），（滋賀4）西明寺（犬上郡甲良町），（滋賀5）長濱八幡宮（長浜市宮前町），（滋賀6）宝厳寺（長浜市早崎町），（滋賀7）観音正寺（近江八幡市安土町），（滋賀8）永源寺（東近江市），（滋賀9）百済寺（東近江市百済寺町），（滋賀10）日牟禮八幡宮（近江八幡市宮内町），（滋賀11）長命寺（近江八幡市長命寺町），（滋賀12）御上神社（野洲市），（滋賀13）建部大社（大津市），（滋賀14）石山寺（大津市），（滋賀15）園城寺（大津市園城寺町），（滋賀16）西教寺（大津市），（滋賀17）日吉大社（大津市），（滋賀18）延暦寺（大津市坂本本町）

◇神と仏の風景「こころの道」―伊勢の神宮から比叡山延暦寺まで　廣川勝美著
集英社　2008.8　206p　18cm（集英社新書）　700円　①978-4-08-720456-8
目次　第1章　画期的な「神仏霊場　巡拝の道」の誕生（おおらかな神仏共存と、明治初期の「神仏分離」　「綾戸大明神」の法要、大祭　ほか）　第2章　江戸時代の「お伊勢参り」が聖地巡礼のモデル（伊勢参宮の旅は、数百万人の大移動だった　伊勢参宮の旅に四国遍路まで組みこむ　ほか）　第3章　神と仏の聖地「山岳」の苦行と功徳（天地が共感し、自然が調和する聖地　山岳宗教の一大霊場「熊野三山」　ほか）　第4章　自然のうちに共存する「古都」の神と仏（古都に生きた人びとの祈りや願い　神々の原風景は「青山四周」の「美地」である　ほか）

内容　仏教伝来から江戸時代まで、私たちの目の前には「神社の中に寺院があり、寺院の中に神社がある」風景が、何の不思議もなく当たり前にあった。たとえば「お伊勢参り」は、神宮に参拝し、道中の多くの寺院にもごく自然に参詣したのである。しかし、明治政府草創期の数々の「神仏分離」政策以降一四〇年、神道界と仏教界は、いわば「不自然」な関係の中におかれた。それが今再び、本来の神仏同座の精神をよみがえらせたのである。特別参拝の伊勢の神宮から比叡山延暦寺まで、紀伊熊野、奈良、京都の世界遺産を含む西国一五〇社寺による「神仏霊場会」の設立と「巡拝の道」の誕生である。この世界的な訴求力をもつ構想の実現に当初から関わった著者が、その誕生までの経緯と背景をつづる。

◇神と仏の道を歩く―神仏霊場巡拝の道公式ガイドブック　神仏霊場会編　集英社　2008.9　364p　18cm（集英社新書ヴィジュアル版）　1333円　①978-4-08-720458-2

|目次|特別参拝 伊勢―神仏同座の道　和歌山―清浄の道　奈良―鎮護の道　大阪―豊楽の道　兵庫―豊饒の道　京都―楽土の道　滋賀―欣求の道

|内容|西国（近畿）の名だたる古社名刹が手を結び、「神仏和合」にもとづく新しい組織「神仏霊場会」を設立、「巡拝の道」が誕生した。参加社寺は一五〇に及ぶ。江戸時代まで盛んに行なわれた伊勢参りや熊野詣のように、神仏を同時に崇拝していた精神風土を現代に取り戻し、末永く百年千年の規模で展開する巡礼ルートだ。本書はその巡拝の道、唯一の公式ガイドブックである。解説に加えて、現代日本の鉛筆画壇の最高峰の作家たちが、全社寺の姿を描き下ろした。細密鉛筆画特有の柔らかさ、精神性が、世界遺産を抱え、美しい景観の保護も目指す「神仏霊場 巡拝の道」に彩りを添えている。

◇神仏霊場ものがたり―日本宗教の聖地とそのダイナミズム　神仏霊場会編　戎光祥出版　2012.2　207p　19cm　1600円　①978-4-86403-058-8

|目次|1 厳かにおわし坐す、かみ、ほとけ　2 奈良は今でも神仏習合　3 比叡山の神々と最澄・円仁・円珍　4 靡き八丁斧入れず―修験のこころ　5 弘法大師空海と出会った神々　6 習合するが習合しない神と仏　7 書写山円教寺の神仏習合　8 洛中洛外のカミ・ホトケ―鎮守社・神宮寺・地主社　9 神仏坐す葛城の峯―霊場をむすぶ峰の道　神仏和合の心―あとがきにかえて

|内容|神仏が互いに争うことなく、共に歩んできた"神仏習合"の姿―海・山・里・マチ…おごそかに、現代に息づく霊場を訪ねて日本人の原風景と精神風土を探る。

近畿

269 摂津国八十八ヵ所霊場

【概　要】大阪府北部から兵庫県南東部にかけて広がる弘法大師霊場。安永年間（1772〜81）に大阪真田山観智院在住の月海上人によって開創された。第二次世界大戦の戦災と戦後の混乱により衰退したが、第14番札所六大院先住の小原孝澄大僧正が復興を発願。1977(昭和52)年1月21日に大阪市内の41札所寺院により摂津之国八十八ヶ所大阪市霊場会が発足。その後、北摂方面の20ヶ寺により北摂地区霊場会、兵庫地区27ヶ寺により兵庫地区霊場会が設立され、1980(昭和55)年1月21日に3霊場が統一し再興した。

【札所名】(1)法案寺（日本橋聖天）（大阪府大阪市中央区）、(2)三津寺（ミナミの観音さん）（大阪府大阪市中央区）、(3)和光寺（あみだ池和光寺）（大阪府大阪市西区）、(4)了徳院（福島聖天）（大阪府大阪市福島区）、(5)持明院（福島のお大師さん）（大阪府大阪市福島区）、(6)太融寺（大阪府大阪市北区太融寺町）、(7)富光寺（大阪府大阪市北区）、(8)不動寺（大阪府豊中市宮山町）、(9)国分寺（ながら国分寺）（大阪府大阪市大淀区）、(10)寶珠院（大阪府大阪市北区与力町）、(11)善福寺（どんどろ大師善福寺）（大阪府大阪市天王寺区空堀町）、(12)興徳寺（大阪府大阪市天王寺区餌差町）、(13)大日寺（大日さん）（大阪府大阪市城東区）、(14)六大院（大阪高野山、真田山不動尊）（大阪府大阪市天王寺区餌差町）、(15)圓珠庵（鎌八幡）（大阪府大阪市天王寺区空清町）、(16)観音寺（大阪府大阪市天王寺区城南寺町）、(17)正祐寺（大阪府大阪市天王寺区上本町）、(18)宗恵院（大阪府大阪市天王寺区生玉前町）、(19)藤次寺（融通시）（大阪府大阪市天王寺区生玉町）、(20)自性院（疳虫し封じの寺）（大阪府大阪市中央区）、(21)報恩院（高津の北向不動）（大阪府大阪市中央区）、(22)持明院（縁切り寺）（大阪府大阪市天王寺区生玉町）、(23)青蓮寺（大阪府大阪市天王寺区生玉町）、(24)真光院（六万体地蔵尊）（大阪府大阪市天王寺区夕陽丘町）、(25)四天王寺（天王寺さん）（大阪府大阪市天王寺区）、(26)清水寺（大阪府大阪市天王寺区伶人町）、(27)高野寺（長州大師）（大阪府大阪市西区）、(28)浪速寺（毘沙門さん）（大阪府大阪市浪速区）、(29)大乗坊（日本橋の毘沙門さん）（大阪府大阪市浪速区）、(30)竹林寺（千日のお大師）（大阪府大阪市中央区）、(31)地蔵院（大阪府大阪市大正区）、(32)正圓寺（天下茶屋聖天）（大阪府大阪市阿倍野区）、(33)釈迦院（築港高野山）（大阪府大阪市港区）、(34)西之坊（大阪府大阪市住吉区）、(35)荘厳浄土寺（住吉のお不動さん）（大阪府大阪市住吉区）、(36)薬師寺（大阪府大阪市住吉区）、(37)如願寺（喜連寺）（大阪府大阪市平野区）、(38)長寶寺（えんまさんの寺）（大阪府大阪市平野区

平野本町)，(39)全興寺(水かけ一願不動)(大阪府大阪市平野区平野本町)，(40)法楽寺(たなべ不動尊)(大阪府大阪市東住吉区)，(41)京善寺(桑津の不動さん)(大阪府大阪市東住吉区)，(42)常光円満寺(浜之堂・水子地蔵尊)(大阪府吹田市元町)，(43)円照寺(山田観音)(大阪府吹田市)，(44)佐井寺(大阪府吹田市)，(45)金剛院(蜂の寺金剛院)(大阪府摂津市)，(46)蓮花寺(大阪府茨木市)，(47)総持寺(大阪府茨木市)，(48)地蔵院(安産・延命地蔵尊)(大阪府高槻市真上町)，(49)霊山寺(大阪府高槻市霊仙寺町)，(50)大門寺(大阪府茨木市)，(51)真龍寺(D51-デゴイチ寺)(大阪府茨木市)，(52)帝釋寺(帝釈天降臨の地)(大阪府箕面市)，(53)善福寺(大阪府箕面市)，(54)勝尾寺(大阪府箕面市)，(55)瀧安寺(やすらぎ観音)(大阪府箕面市)，(56)宝珠院(大阪府箕面市)，(57)釈迦院(尊鉢厄神)(大阪府池田市)，(58)一乗院(融通院)(大阪府池田市)，(59)常福寺(大阪府池田市)，(60)金剛院(愛染さん)(兵庫県伊丹市)，(61)安楽院(千僧のお不動さん)(兵庫県伊丹市)，(62)昆陽寺(行基寺又は昆陽寺)(兵庫県伊丹市)，(63)大空寺(兵庫県伊丹市)，(64)浄光寺(浄光寺観音)(兵庫県尼崎市)，(65)大覚寺(尼崎聖天)(兵庫県尼崎市)，(66)高法寺(大阪府池田市)，(67)久安寺(花の寺)(大阪府池田市伏尾町)，(68)満願寺(兵庫県川西市満願寺町)，(69)中山寺大師堂(中山観音)(兵庫県宝塚市)，(70)中山寺納経所(兵庫県宝塚市)，(71)中山寺奥之院(兵庫県宝塚市)，(72)清澄寺(清荒神)(兵庫県宝塚市)，(73)平林寺(兵庫県宝塚市社町)，(74)金龍寺(兵庫県宝塚市)，(75)神呪寺(甲山大師)(兵庫県西宮市甲山町)，(76)東光寺(門戸厄神)(兵庫県西宮市門戸西町)，(77)法心寺(兵庫県西宮市高木西町)，(78)大日寺(兵庫県西宮市高木東町)，(79)円満寺(西宮成田山)(兵庫県西宮市社家町)，(80)天上寺(兵庫県神戸市灘区摩耶山町)，(81)聖徳院(兵庫県神戸市中央区)，(82)大龍寺(中風除再度大師)(兵庫県神戸市中央区)，(83)真福寺(兵庫県神戸市兵庫区)，(84)金光寺(兵庫やくし)(兵庫県神戸市兵庫区西仲町)，(85)常福寺(西代の観音山)(兵庫県神戸市長田区大谷町)，(86)妙法寺(須磨の毘沙門さん)(兵庫県神戸市須磨区)，(87)勝福寺(兵庫県神戸市須磨区大手町)，(88)須磨寺(兵庫県神戸市須磨区須磨寺町)

【掲載事典】癒事，霊大，霊巡，日巡，霊典

◇摂津国八十八ヶ所霊場案内記　河内長野(大阪府)　古寺顕彰会　1982.6　193p　19cm

◇摂津国八十八所巡礼―摂津国八十八ヶ所霊場案内記　摂津国八十八所霊場会編　大阪　朱鷺書房　1987.12　246p　19cm　1000円　①4-88602-101-8

|内容| かつての"摂津国"は、今日の大阪府北部と兵庫県の一部にわたる広い地域であった。江戸時代中期、その摂津国に開かれた八十八所霊場。熱心な大師信仰に支えられて、その昔は大いににぎわった。都心の寺、住宅街の寺、山間のかくれ古寺等々とバラエティに富み、身近にあって、魅力いっぱいの摂津国八十八霊場の巡拝案内。

270　丹波古刹十五ヵ寺霊場

【概　要】1996(平成8)年、兵庫県、京都府の15ヶ寺が集まり開創された新しい霊場。丹波の古寺と自然に触れ信仰を深めてもらおうと発足した。各寺院では、住職が直接応対を原則としている。13番長安寺は"もみじ寺"、14番天寧寺は京都の自然200選にも選定されており、15番観音寺は"あじさい寺"と呼ばれ、1万株のあじさいが咲き誇る。

【札所名】(1)龍蔵寺(兵庫県篠山市村南町)、(2)太寧寺(兵庫県篠山市)、(3)慧日寺(兵庫県丹波市山南町)、(4)常勝寺(兵庫県丹波市山南町)、(5)石龕寺(兵庫県丹波市山南町)、(6)達身寺(兵庫県丹波市氷上町)、(7)高山寺(兵庫県丹波市氷上町)、(8)岩瀧寺(兵庫県丹波市氷上町)、(9)高源寺(兵庫県丹波市青垣町)、(10)白毫寺(兵庫県丹波市市島町)、(11)石像寺(兵庫県丹波市市島町)、(12)清薗寺(兵庫県丹波市市島町)、(13)長安寺(京都府福知山市)、(14)天寧寺(京都府福知山市)、(15)丹州観音寺(京都府福知山市

【掲載事典】札所, 霊大, 霊巡

271 丹波寿七福神
【概　要】1995(平成7)年に兵庫県、京都府、福井県、滋賀県にまたがる三十五ヶ寺の住職・役員が、お寺をより開かれた存在にし、老若男女に身近に親しんでもらおうと、宝の道七福神会を結成して誕生した4つの七福神の中の一つ。
【札所名】(1)恵比寿天 谷性寺(京都府亀岡市宮前町)、(2)毘沙門天 京都帝釈天(京都府南丹市八木町)、(3)布袋尊 南陽寺(京都府南丹市園部町美園町)、(4)福禄寿 龍澤寺(京都府南丹市日吉町)、(5)弁財天 新宮寺(京都府船井郡京丹波町)、(6)大黒天 興雲寺(京都府福知山市三和町)、(7)寿老人 松隣寺(兵庫県篠山市)
【掲載事典】霊大

◇夢結び宝の道七福神めぐり　三条杜夫著　宝の道七福神会監修　大阪　朱鷺書房　1998.1　207p　19cm〈奥付のタイトル：宝の道七福神めぐり〉1000円　①4-

88602-312-6
目次 まえがき 寺と周辺の遊びどころを欲ばって味わってもらうために　丹波寿七福神霊場　丹波光七福神霊場　但馬七福神霊場　播磨七福神霊場　特別協賛寺院

272 丹波国三十三観音霊場
【概　要】京都府から兵庫県丹波市にかけて広がる観音霊場。江戸時代中期の成立と伝えられるが、詳細は不明。志保美円照が再発見し、その著書『円通ひとり旅』で紹介された。法道仙人が開基したとされる寺、四国八十八ヶ所の石仏のある寺が多いことが特徴。無住寺が多く、納経所も完備していないが、それだけに古の面影がそのまま残されている。丹波国西国三十三所観音霊場。
【札所名】(1)丹州観音寺(京都府福知山市)、(2)正暦寺(京都府綾部市寺町)、(3)法光寺観音堂(京都府福知山市)、(4)海眼寺(京都府福知山市寺町)、(5)観興寺(京都府福知山市)、(6)高源寺(兵庫県丹波市青垣町)、(7)岩瀧寺(兵庫県丹波市氷上町)、(8)高山寺(兵庫県丹波市氷上町)、(8)観音寺(兵庫県丹波市春日町)、(9)岩戸寺(兵庫県丹波市市島町)、(10)神池寺(兵庫県丹波市市島町)、(11)高蔵寺(兵庫県篠山市丹南町)、(12)文保寺(兵庫県篠山市丹南町)、(13)高仙寺(兵庫県篠山市丹南町)、(14)龍蔵寺(兵庫県篠山市丹南町)、(15)東窟寺(兵庫県篠山市)、(16)観音寺(兵庫県篠山市篠山町河原町)、(17)松ヶ鼻堂(京都府船井郡京丹波町)、(18)千手寺(京都府船井郡京丹波町)、(19)無動寺(京都府船井郡京丹波町)、(20)九品寺(京都府南丹市園部町)、(21)穴太寺(京都府亀岡市曽我部町)、(21)西願寺(廃寺)(京都府亀岡市柳町)、(22)神宮寺(廃寺)(京都府亀岡市)、(23)正法寺(廃寺)(京都府京都市右京区)、(24)慈眼寺(京都府京都市右京区)、(25)普門院(京都府南丹市日吉町)、(26)歓楽寺(京都府南丹市美山町)、(27)明隆寺(京都府南丹市和知町)、(28)光明寺(京都府綾部市睦寄町)、(29)善福寺(京都府綾部市睦合町)、(30)日圓寺(京都府綾部市井根町)、(31)施福寺(京都府綾部市上杉町)、(32)長福寺(京都府綾部市向田町)、(32)慈眼寺(京都府綾部市上八田町)、(33)安国寺(京都府綾部市安国寺町)、(番外)龍源寺百観音堂(京都府福知山市三和町)
【掲載事典】霊大, 霊巡, 日巡

◇円通ひとり旅―ふるさと再発見 丹波・天田西国巡拝記　志保美円照著　福知山　満豊堂　1994.8　206p　19cm〈本名：塩見つや子〉

◇丹波国西国と御詠歌　志保美円照著　福知山　満豊堂　2006.6　40p　30cm

◇丹波国西国と御詠歌―ふるさと再発見 丹波国三十三カ所巡り　志保美円照著　志保美円照　2012.3　88p　15cm

273 丹波光七福神
【概　要】1995(平成7)年に兵庫県、京都府、福井県、滋賀県にまたがる三十五ヶ寺の住職・役員が、お寺をより開かれた存在にし、老若男女に身近に親しんでもらおうと、宝の道七福神会を結成して誕生した4つの七福神の中の一つ。
【札所名】(1)布袋尊　常光寺(京都府福知山市大江町)、(2)弁財天　常瀧寺(兵庫県丹波市青垣町)、(3)寿老人　大勝寺(兵庫県丹波市市島町)、(4)毘沙門天　石龕寺(兵庫県丹波市山南町)、(5)恵比須天　東窟寺(兵庫県篠山市)、(6)福禄寿　妙楽寺(兵庫県篠山市)、(7)大黒天　西方寺(兵庫県篠山市今田町)
【掲載事典】霊大

◇夢結び宝の道七福神めぐり　三条杜夫著　宝の道七福神会監修　大阪　朱鷺書房　1998.1　207p　19cm〈奥付のタイトル：宝の道七福神めぐり〉1000円 ①4-

88602-312-6
|目次|まえがき　寺と周辺の遊びどころを欲ばって味わってもらうために　丹波寿七福神霊場　丹波光七福神霊場　但馬七福神霊場　播磨七福神霊場　特別協賛寺院

274 西日本播磨美作七福神
【概　要】真言宗御室派本山仁和寺の宇多法皇の1050年を記念して、1982(昭和57)年、岡山・兵庫県の御室派の寺院により七福神霊場が開設された。
【札所名】恵比須大神　岩倉寺(岡山県英田郡西粟倉村)、大黒大神　大聖寺(岡山県美作市)、毘沙門天　安養寺(岡山県美作市)、布袋尊　高蔵寺(兵庫県佐用郡作用町)、寿老人　光明寺(兵庫県佐用郡佐用町)、福禄寿神　長福寺(岡山県美作市)、弁財天　慈山寺(兵庫県佐用郡佐用町)
【掲載事典】七幸，七巡，霊大，霊巡

◇西日本播磨美作七福神―剣聖武蔵とお通のロマンの地　播磨美作七福神霊場の名刹寺に時代の流れを求めて　西日本播磨美作七福神霊場事務局［編］　美作町(英田郡)　西日本播磨美作七福神霊場事務局　［出版年不明］1枚　18×62cm(折りたたみ18×13cm)〈巻末：武蔵ゆかりの地(地図)〉

275 阪急沿線西国七福神
【概　要】1914(大正3)年、宝塚歌劇団と同時に創設された大阪府と兵庫県にまたがる七福神霊場。概ね、阪急電車沿線下車駅に近い寺社に祀られており、電車を利用して1日で全霊場を巡拝することができる。通年にわたり御朱印が用意されており、御朱印帳のかわりに、阪急電車では大集帳を販売するほか、無料の宝船イラスト付集印用紙を用意している。
【札所名】毘沙門天　東光院(萩の寺)(大阪府豊中市)、福禄寿　圓満寺(大阪府豊中市螢池東町)、大黒天　西江寺(みのお聖天)(大阪府箕面市)、弁財天　瀧安寺(大阪府箕面市)、恵比須神　呉服神社(大阪府池田市室町)、寿老人　中山寺(中山観音)(兵庫県宝塚市)、布袋尊　清澄寺(清荒神)(兵庫県宝塚市)
【掲載事典】七幸，七め，全七，霊大，霊巡，日七

276 播州薬師霊場
【概　要】兵庫県南西部播州地域の21ヶ寺で構成される薬師如来霊場。1981(昭和56)年、信仰と実践によって一人ひとりが心豊かな人間になり、平和で明るい世の中を共に築いていこうという「一隅を照らす運動」の一環として開創された。札所は全て天台宗寺院で、神戸市・明石市・加古川市などの都市部に多く存在する。巡拝所要日数は車で3日、バス・電車を利して5〜6日。

【札所名】(御本山)比叡山 延暦寺(滋賀県大津市坂本本町),(1)三身山 太山寺(兵庫県神戸市西区伊川谷町),(2)医王山 與楽寺(兵庫県神戸市西区),(3)医王山 清水寺(兵庫県神戸市西区玉津町),(4)護国山 宝福寺(兵庫県神戸市西区櫨谷町),(5)太寺山 高家寺(兵庫県明石市),(6)龍王山 長林寺(兵庫県明石市材木町),(7)薬王山 長光寺(兵庫県明石市大久保町),(8)念仏山 教信寺(兵庫県加古川市野口町),(9)刀田山 鶴林寺(兵庫県加古川市加古川町),(10)御獄山 清水寺(兵庫県加東市),(11)北栄山 羅漢寺(兵庫県加西市北条町),(12)妙徳山 神積寺(兵庫県神崎郡福崎町),(13)妙見山 應聖寺(兵庫県神崎郡福崎町),(14)松金山 薬常寺(兵庫県姫路市船津町),(15)増位山 随願寺(兵庫県姫路市),(16)書寫山 圓教寺(兵庫県姫路市),(17)一乗山 圓明寺(兵庫県姫路市夢前町),(18)斑鳩寺(兵庫県揖保郡太子町),(19)宝性山 長楽寺(兵庫県赤穂市),(20)明王山 普門寺(兵庫県赤穂市),(21)有乳山 岩屋寺(兵庫県姫路市)
【掲載事典】霊大,霊巡

◇播州薬師霊場参拝ガイド　播州薬師霊場　　会事務局　［出版年不明］1冊　19cm

277　仏塔古寺十八尊霊場

【概　要】大阪・京都・和歌山・奈良・兵庫の1府4県の大師信仰ゆかりの真言宗寺院十八ヶ寺が集まり、各寺院伝来の仏塔供養とともに、十三仏本尊に五仏を加えて「十八尊仏」をめぐる道筋として設定された。霊場会結成は1995(平成7)年である。

【札所名】(1)一乗山 家原寺(大阪府堺市西区家原寺町),(2)磯長山 叡福寺(大阪府南河内郡太子町),(3)補陀洛山 海住山寺(京都府木津川市加茂町),(4)高雄山 岩船寺(京都府木津川市加茂町),(5)登美山鼻高 霊山寺(奈良県奈良市中町),(6)万年山 慈尊院(和歌山県伊都郡九度山町),(7)高雄山 神護寺(京都府京都市右京区梅ヶ畑高雄町),(8)二上山 當麻寺西南院(奈良県葛城市),(9)霊禅山 久米寺(奈良県橿原市久米町),(10)小田原山 浄瑠璃寺(京都府木津川市加茂町),(11)高野山 金剛三昧院(和歌山県伊都郡高野町),(12)大悲山願成就寺 慈眼院(大阪府泉佐野市),(13)檜尾山 観心寺(大阪府河内長野市),(14)元山上 千光寺(奈良県生駒郡平群町),(15)生駒山 宝山寺(奈良県生駒市門前町),(16)獨鈷山 鏑射寺(兵庫県神戸市北区道場町),(17)甲山 神呪寺(兵庫県西宮市甲山町),(18)宀一山 室生寺(奈良県宇陀市)

【掲載事典】霊大

◇日本仏塔巡礼記　前編　山口倭太郎著
　日本仏塔巡礼記刊行会　1980.2　475p
　21cm　2800円

◇日本仏塔巡礼記　後編　山口倭太郎著
　日本仏塔巡礼記刊行会　1981.12　488p
　21cm　3000円

◇仏塔古寺十八尊巡礼　仏塔古寺十八尊霊場会編　大阪　朱鷺書房　1996.5
　158p　19cm　1030円　④4-88602-305-3
　目次 家原寺―不動明王　叡福寺―釈迦如来　海住山寺―文殊菩薩　岩船寺―普賢菩薩　霊山寺―地蔵菩薩　慈尊院―弥勒菩薩　神護寺―薬師如来　当麻寺西南院―観音菩薩　久米寺―勢至菩薩　浄瑠璃寺―阿弥陀如来〔ほか〕
　内容 先祖供養の十八尊を巡拝し、あわせて五重塔、三重塔、多宝塔等々の仏塔供養をかなえる霊場めぐりの詳細ガイド。大阪、京都、和歌山、奈良、兵庫の二府三県にまたがる大師信仰にゆかりの古寺・古刹を、山主の法話とともに紹介する。

278　ぼけ封じ近畿十楽観音霊場

【概　要】1982(昭和57)年に開創された西日本ぼけ封じ観音霊場(ぼけ封じ三十三観音)が母体。近畿から九州にかけての広範囲にわたる霊場だったが、1983(昭和58)年、近畿の10ヶ寺のみで"ぼけ封じ近畿十楽観音"を再結成した。1989(平成元)年に設立された観音霊場「近畿楽寿観音三十三ヵ所霊場会」の札所を兼ねている寺院も多い。

【札所名】(1)今熊野観音寺(京都府京都市東山区),(2)大報恩寺(千本釈迦堂)(京都府京都市上京区),(3)勝龍寺(慈眼院が廃寺のため変更)(京都府長岡京市),(4)正法寺(岩

間寺)(滋賀県大津市石山内畑町),(5)玉桂寺(滋賀県甲賀市信楽町),(6)総持寺(大阪府茨木市),(7)太融寺(大阪府大阪市北区太融寺町),(8)大龍寺(兵庫県神戸市中央区),(9)七宝寺(兵庫県神崎郡神河町),(10)常瀧寺(兵庫県丹波市青垣町)
【掲載事典】霊巡,日巡

279 ぼけよけ二十四霊場

【概　要】高齢化社会の進行に伴い認知症が社会問題となっている中、1988(昭和63)年に3宗5派の寺院が集まり"ぼけよけ二十四霊場"として開創された。ぼけ封じ二十四霊場、ぼけよけ二十四地蔵尊霊場とも言い、24ヶ寺すべてに同型同大の"老夫婦を足下において数珠をまさぐっている地蔵像"が祀られている。全寺院が、時間があれば法話もいとわないなど、意欲的な霊場である。

【札所名】(1)密厳山 聖天宮 法輪寺(和歌山県和歌山市)、(2)遍照山 覚樹院 髙野寺(和歌山県和歌山市元寺町)、(3)幡川山 藥師院 禅林寺(和歌山県海南市)、(4)雲雀山 得生寺(和歌山県有田市糸我町)、(5)清流山 浄教寺(和歌山県有田郡有田川町)、(6)海宝山 善徳寺(和歌山県田辺市芳養町)、(7)白華山 観福禅寺(和歌山県西牟婁郡白浜町)、(8)法華山 普門院(和歌山県橋本市高野口町)、(9)寄足山 生蓮寺(奈良県五條市)、(10)光明山 西方寺(奈良県五條市新町)、(11)花王山 観音院(奈良県御所市神宮寺町)、(12)天狗山 泉徳寺(奈良県吉野郡大淀町)、(13)大師山 菅生寺(奈良県吉野郡吉野町)、(14)御厨子山 妙法寺(奈良県橿原市東池尻町)、(15)法雲山 桂林寺(奈良県天理市九条築紫町)、(16)釜の口山 長岳寺(奈良県天理市柳本町)、(17)宝田山 蓮光寺(大阪府河内長野市長野町)、(18)子安山 地蔵寺(大阪府和泉市善正町)、(19)十六山 羅漢寺(大阪府和泉市平井町)、(20)石尾山 弘法寺(大阪府和泉市万町)、(21)安国山 太平寺(大阪府堺市太平寺町)、(22)弥勒山 實智院 禅寂寺(大阪府和泉市阪本町)、(23)金泉山 慈昌院 長慶寺(大阪府泉南市)、(24)鶴舞山 宝樹寺(大阪府泉南郡岬町)

【掲載事典】霊大,霊巡

◇ぼけよけ二十四霊場のしおり　ぼけよけ二十四地蔵霊場会［編］ぼけよけ二十四　地蔵霊場会　1988.10　55p　21cm

近畿の霊場

◇紀伊半島の三十三所　［石川靖夫］［著］富士見　石川靖夫　2004.6　89p　19cm
|目次| 三重県(伊勢西国三十三所　桑名三十三所　芸濃三十三所　一志郡三十三所　松阪近郊三十三所　山田順礼(江戸期)　山田三十三所(明治期)　熊野西国三十三所　伊賀準西国三十三所)　奈良県(南都倭西国三十三所　大和国三十三所　宇陀西国三十三所)　和歌山県(和歌山西国三十三所　紀伊国西国三十三所　近西国三十三所　紀伊西国三十三所　近郷国三十三所(部分))

◇近畿の三十三所　1(京都・滋賀編)　石川靖夫［著］［富士見］［石川靖夫］2005.6　198p　19cm
|目次| 京都府(洛陽三十三所　平成復興・洛陽三十三所観音巡礼　京極通三十三所　洛西三十三所　伏見観世音巡拝　城南近在三十三所　山城西国三十三所　南山城三十三所　瓶原三十三所　丹波西国三十三所　川東霊場・三十三所　船井ごおり三十三所　船井西国三十三所　和知西国霊場　何鹿郡三十三所　あやべ西国観音霊場　天田郡三十三所　北桑田郡三十三所　丹後西国三十三所　丹後加佐郡三十三所　丹後与謝郡霊場三十三所　中郡西国三十三所)　滋賀県(近江国三十三所　江州湖邊三十三所　大津三十三所　膳所(城下)三十三所　彦根近辺(遠回り)三十三所　彦根近回り三十三所　湖東三十三所　蒲生西国三十三所　日野三十三所　甲賀西国三十三所　滋賀郡西国三十三所　高島三十三所　伊香西国三十三所)　福井県補遺(三方地西国三十三所)

◇近畿の三十三所　2(大阪・兵庫編)　石

川靖夫［著］［富士見］［石川靖夫］ 2006.7 228p 19cm
|目次|近畿圏（西国三十三所　新西国霊場　ぼけ封じ三十三観音　近畿楽寿観音三十三ヶ所）　大阪府（摂津国三十三所　大阪三十三所　左界卅三観世音札所　河内西国三十三所　（北）河内西国三拾三所　河内一州三十三所　河内西国（北河内）三十三所　石川三十三所　和泉西国三十三所　泉南西国三十三所　摂州能勢西郷枳称庄三十三所）　兵庫県（摂北三十三所　昭和再編・摂北三十三所　昆陽野三十三所　川辺西国三十三所　多田荘三十三所　太田庄奥三十三所　福原西国三十三所　有馬西国三十三所　山田西国三十三所　播磨西国三十三所　明石西国三十三所　美嚢郡西国三十三所　加古郡西国霊場　印南郡三十三所　加西西国三十三所　姫路西国三十三所　揖保郡三十三所　赤穂三十三所　坂内西国三十三所　淡路西国三十三所（付・淡路百番巡礼）　多紀郡三十三所　多紀郡三十三所（昭和）　氷上郡三十三所　氷上郡西国三十三所　但馬西国三十三所

◇関西七福神めぐりご利益コースガイド―開運招福・家内安全・大願成就・長寿延命…町並みや風景を楽しみながら、福の神を参拝して、幸福に過ごそう！　ペンハウス著　メイツ出版　2012.11　128p 21cm〈索引あり〉1600円　①978-4-7804-1210-9
|目次|都七福神―京都府　京の七福神―京都府　京都七福神―京都府　七福巡拝―京都府・滋賀県　泉涌寺七福神―京都府　天龍寺七福神めぐり―京都府　鞍馬寺七福神―京都府　西大路七福社ご利益めぐり―京都府　伏見五福めぐり―京都府　大阪七福神めぐり―大阪府　南海沿線七福神―大阪府　西国七福神めぐり―大阪府・兵庫県　河内飛鳥七福神―大阪府　なにわ幸せめぐり―大阪府　神戸七福神―兵庫県　兵庫七福神―兵庫県　北摂の七福神―兵庫県・大阪府　尼崎寺町七福神―兵庫県　伊丹七福神―兵庫県　淡路島七福神―兵庫県　夢前七福神―兵庫県　新丹波七福神―兵庫県　但馬七福神―兵庫県　播磨七福神―兵庫県　丹波光七福神―兵庫県・京都府　中山寺山内七福神―兵庫県　大和七福神八宝霊場―奈良県　近江国びわ湖七福神―滋賀県　西近江七福神―滋賀県　近江七福神―滋賀県　高野山七福神―和歌山県　お手軽プラン（松尾山七福―奈良県　大師寺七福神―兵庫県　那智山青岸渡寺七福神―和歌山県）
|内容|開運招福・家内安全・大願成就・長寿延命…町並みや風景を楽しみながら、福の神を参拝して、幸福に過ごそう。京都・大阪・兵庫・奈良・滋賀・和歌山…全31コース。快適・安心マップ&グルメガイド付き。

◇京都・大阪・兵庫七福神めぐり　藤村郁雄著　神戸　神戸新聞総合出版センター　2016.4　142p 21cm（［のじぎく文庫］のじぎく文庫編集）〈索引あり〉1600円　①978-4-343-00883-1
|目次|知っていますか？　七福神（七福神の起こり　七福神のはやり　七福神のご利益と特徴　七福神と宝船　神様と仏様　お寺と神社への参拝　ご朱印帳）　ココロ、七福にふれあう（七福神のルーツを訪ねる　都七福神めぐり　大阪七福神めぐり　神戸七福神めぐり　兵庫七福神めぐり　八社巡拝）　こんなにたくさん七福神めぐり（京都（京都七福神　京洛七福神　京之七福神　七福巡礼　東山七福神　東山十福神　泉涌寺七福神　赤山禅院七福神　革堂行願寺七福神　鞍馬山七福神　西大路七福社　天龍寺七福神　京極七福神　藤森七福神　伏見七福神　京都六大黒天　丹波七福神　丹波寿七福神）　大阪（北大阪七福神　阪急沿線七福神　南海沿線七福神　河内飛鳥七福神　庚申堂七福神　河内七福神）　兵庫（清盛七辯天　須磨七福神　おまねき七福神　神鉄沿線七福神　中山寺山内七福神　北摂七福神　伊丹七福神　尼崎寺町七福神　永澤寺七福神　撫で七福神　播磨七福神　夢前七福神　但馬七福神　但馬七福弁財天　丹波光七福神　新丹波七福神　丹波篠山玉水七福神　淡路島七福神））
|内容|福を求めてちいさな旅へ。3府県、48コースのパワースポットをご紹介。

《三重県》

280　伊賀四国八十八ヶ所霊場

三重県

【概　要】1863（文久3）年、四国巡礼に赴き霊砂を持ち帰った常福寺の29代住職本田光照および発願人中野助次郎によって創建された移し霊場。阿拝・山田・伊賀・名張の伊賀四郡（三重県北西部）90の真言宗寺院からなる。
【札所名】(1)藤室山　春日寺（伊賀市）,(2)石田山　崇恩寺（伊賀市）,(3)岡山　大光寺（伊賀市）,(4)五宝山　新大佛寺（伊賀市）,(5)轟山　薬師寺（伊賀市）,(6)等岳山　安養寺（伊賀市）,(7)黒岩山　妙覚寺（伊賀市）,(8)小御堂山　光福寺（伊賀市）,(9)朝日山　喜福寺（伊賀市）,(10)日照山　勝福寺（伊賀市）,(11)住連山　毘沙門寺（伊賀市）,(12)無比山　地福寺（伊賀市）,(13)雨萃山　正福寺（伊賀市）,(14)金輪山　西光寺（伊賀市）,(15)信田山　大龍寺（伊賀市）,(16)遠峯山　永保寺（伊賀市）,(17)神照山　浄瑠璃寺（伊賀市）,(18)牛草山　金泉寺（伊賀市）,(19)南岳山　滝仙寺（伊賀市）,(20)上津山　宝珠院（伊賀市）,(21)闘伽井山　善福寺（伊賀市）,(22)宇霧須山　宝厳寺（伊賀市）,(23)笛吹山　金性寺（伊賀市）,(24)岩谷山　大円imposition寺（伊賀市）,(25)滝池山　安楽寺（伊賀市）,(26)高寛山　蓮花寺（伊賀市）,(27)誉峯山　報恩寺（伊賀市）,(28)戸世山　蓮明寺（伊賀市）,(29)江寄山　常福寺（伊賀市）,(30)日新山　長隆寺（伊賀市）,(31)金谷山　持佛寺（伊賀市）,(32)天童山　無量寿福寺（伊賀市）,(33)宝珠山　蓮勝寺（伊賀市）,(34)引谷山　不動寺（伊賀市）,(35)福田山　佛勝寺（伊賀市）,(36)宝生山　勝因寺（伊賀市）,(37)松谷山　徳圓寺（伊賀市）,(38)安養山　市場寺（伊賀市）,(39)神峯山　吉田寺（伊賀市）,(40)林泉山　長楽寺（名張市）,(41)晄實山　大福寺（名張市美旗中村）,(42)平照山　龍性院（名張市）,(43)利生山　常楽寺（伊賀市）,(44)朝日山　不動寺（名張市）,(45)神向山　惣正寺（名張市）,(46)光照山　永福寺（名張市）,(47)瑠璃山　福典寺（名張市）,(48)多宝山　地蔵院（名張市）,(49)多寶山　丈六寺（名張市赤目町）,(50)西境山　極楽寺（名張市赤目町）,(51)寶集山　福龍寺（名張市）,(52)八幡山　宝泉寺（名張市）,(53)秀山　無動寺（名張市）,(54)横山　福成就寺（名張市箕曲中村）,(55)月照山　宝藏寺（名張市）,(56)不二山　蓮花寺（名張市）,(57)恵日山　長慶寺（名張市蔵持町）,(58)月照山　善福寺（名張市）,(59)中山　明王院（名張市）,(60)成就山　蓮明寺（伊賀市）,(61)花垣山　池辺寺（伊賀市）,(62)與楽山　薬師寺（伊賀市）,(63)龍華山　慈尊寺（伊賀市）,(64)龍王山　菊昌院（伊賀市）,(65)重秀山　長楽寺（伊賀市）,(66)普門山　観菩提寺（伊賀市）,(67)塩岡山　徳楽寺（伊賀市）,(68)日照山　蓮福寺（名張市）,(69)平野山　佛土寺（伊賀市）,(70)寒生山　大寶寺（伊賀市）,(71)城谷山　観音院（名張市）,(72)上津山　蓮福寺（名張市赤目町）,(73)櫻本山　福楽寺（名張市）,(74)八段山　金傳寺（伊賀市上野西大手町）,(75)上野山　萬福寺（伊賀市上寺町）,(76)松涼山　善福院（伊賀市上野忍町）,(77)上野山　薬師寺（伊賀市上野伊予町）,(78)遍光山　愛染院（伊賀市上野農人町）,(79)法爾山　安楽寺（伊賀市上野農人町）,(80)宝積山（名張市）,(81)日秀山　観音寺（伊賀市）,(82)日照山　観音寺（名張市朝日町）,(83)梅母山　蓮徳寺（伊賀市）,(84)吉慶山　妙楽寺（名張市）,(85)八塩山　普賢院（伊賀市）,(86)朝日山　宝光院（伊賀市）,(87)神宮山　成就院（伊賀市）,(88)大宮山　神王寺（伊賀市）,（笹山）光亀山　龍徳寺（名張市）,（月山）日朝山　弥勒寺（名張市）
【掲載事典】日巡

◇伊賀遍路―伊賀四国八十八ヶ所札所めぐり　真言宗豊山派三重仏教青年会編著　東大阪　遊タイム出版　2000.10　152p　21cm　1500円　①4-946496-97-1
目次　地図 八十八ヶ所巡拝図　地図（伊賀町南部　大山田村 ほか）　伊賀のみどころ　伊賀四国八十八ヶ所札所案内（伊賀町　大山田村 ほか）　伊賀遍路基礎知識（お遍路の作法　天正伊賀の乱 ほか）　伊賀寄り道ガイド（伊賀町　大山田町 ほか）　イエローページ（飲食店ガイド　宿泊ガイド ほか）

281 伊勢西国三十三観音霊場

【概　要】三重県の全域にわたって点在する観音霊場。千年以上の歴史があると伝えられるが、開創の詳細は明らかでない。1969（昭和44）年の再興の際に番外4ヶ所を含む14ヶ所、更に特別番外4ヶ所が加えられ、現在は41札所で構成されている。「千余年の歴史を、あるこう」をキャッチフレーズに掲げている。三重四国八十八ヶ所霊場や東海白寿三十三観音霊場と重複する札所も多い。

【札所名】(番外)正福寺(鳥羽市松尾町),(1)太江寺(伊勢市二見町),(2)金剛證寺(伊勢市朝熊町),(3)松尾観音寺(伊勢市楠部町),(4)田宮寺(度会郡玉城町),(5)中山寺(伊勢市勢田町),(6)金胎寺(鳥羽市),(7)宝林寺(伊勢市御薗町),(8)継松寺(松阪市中町),(元9)國東寺(度会郡度会町),(9)千福寺(多気郡大台町),(10)金剛座寺(多気郡多気町),(11)近長谷寺(多気郡多気町),(12)神宮寺(多気郡多気町),(13)千手院 賢明寺(津市久居元町),(14)恵日山 観音寺(津市),(15)長谷寺(津市片田長谷町),(16)密蔵院(津市大谷町),(17)蓮光院 初馬寺(津市栄町),(18)府南寺(鈴鹿市国府町),(元19)蓮光寺(亀山市阿野田町),(19)子安観音寺(鈴鹿市),(20)林光寺(鈴鹿市),(21)円福寺(亀山市住山町),(22)宗徳寺(亀山市両尾町),(23)野登寺(亀山市安坂山町),(24)荒神山 観音寺(鈴鹿市高塚町),(元25)尾高山観音堂(三重郡菰野町),(25)勧願院 観音寺(四日市市),(元26)慈眼寺(三重郡菰野町),(26)垂坂山 観音寺(四日市市垂坂町),(27)長興寺(四日市市),(28)宝性寺(四日市市),(29)聖寶寺(いなべ市藤原町),(30)安渡寺(桑名市),(31)勧学寺(桑名市),(32)飛鳥寺(桑名市深谷町),(33)多度観音堂(桑名市多度町),(番外)大福田寺(桑名市)
【掲載事典】霊大,霊巡

◇伊勢西国三十三所案内記─観音霊場史蹟の旅　川村利勝著　津　川村利勝　1982.4　178p　19cm
◇伊勢西国三十三所観音霊場　尚中堂中北表具本店　中北表具本店　[2009] 1冊(ページ付なし) 21cm

◇伊勢・西国巡礼旅日記─古文書から見えた、野田船形村農民の江戸時代の旅 初・中級古文書解読書　伊勢西国巡礼旅日記編集委員会編　[野田] 野田地方史懇話会　2011.8　155p　26cm〈文献あり〉1000円

近畿

282 伊勢七福神
【概　要】三重県の北勢地域、桑名市・四日市市・鈴鹿市・亀山市と東海道の街道に沿った七福神霊場。1982(昭和57)年に開設され、毎月7日が縁日とされる。朱印を頂くと各寺院で記念品が出る。
【札所名】恵比寿神 土佛山 聖衆寺(桑名市),大黒天 神宝山 大福田寺(桑名市),毘沙門天 信貴山四日市別院 千福寺(四日市市生桑町),弁財天 蟹築山 密蔵院(四日市市大治田町),福禄寿 無動山 大聖院(松井寺)(四日市市),寿老神 高神山 荒神山観音寺(鈴鹿市高塚町),布袋尊 那智山 石上寺(亀山市和田町)
【掲載事典】七幸,七巡,七め,全七,霊大,霊巡,日七

283 志摩国七福神
【概　要】1986(昭和61)年、三重県の志摩半島に開かれた七福神霊場。各寺院では諸病封じの牛頭天王を祀っており、志摩四天王封じ寺の霊場にもなっている。そのため、七福神の招福祈願とともに病気封じの祈願もできる。4ヶ寺ですべて巡拝できるのが特長。また、伊勢志摩国立公園にあり、風光明媚な観光地でもある。
【札所名】恵比寿明神 青峰山 正福寺(鳥羽市松尾町),毘沙門天神・大黒天神 仙遊寺(志摩市大王町),弁財天神・布袋尊 大慈寺(志摩市大王町),寿老神・福禄寿神 本寺(志摩市大王町)
【掲載事典】七巡,全七,霊大,霊巡

284 鈴鹿七福神
【概　要】1984(昭和59)年、三重県鈴鹿市およびその周辺に創立された七福神霊場。鈴鹿連山の霊地をよりどころに奉祀されている。寿老神の伊勢国一宮椿大神社は、主神猿田彦大神と猿田彦大神の大本宮とされ、日本最古の神社といわれる。御神木の椿は不老不

三重県

死をあらわす椿樹と言われる。恵比寿尊天を祀る石薬師寺は、旧東海道沿いにあり、江戸時代には参勤交代の大名も参詣して道中の安全を祈願したという。
【札所名】恵比須尊天 高富山 石薬師寺（鈴鹿市石薬師町），大黒尊天 佛徳山 泰應寺（鈴鹿市伊船町），福禄寿 高岳山 洞水寺（鈴鹿市小社町），毘沙門天 龍雲山 桃林寺（鈴鹿市小岐須町），寿老神 椿大神社猿田彦大本宮（鈴鹿市山本町），弁財天 真如山 見性寺（三重郡菰野町），布袋尊 和合山 智福寺（三重郡菰野町）
【掲載事典】七巡，全七，霊大，霊巡，日七

285 松阪霊地七福神

【概　要】1985（昭和60）年、お伊勢参りの街道筋の名所として古くから栄えた三重県松阪市に七福神霊場として開設された。約4時間の行程で、巡拝と松阪市内観光を兼ねることもできる。伊勢国松阪霊地七福神。
【札所名】えびす神 御厨神社（松阪市本町），大黒天 来迎寺（松阪市白粉町），毘沙門天 龍泉寺（松阪市愛宕町），布袋尊 菅相寺（松阪市愛宕町），福禄寿 福源寺（松阪市黒田町），弁才天 朝田寺（松阪市朝田町），寿老神 阿射加神社（松阪市小阿坂町）
【掲載事典】七巡，全七，霊大，霊巡

286 三重四国八十八ヵ所霊場

【概　要】三重県に位置する弘法大師霊場。江戸時代の同県内では北勢新四国・伊賀四国八十八ヶ所・南勢新四国・志摩新四国といった霊場巡りが盛んに行われていたが、明治維新後の廃仏毀釈などで衰退。明治時代後期には北牟婁四郡新四国八十八ヶ所などが復興したが、これも第二次世界大戦などにより途絶。1971（昭和46）年秋、第1番札所大福田寺や第9番札所大聖院の住職らの尽力により、かつての霊場を統合して三重四国八十八ヶ所霊場が発足した。
【札所名】(1)大福田寺（桑名市），(2)聖衆寺（桑名市），(3)勧学寺（桑名市），(4)龍福寺（桑名市），(5)田村寺（四日市市西富田町），(6)信貴山別院 千福寺（四日市市生桑町），(7)大師寺（四日市市北納屋町），(8)大師之寺（四日市市南納屋町），(9)大聖院（四日市市），(10)法龍寺（四日市市西山町），(11)光明寺（四日市市泊山崎町），(12)密成院（四日市市大治田町），(13)林光寺（鈴鹿市），(14)慎福寺（鈴鹿市），(15)福善寺（鈴鹿市土師町），(16)観音寺（鈴鹿市），(17)福楽寺（鈴鹿市），(18)神宮寺（鈴鹿市），(19)慈恩寺（鈴鹿市），(20)妙福寺（鈴鹿市徳居町），(21)府南寺（鈴鹿市国府町），(番外1番）石薬師寺（鈴鹿市石薬師町），(22)観音寺（鈴鹿市高塚町），(23)円満寺（鈴鹿市長沢町），(24)野登寺（亀山市安坂山町），(25)不動院（亀山市辺法寺町），(26)石上寺（亀山市和田町），(27)弘法院（亀山市），(28)地蔵院（亀山市関町），(番外2番）国分寺（亀山市白木町），(29)神王寺（伊賀市），(30)大光寺（伊賀市），(31)愛染院（伊賀市上野農人町），(32)善福院（伊賀市上野寺町），(33)松本院（伊賀市西日南町），(34)仏土寺（伊賀市），(35)正福寺（伊賀市），(36)徳楽寺（伊賀市），(37)観菩提寺（伊賀市），(38)不動寺（伊賀市），(39)無量寿福寺（伊賀市），(40)常福寺（伊賀市），(41)宝厳寺（伊賀市），(42)善福寺（伊賀市），(43)常楽寺（伊賀市），(44)大福寺（名張市美旗中村），(45)永福寺（名張市），(46)福典寺（名張市），(番外3番）地蔵院 青蓮寺（名張市），(47)福成就寺（名張市箕曲中村），(48)丈六寺（名張市赤目町），(49)極楽寺（名張市赤目町），(50)宝泉寺（名張市），(51)無動寺（名張市），(52)宝蔵寺（名張市），(53)観音寺（名張市朝日町），(54)蓮花寺（名張市），(番外4）福楽寺（名張市），(55)長慶寺（名張市蔵持町），(56)弥勒寺（名張市），(57)勝因寺（伊賀市），(58)薬師寺（伊賀市），(59)新大仏寺（伊賀市），(60)東日寺（津市芸濃町），(61)千福寺（津市大里睦合町），(62)仲福寺（津市大里窪田町），(63)専蔵寺（津市），(64)蓮光院（津市栄町），(65)密蔵院（津市大谷町），(66)福満寺（津市），(67)観音寺（津市大門町），(68)護願寺（津市），(69)地蔵院（津市），(番外5番）慈眼院（津市），(70)神宮寺（津市納所町），(71)真福院（津市三杉町），(72)善福寺（松阪

市嬉野薬王寺町),(73)飯福田寺(松阪市飯福田町),(74)不動院(松阪市大石町),(75)神宮寺(多気郡多気町),(76)千福寺(多気郡大台町),(77)阿弥陀寺(多気郡多気町),(78)円光院(多気郡多気町),(79)近長谷寺(多気郡多気町),(80)龍泉寺(松阪市愛宕町),(81)継松寺(松阪市中町),(82)真楽寺(松阪市美濃田町),(83)大日寺(松阪市上川町),(84)世義寺(伊勢市),(85)太江寺(伊勢市二見町),(86)金胎寺(鳥羽市),(87)庫蔵寺(鳥羽市河内町),(88)正福寺(鳥羽市松尾町)
【掲載事典】霊大,霊巡

◇三重四国八十八ケ所霊場案内　三重四国霊場会　[1973] 24p 19cm

◇三重四国八十八ケ所霊場案内　三重県四国八十八ケ所霊場会編　三重県四国八十八ケ所霊場会　[1989] 65p 21cm　300円

◇三重四国八十八カ所霊場　滝本昭二編　三重四国八十八ケ所霊場会　[2000] 207,7p 19cm

《滋賀県》

287 近江湖西名刹二十七ヶ所霊場

【概　要】2009(平成21)年4月に成立した。びわ湖108霊場の一つで、湖北、湖東、湖西、湖南の4ブロックのうち最後に成立した。この湖西名刹二十七ヶ所霊場の成立により2009年9月にびわ湖108霊場が成立した。大津市、高島市の湖西地域の寺院からなる。

【札所名】(1)石光山 石山寺(大津市),(2)岩間山 正法寺(大津市石山内畑町),(3)湖雲山 龍音寺(大津市),(4)紫雲山 西徳寺(大津市),(5)長等山 法松寺(大津市),(6)長等山 三井寺(大津市園城寺町),(7)瑞應山 盛安寺(大津市),(8)比叡山 生源寺(大津市),(9)滋賀院門跡(大津市),(10)比叡山 律院(大津市),(11)戒光山 西教寺(大津市),(12)紫雲山 聖衆来迎寺(大津市),(13)光明山 法光寺(大津市),(14)月岳山 安養院(大津市),(15)光明山 眞迎寺(大津市),(16)霊雲山 東光寺(大津市),(17)海門山 満月寺浮御堂(大津市),(18)安曇山 葛川息障明王院(大津市葛川坊村町),(19)紫芝林山 大善寺(高島市),(20)高光山 大清寺(高島市),(21)遍照山 玉泉寺(高島市安曇川町),(22)祥雲山 来迎寺(高島市安曇川町),(23)長清山 報恩寺(高島市新旭町),(24)高岳山 覚伝寺(高島市新旭町),(25)石立山 大崎寺(高島市マキノ町),(26)宮子山 東谷寺正行院(高島市マキノ町),(27)比叡山 延暦寺横川中堂(大津市坂本本町)

◇びわ湖百八霊場公式ガイドブック―近江湖西・湖北・湖東・湖南二十七名刹　木村至宏監修　京都　淡交社　2011.3　171p 21cm〈索引あり〉1600円
①978-4-473-03698-8
|目次|近江湖西二十七名刹霊場案内(石山寺　正法寺(岩間寺)ほか)　近江湖北二十七名刹霊場案内(菅山寺　全長寺 ほか)　近江湖東二十七名刹霊場案内(長寿院　龍潭寺 ほか)　近江湖南二十七名刹霊場案内(願隆寺　大池寺 ほか)
|内容|滋賀県内の名刹の中から、宗派に関係なく選ばれた百八寺の霊場。県下を、湖西・湖北・湖東・湖南の四地域に分割し、それぞれ二十七ヶ所の札所寺院がある。平成四年から順次開創され、平成二十一年に、あたかも琵琶湖を数珠でつなぎあわせるが如き壮大な霊場が完成した。各寺院を詳説。

◇ぐるっとびわ湖巡礼の旅―びわ湖百八霊場公式ガイド　京都新聞出版センター編　京都　京都新聞出版センター　2011.7　144p 21cm〈年表あり　索引あり〉1600円　①978-4-7638-0649-9

288 近江湖東名刹二十七ヶ所霊場

【概　要】1997(平成9)年に成立した。びわ湖108霊場の一つで、湖北、湖東、湖西、湖南のうち2番目に成立した。彦根市、東近江市、近江八幡市、愛知郡、犬上郡、蒲生郡の湖

滋賀県

東地区の寺院からなる。
【札所名】(1)大洞山 長寿院(彦根市古沢町),(2)弘徳山 龍潭寺(彦根市古沢町),(3)祥壽山 清涼寺(彦根市古沢町),(4)普門山 常心院 長久寺(彦根市後三条町),(5)金亀山 北野寺(彦根市),(6)萬年山 天寧寺(彦根市里根町),(7)天徳山 高源寺(犬上郡多賀町),(8)龍應山 西明寺(犬上郡甲良町),(9)豊国山 大覚寺(東近江市大覚寺町),(10)松峯山 金剛輪寺(愛知郡愛荘町),(11)釈迦山 百済寺(東近江市百済寺町),(12)宝祐山 長壽寺(東近江市池之脇町),(13)繖山 安楽寺(東近江市能登川町),(14)日吉山 千樹寺(犬上郡豊郷町),(15)繖山 善勝寺(東近江市佐野町),(16)御都繖山 石馬寺(東近江市五個荘石馬寺町),(17)繖山 観音正寺(近江八幡市安土町),(18)繖山 桑實寺(近江八幡市安土町),(19)姨綺耶山 長命寺(近江八幡市長命寺町),(20)村雲御所 瑞龍寺門跡(近江八幡市宮内町),(21)比牟礼山 願成就寺(近江八幡市小船木町),(22)補陀洛山 長光寺(近江八幡市長光寺町),(23)報身山 無量院 弘誓寺(東近江市建部下野町),(24)玉尾山 願成寺(東近江市川合町),(25)雪野山 龍王寺(雪野寺)(蒲生郡竜王町),(26)阿育王山 石塔寺(東近江市石塔町),(27)法輪山 正明寺(蒲生郡日野町)
【掲載事典】霊大,霊巡

◇近江湖東二十七名刹巡礼—法話と札所案内　近江湖東名刹会編　大阪　朱鷺書房　1997.3　212p　19cm　1030円　①4-88602-309-6
|目次|第1番 長寿院(大洞弁財天)　第2番 龍潭寺(庭の寺、だるま寺)　第3番 清涼寺　第4番 長久寺(江州彦根観音)　第5番 北野寺　第6番 天寧寺　第7番 高源寺　第8番 西明寺　第9番 大覚寺　第10番 金剛輪寺〔ほか〕
|内容|本書は、湖東地域の二十七名刹についての由来、文化財等について解説をし、巡拝地図や、行事、その他の案内事項を掲載すると共に、地域内の市、町の紹介記事を併せてまとめた案内書である。

◇びわ湖百八霊場公式ガイドブック—近江湖西・湖北・湖東・湖南二十七名刹　木村至宏監修　京都　淡交社　2011.3　171p　21cm　〈索引あり〉1600円　①978-4-473-03698-8
|目次|近江湖西二十七名刹霊場案内(石山寺　正法寺(岩間寺)　ほか)　近江湖北二十七名刹霊場案内(菅山寺　全長寺　ほか)　近江湖東二十七名刹霊場案内(長寿院　龍潭寺　ほか)　近江湖南二十七名刹霊場案内(願隆寺　大池寺　ほか)
|内容|滋賀県内の名刹の中から、宗派に関係なく選ばれた百八ヶ寺の霊場。県下を、湖西・湖北・湖東・湖南の四地域に分割し、それぞれ二十七ヶ所の札所寺院がある。平成四年から順次開創され、平成二十一年に、あたかも琵琶湖を数珠でつなぎあわせるが如き壮大な霊場が完成した。各寺院を詳しく。

◇ぐるっとびわ湖巡礼の旅—びわ湖百八霊場公式ガイド　京都新聞出版センター編　京都　京都新聞出版センター　2011.7　144p　21cm　〈年表あり　索引あり〉1600円　①978-4-7638-0649-9

289　近江湖南名刹二十七ヶ所霊場

【概　要】びわ湖108霊場の一つで、湖北、湖東、湖西、湖南のうち3番目に成立した。甲賀市、湖南市、栗東市、草津市、守山市、野洲市の湖南地域の寺院から成る。
【札所名】(1)松尾山 松林院 願隆寺(甲賀市水口町),(2)龍護山 大池寺(甲賀市水口町),(3)家松山 清浄慶院 大徳寺(甲賀市水口町本町),(4)元補陀洛山 檜尾寺(甲賀市甲南町),(5)福正山 自性院 櫟野寺(甲賀市甲賀町),(6)向陽山 龍福寺(甲賀市甲賀町),(7)寿亀山 正福寺(甲賀市甲南町),(8)秋葉山 一輪院 玉桂寺(甲賀市信楽町),(9)華蔵山 園養寺(湖南市),(10)雲照山 妙感寺(湖南市),(11)龍王山 観音寺(湖南市),(12)美松山 南照寺(湖南市),(13)岩根山 医王院 善水寺(湖南市),(14)大乗山 正福寺(湖南市),(15)阿星山 常楽寺(湖南市),(16)金勝山 阿弥陀寺(栗東市),(17)金霊山 金胎寺(栗東市),(18)阿星山 敬恩寺(栗東市),(19)九品山 新善光寺(栗東市),(20)治田山 慈眼院 西方寺(草津市青地町),(21)本誓山 来迎院 教善寺(草津市),(22)碧雲山 霊仙院 正楽寺(栗東市),(23)比叡山 寺山寺 東門院(守山市),(24)日陽山 宗泉寺(野洲

市), (25) 歓喜山 長福院 圓光寺 (野洲市), (26) 日照山 東光寺 (守山市幸津川町), (27) 大慈山 福林寺 (守山市木浜町)

◇びわ湖百八霊場公式ガイドブック―近江湖西・湖北・湖東・湖南二十七名刹　木村至宏監修　京都　淡交社　2011.3　171p　21cm〈索引あり〉1600円　①978-4-473-03698-8
目次 近江湖西二十七名刹霊場案内 (石山寺　正法寺 (岩間寺) ほか)　近江湖北二十七名刹霊場案内 (菅山寺　全長寺 ほか)　近江湖東二十七名刹霊場案内 (長寿院　龍潭寺 ほか)　近江湖南二十七名刹霊場案内 (願隆寺　大池寺 ほか)
内容 滋賀県内の名刹の中から、宗派に関係なく選ばれた百八ヶ寺の霊場。県下を、湖西・湖北・湖東・湖南の四地域に分割し、それぞれ二十七ヶ所の札所寺院がある。平成四年から順次開創され、平成二十一年に、あたかも琵琶湖を数珠でつなぎあわせるが如き壮大な霊場が完成した。各寺院を詳説。

◇ぐるっとびわ湖巡礼の旅―びわ湖百八霊場公式ガイド　京都新聞出版センター編　京都　京都新聞出版センター　2011.7　144p　21cm〈年表あり 索引あり〉1600円　①978-4-7638-0649-9

290 近江湖北名刹二十七ヶ所霊場
【概　要】1992 (平成4) 年に成立した。びわ湖108霊場の一つで、湖北、湖東、湖西、湖南のうち最初に成立した。長浜市米原市を中心とする湖北地区の寺院から成る。
【札所名】(1) 大箕山 菅山寺 (長浜市余呉町), (2) 久澤山 全長寺 (長浜市余呉町), (3) 塩谷山 洞壽院 (長浜市余呉町), (4) 己高山 鶏足寺 (長浜市木之本町), (5) 己高山 石道寺 (長浜市木之本町), (6) 大浦 腹帯観音堂 (長浜市浅井町), (7) 浄光山 等覚院 阿弥陀寺 (長浜市西浅井町), (8) 伊吹山 長尾寺 (米原市), (9) 西野薬師堂 (長浜市高月町), (10) 興福山 徳勝寺 (長浜市平方町), (11) 如意輪山 小谷寺 (長浜市湖北町), (12) 近江 孤篷庵 (長浜市上野町), (13) 寂寥山 大吉寺 (長浜市野瀬町), (14) 神護山 醍醐寺 (長浜市醍醐町), (15) 日出山 神照寺 (長浜市新庄寺町), (16) 無為山 安楽寺 (長浜市細江町), (17) 宝生山勝安寺 知善院 (長浜市元浜町), (18) 竹生島巌金山 宝厳寺 (長浜市早崎町), (19) 平安山 良疇寺 (長浜市下坂浜町), (20) 医王山 総持寺 (長浜市宮司町), (22) 伊富貴山 観音寺 (米原市), (22) 伊吹山 護国寺 悉地院 (米原市), (23) 霊通山 清瀧寺 徳源院 (米原市), (24) 普門山 松尾寺 (米原市), (25) 八葉山 蓮華寺 (米原市), (26) 大雄山 西圓寺 (米原市), (27) 吸湖山 青岸寺 (米原市)
【掲載事典】霊大，霊巡，霊典

◇近江湖北二十七名刹巡礼―法話と札所案内　近江湖北名刹会編　大阪　朱鷺書房　1992.9　213p　19cm　1030円　①4-88602-152-2
内容 琵琶湖に臨む近江湖北路は、古くから仏教文化が花開き、苦難の歴史のなか、人々の厚い信仰に支えられ今日に引きつがれている。国宝・重文をたずねて、二十七名刹と湖北路への誘い。

◇びわ湖百八霊場公式ガイドブック―近江湖西・湖北・湖東・湖南二十七名刹　木村至宏監修　京都　淡交社　2011.3　171p　21cm〈索引あり〉1600円　①978-4-473-03698-8
目次 近江湖西二十七名刹霊場案内 (石山寺　正法寺 (岩間寺) ほか)　近江湖北二十七名刹霊場案内 (菅山寺　全長寺 ほか)　近江湖東二十七名刹霊場案内 (長寿院　龍潭寺 ほか)　近江湖南二十七名刹霊場案内 (願隆寺　大池寺 ほか)
内容 滋賀県内の名刹の中から、宗派に関係なく選ばれた百八ヶ寺の霊場。県下を、湖西・湖北・湖東・湖南の四地域に分割し、それぞれ二十七ヶ所の札所寺院がある。平成四年から順次開創され、平成二十一年に、あたかも琵琶湖を数珠でつなぎあわせるが如き壮大な霊場が完成した。各寺院を詳説。

◇ぐるっとびわ湖巡礼の旅―びわ湖百八霊場公式ガイド　京都新聞出版センター編　京都　京都新聞出版センター　2011.7　144p　21cm〈年表あり 索引あり〉1600円　①978-4-7638-0649-9

滋賀県

291 近江三十三観音霊場

【概　要】滋賀県の琵琶湖を一周する形で札所が点在する観音霊場。近江西国三十三箇所、近江西国観音霊場などとも称される。1668(寛文8年)の御詠歌が残されていること、膳所藩士寒川辰清が著した『近江輿地志略』に記述があることなどから、江戸時代初期の開創と考えられる。国宝や重要文化財などの寺宝を有する古寺名刹が多い。

【札所名】(1)阿星山 常楽寺(湖南市)、(2)比叡山 東門院 守山寺(守山市)、(3)石光山 石山寺(大津市)、(4)長等山 近松寺(大津市)、(5)長等山 園城寺(三井寺)(大津市園城寺町)、(6)比叡山 生源寺(大津市)、(7)白蓮山 長谷寺(岳観世音)(高島市)、(8)青蓮山 酒波寺(高島市今津町)、(9)立石山 大崎寺(高島市マキノ町)、(10)龍頭山 大澤寺(長浜市木之本町)、(11)己高山 石道寺(長浜市木之本町)、(12)伊富貴山 観音寺(観音護国寺)(米原市)、(13)普門山 松尾寺(飛行観音)(米原市)、(14)金亀山 北野寺(彦根市)、(15)松峰山 金剛輪寺(愛知郡愛荘町)、(16)釈迦山 百済寺(東近江市百済寺町)、(17)豊国山 大覚寺(東近江市大覚寺町)、(18)石崎山 瓦屋寺(東近江市建部瓦屋寺町)、(19)繖山 観音正寺(近江八幡市安土町)、(20)繖山 善勝寺(東近江市佐野町)、(21)姨碕耶山 長命寺(近江八幡市長命寺町)、(22)阿育王山 石塔寺(東近江市石塔町)、(23)大慈山 西明寺(蒲生郡日野町)、(24)法輪山 正明寺(蒲生郡日野町)、(25)金光山 金剛定寺(蒲生郡日野町)、(26)龍王山 大岡寺(甲賀市水口町)、(27)楊柳山 千光寺(甲賀市水口町)、(28)玉尾山 長福寺(東近江市大森町)、(29)福生山 櫟野寺(甲賀市甲賀町)、(30)補陀楽山 檜尾山 文珠院(甲賀市甲南町)、(31)寿亀山 正福寺(甲賀市甲南町)、(32)花蔵山 園養寺(湖南市)、(33)雲照山 妙感寺(湖南市)

【掲載事典】霊大、霊巡、日巡、霊典

◇近江三十三カ所巡礼　小林秀夫著　能登川町(滋賀県)　小林秀夫　1977.9　77p　21cm

◇近江西国観音巡礼　三浦皎英著　甲賀町(滋賀県)　櫟野寺　1979.9　109p　18cm　980円

◇近江33カ所　相馬大,木本義一共著　大阪　保育社　1982.9　151p　15cm(カラーブックス) 500円　①4-586-50581-8

◇近江西国三十三所観音巡礼　近江西国観音霊場会編　冨永航平著　大阪　朱鷺書房　2001.12　216p　19cm　1000円　①4-88602-324-X

目次 常楽寺(石部町)　東門院守山寺(守山市)　石山寺(大津市)　近松寺(大津市)　三井寺(大津市)　生源寺(大津市)　長谷寺(高島町)　酒波寺(今津町)　大崎寺(マキノ寺)　大沢寺(木之本町)〔ほか〕

内容 琵琶湖をとり囲んで近江路に広がる観音霊場。比良、比叡、鈴鹿等々の山々に囲まれ、豊かな自然に抱かれて建つ古刹は、一千有余年の歴史を今に伝えている。観音さまの慈悲の心と出会う巡拝への手引き。

◇近江西国三十三所―観音信仰のひろがりとはるかなる巡礼の旅路　企画展　栗東歴史民俗博物館編　栗東　栗東歴史民俗博物館　[2006] 111p　30cm〈会期・会場：平成18年10月28日―11月26日　栗東歴史民俗博物館〉

◇近江西国観音巡り―「まあいいか」のぶらり旅　大野嘉弘[著]　[出版地不明] 大野嘉弘　2010.4　62p　30cm

292 近江七福神

【概　要】滋賀県の琵琶湖の東・湖東地方に分布する七福神霊場。古くから交通の要衝として開かれており、文化財の宝庫でもある。御朱印は毎日いただける。約54km、巡拝所要時間は5～6時間。

【札所名】毘沙門天 長命寺(近江八幡市長命寺町)、恵比寿神 市神神社(東近江市八日市本町)、寿老人 興福寺(東近江市五智町)、大黒天 金剛輪寺(愛知郡愛荘町)、大洞弁財天 長寿院(彦根市古沢町)、布袋尊 五百羅漢天寧寺(彦根市里根町)、福禄寿 青岸寺(米原市)

【掲載事典】七巡，全七，霊大，霊巡，日七

293 近江国・びわ湖七福神
【概　要】1983（昭和58）年、滋賀県北東部に創設された七福神霊場。約58kmの行程だが、弁財天の宝厳寺のある竹生島、姉川古戦場、小谷城跡などがあり、巡拝は1泊2日コースがよい。
【札所名】恵比須神 光明院（近江八幡市金剛寺町），布袋尊 悉地院（米原市），福禄寿尊 長尾寺（米原市），毘沙門天 醍醐寺（長浜市醍醐町），寿老尊 西林寺（野洲市），大黒天 小谷寺（長浜市湖北町），弁財天 竹生島・宝厳寺（長浜市早崎町）
【掲載事典】七巡，霊大，霊巡

294 湖西蓬莱七福神
【概　要】1978（昭和53）年、滋賀県の琵琶湖西岸に七福神霊場として創設された。社寺は、琵琶湖の南岸、西岸に点在し、湖上に浮かぶ竹生島にもある。大黒天を祀る日吉大社は、比叡山の山麓にあって全国3800社ある日吉社の総本宮である。西本宮、東本宮の本殿は国宝で、モミジ、カエデ約2500本が境内にあり紅葉の名所としても知られる。ただし、霊場会としての活動は休止しており、個々での巡拝となる。
【札所名】弁財天 竹生島・宝厳寺（長浜市早崎町），福禄寿 行過天満宮（高島市今津町），布袋尊 藤樹神社（高島市安曇川町），寿老神 白髭神社（高島市今津町），大黒天 日吉大社（大津市），恵比須 近江神宮（大津市），毘沙門天 建部大社（大津市）
【掲載事典】七幸，全七，霊大，霊巡

295 西近江七福神
【概　要】滋賀県高島市内の7寺社から成る。寿老人を祭る白髭神社と福禄寿を祭る行過天満宮は湖西蓬莱七福神の霊場でもある。
【札所名】毘沙門天 大崎寺（高島市マキノ町），恵比須神 川裾宮 唐崎神社（高島市マキノ町），弁財天 西江寺（高島市今津町），福禄寿 阿志都弥神社・行過天満宮（高島市今津町），大黒天 正傳寺（高島市新旭町），布袋尊 玉泉寺（高島市安曇川町），寿老神 白鬚神社（高島市）
【掲載事典】霊大，霊巡

296 比牟礼山願成就寺四国八十八ヶ所巡礼
【概　要】619（推古27）年に開創されたと伝えられる寺。本堂を中心に寺領域内に八十八カ所霊場が配置され、四国八十八カ所の霊砂が埋められた砂路霊場。約1時間半で一巡できる。本尊の木造十一面観音立像は国の重要文化財に指定されている。
【札所名】比牟礼山 願成就寺（近江八幡市小船木町）
【掲載事典】霊大

滋賀県の霊場

◇観音の里—湖北観音巡礼　椙村睦親著　　19cm　1000円
　浅井町（滋賀県）睦画会　1979.3　189p

◇観音の寺—湖東湖南観音巡礼　その1

湖東　椙村睦親著　浅井町（滋賀県）　睦画会　1982.4　232p　19cm　1400円

◇十一面観音巡礼　白洲正子著　講談社　1992.8　330p　15cm〈講談社文芸文庫　現代日本のエッセイ〉〈年譜・著書目録：p317～330〉980円　Ⓘ4-06-196186-1

◇観音巡礼　白洲正子撰　小川光三写真　毎日新聞社編　毎日新聞社　1993.3　138p　31cm　5000円　Ⓘ4-620-60329-5

◇近江観音の道—湖南観音の道・湖北観音の道　近江歴史回廊　木村至宏ほか著　淡海文化を育てる会編　彦根　淡海文化を育てる会　1999.12　239p　21cm〈発売：サンライズ出版（[彦根]），文献あり〉1500円　Ⓘ4-88325-204-3

◇湖北三十三観音めぐり　馬場秋星著　長浜　イメーディアリンク　2000.12　60p　21cm〈付・湖北万葉の歌枕〉750円

◇十一面観音巡礼　白洲正子著　新潮社　2002.10　276p　22cm〈写真：小川光三ほか〉2400円　Ⓘ4-10-310715-4

◇十一面観音巡礼　白洲正子著　愛蔵版　新潮社　2010.9　317p　22cm　3000円

Ⓘ978-4-10-310720-0
目次 聖林寺から観音寺へ　こもりく泊瀬幻の寺　木津川にそって　若狭のお水送り　奈良のお水取　水神の里　秋篠のあたり　登美の小河　竜田の川上　姥捨野間の月　市の聖　清水の流れ　白山比咩の幻像　湖北の旅　熊野詣
内容 大和、近江、京都、若狭、美濃、信州の山里へ十一面観音を訪ね、美の魅力に迫る巡礼の旅。初版から35年、カラー写真と地図を増補、充実させた決定版の誕生。

◇びわ湖・長浜のホトケたち—「観音の里の祈りとくらし展—びわ湖・長浜のホトケたち—」図録　長浜市長浜城歴史博物館編集　長浜　長浜市　2014.3　134p　21cm〈会期・会場：2014年3月21日—4月13日　東京藝術大学大学美術館　主催：東京藝術大学・長浜市，発売：彦根　サンライズ出版，文献あり〉1500円　Ⓘ978-4-88325-533-7
目次 観音の里の祈りと暮らし（十一面観音立像—菅山寺蔵　千手観音立像—赤後寺（日吉神社）蔵　ほか）　江州伊香三十三所巡礼巡拝記・御詠歌　長浜市内国・県・市指定観音像一覧（出陳作品以外）　特論　出陳作品目録/モデルコース/長浜市内観音像一覧

《京都府》

297 天田郡三十三観音霊場
【概　要】京都府福知山市に位置する観音霊場。志保美円照が再発見し、その著書『円通ひとり旅』で紹介された。廃寺・無住寺が多い。
【札所名】(1)円応寺（福知山市），(2)海眼寺　観音堂（福知山市寺町），(3)安養寺旧跡観音堂（福知山市），(4)官福寺（円明院）（福知山市），(5)洞楽寺（福知山市），(6)久法寺（福知山市三和町），(7)興雲寺（福知山市三和町），(8)福林寺（福知山市三和町），(9)頼光寺（福知山市），(10)照光寺（福知山市），(11)養泉寺（福知山市），(12)観興寺（福知山市），(13)松林寺（福知山市），(14)雲龍寺（福知山市），(15)北光寺旧蹟（福知山市），(16)高正寺吉祥院（福知山市），(17)天寧寺（福知山市），(18)宝光寺（廃寺）（福知山市），(19)金光寺（福知山市），(20)威光寺（元勝林寺）（福知山市），(21)大信寺（福知山市），(22)長福寺旧跡観音堂（福知山市），(23)瀧水寺　安養院（福知山市），(24)為徳寺観音堂（福知山市），(25)青蓮寺（福知山市），(26)普参寺旧跡（福知山市夜久野町），(27)大日寺観音堂（福知山市夜久野町），(28)東源寺観音堂（福知山市夜久野町），(29)瑞林寺（福知山市夜久野町），(30)高源寺観音堂（廃寺）（福知山市夜久野町），(31)観音寺（福知山市夜久野町），(32)大智寺観音堂（福知山市夜久野町），(33)神通寺円満院（福知山市夜久野町）
【掲載事典】霊大，霊巡

◇ひとり旅（三十三の札所をたずねて）—

京都府

天田郡西国観音霊場　塩見円照（塩見つや子）著　塩見つや子　［1988］34,47p 26cm

◇円通ひとり旅―ふるさと再発見 丹波・天田西国巡拝記　志保美円照著　福知山 満豊堂　1994.8　206p　19cm〈本名：塩見つや子〉

◇天田郡三十三所と御詠歌　志保美円照著　［2005］54p　30cm

◇京都・丹波 里山の仏を歩く―天田郡西国三十三カ所めぐり　村岡真千子, 神尾はるな執筆　サンコー出版　［2010］143p　21cm　1400円

298 綾部三十三観音霊場

【概　要】番外6ヶ所を含む全39札所のすべてが京都府綾部市内に集中する観音霊場。1984（昭和59）年に郡西国札所発起人会が綾部市観光協会と綾部市仏教会の後援を得て開創したもので、室町時代中期に成立し、後に衰退した丹波国三十三ヶ所と何鹿郡三十三ヶ所を基に設立された。廃寺となった高屋寺に代わり、2011（平成23）年に心田院が新たに第18番札所となった。綾部西国観音霊場。

【札所名】(1) 那智山 正暦寺（綾部市寺町），(2) 瑞応山 隆興寺（綾部市神宮寺町），(3) 羅漢山 宝住寺（綾部市味方町），(4) 普門山 梅林寺（綾部市釜輪町），(5) 南泉山 照福寺（綾部市鷹栖町），(6) 瑞雲山 梅岩寺（綾部市下八田町），(7) 阿日山 佛南寺（綾部市里町），(8) 南林山 円照寺（綾部市多田町），(9) 菅谷山 東光院（綾部市上延町），(10) 松嶽山 慈音寺（綾部市上延町），(11) 瑞亀山 隠龍寺（綾部市高津町），(12) 観流山 浄泉寺（綾部市位田町），(13) 太嶽山 瑠璃寺（綾部市大畠町），(14) 塩岳山 楞厳寺（綾部市ане寺町），(15) 今佳田山 惣持院（綾部市小西町），(16) 慈雲山 普門院（綾部市鍛治屋町），(17) 白佛山 天王寺（綾部市小畑町），(18) 雲耕山 心田院（綾部市井倉町），(19) 東谷山 極楽寺（綾部市白道路町），(20) 宮床山 満福寺（綾部市西坂町），(21) 洞谷山 長松寺（綾部市坊口町），(22) 吉祥山 宝満寺（綾部市西方町），(23) 滝本山 長福寺（綾部市向田町），(24) 高柳山 慈眼寺（綾部市上八田町），(25) 神宮山 岩王寺（綾部市七百石町），(26) 景徳山 安国寺（綾部市安国寺町），(27) 如意山 禅徳寺（綾部市上杉町），(28) 集宝山 施福寺（綾部市上杉町），(29) 中照山 日円寺（綾部市井根町），(30) 悲音慈山 善福寺（綾部市睦合町），(31) 永龍山 上林禅寺（綾部市八津合町），(32) 円林山 五泉寺（綾部市五泉町），(33) 君尾山 光明寺（綾部市睦寄町），(番外1) 大応山 妙徳寺（綾部市渕垣町），(番外2) 光明山 長福寺（綾部市栗町），(番外3) 梅霊山 雲源寺（綾部市梅迫町），(番外4) 日応山 隨岸寺（綾部市和木町），(番外5) 万年山 高源寺（綾部市小畑町），(番外6) 乾昌山 久香寺（綾部市梅迫町）

【掲載事典】霊大，霊巡

◇あやべ西国観音霊場　綾部西国観音霊場会編　綾部西国観音霊場会　［1999］95p　18cm

◇綾部西国観音霊場めぐり　綾部西国観音霊場会編　綾部西国観音霊場会　［2014］1枚（二つ折観音折）43.5cm

299 京都十三仏霊場

【概　要】京都市内に位置する十三仏霊場。1981（昭和56）年に開創された。第1番札所智積院（真言宗智山派総本山）や第9番札所仁和寺（真言宗御室派総本山）など古刹ばかりで構成され、各寺院の開基は飛鳥時代1、奈良時代1、平安時代7、鎌倉時代1、室町時代3である。

【札所名】(1) 不動明王 智積院（京都市東山区），(2) 釈迦如来 清涼寺（京都市右京区嵯峨釈迦堂藤ノ木町），(3) 文殊菩薩 戒光寺（京都市東山区泉涌寺山内町），(4) 普賢菩薩 大光明寺（京都市上京区），(5) 地蔵菩薩 大善寺（京都市伏見区桃山町），(6) 弥勒菩薩 泉涌寺（京都市東山区泉涌寺山内町），(7) 薬師如来 平等寺（京都市下京区），(8) 観音菩薩 大報恩寺（千本釈迦堂）（京都市上京区），(9) 勢至菩薩 仁和寺（京都市右京区），(10) 阿弥陀如来 法金剛院（京都市右京区花園扇野町），(11) 阿閦如来 隨心院（京都市山科区小野御霊町），(12) 大日如来 教王護国寺（東寺）（京都市南区九条町），(13) 虚空蔵菩薩 法輪寺（京都市西京区嵐山虚空蔵山町）

京都府

【掲載事典】霊大，霊巡，日巡

◇京都十三佛霊場　京都十三佛霊場会　　　　　　1枚　42×30cm（折りたたみ11×15cm）
　［編］京都　京都十三佛霊場会　［20--］

300　京都泉涌寺七福神
【概　要】京都で代表的な七福神めぐり。皇室の菩提寺である泉涌寺の山内塔頭寺院に祀られている。番外の愛染明王、楊貴妃観音を含めて九福の参拝ができる。一年を通じて参拝でき、御朱印もいただける。また毎年1月に七福神大祭が行われ、小豆粥、昆布茶、甘酒などの接待が受けられる。泉涌寺七福神。
【札所名】恵比寿神 今熊野観音寺（京都市東山区）、大黒天 雲龍院（京都市東山区）、毘沙門天 悲田院（京都市東山区）、弁財天 戒光寺（京都市東山区）、福禄寿 即成院（京都市東山区）、寿老人 法音院（京都市東山区）、布袋尊 来迎院（京都市東山区）、番外・愛染明王 新善光寺（京都市東山区）、番外・楊貴妃観音 観音堂（京都市東山区）
【掲載事典】七巡，七め，全七，霊大，霊巡，日七

301　京都六地蔵めぐり
【概　要】京都市内に位置する地蔵尊霊場。852（仁寿2）年に小野篁が6体の地蔵像を造立し、第1番伏見六地蔵の地に安置。保元年間（1156～59）、後白河法皇の勅命を受けた平清盛が西光法師に命じ、奈良街道・西国街道・丹波街道・周山街道・鞍馬街道・東海道の京への入口に六角堂を建立し、地蔵像を1体ずつ分置したのが起源だという。現在でも8月22日・23日の両日に六地蔵を巡拝し、家内安全・無病息災を祈願する「六地蔵巡り」が行われている。
【札所名】伏見六地蔵 大善寺（京都市伏見区桃山町）、鳥羽地蔵 浄禅寺（京都市南区上鳥羽岩ノ本町）、桂地蔵 地蔵寺（京都市西京区桂春日町）、常盤地蔵 源光寺（京都市右京区常盤馬塚町）、鞍馬口地蔵 上善寺（京都市北区鞍馬口通寺町東入ル上善寺門前町）、山科地蔵 徳林庵（京都市山科区四ノ宮泉水町）、
【掲載事典】霊大，霊巡

302　京洛七福神
【概　要】京都市内にある七福神霊場で、日本最古の七福神と言われる。室町時代、応仁の乱の混乱の際、救いを求めた民衆が自然発生的に七福神を祀ってお詣りしたのが起源といわれる。全行程約15kmで、巡拝所要時間は約6時間。
【札所名】ゑびす神 京都ゑびす神社（京都市東山区）、弁財天 六波羅蜜寺（京都市東山区）、福禄寿神 赤山禅院（京都市左京区）、弁財天 妙音堂（妙音弁財天）（京都市上京区）、福禄寿 清荒神（護浄院）（京都市上京区）、寿老神 革堂（行願寺）（京都市中京区）、布袋尊 長楽寺（京都市東山区）
【掲載事典】霊大，霊巡

303　丹波七福神
【概　要】京都府丹波地方の中心都市である亀岡市千歳町内に点在する七福神霊場。京都市の西に隣接しているため、歴史ある寺社仏閣が多い。また、日本一の早まわり七福神とも言われ、千歳町の牛松山山麓、いにしえの古山陰道沿いに1番札所・神応寺から7番札所・東光寺までの約5kmを巡るウォーキングコースが人気。亀岡七福神。
【札所名】(1) 毘沙門天 神応寺（亀岡市千歳町）、(2) 布袋尊 養仙寺（亀岡市千歳町）、(3) 大黒天 蔵宝寺（亀岡市千歳町）、(4) 弁財天 金光寺（亀岡市千歳町）、(5) 恵比須天 耕雲寺

(亀岡市千歳町),(6)寿老人 極楽寺(亀岡市千歳町),(7)福禄寿 東光寺(亀岡市千歳町)
【掲載事典】七巡,全七,霊大,霊巡,日七

◇丹波七福神―京都亀岡　亀岡市観光協会〔編〕亀岡　亀岡市観光協会〔制作〕〔2006〕1枚　30cm〈リーフレット〉
◇亀岡市千歳町へようこそ―丹波七福神のまち：人情味のあふれる、風光明媚で

歴史と伝統のある千歳町　千歳町自治会,千歳町安全・安心のまちづくり推進会議編　亀岡　千歳町自治会,千歳町安全・安心のまちづくり推進会議〔2013〕1枚　10cm〈リーフレット〉

304 天龍寺山内七福神

【概　要】京都府京都市嵯峨にある臨済宗天龍寺派大本山・天龍寺山内の塔頭寺院により構成される七福神霊場。布袋尊、寿老人にかわり、不動、稲荷となっている。毎年2月の節分には福笹が配られる。

【札所名】東向き大黒天 三秀院(京都市右京区),毘沙門天 弘源寺(京都市右京区),水すり弁財天 慈済院(京都市右京区),福禄寿 松厳寺(京都市右京区),恵比須神 永明院(京都市右京区),見守り不動明王 寿寧院(京都市右京区),宝徳稲荷 妙智院(京都市右京区)

【掲載事典】七巡,霊大,霊巡

305 都七福神

【概　要】京都府京都市から宇治市にかけて点在する七福神霊場。日本最古の七福神と謳っている。寺院によっては無人に近いところも存在するが、都七福神会では毎日御宝印をいただける。また、毎月7日が縁日で、毎年1月中は定期観光バスが運行される。

【札所名】ゑびす神 京都ゑびす神社(京都市東山区),弁天 六波羅蜜寺(京都市東山区),福禄寿神 赤山禅院(京都市左京区),大黒天 松ヶ崎大黒天(妙円寺)(京都市左京区),寿老神 革堂(行願寺)(京都市中京区),毘沙門天 教王護国寺(東寺)(京都市南区九条町),布袋尊 万福寺(宇治市)

【掲載事典】癒事,七幸,七巡,七め,全七,霊大,霊巡,日七,日巡

306 洛西三十三観音霊場

【概　要】京都府の桂川西岸から西山にかけて散在する観音霊場。京都洛西観音霊場とも呼ばれる。その起源は室町時代とも江戸時代とも言われ、当時は西の岡三十三所と称された。明治の廃仏毀釈後に衰退したが、第4番札所西迎寺の住職の呼びかけにより、1978(昭和53)年春に再興された。全行程は82kmで、巡拝所要日数は徒歩で4日、車で2日。

【札所名】(1)善峯寺(京都市西京区大原野小塩町),(2)金蔵寺(京都市西京区大原野石作町),(3)十輪寺(京都市西京区大原野小塩町),(4)西迎寺(京都市西京区大原野南春日町),(5)三鈷寺(京都市西京区大原野石作町),(番外)正法寺(京都市西京区大原野南春日町),(6)乙訓寺(長岡京市),(7)光明寺(長岡京市),(8)観音寺(長岡京市),(9)長法寺(長岡京市),(10)柳谷奥ノ院(長岡京市),(番外)乗願寺(長岡京市),(11)正覚寺(乙訓郡大山崎町),(12)卒台寺(長岡京市),(13)観音寺(長岡京市),(14)勝龍寺(長岡京市),(15)観音寺(伏見区羽束師菱川町),(16)泉福寺(向日市森本町),(17)萬福寺(南区久世大藪町),(番外)安禅寺(南区久世上久世町),(18)西圓寺(南区久世築山町),(19)光福寺(南区久世上久世町),(20)称讃寺(京都市西京区牛ケ瀬南青柳町),(21)長福寺(京都市西京区下津林楠町),(22)常楽寺(京都市西京区川島北裏町),(23)地蔵院(京都市西京区桂春日町),(24)念仏寺(京都市西京区桂春日町),(25)阿弥陀寺(京都市西京区桂千代原町),(26)長恩寺(京都市西京区上桂居町),(27)観世寺(京都市西京区桂上野北町),(28)蔵泉庵(京都市西京区嵐山ノ下町),(29)西光院(京都市西京区嵐山山田町),(30)浄住寺(京都市西京区山田開キ町),(31)福成寺(京都市西京区樫原内垣外

京都府

町),(32)来迎寺(向日市物集女町),(33)宝菩提院(京都市西京区大原野南春日町)
【掲載事典】霊大, 霊巡, 日巡, 霊典

◇洛西の観音さん—霊場めぐり　京都新聞
　社編　京都　京都新聞社　1979.3
　149p　15cm　650円

◇洛西三十三カ所—観音霊場めぐり　平幡
　良雄著　銚子　満願寺教化部　1987.5
　80p　19cm(古寺巡礼シリーズ 14)

◇京都洛西(らくさい)三十三カ所ガイド
　春野草結著　大阪　朱鷺書房　2009.3
　189p　19cm　1400円　①978-4-88602-
　343-8
　目次　京都洛西観音霊場(西の岡観音霊場の
　　再興　巡拝のヒント)　京都洛西観音霊場

　札所案内(第1番善峯寺　第2番金蔵寺　第3番十輪寺 ほか)　京都洛西観音霊場の巡りかた(歩き巡礼モデルプラン　コースガイド)　西山三山　京都洛西観音霊場歩き巡礼地図　巻末資料
　内容　西国第20番札所の善峯寺、西山浄土宗の総本山光明寺、眼病平癒に霊験あらたかな柳谷観音楊谷寺をはじめ、洛西エリアの古刹が名を連ねる京都洛西観音霊場。札所寺院には小さな寺も多く、観光とはひと味ちがう素朴な巡礼が体験できる。健脚なら歩いて3日でまわれ、ウォーキングコースとしても楽しめる。

307 洛陽三十三所観音巡礼
　【概　要】後白河法皇開創の西国三十三巡礼に代わる観音霊場。応仁の乱で札所等が途絶、1665(寛文6)年、霊元天皇の勅願で一旦は復興するものの、明治期の廃仏毀釈で衰退することとなった。2005(平成18)年になって、改編が行われ再興を果たした。
　【札所名】(1)六角堂 頂法寺(京都市中京区),(2)新京極 誓願寺(京都市中京区新京極桜之町),(3)護浄院(清荒神)(京都市上京区),(4)革堂(行願寺)(京都市中京区),(5)新長谷寺(真如堂)(京都市左京区),(6)金戒光明寺(黒谷)(京都市左京区),(7)長樂寺(京都市東山区),(8)大蓮寺(京都市左京区),(9)青龍寺(京都市東山区),(10)清水寺善光寺堂(旧地蔵院)(京都市東山区),(11)清水寺奥の院(京都市東山区),(12)清水寺本堂(京都市東山区),(13)清水寺朝倉堂(京都市東山区),(14)清水寺泰産寺(京都市東山区),(15)六波羅蜜寺(京都市東山区),(16)仲源寺(京都市東山区),(17)蓮華王院(三十三間堂)(京都市東山区),(18)善能寺(京都市東山区),(19)今熊野観音寺(京都市東山区),(20)泉涌寺(京都市東山区泉涌寺山内町),(21)法性寺(京都市東山区),(22)城興寺(京都市南区),(23)東寺(京都市南区),(24)長圓寺(京都市下京区),(25)法音院(京都市東山区),(26)正運寺(京都市中京区),(27)平等寺(因幡堂)(京都市下京区),(28)壬生寺中院(京都市中京区),(29)福勝寺(京都市上京区),(30)椿寺 地蔵院(京都市北区),(31)東向観音寺(京都市上京区),(32)蘆山寺(京都市上京区),(33)清和院(京都市上京区)

◇京都ことこと観音めぐり—洛陽三十三所
　観音巡礼　京都新聞出版センター編　京
　都　京都新聞出版センター　2006.3
　143p　21cm　1333円　①4-7638-0571-1

◇絵と文で綴る洛陽三十三所観音めぐり
　津村公一著　京都　北斗書房　2006.5
　72p　20×21cm　1000円　①4-89467-
　144-1

308 洛陽六阿弥陀巡拝
　【概　要】木食寺の開祖で社会土木事業にも活躍した木食正禅上人が1717(享保2)年に洛陽六阿弥陀巡拝を発願。功徳日詣を3年3ヶ月連続39回して行えば、無病息災、家運隆盛、祈願成就されるという。1番の真如堂から6番の誓願寺までを順番に巡礼することが必要とされる。
　【札所名】(1)真如堂(真正極楽寺)(京都市左京区),(2)永観堂(禅林寺)(京都市左京区),(3)清水寺 阿弥陀堂(京都市東山区),(4)安祥院(日限地蔵)(京都市東山区),(5)安養寺(倒蓮華寺)(京都市中京区),(6)誓願寺(京都市中京区新京極桜之町)

【掲載事典】霊巡

京都府の霊場

◇江戸時代の南山城三十三所を訪ねて　山城町・古文書サークル如月会編　山城町（京都府）　山城町・古文書サークル如月会　1996.3　88p　21cm

◇京都の「ご利益」徹底ガイド　丘眞奈美著　PHP研究所　2007.5　304p　15cm（PHP文庫）629円　①978-4-569-66788-1

|目次|第1章 京都御所・二条城エリア　第2章 繁華街エリア　第3章 東山から神楽岡・岡崎エリア　第4章 東山観光エリア　第5章 嵐山・桂川流域エリア　第6章 嵐山・嵯峨野周辺エリア　第7章 鴨川水系エリア　第8章 北野天満宮と西陣エリア　第9章 京都駅周辺から洛南エリア　第10章 ビジネス街エリア　巻末ふろく ご利益霊場めぐり（身近なご利益さん、七福神信仰　都七福神めぐり　観音菩薩と阿弥陀如来の世界を巡礼する　洛陽三十三所観音霊場めぐり　洛陽六阿弥陀めぐり）

|内容|なんだか最近ツイてないな…と思っているあなた、「ご利益さん」参りに出かけませんか？ 本書では、訪れるとパワーがもらえる京都の神社仏閣を厳選して紹介します。恋愛成就、成功出世、健康、金運向上、美人祈願など、あなたの欲しい運が得られる「ご利益さん」が必ずあります！ 正しい参拝法から京都人だけが知っているお得情報、洛陽三十三所観音霊場めぐりまで徹底解説。エリア別地図つき。

◇京都御朱印を求めて歩く札所めぐりガイドブック　京都歴史文化研究会著　メイツ出版　2011.4　128p　21cm〈索引あり〉　1600円　①978-4-7804-0943-7

|目次|洛陽三十三所観音巡礼（六角堂頂法寺　新京極誓願寺 ほか）　洛西三十三所観音霊場（西山善峯寺　西岩倉山金蔵寺 ほか）　京都十六社朱印めぐり（健康長寿―今宮神社　安産―わら天神宮（敷地神社） ほか）　都七福神まいり（ゑびす神―京都ゑびす神社　大黒天―松ヶ崎大黒天 ほか）　洛陽十二支妙見めぐり（西陣の妙見宮―善行院本満寺の妙見宮―本山本満寺 ほか）

|内容|京都市近郊の洛陽三十三所観音巡礼、洛西三十三所観音霊場、招福の神様を詣でる都七福神めぐり、開運・厄除けを祈る洛陽十二支妙見めぐり、京都の由緒ある神社をめぐる京都十六社めぐりを中心に、その札所の歴史やいわれ、さらにそれぞれの御朱印を紹介する。

◇かわいい京都御朱印ブック―御朱印、いただきにまいりました。　西村由美子著　主婦の友インフォス情報社　2014.3　127p　19cm〈発売：主婦の友社〉　1300円　①978-4-07-290653-8

|目次|第1章 いざ、はじめての御朱印集めへ（御朱印集めおすすめ一日コース）　第2章 御朱印でめぐる京都の旅（初心者はココから！ おすすめ御朱印コース　この場所だから行きたい！ 場所で選ぶ御朱印めぐり ほか）　第3章 知っておきたい御朱印のいろは（御朱印の由来と歴史について　御朱印基本スタイル―寺院編 ほか）　第4章 さあ、御朱印をもらいに行こう！（御朱印をもらいに行く前に　こんなにあるよ！ 御朱印帳コレクション―お寺編 ほか）　第5章 御朱印集めの原点・巡礼をしてみよう（洛陽三十三所観音霊場　都七福神めぐり　洛陽三十三所観音霊場　都七福神めぐり　京都十三佛霊場　京都十二薬師霊場）

|内容|世界遺産をめぐるおすすめコースから、女性にうれしい縁結び、戦国武将ゆかりの寺社、有名な高僧さんに逢いに…など御朱印の縁で結ばれた、さあ京都の旅へ。お寺や神社の参拝のしかたやマナーから御朱印の基礎知識、知ってお得な御朱印マル秘情報なども満載。こんな時どうするの？ あなたの疑問に答えます。初心者でも安心！ お寺や神社の連絡先や便利なマップつきで、スマートに御朱印集めができます。

◇京都札所めぐり御朱印を求めて歩く巡礼ルートガイド　京都歴史文化研究会著　メイツ出版　2016.10　128p　21cm〈「京都御朱印を求めて歩く札所めぐりガイドブック」（2011年刊）の改題、加筆・修正，索引あり〉　1600円　①978-4-7804-1788-3

|目次|洛陽三十三所観音巡礼（紫雲山頂法寺

（六角堂）　新京極誓願寺　ほか）　洛西三十三所観音霊場（西山善峯寺　西岩倉山金蔵寺　ほか）　京都十六社朱印めぐり（健康長寿―今宮神社　安産―わら天神宮（敷地神社）ほか）　都七福神まいり（ゑびす神―京都ゑびす神社　大黒天―松ヶ崎大黒天　ほか）　洛陽十二支妙見めぐり（西陣の妙見宮―善行院　本満寺の妙見宮―本山本満寺　ほか）

内容 御朱印をいただきながら、心を癒す巡拝の道行き。古寺社・名刹の歴史や由来を霊場ごとに詳しく紹介。

《大阪府》

309 大坂三十三観音霊場

【概　要】全ての札所が大阪市内に集中するミニ観音霊場。近松門左衛門の傑作『曾根崎心中』の冒頭に登場する由緒ある霊場だが、明治の廃仏毀釈や第二次世界大戦で衰退。廃寺・移転が相次ぎ、失われた観音像も少なくない。「大坂三十三所観音めぐりの復活を願う市民の会」の13年間におよぶ運動により、1996（平成8）年に再興された。全行程は約22km。

【札所名】(1) 佳木山　宝樹院　太融寺（大阪市北区太融寺町），(2) 蟠龍寺（大阪市北区野崎町），(3) 神明宮旧跡（大阪市北区曽根崎町），(4) 法住寺（廃寺），(5) 法界寺（大阪市北区兎我野町），(6) 大鏡寺（吹田市），(7) 超泉寺（廃寺），(8) 善導寺（大阪市北区与力町），(9) 栗東寺（大阪市北区与力町），(10) 玉造稲荷神社（大阪市中央区玉造），(11) 興徳寺（大阪市天王寺区餌差町），(12) 慶伝寺（大阪市天王寺区餌差町），(13) 遍明院（大阪市生野区），(14) 長安寺（大阪市天王寺区城南寺町），(15) 誓安寺（大阪市天王寺区城南寺町），(16) 和勝院観音堂（藤棚観音）（廃寺）（大阪市中央区谷町），(17) 重願寺（東大阪市山手町），(18) 本誓寺（大阪市天王寺区生玉町），(19) 菩提寺（大阪市天王寺区生玉町），(20) 四天王寺内　六時堂（大阪市天王寺区），(21) 四天王寺内　経堂（大阪市天王寺区），(22) 四天王寺内　金堂（大阪市天王寺区），(23) 四天王寺内　講堂（大阪市天王寺区），(24) 四天王寺内　万燈院（大阪市天王寺区），(25) 清水寺（大阪市天王寺区伶人町），(26) 心光寺（大阪市天王寺区下寺町），(27) 大覚寺（大阪市天王寺区下寺町），(28) 金台寺（大阪市天王寺区下寺町），(29) 大蓮寺（大阪市天王寺区下寺町），(30) 三津寺（大阪市中央区），(31) 大福院（廃寺），(32) 難波神社（大阪市中央区博労町），(33) 御霊神社（大阪市中央区淡路町）

【掲載事典】霊巡

◇大坂三十三所観音めぐり―近松門左衛門とともに歩く　信多純一文　大阪「大坂三十三所観音めぐり」の復活を願う市民の会　1992.11　100p　21cm

310 大阪七福神

【概　要】大阪府大阪市において、かつて浪速七福神の名称で賑わっていた七福神だったが、戦時中一時中断。昭和50年代に大阪七福神として新たに再発足した。

【札所名】恵美須神　今宮戎神社（大阪市浪速区），日出大国神　大国主神社（大阪市浪速区），毘沙門天　大乗坊（大阪市浪速区），弁財天　法案寺（大阪市中央区），福禄寿　長久寺（大阪市中央区），寿老神　三光神社（大阪市天王寺区），布袋尊　四天王寺（大阪市天王寺区）

【掲載事典】七幸，七巡，七め，全七，霊大，霊巡，日七，日巡

311 おおさか十三仏霊場

【概　要】大阪府の大阪市・堺市・八尾市に広がる十三仏霊場。1979（昭和54）年に開創された。十三仏霊場としては日本初という。いずれの寺院も交通の便の良い都市の中心部に位置し、電車・バスを利用しての巡拝が良い。

【札所名】(1) 不動明王　法楽寺（大阪市東住吉区），(2) 釈迦如来　正圓寺（大阪市阿倍野区），

大阪府

(3)文殊菩薩 家原寺(堺市西区家原寺町), (4)普賢菩薩 四天王寺(大阪市天王寺区), (5)地蔵菩薩 常光寺(八尾市本町), (6)弥勒菩薩 教興寺(八尾市), (7)薬師如来 全興寺(大阪市平野区平野本町), (8)観世音菩薩 太融寺(大阪市北区太融寺町), (9)勢至菩薩 国分寺(大阪市北区), (10)阿弥陀如来 大念仏寺(大阪市平野区平野上町), (11)阿閦如来 報恩院(大阪市中央区), (12)大日如来 青蓮寺(大阪市天王寺区生玉寺町), (13)虚空蔵菩薩 太平寺(大阪市天王寺区)
【掲載事典】癒事, 巡遍, 霊大, 霊巡, 日巡, 霊典

◇おおさか十三仏―巡拝案内記 谷村俊郎著 おおさか十三仏霊場会 [1979] 80p 18cm

◇おおさか十三仏巡礼 おおさか十三仏霊場会編 大阪 朱鷺書房 1985.8 91p 19cm 600円

◇おおさか十三仏巡礼 おおさか十三仏霊場会編 改訂版 大阪 朱鷺書房 [1990] 143p 19cm ①4-88602-135-2

◇おおさか十三佛巡礼 おおさか十三佛霊場会編 新版 大阪 朱鷺書房 2002.8 143p 19cm 1000円 ①4-88602-326-6
目次 十三仏の信仰(不動明王―法楽寺 釈迦如来―正円寺 文殊菩薩―家原寺 普賢菩薩―四天王寺(万灯院) 地蔵菩薩―常光寺 ほか) 十三仏御詠歌 十三仏和讃 古典の中の仏さま物語(涙をながしたお不動さま 蜘蛛の糸―お釈迦さま 行基菩薩に生まれ代わられた文殊菩薩 身代わりに矢を受けられた普賢菩薩 生き返った男―お地蔵さま ほか)

312 河泉二十四地蔵霊場
【概 要】河内・和泉2ヶ国(現・大阪府)にまたがる地蔵尊霊場。同地では平安時代末期までには河内二十四地蔵霊場や和泉六地蔵霊場が開かれていたという。昭和50年代に廃れていた霊場を再興する試みが始まり、旧霊場に変更を加えて河内・和泉それぞれ12ヶ寺を選定し、1977(昭和52)年に河泉二十四地蔵霊場として開創。翌年には開創記念法要が執り行われた。24の札所数は地蔵菩薩の縁日にちなんだもの。
【札所名】(1)清水地蔵寺(河内長野市), (2)大師寺(河内長野市三日市町), (3)延命寺(河内長野市), (4)西恩寺(南河内郡千早赤阪村), (5)観心寺(河内長野市), (6)蓮光寺(河内長野市長野町), (7)野中寺(羽曳野市), (8)空圓寺(堺市美原区), (9)風輪寺(大阪狭山市), (10)盛松寺(河内長野市楠町), (11)明忍寺(河内長野市原町), (12)天野山 金剛寺(河内長野市天野町), (13)善正地蔵寺(和泉市善正町), (14)子安阿弥陀寺(和泉市大野町), (15)春木川地蔵寺(和泉市春木川町), (16)久井地蔵寺(和泉市久井町), (17)内田地蔵寺(和泉市内田町), (18)弘法寺(和泉市内田町), (19)長命寺(和泉市黒鳥町), (20)長生寺(泉大津市神明町), (21)太平寺(堺市太平寺町), (22)金福寺(堺市), (23)法道寺(堺市), (24)宝積寺(堺市)
【掲載事典】巡遍, 霊大, 霊巡

◇河泉地蔵霊場案内 下休場義治文 井上喜代一スケッチ 大阪 河泉地蔵霊場会 1982.11 132p 18cm〈発行所:古寺顕彰会〉700円

313 河内飛鳥七福神
【概 要】1975(昭和50)年、大阪府南東部の大阪市、八尾市、羽曳野市、河内長野市などに開設された七福神霊場。布袋尊を祀る大阪市天王寺区の四天王寺布袋堂を起点とし、主に私鉄沿線、JR線沿線に広く散在する。
【札所名】布袋尊 四天王寺(大阪市天王寺区), 福禄寿 長栄寺(東大阪市高井田元町), 毘沙門天 大聖勝軍寺(八尾市), 恵比須 西琳寺(羽曳野市), 寿老人 延命寺(河内長野市), 大黒天 弘川寺(南河内郡河南町), 弁財天 高貴寺(南河内郡河南町)

大阪府

【掲載事典】癒事，七幸，全七，霊大，霊巡

314 河内西国三十三観音霊場
【概　要】東大阪市を中心に大阪府東部に散在する観音霊場。開創は明らかでないが、1722（享保7）年に『河内三十三観音霊場道中記』が刊行されている。特別客番4ヶ所・客番1ヶ所を含めて38ヶ所で構成され、中でも特別客番に名刹が多い。融通念仏宗・真言毘慮遮那宗など、あまり聞き慣れない宗派が多く含まれることも特徴である。巡拝所要日数は徒歩で10日、車で4～5日。河内西国霊場。
【札所名】(1)大聖勝軍寺（八尾市），(2)念佛寺（八尾市），(3)常光寺（八尾市本町），(4)龍雲寺（富田林市），(5)大林寺（松原市北新町），(6)法雲寺（南河内郡美原町），(7)壺井寺（柏原市），(8)大黒寺（羽曳野市），(9)観音寺（柏原市），(10)千手寺（東大阪市東石切町），(11)来恩寺（八尾市恩智中町），(12)感應院（八尾市恩智中町），(13)元善光寺（八尾市），(14)梅岩寺（八尾市），(15)大通寺（八尾市），(16)教興寺（八尾市），(17)法蔵寺（八尾市），(18)神宮禅寺（八尾市），(19)岩田観音寺（東大阪市），(20)楠姙庵観音寺（富田林市），(21)叡福寺（南河内郡太子町），(22)額田寺（東大阪市南荘町），(23)玄清寺（東大阪市東山町），(24)慈光寺（東大阪市東豊浦町），(25)常楽寺（八尾市），(26)興法寺（東大阪市上石切町），(27)観音寺（東大阪市西石切町），(28)大龍寺（東大阪市日下町），(29)菩提寺（東大阪市善根寺町），(30)観音禪寺（東大阪市稲田本町），(31)圓通寺（東大阪市），(32)延命寺（東大阪市），(33)長栄寺（東大阪市高井田元町），(特別客番)慈眼寺（大東市），(特別客番)大念佛寺（大阪市平野区平野上町），(特別客番)葛井寺（藤井寺市），(特別客番)高貴寺（南河内郡河南町），(客番)光明寺（八尾市）
【掲載事典】霊大，霊巡

◇河内西国巡楽内記―やすらぎの古里　河内西国霊場会場事務局編　河内西国霊場奉讃会　[1979] 1冊　20cm

◇河内西国三十三所観世音めぐり　宿場町枚方を考える会編　枚方　宿場町枚方を考える会　1986.9　49p　10×27cm　〈枚方地域コレクション〉

◇河内西国巡礼案内記―やすらぎの古里開運除災　河内西国霊場奉讃会編揖　[八尾] 河内西国霊場奉讃会　[199-] 1冊（ページ付なし）21cm

◇河内西国巡礼―やすらぎの古里 こころの散策ガイド　河内西国霊場会編　[出版地不明] 河内西国霊場会　2003.4　175p　21cm　1000円

315 南海沿線七福神
【概　要】1980（昭和55）年、大阪府内に創設され、南海電車を中心に、JR阪和線など電車で巡拝できる七福神。範囲が広いため巡拝には2～3日を要する。
【札所名】恵美須神 今宮戎神社（大阪市浪速区），日出大国神 大国主神社（大阪市浪速区），毘沙門天 万代寺（堺市），弁財天 水間寺（貝塚市），福禄寿 長慶寺（泉南市），寿老神 松尾寺（和泉市松尾寺町），布袋尊 七宝瀧寺（泉佐野市）
【掲載事典】七幸，七巡，七め，全七，霊大，霊巡，日七，日巡

◇南海沿線七福神　下休場義治編　河内長野　古寺顕彰会　1982.12　56p　22cm

大阪府の霊場

◇石川三十三所の古寺と観音―聖徳太子御廟と地域信仰 平成13年度企画展図録　太子町立竹内街道歴史資料館編　太子町（大阪府）　太子町立竹内街道歴史資料館　2001.9　48p　26cm　〈文献あり〉

◇河内地蔵菩薩二十四霊場を訪ねて　北野

博己編　富田林　北野博己　2012.5
246p　21cm

◇大阪御朱印を求めて歩く札所めぐりルートガイド　大阪歴史文化研究会著　メイツ出版　2016.5　128p　21cm〈索引あり〉1600円　①978-4-7804-1754-8
|目次|おおさか十三佛霊場　河内西国霊場　なにわ七幸めぐり　大阪七福神めぐり　南海沿線七福神　岸和田七宮詣
|内容|ご利益いっぱいの札所霊場を詳しくご紹介します！

《兵庫県》

316　明石西国三十三観音霊場

【概　要】兵庫県明石市を中心に神戸市西区・垂水区に広がる観音霊場。江戸時代中期に成立し、1985（昭和60）年に再興された。山・谷・海など自然を楽しみながら巡拝でき、中でも山間から望む明石海峡は絶景。巡拝所要日数は約3日。

【札所名】(1)實相院（明石市大観町），(2)無量光寺（明石市大観町），(3)神應寺（明石市），(4)正護寺（明石市），(5)龍泉寺（明石市），(6)来迎寺（明石市大久保町），(7)薬師院（明石市魚住町），(8)極楽寺（明石市大久保町），(9)圓通寺（明石市），(10)福林寺（明石市），(11)報恩寺（神戸市西区），(12)西光寺（神戸市西区玉津町），(13)長福寺（神戸市西区平野町），(14)勝明寺（神戸市西区平野町），(15)長福寺（神戸市西区押部谷町），(16)性海寺（神戸市西区押部谷町），(17)近江寺（神戸市西区押部谷町），(18)満福寺（神戸市西区櫨谷町），(19)新長谷寺（神戸市西区櫨谷町），(20)万願寺（神戸市西区櫨谷町），(21)如意寺（神戸市西区櫨谷町），(22)日輪寺（神戸市西区玉津町），(23)龍象院（神戸市西区伊川谷町），(24)潮海寺（神戸市西区伊川谷町），(25)太谷寺（神戸市西区伊川谷町），(26)太山寺（神戸市西区伊川谷町），(27)転法輪寺（神戸市垂水区名谷町），(28)明王寺（神戸市垂水区名谷町），(29)多聞寺（神戸市垂水区），(30)光明寺（明石市鍛冶屋町），(31)寶林寺（明石市材木町），(32)長林寺（明石市材木町），(33)月照寺（明石市人丸町）

【掲載事典】霊巡

◇明石西国順礼―明石西国順礼案内記　木村英昭文　久保直明絵　明石史話研究会編　［神戸］明石史話研究会　1986.9　44枚　26cm〈付：参考文献〉1000円

◇明石西国順礼―明石西国順礼案内記　木村英昭文　久保直明絵　明石史話研究会編　第2版　［神戸］明石史話研究会　1987.6　45枚　26cm〈付：参考文献　折り込図1枚〉

◇明石大門―明石ペンクラブ作品集　11　特集：明石西国巡礼　明石ペンクラブ編　明石ペンクラブ　［1991］199p　19cm

◇明石西国三十三所順礼―「観音さまとある道」史跡見学　上　木村英昭著　改訂版　神戸新聞社　1998.6　131p　26cm〈共同刊行：明石史話研究会,生活協同組合コープこうべ第七地区本部〉

◇明石西国三十三所順礼―「観音さまとある道」史跡見学　下　木村英昭著　改訂版　神戸新聞社　1998.9　146p　26cm〈共同刊行：明石史話研究会,生活協同組合コープこうべ第七地区本部〉

◇ふるさとの古寺と史跡をあるく―明石西国三十三カ所観音霊場巡り　井上茂機編　KMエージェント　2012.7　82p　22cm〈文献：p81〉

317　淡路西国三十三観音霊場

【概　要】淡路島の全域に点在する観音霊場。1475（文明7）年に淡路守護の細川成春が開創したと伝えられ、江戸時代には案内記も刊行されている。1995（平成7）年に再興された。四国八十八ヶ所霊場をはじめとする各霊場と重複する札所も多い。巡拝所要日数は3〜4日。

【札所名】(1)先山　千光寺（洲本市），(2)東北山　観音寺（洲本市），(3)無量山　大照寺（洲本

市中川原町)，(4)迦葉山 瀧水寺(洲本市)，(5)海潮山 観音寺(洲本市)，(6)補陀落山 観音寺(南あわじ市)，(7)高見山 真観寺(南あわじ市)，(8)諭鶴羽山 神仙寺(南あわじ市)，(9)亀岡山 慈眼寺(南あわじ市阿万上町)，(10)六度山 観音寺(乙倉山金剛寺)(南あわじ市)，(11)神護山 安楽寺(南あわじ市)，(12)鼻子山 岩屋寺(南あわじ市)，(13)西方山 岡山寺(南あわじ市)，(14)松帆山 感応寺(南あわじ市)，(15)千手山 法華寺(南あわじ市)，(16)普陀落山 安住寺(南あわじ市)，(17)敬向山 堺寺(洲本市五色町)，(18)平栖山 長林寺(洲本市五色町)，(19)松栄山 延寿寺(洲本市五色町)，(20)松尾山 普門寺(淡路市)，(21)長尾山 万福寺(淡路市)，(22)如意山 安養寺(淡路市)，(23)功徳山 善福寺(淡路市)，(24)平見山 法華寺(淡路市)，(25)法輪山 岩神寺(淡路市)，(26)平生山 東山寺(淡路市)，(27)麻耶山 鷲峰寺(淡路市)，(28)智光山 西明寺(淡路市)，(29)無染山 清水寺(淡路市)，(30)放光山 月山寺(淡路市)，(31)栗村山 上隆寺(淡路市)，(32)正護山 普済寺(淡路市)，(33)開鏡山 観音寺(淡路市)

【掲載事典】古寺，札所，霊大，霊巡，霊典

◇淡路百八カ寺巡り―歴史とロマンと渦潮の島　毎日新聞淡路支局編　2版　洲本　毎日新聞社淡路支局　1980.10　229p　17cm〈付(地図1枚):淡路島観光地図〉　950円

◇淡路巡礼　武田信一文　徳田寿春写真　名著出版　1981.3　192p　26cm　1300円

◇淡路西国三十三ヶ所こころの旅路―観音霊場めぐり　武田信一著　洲本　淡路西国霊場会　1995.5　73p　19cm　880円

318 淡路四国八十八ヵ所霊場

【概　要】淡路島に位置する弘法大師霊場。天明年間(1781〜89)の初めに四国遍路を成満した伊賀野村(現・兵庫県南あわじ市)の金治郎が発願し、天明4年に大願成就すると共に自ら案内書『淡州みちしるべ』を編纂したという。幾度かの変遷を経て、1931(昭和6)年には3年後に迫った弘法大師御入定1100年御遠忌を記念し、千光寺住職和田性海ら全淡真言宗住職の協議により、四国八十八ヶ所霊場より本尊御影と霊土が勧請され、現在の形に整えられた。

【札所名】(1)千光寺(洲本市)，(2)蓮光寺(洲本市)，(3)宝蓮寺(洲本市)，(4)観音寺(洲本市)，(5)観音寺(洲本市)，(6)大泉寺(南あわじ市)，(7)大宮寺(南あわじ市)，(番外)安楽寺(南あわじ市)，(8)金剛寺(南あわじ市)，(番外)成相寺(南あわじ市)，(9)覚住寺(南あわじ市)，(10)長谷寺(南あわじ市)，(番外)真観寺(南あわじ市)，(番外)神宮寺(南あわじ市)，(番外)妙観寺(南あわじ市阿万東町)，(11)神宮寺(南あわじ市)，(12)萬勝寺(南あわじ市阿万上町)，(13)薬王寺(南あわじ市)，(14)法華寺(南あわじ市)，(番外)万福寺(南あわじ市)，(15)延命寺(南あわじ市)，(16)神代寺(南あわじ市)，(17)護国寺(南あわじ市)，(18)慈眼寺(南あわじ市)，(19)春日寺(南あわじ市)，(20)妙雲寺(南あわじ市)，(21)宝光寺(南あわじ市)，(22)常楽寺(南あわじ市)，(23)宝積寺(南あわじ市)，(24)賢光寺(南あわじ市)，(番外)威光寺(南あわじ市)，(25)神本寺(南あわじ市)，(26)長福寺(南あわじ市)，(27)栄福寺(南あわじ市)，(28)清浄寺(南あわじ市)，(29)観音寺(南あわじ市)，(30)平等寺(南あわじ市)，(番外)片寺(南あわじ市)，(31)感応寺(南あわじ市)，(32)智積寺(南あわじ市)，(33)願海寺(南あわじ市)，(34)明法寺(洲本市)，(35)極楽寺(洲本市)，(36)東光寺(洲本市)，(37)三宝院(洲本市五色町)，(38)安住寺(洲本市)，(39)持明寺(洲本市)，(40)西光寺(洲本市)，(41)龍雲寺(洲本市)，(番外)地蔵院(洲本市)，(42)菅相寺(洲本市)，(43)西泉寺(洲本市)，(44)延長寺(洲本市)，(番外)竜宝寺(洲本市)，(45)長林寺(洲本市五色町)，(46)浄土寺(洲本市)，(47)法華寺(淡路市)，(48)正福寺(淡路市)，(49)東山寺(淡路市)，(50)長泉寺(淡路市)，(51)海福寺(淡路市)，(52)成楽寺(淡路市)，(53)妙応寺(淡路市)，(番外)普済寺(淡路市)，(番外)常隆寺(淡路市)，(番外)法輪寺(淡路市)，(54)生福寺(淡路市)，(55)興久寺(淡路市)，(56)真泉寺(淡路市)，(57)福満寺(淡路市)，(58)観音寺(淡路市)，(59)本福寺(淡路市)，(60)妙観寺(淡路市)，(61)法導寺(淡路市)，

(62)西念寺(淡路市),(63)潮音寺(淡路市),(64)八浄寺(淡路市),(65)西明寺(淡路市),(66)向月寺(淡路市),(67)引摂寺(淡路市),(68)円満寺(淡路市),(69)福田寺(淡路市),(70)多聞寺(淡路市),(71)広生寺(淡路市),(番外)万福寺(淡路市),(72)普門寺(淡路市),(73)覚王寺(淡路市),(74)蓮華寺(洲本市),(75)宝生寺(淡路市),(76)正法寺(洲本市),(番外)光照寺(洲本市中川原町),(77)大照寺(洲本市中川原町),(78)松栄寺(洲本市),(79)松亀寺(洲本市),(80)宝林寺(洲本市),(81)西来寺(洲本市),(82)千福寺(洲本市),(83)遍照院(洲本市),(84)神光寺(洲本市),(85)安覚寺(洲本市),(86)満泉寺(洲本市),(87)常楽寺(洲本市),(88)心蓮寺(洲本市)
【掲載事典】古寺,霊大,霊巡,日巡

◇淡路百八カ寺巡り―歴史とロマンと渦潮の島　毎日新聞淡路支局編　2版　洲本　毎日新聞社淡路支局　1980.10　229p　17cm〈付(地図1枚):淡路島観光地図〉　950円

◇淡路巡礼　武田信一文　徳田寿春写真　名著出版　1981.3　192p　26cm　1300円

◇全国九カ所島四国霊場めぐり　首藤一著　大阪　創元社　1984.10　274p　19cm　1800円　ⓘ4-422-25035-3

319 淡路島七福神

【概　要】兵庫県淡路島を七福神が乗る宝舟に見立てて、島内各所にある寺社を巡拝する七福神霊場。八浄寺住職岩坪真弘により、1971(昭和46)年に開創された。どの寺院から参拝を始めてもよく、7ヶ所ある寺社の最初に参拝する寺で奉納金1400円(各寺200円)を収めれば、各寺で御祈願や法話などが聞く事ができる。また、各寺院で参拝記念品や吉兆福笹などが頂ける。
【札所名】大黒天　八浄寺(淡路市),寿老人　宝生寺(淡路市),毘沙門天　覚住寺(南あわじ市),恵美酒太神　万福寺(南あわじ市),布袋尊　護国寺(南あわじ市),福禄寿　長林寺(洲本市五色町),弁財天　智禅寺(淡路市)
【掲載事典】七幸,七巡,七め,全七,霊大,霊巡,日七,日巡

◇淡路島七福神霊場めぐり―観光ガイドブック　津名町(兵庫県)　七福神大黒天霊場・八浄寺中綜合案内センター　1979.7　45p　21cm〈スタンプ帖付,第3刷〉

◇淡路百八カ寺巡り―歴史とロマンと渦潮の島　毎日新聞淡路支局編　2版　洲本　毎日新聞社淡路支局　1980.10　229p　17cm〈付(地図1枚):淡路島観光地図〉950円

◇淡路巡礼　武田信一文　徳田寿春写真　名著出版　1981.3　192p　26cm　1300円

◇淡路島 七福神伝説　小室孝太郎作・画　八浄寺教化センター　[1988]　104p　26cm　700円

320 淡路島十三仏霊場

【概　要】兵庫県の淡路島に位置する十三仏霊場。1977(昭和52)年3月1日に開眼法要が執り行われた。構成寺院は高野山真言宗12ヶ寺と真言宗大覚寺派1ヶ寺。島を一巡するように散在しており、大阪湾・播磨灘・明石海峡・鳴門海峡・先山などの景観を楽しみながら巡拝できる。全行程は約164km、巡拝所要時間は車で9時間。
【札所名】(1)不動明王　先山　千光寺(洲本市),(2)釈迦如来　岡山　榮福寺(南あわじ市),(3)文殊菩薩　里深山　寶積寺(南あわじ市),(4)普賢菩薩　寶樹山　萬勝寺(南あわじ市阿万上町),(5)地蔵菩薩　高見山　真観寺(南あわじ市),(6)弥勒菩薩　松林山　春日寺(南あわじ市),(7)薬師如来　竜寶山　智積寺(淡路市),(8)観世音菩薩　和敬山　三寶院(洲本市五色町),(9)勢至菩薩　平見山　法華寺(淡路市),(10)潮音山　海福寺(淡路市),(11)阿閦如来　桂光山　生福寺(淡路市),(12)大日如来　清林山　潮音寺(淡路市),(13)虚空像菩薩　竹林山　八幡寺(淡路市)

兵庫県

【掲載事典】霊大，霊巡

◇淡路百八カ寺巡り―歴史とロマンと渦潮の島　毎日新聞淡路支局編　2版　洲本　毎日新聞社淡路支局　1980.10　229p　17cm〈付（地図1枚）：淡路島観光地図〉　950円

◇淡路巡礼　武田信一文　徳田寿春写真　名著出版　1981.3　192p　26cm　1300円

321　淡路四十九薬師霊場

【概　要】兵庫県淡路島に位置する薬師如来霊場。室町時代後期以降、淡路西国三十三観音霊場が成立してから間もなく開創された。番外1ヶ所を含む50の札所で構成されるが、現在は無住の薬師堂も少なくない。

【札所名】(1)成相寺（南あわじ市），(2)神本寺（南あわじ市），(3)戒旦寺薬師堂（南あわじ市），(4)小榎列薬師堂（南あわじ市），(5)宝積寺（南あわじ市），(6)志知難波薬師堂（南あわじ市），(7)江善寺（南あわじ市），(8)日光寺（南あわじ市），(9)智積寺（南あわじ市），(10)宝光寺（南あわじ市），(11)妙雲寺（南あわじ市），(12)春日寺（南あわじ市），(13)慈眼寺（南あわじ市），(14)萬福寺（南あわじ市），(15)法泉庵薬師堂（南あわじ市），(16)国衙薬師堂（南あわじ市），(17)薬王寺（南あわじ市），(18)妙観寺（南あわじ市阿万東町），(19)神宮寺薬師堂（南あわじ市），(20)心蓮寺（洲本市），(21)満泉寺（洲本市），(22)安覚寺（洲本市），(23)千福寺（洲本市栄町），(24)亀谷寺（洲本市），(25)鳩尾薬師堂（南あわじ市），(26)正遍寺（洲本市），(27)安住寺（洲本市），(28)薬王寺（洲本市五色町），(29)東光寺（洲本市五色町），(30)万才薬師堂（洲本市五色町），(31)南谷薬師堂（洲本市五色町），(32)鮎原上薬師堂（洲本市五色町），(33)勝楽寺（淡路市），(34)草香中組薬師堂（淡路市），(35)法華寺（淡路市），(36)鵜の森薬師堂（淡路市），(37)古屋薬師堂（淡路市），(38)墓の浦薬師堂（淡路市），(39)東光寺（淡路市），(40)観音寺内　東光寺（淡路市），(41)善誓寺（淡路市），(42)西念寺（淡路市），(43)大福寺（淡路市），(44)柏原薬師堂（淡路市），(45)浄滝寺（淡路市），(46)地勝寺（淡路市），(47)円満寺（淡路市），(48)光照寺（洲本市中川原町），(49)市原薬師堂（洲本市中川原町），(番外)岡山寺（南あわじ市）

【掲載事典】霊大，霊巡

◇淡路四十九薬師巡礼　南原正二著　津名町（兵庫県）　南原正二　1973.3　68p　18cm

◇淡路百八カ寺巡り―歴史とロマンと渦潮の島　毎日新聞淡路支局編　2版　洲本　毎日新聞社淡路支局　1980.10　229p　17cm〈付（地図1枚）：淡路島観光地図〉　950円

◇淡路巡礼　武田信一文　徳田寿春写真　名著出版　1981.3　192p　26cm　1300円

322　伊丹七福神

【概　要】1984（昭和59）年に兵庫県伊丹市の真言宗各派7ヶ寺があつまり七福神霊場を開創。7ヶ寺すべてを1日で回れる距離にある。創建1000年を超える歴史ある寺社ばかりであり、荘厳さを味わえる。

【札所名】恵比寿尊　金剛院（伊丹市），福禄寿尊　安楽院（伊丹市），寿老人尊　昆陽寺（伊丹市），大黒天　遍照院（伊丹市），弁財天　一乗院（伊丹市），毘沙門天　正覚院（伊丹市），布袋尊　大空寺（伊丹市）

【掲載事典】七巡，霊大，霊巡

323　甲山八十八ヶ所

【概　要】1798（寛政10）年、神呪寺境内の南部に建立された四国八十八ヶ所の写し霊場。

全行程約2km。
【札所名】甲山 神呪寺（西宮市甲山町）

◇巡礼地の世界―四国八十八カ所と甲山新四国八十八カ所の地誌　田中博著　古今書院　1983.3　280p　20cm〈主要参考文献：p277～280〉2200円　①4-7722-1124-1

◇甲山八十八ヶ所　西宮市立郷土資料館編　西宮　西宮市教育委員会　2012.3　111p　21cm（西宮市文化財資料　第57号―西宮歴史調査団調査報告書　第1集）

324　神戸七福神

【概　要】1987（昭和62）年、人生の災いを転じて福運をもたらす神様として、兵庫県神戸市に神戸七福神として創設された。比較的新しい寺社巡りだが、神戸を代表する寺社が名を連ねている。
【札所名】福禄寿　上野山　福祥寺（須磨寺）（神戸市須磨区）、恵比寿神　長田神社（神戸市長田区長田町）、毘沙門天　湊川神社（神戸市中央区）、弁財天　生田神社（神戸市中央区）、大黒天　再度山　大龍寺（神戸市中央区）、布袋尊　摩耶山　天上寺（神戸市灘区摩耶山町）、寿老人　摂取山　念仏寺（神戸市北区有馬町）
【掲載事典】七巡, 霊大, 霊巡, 日巡

◇神戸七福神めぐり　神戸七福神会編　大阪　朱鷺書房　2016.1　126p　19cm　1000円　①978-4-88602-352-0
|目次|神戸七福神霊場案内（福禄寿尊　須磨寺（須磨区須磨寺町））　恵比須神　長田神社（長田区長田町）　毘沙門天　湊川神社（中央区多聞通）　弁財天　生田神社（中央区下山手通）　大黒天　大龍寺（中央区再度山）　布袋尊　天上寺（灘区摩耶山町）　寿老人　念仏寺（北区有馬町））　神戸七福神のめぐり方（鉄道利用で4社寺巡拝　六甲山から有馬へ3ヶ寺巡拝　神戸七福神霊場地図）

325　神戸十三仏霊場

【概　要】1987（昭和62）年、神戸港開港120周年の際、様々な地域の集合体である神戸を感じられるコースを望む気運が高まったことから、識者などにより各地域から推薦や協議がおこなわれ、1994（平成6）年に神戸十三仏霊場会が発足した。明石西国三十三観音霊場、新西国三十三観音霊場、近畿三十六不動尊霊場と重複する寺院もある。名宝を蔵する寺院も多く、建造物では太山寺の本堂が国宝、三重塔が重要文化財、如意寺の三重塔が重要文化財となっている。
【札所名】(1)不動明王　龍華山　轉法輪寺（神戸市垂水区名谷町）、(2)釈迦如来　摩耶山　天上寺（神戸市灘区摩耶山町）、(3)文殊菩薩　比金山　如意寺（神戸市西区櫨谷町）、(4)普賢菩薩　三身山　太山寺（神戸市西区伊川谷町）、(5)地蔵菩薩　高和山　性海寺（神戸市西区押部谷町）、(6)弥勒菩薩　再度山　大龍寺（神戸市中央区）、(7)薬師如来　岩嶺山　石峯寺（神戸市北区淡河町）、(8)観世音菩薩　寶積山　能福寺（神戸市兵庫区北逆瀬川町）、(9)勢至菩薩　摂取山　念佛寺（神戸市北区有馬町）、(10)阿弥陀如来　吉祥山　多聞寺（神戸市垂水区）、(11)阿閦如来　上野山　須磨寺（神戸市須磨区須磨寺町）、(12)大日如来　若王山　無動寺（神戸市北区山田町）、(13)虚空蔵菩薩　獨鈷山　鏑射寺（神戸市北区道場町）
【掲載事典】霊巡

◇神戸十三仏めぐり―法話と札所案内　神戸十三仏霊場会編　大阪　朱鷺書房　1998.12　146p　19cm　1000円　①4-88602-315-0

◇神戸十三仏めぐり―法話と札所案内　神戸十三仏霊場会編　改訂新版　大阪　朱鷺書房　2014.11　158p　19cm　1200円　①978-4-88602-351-3
|目次|神戸十三仏霊場札所案内（不動明王―轉法輪寺（垂水区名谷町）　釈迦如来―天上寺（灘区摩耶山町）　文殊菩薩―如意寺（西区櫨谷町）　普賢菩薩―太山寺（西区伊川谷町）　地蔵菩薩―性海寺（西区押部

兵庫県

谷町）ほか）　神戸十三仏霊場のめぐり方（十三仏霊場地図）　巻末付録
【内容】不動明王から虚空蔵菩薩までの十三仏を巡拝する霊場めぐりは、亡き人の追善供養に、また自身の現世安穏・後生安心に、家族や縁者の無事息災、所願成就に功徳とご利益があるとされる。神戸十三仏霊場めぐりは、豊かな文化財にも恵まれた市内の名刹をたどる癒しの旅となる。新版では、2泊3日でめぐる自動車巡拝モデルプランの解説を新たに付す。

326 神戸六地蔵霊場
【概　要】兵庫県神戸市西部に位置する地蔵尊霊場。1980（昭和55）年に地蔵尊信仰を広める目的で各宗派の寺院により開創された。毎年8月22〜24日が地蔵盆精霊供養会とされ、参拝者には御朱印や各寺院ごとに色の異なる幡が授けられる。
【札所名】(1) 太山寺（神戸市西区伊川谷町）、(2) 潮海寺（神戸市西区伊川谷町）、(3) 地蔵院（神戸市西区枦谷町）、(4) 慶明寺（神戸市西区平野町）、(5) 長福寺（神戸市西区押部谷町）、(6) 西光寺（神戸市西区神出町）、(客番) 須磨寺（神戸市須磨区須磨寺町）
【掲載事典】霊大、霊巡

327 但馬七福神
【概　要】1995（平成7）年、兵庫県、京都府、福井県、滋賀県にまたがる三十五ヶ寺の住職・役員が、お寺をより開かれた存在にし、老若男女に身近に親しんでもらおうと、宝の道七福神会を結成して誕生した4つの七福神の中の一つ。
【札所名】恵美寿・密教庭園 蓮華寺（養父市大屋町）、大黒天・深山薬師 光明寺（美方郡香美町）、毘沙門天・三大妙見 日光院（養父市八鹿町）、弁財天・但馬大仏 長楽寺（美方郡香美町）、福禄寿・温泉薬師 温泉寺（豊岡市城崎町）、寿老人・禅宗庭園 楽音寺（豊岡市但東町）、布袋尊・ボタン寺 隆国寺（豊岡市日高町）、番外・布袋尊 願成寺（豊岡市出石町）
【掲載事典】全七、霊大

◇夢結び宝の道七福神めぐり　三条杜夫著　宝の道七福神会監修　大阪　朱鷺書房　1998.1　207p　19cm　〈奥付のタイトル：宝の道七福神めぐり〉　1000円　①4- 88602-312-6
【目次】まえがき 寺と周辺の遊びどころを欲ばって味わってもらうために　丹波寿七福神霊場　丹波光七福神霊場　但馬七福神霊場　播磨七福神霊場　特別協賛寺院

328 但馬六十六地蔵霊場
【概　要】兵庫県北部の但馬地方に広がる地蔵尊霊場。かつて但馬地方が泥海だった頃、新羅の王子・天日槍命が但馬五社大明神と共に同地を開拓したが泥がなかなか乾かないため、但馬全域にわたる巨大な「訶」（地蔵菩薩を示す梵字）の字を書いて地面が固まるように祈願し、六十六ヶ所に地蔵を祀ったことが起源と伝えられる。霊場の開創は江戸時代とされるが、久しく途絶えていた。1975（昭和50）年頃から地元の人々により再興の試みが始まり、1990（平成2）年に但馬六十六地蔵保存会が設立された。全行程は約175kmで、訶の梵字を象った順路になっている。
【札所名】(1) 七日市（美方郡香美町香住区七日市）、(2) 福富（美方郡新温泉町福富）、(3) 三谷（美方郡新温泉町三谷）、(4) 井土（美方郡新温泉町井土）、(5) 金屋（美方郡新温泉町金屋）、(6) 久斗山（美方郡新温泉町久斗山）、(7) 大野（美方郡香美町香住区大野）、(8) 下岡（美方郡香美町香住区下岡）、(9) 奥安木（美方郡香美町香住区奥安木）、(10) 相谷（美方郡香美町香住区相谷）、(11) 奥須井（豊岡市竹野町奥須井）、(12) 松本（豊岡市竹野町松本）、(13) 羽入（豊岡市竹野町羽入）、(14) 林（豊岡市竹野町林）、(15) 御又（豊岡市竹野町御又）、(16) 床瀬（豊岡市竹野町床瀬）、(17) 太田（豊岡市日高町太田）、(18) 山宮（豊岡市日高町山宮）、(19) 羽尻（豊岡市日高町羽尻）、(20) 田口（豊岡市日高町田口）、(21) 名色（豊岡市日高町名色）、(22) 稲葉（豊岡市日高町稲葉）、(23) 山田（豊岡市日高町山

田),(24)長瀬(美方郡香美町村岡区長瀬),(25)味取(美方郡香美町村岡区味取),(26)和田(美方郡香美町村岡区和田),(27)村岡(美方郡香美町村岡区村岡),(28)福岡(美方郡香美町村岡区福岡),(29)福定(養父市福定),(30)関宮(養父市関宮),(31)高柳(養父市八鹿町高柳),(32)馬瀬(養父市八鹿町馬瀬),(33)天子(養父市八鹿町天子),(34)稲津(養父市稲津),(35)伊豆(養父市伊豆),(36)山路(養父市大屋町山路),(37)内山(養父市内山),(38)桑市(朝来市桑市),(39)円山(朝来市生野町円山),(40)柴(朝来市山東町柴),(41)筒江(朝来市和田山町筒江),(42)殿(朝来市和田山町殿),(43)枚田(朝来市和田山町枚田),(44)玉置(朝来市和田山町玉置),(45)岡田(朝来市和田山町岡田),(46)林垣(朝来市和田山町林垣),(47)高田(朝来市和田山町高田),(48)藪崎(養父市藪崎),(49)伊佐(養父市八鹿町伊佐),(50)浅間(養父市八鹿町浅間),(51)浅倉(豊岡市日高町浅倉),(52)藤井(豊岡市日高町藤井),(53)佐野(豊岡市佐野),(54)滝(豊岡市滝),(55)来日(豊岡市城崎町来日),(56)湯島(豊岡市城崎町湯島),(57)津居山(豊岡市津居山),(58)楽々浦(豊岡市城崎町楽々浦),(59)結(豊岡市城崎町結),(60)金剛寺(豊岡市金剛寺),(61)下宮(豊岡市下宮),(62)奥小野(豊岡市出石町奥小野),(63)木村(豊岡市但東町木村),(64)寺坂(豊岡市出石町寺坂),(65)出石(豊岡市出石町出石),(66)奥山(豊岡市出石町奥山)
【掲載事典】癒事,霊巡

◇但馬六十六地蔵尊霊場要集 香住町(兵庫県)但馬六十六地蔵尊巡拝復興有志会 1983.8 149p 18cm

◇但馬六十六地蔵尊像 藤原数美著 [朝来町(兵庫県)]朝来町歴史研究会 1985.1 149p 19cm(朝来町歴史研究会研究シリーズ 第2号)〈付(図1枚),付:参考文献〉非売品

◇但馬六十六地蔵尊 地蔵曼荼羅 関隆夫編 関隆夫 1988.7 118p 18cm

◇但馬六十六地蔵霊場要集 関隆夫編 改訂 但馬六十六地蔵保存会 [1992] 159p 18cm

329 茶之寿観音八ヶ寺霊場
【概 要】兵庫県内の姫路市、加西市、加東市、小野市、三木市、加古郡の観音を祀る真言宗の八ヶ寺から成る霊場めぐり。
【札所名】(1)八正寺(姫路市白浜町),(2)酒見寺(加西市北条町),(3)光明寺(大慈院)(加東市),(4)萬勝寺(金剛院)(小野市),(5)満願寺(三木市),(6)長福寺(三木市),(7)蓮花寺(三木市),(8)圓満寺(加古郡播磨町)
【掲載事典】霊大

330 天台宗丹波七福神
【概 要】1995(平成7)年、兵庫県東部にある丹波市、篠山市に阪神・淡路大震災の復興祈願のため創設された。新丹波七福神霊場とも呼ばれる。自然に恵まれ、春から秋にかけ参詣者で賑わっている。
【札所名】恵比寿 妙高山 神池寺(丹波市市島町), 毘沙門天 慈眼山 済納寺(丹波市市島町), 布袋尊 五大山 白毫寺(丹波市市島町), 福禄寿 照月山 桂谷寺(丹波市春日町), 寿老人 竹林山 常勝寺(丹波市山南町), 弁財天 宝橋山 高蔵寺(篠山市丹南町), 大黒天 安泰寺 大国寺(篠山市丹南町)
【掲載事典】霊大,霊巡

331 中山寺山内七福神
【概 要】兵庫県宝塚市にある真言宗中山寺派大本山中山寺は、古くから観音霊場として人々の信仰を集めている。その塔頭寺院5ヶ所と中山寺の本山の中にある寿老人堂と鎮守

兵庫県

社(恵比須)を巡拝する七福神霊場が創設されている。七福神すべてが中山寺内に祀られているので、簡単に巡拝できることが特長。毎年元日から15日までは除災招福を祈願する参拝者で賑わう。
【札所名】福禄寿 総持院(宝塚市)，弁財天 宝蔵院(宝塚市)，大黒天 観音院(宝塚市)，毘沙門天 華蔵院(宝塚市)，布袋尊 成就院(宝塚市)，寿老神 寿老神堂(宝塚市)，恵比須神 鎮守社(宝塚市)
【掲載事典】七巡，霊大，霊巡

332 播磨西国観音霊場

【概　要】姫路慶雲寺を開山し、後に常光寺中興の祖となった南室禅師によって寛文年間(1661〜1669)に開創されたと伝わる。南室は、西国霊場巡礼が困難な女性・子ども・老人のため、播磨路に33ヵ所を定めたという。1974(昭和49)年復興。全行程は約385.5km。圓教寺を始め古寺名刹が並ぶ。播磨西国三十三ヵ所霊場。

【札所名】(1)書写山 圓教寺(姫路市)，(2)富田山 性海寺(姫路市夢前町)，(3)八徳山 八葉寺(姫路市)，(4)増位山 随願寺(姫路市)，(5)巨福山 慶雲寺(姫路市)，(6)松原山 八正寺(姫路市白浜町)，(7)朝日山 大日寺(姫路市)，(8)稲富山 圓融寺(揖保郡)，(9)寶生山 長楽寺(赤穂市)，(10)済露山 高蔵寺(佐用郡作用町)，(11)船越山 瑠璃寺(佐用郡佐用町)，(12)七種山 金剛城寺(神崎郡福崎町)，(13)雪彦山 満願寺(姫路市)，(14)龍上山 延応寺(朝来市)，(15)金楽山 法楽寺(神崎郡神河町)，(16)泉生山 酒見寺(加西市北条町)，(17)蓬萊山 普光寺(加西市)，(18)五峰山 光明寺(加東市)，(19)和多山 西仙寺(西脇市)，(20)栢谷山 金棒寺(西脇市)，(21)御嶽山 清水寺(加東市)，(22)白鹿山 椅鹿寺(加東市)，(23)鉾礼山 正法寺(三木市)，(24)野寺山 高薗寺(加古郡)，(25)高和山 性海寺(神戸市西区押部谷町)，(26)近江山 近江寺(神戸市西区押部谷町)，(27)補陀山 観音寺(明石市)，(28)生竹山 観音寺(加古郡)，(29)道林山 横蔵寺(加古川市)，(30)興禅山 圓通寺(高砂市)，(31)大梅山 清勝寺(姫路市)，(32)牛堂山 国分寺(姫路市)，(33)法華山 一乗寺(加西市)，(番外)天徳山 常光寺(加古川市)
【掲載事典】古寺，巡遍，霊大，日巡

◇播磨西国観世音霊場―道しるべ　播磨西国霊場会事務局編　播磨西国霊場会事務局　1976.6　79p　19cm〈折込み図1枚〉

◇播磨西国三十三カ所霊場めぐり　播磨西国三十三カ所霊場会編　中央出版　1980.11　68p　26cm〈付(図1枚)：播磨西国三十三所観世音霊場めぐり〉

◇播磨西国三十三カ寺巡礼　藤木明子著　神戸　神戸新聞出版センター　1984.4　221p　21cm〈監修：金田弘〉1600円 ①4-87521-014-0

◇巡礼道―播磨西国三十三カ寺観音霊場　姫路　鹿写会　1985.9　141p　22cm〈おもに図,折り込み図1枚,付：鹿写会の歩み〉

◇播磨西国三十三カ寺巡礼　藤木明子文　北村泰生写真　神戸　神戸新聞総合出版センター　1998.10　143p　21cm

1700円　①4-343-00020-6

|目次| 書写山円教寺(姫路市)　富田山性海寺(飾磨郡夢前町)　八徳山八葉寺(神崎郡香寺町)　増位山随願寺(姫路市)　巨福山光正寺(慶雲寺)(姫路市)　松原山八正寺(姫路市)　朝日山大日寺(姫路市)　稲富山円融寺(揖保郡御津町)　寶生山長楽寺(赤穂市)　済露山高蔵寺(佐用郡三日月町)〔ほか〕

|内容| 三十三体の化身となって悩める衆生を救うという観音さまは、あらゆるみ仏の中でも私たちにとって最も身近なみ仏といえるでしょう。その観音の霊験あらたかな西国三十三ヵ所観音霊場に対して、近畿地方を一巡する長大な巡礼がかなわぬ足弱の女、子供、老人のために、江戸時代、姫路慶雲寺の南室禅師が本西国にならって播磨西国観音霊場を選びました。いずれも江戸時代は御朱印寺として栄えた古寺名刹ばかりです。本書は、昭和五十九年に発刊した同題書の改装新版です。今回は「花しる

べ」をつけ加えて、各寺の四季の景観とともに咲く花の趣も愛でていただくことになりました。

333 播磨七福神
【概　要】1995(平成7)年に兵庫県、京都府、福井県、滋賀県にまたがる三十五ヶ寺の住職・役員が、お寺をより開かれた存在にし、老若男女に身近に親しんでもらおうと、宝の道七福神会を結成して誕生した4つの七福神の中の一つ。
【札所名】恵比寿神 安海寺(多可郡多可町)，大黒天 仲正寺(西脇市高松町)，毘沙門天 長円寺(加西市福居町)，弁財天 観音寺(神崎郡市川町)，福禄寿 朝光寺(加東市)，寿老人 七寳寺(神崎郡神河町)，布袋尊 大乗院(加東市)
【掲載事典】霊大

◇夢結び宝の道七福神めぐり　三条杜夫著　宝の道七福神会監修　大阪　朱鷺書房　1998.1　207p　19cm〈奥付のタイトル：宝の道七福神めぐり〉1000円　①4-88602-312-6
[目次]まえがき 寺と周辺の遊びどころを欲ばって味わってもらうために　丹波寿七福神霊場　丹波光七福神霊場　但馬七福神霊場　播磨七福神霊場　特別協賛寺院

334 播州赤穂坂内西国三十三ヶ所
【概　要】1774(安永3)年から1777(安永6)年にかけて、赤穂郡三十三カ所が設定され、それと同じ頃に赤穂城下において「坂内西国三十三カ所」が設定され、案内が刊行されたと言われる。
【札所名】(1)妙見寺(赤穂市)，(2)常楽寺(赤穂市)，(3)御崎東観音堂内 尾崎観音堂(赤穂市)，(4)東海観音堂(赤穂市)，(5)正福寺(赤穂市)，(6)普門寺(赤穂市)，(7)大蓮寺(赤穂市)，(8)玉竜院(赤穂市)，(9)恵照院(赤穂市)，(10)塩屋西観音堂(赤穂市)，(11)竜安寺(赤穂市)，(12)興福寺(赤穂市)，(13)長楽寺(赤穂市)，(14)尼子山 観音院西山寺(赤穂市)，(15)尾崎普門寺内 長恩寺(赤穂市)，(16)華岳寺(赤穂市)，(17)常清寺内 遠林寺(赤穂市)，(18)華岳寺内 報恩寺(赤穂市)，(19)常清寺(赤穂市)，(20)大慈庵(赤穂市)，(21)流月院(赤穂市)，(22)烏谷観音堂(赤穂市)，(23)木津太子堂内観音堂(赤穂市)，(24)阿弥陀堂(塩屋)(赤穂市)，(25)三丁目観音堂(元天神ごま堂)(赤穂市)，(26)広度寺(御崎東今)(赤穂市)，(27)常清寺内 慈光寺(赤穂市)，(28)御崎西寺広度寺内 唐船弁天堂(赤穂市)，(29)尾崎普門寺前 太地堂(元臨潮軒 遠潮庵)(赤穂市)，(30)銭島弁天堂(日々庵 天和烏撫観音堂)(赤穂市)，(31)黙要庵(赤穂市)，(32)行宝院(赤穂市)，(33)加里屋寺内 隋颺寺(赤穂市)
【掲載事典】霊大

◇播州赤穂坂内西国三十三ヶ所巡拝のしおり　前田康旭著　赤穂地史研究会　1985　32p　22cm
◇播州赤穂郡参拾参ケ所順拝　平井漠著　横山博光　1989.11　40p　18cm〈赤穂市・相生市・上郡町内所在三十三観音霊場ガイド〉
◇播州赤穂郡参拾参ケ所順拝　平井漠編著　再版　平井漠・横山博光　1990.1　40p　18cm〈赤穂市・相生市・上郡町内所在三十三観音霊場ガイド〉

335 兵庫七福神
【概　要】兵庫県神戸市兵庫区内の7寺社から成る。長らく休止していたが、2001(平成13)年に再興した。福禄寿を祭る真光寺は一遍上人の墓がある名刹。寿老人を祭る薬仙寺の本尊は国の重要文化財に指定されている他、境内には平清盛が後白河法皇を幽閉した「萱の御所」跡の碑などがある。柳原蛭子神社は「柳原のえべっさん」と親しまれる神社。
【札所名】弁財天 和田神社(神戸市兵庫区)，寿老人 薬仙寺(神戸市兵庫区今出在家町)，福禄寿 真光寺(神戸市兵庫区)，毘沙門天 能福寺(神戸市兵庫区北逆瀬川町)，布袋 柳

奈良県

原天神社（神戸市兵庫区東柳原町），大黒天 福海寺（柳原大黒天）（神戸市兵庫区西柳原町），蛭子 柳原蛭子神社（神戸市兵庫区西柳原町）
【掲載事典】霊巡

---

336 **北摂七福神**
【概　要】兵庫県川西市内，旧国名摂津の北部の7寺社から成る。
【札所名】恵比寿 山下恵比寿神社（川西市山下町），大黒天 能勢妙見（川西市），毘沙門天 満願寺（川西市満願寺町），弁財天 多田神社（川西市多田院多田所町），布袋尊 法泉寺（川西市），寿老人 頼光寺（川西市），福禄寿 多太神社（川西市）
【掲載事典】霊巡

---

337 **夢前七福神**
【概　要】兵庫県姫路市を流れる夢前川上流に位置する夢前町の7ヶ寺から成る。寿老人を祭る正覚寺本堂には西国三十三所の観音像を祀る。また，大黒天を祀る臨済寺の裏山には四国八十八ケ所霊場がある。
【札所名】(1)布袋尊 弥勒寺（姫路市夢前町），(2)寿老人 正覚寺（姫路市夢前町），(3)福禄寿 真楽寺（姫路市夢前町），(4)毘沙門天 生福寺（姫路市夢前町），(5)大黒天 臨済寺（姫路市夢前町），(6)恵比寿 蓮華寺（姫路市網干区），(7)弁財天 性海寺（姫路市夢前町）
【掲載事典】全七，霊巡，日七

兵庫県の霊場

◇よみがえる元禄の順礼―摂州太田庄奥三十三処順礼和歌　池田重義著　［川西］　　［池田重義］　1994.3　92p　26cm〈折り込図1枚〉

《奈良県》

338 **大和七福八宝めぐり**
【概　要】江戸時代には七福神として成立していたと言われるが，長く忘れられており，1977（昭和52）年に再興された。七福神は，縁を結べば「七福即生」の御利益があるとされ，また三輪山は日のいづる山として仰がれる大和の信仰の原点で，参拝すれば七福がさらに倍増し，「八宝円満」の御利益をいただけると言われる。大和七福神。
【札所名】三輪明神 大神神社（桜井市），毘沙門天 信貴山朝護孫子寺（生駒郡平群町），布袋尊 當麻寺中之坊（葛城市），寿老神 久米寺（橿原市久米町），大黒天 長谷寺（小嶋寺より変更）（桜井市），恵比須天 おふさ観音（橿原市小房町），弁財天 安倍文殊院（桜井市），福禄寿 談山神社（桜井市）
【掲載事典】七幸，七巡，七め，全七，霊大，霊巡，日七，日巡

---

339 **大和十三仏霊場**
【概　要】日本仏教発祥の地である大和（現・奈良県）に位置する十三仏霊場。1982（昭和57）年に開創された。巡拝所要日数は車または公共交通機関を利用して2泊3日。
【札所名】(1)不動明王 宝山寺（生駒市門前町），(2)釈迦如来 西大寺（奈良市西大寺芝町），

(3)文殊菩薩 安倍文殊院（桜井市），(4)普賢菩薩 長岳寺（天理市柳本町），(5)地蔵菩薩 金剛山寺（大和郡山市矢田町），(6)弥勒菩薩 當麻寺中之坊（葛城市），(7)薬師如来 新薬師寺（奈良市高畑福井町），(8)観音菩薩 小房観音（橿原市小房町），(9)勢至菩薩 長弓寺（生駒市上町），(10)阿弥陀如来 霊山寺（奈良市中町），(11)阿閦如来 信貴山玉蔵院（生駒郡平群町信貴山），(12)大日如来 円成寺（奈良市忍辱山町），(13)虚空蔵菩薩 大安寺（奈良市大安寺町）
【掲載事典】霊大，霊巡，日巡

◇大和十三佛を巡る―先祖供養と生まれ歳守り本尊を訪ねて　東快應著　スパック，大和十三佛霊場会プロジェクト　2002.10　112p　19cm〈カットデザイン：武田仁〉1000円

◇大和十三佛を巡る―先祖供養と生まれ歳守り本尊を訪ねて　東快應著　2版　大和十三佛霊場会プロジェクト　2005.9　112p　19cm〈付：折込図1枚〉1000円

340 大和新四国八十八ヵ所霊場

【概　要】奈良県五條市に広がる弘法大師霊場。江戸時代の開創で、1812（文化9）年の札所の記録が現存する。第二次世界大戦などにより衰退したが、1948（昭和23）年に五條市の鉄工業者である魚谷義盛が再興を発願。各寺院や古老らの協力を得て十数年におよぶ調査を行い、1960（昭和35）年に札所番号を改訂して『案内記』を刊行。翌年に大願成就した。毎年4月と9月、徒歩による1週間の巡拝が実施されている。

【札所名】(1)栄山寺（五條市小島町），(2)門坂寺（五條市西吉野町），(3)成願寺（五條市木の原町），(4)釈迦寺（五條市犬飼町），(5)観音寺（道照山）（五條市小島町），(6)安生寺（五條市），(奥)延命寺（五條市），(番外)地蔵堂（五條市），(7)西明寺（五條市），(8)大王寺（五條市宇野町），(9)月見寺（五條市三在町），(10)遍照寺（五條市新町），(11)鳳凰寺（五條市小和町），(12)地蔵寺（五條市出屋敷町），(奥)石寺（五條市出屋敷町町），(13)金剛寺（五條市），(14)十輪寺（五條市），(鎮守)弁天堂（五條市），(15)東福寺（五條市六倉町），(16)薬師寺（五條市），(17)円通寺（五條市），(18)威徳寺（五條市），(19)地蔵寺（延命山）（五條市霊安寺町），(20)満願寺（五條市霊安寺町），(21)大日寺（宝光山）（五條市西河内町），(22)釈迦寺（五條市西吉野町），(奥)中num寺（五條市西吉野町），(番外)阿弥陀堂（五條市西吉野町），(23)弥勒寺（五條市西吉野町），(奥)源光寺（五條市南阿田町），(24)光明寺（五條市西吉野町），(25)大悲院（五條市西吉野町），(26)地蔵寺（五條市西吉野町），(27)蔵王堂（五條市西吉野町），(28)光明寺（五條市西吉野町），(29)玉泉院（五條市西吉野町），(30)阿弥陀寺（五條市），(31)西光寺（五條市西吉野町），(番外)正明院（五條市西吉野町），(32)西蓮寺（五條市西吉野町），(33)地蔵寺（五條市西吉野町），(34)光明院（五條市西吉野町），(35)常楽院（五條市西吉野町），(36)鎮国寺（五條市西吉野町），(37)市宮寺（五條市西吉野町），(38)常覚寺（五條市西吉野町），(39)西光寺（五條市西吉野町），(40)地蔵寺（五條市山田町），(41)吉祥寺（五條市丹原町），(42)龍光寺（五條市滝町），(奥)天福寺（五條市滝町），(43)天城寺（五條市近内町），(44)真龍院（五條市丹原町），(45)不動院（五條市西吉野町），(46)光明寺（五條市丹原町），(47)宝蔵院（孔雀山）（五條市御山町），(48)観音寺（五條市大野町），(49)福生寺（五條市黒駒町），(50)医光寺（五條市中町），(51)金剛寺（五條市山陰町），(52)釈迦寺（五條市表野町），(53)福林寺（五條市八田町），(54)平田寺（五條市大津町），(55)妙音寺（五條市大津町），(56)西金寺（五條市火打町），(番外)念仏寺（陀々堂）（五條市大津町），(57)阿弥陀寺（五條市湯谷市塚町），(58)降霊寺（五條市相谷町），(59)観音寺（五條市上野町），(60)西福寺（五條市畑田町），(番外)不動院（五條市西吉野町），(61)大日寺（五條市），(62)神宮寺（五條市），(63)生蓮寺（寄足）（五條市），(64)西方寺（五條市新町），(65)転法輪寺（犬飼大師）（五條市犬飼町），(奥)烏ヶ森堂（五條市犬飼町），(66)安井寺（寿命観音）（五條市下之町），(67)常楽院（五條市本町），(68)井上院（五條市），(69)常福寺（五條市西阿田町），(70)禅洞寺（最初坊）（五條市野原町），(71)行圓寺（五條市西阿田町），(72)西方寺（五條市中之町），(73)大善寺（五條市中之町），(奥)地福寺（五條市中之町），(74)

和歌山県

金光寺（五條市上之町），(75) 講御堂寺（五條市），(76) 大澤寺（瀬之堂の薬師）（五條市大沢町），(77) 知恩寺（五條市釜窪町），(78) 阿弥陀寺（五條市車谷町），(79) 観音寺（五條市岡町），(80) 地蔵院（五條市島野町），(81) 地蔵寺（五條市塚町），(82) 安楽寺（五條市西久留野町），(83) 福徳寺（五條市近内町），(84) 草谷寺（五條市北山町），(85) 地福寺（五條市久留野町），（奥）宮寺（五條市久留野町），(86) 西林寺（五條市居伝町），(87) 蓮華寺（五條市大沢町），(88) 阿弥陀寺（五條市住川町），（奥）龍智院（五條市住川町）
【掲載事典】古寺，霊大，霊巡

◇大和新四国八十八ケ所霊場巡礼案内記
　魚谷義盛著　再版　五條市（奈良県）生蓮寺奉讃会　1972.4　88p　25cm
◇へんろ道―大和の国新四国八十八ヵ所巡
　拝案内　魚谷義信，米田藤博共著　東和印刷所　[1997.9]　132p　26cm〈タイトルは表紙による，注および参考文献：p131, 付：地図納経帖〉

341 大和ぼけ封じ二ヶ寺霊場
【概　要】藤原宮大極殿の中心に東の安倍文殊院、西のおふさ観音から成る。英知と健康長寿をあわせ、長寿延命の成就を願う「ぼけ封じ参り」として参拝者を集めた。両山の山主が誓願を同じくして「大和ぼけ封じ霊場」として復興させたもの。
【札所名】金剛界 安倍文殊院（桜井市），胎蔵界 おふさ観音（橿原市小房町）
【掲載事典】霊大

《和歌山県》

342 紀伊之国十三仏霊場
【概　要】和歌山県の紀ノ川沿いから紀伊半島西岸にかけて広がる十三仏霊場。第1番から第13番の各札所に加え、高野山奥之院を結願とする。
【札所名】(1) 不動明王 総本山 根來寺（岩出市），(2) 釋迦如来 圓蔵院（和歌山市），(3) 文殊菩薩 普門院（橋本市高野口町），(4) 普賢菩薩 法輪寺（和歌山市），(5) 地蔵菩薩 地蔵寺（橋本市），(6) 弥勒菩薩 慈尊院（伊都郡九度山町），(7) 薬師如来 禅林寺（海南市），(8) 観世音菩薩 興国寺（日高郡由良町），(9) 勢至菩薩 浄教寺（有田郡有田川町），(10) 阿弥陀如来 観福寺（西牟婁郡白浜町），(11) 阿閦如来 高室院（伊都郡高野町），(12) 大日如来 高山寺（田辺市稲成町），(13) 虚空蔵菩薩 瀧法寺（日高郡印南町），（結願）弘法大師 高野山奥之院（伊都郡高野町）
【掲載事典】霊大，霊巡，日巡

343 熊野古道
【概　要】熊野本宮大社、熊野速玉大社、熊野那智大社から成る熊野三山は、全国の「熊野神社」の総本宮にあたる。古くから人々の熱い信仰に支えられた聖地で、平安時代の中期から鎌倉時代にかけて盛んに詣でられた。江戸時代に入って紀州藩主徳川頼宜が熊野三山の復興に尽力し、熊野詣では再び最盛期を迎えた。熊野古道は熊野三山へ向かう参詣道で、田辺から熊野本宮に向かう中辺路、田辺から海岸線沿いに那智・新宮に向かう大辺路、高野山から熊野本宮へ向かう小辺路、三越峠から尾根道を辿って湯の峰温泉に至る「赤木越」が世界遺産に登録されている。
【札所名】熊野本宮大社（田辺市本宮町），熊野速玉大社（新宮市），熊野那智大社（東牟婁郡那智勝浦町）

和歌山県

【掲載事典】巡遍，霊大，霊典

◇熊野中辺路歳時記　田辺　熊野中辺路刊行会〔西牟婁県事務所総務課内〕）1971　169p（おもに図）地図　15cm（くまの文庫 1）450円
◇熊野中辺路伝説　編集：熊野路編さん委員会　田辺　熊野中辺路刊行会（西牟婁県事務所総務課内）1972　2冊　15cm（くまの文庫 2,3）各450円
◇熊野中辺路古道と王子社　編集：熊野路編さん委員会　田辺　熊野中辺路刊行会（西牟婁県事務所総務課内）1973　204p（おもに図）15cm（くまの文庫 14）〈付：参考文献〉
◇熊野中辺路民具　熊野路編さん委員会編　田辺　熊野中辺路刊行会（西牟婁県事務所総務課内）1974　175p（おもに図）15cm（くまの文庫 6）550円
◇熊野中辺路詩歌　熊野路編さん委員会編　田辺　熊野中辺路刊行会　1975　175p（図共）15cm（くまの文庫 7）〈主要参考文献：p.174〉600円
◇熊野大辺路のまつり　［和歌山］和歌山県教育委員会　1984.3　38p　26cm（映像記録作成事業報告書 1）
◇熊野古道をたずねて―歴史の道　本宮町（和歌山県）本宮町　［1987］1枚　20cm（監修：小池洋一）
◇大和巡り及吉野大峯行者参記―嘉永三年戌年三月廿三日発足　同四月三日帰路　森祐清著　［近江八幡］近江八幡市立郷土資料館　1987.3　32p　26cm（近江八幡歴史シリーズ）〈共同刊行：近江八幡市立歴史民俗資料館〉
◇熊野中辺路民俗　熊野路編さん委員会編　田辺　熊野中辺路刊行会　1989.11　175p　15cm（くまの文庫 14）〈書名は背・表紙による　標題紙の書名：民俗，参考文献：p174〉900円
◇熊野中辺路―歴史と風土　熊野路編さん委員会編　田辺　熊野中辺路刊行会　1991.9　237p　22cm（くまの文庫 別巻）2000円
◇古道紀行　熊野路　小山和著　大阪　保育社　1992.8　186p　19cm　1800円　①4-586-61304-1
　目次　海南―田辺 山と海に秘める神話の里（海南から湯浅―記紀の神々の鎮まる地 広川から道成寺―伝説の里と安珍清姫 御坊から田辺―きらめく海辺の道）　神篭る聖山 中辺路とみ熊野（白浜温泉―景勝の海のいでゆ 中辺路―はるかな山坂 本宮大社―奥熊野の聖所 新宮と熊野―伝説の熊野神邑 那智山―観音の聖地と大辺路）
◇熊野古道　3　中辺路と大辺路　上方史蹟散策の会編　大阪　向陽書房　1994.2　147p　20cm　1950円　①4-906108-25-3
　内容　いま熊野古道は、ブームである。なぜ、熊野古道を歩くのか。交通が発達し、歩くことを忘れている日本人の心に熊野古道は、信仰に誘われた日本人の真摯な姿を甦らせてくれるのだ。中辺路25王子、大辺路5王子を訪ね、合わせて熊野三山も含め、カラー22点、モノクロ143点で紹介する、歩く人のための案内書である。
◇熊野古道　上方史蹟散策の会著　大阪　向陽書房　1995.3　257p　20cm〈付（図1枚）〉2100円　①4-906108-27-X
◇くまの九十九王子をゆく　第2部　中辺路・大辺路・小辺路編―田辺・高野から那智・新宮へ　西口勇著　大阪　燃焼社　1998.11　300p　19cm　1429円　①4-88978-989-8
　目次　中辺路編（中辺路に分け入る　これより御山　重畳たる熊野の山坂 ほか）　大辺路編（熊野速玉大社から大辺路をゆく 新宮にて 後鳥羽院を偲ぶ）　小辺路編（江戸時代から利用された小辺路（高野山・本宮）　修験者の道（本宮・吉野）　有田川ルート ほか）
　内容　王朝ロマンいよいよ佳境に。中辺路・大辺路・小辺路の王子社や古跡を和歌山県知事が自らの足で確めた探訪記。復元されている熊野古道や関連施設への案内ガイド付き。
◇熊野学シンポジウム―報告書　5　巡礼と熊野詣　［和歌山］和歌山県　1999.3　75p　30cm〈会期：平成11年3月6日〉
◇熊野古道を歩く　JTB　1999.7　143p　21cm（JTBキャンブックス）1600円　①4-533-03273-7

近畿

和歌山県

すのか　熊野信仰と熊野の古道　熊野詣で出立の儀式　熊野三山への道コース案内（紀伊路をゆく　中辺路をゆく　大雲取越え　小雲取越え　大辺路をゆく ほか）

◇**熊野古道**　小山靖憲著　岩波書店　2000.4　207p　18cm（岩波新書）〈文献あり〉　700円　①4-00-430665-5

[目次] 序 熊野とはどういうところか　1 熊野詣の中世史（山林修行の地として―永興禅師そして宇多・花山法皇　院政期の大流行―上皇・女院そして貴族たち ほか）　2 参詣の作法と組織（熊野信仰とは何か―参詣の目的　道中の案内と宿泊―先達と御師 ほか）　3 熊野古道を歩く（参詣道の現況と歩き方　紀伊路―中世の公式ルート(1) ほか）

[内容] ゆたかな自然に懐深く抱かれた聖地、熊野。「蟻の熊野詣」という言葉に象徴されるとおり、人々は何かに引きつけられるように苦しい巡礼の旅を続けた。中世の記録を読みながら、上皇の御幸や一般庶民の参詣のようす、さらに熊野信仰の本質と王子社成立の謎などにせまり、長年の踏査経験をもとに、日本随一の古道の魅力を語り尽くす。

◇**熊野古道を歩く**　山と渓谷社　2000.5　152p　21cm（歩く旅シリーズ）　1400円　①4-635-01115-1

[目次] 中辺路を歩く　小辺路・大辺路・伊勢路を歩く（小辺路　大辺路　伊勢路）　熊野古道関連資料

[内容] 中辺路・小辺路・大辺路・伊勢路全33コース。

◇**熊野的領域―戯作写真本**　木崎武尊写真・文　講談社出版サービスセンター　2002.4　211p　22cm　2000円　①4-87601-621-6

[目次] 熊野地方の巨樹　熊野本宮大社と周辺の山々　熊野速玉大社とその界隈　『熊野那智参詣曼荼羅』と現在　補陀洛渡海　熊野地方の水葬・風葬・虫葬　花の窟　漂着神・漂着仏・漂着人・漂着物　巡礼墓と供養塔（碑）　熊野の木〔ほか〕

[内容] 熊野には一体全体、何があるのか？　生あるものが避けては通れぬ「死の観念」と「再生・蘇生の観念」が大自然と表裏一体になって、独特な「領域」を作り出す。熊野にのめり込み、熊野の山中を徘徊し、巡礼墓に涙した男―。数十回におよぶ熊野行と八年の歳月をかけて作者が追い求めた知られざる熊野の痕跡、人間の、あらゆる生物の、死とは、そして生きるとは何か、その「領域」がいまここに。

◇**紀伊路・中辺路を行く―堺～本宮編**　山村茂樹著　京都　ナカニシヤ出版　2002.5　230p　21cm（蟻さんの熊野紀行 1）　1800円　①4-88848-716-2

[目次] 物好き蟻の私―上ったり下ったりのミカン畑の坂道　堺から始めようと、気楽に決めた私―街の中に面影を宿す道　泉佐野市役所で奮起した私―溜池のそばを行く泉州の道　林昌寺より海を眺めた私―ふれ合い・出会いのある道　和歌山県に入った私―地元の人に何でも訊くのがよい道　長い橋を歩いて感動した私―先人たちのあとを踏み進む道　小発見しながら夢気分の私―今後の目標を与えてくれる道　余計なことばかり書いている私―自分自身を振り返る道　獅子舞いを目の当たりにした私―昔の情緒・生活を残す道　一〇〇キロ以上の鉄道距離に驚く私―日高川を渡り海に沿う道　千里浜を歩いた私―王子ポストのオリエンテーリングの道　お寺で蘇鉄の実を二つ拾った私―だれでも歩ける希望の道　古道歩きの先行者の影をとらえた私―橋を渡りまた橋を渡る道　三匹の犬たちと出会った私―梅林を行く別天地の道　「スーパーくろしお1号」を呆然と見送った私―楽しい尾根歩きの道　バスに乗りそこね、狼狽した私―発心門王子社までが勝負の道

[内容] 本書は「熊野古道」を「堺」から「本宮」（熊野本宮大社）まで歩いたことを、感想などをまじえ十六回にまとめ記したものである。ところが「堺」から順に歩いていくのかというとそうではなく、第一回目の本書は和歌山県の「藤白」から「宮原」までとなっている。

◇**週刊日本遺産　no.29　紀伊山地の霊場と参詣道**　朝日新聞社　2003.5　35p　30cm（朝日ビジュアルシリーズ v.3）　533円

◇**新大辺路を行く―田辺～串本～新宮・雲取越え編**　山村茂樹著　京都　ナカニシヤ出版　2003.7　227p　21cm（蟻さんの熊野紀行 2）　1900円　①4-88848-789-8

◇**熊野の誘惑―神秘と静謐の地**　牧野貞之写真　学習研究社　2003.8　146p　22cm（Gakken graphic books 美ジュア

ル日本）1600円 ①4-05-402187-5
|目次|第1章 古代の神々と出あえる場所（極端な地形と高温多湿な気候。日本のなかの異郷・熊野 滝、岩、樹木…いたるところに神が宿る自然信仰の地 天を突く巨岩、神倉山のゴトビキ岩は古代信仰の原点 ほか）第2章 熊野詣熱狂の秘密（本地垂迹思想を受けて霊験あらたかな熊野権現となった 中辺路にも名を残す悲劇の人・花山院。出家して熊野を目指した 熊野権現は男女を問わず浄不浄を問わずすべての人を受け入れた ほか）　第3章 熊野が育んだ人と物語（熊野古道いちばんの難所、雲取越えは生と死が交錯する場所 熊野水車を味方につけて源氏が平家を滅ぼし武家社会を誕生させた 銀行業は熊野三山が発祥。社殿の修理費を元手に貸付業を行った ほか）
|内容|そこには科学や理屈だけでは解き明かせない、神秘的なものが厳然として存在する。

◇**熊野古道―みちくさひとりある記**　細谷昌子著　新評論　2003.8　363p　21cm〈年表あり,文献あり〉 3200円　①4-7948-0610-8
|目次|京都編（はるかなる熊野　古道の起点 ほか）　大阪編（上町台地　三十石船とくらわんか舟 ほか）　紀伊路編（紀三井寺に立ち寄る　紀ノ川の渡し場の王子 ほか）　中辺路編（南方熊楠を訪ねて　花と西行 ほか）　熊野三山編（遠くからトトロの歌が聞こえる…　もうすぐ本宮大社 ほか）　終章（紀州の郷土食「茶がゆ」―川湯　湯の花が創り出した本尊―湯ノ峯 ほか）
|内容|本書は、約800年前、後鳥羽院の参詣に随行した歌人藤原定家が書き残した「熊野道之間愚記」（通称「御幸記」）を正味16日間かけて辿り、連綿と続いた熊野信仰の根源をさぐった体験記である。写真を多数掲載し、社寺等についても詳細な解説を付した。

◇**熊野参詣道伊勢路を行く**　みえ熊野学研究会編集委員会編　［熊野］みえ熊野学研究会　2004.3　255p　21cm（みえ熊野の歴史と文化シリーズ 4）〈発売：東紀州地域活性化事業推進協議会(尾鷲)〉1143円　①4-900759-24-4

◇**熊野古道を歩く**　山と渓谷社大阪支局編　山と渓谷社　2004.6　184p　21cm（歩く旅シリーズ 街道・古道）1400円　①4-635-60033-5

|目次|紀伊路を歩く（大阪天満橋から堺へ　堺から和泉府中へ ほか）　中辺路を歩く（出立王子跡から下鮎川へ　鮎川王子跡から滝尻へ ほか）　小辺路を歩く（高野山から水ヶ峰越え　大股から伯母子峠越え ほか）　大辺路を歩く（田辺から富田へ　草堂寺から富田坂越え ほか）　伊勢路を歩く（伊勢神宮から野中へ　野中から女鬼峠越え ほか）
|内容|紀伊路・中辺路・小辺路・大辺路・伊勢路全47コース。

◇**古代熊野の史的研究**　寺西貞弘著　塙書房　2004.7　252,12p　22cm　3800円　①4-8273-1189-7
|目次|序章 熊野の概念（熊野名義考　熊野と牟婁　紀伊国と熊野の和名抄郷）　第1章 熊野をめぐる神話（巨岩遺跡花の窟の祭祀　国譲り神話と熊野諸手船　神武東征神話の再検討）　第2章 古代熊野の信仰（律令国家祭祀と熊野参詣　熊野参詣の実像「為房卿記」にみえる熊野参詣　道成寺物語にみる古代の熊野）　第3章 熊野とみやこ（古代熊野への道程　熊野国造の源流　有間皇子事件の再検討　永興禅師小伝　熊野直広浜の生涯）
|内容|「熊野とは？」と問われたとき、多くの人は樹木に覆われた古道、堂々たる造りの社殿、そして「蟻の熊野詣」と評された、あまたの人々が参詣する姿を想像するであろう。だが、それは中世以降の熊野の姿であり、古代の熊野に思いをはせることは容易なことではない。本書は、熊野の語源・領域・神話・信仰、そして熊野とみやことの関係といった視点から、古代熊野の原像に思いをめぐらせる。

◇**世界遺産熊野古道**　宇江敏勝著　新宿書房　2004.7　293p 図版8p　19cm〈文献あり〉2000円　①4-88008-321-6
|目次|序章 紀伊山地の霊場と参詣道（世界遺産登録　伊勢路 ほか）　第1章 小辺路（高野山―はじめに　ろくろ峠 ほか）　第2章 中辺路（はじめに―口熊野・田辺　熊野九十九王子 ほか）　第3章 大辺路（はじめに―海辺の道　新庄峠まで ほか）
|内容|「紀伊山地の霊場と参詣道」が2004年ユネスコ世界文化遺産に登録！　熊野三山、高野山、吉野・大峯、そして、復元された参詣の古道。熊野の申し子・山の作家がいざなう大いなる自然と歴史と信仰の故郷、熊野へ。

◇**南紀・伊勢・熊野古道**　昭文社　2004.7

279p　21×14cm（にっぽんの旅 15）　1200円　⓵4-398-13535-9
[目次]熊野・高野（自然に息づく神々を具現化した社 熊野三山　熊野へと続く道熊野古道　熊野行幸のメインルート中辺路　熊野灘を見ながらたどる伊勢路 ほか）　南紀（白浜　極上の湯白浜温泉　海の絶景を訪ねて ほか）　伊勢・志摩（日本人の旅の原点お伊勢参り　内宮を参拝する　外宮を参拝する ほか）

◇みんなで歩こう熊野古道─大辺路・小辺路　和歌山　わかやま絵本の会　2004.8　36p　30cm（郷土絵本）　1000円

◇紀伊熊野古道をあるく　JTB　2004.8　175p　21cm（大人の遠足book）　1400円　⓵4-533-05482-X
[目次]紀伊路とその周辺　中辺路とその周辺　大辺路とその周辺　小辺路とその周辺　伊勢路とその周辺　大峯奥駈道とその周辺　高野山とその周辺
[内容]紀伊山地の霊場と参詣道をあるくウォーキングガイド。

◇世界遺産吉野・高野・熊野をゆく─霊場と参詣の道　小山靖憲著　朝日新聞社　2004.8　182p　19cm（朝日選書）〈文献あり〉　1000円　⓵4-02-259858-1
[目次]1 吉野・高野・熊野の歴史と文化　2 紀伊山地の霊場（吉野・大峯　高野山　熊野三山）　3 参詣道を歩く（大峯奥駈道　高野山町石道　熊野参詣道（紀伊路と伊勢路　中辺路 ほか））
[内容]峻厳な修験の山、吉野・大峯。高地に拓かれた密教の原点、高野山。霊験あらたかな神仏の鎮まる、熊野三山。上皇や貴族らは山伏の先達に導かれて厳しい修行に耐え、いくどもこれらの霊場へ向かい、浄土を求めた。やがて「蟻の熊野詣」といわれるように、武士・庶民らが次から次へと霊場を目指してルートを切り拓いていった。三つの霊場の歴史をふりかえり、今に残る石畳、道標、王子跡をくまなくたどりながら、霊場をむすぶ古道に刻まれた、日本が誇る自然と祈りの景観を解き明かす。

◇熊野古道巡礼　吉田智彦著　大阪　東方出版　2004.10　241p　21cm　2000円　⓵4-88591-915-0
[目次]第1章 中辺路─田辺～本宮　第2章 大辺路─田辺～那智　第3章 小辺路─高野山～本宮　第4章 大峯奥駈道─吉野～本宮　第5章 伊勢路─伊勢～新宮　第6章 紀伊路─京都～田辺　終章 熊野三山巡り─本宮～新宮～那智山～本宮
[内容]信仰の道として時を刻んできた全古道6ルートと三山巡り約900kmを踏破した紀行。

◇神坂次郎の紀伊半島再発見　第8巻　『紀伊山地の霊場と参詣道』世界遺産登録記念号　神坂次郎著　吹田　コミュニカ　2004.11　38p　26cm

◇南紀・和歌山　[大阪]　JTBパブリッシング　2004.12　143p　21cm（アイじゃぱん）　1000円　⓵4-533-05659-8
[目次]和歌山・高野山　御坊・白浜・枯木灘　潮岬・勝浦・那智山　新宮・瀞峡・十津川
[内容]緑深き霊場、世界遺産を訪ねる。熊野街道─信仰の道を巡る。変わり湯いろいろ温泉三昧。黒潮がもたらす海の幸を味わう。

◇南紀・伊勢─熊野古道　昭文社　2005.1（2刷）　279p　21cm（にっぽんの旅 15）　1200円　⓵4-398-13535-9

◇草木巡礼─熊野古道に詠う　横内恭著　名古屋　中日新聞社（発売）　2005.2　261p　20cm〈文献あり〉　952円　⓵4-8062-0495-1

◇熊野灘磯の辺路紀行　みえ熊野学研究会編集委員会編　[熊野]　みえ熊野学研究会　2005.3　395p　21cm（みえ熊野の歴史と文化シリーズ 5）〈年表あり, 発売：東紀州地域活性化事業推進協議会（尾鷲）〉　1524円　⓵4-900759-28-7
[目次]海の熊野（谷川健一著）　海の古道磯の辺路の歴史（紀伊南海道と熊野（前千雄著）　海上の道と古代鏡（小倉肇著）　熊野水軍（大野草介著）「三重県水産図解」にみる熊野灘の漁業（平賀大蔵著）　七里御浜沿岸における捕鯨の盛衰（芝崎格尚著）「魚と人と神と仏と」九木浦共同組合「正月禱屋行事」について（山中充著）　海に繋がる熊野の神社（平野俊著）「赤須賀船」と東紀州（中野朝生著））　海の悲劇（奥熊野、海の悲劇（中田重顕著）　七里御浜小松原における軍艦「雲揚」の遭難（芝崎格尚著）　甚助漂流記考（田崎通雅著）　熊野地方の地震と津波（三石学著））　熊野の自然と暮らし（七里御浜周辺の自然について（花尻薫著）　東紀州の海辺の植物（吉川忠文著）　宮柊二の尾鷲（川口祐二著）　荷坂道夜話（東惇朗著）　藩政下における鉱山行政の一考察（久保幸一著）

三重の熊野比丘尼考(小倉整著)　古江善根宿異聞(庄司剛士著)　古道沿いの食文化(七見憲一著))

◇中世前期の熊野参詣　石塚眞著　［土浦］石塚眞　2005.3　369p　22cm〈附・熊野古道を歩く〉

◇夫婦で歩いた小辺路の旅―世界遺産登録熊野参詣道　深瀬愛子文　深瀬紘之進写真　下市町(奈良県)　深瀬紘之進　2005.4　103p　21cm〈製作：朝日新聞社書籍編集部〉1400円

◇高野・小辺路を行く―堺・高野街道～高野山・本宮編　山村茂樹著　京都　ナカニシヤ出版　2005.5　279p　21cm(蟻さんの熊野紀行 3)〈文献あり〉2000円　①4-88848-961-0

|目次| まずはふるさとを歩いた私(堺〜河内長野・西高野街道)　富田林寺内町に異空間を感じた私(羽曳野〜河内長野・東高野街道)　早くも和歌山県に入った私(河内長野〜学文路・高野街道)　静かな山あいの道を歩いた私(学文路〜高野山女人堂・不動坂道)　高野口の商店街に旧街道の面影を感じた私(御幸辻〜慈尊院)　山道ゆえに信仰の道を感じた私(椎出〜神谷・椎出道)　変化に富んだハイキングコースと感じた私(慈尊院〜高野山大門・町石道)　丹生都比売神社で昇竜を見た私(高野口〜妙寺〜丹生都比売神社・三谷坂道)　紀ノ川源流を訪ね、有田川源流に出合った私(橋本〜青淵〜久保〜高野山・黒河道)　麻生津峠から淡路島を望み、花坂でやきもちを買った私(名手〜麻生津峠〜矢立・麻生津道)〔ほか〕

|内容| 西・東高野街道を歩き、紀ノ川流域からは様々な参詣道で高野山巡り。続いて「小辺路」へと進み、水ヶ峰・伯母子峠・三浦峠・果無峠を越えて熊野本宮大社に到着。

◇熊野、修験の道を往く―「大峯奥駈」完全踏破　藤田庄市写真・文　京都　淡交社　2005.7　214p　21cm　1800円　①4-473-03250-7

|目次| プロローグ 金剛蔵王大権現　第1章 吉野山・山伏問答―修験道とは何か(一日目)　第2章 大峯奥通り―前鬼へ(二〜四日目)　第3章 笙の窟と二つの裏行場　第4章 さらに南へ、熊野へ(五〜八日目)　第5章 熊野古道、三山詣(九〜一二日目)　第6章 現代の修験者群像　エピローグ 信不信を

えらばず　おわりに 滑落事故の「受難論」

|内容| 『紀伊山地の霊場と参詣道』が世界遺産に登録された年、12日間全長240キロを踏破する山岳修行に挑んだフォトジャーナリスト渾身のルポルタージュ。

◇世界遺産紀伊山地熊野古道を行く　森田敏隆写真　世界文化社　2005.11　143p　21cm(ほたるの本)〈年表あり〉1800円　①4-418-05228-3

|目次| 第1章 吉野山・大峯奥駈道(一目千本の桜名勝　吉野山の石畳 ほか)　第2章 高野山・小辺路(高野山町石道　金剛峯寺の一町石 ほか)　第3章 伊勢路(馬越峠の石畳　馬越峠 ほか)　第4章 那智山・中辺路(那智の滝　円座石 ほか)　第5章 大辺路(富田坂西上り口　富田坂のスダジイ ほか)

|内容| 2004年7月に世界遺産に登録された『熊野三山』『吉野大峯』『高野山』の三霊場。霊場を結ぶ『熊野古道』『大峯奥駈道』『高野山石道』の参詣道。秘蔵の写真と詳細なガイドで熊野古道を辿る。熊野を目指す『吉野山』『大峯奥駈道』『高野山石道』『小辺路』『伊勢路』『那智山』『中辺路』『大辺路』の古道歩き22コースガイド。

◇サラリーマンが熊野を歩く　前川智啓著　新風舎　2006.1　127p　19cm　1200円　①4-7974-7680-X

|目次| いざ、熊野へ　大阪の下町を行く　いよいよ紀ノ国へ　野良猫とともに　みかん畑を歩く　黒潮の風　中辺路を行く　前途多難の熊野古道　いよいよ熊野本宮へ　新宮の人々　終焉の地、那智大社へ

|内容| 珍しい景色、変わらない営み…歴史と文明が交錯する熊野路を歩いて見えてきたもの。休日に歩き継ぐ、現代版熊野詣で万葉のころに想いを馳せる。

◇世界遺産熊野古道を歩こう　野口秀也著　新風舎　2006.1　322p　19cm　〈文献あり〉2800円　①4-7974-6687-1

|目次| 熊野古道を歩こう　熊野三山　熊野九十九王子　旅立ち(京都〜大阪)　熊野の聖地へ中辺路を行く　熊野速玉大社から那智大社へ　大・小雲取越え　風光明媚な大辺路を行く　小辺路・高野街道を行く　大峰奥駈け道〔ほか〕

|内容| 2004年に世界遺産として登録された、いにしえの道を地図と情報で紹介。熊野古道を五十五日間かけて歩こう。熊野古道ガイド。

◇熊野古道を歩く　改訂版　山と溪谷社

2006.6　184p　21cm〈歩く旅シリーズ　街道・古道〉1400円　①4-635-60035-1

|目次|紀伊路を歩く（大阪天満橋から堺へ　堺から和泉府中へ　ほか）　中辺路を歩く（出立王子跡から下鮎川へ　鮎川王子跡から滝尻へ　ほか）　小辺路を歩く（高野山から水ヶ峰越え　大股から伯母子峠越え　ほか）　大辺路を歩く（田辺から富田へ　草堂寺から富田坂越え　ほか）　伊勢路を歩く（伊勢神宮から野中へ　野中から女鬼峠越え　ほか）

◇熊野古道―世界遺産日本の原郷　山本卓蔵写真　京都　淡交社　2006.7　141p　26cm　2200円　①4-473-03333-3

|目次|紀伊路（紀行文「京都から熊野の入口へ」　紀伊路コースガイド）　中辺路（紀行文「九十九王子の盛衰を体感する」　中辺路コースガイド）　大辺路（紀行文「海辺の集落をのんびり歩く」　大辺路コースガイド）　小辺路（紀行文「山深き古道の歴史」　小辺路コースガイド）　伊勢路（紀行文「石畳にひびく巡礼者の足音」　伊勢路コースガイド）

|内容|紀伊路・中辺路・大辺路・小辺路・伊勢路の魅力が満載!!紀行文・ガイド付。小辺路の写真も多数収録。巻末には、熊野を楽しむ温泉情報なども掲載。

◇私の熊野古道　豊田幸治著　東銀座出版社　2006.11　78p　20cm　762円　①4-89469-103-5

|目次|古道との出会い　熊野古道へのあこがれ　中辺路にはいる　出会いもまた楽し　子どもたちの世界　幻覚　飛天さん　満州への思い　杉林の中で　民宿との思い出　オギン地蔵　里山に見た今の生活　世界遺産に登録され　湯の峯温泉での再会　知らなかった謂れ　信仰の道と重ない　いと那智の滝

|内容|人生を振り返って旅に出た。熊野の山やまは険しかったが、大社や那智の滝にほんまもんの別世界を見た。社会に疲れたり、第二の人生を迎えたら歩んでみたい、現実と幻想の狭間の世界。

◇天界の道―吉野・大峯山岳の霊場　永坂嘉光著　小学館　2006.11　112p　21×24cm　〈おもに図〉2800円　①4-09-682006-7

|内容|聖なる峰々を歩き、水の鼓動を聞き、濃密な自然の息吹を体感しながら写しとった神います風景。世界遺産「吉野・大峯」

から「熊野三山」へ。さらに全国の霊山へと、日本人の祈りの姿を追う。

◇熊野王子巡拝ガイドブック　長谷川靖高著　大阪　新風書房　2007.4　182p　19cm　1200円　①978-4-88269-629-2

◇熊野川―伐り・筏師・船師・材木商　宇江敏勝著　新宿書房　2007.11　319p　20cm〈宇江敏勝の本　第2期4　宇江敏勝著〉2200円　①978-4-88008-374-2

|目次|第1章　天然林を伐る―伐採夫・今中良助（斧のプロフィール　炭焼きから伐りへ　伐の仕事　ヒヨウの労働　静川の官林で雨谷の十年　山々を渡る　伐の終わり）　第2章　青春を川に浮かべて―筏師・中森叡（筏に乗せてもらった話　少年のころ　筏の仕事　筏下し　筏をおさめて　忘れ得ぬこと　戦争とその前後　筏の終焉―筏師・上北六男さんに聞く）　第3章　木の花咲く町で―材木商・杉本義夫（材木の町、新宮―いまとむかし　川原町の賑わい　明治立志伝　材木と木炭の移出　過ぎゆく青春　戦後のあゆみ　変わりゆく業界）　第4章　船師ものがたり―世界遺産・熊野川（熊野川の船とその歴史　団平船　渡し船　世界遺産・熊野川船下り）

|内容|ユネスコ世界文化遺産「紀伊山地の霊場と参詣道」で「道」として登録された熊野川。熊野詣の川の道として、仕事や生活の道としても使われてきた。著者による丹念な聞き取りから、時代と生身の人間がおりなす自然と労働の叙事詩がいま鮮やかに甦る。

◇熊野古道―世界遺産巡礼の道をゆく　南川三治郎著　町田　玉川大学出版部　2007.12　119,7p　31cm〈おもに図,英語併記,他言語標題：Road of sanctuary Kumano〉2900円　①978-4-472-12003-9

◇熊野参詣者への協力・負担　松田文夫編　［和歌山］［松田文夫］2007.12　73p　23cm〈著作目録あり〉1600円

◇紀伊山地の霊場と参詣道　東京地図出版　2008.6　1冊　21cm〈地図で旅する日本の世界遺産2〉1500円　①978-4-8085-8107-7

|目次|霊場に参る　参詣道を歩く　紀伊半島の温泉　熊野の祭り　新宮　紀伊勝浦　田辺　世界遺産とは　世界遺産Q&A　交通情報　紀伊半島の宿

|内容|吉野大峯山、高野山と熊野古道が続く

熊野三山へ、時空を超えた聖地巡礼の旅。

◇**伊勢・熊野路を歩く―癒しと御利益の聖地巡り**　森本剛史,山野肆朗著　ウェッジ　2008.8　159p　21cm　1800円　①978-4-86310-030-5
[目次]第1章 伊勢(お伊勢さん―全国8万社の頂点に位置する神社　神宮のお祭―神宮創始以来不断・不変の営み ほか)　第2章 伊勢路(田丸から奥伊勢へ―観音様に導かれる巡礼のプロローグ　荷坂峠、ツヅラト峠―国境を越えると「いさば屋」の町 ほか)　第3章 熊野(熊野三山―身分を問わず人々を引きつけた熊野信仰　神倉神社―1400年続く荒ぶる火の祭典 ほか)　第4章 熊野路(大雲取越え―熊野古道一の難所を歩く　小雲取越え―森林浴気分で歩く尾根の道 ほか)
[内容]『ニッポンの旅』の源流をたどる―。お伊勢参りから熊野詣へ。「祈り」と「癒し」のパワースポット完全ガイド。

◇**熊野古道を歩く旅―世界遺産の参詣道をめぐる特選10コース&完全踏破**　山と溪谷社　2008.11　152,7p　21cm(エコ旅ニッポン　4)　1600円　①978-4-635-60041-5
[目次]熊野古道特選10コース(紀伊路―市街の古道は再発見の連続上町台地を越えて摂津一ノ宮へ　紀伊路―醬油発祥の町から石畳の峠を越え、安珍清姫の道成寺へ　中辺路―中辺路の最高峰・悪四郎山から花山法皇ゆかりの近露へ　中辺路―とがの木茶屋から峠の連続中辺路はいよいよクライマックス ほか)　完全踏破 熊野古道を歩く(紀伊路　中辺路　小辺路　大辺路 ほか)
[内容]世界遺産の参詣道をめぐる特選10コース&完全踏破。

◇**世界遺産熊野古道を歩く―紀伊山地の霊場と参詣道**　田中昭三監修　JTBパブリッシング　2008.11　159p　21cm(楽学ブックス 文学歴史 3)〈年表あり〉　1600円　①978-4-533-07263-5
[目次]世界遺産　熊野三山への道コース案内(紀伊路をゆく　中辺路をゆく　大雲取越え　小雲取越え　小辺路をゆく　伊勢路をゆく　大峰山を越えて)

◇**芳遠と行く新・熊野詣で**　渡辺芳遠著　文芸社　2008.12　178p　20cm　1400円　①978-4-286-05526-8
[目次]第1章 混迷する世相　第2章 若気の過ち　第3章 教師の四季　第4章 精神の解体

第5章 み仏の教え　第6章 宗教信仰あれこれ　第7章 熊野古道と哲学者　第8章 熊野古道と老子　第9章 熊野古道とキリスト教　第10章 熊野古道からの学び
[内容]僧侶であり、長年高校教師を務めてきた著者が、熊野古道を巡るツアーを引率しながら、参加者に、宗教と人の生き方に関する有意義な講話を行う。

◇**紀伊熊野古道をあるく**　改訂3版　JTBパブリッシング　2009.4　175p　21cm(大人の遠足book　西日本―5)〈索引あり〉　1600円　①978-4-533-07485-1
[目次]紀伊路とその周辺　中辺路とその周辺　大辺路とその周辺　小辺路とその周辺　伊勢路とその周辺　大峯奥駈道とその周辺　高野山とその周辺
[内容]世界遺産ウォーキングガイド。紀伊山地の霊場と参詣道。

◇**熊野灘もう一つの古道―南島町浦竈の謎を追う旅**　桑野淳一著　彩流社　2009.8　222p　19cm〈文献あり〉　1800円　①978-4-7791-1455-7
[目次]第1章 南島―自然が織り成す美しい海岸(道行竈　大方竈　棚橋竈)　第2章 熊野―甦る命(熊野信仰　熊野詣　現世の覇者　神仏あわせ呑む　山海の地)　第3章 吉野―南朝の都(吉野　公武分裂　北畠の奮闘　伊勢の逆襲　南朝の凋落)　第4章 伊勢―神宮と東宮(伊勢神宮　南島町東宮　離合集散　伊勢商人の系譜　河村瑞賢の活躍　甦る武家の門)　第5章 幻の里―祈りの地(春の到来　祈りの風景)
[内容]霊場・熊野と聖地・伊勢を結びつけたところ、そこは祈りの場所、甦りの地であった…。南北朝時代の敗者の歴史を追う旅。

◇**もうひとつの熊野古道「伊勢路」物語**　甲斐崎圭著　大阪　創元社　2009.11　263p　19cm　1600円　①978-4-422-25056-4
[目次]序章 熊野古道・伊勢路といういにしえの街道(熊野三山をめざして　総延長約一三〇キロのいにしえの街道)　第1章 歴史の中の伊勢路(古道変遷　もうひとつの"伊勢路")　第2章 派生してゆく伊勢路(遷りゆく道筋　歩く道から道路へ"道路"としての新道へ)　第3章 もうひとつの"熊野古道・伊勢路"を探索する(猪ノ鼻水平道　矢ノ川峠越え道　とろとろ坂　古道の煉瓦隧道)　エピローグ 熊野三山への道
[内容]熊野古道・伊勢路は、伊勢神宮から熊

野三山をめざし三重県内を熊野灘沿いに縦断する道。だがそれは一本道でも、世界遺産に登録され整備が進む古道だけでもなかった。巡礼が通う道、生活の道、徒歩から荷車・人力車が通る時代、軽車輌から大型大量輸送の時代へと変遷するたびに至便な道が開かれ、幾通りもの道が残された。本書はそんな"もうひとつの古道"を探すために、歴史・伝承を丹念にひもときながら、現地を探索する旅である。

◇ガイド・ニッポンの世界遺産熊野古道—中辺路ルート&田辺　地球の歩き方編集室著　ダイヤモンド・ビッグ社　2010.3　127p　26cm（地球の歩き方books）〈索引あり、発売：ダイヤモンド社〉800円　①978-4-478-07071-0
[目次]熊野古道を行く。（語り部と中辺路を歩く　古道の達人に会おう！「自然人」「湯人」「もてなし人」ほか）　田辺周辺へひと足のばす—南紀シーサイドリゾートの休日（白浜—青い海と空を求めて絶景ドライブ　白浜・すさみ—リゾートホテルでちょっと優雅な1日　ほか）　田辺名湯めぐり（龍神温泉　湯の峰温泉　ほか）　田辺にいらっしゃい！（うまいもん探訪　おいしい店はこちらです　ほか）

◇熊野古道—再生の地の魅力を探す　高木美千子著　角川書店　2010.3　199p　19cm〈年表あり、発売：角川グループパブリッシング〉1700円　①978-4-04-885056-8
[目次]熊野三山の成立と熊野御幸　熊野三山に詣でる　熊野参詣道と九十九王子　出立の京都へ　九十九王子は大阪市内の窪津王子から　和泉の国の小栗街道　紀伊路—いよいよ和歌山県　中辺路—世界遺産の参詣道　熊野速玉大社から熊野那智大社へ　伊勢路—伊勢からの熊野詣　小辺路—高野街道　高野山町石道
[内容]平安時代の貴人たちが歩き、日本人の原風景を今に伝える古の道。その由来から伝説までを語る歴史・旅エッセイ。歴史散歩、ウォーキングの手引きに最適な一冊。

◇熊野古道小辺路紀行　川端守著　名古屋風媒社　2010.9　157p　19cm〈文献あり〉1200円　①978-4-8331-5218-1
[目次]序章 女人道を歩く　第1章 高野山から大股へ　第2章 大股から三浦口まで　第3章 三浦峠　第4章 果無峠越え　旅の終わりに

[内容]高野から熊野へ—。ふたつの聖地を結ぶ道。果て無き峠を越え、高野山から熊野をめざす十七里。世界遺産の道・熊野古道"小辺路"を歩く現代の巡礼記。

◇時の碑文—石に刻みて後世に伝えむ　巻之3　熊野古道沿線の石碑・中辺路編　宮本惠司編著　[田辺][宮本惠司][2011]　95p　26cm〈著作目録あり〉

◇南紀 熊野古道—白浜　JTBパブリッシング　2012.12　127p　20cm（ココミル関西　5）　800円　①978-4-533-08848-3
[目次]南紀の山々や霊場を訪れ世界遺産のパワーを感じましょう（熊野三山・熊野古道　高野山）　かわいいパンダに合いに白浜へ　お魚グルメや温泉も楽しみなビーチリゾートです（白浜）　せっかくの旅ですものもう1日、南紀の個性あふれる観光地へ
[内容]山深い聖地でパワーをもらういやしたび—南紀・熊野古道・白浜。

◇歩く旅の本—伊勢→熊野　福元ひろこ著　東洋出版　2013.4　239p　21cm　1800円　①978-4-8096-7686-4
[目次]お伊勢まいり編（伊勢の神社巡り　ピンとくる神社を探せ！）　伊勢路編（伊勢神宮〜栃原—旅立ちの日　栃原〜伊勢柏崎—歩きつづけるべきか、やめるべきか!?　伊勢柏崎〜紀伊長島—俗世から神々の支配する国へ　ほか）　中辺路編（熊野速玉大社〜熊野那智大社—熊野古道はアマゾンだったのか!?　青岸渡寺〜小口—迷子はどっち？　小口〜熊野本宮大社—いにしえから続く道）
[内容]執拗なアブ軍団に追い回され、さびれた峠でビクビクし、「失恋したのか？」とからかわれ、それでも歩き抜けた220キロ。伊勢神宮から熊野本宮大社まで、世界遺産「熊野古道」を巡った、汗と涙と笑いに満ちた痛快旅エッセイ。

◇図説地図とあらすじでわかる！　伊勢参りと熊野詣で　茂木貞純監修　青春出版社　2013.5　188p　18cm（青春新書INTELLIGENCE）〈文献あり〉1200円　①978-4-413-04396-0
[目次]序章 伊勢参りと熊野詣で（伊勢信仰と熊野信仰—伊勢神宮と熊野三山への信仰の成り立ち　伊勢と熊野の祭事—一年を通して行なわれる様々な儀式）　第1章 聖地・伊勢と霊場・熊野の誕生（花の窟—伊弉冉尊の陵で行なわれる「死者の国」の鎮魂儀礼　出雲と伊勢と熊野—四方の「黄泉

国」を介してつながる両地 ほか）　第2章 伊勢参りと熊野詣での盛衰（熊野権現—垂迹思想のもとに結集した熊野の三社　海の修験—妙法山で行なわれた永興禅師の過酷な捨身行 ほか）　第3章 江戸庶民の伊勢参りと熊野詣で（江戸幕府の伊勢と熊野—二つの聖地を徳川家はいかに統治したか　先達と御師—各地で信仰を広め参詣者を誘致するしくみ ほか）
内容 なるほど、そんな繋がりがあったのか！日本人が熱狂した二大巡礼の聖地をたどる。

◇熊野その聖地たる由縁　天川彩著　彩流社　2013.7　180p　19cm〈文献あり〉2000円　①978-4-7791-1869-2
目次 序章 異界の地・熊野　第1章 神話と伝説の熊野　第2章 霊場としての熊野　第3章 熊野権現とは何か　第4章『熊野権古垂迹縁起』千年の謎を解く　第5章 熊野権現取材記　終章 熊野その聖地たる由縁
内容 熊野は甦りの地、いまも昔も、変わらない聖域。熊野信仰について、平安期に書かれた『熊野権現垂迹縁起』を調べれば調べるほど謎が深まり、現地を取材。ついに、誰がいつどんな目的でこの話をつくったのか、また「熊野権現信仰」を確立した人たちや「神仏習合」をおこなった人たちにまで辿り着いた。

◇お伊勢参りと熊野詣　池田雅之,辻林浩編著　鎌倉　かまくら春秋社　2013.10　245p　20cm（日本人の原風景 2）2200円　①978-4-7740-0605-5
目次 伊勢神宮の歴史と遷宮（河合真如著）　タウトの伊勢神宮とハーンの出雲大社（池田雅之著）　死と再生の原郷熊野（町田宗鳳著）　熊野詣とお伊勢参り（辻林浩著）　熊野信仰と西国巡礼（三石学著）　再生を願う巡礼の道熊野古道伊勢路（小倉肇著）　心をつなぐ熊野本宮（九鬼家隆著）　世界遺産熊野を絵解く（山本殖生著）　熊野の修験道を語る（高木亮英著）　『古事記』と本居宣長（吉田悦之著）　文学者たちの伊勢と熊野（半田美永著）　日本の祈りを未来へ（上野顯著）

◇世界遺産「熊野古道」一歩いて楽しむ南紀の旅　伊勢・熊野巡礼部著　メイツ出版　2013.10　128p　21cm　1600円　①978-4-7804-1360-1
目次 中辺路を歩く　伊勢路を歩く　大辺路を歩く　紀伊路を歩く　小辺路を歩く　大峯奥駈道を歩く
内容 "神の宿る霊地"として2000年の歴史を有する聖地が点在する「熊野三山エリア」を徹底ガイド。見所を無理なく歩けるコースプランのヒントから四季折々の名所やお祭り情報まで網羅した決定版。

◇熊野古道を歩く　高木徳郎著　吉川弘文館　2014.3　203,7p　21cm（歴史の旅）〈文献あり　索引あり〉2500円　①978-4-642-08102-3
目次 熊野古道とは何か　1 熊野詣の歴史（霊場としての熊野の成立　熊野詣とその時代　熊野詣と芸能）　2 口熊野への道（大阪市内の熊野参詣道　和泉を抜け紀泉国境から紀の川を越える　藤白坂から拝ノ峠・糸我坂を越える　鹿ケ瀬峠を越える　海沿いの熊野参詣道）　3 熊野三山への道（岡道を抜け富田川を遡る　「御山」に入り箸折峠を越える　山中の難路を発心門へ　熊野詣の最初の目的地・熊野本宮大社へ　新宮から那智山へ　那智山から雲取越えを経て本宮へ）　4 熊野をめぐる（小辺路の果無峠越え　大辺路の長井坂　伊勢路の馬越峠越え）
内容 熊野三山をめざす巡礼の道、熊野古道。皇族・貴族の参詣から、庶民の「蟻の熊野詣」に至る歴史と文化を詳述し、世界遺産・熊野古道の魅力に迫る。現地調査に基づく正確な内容と詳細なコースガイド、豊富な写真で聖地に誘う。

◇熊野三山—神々が住まう蘇りの聖地　Kankan写真　JTBパブリッシング　2014.12　127p　21cm（楽学ブックス　神社 4）〈文献あり〉1500円　①978-4-533-10081-9
目次 第1章 蘇りの聖地—熊野本宮大社（熊野本宮大社　インタビュー/熊野本宮大社宮司 九鬼家隆 ほか）　第2章 南の陽光輝く聖地—熊野速玉大社（熊野速玉大社　インタビュー/熊野速玉大社宮司 上野顯 ほか）　第3章 イザナミを祀る水の聖地—熊野那智大社（熊野那智大社　名画に見る那智の大滝 ほか）　第4章 聖地への巡礼道・熊野古道（三山への参詣道　熊野古道　中辺路 ほか）

◇近世熊野の民衆と地域社会　笠原正夫著　大阪　清文堂出版　2015.3　341p　22cm〈索引あり〉8800円　①978-4-7924-1029-2
目次 第1章 領国統治と熊野の地域性（「口熊

野」と「奥熊野」の成立　元禄期の所領調査に見る熊野と伊勢　宝暦十年の巡見使と熊野　『紀伊続風土記』の編さんと熊野　度会県の設置と紀伊牟婁郡の分割）　第2章　生産・流通の発展と山村開発（近世初期の森林資源の開発と熊野　栖原角兵衛家の熊野炭販売と深川炭商人　新宮領の木炭政策と山方農民　熊野地方の御仕入方役所と山村―口熊野を中心として）　第3章　交流と地域社会の動向（「熊野の縄文文化論」と近世の熊野　熊野地方の木地師の生活　近世の熊野三山と西国三十三所巡礼　保養施設としての南紀の湯治場―湯崎・湯峯・川湯・龍神のにぎわい　大辺路の整備と二、三の問題）

◇聖地巡礼―ライジング　熊野紀行　内田樹,釈徹宗著　東京書籍　2015.3　291p　19cm　1500円　①978-4-487-80639-3

目次　1日目　聖地の中枢へ―熊野古道をめぐる（熊野へ　五体王子と船玉神社　熊野古道を歩く　熊野本宮大社と大斎原　法話と対談―湯の峰温泉にて）　2日目　なぜ人は熊野に惹かれるのか？（神倉神社　花の窟神社へ　花の窟神社と産田神社　那智大社　那智の滝周辺　那智参詣曼荼羅　補陀落の世界　旅の最後の対談）　おさらい　どこへ行ったの？　聖地巡礼（第1回の大阪から第4回熊野まで）（最近のトピック　これまでの巡礼を振り返る　これからの聖地巡礼）

内容　熊野古道・熊野本宮大社・花の窟神社・那智の滝…熊野にむき出しの宗教性を見る。シリーズ未読者も安心の「これまでのおさらい」付。

◇歩いてみよう！「世界遺産の道―熊野参詣道伊勢路」―「紀伊山地の霊場と参詣道」世界遺産登録10周年記念　三重県教育委員会編　［津］三重県教育委員会　2015.3　65p　21cm

◇歩いて旅する！世界遺産の道「熊野参詣道伊勢路」―「紀伊山地の霊場と参詣道」世界遺産登録10周年記念　三重県教育委員会編　［津］三重県教育委員会　2015.3　97p　21cm

◇熊野を駆ける―熊野古道伝説紀行　大上敬史著　産経新聞出版　2015.4　157p　21cm　〈文献あり〉　1600円　①978-4-86306-115-6

目次　蟻の熊野詣―滝や岩宿る神々　八軒家浜―「大坂」の語源になった坂　榎木大明神―化けの谷間に消えた道　上之宮址―亡失の危機乗り越えて　四天王寺西門―往生願った鳥居　熊野権現禮拝石―空襲で見つかった礼拝石　安倍晴明神社―陰陽師と熊野参詣　阿倍王子神社―熊野三山との不思議な縁　美波比神社旧址―清盛も参った王子　小栗判官笠懸松―松の下で亡き夫思う〔ほか〕

内容　大蛇になった姫、お経を読むしゃれこうべ、3つになって現れる月…「日本一の古道」を歩き続ける写真家が30年かけて足で集めた137の物語。オールカラー写真満載！伝承から読み解く、「本当の熊野詣」。

◇熊野古道をあるく　JTBパブリッシング　2015.4　191p　21cm（大人の遠足BOOK　西日本　5）　1600円　①978-4-533-10345-2

目次　中辺路（中辺路ルート全図　熊野本宮大社　熊野速玉神社　熊野那智大社　那智山青岸渡寺　補陀絡山寺）　大辺路（大辺路ルート全図）　紀伊路（紀伊路ルート全図）　高野山と小辺路（高野山・小辺路ルート全図　高野山・金剛峯寺）　伊勢路（伊勢路ルート全図　伊勢神宮）

内容　世界遺産・紀伊山地の霊場と参詣道選おすすめ26コース。全コース詳細マップ付。歩き方、装備アドバイス、語り部案内。

◇熊野古道伊勢路を歩く―熊野参詣道伊勢路巡礼　伊藤文彦著　彦根　サンライズ出版　2015.6　116p　21cm　2000円　①978-4-88325-569-6

目次　1區　内宮から田丸をへて瀧原宮へ　2區　荷坂峠から馬越峠をへて尾鷲へ　3區　尾鷲から八鬼山を越え花の窟へ　4區　花の窟から本宮道をへて熊野本宮へ　5區　熊野三山巡拝　6區　花の窟から七里御浜沿いに熊野速玉大社へ　世界遺産「熊野参詣道伊勢路」の歴史と価値　支旅度あれこれ　知って楽しい！

◇熊野古道巡礼のみち伊勢路を歩く　川端守文　山本卓蔵写真　名古屋　風媒社　2015.9　139p　21cm（爽BOOKS）〈『熊野古道世界遺産を歩く』（2004年刊）の改題、増補改訂、新装版〉　1600円　①978-4-8331-0162-2

目次　伊勢路を歩く（荷坂峠道―約3キロ・2時間　ツヅラト峠越え―約8キロ・4時間　三浦峠・始神峠―約2キロ・3時間　馬越峠―約6.5キロ・4時間　八鬼山越え―約9・

3キロ・4時間　三木峠・羽柴峠―約4キロ　4時間　曽根次郎坂・曽根太郎坂　二木島から大泊へ―約10キロ　6時間　観音堂・松本峠から七里御浜―観音堂=約4・7キロ　3時間　松本峠―約2キロ　2時間　七里御浜―約12・5キロ　5時間　横垣峠・坂本・風伝峠―約10キロ　3時間　熊野川・川端街道）　中辺路・大雲取越え・小雲取越え（発心門王子から熊野本宮大社へ―約6・8キロ・2時間30分　大雲取越え―約15・6キロ・6時間　小雲取越え―約14・5キロ・4時間30分　熊野那智大社　新宮速玉大社）
[内容]深き自然にいだかれた祈りの道…世界遺産・熊野古道への誘い。伊勢神宮と熊野三山を結ぶ伊勢路は、「伊勢へ七度、熊野へ三度」と呼ばれた信仰の道。豊かな自然の

なかを歩む石畳、峠から望む熊野灘、日本一の棚田など、多彩な風景が待っている。

◇歩いて旅する熊野古道・高野・吉野―世界遺産の参詣道を楽しむ　山と渓谷社　2015.11　159p　21cm　1600円　①978-4-635-60111-5
[目次]熊野古道　中辺路（田辺→下鮎川　下鮎川→高原　高原→野中　ほか）　熊野古道　伊勢路（内宮→田丸　田丸→栃原　栃原→滝原　ほか）　高野山参詣道（町石道　女人道）　大峯奥駈道（吉野山）

◇熊野古道―紀伊山地の霊場と参詣道を歩く　世界遺産巡礼の旅　宝島社　2016.11　111p　28cm（別冊宝島）〈文献あり〉　1000円　①978-4-8002-6306-3

344　高野七福神

【概　要】奈良県伊都郡高野町、高野山真言宗金剛峯寺内の塔頭4寺から成る。3か寺で2尊を祭っている。2000（平成12）年成立。宝善院は小堀遠州の作という庭園がある寺、熊谷寺は熊谷直実ゆかりの寺、恵光院は明智光秀の菩提寺、本覚院は尾張徳川家ゆかりの寺と、いずれも名刹。

【札所名】寿老人　宝善院（伊都郡高野町），福禄寿　宝善院 奥之院（伊都郡高野町），恵比寿神　熊谷寺（伊都郡高野町），布袋尊　熊谷寺 持宝院（伊都郡高野町），毘沙門天　恵光院（伊都郡高野町），弁財天　本覚院（伊都郡高野町），大黒天　本覚院 西生院（伊都郡高野町）

【掲載事典】霊巡

345　高野長峰霊場

【概　要】世界遺産の高野山に至る道の一つで、和歌山県海南市から紀美野町を東西に抜ける国道370号は"高野西街道"と呼ばれる。その沿道に、高野山真言宗の10ヶ寺が1987（昭和62）年高野長峰霊場健康10ヶ寺を結成し、参詣者の健康長寿を祈願している。貴志川の清流、山野の美観は、仏教の聖地、中国の天台山を思わせる。

【札所名】(1) 幡川山　禅林寺（海南市），(2) 宝閣山　蓮花寺（海南市），(3) 瑠璃光山　医王寺（海草郡紀美野町），(4) 寶琳山　大観寺（海草郡紀美野町），(5) 龍光山　釜滝薬師（海草郡紀美野町），(6) 瑞応山　満福寺（海草郡紀美野町），(7) 宝光山　玉泉寺（海草郡紀美野町），(8) 勅願山　惣福寺（海草郡紀美野町），(9) 天徳山　大日寺（海草郡紀美野町），(10) 岳原山　泉福寺（海草郡紀美野町）

【掲載事典】霊巡、日巡

◇海南海草地方『健康10ヶ寺』ガイドブック―高野長峰霊場と国宝を訪ねる　海南海草地方広域観光協議会編　[海南海草地方広域観光協議会]　[2009]　1枚　30cm

346　和歌山西国三十三観音霊場

【概　要】和歌山市内に位置する札所で構成される観音霊場だが、宇治や山東などから移転したり、合併した寺院も多いという。江戸時代に同地に西国観音霊場の写し霊場が作られたと伝わる。成立時期などは明らかでない。巡拝所要日数は1～2日。

【札所名】(1) 鶴林山　高松寺（和歌山市），(2) 百道山　万性寺（和歌山市），(3) 地震山　三光寺（和歌山市），(4) 遍照山　延命院（和歌山市鷹匠町），(5) 南嶽山　禅林寺（和歌山市鷹匠

和歌山県

町），(6)松王山 延壽院(和歌山市)，(7)曹源山 大泉寺(和歌山市)，(8)里宮山 無量光寺(和歌山市)，(9)龍門山 窓誉寺(和歌山市)，(10)大宝山 恵運寺(和歌山市)，(11)増上山 護念寺(和歌山市)，(12)仙境山 珊瑚寺(和歌山市鷹匠町)，(13)向陽山 松生院(和歌山市片岡町)，(14)廣瀬山 大立寺(和歌山市)，(15)金剛山 遍照寺 常住院(和歌山市)，(16)音浦山 惣光寺(和歌山市)，(17)密厳山 聖天宮 法輪寺(和歌山市)，(18)法輪山 円満寺(和歌山市)，(19)瑞龍山 林泉寺(和歌山市)，(20)瑞雲山 龍源寺(和歌山市)，(21)東曜山 萬精院(和歌山市)，(22)清涼山 慈光圓福院(和歌山市)，(23)補陀落山 観音寺(和歌山市)，(24)法輪山 阿弥陀寺(和歌山市)，(25)不二山 観音寺(和歌山市元寺町)，(26)遍照山 覚樹院 高野寺(和歌山市元寺町)，(27)光山 正壽院(和歌山市東鍛冶屋町)，(28)玉降山 海善寺(和歌山市道場町)，(29)小野山 安養寺(和歌山市道場町)，(30)天年山 吹上寺(和歌山市)，(31)松龍山 光明院(和歌山市有田屋町)，(32)八音山 鐘林院(和歌山市)，(33)南岳山 圓蔵院(和歌山市)，(番外)向陽山 花山院 浄福寺(和歌山市)，(番外)孤圓山 西岸寺(和歌山市小人町)，(奥之院)道明山 毘沙門寺(和歌山市)

【掲載事典】霊巡

◇和歌山西国三十三ヶ所観音霊場めぐり
office2B編　office2B　［2007］77p　21cm

◇和歌山西国三十三ヶ所観音霊場めぐり
office2B編　office2B　［2008］77p　21cm

◇和歌山西国三十三ヶ所観音霊場めぐり
office2B編　office2B　2010.10　77p　21cm

◇和歌山西國三十三ヶ所観音霊場めぐりガイドブック—歩きたくなるガイドブック
Office 2B企画・編集　第3版　和歌山　Office 2B　2010.10　77p　21cm　286円

◇和歌山西国三十三カ所観音霊場　井上泰夫集輯　2012.7　164p　30cm

和歌山県の霊場

◇御朱印帳—紀州田辺近郊 近西国三十三ヶ所観音霊場 創建江戸前期　［田辺］熊野歴史懇話会　2009.8　1冊（ページ付なし）21cm〈発行所：あおい書店〉600円

中国

347 山陽花の寺二十四か寺

【概　要】広島・山口・岡山3県各8ヶ所計24か寺を巡る花巡札で、2010（平成22）年に開創された。各県に8札所ずつ配するのは、仏の菩提心を「八葉の蓮華」を例えることにならうという。広島の大聖院を1番とし、「芳（かぐわし）の国」山口県を巡り、東に進んで「美（うるわし）の国」岡山県へと入って、「癒（いやし）の国」広島県に戻る。この円環の巡礼を山陽花の寺霊場会では、平和の道「ピースロード」と称している。札番にならわない巡礼も可能である。象徴花は「沙羅」の花で、24寺に植樹がなされた。

【札所名】(1)大聖院(広島県廿日市市宮島町)，(2)二井寺(山口県岩国市周東町)，(3)般若寺(山口県熊毛郡平生町)，(4)漢陽寺(山口県周南市)，(5)龍蔵寺(山口県山口市)，(6)岩屋山 地蔵院(山口県山口市)，(7)宗隣寺(山口県宇部市)，(8)東行庵(山口県下関市吉田町)，(9)功山寺(山口県下関市)，(10)木山寺(岡山県真庭市)，(11)玉泉寺(岡山県真庭市)，(12)誕生寺(岡山県久米郡久米南町)，(13)大聖寺(岡山県美作市)，(14)大瀧山西法院(岡山県備前市)，(15)遍明院(岡山県瀬戸内市牛窓町)，(16)餘慶寺(岡山県瀬戸内市邑久町)，(17)円通寺(岡山県倉敷市)，(18)明王院(広島県福山市草戸町)，(19)西國寺(広島県尾道市西久保町)，(20)千光寺(広島県尾道市東土堂町)，(21)佛通寺(広島県三原市高坂町)，(22)棲眞寺(広島県三原市大和町)，(23)福寿院(広島県東広島市西条本町)，(24)観音寺(広島県広島市佐伯区坪井町)

◇山陽花の寺二十四か寺　山陽花の寺霊場会監修　広島　南々社　2010.10　167p　21cm　1429円　①978-4-931524-81-1
[目次] 大聖院(広島県廿日市市宮島町)　二井寺(山口県岩国市)　般若寺(山口県平生町)　漢陽寺(山口県周南市)　龍蔵寺(山口県山口市)　地蔵院(山口県山口市)　宗隣寺(山口県宇部市)　東行庵(山口県下関市)　功山寺(山口県下関市)　木山寺(岡山県真庭市)〔ほか〕
[内容] 芳しき香りにいざなわれ、その美に眼を開かれ、こころ癒やされる花巡礼。

348 瀬戸内三十三観音霊場

【概　要】兵庫県・岡山県・広島県の瀬戸内海沿いに広がる観音霊場。1985（昭和60）年3月3日、「自然の破壊や人心の荒廃をくいとめるため、豊かな心の開発と観音妙智の輪を広げていく」ことを目的に開創された。キャッチフレーズは「巡行すれば千苦を洗う。万人平和人づくり歩道場」。巡拝所要日数は車で2〜3日。

【札所名】(1)不洗観音寺(岡山県倉敷市)，(2)遍照院(岡山県倉敷市)，(3)宝島寺(岡山県倉敷市連島町)，(4)観音院(岡山県玉野市)，(5)金剛頂寺(岡山県瀬戸内市牛窓町)，(6)妙福寺(岡山県瀬戸内市牛窓町)，(7)花岳寺(兵庫県赤穂市)，(8)普門寺(兵庫県赤穂市)，(9)光明寺(岡山県備前市)，(10)福生寺(岡山県備前市)，(11)明王寺(岡山県岡山市東区)，(12)安住院(岡山県岡山市中区)，(13)頼久寺(岡山県高梁市頼久寺町)，(14)龍泉寺(岡山県高梁市成羽町)，(15)千手院(岡山県井原市野上町)，(16)法泉寺(岡山県井原市西江原町)，(17)泉勝院(岡山県浅口市金光町)，(18)本性院(岡山県倉敷市)，(19)不動院(岡山県浅口郡里庄町)，(20)教積院(岡山県笠岡市有田)，(21)嫁いらず観音院(岡山県井原市大江町)，(22)寒水寺(広島県福山市神辺町)，(23)能満寺(広島県福山市西町)，(24)磐台寺(広島県福山市沼隈町)，(25)神宮寺(広島県福山市向島町)，(26)対潮院(広島県尾道市因島土生町)，(27)観音院(広島県尾道市三庄町)，(28)北之坊福満寺(広島県尾道市御調町)，(29)龍華寺(広島県世羅郡世羅町)，(30)善昌寺(広島県府中市上下町)，(31)十輪院(広島県府中市鵜飼町)，(32)大坊 福盛寺(広島県福山市

駅家町),(33)福性院(広島県福山市芦田町)
【掲載事典】癒事,札所,霊大,霊巡,霊典

◇瀬戸内三十三観音巡り　片山新助著　岡山　山陽新聞社　1986.8　165p　19cm　1000円　Ⓞ4-88197-207-3

◇瀬戸内三十三観音巡り　片山新助著　改訂版　岡山　山陽新聞社　1993.10　165p　19cm

349 せとうち七福神
【概　要】1995(平成7)年に、広島県尾道市と愛媛県今治市を結ぶ西瀬戸自動車道沿線(しまなみ海道)の島々の寺院で開設された七福神霊場。4つの島に点在する寺社の七福神めぐりをする1日コース。1月には7日～12日まで吉兆色紙「宝来さん」が授けられる。
【札所名】(1)大黒(2)恵美須 大山神社(広島県尾道市因島土生町),(3)弁財天 対潮院(広島県尾道市因島土生町),(4)毘沙門天 光明坊(広島県尾道市瀬戸田町),(5)福禄寿 向雲寺(愛媛県越智郡上浦町),(6)寿老人 観音寺(愛媛県今治市伯方町),(7)布袋尊 高龍寺(愛媛県今治市吉海町)
【掲載事典】全七,霊大,霊巡,日七

350 中国観音霊場
【概　要】岡山・広島・山口・島根・鳥取の中国地方5県全域にわたる観音霊場。自動車による観光を視野に入れ、1981(昭和56)年7月に開設された。世界平和を祈願して誕生した霊場で、3年間の準備期間をかけて由緒・歴史のある寺院を選定したという。毎年持ち廻りで、全寺院住職が一堂に会して宗派を超えた合同法要を厳修している。特別霊場4ヶ寺を含め、全行程は約1500kmで、巡拝所要日数は一度に巡ると12～14日、各県6～8ヶ寺を2県ずつ巡ると3泊4日で2～3回。中国三十三観音霊場。
【札所名】(1)金陵山 西大寺(観音院)(岡山県岡山市東区),(2)上寺山 餘慶寺(東向観音)(岡山県瀬戸内市邑久町),(3)日光山 千住院 正楽寺(岡山県備前市),(特別霊場)栃社山 誕生寺(岡山県久米郡久米南町),(4)医王山 感神院 木山寺(木山さま)(岡山県真庭市),(5)金剛山 遍照寺 法界院(岡山県岡山市北区),(6)由加山 蓮台寺(ゆがさん)(岡山県倉敷市),(7)補陀洛山 円通寺(星浦観音)(岡山県倉敷市),(8)中道山 円光寺 明王院(広島県福山市草戸町),(9)転法輪山 大乗律院 浄土寺(広島県尾道市東久保町),(特別霊場)摩尼山 西國寺(広島県尾道市西久保町),(10)大宝山 権現院 千光寺(広島県尾道市東土堂町),(11)潮音山 向上寺(広島県尾道市瀬戸田町),(12)御許山 佛通寺(広島県三原市高坂町),(13)龍泉山 三瀧寺(広島県広島市西区),(14)多喜山 水精寺 大聖院(広島県廿日市市宮島町),(特別霊場)神峰山 明報院 般若寺(山口県熊毛郡平生町),(15)鹿苑山 漢陽寺(山口県周南市),(16)正宗山 洞春寺(山口県山口市水の上町),(17)瀧塔山 龍蔵寺(鼓の滝)(山口県山口市),(18)松江山 宗隣寺(山口県宇部市),(19)金山 功山寺(山口県下関市),(20)霊椿山 大照院(山口県萩市),(21)潮音山 観音院(玉江観音)(山口県萩市),(22)亀甲山 無量院 多陀寺(初午観音)(島根県浜田市生湯町),(23)天応山 神門寺(いろは寺)(島根県出雲市塩冶町),(24)慶向山 禅定寺(島根県雲南市三刀屋町),(25)浮浪山 一乗院 鰐淵寺(島根県出雲市別所町),(26)医王山 一畑寺(一畑薬師)(島根県出雲市小境町),(27)瑞塔山 雲樹寺(島根県安来市清井町),(28)瑞光山 清水寺(島根県安来市清水町),(29)角磐山 大山寺(鳥取県西伯郡大山町),(30)打吹山 長谷寺(鳥取県倉吉市仲之町),(31)三徳山 三佛寺(鳥取県東伯郡三朝町),(特別霊場)喜見山 摩尼寺(鳥取県鳥取市覚点),(32)補陀洛山 慈眼寺 観音院(鳥取県鳥取市上町),(33)乾向山 東留寺 大雲院(鳥取県鳥取市立川町)
【掲載事典】癒事,札所,巡遍,霊大,霊巡,日巡

◇中国観音霊場会　富永博次著　大阪　文明堂　1981.11　74p　21cm

◇中国三十三観音霊場巡拝地図帖　富永航

平著　中国観音霊場会監修　大阪　文明堂　[1983]　74p　21cm

◇**中国三十三所観音巡礼―法話と札所案内**　中国観音霊場会編　富永航平著　大阪　朱鷺書房　1988.9　217p　19cm　980円　①4-88602-109-3
[内容]山陽路から山陰路へとつづく37の観音霊場。四季折々、それぞれに美しい変化を見せる自然環境と、素朴な風土の中に待ち受ける古寺・名刹ばかり。現代に甦る観音慈悲の道に、今日もまた鈴の音は響く。巡拝案内とあわせて、霊場の住職が信仰のこころを説く。

◇**中国三十三観音霊場―人生は、旅。巡礼も、旅。道たどれば、心さやか**　中国観音霊場会編　岡山　中国観音霊場会　[1993]　1枚(折畳み)　26cm〈折畳み(52×37)〉

◇**中国三十三所観音巡礼―法話と札所案内**　中国観音霊場会編　冨永航平著　第2版　大阪　朱鷺書房　2003.5　223p　19cm　1000円　①4-88602-330-4

◇**THE 観音 旅**　中国観音霊場会編著　鳥取　中国観音霊場会　2003.7　118p　21cm　500円

◇**中国観音霊場巡礼の旅―山陽・山陰の名刹37ヵ寺**　西田茂雄写真　山と渓谷社　2004.9　163p　21cm(歩く旅シリーズ 古寺巡礼)　1500円　①4-635-60103-X
[目次]岡山県(第一番 西大寺　第二番 余慶寺 ほか)　広島県(第八番 明王院　第九番 浄土寺 ほか)　山口県(特別霊場 般若寺　第十五番 漢陽寺 ほか)　島根県(第二十二番 多陀寺　第二十三番 神門寺 ほか)　鳥取県(第二十九番 大山寺　第三十番 長谷寺 ほか)

◇**心の誓い**　松田千佐代著　[北九州]　[松田千佐代]　2012.11　208p　21cm　700円
[目次]九州八十八ヶ所巡礼の旅　中国三十三観音霊場巡拝の旅　九州三十六不動霊場巡りの旅

351　中国四十九薬師霊場

【概　要】霊場の仕掛人といわれる冨永航平の呼びかけで、1997(平成9)年開創された新しい薬師霊場。中国地方広域にわたり札所が点在する。岡山県を「東方の智慧」、広島県を「南方の智慧」、山口県を「中央の智慧」、島根県を「西方の智慧」、鳥取県を「北方の智慧」とし、旅の中で5つの智慧を授かることをテーマとする。3番札所勇山寺の薬師如来坐像は国宝、21番札所の牛田不動院の薬師如来坐像は定朝様藤原時代の秀作と言われ国の重要文化財に選定されている。

【札所名】(1)大村寺(岡山県加賀郡吉備中央町)、(2)薬師院(岡山県高梁市上谷町)、(3)勇山寺(岡山県真庭市)、(4)福王寺(岡山県真庭市)、(5)長雲寺(岡山県津山市)、(6)普光寺(岡山県久米郡美咲町)、(7)佛教寺(岡山県久米郡久米南町)、(8)恩徳寺(岡山県岡山市)、(9)久昌寺(岡山県玉野市)、(10)日光寺(岡山県笠岡市神島町)、(11)東福院(広島県福山市)、(12)国分寺(広島県福山市)、(13)徳雲寺(広島県庄原市東城町)、(14)日光寺(広島県三次市)、(15)薬師寺(広島県福山市今津町)、(16)西國寺(広島県尾道市西久保町)、(17)見性寺(広島県尾道市)、(18)光明寺(広島県尾道市)、(19)薬師寺(広島県尾道市)、(20)浄福寺(広島県東広島市安芸津町)、(21)牛田不動院(広島県広島市東区牛田町新町)、(22)大願寺(広島県廿日市市宮島町)、(23)渓月寺(山口県岩国市)、(24)法瀧院(山口県周南市皿山町)、(25)月輪寺(山口県山口市)、(26)興隆寺(山口県山口市)、(27)広沢寺(山口県山口市)、(28)常福寺(山口県山口市)、(29)長徳寺(山口県山口市)、(30)覚天寺(山口県山陽小野田市)、(31)東光寺(山口県下関市豊前田町)、(32)向徳寺(山口県長門市)、(33)円政寺(山口県萩市南古萩町)、(34)長福寺(島根県浜田市内村町)、(35)延命寺(島根県邑智郡邑南町)、(36)神宮寺(島根県出雲市)、(37)延命寺(島根県出雲市)、(38)常栄寺(島根県松江市寺町)、(39)安国寺(島根県松江市竹矢町)、(40)安国寺(鳥取県米子市寺町)、(41)長昌寺(鳥取県西伯郡伯耆町)、(42)大日寺(鳥取県倉吉市)、(43)皆成院(鳥取県東伯郡三朝町)、(44)宝泉寺(鳥取県鳥取市吉岡温泉町)、(45)座光寺(鳥取県鳥取市)、(46)最勝院(鳥取県鳥取市湯所町)、(47)東源寺(鳥取県岩美郡岩美町)、(48)大樹寺(鳥取県八頭郡八頭町)、(49)森寺(鳥取県鳥取市

【掲載事典】札所，巡遍，霊大，霊巡，日巡

◇中国四十九薬師巡礼　中国四十九薬師霊場会編　冨永航平著　大阪　朱鷺書房　1997.10　217p　19cm　1000円　①4-88602-311-8

◇中国四十九薬師霊場巡拝マップ　中国四十九薬師霊場会　1998.8　72p　19×27cm

◇中国四十九薬師巡礼　中国四十九薬師霊場会編　冨永航平著　第2版　大阪　朱鷺書房　2002.4　223p　19cm　1000円　①4-88602-325-8

|目次|大村寺（岡山県賀陽町）　薬師院（岡山県高梁市）　勇山寺（岡山県落合町）　福王寺（岡山県八束村）　長雲寺（岡山県津山市）　普光寺（岡山県中央町）　仏教寺（岡山県久米南町）　恩徳寺（岡山県岡山市）　久昌寺（岡山県玉野市）　日光寺（岡山県笠岡市）〔ほか〕

|内容|経典に説かれる薬師の十二大願のうち、とくに病苦や貧困を取り除くという願が根本となって、薬師への熱心な祈りは、わが国に仏教の伝来した当初から絶えることがなかった。薬師信仰で知られる中国五県の古寺名刹四十九カ所を、詳細に案内する。

352　中国地蔵尊霊場
【概　要】1997（平成9）年、中国地方の5県10宗、30ヶ寺が集まり地蔵霊場を開創した。総距離1300kmの広い範囲にわたる地蔵尊霊場。1番札所の誕生寺は法然上人二十五霊場の第一番、中国観音霊場の特別霊場でもある。21番札所清水大師寺は山陰地方屈指の弘法大師霊場である。また30番札所の玄忠寺には剣豪・荒木又右衛門の墓がある。
【札所名】(1)誕生寺（岡山県久米郡久米南町），(2)大雲寺（岡山県岡山市表町），(3)高徳寺（岡山県倉敷市船穂町），(4)宝鏡寺（岡山県高梁市川上町），(5)大通寺（岡山県小田郡矢掛町），(6)明王院（岡山県浅口市鴨方町），(7)賢忠寺（広島県福山市寺町），(8)地蔵院（広島県福山市鞆町），(9)海龍寺（広島県尾道市東久保町），(10)大山寺（広島県尾道市），(11)明星院（広島県広島市東区），(12)延命寺（広島県廿日市市），(13)籌勝院（山口県岩国市），(14)久屋寺（山口県大島郡周防大島町），(15)真福寺（山口県周南市福川中市町），(16)禅昌寺（山口県山口市），(17)長徳寺（山口県光市），(18)極楽寺（山口県長門市仙崎新町），(19)光明寺（島根県鹿足郡津和野町），(20)妙義寺（島根県益田市七尾町），(21)清水大師寺（島根県大田市温泉津町），(22)福城寺（島根県大田市川合町），(23)月照寺（島根県松江市外中原町），(24)印珠寺（島根県安来市岩舟町），(25)光祐寺（鳥取県境港市馬場崎町），(26)光西寺（鳥取県米子市博労町），(27)退休寺（鳥取県西伯郡大山町），(28)地蔵院（鳥取県倉吉市関金町），(29)譲伝寺（鳥取県鳥取市鹿野町），(30)玄忠寺（鳥取県鳥取市新品治町）
【掲載事典】霊巡

◇中国地蔵尊巡拝―法話と札所案内　中国地蔵尊霊場会編　下休場由晴著　大阪　朱鷺書房　1998.5　197p　19cm　1000円　①4-88602-313-4

|目次|誕生寺（岡山県久米南町）　大雲寺（岡山県岡山市）　高徳寺（岡山県船穂町）　寶鏡寺（岡山県川上町）　大通寺（岡山県矢掛町）　明王院（岡山県鴨方町）　賢忠寺（広島県福山市）　地蔵院（広島県福山市）　海龍寺（広島県尾道市）　大山寺（広島県尾道市）〔ほか〕

|内容|本書は、自然のめぐみ豊かな中国地方五県をめぐる地蔵尊霊場の詳細ガイドである。

中国の霊場

◇山陰の三十三所　石川靖夫［著］［富士見］［石川靖夫］2006.11　175p　19cm

|目次|鳥取県（因幡三十三所　因幡国三拾三処　因幡観音霊場　伯耆三十三所　河村郡三十三所　久米郡三十三所　会見郡三十三所　汗入郡三十三所　大山領内三十三所　日野郡三十三番札所　奥日野三十三所　箕蚊屋三十三番平和観音）　島根県（出雲三十

三所　島根郡三十三所　松江三十三所（忌部札所）　出雲郡三十三所　楯縫三十三所　神門郡三十三所　北神門三十三所　簸川西国三十三番霊場（高窪観音三十三所）　能義郡三十三所　母里領観音三十三番（赤屋三十三番観音札　万石札　安田札）　能義郡山中三十三番　仁多郡三十三所　横田札三十三番札所　亀嵩三十三所　掛合村三十三所　石見三十三所　石見曼荼羅観音霊場　濱田領三十三所　福屋三十三所　吉賀三十三観音霊場　隠岐嶋前三十三所）　山県（岡山三十三所　邑久西国三十三所　備中西国三十三所　備中国三十三所　児島百番霊場（西国三十三番　秩父三十四番　坂東三十三所）　浅口新西国三十三所　嶋西国父三十三所　連島西国三十三番札所　長尾西国三十三所　賀陽郡山北西国三拾三所　新本西国三十三所　井原西国三十三所　井原秩父三十四所　美作西国三十三所　八ヶ村三十三所）　広島県（備後西国三十三所　福山西国三十三所　准西国尾路三十三所　三原地西国三十三所　三谿郡三十三所　恵蘇郡三十三所　三上郡三十三所　奴可郡三十三所　安芸三十三所　安芸西国三十三所　廣島郷三十三所　広島新西国三十三所　周防三十三観音霊場　長門三十三所　長門當国三十三所　豊浦三十三所）

◇瀬戸内の三十三所　石川靖夫［著］富士見　石川靖夫　2007.9　173p　19cm
【目次】広域（中国三十三観音霊場　瀬戸内三十三観音　中国楽寿観音三十三ヶ所）　岡

《鳥取県》

353　因幡三十三観音霊場

【概　要】鳥取県東部、鳥取市を中心に岩美郡・八頭郡にまたがる観音霊場。元和年間（1615〜24）の成立とされるが、詳細は明らかでない。廃寺なども多く、近年になって札所が改訂された。因幡西国観音霊場。

【札所名】(1)観音院(鳥取市上町)，(2)観音寺(鳥取市河原町)，(奥之院)最勝院(鳥取市湯所町)，(3)円護寺(鳥取市)，(4)大応寺(鳥取市)，(5)竜岩寺観音堂(岩美郡岩美町)，(6)観照院(岩美郡岩美町)，(7)定善寺(岩美郡岩美町)，(8)常智院(岩美郡岩美町)，(9)勧学寺(岩美郡岩美町)，(10)長安寺観音堂(岩美郡岩美町)，(11)光清寺(鳥取市)，(12)長通寺(鳥取市国府町)，(13)覚王寺(八頭郡八頭町)，(14)長源寺(八頭郡八頭町)，(15)新興寺(八頭郡八頭町)，(16)西橋寺(八頭郡八頭町)，(17)法清寺(鳥取市)，(18)大安興寺(鳥取市用瀬町)，(19)大善寺(鳥取市用瀬町)，(20)興雲寺(八頭郡智頭町)，(21)正法寺(鳥取市河原町)，(22)万福寺(鳥取市河原町)，(23)福聚寺(鳥取市河原町)，(24)長谷寺(鳥取市)，(25)願行寺(鳥取市)，(26)龍福寺(鳥取市)，(27)雲龍寺(鳥取市鹿野町)，(28)慶寿寺(鳥取市気高町)，(29)興宗寺(鳥取市青谷町)，(30)東昌寺(鳥取市気高町)，(31)慈眼寺(鳥取市)，(32)東円寺(鳥取市)，(33)大雲院(鳥取市立川町)

【掲載事典】古寺，霊大，霊巡，霊典

354　因幡薬師霊場

【概　要】鳥取県全域に散在する薬師如来霊場で、30の札所で構成される。第7番札所国分寺の住職および檀家総代の尽力により、1984（昭和59）年に26ヶ寺で開創された。2000（平成12）年に3ヶ寺、2003（平成15）年に1ヶ寺が加わり、現在は30ヶ寺で構成される。

【札所名】(1)医王山 最勝院(鳥取市湯所町)，(2)田後薬師堂(岩美郡岩美町)，(3)利勝山 貞信寺(鳥取市福部町)，(4)海南山 長楽寺(鳥取市福部町)，(5)医王山 東源寺(岩美郡岩美町)，(6)龍澤山 瑞泉寺(岩美郡岩美町)，(7)最勝名山 国分寺(鳥取市国府町)，(8)普門山 大樹寺(八頭郡八頭町)，(9)瑞峰山 祥雲寺(八頭郡八頭町)，(10)遠渓山 吉祥寺(八頭郡若桜町)，(11)寺前薬師堂(八頭郡若桜町)，(12)波羅密山 新興寺(八頭郡八頭町)，(13)東方山 奉安寺(八頭郡八頭町)，(14)吸湖山 宝島寺(鳥取市吉岡温泉町)，(15)吉岡薬師堂(鳥取市吉岡温泉町)，(16)三光院(鳥取市鹿野町)，(17)松泉寺薬師堂(鳥取市鹿野町)，(18)勝見薬師堂(鳥取市気高町)，(19)医王山 大安興寺(鳥取市用瀬

島根県

町），(20)高貴山 極楽寺（八頭郡智頭町），(21)医王山 西光寺（八頭郡智頭町），(22)金剛幢院 東光寺（鳥取市用瀬町），(23)藤森山 福善寺（鳥取市佐治町），(24)月光山 林泉寺（鳥取市佐治町），(25)三徳山 森福寺（鳥取市），(26)松風山 永明寺（岩美郡岩美町），(27)江波薬師堂（鳥取市用瀬町），(28)菖蒲山 座光寺（鳥取市），(29)萬祥山 龍徳寺（八頭郡若桜町），(30)峰寺薬師堂（八頭郡八頭町）
【掲載事典】霊大，霊巡

◇因幡薬師霊場縁起　因幡薬師霊場会編　国府町（鳥取県）因幡薬師霊場会　1985.9　1冊　22cm

◇因幡薬師霊場縁起　因幡薬師霊場会　2004.6　1冊　21cm

355 伯耆三十三観音霊場

【概　要】鳥取県中部から西部、米子市・倉吉市・西伯郡・東伯郡・日野郡にまたがる観音霊場。江戸時代の開創とされるが、詳細は不明。観光や温泉を楽しみながら巡拝できる霊場として名高い。役行者の開山と伝わり奥院「投入堂」が国宝に指定されている第29番三徳山三仏寺が特に有名である。

【札所名】(1)金龍山 雲光寺（西伯郡南部町），(2)権現山 八國寺（西伯郡南部町），(3)護国山 豊寧寺（西伯郡南部町），(4)大龍山 総泉寺（米子市愛宕町），(5)車尾山 梅翁寺（米子市），(6)護国山 龍門寺（西伯郡南部町），(7)良徳山 誓願寺（西伯郡南部町），(8)天寧山 傳燈寺（西伯郡伯耆町），(9)医雲山 長楽寺（日野郡日野町），(10)瑠璃光山 泉龍寺（日野郡日野町），(11)長傳山 延暦寺（日野郡日野町），(12)高谷山 萬福寺（日野郡江府町），(13)霊瑞山 浄楽寺（日野郡江府町），(14)大山寺 阿弥陀堂（西伯郡大山町），(15)大山寺 下山観音堂（西伯郡大山町），(16)小鷹山 観音寺（米子市），(17)圓通山 精明寺（米子市淀江町），(18)玉簾山 観音寺（西伯郡大山町），(19)慈雲閣 松吟庵（西伯郡大山町），(20)金龍山 退休寺（西伯郡中山町退休寺 21)竹寶山 水月堂（東伯郡琴浦町），(22)壽福山 專称寺（東伯郡琴浦町），(23)覚天山 体玄寺（東伯郡琴浦町），(24)亀福山 光徳寺（東伯郡琴浦町），(25)湯谷山 転法輪寺（東伯郡琴浦町），(26)大成山 観音寺（東伯郡北栄町），(27)九品山 大傳寺（東伯郡湯梨浜町），(28)昭暉山 龍徳寺（東伯郡湯梨浜町），(29)三徳山 三佛寺（東伯郡三朝町），(30)松波山 常立庵（東伯郡三朝町），(31)萬祥山 大岳院（倉吉市），(32)金地福山 定光寺（倉吉市），(33)打吹山 長谷寺（倉吉市仲ノ町）

【掲載事典】古寺，霊大，霊巡，日巡，霊典

◇伯耆三十三札所―鳥取県・伯耆国　米子　立花書院　1996.10　219p　19cm　1455円

◇伯耆巡礼―写真に見る伯耆三十三札所　鳥取県伯耆国　楳範之企画　立花書院　1998.11　176p　19cm　1500円

◇伯耆札所のこころ―法話集　米子　立花書院　2000.6　127p　19cm　1000円

◇伯耆三十三札所―鳥取県伯耆国　楳範之企画　改訂　立花書院　2005.2　219p　19cm〈伯耆札所開創260年記念出版〉1500円

◇伯耆三十三札所納経帳―札所解説付　改訂　立花書院　2016.3　1冊　19cm　1300円　④4-9907091-5-0

《島根県》

356 出雲三十三観音霊場

【概　要】島根県東部に位置する観音霊場。成立時期は明らかでないが、伝説によると花山法皇（968～1008）が神の国出雲の地に観音霊場を開き、仏と神の力によって国の平和と民衆の幸福を達成しようとの願いを込めて順拝したのが起源だとされる。順路は出雲大

社の門前町である出雲市大社町に始まり、玉造温泉で知られる松江市玉湯町で終わる。全行程は、約220km。かつて出雲国には未婚の男女が3月の節句から八十八夜の頃までに三十三霊場を巡る「出雲巡礼」という慣習があり、女性は巡礼を終えないと嫁に行けなかったという。

【札所名】(1)十一面観音 長谷寺(出雲市大社町)，(2)聖観音 養命寺(出雲市大社町)，(3)千手観音 鰐淵寺(出雲市別所町)，(4)十一面観音 観音寺(出雲市渡橋町)，(5)十一面観音 神門寺(出雲市塩冶町)，(6)聖観音 蓮台寺(出雲市斐川町)，(7)十一面観音 光明寺(雲南市加茂町)，(8)十一面観音 長谷寺(雲南市加茂町)，(9)聖観音 峯寺(雲南市三刀屋町)，(10)聖観音 禅定寺(雲南市三刀屋町)，(11)如意輪観音 円通寺(雲南市掛合町)，(12)聖観音 寿福寺(雲南市三刀屋町)，(13)千手観音 満福寺(雲南市木次町)，(14)十一面観音 蓮華寺(雲南市大東町)，(15)十一面観音 弘安寺(雲南市大東町)，(16)十一面観音 常栄寺(松江市八雲町)，(17)十一面観音 星上寺(松江市八雲町)，(18)聖観音 厳倉寺(安来市広瀬町)，(19)十一面観音 観音寺(安来市広瀬町)，(20)千手観音 長谷寺(安来市伯田町)，(21)十一面観音 清水寺(安来市清水町)，(22)聖観音 長楽寺(安来市九重町)，(23)十一面観音 願興寺(松江市東出雲町)，(24)十一面観音 浄音寺(松江市大庭町)，(25)十一面観音 長慶寺(松江市福原町)，(26)十一面観音 千手院(松江市石橋町)，(27)千手観音 千光寺(松江市上佐陀町)，(28)如意輪観音 成相寺(松江市荘成町)，(29)十一面観音 朝日寺(松江市鹿島町)，(30)馬頭観音 金剛寺(松江市東長江町)，(31)聖観音 満願寺(松江市西浜佐陀町)，(32)聖観音 善光寺(松江市浜乃木町)，(33)聖観音 清厳寺(松江市玉湯町)，(番外)薬師如来 一畑寺(出雲市小境町)

【掲載事典】古寺，札所，巡遍，霊大，霊巡，日巡，霊典

◇出雲三十三カ所めぐり 平幡良雄編 銚子 満願寺 [1980] 18cm 500円

◇出雲観音巡礼―よみがえる三十三カ所 平幡良雄著 改訂2版 銚子 満願寺教化部 1995.7 96p 19cm〈奥付の書名：出雲〉800円

◇お遍路道にみる卓越した石造物―出雲三十三所巡り 池淵信安著 [斐川町(島根県)] [池淵信安] 2012] 1冊 30cm

◇雲南市内の札打ち路と一丁地蔵を尋ねて―出雲三十三所巡り 池淵信安著 [斐川町(島根県)] [池淵信安] 2012.1 138p 30cm

357 出雲十大薬師霊場

【概　要】島根県東部の出雲市内にある10ヶ寺で構成される薬師如来霊場。眼のお薬師さまとして信仰を集める第1番札所一畑寺(通称一畑薬師)、行基菩薩の作と伝わる薬師尊像を奉安する第2番札所瑞雲寺(通称平田薬師)などが有名。

【札所名】(1)一畑薬師 一畑寺(出雲市小境町)，(2)平田薬師 瑞雲寺(出雲市平田町)，(3)荘原薬師 荘厳寺(出雲市斐川町)，(4)岩野薬師 大光寺(出雲市斐川町)，(5)川跡薬師 薬師寺(出雲市中野町)，(6)出雲薬師 薬師寺(出雲市松寄下町)，(7)高松薬師 相円寺(出雲市高松町)，(8)真幸薬師 福知寺(出雲市知井宮町)，(9)半分薬師 浄福寺(出雲市上塩冶町)，(10)立久恵薬師 霊光寺(出雲市乙立町)

【掲載事典】霊大，霊巡

358 出雲国七福神

【概　要】1980(昭和55)年に創設された七福神霊場で、島根県の宍道湖と中海の周囲を巡礼するコースで、4市1町の広範囲にわたる。毎年7月26日、27日には斐川、玉湯川で七福神祭が開かれ、福授けが行われる。

【札所名】大黒天 松源寺(安来市安来町)，福禄寿 龍覚寺(松江市)，布袋尊 清厳寺(松江市玉湯町)，恵美寿天 洞光寺(松江市新町)，弁財天 弘法寺(出雲市下古志町)，毘沙門天 西光院(出雲市斐川町)，寿老人 本性寺(出雲市小境町)

島根県

【掲載事典】七幸，七巡，七め，全七，霊大，霊巡，日七

◇出雲国七福神　原宏一,宮田隆著　松江山陰中央新報社　［1980］44p　21cm　500円

◇昭和出雲国七福神山陰路を西へ　村竹本市著　そば富　［1987］46p　19cm

359 出雲国十三仏霊場

【概　要】島根県松江市を中心に、島根半島から宍道湖沿いにかけて広がる十三仏霊場。1982(昭和57)年に開創された。構成寺院はいずれも高野山真言宗。巡拝所要日数は1日。

【札所名】(1)金峯山 高祖寺(松江市秋鹿町)，(2)金宝山 朝日寺(松江市鹿島町)，(3)延林山 成相寺(松江市荘成町)，(4)金亀山 満願寺(松江市西浜佐陀町)，(5)明星山 薬師院(松江市鹿島町)，(6)尊照山 千手院(松江市石橋町)，(7)龍宝山 自性院(松江市米子町)，(8)道籠山 迎接寺(松江市八幡町)，(9)医王山 東泉寺(松江市東出雲町)，(10)楊瀧山 乗光寺(松江市東出雲町)，(11)遍照山 弘徳寺(松江市雑賀町)，(12)養龍山 報恩寺(松江市玉湯町湯町)，(13)美滝山 岩屋寺(松江市宍道町)，(特番)圓通山 宗昌寺(松江市東出雲町)

【掲載事典】霊大，霊巡

◇出雲国十三仏霊場巡拝ガイドブック　出雲国十三仏霊場会編　松江　出雲国十三仏霊場会　1986.10　41p　19cm

◇出雲国十三仏霊場めぐり　出雲国十三仏霊場会　［1992］1枚　30cm

360 石見銀山天領七福神

【概　要】1975(昭和50)年、島根県西部の旧石見国に石見銀山を中心とする元の天領地内の寺院をめぐる七福神霊場として創設された。車で回る場合の推定巡拝所要時間は5～6時間程度。

【札所名】恵比須 清水大師寺(大田市温泉津町)，大黒天 城福寺(大田市仁摩町)，毘沙門天 安楽寺(大田市温泉津町)，弁財天 波喰寺(大田市仁摩町)，福禄寿 観世音寺(大田市大森町)，寿老人 高野寺(大田市温泉津町)，布袋尊 楞厳寺(大田市温泉津町)

【掲載事典】七幸，霊大，霊巡

361 石見曼荼羅観音霊場

【概　要】島根県西部、大田市・江津市・益田市・浜田市などに散在する観音霊場。客番10ヶ所を含め44の札所で構成され、三十三ヶ所は観音大慈の誓願寺、客番は仏の十戒寺とされる。

【札所名】(1)円応寺(大田市大田町)，(客番)円城寺(大田市三瓶町)，(2)崇福寺(大田市三瓶町)，(3)福城寺(大田市川合町)，(4)安楽寺(大田市静間町)，(5)波喰寺(大田市仁摩町)，(6)城福寺(大田市仁摩町)，(客番)観世音寺(大田市大森町)，(7)清水寺(大田市大森町)，(客番)羅漢寺(大田市大森町)，(8)円福寺(大田市祖式町)，(9)仙岩寺(邑智郡川本町)，(10)長寿寺(邑智郡本町)，(11)甘南備寺(江津市桜江町)，(12)福応寺(江津市桜江町)，(13)福泉寺(江津市有福町)，(14)瑠璃寺(浜田市弥栄村)，(15)報国寺(鹿足郡吉賀町)，(16)栄泉寺(鹿足郡吉賀町)，(17)永明寺(鹿足郡津和野町)，(18)興海寺(鹿足郡津和野町)，(客番)延命寺(益田市元町)，(19)医光寺(益田市染羽町)，(客番)万福寺(益田市東町)，(20)竜雲寺(浜田市三隅町)，(客番)正法寺(浜田市三隅町)，(21)極楽寺(浜田市三隅町)，(22)聖徳寺(浜田市周布町)，(客番)浄琳尼寺(浜田市周布町)，(23)宝福寺(浜田市大辻町)，(客番)大日(浜田市港町)，(24)多陀寺(浜田市生湯町)，(25)安国寺(浜田市上府町)，(26)光明寺(浜田市下府町)，(客番)大平寺(江津市二宮町)，(27)観音寺(江津市江津町)，(28)円光寺(江津市都治町)，(客番)快

算院(江津市都治町), (29)岩滝寺(江津市波積町), (30)西念寺(大田市温泉津町), (31)大師寺(大田市温泉津町), (32)楊厳寺(大田市温泉津町), (33)高野寺(大田市温泉津町), (番外)和寺(益田市匹見町), (番外)金剛院(大田市温泉津町), (番外)定徳寺(邑智郡美郷町)
【掲載事典】霊大, 霊巡

◇石見の札所めぐり―石見曼荼羅観音霊場
渡利記宣編　同行二人旅の会　［1977］
190p　18cm（ふるさとの心を求めて 1）
1100円

◇石見曼荼羅観音霊場巡拝図―石見の寺院を見直しふるさとの心をさぐろう　出雲・石見霊場巡拝センター　1988.11　1枚　37×52cm（折りたたみ26cm）〈形態：袋入 清水大師渡利記宣作図〉

362 松江三十三観音霊場
【概　要】島根県松江市内に札所が集中するミニ観音霊場。同市は松江城・小泉八雲旧居・玉造温泉などで知られる行楽地でもあり、観光を兼ねた巡拝も行われている。
【札所名】(1)天倫寺(松江市堂形町), (2)清光院(松江市外中願町), (3)法眼寺(松江市黒田町), (4)法眼寺(松江市黒田町), (5)桐岳寺(松江市奥谷町), (6)萬寿寺(松江市奥谷町), (7)千手院(松江市石橋町), (8)大雄寺(松江市中原町), (9)自性院(松江市米子町), (10)榎薬師(松江市東本町), (11)柳地蔵堂(松江市末次本町), (12)龍覚寺(松江市寺町), (13)浄心寺(松江市和多見町), (14)善導寺(松江市和多見町), (15)龍覚寺(松江市寺町), (16)常栄寺(松江市寺町), (17)宗泉寺(松江市寺町), (18)龍昌寺(松江市寺町), (19)全龍寺(松江市寺町), (20)東林寺(松江市寺町), (21)安栖院(松江市寺町), (22)専念寺(松江市寺町), (23)称名寺(松江市寺町), (24)誓願寺(松江市寺町), (25)龍覚寺(松江市寺町), (26)来迎寺(松江市天神町), (27)信楽寺(松江市堅町), (28)誓願寺(松江市寺町), (29)東林寺(松江市寺町), (30)洞光寺(松江市新町), (31)極楽寺(松江市松尾町), (32)称名寺(松江市寺町), (33)圓成寺(松江市栄町)
【掲載事典】霊巡

◇松江観音霊場・松江六地蔵札・日蓮宗十ケ寺参・写経観音案内図　仏壇の原田　［1994］ 1枚(2折) 42×30cm

363 松江六地蔵
【概　要】島根県松江市内に位置する地蔵尊霊場。肉親や縁者を失った人々がその冥福を祈って巡拝する地蔵尊とされる。寺院3ヶ所と地蔵堂2ヶ所で構成されており、龍覚寺には2番・3番の2体の地蔵像が祀られている。
【札所名】(1)舜叟寺(松江市山代町), (2)龍覚寺(松江市寺町), (3)龍覚寺(松江市寺町), (4)柳地蔵堂(松江市末次本町), (5)法眼寺(松江市外中原町), (6)浜佐田地蔵堂(松江市浜佐田町)
【掲載事典】霊大, 霊巡

◇松江観音霊場・松江六地蔵札・日蓮宗十ケ寺参・写経観音案内図　仏壇の原田　［1994］ 1枚(2折) 42×30cm

島根県の霊場

◇出雲國神仏霊場巡り―心の旅　藤岡大拙著　斐川町(島根県) 出雲学研究所　2006.10　99p　21cm〈発売：ハーベスト出版(松江)〉952円　①4-938184-35-4

《岡山県》

364 神島八十八ヵ所霊場
【概　要】岡山県笠岡市神島に位置する弘法大師霊場。弘法大師の夢のお告げを受けた今田卯兵衛(慧弦)が発願し、島の住人である池田重郎兵衛の協力により、1744(延享元)年に開創したと伝えられる。霊場の順番・寺号・本尊・御詠歌は本四国と同一である。全行程は約29kmで、巡拝所要日数は1泊2日。
【札所名】(1)霊山寺(笠岡市神島内浦)、(2)極楽寺(笠岡市神島内浦)、(3)金泉寺(笠岡市神島内浦)、(4)大日寺(笠岡市神島内浦)、(5)地蔵寺(笠岡市神島内浦)、(6)安楽寺(笠岡市神島内浦)、(7)十楽寺(笠岡市神島内浦)、(8)熊谷寺(笠岡市神島内浦)、(9)法輪寺(笠岡市神島内浦)、(10)切幡寺(笠岡市神島内浦)、(11)藤井寺(笠岡市神島内浦)、(12)焼山寺(笠岡市神島内浦)、(13)大日寺(笠岡市神島内浦)、(14)常楽寺(笠岡市神島内浦)、(15)阿波国分寺(笠岡市神島内浦)、(16)観音寺(笠岡市神島外浦)、(17)井戸寺(笠岡市神島外浦)、(18)恩山寺(笠岡市神島外浦)、(19)立江寺(笠岡市神島外浦)、(20)鶴林寺(笠岡市神島外浦)、(21)太龍寺(笠岡市神島外浦)、(22)平等寺(笠岡市神島外浦)、(23)薬王寺(笠岡市神島外浦)、(24)最御崎寺(笠岡市神島外浦)、(25)津照寺(笠岡市神島外浦)、(26)金剛頂寺(笠岡市神島外浦)、(27)神峰寺(笠岡市神島外浦)、(28)大日寺(笠岡市神島外浦)、(29)土佐国分寺(笠岡市神島外浦)、(30)善楽寺(笠岡市神島外浦)、(31)竹林寺(笠岡市神島外浦外浦公園)、(32)禅師峰寺(笠岡市神島外浦)、(33)雪蹊寺(笠岡市神島外浦)、(34)種間寺(笠岡市神島外浦)、(35)清瀧寺(笠岡市神島外浦)、(36)青龍寺(笠岡市神島外浦)、(37)岩本寺(笠岡市神島外浦)、(38)金剛福寺(笠岡市神島外浦)、(39)延光寺(笠岡市神島西部)、(40)観自在寺(笠岡市神島西部)、(41)龍光寺(笠岡市神島西部)、(42)仏木寺(笠岡市神島西部)、(43)明石寺(笠岡市神島西部)、(44)大宝寺(笠岡市神島西部)、(45)岩屋寺(笠岡市神島西部)、(46)浄瑠璃寺(笠岡市神島西部)、(47)八坂寺(笠岡市神島西部)、(48)西林寺(笠岡市神島西部)、(49)浄土寺(笠岡市神島西部)、(50)繁多寺(笠岡市神島西部)、(51)石手寺(笠岡市神島西部)、(52)太山寺(笠岡市神島西部)、(53)円明寺(笠岡市神島西部)、(54)延命寺(笠岡市神島西部)、(55)南光坊(笠岡市神島西部)、(56)泰山寺(笠岡市神島西部寺間)、(57)栄福寺(笠岡市神島西部)、(58)仙遊寺(笠岡市神島西部)、(59)伊予国分寺(笠岡市神島西部)、(60)横峰寺(笠岡市神島西部)、(61)香園寺(笠岡市神島西部)、(62)宝寿寺(笠岡市神島西部)、(63)吉祥寺(笠岡市神島西部)、(64)前神寺(笠岡市神島西部高集落)、(65)三角寺(笠岡市神島北部)、(66)雲辺寺(笠岡市神島北部)、(67)大興寺(笠岡市神島北部)、(68)神恵院(笠岡市神島北部)、(69)観音寺(笠岡市神島北部)、(70)本山寺(笠岡市神島北部汁潟)、(71)弥谷寺(笠岡市神島北部汁潟)、(72)曼荼羅寺(笠岡市神島北部)、(73)出釈迦寺(笠岡市神島北部)、(74)甲山寺(笠岡市神島北部)、(75)善通寺(笠岡市神島北部)、(76)金倉寺(笠岡市神島北部)、(77)道隆寺(笠岡市神島北部)、(78)郷照寺(笠岡市神島北部)、(79)高照院(笠岡市神島北部)、(80)讃岐国分寺(笠岡市神島北部)、(81)白峯寺(笠岡市神島北部)、(82)根香寺(笠岡市神島北部)、(83)一宮寺(笠岡市神島北部)、(84)屋島寺(笠岡市神島北部)、(85)八栗寺(笠岡市神島北部)、(86)志度寺(笠岡市神島北部)、(87)長尾寺(笠岡市神島内浦)、(88)大窪寺(笠岡市神島内浦)。
【掲載事典】霊大，霊巡，日巡

◇全国九カ所島四国霊場めぐり　首藤一著　大阪　創元社　1984.10　274p　19cm　1800円　ⓝ4-422-25035-3

◇神島八十八ケ所─拓本散策　坂本亜紀児著　岡山　日本文教出版　2005.7　156p　15cm（岡山文庫）　800円　ⓝ4-8212-5235-X

365 高野山真言宗美作八十八ヶ所霊場

【概　要】岡山県北部の津山盆地を中心とする旧美作国に広がる弘法大師霊場。1984（昭和59）年の弘法大師入定1150年御遠忌を迎えるにあたり報恩記念事業として開創されたもので、1983（昭和58）年4月30日に霊場開きの法会が執行された。巡拝所要日数はバスで5日。美作八十八ヶ所霊場。

【札所名】(1)作東高野山 摩尼院 法輪寺（美作市），(2)土師山 無量壽院 圓福寺（美作市），(3)永慶山 寶持院 光明寺（美作市），(4)清龍山 善性院 榮徳寺（美作市），(5)天龍山 慈眼院 遍照寺（美作市），(6)慈恩山 寶積院 普門寺（美作市），(7)瑠璃山 勝功徳院 蓮花寺（美作市），(8)鈴峯山 蓮乘院 薬水寺（美作市），(9)黒見山 寶聚院 観音寺（美作市），(10)壽福山 成就院 寶階院 東光寺（勝田郡勝央町），(11)寶生山 真如院 真福寺（勝田郡勝央町），(12)金龍山 普陀洛院 見正寺（勝田郡勝央町），(13)岡尾山 普門院 真休寺（美作市），(14)松栄山 長正寺（美作市），(15)高貴山 奥之院 宗傳寺（久米郡美咲町），(16)高貴山 自性院 華蔵寺（久米郡美咲町），(17)寶壽山 淨光院 観音寺（久米郡美咲町），(18)紫雲山 光嚴院 泰西寺（久米郡久米南町），(19)圜密山 泰山寺（久米郡久米南町），(20)醫王山 佛教寺（久米郡久米南町），(21)静謐山 豊楽寺（岡山市北区建部町），(22)竜堂山 瑞泉院（久米郡久米南町），(23)龍光山 清水寺（久米郡久米南町），(24)二上山 蓮華院 両山寺（久米郡美咲町），(25)金龍山 江原寺（久米郡美咲町），(26)渓應山 法泉寺（真庭市），(27)今西山 阿弥陀院 法福寺（真庭市），(28)笠組山 福聚院 普門寺（真庭市），(29)郷城山 薬師院 萬福寺（真庭市），(30)光明山 遍照寺（真庭市），(31)福聚山 普門院 清水寺（真庭市），(32)不思議原山 正光寺（真庭市），(33)大宇山 勇山寺（真庭市），(34)醫王山 感神院 木山寺（真庭市），(35)醫王山 感神院 木山寺（真庭市），(36)瑠璃山 地蔵院 等輪寺（真庭市），(37)福田山 善福寺（真庭市），(38)神村山 神林寺（真庭市），(39)覚鑁山 遍照寺（真庭市），(40)金龍山 薬師堂（真庭市），(41)長久山 宝階院 善光寺（真庭市），(42)無量山 大福寺（真庭市），(43)別宮山 愛染院 八幡寺（真庭市），(44)嶺覚山 別当寺（真庭市），(45)延命山 円王寺（真庭市），(46)妙相山 普門寺（真庭市），(47)善陀山 医王院 安養寺（真庭市），(48)醫王山 桜本寺（真庭市），(49)寶珠山 竹元寺（真庭市），(50)覚鑁山 遍照院 宇南寺（真庭市），(51)金龍山 玉泉寺（真庭市），(52)慈雲山 密乗寺（真庭市），(53)寺城山 不動院 密厳寺（津山市），(54)天竺山 圓明寺 興禅寺（久米郡美咲町），(55)霊雲山 蓮華院 弘法寺（久米郡美咲町），(56)極楽寺 清瀧寺（津山市），(57)瑞雲山 龍澤寺（津山市），(58)田口山 来迎院 引乗寺（津山市），(59)極楽山 安養寺（津山市），(60)男女山 金光院 吉祥寺（苫田郡鏡野町），(61)景清山 往生院 寶性寺（苫田郡鏡野町），(62)八木山 知足院 福泉寺（苫田郡鏡野町），(63)恵日山 興隆寺（苫田郡鏡野町），(64)青木山 常念院 極楽寺（苫田郡鏡野町），(65)蕎麦尾山 光明院 金剛頂寺（苫田郡鏡野町），(66)法華山 大円院 弘秀寺（苫田郡鏡野町），(67)壽寶山 長善寺（苫田郡鏡野町），(68)別所山 無慮壽院 安養寺（苫田郡鏡野町），(69)明徳山 上野寺（苫田郡鏡野町），(70)梅本山 観音寺（苫田郡鏡野町），(71)大日山 光明寺（苫田郡鏡野町），(72)寶壽山 尊光院 圓通寺（苫田郡鏡野町），(73)黒澤山 明星院 萬福寺（津山市），(74)虚空蔵山 求聞持の寺（津山市），(75)美作国府跡 龍起山 国府台寺（津山市），(76)医王山 薬師院 長雲寺（津山市），(77)青木山 寂清院 聖徳寺（津山市），(78)高室山 浄光院 愛染寺（津山市西寺町），(79)法光院 福泉寺（津山市西寺町），(80)極楽山 光厳寺（津山市西寺町），(81)清應山 高福寺（津山市），(82)瑠璃山 日光院 眞福寺（津山市加茂町），(83)無量山 極楽寺（津山市加茂町），(84)金森山 新善光寺（津山市），(85)壇上山 清浄院 神宮寺（美作市），(86)瑞応山 寶珠院 蔵寶寺（美作市），(87)佛頂山 蓮華定院 圓明寺（美作市古町），(88)一乗山 普門院 霊山寺（美作市）。

【掲載事典】巡遍，霊大，霊巡。

◇高野山真言宗 美作八十八ヶ所霊場会
高野山真言宗美作八十八ヶ所霊場会編
高野山真言宗美作八十八ヶ所霊場会
1985.7　176p　19cm

◇美作霊場めぐり―高野山真言宗　津山

高野山真言宗美作八十八ヶ所霊場会
2013.5　115p　1500円
目次 序 三十周年記念発刊によせて　地図　美作八十八ヶ所霊場案内　花の見頃時期　基礎知識　高野山　霊場一覧

◇美作霊場めぐり―美作八十八ヶ所霊場

岡山県

津山　高野山真言宗美作八十八ケ所霊場　　　会　2013.7　115p　26cm

366 児島四国八十八ヵ所霊場

【概　要】岡山県南部の児島半島に位置する弘法大師霊場。1839（天保10）年、僧の円明により開創され、開限法要が営まれたと伝えられる。その後衰退したが、近年は地元の人々により整備が進められているという。全行程は約140km。

【札所名】(1)中蔵院（玉野市），(2)瑞泉院（玉野市），(3)福寿院（玉野市），(4)三宝院内 慈等院（玉野市），(5)三宝院内 地蔵院（玉野市），(6)三宝院内 吉祥院（玉野市），(7)常楽院（玉野市），(8)龍ణ院（玉野市），(9)無動院（玉野市），(10)常泉寺跡 常泉院（玉野市），(11)円通庵（玉野市），(12)清水庵（玉野市），(13)慈照院（玉野市），(14)蓮華庵（玉野市），(15)日輪庵（玉野市），(16)弘法寺（観音院管理）（玉野市），(17)常光寺観音院（玉野市），(18)金剛院（玉野市），(19)来迎庵（倉敷市），(20)日光院（倉敷市），(21)積光庵（倉敷市），(22)友仙庵（倉敷市），(23)稗田大師寺（倉敷市），(24)吉塔寺（倉敷市），(25)慈氏庵（倉敷市），(26)持宝院（倉敷市），(27)千手庵（倉敷市），(28)文殊院（倉敷市），(29)天祥院（倉敷市），(30)大宝寺（倉敷市），(31)弘泉寺（倉敷市），(32)観音寺（倉敷市），(33)平松庵（倉敷市），(34)円福寺（倉敷市），(35)般若院（倉敷市），(36)吉祥院（倉敷市），(37)常慶庵（倉敷市），(38)安楽院（倉敷市），(39)持命院（倉敷市），(40)般若寺（倉敷市），(41)蓮華院（倉敷市），(42)順木庵（瞬目庵）（倉敷市），(43)西明院（倉敷市），(44)先陣庵（倉敷市），(45)遍照院（倉敷市），(46)藤戸寺（倉敷市），(47)西方寺（倉敷市），(48)一等寺（倉敷市），(49)宝寿院（倉敷市），(50)慈眼院（倉敷市），(51)住心院（倉敷市），(52)真浄院（倉敷市），(53)阿弥陀庵（倉敷市），(54)大慈院（岡山市），(55)慶岸寺（岡山市），(56)清水寺（旧二十日庵）（岡山市），(57)慶昌庵（岡山市），(58)延長庵（岡山市），(59)西光庵（岡山市），(60)高木庵（岡山市），(61)久昌寺（玉野市），(62)洞泉庵（玉野市），(63)琴瀧庵（玉野市），(64)蓮台寺（倉敷市），(65)正蔵院（玉野市），(66)長性庵（玉野市），(67)持性院（玉野市），(68)寂光庵（玉野市），(69)福寿庵（玉野市），(70)蔵泉寺（大師堂）（玉野市），(71)浄光寺（玉野市），(72)蓮光院（玉野市），(73)金剛寺（玉野市），(74)宗蔵寺（玉野市），(75)大雲寺（玉野市），(76)普門寺（玉野市），(77)円蔵院（岡山市），(78)三蔵院（岡山市），(79)本覚院（岡山市），(80)慈性庵（岡山市），(81)正覚寺（倉敷市），(82)千手院（岡山市），(83)松林寺（岡山市），(84)宝積院（岡山市），(85)持授院（岡山市），(86)延寿院（岡山市），(87)高明院（岡山市），(88)明王院（玉野市）

【掲載事典】霊大，霊巡

◇児島霊場巡拝　芙蓉会編　白蝶発行所　[1982]　229p　19cm

◇全国九カ所島四国霊場めぐり　首藤一著　大阪　創元社　1984.10　274p　19cm　1800円　①4-422-25035-3

◇小豆島遍路—島四国めぐり　平幡良雄著　改訂2版　銚子　満願寺教化部　1994.3　224p　19cm　1000円

◇仏島四国発見の旅　渡瀬克史著　高橋毅ほか写真　高松　渡瀬編集事務所　2002.2　463p　31cm　9048円　①4-9901053-0-3

◇児島八十八ヶ所霊場巡り　倉敷ぶんか倶楽部編　岡山　日本文教出版　2006.2　156p　15cm（岡山文庫）　800円　①4-8212-5240-6

◇児島霊場を訪ねて—八十八ヵ所の四季　山陽新聞社編　岡山　山陽新聞社　2007.10　167p　19cm　838円　①978-4-88197-726-2

367 備中西国三十三所観音霊場

【概　要】柳井重法「備州巡礼略記」には花山法皇41歳の臨幸の際に開創されたとあるが、実際のところは、寛政年間（1789～1801）に、柳井重法によって開創された西国三十三所霊場の写し霊場。備中十一郡（川上・上房・阿賀・後月・小田・浅口・下道・加陽・窪屋・都宇・哲多）に広がる。全行程は約200km。

【札所名】(1)瑞源山 深耕寺（高梁市落合町）、(2)大嶽山 法林坊（高梁市）、(3)東向山 松蓮寺（高梁市上谷町）、(4)瑠璃山 薬師院（高梁市上谷町）、(5)天柱山 頼久寺（高梁市頼久寺町）、(6)補陀落山 祇園寺（高梁市巨瀬町）、(7)佐井田山 願成寺（真庭市）、(8)富永山 円通寺（新見市）、(9)西光山 真福寺（新見市）、(10)若杉山 延命寺（高梁市成羽町）、(11)泰庚山 源瀧寺（高梁市成羽町）、(12)自光山 宝鏡寺（高梁市川上町）、(13)南洞山 円福寺（廃寺）（高梁市）、(14)南樹山 金敷寺（井原市笹賀町）、(15)長谷山 法泉寺（井原市西江原町）、(16)岩屋山 金龍寺（小田郡矢掛町）、(17)忍辱山 観音寺（小田郡矢掛町）、(18)笠岡山 威徳寺（笠岡市）、(19)神島山 自性院（笠岡市）、(20)宝亀山 観音堂（倉敷市）、(番外)神遊山 遍照院（倉敷市西阿知町）、(21)補陀山 円通寺（倉敷市）、(22)矢上山 宝島寺（倉敷市連島町）、(23)高見山 蓮花寺（倉敷市真備町）、(24)清蓮山 森泉寺（倉敷市真備町）、(25)井山 宝福寺内 般若院（総社市）、(26)明見山 日上寺（岡山市北区）、(27)加陽山 門満寺（廃寺）（総社市）、(28)日照山 国分寺（総社市）、(29)宝寿山 観龍寺（倉敷市）、(30)景光山 観音寺（倉敷市）、(31)金花山 観音院（岡山市北区）、(32)日差山 宝泉寺（倉敷市）、(33)有木山 青蓮寺（廃寺）（岡山市北区）、(番外)青龍山 普賢院（岡山市北区）
【掲載事典】古寺, 霊典

◇備中西国三十三所観音霊場めぐり　安原秀魁著　倉敷　西町公民館　1979.3　79p　18cm　非売品

◇備中西国三十三所観音霊場―花山法皇の伝説地を訪ねる　小出公大著　[岡山]　[小出公大]　1987.8　92p　19cm〈参考にした主な資料：p92〉

368　美作国七福神
【概　要】名湯美作三湯をひかえ美しい自然に囲まれる、美作国（岡山県津山市、久米郡、真庭郡、勝田郡、苫田郡）の寺社により創設された七福神霊場。寺社は津山市内と山間に広い範囲で散在する。車での巡拝が便利。年に一度、大法会が行われる。
【札所名】恵比寿太神 清龍寺（津山市）、大黒天 両山寺（久米郡美咲町）、毘沙門天 清眼寺（津山市）、弁財天 真福寺（苫田郡加茂町）、福禄寿 玉泉寺（真庭市）、寿老人 聖徳寺（津山市）、布袋和尚 随泉寺（勝田郡奈義町）
【掲載事典】七幸, 七巡, 七め, 全七, 霊大, 霊巡, 日七

◇西日本播磨美作七福神―剣聖武蔵とお通のロマンの地 播磨美作七福神霊場の名刹寺に時代の流れを求めて　西日本播磨美作七福神霊場事務局［編］　美作町（英田郡）　西日本播磨美作七福神霊場事務局　[出版年不明]　1枚　18×62cm（折りたたみ18×13cm）〈巻末：武蔵ゆかりの地（地図）〉

369　良寛さん こころの寺めぐり
【概　要】江戸期の名僧・良寛（1758～1831）の足跡をより多くの人に知ってもらうため、備中、現在の岡山県西部地方のゆかりの曹洞宗寺院5寺が2004（平成16）年「備中良寛さん こころの寺の会」を発足したのに始まる。1番の円通寺は良寛が青年時代に修行した寺である。
【札所名】(1)円通寺（倉敷市）、(2)長蓮寺（倉敷市）、(3)洞松寺（小田郡矢掛町）、(4)大通寺（小田郡矢掛町）、(5)長川寺（浅口市鴨方町）
【掲載事典】霊巡

◇良寛巡礼　小林新一著　恒文社　1992.3　158p　24cm　4500円　①4-7704-0745-9
目次　良寛の生きた道　故郷出雲崎にて　円通寺での修行　聖胎長養の四国路　赤穂・須磨・和歌の浦　伊勢・熊野・高野山　吉野・奈良より近江路へ　良寛越後に還る
内容　良寛の生きた道を歩いてみよう。越後出雲崎の名主の長男として生まれ、試行錯誤の末に出家して風光温暖な備中玉島の円

通寺で修行し、聖胎長養に西国路を放浪、再び越後に帰郷した良寛。著者は28年の歳月にわたり自ら良寛が歩いたその道筋を追跡。これまで知られていなかった高野の山本家墓や「高野紀行」の"さみつ坂"を発見するなど良寛研究の新提言がある。越後と西国に残る美しい自然の四季を捉えた写真紀行。

岡山県の霊場

◇邑久郡大師霊場南巡り北巡り八十八カ所順拝の探訪 邑久町郷土史クラブ編 邑久町(岡山県) 邑久町郷土史クラブ 1981.8 1冊(頁付なし) 26cm

◇美作西国三十三所観音霊場―作州路に幻の札所を訪ねる 小出公大著 [岡山] [小出公大] 1989.8 90p 19cm〈参考にした主な資料:p90〉

◇備前の霊場めぐり 川端定三郎著 岡山 日本文教出版 1991.7 173p 15cm (岡山文庫) 750円 ①4-8212-5151-5
 目次 岡山三十三観音霊場 岡山の大師霊場 法界院八十八ヵ所巡り 備前薬師霊場巡り 役行者二十四所巡り 可知三十三所観音霊場 沖新田八十八ヵ所巡り 吉井二十一ヵ所大師巡り 加茂郷八十八ヵ所霊場巡り 赤磐八十八ヵ所霊場 千光寺三十三観音霊場 円寿院兜岩霊場 和気八十八ヵ所霊場 御瀧山真光寺観音霊場 八塔寺八十八ヵ所霊場 神根八十八ヵ所霊場 正光院八十八ヵ所霊場 邑久郡三十三観音霊場 邑久南巡り八十八ヵ所霊場 邑久北新四国霊場(北巡り) 児島四国霊場(附・児島百番観音霊場) 尻海二十一ヵ所大師霊場 彦崎三十三観音霊場 由加山村三十三札所観音巡り 氷見西国観音霊場

◇備中の霊場めぐり 川端定三郎著 岡山 日本文教出版 1993.2 172p 15cm (岡山文庫) 750円 ①4-8212-5162-0
 目次 備中西国霊場附備中十八神 福田の地場大師巡り 倉敷七福神詣で 浅口西国観音霊場 南備四国霊場(都窪、浅口、小田郡全域) 備中順礼(小田、後月、浅口郡観音霊場) 鴨山西国観音霊場 養阿(鴨方)四国霊場 遥照山薬院百体観音霊場 連島西国観音霊場 乙島四国霊場 伝教大師二十ヵ所霊場 円通寺公園百観音霊場 三成四国霊場 谷四国八十八ヵ所霊場 川面四国霊場 水砂観音霊場 神島四国霊場 笠岡八十八ヵ所霊場 樋の尻山観音 高仙寺の新四国霊場 薬師院の観音霊場

法林坊の八十八ヵ所霊場 北房大師巡り 井弥の穴霊場 祇園山内八十八ヵ所霊場 有漢の大師巡り 弥高山北西国三十三ヵ所霊場(吉備津、高松、足守、総社、矢部) 生石山文殊菩薩霊場 大崎八十八ヵ所と行者霊場 旧福谷村八十八ヵ所霊場 三輪山八十八ヵ所霊場 吉備四国霊場 明治新四国八十八ヵ所霊場 新見地区新四国八十八ヵ所霊場 本郷新四国霊場 刑部新四国霊場 円通寺八十八ヵ所霊場

◇岡山県の七福神―その霊場に現世利益を訪ねる 小出公大著 [岡山] [小出公大] 1996.2 78p 19cm 非売品
 目次 1 福信仰の起こり 2 七福神のあらまし 3 七福神の性格と真言 4 七福神の御詠歌 5 美作の国七福神 6 西日本播磨美作七福神 7 倉敷七福神 8 美星七福神

◇美作の霊場めぐり 川端定三郎著 岡山 日本文教出版 1997.2 156p 15cm (岡山文庫) 728円 ①4-8212-5185-X
 目次 美作西国三十三所霊場 高野山真言宗美作八十八カ所霊場 美作七福神めぐり 西日本播磨美作七福神 山中四国八十八ヵ所霊場 旭八十八ヵ所霊場 新旭大師めぐり 清水寺塩滝八十八ヵ所霊場 勇山寺庚申山八十八ヵ所霊場 新四国円山霊場 善光寺中山八十八ヵ所霊場 観音寺八十八ヵ所霊場 竹元寺愛宕山八十八ヵ所霊場 三谷大師霊場 丸山八十八ヵ所霊場 八カ村三十三所札所 苫津八十八ヵ所霊場 万福寺四国霊場 善応寺三十三所観音霊場 富村のお大師めぐり 般若寺霊場 上野寺四国霊場 安養寺西国三十三観音霊場 加茂谷八十八ヵ所霊場 阿波八十八ヵ所霊場 阿波の一町地蔵 新善光寺模四国霊場 長尾山西国三十三霊場 英北八十八ヵ所霊場 大聖寺、法輪寺四国霊場 蓮花寺八十八ヵ所霊場 安養寺のお大師霊場 田殿、和田新四国霊場 真休寺西国観音霊場 椿谷丁地蔵巡り 久米中部八十八ヵ所霊場 久米苫田八十八ヵ所霊場 久米北条郡垪和霊場 泰山寺三十三番札所 仏教寺山内四国霊場 相伝寺四国霊場

《広島県》

370 因島八十八ヵ所霊場

【概　要】広島県の因島に位置する弘法大師霊場。1908(明治41)年、新四国霊場として開創された。札所は全て寺院や神社の境内に建てられたお堂で、霊場の順番・寺号・本尊・御詠歌は本四国と同一である。伝説によると、尾道の漁師が頼まれて一人の旅僧を舟に乗せ、因島で舟を止めたところ、みるみるうちに旅僧の数が増え、88人が上陸していった。このため弘法大師が因島に渡られたとの噂が広まり、その後も奇跡的な出来事が続いたため、島内全村の話し合いにより霊場が開かれたという。全行程は約84kmで、巡拝所要日数は徒歩で3日。

【札所名】(1)霊山寺(尾道市因島大浜町)、(2)極楽寺(尾道市因島大浜町)、(3)金泉寺(尾道市因島大浜町)、(4)大日寺(尾道市因島大浜町)、(5)地蔵寺(尾道市因島大浜町)、(6)見性寺境内 安楽寺(尾道市因島大浜町)、(7)十楽寺(尾道市因島大浜町)、(8)熊谷寺(尾道市因島中庄町)、(9)法輪寺(尾道市因島中庄町)、(番外)奥の院(尾道市因島中庄町)、(10)長福寺境内 切幡寺(尾道市因島中庄町)、(11)金蓮寺境内 藤井寺(尾道市因島中庄町)、(番外)金蓮寺墓地上 奥の院(尾道市因島中庄町)、(12)成願寺境内 焼山寺(尾道市因島中庄町)、(13)祇園さん境内 大日寺(尾道市因島中庄町)、(14)天神社境内 常楽寺(尾道市因島中庄町)、(15)国分寺(尾道市因島中庄町)、(16)観音寺(尾道市因島中庄町)、(17)井戸寺(尾道市因島中庄町)、(18)恩山寺(尾道市因島中庄町)、(19)立江寺(尾道市因島中庄町)、(20)鶴林寺(尾道市因島中庄町)、(21)太龍寺(尾道市因島中庄町)、(22)平等寺(尾道市因島外浦町)、(23)住吉神社境内 薬王寺(尾道市因島外浦町)、(24)地蔵院境内 最御崎寺(尾道市因島外浦町)、(25)津照寺(尾道市因島鏡浦町)、(26)金剛頂寺(尾道市因島鏡浦町)、(27)神峰寺(尾道市因島椋浦町)、(28)大日寺(尾道市因島椋浦町)、(番外)長戸庵大師堂(尾道市因島椋浦町)、(29)国分寺(尾道市因島三庄町)、(30)善楽寺(尾道市因島三庄町)、(31)竹林寺(尾道市因島三庄町)、(32)観音寺境内 禅師峰寺(尾道市因島三庄町)、(33)善徳寺境内 雪蹊寺(尾道市因島三庄町)、(34)種間寺(尾道市因島三庄町)、(35)琴平堂内 清瀧寺(尾道市因島三庄町)、(36)青龍寺(尾道市因島三庄町)、(37)明徳寺境内 岩本寺(尾道市因島三庄町)、(38)金剛福寺(尾道市因島三庄町)、(番外)鼻地蔵(尾道市因島三庄町)、(39)延光寺(尾道市因島三庄町)、(40)観自在寺(尾道市因島三庄町)、(41)龍光寺(尾道市因島三庄町)、(42)仏木寺(尾道市因島三庄町)、(43)明石寺(尾道市因島土生町)、(44)大宝寺(尾道市因島土生町)、(45)岩屋寺(尾道市因島土生町)、(番外)鯖大師(尾道市因島土生町)、(番外)高野山奥の院(尾道市因島土生町)、(46)浄瑠璃寺(尾道市因島土生町)、(47)八坂寺(尾道市因島土生町)、(48)西林寺(尾道市因島土生町)、(49)浄土寺(尾道市因島土生町)、(50)繁多寺(尾道市因島土生町)、(51)石手寺(尾道市因島土生町)、(52)対潮院境内 太山寺(尾道市因島土生町)、(53)円明寺(尾道市因島土生町)、(54)延命寺(尾道市因島土生町)、(55)南光坊(尾道市因島田熊町)、(56)泰山寺(尾道市因島田熊町)、(57)栄福寺(尾道市因島田熊町)、(番外)お政大師(尾道市因島田熊町)、(58)仙遊寺(尾道市因島田熊町)、(59)国分寺(尾道市因島田熊町)、(60)横峰寺(尾道市因島田熊町)、(61)浄土寺境内 香園寺(尾道市因島田熊町)、(62)宝寿寺(尾道市因島田熊町)、(63)吉祥寺(尾道市因島田熊町)、(64)前神寺(尾道市因島田熊町)、(番外)奥の院(尾道市因島田熊町)、(65)三角寺(尾道市因島田熊町)、(66)黄幡神社境内 雲辺寺(尾道市因島田熊町)、(67)大興寺(尾道市因島田熊町)、(68)神恵院(尾道市因島田熊町)、(69)観音寺(尾道市因島田熊町)、(70)本山寺(尾道市因島重井町)、(71)弥谷寺(尾道市因島重井町)、(72)曼荼羅寺(尾道市因島重井町)、(73)出釈迦寺(尾道市因島重井町)、(74)甲山寺(尾道市因島重井町)、(75)善興寺境内 善通寺(尾道市因島重井町)、(76)金倉寺(尾道市因島重井町)、(77)道隆寺(尾道市因島重井町)、(78)郷照寺(尾道市因島重井町)、(79)高照寺(尾道市因島重井町)、(80)国分寺(尾道市因島重井町)、(81)柏原神社境内 白峯寺(尾道市因島重井町)、(82)根香寺(尾道市因島重井町)、(83)一宮寺(尾道市因島重井町)、(84)屋島

(尾道市因島重井町), (85) 白滝山中腹 八栗寺 (尾道市因島重井町), (番外) 白滝山頂 白滝観音寺 (尾道市因島重井町), (86) 志度寺 (尾道市因島重井町), (87) 長尾寺 (尾道市因島重井町), (88) 大窪寺 (尾道市因島重井町)
【掲載事典】霊大, 霊巡, 日巡

◇因島八十八カ所　村上定道著　村上定道　[1984] 178p　18cm

◇因島「遍路」八十八カ所　村上定道著　因島　村上定道　1984.1　178p　19cm

◇全国九力所島四国霊場めぐり　首藤一著　大阪　創元社　1984.10　274p　19cm　1800円　①4-422-25035-3

◇因島八十八ケ所 遍路の旅　財間作義著

因島　因島観光ガイドつれしお会　1989.2　183p　26cm

◇へんろ―因島八十八ヵ所　因島観光協会編　因島観光協会　[2005] 1枚　60cm〈因島八十八ヶ所霊場案内図（裏面）〉

◇因島八十八ヶ所札所巡り　島四国札所寺院監修　[因島観光協会] 2012.10　1枚　60×42cm（折りたたみ 15×21cm）〈ケースの大きさ：23cm, 第3刷〉

371 黒滝山西国三十三ヶ所観音霊場
【概　要】瀬戸内海国立公園黒滝山の磨崖仏を巡る。仏像はすべて西国観音霊場33寺の本尊が彫られたもので、1821（文政4）年に完成したと伝えられる。石仏を全て巡る所要時間は3時間ほど。
【札所名】黒滝山（竹原市忠海町）
【掲載事典】霊大

◇忠海黒滝山　西国33ヶ寺石仏　忠海歴史民俗研究会編　竹原市忠海町　忠海歴史民俗研究会　2006.6　13p　30cm（忠海歴史探訪 1）

372 鞆の浦古寺めぐり
【概　要】鞆の浦は万葉集にも詠われた名勝で、日本で最初に国立公園として指定された瀬戸内海国立公園の一部。弘法大師を開基とする医王寺、元禄年間（1690年頃）に創建された客殿、潮楼を有する福禅寺など、松の古木で知られる法宣寺、足利尊氏ゆかりの安国寺など19のいずれも由緒ある寺をめぐる観光コース。
【札所名】備後安国寺（福山市鞆町），正法寺（福山市鞆町），慈徳院（福山市鞆町），善行寺（福山市鞆町），本願寺（福山市鞆町），大観寺（福山市鞆町），小松寺（福山市鞆町），顕政寺（福山市鞆町），妙蓮寺（福山市鞆町），静観寺（福山市鞆町），法宣寺（福山市鞆町），南禅坊（福山市鞆町），阿弥陀寺（福山市鞆町），明円寺（福山市鞆町），医王寺（福山市鞆町），地蔵院（福山市鞆町），福禅寺対潮楼（福山市鞆町），円福寺（福山市鞆町），浄泉寺（福山市鞆町）
【掲載事典】霊大

373 広島新四国八十八ヵ所霊場
【概　要】広島県に位置する弘法大師霊場。1918（大正7）年に広島市を中心とする安芸地区に開創された。原爆により多くの札所寺院が廃寺や統合を余儀なくされたが、1973（昭和48）年に弘法大師御誕生1200年を記念して再興。霊場を構成する寺院が真言宗66、曹洞宗11、臨済宗7、浄土宗3、浄土真宗1と、宗派を超越していることが特徴とされる。また、原爆犠牲者の慰霊と核兵器の無い平和な世界を願い、平和公園内に建立された広島戦災供養塔が特別番外霊場として加えられている。
【札所名】(1) 亀居山 放光院 大願寺（廿日市市宮島町），(2) 明王山 恵光院 法泉寺（大竹市），(3) 秋葉山 光妙院（大竹市元町），(4) 神楽山 薬師寺（大竹市元町），(5) 智秀山 観音

広島県

堂(廿日市市地御前北ノ町),(6)国実山 妙恵院 大心寺(廿日市市),(7)上不見山 浄土王院 極楽寺(廿日市市),(8)三宅山 親王院 圓明寺(広島市佐伯区),(9)大日山 金剛院(広島市佐伯区五日市町),(10)大日山 眞光院(広島市西区),(11)医王山 養徳院(広島市南区),(12)蓬莱山 国泰寺(広島市西区),(13)美能山 牟尼院 善光寺(広島市西区竜王町),(14)紫雲山 光照院 誓願寺(広島市西区三瀧本町),(15)龍泉山 三瀧寺(三滝寺)(広島市西区),(16)願海山 風航院 般舟寺(広島市西区楠木町),(17)常誓山 大師堂(広島市安佐南区),(18)松原山 古市薬師寺(広島市安佐南区),(19)権現山 毘沙門堂(広島市安佐南区佐東町),(20)瑠璃山 医王院(広島市安佐北区),(21)金亀山 事眞院 福王寺(広島市安佐北区可部町),(22)慈照山 真福寺(広島市安佐北区),(23)牛尾山 正明院 明光寺(広島市安佐北区),(24)嶺松山 歓喜院 持明院(広島市東区),(25)親日山 安国寺 牛田不動院(広島市東区牛田新町),(26)聖天山 歓喜院 龍蔵院(広島市東区),(27)高尾山 岩谷寺(広島市東区),(28)桑多山 安芸院 道隆寺(安芸郡府中町),(29)慈眼山 江本寺(安芸郡府中町),(30)北谷山 鵄上寺(安芸郡府中町),(31)松崎山 金剛院(安芸郡府中町),(32)箱滝山 慈照院 正観寺(安芸郡府中町),(33)御法山 蓮華王院 白蓮寺(広島市安芸区),(34)岩滝山 豊稔寺(広島市安芸区),(35)月光山 大師寺(信貴山広島別院)(安芸郡海田町),(36)八葉山 名峰院 蓮華寺(広島市安芸区),(37)金澤山 千手院 亜瀧寺(並滝寺)(東広島市志和区),(38)金嶽山 常光院 国分寺(東広島市西条町),(39)松尾山 光政寺(東広島市高屋町),(40)篁山 普陀洛院 竹林寺(東広島市河内町),(41)勝谷山 観現寺(東広島市西条町),(42)表白山 九品寺 福成寺(東広島市西条町),(43)呉高野山 照明院 照明寺(呉市),(44)微雲山 法輪寺(呉市和庄本町),(45)湯舟山 萬年寺(呉市),(46)三登山 観音院 専願寺(呉市),(47)呉高野山 照明院 三徳寺(呉市二河峡町),(48)両城山 呉市観音院(呉市),(49)中倉山 浄空寺(呉市),(50)光明山 地蔵院(広島市南区北大河町),(51)補陀落山 観音寺(広島市佐伯区坪井町),(52)紫雲山 法眞寺(広島市南区),(53)海嶋山 興禅寺(広島市中区西平塚町),(54)吉祥山 遍照寺 多聞院(広島市南区比治山町),(55)良雲山 千日寺 長性院(広島市南区比治山町),(56)応海山 棲真寺(三原市大和町),(57)善應山 福寿院(東広島市西条本町),(58)清水山 白華寺(呉市倉橋町),(59)日浦山 薬師禅寺(安芸郡海田町),(60)坊主山 法念寺(安芸郡熊野町),(61)平和山 妙光寺(広島市南区本浦町),(62)月光山 大日密寺 明星院(広島市東区),(63)醫王山 光明院(広島市中区白島九軒町),(64)岩尾山 興善寺 宝勝院(広島市中区白島九軒町),(65)三輪山 三輪不動院(広島市中区銀山町),(66)萬松山 禅林寺(広島市中区小町),(67)象王山 普賢寺 延命院(広島市中区小町),(68)篠尾山 大乗寺 正覺院別院薬師堂(廿日市市桜尾本町),(69)八屋山 普門寺(広島市中区大手町),(70)賓珠山 金龍禪寺(広島市中区小町),(71)如意山 善応寺(広島市中区本川町),(72)白雲山 在光寺(廿日市市宮島町),(73)義栄山 高信寺(広島市中区河原町),(74)久遠山 海蔵寺(広島市西区),(75)醫王山 明長寺 薬師院(広島市西区南観音町),(76)丸子山 不動院(広島市中区),(77)補陀落山 潮音寺 龍光院(広島市中区),(78)大神山 三光院(廿日市市),(79)上不見山 極楽寺 浄土王院(廿日市市),(80)瑞雲山 玉照院(広島市佐伯区),(81)道成山 纓公安寺 蓮光院(廿日市市),(82)応龍山 洞雲寺(廿日市市),(83)篠尾山 大乗寺 正覺院(廿日市市),(84)己斐山 浄心院(広島市西区),(85)金光山 徳寿寺(廿日市市宮島町),(86)龍上山 西方寺 宝寿院(廿日市市宮島町),(87)多喜山 水精寺 大聖院(廿日市市宮島町),(88)多喜山 水精寺 弥山本堂(廿日市市宮島町),(番外霊場)原爆供養塔(広島市中区中島町)
【掲載事典】札所,巡遍,霊大,霊巡

◇巡拝の手引―広島新四国八十八ヵ所霊場
　霊場会企画部編　霊場会事務局　1976.1
　179p　19cm〈付:廣島新四国八十八ヵ所霊場案内圖〉

◇巡拝の手引―広島新四国八十八ヵ所霊場
　霊場会企画部編　再版　霊場会事務局
　[1980]　179p　19cm

374 備後西国三十三観音霊場
　【概　要】備後国(広島県東部)にある三十三観音霊場。霊場の創立は定かでないが、33番観音堂の扁額に1720(享保5)年の記録が残っており、それ以前の創立であると考えられ

山口県

る。廃寺となっている寺もある。
【札所名】(1)明王院(福山市草戸町)、(2)福禅寺(福山市鞆町)、(3)磐台寺(福山市沼隈町)、(4)西堤寺(尾道市向東町)、(5)浄土寺(尾道市東久保町)、(6)西国寺(尾道市西久保町)、(7)千光寺(尾道市東土堂町)、(8)正法寺(三原市本町)、(9)中台院(廃寺)(三原市本町)、(10)成就寺(三原市本町)、(11)今高野山 龍華寺(世羅郡世羅町)、(12)善昌寺(府中市上下町)、(13)龍興寺(庄原市総領町)、(14)大慈寺(庄原市吉舎町)、(15)正興寺(庄原市吉舎町)、(16)吉祥院(三次市三次町)、(17)岩屋寺(三次市畠敷町)、(18)円通寺(庄原市本郷町)、(19)円福寺(庄原市実留町)、(20)宝蔵寺(庄原市東本町)、(21)浄久寺(庄原市西城町)、(22)徳雲寺(庄原市東城町)、(23)千手寺(庄原市東城町)、(24)龍雲寺(神石郡神石高原町)、(25)永聖寺(神石郡神石高原町)、(26)岩屋寺(神石郡神石高原町)、(27)十輪寺(府中市鵜飼町)、(28)龍蔵寺(廃寺)(福山市山手町)、(29)観音寺(福山市北吉津町)、(30)長尾寺(福山市東深津町)、(31)寒水寺(福山市神辺町)、(32)福盛寺(福山市駅家町)、(33)観音堂(福山市新市町)、(番外)弘宗寺(福山市桜馬場町)
【掲載事典】古寺,霊巡,霊典

◇備後西国三十三ヵ所巡拝案内記　出版者不明　［1987］35p　16cm
◇備後西国三十三ケ寺　原田太朗著　芦田川文庫　1992.6　162p　15cm（芦田川文庫）
◇備後西国三十三カ所観音霊場　げいびグラフ編集部編　三次　菁文社　2009.7　189p　19cm　1200円　①978-4-902368-19-2

広島県の霊場

◇向島新四国八十八ケ所道しるべ　浜本米三著　［向島町(広島県)］［浜本米三］　1984.11　82p　26cm

《山口県》

375　周南七福神
【概　要】七福神は、福徳をもたらす神として、庶民の間で古くから信仰されてきたが、七福神霊場は関東・関西に多く、中国地方には少ない。そこで、1983(昭和58)年、山口県周南地方の真言宗7ヶ寺が集まり七福神霊場を開創することとなったという。
【札所名】大黒天 妙見宮鷲頭寺(下松市)、ゑびす神 清鏡寺(光市)、布袋尊 大日山 冠念寺(光市)、弁才天 三光寺(周南市)、毘沙門天 多聞院(下松市)、寿老神 閼伽井坊(下松市)、福禄寿 荘宮寺(周南市)
【掲載事典】七巡,霊大,霊巡

◇山口県 福を呼ぶ 周南七福神　周南七福神事務局編　下松　周南七福神事務局　［2003］1枚　30cm

376　周防大島八十八ヵ所霊場
【概　要】山口県南東部、瀬戸内海に浮かぶ周防大島(屋代島)に位置する弘法大師霊場。1889(明治22)年9月6日に大島霊場会佐々木純円上人により開創された。初め「周南八十八ヶ所霊場」と称したが、1920(大正9)年に「大島新四国八十八ヶ所霊場」、1938(昭和13)年に大島霊場開創50周年記念法要が執行された後は「周防大島八十八ヶ所霊場」と改称された。大島大橋から時計回りで島を一周する順路は発心の道、修行の道、誓願の道、解脱の道、菩提の道、涅槃の道に大別され、全行程は約163km。巡拝所要日数は徒歩で約6日、車で約3日。

山口県

【札所名】(1)快念寺(大島郡周防大島町),(2)普門寺(大島郡周防大島町),(3)霊光庵(大島郡周防大島町),(4)三光院(大島郡周防大島町),(5)地蔵寺(大島郡周防大島町),(6)良鏡庵(大島郡周防大島町),(7)永明寺(大島郡周防大島町),(8)明保寺(大島郡周防大島町),(9)智光院(大島郡周防大島町),(10)海好庵(大島郡周防大島町),(11)源空寺(大島郡周防大島町),(12)清水寺(大島郡周防大島町),(13)心定庵(大島郡周防大島町),(14)瑠璃光院(大島郡周防大島町),(15)真如院(大島郡周防大島町),(16)観音堂(大島郡周防大島町),(17)延命院(大島郡周防大島町),(18)地蔵堂(大島郡周防大島町),(19)西長寺(大島郡周防大島町),(20)地蔵堂(大島郡周防大島町),(21)極楽堂(大島郡周防大島町),(22)長命寺(大島郡周防大島町),(23)雲蓋寺(大島郡周防大島町),(24)弘法堂(大島郡周防大島町),(25)薬師堂(大島郡周防大島町),(26)竜雲山(大島郡周防大島町),(27)淨福寺(大島郡周防大島町),(28)地慶庵(大島郡周防大島町),(29)松野山(大島郡周防大島町),(30)神宮寺(大島郡周防大島町),(31)導理山(大島郡周防大島町),(32)西蓮庵(大島郡周防大島町),(33)龍心寺(大島郡周防大島町),(34)釈迦堂(大島郡周防大島町),(35)等覚院(大島郡周防大島町),(36)大覚院(大島郡周防大島町),(37)称念寺(大島郡周防大島町),(38)四福寺(大島郡周防大島町),(39)大松寺(大島郡周防大島町),(40)遍照庵(大島郡周防大島町),(41)地福庵(大島郡周防大島町),(42)正道庵(大島郡周防大島町),(43)幻性寺(大島郡周防大島町),(44)常照寺(大島郡周防大島町),(45)西長寺(大島郡周防大島町),(46)松尾寺(大島郡周防大島町),(47)天淨寺(大島郡周防大島町),(48)摂心庵(大島郡周防大島町),(49)薬師堂(大島郡周防大島町),(50)大聖院(大島郡周防大島町),(51)神屋寺(大島郡周防大島町),(52)石風呂堂(大島郡周防大島町),(53)大師堂(大島郡周防大島町),(54)円明寺(大島郡周防大島町),(55)大師堂(大島郡周防大島町),(56)西正寺(大島郡周防大島町),(57)帯石山(大島郡周防大島町),(58)向山大師堂(大島郡周防大島町),(59)寿源寺(大島郡周防大島町),(60)大師堂(大島郡周防大島町),(61)眷竜寺(大島郡周防大島町),(62)神宮寺(大島郡周防大島町),(63)潮音山(大島郡周防大島町),(64)薬師堂(大島郡周防大島町),(65)二尊院(大島郡周防大島町),(66)大師堂(大島郡周防大島町),(67)正岩寺(大島郡周防大島町),(68)阿弥陀寺(大島郡周防大島町),(69)観音堂(大島郡周防大島町),(70)本山庵(大島郡周防大島町),(71)薬師堂(大島郡周防大島町),(72)淨西寺(大島郡周防大島町),(73)地蔵堂(大島郡周防大島町),(74)元正寺(大島郡周防大島町),(75)観音寺(大島郡周防大島町),(76)雄峯山(大島郡周防大島町),(77)遍照庵(大島郡周防大島町),(78)大師堂(大島郡周防大島町),(79)実相庵(大島郡周防大島町),(80)地蔵堂(大島郡周防大島町),(81)白峯山(大島郡周防大島町),(82)海雲山(大島郡周防大島町),(83)泉福寺(大島郡周防大島町),(84)丸山薬師堂(大島郡周防大島町),(85)薬師庵(大島郡周防大島町),(86)快楽寺(大島郡周防大島町),(87)堅岩山(大島郡周防大島町),(88)薬師寺(大島郡周防大島町)

【掲載事典】古寺,巡遍,霊大,霊巡,日巡

◇周防大島八十八ヶ所札所案内　大野春夫著　7版　久賀町(山口県)　瀬戸内物産出版部　1976.3　170p　18cm(周防大島文化シリーズ 3)　845円

◇全国九カ所島四国霊場めぐり　首藤一著　大阪　創元社　1984.10　274p　19cm　1800円　①4-422-25035-3

◇周防大島八十八ヶ所札所案内　大野春夫著　山口　瀬戸内物産出版部　1989.1　170p　18cm(周防大島文化シリーズ 3)　830円

◇周防大島―札所をたどる景観と久賀100年の足跡　小泉実著　［流山］小泉実　2003.7　128p　26cm　2500円　①4-89630-112-9

377 周防国三十三観音霊場
【概　要】山口県東部の瀬戸内海沿いに散在する観音霊場。周防・長門・石見守護大内弘世(1325～80)が開創したと伝えられる。久しく途絶していたが、1981(昭和56)年に郷土史家である山下喜一の尽力により再興した。全行程は約260km、巡拝所要日数は2泊3

山口県

日。周防三十三観音霊場。
【札所名】(1)極楽寺(岩国市周東町),(2)長寶寺(岩国市周東町),(3)松尾寺(大島郡周防大島町),(4)帯石観音(大島郡周防大島町),(5)普慶寺(柳井町),(6)般若寺(熊毛郡平生町),(7)福楽寺(柳井市),(8)蓮池寺(熊毛郡田布施町),(9)長徳寺(光市),(10)安国寺(周南市),(11)蓮台寺(下松市),(12)閼伽井坊(下松市),(13)日天寺(下松市),(14)福田寺(周南市),(15)蓮宅寺(周南市),(16)岩屋寺(周南市),(17)建咲院(周南市),(18)川崎観音堂(周南市),(19)普春寺(周南市),(20)瀧之寺(防府市),(21)木部観音堂(防府市),(22)極楽寺(防府市),(23)光明寺(防府市),(24)満願密寺(防府市松崎町),(25)天徳寺(防府市),(26)観音寺(防府市),(27)顕孝寺(山口市),(28)清水寺(山口市),(29)神福寺(山口市),(30)洞春寺(山口市水の上町),(31)普門寺(山口市),(32)大林寺(山口市),(33)龍蔵寺(山口市)。
【掲載事典】霊大,霊巡

◇当国・周防三十三観音霊場案内　山下喜一著　大阪　山下喜一　[1981] 78p　18cm

◇周防三十三観音霊場　山下喜一著　[大阪][山下喜一] 1987.1　85p　21cm

378 長門三十三観音霊場

【概　要】山口県西部に位置する観音霊場。1705(宝永2)年に発願され、1711(宝永8)年に成就したと伝えられる。久しく途絶していたが、1983(昭和58)年に郷土史家である山下喜一の尽力により再興した。
【札所名】(1)南明寺(萩市),(2)龍蔵寺(萩市),(3)海潮寺(萩市),(4)大覚寺(阿武郡阿武町),(5)興昌寺(阿武郡阿武町),(6)紹孝寺(萩市須佐町),(7)太用寺(阿武郡阿武町),(8)本光院(阿武郡阿武町),(9)禅林寺(萩市),(10)龍昌寺(山口市),(11)大源寺(山口市),(12)桂光院(山口市),(13)禅昌寺(萩市),(14)大照院(萩市),(15)西来院(萩市),(16)法香院(美祢市美東町),(17)南原寺(美祢市伊佐町),(18)興福寺(宇部市),(19)浄名寺(宇部市厚東区),(20)廣福寺(宇部市藤山区),(21)岩崎寺(山陽小野田市),(22)正法寺(山陽小野田市),(23)神上寺(下関市豊田町),(24)功山寺(下関市),(25)永福寺(下関市観音崎町),(26)三恵寺(下関市豊浦町),(27)修禅寺(み岳観音)(下関市豊田町),(28)恩徳寺(下関市豊北町),(29)海翁寺(下関市豊北町),(30)昌泉寺(下関市豊北町),(31)長安寺(長門市油谷町),(32)円究寺(長門市仙崎町),(33)観音院(玉江観音)(萩市)。
【掲載事典】古寺,霊巡,霊書

◇昭和新修 観音霊場 長門三十三ケ所　山県久義著　山県久義　1965　73p　19cm

◇長門三十三観音霊場　山下喜一著　[大阪][山下喜一] 1983.6　78p　21cm

379 萩八十八ヶ所めぐり

【概　要】起源は不明だが、時代の経過により次第に不明になる札所が出てくる等したため、大正末期から昭和の初め頃にかけ、弘法寺、小南寺、永林寺、円政寺の住職らが、現在の「萩八十八ヶ所」に編成し直したと言われている。第9番〜12番札所の南明寺は桜の名所としても知られるが、第11番札所聖観音立像は国指定重要文化財となっている。
【札所名】(1)大照院 観世音菩薩(萩市椿青海),(2)大照院 釈迦如来(萩市椿青海),(3)大師堂 弘法大師(萩市椿・堀家前),(4)大師堂 弘法大師(萩市椿清海・藤田家門前),(5)大師堂 阿弥陀如来(萩市椿清海・藤田家門前),(6)弘法大師(萩市椿清海・藤田家門前),(7)弘法大師(萩市椿鷺谷・斎藤家前),(8)弘法大師(萩市椿千坊師・佐々木家土蔵前),(9)南明寺 弘法大師(萩市椿),(10)南明寺下 十一面観世音菩薩(萩市椿),(11)南明寺 聖観世音菩薩(萩市椿),(12)南明寺下 不動明王(萩市椿),(13)弘法大師(萩市椿沖原・思村家畑道脇),(14)弘法大師(萩市椿金谷・天神鳥居左後),(15)地蔵菩薩(萩

市椿・玉炉院跡前・宮内家裏)、(16)弘法寺 弘法大師(萩市土原)、(17)円政寺 弘法大師(萩市南古萩町)、(18)善福寺 聖観世音菩薩(萩市川島)、(19)善福寺 地蔵菩薩(萩市川島)、(20)龍蔵寺 弘法大師(萩市椿東中津江)、(21)龍蔵寺観世音堂 聖観世音菩薩(萩市椿東中津江)、(22)弘法大師(萩市椿東下目代・水位調査票手前左山に登る)、(23)弘法大師(萩市椿東上目代・溝部家前)、(24)観世音菩薩(萩市椿東上野・伊藤家南方山林の中)、(25)弘法大師(萩市椿東上野台・貯水池手前右手の山の椎の木)、(26)弘法大師(萩市椿東・上野荒神社境内右奥)、(27)通心寺本堂 釈迦如来(萩市椿東上野)、(28)通心寺本堂左側 十一面観世音菩薩(萩市椿東上野)、(29)弘法大師(萩市椿東上野・久保川家前)、(30)弘法寺 弘法大師(萩市土原)、(31)弘法大師(萩市椿東椎原台・岩本家納屋下手)、(32)東光寺 如意輪観世音菩薩(萩市椿東椎原)、(33)東光寺 弘法大師(萩市椿東椎原)、(34)弘法大師(萩市椿・寺山家前庭)、(35)小南寺本堂 弘法大師(萩市椿東松本市)、(36)小南寺本堂 不動明王(萩市椿東松本市)、(37)小南寺境内 弘法大師(萩市椿東松本市)、(38)小南寺境内 弘法大師(萩市椿東松本市)、(39)広厳寺 薬師如来(萩市椿東中ノ倉)、(40)広厳寺 弘法大師(萩市椿東中ノ倉)、(41)弘法大師(萩市椿東中ノ倉・津守家前)、(42)小南寺 弘法大師(萩市椿東松本市)、(43)弘法大師(萩市椿東後小畑・金子家前三叉路)、(44)福寿院 聖観世音菩薩(萩市椿東後小畑)、(45)中善寺境内 地蔵尊(萩市越ヶ浜)、(46)中善寺本堂 十一面観世音菩薩(萩市越ヶ浜)、(47)地蔵尊(萩市越ヶ浜嫁泣一丁目)、(48)弘法大師(萩市越ヶ浜・公会堂高台)、(49)松龍院 聖観世音菩薩(萩市椿東中小畑)、(50)松龍院本堂 十一面観世音菩薩(萩市椿東中小畑)、(51)弘法大師(萩市椿東前小畑・観世音山東麓)、(52)地蔵尊(萩市椿東前小畑・阿武家前三叉路)、(53)弘法大師(萩市椿東鶴江台・香川津旧渡し上)、(54)江月庵観音院観音堂 十一面観世音菩薩(萩市鶴江)、(55)江月庵観音院観音堂 弘法大師(萩市鶴江)、(56)弘法寺境内 弘法大師(萩市土原)、(57)弘法寺境内 弁財天(萩市土原)、(58)弘法寺境内 聖観世音菩薩(萩市土原)、(59)弘法寺境内奥の院 弘法大師(萩市土原)、(60)弘法大師(萩市浜崎新町中ノ丁・西村家内)、(61)阿弥陀如来(萩市浜崎新町上ノ丁・泉流寺北)、(62)地蔵尊(萩市北古萩町)、(63)弘法寺内 弘法大師(萩市)、(64)亨徳寺山門右 豊川稲荷(萩市北古萩町)、(65)亨徳寺山門左 達磨大師(萩市北古萩町)、(66)保福寺本堂 地蔵尊(萩市熊谷町)、(67)弘法大師(萩市熊谷町・保福寺屋外東側石仏群中)、(68)弘法大師(萩市御弓町・長泉寺東墓地)、(69)長寿寺境内 不動明王(萩市北古萩町)、(70)常念寺境内右奥 地蔵尊(萩市下五間町)、(71)唐樋地蔵堂 地蔵尊(萩市唐樋町溝部横町)、(72)永林寺 弘法大師(萩市御許町)、(73)永林寺本堂 聖観世音菩薩(萩市御許町)、(74)永林寺本堂右 弘法大師(萩市御許町)、(75)弘法大師(萩市椿・霧口公会堂内)、(76)徳隣寺 (右) 聖観世音菩薩 (中) 地蔵尊 (左) 弘法大師(萩市江向)、(77)弘法大師(萩市山田桜江・江月堂窯元上)、(78)蓮池院門内右 弁財天(萩市瓦町)、(79)蓮池院門内右 弘法大師(萩市瓦町)、(80)円政寺本堂右 地蔵尊二体(萩市南古萩町)、(81)円政寺本堂 観世音菩薩(萩市南古萩町)、(82)円政寺本堂 薬師如来(萩市南古萩町)、(83)安養寺境内右 庚申様(萩市平安古町)、(84)安養寺境内左 延命地蔵尊(萩市平安古町)、(85)弘法大師(萩市河添中ノ丁)、(86)長遠寺位牌堂 弘法大師(萩市椿濁淵)、(87)観音院(玉江観音)本堂 弘法大師(萩市山田玉江浦)、(88)観音院(玉江観音)観音堂 十一面観世音菩薩(萩市山田玉江浦)、(番外)元福正寺境内 日切地蔵(萩市椿)

【掲載事典】霊大

◇昭和新修弘法大師霊場 萩八十八ケ所
 山県久義編　山県久義　[1970] 68p 18cm

◇萩散歩案内記　沢本良秋文　岡田憲佳写真　萩市郷土愛好会編　萩　萩市観光協会　[1970] 95p 18cm

◇萩八十八ケ所巡り 弘法大師霊場 平成改訂版　弘法寺　2002.10　1冊　26cm

380 室積象鼻ヶ岬八十八ヶ所霊場
 【概　要】瀬戸内海に突き出す半島象鼻ヶ岬に、普賢寺の裏を一番札所としての突端の大師堂までの間に、四国八十八ヶ所ゆかりの弘法大師像が並ぶ。1790(寛政2)年、室積在住の

山口県

今津屋善兵衛(現・松岡)と鉄砲屋藤右衛門の発起で造立されたものといわれ、現存する中では1790(寛政2)年造立の第36番青龍寺不動明王(和泉屋五兵衛)が一番古いとされる。
【札所名】室積象鼻ヶ岬(光市)
【掲載事典】霊大

山口県の霊場

◇防府霊場八十八カ所めぐり　防府史談会　　　　　21cm〈付・市内各地域の霊場〉1000円
　編　防府　防府史談会　2011.9　137p

中国

四国

381 四国三十六不動霊場

【概　要】四国に広がる不動尊霊場。徳島県14ヶ寺、高知県3ヶ寺、愛媛県10ヶ寺、香川県9ヶ寺で構成される札所のほとんどが四国北部に集中しており、弘法大師ゆかりの寺院が多い。11番童学寺が中心となって、1988（昭和63）年に開創された。毎年1回、不動の火祭りが行われている。巡拝所要日数は5泊6日。

【札所名】(1) 大山寺（徳島県板野郡上板町），(2) 明王院（徳島県阿波市阿波町），(3) 最明寺（徳島県美馬市脇町），(4) 箸蔵寺（徳島県三好市池田町），(5) 密厳寺（徳島県三好市池田町），(6) 不動院（徳島県三好市井川町），(7) 加茂不動院（徳島県三好郡東みよし町），(8) 長善寺（徳島県三好郡東みよし町），(9) 明王院（徳島県吉野川市山川町），(10) 東禅寺（徳島県名西郡石川町），(11) 童学寺（徳島県名西郡石井町），(12) 建治寺（徳島県徳島市入田町），(13) 密厳寺（徳島県徳島市不動本町），(14) 正光寺（徳島県那賀郡那賀町），(15) 極楽寺（高知県安芸市），(16) 極楽寺（高知県高知市），(17) 宗安禅寺（高知県高知市），(18) 浄土寺（愛媛県東温市），(19) 玉蔵院（愛媛県松山市内宮町），(20) 光林寺（愛媛県今治市玉川町），(21) 満願寺（愛媛県今治市），(22) 興隆寺（愛媛県西条市丹原町），(23) 極楽寺（愛媛県西条市），(24) 隆徳寺（愛媛県新居浜市外山町），(25) 眠壽院（愛媛県四国中央市土居町），(26) 仙龍寺（愛媛県四国中央市新宮町），(27) 常福寺（愛媛県四国中央市川滝町），(28) 萩原寺（香川県観音寺市大野原町），(29) 不動院（香川県三豊市山本町），(30) 妙音寺（香川県三豊市豊中町），(31) 御盥山 不動坊（香川県仲多度郡多度津町），(32) 天福寺（香川県高松市香南町），(33) 浄土寺（香川県木田郡三木町），(34) 繁昌院（香川県さぬき市寒川町），(35) 厄除不動明王院（香川県高松市西宝町），(36) 聖代寺（香川県高松市屋島東町）

【掲載事典】巡遍，霊大，霊巡，日巡

◇四国三十六不動霊場ガイドブック　高松　えびす企画（製作）1998.5　72p　19×26cm〈監修：四国三十六不動霊場会〉952円

◇四国三十六不動霊場ガイドブック　第2版　高松　えびす企画（製作）2007.4　68p　19×26cm　952円

◇四国別格二十霊場―札所めぐりルートガイド 八十八カ所と共に巡るお遍路　四国三十六不動霊場　NPO四国路お遍路倶楽部著　メイツ出版　2013.6　128p　21cm　ⓘ4-7804-1319-2

382 四国十三仏霊場

【概　要】四国に誕生した十三仏霊場。徳島県の5寺、香川県の2寺、愛媛県の6寺から成り、2番法輪寺、10番十楽寺、13番取星寺は四国八十八ヶ所にも重なる。

【札所名】(1) 仏王山 大山寺（徳島県板野郡上板町），(2) 正覚山 法輪寺（徳島県阿波市土成町），(3) 五台山 竹林寺（愛媛県今治市），(4) 永徳山 圓福寺（愛媛県松山市藤野町），(5) 作礼山 仙遊寺（香川県善通寺市仙遊町），(6) 灌頂山 極楽寺（愛媛県松山市鷹子町），(7) 瑠璃山 香積寺（愛媛県東温市），(8) 東明山 童学寺（徳島県名西郡石井町），(9) 西岸山 道音寺（愛媛県東温市），(10) 光明山 十楽寺（徳島県阿波市土成町），(11) 慈眼山 高音寺（愛媛県松山市高木町），(12) 八幡山 仏母院（香川県仲多度郡多度津町），(13) 妙見山 取星寺（徳島県阿南市羽ノ浦町）

383 四国八十八ヵ所霊場

【概　要】四国にある弘法大師ゆかりの寺院で構成される弘法大師霊場。単に八十八ヶ所ともいい、お四国さん、本四国とも呼ばれる。札所を結ぶ道を遍路道、巡礼することをお遍路、巡礼者をお遍路さんと称する。その起源には諸説あるが、815（弘仁6）年、弘法大師が42歳の時に四国を巡歴したことに始まるとの伝説が広く知られる。実際には空海の入定後、平安時代末期までには巡拝が始まっていたと推測される。初めは僧の修行として行われていたが、やがて庶民の間にも広まり、室町時代末期から江戸時代初期にかけて、八十八札所が定められた。江戸時代初期には真念が案内書『四国偏礼指南』を著し、四国遍路が一層盛んとなった。阿波国の霊場を発心の道場、土佐国を修行の道場、伊予国を菩提の道場、讃岐国を涅槃の道場と呼ぶ。88ヶ所すべてを廻ると結願となるが、その後に高野山（金剛峯寺奥の院）を参拝するのが一般的。この他、18ヶ所の番外札所がある。全行程は約1440km、巡拝所要日数は徒歩で40〜50日、車で10日前後。

【札所名】(1)竺和山 一乗院 霊山寺（徳島県鳴門市大麻町）、(2)日照山 無量寿院 極楽寺（徳島県鳴門市大麻町）、(3)亀光山 釈迦院 金泉寺（徳島県板野郡板野町）、(4)黒厳山 遍照院 大日寺（徳島県板野郡板野町）、(5)無尽山 荘厳院 地蔵寺（徳島県板野郡板野町）、(6)温泉山 瑠璃光院 安楽寺（徳島県鳴門市大麻町）、(7)光明山 蓮華院 十楽寺（徳島県阿波市土成町）、(8)普明山 真光院 熊谷寺（徳島県阿波市土成町）、(9)正覚山 菩提院 法輪寺（徳島県阿波市土成町）、(10)得度山 灌頂院 切幡寺（徳島県阿波市市場町）、(11)金剛山 一乗院 藤井寺（徳島県吉野川市鴨島町）、(12)摩廬山 正寿院 焼山寺（徳島県名西郡神山町）、(13)大栗山 花蔵院 大日寺（徳島県徳島市一宮町）、(14)盛寿山 延命院 常楽寺（徳島県徳島市国府町）、(15)薬王山 金色院 國分寺（徳島県徳島市国府町）、(16)光耀山 千手院 観音寺（徳島県徳島市国府町）、(17)瑠璃山 真福院 井戸寺（徳島県徳島市国府町）、(18)母養山 宝樹院 恩山寺（徳島県小松島市田野町）、(19)橋池山 摩尼院 立江寺（徳島県小松島市立江町）、(20)霊鷲山 宝珠院 鶴林寺（徳島県勝浦郡勝浦町）、(21)舎心山 常住院 太龍寺（徳島県阿南市加茂町）、(22)白水山 医王院 平等寺（徳島県阿南市新野町）、(23)医王山 無量寿院 薬王寺（徳島県海部郡美波町）、(24)室戸山 明星院 最御崎寺（高知県室戸市室戸岬町）、(25)宝珠山 真言院 津照寺（高知県室戸市）、(26)龍頭山 光明院 金剛頂寺（高知県室戸市室戸町）、(27)竹林山 地蔵院 神峯寺（高知県安芸郡安田町）、(28)法界山 高照院 大日寺（高知県香南市野市町）、(29)摩尼山 宝蔵院 国分寺（高知県南国市）、(30)百々山 東明院 善楽寺（高知県高知市）、(31)五台山 金色院 竹林寺（高知県高知市）、(32)八葉山 求聞持院 禅師峰寺（高知県南国市）、(33)高福山 雪蹊寺（高知県高知市）、(34)本尾山 朱雀院 種間寺（高知県高知市春野町）、(35)醫王山 鏡池院 清滝寺（高知県土佐市高岡町）、(36)独鈷山 伊舎那院 青龍寺（高知県土佐市宇佐町）、(37)藤井山 五智院 岩本寺（高知県高岡郡四万十町茂串町）、(38)蹉跎山 補陀洛院 金剛福寺（高知県土佐清水市）、(39)赤亀山 寺山院 延光寺（高知県宿毛市平田町）、(40)平城山 薬師院 観自在寺（愛媛県南宇和郡愛南町）、(41)稲荷山 護国院 龍光寺（愛媛県宇和島市三間町）、(42)一カ山 毘盧舎那院 仏木寺（愛媛県宇和島市三間町）、(43)源光山 円手院 明石寺（愛媛県西予市宇和町）、(44)菅生山 大覚院 大寶寺（愛媛県上浮穴郡久万高原町）、(45)海岸山 岩屋寺（愛媛県上浮穴郡久万高原町）、(46)医王山 養珠院 浄瑠璃寺（愛媛県松山市浄瑠璃町）、(47)熊野山 妙見院 八坂寺（愛媛県松山市浄瑠璃町）、(48)清滝山 安養院 西林寺（愛媛県松山市高井町）、(49)西林山 三蔵院 浄土寺（愛媛県松山市鷹子町）、(50)東山 瑠璃光院 繁多寺（愛媛県松山市畑寺町）、(51)熊野山 虚空蔵院 石手寺（愛媛県松山市）、(52)龍雲山 護持院 太山寺（愛媛県松山市太山寺町）、(53)須賀山 正智院 円明寺（愛媛県松山市和気町）、(54)近見山 宝鐘院 延命寺（愛媛県今治市）、(55)別宮山 金剛院 南光坊（愛媛県今治市別宮町）、(56)金輪山 勅王院 泰山寺（愛媛県今治市）、(57)府頭山 無量寿院 栄福寺（愛媛県今治市玉川町）、(58)作礼山 千光院 仙遊寺（愛媛県今治市玉川町）、(59)金光山 最勝院 伊予国分寺（愛媛県今治市）、(60)石鈇山 福智院 横峰寺（愛媛県西条市小松町）、(61)栴檀山 教王院 香園寺（愛媛県西条市小松町）、(62)天養山

観音院 宝寿寺（愛媛県西条市小松町），(63)密教山 胎蔵院 吉祥寺（愛媛県西条市），(64)石鈇山 金色院 前神寺（愛媛県西条市），(65)由霊山 慈尊院 三角寺（愛媛県四国中央市金田町），(66)巨鼇山 千手院 雲辺寺（徳島県三好市池田町），(67)小松尾山 不動光院 大興寺（香川県三豊市山本町），(68)七宝山 神恵院（香川県観音寺市八幡町），(69)七宝山 観音寺（香川県観音寺市八幡町），(70)七宝山 持宝院 本山寺（香川県三豊市豊中町），(71)剣五山 千手院 弥谷寺（香川県三豊市三野町），(72)我拝師山 延命院 曼荼羅寺（香川県善通寺市吉原町），(73)我拝師山 求聞持院 出釈迦寺（香川県善通寺市吉原町），(74)医王山 多宝院 甲山寺（香川県善通寺市弘田町），(75)五岳山 誕生院 善通寺（香川県善通寺市善通寺町），(76)鶏足山 宝幢院 金倉寺（香川県善通寺市金蔵寺町），(77)桑多山 明王院 道隆寺（香川県仲多度郡多度津町），(78)仏光山 広徳院 郷照寺（香川県綾歌郡宇多津町），(79)金華山 高照院 天皇寺（香川県坂出市西庄町），(80)白牛山 千手院 國分寺（香川県高松市国分寺町），(81)綾松山 洞林院 白峯寺（香川県坂出市青梅町），(82)青峰山 千手院 根香寺（香川県高松市中山町），(83)神毫山 大宝院 一宮寺（香川県高松市一宮町），(84)南面山 千光院 屋島寺（香川県高松市屋島東町），(85)五剣山 観自在院 八栗寺（香川県高松市牟礼町），(86)補陀洛山 志度寺（香川県さぬき市），(87)補陀洛山 観音院 長尾寺（香川県さぬき市），(88)医王山 遍照光院 大窪寺（香川県さぬき市）
【掲載事典】癒事，古寺，札所，巡遍，霊大，霊巡，日巡，霊典

◇遍路秋色　荒木哲信著　金剛寺　1955　160p 図版　19cm

◇四国遍路記　橋本徹馬著　紫雲荘出版部　1956 4版　268p 図版 地図　19cm

◇四国遍路の旅—観光地から山寺まで　八木義徳著　秋元書房　1962　241p（図版，表共）18cm（トラベル・シリーズ）

◇遍路日記—乞食行脚三百里　鍵田忠三郎著　協同出版　1962　228p 図版　20cm〈付：四国八十八カ所遍路地図〉

◇四国八十八札所遍路記　西端さかえ著　大法輪閣　1964 2版　350p 19cm

◇近世土佐遍路資料　広江清編　[高知]土佐民俗学会　1966　111p 25cm（土佐民俗叢書）〈謄写版〉300円

◇四国遍路—八十八カ所霊場めぐり　西村望著　大阪　保育社　1968　153p（おもに図版）15cm（カラーブックス）250円

◇巡礼の民俗　武田明著　岩崎美術社　1969　224p 図版　19cm（民俗民芸双書）1000円

◇へんろ石—歌集　真鍋充親著　新居浜　新潮堂書店　1971　222p 19cm（立春叢書　熟田津文庫 第1輯）1000円

◇四国遍路　近藤喜博著　桜楓社　1971　319p 図　19cm　1000円

◇巡礼の社会学　前田卓著　吹田　関西大学経済政治研究所　1971　276,2p 図13枚　22cm〈発売：ミネルヴァ書房（京都）〉980円

◇徳川治世諸国道中細見絵図集—並・四国, 西国, 坂東霊場順礼図　編集：日本地図選集刊行委員会, 人文社編集部　人文社　1971　地図59枚　38cm（日本地図選集）〈帙入〉12000円

◇四国八十八所—歴史の旅　瀬戸内海放送編　秋田書店　1972　269p（図共）19cm　890円

◇四国遍礼名所図会—5巻　阿南 久保武雄　1972　5冊　26cm〈各巻に解説（内容は各巻の翻刻 別冊 19cm）あり，寛政12年九皋主人写 河内屋武兵衛蔵本の複製，和装〉非売品

◇四国霊跡観光大観　改訂第2版　徳島　四国霊跡観光協会　1972　175p（おもに図）31cm　5000円

◇四国路—八十八カ所遍路道　毎日新聞社　1972　213p（おもに図）26cm（日本の道シリーズ）2500円

◇同行二人—四国霊場へんろ記　土佐文雄著　高知　高知新聞社　1972　398p 図　19cm〈発売：高新企業出版部（高知）〉800円

◇お四国—霊場八十八カ所の旅　四国新聞社編　高松　四国新聞社　1973　280p（図共）27cm〈『四国新聞』に昭和46年4月から毎週1回,2年間連載された「ルー

ト88」に加筆しまとめたもの〉3000円

◇四国遍路の古地図　岩村武勇編　徳島出版　1973　図24枚　37×52cm〈限定版〉3000円

◇四国霊場記集　近藤喜博編　勉誠社　1973　520,33p　27cm〈弘法大師御生誕千二百年記念出版〉10000円
　目次　四国遍礼霊場記（東京国立博物館本 元禄2年刊の複製）　四国遍礼功徳記（赤木文庫本（横山重）元禄3年刊の複製）

◇定本山頭火全集　第6巻　種田山頭火著　春陽堂書店　1973　531p　図　肖像　20cm
　目次　其中日記14　四国遍路日記　松山日記　一草庵日記　随筆・断片　解説（大山澄太）

◇お四国さん　愛媛新聞社編著　松山　愛媛新聞社　1974　図90枚　122p　37cm〈箱入〉5000円
　目次　水墨画（坂田虎一）　四国八十八か所納経印—今と昔、遍照金剛（高橋喜好）　巡拝の旅（愛媛新聞社社会部・文化部編）

◇四国霊場記集　別冊　近藤喜博編　勉誠社　1974　534p　19cm　8000円
　目次　四国辺路道指南（赤木文庫蔵本（横山重）貞享4年刊の複製）１四国礼道指南増補大成（岩村武勇氏蔵本　明和4年刊の複製）

◇遍路—その心と歴史　宮崎忍勝著　小学館　1974　288p　図　20cm（100万人の創造選書）850円

◇画のある四国遍路　月尾菅子著　藤浪会　1975　117p　肖像　19cm　1000円

◇弥治さん喜多さん四国八十八カ所巡礼記　出版カラムス編　徳島　出版カラムス　1975.4　217p　22cm　880円

◇四国全図—四国霊場八十八札所巡り　［地図資料］昭文社　1975.10　地図1枚：両面色刷　89×63cm（折りたたみ21cm）（エアリアマップ　地方別地図 B70000）〈ホルダー入、分図：徳島市（1：25000）ほか〉300円

◇おへんろ　白沢節人著　表現社　1976　260p　19cm〈吾妹叢書〉1200円

◇カラー遍路の旅—四国八十八カ所　文：佐和隆研　写真：芥川善行、浜川博司　京都　淡交社　1976　208p（おもに図）

22cm　1800円

◇弘法大師と四国霊場　蓮生善隆,溝淵和幸共著　香川清美撮影　高松　美巧社　1976　435p（図共）25cm（Biko books）

◇へんろ記—喜寿記念　相原芳子著　松山［相原芳子］1976.9　46p　21cm

◇四国霊場の旅　徳島　徳島新聞社　1977.5　103p　26cm　500円

◇四国遍路日記　澄禅著　宮崎忍勝解説・校注　大東出版社　1977.10　194p　22cm〈四国遍路研究資料一覧表：p181～184〉

◇死装束の旅—四国八十八カ所　広島　中国新聞社　1977.10　241p　図　21cm〈付：図1枚〉1500円

◇四国お遍路八十八個寺　伊藤一郎著　新庄　伊藤一郎　1977.11　50p　図　22cm〈昭和52年3月26日発願～昭和52年4月10日結願、表紙等の書名：四国お遍路〉

◇四国遍路—二百八十回中務茂兵衛義教　鶴村松一著　松山　松山郷土史文学研究会　1978.3　79p　19cm　700円

◇四国遍路八十八カ所　首藤一著　大阪　創元社　1978.4　270p　19cm　880円

◇娘巡礼記　高群逸枝著　朝日新聞社　1979.1　270p　19cm（朝日選書）〈校訂：堀場清子〉860円

◇四国霊場の旅　第7版　徳島　徳島新聞社　1979.3　103p　26cm　800円

◇四国霊場略縁起道中記大成　中務茂兵衛原著　鶴村松一編著　松山　松山郷土史文学研究会　1979.3　141p　19cm〈中務茂兵衛略年譜：p134～138〉800円

◇巡礼と遍路　武田明著　三省堂　1979.4　213p　19cm（三省堂選書）〈付：参考文献〉900円

◇西国・新西国札所めぐり　首藤一著　大阪　創元社　1979.4　278p　19cm　980円

◇四国霊場　原田是宏写真　新人物往来社　1979.11　87p　31cm〈監修：蓮生善隆,付（図1枚）〉16000円

◇仏をたづねて—夫婦遍路記　市橋俊一著　市橋俊一　1980.3　337p　19cm　非

売品
◇ふらり巡礼―四国八十八カ寺　朝日新聞高松支局ほか編著　松山　岡田印刷　1980.8　191p　27cm　2000円
◇四国八十八カ所　平幡良雄著　銚子　満願寺事業部　1980.9　2冊　18cm〈古寺巡礼シリーズ〉700円,800円
　目次 上 阿波・土佐編　下 伊予・讃岐編
◇おへんろさん―松山の遍路と民俗　松山市教育委員会編著　松山　松山市文化財協会　1981.3　192p　19cm〈市民双書〉900円
◇四国へんろ記　伊藤延一著　古川書房　1981.4　165p　19cm　1000円　①4-89236-228-X
◇四国遍路記集　伊予史談会編　松山　伊予史談会　1981.8　325p　19cm〈伊予史談会双書〉〈発売：愛媛県教科図書〉2300円
◇親子遍路旅日記　今井美沙子ほか著　大阪　東方出版　1981.10　229p　19cm　1200円
◇カメラお四国―八十八カ所写真の旅　汲田栄功著　[高知]　高知新聞社　1981.11　188p　20cm〈発売：高新企業, 付：参考文献〉1600円
◇四国のみち　高知　高知新聞社　1981.11　2冊　25cm〈発売：高新企業〉各2000円
　目次 上（野根山街道　道後・今治街道　志士脱藩の道　金毘羅・丸亀道　土佐西国三十三番　祖谷から剣へ他）下（松山街道　讃岐・長尾街道　土佐日記の旅　阿波の遍路道　土佐街道・北山越え　銅山越え他）
◇日本の聖域 第10巻 四国遍路　斎藤貢一, 真野俊和編　佼成出版社　1981.11　141p　31cm〈年表：p140　付：参考文献・資料〉3500円　①4-333-01050-0
◇最新四国八十八ケ所巡拝詳細地図　仁木一郎著　徳島　出版カラムス　[1982]　80,78p　19×27cm〈発刊10周年記念特別カラー版　英文併載〉1500円
◇最新四国八十八ケ所巡拝詳細地図　仁木一郎著　徳島　出版カラムス　[1982]　80,78p　22×31cm〈英文併載〉980円

◇四国探訪記―青い国ロマンの島　白木友則著　[高知][白木友則]　1982.5　194p　19cm〈参考文献資料：p194〉非売品
◇遍路日記―乞食行脚三百里　鍵田忠三郎著　第12版　協同出版　1982.5　228p　19cm〈折り込図1枚　著者の肖像あり, 発売：大安寺(奈良)〉1300円
◇愚眼遍路　上田雅一著　今治　同行新聞社　1982.7　259p　19cm〈発売：ウエダ映像社(松山)〉1100円
◇空海―人その軌跡―歴史シンポジウム3　上山春平ほか述　愛媛県文化振興財団編　松山　愛媛県文化振興財団　1983.3　218p　19cm〈財団図書〉〈発売：愛媛県教科図書, 空海ならびに四国遍路関係略年譜：p215～218〉900円
◇巡礼地の世界―四国八十八カ所と甲山新四国八十八カ所の地誌　田中博著　古今書院　1983.3　280p　20cm〈主要参考文献：p277～280〉2200円　①4-7722-1124-1
◇四国霊場をへんろして　吉本四郎著　[小松島][吉本四郎]　1983.9　243p　19cm〈著者の肖像あり〉非売品
◇四国霊場の旅 第9版　徳島　徳島新聞社　1983.10　126p　26cm　1000円
◇四国遍路の回想　大間文子著　[大間文子]　1983.11　120p　18cm　非売品
◇四国八十八カ所遍路日記　三沢菊雄著　立川　けやき出版　1984.7　249p　19cm〈著者の肖像あり, 著者略歴：p249〉
◇四国遍路―八十八カ所霊場めぐり　西村望著　新訂版　大阪　保育社　1984.7　151p　15cm〈カラーブックス〉500円　①4-586-50158-8
◇四国八十八札所―簡易納経帖つき地図　巡礼便利帖　小松原賢誉監修　山下博誉著　協楽社　1984.10　191p　19cm　600円　①4-7635-0710-9
◇四国八十八札所―伝説と信仰の旅　巡礼便利帖　小松原賢誉監修　山下博誉著　協楽社　1984.10　312p　19cm　900円　①4-7635-0710-9

◇四国遍路道しるべ　喜代吉栄徳著　新居浜　海王舎　1984.10　231p　19cm　〈弘法大師御入定千百五十年記念　付・茂兵衛日記,中務茂兵衛年譜：p219〜222　遍路記と標石設置者概略年表：p226〜227〉1800円

◇空から巡る四国霊場八十八か所　小学館　1985.3　214p　31cm　8800円　①4-09-680271-9

◇写仏巡礼―四国八十八所　安達原玄著　小松庸裕解説　日貿出版社　1985.3　85p　30cm　〈付（図23枚）：八十八尊別刷下絵〉8800円

◇四国遍路―歴史とこころ　宮崎忍勝著　大阪　朱鷺書房　1985.4　228p　20cm　1800円

◇四国遍路バスの旅　後藤益太郎著　春日部　後藤益太郎　1985.6　287p　20cm　〈引用または参考にした書物：P285〜287,制作：主婦の友出版サービスセンター,著者の肖像あり〉

◇霊場巡礼―心の案内　波羅蜜薩婆訶著　池田書店　1985.8　277p　19cm　980円　[目次]第1章 巡礼への誘い　第2章 巡礼者の声　第3章 知っておきたいこと　第4章 巡礼のこころ　第5章 巡礼に生きた人　第6章 巡礼の歴史　付 巡礼みちしるべ

◇中務茂兵衛と真念法師のへんろ標石並に金倉寺中司文書　喜代吉栄徳著　新居浜　海王舎　1985.10　88p　26cm　〈『四国遍路道しるべ』の続編〉750円

◇四国八十八ケ所霊場案内―詳細地図　垂水克登編　池田書店　1986.6　203p　26cm　1800円　①4-262-16815-8

◇四国八十八ケ所霊場納経帳　池田書店　1986.6　1冊（頁付なし）26cm　〈和装〉3800円　①4-262-16814-X

◇四国八十八ケ所霊場案内　詳細地図　垂水克登編　池田書店　1986.6　203p　26cm　1800円　①4-262-16814-X

◇四国八十八ケ所霊場納経帳　池田書店　1986.6　1冊　3800円　①4-262-16815-8

◇四国遍路で生まれ変る―霊場88ケ所歩き方ガイド　高田真快著　立風書房　1986.6　233p　19cm　1200円　①4-651-77008-8
[内容]現代人の心は疲れている。疲れた心を癒すには、遍路に出ることだ。いやこれしか道はない。托鉢遍路十数回の体験から、真快和尚はこう断言する。本書は単なる遍路記ではない。心に安らぎを与える人生の書であると同時に、これから遍路に出発したい人のための、安心して頼れるガイドでもある。

◇遍路まんだら―空海と四国巡礼を歩く　村上護著　佼成出版社　1986.7　246p　19cm　〈主な参考文献：p244〜246〉1100円　①4-333-01229-5
[内容]人の心を捉えてはなさない四国遍路。その魅力の本質は。また歴史と変遷は…。庶民の熱い息ぶきうずまく"まんだらの世界"を歩く。

◇奥の院仙竜寺と遍路日記　喜代吉栄徳著　新居浜　海王舎　1986.11　98p　22cm　800円

◇四国徧礼霊場記　寂本原著　村上護訳　[東村山]　教育社　1987.3　389p　18cm（教育社新書　原本現代訳　105）1000円　①4-315-50461-0
[内容]元禄年間、高野山のエリート学僧寂本が執筆した霊場誌。四国八十八か所諸刹の由緒を詳述する。参考資料として四国霊場案内の嚆矢ともいえる、真念著『四国遍路道指南』を収録。

◇四国88カ所順拝の道しるべ―カラー版　小林茂著　大阪　ナンバー出版　1987.3　142p　19cm　〈写真：西村元資,付：参考文献〉1000円　①4-88859-051-6

◇遍路―四国霊場八十八カ所　講談社編　講談社　1987.3　168p　26cm　〈監修：四国八十八カ所霊場会　編集：第一出版センター〉2000円　①4-06-202880-8
[目次]第1章 遍路のこころ（弘法大師空海　お道びらき　高野山とお遍路さん　遍路の風景　聖なる島にて　龍子と四国遍路　遍路今昔　遍路と俳句　四国霊場会部会長紹介）　第2章 四国霊場八十八カ所巡拝　第3章 はるかなり光明の路（功徳と霊験　大師信仰と遍路　現代人と遍路　霊場と先達）　第4章 遍路の心得　遍路の楽しみ　四国霊場八十八カ所地図
[内容]仏の島・四国へ遍路に旅立つ人に、遍路に思いを寄せる人に、霊場巡拝のすべて。

◇四国八十八所遍路　徳島・高知編　宮崎忍勝,原田是宏著　大阪　朱鷺書房　1987.4　166p　19cm　900円　①4-88602-094-1
内容　同行2人の旅。弘法大師の聖跡を巡拝する四国遍路は、心身の蘇生の旅でもある。全道程1360キロ。長い歴史とともに熱心な信仰に支えられている四国88ヵ所霊場への巡拝案内。

◇四国八十八所遍路　愛媛・香川編　宮崎忍勝,原田是宏著　大阪　朱鷺書房　1987.4　198p　19cm　900円　①4-88602-095-X
内容　同行2人の旅。弘法大師の聖跡を巡拝する四国遍路は、心身の蘇生の旅でもある。全道程1360キロ。長い歴史とともに熱心な信仰に支えられている四国八十八ヵ所霊場への巡拝案内。

◇信ずる心　9　巡礼・遍路—共に歩む　松原泰道責任編集　松原哲明著　集英社　1987.6　267p　20cm〈編集：創美社〉1400円　①4-08-192009-5
目次　観音巡礼（青岸渡寺から槇尾寺へ　葛井寺から上醍醐寺へ　岩間寺から頂法寺へ　行願寺から円教寺へ　成相寺から華厳寺まで）　四国88所遍路（発心の道場　修行の道場　菩提の道場　涅槃の道場）
内容　金剛杖を手に鈴を振り鳴らしながら廻国する巡礼・遍路の旅。日常を離れた異質の世界をたどるとき、ほとけと共に歩む喜びが、澄みきった心身に沁みわたる。

◇山頭火全集　第9巻　種田山頭火著　春陽堂書店　1987.9　371p　20cm〈監修：荻原井泉水,斎藤清衛　編集：大山澄太,高藤武馬　著者の肖像あり〉3800円　①4-394-90099-9
目次　其中日記13の続　其中日記14　旅日記　其中日記15　四国遍路日記　解説 高藤武馬著　年譜：p341〜363
内容　新発見資料多数を収録。自筆ノートとの厳密な校合。周到な解説と豊富な口絵。「山頭火年譜」の決定版を付す。各巻「月報」付き。漂泊詩人の壮絶な足跡。

◇お大師さまとともに—四国八十八ケ所徒歩巡拝記　平田安峰著　鳥取　平田安峰　1987.10　144p　21cm〈著者の肖像あり〉

◇西村望の四国遍路の旅　西村望著　徳間書店　1987.10　248p　20cm　1500円　①4-19-553544-1
目次　1 ぼくの四国遍路（人外境への遜竄　死にに来る人　歩く、歩く　60日の仮死の旅　ご接待　チビ遍路　自分の峠に同行二人）　2 ぼくの札所めぐり　3 風とぼくと遍路と…（風に呼ばれて　愛を拾う旅　わが胸をのぞく　棄民の里として　人間は人間だから）
内容　遍路とは、白い死装束に身を固めて巡り歩く、60日の仮死の旅人—。人間の業と犯罪を見つめてきた作家が、その深淵を道案内する異色の紀行随筆。

◇お遍路　高群逸枝著　中央公論社　1987.12　282p　16cm（中公文庫）　400円　①4-12-201478-6
目次　発端（八十八ケ所由来　私の家　遍路の支度）　伊予〔上〕（出立　大窪越え　善根宿）　土佐（大和丸　雨ごもり　遍路墓）　阿波（曼珠沙華　苦難のはて　山林仏教）　讃岐（大坂越え　乞食宿の感想　那是ヶ嶺）　伊予〔下〕（秋暁早発　石槌山にて　道後湯の町）　帰路（八幡浜まで　豊後へ）　後記
内容　切なる自己悲観から発心して決行した漂泊の旅。青春期の矛盾を巡礼姿に托して行く四国遍路の思い出。生涯を女性史研究に捧げた先覚者の、若き日の熱情と夢、一途な求道の姿をうつしだす記念碑的名著。

◇四国遍路の足跡を尋ねて　三沢菊雄著　立川　けやき出版　1988.3　126p　20cm　600円　①4-905845-44-0

◇人生は路上にあり—お大師さまへの道　手束妙絹著　松山　愛媛県文化振興財団　1988.3　264p　18cm（えひめブックス）〈発売：愛媛県教科図書ほか〉800円

◇お遍路でめぐりあった人びと　手束妙絹著　リヨン社　1988.8　238p　20cm〈発売：二見書房〉1200円　①4-576-88087-X
目次　第1章 お遍路でめぐりあった人びと　第2章 お堂を訪う人びと　第3章 伊予北条の人びとと鳥虫花　第4章 なつかしい人びと
内容　小さな庵を訪れる季節の移ろい、徒歩巡礼の老若男女、わんぱく童子、黙々と耕す人びと。生きていることの自然をただ一心にみつめる著者のやさしくもあたたかなエッセイ。

◇やすらぎの旅路—四国遍路・西国巡礼旅日記　新居田胡頬子著　〔今治〕〔新居

◇歩けたぞ六万キロ―全国行脚二千日　篠崎由吉著　柏樹社　1988.9　235p　19cm　1400円
|目次|第1章 心のしこり―四国88ヵ所遍路　第2章 妻との別れ―百観音遍路　第3章 私にができるか―188ヵ寺遍路　第4章 運命を考える―第1次全国遍路　第5章 命あるかぎり―第2次全国遍路　第6章 遠い道、近い道―第3次全国遍路　第7章 歩けたぞ6万キロ―第4次全国遍路
|内容|前へ前へ―71歳から歩き始めて14年。6万3千キロ、2千日をただひたすら歩くことで、生きた観音さまと出会い、自己の病を克服し、人々に希望を与え続けてきた著者の感動の遍路行脚記。

◇四国おんな遍路記　西岡寿美子著　新人物往来社　1988.10　261p　20cm〈参考文献：p261〉2000円　①4-404-01551-8
|目次|徳島県（阿波）の札所（1～23番）（へんろみち千年への旅立ち　わがこころおさなければ…）　高知県（土佐）の札所（24～39番）（今成りの新発意風ざらし陽ざらし　生の重さ背負いて往くへんろ杖　貝寄風に吹かれて念仏申している　補陀落渡海も偲ばれて岬周りも）　愛媛県（伊予）の札所（40～65番）（冬枯の野にただ空風に吹かれている　捨ててこそ捨ててこそへんろ笠　われ老ゆるとわれをも捨つるなかれ　菩提の伊予の国秋風また秋風）　香川県（讃岐）の札所（66～88番）（しぐれ寺に忘れ得ぬ人の幻を見る　彼岸雪に凍えお接待に涙する　麦秋の野に心の鉦を打ち鳴らし　てんのうさへもさすらひぞあるなべて色即是空　陽にあぶられ雨にも追われゆきゆけば）
|内容|八十八ヵ所乱れ打ち！ 女ふたり「お四国」を行く。この千年の歴史を持つ「へんろ道」には歩けば魂に呼びかけてくる何かがある。その何かにひかれて、ただただ見知らぬ浦や山を漂い歩いた。また歩くだろう、と言うほかない。小熊秀雄賞・農民文学賞受賞。

◇巡礼ツーリング　樫野和弘著　東大阪無頼派　1988.12　354p　19cm　1000円

◇四国へんろ　薄井八代子著　大阪　保育社　1989.4　151p　15cm（カラーブックス）〈監修：西村望、付：参考文献〉620円　①4-586-50775-6

|内容|四国遍路の世界を知り尽した著者が一般向けにやさしく解説した好ガイド。

◇四国霊場巡拝のしおり―勤行・巡拝歌集と道中の心構え　高橋厚温編　第6版　多度津町（香川県）　屏風浦海岸寺　1989.9　107p　21cm

◇マンダラ紀行　森敦著　筑摩書房　1989.12　160p　15cm（ちくま文庫）460円　①4-480-02358-5
|目次|大日のいますところにありながらそれとも知らず去りにけるかな　大日はいまだ雲霧におはすれどひかり漏れ来らく橋を渡らむ　大日のもとに至るか弘法の市にぎはひて心たのしむ　大日は大仏なりや半眼にいとおほらけくここにまします　絶巓にいます大日いや遠く足なへわれにいよよ幽し　大日の分かつ金胎求め来て坂を下ればへうべうの海
|内容|神護寺、東寺、東大寺、高野山町石道そして四国八十八ヵ所への巡拝。引法大師空海の跡を辿る旅は、しだいに開けゆく密教論理空間解読の旅でもある。従来のマンダラ諸論とは隔絶したトポロジカルな思念の前に、胎蔵界・金剛界の両界マンダラ図が開示する真言密教の秘奥とは何か。民衆仏教の一面をも鮮やかに描ききる。

◇山頭火　日記7　種田山頭火著　春陽堂書店　1990.3　223p　16cm（山頭火文庫 11）650円　①4-394-70011-6
|目次|風来居日記　遍路日記　松山日記1
|内容|銭はなくてもゆとりがある―。句作と旅に暮れた山頭火晩年の日々。

◇定年からは同行二人―四国歩き遍路に何を見た　小林淳宏著　PHP研究所　1990.5　237p　20cm　1400円　①4-569-52754-X
|内容|時間に追われる記者生活を終え、自由な時間を得た著者は、青春の夢を実現すべく、白装束に身を固め四国お遍路の旅へ出発。裸の自分を見つめ、本当の人生を考え、ひたすら歩き続けた八十八ヵ所霊場巡り体験記。

◇四国八十八ヵ所仏画巡礼　小松庸祐編著　大阪　朱鷺書房　1990.6　242p　27cm〈弘法大師年譜：p222～223〉4500円　①4-88602-127-1
|目次|四国八十八ヵ所遍路のこころと歴史　発心の道場阿波（徳島県）　修行の道場土佐（高知県）　菩提の道場伊予（愛媛県）

涅槃の道場讃岐(香川県) 弘法大師行状絵伝 弘法大師年譜 四国八十八カ所案内─『四国霊場記』より

◇もう一人の空海 寺林峻著 春秋社 1990.7 342p 20cm 〈参考文献：p342〉1950円 ①4-393-17271-X
|目次|序章 二つの肖像 第1章 風の騒ぐ季節 第2章 秘められた助走 第3章 密教ニュー・ウェーブの創出 第4章 果願うなかれ 第5章 聖と俗との往還 第6章 心の階段をのぼる 第7章 虚空つきる日まで 第8章 いのち山に帰る
|内容|弘法大師と空海のはざまに揺れて、著者は四国巡礼の旅に出る。深い思索と遍歴の旅路の末に出会ったものとは？〈空海〉の真実にせまる出色の空海論。

◇感動体験四国八十八カ所─新ガイドブック NHK編 日本放送出版協会 1990.10 157p 19cm 〈監修：四国八十八カ所霊場会〉1300円 ①4-14-011059-7
|内容|各界を代表する著名人26人が語る感動の四国遍路。大師信仰の見どころや名物もあわせて紹介。

◇日輪浄土─四国旅ごころ 藤田博泰著 [京都]フジ編集企画 1990.12 254p 19cm 1800円

◇四国遍路旅日記 高山未知路著 [前橋][高山未知路][1991]315p 19cm

◇四国お遍路こころの旅─八十八カ寺に人は何を求めるのか!? ひろさちや編著 日本実業出版社 1991.3 237p 19cm 1500円 ①4-534-01710-3
|目次|誘い 四国遍路は「まんだら」の旅 発心 阿波の国 修行 土佐の国 菩提 伊予の国 涅槃 讃岐の国
|内容|ほんのしばらく俗事を離れ、ほとけさまの世界に旅立ちませんか？ 巡礼にまつわる仏教のはなし、知っておきたい作法やしぐさ、お寺は地図とともに紹介します。

◇お大師さまとともに 続 八十八番大窪寺より高野山まで徒歩参拝記 平田安峰著 鳥取 平田安峰 1991.4 83p 19cm 〈著者の肖像あり〉

◇娘遍路 田崎笙子著 福岡 葦書房 1991.4 152p 19cm 1200円
|目次|立ち止まる心 天神さま 高群さんの『お遍路』 出発 一番のお寺・受戒・住職のお話 作法 同行のオーストラリアの人達 護摩焚き ヘイズール 吉野川音 台所の暖かな空気に触れて 発心の道場 修行の道場 お接待 〔ほか〕
|内容|他人には見えないことが私には見える。お四国へと促された心の旅路。

◇時実新子のじぐざぐ遍路 時実新子著 朝日新聞社 1991.6 295p 図版16p 18cm 1350円 ①4-02-256314-1
|目次|春(団蔵入水 さいごの舞台 モラエスの愛 おヨネかコハルか 高知日曜市 ほか) 夏(鵜小屋の鵜 山頭火 行乞行脚 内子座 和蝋燭 ウミガメよ ほか) 秋(本島 太鼓台 夫婦舟の味 トンボ博士 龍串散策 足摺岬 船大工さん ほか) 冬(嫁入り人形 銚子渓の猿 サヌカイト 地獄絵 杉の大杉 池田高校・蔦監督 ほか)
|内容|あの地、この地の「人」に逢いたさ。四国を歩き、四国の心を訪う、時実新子の紀行録88編。

◇四国の辺路石と道守り 喜代吉栄徳著 新居浜 海王舎 1991.12 80p 21cm 1000円

◇四国遍路 阿波・土佐編 平幡良雄著 改訂2版 銚子 満願寺教化部 1992.3 240p 18cm 1000円

◇四国遍路 伊予・讃岐編 平幡良雄著 改訂2版 銚子 満願寺教化部 1992.3 288p 18cm 1500円

◇仏教徒四国88カ所巡礼賛歌 寒竹彦文絵と文 開文社出版 1992.3 306p 20cm 〈主要参考文献：p306〉2500円 ①4-87571-851-9
|目次|仏教徒そして巡礼賛歌 四国88ヵ所霊場めぐり 四国別格20ヵ所霊場 各観光会社の実施巡拝コース一覧 四国全図
|内容|現代の四国遍路に見る新しい仏教徒の群像と1,400キロの巡礼。人種、国籍、宗派を超えた楽しいおへんろの旅のエッセイ。即身成仏とは何か？ 現世利益とは何か？ 弘法大師と同行2人で雄大な曼荼羅世界の四つの道場を行く。

◇跨者不行─ひとり歩きの遍路日記 四国八十八ケ所 高木芳郎著 [知立][高木芳郎]1992.4 113p 21cm

◇明と共に─四国八十八ケ所巡礼紀行 国弘博之,国弘久仁枝編 鳥取 国弘博之 1992.6 127p 26cm 〈国弘明の肖像あ

り〉非売品

◇お遍路　有薗幸生著　毎日新聞社
1992.9　210p　20cm　1700円　①4-620-30883-8
目次 第1章 コマーシャル業界と四国の間を揺れて　第2章 50ccバイクの八十八カ所めぐり　第3章 夕焼け空の下、バイクは走る　第4章 人それぞれのお遍路模様　第5章 結願しても涙なく　第6章 高野山で振り出しに戻る　四国八十八カ所霊場ガイド
内容 いま、なぜ、お遍路なのか？ 8年間、四国に通い聞き集め、撮りためた同行二人・人模様。

◇人生遍路　柄松香編著　〔廿日市〕〔柄松香〕1992.10　90p　26cm

◇阿波遍路―日英対訳<阿波>遍路ガイドブック　Awa88著　徳島　Awa88事務局　1993.2　191p　26cm〈参考文献：p190～191〉1500円

◇四国辺路研究　創刊号　喜代吉栄徳著　新居浜　海王舎　1993.3　26p　26cm〈参考文献：p16～17〉300円

◇四国八十八カ所霊場めぐり―心洗われ、悩み解き放つ旅　講談社　1993.4　127p　21cm（講談社カルチャーブックス）〈監修：四国八十八カ所霊場会〉1500円　①4-06-198078-5
内容 一番札所霊山寺から八十八番札所大窪寺まで、同行二人、つまり弘法大師と共に歩くという霊場めぐり。それは、大自然の中に自分を置き、心のやすらぎを求める旅でもある。四国八十八ヵ所霊場の旅。

◇四国霊場先達―JR・私鉄・路線バスのりつぎ巡拝ガイド　宮崎建樹著　松山　へんろみち保存協力会　1993.4　253p　26cm　2500円

◇四国八十八カ所の旅―弘法大師ゆかりの地四国遍路へのいざない　淡交社編集局編　京都　淡交社　1993.10　167p　30cm　3300円　①4-473-01302-2

◇四国辺路研究　第2号　喜代吉栄徳著　新居浜　海王舎　1993.10　36p　26cm　500円

◇四国88ヵ所順拝の道しるべ　小林茂著　日地出版（発売）1994.1　142p　19cm〈付・四国別格二十霊場〉1380円　①4-527-00554-5

目次 四国88ヵ所順拝　順拝のみちしるべ　順拝用具について　真言宗と南無大師遍照金剛　お大師さまの生涯　般若心経　高野山　大師ゆかりの寺　日本の密教　仏像について　仏像の性別　仏像の姿勢　台座と光背　仏像の技法　印相と持物〔ほか〕

◇68歳からの同行二人―四国霊場徒歩巡拝究極のモデルプラン　宮崎建樹著　松山　へんろみち保存協力会　1994.3　64p　26cm　300円

◇迷い犬と俺の「ちょっといい旅」　葦原仲道著　二見書房　1994.3　212p　19cm　1600円　①4-576-94035-X
内容 生きるよろこびが見えてくる。英語が解る犬とユニークな心の旅。はぐれ坊主のてくてく四国巡礼記。

◇行歩曼荼羅―四国八十八ケ所徒歩遍路　古藤高良著　雪書房　1994.4　333p　23cm　4500円　①4-946379-31-2

◇四国辺路研究　第3号　喜代吉栄徳著　新居浜　海王舎　1994.4　30p　26cm　500円

◇四国西国巡礼ポケット図鑑　オリジン社　1994.5　400p　15cm（主婦の友生活シリーズ）〈監修：金岡秀友　写真：溝縁ひろし、発売：主婦の友社〉1400円

◇定年からは同行二人―四国歩き遍路に何を見た　小林淳宏著　PHP研究所　1994.5　282p　15cm（PHP文庫）520円　①4-569-56637-5
内容 時間に追われる記者生活を定年退職した後、四国お遍路の旅に出た著者。禁酒禁煙の誓いを破って挫折しかけた日もあり。「仏罰」で同じ場所をぐるぐると歩かされた日もあり。裸の自分と向き合い歩き続けた四十一日間。限りなく無我の境地に近づいた八十八番目の霊場で著者にもたらされた"法悦"とは？一人生再出発の意味が問われる現代、真の生きがいについて考えさせる感動の一冊。

◇四国歩き遍路の記―法服を白衣に替えて　喜久本朝正著　大阪　新風書房　1994.6　247p　19cm　1500円　①4-88269-279-1

◇空海の道―四国霊場88ケ所巡拝の旅　歌集　阿波・土佐編　古味信夫編　〔藤沢〕ホクレア草房　1994.9　191p　19cm（創作社叢書）〈樹林短歌会叢

書）著者の肖像あり〉1700円

◇鈴の音山河―四国八十八カ所　柄松香編著　[廿日市]　[柄松香]　[1995]　60p　26cm〈付（8p）〉

◇四国88カ所順拝の道しるべ　小林茂著　日地出版（発売）1995.1　142p　19cm〈付・四国別格二十霊場〉1380円　①4-527-00554-5

◇四国　改訂3版　山と溪谷社　1995.4　382p　19cm（ジェイ・ガイド）1300円　①4-635-00354-X

　内容　青い国四国、リゾート淡路島を徹底ガイド。スーパーマップ付き。一度は歩いてみたい、四国巡礼八十八カ所も完全収録。

◇カメラお四国―八十八カ所四季を旅するカラー版　汲田栄功写真・文　[高知]　高知新聞社　1995.6　199p　21cm〈発売：高知新聞企業〉2300円

◇四国遍路記　愛媛・香川編　佐々木五郎著　[東郷町（鳥取県）]　[佐々木五郎]　1995.6　239p　19cm〈編集：富士書店出版企画室（鳥取）〉

◇四国遍路ひとり歩き　池田英治著　千葉　池田英治　1995.8　87p　20cm〈著者の肖像あり、編集・製作：朝日新聞東京本社朝日新聞出版サービス〉

◇お四国きり絵の旅　池知隆きり絵・文　[高知]　高知新聞社　1995.9　94p　26cm〈発売：高知新聞企業〉2000円

◇四国八十八カ所めぐり　岡崎禎広写真　日本交通公社出版事業局　1995.9　175p　21cm（JTBキャンブックス）〈監修：宮崎建樹〉1500円　①4-533-02231-6

◇サラリーマンのお遍路記―四国八十八カ所歩きお遍路　岡田竜雄著　広島　岡田竜雄　1995.10　317p　20cm

◇"お四国さん"ひとり歩きの記　足立紀子著　[川崎]　[足立紀子]　1995.12　167p　21cm

◇四国へんろ―めぐりやすい八十八カ所　平幡良雄著　改訂2版　銚子　満願寺教化部　1995.12　288p　19cm　1000円

◇四国遍路の民衆史　山本和加子著　新人物往来社　1995.12　260p　20cm（歴研ブックス）〈参考文献：p257～260〉2500円　①4-404-02310-3

　目次　1 大師伝説の発祥と伝道者たち　2 近世社会の成立と四国遍路　3 さまざまなる遍路たち　4 近代の光と闇の中で
　内容　民衆がどのような形で巡礼という宗教活動を行い、どのように維持発展させてきたか豊富な資料を駆使して、遍路の中に民衆の実体をさぐり、日本人の心を解く労作。

◇四国霊場巡拝勤行聖典　銚子　満願寺教化部　[1996]　1冊　18×8cm〈折本、和装〉

◇四国88ケ所札所めぐり　薄井八代子著　大阪　保育社　1996.2　183p　19cm　1600円　①4-586-61122-7

　内容　四国88ヵ所ガイドの決定版。興味ある内容・豊富な情報（親切な住所・電話・交通の案内、宿坊・駐車場の案内、札所間の距離と所要時間、宗派・本尊・開基、ご詠歌、付近の見どころ）。

◇天保十五年四國順拝諸扣帳―解読版　粟飯原権左衛門清胤著　中山馨解読　[神山町（徳島県）]　神山町文化財保護審議会　1996.2　55p　26cm〈奥付のタイトル：四国順拝諸扣帳、複製および翻刻〉

◇霊場巡礼　2　四国遍路の寺　上　五来重著　角川書店　1996.2　285p　19cm　2500円　①4-04-511302-9

◇霊場巡礼　3　四国遍路の寺　下　五来重著　角川書店　1996.4　277p　19cm　2500円　①4-04-511303-7

◇情け嬉しやお遍路ワールド―歩いて歩いて四国の風になった　佐藤孝子著　近代文芸社　1996.5　222p　20cm〈主な参考文献：p221～222〉1500円　①4-7733-5433-X

　内容　お遍路ロードエッセイ決定版。女ひとり歩いてたどった1,200キロ。泣いた笑った感動した42日間。

◇弘法さんの宝島　東寺宝物館編　逗子　雄飛企画　1996.8　173p　19cm（東寺文庫　2）〈折り込み図1枚〉1000円　①4-7952-8669-8

◇四国歩き遍路の旅―「定年」三百万歩の再出発　武藤暢夫著　MBC21　1996.9　311p　20cm〈発売：東京経済〉1800円　①4-8064-0516-7

　内容　積極チャレンジ！　人生第二幕。一歩一

歩の「つみかさね」の上に、花が咲き、実が熟す―。定年を迎えた著者が難行苦行に挑み、心身の再生を果たした、38日間の感動のドキュメンタリー！　四国88ヵ所―360キロを完全歩行した同行二人の旅全記録。

◇**四国八十八ヵ所―弘法大師と歩く心の旅**　藤田庄市写真・文　学習研究社　1996.11　135p　22cm（Gakken graphic books）〈本文執筆参考文献：p135〉　1600円　④4-05-400639-6
|内容|白衣、菅笠、金剛杖…四国の豊かな自然のなかをお大師さまと「同行二人」。千二百年の信仰の歴史に身も心も洗われる「霊場めぐり」案内記。

◇**四国八十八箇所**　ひろさちや原作　荘司としお漫画　鈴木出版　1996.12　153p　22cm（仏教コミックス　ほとけさまの大宇宙）　1200円　④4-7902-1906-2

◇**曼荼羅の旅―現代に生きる四国遍路の知恵**　和田明彦著　近代文芸社　1996.12　210p　20cm　1500円　④4-7733-5941-2
|内容|徒歩と野宿1400kmの旅。そこに見たものは人々が信仰をとおして生かし、生かされ合う曼荼羅の世界だった。

◇**四国八十八ヶ所巡り**　丸川賀世子,アーク・コミュニケーションズ,エディターズ執筆・編集　昭文社　1997.1　199p　21cm（エアリアマップ　旅の森）1333円　①4-398-13169-8
|目次|徳島県　高知県　愛媛県　香川県

◇**遍路と俳句**　袖下拝悠著　福山　びんご出版　1997.3　221p　19cm　1800円

◇**四国八十八ヶ所　順拝の道しるべ**　小林茂著　日地出版　1997.4　142p　19cm（日地出版の巡礼シリーズ）　1340円　①4-527-00554-5
|目次|四国88ヵ所順拝　順拝のみちしるべ　順拝用具について　真言宗と南無大師遍照金剛　お大師さまの生涯　般若心経　高野山　大師ゆかりの寺　日本の密教　仏像について〔ほか〕

◇**風の祈り―四国遍路とボランタリズム**　藤沢真理子著　松山　創風社出版　1997.4　162p　19cm（風ブックス）　1200円　①4-915699-59-5

◇**お遍路に咲く花通る風―元気おばさんお四国を歩く**　佐藤孝子著　リヨン社　1997.5　254p　20cm〈発売：二見書房〉　1600円　①4-576-97060-7

◇**四国へんろ風景**　伊藤太一彫画と文　読売新聞社　1997.5　238p　19cm　1200円+税　①4-643-97054-5
|目次|四国八十八か所霊場めぐり（霊山寺　極楽寺　金泉寺　大日寺　ほか）　四国別格二十霊場めぐり（大山寺　童学寺　慈眼寺　鯖大師本坊　ほか）
|内容|四国八十八ヵ所、別格二十札所、高野山総本山金剛峯寺。読売新聞四国県版に好評連載。

◇**四国八十八ヵ所花遍路**　溝縁ひろし,吉村淑甫,岡本桂典著　新潮社　1997.5　111p　22cm（とんぼの本）1500円　①4-10-602057-2
|目次|エッセイ・亡びん草　カラーグラフ・花と霊場とお遍路さん　エッセイ・遍路の白犬　エッセイ・木下藤　ドキュメント・歌吉回国上申書　ガイド・生と死を歩く―四国八十八ヵ所霊場巡り
|内容|チリンチリンと鈴の音を響かせながら四国路を行く白装束のお遍路さんたちを、四季折々に咲く花々がやさしく迎えてくれる。平安時代に始まるといわれる遍路の歴史をたどりながら、野辺に咲く花々を愛でつつ歩く四国八十八ヵ所霊場ガイド。

◇**伝承の碑―遍路という宗教**　谷口廣之著　翰林書房　1997.5　175p　20cm（URL選書）　2500円　①4-87737-004-8

◇**二度目の召集令状―四国遍路記**　景山一三著　[大田]　景山一三　1997.5　52p　21cm〈肖像あり　折り込1枚〉

◇**おへんろ出会い旅―四国路1,400キロひとりっきりの遍路紀行**　おかざききょうこ著　コアラブックス　1997.6　237p　21cm　1000円　①4-87693-346-4
|内容|ひとりっきりの遍路紀行。世俗をはなれた霊場めぐりは出会いと発見とオドロキの連続。見えない何かに後押しされて、ひとりでまわる88ヵ所。

◇**空海の残した道―現代歩き遍路がそこに見たもの**　松坂義晃著　国分寺　新風舎　1997.6　574p　21cm　1800円　①4-7974-0199-0

◇**こころの降る里―四国遍路**　朝倉海玄著　多摩　文伸印刷所（印刷）　1997.8　94p　21cm

◇四国お遍路の歩き方―心身を癒す仏教健康法の旅　朝倉光太郎著　PHP研究所　1997.8　198p　21cm（ビジュアル・ガイド）　1429円　①4-569-55167-X
　内容　弘法大師が修行して歩いた四国八十八カ所霊場―。本書は、全札所をお詣りしながら、しみじみとした自然の景観、名水、霊水、仏像、文化財にふれた心の旅路である。そして、巡礼を通じ、腰痛、高血圧、痛風、糖尿病、癌や難病から健康を回復された方の実話も掲載。心温まる「お接待」、ご住職の法話など、一期一会の出会いに、心は安らぎ、感謝の思いがわいてくる。何かを求めて遍路に旅立つ、老若男女、必携の書である。

◇四国霊場満足行日記　伊藤まさの著　国分寺　新風舎　1997.8　116p　19cm（Shinpû books）　1200円　①4-7974-0309-8
　内容　古稀を前に思い立った八十八カ所巡り。持病を押して、雨の日も風の日もひたすら、歩き、祈る。こころを打つ、歩き遍路の日記。

◇四国遍路ひとり歩き同行二人―空海の史跡を尋ねて　宮崎建樹著　へんろみち保存協力会編　第5版　松山　へんろみち保存協力会　1997.9　2冊（別冊とも）　26cm　3500円

◇お遍路―歩いた四国八十八ケ所四十二日の記録　白神忠志著　洋々社　1997.10　431p　20cm　2200円　①4-89674-951-0
　内容　札所、札所で「般若心経」を読経しつつ…出会い、そして見て、感じて、考えた歩き遍路42日間の記録。

◇道のり―人生は忘れること　竹内次郎著　竹内次郎　1997.10　229p　22cm　非売品

◇お四国遍路法を越えてゆく　石綿美代子著　日本図書刊行会　1998.2　198p　20cm〈発売：近代文芸社〉1500円　①4-89039-958-5
　目次　お四国八十八ヵ所遍路へ旅立つまでのこと（発心）　我が人生遍路　霊山寺着　遍路の始まり　法輪寺の茶店にて　綿貫素子さんとの出会い　夜中の出来事　焼山寺を登る　焼山寺から植村旅館まで　時を旅する　佐々木さんとの出会い〔ほか〕

◇四国八十八カ所心の旅癒しの旅―保存版　四国遍路を愛する会編　海竜社　1998.2　211p　21cm　1429円　①4-7593-0538-6
　内容　『心』と「癒し」をテーマにした四国八十八ヵ所霊場ガイド。お遍路さんに聞いた、苦労や喜びの体験談を収録。初心者でも歩き遍路ができる親切なコースガイド。山号・寺号・院号をはじめ、詠歌・本尊・開基など見やすいデータ。知っておきたい別格二十霊場。誰でも唱えられるふりがな付きの勤行次第つき。

◇四国八十八カ所お遍路の旅―祈りの道癒しの道　弘法大師ゆかりの地を訪ねる　婦人画報社　1998.3　130p　21cm（Ars books）　1648円　①4-573-40045-1
　目次　歩いてこその遍路みち　お遍路の装束　四国八十八ヵ所　こころの旅路　四国八十八ヵ所　札所ガイド（阿波の国―徳島県　土佐の国―高知県　伊予の国―愛媛県　讃岐の国―香川県）「伊予鉄一国参り」バスツアー同行記　私が歩いた遍路みち　札所巡り入門
　内容　本書では、心の貧しさが叫ばれている現代、改めて見直されている巡拝の魅力が満喫できる四国遍路の旅へと案内します。四国八十八ヵ所札所ガイドをはじめ、札所巡りのバスツアー同行記、お遍路の歴史や必要な用具や用語解説、知っておきたい基礎知識などを網羅した札所巡り入門などを満載しています。

◇四国・淡路島　改訂6版　山と渓谷社　1998.4　382p　19cm（ジェイ・ガイド）　1262円　①4-635-00354-X
　内容　一度は歩いてみたい四国巡礼八十八ヵ所も完全収録したガイド。

◇ポータラカ―空と海の巡礼　岡本達幸写真集　岡本達幸著　京都　光琳社出版　1998.5　1冊（ページ付なし）　31cm　2857円　①4-7713-0314-2
　内容　すべてはそこに還ってゆく。原形（オリジン）に還る旅、四国霊場巡礼（へんろ）の写真集。

◇四国霊場立地の謎　対尾準三郎著　そうぶん社出版　1998.5　100p　20cm　2000円　①4-88328-112-4

◇寺院縁起と他界　谷原博信著　岩田書院　1998.5　385,15p　22cm　8200円　①4-87294-107-1
　目次　第1章　寺院縁起と説話　第2章　志度寺縁起と民間信仰　第3章　巡礼の四国遍路　第4章　霊魂の復活思想と文芸　第5章　日本

四国

人の楽土思想
◇一病担いで遍照金剛　合田輝隆著　喜代吉栄徳監修　新居浜　其心庵　1998.6　260p　21cm　1800円

◇定年遍路記　上林三郎著　文藝書房　1998.6　195p　19cm　1300円　⓸4-89477-001-6

◇四国へんろ花巡り　溝縁ひろし著　京都　京都書院　1998.7　243p　15cm（京都書院アーツコレクション）　1000円　⓸4-7636-1645-5

|目次| 徳島県（霊山寺―ナノハナ、ツツジ、サクラ　極楽寺―サツキ、サザンカ　ほか）　高知県（最御崎寺―ピラカンサ、ヤマザクラ、キバナアマ　津照寺―ハギ、サザンカ　ほか）　愛媛県（観自在寺　ツワブキ、スイセン　龍光寺　ニシキウツギ、ツバキ　ほか）　香川県（雲辺寺　モクレン、ギボシ　大興寺　サクラ、ヤマブキ、ワタの実　ほか）

◇NHK四国八十八か所こころの旅　1　発心の道場　NHK「四国八十八か所」プロジェクト編　日本放送出版協会　1998.9　239p　19cm〈奥付のタイトル：四国八十八か所こころの旅〉1800円　⓸4-14-080387-8

|内容| 本書は「発心の道場」といわれる徳島県の二十三の札所をとりあげる。作家の立松和平さん、雑誌編集長の島森路子さん、俳優の萩原健一さん、苅谷俊介さん、歌手の小室等さん、エッセイストの山村レイコさんのそれぞれの四国遍路紀行。紙面で出会い、発見、感動の旅をご堪能ください。

◇花へんろ風信帖　早坂暁著　新潮社　1998.10　301p　19cm　1500円　⓸4-10-363605-X

|目次| 蜜の味　BOGAZAN　涙ぐむ眼　タビという猫　為せ者　結婚詐欺　赤サギ　映画百年　稲妻強盗　日本映画の父〔ほか〕

|内容| 四国八十八ヵ所を巡るお遍路さんの通り道、愛媛県北条市に芝居小屋経営者の末っ子として生まれ、育った思い出。自分に会いに来るために広島を通りかかって原爆で死んだ妹のこと。宮沢賢治に寄せる思い。双子の兄弟を一人二役で演じる天才結婚詐欺師の話。渥美清の死。そして渋谷の公園通りに住むネコたちの生態まで。「花へんろ」「夢千代日記」作者の魂の世界。

◇四国八十八ヵ所やすらぎの旅―新しい「お遍路」の歩き方　ブルーガイド編集部編　有楽出版社　1998.10　199p　21cm（通の行く旅）〈発売：実業之日本社〉1600円　⓸4-408-00074-4

|目次| 発心の道場　阿波の国―徳島県（第1番　霊山寺―札所めぐりの第一歩を踏む出発の寺　第2番　極楽寺―願掛け地蔵と安産大師が特徴の寺　第3番　金泉寺―こがねの井戸などが往事をしのばせる　ほか）　修行の道場　土佐の国―高知県（第24番　最御崎寺―境内は大師が悟りを開いた岬の突端　第25番　津照寺―漁港の高台に建つ航海の守り神　第26番　金剛頂寺―宝物殿には大師の遺品も展示してある　ほか）　菩提の道場　伊予の国―愛媛県（第40番　観自在寺―平城天皇ゆかりの名刹　第41番　龍光寺―五穀豊穰を司る四国霊場の総鎮守　第42番　仏木寺―日本最古の寄木造りの大師座像　ほか）　涅槃の道場　讃岐の国―香川県（第66番　雲辺寺―標高約1000m。八十八ヵ寺の最高所　第67番　大興寺―真言・天台2宗派共存の歴史をもつ古刹　第68番　神恵院―1つの境内に2つの札所は四国唯一　ほか）

|内容| 霊場のめぐり方の最新情報をすべて網羅。各社バスツアー一覧、マイカー、タクシー利用のモデルコース、ヘリコプター巡礼の実際など、詳細に紹介。お寺の歴史と由来、エピソード、付近の見所など盛り沢山にガイド。札所めぐりの心構え、参拝のしかた、お遍路用具の揃えかた、巡拝仏前勤行の次第を紹介。

◇四国遍路紀行―札所めぐりで"生きる知恵"を学ぶ　武田喜治著　［武田喜治］1998.10　232p　26cm〈文献あり〉

◇よみがえる旅―お四国の道千二百キロ　榎本三知子著　日本図書刊行会　1998.11　294p　19cm〈発売：近代文芸社〉1400円　⓸4-8231-0270-3

|内容| ひとり歩き同行二人!!この道でこそ、出会いあり、試練あり、心洗われて、自身を再生できる場であった。

◇四国霊場八十八カ寺周辺ガイドブック　松山　エス・ピー・シー　1998.12　128p　26cm　1000円　⓸4-900690-65-1

◇四国霊場八十八カ寺巡拝マップ　［地図資料］　松山　エス・ピー・シー　［1999］　地図1枚：色刷　52×72cm（折りたたみ26cm）〈お寺の写真・解説つき、ホルダー入、裏面：拡大エリア・マップ24図〉500円　⓸4-900690-86-4

◇弘法大師空海は生きていた―四国霊場1400キロを歩いて　久保田豊・久江著　なかみや出版　1999.1　348p　22cm　1800円　①4-931313-40-X

◇四国八十八ケ所霊場巡り―人間って素晴らしい　渡辺安広著　文芸社　1999.1　142p　19cm　1000円　①4-88737-216-7
内容 風雨の中、遍路道を下りきろうとするところの杉木立の間より境内が現われ八十八番札所、結願の寺、大窪寺が見えてきたのだ。長年の夢であった四国八十八ヶ所霊場巡りが今、完成を迎えようとしている…。出発から30日、1200kmに及ぶ遍路の記録。

◇四國霊場奥の院まいり―ガイドブック　高松　えびす出版　1999.1　63p　26cm〈監修：四国霊場奥の院各寺院, 発売：松林社（高松）〉　952円　①4-901121-01-4

◇風に吹かれて―川柳で綴る四国遍路　大森一宏著　大阪　葉文館出版　1999.1　193p　19cm　1429円　①4-89716-038-3

◇還暦のにわかおへんろ―35日・1200キロを歩いて私が見つけたもの　原田伸夫著　大阪　新風書房　1999.2　233p　19cm　1500円　①4-88269-415-8
内容 無事八十八番を打ち終えた時に感じたことは、私の旅を励ましてくれた多くの人たちへの感謝の気持ちであった。「おかげさまで結願できました」この素直な気持ちを多くの人に伝えたいと思い、歩きながら思ったこと、感じたことを旅のメモをもとに文章にしてみた。日頃、宗教とはなじみの薄い「にわか遍路」の旅日記だから内容に深いものはないが、こうして一冊の本にできたことはうれしい。

◇NHK四国八十八か所こころの旅　2　修行の道場　NHK「四国八十八か所」プロジェクト編　日本放送出版協会　1999.3　239p　19cm〈奥付のタイトル：四国八十八か所こころの旅〉　1800円　①4-14-080388-6
内容 NHKテレビで好評放送中の『四国八十八か所』を単行本化！　時代の表現者たちが、1200年の時を超えて弘法大師のこころにふれる。第2巻は修行の道場=高知県の霊場。

◇本州から行く四国霊場八十八ヵ寺周辺ガイドブック　エス・ピー・シー編　松山　エス・ピー・シー　1999.3　136p　26cm（エルマガmook）〈発売：京阪神エルマガジン社（大阪）〉　1000円　①4-87435-093-3

◇人生即遍路　［種田］山頭火［著］高橋正治編集・画　松山　創風社出版（発売）1999.4　127p　21cm〈複製および翻刻〉①4-86037-028-7

◇へんろ人列伝―行基菩薩より中司茂兵衛まで　喜代吉榮徳著　新居浜　海王舎　1999.6　293p　20cm　3000円

◇サンダル遍路旅日記　潮見英幸著　文芸社　1999.6　321p　19cm　1500円　①4-88737-344-9
内容 仕事を辞め、四国八十八ヶ所を巡り始めた二十歳の歩き遍路。笑って、怒って、泣いて、歩いた四十三日間のペタペタサンダル旅日記。

◇四国・淡路島　改訂7版　山と渓谷社　1999.6　382p　19cm（ジェイ・ガイド）　1262円　①4-635-00354-X
内容 一度は歩いてみたい四国巡礼八十八ヵ所も完全収録。

◇四国・お遍路謎とき散歩―信仰と巡礼の大地を訪ねて　ひろたみを著　廣済堂出版　1999.7　317p　19cm　1600円　①4-331-50690-8
目次 序章 地理的視点から四国を見るとどうなるか？　第1章 お遍路とはどんなものか？　第2章 空海の秘密を探る　第3章 発心の道場（徳島県）を歩く　第4章 修行の道場（高知県）を歩く　第5章 菩提の道場（愛媛県）を歩く　第6章 涅槃の道場（香川県）を歩く
内容 歩いてこそ見えてくる四国の知られざる素顔。お遍路の原点、空海の秘密、阿波踊りの意外な歴史、イゴッソウとハチキン、道後温泉の今昔、金刀比羅宮の不思議、平家の落人伝説…。

◇四国八十八ヵ所の旅―弘法大師ゆかりの地四国遍路へのいざない　淡交社編集局編　新版　京都　淡交社　1999.7　167p　21cm　1800円　①4-473-01629-3
目次 発心の道場―阿波徳島（霊山寺　極楽寺　金泉寺 ほか）　修行の道場―土佐高知（最御崎寺　津照寺　金剛頂寺 ほか）　菩提の道場―伊予愛媛（観自在寺　龍光寺　仏木寺 ほか）　涅槃の道場―讃岐香川（雲辺寺　大興寺　神恵院 ほか）
内容 弘法大師をお大師さま、巡拝者をお遍

路さんと呼ぶ八十八ヵ所巡りの旅は、時代のありさまを色濃く映しつつ、今もむかしも、人びとの心を誘うふしぎな魅力に満ちている。そんな四国巡礼のガイド。

◇新しい巡礼歌―四国遍路の友　同行二人　四国遍路　樋口政市著　徳島　釈迦の心を求める四国巡礼歌奉賛会　1999.8　183p　18cm　1200円

◇中年ぼろチャリひとり旅―いざ、四国お遍路へ!!　舟橋武志著　名古屋　郷土出版社　1999.8　182p　19cm　1400円　①4-87670-124-5
　[内容]尾張一宮出身の"知られざる奇人"伊藤万蔵は、全国の寺社に灯籠や線香立てなどの石造物を寄進し続けた奇特な人で、その寄進の石造物は四国八十八ヵ所霊場にも多いという。本書は、そんな万蔵の影も追いながら、1998年の8月5日から18日までの14日間、自転車で四国を走り回った体験記、風に吹かれて気の向くまま、行き当たりばったりのオンボロ自転車旅行である。

◇NHK四国八十八か所こころの旅　3　菩提の道場　NHK「四国八十八か所」プロジェクト編　日本放送出版協会　1999.9　239p　19cm　〈奥付のタイトル：四国八十八か所こころの旅〉1800円　①4-14-080389-4
　[内容]NHKテレビで好評放送中の『四国八十八か所』を単行本化！時代の表現者たちが、1200年の時を超えて弘法大師のこころに触れる。第3巻は菩提の道場＝愛媛県の霊場。

◇四国八十八ヵ所女へんろ元気旅―天真爛漫な巡礼エッセイ　森春美著　大阪　日本デザインクリエーターズカンパニー　1999.9　225p　22cm　1700円　①4-89008-256-5
　[内容]四国八十八ヵ所お遍路参り、全行程1400キロすべてを歩いて巡拝した著者のエッセイ。

◇四国霊場八十八ヵ寺巡り日曜遍路　松山　エス・ピー・シー　1999.9　206p　26cm　1600円　①4-900690-87-2
　[内容]お大師様と四国の心の旅へ。八十八ヶ所の歴史と由来、心得、巡拝の仕方などの基礎知識。本堂、大師堂、弘法大師に関する伝説などお寺情報。お寺からお寺への移動に迷わない初心者お薦めルート＆詳細ドライブマップ。お薦めルート添いのスポット(有名観光地、温泉、寺院、公園、飲食店)。事前の計画に役立つ、寺間の距離・時間一覧表。

◇遍路の風景―空海のみち　村上護著　吉岡功治撮影　松山　愛媛新聞社　1999.9　241p　30cm　〈年譜あり〉　3800円　①4-900248-61-4

◇詩国へんろ記―八十八か所ひとり歩き七十三日の全記録　細谷昌子著　新評論　1999.10　414p　21cm　3000円　①4-7948-0467-9
　[内容]ゆっくり歩きました1400キロ、ゆっくり読んでください。写真多数ガイド情報満載。

◇歩く四国遍路千二百キロ―ある定年退職者の31日の旅　西川阿羅漢著　現代書館　1999.11　238p　20cm　2200円　①4-7684-6769-5

◇四国霊場巡り歩き遍路の世界―小企業経営者は歩きながら何を考えたか　高見貞徳著　文芸社　1999.12　272p　19cm　1500円　①4-88737-426-7
　[内容]不況の時代を生き抜くための経営哲学、人生観を交え、歩くことそのものを目標に続けた遍路旅を体験談豊かに綴ったエッセイ。

◇心の詩―四国もみじ遍路ひとり歩き　林大斐著　文芸社　1999.12　80p　20cm　1000円　①4-88737-748-7
　[内容]遍路が人生なら詩もまた人生、遍路もまた詩なり―四国遍路ひとり歩き巡拝を成し遂げた著者が詩とスケッチで綴る、四十三日間の魂の記録。

◇四国ぎりぎり遍路旅　大槻卓男［著］　［出版地不明］［大槻卓男］［200-］88p　26cm

◇四国百八霊場まいり四国八十八ヶ所入り四国二十ケ所入り巡拝案内図―弘法大師空海の足跡をたずねて　［馬路村(高知県)］　高野山真言宗金林寺空海の遺徳を偲ぶ会　［200-］　34p　19×26cm　1000円

◇いのちの旅　八木春馬著　文芸社　2000.2　277p　19cm　1400円　①4-88737-822-X
　[内容]「誰も書かなかったお四国さん、お遍路の心を表現したい」歩き遍路とは懺悔と祈りのプロセスである。自己を見つめ、自己

を表見、自我を離れることで空一円相に入る。見性体験を通じて感じたお遍路の心。

◇**NHK四国八十八か所こころの旅　4　涅槃の道場**　NHK「四国八十八か所」プロジェクト編　日本放送出版協会　2000.3　238p　19cm〈奥付のタイトル：四国八十八か所こころの旅〉1800円　①4-14-080390-8
内容 NHKテレビで放送された『四国八十八か所』を単行本化！　時代の表現者たちが、1200年の時を超えて弘法大師のこころに触れる。第4巻は涅槃の道場＝香川県の霊場。

◇**お四国—四国霊場八十八カ所歩き遍路の記録**　宇野恭夫著　文芸社　2000.3　469p　19cm　1400円　①4-88737-969-2
内容 信仰、行脚、遍路、修行—四国とは違う異次元世界の"お四国"。八十八カ所を巡拝しその体験から真の幸福のありようが伝わる渾身の「遍路日記」。

◇**お遍路は大師さまと三人旅—歩いて見つけた夫婦の絆**　財津定行著　リヨン社　2000.3　254p　20cm〈発売：二見書房〉1600円　①4-576-00540-5
内容 本書は、著者たち中年夫婦が、実際に歩いて遍路で体験したこと、途中見たこと、思ったこと、感じたことを記述した、千三百キロを歩いての生きざま探しの遍路紀行である。

◇**風の吹くまま—四国遍路記**　後藤大著　文芸社　2000.3　205p　20cm　1300円　①4-8355-0127-6
内容 定年退職後、ある日ふと思いたって旅立った。風の吹くまま四国八十八か所の遍路に—。足かけ二年、四十数日におよぶ巡礼で感じた想い、それぞれの季節の風景を自作の俳句を織りまぜて丹念に綴る旅の日記。

◇**さあ、巡礼だ—転機としての四国八十八ヶ所**　加賀山耕一著　三五館　2000.4　445p　19cm　2200円　①4-88320-194-5
目次 1 野—阿波の野道で達人と会う（巡礼は道中にあり—プロローグ　遍路事始—第1日目　ほか）　2 海—土佐の海辺に追憶して涙す（土佐日記をひらく—第11日目　西の光につつまれて—第12日目　ほか）　3 山—伊予の山里に人の情けを知る（恐るべき接待慣れ—第25日目　特別養護老人ホーム　ほか）　4 空—讃岐の空の彼方に明日が見える（雲のほとりの寺に来て—第38日目　現代火葬場事情　ほか）

内容 無我夢中で歩いてみたら、自分の顔が、見えてきた。20代、30代と二度の歩き遍路を果たした新進作家の新・生き方ガイド。

◇**四国八十八ヶ所を歩く**　へんろみち保存協力会監修　山と渓谷社　2000.4　198,10p　21cm（歩く旅シリーズ）1400円　①4-635-01114-3
内容 いま、あなたを追い越して行ったあのお遍路さん、頭を下げて、「こんにちは…」と声をかけたあの人が、ひょっとしたらお大師さんかもしれませんね。なにせお大師さんは、健脚なんです。お遍路をすれば、お大師さんに会える楽しみがあります。さあ、お遍路に出ましょうよ。日常世界を飛び出して、お四国の異次元空間にワープしましょう。そうすれば、きっとストレスが発散されますよ。

◇**四国八十八ヶ所巡り**　昭文社　2000.4　199p　21cm（旅の森）1400円　①4-398-13197-3
内容 本書では四国八十八ヶ所巡りを志される方のために、各札所を第一番から第八十八番まで県別にまとめて紹介、宿坊の有無など具体的な情報も併せて案内するとともに、巻末に四国八十八ヶ所巡りのための基礎知識を掲載しています。また、各県ごとに札所の位置を示した地図を挿入しています。札所間の距離や徒歩・車での所要時間が示してありますので、札所巡りの計画を立てられる際にお役立てください。また、部分的に徒歩で巡礼される方のために、徒歩での遍路道も示してあります。

◇**四国霊場四季暦—へんろみちきせつのかたらい**　横ülü賢一著　岡山　山陽新聞社　2000.4　239p　21cm　1400円　①4-88197-681-8
内容 "お四国病"うつします。霊場巡りのブームにみる現代の世相、さまざまな人生模様、心温まるお接待文化…。お遍路記者が歩いて体感した1200キロ出会い旅。

◇**六十六歳からの八十八ヶ所巡り—歩き遍路は出逢いの旅　私家版**　村田洋介著　村田洋介　2000.4　301p　19cm〈製作：丸善出版サービスセンター、折り込1枚〉①4-89630-025-4

◇**四国お遍路ガイドブック—よくわかるすぐ行ける**　佐藤孝子著　東邦出版　2000.5　141,47p　19cm　1400円　①4-8094-0200-2

四国

|目次|第1章 お遍路を知ろう（お遍路とは　身じたく ほか）　第2章 お遍路に行こう（歩き方、巡り方　出発準備）　第3章 体験者に聞く（歩き遍路、三回に分けて一自分と対話したかった。自分への「試し」でした野宿、自炊一四国で受けたお接待を、今度はほかの人に回そうと思います ほか）　第4章 お遍路よもやま話（お遍路の歴史　現代のお遍路 ほか）
|内容|自分だけの時間、四国の風に包まれて。必携マニュアルは最新情報満載。お役立ちマップ、リスト付き！ お遍路旅はこれ1冊でOK。

◇四国八十八カ所お遍路の旅　小暮大而著　前橋　上毛新聞社出版局（製作）2000.5 178p 20cm

◇四国八十八ヵ所のあるきかた　北九州　ゼンリン 2000.5 215p 21cm（福袋大きな字の本）1200円 ①4-432-90485-2
|内容|近年のお遍路さんの主流はやはりバスを使っての団体遍路でしょう。でもタクシーやマイカーを使い、自分達のペースで肩ひじ張らず、観光気分で巡拝するのも楽しいものです。次のお寺への途中に、土地ならではの味を試したり、観光施設を巡ったり…。本書ではそんな人達のために周辺の「味」や「観光」のポイントも掲載しています。自分流のお遍路を体験して下さい。

◇四国霊場八十八カ寺ガイド　双葉社 2000.5 127p 26cm（双葉社スーパームック）1000円 ①4-575-47263-8

◇感謝の心に洗われる道―四国八十八ヶ所お遍路の旅　岡崎朝彰著　郁朋社 2000.6 277p 19cm 1500円 ①4-87302-098-0
|内容|感謝の想いを胸に抱き、ゆらりふわりとひとり旅。歩き遍路の体験を綴った感動の手記。

◇空海の風にのって―中年自転車四国遍路のススメ　北勲著　求龍堂 2000.6 143p 20cm 1400円 ①4-7630-0025-X
|内容|一現役サラリーマンが同世代に贈る人生のエール。後半生の人生をみつめるためひとり自転車で遍路道をゆく。

◇気ままなお四国道中記　黒川清二著　［市原］［黒川清二］2000.7 298p 21cm

◇玄さんの四国八十八ヶ所遍路日記　藤井玄吉著　文芸社 2000.7 204p 19cm 1200円 ①4-8355-0223-X
|内容|全行程1400キロ、40日間にわたるひとり歩きの記録。ひとり歩きへんろ"玄さん"の挑んだ四国八十八ヶ所の遍路旅。その道中での日々の心の動き、出会った人々とのふれあい、目にした風景を生き生きと綴った旅日記。―収録写真約50点、遍路行程概略地図、40日間の旅の記録をまとめた行動表も掲載。これから遍路の旅に出かけようと考えている人にとってよき旅のナビゲーターとなる一冊。

◇四国八十八か所ガイジン夏遍路　クレイグ・マクラクラン著　橋本恵訳　小学館 2000.7 346p 15cm（小学館文庫）638円 ①4-09-411153-0
|内容|日本を心から愛するニュージーランド人が、「本当の日本」を探して、四国八十八か所霊場巡礼の旅に出ました。お遍路のなかで一番厳しく、エライとされる「歩き遍路」を選んだ著者が、四国の人々やお遍路仲間とさまざまな出会いを経験した、暑い30日間の爆笑紀行。『ニッポン縦断歩き旅』『ニッポン百名山よじ登り』でユーモアのセンスあふれる文章が人気を博したクレイグ・マクラクランの第三冊目。

◇私の四国八十八か所　筒井和子著　そうぶん社出版 2000.7 71p 21cm ①4-88328-215-5

◇ある日突然、お遍路さん―四国八十八か所めぐり　高田京子著　JTB 2000.9 222p 19cm 1400円 ①4-533-03579-5
|内容|へんろ旅に魅せられて、徳島から10日間、また歩きたくて13日間。足摺岬へ、道後温泉へ、そして高松へ。今日も八十八番札所を目指し歩き遍路の旅は続く。

◇四国八十八ヶ所ある記　向井安雄著　鳥影社 2000.9 194p 19cm 1300円 ①4-88629-510-X
|内容|古稀を迎えた夫婦の"お遍路"の記録。困難を乗り越える苦しみの中で、欲望が消えた人生を見いだす。歩き遍路で、四国の方々の接待に慈悲の現世を体得する。泣き笑い道中記。

◇四国遍路―いまを生きる　近藤勅著　刈谷　近藤勅 2000.9 197p 22cm〈肖像あり〉

◇自分が変わる―遍路のこころ　ひろさちや著　世界文化社 2000.12 206p 19cm 1200円 ①4-418-00417-3

|目次|第1章 まんだらのこころ　第2章 人はなぜ遍路に出るのか　第3章 発心を旅する　第4章 修行を旅する　第5章 菩提を旅する　第6章 涅槃を旅する　第7章 人生を遍路する　終章 旅の終わりが旅の始まり　付 座談会四国遍路のこころ
|内容|遍路は自分の中にほとけを見つける旅である！Q&A形式でわかりやすく説く「遍路のこころ」。

◇僕が遍路になった理由—野宿で行く四国霊場巡りの旅　早坂隆著　連合出版　2000.12　223p　19cm　1700円　①4-89772-163-6
|内容|大学四年時、就職活動を放棄して、四国行きの深夜バスに飛び乗った著者の回想。

◇結願紀行　柄松香著　[廿日市]　[柄松香]　[2001]　78p　26cm

◇遍路の枝折　柄松香編著　[廿日市]　[柄松香]　[2001]　54p　26cm

◇四国八十八ヶ所巡り　昭文社　2001.1（21刷）199p　21cm（旅の森）1400円　①4-398-13197-5

◇四国遍路—六十五歳から四国八十八札所千四百キロ歩いた記録　庭野隆雄著　自分流文庫　2001.1（第2刷）310p　21cm（自分流選書）1905円　①4-938835-55-X

◇「百八十五万歩」の旅—四国八十八寺歩き遍路　寺門修著　文芸社　2001.1　255p　20cm　1300円　①4-8355-1174-3
|内容|居ながらにして四国遍路の旅が「体験」できる詳細レポート。携帯品リスト、費用細目、宿泊旅館リスト付き。

◇お四国旅日記　宮越孝著　文芸社　2001.2　206p　20cm　952円　①4-8355-1437-8
|内容|1200キロを踏破して男は独りごちた。「俺もまだまだやれるじゃないか」般若心経は俄か仕立て、昼食には欠かさず「ビール」！のオレ流をも魅了した四国の風土と人々のぬくもり…。

◇四国八十八か所癒しの風景—遍路を行く　NHK出版,廣済堂企画・製作　[電子資料]　日本放送出版協会　2001.2　CD-ROM1枚　12cm〈箱入（21cm）〉3400円　①4-14-039350-5

◇四国八十八か所巡礼　畑中邦子著　[大阪]　[畑中邦子]　2001.2　191p　19cm

◇四国遍路のあゆみ　松山　愛媛県生涯学習センター　2001.3　348p　30cm（遍路文化の学術整理報告書 平成12年度）〈折り込み1枚,文献あり〉

◇四国遍路の研究　頼富本宏,白木利幸著　京都　国際日本文化研究センター　2001.3　248p　26cm（日文研叢書）〈年表あり〉

◇四国八十八ヶ所ブラブラ旅—七十二歳からの巡礼紀行　君塚みきお著　インパクト出版会　2001.4　189p　20cm　1400円　①4-7554-0106-2
|内容|特に信心深いわけでもない普通の病気がちの72歳の老人が、四国八十八ヵ所を四回に分けて三年がかりでぶらぶらと歩き、お遍路した軽妙なる旅の記録。

◇四国遍路　辰濃和男著　岩波書店　2001.4　248p　18cm（岩波新書）700円　①4-00-430727-9
|内容|四国八十八か所。金剛杖を手に、千数百キロをひたすら歩く。土地の人から受ける「お接待」が心にしみる。一人はなぜ四国をめざすのだろうか。いま、ひとりのお遍路として四国路をたどる著者の胸に去来する問いだ。人びとと出逢い、自然の厳しさに打たれつつ歩む巡礼行を、達意の文章で綴る連作エッセイ。

◇四国霊場八十八ヵ寺—癒しの旅　永井吐無著　講談社　2001.4　158p　21cm（The new fifties）1600円　①4-06-268360-1
|内容|全行程一四〇〇キロ、弘法大師との同行二人、かけがえのない精神世界への旅。四国全県八十八札所のエッセンスを細密ペン画で表現、札所紀行に加えて類書にない精密地図。四国遍路に欠かせないハンディ旅行ガイド。

◇空海密教と四国遍路—マンダラの風光　大法輪閣編集部編　大法輪閣　2001.5　281p　19cm　2000円　①4-8046-4202-1
|目次|第1部 歴史の中の空海（空海の生涯　空海の著作　ほか）　第2部 真言密教の思想と実践（空海密教とは何か　密教と顕教　ほか）　第3部 大師信仰と四国遍路（大師信仰と入定信仰　四国遍路の歴史　ほか）
|内容|マンダラを生きた巨人・空海の宗教世界。仏教はもとより文学・芸術・社会事業など、広く日本文化の形成に決定的影響を与えた空海。その生涯と思想・実践に加

え、今も「お大師さま」として人々の心に生きる宗教的生命を探る。

◇歩き遍路の記―四国八十八カ所 七十二歳「第二の定年」からの出発　景山弘著　[鳥取]　[景山弘]　2001.5　404p　19cm　1905円

◇四国遍路へでかけよう　昭文社　2001.8　143p　26cm（マップルマガジン）　838円　①4-398-24046-2

◇四国遍路スケッチ紀行　久保田恵一著　創栄出版　2001.8　118p　19×26cm（画文集・心の旅人シリーズ 2）〈発売：星雲社〉2000円　①4-434-01175-8
内容 歩き遍路へのいざない。1,200キロの道程を紀行文と水彩画でつづる感動の旅。

◇こんなふうに四国八十八カ所を歩いた　小西重康著　文芸社　2001.9　213p　19cm　1000円　①4-8355-2630-9
内容 本書は四国八十八ヵ所を歩き通した記録である。ガイドブックにあるような単なる札所の案内ではなく四国の道を歩くことの奥深さ、多様な人との出会い、四国路の自然とその変化を具体的な情報として提供しており、特に遍路に関心のある人には好読物だ。そして圧巻は「祈る」ことについて無信仰の立場から、混乱しながらも道行きの中にその意味を考えていることで、結論はないながらも問題を提起しており、一貫して随所にその姿勢がうかがえて興深い。

◇四国八十八カ所巡拝の旅に　増谷博著　[神戸]　友月書房　2001.10　48p　19cm　①4-87787-102-0

◇きょうはお遍路日和　馬渕公介著　双葉社　2001.11　273p　19cm　1500円　①4-575-29278-8
目次 除夜の鐘ではじまる星遍路・徳島県　善根宿の肝っ玉母さんに呼び止められて　木漏れ日の道で聞く、大人の夢　室戸岬で夜明けの洞窟に入ってみる　お遍路最大の難所は、国道とトンネルである　六月は四万十川でカヌー初体験　愛媛県、菩提の道場で考える日本のお父さんのノルマと効率　理想の民宿にて、久方ぶりの二日酔い　夏遍路、内子町の美しき家並みに寄る　カヌー仲間と再会する　秋遍路の伊予路で手記に親しむ　お遍路で男が泣くとき　お遍路最後の難所は女体山
内容 四国八十八カ所全1440キロの愉しさは

この足が知っている。きっとあなたも行きたくなる、読むお遍路、決定版。

◇ゆっくりのんびりお四国さん―退職後の生き方を探す旅　木下和彦著　文芸社　2001.11　109p　19cm　1000円　①4-8355-2523-X

◇空と海と風と―夫婦で愉しむ道草遍路　前編　高橋憲吾著　文芸社　2001.11　293p　19cm　1000円　①4-8355-2762-3

◇空と海と風と―夫婦で愉しむ道草遍路　後編　高橋憲吾著　文芸社　2001.11　337p　19cm　1100円　①4-8355-2763-1

◇四国八十八カ寺&周辺ガイド　出版文化社　2001.11　207p　21cm　1400円　①4-88338-256-7
内容 八十八カ寺の歴史と由来、心得、巡拝の仕方などの基礎知識。はじめての土地でも迷わない初心者向けの詳細ドライブマップ。ちょっと寄ってみたいお寺の周辺スポット（名所・旧跡・温泉、お土産、飲食店）。事前の計画に役立つ、寺間の距離・時間一覧表。宿泊情報、四国へのアクセス、四国内のアクセス等々。

◇四国遍路の宗教学的研究―その構造と近現代の展開　星野英紀著　京都　法藏館　2001.11　417,6p　22cm　9500円　①4-8318-5630-4
目次 序章 四国遍路研究の目的と方法　第1章 巡礼の基本構造―巡礼とはなにか（巡礼の基本的意味　聖地とはなにか ほか）　第2章 四国遍路の構造的特質（四国遍路における聖性の特質　社会構造上から見た遍路者の特質 ほか）　第3章 近代の四国遍路(1)（四国遍路の成立と近代までの展開　近代四国遍路と移動手段 ほか）　第4章 近代の四国遍路(2)（宿帳記録からみた近代の四国遍路　宿帳記録からみた遍路者の性別・年齢・職業 ほか）　第5章 現代の四国遍路（戦後の社会変動と四国遍路　四国遍路の意味づけの変化 ほか）
内容 本書は巡礼を宗教学的アプローチとりわけ比較宗教学の見地を中心に据えながら、人類学、社会学、歴史学などの方法や成果を十分に咀嚼しつつ、日本の代表的な巡礼である四国遍路を具体的なケースに論じようとするものである。

◇温もりいっぱい同行二人―四国八十八か所遍路　山田清史著　近代文芸社　2002.1　381p　20cm〈文献あり〉2000

円 ①4-7733-6910-8
|内容| 最初は鉄道とバスと歩き、中札を過ぎて歩き中心、そして、最後の1日は一気に41キロを歩いた。遍路で知った感動の四国。

◇四国八十八か所魅せられてひとり行く―自分を試すなんでもありの旅　神位正子著　［札幌］［神位正子］2002.1　253p　19cm　1000円　①4-901644-11-4

◇四国霊場立地の謎　対尾準三郎著　文芸社　2002.1　122p　20cm〈そうぶん社出版1998年刊の増訂〉1000円　①4-8355-2862-X

◇四国歩き遍路道中記　濱田義榮著　文芸社　2002.2　175p　19cm　1000円　①4-8355-3239-2
|内容| 四国の道の奥深さ、自然と文化、そして何より人々との交流、温さにふれた、40日間88ヵ所を歩き通した渾身の記録。

◇週刊古寺をゆく　別冊2　四国八十八ケ所　2　小学館　2002.2　43p　30cm（小学館ウイークリーブック）〈付・四国八十八ヶ所全札所境内地図〉533円
|目次| 愛媛・香川

◇風と尺八遍路旅　小野田隆著　MBC21　2002.2　239p　20cm〈発売：東京経済〉1400円　①4-8064-0695-3
|内容| お大師さまと共に歩く安心感。大自然に身をゆだねる絶対自由の境地。遍路道で出会う不思議な仏縁の数々。先哲の偉業に触れる喜び。古稀発心、歩いて巡った八十八ヵ所感動体験。

◇伊予の遍路道　松山　愛媛県生涯学習センター　2002.3　319p　30cm（遍路文化の学術整理報告書　平成13年度）

◇喜寿の遍路日記―同行二人四国八十八ヵ所巡礼　堀之内芳郎著　朱鳥社　2002.3　285p　19cm〈発売：星雲社〉1200円　①4-434-01874-4
|内容| 朝は希望に起き、昼は努力に生き、夜は感謝に眠る。77歳の老兵はこれを信条として、ひたすら歩くこと40余日、総行程1300キロを完歩し、めでたく結願した。本書は、彼の若々しい情熱、凛々たる勇気、不抜の意志、旺盛な気力・体力・豊かな感性を伝えて余すところがない。

◇四国八十八カ所歩きへんろ余録　鈴木秀保著　名古屋　名古屋ブックサービス　2002.3　175p　26cm〈折り込1枚　はり込1枚, 文献あり〉1500円

◇四国遍路を歩く―もう一人の自分に出会う心の旅　佐藤孝子著　日本文芸社　2002.3　227p　18cm（日文新書）705円　①4-537-25093-3
|目次| 第1部 魅力編 徳島県から香川県まで・四国八十八ヶ所巡り―歩いて歩いて風になろう（足が痛い…「阿波」発心の道場　がまん…がまんだ「土佐」修行の道場　淡々と歩く「伊予」菩提の道場　名残を惜しむ「讃岐」涅槃の道場）　第2部 実践編 四国遍路の歩き方（お遍路の歴史　お遍路の身じたく　お遍路のお参り　お遍路の歩き方　お遍路の準備と費用　お遍路の用心　お遍路のことば　お遍路に行くための情報）
|内容| 徳島から高知、愛媛、香川へと、四国八十八ヶ所霊場を結ぶ遍路道。弘法大師ゆかりの寺や史跡や風土を同行二人、金剛杖を手に一心に歩く…歴史と自然と人々の出会いに触れる巡礼行の魅力と感動をやさしく解説する。

◇修行　横山良一写真・文　角川書店　2002.3　132p　21cm（四国遍路 2（土佐・高知編））2500円　①4-04-883733-8
|内容| 鮮烈な写真と素朴な文章で綴る四国霊場八十八ヵ所歩き遍路の旅。

◇発心　横山良一写真・文　角川書店　2002.3　188p　21cm（四国遍路 1（阿波・徳島編））2900円　①4-04-883732-X
|内容| 鮮烈な写真と素朴な文章で綴る四国霊場八十八ヵ所歩き遍路の旅。

◇わたしも四国のお遍路さん　平野恵理子著　集英社　2002.4　221p　21cm　1900円　①4-08-781216-2
|目次| 第1章 お遍路さんにでかけるには　第2章 発心の道場―阿波の国徳島　第3章 修行の道場―土佐の国高知　第4章 菩提の道場―伊予の国愛媛　第5章 涅槃の道場―讃岐の国香川　第6章 お礼参りの高野山
|内容| 四国八十八ヶ所の霊場巡り。お大師さんの心を知る、「同行二人」のホンワカな旅。

◇四国遍路八十八の本尊　櫻井恵武著　四国八十八ヶ所霊場会監修　日本放送出版協会　2002.4　209p　20cm　1500円　①4-14-080671-0

◇四国霊場徒歩遍路　小野庄一著　中央公論新社　2002.4　172p　21cm　1700円　①4-12-003260-4

259

|内容|1400kmを48日かけて歩いた道中で、写真家が見たもの、出会った人、考えたこと。四国霊場マップ、遍路必読ガイド付き。

◇ボクもお供する四国八十八ヶ寺巡り―ご主人様と奥様の珍道中記　オカベ竜伯著　日の出町(東京都)　オカベ事務所　2002.6　210p　19cm〈製作：丸善出版サービスセンター〉1500円　①4-89630-056-4

◇四国遍路秘仏巡礼　櫻井恵武著　四国八十八ヶ所霊場会監修　日本放送出版協会　2002.6　359p　34cm〈おもに図〉45000円　①4-14-009297-1
|内容|お四国の仏は「祈りの仏」。そのお四国の仏さまたちを、写真家・桜井恵武氏が二年間にわたって撮り続けた。本書はその成果をまとめた写真集である。

◇四国歩き日記―贅沢だね、歩きとは　北野雅人著　文芸社　2002.6　133p　19cm　1000円　①4-8355-3971-0
|内容|定年を機に気ままな旅を、と決意した「四国へんろ」。四国の自然の中を歩いて、出会った人、心、風景…。出会い、別れ、助けられ、助け、雨に降られ、風に吹かれ、海を眺め、花を愛で…八十八ヶ所を回り終えてみれば、それは最高に贅沢な旅。

◇週刊日本の街道　no.9　四国・遍路道1(撫養・土佐街道)　講談社　2002.6　32p　30cm　533円

◇心とからだを癒す四国遍路と温泉の旅　石川理夫著　宝島社　2002.7　223p　図版16p　18cm(宝島社新書)　800円　①4-7966-2801-0
|内容|88ヵ所霊場の「場」の力と、温泉の自然治癒力を体験する！　遍路ルート沿いおすすめ温泉50完全データ付。

◇森からの通信　甲斐芳子著　松山　創風社出版　2002.7　222p　19cm　1600円　①4-86037-015-5
|内容|家族の健康を求めて愛媛の山奥へやってきて20年。夫がろくろを回し妻が漆をかける甲斐さん一家の毎日は気持ちがいい！　甲斐さん流ユニークな、四国88ヶ所歩き遍路の体験記。「遍路に出かけませんか」同時収録。

◇青天独歩―優しき道同行二人四国八十八ヶ所日本百観音徒歩順拝　加藤健一著　横浜　まつ出版　2002.7　444p　20cm〈肖像あり〉①4-944069-24-3

◇大雪越えて、四国遍路歩き旅　阿久津鯨六著　文芸社　2002.7　300p　19cm　1200円　①4-8355-4061-1
|内容|四国遍路への発心は、北海道・大雪山を越えるところから始まった！　お大師様と同行二人、北海道から始まる四国遍路歩き旅。

◇菩提　横山良一写真・文　角川書店　2002.7　212p　21cm(四国遍路3(伊予愛媛編))　2900円　①4-04-883758-3
|内容|頭陀袋提げ菩薩の顔で伊予を過ぎ。遍路の眼で野辺を見、遍路の心で風を聴く。居ながらにして巡る四国霊場八十八ヵ所。

◇涅槃　横山良一写真・文　角川書店　2002.7　188p　21cm(四国遍路4(讃岐香川編))　2900円　①4-04-883759-1
|内容|煩悩なき涅槃の静寂讃岐にあり。遍路の眼で野辺を見、遍路の心で風を聴く。居ながらにして巡る四国霊場八十八ヵ所。

◇祈りたかった　西谷尚著　健友館　2002.8　259p　20cm　1700円　①4-7737-0672-4
|内容|妻が息子を道連れに覚悟の死を遂げた。なぜ、妻の苦しみに気がついてやれなかったのか。懊悩と悔恨の末、夫は四国霊場八十八ヵ所のへんろ旅に出た…。第6回健友館ノンフィクション大賞受賞。

◇平成娘巡礼記―四国八十八ヵ所歩きへんろ　月岡祐紀子著　文藝春秋　2002.8　223p　18cm(文春新書)　700円　①4-16-660265-9
|内容|二十四才、東京生まれ、東京育ち。女子大学を出たばかりの若い娘が、ごぜ三味線の継承者として四国八十八ヵ所、千四百キロの歩きへんろに挑んだ。生理休暇、一万円のお接待、青年僧への恋心、一日に六十キロも歩くおじいさんへんろとの出会いなど、歩いた娘にしか書けない、ユニークな歩きへんろの全記録。いつかは歩きへんろをしたい人のために、必要装備や経費など、本当に役立つコラムも満載。

◇幸せはどこにある―白血病を宝に変えた歩き遍路　石山未巳著　新風舎　2002.9　215p　20cm　1200円　①4-7974-2230-0
|内容|本書は、著者が四国遍路になった平成九年から、その中で出会った人々や体験・考えた哲学・信仰を記したものである。

◇この時代！　もう一つの自分探し―四国

八十八ヶ所　竹中司郎著　東京図書出版会　2002.10　390p　19cm〈発売：星雲社〉1700円　①4-434-02291-1
[目次]第1章 歩き始めて分かったこと（霊山寺から大日寺まで）　第2章 お大師さんは振り向くか（大日寺から太龍寺まで）　第3章 へんろは道づれ（平等寺から薬王寺まで）　第4章 室戸へ（最御崎寺から津照寺まで）　第5章 何のために歩くのか分からない（金剛頂寺から国分寺まで）　第6章 へこたれて帰る（善楽寺から清瀧寺まで）　第7章 ふたたび四国へ（岩本寺から金剛福寺まで）　第8章 人生のまよい道（延光寺から観自在寺まで）　第9章 四国西部を歩く（龍光寺から大宝寺まで）　第10章 へん路姿がサマになってきた？（浄瑠璃寺から三角寺まで）　第11章 空海生誕の地をゆく（雲辺寺から大窪寺まで）
[内容]現代はあまりにも複雑化しスピード化しすぎてしまった。効率化を求めてばかりで感覚や感情、感性は押しつぶされようとしている。過疎の村の貧しい人がいつもジュースの缶を準備し、知らない人にお接待するというロマンは、都市化し効率化を求めるわたしたちの社会では考えられないことである。この人たちの生身のからだのなかには歌があり、喜びの歌がある。四国で魂を洗う。にんげん再生の記録。

◇「お四国さん」の快楽—It's a beautiful day　横山良一著　講談社　2002.11　270p　20cm　1600円　①4-06-211557-3
[内容]お遍路の路上には、何もないけど、すべてがあった。最高じゃないか！　朝からいい気分だ。今日もいい日になりそうだ。お遍路は"究極の旅"だ。

◇種田山頭火—人生遍路　種田山頭火著　日本図書センター　2002.11　247p　20cm（人間の記録）〈肖像あり，年譜あり〉1800円　①4-8205-9565-2
[目次]1 行乞記（抄）/三八九日記　2 旅日記　3 四国遍路日記/一草庵日記（抄）

◇山屋の歩いた遍路道—四国霊場巡礼　田口隆二著　文芸社　2002.12　183p　19cm　1200円　①4-8355-4854-X
[内容]山があれば山に登り、温泉があれば湯につかり、見るところがあればついでに観光もしながら歩こう…登山歴50年の著者が、旺盛な好奇心と行動力で自在に歩き、精緻で臨場感あふれる描写でつづった遍路紀行。

◇週刊日本の街道　no.34　四国・遍路道2（土佐・中村街道）　講談社　2002.12　34p　30cm　533円

◇四国遍路紀行　築山良文著　文芸社　2003.1　213p　20cm　1200円　①4-8355-5051-X
[内容]ある時は野面を渡る春の風に吹かれ、またある時は黄金に色づいた田の畦を歩みながら、生かされて在ることを知り、そのありがたさに涙する旅の徒然を折々の俳句とともに綴った遍路紀行。

◇長い一本の道—四国八十八ヶ所巡礼、魂との邂逅　宮本重剛著　文芸社　2003.1　354p　20cm　1300円　①4-8355-5010-2
[内容]生活習慣病に悩まされていた著者が一念発起、歩き遍路に出て見事に健康を回復。180万歩、1300キロを歩き通してついに結願した、43日間の苦楽の全記録。

◇現代の四国遍路—道の社会学の視点から　長田攻一、坂田正顕、関三雄編著　学文社　2003.2　471p　22cm〈年表あり〉4800円　①4-7620-1195-9
[目次]四国遍路道と道空間の社会学　現代社会と四国遍路社会　道の社会学と四国遍路四国霊場会　四国の道路整備と遍路道　移動メディア—遍路道体験の変遷　遍路調査の概要と対象者の基本属性　現代「四国遍路」の巡り方　現代遍路の分化形態—歩き遍路と車遍路を中心に　現代遍路の宿泊・費用・納経形態　人はなぜ四国遍路に赴くのか—動機ときっかけからみる現代遍路者の傾向　充実感からみる四国遍路の世界—遍路経験を取り囲む社会的組織化の諸相　遍路に関する意識　現代四国遍路研究の展望と課題

◇四国歩きへんろ巡拝日記—四国の風になって　前川良夫著　仙台　創栄出版　2003.2　183p　20cm〈折り込1枚〉①4-7559-0118-9

◇四国霊場八十八ヵ寺巡り日曜遍路　改訂最新版　松山　エス・ピー・シー　2003.2　206p　26cm　1600円　①4-89983-061-0

◇はじめての四国八十八カ所いたれりつくせりガイド　双葉社編　双葉社　2003.3　179,11p　21cm　1500円　①4-575-29532-9

|内容| 準備から納経の仕方までわかりやすく解説。全行程を実際に歩いた"コメント付き詳細地図"。トイレ・食堂等、歩き遍路にうれしい情報満載。"区切り打ち"のためのモデルコースを設定。八十八カ所札所・本尊を詳しく解説。遍路道沿いの"立ち寄り湯情報"付き。

◇**四国遍路の研究** 鳴門教育大学「四国遍路八十八ヵ所の総合的研究」プロジェクト編 鳴門 鳴門教育大学「四国遍路八十八ヵ所の総合的研究」プロジェクト 2003.3 121p 30cm(「四国遍路八十八ヵ所の総合的研究」プロジェクト報告書 1)
|目次| 四国八十八か所写し霊場 遍路道近傍の土地利用の変化 四国遍路史研究の課題をめぐって 四国における大師信仰の構造

◇**遍路のこころ** 松山 愛媛県民生涯学習センター 2003.3 320p 30cm(遍路文化の学術整理報告書 平成14年度)

◇**Route 88—四国遍路青春巡礼** 小林キユウ著 河出書房新社 2003.4 212p 19cm 1700円 ①4-309-01533-6
|内容| 平成の今、四国を目指す若者が確実に増えている。巡礼という行為にバックパックの原点を見出しているのかもしれない。リアルな死生観がここにはまだあるのかもしれない。神秘体験にも似た不思議なルート。今までにない新感覚でこの道を感じ、歩く者たちが現れている。この本ではそんな新世代を追う。

◇**お遍路入門—人生ころもがえの旅** 加賀山耕一著 筑摩書房 2003.4 232,6p 18cm(ちくま新書)〈文献あり〉720円 ①4-480-06107-X
|目次| 序章 転機創造の歩き旅のススメ 第1章 歩き遍路の旅支度 第2章 歩き遍路の新知識 第3章 巡礼から見た現代 第4章 歩き遍路の鉄則五カ条 終章 お遍路さんの未来
|内容| 四国八十八ヵ所を巡る「お遍路」がブームだ。その数は老若男女を問わず年間十数万人にのぼる。観光バスや巡拝タクシーはおろか、ヘリコプターを利用するものまで登場した現代遍路にあって、自らの足で巡り歩く「歩き遍路」の数も着実に増えている。「巡礼は道中にあり」という言葉が示すように、道すがら出会う地元の人々や同じ歩き遍路との交流なくして巡礼の醍醐味は得られないからだ。いつの日か四国を歩いてみたいと考える未来のお遍路さんに向けて、知られざる四国遍路の実相を伝え、巡礼を「癒し」の一語で括ろうとする時代風潮に舌鋒鋭く迫る異色の遍路入門。

◇**四国遍路吟行—俳句列島日本すみずみ吟遊** 黒田杏子編・著 中央公論新社 2003.4 273p 19cm 1800円 ①4-12-003378-3
|目次| 俳句列島日本すみずみ吟遊の恵み 四国遍路吟行を振り返る(徳島県 高知県 愛媛県 香川県) 接待されるこころ(お四国とお大師さん すっぽんぽん ほか) 一八四万一六四四歩の徒遍路通信

◇**女一人遍路道中記** 江藤友子著 文芸社 2003.4 158p 19cm 952円 ①4-8355-5414-0

◇**おじさんの遍路日記** 朱雀五十四著 名古屋 朱雀五十四 2003.5 85p 21cm〈製作:丸善名古屋出版サービスセンター(名古屋)〉非売品 ①4-89597-282-8

◇**歩きお遍路—千里の道も一歩から** 菅原惠著 同友館 2003.5 251p 19cm 1500円 ①4-496-03562-6
|目次| 第1章 お四国入り、新幹線の車中にて 第2章 徳島県(阿波の国)—発心の道場 第3章 高知県(土佐の国)—修行の道場 第4章 愛媛県(伊予の国)—菩提の道場 第5章 香川県(讃岐の国)—涅槃の道場 第6章 お礼参り 第7章 お遍路を歩き終えて 第8章 友よりのことば 第9章 参考資料

◇**週刊日本の街道 no.57 四国・遍路道3(宇和島・大州街道)** 講談社 2003.6 34p 30cm 533円

◇**娘巡礼記** 高群逸枝著 堀場清子校訂 オンデマンド版 朝日新聞社 2003.6 270p 19cm(朝日選書)〈原本:1979年刊,発売:デジタルパブリッシングサービス〉2420円 ①4-925219-67-7

◇**四国八十八ヵ所を歩く** 山と渓谷社大阪支局編 へんろみち保存協力会監修 改訂第2版 山と渓谷社 2003.7 198,10p 21cm(歩く旅シリーズ 古寺巡礼) 1400円 ①4-635-01114-3
|内容| やさしい四国の自然に心洗われ、ときに坂道に汗して、53日間かけて、1100キ

ロを自分の足で踏みしめる充実感。無理のない行程、わかりやすい地図、土地土地の案内から、宿の情報などなど洩れなくおさめて。初めての人でも安心して歩ける本。

◇四国八十八霊場四季の花　溝縁ひろし写真　学習研究社　2003.7　146p　22cm（Gakken graphic books　美ジュアル日本）1600円　①4-05-402144-1

  目次　春（馬酔木　アマリリス　ほか）　夏（アガパンサス　紫陽花　ほか）　秋（アスター　招霊の木　ほか）　冬（梅　寒椿　ほか）

  内容　花を道先案内人にして訪ねる四国八十八霊場。春・夏・秋・冬、札所は季節の色をまとってお遍路さんをやさしく迎えてくれる。

◇四国八十八ヵ所へんろ旅日記　江川平八著　文芸社　2003.8　250p　19cm　1000円　①4-8355-6302-6

  内容　JRを全線完乗した時刻表マニアが次に目指した旅は、時刻表を金剛杖に持ち替えて四国八十八ヵ所を歩くことだった。「四国を自分の足で歩いて、一本の円にする」、だけを目標にしての、旅日記である。

◇すみちゃん四国遍路をゆく　角川知寿子著　高知　飛鳥出版室　2003.9　95p　26cm　1143円　①4-88255-105-5

◇空海—生涯と思想　宮坂宥勝著　筑摩書房　2003.9　297p　15cm（ちくま学芸文庫）1100円　①4-480-08780-X

  目次　1 空海の生涯と思想（日本仏教史上における空海　空海の生涯と思想　空海の教え　空海と最澄—その思想と交流の軌跡　現代思想史上の空海　綜合の天才・空海　空海の思想と現代）　2 文化人としての空海（空海の軌跡—『弘法大師行状絵詞』にそって　恵果との出遇い　空海とその周辺　空海の教育理想）　3 空海の著作を読む（空海の名著　『秘蔵宝鑰』について　永遠への飛翔　空海の言葉をたどって　空海の密教用語について）　4 空海の聖地（霊場・高野山　空海と四国の聖地）

  内容　現代社会における思想・文化のさまざまな分野から注目をあつめている空海の雄大な密教体系！　開かれた密教を念願する空海研究の第一人者が、長年の研鑽をふまえて、平易に空海の生涯と思想を浮彫りにする最良の入門書。1章では、日本仏教史における密教の位置づけ、最澄との交流からみた空海密教の立場と特質など。2章では、文化人としての空海の全軌跡を絵巻ス

トーリーから、また恵果との出遇いや綜芸種智院の教育活動など。3章では、空海の著作を読む場合の手引きなど。4章では、空海ゆかりの高野山と四国八十八ヶ所霊場を紹介する。

◇山頭火と四国遍路　横山良一文・写真　平凡社　2003.9　129p　22cm（コロナ・ブックス）〈年譜あり〉1600円　①4-582-63406-0

  目次　山頭火最後の放浪　種田山頭火とは　始まりは母の自殺　尾崎放哉と金子光晴　放浪行乞　再び、魂の旅へ、そして庵住　山頭火を知る最後の俳友　ひよいと四国へ　松山にて　句日記つけつつ　遍路日記　再び、松山へ　終の栖「一草庵」の日々

  内容　"ひよいと四国へ晴れきつてゐる"放浪の俳人・種田山頭火の句集をポケットに、四国八十八ヵ所を歩くポップドキュメンタリー。

◇ちびっこお遍路よっくんが行く　藤田祐子著　新潮社　2003.10　174p　19cm　1200円　①4-10-463001-2

  目次　第1章 平成九年八月三日（平凡な幸せ　言葉のダム　ほか）　第2章 八十八ヶ所めぐり（引き出し　ご真言　ほか）　第3章 我楽多図鑑（日めくりカレンダー　おしゃれなコーヒーブレイク　ほか）　第4章 出会いと別れ（お国十周年　百万世帯　ほか）　第5章 よっくんが行く（刀ばあちゃんに会える　出会いを大事に　ほか）

  内容　亡くなったお父さんのためのよっくんのお遍路の旅。

◇四国お遍路バックパッキング　ホーボージュン,Be-pal編集部編　小学館　2003.10　143p　19cm（ポケットbe-pal）952円　①4-09-366701-2

  内容　日本にも1200kmの超ロングトレイルがある！　"歩き遍路"のための画期的ガイドブック。

◇四国遍路のはじめ方—お経を唱えたことのない人も　串間洋著　明日香出版社　2003.10　230p　19cm（Asuka business & language books）1400円　①4-7569-0685-0

  目次　1 僕の遍路体験　2 四国遍路のすすめ　3 計画を立てる　4 準備するもの　5 お遍路の必須アイテム　6 四国を歩く　7 歩くプランを練ろう

  内容　忙しいビジネスマンも3年で満願成就。信仰心がなくても四国遍路はできるし、し

てもよいし、する意義があると思う。

◇人の縁は仏の縁─四国八十八か寺歩き遍路記　岡田雪雄著　日進　岡田雪雄　2003.10　238p　20cm　1905円　①4-9901382-2-8

◇私の遍路日記─四国八十八か所を歩く　諸井澄子著　そうぶん社出版　2003.11　196p　20cm　①4-88328-351-8

◇週刊日本の街道　no.317　四国・遍路道4（伊予・讃岐街道）　講談社　2003.11　34p　30cm　533円

◇四国巡礼記　石橋操著　文芸社　2003.12　255p　19cm　1400円　①4-8355-6661-0

◇大師とお遍路さん　竹若勲著　［神戸］友月書房　2003.12　152p　19cm　1200円　①4-87787-183-7

◇へんろ功徳記と巡拝習俗　浅井證善著　大阪　朱鷺書房　2004.1　308p　21cm　〈文献あり〉　2800円　①4-88602-189-1
　目次 第1章『四国徧礼功徳記』真念著―口語訳（大師に布を施した女の話　へんろの功徳により口がきけるようになった話 ほか）　第2章 真念、寂本、中宜の履歴（真念　寂本 ほか）　第3章 真念の業績およびその関連について（遍礼屋、善根宿の開設普及　標石の設置 ほか）　第4章 石碑（霊石）探訪（柳の水の標石　山中の御宝号碑 ほか）　第5章 四国遍路の法具類について（金剛杖　菅笠（網代笠）ほか）
　内容『四国徧礼功徳記』口語訳のほか、遍路普及に尽くした人々の業績、道中の石碑・霊石、法具類の考察など、実際の巡拝行から生まれた渾身の書き下ろし。興味尽きない遍路の民俗学。

◇山頭火全日記　第7巻　種田山頭火著　春陽堂書店　2004.1　363p　21cm　〈山頭火全集 第9巻〉平成2年刊（第3刷）を原本としたオンデマンド版,肖像あり 折り込1枚,年譜あり〉　6500円　①4-394-90217-7
　目次 其中日記（13の続）　其中日記（14）旅日記　其中日記（15）　四国遍路日記

◇四国八十八か所ゆとりの旅　ブルーガイド編集部編　実業之日本社　2004.1　167p　21cm（ブルーガイド てくてく歩き）　1200円　①4-408-01838-4
　内容 手軽に充実した巡拝の旅へ。興味深い

逸話を深く知る役立つツアー情報。

◇四国八十八所お遍路の歩き方─コンパクト版　ロム・インターナショナル著　河出書房新社　2004.1　222p　15cm（Kawade夢文庫）　476円　①4-309-49516-8
　内容 老若男女を問わず、いまやブームの「四国お遍路」って、どんな世界なのか？弘法大師とともに八十八のお寺を巡る心の旅で新たな自分を発見しませんか。

◇遍路で学ぶ生きる知恵─四国八十八か所札所めぐり　武田喜治著　小学館スクウェア　2004.1　351p　19cm　1238円　①4-7979-8030-3

◇四国八十八か所を歩く─へんろ紀行　鈴木貞雄著　［茅ヶ崎］［鈴木貞雄］2004.2　165p　21cm

◇四国遍路托鉢野宿旅─お大師さまと二人連れ　近藤優著　文芸社　2004.2　226p　19cm　1400円　①4-8355-6986-5

◇風へんろ─「Imagine」との遭遇　上野勝幸著　神戸　上野勝幸　2004.2　181p　21cm　2000円

◇うた遍路─短歌で綴る　鈴木月美著　坂戸　本つくり舎　2004.3　189p　21cm　2300円　①4-901770-02-0

◇おへんろさん─松山と遍路の民俗　松山市教育委員会文化財課編　復刻版　松山　松山市教育委員会　2004.3　192p　19cm　〈原本: 昭和56年刊〉

◇もーにんぐ・ちゃいるどの放浪記　高間朝子著　文芸社　2004.3　201p　19cm　1200円　①4-8355-7054-5
　目次 第1章 とりあえず南の島へ！　第2章 四国巡礼・お遍路　第3章 ぐるっと能登・びゅーっと長良川　第4章 北の大地が待っている…かも？　第5章 でっかいどうをさまようぞ！　最終章 未来（またの名を現実）へと続く道
　内容 旅に目的はない。すべては出会いだ。─旅行記でもなく、冒険記でもなく、「旅をしている日常」を書いた日記。

◇巡礼やすらぎの旅　森山透著　PHP研究所　2004.3　215p　19cm　1300円　①4-569-63540-7
　内容 突然のリストラ。一人取り残された不安、焦り、孤独…。本当の自分を取り戻し

た四国八十八カ所、心の旅。

◇聖地を巡る人と道　田中智彦著　田中智彦論文集刊行会編　岩田書院　2004.3　379p　22cm〈著作目録あり〉8400円　①4-87294-309-0
|目次|序章　巡礼の成立と展開　第1編　西国巡礼路の復元（愛宕越えと東国の巡礼者―西国巡礼路の復元　石山より坂打と東国の巡礼者―西国巡礼路の復元　大坂廻りと東国の巡礼者―西国巡礼路の復元　西国巡礼の始点と終点）　第2編　地域的巡礼地（近畿地方における地域的巡礼地　近世大坂における巡礼　地域的巡礼のデータベース作成に関する基礎的研究）　第3編　四国遍路と近世の参詣（『四国偏礼絵図』と『四国辺路道指南』　道中日記にみる金毘羅参詣経路―東北・関東地方の事例　道中日記にみる畿内―西国からの社寺参詣　近世末、大坂近在の参詣的遊山地）　終章　日本における初巡礼の発達

◇夫婦で行く素晴らしき歩き遍路―自分探しの夫婦お遍路さん体験記　金澤良彦著　改訂新版　京都　ユニプラン　2004.3　216p　21cm〈背のタイトル：素晴らしき歩き遍路〉1429円　①4-89704-200-3
|内容|夫婦で行く四国八十八ケ所、特に宗教心があるわけでもなく、どうしても神や仏にすがる事情を抱えるわけでもないが、子育てを終えた、現役世代の夫婦が、人生の中間点を過ぎたところで白装束・管笠・金剛杖という古めかしいファッションに身を固め、自分のこと、夫婦のこと、家族のこと、社会のこと、過去のこと、現在のこと、未来のこと自分達は何処から来て、何処へ行こうとしているのか、人生の自分探しと将来作りの夫婦遍路旅。

◇お遍路さんになる　青木勝洋著　産経新聞ニュースサービス　2004.4　136p　19cm〈折り込1枚、発売：日本工業新聞社〉1048円　①4-8191-0955-3

◇四国のほそみち―俳句紀行　藤岡満著　大阪　光陽社　2004.4　201p　21cm

◇四国遍路ひとり歩き同行二人―空海の史跡を尋ねて　地図編　宮崎建樹著　へんろみち保存協力会編　第6版　松山　へんろみち保存協力会　2004.4　132p　26cm　2500円

◇四国遍路ひとり歩き同行二人―空海の史跡を尋ねて　解説編　宮崎建樹著　へ
んろみち保存協力会編　第6版　松山　へんろみち保存協力会　2004.4　85p　26cm　1000円

◇日帰りドライブ四国遍路―ご利益と人気の温泉・名物　松山　エス・ピー・シー　2004.4　144p　26cm〈発売：西日本共同出版販売［松山］〉1143円　①4-89983-089-0

◇娘巡礼記　高群逸枝著　堀場清子校注　岩波書店　2004.5　334p　15cm（岩波文庫）760円　①4-00-381061-9
|目次|出立（巡礼前記　大津より　大津から立野へ　ほか）　いよいよ四国へ（八幡浜へ　月夜の野宿　明石寺へ　ほか）　瀬戸内のみち（始めて瀬戸内海に　屋島見ゆ　八栗屋島　ほか）
|内容|大正7年、24歳の高群逸枝（1894-1964）は四国へ旅立つ。家を捨て、職を捨て、恋を捨て、ただ再生を目指して。女性の旅行が好奇の目で見られた時代、旅先から書き送られたその手記は新聞に連載されて大評判を呼ぶ。八十八ケ所巡礼中の苦しみと悟り、社会のどん底に生きる遍路の姿、各地の風物をいきいきと伝える紀行文学の傑作。

◇感動の四国遍路―真夏の一三〇〇キロ通し打ち　大坪忠義著　福岡　海鳥社　2004.6　182p　19cm　1300円　①4-87415-486-7
|内容|体力づくり、心の修練、そして綿密な日程表の作成―5年の準備期間の後、62歳にて四国八十八カ所単独行へ挑戦。酷暑、台風……一番過酷な条件下での通し歩き。遍路はそこで、何に出会い、何を摑むのか。

◇大師の懐を歩く―それぞれの遍路物語　福島明子著　風間書房　2004.6　257p　20cm〈折り込1枚〉1800円　①4-7599-1444-7
|内容|時代を超えお遍路さんを惹きつける遍路の魅力とは。心理学者が描く歩き遍路の世界。

◇へんろ随想　中村三夫著　新風舎　2004.7　159p　19cm　1700円　①4-7974-4364-2
|内容|延べ58日間に及ぶ四国八十八ケ所巡礼の旅。それは亡き妻が密かに書き残した写経を納め、菩提を弔うための旅であった。様々な困難に見舞われながらも、出会った人々の暖かさと四国のすばらしい自然―。

亡き妻と同行二人の遍路旅。

◇還暦お遍路旅日記　尾上昭著　新風舎
2004.7　121p　19cm　1200円　①4-7974-4586-6
内容 定年退職、還暦―人生の大きな節目で経験する旅учи。お遍路グッズをまとい、寺から寺へと移動する著者の眼に映る風景、そして人。旅のスナップ写真をめぐる感覚で読める、素朴なお遍路日記。

◇四国お遍路旅物語―風とともにひたすらに　金子正彦著　文芸社　2004.7　251p　19cm　1400円　①4-8355-7640-3

◇こころの降る里―四国遍路　朝倉海玄著　再版　[多摩][朝倉海玄]　2004.8　103p　21cm

◇強く生きろ―ある学習塾塾長の四国遍路の旅　杉浦孝宣著　学びリンク　2004.8　159p　21cm　1200円　①4-902776-00-6
内容 四国八十八カ所を歩いたその距離1200キロ。歩いたからこそ、人や自然とふれあえました。人間の知恵をフルに活かし、五感が冴え渡った学習塾塾長の四国遍路の旅。

◇徒ち遍路同行句人―七十一歳からの歩き遍路記録　杉山邦夫著　我孫子　杉山邦夫　2004.8　368p　19cm〈製作：丸善出版サービスセンター、折り込1枚〉非売品　①4-89630-148-X

◇遍路と巡礼の社会学　佐藤久光著　京都　人文書院　2004.8　264p　22cm　3000円　①4-409-54067-X
目次 第1章 研究の課題と各霊場の成立（巡礼・遍路研究の視点　観音巡礼の成立と四国遍路の起り）　第2章 江戸時代の巡礼・遍路の動向（江戸時代の西国巡礼の動向　江戸時代の秩父巡礼の動向　江戸時代の四国遍路の動向）　第3章 現代の巡礼・遍路の動向（明治期から昭和の復興期までの札所の状況　西国巡礼の動向　秩父巡礼の動向　四国遍路の動向）　第4章 現代の巡礼・遍路の実態（西国巡礼の実態　秩父巡礼の実態　四国遍路の実態）
内容 西国、秩父の観音巡礼はどのようにして起こり、また大師信仰に基づく四国遍路がいかに発展していったか。今日の巡礼、遍路ブームの背景に先人のどのような歴史があったのか。成立、名称、順路、数の推移や巡礼者の年齢、性別、出身地、職業その他、日本を代表する三つの霊場のそれぞれに残る納札や過去帳を精査することで、江戸時代から現代にいたるまでの遍路と巡礼の営み、それぞれの歴史や特徴、その動向、実態に迫った労作研究。

◇88の祈り―四国歩き遍路1400キロの旅　秋元海十著　東京書籍　2004.9　255p　19cm　1600円　①4-487-79995-3

◇お遍路　高群逸枝著　中央公論新社　2004.9　275p　16cm〈中公文庫〉　1286円　①4-12-204414-6

◇へんろ道　加藤玄勝［著］　名古屋　加藤玄勝　2004.9　334p　21cm

◇四国八十八ヶ所遍路―ふれあいの旅路　大谷唱二著　文芸社　2004.9　255p　19cm　1500円　①4-8355-7761-2
内容 色即是空。諸行無常。千二百年の歴史を持つ遍路の文化が自ずとそれを教えてくれる。行き交う人とのふれあいが、空ろな心をふと和ませてくれる。

◇ぐうたらじじィのお遍路日記―四国霊場八十八カ所巡り1200キロ通し打ち　吉田哲朗著　熊本　熊本日日新聞情報文化センター（製作）　2004.10　278p　19cm　1600円　①4-87755-192-1

◇花へんろ　風の巻　早坂暁著　文藝春秋　2004.10　491p　19cm　2238円　①4-16-323560-4

◇四国巡礼葛藤記―駆け出し僧侶が歩いた四国八十八カ所　青野貴芳著　鈴木出版　2004.10　247p　19cm　1700円　①4-7902-1112-6
内容 修行道場での生活を終え、ぶらりと出かけた四国八十八カ所巡り。あるときは橋の下を寝床にして、あるときは山中をさまよい、いろいろな人と出会い、たまには人生について考えたりして…。

◇ぐうたら親父の四国八十八カ所歩き遍路　岡本友男編著　じほう　2004.11　157p　21cm　1800円　①4-8407-3389-9

◇四国ルート88　乙加睦雄著　東京図書出版会　2004.11　186p　19cm〈発売：星雲社〉　1300円　①4-434-04780-9
内容 若干30歳の著者がストレスから患った更年期障害。彼は病を克服するため、ひとり四国巡りへ旅立った。

◇弘法大師と歩く遍路の道、癒しの旅　佐々貴隆興著　佐々貴海龍監修　松島町

（宮城県）転迷山不動院開悟峯寺　2004.12　313p　19cm〈発売：金港堂出版部（仙台）〉1400円　④4-87398-079-8

◇四国八十八か所歩き遍路みちくさ日記　桂道子著　新風舎　2004.12　211p　19cm　1300円　④4-7974-2782-5
|内容|信仰ではない。修行でもない。自然を楽しみながら、マイペースで歩こう。2002年4月10日から2003年11月27日まで。72歳で始めた、四国八十八カ所お遍路の旅の記録。

◇北からの四国八十八ヶ所　岡部實著　［札幌］［岡部實］2004.12　255p　22cm　非売品

◇私の八十八か寺巡り―心に残った人達とのめぐり逢い　平成10年3月～平成15年3月　溝口重郎［著］［あきる野］［溝口重郎］［2005］59p　30cm

◇道を行く　竹内正行著　［柏］［竹内正行］［2005］64p　21cm

◇白い道標―遍路日記　金子哲也著　［出版地不明］金子哲也　2005.1　118p　19cm〈製作：牧歌舎（伊丹）〉

◇くるまで回る四国八十八カ所　徳島　あわわ　2005.3　128p　26×21cm〈発売：西日本出版社（摂津）〉1314円　④4-901908-07-3
|目次|まずは、歴史のお勉強をしましょう。　こんな用具が必要です。　お参りの中にも、順番がありますよ。　知っておきたいお経のこと。　知っておきたいマナーと用語。　車遍路に必要な準備って、どんなことがありますか？　必見。四国への交通手段です。　至福の徳島ラーメン巡りはいかがですか？　感動のうどん巡りはいかがですか？　最短5日？　車（カーナビなし）で駆け抜けられるか、四国霊場。　さあ、行ってみよう！　くるまで回る四国八十八カ所決定版！　あったら便利。札所に近い宿情報ですよ。
|内容|地元タウン誌あわわが作った究極のガイドブック。ドライブ＆レジャー＆グルメ情報満載ですっ！お遍路初心者でも安心です、モデルコースを完全紹介。

◇へんろ長調のぼり坂　髙久ひとし著　文芸社　2005.3　150p　20cm　1200円　④4-8355-8604-2
|内容|葉が舞い散るように妻は逝った。八十八箇所を歩き、歩き、歩き…思い当たった。私たちは一途に生き、死を迎えたときは、至福の顔で風に舞えばよい。そしていのちは、遺伝子に託され、永遠を生きていく。三年越しの鎮魂歌。

◇四国遍路の研究　2　鳴門教育大学「四国遍路八十八ヵ所の総合的研究」プロジェクト編　鳴門　鳴門教育大学「四国遍路八十八ヵ所の総合的研究」プロジェクト　2005.3　70,130p　30cm（「四国遍路八十八ヵ所の総合的研究」プロジェクト報告書　2）
|目次|徳島藩の遍路対策と村落の対応（井馬学者）　四国遍路における若者の変容（河野通之著）　後藤家文書遍路関係史料（町田哲、井馬学著）

◇四国遍路関係資料　1　愛媛県歴史文化博物館編　西予　愛媛県歴史文化博物館　2005.3　91p　30cm（愛媛県歴史文化博物館資料目録　第12集）

◇私のお遍路日記―歩いて回る四国88カ所　佐藤光代著　吹田　西日本出版社　2005.3　296p　19cm〈絵：浦谷さおり〉1400円　④4-901908-08-1
|内容|『女31歳独身。フリーのテレビディレクター』。仕事に追われる毎日。代わり映えしない生活。何か変えたい、自分の着地点はもっと違う所にあるはず―四国88カ所を46日間歩いて通し打ちを経験した筆者が放つ、ユニークなお遍路ガイド。

◇準・歩き遍路のすすめ　横井寛［著］　講談社　2005.3　237p　18cm（講談社＋α新書）876円　④4-06-272304-2
|内容|車や鉄道も適宜利用。自由きままな遍路旅。私が拝まれる！ムリせず歩く、新遍路旅案内！静かな遍路道を歩き、お接待の心にふれる！有り難さに思わず合掌!!南無大師遍照金剛。

◇歩く地図「四国八十八ヶ所」―遍路道＆実用巡拝ガイド　2005　山と溪谷社　2005.3　114p　26cm（J guide magazine）752円　④4-635-92633-8

◇離職ごよみ～四国旅ごよみ　鈴木和三著　新風舎　2005.3　103p　20cm　1000円　④4-7974-5765-1
|目次|小さい会社を売る話（産声　波乱　会社売却劇　幕ひらき始め　次のハードルを越えられるか　ほか）　四国歩き旅（一歩を

残す　遍路ころがしの巻　遠望・室戸岬　土佐湾を巡る　ほか〉
[内容]離職ごよみ…苦悶…基盤崩れる小さい卸問屋。決断迫られる60歳…倒産避ける秘策…小さい会社。売り渡し手記…離職がもたらすさみしさ。心の充実を求めて歩く四国88ケ所…旅で触れる詩情。感動、情話の起伏…四国慈しみ回廊旅ごよみ。

◇お遍路さんと呼ばれて—四国一二〇〇キロ歩き旅　津田文平著　東洋出版　2005.4　249p　19cm　1400円　①4-8096-7496-7
[目次]無人駅　四〇年ぶり丸坊主　遍路シール　外国人が行く　遍路休憩所　お大師さまの歩いた道　修行僧　八一歳に拾われ　女性遍路　原付じいさん〔ほか〕

◇この世はご縁の世界—四国八十八カ所遍路の記　中谷勝春著　文芸社　2005.4　233p　19cm　1400円　①4-8355-8810-X
[内容]"つまらない気持ちを捨てて素直になれば、人間は素晴らしい存在！""50日間一緒に遍路しているかのような気持ちになれた！"ふれあいの旅1381.9キロ。

◇光と風の道—四国八十八カ所歩き遍路記　山内清史著　文芸社　2005.4　407p　19cm　1700円　①4-8355-8918-1

◇四国　大人の街歩き編集部編　成美堂出版　2005.4　191p　22cm（大人の街歩き）1050円　①4-415-02868-3
[目次]特集　四国霊場八十八カ所　特集　郷土料理　特集　日本最古の温泉でのんびりほっこり　特集　江戸の頃から庶民の憧れ　特集　郷愁に出会う街並　特集　うららかな陽のあたる、瀬戸の島々　シティガイド　香川街歩き　シティガイド　徳島街歩き　シティガイド　高知街歩き　シティガイド　愛媛街歩き

◇四国八十八ヶ所めぐり—お大師さんと行く遍路18コース　昭文社　2005.4（2刷）183p　22cm　1200円　①4-398-13331-3
[内容]本書は四国八十八ヶ所で18のコースを設定し、道中の様子などを記したコースガイド、コース地図、コース内の札所ガイドという順でコースごとにまとめて掲載したものである。

◇七日で一県楽しく歩く四国遍路　小野庄一著　朝日新聞社　2005.4　238p　21cm　1800円　①4-02-250020-4
[内容]本書では、すべて徒歩で巡れば50日前後かかる四国遍路の旅を、電車・バス、タクシーも使いながら1県1週7日間で巡る「区切り打ち」のプランを紹介しています。昔ながらの遍路道を歩きながら、四国の豊かな自然と人情にふれ、地元の味、温泉にほっとひと息。仕事や日々のスケジュールを調整して、あなたも念願の歩き遍路に挑戦してみませんか。

◇15歳の「お遍路」—元不登校児が歩いた四国八十八カ所　岡田光永著　廣済堂出版　2005.5　239p　19cm　1500円　①4-331-51089-1
[内容]3年間、不登校だった少年が、夏休み、たった一人で挑んだ自分探し1400キロの旅。

◇88の物語を探して　武田久子著　松山愛媛新聞メディアセンター　2005.5　301p　19cm　1300円　①4-86087-033-6

◇お遍路の奇跡　杉浦詩奈著　大阪　東方出版　2005.5　157p　19cm　1200円　①4-88591-936-3
[目次]地の章（病のこと　霊感商法のこと　映画「空海」のこと　ほか）　人の章（新しい旅路の始まりのこと　私に憑いていた愛犬のこと　首を左右に振るお不動さまのこと　ほか）　天の章（新しい仏壇と魂入れのこと　これからすべてが好転すると言われたこと　針原先生にまつわる逸話のこと　ほか）

◇四国八十八カ寺&周辺ガイド　改訂版　出版文化社　2005.5　207p　21cm　1500円　①4-88338-314-8
[内容]市町村合併に対応した情報を掲載。八十八カ寺の歴史と由来、心得、巡拝の仕方などの基礎知識。はじめての土地でも迷わない初心者向けの詳細ドライブマップ。ちょっと寄ってみたいお寺の周辺スポット。事前の計画に役立つ、寺間の距離・時間一覧表。宿泊情報、四国へのアクセス、四国内のアクセス等々。

◇青い空と海、そしてビールな日々—50日間歩き遍路涙と手紙の旅　池田鉄郎著　郁朋社　2005.5　277p　20cm　1500円　①4-87302-310-6
[内容]歩き遍路の楽しみを綴った涙と笑いを誘う痛快エッセイ。

◇四国八十八カ所ウォーキング　企画出版部編　JTBパブリッシング　2005.6　191p　21cm（大人の遠足BOOK）1400

円 ⓃⒶ4-533-05991-0

◇ゆっくり遍路同行二人―四国八十八ヵ所霊場　森谷茂著　文芸社　2005.7　188p　20cm　1500円　ⓃⒶ4-8355-9295-6

◇空海の道を行く　関根優著　栄光出版社　2005.7　321p　20cm　1500円　ⓃⒶ4-7541-0072-7
|内容|1200年の時空を越えて、四国路88ヵ所、1400キロに及ぶ巡礼の地に、弘法大師空海の足音を聞く。

◇四国札所巡り"すきま"の記　鈴木睦男著　文芸社　2005.7　145p　19cm　1200円　ⓃⒶ4-8355-9319-7

◇愛媛へんろ道ウオーキング7コース―四国の文化の真髄を体感する　初めての歩き遍路　藤岡直樹著　松山　アトラス出版　2005.8　79p　19cm〈アトラス地域文化新書〉　800円　ⓃⒶ4-901108-44-1

◇同行二人二百万歩の旅　川村憲祐著［川越］［川村憲祐］2005.8　239p　19cm　1600円

◇四国八十八ヶ所へんろ日記―平成14年3月24日～5月11日　大村卓弘著　神戸みるめ書房　2005.9　224p　21cm〈背のタイトル：へんろ日記〉

◇四国遍路の近現代―「モダン遍路」から「癒しの旅」まで　森正人著　大阪　創元社　2005.9　304p　19cm〈年表あり〉　1900円　ⓃⒶ4-422-25041-8
|目次|第1章「ハイカラ」から「モダン遍路」へ　第2章「空前絶後！」の四国八十八ヶ所霊場出開帳　第3章　弘法大師と日本文化　第4章　遍路同行会と大戦下の四国遍路　第5章　戦後における四国遍路の商品化　第6章　文化財としての四国遍路　第7章　国家事業としての遍路道生産　第8章　九〇年代半ば以降、四国遍路の諸相
|内容|ハイカラ姿の記者による巡礼競争、信仰のハイキング阿波霊場巡り、戦勝祈願のための四国遍路、バスツアーと癒しの旅…この100年で大きな変貌を遂げた四国遍路の種々相。

◇お四国の四季　橋田昌幸著　郁朋社　2005.10　191p　19cm　1000円　ⓃⒶ4-87302-317-3
|内容|豊かさを追求した後に見られる日本の現代社会に、今、求められているものは何

か。それは、理性を超えた感性を大切にしようという思いではなかろうか。その一つは自然への回帰であったり、仏教など宗教に思いをはせることだったりする。ほのぼのとしたタッチで描く元教師の歩き遍路エッセイ。

◇四角い四国を歩いて廻ればまるくなる。―遍路体験記　金子忠司著　宝塚　宝塚出版　2005.10　233p　19cm〈発売：星雲社〉　1500円　ⓃⒶ4-434-06797-4

◇須藤元気・幸福論　須藤元気著　ネコ・パブリッシング　2005.10　215p　21cm　1714円　ⓃⒶ4-7770-5130-7
|内容|須藤元気が、空海の辿った道＝四国88ヵ所・お遍路を旅をした、待望かつ初の書き下ろしエッセイ。

◇短歌でめぐる四国八十八ヶ所霊場　宮野恵基著　文化書房博文社　2005.10　200p　19cm　1400円　ⓃⒶ4-8301-1065-1

◇四国一〇八ヶ所遍路旅　加藤弘昭著　新風舎　2005.12　303p　19cm　1900円　ⓃⒶ4-7974-7440-8
|内容|一般的に紹介されている88ヶ所にとどまらず、別格20ヶ所も加えた108ヶ所の霊場紹介。自分のペースで、旅そのものも大いに楽しみながら、見事満願成就を果たした著者ならではの旅情報も満載。

◇瀬戸内・四国スローにお遍路―気まぐれ列車で行こう　種村直樹著　実業之日本社　2005.12　439p　19cm　1800円　ⓃⒶ4-408-00798-6

◇同行二人　大河一葉著　文芸社　2005.12　153p　20cm　1400円　ⓃⒶ4-286-00645-X

◇ひょいと四国のお遍路へ―千二百キロの歩き旅　吉田正孝著　現代書館　2006.1　180p　20cm　1600円　ⓃⒶ4-7684-6918-3
|内容|一日でハマった定年退職男の歩き遍路一周日記。「お遍路さん」で通じ合う人と風土の豊饒なる遍路みち体験。

◇四国は心のホスピタル―遍路の旅で見えてきたもの　金田正著　新風舎　2006.1　222p　19cm　1800円　ⓃⒶ4-7974-7697-4
|内容|『四国では、お大師様が何事も丸くおさめてくれる…』。遍路道に今も息づく「お接待」（もてなしの心）と「お大師様」への信仰。多くの人が苦行の遍路旅の果てに癒しを得ている。自分自身を見つめ、人との

四国

ふれあいを取り戻す旅の全記録。さあ、あなたも。

◇四国八十八ヵ所遍路旅日記　武石伊嗣著　武石万里子編　神谷書房　2006.1　328p　21cm

◇身に沁みる暖かいご縁─四国八十八ヵ所歩き遍路　中尾明久著　［さいたま］［中尾明久］2006.1　219p　21cm

◇四国八十八ヵ所を歩く─どこからでも始められる50日間1100キロの旅　へんろみち保存協力会監修　吉田智彦写真・文　新版　山と溪谷社　2006.2　183p　21cm（歩く旅シリーズ　古寺巡礼）1500円　①978-4-635-60105-4

◇四国八十八ヵ所歩き遍路のはじめ方　松村博一著　JTBパブリッシング　2006.3　191p　21cm（大人の遠足book　西日本12）1400円　①4-533-06245-8
[目次]第1章 四国遍路の基礎知識　第2章 出発前の準備　第3章 なにを用意すればよいのか　第4章 いざお遍路に行こう　第5章 心をこめておまいり　第6章 お遍路中のトラブル　第7章 お遍路としてのマナー　第8章 こんなときどうする？
[内容]四国八十八ヵ所を歩いてめぐった44日間。歩き遍路に必要な装備やコツをアドバイス。

◇四国遍路の研究　3　［鳴門］鳴門教育大学　2006.3　92p　30cm（「四国遍路八十八ヵ所の総合的研究」プロジェクト報告書 3）

◇春は花へんろ秋も花へんろ─歩いて四国遍路旅　菅剛猛著　菅剛猛　2006.3　206p　27cm〈製作：朝日新聞社書籍編集部〉

◇四国八十八ヵ所　溝縁ひろし写真・文　主婦の友社　2006.4　239p　21cm（主婦の友ベストbooks）1500円　①4-07-249219-1
[内容]はじめての人にもわかりやすいように縁起やアクセスマップなど、札所ごとに詳細データを紹介。土地を訪ねた人々との出会いやお接待のことなども記し、札所ごと、おすすめ撮影ポイントや花の見ごろを掲載してある。

◇四国遍路ひとり歩き同行二人─空海の史跡を尋ねて　地図編　宮崎建樹著　へんろみち保存協力会編　第7版　松山　へんろみち保存協力会　2006.4　132p　26cm　2500円

◇四国遍路道中記　澁田保磨著　福岡梓書院　2006.4　189p　19cm　1143円　①4-87035-271-0
[内容]四国八十八ケ所、約1200kmの道程を元気に、逞しく歩き通した35日間の記録である。あなたをきっと筆者とやさしい遍路道を同行している気分に誘ってくれる。

◇人生へんろ─「いま」を生きる30の知恵　講談社『週刊四国遍路の旅』編集部編　講談社　2006.4　245p　19cm　1200円　①4-06-213304-0
[目次]五木寛之（作家）─人生の旅遍路の旅　日野原重明（聖路加国際病院理事長・同名誉院長）─有限の命を生きる　瀬戸内寂聴（作家）─生きながら死ぬということ　倉本聰（脚本家）─一樹は根によって立つ　佐藤愛子（作家）─この世に「修行」に来た　安藤忠雄（建築家）─ゲリラの「本気」　都はるみ（歌手）─最高の「孤独」　吉本隆明（詩人・思想家）─「理想」の可能性　納谷幸喜（第四十八代横綱大鵬）─「結果」はあとから来る　平山郁夫（画家）─「文化」とは仲良く生きること〔ほか〕
[内容]こころに語りかける、30人のメッセージ。

◇必携！　四国お遍路バイブル　横山良一著　集英社　2006.4　221p　18cm（集英社新書）700円　①4-08-720340-9
[目次]第1部 四国遍路についての基礎知識（四国遍路について　四国遍路に旅立つ前の準備　個人で旅する四国遍路の方法　巡礼巡拝の基礎知識　四国遍路の立て方　「お礼参り」から「ぎりぎり遍路」まで）　第2部 四国遍路ガイド編（徳島へんろ路　高知へんろ路　愛媛へんろ路　香川へんろ路）
[内容]世界でも珍しい「巡礼」である四国遍路には、起点もなく、終点もない。どこから始めてもよく、どこで終わってもいい、お大師さん（空海）との「同行二人」─日本人の心の旅の一つのかたちである。諸外国を放浪し、アフリカ、ネパール、パリなどに桃源郷（シャングリラ）を求めてきた写真家が、この遍路道に魅せられ、結願八度。自分の旅人としての経験から、持ち歩けば必ず役に立つ、歩きのノウハウ、順路情報から各礼所で必要な「真言」までを、コン

パクトな一冊にまとめました。

◇一期一会歩き遍路一人旅—四国八十八ヵ所　今西広著　新風舎　2006.5　198p　19cm　1500円　⓵4-7974-8412-8

◇四国を駆け抜けた男道楽斎—天保元年『四国遍路連々艸』より　阿部明子著　新風舎　2006.5　159p　19cm〈文献あり〉　1700円　⓵4-7974-8332-6
内容 文政13(1830)年秋、道楽斎が遍路旅の折々を日記風にしたためた『四国遍路連々艸』。紀行文に織りこんだ狂歌が実にユニークで、楽しみながら八十八ケ所巡りを体験。第24回新風舎出版賞優秀賞受賞作品。

◇四国八十八ヶ所札所めぐりルートガイド　小林祐一著　メイツ出版　2006.5　144p　21cm　1500円　⓵4-7804-0031-7
内容 順路をわかりやすく解説し、各札所の歴史などさらに詳しくご案内いたします。

◇遍路と巡礼の民俗　佐藤久光著　京都　人文書院　2006.6　310p　22cm　3100円　⓵4-409-54072-6
目次 第1章 研究の視点と各霊場の成立(研究の視点　各霊場の成立とその後の変遷)　第2章 西国巡礼と四国遍路の習俗(巡礼と遍路に共通な習俗　四国遍路の独自な習俗)　第3章 出版物と巡礼・遍路の動向(西国巡礼の出版物と巡礼者の動向　遍路の出版物と遍路の動向)　第4章 道中日記にみる巡礼と遍路の習俗(道中日記にみる西国巡礼の習俗　道中日記にみる四国遍路の習俗)　終章 まとめと遍路の世俗化
内容 不況にもかかわらず、四国遍路には人気があり、体験記の出版や遍路ツアーも盛んとなっている。そして、一時廃れていた歩き遍路が、平成期に入って再び脚光を浴びている。そうした遍路の習俗はどのようにして生まれたのか。また、観音巡礼としての西国巡礼は、祖師巡礼としての四国遍路の習俗にどのような影響を与えたのか。両者の関連性を、旅に不可欠な案内記や地図・体験記など、豊富な資料を通して明らかにし、遍路および巡礼の成立、その習俗に関する変容を考察する。

◇お遍路道中記　岩元克雄著　熊本　町塾社　2006.7　120p　21cm（町塾叢書）　952円

◇四国八十八ヶ所霊場早道コースガイドブック　高松　えびす出版　2006.7　100p　19×26cm　952円　⓵4-901121-03-0

◇歩き遍路—土を踏み風に祈る。それだけでいい。　辰濃和男著　海竜社　2006.7　342p　20cm　1700円　⓵4-7593-0935-7
目次 へんろ道の人びと（もう、あの日には戻らない　元はみなお遍路さんだった　満足行　「善根宿」と「ねぐら」　徳島（気楽に　歩いて、自然にとけこむ　ほか）　高知（なぜお遍路に？　海よ　ほか）　へんろ道の人びと（ヘンロ小屋を創る　一泊666円　ほか）　愛媛（歩くことは苦しくて楽しい　つらいぶん、いいこともある　ほか）　香川（残りの姿　再生　ほか）

◇四国遍路の記　伊勢正著　第2版　[神戸]　[伊勢正]　2006.8　121p　21cm

◇旅は道連れ世は情—四国歩き遍路＝ざんげと報恩謝徳の旅紀行　上巻　今村昭男著　小田隆誠監修　熊谷　埼玉ホワイトサービス　2006.8　210p　21cm　800円

◇最新四国八十八ヵ所遍路　川崎一洋著　大阪　朱鷺書房　2006.9　281p　19cm　1600円　⓵4-88602-337-1
内容 弘法大師の聖跡を辿る、心の浄化と同行二人の信仰の旅。札所寺院の歴史や魅力、巡礼の作法等、四国遍路必携のガイドブック。

◇四国八十八ヶ所はじめてのお遍路　日本放送協会,日本放送出版協会編　日本放送出版協会　2006.9　146p　26cm（NHK趣味悠々）　1000円　⓵4-14-188431-6

◇新米僧侶のオキラク遍路の旅　杉本隆文著　伊丹　牧歌舎　2006.9　117p　19cm〈発売：星雲社〉　1000円　⓵4-434-08368-6
目次 1 不思議な出会いや出来事など（歩き遍路—もしかしたら、これは最もぜいたくな旅ではないでしょうか！　Why？　体はきついが心は軽い？　ほか）　2 役に立つアドバイス（宿選びのアドバイス　この廃墟が一流ホテル？　ほか）　3 数々のご接待（お接待のあれこれ　雨宿りの接待　ほか）　4 お遍路の勧め（思いつくままに）（思い立ったが吉日　歩き遍路以外は準備も大して必要なし　ほか）　5 出会った歩き遍路の人々の話（紹介）
内容 元米国駐在ビジネスマンが四十八歳で

四国

271

トツゼン得度、修行し、四国八十八ヶ所霊場を遍路として、歩いた「オキラクエッセイ」です。「ただ歩く」中で得た、不思議な出会いや楽しい体験、感動。あなたも不思議な国「四国」へ「自分探しの旅」に出ませんか。

◇旅・まぼろし　小沢隆明著　ルネッサンスブックス　2006.9　154p　20cm〈発売：幻冬舎ルネッサンス〉1300円　ⓘ4-7790-0089-0
　目次　四国遍路記　ひとりぼっちの塔ヶ岳　熊野・夢幻　湖国・如幻　奥羽・幻影　最後の山・ペテガリ岳　坂東巡礼・自転車の旅　西国巡礼・ぼちぼち旅
　内容　日本二百名山最後の山を目前にして、言い渡された二度目の癌告知。しかし完登のために手術を拒否。果たして思いはかなったのか？ ひとり旅に出かけたくなる、山と霊場を巡る紀行エッセイ。

◇お四国夢遍路─奥の院巡るが旅の真骨頂　笠井信雄著　高松　光光編集　2006.10　189p　22cm　1200円　ⓘ4-9903281-0-8

◇なにも願わない手を合わせる　藤原新也著　文藝春秋　2006.10　254p　16cm（文春文庫）〈折り込み1枚〉790円　ⓘ4-16-759104-9
　目次　顔施　童眼　老い歌　なにも願わない手を合わせる　安らかなり　古い時計　犬影　色食是空　死蝶　菜の花電車　人生のオウンゴール　水に還　春の猫　まなざしの聖杯　富士を見た人　垂乳根　東京物語　刃　無音　夢の技法　営みの花　春花考
　内容　肉親が他界するたびに四国巡りをする。そんな著者が壮絶な兄の最期に立ち会い、波立つ心を抱えて訪れた三度目の四国への旅は…。薬王寺の境内に立つ地蔵菩薩に兄の顔が重なり、三十六番札所の青龍寺で祈る幼女の姿に「無心」の境地をみる。愛する者の死をどう受け入れるか、いかに祈るのか。足取りを記した四国巡礼地図付き。

◇四国八十八カ所　溝縁ひろし写真・文　主婦の友社　2006.10　191p　17cm（主婦の友ポケットbooks）950円　ⓘ4-07-249202-7
　内容　四季折々の美しい写真とともに四国遍路の魅力をくまなく紹介。八十八カ所を巡るすべての人に役立つ必携の書。

◇お遍路さん─美人をたずねて三百里　加賀山耕一著　平凡社　2006.11　222p　18cm（平凡社新書）740円　ⓘ4-582-85350-1
　内容　結願を目指し、ひたすら歩く。遍路は苦しい、そして楽しい。お大師様と風景と人との出会い。立ち止まっては、ふと人生を考える。けれど、さまざまな困難もつきもの。お遍路さんに失敗しないため、一歩先を歩いた著者による心温まるアドバイスの花束。

◇出会いを求めて同行二人─漢詩で綴る・四国八十八寺歩き遍路紀行　堀内秀雄著　中野　北信エルシーネット北信ローカル事業部　2006.11　320p　21cm　1500円　ⓘ4-9903302-0-X

◇風に抱かれて─本谷美加子の四国巡礼　本谷美加子著　［高知］高知新聞社　2006.11　212p　21cm〈発売：高知新聞企業（高知）〉1714円　ⓘ4-87503-162-9

◇歩き遍路の独り言─四国八十八箇寺遍路旅　あなたも歩ける四国遍路みち・1200キロ　後藤典重著　新ハイキング社　2006.11　176p　21cm　1200円

◇壺中の天地─四国歩き遍路紀行　山中齊著　仙台　創栄出版　2006.11　357p　20cm〈文献あり〉非売品　ⓘ4-7559-0264-9

◇四国お遍路さんふれあいの歩き旅　中塚晴夫著　伊丹　牧歌舎　2006.12　81p　19cm〈発売：星雲社〉1000円　ⓘ4-434-08744-4

◇遍路安単─四国巡礼の旅にて　稲木凡庸著　新風舎　2006.12　111p　19cm　1100円　ⓘ4-289-00787-2
　内容　東洋学の古典を胸にひとり歩く遍路道。自然に触れ、人々に触れるごとに意識する、先人たちの思想─。確かなまなざしを向けて綴った旅の記録。

◇甲斐の国からお四国へ　高田恭子著　文芸社　2007.1　232p　19cm　1400円　ⓘ4-286-02302-8
　内容　質実剛健、博覧強記、快食快眠、天衣無縫…そして寄り道大好き。「キョーコさん」の四国八十八ヵ所お遍路日記。

◇これがほんまの四国遍路　大野正義著　講談社　2007.2　203p　18cm（講談社現代新書）700円　ⓘ978-4-06-149879-2

|目次|第1章 四国遍路はなぜ大流行したか　第2章 四国遍路と日本型セイフティネット　第3章 現代人にとっての四国遍路　第4章「遍路歩き」の戦略と装備　第5章「道」と「宿」についての考察　終章 歩き旅の思い出
|内容|大流行の原因は無学な風来坊の暴挙、四国の人たちは本当に親切なのか？ 市販の靴やリュックがダメな理由、誰もが勘違いしているコース選び―目からウロコの真実。

◇現代の巡礼—四国遍路と世界の巡礼—公開シンポジウム・プロシーディングズ　「四国遍路と世界の巡礼」公開シンポジウム実行委員会編　[出版地不明]　寺内浩　2007.2　40,27p　30cm〈会期：2006年、文献あり、平成18年度愛媛大学研究開発支援経費「特別推進研究」〉
|目次|響振する苦しみ　フレデリック・スタール（お札博士）と四国遍路　四国遍路における接待の「援助性」　県下の公共資料館などが所蔵する四国遍路関係資料（宮瀬温子ら）　高知県いの町（旧本川村）所在鰐口銘文の紹介と検討　現代の四国遍路　聞き取り調査より探る現代の四国遍路　現代ツーリズムと四国遍路

◇四国遍路—気づきと癒しの旅　中塚昭夫著　新風舎　2007.2　207p　19cm　1500円　①978-4-289-01177-3
|内容|そうだ、自分を探す旅に出よう。企業戦士として仕事に明け暮れた毎日だった。身体と心を癒す旅のエッセイ。

◇のんびりてくてく—四国八十八カ所巡拝ノート　竹屋敷康誠編著　創芸社　2007.3　222p　21cm　1905円　①978-4-88144-101-5
|目次|第1章 御詠歌で巡る四国巡拝　第2章 自分史づくりの旅 のんびりてくてく（発心の道場 阿波（徳島）　修行の道場 土佐（高知）　菩提の道場 伊予（愛媛）　涅槃の道場 讃岐（香川））
|内容|本書は現地で多数の巡拝者の意見を聞き、その意向を集約して編集した現代四国遍路指南書です。特長は札所ガイドに並列して余白のページを備えていますので、様々な使い方ができます。さあ、出発してみませんか。―弘法大師（空海）と同行二人、自分探しの旅へ―。

◇まるごと早わかり四国八十八カ所巡拝—四国遍路完全ガイド　石川達司,プラネット編　双葉社　2007.3　245p　21cm〈年譜あり〉1600円　①978-4-575-29948-9
|目次|第1章 お遍路基礎知識編（大先達指南、お参りの作法　遍路用品とお遍路用語　四国八十八カ所住職による礼拝の手順と読経の意訳　四国八十八カ所でご利益をいただく）　第2章 お遍路実践編（四国八十八カ寺の巡り方　四国八十八カ所総合案内　四国八十八カ所紹介）
|内容|"同行二人"の遍路旅の全てがわかる！ 霊場巡りのお供にこの一冊！ 八十八カ所の本尊＆ご利益を完全収録。

◇夏蟲遍路—四国六十四日の旅　加藤祐策著　加藤祐策　2007.3（3刷）127p　20cm

◇四国八十八ヶ所霊場訪ね歩きの記—おへんろはP・D・C・Aサイクル！　岡部繁勝著　名古屋　ブイツーソリューション　2007.3　223p　18cm（V2新書）〈発売：星雲社〉952円　①978-4-434-10343-8

◇四国遍路の研究—歴史的諸相と瀬戸内交通　資料編　愛媛大学法文学部内田研究室編　松山　愛媛大学法文学部内田研究室　2007.3　60p　30cm
|目次|翻刻『浪花講』　影印『四国徧禮道指南増補大成』

◇四国遍路を歩く—もう一人の自分に出会う心の旅　佐藤孝子著　日本文芸社　2007.3　227p　18cm（パンドラ新書）〈折り込み1枚〉838円　①978-4-537-25482-2
|目次|第1部 魅力編 徳島県から香川県まで・四国八十八カ所巡り―歩いて歩いて風になろう（足が痛い…「阿波」発心の道場　がまん…がまんだ「土佐」修行の道場　淡々と歩く「伊予」菩提の道場　名残を惜しむ「讃岐」涅槃の道場）　第2部 実践編 四国遍路の歩き方（お遍路の歴史　お遍路の身じたく　お遍路のお参り　お遍路の歩き方 ほか）
|内容|発心の道場・徳島から、修業の道場・高知、菩提の道場・愛媛、涅槃の道場・香川へ…。四国八十八カ所霊場を結ぶ遍路道、一二〇〇キロ。弘法大師ゆかりの寺や土地を同行二人、金剛杖を頼りにひたすら歩く。歴史と自然と人々との出会いに触れる心の旅ガイド。

◇四国遍路関係資料目録　1（考古・歴史分野）　高知県文化財団高知県立歴史民俗資料館編　南国　高知県文化財団高知県立歴史民俗資料館　2007.3　24p　30cm（高知県立歴史民俗資料館収蔵資料目録　平成18年度　第11集）

◇諸君！お遍路はいいぞ―四国歩き遍路その魅力と巡り方　櫻井史朗著　新風舎　2007.3　254p　19cm〈文献あり〉1700円　ⓘ978-4-289-01484-2
|目次|第1章 四国遍路の魅力にふれて―出会いとふれあいの旅（遍路との初めての出会い　心温まるお接待と女将さんたち ほか）　第2章 発願から出発まで（四国遍路のいわれを知ろう　遍路の時期はいつがよいか ほか）　第3章 お遍路のマナーと身じたく（お遍路さんのマナー　お遍路さんの身じたく ほか）　第4章 宿の予約と有意義な過ごし方（宿泊の予約と取り消し　宿での有意義な過ごし方 ほか）　第5章 歩きの知恵袋（ゆとりの歩きは最高の歩き　疲れない上手な歩き方 ほか）
|内容|お遍路歩きの達人が伝授する「四国遍路のいわれ」、「歩きやすい靴の選び方」から「読経のマナー」、「お賽銭の額」、「道中のトイレ事情」まで。かゆいところにも手が届く、初心者でも心配無用のお遍路歩き徹底ガイドブック。

◇風鐸　続　遠藤祐純著　ノンブル　2007.3　323p　20cm〈続のサブタイトル：四国八十八ヶ所霊場櫻遍路〉2400円　ⓘ978-4-903470-07-8

◇遍路から得た智慧―遍路体験記　岡島庸晶著　東京図書出版会　2007.3　161p　19cm〈発売：リフレ出版〉1200円　ⓘ978-4-86223-148-2
|目次|遍路日記　遍路と般若心経　遍路と人生
|内容|遍路は人生の道場である!!二十七日間結願の記録。

◇すべるおへんろさん　三浦素子著　新風舎　2007.4　155p　19cm　1300円　ⓘ978-4-289-01895-6
|目次|主婦の遍路デビュー　お大師さんにあげるんじゃ　妖怪へんろころがし　すべらないおへんろさん　三ツ星級遍路宿　遍路中毒発症　二百の力　車の魔力　パンツ一枚命取り　お接待太り〔ほか〕
|内容|お遍路とは、日本最大のスタンプラリーなり!?日程・方法・費用を工夫すれば、誰でも簡単に千二百キロを踏破できる。足かけ七ヵ月の全記録。

◇寄り道お遍路―兼好的旅遊日記　林道代著　新風舎　2007.4　127p　19cm　1300円　ⓘ978-4-289-00622-9
|内容|『つれづれなるままに、四国遍路を巡りきて…面白き話、怪しき話、そこはかとなく書き綴らむ』もうひとつの歴史を追いかけて"ぶらぶら寄り道、巡礼の道"。

◇四国　大人の街歩き編集部編　成美堂出版　2007.4　191p　22cm（大人の街歩き）1050円　ⓘ978-4-415-30104-4
|目次|特集 四国霊場八十八ヵ所　特集 江戸の頃から庶民の憧れ　特集 郷愁に出会う街並　特集 郷土料理　特集 うららかな陽のあたる、六つの島へ　シティガイド 香川街歩き　シティガイド 徳島街歩き　シティガイド 高知街歩き　シティガイド 愛媛街歩き

◇八十歳からの歩き遍路　加藤澄男著［春日井］［加藤澄男］2007.4　257p　19cm〈製作協力：中日新聞出版開発局〉1429円　ⓘ978-4-8062-0541-8

◇お遍路さん―俳諧行脚　斎藤知白,伊東牛歩著　慧文社　2007.5　241p　22cm〈「俳諧行脚お遍路さん」(友善堂昭和2年刊)の改訂版〉9000円　ⓘ978-4-905849-73-5
|目次|遍路日乗（虚子庵　句仏上人と語る　宗鑑の一夜庵と遍路三千風　薫的和尚　歓喜天　鹿島　風流罪過　土佐に於ける良寛　草鞋の痕　遍路の句　遍路を顧みて）　八十八ヶ寺（遍路日程）　附録 四国八十八ヵ所一覧

◇ツバイ四国遍路記―私家版　一橋大学昭和三十二年卒業一橋寮・中和寮寮生有志［著］大竹祐一郎編集責任　国分寺　ツバイ四国遍路記刊行会　2007.5　223p　26cm　非売品

◇四国遍路と世界の巡礼　四国遍路と世界の巡礼研究会編　京都　法藏館　2007.5　232p　20cm　2200円　ⓘ978-4-8318-5681-4
|目次|1 四国遍路の歴史と諸相（遍路と巡礼　古代の四国遍路　「四国遍路」溯源―古語と地名解釈　中世の石手寺と四国遍路　四国八十八ヵ所の成立時期　近世演劇にみる四国遍路）　2 アジアとヨーロッパの

巡礼(天台山に惹かれた唐人たち　成尋の天台山・五台山巡礼　モンゴル時代の巡礼旅行者たち　イスラームの巡礼と参詣―エジプトの聖墓参詣を中心に　古代ギリシアのエピダウロス巡礼―アスクレピオスの治療祭儀　サンティアゴ巡礼　ウォルシンガムの聖母―近代に復活したイングランドの巡礼地)
|内容|人はなぜ、巡礼するのか―人々を惹きつける四国遍路の魅力とは。アジアやヨーロッパなど、古今東西の巡礼との比較を通して、謎に満ちた四国遍路の歴史とその諸相を、初めて明らかにする。

◇西国巡礼と四国遍路―その歴史と巡礼の諸相　大本邦夫著　[出版地不明]　[大本邦夫]　2007.5　246p　18cm　〈私家版〉

◇2泊3日からはじめる四国遍路の旅　菅野匡夫著　平凡社　2007.6　135p　21cm　1400円　①978-4-582-83360-7
|目次|はじめての遍路―修行といやしの旅へ　一番札所から歩く―発願の道　「遍路ころがし」を行く―発心の道　はてしなき空と海―哲学の道　人間を歩く―修行の道　海の彼方への憧れ―浄土への道　どこまでもつづく緑の山―観照の道　神と仏の四国最高峰を仰ぐ―瞑想の道　空海誕生の地を行く―信心の道　遍路古道を楽しむ―思索の道　遍路で知っておきたいこと
|内容|千年にわたって歩き継がれてきた、遍路道の魅力をたっぷりと紹介！　自然と人に触れあい、自分を知る―。さあ、「試し打ち」の旅へ。

◇阿波の遍路文化　徳島　徳島地方自治研究所　2007.6　147p　21cm　953円　①978-4-9903699-0-3
|目次|より良き遍路文化の構築のために(三好昭一郎著)　近世後期阿波の倒れ遍路と村(町田哲著)　歩き遍路「最後まで残った空海の道」(岡田晋著)　徳島県内のミニ四国霊場(山本準著)　日本列島の風土と信仰(畠田秀ús著)　「四国遍路」の世界遺産登録に向けた徳島県の取り組みについて(吉田耕三著)

◇四国霊場幻想譜　萩原としを著　東京図書出版会　2007.6　205p　20cm　〈発売：リフレ出版〉1300円　①978-4-86223-162-8

◇時計回りの遊行―歌人のゆく四国遍路　玉井清弘著　本阿弥書店　2007.6　184p　19cm　1800円　①978-4-7768-0363-8
|内容|四国在住の歌人が、幼いころから目にしていた白衣に身をつつみ、八十八ヶ所を巡拝した歩き遍路の体験記録。あたたかさとスリルにみちた一冊。

◇退職したらお遍路に行こう―歩き遍路日記　仲川忠道著　名古屋　ブイツーソリューション　2007.6　228p　21cm　〈発売：星雲社〉1500円　①978-4-434-10664-4
|目次|発心の道場・徳島　修行の道場・高知　菩提の道場・愛媛　涅槃の道場・香川　宗教雑感　遍路さまざま　原点に戻るということ　般若心経と私の仏さま

◇紀行四国遍路　大野栄松著　文芸社　2007.7　285p　19cm　1500円　①978-4-286-03215-3
|内容|47日間、1,400キロの歩き遍路は、自分と向き合う旅でもあった―四十七年間勤めた職場を退いた。仕事を離れれば心は解き放たれ、自由な毎日が…しかし、そこには漫然と過ごす閉塞感のある毎日が待っていた。そこで、あるべき自分を求めて旅に出た。

◇私の四国へんろ　紫みほこ著　和光現代文藝社　2007.7　156p　19cm　1200円　①978-4-901735-24-7

◇歩いても歩いても霧の中　近藤ただす著　文芸社　2007.7　273p　20cm　〈肖像あり〉1200円　①978-4-286-02981-8
|内容|七十歳のとき著者は、積年の願いであった、「四国八十八ヵ寺」を歩いてお参りできるのは五体健全な今しかないと意を決し旅に出た。遍路の道すがら、心を通わせ細かくメモした、視点の異なる、感性の鋭い、思考の奥深い、心の記録。

◇四国八十八ヶ所ウォーキング　改訂2版　JTBパブリッシング　2007.8　191p　21cm　(大人の遠足book　西日本7)　1400円　①978-4-533-06815-7

◇四国八十八ヵ所歩き遍路ふれあいの旅　西條一彦著　大阪　せせらぎ出版　2007.8　216p　19cm　1429円　①978-4-88416-168-2
|目次|空から声がふってきた　浜辺掃除のフリーター　「あと20分」「いや50分」　ずぶぬれの岬道　「気いつけていきなはれや〜」　罰が当たった？　あやうく火事に　純朴な子どもたち　猛暑にマイッタ！

梢から大音声「しんどいのがわかったか!!」　羅漢さんに抱きつきキッス　断崖絶壁に美人あり　未完の札所、やり直してやっと結願

内容 山路で頭上の梢の間から響き渡った大音声…連休などを利用し、12回、5年がかり、自分の足で歩くことにこだわって踏破した四国八十八ヵ所。そこには想像だにしなかった苦難、そして人びととの心うつふれあいの数々が待ち受けていた。

◇心の器─四国遍路　室達朗文　室展子画　電気書院　2007.8　221p　21cm　2400円　①978-4-485-30031-2

目次 1 まえがき　2 お遍路って何だろう（札所とは　まんだら ほか）　3 お大師さん（生いたち　留学 ほか）　阿波遍路コース（霊山寺─縁結びの観音に迎えられて　極楽寺─般若心経とは ほか）　土佐遍路コース（最御崎寺─空海　津照寺─津波 ほか）　伊予遍路コース（観自在寺─いじめ　龍光寺─おふくろさん ほか）　讃岐遍路コース（雲辺寺─ロープウェイ　大興寺─環境問題 ほか）

内容 定年退職後65歳を過ぎた著者が、再び四国遍路に出かけ、各札所で感じたことを書きとめた画文集。

◇四国八十八ヶ所めぐり　宮崎建樹監修　岡崎禎広写真　JTBパブリッシング　2007.9　176p　21cm（楽学ブックス　古寺巡礼 2）　1500円　①978-4-533-06842-3

◇四国八十八ヶ所クルマ巡礼ドライブお遍路　岡山　KG情報　2007.9　168p　28cm（［月刊レジャーフィッシング別冊］）　1429円

◇幸福論　須藤元気著　ランダムハウス講談社　2007.10　198p　15cm　760円　①978-4-270-10131-5

内容 元格闘家の須藤元気が、四国お遍路を巡った旅行記。愛読書である司馬遼太郎の「空海の風景」をもとに、徒歩と自転車で四国を回り、その先々で感じたこと、自分自身のことをありのままに執筆。文庫化にあたり、著者自ら選んだ写真と今の気持ちをつづった書き下ろし原稿を新たに収録。

◇風のように、水のように　米倉しゅん著　新風舎　2007.10　287p　19cm　1900円　①978-4-289-02796-5

◇お遍路さん旅日記─四国八十八ケ所　永田龍二著　鹿児島　高城書房　2007.11　256p　19cm　1400円　①978-4-88777-108-6

内容 長年会社勤めをしていた著者が、定年を迎えると同時に、その後の生き方（自分の座標軸）探しに、四国八十八ヶ所巡礼を思い立つ。自分の足だけを頼りに、約四十日間にわたったお遍路の旅は、果たして彼に、何かを与えてくれたのだろうか？　現在、ミスター霧島の肩書を持ち、霧島市の為に活躍されている著者の巡礼旅日記は、お遍路の旅を満喫させること間違いなし。

◇感動したみち、苦難のみち─道の技術者が歩いた四国八十八ヶ所　佐藤清著　［佐藤清］　2007.11　212p　19cm　非売品

◇四国八十八ヶ所霊場めぐり切り絵集　萩原幹生画・文　成山堂書店　2007.11　92p　27cm　3000円　①978-4-425-95401-8

◇四国遍路記─四国の風に誘われて　清益実著　近代文芸社　2007.11　143p　20cm　1000円　①978-4-7733-7526-8

内容 遍路歩きを始める決心・準備から結願までの体験を克明に記録。四国歩きを志す人を後押し。

◇夫婦お遍路　上　三輪敏広,三輪和恵著　横浜　春風社　2007.12　191p　21cm（Mutsumi books）　1429円　①978-4-86110-132-8

内容 難病にかかって、趣味の山歩きはもうできない。それにも負けず、夫婦は元気にお遍路へ。実際に歩いてみてわかった、お遍路の道事情、宿事情を詳しく紹介します。

◇夫婦お遍路　下　三輪敏広,三輪和恵著　横浜　春風社　2007.12　230p　21cm（Mutsumi books）　1429円　①978-4-86110-133-5

◇バスお遍路記─わたしの四国八十八ヶ所　田中重昌著　袋井　田中重昌　［2008］　266p　21cm　非売品

◇四国八十八所遍路絵日記　山里寿男絵・文 ほか　白馬村（長野県）　オフィス・ラリグラス　［2008］　115p　31cm

◇人生は腹八分目で　幸田健太郎著　文芸社　2008.1　139p　20cm　1200円　①978-4-286-03988-6

内容 現役を引退し、第二の人生を歩み始めた著者が綴った、四国遍路の旅行記と人生

回想録。
◇夫婦へんろ紀行　藤田健次郎著　大阪　東方出版　2008.1　246p　19cm　1500円　①978-4-86249-099-5
　|目次|①薫風に遍路発心する阿波路（初のお接待うけてドギマギ　珍しい潜水橋を渡って　ほか）　2 黒潮の岬と岬めざす土佐路（痛風再発、足を引きずる　室戸岬へ残暑の海辺道　ほか）　3 瀬戸内へ峠越え続く伊予路（宿毛湾見下ろす松尾峠　野口雨情ゆかりの柏坂　ほか）　4 結願へ「遍路大使」になる讃岐路（おばあさんのコーヒーお接待　八十代夫婦のお接待さん　ほか）
　|内容|四国八十八札所、お接待に励まされて1200キロを歩き通した合計138才の熟年夫婦。
◇巡礼の文化人類学的研究―四国遍路の接待文化　浅川泰宏著　古今書院　2008.2　457p　22cm〈文献あり〉8300円　①978-4-7722-4118-2
　|目次|序章　研究の目的と方法　第1章　巡礼研究の展開と課題　第2章　四国遍路の歴史的変容―民衆参加型巡礼システムの確立と変遷　第3章　巡礼空間の認識論的再考―四国遍路の歴史人類学的考察から　第4章　まなざしの構築学―正統性・境界性・異質性　第5章　四国遍路のターミノロジー――接待の実践とヘンドの解釈学　第6章　響振する苦しみ―ある女性遍路にみる〈救い〉の構築プロセス　結論　四国遍路の日常的実践としての接待
　|内容|「巡礼」とは何か。とくに四国遍路についていえば、「遍路」とは何なのか―。本書で目指したのは、弘法大師ゆかりの札所寺社を巡拝する者という一般的な理解を超えた、もうひとつの遍路像への接近である。
◇四国遍路記　棚井良和著　国分寺　武藏野文學舎　2008.3　214p　19cm　①978-4-903534-98-5
◇車で巡る四国霊場八十八カ寺周辺ガイド　松山　エス・ピー・シー　2008.3　134p　26cm（レジャー&ドライブシリーズ）838円
◇へんろ道　阿波編　梅村武［著］［出版地不明］［梅村武］2008.4　274p　30cm（四国遍路シリーズ）
◇へんろ道　伊豫編　梅村武［著］［出版地不明］［梅村武］2008.4　471p　30cm（四国遍路シリーズ）
◇へんろ道　讃岐編　梅村武［著］［出版地不明］［梅村武］2008.4　308p　30cm（四国遍路シリーズ）
◇へんろ道　土佐編　梅村武［著］［出版地不明］［梅村武］2008.4　186p　30cm（四国遍路シリーズ）
◇四国遍路地図　1　第一番札所・霊山寺～第三十三番札所・雪蹊寺　［地図資料］名古屋　東海図版　2008.4　地図1枚：両面色刷　106×74cm（折りたたみ27cm）（歴史を歩く旅マップシリーズ）〈タイトルはホルダーによる　図のタイトル：四国遍路, ホルダー入, 分図：高知市内図（1：40000）〉900円　①978-4-904266-00-7
◇お父さんと一緒に四国遍路　安田あつ子著　文芸社　2008.6　239p　19cm　1333円　①978-4-286-04583-2
　|内容|最愛の人を交通事故で失った母子が、死別の悲しみに向き合いながら歩む、四国八十八箇所巡礼の旅が始まった。
◇四国遍路地図　2　第三十四番札所・種間寺～第四十二番札所・仏木寺　［地図資料］名古屋　東海図版　2008.6　地図1枚：両面色刷　106×74cm（折りたたみ27cm）（歴史を歩く旅マップシリーズ）〈タイトルはホルダーによる　図のタイトル：四国遍路, ホルダー入, 分図：高知市内図（1：40000）〉900円　①978-4-904266-01-4
◇早坂暁コレクション　10　花へんろ　夢の巻　早坂暁著　早坂暁著　勉誠出版　2008.6　380p　20cm　2400円　①978-4-585-01189-7
　|内容|昭和とはどんな眺めぞ花へんろ。戦争の跫音を聞きながら、それでも支えあって生きてきた。笑顔も涙もいつも家族と一緒だった。あの時代を生きたすべての人たちへ、作者が万感の思いを込めて描きあげた長編小説。遂に刊行。
◇早坂暁コレクション　11　花へんろ　風の巻　早坂暁著　早坂暁著　勉誠出版　2008.6　334p　20cm　2400円　①978-4-585-01190-3
◇早坂暁コレクション　12　花へんろ　海の巻　早坂暁著　早坂暁著　勉誠出版　2008.6　366p　20cm　2400円

◇ママチャリお遍路1200km—サラリーマン転覆隊　本田亮著　小学館　2008.7　223p　19cm　1600円　①978-4-09-366464-6
[内容]きっかけは妻の病だった。行く手に立ちはだかったのは、果てしない山越え、吹雪の峠越え、宿を襲った竜巻…。超多忙なサラリーマンたちが、仕事の荒波に揉みくちゃにされながら、四国八十八ヶ所の札所をママチャリで走り切った汗と笑いの筋肉痛ドキュメント。

◇四国遍路地図　3　第四十三番札所・明石寺〜第六十四番札所・前神寺　[地図資料]　名古屋　東海図版　2008.7　地図1枚：両面色刷　74×102cm（折りたたみ26cm）（歴史を歩く旅マップシリーズ）〈タイトルはホルダーによる　図のタイトル：四国遍路，ホルダー入，分図：松山市街図（1：40000）〉900円　①978-4-904266-02-1

◇四国遍路地図　4　第六十五番札所・三角寺〜第八十八番札所・大窪寺　[地図資料]　名古屋　東海図版　2008.7　地図1枚：両面色刷　106×74cm（折りたたみ27cm）（歴史を歩く旅マップシリーズ）〈タイトルはホルダーによる　図のタイトル：四国遍路，ホルダー入，分図：丸亀〜坂出市街図，高松市街図（各1：40000）〉900円　①978-4-904266-03-8

◇人はなぜ巡礼に旅立つのか　松尾心空著　春秋社　2008.7　283p　19cm　1619円　①978-4-393-17282-7
[目次]第1章　観音さまを求めて　第2章　巡礼道での出逢い—西国三十三所と善光寺　第3章　西国札所の成立と歴史　第4章　お遍路みちでの出逢い—四国八十八ヶ所と小豆島　第5章　講演　歩いて巡礼六千キロ—旧制三高創立百三十年同窓会記念講演　第6章　ある巡礼日記—巡礼歌人僧・天田愚庵の歩みから
[内容]往来手形は、道中死するも連絡不要の非情な片道切符。行く手の苦難も顧みず旅立ったいにしえの巡礼者の気持ちはいかなるものだったのか。また現代の文明の世にあえて霊場をめぐる巡礼者たちのやむにやまれぬ思いとはいかなるものか。西国巡礼中興の祖・花山法皇や巡礼歌人僧・天田愚庵、そして、著者とともに西国・四国を歩む巡礼者たちの体験と出逢いから、巡礼のこころを爽やかに描きだす。

◇四国遍路文化論—接待の創造力　浅川泰宏著　川崎　川崎市生涯学習財団かわさき市民アカデミー出版部　2008.8　82p　21cm（かわさき市民アカデミー講座ブックレット）〈発売：シーエーピー出版，文献あり〉500円　①978-4-916092-96-0
[目次]1　巡りと祈りの記憶をめぐって（聖地をめぐる旅　日本の巡礼文化—中世から近世の状況について　巡礼記念碑と写し霊場—中原街道の沿線から　鉄道と巡礼　ネットワーク・記憶・文化）　2　四国遍路の現在—復活する徒歩巡礼と接待（四国遍路—弘法大師ゆかりの聖地をめぐる巡礼　平成遍路ブームと遍路道再生運動　四国遍路の現代的特徴）　3　接待の文化的プレゼンス—遍路道をはずれた遍路と接待の論理（遍路道をはずれた遍路—客死遍路の分布から　接待を求める人々　「乞食圏」と接待の文化的プレゼンス　接待をめぐる権力と民俗のせめぎあい—矛盾する信心と法律　接待を続ける論理—弘法大師遍路信仰と接待の二重性）　4　接待の創造力—こころの交換・ふれあいの舞台へ（再構築される現代の接待—モノの交換からこころの交換へ　黒田美穂さん（仮名）の病気直し巡礼　「苦しみ」の変化と「救い」の獲得のメカニズム　四国遍路のポテンシャル—生命とコミュニケーションへのアプローチ）　5　おわりに—接待の風景と四国遍路世界（接待の歴史と現在　接待の風景　精神文化のフロンティア）

◇団塊親父四国を歩く—四国八十八ヵ所歩き遍路物語　我慢発見ふれあいの旅さあ‼あなたも一緒に歩いてみませんか…　五十崎洋一著　四国システム株式会社編　今治　第一印刷　2008.8　304p　21cm　1429円　①978-4-925179-06-5

◇四国八十八カ所—わたしの遍路旅　カラー版　石川文洋著　岩波書店　2008.9　198p　18cm（岩波新書）1000円　①978-4-00-431151-5
[内容]日本縦断徒歩の旅をやりとげた戦場カメラマンが、今度は四国遍路へ。それは、戦渦に巻き込まれた人々、とりわけベトナム・カンボジアで斃れたジャーナリストへの鎮魂の旅でもあった。途中、心筋梗塞に襲われつつも、危機をのりこえて結願を達成。生命の重さと向き合った日々を、四

季の鮮やかな写真とともに伝える。写真約二〇〇枚収録。

◇四国八十八ケ所感情巡礼　車谷長吉著　文藝春秋　2008.9　142p　20cm〈著作目録あり〉1200円　①978-4-16-370570-5
|目次| 阿波の雪　土佐の風　伊予の桜　讃岐の霞　附録　お四国巡礼の記
|内容| 極楽へ行きたいと思う愚かしさ。それでも作家は歩き、祈りつづける。

◇同行二人―四国八十八カ所歩き遍路紀行　城石裕一著　福岡　海鳥社　2008.9　245p　19cm　1400円　①978-4-87415-692-6
|内容| パソコンの地図ソフトでシミュレーションし、インターネットで宿からコンビニの位置までチェック。綿密な計画をたて、荷物をグラム単位で絞り無寒完歩。まるで呪にかかったように遍路の魅力にとりつかれ、ひたすら歩く、歩く。48日間のひとり遍路日記。

◇よう、おまいり―お四国へんろ道のひとびと　田尾秀寛著　大阪　たる出版　2008.10　291p　19cm　1500円　①978-4-924713-93-2
|目次| 第1章　道すじ　第2章　へんろ道のひとびと　第3章　歩き遍路を経験して得たもの　付記「お大師さんに抱かれて」　四国八十八ケ所霊場札所案内
|内容| 世界一の広告会社・電通の営業マンから僧職として、お四国の公認先達として、弘法大師の語り部を目指す男が遍路道での人々との出会いと八十八所札所案内を綴る。

◇四国遍路―歩いた八十八ヶ所四十三日間同行二人の旅　大倉野貞俊著　大倉野貞俊　2008.10　414p　19cm　2100円

◇私の道―『奥の細道』と『四国八十八札所』を歩く　川口襄［著］川越　川口襄　2008.10　205p　21cm〈製作・印刷：喜怒哀楽書房(新潟)，文献あり〉
|目次|『奥の細道』を歩く　『四国八十八札所』を歩く

◇青年・松浦武四郎の四国遍路―宇和島伊達藩領内の見聞　木下博民著　松山　創風社出版　2008.10　121p　19cm（風ブックス）〈肖像あり〉1200円　①978-4-86037-111-1
|目次| 序章　非凡人・松浦武四郎(出会い　終生、信念を貫いた松浦武四郎)　第1章『四国遍路道中雑誌』宇和島藩領の記録(武四郎が見聞した天保七年の宇和島藩　土佐との境、松尾峠　四十番平城山薬師院観自在寺　ほか)　第2章　十九歳、青年武四郎の遍路道中に学ぶ(浄土への逃避場所、四国　直接眼で確かめる青年武四郎、念願の旅　宇和島藩領内での武四郎を解析する　ほか)
|内容| 幕末から明治時代にかけての探検家・松浦武四郎は蝦夷地を探査し、「北海道」という名称を発案した人物である。若い頃より各地を旅した彼は、19歳の時、四国八十八ヶ所の霊場を巡拝、宇和島藩領内を訪れている。青年・武四郎の見た宇和島はどのようなものだったか。その足どりを辿る。

◇四国八十八ヶ所を歩く旅―海あり山ありの特選11コース&50日間で巡る遍路道　山と渓谷社　2008.11　151,8p　21cm（エコ旅ニッポン　3）1600円　①978-4-635-60040-8
|目次|『四国八十八カ所』特選11コース(四国八十八カ所はじめの一歩　いきなり7つの札所を打つ　歩き遍路にとっては試金石　最初の難所、遍路ころがしの道　「空」と「海」を望む室戸岬から　太平洋沿いの土佐浜街道を北へ　土佐の海を眺めながら行く　大望に燃える龍馬も歩いた道　ほか)　50日間、歩いて巡る遍路みち(阿波(徳島県)　土佐(高知県)　伊予(愛媛県)　讃岐(香川県))
|内容| 海あり山ありの特選11コース&50日間で巡る遍路道。

◇照顧脚下―四国遍路絵と文　藤田茂光［著］［出版地不明］藤田茂光　2008.11　199p　22×31cm　3500円

◇日輪浄土―四国旅ごころ　藤田博泰著　文芸社　2008.12　291p　19cm　1400円　①978-4-286-05647-0
|目次| 序章　心の奈落の光と闇(女性行者のハイヤー―高知　無明を逃れんと―京都　ほか)　第1章　空蟬の身を焼く(徳島県)(新しいシナリオ―霊山寺　こだわりの道―極楽寺・金泉寺・大日寺　ほか)　第2章　いずこに行こう、かの道へ(高知県)(波風さわぐ"無漏道"―最御崎寺　ご縁日のにぎわい―津照寺・金剛頂寺　ほか)　第3章　潮鳴りの心に深く(愛媛県)(宇和の浮かれ浄土―観自在時・龍光寺・仏木寺・明石寺　異世界を行く岩屋寺―大宝寺・岩屋寺　ほか)　第4章　仏さまは風のように(香川県)(金比羅さんUターン―大興寺(通称小松尾寺)・

神恵院・観音寺・本山寺・番外海岸寺　行きつ戻りつ誕生寺—弥谷寺・曼荼羅寺・出釈迦寺・甲山寺・善通寺・金倉寺　ほか〉　内容　辞表の提出によって、自分の一幕は終った。新しいシナリオを書き出す準備として四国八十八ヵ所へ旅立った。そして気持ちや体が天性の姿に立ち返る自分を発見した―。

◇風のように、水のように　米倉しゅん著　文芸社　2008.12　287p　19cm〈新風舎2007年刊の増訂〉1200円　①978-4-286-06012-5　内容　昭和48年5月―21歳のどうしようもない自分を持てあまし、歩き遍路の旅に出た。四国はわたしを呼びよせ、この地を歩かせた。四国はわたしに何を伝えようとしたのか。四国八十八ヶ所旅日記。

◇旅好きオヤジの自転車巡礼記　小林建一著　柵出版社　2008.12　251p　15cm（柵文庫）780円　①978-4-7779-1193-6

◇四国八十八カ寺&周辺ガイド―最新情報！　出版文化社　2009.1　208p　21cm〈2001年刊の新版〉1500円　①978-4-88338-417-4　内容　『お遍路』ガイドの完全版。温泉、グルメ、お土産スポットなど立ち寄り情報をこの一冊に集約。

◇四国遍路の寺　上　五来重［著］角川学芸出版　2009.2　295p　15cm［角川文庫］［角川ソフィア文庫］J-106-3）〈発売：角川グループパブリッシング〉819円　①978-4-04-408503-2　内容　弘法大師はなぜ修行の場として四国を選んだのか。大師が修行した霊場は現在の札所と同じなのか。修行者が超人的な霊力を祈願した霊場を起源とする札所。札所からは美しい海を眺望する必要があった。めぐるだけではわからない本来の意味や歴史を明らかにし、古代日本人の宗教の原点に迫る。上巻は44番札所大宝寺から86番札所志度寺まで、主に瀬戸内海側の札所をめぐる。従来のガイドブックとは一線を画した知的冒険の遍路案内。

◇四国遍路の寺　下　五来重［著］角川学芸出版　2009.2　287p　15cm［角川文庫］［角川ソフィア文庫］J-106-4）〈発売：角川グループパブリッシング〉819円　①978-4-04-408504-9　内容　四国霊場の札所は、海の神を拝む霊地で

あり、修行者たちは、霊地を巡礼して超人的な霊力をそなえようとした。弘法大師も室戸岬の霊場で記憶力増大の行をしていたという。札所めぐりから、さらに歴史的変遷、宗教的来歴へと探索する。下巻では、1番札所霊山寺から38番札所金剛福寺までと、87番札所長尾寺・88番札所大窪寺の、主に紀伊水道・太平洋側の札所をめぐる。日本宗教史の新たな視野を広げた名著。

◇正しいお遍路の拝み方唱え方　大栗道榮著　原書房　2009.2　285p　19cm　1800円　①978-4-562-04199-2　目次　1 四国お遍路と仏教のしきたり（八十八カ所巡拝の不思議な旅　お大師さまと同行二人）　2 お遍路のお経の唱え方拝み方（開経偈　懺悔　ほか）　3 弘法大師の道と、仏の教え（遍路道の由来　お葬式は出家得度式）　4 お遍路に学ぶ人生と仏教（発心の道場（阿波の国）一～二十三番札所　修行の道場（土佐の国）二十四～三十九番札所　ほか）　内容　お遍路は、弘法大師が開かれた四国霊場八十八カ所を巡る癒しの旅です。本書には、数多くの仏の教えが説かれています。その中には、如来や菩薩の話ばかりでなく、人としての生き方や悩みの解消法などについての説話など、日常生活における良いならわしも含んでいます。そのならわしを会得すれば、かならず大きな功徳がいただけるのです。

◇僕が遍路になった理由（わけ）―野宿で行く四国霊場巡りの旅　早坂隆著　新装版　連合出版　2009.2　227p　19cm　1700円　①978-4-89772-242-9　内容　心にしみ入る森の静けさ、海の広がり、忘れられない出会いと親切。日本の原風景の中で心洗われてゆく歩き旅。著者の処女作。

◇四国八十八所はじめての遍路　NHK出版編　頼富本宏監修　日本放送出版協会　2009.3　144p　26cm　1900円　①978-4-14-011267-0　目次　遍路の計画と準備　遍路の作法を学ぶ　歴史の道を歩む　弘法大師の足跡をたどる　遍路の宿泊施設　般若心経を読む、書く、学ぶ　祈りを受ける仏たち　四国八十八ヶ所札所一覧　内容　用具、参拝の作法など初心者に向けた遍路の実際的なハウツーから、遍路の歴史、弘法大師の思想まで紹介する。

◇私にとっての四国遍路―「まあいいか」で89の寺巡り　大野嘉弘［著］［出版地不明］大野嘉弘　2009.3　83p　30cm

◇第1回四国地域史研究大会―四国遍路研究前進のために―公開シンポジウム・研究集会報告書：平成20年度　「四国遍路と世界の巡礼」研究会編　［出版地不明］四国地域史研究連絡協議会　2009.3　66,32p　30cm〈奥付のタイトル：「第1回四国地域史研究大会―四国遍路研究前進のために―」公開シンポジウム・研究集会プロシーディングズ, 共同刊行：愛媛大学「四国遍路と世界の巡礼」研究会〉

◇四国八十八カ所歩き遍路のはじめ方　松村博一著　改訂2版　JTBパブリッシング　2009.4　191p　21cm（大人の遠足book 西日本―9）〈文献あり　索引あり〉　1500円　①978-4-533-07486-8
目次　第1章 四国遍路の基礎知識　第2章 出発前の準備　第3章 なにを用意すればよいのか　第4章 いざお遍路に行こう　第5章 心をこめてお参り　第6章 お遍路中のトラブル　第7章 お遍路としてのマナー　第8章 こんなときどうする？
内容　歩き遍路に必要な装備やコツをアドバイス。四国遍路の基礎知識、霊場ガイド＆別格霊場も掲載。

◇男は遍路に立ち向かえ―歩き遍路四十二日間の挑戦　森哲志著　長崎出版　2009.4　323p　19cm　1800円　①978-4-86095-323-2

◇四国へんろスケッチの旅―川瀬典子画文集　川瀬典子著　彦根　サンライズ出版（印刷）　2009.5　130p　21×30cm　3000円

◇四国八十八カ所つなぎ遍路　家田荘子著　ベストセラーズ　2009.7　510p　18cm（ベスト新書）　1314円　①978-4-584-12237-2
目次　弘法大師空海と同行二人を体験できる悦び　第1番 霊山寺―八十八ヵ所霊場の発願の寺　第2番 極楽寺―弘法大師が手植えした樹齢1200年の「長寿杉」がある　第3番 金泉寺―長寿をもたらす黄金井戸を持つ寺　第4番 大日寺―幽玄な雰囲気が漂う山間の札所　第5番 地蔵寺―200体の等身大羅漢像が迎える　第6番 安楽寺―弘法大師によって温泉湯治が伝えられた　第7番 十楽寺―「治眼疾目救済地蔵尊」に眼病の霊験がある　第8番 熊谷寺―四国霊場最大級の仁王門を構える　第9番 法輪寺―寺宝として明治天皇に下賜された「弘法大師御衣」が伝わる〔ほか〕
内容　お遍路とは足を一歩踏み出してその小さな一歩を積み重ねていくこと。それが、人生を前向きに生きることにつながるのです。行に生きる作家で真言宗僧侶の魂の遍路記録。

◇はじめての「四国遍路88ケ所巡り」入門　浅井證善著　セルバ出版　2009.8　127p　21cm（セルバ仏教ブックス 知る・わかる・こころの旅を豊かにする）〈発売：創英社〉　1300円　①978-4-86367-015-0
目次　1 弘法大師の室戸修行　2 四国88ヶ所の由来と遍路　3 88ヶ所の御開創と遍路の元祖　4 遍路修行を助けた人々　5 遍路の基礎知識　6 四国途歩遍路日誌

◇へんろの時間―平成21年3月26日～5月10日　大村卓弘著　［出版地不明］年号廃棄同盟　2009.8　191p　21cm（四国八十八ヶ所へんろ日記　2）〈発行所：みるめ書房〉

◇巡礼　橋本治著　新潮社　2009.8　233p　20cm　1400円　①978-4-10-406111-2
内容　いまはひとりゴミ屋敷に暮らし、周囲の住人たちの非難の目にさらされる老いた男。戦時下に少年時代をすごし、敗戦後、豊かさに向けてひた走る日本を、ただ生真面目に生きてきた男は、いつ、なぜ、家族も道も、失ったのか―。その孤独な魂を鎮魂の光のなかに描きだす圧倒的長篇。

◇風と歩いた夫婦の四国遍路　鈴木昭一著　ビレッジプレス　2009.8　255p　19cm　1500円　①978-4-89492-153-5

◇母への手紙―私の四国遍路　小華和想著　文芸社　2009.8　323p　20cm　1600円　①978-4-286-06326-3

◇同行二人　加藤久美子著　文藝書房　2009.9　187p　19cm　1200円　①978-4-89477-329-5

◇クルマで札所めぐり四国八十八ケ所ルートガイド　四国おへんろ倶楽部著　メイツ出版　2009.10　128p　21cm　1600円　①978-4-7804-0707-5

◇四国　大人の街歩き編集部編　成美堂出

版　2009.10　191p　22cm（大人の街歩き）〈索引あり〉1048円　①978-4-415-30473-1
[目次]特集　四国霊場八十八カ所　特集　江戸の頃から庶民の憧れ　特集　郷愁に出会う街並　特集　郷土料理　特集　うららかな陽のあたる、六つの島へ　シティガイド　香川街歩き　シティガイド　徳島街歩き　シティガイド　高知街歩き　シティガイド　愛媛街歩き

◇四国遍路記集　伊予史談会編　増訂4版　[松山]伊予史談会　2009.10　325p　19cm（伊予史談会双書）〈発売：愛媛県教科図書（松山）〉2600円

◇はじめて歩く遍路道—四国八十八か所巡礼の旅　田中忠夫著　[川西][田中忠夫]　2009.11　184p　18cm　非売品

◇四国遍路とはなにか　頼富本宏著　角川学芸出版　2009.11　285p　19cm（角川選書）〈発売：角川グループパブリッシング〉1400円　①978-4-04-703454-9
[目次]第1章　二十世紀末に整えられた四国遍路システム　第2章　四国遍路の起源を探る　第3章　熊野信仰ネットワークと四国霊場　第4章　四国八十八か所の成立前夜　第5章　四国八十八か所の確立　第6章　充実的に発展する札所霊場　第7章　近世から近代にかけての四国遍路の光と影　第8章　四国遍路の現在、そして未来
[内容]一生に一度は四国遍路をしてみたい—。なぜ、四国遍路に惹かれるのであろうか。そこには、弘法大師によって罪を許され、再生を願う巡礼の思想があった。青年空海も修行したという古い歴史を持つ札所は、熊野修験や遊行念仏者によってネットワーク化されていき、江戸時代に案内書や宿泊施設など、人々が自由に遍路できる素地が築かれていった。近現代のバスツアーの巡礼の多様化にも言及し、四国遍路の実態を追う。日本人の祈りの歴史が見えてきた。

◇逆打遍路旅日記　高山未知路著　横浜　ホンゴー出版　2009.12　351p　20cm

◇御詠歌でめぐる四国八十八カ所—CDブック　下西忠著　明石書店　2009.12　216p　21cm　2000円　①978-4-7503-3113-3
[内容]四国遍路の旅に誘われ、仏を思い浄土を歌った人々。巡礼の寺に残された御詠歌に、日本人のこころをよむ。参拝時の勤行でとなえる経文・御詠歌を付録CDに収録。

◇四国遍路旅日記　高山未知路著　横浜　ホンゴー出版　2009.12　317p　20cm

◇ぶらりおへんろ旅—空海と仏像に会いにいく！　田中ひろみ著　吹田　西日本出版社　2010.3　159p　19cm〈文献あり〉1300円　①978-4-901908-56-6
[内容]弘法大師・空海と仏像に会いたい…。その一心だけでスタートしたお遍路めぐり。四国と埼玉を行ったり来たりしながら、3泊4日。自分のペースでまわった2年半。仏像イラストレーター田中ひろみがつづった、「がんばらない四国八十八ヵ所めぐり」のエッセイ。

◇ヘンロ道　高知県教育委員会事務局文化財課編　高知　高知県教育委員会事務局文化財課　2010.3　330p　30cm（高知県歴史の道調査報告書　第2集）〈折り込1枚〉

◇近世阿波の四国遍路関係史料集　鳴門教育大学戦略的教育研究開発室編　鳴門　鳴門教育大学　2010.3　380p　30cm〈平成19年度—平成21年度文部科学省・現代的教育ニーズ取組支援プログラム「遍路文化を活かした地域人間力の育成」〉

◇四元奈生美の四国遍路に行ってきマッシュ！　四元奈生美著　PHP研究所　2010.3　140p　21cm　1500円　①978-4-569-70887-4
[目次]第1章　お遍路への目覚め　徳島（1200キロの旅の始まり　春爛漫の阿波の路をゆく　ほか）　第2章　厳しくてあたたかい道場　高知（いざ、修行の道場へ　お大師さまの「空と海」　ほか）　第3章　自分らしさを見つける旅　愛媛（修行から菩提へ　食欲の秋・伊予の秋　ほか）　第4章　笑顔と感謝の遍路道　香川（八十八か所の最高峰へ　おいしい香川　ほか）
[内容]プロ卓球選手が四国八十八か所を結願しました！　NHK-BS『街道てくてく旅』を歩き終えて綴った旅日記＆エッセイ。

◇四国八十八ヵ所ゆとりの旅—大きな文字で読みやすい　ブルーガイド編集部編　第3版　実業之日本社　2010.3　167p　21cm（ブルーガイド　てくてく歩き）〈索引あり〉1200円　①978-4-408-01947-5

|内容|札所のいわれを「深く知る」巡拝に役立つ情報が充実。

◇遊びへんろ―下村和子エッセイ集　下村和子著　コールサック社　2010.3　243p　19cm（詩人のエッセイ 3）1428円　①978-4-903393-66-7
|目次|1 遊びへんろ（序 遊びをせんとや　初めての旅はネパール　四国霊場八十八箇所MAP　春遍路　遊びへんろ日記　第一回目の四国八十八ヶ所結願　無常を生きる花へんろ）　2 禅寺の食事（禅寺の食事　フード・シェアリング　伊那谷の風　お地蔵さん　鳥辺野―石川淳『紫苑物語』　信楽―水上勉『しがらき物語』　六甲山麓に"人間"をたずねる小さな旅―大岡昇平『野火』　二上山は大和の影そして―五木寛之『風の王国』）　3 七千年の知恵（屋久島の縄文杉　七千年の知恵　常行一直心―盛永宗興老師のお導き　深夜の比叡山　無動寺谷―人が仏になる一瞬　鈴に聴く　私の宗教観　私の詩の方向―三師に導かれて　中間ランナー、そして渦　失った家　熊野の道　青を求めて―戦後六十年、挫折の連続の中から　詩 まんまるに まんまるに）
|内容|四国八十八ヶ所の遍路を二度歩いた著者が「無理をしないお遍路」を教えてくれる。

◇四国・くるま遍路記　山元一著　文藝書房　2010.4　192p　19cm　1200円　①978-4-89477-339-4
|内容|四国八十八カ所、一人で巡るビックリ紀行。果たしてその顛末は!?―。

◇四国遍路を考える―NHKラジオテキスト　真鍋俊照著　日本放送出版協会　2010.4　163p　21cm（NHKシリーズ NHKこころをよむ）〈下位シリーズの責任表示：日本放送協会,日本放送出版協会編,放送期間：2010年4月―6月〉762円　①978-4-14-910731-8

◇瀬戸内寂聴と歩く四国遍路　「the寂聴」編集部編　角川学芸出版　2010.4　138p　21cm〈発売：角川グループパブリッシング〉1524円　①978-4-04-621414-0
|目次|まえがき　お遍路の御利益（瀬戸内寂聴）　プロローグ 四つの国の風景　随筆 鈴の音に導かれて（瀬戸内寂聴）　対談 歩けば病も治る（瀬戸内寂聴×四番大日寺住職真鍋俊照）　対談 夫婦の愛のゆくえ（瀬戸内寂聴×津村節子）　四国八十八ヵ所全札所案内（発心の道場 阿波（徳島）　修行の道場 土佐（高知）　菩提の道場 伊予（愛媛）　涅槃の道場 讃岐（香川））　巡拝の手引き　エピローグ 道（瀬戸内寂聴）
|内容|お遍路出発の地、阿波徳島に生まれ育ち、幾度となく巡礼を重ねてきた寂聴と、魂のやすらぎを求め、いざ四国遍路へ。全八十八ヵ所札所案内も収録。

◇あそび遍路―おとなの夏休み　熊倉伸宏［著］講談社　2010.5　195p　15cm（講談社文庫）476円　①978-4-06-276650-0
|内容|『なぜ、このように生きられなかったのか』精神科医として、何度患者さんから聞いた言葉だろう。しかし、その言葉の本当の意味を、遍路に出る前の私は理解していなかった。大学教授の職を辞し、信仰心がないまま遍路をはじめた著者は、そう語る。四国の大自然や温かい人々が、変えた自己とは。

◇四国遍路はにほへと　牛山泰博著　美巧社　2010.5　245p　19cm〈文献あり〉1200円　①978-4-86387-005-5

◇空海に遇う旅奥の院道指南（みちしるべ）　川東和夫著　四国霊場奥の院各寺院監修　第2版　高松　川東和夫（発売）2010.6　58p　26cm

◇四国お遍路まんだら　木下恵生［著］島田　木下恵生　2010.6　173p　21cm　非売品

◇知識ゼロからの遍路入門　五十嵐英之著　幻冬舎　2010.6　143p　21cm〈文献あり〉1300円　①978-4-344-90190-2
|目次|第1章 遍路の基礎知識　第2章 四国遍路の準備　第3章 四国八十八ヶ所札所（阿波の札所（徳島県）―発心の道場　土佐の札所（高知県）―修行の道場　伊予の札所（愛媛県）―菩提の道場　讃岐の札所（香川県）―涅槃の道場）　第4章 札所インフォメーション
|内容|同行二人―弘法大師と歩く1450キロ。心構え、旅支度、参拝の手順、読経の作法、プランニング、交通手段…初心者からすぐに役立つ、四国八十八ヶ所札所を全網羅。

◇お遍路日記―バイクが運ぶ光と風の向こうに　杉浦昌則著　薫風社　2010.7　116p　19cm　1200円　①978-4-902055-08-5

◇旅と巡礼―求道の旅・自分探しの旅　明間登喜雄著　文芸社ビジュアルアート

2010.7　114p　19cm　700円　①978-4-7818-0356-2
内容 旅についての考察を、自身の四国八十八札所巡りの旅の体験とともに綴ったエッセイ集。

◇へたれ遍路　吉田敬彦著　桃青社　2010.8　116p　15cm　743円

◇四國邊路日記并四國順拜大繪圖　四万十町（高知県）　四国八十八ヶ所三十七番岩本寺　2010.10　239p　27cm〈翻刻考察執筆：小松勝記〉

◇風と歩けば—続・四国霊場四季暦　横田賢一文　香西弘良画　岡山　山陽新聞社　2010.10　270p　21cm　1600円　①978-4-88197-729-3
目次 発心の道場（満を持して旅に立つ　年々増える歩き遍路　ほか）　修行の道場（再会のおかみ意気盛ん　やっとの思いの室戸岬　ほか）　菩提の道場（うんざり急勾配　老舗おかみの心意気　ほか）　涅槃の道場（夫が受け継ぐ妻の心　参道潤す俳句茶屋　ほか）　高野山（歩き納めの奥之院　おわりに）　四国霊場札所ガイド　取材行程

◇だいたい四国八十八ケ所　宮田珠己著　本の雑誌社　2011.1　310p　19cm　1600円　①978-4-86011-213-4

◇遍路のつぶやき—お四国巡り　横瀬功［著］新潟　横瀬功　2011.1　214p　26cm

◇四国お遍路走り旅　佐藤四郎著　幻冬舎ルネッサンス　2011.2　234p　19cm〈文献あり〉　1300円　①978-4-7790-0654-8
内容 64歳。遍路道を走り、人生を極める。29日間で1249キロのスロージョギング。感動の旅の記録。

◇四国なまくらお遍路四人旅　西野保著　文芸社　2011.2　430p　19cm　1700円　①978-4-286-09864-7

◇へんろ道—四国霊場苦闘と癒しの旅日記　照井栄市編著　鶴岡　照井栄市　2011.3　164p　26cm　非売品

◇四国遍路—さまざまな祈りの世界　星野英紀、浅川泰宏著　吉川弘文館　2011.4　211p　19cm（歴史文化ライブラリー）〈文献あり〉　1700円　①978-4-642-05718-9
目次 さまざまな巡礼のかたちと四国遍路—プロローグ　四国遍路の思想　四国遍路の人びと　四国遍路の接待文化　四国遍路の現代的風景　四国遍路における不易と流行—エピローグ
内容 四国八十八ヵ所の寺院を巡る四国遍路は、なぜ今なお多くの人を魅きつけるのか。平安時代の起源から平成遍路ブームまでの歴史と、遍路する人びとの変遷、接待文化と「へんど」などを解説。四国遍路の多様な側面に迫る。

◇空海！ 感動の四国八十八箇所の歩き方　大栗道榮著　中経出版　2011.6　318p　15cm（中経の文庫）〈『正しいお遍路の拝み方唱え方』（原書房2009年刊）の改題、新編集〉　648円　①978-4-8061-4067-2
目次 序 お遍路の拝み方・唱え方（「四国お遍路」と仏教のしきたり　お遍路のお経の拝み方・唱え方　お遍路の食事のマナー（お施餓鬼）　お接待について　弘法大師の道（遍路道）と、仏の教え）　第1部 発心の道場 阿波の国（徳島県）一〜二十三番札所　第2部 修行の道場 土佐の国（高知県）二十四〜三十九番札所　第3部 菩提の道場 伊予の国（愛媛県）四十〜六十五番札所　第4部 涅槃の道場 讃岐の国（香川県）六十六〜八十八番札所
内容 癒しの旅の格好のガイド！ 「四国お遍路」という言葉、聞いたことはあるけど詳しくは…あの白装束、杖には一体どんな意味が？　みんな、お寺についたら何をしているの？　最初は興味本位でも大丈夫！ 本書を読めば、四国お遍路の基本がよくわかります。さあ、癒しの旅へ出発しましょう。

◇行かねばなるまい　杉山久子著　松山　創風社出版　2011.6　179p　19cm　1200円　①978-4-86037-161-6

◇四国へんろめ日記—見たまま聞いたまま　池田榮一著　前橋　上毛新聞社事業局出版部（制作）　2011.6　296p　19cm〈折り込1枚〉

◇わが歩き遍路—古稀の日の結願を目指して　空昌著　文芸社　2011.7　248p　19cm　1500円　①978-4-286-10617-5

◇空海と歩く四国遍路　1（徳島・高知編）　三好和義写真　小学館　2011.7　191p　18cm（小学館101ビジュアル新書）　1100円　①978-4-09-823015-0

|内容|弘法大師空海が九世紀に開いた霊場を、"同行二人"で大師とともに巡礼していく四国八十八ヶ所。昔もいまも、それぞれの思いを抱いた多くの老若男女がめぐっている。お遍路たちを包み込んできた山や海の風景、人びとの篤い信仰に守られてきた秘仏や寺宝一。写真家・三好和義が捉えた新しい遍路の世界を、臨場感ある札所解説文とともに味わう。

◇空海と歩く四国遍路　2（愛媛・香川編）　三好和義写真　小学館　2011.7　191p　18cm〈小学館101ビジュアル新書〉1100円　①978-4-09-823016-7
|内容|八十八ヶ所の札所をめぐる、千年も息づく祈りのかたちを写真家三好和義の眼で捉えた一冊。秘仏・寺宝を数多く掲載。「菩提の道場（愛媛県）」第40番〜第65番、「涅槃の道場（香川県）」第66番〜第88番を収録。

◇七十一歳からの歩き遍路記録—徒ち遍路同行句人　杉山邦夫著　文芸社　2011.8　397p　19cm〈文献あり〉1500円　①978-4-286-10732-5

◇図説地図とあらすじでわかる！弘法大師と四国遍路　星野英紀監修　青春出版社　2011.8　204p　18cm〈青春新書インテリジェンス〉〈下位シリーズの並列シリーズ名：INTELLIGENCE, 文献あり〉1133円　①978-4-413-04325-0
|目次|序章　空海と弘法大師　第1章　弘法大師の生涯　第2章　大師信仰とは何か　第3章　大師伝説の拡がり　第4章　四国遍路の成り立ち　第5章　弘法大師と四国遍路　第6章　四国遍路八十八ヵ所を歩く
|内容|人々を救う大師信仰とは何か。一日本人の祈りの歴史と遍路の魅力にふれる旅。全八十八ヵ所の基本情報も掲載。

◇バツイチおへんろ　森知子著　双葉社　2011.9　283p　19cm〈文献あり〉1600円　①978-4-575-30355-1
|内容|38歳、職業・稼げないフリーライター。9年連れ添ったイギリス人夫との別れ。仕事、結婚離婚、子供、将来への不安…。汗と涙の68日間お遍路旅。アラフォー女子は答えを求め、歩く、歩く、ただただ歩く。

◇四国八十八ヶ所クルマ巡礼ドライブお遍路　2　岡山　KG情報　2011.9　184p　28cm　1429円

◇四国八十八ヶ所巡り—還暦自転車一人旅　谷井幸洋著　日本文学館　2011.10　126p　19cm　800円　①978-4-7765-3022-0

◇ゆっくり歩いて巡り会う88の感動物語〈四国お遍路〉　小西敏光, 日刊スポーツ新聞西日本編著　すばる舎リンケージ　2011.11　223p　21cm〈発売：すばる舎〉1500円　①978-4-7991-0070-7
|内容|ゆっくり歩いたから出会えた人々、見えた風景、驚きの発見…。一つひとつがかけがえのない宝物。読めば、歩きたくなる、歩いた気分になれる。四国お遍路の「予習・復習」に最適の書。

◇わたしの四国遍路　中村勢子著　［むつ］［中村勢子］2011.11　290p　20cm

◇四国へんろ道ひとり旅　菅卓二著　論創社　2011.11　237p　19cm　1600円　①978-4-8460-0847-5
|目次|1　阿波の道（再び旅に出る　身だしなみ　ほか）　2　土佐の道（土佐の海に酔う　ビワと文旦　ほか）　3　伊予の道（宿に憩うその二　定年を迎えた男たちその二　ほか）　4　讃岐の道（平地寺の品格　善通寺に参る　ほか）　5　結願（心で歩く一二〇〇九年四月五日　軽トラが往く一二〇一〇年六月二十三日正午　ほか）
|内容|阿波の一番札所・霊山寺から、讃岐の八十八番・大窪寺まで一二〇〇キロを、四十余日の通し打ちで二度の結願を果たした著者が、へんろ道での偶然の出逢いや、宿での自由闊達な語らいをつづる。

◇四国八十八ヶ所巡礼お遍路のしおり　岡山　KG情報　2011.12　240p　18cm　838円

◇生きることは歩くこと歩くことが生きること！—四国ひとり歩き遍路　藤江彰彦著　幻冬舎ルネッサンス　2011.12　342p　20cm〈文献あり〉1600円　①978-4-7790-0739-2
|目次|プロローグ—「四国ひとり歩き遍路」に想う　徳島「阿波の国　発心の道場」（一番札所・竺和山一乗院霊山寺　二番札所・日照山無量寿院極楽寺　ほか）　高知「土佐の国　修行の道場」（二十五番札所・室戸山明星院最御崎寺・室珠山真言院津照寺　ほか）　愛媛「伊予の国　菩薩の道場」（四十番札所・平城山薬師院観自在寺　四十一番札所・稲荷山護国院龍光寺　ほか）　香川「讃岐の国　涅槃の道場」（六

十六番札所・巨鼇山千手院雲辺寺　六十七番札所・小松尾山不動光院大興寺　ほか）　エピローグ（生きることは歩くこと歩くことが生きること！　自分を知りたい！　若いお遍路さんの想い　ほか）

|内容|人生最後の目標と決めていた、ひとり歩き遍路。喜寿を節目に四国へ向かい、体の不調を抱えながらも、ひたすら歩き続ける。地元の人の「お接待」が心にしみる。結願成就は、人生最高の幸せとなった。感謝で綴る遍路詩歌日記。

◇四国辺路の形成過程　武田和昭著　岩田書院　2012.1　450p　22cm　9500円　①978-4-87294-722-9

◇歩きへんろ夫婦旅―身も心もダイエットてくてく1200キロ　西田久光著　名古屋　ブイツーソリューション　2012.1　239p　19cm〈発売：星雲社〉1400円　①978-4-434-16366-1

|目次|序章（人類は二足歩行だ　千二百キロ完歩計画　ほか）　発心の道場・阿波国（へんろ宿第一夜に　『へんろころがし』焼山寺道　ほか）　修行の道場・土佐国（ようこそ高知県へ！　室戸岬にて　ほか）　菩提の道場・伊予国（土佐・伊予国境『松尾峠』もうすぐ「山が笑う」　ほか）　涅槃の道場・讃岐国（ありがとう、ロストおじさん祭神西島八兵衛&雨の四カ寺参り　ほか）　歩きへんろを終えて

◇ひょいと四国へ―番外霊場を巡ってこそ遍路の醍醐味　金谷常平著　前橋　上毛新聞社事業局出版部（製作・発売）　2012.2　224p　21cm〈文献あり〉953円　①978-4-86352-059-2

|内容|百名山をひたすら目指す登山者のように、四国八十八カ所の札所を必死で巡るだけでは遍路ボケになってしまう。"場外霊場"も巡ることにより、遍路本来の寂寥・孤高・孤独・自由、開放感・達成感を満喫できる。「番外霊場を巡ってこそ遍路の醍醐味」という筆者が新しい視点で書いた札所巡りの本。三段変速荷台付きのママチャリでの遍路行。

◇四国へんろの旅―絵図・案内記と道標：平成23年度企画展　愛媛県歴史文化博物館編　西予　愛媛県歴史文化博物館指定管理者イヨテツケーターサービス　2012.2　63p　30cm〈会期・会場：平成24年2月21日～4月8日　愛媛県歴史文化博物館〉

◇巡礼　橋本治著　新潮社　2012.2　289p　16cm〈新潮文庫〉490円　①978-4-10-105417-9

|内容|男はなぜ、ゴミ屋敷の主になり果てたのか？　いまはひとりゴミ屋敷に暮らし、周囲の住人達の非難の視線に晒される男・下山忠市。戦時中に少年時代を過ごし、昭和期日本をただまっとうに生きてきたはずの忠市は、どうして、家族も道も、見失ったのか―。誰もが顔を背けるような現在のありさまと、そこにいたるまでの遍歴を、鎮魂の光のなかに描きだす。橋本治、初の純文学長篇。

◇四国八十八カ所の歩き方―自分を見つめ直す心の修行　朝倉一善著　新人物往来社　2012.3　335p　15cm〈新人物文庫〉762円　①978-4-404-04160-9

|内容|老若男女、宗教や立場をこえて誰もが巡礼をする「修行ワールド」で出会った人たちに取材した、霊験あらたかな話やご利益いっぱいの情報が満載。現代の日本人が忘れかけた古き良き心がここにある。

◇八十八箇所四国霊験記図会―現代日本語訳と英語訳：徳島県内の23ヶ所霊場についての霊験　［繁田空山］［著］山根勝哉, 近清慶子, ディビット・モートン訳編　徳島　教育出版センター　2012.3　174p　19×26cm〈英語併記〉1800円　①978-4-905702-61-0

◇大きな地図で行く！「四国遍路」八十八ケ所巡り徹底ガイド　四国路おへんろ倶楽部著　メイツ出版　2012.4　128p　26cm　1800円　①978-4-7804-1104-1

|内容|次の札所までの距離、目印や起伏、歩きやすさ。さらに最寄りのバス停など困ったときに役立つ公共交通機関の案内や宿泊先リストまで…知りたいことが詰まった「遍路歩き」必携の本。

◇お遍路日記　牟田和男, 正木康著　福岡　海鳥社　2012.5　304p　20cm　1500円　①978-4-87415-851-7

|内容|仕事の合間を縫い、五年をかけての区切り打ち。時に自然環境を考え、たまに現代文明を考察し、まれに古の人々に思いを馳せ、折々に若かりし日を追想し、還暦男ふたり、出たとこ勝負の珍道中。夜な夜な相棒のいびきに悩まされ、日ごと旅の終わりのビールは欠かさない。さらに、旺盛な

好奇心から空海の辿った道を目指す。いざ、中国・インドの旅へ。

◇**同行二人の遍路―四国八十八ケ所霊場**　アルフレート・ボーナー著　佐藤久光, 米田俊秀共訳　大法輪閣　2012.5　254p　19cm　〈文献あり〉　2000円　①978-4-8046-1334-5

目次　序章　四国遍路―日本の民族宗教　第1章　遍路の歴史（遍路の起源　遍路という名称、古文書と諸文献、道中記）　第2章　札所寺院（四国における札所寺院の数とその分布、修行の位階　伽藍、宗派別の札所寺院、本尊）　第3章　遍路（遍路の動機　遍路の装束、持ち物）　第4章　遍路の行程（旅立ちと出発　「遍路の規則」　祈禱納経　接待と修行　徒歩巡拝と交通手段　木賃宿　精進　女人遍路　御詠歌　奉納絵馬　祝福、薬、厄除け）　終章　他力宗教としての真言宗　補遺（四国遍路地図　遍路用語の表現と慣用句のリスト　二つの通行手形　参考・関係書誌の案内）　補足（写真・図版）

内容　ドイツ人による昭和初期の四国遍路の記録。文献による研究とともに、自ら木賃宿にも泊まって遍路を体験し、今は失われた遍路の風俗、接待の様子、四国各県の県民性の違い等々を書き残した、国内外で初の四国遍路研究書。原本の貴重な写真、江戸期の案内書など図版多数。

◇**二百万歩のほとけ道―熟年夫婦が歩いた四国遍路**　山勝三著　文芸社　2012.5　280p　20cm　〈文献あり〉　1500円　①978-4-286-11391-3

◇**四国遍路―救いと癒やしの旅**　真鍋俊照著　NHK出版　2012.8　223p　19cm　〈文献あり〉　1200円　①978-4-14-081555-7

目次　序章　天災と四国遍路　第1章　四つの道場を巡る旅　第2章　遍路作法から考える　第3章　弘法大師信仰と現世利益　第4章　なぜ民衆に広がったのか　第5章　遍路美術と美しい自然　第6章　「死出の旅」から「再生の旅」へ

内容　二〇一四年、四国遍路は、創建一二〇〇年―。いまこそ見つめ直したい、本当の四国遍路。

◇**こんなふうに四国八十八カ所を歩いた**　小西重康著　文芸社　2012.10　206p　15cm　600円　①978-4-286-12712-5

◇**88歳で「四国88ケ所遍路の旅」30日間の記録**　髙木亀一著　文芸社　2012.11　234p　15cm　〈文献あり〉　640円　①978-4-286-12697-5

◇**悟りへの道程―私の四国遍路愛しい千紘よ**　土肥清茂著　高松　美巧社（印刷）　2012.11　242p　21cm　1239円

◇**15歳の「お遍路」―元不登校児が歩いた四国八十八ヵ所**　岡田光永著　廣済堂出版　2012.12　247p　16cm（廣済堂文庫てくてく）〈文献あり〉　648円　①978-4-331-65501-6

内容　3年間、不登校だった少年が、夏休みを使って"お遍路歩き"に挑戦。寺に宿泊したり、ときには野宿をしながら歩き続け、四国八十八ヵ所の寺社を巡る。たった一人で挑んだ「自分探し1400キロの旅」の結末とは？　道中で感じた思い、人との出会いなどが瑞々しい感性で綴られ、テレビ、新聞など多くのマスコミで紹介、大反響となった感動のノンフィクション、待望の文庫化。「8年目のあとがき」も収録。

◇**四国「弘法大師の霊跡」巡り**　川﨑一洋著　セルバ出版　2012.12　279p　19cm　〈年譜あり, 発売：創英社三省堂書店〉　1800円　①978-4-86367-079-2

目次　阿波（種蒔大師―心に菩提の種を蒔く発心の霊場　小豆洗大師堂―田園に湧く大師ゆかりの霊泉　犬墓大師堂―大師が忠犬の亡骸を葬ったとされる霊場　柳水庵―遍路ころがしの難所に湧き出る大悲の清水　焼山寺の蛇窟―大師が魔性の大蛇を封じ込めた岩窟　ほか）　土佐（東洋大師―水不足に苦しむ人々のために大師が湧出させた滝　御厨人窟―大師が求聞持法を成就した聖地　室戸の七不思議―室戸岬に残る数々の大師の足跡　一夜建立の岩屋―大師が一夜で建立した岩屋と、大理石の観音像　行当岬の不動堂―大師ご修行の行場と、金剛頂寺の女人堂　ほか）

内容　四国の津々浦々には、大師にまつわる霊跡があまた存在します。本書では、江戸時代に出版された霊場案内記に取り上げられた由緒ある霊跡、あるいは、特にユニークなエピソードが伝えられる霊跡を選び、現況を報告しながら紹介。

◇**私の四国遍路**　浜崎勢津子著　［山口］マルニ　2012.12　198p　21cm　1000円

◇風に吹かれて遍路道　和田岳晴著　菁柿堂　2012.12　270p　20cm〈発売：星雲社〉1600円　①978-4-434-17463-6
目次　お接待で―す　遍路転がし　旅は道連れ　お寺に泊まれば　お鶴太龍　縁があったらまた会おう　土佐へ　室戸は遠い　これが見捨てて置かりょうか　三つ編みの女〔ほか〕
内容　四国八十八ヶ所の遍路道、変人群れなすその往還を童心いまだ抜けきらない短気者のオジサンが往く。

◇寄り道遍路―クルマで巡る四国八十八ヶ所霊場周辺ガイド　松山　エス・ピー・シー　2013.2　136p　26cm　838円　①978-4-89983-165-5

◇四國徧禮（へんろ）道指南（しるべ）―読み下し文と解説　稲田道彦著　香川大学瀬戸内圏研究センター編　高松　美巧社　2013.3　234p　21cm〈文献あり〉①978-4-86387-031-4

◇傘寿の四国遍路―地球を二周半歩いた老遍路の体験記　西川阿羅漢著　大阪　風詠社　2013.4　237p　19cm〈発売：星雲社, 文献あり〉1500円　①978-4-434-17869-6
目次　序章 計画・服装及び携帯品・伊能ウオーク（計画、服装及び携帯品 ほか）　第1章 四国遍路（徳島・高知）（ウオーカースタイル　十三年前と同じ宿に泊まったが… ほか）　第2章 中休み（四国の道　呪縛が解ける！ ほか）　第3章 四国遍路（愛媛・香川）（リタイア寸前　広瀬さんの大歓迎 ほか）　終章 夢は米寿の四国遍路（米寿の四国遍路の計画　継続は力なり ほか）
内容　14年前「歩く四国遍路千二百キロ」を上梓した著者が、80歳にして再び歩いた四国八十八ヵ所。老化による脚力の衰え、不整脈の発作を乗り越え、ついに結願した区切り打ち二年間の記録。

◇四国八十八カ所ゆとりの旅―大きな文字で読みやすい　第4版　実業之日本社　2013.7　167p　21cm（ブルーガイドてくてく歩き）1200円　①978-4-408-05700-2
目次　四季巡礼―同行二人・移ろう季節とともにたどる浄土への道筋　こころの旅路で、こころからの祈り―四国八十八ヵ所・巡拝の精神　発心の道場―阿波（徳島）　修行の道場―土佐（高知）　菩提の道場―伊予（愛媛）　涅槃の道場―讃岐（香川）

◇日曜遍路―四国八十八ヶ所霊場全ガイド　松山　エス・ピー・シー　2013.7　208p　26cm　1200円　①978-4-89983-174-7

◇中山逍雀老朽雑話　之3　四国巡礼記　中山逍雀編著　［出版地不明］中山逍雀　2013.8　1冊　22cm〈印刷：佐藤工房（［志木］）〉7000円　①978-4-904055-50-2

◇遍路の道は海にでる―私の四国巡礼　句文集　品川利枝著　本阿弥書店　2013.8　178p　20cm（自鳴鐘叢書）〈布装〉2000円　①978-4-7768-1015-5

◇四国八十八カ寺&周辺ガイド　第4版　出版文化社　2013.9　208p　21cm　1600円　①978-4-88338-550-8
内容　旅の助けになる必須情報を盛り込み、アクセス、歴史、見どころ、興味深いエピソードなど、四国八十八の霊場を詳しく解説。

◇日本の古寺を知る事典　渋谷申博著　三笠書房　2013.12　301p　15cm（知的生きかた文庫［CULTURE］）590円　①978-4-8379-8230-2
目次　第1章 古寺・名刹50を知る（法隆寺　東大寺　東寺 ほか）　第2章 お寺と仏教の基礎知識（仏教略史―釈迦の活動から鎌倉新仏教まで　なぜお経はたくさんあるのか　たくさんある「宗派」とは何か ほか）　第3章 全国寺院ガイド（各宗派総本山・大本山リスト　霊場（巡礼地）リスト　仏像がすばらしいお寺 ほか）
内容　法隆寺から浅草寺まで…各寺の素顔・見所と寺院・仏教の基本がわかる！

◇歩きお遍路ご苦楽記　鷲野勉著　日本文学館　2013.12　176p　15cm〈文献あり〉500円　①978-4-7765-3754-0

◇これならできる『つまみ食い遍路』―巡礼は大人の歴史散歩　岩田憲道著　弘報印刷出版センター　2014.1　436p　27cm　1500円　①978-4-907510-02-2

◇だいたい四国八十八ヶ所　宮田珠己著　集英社　2014.1　349p　16cm（集英社文庫）〈本の雑誌社 2011年刊の再刊〉700円　①978-4-08-745153-5
内容　特に神妙な動機は何もなく、一周してみたい（四国）、全部回ってみたい（八十八ヶ所）。いっぱい歩きたい、という理由

ではじめた四国へんろの旅。次々とできるマメの痛みや避けられない台風、たくさんの難所に悩まされつつも、とにかく歩いた合計六十四日間。自転車でしまなみ海道を渡ったり、カヌーで川を下ったり、信心薄め、観光&寄り道し放題の、タマキング流「非・本格派」へんろ旅の全記録。

◇四国八十八カ所つなぎ遍路　家田荘子著　ベストセラーズ　2014.1　454p　19cm〈2009年刊の加筆・修正,文献あり〉1600円　①978-4-584-13544-0

目次　弘法大師空海と同行二人を体験できる喜び　第1番 霊山寺―八十八ヵ所霊場の発願の寺　第2番 極楽寺―弘法大師が手植えした樹齢1200年の「長寿杉」がある　第3番 金泉寺―長寿をもたらす黄金の井戸を持つ寺　第4番 大日寺―幽玄な雰囲気が漂う山間の札所　第5番 地蔵寺―200体の等身大羅漢像が迎える　第6番 安楽寺―弘法大師によって温泉湯治が伝えられた　第7番 十楽寺―「治眼疾目救済地蔵尊」に眼病の霊験がある　第8番 熊谷寺―四国霊場最大級の仁王門を構える　第9番 法輪寺―寺宝として明治天皇から下賜された「弘法大師御衣」〔ほか〕

◆四国遍路と山岳信仰　四国地域史研究連絡協議会編　岩田書院　2014.1　131p　21cm〈岩田書院ブックレット　歴史考古学系 H-16〉〈文献あり〉1600円　①978-4-87294-844-8

目次　山林寺院中寺廃寺跡と弘法大師空海の時代【香川】(加納裕之著)　考古学的視点でみた阿波の四国霊場【徳島】(早渕隆人著)　土佐の山岳信仰と四国霊場【高知】(岡本桂典著)　女人不浄観と山岳信仰・四国遍路【愛媛】(森正康著)　山岳信仰と四国遍路(胡光著)　石鎚信仰と四国遍路(西海賢二著)　古代ギリシアの宗教と王権(山川廣司著)

◆四国遍路ぐるり今昔―平成25年度企画展図録　愛媛県歴史文化博物館編　西予　愛媛県歴史文化博物館指定管理者イヨテツケーターサービス　2014.2　143p　30cm〈会期：平成26年2月18日―4月6日〉

◆四国八十八ヶ所歩き遍路―開創一二〇〇年記念句集　徳永形骸著　今治　徳永形骸　2014.3　127p　15cm

◇四國遍禮名所圖會幷近代の御影・霊場写真　室戸　金剛頂寺　2014.3　519p　27cm〈複製及び翻刻,翻字考察執筆：小松勝記〉13000円

◇江戸初期の四国遍路―澄禅『四国辺路日記』の道再現　柴谷宗叔著　京都　法藏館　2014.4　345p　27cm〈文献あり〉8500円　①978-4-8318-5694-4

目次　序章　第1章 澄禅の足取りの検証　第2章 札所の様相　第3章 番外札所　第4章 日記から読み取れる諸相　結び　現代語訳　原文

内容　江戸時代初期の僧・澄禅による現存最古ともいえる400年前の遍路日記『四国辺路日記』に書かれた道を再現する書。初の現代語訳に、実地調査を基にした現在の遍路道と江戸初期の遍路道を比較できる地図付き。

◇四国遍路道弘法大師伝説を巡る　白木利幸著　溝縁ひろし写真　京都　淡交社　2014.5　191p　21cm〈索引あり〉1600円　①978-4-473-03946-0

目次　序章 弘法大師伝説を読み解く　第1章 四国遍路元祖、衛門三郎伝説　第2章 弘法大師の超越した能力　第3章 弘法大師の恩恵と懲罰　第4章 遍路の発展と展開

内容　衛門三郎伝説、鯖大師、御杖の水、一夜建立、三度栗、くわず梨…「俗なる聖地」四国遍路の魅力。一歩踏み込んだ四国遍路の案内書。

◇鬼瓦お遍路―四国霊場八十八か所写真紀行　富山弘毅著　幻冬舎ルネッサンス　2014.6　177p 図版20p　23cm〈文献あり〉1800円　①978-4-7790-1104-7

内容　かつて弘法大師が開いたとされる霊場をたどりながら、鬼瓦の魅力を探る面白さ。それぞれに違う表情を見せる鬼瓦を、62点のカラー写真と500点以上のモノクロ写真で綴る、もうひとつの四国霊場八十八か所巡り。八十八か所鬼瓦霊場地図付き。

◇山折哲雄の新・四国遍路　山折哲雄著　黒田仁朗同行人　PHP研究所　2014.7　205p　18cm(PHP新書)　800円　①978-4-569-81963-1

目次　第1章 新しい四国遍路の提案(ひとりで歩いても「同行二人」　弘法大師空海生誕の地　留学で得た密教を広める　私が四国へ向かったいきさつ ほか)　第2章 四国文化へのまなざし(海の民と遍路始祖　幕末・明治の道標 ほか)　第3章 同行人・黒

田仁朗の道中雑記(愛媛県今治市　愛媛県松山市　ほか)　第4章　四国、神の道と仏の道(先祖崇拝と氏神信仰…伊豫豆比古命神社、長曽我部延昭氏との対談　四国霊場開創千二百年を迎えて…善通寺樫原禅澄氏との対談)
|内容|2014年「霊場開創1200年」を迎えた四国。幸運にも「よき日本」が残ると語る仏教学者・山折哲雄氏が、従来のお遍路とは違った視点で四国の名所を案内する。愛媛県では能島を船で訪れて源平合戦に思いを馳せ、高知県ではかつての若衆宿だった「泊り屋」を見学。愛媛から山越えで高知に抜ける山村は、坂本龍馬脱藩の道筋にあたる重要な拠点だったことを知る。そして、その龍馬脱藩の道こそが、弘法大師に発する遍路の道だった―。伊豫豆比古命神社(椿神社)の宮司・長曽我部延昭氏、四国八十八カ所霊場の本部がある総本山・善通寺の住職・樫原禅澄氏との対談も収録。

◇四国遍路考　雨宮湘介著　のべる出版企画　2014.7　195p　20cm〈発売：コスモヒルズ(横浜)〉1200円　①978-4-87703-979-0

◇四国八十八ケ所札所めぐり―遍路歩きルートガイド　小林祐一著　メイツ出版　2014.8　144p　21cm　1500円　①978-4-7804-1453-0
|内容|語り継がれる伝説・歴史を詳述。巡礼道をわかりやすく解説。

◇真念「四国遍路道志るべ」の変遷―宥辯眞念「四國邊路道指南」貞享四年版本について　新居正甫著　高槻　本上や　2014.8　72p　26cm(書誌研究　その1)〈文献あり〉

◇巡拝記にみる四国遍路　佐藤久光著　大阪　朱鷺書房　2014.9　246p　19cm〈文献あり〉1600円　①978-4-88602-203-5
|目次|第1章　四国遍路の起こりとその歴史(四国遍路の起こり　四国遍路の歴史)　第2章　巡拝記にみる様々な遍路(代表的な巡拝記　江戸時代における庄屋の巡拝記　庶民の巡拝記　異色な拝巡記　捨て身の遍路と女芸人の巡拝記)　第3章　遍路習俗の変化(遍路の日数と費用(遍路の日数　遍路の費用)　宿泊施設　接待　病の治療　履き物と用具　納札と納経帳)
|内容|四国遍路における巡拝記は江戸時代から現代まで数多く残されている。そこに記された動機や目的、体験した出来事などから遍路の諸相を捉える。

◇真念「四国遍路道志るべ」の変遷　新居正甫著　高槻　本上や　2014.9　68p　26cm(書誌研究　その2)〈文献あり〉

◇空海の史跡を尋ねて―四国遍路一人歩き・同行二人　北端辰昭[著]　奈良　北端辰昭　2014.10　112p　30cm　非売品

◇八十八か所歩き―変えられるか自分の生き方歩む道　黒岩晶著　文芸社　2014.10　197p　19cm　1300円　①978-4-286-15499-2

◇激闘歩き遍路体験記　増田英俊[著]　阿南　増田英俊　2014.11　175p　26cm

◇真念「四国遍路道志るべ」の変遷　新居正甫著　高槻　本上や　2014.11　99p　26cm(書誌研究　その3)〈文献あり〉

◇四国遍路―八八ケ所巡礼の歴史と文化　森正人著　中央公論新社　2014.12　204p　18cm(中公新書)〈文献あり〉760円　①978-4-12-102298-1
|目次|序章　巡礼とは　第1章　起源を探る　第2章　江戸時代の四国遍路　第3章　近代の巡礼者たち　第4章　貧困、差別、行き倒れ　第5章　近代化への道　終章　レジャー化する四国遍路
|内容|八八の寺院を巡るあり方を決定づけた僧侶の案内記、貧困・病気・差別に苦しめられた巡礼者たちの記録、新聞記者による遍路道中記、バスや鉄道の登場がもたらした遍路道の変貌―。本書は、近世以降の史料を掘り起こし、伝説と史実がないまぜになった四国遍路の実態を明らかにする。千数百キロの行程を歩く巡礼者と、彼らと相対し、お接待文化を育んだ地域住民。歩くだけでは見えてこない歴史の真実を浮かび上がらせる。

◇夫婦で巡る四国遍路　なとりあきこ[著]　[出版地不明]　[なとりあきこ]　[2015]　192p　19cm

◇遍路旅―苦あれば句あり　安間公彦著　名古屋　マイ・ブック出版　2015.1　209p　21cm　①978-4-903109-07-7

◇にわか遍路お四国を行く―お接待の心と一期一会の旅　渡辺豊著　仙台　創栄出版　2015.2　221p　21cm〈発売：星

雲社〉1300円 ①978-4-434-20141-7
|目次|1編 にわか遍路お四国を行く(同行二人、一人旅) 2編 四国遍路番外記(高野山お礼参り) 3編 続・にわか遍路お四国を行く(同行二人、二人旅)
|内容|笑いと涙の一期一会!「同行二人」が旅のおわりに見たものは…。発心の道場・阿波→修行の道場・土佐→菩提の道場・愛媛→涅槃の道場・讃岐。

◇お遍路凸凹同行記―四国八十八ヶ所霊場 上 桂米裕著 高野町(和歌山県) 高野山出版社 2015.3 241p 19cm 1600円 ①978-4-87527-063-8

◇お遍路凸凹同行記―四国八十八ヶ所霊場 下 桂米裕著 高野町(和歌山県) 高野山出版社 2015.3 268p 19cm〈文献あり〉1800円 ①978-4-87527-064-5

◇愛と光の62日―開祖1200年記念四国お遍路旅日記 梅田和江著 大阪 アルマ書房 2015.3 248p 21cm 1800円 ①978-4-9908206-0-2

◇真念「四国遍路道志るべ」の変遷 新居正甫著 高槻 本上や 2015.3 97p 26cm(書誌研究 その4)〈文献あり〉

◇四国へんろ記 上巻 山田浩著 半田 一粒書房 2015.5 354p 20cm ①978-4-86431-407-7
|目次|阿波の國(徳島県) 土佐の國(高知県)

◇四国へんろ記 下巻 山田浩著 半田 一粒書房 2015.5 463p 20cm ①978-4-86431-408-4
|目次|伊予の國(愛媛県) 讃岐の國(香川県)

◇四国八十八か所めぐり―同行二人、お大師さまとお遍路の旅へ 2版 昭文社 2015.5 183p 21cm〈初版のタイトル:四国八十八ヶ所めぐり,文献あり〉1300円 ①978-4-398-13354-0
|目次|まっぷるリンクを活用してより充実のお遍路旅を! 巡礼のはじめに 四国八十八か所への誘い 四国遍路の心得と参拝方法 四国遍路の巡礼準備 四国遍路を知るお役立ちホームページ&お遍路用語 四国遍路のめぐり方 お遍路に便利な宿情報 四国八十八か所札所ガイド 高野山へ 四国各地へ

◇開創千二百年の遍路旅―俳句で綴る38のメッセージ 渡辺恒男著 愛媛新聞サービスセンター編集 松山 愛媛新聞サービスセンター 2015.6 183p 21cm 1200円 ①978-4-86087-117-8
|目次|1 四国お遍路とは 2 38のメッセージ(遍路道 お遍路 遍路宿 萌える新緑 春暁の里山 霧の里山 錫杖の音 句聖の町 久遠の流れ 潮騒 ほか) 3 四国遍路が問いかけているもの
|内容|本書は、過酷な四国遍路旅で経験した様々な出会い、苦悩、感動を俳句に詠み、俳句の背景にある情景、心情やその延長にある人生観、自然観、世界観を小エッセイ形式で書き綴ったものである。様々な悩みを抱えながら懸命に生きている、そんな人達の人生へのさりげない応援メッセージでもある。

◇四国歩き遍路―気づきと感謝の旅 武田喜治著 大法輪閣 2015.7 283p 19cm〈文献あり〉1900円 ①978-4-8046-8206-8
|目次|第1章 阿波(徳島県)(百薬に勝る遍路「現在」を大切に生きる 大切な小欲知足 感謝の心は喜びの源) 第2章 土佐(高知県)(何事も実践しないと分からない 人生八十パーセント主義 こだわりをやめる 中道を歩む) 第3章 伊予(愛媛県)(吉凶は人による 念ずれば花開く 一日一生 自分をほめる) 第4章 讃岐(香川県)(生かせいのち 正解・正解・大正解 心を解き放つ 大切な利他の心)
|内容|定年退職後の念願であった「歩き遍路」―それは豊かな自然、さまざまな人々、そして新たな自分自身と出会う旅だった。生かされていることに感謝し、行動・実践することの大切さを綴る感動のお遍路紀行!

◇金剛杖―四国遍路記 阿部清澄著 [大分][阿部清澄] 2015.8 96p 21cm

◇四國徧禮道指南(しこくへんろみちしるべ)―全訳注 眞念[著] 稲田道彦訳注 講談社 2015.8 331p 15cm(講談社学術文庫)〈文献あり〉1080円 ①978-4-06-292316-3
|目次|『四國徧禮道指南』(読み下し文 現代語訳 地図)
|内容|一六八七年版行の『四國徧禮道指南(しこくへんろみちしるべ)』は、お遍路の起源を示す重要な文字史料であると同時に、江戸時代にロングセラーとなった実用ガイドブックでもあった。旅の準備・心得、道順、御詠歌、宿、伝承、見所の実用情報が満載。原文読み下し・現代語訳・注釈に加

え、当時の行程・地名・標石を現代の地図上に再現。

◇**はじめてのお遍路**　昭文社　2015.10　127p　26cm（まっぷるマガジン　四国）〈索引あり〉950円　①978-4-398-27887-6

◇**四国遍路と巡礼―愛媛県歴史文化博物館平成27年度特別展図録**　愛媛県歴史文化博物館編　西予　イヨテツケーターサービス　2015.10　208p　30cm〈会期：平成27年10月10日～12月6日，文献あり〉

◇**私のへんろ―学の事始め**　喜代吉榮徳著　藤沢　湘南社　2015.10　131p　19cm〈発売：星雲社〉1200円　①978-4-434-21033-4

◇**同行二人―空海　時空を超えて**　川崎　大本山川崎大師平間寺　2016.1　108p　26cm〈年譜あり，発売：アートデイズ〉2000円　①978-4-86119-251-7
目次「仏に還る」―修行者・空海の旅路　「同行二人の旅」土佐の名刹「竹林寺」と四国霊場巡り　「私の旅」『般若心経』の読み方　「書聖」ということ―空海の書　「仏教と芸術のふれあい」―清荒神清澄寺と『鉄斎美術館』　「弘法大師に学ぶ心の健康」　浮世絵に見る川崎の街とお大師さま　「祈りの美」―仏画の見方と鑑賞　「俳句を楽しむ」奇跡の銀杏―川崎大師の句縁　「座談会」お大師さん今昔―戦前・戦後の川崎大師
内容　真言密教を開いた偉大な宗教家、唐の先進文化の紹介者、書の天才、優れた教育者、そして詩人でもあった空海。豊かな才能と感性をもった空海の生き方が、時空を超えて、いまでも私たちを魅了してやまない。一方で空海は、「四国お遍路みち」で知られるように、人々の心にいつも寄り添い、親しまれてきた「お大師さん」でもある。そんな空海の魅力、そして、いまを生きる私たちに伝えてくれたものを、多彩な執筆者たちによって読み解いたムック本!!

◇**お遍路ガールズ**　又井健太著　角川春樹事務所　2016.3　364p　16cm（ハルキ文庫）680円　①978-4-7584-3990-9
内容　ブラックな教育系出版社に勤める柿下千春は、小説家の夢破れた三十一歳。ある日、高校時代の親友・田宮沙織とかつて交わした「お遍路に行こう」という約束に導かれるように、出勤とは逆方向の電車に飛び乗った。沙織とは、彼女が香川県高松に越してから、もう十年以上会っていない。お遍路に行って、生まれ変わろう。沙織に会いに行こう―。徳島に着き、四国八十八箇所霊場を巡るべく歩き始めた千春は、同い年の高松琴美に出会い…。実際に八十八箇所を巡った著者による、史上初（？）の本格お遍路長篇、ここに誕生!!

◇**四国八十八カ所めぐり―同行二人。大師が開いた祈りの道へ**　高田京子文　横山良一写真　JTBパブリッシング　2016.3　175p　21cm（楽学ブックス　古寺巡礼2）〈文献あり〉1600円　①978-4-533-10956-0

◇**四国八十八カ所をあるく―初心者でも安心1日～半日で無理なく歩ける**　JTBパブリッシング　2016.3　191p　21cm（大人の遠足BOOK　西日本　7）1500円　①978-4-533-10959-1
内容　初心者でも安心。1日～半日で無理なく歩ける遍路道全34コース。

◇**山と海と風と潮―四国八十八カ所歩き遍路旅**　桂木正則著　ミヤオビパブリッシング　2016.5　399p　19cm〈発売：宮帯出版社（京都）〉1760円　①978-4-8016-0054-6
内容　季節は夏から初秋。念願の四国八十八ヵ所の遍路の旅に出た。四国滞在中は、一切乗り物には乗らず、アルコールも断ち、ひたすら歩き通した45日間だった。海上自衛隊勤務当時の回想も織りまぜて、愚直なまでに歩き遍路の行程を紙上に再現する。通し打ち、歩き遍路ノンフィクション！　各寺院の由緒と、四国八十八ヵ寺巡拝コース地図も付す。

◇**四国遍路の社会学―その歴史と様相**　佐藤久光著　岩田書院　2016.6　319p　図版6p　22cm〈文献あり〉6800円　①978-4-86602-956-6
目次　第1章　四国遍路の起こり　第2章　江戸時代の四国遍路　第3章　「へんろ」の用語と「へんど」「へんろ」論争　第4章　四国遍路の巡拝記を読む　第5章　アルフレート・ボーナーの遍路研究　第6章　近代の四国遍路―明治期から戦前まで　第7章　現代の四国遍路

◇**中高年のための四国八十八ケ所歩き遍路50日モデルプラン**　竹本修著　幻冬舎メディアコンサルティング　2016.6　119p　26cm〈発売：幻冬舎〉1700円

①978-4-344-97498-2
内容 リタイアしないための「歩き遍路」の情報満載！ 正しい情報を得て、必要以上の体力を消耗しなければ、きっと結願できます！ 一日ごとのモデルプラン（所要時間、歩行距離、区間難易度、標高グラフ）、景色の見どころ、グルメ、体力の配分提案など、至れり尽くせりのナビブック！

◇フランスからお遍路にきました。　マリー＝エディット・ラヴァル著　鈴木孝弥訳　イースト・プレス　2016.7　277p　19cm　1600円　①978-4-7816-1450-2
内容 美しい自然、宗教、人々―"聖なる道"が教えてくれた生きることの素晴らしさ。

◇後期高齢者四国遍路を歩いてみれば　狭間秀夫著　大阪　風詠社　2016.7　236p　19cm〈発売：星雲社〉1200円　①978-4-434-22183-5
内容 78歳の著者が八十八ヶ所を巡る旅に出た。地図を頼りに進む遍路道―体力を消耗し、心に不安や孤独が押し寄せると、人は恐れ謙虚になる。その結果、余計な欲は削ぎ落とされ、迷いは吹っ切れていく。結願までの道中を振り返り、胸の内を綴った歩き遍路の記録。

◇四國徧禮道指南増補大成―愛媛県立図書館蔵本　［宥辨］［著］門田恭一郎翻刻　改訂版　松山　門田恭一郎　2016.7　59p　26cm〈複製及び翻刻〉

◇へんろみち―お四国遍路だより　あいちあきら著　大阪　編集工房ノア　2016.8　166p　20cm　1800円　①978-4-89271-254-8
目次 まる刈りに四国三郎のいさみ風　焼山寺で考えたこと　わたし、死にましたん？　乙姫さまのへんろ宿　沙門妙善師との出会い　神の峯の泥濘み　海に吠える　おへんろ墓とお接待　さとりと迷いの国境　雨の柏坂と行商へんろ〔ほか〕

◇巡礼日記―亡き妻と歩いた600キロ　垣添忠生著　中央公論新社　2016.8　163p　18cm　1200円　①978-4-12-004876-0
目次 はじめに、そして巡礼とは　準備を始めてみると　妻の鎮魂、慰霊の旅と仏教とのつながり　生と死について考える　美についての連想　体調の変化と装備　情報の大切さ　巡礼中に見聞したさまざまなこと　季節の移ろい　悲しみの考察　心と身体のバランス

内容 『妻を看取る日』から7年…最愛の妻を喪った、癒えることのない悲しみを抱いて歩んだ四国遍路の道のり。がん専門医による「グリーフ・ワーク」の実践。

◇はじめての古寺歩き　井沢元彦［著］KADOKAWA　2016.9　203p　15cm（角川文庫）〈「古寺歩きのツボ」（角川書店 2005年刊）の改題、加筆〉600円　①978-4-04-400171-1
目次 基礎篇―これだけは知っておきたい（仏像の基礎知識　仏像の美術史的アプローチ　建築　庭園）　実践篇入門コース―さあ、でかけよう（京都の古寺―金閣寺　京都の古寺―千本釈迦堂　京都の古寺―永観堂　奈良の古寺　琵琶湖周辺の古寺　九州などの古寺）　実践篇中級コース―もうすこし足を延ばして（東寺　善水寺　三徳山三佛寺）　上級篇―四国遍路へ行ってみよう（知っておきたい基礎知識　巡礼の方法と心得）　訪れておきたい古寺一覧
内容 古寺を歩くことは、日本を知ること―歴史に通じた著者ならではの視点で、鑑賞の3大ポイント「仏像・建築・庭園」を基礎から解説。実践篇、上級篇では東寺・善水寺・三徳山三佛寺ほかの古刹や四国遍路を巡り、その縁起や見どころはもちろん、「ここは大事！」という実体験に基づいた拝観のマナーや身支度、心得などを丁寧に紹介する。初心者が本当に知りたい、基本の「き」からよくわかる！ 楽しく深い古寺歩きの入門ガイド。

◇四国八十八カ寺&周辺ガイド　第5版　出版文化社　2016.9　199p　21cm　1600円　①978-4-88338-600-0
内容 新しく撮り直した全霊場写真500点超を収録。見て楽しい、読んで楽しいビジュアルガイドブック。弘法大師にまつわるエピソードや各霊場の予備知識として。参拝後のグルメ、温泉、観光施設の情報収集にも。霊場巡り初心者からリピーターまで必携の一冊。

◇四国八十八ヶ所札所めぐりドライブ巡礼ガイド―クルマでお遍路　四国おへんろ倶楽部著　メイツ出版　2016.9　144p　21cm〈索引あり〉1650円　①978-4-7804-1786-9
内容 自動車で訪れる祈りの路を完全サポート！ 全ルートをわかりやすくMAP掲載！ 車利用のプランの立て方・注意点から境内見取り図、駐車場情報も！

四国

◇ぬりつぶし四国八十八ケ所お遍路の旅・手・帖　左古文男,児玉勲著　一陽樂舎編　技術評論社　2016.11　143p　21cm（大人の趣味採集帳）〈文献あり〉1380円　①978-4-7741-8423-4

384　四国別格二十霊場

【概　要】四国の番外霊場のうち20ヶ寺が結集して開創した弘法大師霊場。1968（昭和43）年に成立した。四国八十八ヶ所霊場と合わせて108霊場となり、「百八煩悩消滅のお大師さまの道」として参拝される。巡拝ルートは定められておらず、八十八ヶ所を巡り終えてから改めて、あるいは八十八ヶ所巡拝の途中に立ち寄るなど、様々な形で巡拝されている。

【札所名】(1)大山寺（徳島県板野郡上板町）、(2)童学寺（徳島県名西郡石井町）、(3)慈眼寺（徳島県勝浦郡上勝町）、(4)鯖大師本坊（徳島県海部郡海陽町）、(5)大善寺（高知県須崎市西町）、(6)龍光院（愛媛県宇和島市天神町）、(7)出石寺（愛媛県大洲市）、(8)十夜ヶ橋（愛媛県大洲市）、(9)文殊院（愛媛県松山市恵原町）、(10)興隆寺（愛媛県西条市丹原町）、(11)生木地蔵（愛媛県西条市丹原町）、(12)延命寺（愛媛県四国中央市土居町）、(13)仙龍寺（愛媛県四国中央市新宮町）、(14)椿堂（愛媛県四国中央市川滝町）、(15)箸蔵寺（徳島県三好市池田町）、(16)萩原寺（香川県観音寺市大野原町）、(17)神野寺（香川県仲多度郡まんのう町）、(18)海岸寺（香川県仲多度郡多度津町）、(19)香西寺（香川県高松市香西町）、(20)大瀧寺（徳島県美馬市脇町）

【掲載事典】巡遍，霊大，霊巡，日巡，霊典

◇四国別格二十霊場巡礼―法話と札所案内　四国別格二十霊場会編　富永航平著　大阪　朱鷺書房　1991.7　177p　19cm　1000円　①4-88602-138-7

◇人生遍路　富永航平著　大阪　朱鷺書房　1992.7　219p　20cm　1500円　①4-88602-149-2

　目次 1 信仰のかたち　2 四国恋歌―別格二十霊場娘巡礼記　3 霊験記―東北三十六不動霊場　4 インド紀行　5 一期一会

　内容 この世は同行二人の遍路行。各地の札所霊場開創にかかわり、宗教界を厳しく見つめてきた著者の辛口人生紀行。

◇四国西国巡礼ポケット図鑑　オリジン社　1994.5　400p　15cm（主婦の友生活シリーズ）〈監修：金岡秀友　写真：溝縁ひろし、発売：主婦の友社〉1400円

◇四国88カ所順拝の道しるべ　小林茂著　日地出版（発売）　1995.1　142p　19cm〈付・四国別格二十霊場〉1380円　①4-527-00554-5

◇お大師さまの道―百八煩悩消滅の旅　四国別格二十霊場ガイドブック　高松　えびす出版　1998.9　92p　19×26cm〈監修：四国別格二十霊場会〉952円　①4-901121-00-6

◇四国別格二十霊場巡礼―法話と札所案内　四国別格二十霊場会編　冨永航平著　大阪　朱鷺書房　1999.9　177p　19cm　1000円　①4-88602-138-7

　内容 四国八十八所と共に開創された番外札所。その後、四国別格二十霊場として、弘法大師の霊跡を今に伝えている。八十八霊場とあわせた百八ヵ所巡礼は、お大師さまの心の道をたどる百八煩悩消滅の旅。

◇四国百八霊場まいり四国八十八ケ所入り四国二十ヶ所入り巡拝案内図―弘法大師空海の足跡をたずねて　［馬路村（高知県）］　高野山真言宗金林寺空海の遺徳を偲ぶ会　［200-］　34p　19×26cm　1000円

◇清風平歩―四国遍路　別格寺を行く　加藤健一著　横浜　まつ出版　2005.10　420p　20cm〈私家版〉2600円　①4-944069-33-2

◇四国一〇八ヶ所遍路旅　加藤弘昭著　新風舎　2005.12　303p　19cm　1900円　①4-7974-7440-8

　目次 第1部 阿波発心の道場（小手調べ、甘くはないよ！　遍路旅　へんろころがし、悪路と猛暑への挑戦　ほか）　第2部 土佐修行の道場（室戸岬は空と海　朝は快調、午後はスタミナ切れ、高知の霊場　ほか）　第3部 伊予菩提の道場（蛇にどっきり、犬に吼えられ遍路道　寒い久万高原と幽玄の霊場　ほか）　第4部 讃岐涅槃の道場（高い所は眺望抜群、下り坂にご用心　脚を引きず

|内容|一般的に紹介されている88ヶ所にとどまらず、別格20ヶ所も加えた108ヶ所の霊場紹介。自分のペースで、旅そのものも大いに楽しみながら、見事満願成就を果たした著者ならではの旅情報も満載。

◇四国別格二十霊場札所の梵鐘―淨巖と讃岐の古鐘　［山田文夫］［著］丸亀　山田鋳造鉄工　2006.10　75p　30cm

◇四国別格二十霊場めぐり―お大師さまと行く別格の道　四国別格二十霊場会著
京都　白馬社　2008.8　148p　19cm　1429円　①978-4-938651-66-4

◇四国別格二十霊場ガイド　春野草結著
大阪　朱鷺書房　2008.12　185p　19cm　1400円　①978-4-88602-342-1
　|目次|巡拝案内（別格二十霊場のまわりかた　巡拝日程　ほか）　別格二十霊場札所案内（第1番　大山寺　第2番　童学寺　ほか）　別格二十霊場コースガイド（板野IC→1番　1番→2番　ほか）　別格二十霊場巡拝地図（巡拝道路地図　札所周辺地図）
　|内容|いにしえの四国遍路は八十八の札所だけをまわるものではなかった。数多の番外霊場や、札所を結ぶ遍路道そのものも含め、「お四国」という広大な異界を巡り歩くことこそが、遍路であった。別格二十霊場の巡拝は、そんなお四国の原初の姿をかいま見させてくれる。詳細ドライブ遍路地図・札所周辺図・コース案内。

◇四国別格二十霊場―札所めぐりルートガイド　八十八カ所と共に巡るお遍路　四国三十六不動霊場　NPO四国路お遍路倶楽部著　メイツ出版　2013.6　128p　21cm　①4-7804-1319-2

◇四国別格二十霊場札所めぐりルートガイド―八十八カ所と共に巡るお遍路　四国三十六不動霊場　四国路お遍路倶楽部著　メイツ出版　2013.6　128p　21cm　1600円　①978-4-7804-1319-9
　|目次|別格二十霊場・三十六不動霊場・八十八ヵ所霊場札所図　遍路に出かける前の心構え　十善戒三信条　参拝の作法　境内や道中での作法　読経の作法　巡拝用品　遍路用語　四国別格二十霊場・四国八十八ヵ所霊場札所図　「お大師さまとご縁を結ぶ祈りの旅路」四国別格二十霊場会会長　別格第一番　大山寺―山主　塩田龍瑛〔ほか

385　新四国曼荼羅霊場
【概　要】徳島・香川・愛媛・高知の四国4県に広がる弘法大師霊場。冨永航平らの尽力により、1989（平成元）年に開創された。日本の霊場では神仏が共に礼拝されてきた伝統があるが、現在では神仏合体の霊場は他に見当たらないという。第1～24番札所が地、第25～54番が水、第55～60番が火、第61～70番が風、第71～88番が空の5部構成となっており、智恵をおこし（地）、愛情を育み（水）、その愛が和合し（火）、新しい創造を生み（風）、そして歓喜の世界（空）に至るとされる。
【札所名】(1)東林院（種蒔大師）（徳島県鳴門市大麻町），(2)長谷寺（徳島県鳴門市撫養町），(3)不動院（徳島県板野郡松茂町），(4)潮明寺（徳島県鳴門市鳴門町），(5)長寿寺（徳島県鳴門市北灘町），(6)葛城神社（徳島県鳴門市北灘町），(7)白鳥神社（香川県東かがわ市），(8)西教寺（香川県さぬき市大川町），(9)玉泉寺（香川県さぬき市），(10)自性院（香川県さぬき市），(11)田村神社（香川県高松市一宮町），(12)菩提院（香川県綾歌郡綾川町），(13)鷲峰寺（香川県高松市国分寺町），(14)観音寺（香川県坂出市高屋町），(15)顕正寺（香川県丸亀市土居町），(16)松尾寺（香川県仲多度郡琴平町），(17)仏母院（香川県仲多度郡多度津町），(18)善性寺（香川県三豊市詫間町），(19)宝積院（香川県三豊市豊中町），(20)延命院（香川県三豊市豊中町），(21)伊舎那院（香川県三豊市財田町），(22)密教寺（香川県三豊市財田町），(23)琴弾八幡宮（香川県観音寺市八幡町），(24)宗林寺（香川県観音寺市豊浜町），(25)光厳寺（子安観音）（愛媛県四国中央市金生町），(26)真観寺（山の寺）（愛媛県四国中央市富郷町），(27)新長谷寺（試み観音）（愛媛県四国中央市寒川町），(28)三福寺（愛媛県四国中央市土居町），(29)明正寺（浦島太郎の観音）（愛媛県新居浜市），(30)萩生寺（愛媛県新居浜市），(31)王至森寺（愛媛県西条市），(32)極楽寺（愛媛県西条市），(33)清楽寺（愛媛県西条市小松町），(34)妙雲寺（愛媛県西条市小松町），(35)実報寺（愛媛県西条市），(36)栴檀寺（世田薬師）（愛媛県西条市），(37)法華寺（愛媛県今治市），(38)満願寺（伊予の金比羅さん）（愛媛県今治市），(39)竹林寺（愛媛県今治市），(40)別宮大山祇神社（日本総鎮守）（愛媛県今治市別宮

町)，(41)光林寺(愛媛県今治市玉川町)，(42)遍照院(厄除大師)(愛媛県今治市菊間町)，(43)蓮生寺(ぽて茶寺)(愛媛県松山市)，(44)長楽寺(愛媛県松山市西垣生町)，(45)法寿院(安産・子育ての乳地蔵さん)(愛媛県東温市重信町)，(46)香積寺(隻手薬師)(愛媛県東温市)，(47)理正院(麻生の金比羅様)(愛媛県伊予郡砥部町)，(48)稱名寺(蒲冠者の旧跡)(愛媛県伊予市)，(49)伊豫稲荷神社(愛媛県伊予市)，(50)高昌寺(楠寺)(愛媛県喜多郡内子町)，(51)龍澤寺(愛媛県西予市城川町)，(52)永照寺(バラ大師)(愛媛県西予市野村町)，(53)善福寺(山田薬師)(愛媛県西予市宇和町)，(54)泰平寺(愛媛県宇和島市)，(55)鳳彩寺(高知県宿毛市小筑紫町)，(56)石見寺(高知県四万十市)，(57)観音寺(高知県須崎市大間西町)，(58)峰興寺(高知県高岡郡越知町)，(59)薬師寺(高知県高知市)，(60)閑慶院(高知県安芸市)，(61)定福寺(高知県長岡郡大豊町)，(62)持性院(徳島県三好市山城町)，(63)長福寺(徳島県三好市山城町)，(64)蓮華寺(徳島県三好市池田町)，(65)願成寺(徳島県三好郡東みよし町)，(66)地福寺(徳島県三好市井川町)，(67)瀧寺(徳島県三好市三野町)，(68)願勝寺(徳島県美馬市美馬町)，(69)神宮寺(徳島県美馬郡つるぎ町)，(70)東福寺(徳島県美馬郡つるぎ町)，(71)報恩寺(徳島県吉野川市鴨島町)，(72)妙法寺(徳島県名西郡神山町)，(73)上一宮大粟神社(徳島県名西郡神山町)，(74)宝蔵院(徳島県名東郡佐那河内村)，(75)地蔵院(徳島県徳島市名東町)，(76)観音院(徳島県板野郡藍住町)，(77)万福寺(徳島県徳島市吉野本町)，(78)東宗院(徳島県徳島市帖町)，(79)東照寺(徳島県徳島市)，(80)地蔵院(徳島県小松島市松島町)，(81)中津峰山 如意輪寺(徳島県徳島市多家良町)，(82)長谷寺(徳島県徳島市渋野町)，(83)神宮寺(徳島県阿南市新野町)，(84)弘法寺(徳島県海部郡美波町奥河内本村)，(85)満徳寺(徳島県海部郡牟岐町)，(86)江音寺(徳島県海部郡海陽町)，(87)正光寺(徳島県那賀郡那賀町)，(88)黒瀧寺(徳島県那賀郡那賀町)

【掲載事典】霊大，霊巡

◇**新四国曼荼羅霊場地図帖** 富永航平著 新四国曼荼羅霊場会 1989.12 192p 21cm

◇**新四国曼荼羅霊場を歩く** 富永航平著 新人物往来社 1990.7 203p 19cm 1200円 ①4-404-01737-5
内容 美しい自然とこまやかな人情の四国路に霊場を巡る旅のガイドブック。各霊場の縁起・歴史・文化財・見どころを網羅した決定版。

◇**新四国曼荼羅霊場巡拝案内図—新たなる祈り** えびす企画企画 新四国曼荼羅霊場会監修 高松 えびす企画 1994.07 144p 18×26cm

◇**新四国曼荼羅霊場ガイドブック** 高松 えびす企画(製作) 2007.1 108p 19×26cm 1000円

四国の霊場

◇**四国千寺社めぐり—四国の霊場・巡り 阿波・土佐・伊予・讃岐・淡路島の霊場・巡り** 高松 えびす出版 1997.8 130p 26cm 1905円
目次 四国四県(四国八十八ヶ所霊場 四国別格二十霊場 ほか) 阿波の国(観音霊場 阿波西国三十三ヶ所 阿波秩父 観音霊場三十四ヶ所 ほか) 土佐の国(土佐七福神 土佐西国三十三番霊場) 伊予の国(弘法大師巡錫 伊予二十一霊場 伊予道前道後十福霊場 ほか) 讃岐の国(さぬき三十三観音霊場 四国讃州七福神 ほか) 付録 淡路島(兵庫県)(淡路西国三十三ヶ所霊場 淡路四十九薬師霊場 ほか)

◇**四国の三十三所** ［石川靖夫］［著］ 富士見 石川靖夫 2004.6 77p 19cm
目次 ぼけ封じ四国三十三観音霊場 徳島県(阿波西三十三所 那賀郡坂東三十三所 阿波国秩父三拾四所 阿波国西三十三ヶ所(三好・美馬)) 香川県(讃岐三十三観音 庵礼西国三十三所) 愛媛県(松山西国三十三所 風早西国三十三所 府中西国三十三所 伊予西条西国三十三所 久米郡西国三十三所 川西新西国三十三所 野村西国三十三所 三間郷地西国三十三所 弓削島西国三十三所) 高知県(土佐西国三十三所)

《徳島県》

386 阿波西国三十三観音霊場

【概　要】徳島県北部に位置する観音霊場。1710（宝永7）年、普門軒通居士が熊野権現のお告げを受け、真言阿闍梨栄義上人と共に開創したと伝えられる。久しく途絶していたが、1972（昭和47）年に再興された。札所のうち7ヶ所が四国八十八ヶ所霊場と重複する。巡拝所要日数は車で2日。

【札所名】（東1）観音寺（徳島市勢見町）、（東2）善福寺（徳島市寺町）、（東3）福蔵寺（徳島市佐古二番町）、（東4）光徳寺（徳島市不動東町）、（東5）千光寺（板野郡藍住町）、（東6）観音院（板野郡藍住町）、（東7）東光寺（板野郡藍住町）、（東8）法音寺（板野郡藍住町）、（東9）見性寺（板野郡藍住町）、（東10）福成寺（板野郡藍住町）、（東11）天光寺（徳島市応神町）、（東12）恵勝寺（徳島市川内町）、（東13）正因寺（鳴門市大津町）、（東14）長谷寺（鳴門市撫養町）、（東15）光徳寺（鳴門市撫養町）、（東16）斎田寺（鳴門市撫養町）、（東17）法勝寺（鳴門市鳴門町）、（東18）昌住寺（鳴門市瀬戸町）、（東19）普光寺（鳴門市瀬戸町）、（東20）勧薬寺（鳴門市大麻町）、（東21）極楽寺（鳴門市大麻町）、（東22）妙薬寺（板野郡板野町）、（東23）金泉寺（板野郡板野町）、（東24）地蔵寺（板野郡板野町）、（東25）大山寺（板野郡上板町）、（東26）和泉寺（板野郡上板町）、（東27）熊谷寺（阿波市土成町）、（東28）切幡寺（阿波市市場町）、（東29）報恩寺（吉野川市鴨島町）、（東30）玉林寺（吉野川市鴨島町）、（東31）徳蔵寺（名西郡石井町）、（東32）観音寺（徳島市国府町）、（東33）井戸寺（徳島市国府町）、（西1）宝生寺（美馬市穴吹町）、（西2）亨保寺（美馬市穴吹町）、（西3）観音寺（美馬市穴吹町）、（西4）光泉寺（美馬市穴吹町）、（西5）本楽寺（美馬市穴吹町）、（西6）萬福寺（美馬郡つるぎ町）、（西7）真光寺（美馬郡つるぎ町）、（西8）神宮寺（美馬郡つるぎ町）、（西9）舞寺（三好郡東みよし町）、（西10）林下寺（三好郡東みよし町）、（西11）長善寺（三好郡東みよし町）、（西12）極楽寺（三好郡東みよし町）、（西13）福性寺（三好郡東みよし町）、（西14）興聖寺（三好郡東みよし町）、（西15）地福寺（三好市井川町）、（西16）長楽寺（三好市井川町）、（西17）不動院（三好市井川町）、（西18）蓮華寺（三好市池田町）、（西19）八幡寺（三好市池田町）、（西20）青色寺（三好市池田町）、（西21）雲辺寺（三好市池田町）、（西22）密厳寺（三好市池田町）、（西23）箸蔵寺（三好市池田町）、（西24）願成寺（三好郡みよし町）、（西25）瑠璃光寺（三好郡東みよし町）、（西26）長好寺（三好市三野町）、（西27）来迎寺（三好市三野町）、（西28）青蓮寺（三好市三野町）、（西29）瀧寺（三好市三野町）、（西30）願勝寺（美馬市美馬町）、（西31）金剛寺（美馬市脇町）、（西32）真楽寺（美馬市脇町）、（西33）最明寺（美馬市脇町）

【掲載事典】古寺、霊巡、霊典

◇観音霊場阿波西国三十三ケ所　三谷知章,小塩祐光著　阿波西国霊場会　［1973］80p　15cm　250円
◇阿波国写し霊場巡拝記　森英男著　森英男　［1979］
◇観音霊場阿波西国三十三ケ所　三谷知章,小塩祐光著　阿波西国霊場会　［1980］
◇阿波西国33ヶ所霊場めぐり（美馬・三好）　みづほ出版編　みづほ出版　［1988］1冊　27cm　800円
◇阿波西国三十三ヶ所　徳島県立図書館　1994.12

387 阿波七福神

【概　要】徳島県の室戸阿南海岸国定公園沿いの徳島市、小松島市、阿南市などに散在する7ヶ寺からなる七福神霊場。1984（昭和59）年に開創された。風光明媚な海岸線もあり、観光しながら巡拝できるコースとなっている。

【札所名】大黒天　中津峰山　如意輪寺（徳島市多家良町）、毘沙門天　四国総関所　立江寺（小松島市立江町）、福禄寿　妙見山　取星寺（阿南市羽ノ浦町）、恵比須大神　日本一社　津峯神社（阿南市津峯町）、弁財天　天神山　金林寺（阿南市福井町）、寿老人　別格本山　薬王寺

徳島県

（海部郡美波町），布袋尊 鯖大師本坊（八坂寺）（海部郡海陽町）
【掲載事典】七巡，全七，霊大，霊巡，日七

388 阿波秘境祖谷渓大歩危七福神
【概　要】秘境祖谷渓・大歩危周辺の山岳寺院の周辺の特性を生かした七福神霊場。祖谷渓・大歩危は、日本を代表する秘境であるうえ、源平の戦いに敗れた平家一族がおちのびて住み着いた伝説から、数多くの史跡・文化遺産が残る。深い信仰の対象となる由緒のある寺院も多いが、あまり知られることがなく、素朴な信仰を積み重ねてきたものである。寺院参拝を願う訪問者の声に応え、七福神霊場を開創するに至ったという。
【札所名】恵比須大神 中津山 光明寺（三好市池田町），大黒天 鳩峰山 八幡寺（三好市池田町），毘沙門天 巨鼇山 雲辺寺（三好市池田町），弁才天 鶏足山 安楽寺（三好市西祖谷山村），福禄寿 瑠璃山 長福寺（三好市山城町），寿老人 光明山 持性院（三好市山城町），布袋尊 歩危地蔵 圓明寺（三好市山城町）
【掲載事典】七巡，霊大，霊巡，日七

389 徳島七福神
【概　要】吉野川の河口にひらけた徳島県徳島市には古くから徳島七福神が伝えられていた。1981（昭和56）年、徳島市の7ヶ寺により創設された七福神霊場。約14kmの巡拝コースとなっている。例年1月7日の縁日のほか、5月7日、10月7日も縁日として多くの参詣者が訪れる。
【札所名】恵美寿太神 円福寺（徳島市八万町），大黒天 願成寺（徳島市寺町），毘沙門天 光仙寺（徳島市伊賀町），弁財天 万福寺（徳島市吉野本町），福禄寿 東照寺（徳島市），寿老人 清水寺（徳島市南佐古三番町），布袋尊 明王寺（徳島市中前川町）
【掲載事典】七幸，七め，全七，霊大，霊巡，日七

390 わじき七福神
【概　要】町おこしの一環として成立した七福神霊場。現在の徳島県那賀郡那賀町、旧町名鷲敷町内の寺社から成る。各寺社の七福神像は鷲敷町生まれの仏師仏師・石本朋隆による新製作。鷲敷七福神。
【札所名】恵比須大神 蛭子神社（那賀郡那賀町），大黒天 八幡神社（那賀郡那賀町），毘沙門天 谷の坊薬師（那賀郡那賀町），弁財天 光盛庵（那賀郡那賀町），布袋尊 氷柱観音（那賀郡那賀町），寿老人 持福院（那賀郡那賀町），福禄寿 蓮台寺（那賀郡那賀町）
【掲載事典】霊巡，日七

徳島県の霊場

◇阿波国秩父三拾四ケ所道中記　徳島　徳島県出版文化協会　1974　19丁　16cm　〈明治37年刊の複製〉300円

◇郷土の記録　第2号　観世音霊場　脇町（徳島県）　田上郷土会　1981.3　10p　26cm

《香川県》

391 讃岐三十三観音霊場

【概　要】弘法大師御生誕の地である香川県の全域に散在する観音霊場。1549(天文18)年に開創された。明治時代の廃仏毀釈などにより途絶したが、1977(昭和52)年10月に再興された。34ヶ所の札所全てが真言宗寺院で、四国八十八ヶ所霊場と重複するのは番外である善通寺のみである。全行程は約70里で、巡拝所要日数は車で2日。

【札所名】(1)長寿山 東福寺 如意輪院(高松市番町)、(2)眺海山 洲崎寺 円通院(高松市牟礼町)、(3)福聚山 圓通寺 世尊院(さぬき市)、(4)千手山 長福寺 総持王院(さぬき市)、(5)大渓山 釋王寺 蓮光院(東かがわ市)、(6)二合山 観音寺 普門院(東かがわ市)、(7)利剣山 萬生寺 菩提心院(東かがわ市)、(8)紫雲山 宝蔵院 極楽寺(さぬき市)、(9)珠鏡山 圓光寺 観照院(さぬき市)、(10)日内山 霊芝寺 遍照光院(さぬき市)、(11)医王山 浄願院 城福寺(仲多度郡まんのう町)、(12)吟松山 長法寺 金蓮院(仲多度郡琴平町)、(13)殊勝山 圓満院 萬福寺(三豊市財田町)、(14)北田山 伊舎那院 如意輪寺(三豊市財田町)、(15)駒石山 宗運寺 観音院(三豊市山本町)、(16)寶樹山 極楽寺 西光院(観音寺市粟井町)、(17)補陀落山 満願寺 平等院(観音寺市豊浜町)、(18)七宝山 寶積院 妙音寺(三豊市豊中町)、(19)大寧山 覚城院 不動護国寺(三豊市仁尾町)、(20)七宝山 寶林寺 蓮城密院(三豊市詫間町)、(21)七宝山 柞原寺 宝幢院(三豊市高瀬町)、(22)七宝山 威徳院 勝造寺(三豊市高瀬町)、(23)宝珠山 地蔵寺 悲願院(三豊市高瀬町)、(24)獅子山 萬福寺 舎那院(善通寺市吉原町)、(25)五岳山 観智院 善通寺(善通寺市善通寺町)、(26)宝珠山 三谷寺 世尊院(丸亀市飯山町)、(27)醫王山 寶光寺 舎那院(丸亀市土器町)、(28)日照山 真光寺 自在院(丸亀市御供所町)、(29)慈雲山 聖徳院 慈照寺(綾歌郡宇多津町)、(30)青松山 圓通寺 観音院(綾歌郡宇多津町)、(31)壺平山 聖通寺 宝光院(綾歌郡宇多津町)、(32)宝珠山 龍光院 吉祥寺(坂出市江尻町)、(33)海珠山 西光寺 慈眼院(高松市香西本町)、(総本寺)五岳山 善通寺 誕生院(善通寺市善通寺町)

【掲載事典】霊大, 霊巡, 日巡

◇讃岐三十三観音霊場巡拝略図　改訂版
　長尾　讃岐三十三観音霊場会　1978.3
　1冊　13×18cm

◇さぬき三十三観音霊場　読売新聞高松支局編　高松　読売新聞高松支局　1979　36p　22cm

◇さぬき三十三観音霊場—補陀洛への旅
　高松　春秋社　1979.9　120p　30cm　800円

392 さぬき七福神

【概　要】県主導で香川県の目玉観光スポットにすることを狙い、2001(平成13)年に成立した。高松市を中心とする4寺3社から成る。毘沙門天のある香西寺の毘沙門天立像は、1941(昭和16)年重要無形文化財に指定されている。また、弁財天のある國分寺は四国八十八カ所霊場の一つ。

【札所名】福禄寿 滝宮天満宮(綾歌郡綾川町)、弁財天 國分寺(高松市国分寺町)、毘沙門天 香西寺(高松市香西西町)、布袋尊 田村神社(高松市一宮町)、大黒天 法然寺(高松市仏生山町)、寿老人 與田寺(東かがわ市)、恵比須神 白鳥神社(東かがわ市)

【掲載事典】全七, 霊巡, 日七

393 さぬき十二支霊場

【概　要】香川県西部の瀬戸内海沿いを中心に広がる十二支霊場で、1978(昭和53)年に開創された。構成寺院8ヶ寺のうち7寺が三豊市、1ヶ寺が仲多度郡多度津町にある。讃

香川県

岐国一代守本尊霊場とも称される。
【札所名】(1) 子 長林寺 (三豊市豊中町)、(2) 丑・寅 神正院 (三豊市詫間町)、(3) 卯 海岸寺 (仲多度郡多度津町)、(4) 辰・巳 長壽院 (三豊市詫間町)、(5) 午 歓喜院 (三豊市高瀬町)、(6) 未・申 円明院 (三豊市仁尾町)、(7) 酉 宝光寺 (三豊市高瀬町)、(8) 戌・亥 蓮台寺 (三豊市高瀬町)
【掲載事典】霊巡

394 四国讃州七福之寺
【概　要】香川県 (讃岐国) の観音寺市、三豊市にある真言宗各派の7ヶ寺が集まり、開創された七福神霊場。
【札所名】恵美須神 宗林寺 (観音寺市豊浜町)、弁財天 萩原寺 (観音寺市大野原町)、南極福神 密蔵寺 (三豊市財田町)、毘沙門天 延命院 (三豊市豊中町)、布袋福神 宝珠寺 (観音寺市高屋町)、吉祥天 吉祥院 (丸亀市北平山町)、大黒天 善性院 (三豊市詫間町)
【掲載事典】七幸、七巡、霊大、霊巡、日七

◇四国讃州七福之寺奉納経帳　川之江　薦田哲久製紙所　[出版年不明] 1冊　24cm
◇四国讃州七福神　春秋社編　高松　春秋社　[1980] 34p　21cm

395 小豆島七福神
【概　要】香川県小豆島内に点在する7つの八幡神社から成る。弁財天を祀る内海八幡神社は応神天皇小豆島御遊幸の旧跡で、天皇行在所の跡と伝えられるほか、寿老神を祀る離宮八幡神社例祭で上演される農村歌舞伎の舞台は国指定の重要有形民俗文化財となっている。
【札所名】布袋尊 伊喜末八幡神社 (小豆郡土庄町)、福禄寿 富丘八幡神社 (小豆郡土庄町)、えびす神 土庄八幡神社 (小豆郡土庄町)、大黒神 池田亀山八幡宮 (小豆郡小豆島町)、弁財天 内海八幡神社 (小豆郡小豆島町)、寿老神 離宮八幡神社 (小豆郡土庄町)、毘沙門天 葺田 (福田) 八幡神社 (小豆郡小豆島町)
【掲載事典】全七、霊巡、日七

396 小豆島八十八ヵ所霊場
【概　要】『二十四の瞳』で知られる香川県の小豆島に位置する弘法大師霊場。1686 (貞享3) 年に同地の真言宗寺院の住職36人により開創された。伝説によると弘法大師が生国である讃岐から京へ上洛し、あるいは帰郷する途中に小豆島に立ち寄り、修行や祈念を積んだ霊跡とされる。そのため、地元では本四国に対し、新四国でなく元四国と呼ばれている。全行程は約145km。巡拝所要日数は徒歩で7～8泊、車で3～4泊。
【札所名】(総本院) 小豆島霊場総本院 (小豆郡土庄町)、(1) 洞雲山 (小豆郡小豆島町)、(2) 碁石山 (小豆郡小豆島町)、(3) 観音寺 (小豆郡小豆島町)、(3番奥之院) 隼山 (小豆郡小豆島町)、(4) 古江庵 (小豆郡小豆島町)、(5) 堀越庵 (小豆郡小豆島町)、(6) 田の浦庵 (小豆郡小豆島町)、(7) 向庵 (小豆郡小豆島町)、(8) 常光寺 (小豆郡小豆島町)、(9) 庚申堂 (小豆郡小豆島町)、(10) 西照庵 (小豆郡小豆島町)、(11) 観音堂 (小豆郡小豆島町)、(12) 岡之坊 (小豆郡小豆島町)、(13) 栄光寺 (小豆郡小豆島町)、(14) 清滝山 (小豆郡小豆島町)、(15) 大師堂 (小豆郡小豆島町)、(16) 極楽寺 (小豆郡小豆島町)、(17) 一ノ谷庵 (小豆郡小豆島町)、(18) 石門洞 (小豆郡小豆島町)、(19) 木ノ下庵 (小豆郡小豆島町)、(20) 佛ヶ滝 (小豆郡小豆島町)、(21) 清見寺 (小豆郡小豆島町草壁本町)、(22) 峯之山庵 (小豆郡小豆島町草壁本町)、(23) 本堂 (小豆郡小豆島町草壁本町)、(24) 安養寺 (小豆郡小豆島町)、(25) 誓願寺庵 (小豆郡小豆島町)、(26) 阿彌陀寺 (小豆郡小豆島町)、(27) 桜ノ庵 (小豆郡小豆島町)、(28) 薬師堂 (小豆郡小豆島町)、(29) 風穴庵 (小豆郡小豆島町)、(30) 正法寺

（小豆郡小豆島町），(31)誓願寺（小豆郡小豆島町），(32)愛染寺（小豆郡小豆島町），(33)長勝寺（小豆郡小豆島町），(34)保寿庵（小豆郡小豆島町），(35)林庵（小豆郡小豆島町），(36)釈迦堂（小豆郡小豆島町），(37)明王寺（小豆郡小豆島町），(38)光明寺（小豆郡小豆島町），(39)松風庵（小豆郡小豆島町），(40)保安寺（小豆郡小豆島町），(41)佛谷山（小豆郡小豆島町），(42)西の瀧（小豆郡小豆島町），(43)浄土寺（小豆郡小豆島町），(44)湯舟山（小豆郡小豆島町），(45)地蔵堂（小豆郡小豆島町），(46)多聞寺（小豆郡土庄町），(47)栂尾山（小豆郡土庄町），(48)毘沙門堂（小豆郡土庄町），(49)東林庵（小豆郡土庄町），(50)遊苦庵（小豆郡土庄町），(51)宝幢坊（小豆郡土庄町），(52)旧八幡宮（小豆郡土庄町），(53)本覚寺（小豆郡土庄町），(54)宝生院（小豆郡土庄町），(55)観音堂（小豆郡土庄町），(56)行者堂（小豆郡土庄町），(57)浄源坊（小豆郡土庄町），(58)西光寺（小豆郡土庄町），(58番奥之院)誓願之塔（小豆郡土庄町），(59)甘露庵（小豆郡土庄町），(60)江洞窟（小豆郡土庄町），(61)浄土庵（小豆郡土庄町），(62)大乗殿（小豆郡土庄町），(63)蓮華庵（小豆郡土庄町），(64)松風庵（小豆郡土庄町），(65)光明庵（小豆郡土庄町），(66)等空庵（小豆郡土庄町），(67)瑞雲堂（小豆郡土庄町），(68)松林寺（小豆郡土庄町），(69)瑠璃堂（小豆郡土庄町），(70)長勝寺（小豆郡土庄町），(71)滝ノ宮堂（小豆郡土庄町），(72)滝湖寺（小豆郡土庄町），(72番奥之院)笠ヶ滝（小豆郡土庄町），(73)救世堂（小豆郡土庄町），(74)圓満寺（小豆郡土庄町），(75)大聖寺（小豆郡土庄町），(76)金剛寺（小豆郡土庄町），(76番奥之院)三暁庵（小豆郡土庄町），(77)歓喜寺（小豆郡土庄町），(78)雲胡庵（小豆郡土庄町），(79)薬師庵（小豆郡土庄町），(80)観音寺（小豆郡土庄町），(81)恵門ノ瀧（小豆郡土庄町），(82)吉田庵（小豆郡土庄町），(83)福田庵（小豆郡小豆島町），(84)雲海寺（小豆郡小豆島町），(85)本地堂（小豆郡小豆島町），(86)當浜庵（小豆郡小豆島町），(87)海庭庵（小豆郡小豆島町），(88)楠霊庵（小豆郡小豆島町），(番外霊場)藤原寺（小豆郡小豆島町）

【掲載事典】癒事，古寺，札所，巡遍，霊大，霊巡，日巡，霊典

◇小豆島八十八カ所　平幡良雄著　土庄町（香川県）札所研究会,小豆島霊場会〔頒布〕1971　198p（図共）18cm（古寺巡礼シリーズ 7）350円（税込）

◇歴史の旅西国三十三札所―付・小豆島八十八札所　徳永真一郎　十河信善共著　秋田書店　1973　280p　19cm　980円（税込）

◇小豆島八十八ケ所巡拝案内書・遍路　小豆島霊場会著　土庄町（香川県）小豆島霊場会　［1979］172p　19×18cm〈地図7枚〉

◇小豆島八十八カ所―霊場めぐり　平幡良雄著　銚子　満願寺事業部　1979.7　198p　18cm（古寺巡礼シリーズ）750円

◇小豆島八十八ケ所巡拝案内書―推考　小豆島霊場会著　土庄（香川県小豆郡）小豆島霊場会　1979.10　172p　19cm（一遍会双書）650円

◇絵本小豆島の札所　池原昭治絵・文　木馬書館　1980.6　150p　20cm　1100円

◇全国九カ所島四国霊場めぐり　首藤一著　大阪　創元社　1984.10　274p　19cm　1800円　①4-422-25035-3

◇小豆島霊場巡拝飛天翁一人百首　1　漆原秀男著　河原町（鳥取県）漆原秀男　1990.9　125p　21cm〈著者の肖像あり〉

◇小豆島霊場巡拝飛天翁一人百首　2　漆原秀男著　河原町（鳥取県）漆原秀男　1992.1　116p　21cm〈著者の肖像あり　折り込図1枚〉

◇小豆島八十八所遍路―法話と札所案内　小豆島八十八霊場会編　大阪　朱鷺書房　1993.3　222p　19cm　1030円　①4-88602-158-1

内容　一笠一杖に身を托し、三十八里の道程に弘法大師の遺跡をめぐる。島とはいえ、山あり谷あり、野の道あり。豊かな自然と、あたたかい人情につつまれた"島四国"遍路への招待。

◇小豆島遍路―島四国めぐり　平幡良雄著　改訂2版　銚子　満願寺教化部　1994.3　224p　19cm　1000円

◇小豆島遍路と旅　冨永航平著　大阪　朱鷺書房　2003.1　218p　19cm　1000円

①4-88602-329-0
[内容]三十八里の道程を行く"島四国"遍路。美しい自然の中に点在する霊場を巡る心の旅。寒霞渓、二十四の瞳映画村、温暖な島の気候風土が育てるそうめん、オリーブなど、見どころと食にあふれた小豆島をまるごと紹介。

◇小豆島八十八ヵ所ガイド　横山拓也著　大阪　朱鷺書房　2008.9　228p　19cm　1400円　①978-4-88602-341-4
[目次]小豆島八十八ヵ所霊場(小豆島は元四国　昭和の風景と今 ほか)　小豆島札所案内(小豆島霊場総本院　第1番洞雲山 ほか)　小豆島霊場コースガイド　小豆島遍路地図　巻末資料
[内容]小豆島霊場三十八里の道程には、豊かな自然と感動がある。山岳霊場から望む瀬戸内海の絶景や険しい岩肌に鎖一本で挑む「鎖の行場」。穏やかな気候のなか、観光スポットも訪ねながら、「お大師さんの島」を巡る。

◇小豆島おへんろ道案内図―小豆島八十八ヶ所徒歩巡拝順路自動車巡拝路　森下忠雄編　土庄町(香川県)　小豆島霊場八十八ヶ所協力会　2009.11　42p　21×30cm

◇小豆島歩き遍路道中記　濱田侶義榮著　[稲城]　濱田侶義榮　2011.11　85p　19cm　①978-4-905375-01-2

◇小豆島八十八ケ所霊場―霊場会公認ガイド　小豆島霊場会編　大阪　朱鷺書房　2014.2　238p　19cm　1500円　①978-4-88602-350-6
[目次]小豆島霊場の風景　小豆島霊場とは(小豆島霊場の歴史　小豆島遍路―時空を超えて大師の足跡をたどる祈り　この生命を共に生きる―釈尊からお大師さまへ ほか)　小豆島礼所案内(小豆島霊場総本院　第1番洞雲山　第2番碁石山 ほか)
[内容]瀬戸内海に浮かぶ小豆島には、お遍路さんが巡る八十八ヶ所霊場がある。霊場の歴史や由来、遍路の習俗、巡拝体験記から、数多くのカラー写真を交えた札所寺院紹介まで、小豆島霊場の魅力を余すところなく伝える。

397　善通寺八十八ヶ所
【概　要】四国八十八ヶ所霊場の本尊を祭り、その正面に各寺院の霊砂を敷きつめたお砂踏み道場。砂を踏みながら礼拝することで四国八十八ヶ所を巡拝するのと同じ功徳を積むことができるという。正月と春・秋の彼岸に限って開催していたが、2006(平成18)年の善通寺創建1200年祭にあわせて、遍照閣1階に常設されることとなった。現地では拝観が難しい秘仏を含め全ての本尊を間近で見ることができる。
【札所名】善通寺(善通寺市善通寺町)

◇みちくさ遍路―善通寺88ヶ所めぐり　2001　『みちくさ遍路』編集委員会編　善通寺　善通寺市　2001　191p　22cm　700円

香川県の霊場

◇ミニ八十八カ所お大師まいり―祝！開創100周年　木村秀雄著　第2版　[出版地不明]　塩飽広島歴史民俗研究会　2015.3　68p,p4-16,p108-109　30cm　〈奥付のタイトル：塩飽広島お大師まいり札所完全ガイド,発行所：まほろば工房〉非売品

《愛媛県》

398　伊予七福神
【概　要】愛媛県松山市を中心とする7寺社から成り、心願成就を祈願する。参拝の順序、期間等特に定めはない。毘沙門天のある文殊院は四国八十八カ所霊場の番外札所でもある。
【札所名】寿老人　厳島神社(松山市神田町)、弁財天　弘願寺(松山市)、大黒天　出雲大社松

愛媛県

山分祠（松山市本），恵比寿神 伊豫稲荷神社（伊予市），布袋尊 昌福寺（松山市），毘沙門天 文殊院（松山市恵原町），福禄寿 浄土寺（東温市）
【掲載事典】全七，霊巡

399 伊予十三佛霊場
【概　要】愛媛県松山市を中心に東温市・伊予郡砥部町に広がる十三仏霊場。発願の明星院（救世観音）と結願の金毘羅寺（金比羅大権現）を加えた15ヶ寺で構成される。かつては毎年9月に恒例の大祭「大曼荼羅火まつり」が催されていたが、2012（平成24）年から毎年5月中旬に生花による荘厳とする大祭「花まんだら祭り」が執り行われることになった。また、正月には「すごろくまいり」の初詣客で賑わう。全行程は約91kmで、巡拝所要日数は1日。
【札所名】(発願の寺) 明星院（松山市平井町），(1) 大蓮寺（松山市東方町），(2) 浄土寺（松山市鷹子町），(3) 太山寺（松山市太山寺町），(4) 円福寺（松山市藤野町），(5) 地蔵院（松山市），(6) 極楽寺（松山市鷹子町），(7) 香積寺（東温市），(8) 西林寺（松山市高井町），(9) 道音寺（東温市），(10) 八坂寺（松山市浄瑠璃町），(11) 高音寺（松山市高木町），(12) 理正院（伊予郡砥部町），(13) 成願寺（松山市），(結願の寺) 金毘羅寺（東温市）
【掲載事典】霊大，霊巡

◇伊予十三仏霊場めぐり　松山　愛媛新聞社　2009.7　85p　15×21cm　1429円
①978-4-86087-082-9
[目次] 庶民信仰から生まれた十三仏　十三仏と十三王　伊予十三仏参り　霊場めぐりMAP　発願の寺 明星院　第一番 大蓮寺　第二番 浄土寺　第三番 太山寺　第四番 円福寺　第五番 地蔵院　第六番 極楽寺　第七番 隻手薬師・香積寺　第八番 西林寺　第九番 道音寺　第十番 八坂寺　第十一番 高音寺　第十二番 理正院　第十三番 成願寺　結願の寺 金比羅寺

400 伊予十二薬師霊場
【概　要】愛媛県松山城を中心に愛媛県内に広がる薬師如来霊場。行基開創と伝わる伊予七薬師霊場を継承する霊場で、1976（昭和51）年に開創された。各札所には十二支の守り本尊も配され、干支詣りもできるようになっている。全行程は約70kmで、巡拝所要時間は車で6時間。
【札所名】(1) 子 東林寺（松山市福角町），(2) 丑 医座寺（松山市東大栗町），(3) 亥 蓮華寺（松山市谷町），(4) 寅 西法寺（松山市下伊台町），(5) 卯 正観院（松山市北梅本町），(6) 辰 香積寺（東温市），(7) 巳 長隆寺（松山市来住町），(8) 午 雲門寺（松山市星岡町），(9) 申 金蓮寺（伊予郡松前町），(10) 酉 長楽寺（松山市西垣生町），(11) 戌 浄明院（松山市別府町），(12) 未 薬師寺（薬師堂）（松山市）
【掲載事典】巡遍，霊大，霊巡

◇伊予十二薬師霊場　東林寺編　松山　東林寺　[1992]　1枚　22×60cm（折りたたみ22×15cm）
◇伊予十二薬師霊場各寺御詠歌　[出版地不明]　[出版者不明]　[1992]　[12]p　26cm
◇伊予十二薬師霊場巡拝地図―あなたを守る干支まいり　東林寺編　松山　東林寺　[1992]　1枚　30×42cm

401 伊予（道前・道後）十観音霊場
【概　要】愛媛県西条市と久万高原町の境界に位置する霊峰石鎚山（標高1982m）の麓に散在するミニ観音霊場。道前・道後と名付けられていることから、伊予一国の霊場として定められたと推測される。明治期開創との記録が残されており、1985（昭和60）年に再興された。巡拝所要日数は2日。

愛媛県

【札所名】(1)新長谷寺(長谷試の観音・ぬれ手観音)(伊予三島市寒川町),(2)西山興隆寺(西山観音)(西条市丹原町),(3)法華寺(現身観音)(今治市),(4)乗禅寺(えんぎ観音)(今治市),(5)高縄寺(高縄観音)(松山市),(6)福見寺(福見観音)(東温市),(7)儀光寺(由利観音)(松山市),(8)宝珠寺(谷上観音)(伊予市),(9)出石寺(いづし観音)(大洲市),(10)龍光院(招福観音)(宇和島市天神町)
【掲載事典】霊大,霊巡

402 伊予府中十三石仏霊場

【概　要】1983(昭和58)年、愛媛県今治市の15ヶ寺が集まって開創された。13ヶ寺と番外2ヶ寺の15ヶ寺からなり、石仏の本尊を巡るというユニークな十三仏霊場。各札所の石仏本尊は屋外にあるため、誰でも巡拝でき、また新仏のできた家が簡単に13仏を巡ることができるのも特徴。車での巡拝所要時間は6時間。

【札所名】(発願)日照山　海禅寺(今治市山方町),(1)海松山　真光寺(今治市東村),(2)百丈山　大雄寺(今治市室屋町),(3)霊樹山　東禅寺(今治市蔵敷町),(4)法幢山　佛城寺(今治市四村),(5)来島山　附嘱寺(今治市郷本町),(6)高野山　今治別院(今治市別宮町),(7)金光山　最勝院　伊予国分寺(今治市),(8)須弥山　明積寺(今治市北鳥生町),(9)杉生山　寳蔵寺(今治市玉川町),(10)補陀洛山　法華寺(今治市),(11)狐月山　円照寺(今治市),(12)別宮山　光明寺金剛院　南光坊(今治市別宮町),(13)理観山　医王院　龍岡寺(今治市玉川町),(結願)摩尼山　光林寺(今治市玉川町)
【掲載事典】霊巡

403 えひめ大島准四国八十八ヵ所霊場

【概　要】愛媛県今治市と広島県尾道市を結ぶ西瀬戸自動車道(しまなみ海道)上に位置する大島(行政区分は愛媛県今治市)に広がる弘法大師霊場。同島の医師毛利玄得が発願し、修験者金剛院玄空・庄屋池田重太の協力により、1807(文化4)年に開創された。毎年4月第3土曜日から3日間にわたりへんろ市縁日が開催される。札所の多くは無住の御堂だが、寺号・本尊・御詠歌は本四国に倣っている。全行程は63kmで、巡拝所要日数は徒歩で2泊3日、車で1泊2日。伊予大島八十八ヶ所霊場または島四国(えひめ大島)伊予大島准四国霊場とも。

【札所名】(1)正覚庵　霊山寺(今治市),(2)海岸堂　極楽寺(今治市宮窪町),(3)自光庵　金泉寺(今治市宮窪町),(4)無量寿庵　大日寺(今治市宮窪町),(5)寿気庵　地蔵寺(今治市宮窪町),(6)医王庵　安楽寺(今治市宮窪町),(7)付属庵　十楽寺(今治市宮窪町),(8)海南寺　熊谷寺(今治市宮窪町),(9)大聖庵　法輪寺(今治市宮窪町),(10)證明寺　切幡寺(今治市宮窪町),(11)潮音堂　藤井寺(今治市宮窪町),(12)宝珠庵　焼山寺(今治市宮窪町),(13)常住庵　大日寺(今治市宮窪町),(14)千光寺　常楽寺(今治市宮窪町),(15)三光庵　国分寺(今治市宮窪町),(16)密乗庵　観音寺(今治市宮窪町),(17)大慈庵　井戸寺(今治市宮窪町),(18)利生庵　恩山寺(今治市宮窪町),(19)善福寺　立江寺(今治市宮窪町),(20)鸎林庵　鶴林寺(今治市宮窪町),(21)平等庵　太龍寺(今治市吉海町),(22)洗厳堂　平等寺(今治市吉海町),(23)三門堂　薬王寺(今治市吉海町),(24)光明堂　最御崎寺(今治市吉海町),(25)最勝堂　津照寺(今治市吉海町),(26)地主庵　金剛頂寺(今治市宮窪町),(27)善徳寺　神峯寺(今治市吉海町),(28)吉祥庵　大日寺(今治市吉海町),(29)極楽寺　国分寺(今治市吉海町),(30)竹林庵　善楽寺(今治市吉海町),(31)三角庵　竹林寺(今治市吉海町),(32)弥勒庵　禅蹉寺(今治市吉海町),(33)高龍寺　雪蹊寺(今治市吉海町),(34)妙法堂　種間寺(今治市吉海町),(35)布留坊　清滝寺(今治市吉海町),(36)岬深庵　青龍寺(今治市吉海町),(37)示現庵　岩本寺(今治市吉海町),(38)仏浄庵　金剛福寺(今治市吉海町),(39)(1)宥信庵　延光寺(今治市吉海町),(39)(2)宥信庵　延光寺(今治市吉海町),(40)浄花庵　観自在寺(今治市吉海町),(41)海照庵　龍光寺(今治市吉海町),(42)証林庵　仏木寺(今治市吉海町),(43)蓮花庵　明石寺(今治市吉海町),(44)

愛媛県

十楽庵 大宝寺（今治市吉海町），(45 (1)) ゆるぎ山岩屋寺 岩屋寺（今治市吉海町），(45 (2)) 大師堂 岩屋寺（今治市吉海町），(46) 観音堂 浄瑠璃寺（今治市吉海町），(47) 法南寺 八坂寺（今治市吉海町），(48) 善女庵 西林寺（今治市吉海町），(49) 亀甲庵 浄土寺（今治市吉海町），(50) 宝幢庵 繁多寺（今治市吉海町），(51) 利益庵 石手寺（今治市吉海町），(52) 西蓮庵 太山寺（今治市吉海町），(53) 牛頭山 円明寺（今治市吉海町），(54) 昌清庵 延命寺（今治市吉海町），(55) 櫛野辺堂 南光坊（今治市吉海町），(56) 万行寺 泰山寺（今治市吉海町），(57) 道場庵 栄福寺（今治市吉海町），(58) 霊仙寺 仙遊寺（今治市吉海町），(59) 金剛院 国分寺（今治市吉海町），(60) 遍照坊 横峰寺（今治市吉海町），(61) 般若庵 香園寺（今治市吉海町），(62) 大来庵 宝寿寺（今治市吉海町），(63) 普光寺 吉祥寺（今治市吉海町），(64) 五光庵 前神寺（今治市吉海町），(65) 福寿庵 三角寺（今治市吉海町），(66) 供養堂 雲辺寺（今治市吉海町），(67) 紫雲庵 大興寺（今治市吉海町），(68) 知足庵 神恵院（今治市吉海町），(69) 蓮台庵 観音寺（今治市吉海町），(70) 車南庵 本山寺（今治市吉海町），(71) 金光庵 弥谷寺（今治市吉海町），(72) 釈迦庵 曼荼羅寺（今治市吉海町），(73) 浄土庵 出釈迦寺（今治市吉海町），(74) 五大院 甲山寺（今治市吉海町），(75) 誕生庵 善通寺（今治市吉海町），(76) 不動堂 金倉寺（今治市吉海町），(77) 西大寺 道隆寺（今治市吉海町），(78) 千行堂 郷照寺（今治市吉海町），(79) 福ества寺 高照院（今治市吉海町），(80) 常楽庵 国分寺（今治市吉海町），(81) 光明庵 白峯寺（今治市吉海町），(82) 西照庵 根香寺（今治市吉海町），(83) 永楽庵 一宮寺（今治市吉海町），(84) 薬師堂 屋島寺（今治市吉海町），(85) 照月庵 八栗寺（今治市吉海町），(86) 万福寺 志度寺（今治市吉海町），(87) 随心庵 長尾寺（今治市吉海町），(88) 灌潮庵 大窪寺（今治市吉海町），(番外) 観音堂（今治市宮窪町），(番外) 飛石寺（今治市宮窪町），(番外) 日切地蔵（西予市野村町）

【掲載事典】古寺，霊大，霊巡

◇えひめ大島―島四国　渡辺暁童企画編集　吉海町（愛媛県）　吉海町観光協会　［198-］ 1枚　26×37cm

◇全国九カ所島四国霊場めぐり　首藤一著　大阪　創元社　1984.10　274p　19cm　1800円　①4-422-25035-3

◇えひめ大島島四国ガイドブック―吉海町・宮窪町　改訂版　吉海町（愛媛県）　吉海町観光協会　［1987］64p　19cm

◇えひめおおしま島四国　大島准四国霊場会監修　愛媛　吉海町観光協会　1999.3　62p　19cm　300円

◇お大師さんのおる島えひめ大島島四国　［出版地不明］［出版者不明］［200-］1枚　42×60cm

◇伊予大島八十八ヵ所ガイド―しまなみ海道島四国遍路　春野草結著　大阪　朱鷺書房　2008.3　180p　19cm　1200円　①978-4-88602-340-7

目次 伊予大島准四国霊場（愛媛県・大島の島四国　遍路を実行するために ほか）　大島島四国コースガイド（下田水から海沿いの道を北上（44番～50番）　舫大川西の山すそを南へ（51番～64番）ほか）　その他の島四国（向島八十八ヵ所　因島八十八ヵ所 ほか）　大島島四国遍路地図（大島全図　エリア1（44番～48番）ほか）

内容 のどかな瀬戸内の風景に心いやされる伊予大島准四国霊場の遍路道を詳細にガイド。開創二百年余の歴史を有する島四国はあたたかいお接待の心を今に伝えている。向島、因島、生口島、伯方島など、しまなみ海道周辺の他の島四国霊場にもふれる。

404 四国七福神

【概　要】愛媛県（伊予国）の東予地区には江戸時代末期頃より七福神信仰があったという。1976（昭和51）年、西条市内の7ヶ寺が、昔のようにお詣りができるようにと七福神めぐりを再興した。

【札所等】恵美寿尊 興隆寺（西条市丹原町），大黒天 横峰寺別院（西条市小松町），毘沙門天王 吉祥寺（西条市），弁財天 安楽寺（西条市丹原町），布袋尊 宝寿寺（西条市小松町），寿老人 前神寺（西条市），福禄寿 極楽寺（西条市）

【掲載事典】七幸，七巡，七め，霊大，霊巡

405 にいはま新四国八十八ヶ所霊場
【概　要】愛媛県新居浜市に位置する弘法大師霊場。同市には四国八十八ヶ所霊場の札所が存在しないが，1921（大正10）年に第49番北之坊阿弥陀寺16世横関宥恵師が市内の由緒ある寺庵に四国八十八ヶ所の霊砂を配り開創した。全行程は約100kmだが，廃絶した札所や，山中にあり通行不能となっている札所などもあるという。
【札所名】(1)阿島大師堂（新居浜市），(2)阿島安養寺（新居浜市），(3)白浜阿弥陀堂（新居浜市），(4)西楠崎地蔵堂（新居浜市），(5)又野阿弥陀堂（新居浜市），(6)下郷地蔵堂（新居浜市），(7)下郷阿弥陀堂（新居浜市），(8)中郷薬師堂（新居浜市），(9)上郷薬師堂（新居浜市），(10)庄内地蔵堂（新居浜市），(11)庄内薬師堂（新居浜市），(12)高木河内寺（新居浜市），(13)下泉川林香庵（新居浜市），(14)上泉毘沙門堂（新居浜市），(15)喜光地薬師堂（新居浜市），(16)泉川隆徳寺（新居浜市），(17)泉川高柳大師堂（新居浜市），(18)上東田大師堂（新居浜市），(19)光明寺不動堂（新居浜市），(20)坂之下大師堂（新居浜市），(21)長野青林庵（新居浜市），(22)道面地蔵堂（新居浜市），(23)長川毘沙門堂（新居浜市），(24)大久保観音堂（新居浜市），(25)元船木地蔵堂（新居浜市），(26)池田阿弥陀堂（新居浜市），(27)国領観音堂（新居浜市），(28)高祖神宮寺（新居浜市），(29)種子川口享徳寺（新居浜市），(30)川口地蔵堂（新居浜市），(31)川口新田薬師堂（新居浜市），(32)北内中之坊（新居浜市），(33)北内観音堂（新居浜市），(34)本俵閻魔堂（新居浜市），(35)立川大師堂（新居浜市），(36)久保木曇華庵（新居浜市），(37)西蓮寺阿弥陀堂（新居浜市），(38)篠場地蔵堂（新居浜市），(39)山田薬師堂（新居浜市），(40)上原地蔵堂（新居浜市），(41)井出口大師堂（新居浜市），(42)小味地山釈迦堂（新居浜市），(43)旦之上観音堂（新居浜市），(44)旦之上薬師堂（新居浜市），(45)大生院 正法寺（新居浜市），(46)岸之下西地蔵堂（新居浜市），(47)岸之下地蔵堂（新居浜市），(48)白石阿弥陀堂（新居浜市），(49)萩生北之坊（新居浜市），(50)治良丸不動堂（新居浜市），(51)治良丸地蔵堂（新居浜市），(52)萩生南之坊（新居浜市），(53)萩生大師堂（新居浜市），(54)馬淵天満堂（新居浜市），(55)本郷地蔵堂（新居浜市），(56)中村観音堂（新居浜市），(57)土橋地蔵堂（新居浜市），(58)西泉地蔵堂（新居浜市），(59)西喜光地阿弥陀堂（新居浜市），(60)松木地蔵堂（新居浜市），(61)滝ノ宮地蔵堂（新居浜市），(62)久保田地蔵堂（新居浜市），(63)西土居地蔵堂（新居浜市），(64)お茶屋谷観音堂（新居浜市），(65)磯浦地蔵堂（新居浜市），(66)金子新田不動堂（新居浜市），(67)慈眼寺大師堂（新居浜市），(68)慶正寺（新居浜市一宮町），(69)東町観音堂（新居浜市），(70)新須賀円福寺（新居浜市），(71)新須賀大師堂（新居浜市），(72)八幡町宗像寺（新居浜市），(73)沢津清水大師堂（新居浜市），(74)沢津阿弥陀堂（新居浜市），(75)宇高観音堂（新居浜市），(76)宇高地蔵堂（新居浜市），(77)田之上大師堂（新居浜市），(78)垣生薬師堂（新居浜市），(79)垣生太子堂（新居浜市），(80)垣生観音堂（新居浜市），(81)垣生法泉寺（新居浜市），(82)垣生女乙山（新居浜市），(83)松神子泉大師堂（新居浜市），(84)黒島地蔵堂（新居浜市），(85)黒島明正寺（新居浜市），(86)黒島毘沙門堂（新居浜市），(87)大島願行寺（新居浜市），(88)大島吉祥寺（新居浜市）
【掲載事典】霊巡

◇にいはま 新四国八十八ヶ所遍路記―心のふるさと　藤田弥一郎著　新居浜　愛媛地方史研究会　1982.2　266p　19cm

◇にいはま 新四国八十八ヶ所遍路記―心のふるさと　藤田弥一郎著　新居浜　愛媛地方史研究会　1983.2　266p　19cm〈付：にいはま四国八十八ヶ所札所案内図〉1300円

◇にいはま 新四国八十八ヶ所遍路記―心のふるさと　青野太一監修　若宮の何でも語る会。　2010.6　1冊　21cm

406 南予七福神

【概　要】愛媛県東南部の寺からなり、いずれの寺も四国八十八ヶ所霊場または別格霊場の札所に含まれる。南予七ヶ所霊場とも。
【札所名】弁財天 観自在寺（南宇和郡愛南町），毘沙門天 龍光院（宇和島市天神町），恵比寿 龍光寺（宇和島市三間町），大黒天 仏木寺（宇和島市三間町），布袋尊 明石寺（西予市宇和町），寿老人 出石寺（大洲市），福禄寿 永徳寺（大洲市）
【掲載事典】霊巡

《高知県》

407 土佐七福神

【概　要】高知県高知市を中心に、JR土讃線と国道55号、56号線沿いに広い範囲で点在する。1986（昭和61）年に開創された霊場で、7回巡拝を達成すると記念品が授与される。
【札所名】大黒天 極楽寺（高知市），毘沙門天 龍王院（南国市岡豊町），寿老人 地蔵寺（香美市土佐山田町），弁財天 金剛寺（香南市野市町），布袋尊 大徳寺（清光寺より変更）（南国市），福禄寿 大善寺（善福寺より変更）（須崎市西町），恵美酒神 極楽寺（土佐市宇佐町）
【掲載事典】七巡，全七，霊大，霊巡

九州

408 九州西国三十三観音霊場

【概　要】筑前・筑後・豊前・豊後・肥前・肥後の6ヶ国(現在の福岡・大分・佐賀・長崎・熊本の北九州5県)にわたる観音霊場で、古くは「筑紫三十三番札所」と称された。伝承によると、713(和銅6)年に宇佐の仁聞菩薩と法蓮上人らが日子山権現のお告げにより18ヶ所の霊場を巡礼し、次いで716(霊亀2)年に熊野権現のお告げを受け、731(天平3)年に15ヶ所の霊場を巡ったことが起源とされる。西国観音霊場の開創が718(養老2)年と伝えられることから、九州西国霊場を日本最古の観音霊場と呼ぶこともある。各札所の開基は仁聞が5ヶ所、他に百済系の渡来人とされる行基が10ヶ所、渡来僧が8ヶ所を占め、中国・朝鮮との交流の跡がうかがえる。全行程は約1100km。

【札所名】(1)英彦山 霊泉寺(福岡県田川郡添田町)、(2)大久山 長谷寺(大分県中津市)、(3)補陀落山 清水寺(大分県宇佐市)、(4)宇佐宮 大楽寺(大分県宇佐市)、(5)長岩屋山 天念寺(大分県豊後高田市)、(6)足曳山 両子寺(大分県国東市安岐町)、(7)宝籠山 宝満寺(大分県別府市)、(8)飛来山 霊山寺(大分県大分市)、(9)高城山 観音院・吉祥院(大分県大分市)、(10)九六位山 圓通寺(大分県大分市)、(11)有智山 蓮城寺(大分県豊後大野市三重町)、(12)金剛山 青龍寺(熊本県阿蘇市一の宮町)、(13)阿蘇山 西巌殿寺(熊本県阿蘇市)、(14)岩殿山 雲巌寺(熊本県熊本市松尾町)、(15)宇今山 普光寺(福岡県大牟田市)、(16)本吉山 清水寺(福岡県みやま市瀬高町)、(17)巨泉山 永興寺(福岡県みやま市瀬高町)、(18)山本山 観興寺(福岡県久留米市山本町)、(19)石垣山 観音寺(福岡県久留米市田主丸町)、(20)仁比山 地蔵院(佐賀県神埼市神埼町)、(21)清水山 寶地院(佐賀県小城市小城町)、(22)竹崎山 観世寺(佐賀県藤津郡太良町)、(23)法川山 和銅寺(長崎県諫早市高来町)、(24)田結山 観音寺(長崎県諫早市飯盛町)、(25)長崎山 清水寺(長崎県長崎市鍛冶屋町)、(26)円通山 観音寺(長崎県長崎市脇岬町)、(27)福石山 清岩寺(長崎県佐世保市福石町)、(28)円通山 常安寺(佐賀県唐津市)、(29)雷山 千如寺大悲王院(福岡県糸島市)、(30)清賀山 油山観音(福岡県福岡市城南区)、(31)屏風山 鎮国寺(福岡県宗像市)、(32)冷泉山 龍宮寺(福岡県福岡市博多区冷泉町)、(33)清水山 観世音寺(福岡県太宰府市)、(特別札所)高野山 興山寺(大分県臼杵市)

【掲載事典】癒事, 古寺, 巡遍, 霊大, 霊巡, 日巡, 霊典

◇九州西国霊場の秘宝　日野文雄写真　新人物往来社　1983.6　88p 図版64枚　31cm〈監修：立部瑞祐　解説：宮坂宥勝ほか 付(1枚 28cm)：山田恵諦大僧正之色紙 箱入 限定版〉28000円

◇九州西国霊場—巡礼の旅　九州西国霊場会編　新人物往来社　1983.7　184p　18cm　980円

◇九州西国霊場巡礼のしおり　菊川春暁編著　田主丸町(福岡県浮羽郡)　九州西国霊場会　1984.3　52p　26cm

◇九州西国霊場—巡拝の手引き　福岡　巡拝ライフ社　1995.5　132p　21cm

◇九州西国観音巡礼—仏を描いて札所をめぐる　近藤弘訓著　大阪　朱鷺書房　1996.4　237p　19cm　1030円　①4-88602-304-5

◇巡礼の道—九州西国霊場　九州西国霊場会編　菊川春暁著　大分　九州西国霊場会　1999.10　203p　19cm　1200円　①4-87415-290-2

◇九州西国霊場巡礼の旅　一坂太郎文　小島義秀写真　山と渓谷社　2007.1　157p　21cm(歩く旅シリーズ 古寺巡礼)　1500円　①978-4-635-60108-5

409 九州三十六不動霊場

【概　要】九州全域に広がる不動尊霊場。大分県10ヶ寺、宮崎県4ヶ寺、鹿児島県3ヶ寺、熊本県4ヶ寺、長崎県2ヶ寺、佐賀県7ヶ寺、福岡県6ヶ寺で構成され、九州を時計回りに一周する順路になっている。1985（昭和60）年に開創された。全行程は約1530kmで、巡拝所要日数は7〜8日。

【札所名】(1) 両子寺（無風帯不動）（大分県国東市安岐町），(2) 神宮寺（大嶽不動）（大分県国東市国東町），(3) 成仏寺（除災不動）（大分県国東市国東町），(4) 文殊仙寺（仙の不動）（大分県国東市国東町），(5) 実相院（夷不動）（大分県豊後高田市），(6) 無動寺（黒土不動）（大分県豊後高田市），(7) 應暦寺（慈相不動）（大分県豊後高田市），(8) 三明院（身代り不動）（大分県中津市），(9) 円寿寺（願かけ不動）（大分県大分市），(10) 臨済寺（厄よけ不動）（大分県大分市），(11) 光明寺（萬寿不動）（宮崎県延岡市古城町），(12) 長久寺（魔よけ不動）（宮崎県宮崎市大塚町），(13) 潮満寺（波切り不動）（宮崎県日南市），(14) 極楽寺（厄除不動）（宮崎県串間市），(15) 高野山西大寺（厄よけ不動）（鹿児島県肝属郡東串良町），(16) 最福寺（厄よけ不動）（鹿児島県鹿児島市平川町），(17) 福昌禅寺（波切り不動）（鹿児島県薩摩川内市向田町），（番外1）人吉恵山会（人吉不動）（熊本県球磨郡湯前町）(18) 高野寺（出世不動）（熊本県人吉市下青井町），(19) 長寿寺（木原不動）（熊本県熊本市南区富合町），(20) 大慈寺（水かけ不動）（熊本県熊本市野田町），(21) 蓮華院 誕生寺（一願成就不動）（熊本県玉名市），（番外2）不動院（倶利伽羅不動）（熊本県荒尾市），(22) 龍照寺（厄よけ不動）（長崎県南島原市深江町），(23) 正覚寺（波切り不動）（長崎県長崎市矢上町），(24) 誕生院（錐鑽身代不動）（佐賀県鹿島市），(25) 大聖寺（杉岳の身代り不動）（佐賀県武雄市北方町），(26) 無動院（願かけ不動）（佐賀県武雄市山内町），(27) 正福寺（身代り不動）（佐賀県唐津市），(28) 千如寺 宝池坊（道中守り不動）（福岡県糸島市），(29) 真光院（くぼた不動）（佐賀県佐賀市久保田町），(30) 延命院（一願不動）（佐賀県佐賀市与賀町），(31) 金乗院（出世不動）（佐賀県神埼郡吉野ヶ里町），(32) 清岩寺（開運厄よけ不動）（福岡県朝倉市），(33) 不動院（身代り不動尊）（福岡県北九州市門司区），(34) 鎮国寺（波切り不動）（福岡県宗像市），(35) 恵光院（五鈷不動）（福岡県福岡市東区），(36) 東長寺（結願不動）（福岡県福岡市博多区御供所町）

【掲載事典】札所，霊大，霊巡，日巡

◇九州三十六不動霊場　富永航平著　九州三十六不動霊場会　1985.3　216p　21cm

◇九州三十六不動めぐり―お不動さまのご利益を授かる旅！　九州三十六不動霊場会監修　広島　南々社　2011.5　183p　21cm　1500円　①978-4-931524-84-2

|目次| 両子寺（大分県国東市）　神宮寺（大分県国東市）　成佛寺（大分県国東市）　文殊仙寺（大分県国東市）　實相院（大分県豊後高田市）　無動寺（大分県豊後高田市）　應暦寺（大分県豊後高田市）　三明院（大分県中津市）　圓壽寺（大分県大分市）　臨済寺（大分県大分市）〔ほか〕

|内容| 大日如来の化身、慈悲深いお不動さまに会いに行きませんか。仏さまの中でも絶大だといわれる不動明王の功徳と御朱印をいただき、六つの徳を授かる。

◇心の誓い　松田千佐代著　[北九州]　[松田千佐代]　2012.11　208p　21cm　700円

|目次| 九州八十八ヶ所巡礼の旅　中国三十三観音霊場巡拝の旅　九州三十六不動霊場巡りの旅

410 九州二十四地蔵尊霊場

【概　要】弘法大師ゆかりの地である福岡・佐賀・長崎の北九州3県に広がる地蔵尊霊場。1986（昭和61）年、24に分身して衆生を済度するとの地蔵尊の本願を広く伝えるために開創された。第1〜6番札所を北九州六地蔵尊霊場、以後6番ずつ筑後六地蔵尊霊場・西海六地蔵尊霊場・筑前六地蔵尊霊場と称し、各六地蔵霊場はバスを利用してそれぞれ1日で巡拝可能。全ての札所を巡る場合は2泊3日または3泊4日。

【札所名】(1) 延命地蔵尊 延命山 徳寺（福岡県北九州市戸畑区），(2) 身代地蔵尊 堂塔山

堂塔寺(福岡県遠賀郡遠賀町),(3)一言地蔵尊 全海山 宗像観音寺(福岡県宗像市),(4)福智延命地蔵尊 青龍山 西教院(福岡県直方市),(5)鎮火地蔵尊 松霊山 十輪院(福岡県田川郡大任町),(6)子育地蔵尊 日光山 西福寺(福岡県田川市),(7)嫁いらず地蔵尊 甘木高野山 高野寺(福岡県朝倉市),(8)平塚苦ぬき地蔵尊 常往金剛山 浄心院(福岡県甘木市),(9)如意地蔵尊 新高野山 大師寺(福岡県久留米市田主丸町),(10)道守地蔵尊 清影山 如意輪寺(福岡県小郡市),(11)一願地蔵尊 大日山 不動寺(福岡県久留米市三潴町),(12)日限地蔵尊 成就山 本願院(佐賀県佐賀市伊勢町),(13)開運地蔵尊 亀井山 東前寺(長崎県東彼杵郡波佐見町),(14)延命地蔵菩薩 展海山 六大寺(長崎県佐世保市庵浦町),(15)水掛地蔵尊 栄久山 寿福寺(長崎県北松浦郡江迎町),(16)恵泉地蔵尊 弦掛山 西福寺(長崎県佐世保市世知原町),(17)子育地蔵尊 東嶽山 西光寺(長崎県佐世保市),(18)延命地蔵尊 岩戸山 宝積寺(佐賀県伊万里市東山代町),(19)将軍地蔵尊 風浪山 隆善寺(福岡県糸島市),(20)子宝地蔵尊 飛形山長栄寺 法蔵院(福岡県福岡市西区),(21)延命地蔵尊 瑠璃山 恵光院(福岡県福岡市東区),(22)立江・智恵地蔵尊 別格本山南岳山 東長寺(福岡県福岡市博多区御供所町),(23)立江地蔵尊 遍照山 隆照寺(福岡県糟屋郡宇美町),(24)日切地蔵尊 若杉山 文殊院(福岡県糟屋郡篠栗町)
【掲載事典】札所,霊大,霊巡

◇九州六地蔵考 坂口雅柳著 福岡 西日本新聞社 1979.9 252p 19cm
◇私たちのお地蔵さん―北九州地蔵菩薩訪ね歩き 熊谷治編 北九州 あらき書店 [1984] 117p 20cm 2060円
◇九州六地蔵遍路―六地蔵尊実態調査資料 坂口雅柳著 熊本 坂口雅柳 1993.7 2冊 26cm〈電子複写〉非売品

411 九州八十八ヵ所霊場
【概　要】福岡県を発して大分・宮崎・鹿児島・熊本・佐賀・長崎の九州7県を巡り、福岡県に戻って結願する弘法大師霊場。1984(昭和59)年に弘法大師入定1150年御遠忌を記念して開創された。四国八十八ヶ所霊場の写し霊場ではない。重要文化財を蔵する札所が11を数えるなど、多くの文化財を伝えており、かつ間近に拝観できるのが特徴。番外5ヶ寺を含めた全行程は約2000kmで、巡拝所要日数は車で約2週間。九州八十八ヶ所百八霊場。
【札所名】(1)南岳山 東長密寺(福岡県福岡市博多区御供所町),(2)松月庵 般若院(福岡県福岡市南区),(3)清影山 如意輪寺(福岡県小郡市),(4)瑞光山 不動院(佐賀県鳥栖市大官町),(5)新高野山 大師寺(福岡県久留米市田主丸町),(6)医王山 大淋寺(福岡県朝倉市),(7)普賢山 興徳院(福岡県朝倉市),(8)遍照山 隆照寺(福岡県糟屋郡宇美町),(9)若杉山 明王院(福岡県糟屋郡篠栗町),(10)大日山 不動寺(福岡県久留米市三潴町),(11)金比羅山 明観寺(福岡県飯塚市西町),(12)穂波山 金倉寺(福岡県飯塚市),(13)香林山 法善寺(福岡県飯塚市),(14)妙見山 東蓮寺(福岡県直方市),(15)青龍山 西教院(福岡県直方市),(16)龍青山 善覚寺(福岡県直方市),(17)堂ケ峰 阿弥陀院(福岡県北九州市八幡東区),(18)延命山 徳泉寺(福岡県北九州市戸畑区),(19)慈眼山 普門院(大分県中津市寺町),(20)桔梗山 三明院(大分県中津市),(21)八面山 神護寺(大分県中津市),(22)八幡宇佐宮 大楽寺(大分県宇佐市),(23)長覚山 光明院(大分県杵築市),(24)愛宕山 蓮華寺(大分県速見郡日出町),(25)洗心山 金剛頂寺(大分県別府市北的ヶ浜町),(26)摩尼山 福寿院(大分県大分市荷揚町),(27)有智山 蓮城寺(内山観音)(大分県豊後大野市三重町),(28)高野山 興山寺(大分県臼杵市),(29)興雲山 海岸寺(大分県津久見市),(30)東光山 大日寺(大分県佐伯市船প町),(31)大圓山 龍仙寺(宮崎県延岡市西階町),(32)万寿山 光明寺(宮崎県延岡市古城町),(33)吉祥山 永願寺(宮崎県東臼杵郡門川町),(34)宝珠山 中野寺(宮崎県日向市),(35)遍照山 行真寺(宮崎県児湯郡都農町),(36)観弘山 貫川寺(宮崎県児湯郡都農町),(37)圓山高野山 香泉寺(宮崎県宮崎市),(38)蓬莱山 長久寺(宮崎県宮崎市大塚町),(39)日南高野山 潮満寺(宮崎県日南市),(40)法雲山 西明寺(宮崎県日南市南郷町),(41)松林山 天長寺(宮崎県都城市都島町),(42)えびの八幡山 弘泉寺(宮崎県えびの市),(43)護国山 法城院(鹿児島県姶良市加治木町),(44)大乗山 不動寺(鹿児島県鹿児島市稲荷町),(45)金竜山 大歓寺(鹿児島

県鹿児島市)，(46)紫雲山 峰浄寺(鹿児島県薩摩郡さつま町)，(47)指宿高野山 光明寺(鹿児島県指宿市)，(48)音泉山 薩摩薬師寺(鹿児島県薩摩郡さつま町)，(49)大師山 剣山寺(鹿児島県日置市日吉町)，(50)伝法山 願成寺(熊本県人吉市願成寺町)，(51)遍照山 吉祥院 勘代寺(熊本県球磨郡多良木町)，(52)金剛山 高寺院(熊本県球磨郡山江村)，(53)千福山 観蓮寺(熊本県人吉市城本町)，(54)白雲山 医王寺(熊本県八代市袋町)，(55)最栄山 本蔵院(熊本県熊本市)，(56)白蓮山 金剛院(熊本県熊本市)，(57)臥龍山 蓮華院 誕生寺(熊本県玉名市)，(58)法雲山 金剛寺(熊本県荒尾市)，(59)叡興山 光明寺(福岡県筑後市)，(60)成田山 龍王院(佐賀県三養基郡上峰町)，(61)普明山 高野寺(佐賀県武雄市北方町)，(62)密厳山 誕生院(佐賀県鹿島市)，(63)金剛勝山 蓮厳院(佐賀県鹿島市)，(64)普賢山 龍照寺(長崎県南島原市深江町)，(65)医王山 延命寺(長崎県長崎市中町)，(66)亀井山 東向寺(長崎県西彼杵郡波佐見町)，(67)三間山 来光寺(佐賀県武雄市山内町)，(68)阿遮山 無動院(佐賀県武雄市山内町)，(69)黒髪山 西光密寺(佐賀県武雄市山内町)，(70)龍門山 宝光院(佐賀県西松浦郡西有田町)，(71)医王山 浄漸寺(長崎県佐世保市上原町)，(72)櫨山 光輪院(長崎県佐世保市宮地町)，(73)東嶽山 西光寺(長崎県佐世保市上柚木町)，(74)岩間山 東漸寺(長崎県佐世保市中里町)，(75)石橋山 御橋観音寺(長崎県佐世保市吉井町)，(76)弦掛山 西福寺(長崎県佐世保市世知原町)，(77)高野山 最教寺(長崎県平戸市岩上町)，(78)入唐山 開元寺(長崎県平戸市大久保町)，(79)松豊山 善福寺(長崎県松浦市今福町)，(80)吉原山 鶴林寺(佐賀県唐津市和多田百人町)，(81)中台山 大聖院(佐賀県唐津市西辛村町)，(82)雷山 千如寺 大悲王院(福岡県糸島市)，(83)登志山 誓願寺(福岡県福岡市西区)，(84)飛形山 法蔵院(福岡県福岡市西区)，(85)愛宕山 観音寺(福岡県福岡市西区)，(86)津東山 海心寺(福岡県福岡市西区)，(87)全海山 宗像観音寺(福岡県宗像市)，(88)屏風山 鎮国寺(福岡県宗像市)，(89)太祖山 金剛頂院(福岡県糟屋郡篠栗町)，(90)常住金剛山 浄心院(福岡県朝倉市)，(91)貫山修善院 真光寺(福岡県北九州市小倉南区)，(92)大原山 不動院(福岡県北九州市門司区)，(93)瑠璃山 正法寺(福岡県飯塚市)，(94)金剛山 大日寺(福岡県久留米市)，(95)遍照山 明王寺(大分県日田市)，(96)解脱山 賢龍寺(大分県豊後大野市千歳村)，(97)国見山 大国寺(鹿児島県枕崎市瀬戸町)，(98)千光山 生善院(熊本県球磨郡水上村)，(99)青井山 高野寺(熊本県人吉市下青井町)，(100)護国山 金剛乗寺(熊本県山鹿市九日町)，(101)成田山 大勝寺(熊本県荒尾市)，(102)遍照山 光明寺(佐賀県武雄市朝日町)，(103)姑射山 大定寺(佐賀県嬉野市嬉野町)，(104)黒髪山 大智院(長崎県佐世保市戸尾町)，(105)鎮西高野山 金剛寺(佐賀県唐津市相知町)，(106)二上山 眞光院(福岡県糸島市)，(107)風浪山 隆善寺(福岡県糸島市)，(108)鎮国寺 奥の院(福岡県宗像市)

【掲載事典】札所，巡遍，霊大，霊巡，日巡

◇**九州八十八ケ所霊場** 富永航平著 福岡 九州八十八ケ所霊場会 1984.10 288p 19cm 1500円

◇**九州八十八所巡礼** 九州八十八ヵ所霊場会編 白木利幸著 大阪 朱鷺書房 1997.4 245p 19cm 1000円+税 ④4-88602-308-8

◇**九州八十八所巡礼** 九州八十八ヵ所霊場会編 白木利幸著 第2版 大阪 朱鷺書房 2006.5 245p 19cm 1000円 ④4-88602-336-3
目次 東長寺(福岡大仏)―福岡県福岡市 般若院―福岡県福岡市 如意輪寺(横隈観音)―福岡県小郡市 不動院(田代不動)―佐賀県鳥栖市 大師寺―福岡県久留米市 南淋寺―福岡県朝倉市 浄心院―福岡県朝倉市 興徳院―福岡県朝倉市 隆照寺―福岡県宇美町 明王院(養老滝)―福岡県篠栗町〔ほか〕
内容 唐から帰朝された弘法大師空海は、九州筑紫の国に二年間滞在し、その間九州各地を訪ねて歩かれた。今も九州の各地には、お大師さまの足跡と伝説が数多く残されている。弘法大師ゆかりの地を結んで開かれた九州八十八ヵ所霊場の詳細ガイド。詳細地図・付。

◇**シェルパ斉藤のリッター60kmで行く！日本全国スーパーカブの旅** 斉藤政喜著 小学館 2009.8 253p 19cm 1300円 ①978-4-09-366538-4
目次 スーパーカブとは、どんな旅道具？ 第1章 東北気まぐれ放浪紀行 第2章 西国三十三ヶ所巡礼紀行 第3章 九州八十八ヶ

所巡礼紀行　第4章 北海道八十八ヶ所巡礼紀行　入門者向き！ スーパーカブで旅立つためのツーリング・マニュアル　終章 父から息子へ、信州ふたり旅
|内容|これだけ読めば、あなたもすぐにカブ旅に出られます！ 入門者向け！ カブ旅お役立ちツーリング・マニュアルも収録。「カブ旅に出てみたいけど、何から揃えたらいいの？」「どうやって積んだらいいの？」「もし故障したら？」などなど。そんな質問や不安が、すっきり解消。

◇九州八十八ヶ所百八霊場ガイド―詳細巡拝地図コース案内　春野草結著　大阪　朱鷺書房　2011.3　255p　19cm　1400円　①978-4-88602-345-2
|目次|東長密寺―福岡県福岡市博多区　般若院―福岡県福岡市南区　如意輪寺―福岡県

小郡市　不動院―佐賀県鳥栖市　大師寺―福岡県久留米市　南淋寺―福岡県朝倉市　興徳院―福岡県朝倉市　隆照寺―福岡県糟屋郡宇美町　明王院―福岡県糟屋郡篠栗町　不動寺―福岡県久留米市〔ほか〕
|内容|九州は、弘法大師空海が唐から帰国し、都に上洛するまでのあいだ長く滞在されたゆかりの地。この地には成就の喜びに満たされた大師の足跡がそこかしこに刻まれている。豊かな食に恵まれた日本一の温泉地をめぐる癒しの旅、九州霊場巡拝へのいざない。

◇心の誓い　松田千佐代著　〔北九州〕〔松田千佐代〕　2012.11　208p　21cm　700円
|目次|九州八十八ヶ所巡礼の旅　中国三十三観音霊場巡拝の旅　九州三十六不動霊場巡りの旅

412 九州四十九院薬師霊場
【概　要】霊場の仕掛け人と言われる冨永航平の尽力により、薬師信仰と九州ならではの仏刹を一体化して、九州四十九院薬師霊場会を創設し、1999（平成11）年、九州四十九院薬師霊場を開創。3番札所の安国寺は白衣観音の信仰で知られ、17番札所の蓮城寺は日本で唯一千体薬師を祀る。46番札所の青龍寺奥之院の石像薬師如来はその薬壺より流出する〔瑠璃光水〕で知られる。
【札所名】(1)龍頭光山 筑前国分寺（福岡県太宰府市）, (2)医王山 南淋寺（福岡県朝倉市）, (3)白馬山 安国寺（福岡県嘉麻市）, (4)東照山 種因寺（福岡県嘉穂郡桂川町）, (5)右芳山 薬師院（福岡県鞍手郡鞍手町）, (6)広壽山 福聚寺（福岡県北九州市小倉北区寿山町）, (7)内尾山 相円寺（内尾薬師）（福岡県京都郡苅田町）, (8)金光明山 豊前國分寺（福岡県）, (9)金剛山 長安寺（福岡県京都郡みやこ町）, (10)石立山 岩戸寺（大分県国東市国東町）, (11)檜原山 正平寺（大分県中津市耶馬溪町）, (12)清寧山 観海寺（温泉薬師）（大分県別府市）, (13)本宮山 大山寺（大分県大分市）, (14)宝剱山 神護寺（大分県大分市）, (15)瑞雲山 龍興寺（大分県大分市）, (16)高雄山 當陽寺（大分県大分市）, (17)有智山 蓮城寺（千体薬師）（大分県豊後大野市三重町）, (18)蓬莱山 今山大師寺（今山大師）（宮崎県延岡市山下町）, (19)雲峰山 昌龍寺（宮崎県西臼杵郡五ヶ瀬町）, (20)福聚山 極楽寺（宮崎県延岡市土々呂町）, (21)鉄城山 全長寺（火切り地蔵）（宮崎県東臼杵郡美郷北郷区）, (22)医薬山 浄土寺（宮崎県西都市）, (23)寶来山 幸福寺（幸福薬師）（宮崎県日向市）, (24)開眼山 明星寺（宮崎県宮崎市吉村町）, (25)源忠山 光明禅寺（鹿児島県指宿市十町）, (26)法智山 妙円寺（鹿児島県日置市伊集院町）, (27)冠嶽山 鎮國寺（頂峯院）（鹿児島県いちき串木野市）, (28)太梅山 光厳禅寺（熊本県水俣市天神町）, (29)曹源山 法泉寺（轟き薬師）（熊本県宇土市神馬町）, (30)阿蘇山 西巖殿寺（熊本県阿蘇市）, (31)吾平山 相良寺（相良観音）（熊本県山鹿市菊鹿町）, (32)護国山 金剛乗寺（熊本県山鹿市九日町）, (33)長寿山 龍泉寺（長崎県南島原市西有家町）, (34)平山山 平仙寺（長崎県諫早市上野町）, (35)針尾山 祇園寺（長崎県佐世保市針尾中町）, (36)城持山 薬王寺（長崎県佐世保市新替町）, (37)三間山 東光寺（佐賀県武雄市山内町）, (38)日輪山 水堂安福寺（水堂さん）（佐賀県杵島郡白石町）, (39)国祐山 妙法院（佐賀県伊万里市東山代町）, (40)天鼓山 来雲寺（佐賀県唐津市）, (41)芙蓉山 医王寺（佐賀県唐津市相知町）, (42)妙台山 見明寺（佐賀県小城市小城町）, (43)広厳山 常福禅寺（佐賀県小城市牛津町）, (44)恵日山 寶琳院（佐賀県佐賀市鬼丸町）, (45)竹林山 持光寺（佐賀県佐賀市本庄町）, (46)松巌山 青龍寺（佐賀県三養基郡基山町）, (47)柳坂山 永勝寺（日本薬師）（福岡県久留米市山本町）, (48)光林山 昌元寺（佐賀県鳥栖市田代上町）, (49)小松山 大興善寺（つつじ寺）（佐

賀県三養基郡基山町）
【掲載事典】札所, 霊巡

◇中国四十九薬師巡礼　中国四十九薬師霊場会編　冨永航平著　大阪　朱鷺書房　1997.10　217p　19cm〈文献あり〉　1000円　ⓘ4-88602-311-8

◇九州四十九院薬師巡礼　九州四十九院薬師霊場会編　冨永航平著　大阪　朱鷺書房　1999.5　210p　19cm　1000円　ⓘ4-88602-318-5
内容　古来、九州は大陸との交易の窓口であり、早くからわが国にもたらされた薬師信仰も、九州各地に深く根づいている。全行程1600km、九州七県にまたがる薬師霊場めぐりは、大自然の生気を吸収して心身ともに癒される旅。まさに巡礼の醍醐味を満喫できよう。

413 肥前国西海七福神
【概　要】1984(昭和59)年に開創された佐賀県、長崎県の広い範囲に散在する七福神霊場。恵比寿天を祀る最教寺は、節分に行われる"子泣き相撲"でも有名。"有田焼"の産地や史跡巡りを兼ねて巡拝できる。各寺社で健康茶の接待がある。
【札所名】大黒天　大聖院（佐賀県唐津市西寺町）、弁財天　荒熊稲荷神社（佐賀県伊万里市山代町）、福禄寿神　天福寺（佐賀県伊万里市山代町）、恵比須神　最教寺（長崎県平戸市岩上町）、寿老神　西光寺（長崎県佐世保市上柚木町）、布袋尊　誕生院（佐賀県鹿島市）、毘沙門天　高野寺（佐賀県武雄市北方町）
【掲載事典】七巡, 全七, 霊大, 霊巡, 日七

九州の霊場

◇九州の三十三所　下　石川靖夫［著］［富士見］［石川靖夫］2006.4　182p　19cm
目次　大分県（豊後西国三十三所　大分西国三十三所　大分郡西国三十三所　鶴崎西国三十三所　臼杵三十三所　佐伯西国三十三所　佐伯新西国三十三所　三重郷三十三所　井田郷霊場三十三所　緒方西国三十三所　岡藩三十三所　日田西国三十三所　別府西国三十三所　日出西国三十三所　杵築西国三十三所　杵築市三十三観音霊場　真玉・香々地三十三所　国東六郷満山霊場　豊前国三十三所　川筋三十三所）　熊本県（肥後三十三所　肥後熊本西国三十三所　宇土三十三所　菊池三十三所　合志三十三所　山鹿三十三所　阿蘇西国三十三所　小国三十三所　矢部三十三所　葦北三十三所　相良三十三所）　宮崎県（佐土原三十三所　都城三十三所）　鹿児島県（志布志三十三所）

◇九州の三十三所　上　石川靖夫［著］［富士見］［石川靖夫］2008.4　120p　19cm
目次　広域（九州西国三十三所　ぼけ封じ・諸病封じ　九州内三十三観音）　福岡県（筑前国中三十三所　城邊三十三所　石城三十三所　表糟屋郡三十三番札所　宗像郡中三十三所　遠賀郡中三十三所　嘉麻郡中三十三所　北九州国三十三所　夜須郡三十三所　下座郡三十三所　上座郡三十三所　筑後三十三所　上妻三十三所　折地組中三十三所　竹野郡三十三所　生葉郡三十三所）　佐賀県（肥前州三十三所　多久邑内三十三所　基肄養父三十三所　神埼郡上東郡三十三番札所　脊振観世音）　長崎県（島原半島三十三所　壱岐国三十三所）　宮崎県補遺（日向新三十三所）

◇諫江八十八ヵ所巡拝―弘法大師の修行に学ぶ遍路体験　向井安雄編著　諫早　向井安雄　2012.8　135p　21cm〈折り込1枚〉

◇豊前国三十三観音札所めぐり―歴史と心の旅路　藤井悦子著　中村順一写真　福岡　花乱社　2014.7　158p　21cm　1600円　ⓘ978-4-905327-35-6
目次　一番札所　宇佐大楽寺　二番札所　宇佐西山観音堂　三番札所　山本村鷹栖観音　四番札所　清水村清水寺　五番札所　麻生村仙岩山観音堂　六番札所　温見村西椎屋の

福岡県

滝　七番札所　東谷村岩屋寺（龍谷堂）　八番札所　耶馬渓巌洞山（久福寺）　九番札所　原井村岩屋堂（堂の山の観音堂）　十番札所　秋村長谷寺〔ほか〕

内容　心のよりどころとして、地元の人々に大切に守られてきた観音様。宇佐から小倉まで、歴史に想いを馳せ、野の花に癒される「いにしえの道」―豊前国三十三観音札所、初めてのガイドブック。

《福岡県》

414 篠栗八十八ヵ所霊場

【概　要】福岡県糟屋郡篠栗町に位置する弘法大師霊場。篠栗霊場とも称される。伝説によると、江戸時代末期の1835（天保6）年にたまたまこの地を通りかかった尼僧慈忍が疫病に苦しむ村人を救うために発願し、その遺志を継いだ藤木藤助という村人が1854（嘉永7）年に開創したという。明治時代の廃仏毀釈で衰退するが、1902（明治35）年に藤嘉一郎により再興。地方の霊場としては日本屈指の巡拝者数を誇り、特に春には多くの巡拝者が訪れる。全行程は約50kmだが、札所が山間に散在しており、巡拝には徒歩で3泊4日、車でも2日を要する。篠栗四国八十八箇所。

【札所名】(1) 南蔵院（糟屋郡篠栗町），(2) 松ヶ瀬阿弥陀堂（糟屋郡篠栗町），(3) 城戸釈迦堂（糟屋郡篠栗町），(4) 金出大日堂（糟屋郡篠栗町），(5) 郷ノ原地蔵堂（糟屋郡篠栗町），(6) 小浦薬師堂（糟屋郡篠栗町），(7) 田ノ浦阿弥陀堂（糟屋郡篠栗町），(8) 金剛の滝観音堂（糟屋郡篠栗町），(9) 山王釈迦堂（糟屋郡篠栗町），(10) 切幡寺（糟屋郡篠栗町），(11) 山手薬師堂（糟屋郡篠栗町），(12) 千鶴寺（糟屋郡篠栗町），(13) 城戸大日堂（糟屋郡篠栗町），(14) 二ノ滝寺（糟屋郡篠栗町），(15) 妙音寺（糟屋郡篠栗町），(16) 呑山観音寺（糟屋郡篠栗町），(17) 山手薬師堂（糟屋郡篠栗町），(18) 篠栗恩山寺（糟屋郡篠栗町上町），(19) 篠栗地蔵堂（糟屋郡篠栗町上町），(20) 鶴林寺（糟屋郡篠栗町），(21) 高田虚空蔵堂（糟屋郡篠栗町），(22) 桐ノ木谷薬師堂（糟屋郡篠栗町），(23) 山王薬師堂（糟屋郡篠栗町），(24) 中ノ河内虚空蔵堂（糟屋郡篠栗町），(25) 秀善寺（糟屋郡篠栗町），(26) 薬師大寺（糟屋郡篠栗町），(27) 神峰寺（糟屋郡篠栗町），(28) 篠栗公園大日寺（糟屋郡篠栗町中町），(29) 荒田観音堂（糟屋郡篠栗町），(30) 田ノ浦斐玉堂（糟屋郡篠栗町），(31) 城戸文殊堂（糟屋郡篠栗町），(32) 高田（十一面）観音堂（糟屋郡篠栗町），(33) 本明院（糟屋郡篠栗町），(34) 宝山寺（糟屋郡篠栗町），(35) 珠林寺薬師堂（糟屋郡篠栗町），(36) 呑山天王院（糟屋郡篠栗町），(37) 高田阿弥陀堂（糟屋郡篠栗町），(38) 丸尾観音堂（糟屋郡篠栗町），(39) 延命寺（糟屋郡篠栗町上町），(40) 一ノ滝寺（糟屋郡篠栗町），(41) 平原観音堂（糟屋郡篠栗町），(42) 中ノ河内仏木寺（糟屋郡篠栗町），(43) 明石寺（糟屋郡篠栗町），(44) 大宝寺（糟屋郡篠栗町），(45) 城戸ノ滝不動堂（糟屋郡篠栗町），(46) 岡部薬師堂（糟屋郡篠栗町），(47) 萩尾阿弥陀堂（糟屋郡篠栗町），(48) 中ノ河内観音堂（糟屋郡篠栗町），(49) 雷音寺（糟屋郡篠栗町），(50) 郷ノ原薬師堂（糟屋郡篠栗町），(51) 下町薬師堂（糟屋郡篠栗町下町），(52) 山手観音堂（糟屋郡篠栗町），(53) 圓明寺（糟屋郡篠栗町），(54) 中町延命寺（糟屋郡篠栗町中町），(55) 桐ノ木谷大日堂（糟屋郡篠栗町），(56) 松ヶ瀬地蔵堂（糟屋郡篠栗町），(57) 田ノ浦栄福堂（糟屋郡篠栗町），(58) 大久保観音堂（糟屋郡篠栗町），(59) 田ノ浦薬師堂（糟屋郡篠栗町），(60) 神変寺（糟屋郡篠栗町），(61) 山王寺（糟屋郡篠栗町），(62) 遍照院（糟屋郡篠栗町上町），(63) 天狗岩山吉祥寺（糟屋郡篠栗町），(64) 荒田阿弥陀堂（糟屋郡篠栗町），(65) 三角寺（糟屋郡篠栗町），(66) 観音坂観音堂（糟屋郡篠栗町），(67) 山王薬師堂（糟屋郡篠栗町），(68) 岡部神恵院（糟屋郡篠栗町），(69) 高田観音堂（糟屋郡篠栗町），(70) 五塔ノ滝（糟屋郡篠栗町），(71) 城戸千手観音堂（糟屋郡篠栗町），(72) 田ノ浦拝問堂（糟屋郡篠栗町），(73) 山王釈迦堂（糟屋郡篠栗町），(74) 城戸薬師堂（糟屋郡篠栗町），(75) 紅葉ヶ谷薬師堂（糟屋郡篠栗町），(76) 萩尾薬師堂（糟屋郡篠栗町），(77) 山王観音堂（糟屋郡篠栗町），(78) 山手阿弥陀堂（糟屋郡篠栗町），(79) 補陀洛寺（糟屋郡篠栗町下町），(80) 田ノ浦観音堂（糟屋郡篠栗町），(81) 二瀬川観音堂（糟屋郡篠栗町），(82) 鳥越観音堂（糟屋郡篠栗町），(83) 千手院（糟屋郡篠栗町），(84) 中町屋島寺（糟屋郡篠栗町中町），(85) 祖聖大寺（糟屋郡篠栗町），(86) 金出観

音堂（糟屋郡篠栗町），(87) 弘照院（糟屋郡篠栗町），(88) 大久保薬師堂（糟屋郡篠栗町），（番外）若杉山奥ノ院（糟屋郡篠栗町）
【掲載事典】癒事，巡遍，霊大，霊巡，日巡，霊典

◇篠栗八十八カ所―筑前の霊場めぐり　平幡良雄著　改版　銚子　札所研究会　1978.3　208p　18cm（古寺巡礼シリーズ）750円

◇九州・篠栗霊場の旅―弘法大師の世界　読売新聞社　1986.12　122p　29cm　1400円　①4-643-41750-1
目次 お大師さま―生かせいのち　南無大師遍照金剛―密教のこころとかたち　包み、包まれる喜び―空海の自然観　密教の祈り　篠栗八十八カ所霊場　対談 幸せな生き方とは　弘法大師伝説さまざま　不思議、なもうひとつの世界―ある祈祷師の素顔　九州の空海　マンダラの山―北九州の修験道

◇篠栗八十八カ所霊場めぐり　井上優著　福岡　西日本新聞社　1993.3　206p　19cm　1500円　①4-8167-0331-4

◇篠栗遍路―筑前の霊場めぐり　平幡良雄著　改訂2版　銚子　満願寺教化部　1993.9　176p　19cm　1000円

◇仏尊―日本三大新四国篠栗霊場八十八ヶ所に見る仏尊の世界　西田ゆかり著　西浦浩資写真　福岡　櫂歌書房　2000.1　172p　19cm

◇篠栗八十八カ所霊場めぐり　井上優著　改訂版　福岡　西日本新聞社　2003.5　208p　19cm　1524円　①4-8167-0570-8
目次 第三十三番・本明院―『ささぐり小唄』　第二十一番・高田虚空蔵堂―『三教指帰』　第三十七番・高田阿弥陀堂―浩々子句碑　第六十九番・高田観音堂―ガダルカナル戦　第三十二番・高田十一面観音堂―郡十番札所　第四番・金出大日堂―古屋藤三翁碑　第三十五番・珠林寺薬師堂―「嘆きの壁」　第八十六番・金出観音堂―エレミヤ哀歌　第二十七番・金出神峰寺―藤金作翁　第八十七番・弘照院―針ノ耳岩〔ほか〕

◇新篠栗八十八ヶ所霊場めぐり　西原そめ子文　西日本新聞社編　篠栗霊場会監修　井上優編集協力　福岡　西日本新聞社　2013.5　215p　19cm〈文献あり〉1200円　①978-4-8167-0861-9
目次 岩陰山南蔵院　松ヶ瀬阿弥陀堂　城戸釈迦堂　城戸釈迦堂　金出大日堂　郷ノ原地蔵堂　小浦薬師堂　田ノ浦阿弥陀堂　金剛の滝観音堂　山王釈迦堂　得度山切幡寺〔ほか〕

福岡県の霊場

◇筑前の寺めぐり　西原そめ子著　福岡　西日本新聞社　2008.10　253p　19cm〈折り込1枚〉1429円　①978-4-8167-0768-1
目次 筑前国中三十三ヶ所観音霊場（法皇山大乗寺（福岡廃寺）　冷泉山龍宮寺（福岡）　秋月山妙円寺（福岡）　瑠璃山恵光院（福岡）ほか）　石城三十三所霊場（法皇山大乗寺（博多区廃寺）　石原山遍照院（糟屋）　圓満山壽福院（博多区無住）　万鏡山天福寺（城南区）ほか）
内容 霊場巡拝は九州から始まった一心の癒しを求め、近年静かなブームを呼ぶ霊場巡拝。筑前・石城地区の霊場を詳しく紹介する格好のガイドブック。

◇筑後の寺めぐり　西原そめ子著　福岡　西日本新聞社　2010.4　197p　19cm〈折り込1枚〉1429円　①978-4-8167-0807-7
目次 筑後三十三所観音霊場（第1番 慈雲山福聚寺　第2番 山本山 普光院 観興寺 ほか）　巡拝こぼれ話（草野太郎常門と柏の霊木　観音寺に伝わる牛鬼伝説 ほか）　筑後三十三所観音霊場・別格リスト　生葉郡三十三所観音霊場　竹野郡三十三所観音霊場　上妻三十三ヶ所札所

◇北九州の寺めぐり　西原そめ子著　福岡　西日本新聞社　2012.4　187p　19cm〈文献あり〉1429円　①978-4-8167-0846-6
目次 北九州西国三十三所観音霊場について―まえがきに代えて　第1番 平山観音院（門司区）　第2番 横山慈明院（門司区）　第3番 究竟山大乗院圓應寺（小倉北区）　第4番 戸上山瀧の観音寺（門司区）　第6章 東北山延命禅寺（小倉北区）　第9番 普門

長崎県

山常徳寺（小倉北区）　第11番 青龍山観音院清水寺（小倉北区）　第12番 興龍山大満寺（小倉北区）　第13番 大悲山観世音寺（八幡東区）〔ほか〕
|内容|知られざる「北九州西国三十三所観音霊場」の希少な巡拝ガイド本。霊場を巡りつつ知る北九州の郷土史。

◇福岡御朱印を求めて歩く札所めぐり筑前・筑後・豊前ガイドブック　福岡霊場めぐり同好会著　メイツ出版　2015.6

128p　21cm　1600円　①978-4-7804-1618-3
|目次|篠栗四国霊場八十八ヵ所（篠栗四国霊場八十八ヵ所おすすめ巡拝順路　篠栗四国霊場八十八ヵ所巡拝図　岩陰山南蔵院ほか）　筑後三十三ヵ所観音霊場（福聚寺観興寺　観音寺　ほか）　豊前の国開運七福神（豊前の国開運七福神巡拝図　七福神紹介　成田山不動寺（寿老人）ほか）
|内容|ご利益いっぱいの札所霊場を詳しくご紹介します！

《長崎県》

415　壱岐四国八十八ヶ所霊場

【概　要】玄界灘に浮かぶ長崎県の壱岐島に位置する弘法大師霊場。1891（明治24）年に山口県出身の中原慈本行者が島を訪れた際に夢のお告げを受けて発願し、島内の弘法大師信者13人の協力により開創された。巡拝所要日数は徒歩で1週間、車で3～4日。
【札所名】(1)金蔵寺（壱岐市勝本町），(2)ムルの堂（壱岐市勝本町），(3)岩熊堂（壱岐市勝本町），(4)寺原田堂（壱岐市勝本町），(5)東光寺（壱岐市勝本町），(6)高尾堂（壱岐市勝本町），(7)甚願田堂（壱岐市芦辺町），(番外)慈本堂（壱岐市芦辺町），(8)長尾堂（壱岐市芦辺町），(9)阿弥陀堂（壱岐市芦辺町），(10)向町堂（壱岐市芦辺町），(11)長徳寺（壱岐市芦辺町），(12)中尾堂（壱岐市芦辺町），(13)倉之堂（壱岐市芦辺町），(14)円福堂（壱岐市芦辺町），(15)大石堂（壱岐市芦辺町），(16)天徳寺（壱岐市芦辺町），(17)阿弥陀堂（壱岐市芦辺町），(18)釈迦堂（壱岐市芦辺町），(19)天神川堂（壱岐市芦辺町），(20)樋川堂（壱岐市芦辺町），(21)長瀬堂（壱岐市芦辺町），(22)小坂堂（壱岐市芦辺町），(23)棚江堂（壱岐市芦辺町），(24)竜泉寺（壱岐市芦辺町），(25)八幡堂（壱岐市芦辺町），(26)スゲ大師堂（壱岐市芦辺町），(27)塔の辻堂（壱岐市芦辺町），(28)春の舎堂（壱岐市石田町），(29)中尾堂（壱岐市芦辺町），(30)安国寺（壱岐市芦辺町），(31)平堂（壱岐市芦辺町），(32)袖の堂（壱岐市石田町），(33)向長堂（壱岐市石田町），(34)山の坊堂（壱岐市石田町），(35)地蔵堂（壱岐市石田町），(36)後藤堂（壱岐市石田町），(37)清水堂（壱岐市石田町），(38)先辺堂（壱岐市石田町），(39)山根堂（壱岐市石田町），(40)堤堂（壱岐市石田町），(41)谷頭堂（壱岐市石田町），(42)たいわん堂（壱岐市石田町），(43)観音堂（壱岐市石田町），(44)鬼ガ原堂（壱岐市石田町），(45)岩谷堂（壱岐市石田町），(46)古見堂（壱岐市石田町），(47)古ヤ堂（壱岐市石田町），(48)寿慶院（壱岐市石田町），(49)龍峰院（壱岐市石田町），(50)サイマ堂（壱岐市石田町），(51)伝記寺（壱岐市石田町），(52)石田峰堂（壱岐市石田町），(53)アゼクリ堂（壱岐市石田町），(54)真引堂（壱岐市石田町），(55)薬師堂（壱岐市石田町），(56)若松堂（壱岐市郷ノ浦町），(57)薬師堂（壱岐市郷ノ浦町），(58)南明寺（壱岐市郷ノ浦町），(59)法輪寺（壱岐市郷ノ浦町），(60)南切堂（壱岐市郷ノ浦町），(61)金比羅堂（壱岐市郷ノ浦町），(62)専念寺（壱岐市郷ノ浦町），(63)本居堂（壱岐市郷ノ浦町），(64)華光寺（壱岐市郷ノ浦町），(65)長栄寺（壱岐市郷ノ浦町），(66)西原堂（壱岐市郷ノ浦町），(67)渡良堂（壱岐市郷ノ浦町），(68)神田堂（壱岐市郷ノ浦町），(69)物部堂（壱岐市郷ノ浦町），(70)薬師堂（壱岐市郷ノ浦町），(71)定光堂（壱岐市芦辺町），(72)鯨石堂（壱岐市芦辺町），(73)若宮堂（壱岐市芦辺町），(74)白川堂（壱岐市芦辺町），(75)国分寺（壱岐市芦辺町），(76)椿原堂（壱岐市芦辺町），(77)高源院（壱岐市郷ノ浦町），(78)徳命堂（壱岐市郷ノ浦町），(79)釈迦堂（壱岐市郷ノ浦町），(80)井田堂（壱岐市勝本町），(81)仙南寺（壱岐市勝本町），(82)地蔵堂（壱岐市勝本町），(83)地命堂（壱岐市勝本町），(84)弥勒堂（壱岐市勝本町），(85)川上堂（壱岐市勝本町），(86)阿弥陀堂（壱岐市勝本町），(87)平大師堂（壱岐

市勝本町),(88)能満寺(壱岐市勝本町)
【掲載事典】霊大, 霊巡, 日巡

◇壱岐四国霊場参拝順番案内　壱岐信者講
　講頭　豊田春男　1984.3　8p　30cm

◇全国九カ所島四国霊場めぐり　首藤一著
　大阪　創元社　1984.10　274p　19cm
　1800円　①4-422-25035-3

《熊本県》

416 相良三十三観音霊場
【概　要】熊本県人吉球磨地方で行われている観音めぐり。毎年、春と秋のお彼岸にすべての観音堂が一斉開帳し、観光客をお茶や漬物などの温かい接待で迎える。18世紀末頃に庶民の間で広まったという。一番札所から三十三番札所まで全三十五の観音堂をめぐり終えるとちょうど人吉盆地を一周したことになる。巡拝所要日数は車で1〜2日。
【札所名】(1)清水観音(人吉市願成寺町)、(2)中尾観音(人吉市浪床町)、(3)矢瀬が津留観音(人吉市西間上町)、(4)三日原観音(人吉市下戸越町)、(5)鵜口観音(球磨郡球磨村三ヶ浦鵜口)、(6)嵯峨里観音(人吉市下原田町)、(7)石室観音(人吉市下原田町)、(8)湯の元観音(人吉市温泉町)、(9)村山観音(人吉市城本町)、(10)瀬原観音(人吉市九日町)、(11)永田(芦原)観音(人吉市瓦屋町)、(12)合載嶺観音(球磨郡山江村山田)、(13)観音寺観音(人吉市願成寺町)、(14)十島観音(球磨郡相良村柳瀬)、(15)蓑毛観音(球磨郡相良村柳瀬)、(16)深水観音(球磨郡相良村深水)、(17)上園観音(球磨郡相良村川辺)、(18)廻り観音(球磨郡相良村川辺廻り)、(19)内山観音(球磨郡あさぎり町深田)、(20)植深田観音(球磨郡あさぎり町深田)、(21)永峰観音(球磨郡あさぎり町深田)、(22)上手観音(球磨郡あさぎり町須恵)、(22)覚井観音(球磨郡あさぎり町須恵)、(23)栖山観音(球磨郡多良木町栖山)、(24)生善院観音(球磨郡水上村岩野)、(24)龍泉寺観音(球磨郡水上村岩野)、(25)普門寺観音(球磨郡湯前町下城)、(26)上里の町観音(球磨郡湯前町上里)、(27)宝陀寺観音(球磨郡湯前町東方)、(28)中山観音(球磨郡多良木町奥野)、(29)宮原観音(球磨郡あさぎり町岡原)、(30)秋時観音(球磨郡あさぎり町上)、(31)土屋観音(球磨郡錦町一武土屋)、(32)新宮寺観音(球磨郡錦町西)、(33)赤池観音(人吉市赤池水無町)
【掲載事典】巡遍, 霊大, 霊巡, 日巡, 霊典

◇人吉球磨 相良三十三観音巡り―ふるさと再発見 観音さんめぐり　ひとよし・くま旬夏秋冬キャンペーン実行委員会
　1枚　14cm

◇相良三十三観音めぐり　高田素次文　上川香,北村龍雄写真　第4版　〔人吉〕人吉球磨文化財保護委員会連絡協議会
　1979.4　61p　22cm　500円

◇相良三十三観音スケッチ巡礼　坂本福治著　〔人吉〕〔坂本福治〕1997.9　82p　15×21cm　1905円

◇九州神社・仏閣・霊場をめぐる聖地巡礼ガイド　「旅ムック」編集部著　メイツ出版　2011.9　128p　21cm〈索引あり〉　1600円　①978-4-7804-1033-4

|目次|福岡県(宗像大社　太宰府天満宮 ほか)　佐賀県(伊勢神社　吉野ヶ里遺跡 ほか)　長崎県(諏訪神社　グラバー園 ほか)　熊本県(池山水源　幣立神宮 ほか)　おすすめ霊場・神社めぐり1 相良三十三観音　大分県(宇佐神宮　原尻の滝 ほか)　宮崎県(おすすめ霊場・神社めぐり2 都農神社　青島神社 ほか)　鹿児島県(龍神露天風呂　おすすめ霊場・神社めぐり3 霊峰冠岳をめぐる旅 ほか)|
|内容|一度は拝みたい国宝の数々。ご利益いっぱいの古寺古利、語り継がれる霊験あらたかな神々の土地。癒しと感動のパワースポットにご案内。|

◇おひとりで歩ける。相良三十三観音巡り―いつしか心がほぐれてくる。　末吉駿

一著　人吉温泉・さくら会　2014.3　　200p　18cm　①4-902295-28-3

417 山鹿三十三観音霊場
【概　要】熊本県北部の山鹿市に位置する観音霊場。江戸時代中期の成立と伝えられるが、詳細は不明。近年になって再興されたが、本尊が不明の札所などもあり、地元有志が「旧山鹿郡三十三ヶ所巡り」を実施して調査を進めている。
【札所名】(1)紫雲寺(山鹿市九日町),(2)川辺寺(山鹿市),(3)子安寺(山鹿市),(4)観福寺(山鹿市),(5)智徳寺(山鹿市),(6)宝性寺(山鹿市),(7)集林寺(秀林寺)(山鹿市),(8)東向寺(山鹿市),(9)円通寺(山鹿市),(10)千福寺(山鹿市),(11)安養寺(山鹿市),(12)柳井寺跡(山鹿市),(13)法華寺(山鹿市),(14)志徳寺(智徳寺・至徳寺)(山鹿市),(15)周法寺(山鹿市),(16)光明寺(山鹿市),(17)観念寺(山鹿市熊入町),(18)長源寺観音堂(山鹿市),(19)雲閑寺(山鹿市),(20)蓮生寺(山鹿市),(21)京通寺(経通寺)(山鹿市),(22)凡導寺(山鹿市),(23)岩隣寺(山鹿市),(24)実西寺(山鹿市鹿本町),(25)祈直庵中正寺(山鹿市鹿本町),(26)坂東寺(山鹿市鹿本町),(27)円福寺(山鹿市鹿本町),(28)平原寺(山鹿市鹿本町),(29)光明寺(山鹿市鹿本町),(30)玉泉寺(玉専寺・曲善寺)(山鹿市菊鹿町),(31)長谷寺(山鹿市菊鹿町),(32)尋居寺(山鹿市菊鹿町),(33)相良寺(山鹿市菊鹿町)
【掲載事典】古寺, 霊巡, 霊典

◇旧山鹿郡三十三ヵ所札所巡り―児玉徳夫先生講演録　児玉徳夫［述］　山鹿　山鹿市教育委員会　2000.3　77p　19cm（山鹿双書　山鹿文化歴史講演会　第3回）〈会期・会場：平成12年1月20日　山鹿市中央公民館〉

熊本県の霊場

◇霊場肥後33カ所巡道記　高浜政五郎著　熊本　熊本新評社　1993.9　127p　21cm〈奥付等の書名：霊場肥後33ケ所〉1000円

《大分県》

418 国東三十三観音霊場
【概　要】大分県の国東半島に散在する寺院で構成される観音霊場。同半島には磨崖仏など多くの仏教遺跡が残されており、「ほとけの里」と称される。札所に加えて宇佐神宮の参拝を含め、巡拝所要日数は3泊4日。国東六郷満山霊場または国東半島霊場とも。
【札所名】(1)報恩寺(豊後高田市),(2)富貴寺(豊後高田市),(3)岩脇寺(豊後高田市),(4)伝乗寺(豊後高田市),(5)胎蔵寺(豊後高田市),(6)智恩寺(豊後高田市),(7)妙覚寺(豊後高田市),(8)長安寺(豊後高田市),(9)天念寺(豊後高田市),(10)無動寺(豊後高田市),(11)応暦寺(豊後高田市),(12)弥勒寺(豊後高田市),(13)両子寺(国東市安岐町),(14)瑠璃光寺(国東市安岐町),(15)護聖寺(国東市安岐町),(16)丸小野寺(国東市武蔵町),(17)報恩寺(国東市武蔵町),(18)寶命寺(国東市武蔵町),(19)福昌寺(宇佐市),(20)霊仙寺(豊後高田市),(21)実相院(豊後高田市),(22)清浄光寺(国東市),(23)千燈寺(国東市国見町),(24)平等寺(国東市),(25)文殊仙寺(国東市国東町),(26)岩戸寺(国東市国東町),(27)長慶寺(国東市),(28)大聖寺(国東市),(29)成佛寺(国東市国東町),(30)神宮寺(国東市国東町),(31)行入寺(国東市国東町),(32)泉福寺(国東市国東町),(33)願成就寺(速見郡日出町),(番外)宇佐神宮(宇佐市)
【掲載事典】霊大, 霊巡, 霊典

◇国東六郷満山　三十三霊場めぐり　田中　みのる著　大分　田中みのる　［出版年

不明〕1冊　15cm

◇国東六郷満山霊場巡り宝印帳　大嶽順公編　国東六郷満山霊場めぐりの会事務局〔出版年不明〕1冊　18cm

◇国東六郷満山霊場めぐり―宇佐神宮と三十三霊場巡拝の旅　渡辺克己著　大分　双林社出版部　1990.4　155p　18cm

◇国東六郷満山霊場めぐり―宇佐神宮と三十三霊場巡拝の旅　渡辺克己著　大分　双林社出版部　1991.3　159p　18cm　〈監修：帯刀和男〉980円

◇仏の里　国東巡礼―付・くにさき秘話　長峰美和子著　大分合同新聞社〔編集・製作〕1999.9　242p　22cm　1500円

◇国東六郷満山霊場めぐり―宇佐神宮と三十三霊場巡拝の旅　渡辺克己著　国東六郷満山霊場会編　第5版　大分　双林社出版部　2001.4　160p　18cm　〈監修：帯刀和男〉1000円

◇国東六郷満山霊場めぐり―宇佐神宮と三十三霊場巡拝の旅　渡辺克己著　改訂版　大分　BookWay　2012.5　158p　17cm　1000円　⑪4-905341-31-4

◇仏の里　国東巡礼―付・くにさき秘話　再刊　長峰美和子著　大分合同新聞社　2012.9　242p　22cm　2000円

◇国東六郷満山―宇佐神宮と国東半島霊場札所巡り　宇佐国東半島を巡る会監修　古野たづ子編著　遠藤カヲルほか撮影　福岡　木星舎　2016.1　199p　21cm　1800円　⑪978-4-901483-80-3
　|目次|1 神と仏が出会うところ（宇佐神宮　宇佐宮弥勒寺　ほか）　2 鬼と仏が住まう里（金剛山　長安寺　長岩屋山　天念寺　ほか）　3 物語と歴史が交叉する山（夷山　霊仙寺　夷山　実相院　ほか）　4 祈りの山（妙徳山　泉福寺　興満寺　興導寺　ほか）
　|内容|千三百年の時空に神と仏と鬼が集い山、言祝ぐ。

419　豊の国宇佐七福神
【概　要】大分県宇佐市にある全国八幡社の総本宮である宇佐神宮を総鎮守とし、4宗7ヶ寺があつまり1986（昭和61）年に開設した神仏習合の七福神霊場。大分県内の国道10号線にほぼ沿って点在するため、1日で巡拝できる。宇佐神宮には、全国から多くの参拝客が訪れるほか、毎年2月13日には宇佐神宮境内において、神仏混淆の行事が行われる。宇佐七福神。
【札所名】総鎮護社　宇佐神宮（宇佐市），布袋尊　大楽寺（宇佐市），福禄寿尊　圓通寺（宇佐市），毘沙門天　三明院（中津市），弁財天　神護寺（中津市），大黒天　善光寺（宇佐市），恵美須神　瑞倉寺（杵築市山香町），寿老尊　願成就寺（速見郡日出町）
【掲載事典】七巡，全七，霊大，霊巡，日七，日巡

◇豊の国宇佐七福神　霊場めぐり納経帖つき　冨永航平著　豊の国　宇佐七福神霊場会　1987.1　1冊　14×21cm

420　豊後西国霊場
【概　要】大分県の全域にわたる観音霊場。1番から12番札所を豊後水道を臨む日豊札所、13番から19番札所を深山幽谷を越える奥豊後札所、20番から27番札所を神仏習合の国東満山札所、28番から33番札所をいで湯別府から府内への札所と、4つのブロックにテーマを設けているのが特徴。また、九州西国三十三観音霊場、国東三十三観音霊場との重複も多い。豊後西国三十三観音霊場。
【札所名】(1)吉祥院・観音院（高城観音）（大分市），(2)福寿寺（大分市），(3)長勝寺（大分市），(4)龍興寺（大分市），(5)円通寺（大分市），(6)延命寺（大分市），(7)正願寺（大分市），(8)福正寺（大分市），(9)正念寺（大分市），(10)多福寺（臼杵市），(11)解脱寺（津久見市），(12)龍護寺（佐伯市），(13)瑞祥寺（佐伯市），(14)蓮城寺（内山観音）（豊後大野市三重町），(15)浄水寺（豊後大野市大野町），(16)神角寺（豊後大野市朝地町），(17)内山観音）（由布市庄内町），(18)報恩寺（由布市湯布院町），(19)龍門寺（玖珠郡九重町），(20)西明寺（杵築市山香町），(21)胎蔵寺（豊後高田市），(22)天念寺（豊後高田市），(23)両子寺（国東市安岐町），(24)宝命寺（小城観音）（国東市武蔵町），(25)安住

宮崎県

寺（杵築市），(26)覚雲寺（速見郡日出町），(27)松屋寺（速見郡日出町），(28)曹源寺（別府市中須賀元町），(29)宝満寺（別府市），(30)石城寺（別府市），(31)国分寺（大分市），(32)霊山寺（霊山観音）（大分市），(33)円寿寺（大分市）
【掲載事典】霊巡

◇豊後西国霊場案内　［出版者不明］［出版年不明］1枚　21×30cm（折りたたみ　21cm）〈バインダー入り〉

421　豊後高田蓬萊七福神
　【概　要】豊後高田市内の8寺社から成り、1988（昭和63）年に成立。行程はマラソンと同じ42.195km。弁財天の富貴寺の富貴寺大堂は九州最古の木造建造物で国宝。また、国東三十三観音霊場の札所でもある古刹である。
　【札所名】恵比寿 高山寺（豊後高田市），大黒天 大聖寺（豊後高田市），毘沙門天 長安寺（豊後高田市），弁財天 富貴寺（豊後高田市），福禄寿 妙覚寺（豊後高田市），寿老人 安養寺（豊後高田市），布袋尊 円福寺（豊後高田市），宝来船 恵比須神社（豊後高田市）
　【掲載事典】全七，霊巡，日七

422　豊後国臨済七福神
　【概　要】1983（昭和58）年、大分県大分市内にある臨済宗妙心寺派の7ヶ寺があつまって開創された七福神霊場。
　【札所名】布袋尊 万寿寺（大分市金池町），大黒天 永安寺（大分市乙津町），弁財天 龍興寺（大分市），恵比須神 神護寺（大分市），福禄寿尊 長興寺（大分市），毘沙門天 願行寺（大分市），寿老尊 長林寺（大分市）
　【掲載事典】七巡，霊大，霊巡

九州

《宮崎県》

423　日向之国七福神
　【概　要】宮崎県（日向国）は、神武天皇を祀る宮崎神宮を筆頭に古社大社が多く点在し、全国から多くの参拝者が訪れる。こうした環境の中、古くから神社仏閣には七福神が祀られており、延岡市からJR日豊本線で南下する沿線に散在する寺社により七福神霊場が開設された。各寺社では、一年を通じて巡拝者を迎え、霊場ごとに祈願、祈禱を行い、接待や神職、住職の法話、講話を行っている。
　【札所名】恵比須神 今山八幡宮（延岡市山下町），大黒天 慧日山 本東寺（延岡市松山町），布袋尊 吉祥山 永願寺（東臼杵郡門川町），毘沙門天 興福山 妙国寺（日向市），福禄寿 海龍山 智浄寺（児湯郡川南町），寿老人 一ツ葉稲荷神社（宮崎市新別府町），弁財天 青島神社（宮崎市）
　【掲載事典】七巡，全七，霊大，霊巡，日七

424　日向国延岡七福神
　【概　要】宮崎県延岡市内の7ヶ寺から成る。福禄寿のある如意輪寺の境内の那智ノ滝は県指定名勝。
　【札所名】恵比寿 光明寺（延岡市古城町），大黒天 龍仙寺（延岡市西階町），毘沙門天 清高寺（延岡市稲葉崎町），弁財天 天福寺（延岡市小峰町），福禄寿 如意輪寺（延岡市川島

町)，寿老人 大武寺(延岡市大武町)，布袋尊 円照寺(延岡市山下町)
【掲載事典】霊大，霊巡，日七

全国

425 尼寺霊場

【概　要】大阪の一女が家庭内の不幸に悩み、尼寺を巡ったことで安心を得たことが、尼寺のみを巡礼するユニークな霊場巡拝の由来とされる。1971（昭和46）年、関西を中心に著名な尼寺なども加わり、古寺顕彰会の下休場由晴らにより36寺による霊場会が結成された。その後、霊場に多少の変更があり、欠番もある。尼寺は、門跡寺院など一般の参詣寺院とは異なっているため、参拝は事前連絡する方がよい。

【札所名】曇華院門跡（京都府京都市右京区），大聖寺門跡（京都府京都市上京区），光照院門跡（京都府京都市上京区），引接寺（京都府京都市上京区），寂光院（京都府京都市左京区），換骨堂（京都府京都市左京区），行願寺（京都府京都市中京区），知恩院山内 得浄明院（京都府京都市東山区），香雪院（京都府京都市東山区），隆彦院（京都府京都市東山区），岩屋寺（京都府京都市山科区），村雲御所 瑞龍寺門跡（滋賀県近江八幡市宮内町），興福院（奈良県奈良市法蓮町），誕生寺（奈良県奈良市三棟町），高林寺（奈良県奈良市井上町），観音寺（奈良県桜井市），中宮寺門跡（奈良県生駒郡斑鳩町），仮宿庵（奈良県生駒郡斑鳩町），青蓮寺（奈良県宇陀市），大福寺（奈良県北葛城郡広陵町），和光寺（大阪府大阪市西区），長寶寺（大阪府大阪市平野区平野本町），善名称院（和歌山県伊都郡九度山町），光明宝院（和歌山県東牟婁郡那智勝浦町），普門寺（兵庫県赤穂市），東山寺（兵庫県淡路市），岩瀧寺（兵庫県丹波市氷上町），誓願寺（愛知県名古屋市熱田区），貞寿寺（愛知県津島市今市場町），観音寺（愛知県知多郡阿久比町），大本願（長野県長野市元善町），大仏寺（富山県高岡市大手町），専称寺（富山県射水市庄西町），念西寺（石川県金沢市）

【掲載事典】癒事，霊大，霊巡

◇瑞法の尼寺めぐり　雲輪瑞法著　大法輪閣　1975　322p　19cm　900円
◇尼寺めぐり　下休場義治著　改訂3版　河内長野　古寺顕彰会　1985.9　203p　19cm　1000円
◇尼寺三十六所法話巡礼—浄心の旅 尼寺めぐり　尼寺三十六所霊場会編　大阪　朱鷺書房　1988.2　206p　19cm〈巡拝案内：下休場由晴〉980円　①4-88602-102-6
◇尼寺三十六所法話巡礼—浄心の旅…尼寺めぐり　尼寺三十六所霊場会編　下休場由晴著　新版　大阪　朱鷺書房　2001.11　206p　19cm　1000円　①4-88602-323-1

|目次|大聖寺門跡　光照院門跡　遊心庵　妓王寺　曇華院門跡　観音寺　寂光院　光明宝院　革堂行願寺　得浄明院〔ほか〕|
|内容|近畿二府五県と愛知・長野両県にわたる尼寺三十六所霊場は、ある夫婦の心の葛藤を機縁に、昭和46年に開創された。慈悲のまなざしで迎えてくれる仏たち、閑静な庭園…。尼僧によって護りつがれてきた清楚な寺々をめぐり、現代に生きる心を開く。付・詳細地図。|

426 諸国一の宮巡拝

【概　要】江戸前期の神道家・橘三喜が、1675（延宝3）年から1697（元禄10）年にかけて、諸国一の宮を巡詣したことを契機に生れた霊場めぐり。一の宮とは、平安から鎌倉にかけて自然に生じた、諸国の神社の序列のうち最上位に位置するものをいうが、時代の変遷につれて変動し、一国に二社以上の一の宮が存在することもある。

【札所名】石都々古和気神社（福島県石川郡石川町），都々古別神社（八槻）（福島県東白川郡棚倉町），都々古別神社（馬場）（福島県東白川郡棚倉町），伊佐須美神社（福島県大沼

郡会津美里町)、鳥海山大物忌神社(蕨岡口之宮)(山形県飽海郡遊佐町)、鳥海山大物忌神社(吹浦口之宮)(山形県飽海郡遊佐町)、鹽竈神社・志波彦神社(宮城県塩竈市)、駒形神社(岩手県奥州市水沢区中上野町)、岩木山神社(青森県弘前市)、北海道神宮(北海道札幌市中央区)、寒川神社(神奈川県高座郡寒川町)、鶴岡八幡宮(神奈川県鎌倉市)、洲崎神社(千葉県館山市)、安房神社(千葉県館山市)、玉前神社(千葉県長生郡一宮町)、香取神宮(千葉県香取市)、秩父神社(埼玉県秩父市番場町)、氷川女體神社(埼玉県さいたま市緑区)、氷川神社(埼玉県さいたま市大宮区高鼻町)、一之宮貫前神社(群馬県富岡市)、宇都宮二荒山神社(栃木県宇都宮市)、日光二荒山神社(栃木県日光市)、鹿島神宮(茨城県鹿嶋市)、若狭姫神社(下社)(福井県小浜市)、若狭彦神社(上社)(福井県小浜市)、氣比神宮(福井県敦賀市曙町)、白山比咩神社(石川県白山市三宮町)、氣多大社(石川県羽咋市寺家町)、射水神社(富山県高岡市)、雄山神社・前立社壇(富山県中新川郡立山町)、雄山神社・中宮祈願殿(富山県中新川郡立山町)、雄山神社・峰本社(富山県中新川郡立山町)、気多神社(富山県高岡市)、諏訪大社・下社春宮(長野県諏訪郡下諏訪町)、諏訪大社・下社秋宮(長野県諏訪郡下諏訪町)、諏訪大社・上社前宮(長野県茅野市)、諏訪大社・上社本宮(長野県諏訪市)、高瀬神社(富山県南砺市)、度津神社(新潟県佐渡市)、居多神社(新潟県上越市)、彌彦神社(新潟県西蒲原郡弥彦村)、浅間神社(山梨県笛吹市一宮町)、伊射波神社(三重県鳥羽市安楽島町)、伊雑宮(三重県志摩市磯部町)、都波岐・奈加等神社(三重県鈴鹿市一ノ宮町)、椿大神社(三重県鈴鹿市山本町)、敢國神社(三重県伊賀市一之宮)、南宮大社(岐阜県不破郡垂井町)、水無神社(岐阜県高山市一之宮町)、大神神社(愛知県一宮市)、真清田神社(愛知県一宮市)、砥鹿神社(愛知県豊川市一宮町)、事任八幡宮(静岡県掛川市)、小國神社(静岡県周智郡森町)、富士山本宮浅間大社(静岡県富士宮市宮町)、三嶋大社(静岡県三島市大宮町)、粟鹿神社(兵庫県朝来市山東町)、出石神社(兵庫県豊岡市出石町)、伊和神社(兵庫県宍粟市一宮町)、伊弉諾神宮(兵庫県淡路市)、丹生都比売神社(和歌山県伊都郡かつらぎ町)、日前神宮・國懸神宮(和歌山県和歌山市)、伊太祁曽神社(和歌山県和歌山市)、大神神社(奈良県桜井市)、大鳥神社(大阪府堺市西区鳳北町)、枚岡神社(大阪府東大阪市出雲井町)、坐摩神社(大阪府大阪市中央区久太郎町)、住吉大社(大阪府大阪市住吉区)、元伊勢籠神社(京都府宮津市)、出雲大神宮(京都府亀岡市千歳町)、賀茂御祖神社(京都府京都市左京区下鴨泉川町)、賀茂別雷神社(京都府京都市北区)、建部大社(滋賀県大津市)、玉祖神社(山口県防府市)、住吉神社(山口県下関市)、厳島神社(広島県廿日市市宮島町)、素盞嗚神社(広島県福山市新市町)、吉備津神社(広島県福山市新市町)、中山神社(岡山県津山市)、石上布都魂神社(岡山県赤磐市)、吉備津彦神社(岡山県岡山市北区)、吉備津神社(岡山県岡山市北区)、由良比女神社(島根県隠岐郡西ノ島町)、水若酢神社(島根県隠岐郡隠岐の島町)、物部神社(島根県大田市川合町)、熊野大社(島根県松江市八雲町)、出雲大社(島根県出雲市大社町)、倭文神社(鳥取県東伯郡湯梨浜町)、宇倍神社(鳥取県鳥取市国府町)、土佐神社(高知県高知市)、大山祇神社(愛媛県今治市大三島町)、田村神社(香川県高松市一宮町)、大麻比古神社(徳島県鳴門市大麻町)、波上宮(沖縄県那覇市)、枚聞神社(鹿児島県指宿市開聞十町)、新田神社(鹿児島県薩摩川内市宮内町)、鹿児島神宮(鹿児島県霧島市隼人町)、都農神社(児湯郡都農町)、柞原八幡宮(大分県大分市)、西寒多神社(大分県大分市)、宇佐神宮(大分県宇佐市)、阿蘇神社(熊本県阿蘇市一の宮町)、海神神社(長崎県対馬市峰町)、天手長男神社(長崎県壱岐市郷ノ浦町)、高良大社(福岡県久留米市御井町)、筥崎宮(福岡県福岡市東区)、與止日女神社(佐賀県佐賀市大和町)、千栗八幡宮(佐賀県三養基郡みやき町)。

【掲載事典】巡遍

◇諸国一宮記　吉田作治著　[一宮][吉田作治]　1987.1　86p 図版46p 27cm
〈付:私の履歴書〉

◇日本廻国記一宮巡歴　川村二郎著　河出書房新社　1987.5　294p 20cm　1800円　①4-309-22131-9

◇一宮巡拝の旅　入江孝一郎著　みくに書房　1988.11　348p 19cm　1200円
①4-943850-26-X
|目次|一宮考　畿内の一宮　東海道の一宮　東山道の一宮　みちのくの一宮　北陸道の

◇諸国一宮巡り　小幡貞司著　彩図社　1997.4　151p　19cm　1400円＋税　①4-924937-72-X
目次 東海道沿いの旅　畿内地方の旅　東山道沿いの旅　北陸道沿いの旅　山陽・山陰道沿いの旅　南海道沿いの旅　西海道沿いの旅　一宮巡り結願の旅　一宮　山陰道の一宮　山陽道の一宮　南海道の一宮　西海道の一宮　一宮一覧表

◇日本神社名鑑諸国一宮　新人物往来社　2002.4　212p　26cm（別冊歴史読本　第27巻11号—神社シリーズ1）　2000円　①4-404-03006-1

◇日本廻国記一宮巡歴　川村二郎著　講談社　2002.10　354p　16cm（講談社文芸文庫）〈著作目録あり, 年譜あり〉　1400円　①4-06-198310-5
目次 第1章　三河から東海道を下る　第2章　東北から東山道を上る　第3章　北陸道を下る　第4章　尾張から畿内へ　第5章　山陰道を北へ, 隠岐の島まで　第6章　山陽道を西へ行く　第7章　南海道一周　第8章　西海道を一巡して壱岐対馬まで
内容 一九七八年、"中世の語り物"への興味から発起し、九年の歳月をかけて巡歴した、全国六十八ヵ所の一宮参拝。土地に結びついた神秘と交感したいという著者は、地方色に富んだ風景にとけこみ、神社の結構や佇いを詳細に描写し、記紀や民間伝承文芸等の叙述をふまえて、地神・外来神など、祭神の関係をつづる。人々と祭神の関わりのなかに、日本文化の根底を見すえる傑作紀行。

◇諸国一宮と謎の神々　新人物往来社　2008.5　232p　21cm（別冊歴史読本　第33巻18号）　1700円　①978-4-404-03607-0

◇日本全国一の宮巡拝完全ガイド　招福探求巡拝の会著　メイツ出版　2011.6　160p　21cm〈奥付の責任表示（誤植）：招福探究巡拝の会, 索引あり〉　1800円　①978-4-7804-0963-5

◇日本の神社を知る事典　渋谷申博著　三笠書房　2012.12　253p　15cm（知的生きかた文庫［CULTURE］）〈文献あり〉　571円　①978-4-8379-8158-9
目次 第1章　日本の神社厳選22社（伊勢神宮　出雲大社　大神神社　熱田神宮　鹿島神宮・香取神宮　住吉大社　宗像大社　八坂神社　宇佐神宮　日吉大社　熊野三山　嚴島神社　諏訪大社　北野天満宮・太宰府天満宮　伏見稲荷大社　春日大社　出羽三山神社　富士山本浅間大社　金刀比羅宮　東照宮）　第2章　神社と神道の基礎知識（そもそも「神道」とは何なのか　それでは「神社」とは何なのか　神社の最重要施設「本殿と拝殿」ほか）　第3章　全国神社ガイド（諸国一宮　二十二社　霊威社ほか）
内容 代表22社のほかに巻末では、「諸国一宮」「二十二社」「霊威社」「歴史上の人物を祭神とする神社」など約100社を紹介。

◇日本全国一之宮巡拝記—紀行随筆　吉埜隆［著］一宮町（千葉県）吉埜隆　2013.9（第2刷）112p　22cm　非売品

◇日本全国一の宮巡拝完全ガイド　招福探求巡拝の会著　改訂版　メイツ出版　2015.6　160p　21cm〈索引あり〉　1850円　①978-4-7804-1632-9
目次 北海道・東北地方の一宮　関東地方の一宮　東海・中部地方の一宮　北陸地方の一宮　近畿地方の一宮　中国地方の一宮　淡路・四国地方の一宮　九州地方の一宮
内容 古代から続く格式と伝統。全国の「一の宮」全社を、その縁起から現在の姿までご紹介します。

◇諸国神社一宮・二宮・三宮　渋谷申博著　山川出版社　2015.7　380p　20cm〈文献あり〉　1800円　①978-4-634-15086-7
目次 第1章　「一宮」とは何か—その成立過程と歴史　第2章　全国一宮・二宮・三宮の歴史（近畿地方—京都府・奈良県・大阪府・三重県・和歌山県・兵庫県・滋賀県　中部・北陸地方—愛知県・静岡県・山梨県・岐阜県・長野県・福井県・石川県・富山県・新潟県　関東・東北地方—神奈川県・東京都・埼玉県・千葉県・茨城県・群馬県・栃木県・宮城県・山形県　中国地方—兵庫県・鳥取県・島根県・岡山県・広島県・山口県　四国地方—徳島県・香川県・愛媛県・高知県　九州地方—福岡県・大分県・佐賀県・熊本県・宮崎県・鹿児島県・長崎県）　第3章　一宮・二宮・三宮の祭神事典
内容 本書は、諸国の一宮の歴史をたどることによって、「一宮制度」の謎の解明に迫るものである。さらに、二宮・三宮にまで視野をひろげ、「一宮制度」が神社の社格を顕わしているだけではなく、国衙と密接に連携した宗教統治システムであったことの検証を試みている。一宮巡拝、神社探訪に関心のある方はもちろん歴史に興味のある方すべてに読んでいただきたい一書である。

427 真言宗十八本山巡拝
【概　要】弘法大師の教えとその実践に基づき、真言宗各派の総本山18寺が真言宗各派総本山会を結成し、1995(平成7)年に真言宗十八本山巡拝として霊場を創立した。各本山が真言密教の教えを端的に表現した"法語"を掲げているのが特長。真言宗善通寺派総本山善通寺の「同行二人」、高野山真言宗総本山金剛峯寺の「即身成仏」などがある。
【札所名】(1)総本山 善通寺(香川県善通寺市善通寺町)、(2)大本山 須磨寺(兵庫県神戸市須磨区須磨寺町)、(3)大本山 清澄寺(兵庫県宝塚市)、(4)大本山 中山寺(兵庫県宝塚市)、(5)大本山 大覚寺(京都府京都市右京区嵯峨大沢町)、(6)総本山 仁和寺(京都府京都市右京区)、(7)総本山 智積院(京都府京都市東山区)、(8)総本山 泉涌寺(京都府京都市東山区泉涌寺山内町)、(9)総本山 教王護国寺(東寺)(京都府京都市南区九条町)、(10)大本山 勧修寺(京都府京都市山科区寺勧修寺仁王堂町)、(11)大本山 隋心院(京都府京都市山科区小野御霊町)、(12)総本山 醍醐寺(京都府京都市伏見区醍醐東大路町)、(13)大本山 宝山寺(奈良県生駒市門前町)、(14)総本山 朝護孫子寺(奈良県生駒市平群町)、(15)総本山 西大寺(奈良県奈良市西大寺芝町)、(16)総本山 長谷寺(奈良県桜井市)、(17)総本山 根来寺(和歌山県岩出市)、(18)総本山 金剛峯寺(和歌山県伊都郡高野町高野山)
【掲載事典】癒事、霊大、霊巡

◇十八本山巡拝案内記　真言宗各宗派総大本山会編　真言宗各宗派総大本山会〔1979〕72p　18cm
◇真宗門徒の本山参拝―分骨と墓参・墓石の宗教民俗学　立命館大学・産業社会学部高木正朗ゼミナール編著　京都　立命館大学・産業社会学部　2004.3　250p　30cm〈2003年度高木正朗ゼミ卒業研究〉

428 親鸞聖人二十四輩
【概　要】親鸞聖人二十四輩とは、浄土真宗の開祖親鸞聖人の有力な24人の弟子を指す。この24人の制定には様々な説があり、親鸞聖人が20年を過ごした関東から京都に戻る際、関東での教化を託した24人を示す説や、親鸞聖人の孫・如信上人が選定した説で、聖人の廟所建設のために上京した際に選んだ説などがある。二十四輩選定の当初は一人一ヶ寺を定めたが、子孫の分流、戦火による退転、再建などにより諸国に分散し、二十四輩とされる寺院が百ヶ寺以上を数える事態となり、「二十四輩会」の厳密な選別により二十四輩の再選定がなされることとなった。
【札所名】(1)報恩寺(東京都台東区)、(1)報恩寺(茨城県常総市豊岡町)、(2)専修寺(栃木県真岡市)、(3)無量寿寺(茨城県鉾田市)、(3)無量寿寺(茨城県鉾田市)、(4)如来寺(茨城県石岡市)、(5)弘徳寺(茨城県結城郡八千代町)、(5)弘徳寺(神奈川県厚木市)、(6)妙安寺(群馬県前橋市千代田町)、(6)妙安寺(茨城県猿島郡境町)、(6)妙安寺(茨城県坂東市)、(7)西念寺(茨城県坂東市)、(7)宗願寺(茨城県古河市中央町)、(7)長命寺(千葉県野田市)、(8)長命寺(長野県長野市)、(8)蓮生寺(福島県東白川郡棚倉町)、(8)青蓮寺(茨城県常陸太田市東連地町)、(9)東弘寺(茨城県常総市)、(10)本誓寺(岩手県盛岡市名須川町)、(10)本誓寺(長野県長野市松代町)、(11)無為信寺(新潟県阿賀野市下条町)、(11)称念寺(宮城県仙台市青葉区新坂町)、(12)善重寺(茨城県水戸市酒門町)、(12)善徳寺(茨城県常陸大宮市)、(13)慈願寺(栃木県那須郡那珂川町)、(13)慈願寺(栃木県那須烏山市)、(13)観専寺(栃木県宇都宮市材木町)、(14)阿弥陀寺(茨城県那珂市)、(14)願船寺(茨城県那珂郡東海村)、(15)枕石寺(茨城県常陸太田市上河合町)、(16)寿命寺(茨城県常陸大宮市)、(17)照願寺(茨城県常陸大宮市)、(17)照願寺(千葉県いすみ市)、(18)常福寺(茨城県つくば市)、(19)上宮寺(茨城県那珂市)、(19)法専寺(茨城県常陸大宮市)、(20)常弘寺(茨城県常陸大宮市)、(21)浄光寺(茨城県ひたちなか市)、(22)唯信寺(茨城県笠間市大田町)、(23)信願寺(茨城県水戸市緑町)、(23)覚念寺(茨城県日立市金沢町)、(24)西光寺(茨城県常陸太田市谷河原町)、(24)本泉寺(茨城県常陸大宮市)

【掲載事典】癒事，古寺，巡遍，霊大，霊巡，日巡，霊典

◇古寺巡礼ガイド親鸞―付・蓮如の旅　京都　法蔵館　1983.11　167p　21cm　〈監修：細川行信〉1800円

◇親鸞教徒の仏跡参拝　松井憲一著　京都　白馬社　1990.3　70p　19cm　650円　①4-938651-02-5

◇親鸞聖人二十四輩巡拝―関東御旧蹟を歩く　新妻久郎著　大阪　朱鷺書房　1996.7　227,8p　19cm　1236円　①4-88602-306-1

◇親鸞のふるさと―茨城のご旧跡と二十四輩寺　新いばらきタイムス社編　新版　水戸　三彩洞美術店　2012.11　142p　30cm〈年譜あり〉3000円　①978-4-990682-00-2

◇親鸞聖人二十四輩巡拝―関東御旧蹟を歩く　新妻久郎著　改訂版　大阪　朱鷺書房　2012.11　229,8p　19cm　1200円　①978-4-88602-349-0

|目次|性信の寺（坂東報恩寺（東京都台東区）下総報恩寺（茨城県常総市））　真仏の寺（専修寺（栃木県真岡市））　順信の寺（無量寿寺（茨城県鉾田市鳥栖）　無量寿寺（茨城県鉾田市下富田））　乗然の寺（如来寺（茨城県石岡市））　信楽の寺（弘徳寺（茨城県結城郡八千代町））　弘徳寺（神奈川県厚木市））　成然の寺（妙安寺（群馬県前橋市））　妙安寺（茨城県坂東市）　妙安寺（茨城県猿島郡境町））　西念の寺（西念寺（茨城県坂東市））　長命寺（千葉県野田市）　宗願の寺（茨城県古河市））　長命寺（長野県長野市））　證性の寺（蓮生寺（福島県東白川郡棚倉町））　青蓮寺（茨城県常陸太田市））　善性の寺（東弘寺（茨城県常総市））　是信の寺（本誓寺（岩手県盛岡市）　本誓寺（長野県長野市））〔ほか〕

429　西山国師遺跡霊場

【概　要】浄土宗の開祖・法然上人の高弟で浄土宗西山派の派祖である、証空上人（鑑知国師・西山国師）ゆかりの地を巡る霊場。西山国師の誕生から800年後の1976（昭和51）年に開創された。札所は、近畿地方を中心に東日本にまで及ぶ広範囲に点在しており16の札所と、番外として5つの札所がある。ゆかりの地が各札所となるため、本山である粟生光明寺、永観堂禅林寺、誓願寺のほかに、神社も含まれているのが特長となっている。

【札所名】(1)白河の関（福島県白河市）、(2)光明寺（東京都大田区調布鵜ノ木町）、（客番）鶴岡八幡宮（神奈川県鎌倉市）、(3)西蓮寺（長野県小県郡長門町古町）、（客番）善光寺大本願（長野県長野市元善町）、(4)来迎寺（新潟県上越市寺町）、（客番）法然寺（石川県金沢市）、(5)善恵寺（岐阜県加茂郡八百津町）、(6)円福寺（愛知県岡崎市岩中町）、(7)専念寺（滋賀県大津市）、（客番）延暦寺文殊楼（滋賀県大津市坂本本町）、(8)禅林寺（京都府京都市左京区永観堂町）、(9)誓願寺（京都府京都市中京区新京極桜之町）、(10)南遣迎院（京都府京都市東山区本町）、(11)真光院（京都府京都市伏見区深草真宗院山町）、(12)三鈷寺（京都府京都市西京区大原野石作町）、(13)光明寺（京都府長岡京市）、(14)當麻寺奥院（奈良県葛城市）、(15)叡福寺（大阪府南河内郡太子町）、（客番）四天王寺（大阪府大阪市天王寺区）、(16)浄橋寺（兵庫県西宮市生瀬町）

【掲載事典】霊巡

430　道元禅師を慕う釈迦三十二禅刹

【概　要】曹洞宗の宗祖道元禅師の教えに学び、現世利益や後世安楽を祈るのではなく正しい仏法（八正法）の実践を目指そうと釈迦三十二禅刹会を結成、1996（平成8）年に開創された霊場。大本山永平寺と大本山総持寺祖院を総括寺院とし、京都、滋賀、福井の計32ヶ寺からなる。32とは、釈尊が具える三十二相にちなんだもの。納経（御朱印）に代わり、禅語を頒布する。

【札所名】(特別)大本山永平寺（福井県吉田郡永平寺町）、(特別)総持寺祖院（石川県輪島市門前町）、(1)誕生寺（京都府京都市伏見区久我本町）、(2)欣浄寺（京都府京都市伏見区墨染西枡屋町）、(3)栄春寺（京都府京都市伏見区桃山町）、(4)源光庵（京都府京都市北区鷹

峰北鷹峰町),(5)天寧寺(京都府京都市北区),(6)興聖寺(京都府宇治市),(7)靖国寺(京都府宇治市),(8)禅定寺(京都府綴喜郡宇治田原町),(9)願成寺(滋賀県東近江市川合町),(10)仲明寺(滋賀県蒲生郡日野町),(11)清涼寺(滋賀県彦根市古沢町),(12)全長寺(滋賀県長浜市余呉町),(13)常栄寺(滋賀県高島市マキノ町),(14)曹沢寺(滋賀県高島市今津町),(15)正伝寺(滋賀県高島市新旭町),(16)興聖寺(滋賀県高島市),(17)久永寺(福井県三方上中郡若狭町),(18)龍泉寺(福井県小浜市),(19)神通寺(福井県小浜市),(20)常在院(福井県三方上中郡若狭町),(21)龍源院(福井県三方郡美浜町),(22)永建寺(福井県敦賀市松島町),(23)永賞寺(福井県敦賀市栄新町),(24)永厳寺(福井県敦賀市金ヶ崎町),(25)慈眼寺(福井県南条郡南越前町),(26)宗生寺(福井県越前市新保町),(27)禅林寺(福井県福井市徳尾町),(28)永昌寺(福井県福井市東郷二ヶ町),(29)禅師峰寺(福井県大野市),(30)曹源寺(福井県大野市明倫町),(31)吉峰寺(福井県吉田郡永平寺町),(32)宝慶寺(福井県大野市)

【掲載事典】霊大,霊巡,日巡

◇釈迦三十二禅刹巡拝─道元禅師を慕う法話と札所案内　釈迦三十二禅刹会編　富永航平著　大阪　朱鷺書房　1996.11　222p　19cm　1030円　①4-88602-307-X
内容 道元禅師の教えに学び、正しい仏法の実践をめざす三十二禅刹めぐりは、山城・近江・若狭・越前の豊かな自然と伝統のなかにある。八正道を基本に、生きた仏教を体験するための道場として、多くの人々を迎えている。詳細地図・付。

431 日蓮宗の本山めぐり

【概　要】日蓮聖人を宗祖とする日蓮宗では、身延山久遠寺を祖山(総本山)とし、その法灯を継承する住職を法主という。日蓮聖人一代の重要な遺跡が霊跡13寺、宗門史上顕著な沿革のある寺院が由緒寺院41寺で、伝統により霊跡、由緒寺院は「本山」の称号が用いられており、総本山身延山久遠寺とあわせて55寺の本山がある。1971(昭和46)年「日蓮宗の本山巡り」(中野裕道編、本山会事務局)が刊行されたのを機に、本山を巡る機運が高まった。

【札所名】身延山 久遠寺(山梨県南巨摩郡身延町)、池上本門寺(東京都大田区)、誕生寺(千葉県鴨川市)、清澄寺(千葉県鴨川市)、鏡忍寺(千葉県鴨川市)、龍口寺(神奈川県藤沢市)、仏現寺(静岡県伊東市)、妙顕寺(京都府京都市上京区)、本圀寺(京都府京都市山科区)、根本寺(新潟県佐渡市)、本門寺(静岡県富士宮市)、法華経寺(千葉県市川市)、妙照寺(新潟県佐渡市)、實相寺(静岡県富士市)、妙本寺(神奈川県鎌倉市大町)、妙法寺(東京都杉並区)、本興寺(神奈川県横浜市泉区)、妙純寺(神奈川県厚木市)、久昌寺(茨城県常陸太田市新宿町)、妙顕寺(栃木県佐野市堀米町)、藻原寺(千葉県茂原市)、妙覚寺(千葉県勝浦市)、弘法寺(千葉県市川市)、本土寺(千葉県松戸市)、妙興寺(千葉県千葉市若葉区)、日本寺(千葉県香取郡多古町)、正法寺(千葉県山武郡大網白里町)、本遠寺(山梨県南巨摩郡身延町)、妙法寺(山梨県南巨摩郡増穂町)、蓮永寺(静岡県静岡市)、本覚寺(静岡県静岡市)、本立寺(静岡県伊豆の国市)、實成寺(静岡県伊豆市)、久遠寺(静岡県富士宮市)、海長寺(静岡県静岡市清水区)、妙法華寺(静岡県三島市)、玄妙寺(静岡県磐田市見付町)、妙成寺(石川県羽咋市滝谷町)、報恩寺(和歌山県和歌山市)、妙覚寺(京都府京都市上京区)、本満寺(京都府京都市上京区)、本法寺(京都府京都市上京区)、立本寺(京都府京都市上京区)、瑞龍寺(滋賀県近江八幡市宮内町)、頂妙寺(京都府京都市左京区)、妙伝寺(京都府京都市左京区)、妙國寺(大阪府堺市堺区材木町)、國前寺(広島県広島市東区山根町)、光勝寺(佐賀県小城市小城町)、妙宣寺(新潟県佐渡市)、妙法寺(新潟県長岡市)、妙国寺(福島県会津若松市一箕町)、孝勝寺(宮城県仙台市宮城野区)、本覚寺(神奈川県鎌倉市小町)、本行寺(東京都大田区)、瑞輪寺(東京都台東区)

【掲載事典】霊大,霊巡

◇日蓮の寺　中尾堯著　東京書籍　1987.10　273p　20cm〈日蓮関連略年表:

p261～263）1500円 ①4-487-75087-3
[目次]序章 日蓮の生涯と足跡　第1章 伝統の大寺（身延山久遠寺　池上本門寺　中山法華経寺）　第2章 歩みの跡（房総の古寺　佐渡の古寺）　第3章 広がる法燈（京都の二一か本山の伝統　瀬戸内の寺々）　第4章 日蓮のマツリ　第5章 古寺名刹の巡拝（巡拝の習わし　江戸十大祖師詣り）　第6章 日蓮宗の寺院の役割
[内容]日蓮誕生以来の歴史が脈打つ信仰世界を、儀礼や巡拝の実際とその意味に力点を置いて、生き生きと描く。

◇**日蓮聖人の足跡巡拝**　石井潤一編　[石井潤一]　1995.7-1996.1　2冊　26～26×37cm〈「歴史の部」「巡拝記録の部」に分冊刊行〉

◇**日蓮聖人とお弟子たちの歴史を訪ねて―日蓮宗本山めぐり　平成22年改訂新版**
日蓮宗全国本山会企画・監修　日蓮宗新聞社　2010.4　269p　21cm〈年譜あり〉3000円　①978-4-89045-169-2

432 法然上人二十五霊場

【概　要】一心に念仏を称えればみな極楽浄土に往生できるという専修念仏の教えをとき、不安を抱いていた民衆に救いをもたらした、法然上人の550回忌（1761）を機に25霊場が定められた。京都如来寺の廓誉順起とその遺志を継いだ恋西庵の順阿霊沢の発起によるものという。上人誕生の地である岡山県誕生寺を第1番とし、香川、兵庫、大阪、和歌山、奈良、三重を経て、第25番の入滅の地である京都・知恩院をめぐる霊場となっている。上人直接の遺跡のみでなく、上人自作の御影（画・像）、自筆の名号などが現存する寺院や、上人滅後や弟子に関係のある寺院も霊跡とされている。円光大師二十五霊場。

【札所名】(1)栃社山　誕生寺（岡山県久米郡久米南町）,(2)仏生山来迎院　法然寺（香川県高松市仏生山町）,(3)宝瓶山　十輪291（兵庫県高砂市高砂町）,(4)珠光山　徧照院　如来院（兵庫県尼崎市寺町）,(5)応頂山　勝尾寺二階堂（大阪府箕面市）,(6)荒陵山　四天王寺阿弥陀堂（念仏堂）（大阪府大阪市天王寺区）,(7)坂松山高岳院　一心寺（大阪府大阪市天王寺区）,(8)慈雲山　報恩講寺（和歌山県和歌山市）,(9)二上山　當麻寺奥院（奈良県葛城郡）,(10)香具山少林院　法然寺（奈良県橿原市南浦町）,(11)華厳宗大本山　東大寺指図堂（奈良県奈良市雑司町）,(12)厭離山　欣浄寺（三重県伊勢市）,(13)音羽山　清水寺阿弥陀堂（京都府京都市東山区）,(14)清涼山光明真言院　正林寺（京都府京都市東山区渋谷通上馬町）,(15)寳海山法成院　源空寺（京都府京都市伏見区瀬戸物町）,(16)報国山念仏三昧院　光明寺（京都府長岡京市）,(17)小倉山　二尊教院　華台寺（京都府京都市右京区嵯峨二尊院門前長神町）,(18)鎌倉山　月輪寺（京都府京都市右京区嵯峨清滝月ノ輪町）,(19)極楽殿　熊谷山　法然寺（京都府京都市右京区嵯峨天龍寺立石町）,(20)浄土宗西山深草派総本山　誓願寺（京都府京都市中京区新京極通三条下る桜之町）,(21)魚山　勝林院（京都府京都市左京区大原勝林院町）,(22)長徳山功徳院　知恩寺（百万遍知恩寺）（京都府京都市左京区田中門前町）,(23)大本山　清浄華院（京都府京都市上京区寺町通広小路上ル北ノ辺町）,(24)大本山　紫雲山　くろ谷　金戒光明寺（京都府京都市左京区）,(25)浄土宗　総本山　知恩院（京都府京都市東山区林下町）,(縁故本山）聖衆来迎山　無量壽院　禅林寺（永観堂）（京都府京都市左京区永観堂町）,(特別霊場）比叡山黒谷　青龍寺（京都府京都市左京区八瀬秋元町）

【掲載事典】癒事、古寺、巡遍、霊大、霊巡、日巡、霊典

◇**元祖法然上人霊跡巡拝の栞**　浄宗会編　京都　浄宗會　1959.3　4,58p　18cm〈法然上人霊跡地年譜：p52-58〉

◇**元祖法然上人霊跡巡拝の栞**　浄宗会編　再版　京都　知恩寺　1959.8　58p　18cm〈法然上人霊跡地年譜：p52-58〉

◇**法然の遺跡と伝記**　細川行信著　京都　あそか書林　1966　90p　図版　19cm　250円

◇**法然上人霊跡巡拝の栞**　京都　浄宗会　[1974]　136p　18cm

◇**法然上人の足あと―二十五霊場とその周辺**　高橋良和著　京都　探究社　1983.5　179p　19cm

◇**元祖円光大師法然上人二十五霊場めぐり**　京都　知恩院吉水講総本部　1983.11　126p　19cm

◇**法然を歩く**　樋口英夫写真　林淳文俊

成出版社　1992.2　158p　21cm（写真紀行日本の祖師）〈法然年表：p154～155〉2000円　①4-333-01550-2
|目次|法然の旅　私の旅　カラー法然を歩く　解説法然を歩く（法然と浄土教　法然の生涯と足跡　善導　念仏　往生　『選択本願念仏集』　法然の手紙　法然の弟子　同時代人がみた法然）　法然年表　法然上人25霊場

◇明と共に―法然上人二十五霊場巡礼紀行　国弘博之,国弘久仁枝編　鳥取　国弘博之　1993.6　166p　21cm〈国弘明の肖像あり〉非売品

◇法然上人二十五霊場巡礼―法話と札所案内　法然上人二十五霊場会編　富永航平著　大阪　朱鷺書房　1994.9　198p　19cm　1030円　①4-88602-302-9

◇巡拝の栞―圓光大師法然上人御霊跡　浄宗会編　京都　浄土宗総本山知恩院　1996.3　246p＋挿図　19cm〈『元祖法然上人霊跡巡拝の栞』（昭和34刊）の改訂版、表紙タイトル：心のふるさと、付：付図1枚（法然上人御霊跡所在地）、別書名：圓光大師法然上人御霊跡巡拝の栞〉

◇圓光大師讃岐二十五箇拝所巡り　堀家守彦編　丸亀　タカ企画　2005.3　16p　30cm

◇図解雑学法然　伊藤唯真監修　山本博子著　ナツメ社　2005.5　287p　19cm〈奥付のタイトル：法然、肖像あり、年譜あり、文献あり〉1500円　①4-8163-3900-0
|目次|第1章 法然への誘い　第2章 誕生から出家　第3章 求道の遍歴　第4章 専修念仏への帰入　第5章 教えを受けた人びと　第6章 専修念仏の世界　第7章 『選択本願念仏集』の撰述　第8章 専修念仏の弾圧　第9章 極楽に帰る　第10章 法然の遺跡を巡って
|内容|鎌倉時代は日本の仏教思想の変革の時代でした。それは鎌倉新仏教と呼ばれ、法然・栄西・道元・親鸞・日蓮など、現在で多くの信者をもつ仏教教団の祖師を輩出しました。鎌倉新仏教のさきがけは法然の専修念仏の主張でした。いろいろな修行方法を捨てて、ただひたすら「南無阿弥陀仏」と、声に出して念仏を称えるだけで、極楽浄土に救われるという教えです。地位・名誉・財産・知識などの有無に関わりなく、仏念を称える人はすべて漏れなく救われるという専修念仏の教えは、既存の仏教から見放されていた人びとだけではなく、あらゆる階層の人びとに受け入れられたのです。本書は、法然の伝記をできる限り歴史的に実証されていることを中心に記述し、その過程の中で、法然に帰依した人びとや門弟について、また、専修念仏の教えの内容についても解説しました。さらに、現在も行われている法然の遺跡を巡拝する二十五霊場も紹介します。

◇**讃岐における法然上人足跡巡拝指南書**　近兼和雄監修　木村暁光著　さぬきまほろば工房　2013.12　115p　30cm〈奥付のタイトル：讃岐における法然上人遺跡巡拝指南書〉非売品

全国の霊場

◇古寺巡礼辞典　中尾堯編　東京堂出版　1973　343p　図　19cm　1500円

◇みささぎ巡拝―天皇の遺跡をたどる　西山徳他著　日本教文社　1979.7　286p　19cm　1000円

◇観音札所巡りのすべて　平幡良雄著　広済堂出版　1981.3　439p　19cm（新しい生活全書）1800円

◇日本全国三十三所・八十八所集覧　塚田芳雄著　［塚田芳雄］1981.12印刷　54p　22cm　700円

◇巡礼の道―信心と功徳の霊場めぐりの旅　暁教育図書　1982.6　148p　30cm（日本発見　心のふるさとをもとめて 36）〈「巡礼の道」関連略年表：p117〉1700円

◇巡礼のこころ　清水谷孝尚著　大蔵出版　1986.10　270p　19cm（日本仏教のこころ）1700円
|目次|第1章 巡礼への誘い　第2章 巡礼者の声　第3章 知っておきたいこと　第4章 巡礼のこころ　第5章 巡礼に生きた人　第6章 巡礼の歴史
|内容|昔から日本人の心をとらえ、今また爆発的な人気を集める「巡礼」とは!?経験ゆたかな先達が現代に贈る、こころのメッ

◇全国北から南から寺社巡り―「ご利益」が、ひとめでわかる寺社ガイド259　日之出出版　1987.1　220p　28cm〈奥付の書名：北から南から全国寺社巡り〉880円　①4-89198-052-4
目次　大和路・花ごよみ　江戸の祭（三社祭・深川祭）　東京・鎌倉―花の社寺　海のある奈良小浜紀行　秩父巡礼　四国巡礼　隅田川七福神めぐり　七福神ものがたり　全国有名七福神めぐり　有名寺社一覧表

◇御陵巡拝―御陵印集　高橋昭二著　佐原　高橋昭二　1987.4　144p　21cm　非売品

◇全国寺社巡り―誰もが知りたい「ご利益」読本　1988年版　日之出出版　1988.1　242p　28cm　880円　①4-89198-058-3
目次　ご利益グッズ大図鑑―願いをかなえる、お守り・お礼　風林火山紀行―武田信玄ゆかりの寺社・史跡を訪ねて　幕末の名匠・石川雲蝶の作品を現代に留める越後の名刹―永林寺　ひと目でわかる全国寺社ご利益1覧　懐かしい江戸の風情を今に伝える谷中七福神めぐり

◇七福神―福を呼ぶ・幸運を呼ぶ　佐藤達玄, 金子和弘著　木耳社　1989.12　190p　19cm〈参考文献：p190〉1000円　①4-8393-7509-7
目次　七福神の由来　恵比須　大黒天　毘沙門天　弁財天　福禄寿と寿老人　布袋　全国七福神霊場一覧
内容　全国各地で盛大に行なわれている「七福神めぐり」の福神信仰の起源やその由来、七福神それぞれのお姿、性格などについてわかりやすく解説した七福神めぐりハンドブック。全国七福神霊場一覧付。

◇七福神巡礼　室生朝子著　青弓社　1989.12　220p　20cm　1730円
目次　浅草名所七福神　隅田川七福神　下谷七福神　柴又七福神　鎌倉・江の島七福神　伊豆伊東七福神　伊豆国七福神　秩父七福神
内容　近年流行の神々、毘沙門天、大黒天、弁財天、福禄寿、寿老人、布袋尊、恵比寿。七福神ゆかりの寺社を訪ね、その由来から四季折々の風物詩までを静謐な筆致で綴る巡礼紀行。

◇全国の霊場・札所・巡拝　サンメイク編　集室編　大阪　サンメイク　1990.6　544p　19cm〈発売：ナンバー出版〉3000円　①4-88859-129-6
内容　この本は、関西地方に残るほとんどの霊場と、四国と東国の一部の霊場を一堂に収録したものです。

◇新旧日本巡礼集―巡礼の道案内　其ノ1　北海道東北関東　小林精太郎編　［所沢］［小林精太郎］［1992］1冊　26cm　非売品

◇新旧日本巡礼集―巡礼の道案内　其ノ2　関東　小林精太郎編　［所沢］［小林精太郎］［1992］1冊　26cm　非売品

◇新旧日本巡礼集―巡礼の道案内　其ノ3　関東中部東海　小林精太郎編　［所沢］［小林精太郎］［1992］1冊　26cm　非売品

◇新旧日本遍路集八十八所―遍路の道案内　小林精太郎編　［所沢］［小林精太郎］［1992］2冊　26cm

◇新旧日本巡礼集―巡礼の道案内　其ノ4　近畿中国四国九州　小林精太郎編　［所沢］［小林精太郎］1992.3　1冊　26cm　非売品

◇新旧日本遍路集―巡礼の道案内　小林精太郎編　［所沢］［小林精太郎］1992.3　2冊　26cm　非売品
目次　其ノ1　東北関東中部　其ノ2　近畿中国四国九州

◇新旧日本巡礼集（由緒）―巡礼の道案内　小林精太郎編　［所沢］［小林精太郎］［1993］3冊　26cm
目次　其ノ1　北海道東北関東　其ノ2　関東中部　其ノ3　東海中部近畿以西

◇新旧日本巡礼集（霊場）―薬師、不動、地蔵、十三仏、七福神他　巡礼の道案内　小林精太郎編　［所沢］［小林精太郎］［1993］1冊　26cm〈表紙の書名：新旧日本巡礼霊場集〉非売品

◇新旧日本遍路集（由緒）―巡礼の道案内　小林精太郎編　［所沢］［小林精太郎］［1993］2冊　26cm
目次　其ノ1　東北関東　其ノ2　東海以西

◇七福神めぐり―大御利益　お参りの礼式と心得　全国62か所の七福神をコース地図入りで紹介　小関親康著　鶴ケ島　三心堂　1993.1　189p　19cm　1200円

①4-915620-59-X
[目次]七福神の名前と役割　七福神の由来と歴史　七福神めぐり　七福神の呪物　お祈りの形式　お祭りの仕方　霊験実証例　信仰と幸福　転ずる心の初歩　転禍招福の秘法　七福神伝承記　桂川畔異聞　霊媒奇談　福を得る「一語」の教え　七福神めぐり霊場一覧
[内容]全国62か所の七福神をコース地図入りで紹介。

◇巡礼と参詣─特別テーマ展─旅　大和郡山　奈良県立民俗博物館　1993.8　47p　26cm〈奥付の書名:「旅─巡礼と参詣」図録　会期:平成5年9月19日～11月28日〉

◇巡礼・参拝用語辞典　白木利幸著　大阪　朱鷺書房　1994.3　277p　20cm　2575円　①4-88602-165-4
[目次]巡礼の部　参拝の部　主な巡礼コース
[内容]特特の用語を詳説した画期的な労作。札所巡礼、寺社めぐり、巡拝の習俗研究等々に必携。巡礼の部222項目、写真・図版71点。参拝の部183項目、写真・図版63点。巡拝霊場37コースの札所名、所在地、宗派、本尊を掲載。

◇七福神巡拝　白木利幸著　大阪　朱鷺書房　1995.2　224p　19cm　1030円　①4-88602-303-7
[目次]木曽七福神霊場　近江七福神霊場　都七福神　西国七福神　大阪七福神　南海沿線七福神　大和七福神　神戸七福神　淡路島七福神
[内容]恵美須・大黒天・毘沙門天・弁財天・福禄寿・寿老人・布袋尊の七つの神仏を巡拝し、福徳を願う。素朴な庶民の願いに支えられて、全国各地に七福神めぐりのコースが設けられている。関西地区を主とした九コースを詳細に案内し、全国の主要コースを紹介する。

◇全国「三十三所巡礼」総覧─「めぐり」の旅・地域観光のルーツを求めて　北川宗忠編著　神戸　流通科学大学教育協力会　1995.3　175p　26cm〈付・全国八十八所一覧〉

◇日本「霊地・巡礼」総覧　新人物往来社　1996.9　431p　21cm〈別冊歴史読本　事典シリーズ　29〉〈主要参考文献一覧:p428～431〉　1800円　①4-404-02413-4

◇全国霊場巡拝事典　大法輪閣編集部編　大法輪閣　1997.6　478p　19cm　3800円　①4-8046-1133-9
[目次]巡拝の手引き　観音霊場　弘法大師霊場　不動霊場　薬師霊場　地蔵霊場　十三仏霊場　十二支霊場　七福神霊場　特殊な霊場
[内容]観音(三十三カ所)・弘法大師(八十八カ所)・不動・薬師・地蔵・十三仏・十二支・七福神の各霊場と、これらに分類できない、法然・親鸞・道元・日蓮・西山らの各祖師の霊場、聖徳太子遺跡霊場などを含む特別な霊場を収録。

◇巡礼・遍路─こころと歴史　大法輪閣編集部編　大法輪閣　1997.9　222p　19cm　1900円　①4-8046-1135-5
[目次]1 巡礼・遍路のすすめ(巡礼・遍路のすすめ　巡礼の十徳　巡礼を待つ心　西国巡礼の先達から　巡礼の装束と持物の意味　名ご詠歌集)　2 巡礼・遍路の歴史(巡礼・遍路の信仰と歴史　四国霊場の起こりと人物史　四国霊場の思想的基盤　百観音霊場ものがたり　巡礼の習俗)　3 巡礼・遍路に生きた人々(中務茂兵衛の二百八十回遍路　愚庵西国巡礼に出づ　山本玄峰の四国遍路　高群逸枝、一切愛を求めて　山頭火の四国へんろ　市川団蔵の堕地獄願望　四国の弘法大師伝説)
[内容]巡礼・遍路のすすめ。それは仏と出会い、お大師さんに導かれ、自分を見つける旅、死から再生への旅路!

◇霊場の事典─日本全国の神仏と出会う道　藤田庄市監修　学習研究社　1997.12　283p　21cm(New sight mook Books esoterica エソテリカ事典シリーズ　3)〈執筆:藤田庄市ほか〉　1500円　①4-05-601630-5
[目次]四国遍路みちを歩く　日本の霊場　四国八十八か所　西国三十三か所　秩父三十四か所　全国三十三観音霊場　その他の巡礼霊場

◇巡礼のみち　瀧澤準著　丸子町(長野県)　ミヤザキ(印刷)　1998.10　316p　22cm　非売品

◇七福神信仰事典　宮田登編　戎光祥出版　1998.11　398p　27cm(神仏信仰事典シリーズ　1)　13000円　①4-900901-06-7

◇御陵巡拝　上　小林利外著　大阪　小林利外　1998.12　523,47p　26cm

◇日本全国三十三所・札所集覧　塚田芳雄著　[塚田芳雄]　[1999]　42,7丁　26cm

〈和装〉

◇古寺巡礼辞典　中尾堯編　新装版　東京堂出版　1999.9　343p　18cm　2500円
①4-490-10531-2
[目次]安芸新四国八十八ヵ所札所　安芸西国三十三番札所　足立三十三ヵ所観音霊場　荒川辺八十八ヵ所弘法大師巡拝　淡路西国三十三ヵ所観音霊場　安房三十四ヵ所観音霊場　淡路四国八十八ヵ所霊場　阿波国三十三ヵ所霊場　伊豆横道三十三ヵ所観音霊場　出雲三十三ヵ所観音巡礼　伊那百観音霊場　伊那西国三十三ヵ所観音霊場　伊那坂東三十三ヵ所観音霊場　伊那秩父三十四ヵ所観音霊場　磐城三十三ヵ所観音霊場　因幡観音霊場巡礼札所　上野より王子・駒込辺三十三ヵ所観音巡礼　宇陀西国三十三ヵ所霊場めぐり　越後三十三ヵ所観音霊場　江戸九品仏参り　江戸西方三十三ヵ所観音巡礼　江戸三十三ヵ所観音巡礼　江戸東方四十八ヵ所地蔵尊参り　江戸南方四十八ヵ所地蔵尊参り　江戸八十八ヵ所弘法大師巡拝　江戸山の手二十八ヵ所地蔵参り　江戸山の手四十八ヵ所地蔵参り　江戸六阿弥陀　西方六阿弥陀　山の手六阿弥陀　六阿弥陀　江戸六地蔵参り　円光大師遺跡写二十五ヵ所巡拝　大島四国八十八ヵ所　牡鹿三十三ヵ所観音霊場　置賜三十三ヵ所観音霊場　奥多摩新四国八十八ヵ所　秩父三十四ヵ所霊場札所　尾張三十三ヵ所観音巡礼　甲斐国三十三番観音巡礼　葛西三十三ヵ所観音巡礼　上総三十四ヵ所観音霊場　上総国八十八ヵ所観音霊場　金沢西国・坂東三十三ヵ所観音巡礼　金沢西国三十三ヵ所観音巡礼　金沢坂東三十三ヵ所観音巡礼　鎌倉三十三ヵ所観音霊場　神崎八十八ヵ所霊場　観音霊場長門三十三ヵ所霊場　蒲原三十三ヵ所観音巡礼　九州三十三ヵ所観音霊場　旧小机領三十三ヵ所子年観音霊場　近世江戸三十三ヵ所観音巡礼　甲州八十八ヵ所霊場　弘法大師越豆二十一ヵ所　西国三十三ヵ所観音霊場巡礼　最初建立江戸六地蔵参り　佐賀新四国八十八ヵ所霊場　佐渡三十三ヵ所観音霊場　佐野坂東三十三ヵ所観音巡礼　四国八十八ヵ所霊場　信濃三十三ヵ所観音巡礼　準国稲毛三十三ヵ所観音霊場　准秩父三十四ヵ所観音霊場　下野三十三ヵ所観音霊場　小豆島八十八ヵ所霊場巡礼　庄内百観音霊場　新四国三十三ヵ所霊場　信達三十三ヵ所観音霊場　親鸞上人二十四輩　駿河国三十三ヵ所観音霊場　駿河国府辺三十三ヵ所観音霊場　駿河百地蔵　周防大島八十八ヵ所　仙台三十三ヵ所観音霊場　大東京百観音　但馬西国三十三ヵ所観音霊場　玉川八十八ヵ所霊場　多摩八十八ヵ所霊場　筑後三十三ヵ所観音霊場　知多新四国八十八ヵ所観音霊場札所　津軽三十三ヵ所観音霊場　津久井三十三ヵ所観音霊場　出羽国六郡巡礼　東国八十八ヵ所霊場　土佐西国三十三ヵ所観音霊場　長崎四国八十八ヵ所霊場　日蓮宗二十一ヵ寺詣　能登国三十三ヵ所観音巡礼札所　播磨西国三十三ヵ所観音霊場　坂東三十三ヵ所観音霊場　肥後三十三ヵ所観音霊場巡礼　備中西国三十三ヵ所観音霊場　備中国三十三ヵ所観音巡礼　備後西国三十三ヵ所観音巡礼　伯耆西国三十三番札所巡礼　法然上人二十五霊場　三浦三十三ヵ所観音霊場　水戸三十三ヵ所観音霊場　美濃西国三十三ヵ所観音巡礼　美作西国三十三ヵ所観音霊場　武蔵野三十三観音　最上三十三ヵ所観音霊場　山鹿三十三ヵ所観音霊場巡礼　大和新四国八十八ヵ所札所　山の手三十三ヵ所観音参り

◇こころを癒す巡礼・参拝用語事典　白木利幸著　小学館　2000.8　370p　16cm（小学館ライブラリー）〈「巡礼・参拝用語辞典」（朱鷺書房1994年刊）の増訂〉1200円　①4-09-460133-3
[目次]巡礼の部　参拝の部　主な巡礼コース
[内容]人には悩みがつきもの…。往時の人はその悩みを解消し乗り越えていくために、苦しいことを承知の上で巡礼し、神社仏閣へ参拝した。なぜ人びとはそんな苦行を求めたのか。その起源と意義を気鋭が解説した、こころ癒しの啓蒙書。

◇地蔵さま入門　大法輪編集部編　増補新装版　大法輪閣　2000.10　254p　19cm（大法輪選書）1400円　①4-8046-5027-X
[目次]第1篇　お地蔵さんの意味と信仰（地蔵信仰とは何か　地蔵信仰の流れ　庶民化された地蔵信仰　お地蔵さんと神信仰　お地蔵さんのお経　現代意訳『延命地蔵経』現代の水子地蔵　水子供養に思うこと）第2篇　お地蔵さんの霊験（中国の地蔵霊験譚　日本の古典に見る地蔵菩薩　現代の地蔵霊験譚（東日本篇　西日本篇））第3篇　お地蔵さんのうたと物語（地蔵和讃の由来と伝承　地蔵さんとうた　お地蔵さんのわらべ唄　笠地蔵　異名地蔵物語）　素焼

きの豆地蔵をつくろう　地蔵霊場めぐり（江戸六地蔵　鎌倉二十四地蔵霊場　京の六地蔵　河泉地蔵霊場　神戸の六地蔵　中国地蔵尊霊場会　九州二十四地蔵霊場）

|内容|お地蔵さまは僧形で、右手に錫杖、左手に宝珠を持って、路傍に立っておられる。そして、六道のあらゆるものの苦悩を肩代わりし、亡者・子供を守護してくださる菩薩である。本書は、お地蔵さんの基本的な知識、地蔵信仰の歴史、お地蔵さんの登場するお経、霊験譚、和讃、うた、水子供養の問題、霊場などまでを扱った地蔵信仰入門書である。

◇全国霊場大事典―全国霊場巡礼・巡拝案内　『全国霊場大事典』編纂室編　六月書房　2000.11　1006p　27cm〈発売：星雲社,文献あり〉9524円　①4-7952-3343-8

|目次|観音霊場　弘法大師霊場　島四国霊場　不動尊霊場　薬師霊場　地蔵尊霊場　十三仏霊場　その他の霊場　七福神霊場　霊場巡拝主催団体(会)　霊場別宿坊案内

|内容|満願寺巡礼の会・浅草寺無畏参拝団など霊場巡拝主催団体(会)紹介/四国八十八ヶ所・西国観音霊場など霊場別全国宿坊案内他役立つ情報満載。

◇日本全国数のおまいり　塚田芳雄著　［塚田芳雄］［2001］14丁　26cm〈和装〉

◇日本全国八十八所・札所集覧　塚田芳雄著　［塚田芳雄］［2001］1冊　26cm〈和装〉

◇日本巡礼ガイドブック　大路直哉著　淡交社編集局編　京都　淡交社　2001.4　270p　21cm〈文献あり〉1800円　①4-473-01804-0

|目次|巡礼の基礎知識　北海道・東北の霊場　関東の霊場　信越・北陸の霊場　東海の霊場　近畿の霊場　中国地方の霊場　四国の霊場　九州の霊場　御詠歌集

|内容|自己をみつめる旅へのいざない。観音さま、弘法さん、お不動さん、七福神…etc.日本各地の巡礼コースをくまなく紹介。感動の体験談から交通アクセスまで網羅し、巡礼入門書としても最適。便利な地域別構成。

◇御陵巡拝　中　小林利外著　［大阪］［小林利外］2001.10　532p　26cm

◇御陵巡拝　下　小林利外［著］［大阪］［小林利外］2001.12　436,107p　26cm〈年表あり〉

◇日本全国七福神めぐり　中山和士,大矢憲一著　セントラル出版　2002.1　298p　21cm　1429円　①4-7656-1213-9

|目次|北海道・東北　関東　東京　中部　関西　中国・四国　九州

◇図説・七福神―福をさずける神々の物語　戎光祥出版編集部編　戎光祥出版　2002.11　224p　19cm（シリーズ日本の信仰）1500円　①4-900901-25-3

|目次|1 七福神ゆかりの社寺を訪ねて　2 七福神の基礎知識　3 七福神信仰の民俗と文化（七福神めぐりの伝統と風土　全国調査七福神舞・七福神踊）

|内容|七福神はなぜ七人なのか、いつ、どこから訪れたのか。宝船に福を満載した目出度き神々のエピソードを紹介。福神漬けとエビスビール/初夢と宝船/福助/恵方/全国の七福神に至るまで、250点をこえる写真図版でやさしく解説する。

◇全国七福神めぐり―七難をさけて七福を得る　工藤寛正,みわ明著　東京堂出版　2002.11　222p　19cm　1400円　①4-490-20485-X

|目次|七福神の由来と信仰　七福神めぐり　全国七福神霊場一覧

|内容|全国の七福神111霊場を紹介。七福神の由来とそれぞれの性格も解説。

◇七福神信仰の大いなる秘密―日本神仏信仰の謎を読み解く　久慈力著　批評社　2003.8　206p　20cm　1800円　①4-8265-0377-6

|目次|第1章 七福神のイメージ・文化・スタイル　第2章 七福神の出生・来歴・変貌　第3章 七福神の本社・神社・寺院　第4章 七福神と宗教・神話・伝説　第5章 七福神と皇室・豪族・幕府　第6章 七福神の地方巡礼と地域的特徴　第7章 七福神の宝船と七不思議

|内容|日本人になじみ深い七福神は、親しみやすく、福徳を与える庶民信仰の神々のように見られているが、果たして日本古来の伝承にまつわる神々なのだろうか？　遙かなる西域―中国・インド、そしてシルクロードの起点・メソポタミアの戦闘神に起源をもつ神々のルーツを探り、日本における神仏混淆信仰の秘密を解読する。

◇巡礼・遍路がわかる事典―読む・知る・

愉しむ　中山和久著　日本実業出版社　2004.11　266,12p　19cm〈文献あり〉1500円　①4-534-03839-9

|目次|第1章 巡礼・遍路の世界　第2章 巡礼の儀礼　第3章 巡礼の思想　第4章 巡礼の組織　第5章 巡礼の人々　第6章 四国遍路と西国巡礼　第7章 日本の巡礼　第8章 日本の参詣　第9章 日本の巡礼　第10章 世界の巡礼　日本の巡礼地百撰

|内容|近年、巡礼や遍路は大きく見直されてきた。ストレスの多い仕事や生活といった日常から離脱する、聖なる旅の心持ちに、大きな魅力があるからである。私たちにとって巡礼は「こころのふるさと」「癒し」「健康」「成長」といった、とてつもない意味と作用を秘めている。巡礼はいつするのがいいのか？　なにが得られるのか？　どんな恰好で、なにを持っていけばいいのか？四国遍路はなぜ88か所か？「順打ち」と「逆打ち」はどう違うのか？「お接待」とはなにか？　日本にはどんな巡礼地があるか？…etc.巡礼・遍路に関する素朴な疑問にわかりやすく答える画期的入門書！　各項目に詳細な図解や写真・地図などを添え、実践者に向けた親切なガイドブックとしても便利に使える巡礼者必携の書。「日本の巡礼地100撰」付き。

◇全国霊場巡拝事典　大法輪閣編集部編　改訂新版　大法輪閣　2005.2　530p　19cm　2800円　①4-8046-1216-5

|目次|巡拝の手引き　観音霊場　弘法大師霊場　不動霊場　薬師霊場　地蔵霊場　十三仏霊場　十二支霊場　七福神霊場　特殊な霊場

|内容|百観音・四国八十八ヶ所を初め、不動・薬師・地蔵・十三仏・十二支・七福神霊場、各宗祖師の霊跡、本山・尼寺・花の寺など、現在巡れる日本の全霊場を分野別に網羅。「巡礼の手引き」を付した、待望の霊場百科事典。

◇全国三十三ヵ所観音霊場および全国八十八ヵ所霊場資料集　武石伊嗣著　武石万里子編　神谷書房　2006.1　18,640p　31cm

|目次|全国三十三ヵ所観音霊場　編（北海道・東北地方　関東地区および山梨県　信越および北陸地区　東海地区　近畿地区　中国地区および四国地区　九州地区）　全国八十八ヵ所霊場　編（北海道・東北地方　関東地区および山梨県　信越・北陸・東海地区　近畿地区　中国地区・四国地区　九州地区）

◇観音霊場と巡礼の記録――企画展　沼津市歴史民俗資料館編　沼津　沼津市歴史民俗資料館　2006.3　55p　30cm〈文献あり〉

|目次|1 観音霊場の成立と巡礼の旅（西国三十三所の成立と地方霊場　巡礼の装束　巡礼の作法　沼津の巡礼者の旅と奉納）　2 沼津市内に札所のある地方観音霊場（駿河伊豆両国横道三十三所観音霊場　駿河一国三十三所観音霊場　伊豆国中道三十三所観音霊場　御厨横道三十三所観音霊場）　3 沼津市内の三十三所観音霊場（重寺観音堂　鷲頭山　徳楽寺　東海山　潮音寺　安養山　蓮光寺　稲久山　長谷寺　雲蓋山　玄機庵　赤野山　廣大寺　赤野観音堂　士詠山　大泉寺　光照山　来迎寺　天瑞山　大聖寺）　協力者・参考文献一覧

◇七福神の創作者――一休さんの「モノにココロあり」大発見！　一色史彦著　三五館　2007.6　189p　20cm　1400円　①978-4-88320-379-6

|目次|第1部 七福神と一休の世界（七福神の誕生　一休さんと七福神の交差点　七福神は世界を巡る！）　第2部 モノにココロあり（古社寺遍路　文化財は「モノ」なのか？　「モノにココロあり」の復活）　第3部 こんにちは、七福神！（紙上「七福神巡り」　全国「七福神巡り」案内）

|内容|建築文化史の大家にして酒豪の、35年間にわたる「古建築と日本人」の集大成メッセージ。

◇公認先達が綴った遍路と巡礼の実践学　柴谷宗叔著　高野町（和歌山県）　高野山出版社　2007.11　241p　21cm〈奥付のタイトル：遍路と巡礼の実践学，文献あり〉1800円　①978-4-87527-053-9

|目次|第1章 遍路・巡礼の歴史と現代　第2章 現代巡礼者の実態調査　第3章 遍路の個別事例研究

◇実修観音菩薩のお経――CDで聴く・読む　松原哲明監修・著　学習研究社　2008.2　183p　20cm（わたしの家の宗教シリーズ）1800円　①978-4-05-403650-5

|目次|第1章 CDで聴いて覚える観音菩薩のお経（般若心経　妙法蓮華経観世音菩薩普門品偈　大悲呪（大悲心陀羅尼）　延命十句観音経）　第2章 観音菩薩のお経現代語訳と解説　第3章 観音菩薩のすがたと功徳

（菩薩のすがた　千手観音　十一面観音　如意輪観音　不空羂索観音　准胝観音　馬頭観音　三十三観音）　第4章 お経の作法（家庭の仏壇で　菩提寺・お墓で　写経の作法と心得　観音菩薩のお寺や札所で）第5章 全国三十三所ガイド（日本百観音霊場　西国三十三所観音霊場　坂東三十三所観音霊場　秩父三十四所観音霊場　京都・洛西三十三所観音霊場　京都洛陽三十三所観音霊場　大阪・河内西国三十三所観音霊場　尾張三十三所観音霊場）
|内容|日本だけでなく、広く東アジア全域で篤い信仰を集めている仏、観音菩薩。この菩薩を拝むためのお経とは？　そして功徳とは？　礼拝の作法とは？　臨済宗の高僧による、経典読誦のCDを付け、慈悲にあふれた菩薩のこころを実修する。

◇全国三十三所集録　上　東日本編　石川靖夫編　［富士見］［石川靖夫］2008.7　675p　26cm
|目次|関東・広域　江戸・東京　神奈川県　埼玉県　千葉県　茨城県　栃木県　群馬県　山梨県　静岡県　長野県　新潟県　東北広域　宮城県　福島県　山形県　岩手県　秋田県　青森県　北海道

◇全国三十三所集録　下　西日本編　石川靖夫編　［富士見］［石川靖夫］2008.10　669p　26cm
|目次|近畿圏　大阪府　京都府　兵庫県　滋賀県　奈良県　和歌山県　中部広域　愛知県　三重県　岐阜県　北陸広域　富山県　石川県　福井県　岡山県　広島県　鳥取県　山口県　徳島県　香川県　愛媛県　福岡県　佐賀県　長崎県　熊本県　大分県　宮崎県　鹿児島県

◇御朱印入門―決定版　淡交社編集局編　京都　淡交社　2008.12　135p　21cm　1600円　①978-4-473-03539-4
|目次|第1章 御朱印の集め方　第2章 霊場を巡る　第3章 多種多様な御朱印
|内容|『御朱印』を御存知でしょうか？　寺院や神社でいただくことができる御朱印は、元々、参拝者が経典を写して、その写経を寺院に納めて祈願した証としていただくものでしたので、単なる「記念スタンプ」とは異なります。御朱印の歴史やいただき方の解説、百数十ヶ寺におよぶ様々な御朱印を掲載。墨と朱色が織り成す御朱印を、ここに一斉開帳。西国三十三所、四国八十八ヶ所など、御朱印をいただける霊場も紹介。

◇全国三十三カ所観音霊場および全国八十八カ所霊場ご詠歌集　武石伊嗣著　武石万里子編　神谷書房　2009.2　1025p　31cm
|目次|北海道・東北六県観音霊場ご詠歌集　関東一都六県観音霊場ご詠歌集　甲信越・北陸観音霊場ご詠歌集　東海四県観音霊場ご詠歌集　近畿観音霊場ご詠歌集　中国・四国観音霊場ご詠歌集　九州六県観音霊場ご詠歌集　北海道・東北・関東八十八カ所とその他のご詠歌集　甲信越・北陸・東海八十八カ所とその他のご詠歌集　近畿八十八カ所とその他のご詠歌集　中国・四国・九州八十八カ所とその他のご詠歌集

◇全国ふるさと三十三所巡礼辞典―記録にみる古今・全国三十三所巡礼の集大成　北川宗忠編著　彦根　サンライズ出版　2009.3　379p　22cm　〈文献あり〉4000円　①978-4-88325-385-2
|目次|北海道　東北地方　関東地方　甲信越地方　北陸地方　東海地方　近畿地方　中国地方　四国地方　九州地方
|内容|本書は「観光学」の見地に立って、周遊観光の原点ともいえる「めぐり」、特に三十三所観音巡礼の調査研究をまとめたものである。

◇日本の神仏霊場―いちどは訪ねたい　癒しと活力のパワースポットを巡る　新人物往来社　2009.4　169p　26cm（別冊歴史読本）1800円　①978-4-404-03640-7
|目次|写真紀行　日本の霊峰―聖なる山をたずねて　神仏を感じる神仏に出会う　霊地をたずねて　奈良・大和路　西国巡礼の中興者・花山法皇一千年忌　西国三十三所結縁御開帳　総論　霊山をたずねて　誌上巡礼　霊場の論点　霊場再発見

◇全国三十三所集録　補遺編　石川靖夫［著］［富士見］［石川靖夫］2010.4　178p　19cm
|目次|東日本編　西日本編

◇実修観音菩薩のお経　松原哲明監修・著　学研パブリッシング　2010.3　183p　20cm（宗教書ライブラリー）〈発売：学研マーケティング,付属資料：CD1枚（12cm）〉1800円　①978-4-05-404523-1

◇三十番神巡礼―魂を浄め平和に目醒める　功刀貞如著　地人館　2010.12　175p　22cm　〈発売：すずさわ書店〉2000円　①978-4-7954-0228-7

◇御朱印巡礼―愛蔵版　淡交社編集局編　京都　淡交社　2012.3　143p　21cm　〈文献あり〉　1600円　①978-4-473-03745-9

|目次|第1章 心のこもった御朱印　御朱印巡礼 北海道・東北・関東甲信越地方　第2章 御朱印で境内巡拝(比叡山　高野山　日光山　立石寺　中尊寺　東大寺　東寺　四天王寺　住吉大社)　御朱印巡礼 東海・北陸・近畿地方　第3章 霊場を巡る(鎌倉三十三所観音霊場　昭和新撰江戸三十三所観音霊場　中国観音霊場/九州西国三十三所霊場　知多四国八十八ヶ所霊場　小豆島八十八ヶ所霊場　篠栗四国八十八ヶ所霊場　御府内八十八ヶ所霊場　九州八十八ヶ所百八霊場　摂津国八十八ヶ所霊場　びわ湖百八霊場　京都十二薬師霊場　大和路秀麗八十八面観音　大和地蔵十福霊場)　御朱印巡礼 中国・四国・九州・沖縄地方　第4章 テーマを決めて御朱印巡礼(全国国分寺巡礼　全国安国寺巡礼　全国善光寺巡礼　全国清水寺巡礼　全国長谷寺巡礼　全国温泉寺・温泉神社巡礼　全国東照宮巡礼)

|内容|日本最北端の御朱印から、海外の御朱印まで、神社仏閣、合計二百社寺の御朱印を紹介。好評既刊『決定版御朱印入門』の続編。

◇御朱印見かた・楽しみかた―神社・お寺がもっとわかる、もっと楽しくなる！　八木透監修　メイツ出版　2012.7　144p　21cm(「わかる！」本「知っている…」が「わかる！」になる)　〈索引あり〉　1600円　①978-4-7804-1177-5

|目次|第1章 御朱印の基礎知識(御朱印とはなに？　御朱印の歴史　御朱印集めの楽しみ　お寺の御朱印には何が書かれているか　神社の御朱印には何が書かれているか　御朱印帳を用意しよう　いろいろな御朱印帳　御朱印の保管・活用法)　第2章 御朱印の集め方・楽しみ方(お寺での御朱印のいただき方　お寺参拝のマナー　神社での御朱印のいただき方　神社参拝のマナー　楽しみ方のコツ)　第3章 巡礼と御朱印(巡礼とはなに？　巡礼参加の方法　西国三十三ヵ所観音霊場　四国八十八ヵ所　坂東三十三ヵ所観音霊場　秩父三十四ヵ所観音霊場　その他の巡礼)　第4章 御朱印コレクション(寺院編　神社編)　第5章 御朱印 資料編(四国八十八ヵ所一覧　西国三十三ヵ所観音霊場一覧　坂東三十三ヵ所観音霊場一覧　秩父三十四ヵ所観音霊場一覧　全国一の宮鎮座地一覧)

|内容|『印の起源』から「印と書の構成」「収集のコツ」まで詳細に解説。

◇知っておきたい日本の札所めぐり歩き方・楽しみ方徹底ガイドブック―全国各地の巡礼コースを、縁起から特徴までご紹介　八木透監修　メイツ出版　2013.10　144p　21cm(「わかる！」本「知っている…」が「わかる！」になる)　〈文献あり〉　1600円　①978-4-7804-1376-2

|目次|第1章 札所めぐりの基礎知識(札所めぐり(巡礼)とは？　めぐり方の基本的ルール　札所めぐりでは何をするか　お参りの具体的流れ　御朱印集めの面白さ　御朱印には何が書かれているか ほか)　第2章 全国札所(巡礼)ガイド(北海道・東北　関東・甲信越　東海・北陸　近畿　中国・四国　九州)

|内容|全国各地の巡礼コースを、縁起から特徴までご紹介。霊場めぐりの歴史、めぐり方のルール、一歩進んだ楽しみ方など、わかりやすく解説します。

◇全国御朱印図鑑　八木透監修　「全国御朱印図鑑」編集委員会著　SBクリエイティブ　2015.3　351p　21cm　〈索引あり〉　2300円　①978-4-7973-8046-0

|目次|第1章 御朱印入門―その歴史と民族　第2章 世界遺産　第3章 日本三大観音霊場(西国三十三所観音霊場　坂東三十三所観音霊場　秩父三十四所観音霊場)　第4章 京都　第5章 北海道・東北　第6章 関東　第7章 北陸・甲信越・東海　第8章 関西　第9章 中国・四国・九州　資料編(御朱印帳　御朱印関連用語　霊場(近畿三十六不動尊霊場　洛陽三十三所観音霊場　江戸三十三観音霊場　四国八十八ヵ所霊場　全国一の宮鎮座地　そのほかの御朱印がいただける社寺))

|内容|御朱印集めの初心者から上級者まで、眺めるだけで楽しめる御朱印の魅力満載!!全国の社寺一一〇〇件以上、御朱印九八〇点以上を掲載！

◇日本全国この御朱印が凄い！　第2集　都道府県網羅版　『地球の歩き方』編集室著　ダイヤモンド・ビッグ社　2015.3　128p　21cm(地球の歩き方御朱印シリーズ　06)　〈発売：ダイヤモンド社〉　1500円　①978-4-478-04697-5

|目次|凄い御朱印(開創1200年 歴史の長さが凄い！ 高野山金剛峰寺　日本建国の神話が息づく 由緒が凄い！ 霧島神宮　朱印は十干十二支 60年後にしか頂けないのが凄い！ 生國魂神社　期間限定 御遠忌を記念する金地が凄い！ 寂光院　流麗な書体と篆刻の妙 複雑な印の書体が凄い！ 志和彦神社・鹽竈神社 ほか）　注目の御朱印（北門神社　義経堂　上杉家廟所　唐澤山神社　筑波山神社 ほか）

|内容|開創1200年や期間限定、60年に一度の御朱印も！ 墨書の書体が独特！ 日本で唯一の御本尊。五大力の梵字。現在・過去・未来の御詠歌！ 四国八十八ヶ所霊場めぐり記、五島八十八ヶ所霊場、篠栗四国霊場も！

◇はじめての御朱印ガイド　八木透監修　宝島社　2015.5　127p　19cm　〈索引あり〉　1300円　①978-4-8002-3836-8

|目次|第1章 御朱印ってどういうもの？（御朱印と御朱印帳ってどういうもの？　御朱印の始まりと歴史 ほか）　第2章 さあ御朱印をいただきにいこう（御朱印めぐり、どこから回る？　押し印をじっくり拝見、こんな個性豊かなデザインも！ ほか）　第3章 目的別おすすめ御朱印めぐり（京都・世界遺産をめぐる　伊勢 熊野・南紀のパワースポット ほか）　第4章 いざ霊場で御朱印をいただく（まずは地元の七福神めぐり　霊場めぐりの始め方 ほか）

|内容|御朱印の見かたやマナーなど基本がまるわかり！ 京都・南紀・鎌倉の社寺イラストMAPつき。

◇全国三十三所集録　補遺編 2　石川靖夫編　富士見　石川靖夫　2015.7　160p　19cm

|目次|東日本編（神奈川県　埼玉県　千葉県　茨城県　山形県　秋田県　岩手県　静岡県）　西日本編（中部広域　大阪府　兵庫県　和歌山県　山口県）　追録

◇御朱印案内　JTBパブリッシング　2015.9　127p　19cm　〈文献あり　索引あり〉　1300円　①978-4-533-10640-8

|目次|第1章 御朱印図鑑—テーマ編（目が釘づけになる御朱印　流れるような筆運び ほか）　第2章 御朱印図鑑—期間限定・ご利益編（期間限定のプレミアム御朱印　恋愛にご利益のある神社 ほか）　第3章 御朱印をいただく—神社編（神社の御朱印には、何が書かれているの？　神社の社紋には、どんな意味があるの？ ほか）　第4章 御朱印をいただく—お寺編（お寺の御朱印には、何が書かれているの？　お寺の押し印には、どんな意味があるの？ ほか）　第5章 とっておきの御朱印めぐり旅（そもそも巡礼って、何をするの？　巡礼にチャレンジ ほか）

|内容|全国の美しい御朱印をテーマ・ご利益別に紹介。いただき方から寺社での参拝マナーまでがよくわかる！ 御朱印にまつわる疑問を解決。おすすめの巡礼＆電車旅。

◇地蔵菩薩—地獄を救う路傍のほとけ　下泉全暁著　春秋社　2015.11　222,12p　20cm　2400円　①978-4-393-11911-2

|目次|第1章 地蔵菩薩とはどういうほとけなのか　第2章 地蔵菩薩を説く経典　第3章 地獄の様相と閻魔法王　第4章 地蔵菩薩の図像的特色と造形　第5章 地蔵菩薩信仰の風景　第6章 地蔵信仰の寺々　全国地蔵霊場一覧

|内容|人々の苦を本人に代わって引き受けてくれる地蔵菩薩。子供の守り本尊であると同時に、地獄で苦しむ衆生の救済者でもある。本書では、地蔵経典や地蔵の様相、霊験譚、さらに日本各地の信仰形態などを116点の写真とともに紹介しながら、地蔵菩薩を総合的に解説する。巻末には「全国地蔵霊場一覧」を付す。

◇美しい日本の古寺300選—仏教宗派の大本山、百観音、四国八十八ヶ所etcを写真とともに紹介　コスミック出版　2016.1　145p　30cm（COSMIC MOOK）　1000円　①978-4-7747-8141-9

|目次|世界文化遺産の寺　お寺のあれこれ　もっと古寺が好きになる仏教のハナシ　宗派別・古寺　人気の御朱印と御朱印帳　全国順礼マップ（西国三十三観音霊場　坂東三十三観音霊場　秩父三十四観音霊場　七福神巡り　四国八十八ヶ所　江戸三十三観音霊場　奥州三十三観音霊場　最上三十三観音霊場　北陸三十三観音霊場　東海三十六不動尊霊場　伊豆八十八ヶ所霊場　関西花の寺二十五ヶ所霊場　中国四十九薬師霊場　出雲三十三観音霊場　九州四十九院薬師霊場）

札所索引

【あ】

相内観音　→008 奥州南部糠部三十三観音札所
愛敬院　→011 東北三十六不動尊霊場
鮎沢薬師堂　→217 諏訪八十八番霊場
会津薬師寺
　　→011 東北三十六不動尊霊場
　　→039 会津七福神
愛染院(東京都新宿区)
　　→056 御府内八十八ヵ所霊場
愛染院(東京都練馬区)
　　→158 豊島八十八ヵ所霊場
愛染院(三重県伊賀市上野農人町)
　　→280 伊賀四国八十八ヵ所霊場
　　→286 三重四国八十八ヵ所霊場
愛染寺(岡山県津山市西寺町)
　　→365 高野山真言宗美作八十八ヶ所霊場
愛染寺(香川県小豆郡小豆島町)
　　→396 小豆島八十八ヵ所霊場
愛染堂・勝鬘院　→263 西国愛染十七霊場
愛蔵寺　→041 安達三十三観音霊場
逢田観音　→196 佐渡西国三十三観音霊場
相谷　→328 但馬六十六地蔵霊場
鮎原上薬師堂　→321 淡路四十九薬師霊場
相良寺
　　→412 九州四十九院薬師霊場
　　→417 山鹿三十三観音霊場
阿吽寺
　　→004 北海道三十六不動尊霊場
　　→006 北海道八十八ヶ所霊場
敢國神社　→426 諸国一の宮巡拝
青木寺　→235 遠江三十三観音霊場
青島神社　→423 日向之国七福神
青森別院　→012 津軽弘法大師霊場
青谷寺　→015 江刺三十三観音霊場
赤池観音　→416 相良三十三観音霊場
閼伽井坊
　　→375 周南七福神
　　→377 周防国三十三観音霊場
明石弁天　→072 足利七福神
吾渇観音　→196 佐渡西国三十三観音霊場
赤沼公会堂　→217 諏訪八十八番霊場
秋時観音　→416 相良三十三観音霊場
秋宮恵比寿社　→216 諏訪湖・湖畔七福神
明智寺　→100 秩父三十四観音霊場
赤穂大石神社　→268 神仏霊場 巡拝の道
阿射加神社　→285 松阪薬師七福神
浅川観音堂　→044 信夫新西国三十三観世音菩薩札所
浅草神社　→137 浅草名所七福神
浅倉　→328 但馬六十六地蔵霊場

朝日観音堂　→042 磐城三十三観音
朝日寺
　　→356 出雲三十三観音霊場
　　→359 出雲国十三仏霊場
朝日山観音　→008 奥州南部糠部三十三観音札所
浅間　→328 但馬六十六地蔵霊場
浅間神社　→426 諸国一の宮巡拝
阿字ヶ池弁財天　→178 箱根七福神
阿志都弥神社・行過天満宮　→295 西近江七福神
芦の口(足の口)観音　→027 上山三十三観音霊場
阿島安養寺　→405 にいはま新四国八十八ヶ所霊場
阿島大師堂　→405 にいはま新四国八十八ヶ所霊場
阿遮院　→158 豊島八十八ヵ所霊場
飛鳥寺(三重県桑名市深谷町)
　　→281 伊勢西国三十三観音霊場
飛鳥寺(奈良県高市郡明日香村)
　　→266 聖徳太子御遺跡霊場
　　→267 新西国霊場
アゼクリ堂　→415 壱岐四国八十八ヶ所霊場
阿蘇神社　→426 諸国一の宮巡拝
當浜庵　→396 小豆島八十八ヵ所霊場
穴太寺
　　→264 西国三十三観音霊場
　　→268 神仏霊場 巡拝の道
　　→272 丹波国三十三観音霊場
穴山長円寺　→217 諏訪八十八番霊場
我孫子中峠下集会所　→059 相馬霊場八十八ヵ所
油山観音　→408 九州西国三十三観音霊場
阿部野神社　→268 神仏霊場 巡拝の道
安倍文殊院
　　→268 神仏霊場 巡拝の道
　　→338 大和七福八宝めぐり
　　→339 大和十三仏霊場
　　→341 大和ぼけ封じ二ヶ寺霊場
天城寺　→340 大和新四国八十八ヵ所霊場
天子　→328 但馬六十六地蔵霊場
天津観音堂　→042 磐城三十三観音
阿弥陀庵　→366 児島四国八十八ヵ所霊場
阿弥陀院(北海道余市郡余市町入船町)
　　→005 北海道十三仏霊場
阿弥陀院(茨城県石岡市)
　　→053 関東八十八ヵ所霊場
阿弥陀院(新潟県佐渡市)
　　→198 佐渡八十八ヶ所霊場
阿弥陀院(福岡県北九州市八幡東区)
　　→411 九州八十八ヶ所霊場
阿弥陀寺(福島県会津若松市)
　　→049 町廻り三十三観音
阿弥陀寺(福島県郡山市富久山町)
　　→040 安積三十三霊場
阿弥陀寺(茨城県那珂市)
　　→428 親鸞聖人二十四輩

341

あみた　　　　　　　　　札所索引

阿弥陀寺（埼玉県秩父市）
　→102 秩父十三仏霊場
阿弥陀寺（東京都昭島市）
　→155 多摩八十八ヵ所霊場
阿弥陀寺（福井県三方郡美浜町）
　→201 若狭三十三観音霊場
阿弥陀寺（長野県伊那市）
　→213 信州（伊那・諏訪）八十八霊場
阿弥陀寺（長野県諏訪市）
　→212 信濃三十三観音霊場
　→213 信州（伊那・諏訪）八十八霊場
阿弥陀寺（三重県多気郡多気町）
　→286 三重四国八十八ヵ所霊場
阿弥陀寺（滋賀県栗東市）
　→289 近江湖南名刹二十七ヶ所霊場
阿弥陀寺（滋賀県長浜市西浅井町）
　→290 近江湖北名刹二十七ヶ所霊場
阿弥陀寺（京都府京都市西京区桂千代原町）
　→306 洛西三十三観音霊場
阿弥陀寺（奈良県五條市）
　→340 大和新四国八十八ヵ所霊場
阿弥陀寺（奈良県五條市車谷町）
　→340 大和新四国八十八ヵ所霊場
阿弥陀寺（奈良県五條市住川町）
　→340 大和新四国八十八ヵ所霊場
阿弥陀寺（奈良県五條市湯谷中塚町）
　→340 大和新四国八十八ヵ所霊場
阿弥陀寺（和歌山県和歌山市）
　→346 和歌山西国三十三観音霊場
阿弥陀寺（広島県福山市鞆町）
　→372 鞆の浦古寺めぐり
阿弥陀寺（山口県大島郡周防大島町）
　→376 周防大島八十八ヵ所霊場
阿彌寺（香川県小豆郡小豆島町）
　→396 小豆島八十八ヵ所霊場
阿弥陀堂（東京都北区）
　→158 豊島八十八ヵ所霊場
阿弥陀堂（東京都練馬区）
　→158 豊島八十八ヵ所霊場
阿弥陀堂（新潟県佐渡市）
　→196 佐渡西国三十三観音霊場
阿弥陀堂（京都府京都市東山区）
　→308 洛陽六阿弥陀巡礼
阿弥陀堂（兵庫県赤穂市）
　→334 播州赤穂坂内西国三十三ヶ所
阿弥陀堂（奈良県五條市西吉野町）
　→340 大和新四国八十八ヵ所霊場
阿弥陀堂（鳥取県西伯郡大山町）
　→355 伯耆三十三観音霊場
阿弥陀堂（長崎県壱岐市芦辺町）
　→415 壱岐四国八十八ヶ所霊場
阿弥陀如来（山口県萩市椿清海・藤田家門前）
　→379 萩八十八ヶ所めぐり

阿弥陀如来（山口県萩市浜崎新町上ノ丁・泉流寺北）
　→379 萩八十八ヶ所めぐり
阿弥堂　→415 壱岐四国八十八ヶ所霊場
天手長男神社　→426 諸国一の宮巡拝
新井神社　→230 伊東温泉七福神
荒井堂　→089 沼田横堂三十三番札所
新井薬師梅照院　→056 御府内八十八ヵ所霊場
荒熊稲荷神社　→413 肥前国西海七福神
新倉観音堂　→217 諏訪八十八番霊場
新倉薬師堂　→217 諏訪八十八番霊場
荒田阿弥陀堂　→414 篠栗八十八ヶ所霊場
荒田観音堂　→414 篠栗八十八ヶ所霊場
不洗観音寺　→348 瀬戸内三十三観音霊場
有賀江音寺　→217 諏訪八十八番霊場
粟鹿神社　→426 諸国一の宮巡拝
阿波国分寺　→364 神島八十八ヶ所霊場
粟沢観音堂　→217 諏訪八十八番霊場
粟嶋堂　→255 三河新四国霊場
安房神社　→426 諸国一の宮巡拝
安海寺
　→262 近畿楽寿観音三十三ヶ所霊場
　→333 播磨七福神
安覚寺
　→318 淡路四国八十八ヵ所霊場
　→321 淡路四十九薬師霊場
安岡寺
　→261 近畿三十六不動尊霊場
　→267 新西国霊場
安居寺　→191 北陸三十三観音霊場
安国寺（山形県東村山郡山辺町）
　→035 山形百八地蔵尊霊場
安国寺（山梨県甲府市心経寺町）
　→206 甲斐百八ヵ所霊場
安国寺（岐阜県高山市国府町）
　→187 中部四十九薬師霊場
　→221 飛騨三十三観音霊場
安国寺（京都府綾部市安国寺町）
　→272 丹波三十三観音霊場
　→298 綾部三十三観音霊場
安国寺（鳥取県米子市寺町）
　→351 中国四十九薬師霊場
安国寺（島根県松江市竹矢町）
　→351 中国四十九薬師霊場
安国寺（島根県浜田市上府町）
　→361 石見曼荼羅観音霊場
安国寺（山口県周南市）
　→377 周防三十三観音霊場
安国寺（福岡県嘉麻市）
　→412 九州四十九院薬師霊場
安国寺（長崎県壱岐市芦辺町）
　→415 壱岐四国八十八ヶ所霊場
安国論寺　→061 東国花の寺 百ヶ寺
安住院　→348 瀬戸内三十三観音霊場

安住寺（岐阜県恵那市明智町）
　　→220 恵那三十三観音霊場
安住寺（兵庫県南あわじ市）
　　→317 淡路西国三十三観音霊場
　　→318 淡路四国八十八ヵ所霊場
　　→321 淡路四十九薬師霊場
安住寺（大分県杵築市）
　　→420 豊後西国霊場
安祥寺　→308 洛陽六阿弥陀巡拝
安照寺　→198 佐渡八十八ヵ所霊場
安正寺　→236 遠江四十九薬師霊場
安生寺　→340 大和新四国八十八ヵ所霊場
安心院
　　→251 三河三十三観音霊場
　　→255 三河新四国霊場
安栖院　→362 松江三十三観音霊場
安全寺　→064 武相寅歳薬師如来霊場
安禅寺　→306 洛西三十三観音霊場
安洞院
　　→045 信達三十三観音霊場
　　→048 福島百八地蔵尊霊場
安徳寺　→248 知多新四国八十八ヵ所霊場
安渡寺　→281 伊勢西国三十三観音霊場
安養院（福島県いわき市小名浜下明神町）
　　→048 福島百八地蔵尊霊場
安養院（福島県会津若松市）
　　→049 町廻り三十三観音
安養寺（新潟県佐渡市）
　　→198 佐渡八十八ヵ所霊場
安養寺（三重県伊賀市）
　　→280 伊賀四国八十八ヶ所霊場
安穏寺　→060 玉川八十八ヵ所霊場
安養寺（埼玉県熊谷市）
　　→093 忍秩父三十四札所
安養院（埼玉県本庄市）
　　→108 武州本庄七福神
安養院（東京都板橋区）
　　→140 板橋七福神
　　→158 豊島八十八ヵ所霊場
安養院（神奈川県鎌倉市大町）
　　→062 坂東三十三観音霊場
　　→170 鎌倉三十三観音霊場
　　→172 鎌倉二十四地蔵霊場
安養院（神奈川県川崎市高津区）
　　→060 玉川八十八ヵ所霊場
安養院（愛知県知多郡美浜町）
　　→248 知多新四国八十八ヵ所霊場
安養院（滋賀県大津市）
　　→287 近江湖西名利二十七ヶ所霊場
安養院（京都府福知山市）
　　→262 近畿楽寿観音三十三ヶ所霊場
　　→297 天田郡三十三観音霊場

安養寺（茨城県取手市）
　　→059 相馬霊場八十八ヵ所
安養寺（千葉県印西市）
　　→118 印西大師講
安養寺（千葉県市川市）
　　→117 市川七福神
　　→122 行徳三十三観音霊場
安養寺（東京都新宿区）
　　→149 昭和新撰 江戸三十三観音霊場
安養寺（東京都大田区）
　　→060 玉川八十八ヵ所霊場
安養寺（東京都日野市）
　　→053 関東八十八ヵ所霊場
　　→155 多摩八十八ヵ所霊場
　　→162 日野七福神
安養寺（東京都八王子市）
　　→155 多摩八十八ヵ所霊場
安養寺（東京都武蔵野市）
　　→155 多摩八十八ヵ所霊場
安養寺（神奈川県川崎市中原区）
　　→060 玉川八十八ヵ所霊場
　　→173 川崎七福神
安養寺（神奈川県相模原市緑区）
　　→177 津久井観音霊場
安養寺（静岡県静岡市駿河区）
　　→234 駿河三十三観音霊場
安養寺（京都府京都市中京区）
　　→308 洛陽六阿弥陀巡拝
安養寺（兵庫県淡路市）
　　→317 淡路西国三十三観音霊場
安養寺（和歌山県和歌山市道場町）
　　→346 和歌山西国三十三観音霊場
安養寺（岡山県真庭市）
　　→365 高野山真言宗美作八十八ヶ所霊場
安養寺（岡山県津山市）
　　→365 高野山真言宗美作八十八ヶ所霊場
安養寺（岡山県苫田郡鏡野町）
　　→365 高野山真言宗美作八十八ヶ所霊場
安養寺（岡山県美作市）
　　→274 西日本播磨美作七福神
安養寺（香川県小豆郡小豆島町）
　　→396 小豆島八十八ヵ所霊場
安養寺（熊本県山鹿市）
　　→417 山鹿三十三観音霊場
安養寺（大分県豊後高田市）
　　→421 豊後高田蓬莱七福神
安養寺旧跡観音堂　→297 天田郡三十三観音霊場
安楽院（埼玉県幸手市）
　　→099 埼東八十八ヵ所霊場
安楽院（千葉県印西市）
　　→118 印西大師講
安楽院（三重県伊賀市上野農人町）
　　→280 伊賀四国八十八ヶ所霊場

安楽院(兵庫県伊丹市)
　→269 摂津国八十八ヵ所霊場
　→322 伊丹七福神
安楽院(岡山県倉敷市)
　→366 児島四国八十八ヵ所霊場
安楽院奈木の堂　→118 印西大師講
安楽寺(岩手県北上市稲瀬町)
　→015 江刺三十三観音霊場
安楽寺(山形県天童市)
　→035 山形百八地蔵尊霊場
安楽寺(福島県福島市)
　→045 信達三十三観音霊場
安楽寺(茨城県常総市大輪町)
　→061 東国花の寺 百ヶ寺
安楽寺(栃木県佐野市並木町)
　→077 佐野七福神
安楽寺(栃木県那須烏山市)
　→053 関東八十八ヵ所霊場
　→080 那須三十三観音霊場
安楽寺(埼玉県熊谷市)
　→093 忍秩父三十四札所
安楽寺(埼玉県行田市)
　→094 忍領西国三十三札所
　→095 行田救済菩薩十五霊場
安楽寺(埼玉県比企郡吉見町)
　→053 関東八十八ヵ所霊場
　→061 東国花の寺 百ヶ寺
　→062 坂東三十三観音霊場
　→107 武州路十二支霊場
安楽寺(東京都青梅市)
　→051 奥多摩新四国八十八ヵ所霊場
　→155 多摩八十八ヵ所霊場
安楽寺(東京都板橋区)
　→158 豊島八十八ヵ所霊場
安楽寺(福井県あわら市)
　→192 北陸不動尊霊場
安楽寺(山梨県笛吹市石和町)
　→205 甲斐国三十三観音霊場
安楽寺(長野県駒ヶ根市)
　→213 信州(伊那・諏訪)八十八霊場
安楽寺(岐阜県岐阜市)
　→225 美濃新四国八十八ヵ所霊場
安楽寺(静岡県伊豆市)
　→228 伊豆八十八ヵ所霊場
安楽寺(静岡県賀茂郡南伊豆町)
　→228 伊豆八十八ヵ所霊場
安楽寺(愛知県蒲郡市清田町)
　→253 三河七福神
安楽寺(愛知県常滑市)
　→248 知多新四国八十八ヵ所霊場
安楽寺(愛知県知多郡阿久比町)
　→248 知多新四国八十八ヵ所霊場
安楽寺(愛知県知多郡南知多町)
　→247 知多七福神

安楽寺(三重県伊賀市)
　→280 伊賀四国八十八ヶ所霊場
安楽寺(三重県熊野市有馬町)
　→190 東海白寿三十三観音霊場
安楽寺(滋賀県長浜市細江町)
　→290 近江湖北名刹二十七ヶ所霊場
安楽寺(滋賀県東近江市能登川町)
　→288 近江国名刹二十七ヶ所霊場
安楽寺(兵庫県南あわじ市)
　→317 淡路西国三十三観音霊場
　→318 淡路四国八十八ヵ所霊場
安楽寺(奈良県五條市西久留野町)
　→340 大和新四国八十八ヵ所霊場
安楽寺(島根県大田市温泉津町)
　→360 石見銀山天領七福神
安楽寺(島根県大田市静間町)
　→361 石見曼荼羅観音霊場
安楽寺(岡山県笠岡市神島内浦)
　→364 神島八十八ヵ所霊場
安楽寺(広島県尾道市因島大浜町)
　→370 因島八十八ヵ所霊場
安楽寺(徳島県三好市西祖谷山村)
　→388 阿波秘境祖谷渓大歩危七福神
安楽寺(徳島県鳴門市大麻町)
　→383 四国八十八ヵ所霊場
安楽寺(愛媛県今治市宮窪町)
　→403 えひめ大島准四国八十八ヵ所霊場
安楽寺(愛媛県西条市丹原町)
　→404 四国七福神
安立寺
　→058 準西国稲毛三十三所観音霊場
　→180 武州稲毛七福神

【い】

居合神社　→033 山形七福神
飯笠山神社　→209 いいやま七福神
飯島称故院　→217 諏訪八十八番霊場
飯富寺　→129 新上総国三十三観音霊場
医王院(埼玉県南埼玉郡宮代町)
　→099 埼東八十八ヵ所霊場
医王院(富山県小矢部市埴生)
　→186 倶利伽羅峠三十三観音めぐり
医王院(広島県広島市安佐北区)
　→373 広島新四国八十八ヵ所霊場
医王寺(福島県いわき市)
　→047 福島浜三郡七福神
　→048 福島百八地蔵尊霊場
医王寺(福島県福島市飯坂町)
　→007 奥州三十三観音霊場
　→009 奥の細道みちのく路三十三ヶ所めぐり霊場

医王寺（群馬県太田市新田小金井町）
　→054 北関東三十六不動尊霊場
　→091 東上州三十三観音霊場
医王寺（埼玉県秩父郡皆野町）
　→102 秩父十三仏霊場
医王寺（千葉県松戸市）
　→134 松戸七福神
医王寺（東京都葛飾区柴又）
　→141 江戸川ライン七福神
　→148 柴又七福神
医王寺（東京都世田谷区）
　→060 玉川八十八ヵ所霊場
医王寺（石川県加賀市山中温泉薬師町）
　→192 北陸不動尊霊場
医王寺（岐阜県岐阜市此花町）
　→225 美濃新四国八十八ヵ所霊場
医王寺（岐阜県中津川市）
　→187 中部四十九薬師霊場
醫王寺（静岡県磐田市）
　→236 遠江四十九薬師霊場
医王寺（愛知県知多郡南知多町）
　→248 知多新四国八十八ヵ所霊場
　→256 南知多三十三観音霊場
医王寺（愛知県田原市小中山町）
　→189 東海四十九薬師霊場
医王寺（愛知県名古屋市南区）
　→189 東海四十九薬師霊場
医王寺（和歌山県海草郡紀美野町）
　→345 高野長峰霊場
医王寺（広島県福山市鞆町）
　→372 鞆の浦古寺めぐり
医王寺（佐賀県唐津市相知町）
　→412 九州四十九院薬師霊場
医王寺（熊本県八代市袋町）
　→411 九州八十八ヵ所霊場
医王寺薬師堂　→064 武相寅歳薬師如来霊場
坐摩神社
　→268 神仏霊場 巡拝の道
　→426 諸国一の宮巡拝
斑鳩寺
　→265 西国薬師霊場
　→266 聖徳太子御遺跡霊場
　→267 新西国霊場
　→276 播州薬師霊場
生木地蔵　→384 四国別格二十霊場
伊喜末八幡神社　→395 小豆島七福神
伊國魂神社　→268 神仏霊場 巡拝の道
生品観音堂　→090 沼田坂東三十三番札所
生田神社
　→268 神仏霊場 巡拝の道
　→324 神戸七福神
池上本門寺　→431 日蓮宗の本山めぐり
池田阿弥陀堂　→405 にいはま新四国八十八ヶ所霊場

池田亀山八幡宮　→395 小豆島七福神
池野入観音堂　→089 沼田横堂三十三番札所
池の袋松岳院　→217 諏訪八十八霊場
池辺寺　→280 伊賀四国八十八ヶ所霊場
威光院　→056 御府内八十八ヵ所霊場
井口院
　→053 関東八十八ヵ所霊場
　→155 多摩八十八ヵ所霊場
葦航寺　→248 知多新四国八十八ヵ所霊場
威光寺（東京都稲城市）
　→155 多摩八十八ヵ所霊場
威光寺（京都府福知山市）
　→297 天田郡三十三観音霊場
威光寺（兵庫県南あわじ市）
　→318 淡路四国八十八ヵ所霊場
醫光寺（千葉県富津市）
　→120 上総国薬師如来霊場三十四ヵ所
　→129 新上総国三十三観音霊場
医光寺（奈良県五條市中町）
　→340 大和四国八十八ヵ所霊場
医光寺（島根県益田市染羽町）
　→361 石見曼荼羅観音霊場
伊佐　→328 但馬六十六地蔵霊場
医座寺　→400 伊予十二薬師霊場
伊佐須美神社
　→039 会津七福神
　→426 諸国一の宮巡拝
伊弉諾神宮　→426 諸国一の宮巡拝
勇山寺
　→351 中国四十九薬師霊場
　→365 高野山真言宗美作八十八ヶ所霊場
伊射波神社　→426 諸国一の宮巡拝
伊雑宮　→426 諸国一の宮巡拝
石観世音
　→191 北陸三十三観音霊場
　→201 若狭三十三観音霊場
石倉院　→051 奥多摩新四国八十八ヵ所霊場
石坂　→186 倶利伽羅峠三十三観音めぐり
石曽根村観音　→027 上山三十三観音霊場
石田観音　→196 佐渡西国三十三観音霊場
石田峰堂　→415 壱岐四国八十八ヵ所霊場
石手寺（岡山県笠岡市神島西部）
　→364 神島八十八ヵ所霊場
石手寺（広島県尾道市因島土生町）
　→370 因島八十八ヵ所霊場
石手寺（愛媛県今治市吉海町）
　→403 えひめ大島准四国八十八ヵ所霊場
石手寺（愛媛県松山市）
　→383 四国八十八ヵ所霊場
石塔寺
　→288 近江湖東名刹二十七ヶ所霊場
　→291 近江三十三観音霊場

345

いしと　　　　　　　　　　　　　　　札所索引

石堂寺
　→061 東国花の寺 百ヶ寺
　→115 安房三十四観音霊場
石馬寺　→288 近江湖東名利二十七ヶ所霊場
石浜神社　→137 浅草名所七福神
石風呂堂　→376 周防大島八十八ヵ所霊場
石見寺　→385 新四国曼荼羅霊場
石室観音　→416 相良三十三観音霊場
石森観音堂　→042 磐城三十三観音
石薬師寺
　→265 西国薬師霊場
　→284 鈴鹿七福神
　→286 三重四国八十八ヵ所霊場
伊舎那院
　→385 新四国曼荼羅霊場
　→391 讃岐三十三観音霊場
石山寺
　→264 西国三十三観音霊場
　→268 神仏霊場 巡拝の道
　→287 近江湖西名利二十七ヶ所霊場
　→291 近江三十三観音霊場
井上院　→340 大和新四国八十八ヵ所霊場
渭信寺
　→189 東海四十九薬師霊場
　→251 三河三十三観音霊場
伊豆　→328 但馬六十六地蔵霊場
伊豆沢文殊堂　→102 秩父十三仏霊場
出石　→328 但馬六十六地蔵霊場
出石神社　→426 諸国一の宮巡拝
居土普門堂　→013 津軽三十三観音霊場
泉川高柳大師堂　→405 にいはま新四国八十八ヶ所霊場
泉川隆徳寺　→405 にいはま新四国八十八ヶ所霊場
出雲大社　→426 諸国一の宮巡拝
出雲大社松山分祠　→398 伊予七福神
出雲大神宮　→426 諸国一の宮巡拝
伊須流岐比神社　→200 能登国三十三観音霊場
石動神社　→023 秋田七福神
出流原弁財天　→077 佐野七福神
磯浦地蔵堂　→405 にいはま新四国八十八ヶ所霊場
石上神宮　→268 神仏霊場 巡拝の道
石上布都魂神社　→426 諸国一の宮巡拝
磯辺山　→235 遠江三十三観音霊場
威代寺　→220 恵那三十三観音霊場
伊太祁曽神社　→426 諸国一の宮巡拝
板沢大師堂　→217 諏訪八十八番霊場
井田堂　→415 壱岐四国八十八ヶ所霊場
板橋観音堂　→015 江刺三十三観音霊場
一雲斎　→236 遠江四十九薬師霊場
市神神社　→292 近江七福神
一乗院（茨城県つくば市）
　→054 北関東三十六不動尊霊場

一乗院（茨城県取手市）
　→059 相馬霊場八十八ヵ所
一乗院（茨城県那珂市）
　→054 北関東三十六不動尊霊場
一乗院（大阪府池田市）
　→269 摂津国八十八ヵ所霊場
一乗院（兵庫県伊丹市）
　→322 伊丹七福神
一乗寺（埼玉県深谷市）
　→105 深谷七福神・七草寺巡り
一乗寺（岐阜県羽島市小熊町）
　→225 美濃新四国八十八ヵ所霊場
一乗寺（兵庫県加古市）
　→264 西国三十三観音霊場
　→268 神仏霊場 巡拝の道
　→332 播磨西国観音霊場
一ノ滝寺　→414 篠栗八十八ヵ所霊場
一ノ谷庵　→396 小豆島八十八ヵ所霊場
一宮（岡山県笠岡市神島北部）
　→364 神島八十八ヵ所霊場
一宮寺（広島県尾道市因島重井町）
　→370 因島八十八ヵ所霊場
一宮寺（香川県高松市一宮町）
　→383 四国八十八ヵ所霊場
一宮寺（愛媛県今治市吉海町）
　→403 えひめ大島准四国八十八ヵ所霊場
一之宮貫前神社　→426 諸国一の宮巡拝
市場寺　→280 伊賀四国八十八ヶ所霊場
一畑寺
　→350 中国観音霊場
　→356 出雲三十三観音霊場
　→357 出雲十大薬師霊場
市原薬師堂　→321 淡路四十九薬師霊場
一蓮寺　→206 甲斐百八ヵ所霊場
厳島神社（北海道函館市弁天町）
　→002 函館山七福神
厳島神社（千葉県印西市）
　→118 印西大師講
　→131 利根川いんざい七福神
厳島神社（千葉県鴨川市）
　→116 安房七福神
厳島神社（広島県廿日市市宮島町）
　→426 諸国一の宮巡拝
厳島神社（愛媛県松山市神田町）
　→398 伊予七福神
厳嶋神社　→150 新宿山手七福神
一桂院　→049 町廻り三十三観音
一山神社　→114 与野七福神
一心寺（東京都品川区）
　→149 昭和新撰 江戸三十三観音霊場
　→157 東海（品川）七福神
一心寺（大阪府大阪市天王寺区）
　→432 法然上人二十五霊場

346

一等寺 →366 児島四国八十八ヵ所霊場
井出口大師堂 →405 にいはま新四国八十八ヶ所霊場
井土 →328 但馬六十六地蔵霊場
糸萱御行堂 →217 諏訪八十八番霊場
威徳院（栃木県大田原市）
　　　→081 八溝七福神
威徳院（香川県三豊市高瀬町）
　　　→391 讃岐三十三観音霊場
医徳院 →248 知多新四国八十八ヵ所霊場
威徳寺（東京都港区）
　　　→056 御府内八十八ヵ所霊場
威徳寺（奈良県五條市）
　　　→340 大和新四国八十八ヵ所霊場
威徳寺（岡山県笠岡市）
　　　→367 備中西国三十三観音霊場
為寺観音堂 →297 天田郡三十三観音霊場
井戸寺（岡山県笠岡市神島外浦）
　　　→364 神島八十八ヵ所霊場
井戸寺（広島県尾道市因島中庄町）
　　　→370 因島八十八ヵ所霊場
井戸寺（徳島県徳島市国府町）
　　　→383 四国八十八ヵ所霊場
　　　→386 阿波西国三十三観音霊場
井戸寺（愛媛県今治市宮窪町）
　　　→403 えひめ大島准四国八十八ヵ所霊場
稲子沢 →016 気仙三十三観音札所
稲集会所 →059 相馬霊場八十八ヵ所
稲津 →328 但馬六十六地蔵霊場
稲葉堂 →328 但馬六十六地蔵霊場
稲葉堂 →196 佐渡西国三十三観音霊場
稲荷鬼王神社 →150 新宿山手七福神
稲荷神社 →059 相馬霊場八十八ヵ所
囲繞堂 →222 益田三十三観音霊場
伊浜普照寺 →227 伊豆国七福神
伊吹山寺 →259 役行者霊蹟札所
医福寺 →198 佐渡八十八ヶ所霊場
飯田田寺
　　　→259 役行者霊蹟札所
　　　→286 三重四国八十八ヵ所霊場
今井観音堂 →217 諏訪八十八番霊場
今泉観音堂 →013 津軽三十三観音霊場
今熊野観音寺
　　　→264 西国三十三観音霊場
　　　→278 ぼけ封じ近畿十楽観音霊場
　　　→300 京都泉涌寺七福神
　　　→307 洛陽三十三観音巡礼
今戸神社 →137 浅草名所七福神
今治別院 →402 伊予府中十三石仏霊場
今宮戎神社
　　　→268 神仏霊場 巡拝の道
　　　→310 大阪七福神
　　　→315 南海沿線七福神

今宮神社 →268 神仏霊場 巡拝の道
今宮坊 →100 秩父三十四観音霊場
今村観音堂 →215 信州筑摩三十三ヶ所観音霊場
今山大師寺 →412 九州四十九院薬師霊場
今山八幡宮 →423 日向之国七福神
射水神社 →426 諸国一の宮巡拝
鋳物師屋御行堂址 →217 諏訪八十八番霊場
弥谷寺（岡山県笠岡市神島北部汁渇）
　　　→364 神島八十八ヵ所霊場
弥谷寺（広島県尾道市因島中庄町）
　　　→370 因島八十八ヵ所霊場
弥谷寺（香川県三豊市三野町）
　　　→383 四国八十八ヵ所霊場
弥谷寺（愛媛県今治市吉海町）
　　　→403 えひめ大島准四国八十八ヵ所霊場
伊豫稲荷神社
　　　→385 新四国曼荼羅霊場
　　　→398 伊予七福神
伊予国分寺（岡山県笠岡市神島西部）
　　　→364 神島八十八ヵ所霊場
伊予国分寺（愛媛県今治市）
　　　→383 四国八十八ヵ所霊場
　　　→402 伊予府中十三石仏霊場
入間海蔵寺 →227 伊豆国七福神
磐井神社 →157 東海（品川）七福神
岩井堂（群馬県沼田市）
　　　→089 沼田横堂三十三番札所
岩井堂（長野県東筑摩郡筑北村）
　　　→212 信濃三十三観音霊場
岩井堂観音 →051 奥多摩新四国八十八ヵ所霊場
岩井戸観音 →042 磐城三十三観音
岩本寺 →317 淡路西国三十三観音霊場
岩木山神社 →426 諸国一の宮巡拝
岩窟観音堂 →217 諏訪八十八番霊場
岩熊堂 →415 壱岐四国八十八ヶ所霊場
岩蔵温泉儘多屋 →051 奥多摩新四国八十八ヵ所霊場
厳倉寺 →356 出雲三十三観音霊場
岩倉寺（石川県輪島市町野町）
　　　→191 北陸三十三観音霊場
　　　→200 能登国三十三観音霊場
岩倉寺（岡山県英田郡西粟倉村）
　　　→274 西日本播磨美作七福神
岩下観音堂 →042 磐城三十三観音
石清水八幡宮 →268 神仏霊場 巡拝の道
伊和神社 →426 諸国一の宮巡拝
岩城大師 →052 関東三十六不動尊霊場
石都々古和気神社 →426 諸国一の宮巡拝
岩曽寺（兵庫県丹波市島町）
　　　→272 丹波国三十三観音霊場
岩戸寺（大分県国東市国東町）
　　　→412 九州四十九院薬師霊場
　　　→418 国東三十三観音霊場

いわと　　　　　　　　　　　　札所索引

岩富寺
　　→120 上総国薬師如来霊場三十四ヵ所
　　→129 新上総国三十三観音霊場
岩之上堂　→100 秩父三十四観音霊場
岩ノ目観音堂　→015 江刺三十三観音霊場
岩淵観音　→008 奥州南部糠部三十三観音札所
岩渕辻堂　→089 沼田横堂三十三番札所
岩淵寺　→317 淡路西国三十三観音霊場
岩不動　→118 印西大師講
岩間寺　→264 西国三十三観音霊場
石見堂　→115 安房三十四観音霊場
岩本寺（岡山県笠岡市神島外浦）
　　→364 神島八十八ヵ所霊場
岩本寺（広島県尾道市因島三庄町）
　　→370 因島八十八ヵ所霊場
岩本寺（愛媛県今治市吉海町）
　　→403 えひめ大島准四国八十八ヵ所霊場
岩本寺（高知県高岡郡四万十町茂串町）
　　→383 四国八十八ヵ所霊場
岩谷観音（岩手県二戸市）
　　→008 奥州南部糠部三十三観音札所
岩谷観音（新潟県佐渡市）
　　→196 佐渡西国三十三観音霊場
岩屋観音堂　→089 沼田横堂三十三番札所
岩屋山奥之院　→256 南知多三十三観音霊場
岩屋寺（愛知県知多郡南知多町）
　　→243 尾張三十三観音霊場
　　→248 知多新四国八十八ヵ所霊場
　　→256 南知多三十三観音霊場
岩屋寺（京都府京都市山科区）
　　→261 近畿三十六不動尊霊場
　　→425 尼寺霊場
岩屋寺（兵庫県姫路市）
　　→276 播州薬師霊場
岩屋寺（島根県松江市宍道町）
　　→359 出雲国十三仏霊場
岩屋寺（岡山県笠岡市神島西部）
　　→364 神島八十八ヵ所霊場
岩屋寺（広島県三次市畠敷町）
　　→374 備後西国三十三観音霊場
岩屋寺（広島県神石郡神石高原町）
　　→374 備後西国三十三観音霊場
岩屋寺（広島県尾道市因島土生町）
　　→370 因島八十八ヵ所霊場
岩屋寺（山口県周南市）
　　→377 周防国三十三観音霊場
岩屋寺（愛媛県今治市吉海町）
　　→403 えひめ大島准四国八十八ヵ所霊場
岩屋寺（愛媛県上浮穴郡久万高原町）
　　→383 四国八十八ヵ所霊場
岩谷寺　→373 広島新四国八十八ヵ所霊場
岩屋堂　→193 越後三十三観音霊場
岩谷堂　→415 壱岐四国八十八ヶ所霊場

岩山観音堂　→015 江刺三十三観音霊場
岩脇寺　→418 国東三十三観音霊場
印珠寺　→352 中国地蔵尊霊場
引乗寺　→365 高野山真言宗美作八十八ヶ所霊場
引接寺　→425 尼寺霊場
引摂寺　→318 淡路四国八十八ヵ所霊場

【う】

上園観音　→416 相良三十三観音霊場
上野阿弥陀堂　→217 諏訪八十八番霊場
上野寺　→365 高野山真言宗美作八十八ヶ所霊場
上原地蔵堂　→405 にいはま新四国八十八ヶ所霊場
上原西方堂址　→217 諏訪八十八番霊場
植深田観音　→416 相良三十三観音霊場
宇加川上田寺　→200 能登国三十三観音霊場
浮島観音堂　→089 沼田横堂三十三番札所
宇佐神宮
　　→418 国東三十三観音霊場
　　→419 豊の国宇佐七福神
　　→426 諸国一の宮巡拝
牛ヶ鼻観音堂　→200 能登国三十三観音霊場
牛立薬師寺　→219 仁科三十三番札所
牛田不動院
　　→351 中国四十九薬師霊場
　　→373 広島新四国八十八ヵ所霊場
鵜上寺　→373 広島新四国八十八ヵ所霊場
後山地蔵堂　→217 諏訪八十八番霊場
薄市観音堂　→013 津軽三十三観音霊場
宇高観音堂　→405 にいはま新四国八十八ヶ所霊場
宇高地蔵堂　→405 にいはま新四国八十八ヶ所霊場
内田地蔵寺　→312 河泉二十四地蔵霊場
内海八幡神社　→395 小豆島七福神
内山　→328 但馬六十六地蔵霊場
内山観音　→416 相良三十三観音霊場
宇都宮二荒山神社　→426 諸国一の宮巡拝
宇南寺　→365 高野山真言宗美作八十八ヶ所霊場
鵜口観音　→416 相良三十三観音霊場
鵜の森薬師堂　→321 淡路四十九薬師霊場
宇倍神社　→426 諸国一の宮巡拝
雨寶寺
　　→053 関東八十八ヵ所霊場
　　→099 埼東八十八ヵ所霊場
馬淵天満堂　→405 にいはま新四国八十八ヶ所霊場
上手観音　→416 相良三十三観音霊場
上町勢至堂　→034 山形十三仏霊場
雲海寺　→396 小豆島八十八ヵ所霊場
雲外寺　→201 若狭三十三観音霊場
雲蓋寺　→376 周防大島八十八ヵ所霊場
雲閑寺　→417 山鹿三十三観音霊場
雲厳寺　→408 九州西国三十三観音霊場

348

雲岩寺　→022 秋田三十三観音霊場
雲居寺　→177 津久井観音霊場
雲慶院　→051 奥多摩新四国八十八ヵ所霊場
雲月寺　→048 福島百八地蔵尊霊場
雲源寺　→298 綾部三十三観音霊場
雲胡庵　→396 小豆島八十八ヵ所霊場
運光院　→251 三河三十三観音霊場
雲光寺（山梨県山梨市）
　　　　→206 甲斐百八ヵ所霊場
雲光寺（鳥取県西伯郡南部町）
　　　　→355 伯耆三十三観音霊場
雲谷寺　→089 沼田横堂三十三番札所
雲彩寺　→187 中部四十九薬師霊場
雲樹寺　→350 中国観音霊場
運松寺　→187 中部四十九薬師霊場
雲照寺
　　　　→061 東国花の寺 百ヶ寺
　　　　→080 那須三十三観音霊場
雲性寺　→057 狭山三十三観音霊場
雲頂庵　→061 東国花の寺 百ヶ寺
雲洞庵　→025 置賜三十三観音霊場
雲徳寺　→035 山形百八地蔵尊霊場
雲辺寺（岡山県笠岡市神島北部）
　　　　→364 神島八十八ヵ所霊場
雲辺寺（広島県尾道市因島田熊町）
　　　　→370 因島八十八ヵ所霊場
雲辺寺（徳島県三好市池田町）
　　　　→383 四国八十八ヵ所霊場
　　　　→386 阿波西国三十三観音霊場
　　　　→388 阿波秘境祖谷渓大歩危七福神
雲辺寺（愛媛県今治市吉海町）
　　　　→403 えひめ大島准四国八十八ヵ所霊場
雲峰寺　→206 甲斐百八ヵ所霊場
雲門寺　→400 伊予十二薬師霊場
雲龍院
　　　　→265 西国薬師霊場
　　　　→300 京都泉涌寺七福神
雲龍寺（岐阜県高山市若達町）
　　　　→221 飛騨三十三観音霊場
雲龍寺（愛知県豊田市四郷町）
　　　　→255 三河新四国霊場
雲龍寺（京都府福知山市）
　　　　→297 天田郡三十三観音霊場
雲龍寺（鳥取県鳥取市鹿野町）
　　　　→353 因幡三十三観音霊場
雲龍院　→225 美濃新四国八十八ヵ所霊場

【え】

永安寺　→422 豊後国臨済七福神
恵運寺　→346 和歌山西国三十三観音霊場
永巌寺　→019 石巻牡鹿三十三札所霊場

永願寺
　　　　→411 九州八十八ヵ所霊場
　　　　→423 日向之国七福神
英岩寺　→209 いいやま七福神
永巌寺不動堂　→019 石巻牡鹿三十三札所霊場
永観堂　→308 洛陽六阿弥陀巡拝
永久寺（東京都台東区）
　　　　→146 五色（東都五眼）不動尊
永久寺（長野県諏訪市）
　　　　→213 信州（伊那・諏訪）八十八ヵ所霊場
永京寺　→044 信夫新西国三十三観世音菩薩札所
永建寺　→430 道元禅師を慕う釈迦三十二禅刹
永源寺（秋田県男鹿市鵜木道村）
　　　　→022 秋田三十三観音霊場
永源寺（茨城県久慈郡大子町）
　　　　→067 奥久慈大子七福神
永源寺（福井県小浜市）
　　　　→201 若狭三十三観音霊場
永源寺（山梨県中央市）
　　　　→205 甲斐三十三観音霊場
　　　　→206 甲斐百八ヵ所霊場
永源寺（滋賀県東近江市）
　　　　→268 神仏霊場 巡拝の道
栄光寺　→396 小豆島八十八ヵ所霊場
永興寺　→408 九州西国三十三観音霊場
永光寺
　　　　→053 関東八十八ヵ所霊場
　　　　→054 北関東三十六不動尊霊場
永向寺　→251 三河三十三観音霊場
栄山寺　→340 大和新四国八十八ヵ所霊場
永寿庵　→206 甲斐百八ヵ所霊場
永寿庵　→248 知多新四国八十八ヵ所霊場
永春庵　→057 狭山三十三観音霊場
栄春寺　→430 道元禅師を慕う釈迦三十二禅刹
永昌院（東京都足立区）
　　　　→052 関東三十六不動尊霊場
永昌院（東京都八王子市）
　　　　→063 武相卯歳観世音菩薩札所
永昌院（東京都福生市）
　　　　→051 奥多摩新四国八十八ヵ所霊場
永昌院（山梨県山梨市）
　　　　→206 甲斐百八ヵ所霊場
英照院　→035 山形百八地蔵尊霊場
永勝寺　→412 九州四十九院薬師霊場
永昌寺（山形県西村山郡河北町）
　　　　→029 さくらんぼ七福神
　　　　→035 山形百八地蔵尊霊場
永昌寺（福島県二本松市）
　　　　→041 安達三十三観音霊場
永昌寺（埼玉県久喜市菖蒲町）
　　　　→094 忍領西国三十三札所
永昌寺（福井県福井市東郷二ケ町）
　　　　→430 道元禅師を慕う釈迦三十二禅刹

349

永昌寺（岐阜県関市武芸川町）
　　→223 美濃三十三観音霊場
永昌寺（岐阜県高山市奥飛騨温泉）
　　→221 飛騨三十三観音霊場
永照寺　→385 新四国曼荼羅霊場
永賞寺　→430 道元禅師を慕う釈迦三十二禅刹
永聖寺　→374 備後西国三十三観音霊場
英勝寺　→061 東国花の寺 百ヶ寺
英信寺　→147 下谷七福神
栄泉寺　→361 石見曼荼羅観音霊場
永泉寺（岩手県一関市）
　　→018 西磐井三十三観音霊場
永泉寺（東京都八王子市）
　　→063 武相卯歳観世音菩薩札所
永禅寺　→228 伊豆八十八ヵ所霊場
永蔵（福島県白河市本町）
　　→048 福島百八地蔵尊霊場
永蔵寺（茨城県取手市）
　　→059 相馬霊場八十八ヵ所
永泰寺　→206 甲斐百八ヵ所霊場
永代寺
　　→056 御府内八十八ヵ所霊場
　　→142 江戸六地蔵
永張寺　→245 尾張七福神
榮徳寺　→365 高野山真言宗美作八十八ヶ所霊場
永徳寺（栃木県芳賀郡市貝町）
　　→078 下野三十三観音霊場
永徳寺（愛媛県大洲市）
　　→406 南予七福神
永仁寺　→044 信夫新西国三十三観世音菩薩札所
叡福寺
　　→266 聖徳太子御遺跡霊場
　　→267 新西国霊場
　　→268 神仏霊場 巡拝の道
　　→277 仏塔古寺十八尊霊場
　　→314 河内西国三十三観音霊場
　　→429 西山国師遺跡霊場
栄福寺（埼玉県秩父市）
　　→100 秩父三十四観音霊場
栄福寺（千葉県印西市）
　　→118 印西大師講
栄福寺（兵庫県南あわじ市）
　　→318 淡路四国八十八ヵ所霊場
　　→320 淡路島十三仏霊場
栄福寺（岡山県笠岡市神島西部）
　　→364 神島八十八ヵ所霊場
栄福寺（広島県尾道市因島熊町）
　　→370 因島八十八ヵ所霊場
栄福寺（愛媛県今治市吉海町）
　　→403 えひめ大島准四国八十八ヵ所霊場
栄福寺（愛媛県今治市玉川町）
　　→383 四国八十八ヵ所霊場

永福寺（岩手県盛岡市）
　　→011 東北三十六不動尊霊場
永福寺（山形県鶴岡市羽黒町）
　　→031 出羽七福神八霊場
永福寺（群馬県太田市東金井町）
　　→085 上州太田七福神
永福寺（群馬県利根郡片品村）
　　→089 沼田横堂三十三番札所
永福寺（埼玉県北葛飾郡杉戸町）
　　→099 埼東八十八ヵ所霊場
　　→104 日光街道すぎと七福神
永福寺（東京都新宿区）
　　→150 新宿山手七福神
永福寺（石川県輪島市鳳至町）
　　→200 能登国三十三観音霊場
永福寺（長野県塩尻市塩尻町）
　　→215 信州筑摩三十三ヶ所観音霊場
永福寺（愛知県豊橋市下地町）
　　→257 吉田七福神
永福寺（三重県名張市）
　　→280 伊賀四国八十八ヶ所霊場
　　→286 三重四国八十八ヶ所霊場
永福寺（山口県下関市観音崎町）
　　→378 長門三十三観音霊場
永保寺（岐阜県多治見市）
　　→224 美濃七観音
永保寺（三重県伊賀市）
　　→280 伊賀四国八十八ヶ所霊場
永明院　→304 天龍寺山内七福神
永明寺（群馬県邑楽郡邑楽町）
　　→082 おうら七福神
永明寺（鳥取県岩美郡岩美町）
　　→354 因幡薬師霊場
永明寺（山口県大島郡周防大島町）
　　→376 周防大島八十八ヵ所霊場
栄林寺　→236 遠江四十九薬師霊場
永林寺（山形県西村山郡朝日町）
　　→034 山形十三仏霊場
　　→035 山形百八地蔵尊霊場
永林寺（東京都八王子市）
　　→063 武相卯歳観世音菩薩札所
回向院　→149 昭和新撰 江戸三十三観音霊場
恵光院　→344 高野七福神
江越観音堂　→015 江刺三十三観音霊場
会三寺　→080 那須三十三観音霊場
恵照院　→334 播州赤穂坂内西国三十三ヶ所
江曽観音堂　→200 能登国三十三観音霊場
江波薬師堂　→354 因幡薬師霊場
恵日山観音寺　→281 伊勢西国三十三観音霊場
慧日寺　→270 丹波古刹十五ヵ寺霊場
榎薬師　→362 松江三十三観音霊場
江島神社
　　→169 鎌倉・江の島七福神

→179 藤沢七福神
家原寺
　　　→265 西国薬師霊場
　　　→277 仏塔古寺十八尊霊場
　　　→311 おおさか十三仏霊場
荏原神社　→157 東海(品川)七福神
恵比須神社(北海道函館市末広町)
　　　→002 函館山七福神
恵比須神社(大分県豊後高田市)
　　　→421 豊後高田蓬莱七福神
恵法寺　→202 甲斐石和温泉七福神
烏帽子大師堂　→217 諏訪八十八番霊場
恵門ノ瀧　→396 小豆島八十八ヵ所霊場
恵利寺　→223 美濃三十三観音霊場
恵隆寺
　　　→037 会津ころり三観音霊場
　　　→038 会津三十三観音霊場
　　　→048 福島百八地蔵尊霊場
會林寺　→035 山形百八地蔵尊霊場
恵倫寺　→048 福島百八地蔵尊霊場
恵林寺(群馬県太田市矢場町)
　　　→091 東上州三十三観音霊場
恵林寺(山梨県甲州市)
　　　→206 甲斐百八ヵ所霊場
円応寺　→060 玉川八十八ヵ所霊場
円王寺　→365 高野山真言宗美作八十八ヶ所霊場
延応寺　→332 播磨西国観音霊場
円覚寺(青森県西津軽郡深浦町)
　　　→012 津軽弘法大師霊場
　　　→013 津軽三十三観音霊場
円覚寺(神奈川県鎌倉市)
　　　→061 東国花の寺 百ヶ寺
円観寺　→248 知多新四国八十八ヵ所霊場
円究寺　→378 長門三十三観音霊場
円教寺(岐阜県山県市)
　　　→225 美濃新四国八十八ヵ所霊場
圓教寺(兵庫県姫路市)
　　　→264 西国三十三観音霊場
　　　→268 神仏霊場 巡拝の道
　　　→276 播州薬師霊場
　　　→332 播磨西国観音霊場
圓鏡寺(千葉県富津市)
　　　→053 関東八十八ヵ所霊場
　　　→120 上総国薬師如来霊場三十四ヵ所
　　　→121 上総の七福神
　　　→129 新上総三十三観音霊場
円鏡寺(岐阜県本巣郡北方町)
　　　→188 東海三十六不動尊霊場
　　　→224 美濃七福神
　　　→225 美濃新四国八十八ヵ所霊場
円慶堂　→196 佐渡西国三十三観音霊場
円光院(千葉県印西市)
　　　→118 印西大師講

円光院(東京都世田谷区)
　　　→060 玉川八十八ヵ所霊場
円光院(東京都練馬区)
　　　→158 豊島八十八ヵ所霊場
円光院(山梨県甲府市岩窪町)
　　　→206 甲斐百八ヵ所霊場
円光院(三重県多気郡多気町)
　　　→286 三重四国八十八ヵ所霊場
円光寺(山形県西置賜郡白鷹町)
　　　→025 置賜三十三観音霊場
円光寺(福島県福島市野田町)
　　　→044 信夫新西国三十三観世音菩薩札所
円光寺(埼玉県加須市)
　　　→099 東埼玉八十八ヵ所霊場
円光寺(埼玉県比企郡滑川町)
　　　→112 武蔵国十三仏霊場
円光寺(神奈川県横浜市緑区新治町)
　　　→065 武相不動霊場
円光寺(石川県鹿島郡中能登町)
　　　→192 北陸不動尊霊場
圓光寺(滋賀県野洲市)
　　　→289 近江湖南名刹二十七ヶ所霊場
円光寺(島根県江津市都治町)
　　　→361 石見曼茶羅観音霊場
円光寺(香川県さぬき市)
　　　→391 讃岐三十三観音霊場
延光寺(岡山県笠岡市神島西部)
　　　→364 神島八十八ヵ所霊場
延光寺(広島県尾道市因島三庄町)
　　　→370 因島八十八ヵ所霊場
延光寺(愛媛県今治市吉海町)
　　　→403 えひめ大島准四国八十八ヵ所霊場
延光寺(高知県宿毛市平田町)
　　　→383 四国八十八ヵ所霊場
塩谷寺　→192 北陸不動尊霊場
円護寺　→353 因幡三十三観音霊場
延算寺　→225 美濃新四国八十八ヵ所霊場
延算寺東院　→225 美濃新四国八十八ヵ所霊場
圓珠庵　→269 摂津八十八ヵ所霊場
円珠院　→163 深川七福神
延寿院(千葉県我孫子市)
　　　→059 相馬霊場八十八ヵ所
延壽院(和歌山県和歌山市)
　　　→346 和歌山西国三十三観音霊場
延寿院(岡山県岡山市)
　　　→366 児島四国八十八ヵ所霊場
遠州信貴山　→237 浜名七福神
円寿寺(福島県郡山市)
　　　→040 安積三十三霊場
円寿寺(大分県大分市)
　　　→409 九州三十六不動霊場
　　　→420 豊後西国霊場

えんし

延壽寺
　→061 東国花の寺 百ヶ寺
　→183 三浦七福神
円乗院(埼玉県さいたま市本町)
　→114 与野七福神
円乗院(東京都世田谷区)
　→060 玉川八十八ヵ所霊場
円乗院(東京都大田区)
　→056 御府内八十八ヵ所霊場
　→060 玉川八十八ヵ所霊場
圓乗院(東京都東大和市)
　→066 武蔵野三十三観音霊場
　→155 多摩八十八ヵ所霊場
円乗院(神奈川県横須賀市)
　→182 三浦三十三観音霊場
円昌寺　→003 北海道三十三観音霊場
円照寺(山形県尾花沢市)
　→026 尾花沢大石田三十三観音霊場
　→032 最上三十三観音霊場
圓照寺(栃木県佐野市上羽田町)
　→077 佐野七福神
圓照寺(埼玉県入間市)
　→051 奥多摩新四国八十八ヵ所霊場
　→053 関東八十八ヵ所霊場
　→066 武蔵野三十三観音霊場
　→113 武蔵野七福神
圓照寺(東京都新宿区)
　→158 豊島八十八ヵ所霊場
円照寺(新潟県佐渡市)
　→198 佐渡八十八ヶ所霊場
円照寺(福井県小浜市)
　→192 北陸不動尊霊場
　→201 若狭三十三観音霊場
圓照寺(山梨県山梨市牧丘町)
　→208 甲州東郡七福神
円照寺(京都府綾部市多田町)
　→298 綾部三十三観音霊場
円照寺(大阪府吹田市)
　→269 摂津八十八ヵ所霊場
円照寺(愛媛県今治市)
　→402 伊予府中十三仏霊場
円照寺(宮崎県延岡市山下町)
　→424 日向国延岡七福神
円乗寺　→149 昭和新撰 江戸三十三観音霊場
円城寺(長野県松本市)
　→215 信州筑摩三十三ヶ所観音霊場
円城寺(岐阜県飛騨市神岡町)
　→221 飛騨三十三観音霊場
円城寺(岐阜県飛騨市神岡町船津大門町)
　→221 飛騨三十三観音霊場
円城寺(島根県大田市三瓶町)
　→361 石見曼荼羅観音霊場
円成寺(静岡県賀茂郡西伊豆町)
　→229 伊豆横道三十三観音霊場

札所索引

円成寺(奈良県奈良市忍辱山町)
　→339 大和十三仏霊場
圓成寺(島根県松江市栄町)
　→362 松江三十三観音霊場
円心寺　→108 武州本庄七福神
縁心寺　→255 三河新四国霊場
円性寺　→059 相馬霊場八十八ヵ所
円政寺　→351 中国四十九薬師霊場
円泉寺(埼玉県飯能市)
　→051 奥多摩新四国八十八ヵ所霊場
　→066 武蔵野三十三観音霊場
　→113 武蔵野七福神
円泉寺(東京都世田谷区)
　→060 玉川八十八ヵ所霊場
円蔵院(山梨県南巨摩郡南部町)
　→206 甲斐百八ヵ所霊場
圓蔵院(和歌山県和歌山市)
　→342 紀伊之国十三仏霊場
　→346 和歌山西国三十三観音霊場
円蔵院(岡山県岡山市)
　→366 児島四国八十八ヵ所霊場
円増寺　→256 南知多三十三観音霊場
圓蔵寺(福島県河沼郡柳津町)
　→039 会津七福神
圓藏寺(福島県喜多方市塩川町)
　→038 会津三十三観音霊場
圓藏寺(千葉県夷隅郡御宿町)
　→120 上総国薬師如来霊場三十四ヵ所
円蔵寺(千葉県印西市)
　→118 印西大師講
　→119 印旛七福神
円藏寺(千葉県君津市)
　→120 上総国薬師如来霊場三十四ヵ所
圓蔵寺(神奈川県相模原市緑区)
　→177 津久井観音霊場
塩澤寺　→206 甲斐百八ヵ所霊場
延長庵　→366 児島四国八十八ヵ所霊場
圓頂寺　→220 恵那三十三観音霊場
延長寺
　→317 淡路西国三十三観音霊場
　→318 淡路四国八十八ヵ所霊場
円通庵(埼玉県入間市)
　→057 狭山三十三観音霊場
圓通庵(東京都町田市上小山田町)
　→063 武相卯歳観世音菩薩札所
円通庵(長野県上伊那郡飯島町)
　→213 信州(伊那・諏訪)八十八霊場
円通庵(岡山県玉野市)
　→366 児島四国八十八ヵ所霊場
円通観音堂　→094 忍城西国三十三札所
圓通院(宮城県宮城郡松島町)
　→009 奥の細道みちのく路三十三ヶ所めぐり霊場
　→010 三陸三十三観音霊場

352

円通院（山梨県都留市）
　　→207 甲洲都留七福神
円通閣　→222 益田三十三観音霊場
円通寺（岩手県奥州市江刺区）
　　→015 江刺三十三観音霊場
圓通寺（秋田県鹿角市）
　　→022 秋田三十三観音霊場
円通寺（山形県酒田市）
　　→030 庄内三十三観音霊場
円通寺（山形県上山市）
　　→027 上山三十三観音霊場
　　→028 上山七福神
円通寺（福島県いわき市遠野町）
　　→048 福島百八地蔵尊霊場
円通寺（福島県福島市）
　　→045 信達三十三観音霊場
円通寺（埼玉県鴻巣市）
　　→094 忍領西国三十三札所
円通寺（埼玉県入間郡越生町）
　　→111 武蔵越生七福神
圓通寺（埼玉県比企郡川島町）
　　→053 関東八十八ヵ所霊場
　　→061 東国花の寺 百ヶ寺
円通寺（埼玉県本庄市児玉町）
　　→098 児玉三十三霊場
圓通寺（東京都八王子市高月町）
　　→051 奥多摩新四国八十八ヵ所霊場
円通寺（福井県小浜市）
　　→201 若狭三十三観音霊場
円通寺（長野県駒ヶ根市）
　　→213 信州（伊那・諏訪）八十八霊場
圓通寺（岐阜県恵那市長島町）
　　→220 恵那三十三観音霊場
円通寺（静岡県賀茂郡松崎町）
　　→228 伊豆八十八ヵ所霊場
　　→229 伊豆横道三十三観音霊場
円通寺（愛知県大府市共和町）
　　→248 知多新四国八十八ヵ所霊場
圓通寺（大阪府東大阪市）
　　→314 河内西国三十三観音霊場
圓通寺（兵庫県高砂市）
　　→332 播磨西国観音霊場
圓通寺（兵庫県明石市）
　　→316 明石西国三十三霊場
円通寺（奈良県五條市）
　　→340 大和新四国八十八ヵ所霊場
円通寺（島根県雲南市掛合町）
　　→356 出雲三十三観音霊場
円通寺（岡山県新見市）
　　→367 備中西国三十三所観音霊場
円通寺（岡山県倉敷市）
　　→347 山陽花の寺二十四か寺
　　→350 中国観音霊場

　　→367 備中西国三十三所観音霊場
　　→369 良寛さん こころの寺めぐり
圓通寺（岡山県苫田郡鏡野町）
　　→365 高野山真言宗美作八十八ヶ所霊場
円通寺（広島県庄原市本郷町）
　　→374 備後西国三十三観音霊場
圓通寺（香川県さぬき市）
　　→391 讃岐三十三観音霊場
圓通寺（香川県綾歌郡宇多津町）
　　→391 讃岐三十三観音霊場
円通寺（熊本県山鹿市）
　　→417 山鹿三十三観音霊場
圓通寺（大分県宇佐市）
　　→419 豊の国宇佐七福神
円通寺（大分県大分市）
　　→408 九州西国三十三観音霊場
　　→420 豊後西国霊場
円天寺　→118 印西大師講
円東寺
　　→041 安達三十三観音霊場
　　→048 福島百八地蔵尊霊場
円同寺　→024 羽州山形七福神
円如寺
　　→053 関東八十八ヵ所霊場
　　→120 上総国薬師如来霊場三十四ヵ所
　　→121 上総の七福神
　　→129 新上総国三十三観音霊場
円能院　→060 玉川八十八ヵ所霊場
圓應寺（山形県山形市宮町）
　　→032 最上三十三観音霊場
圓應寺（神奈川県横浜市港北区新吉田町）
　　→055 旧小机領三十三所観音霊場
円応寺（神奈川県鎌倉市）
　　→171 鎌倉十三仏霊場
円応寺（京都府福知山市）
　　→297 天田郡三十三観音霊場
円応寺（島根県大田市大田町）
　　→361 石見曼荼羅観音霊場
円能寺（千葉県松戸市）
　　→134 松戸七福神
円能寺（東京都大田区）
　　→060 玉川八十八ヵ所霊場
円応寺閻魔堂　→172 鎌倉二十四地蔵霊場
円福院　→195 弘法大師越後廿一ヶ所霊場
円福寺（山形県西置賜郡白鷹町）
　　→025 置賜三十三観音霊場
円福寺（福島県岩瀬郡天栄村）
　　→048 福島百八地蔵尊霊場
円福寺（福島県南会津郡下郷町）
　　→048 福島百八地蔵尊霊場
円福寺（群馬県太田市別所町）
　　→091 東上州三十三観音霊場

円福寺(埼玉県さいたま市)
　→114 与野七福神
円福寺(千葉県我孫子市)
　→059 相馬霊場八十八ヵ所
円福寺(千葉県銚子市)
　→062 坂東三十三観音霊場
圓福寺(神奈川県三浦市南下浦町)
　→183 三浦七福神
圓福寺(神奈川県小田原市本町)
　→168 小田原七福神
圓福寺(神奈川県川崎市高津区)
　→058 準西国稲毛三十三所観音霊場
圓福寺(長野県伊那市)
　→213 信州(伊那・諏訪)八十八霊場
円福寺(静岡県浜松市北区都田町)
　→238 浜松七福神
円福寺(愛知県岡崎市岩津町)
　→429 西山国師遺跡霊場
円福寺(愛知県春日井市白山町)
　→246 高蔵十徳神
円福寺(三重県亀山市住山町)
　→281 伊勢西国三十三観音霊場
円福寺(島根県大田市祖式町)
　→361 石見曼荼羅観音霊場
円福寺(岡山県高梁市)
　→367 備中西国三十三所観音霊場
円福寺(岡山県倉敷市)
　→366 児島四国八十八ヵ所霊場
圓福寺(岡山県美作市)
　→365 高野山真言宗美作八十八ヶ所霊場
円福寺(広島県庄原市実留町)
　→374 備後西国三十三観音霊場
円福寺(広島県福山市鞆町)
　→372 鞆の浦古寺めぐり
円福寺(徳島県徳島市八万町)
　→389 徳島七福神
円福寺(愛媛県松山市藤野町)
　→382 四国十三仏霊場
　→399 伊予十三佛霊場
円福寺(熊本県山鹿市鹿本町)
　→417 山鹿三十三観音霊場
円福寺(大分県豊後高田市)
　→421 豊後高田蓬莱七福神
円福堂　→415 壱岐四国八十八ヵ所霊場
円満院　→261 近畿三十六不動尊霊場
円満寺(岩手県一関市)
　→018 西磐井三十三観音霊場
円満寺(秋田県大仙市)
　→022 秋田三十三観音霊場
円満寺(福島県会津若松市)
　→049 町廻り三十三観音
円満寺(福島県福島市)
　→048 福島百八地蔵尊霊場

円満寺(栃木県塩谷郡塩谷町)
　→078 下野三十三観音霊場
円満寺(群馬県邑楽郡板倉町)
　→091 上州三十三観音霊場
圓満寺(埼玉県加須市)
　→094 忍領西国三十三札所
圓満寺(東京都文京区)
　→056 御府内八十八ヵ所霊場
円満寺(三重県鈴鹿市長沢町)
　→286 三重四国八十八ヵ所霊場
圓満寺(大阪府豊中市螢池東町)
　→275 阪急沿線西国七福神
圓満寺(兵庫県加古郡播磨町)
　→329 茶之寿観音八ヶ寺霊場
円満寺(兵庫県西宮市社家町)
　→269 摂津国八十八ヵ所霊場
円満寺(兵庫県淡路市)
　→318 淡路四国八十八ヵ所霊場
　→321 淡路四十九薬師霊場
円満寺(和歌山県和歌山市)
　→346 和歌山西国三十三観音霊場
圓満寺(香川県小豆郡土庄町)
　→396 小豆島八十八ヵ所霊場
円明院(埼玉県久喜市)
　→099 埼東八十八ヵ所霊場
圓明院(千葉県君津市)
　→053 関東八十八ヵ所霊場
　→061 東国花の寺 百ヶ寺
　→121 上総の七福神
　→129 新上総国三十三観音霊場
円明院(千葉県市原市)
　→120 上総国薬師如来霊場三十四ヵ所
　→129 新上総国三十三観音霊場
圓明院(千葉県市川市)
　→122 行徳三十三観音霊場
圓明院(東京都練馬区)
　→158 豊島八十八ヵ所霊場
円明院(香川県三豊市仁尾町)
　→393 さぬき十二支霊場
円明寺(茨城県北相馬郡利根町)
　→069 とね七福神
圓明寺(兵庫県姫路市夢前町)
　→276 播州薬師霊場
円明寺(岡山県笠岡市神島西部)
　→364 神島八十八ヵ所霊場
圓明寺(岡山県美作市古町)
　→365 高野山真言宗美作八十八ヶ所霊場
円明寺(広島県広島市佐伯区)
　→373 広島新四国八十八ヵ所霊場
円明寺(広島県尾道市因島土生町)
　→370 因島八十八ヵ所霊場
円明寺(山口県大島郡周防大島町)
　→376 周防大島八十八ヵ所霊場

札所索引　　えんめ

圓明寺（徳島県三好市山城町）
　　→388　阿波秘境祖谷渓大歩危七福神
円明寺（愛媛県今治市吉海町）
　　→403　えひめ大島准四国八十八ヵ所霊場
円明寺（愛媛県松山市和気町）
　　→383　四国八十八ヵ所霊場
圓明寺（福岡県糟屋郡篠栗町）
　　→414　篠栗八十八ヵ所霊場
延命院（栃木県河内郡上三川町）
　　→076　上三川七福神
延命院（埼玉県春日部市）
　　→053　関東八十八ヵ所霊場
延命院（埼玉県北葛飾郡杉戸町）
　　→099　埼東八十八ヵ所霊場
　　→104　日光街道すぎと七福神
延命院（東京都港区）
　　→056　御府内八十八ヵ所霊場
延命院（東京都台東区）
　　→056　御府内八十八ヵ所霊場
延命院（神奈川県横浜市西区宮崎町）
　　→052　関東三十六不動尊霊場
延命院（和歌山県和歌山市鷹匠町）
　　→346　和歌山西国三十三観音霊場
延命院（広島県広島市中区小町）
　　→373　広島新四国八十八ヵ所霊場
延命院（山口県大島郡周防大島町）
　　→376　周防大島八十八ヵ所霊場
延命院（香川県三豊市豊中町）
　　→385　新四国曼荼羅霊場
　　→394　四国讚州七福之寺
延命寺（佐賀県佐賀市与賀町）
　　→409　九州三十六不動霊場
延命寺（岩手県一関市大町）
　　→018　西磐井三十三観音霊場
延命寺（岩手県陸前高田市竹駒町）
　　→016　気仙三十三観音札所
延命寺（山形県酒田市）
　　→030　庄内三十三観音霊場
延命寺（山形県上山市）
　　→027　上山三十三観音霊場
　　→028　上山七福神
　　→035　山形百八地蔵尊霊場
延命寺（山形県尾花沢市）
　　→026　尾花沢大石田三十三観音霊場
　　→035　山形百八地蔵尊霊場
延命寺（山形県北村山郡大石田町）
　　→026　尾花沢大石田三十三観音霊場
延命寺（福島県会津若松市河東町）
　　→048　福島百八地蔵尊霊場
延命寺（栃木県栃木市大平町）
　　→054　北関東三十六不動尊霊場
延命寺（埼玉県川越市）
　　→112　武蔵国十三仏霊場

延命寺（千葉県我孫子市）
　　→059　相馬霊場八十八ヵ所
延命寺（千葉県市川市）
　　→122　行徳三十三観音霊場
延命寺（千葉県南房総市）
　　→115　安房三十四観音霊場
延命寺（千葉県白井市）
　　→118　印西大師講
　　→128　しろい七福神
延命寺（東京都青梅市）
　　→154　多摩（青梅）七福神
延命寺（東京都日野市）
　　→155　多摩八十八ヵ所霊場
　　→162　日野七福神
延命寺（東京都板橋区）
　　→158　豊島八十八ヵ所霊場
延命寺（東京都武蔵野市）
　　→155　多摩八十八ヵ所霊場
延命寺（東京都北区）
　　→158　豊島八十八ヵ所霊場
延命寺（神奈川県鎌倉市）
　　→170　鎌倉三十三観音霊場
　　→172　鎌倉二十四地蔵霊場
延命寺（神奈川県逗子市）
　　→175　湘南七福神
延命寺（神奈川県川崎市幸区都町）
　　→060　玉川八十八ヵ所霊場
延命寺（神奈川県川崎市高津区）
　　→058　準西国稲毛三十三所観音霊場
延命寺（神奈川県足柄上郡松田町）
　　→061　東国花の寺　百ヶ寺
延命寺（新潟県五泉市）
　　→194　蒲原三十三観音
延命寺（岐阜県本巣市）
　　→225　美濃新四国八十八ヵ所霊場
延命寺（静岡県賀茂郡西伊豆町）
　　→229　伊豆横道三十三観音霊場
延命寺（静岡県浜松市北区三ヶ日町）
　　→231　遠州三十三観音霊場
延命寺（愛知県大府市大東町）
　　→248　知多新四国八十八ヵ所霊場
延命寺（愛知県知多郡南知多町）
　　→256　南知多三十三観音霊場
延命寺（大阪府河内長野市）
　　→312　河泉二十四地蔵霊場
　　→313　河内飛鳥七福神
延命寺（大阪府東大阪市）
　　→314　河内西国三十三観音霊場
延命寺（兵庫県南あわじ市）
　　→318　淡路四国八十八ヵ所霊場
延命寺（奈良県五條市）
　　→340　大和新四国八十八ヵ所霊場

355

延命寺（島根県益田市元町）
　→361 石見曼荼羅観音霊場
延命寺（島根県出雲市）
　→351 中国四十九薬師霊場
延命寺（島根県邑智郡邑南町）
　→351 中国四十九薬師霊場
延命寺（岡山県笠岡市神島西部）
　→364 神島八十八ヵ所霊場
延命寺（岡山県高梁市成羽町）
　→367 備中西国三十三所観音霊場
延命寺（広島県廿日市市）
　→352 中国地蔵尊霊場
延命寺（広島県尾道市因島土生町）
　→370 因島八十八ヵ所霊場
延命寺（愛媛県今治市）
　→383 四国八十八ヵ所霊場
延命寺（愛媛県今治市吉海町）
　→403 えひめ大島准四国八十八所霊場
延命寺（愛媛県四国中央市土居町）
　→384 四国別格二十霊場
延命寺（福岡県糟屋郡篠栗町上町）
　→414 篠栗八十八ヵ所霊場
延命寺（長崎県長崎市寺町）
　→411 九州八十八ヵ所霊場
延命寺（大分県大分市）
　→420 豊後西国霊場
延命地蔵尊　→379 萩八十八ヶ所めぐり
円融寺（埼玉県秩父市）
　→100 秩父三十四観音霊場
圓融寺（兵庫県揖保郡）
　→332 播磨西国観音霊場
圓養寺　→011 東北三十六不動尊霊場
円楽寺　→206 甲斐百八ヵ所霊場
延暦寺（滋賀県大津市坂本本町）
　→189 東海四十九薬師霊場
　→265 西国薬師霊場
　→268 神仏霊場 巡拝の道
　→276 播州薬師霊場
延暦寺（鳥取県日野郡日野町）
　→355 伯耆三十三観音霊場
延暦寺文殊楼　→429 西山国師遺跡霊場
延暦寺横川中堂　→287 近江湖西名刹二十七ヶ所霊場
渕龍寺　→098 児玉三十三霊場

【お】

奥平観音堂　→089 沼田横堂三十三番札所
追分地蔵尊　→073 今市宿七福神
応賀寺　→237 浜名湖七福神
影向寺
　→247 知多七福神

　→248 知多新四国八十八ヵ所霊場
　→256 南知多三十三観音霊場
小房観音　→339 大和十三仏霊場
応順寺　→069 とね七福神
往生院　→218 善光寺七福神
往生寺　→115 安房三十四観音霊場
応正寺　→093 忍秩父三十四札所
應聖寺
　→260 関西花の寺二十五ヵ所
　→276 播州薬師霊場
王禅寺　→055 旧小机領三十三所観音霊場
横蔵寺　→332 播磨西国霊場
王徳寺　→215 信州筑摩三十三ヶ所観音霊場
黄梅院　→220 恵那三十三観音霊場
黄檗殿　→255 三河新四国霊場
応暦寺
　→409 九州三十六不動霊場
　→418 国東三十三観音霊場
大井蔵王権現神社　→143 荏原七福神
大石観音堂　→016 気仙三十三観音札所
大石乗舩寺　→034 山形十三仏霊場
大石堂　→415 壱岐四国八十八ヵ所霊場
大岩毘沙門天　→072 足利七福神
大浦観音　→196 佐渡西国三十三観音霊場
大川町氷川神社　→152 千住宿千寿七福神
大観音寺　→149 昭和新撰 江戸三十三観音霊場
大国主神社（長野県長野市南県町）
　→218 善光寺七福神
大国主神社（大阪府大阪市浪速区）
　→310 大阪七福神
　→315 南海沿線七福神
大久保観音堂（愛媛県新居浜市）
　→405 にいはま四国八十八ヵ所霊場
大久保観音堂（福岡県糟屋郡篠栗町）
　→414 篠栗八十八ヵ所霊場
大窪寺（岡山県笠岡市神島内浦）
　→364 神島八十八ヵ所霊場
大窪寺（広島県尾道市因島重井町）
　→370 因島八十八ヵ所霊場
大窪寺（香川県さぬき市）
　→383 四国八十八ヵ所霊場
大窪寺（愛媛県今治市吉海町）
　→403 えひめ大島准四国八十八ヵ所霊場
大久保村（久保川村）観音　→027 上山三十三観音霊場
大久保薬師堂　→414 篠栗八十八ヵ所霊場
大阪天満宮　→268 神仏霊場 巡拝の道
大崎寺
　→262 近畿楽寿観音三十三ヵ所霊場
　→287 近江湖西名刹二十七ヶ所霊場
　→291 近江三十三観音霊場
　→295 西近江七福神
大沢家　→051 奥多摩新四国八十八ヵ所霊場

大島願行寺	→405 にいはま新四国八十八ヶ所霊場
大島吉祥寺	→405 にいはま新四国八十八ヶ所霊場
太田	→328 但馬六十六地蔵霊場
大瀧寺	→384 四国別格二十霊場
大竹大師堂	→118 印西大師講
大武寺	→424 日向国延岡七福神
大田原神社	→074 おおたわら七福神
大鳥神社	→426 諸国一の宮巡拝
鷲神社	→137 浅草名所七福神
大野	→328 但馬六十六地蔵霊場
大野寺	→258 役行者集印巡り
	→259 役行者霊蹟札所
大浜円福寺	→101 秩父七福神
大羽山観音堂	→089 沼田横堂三十三番札所
大原野神社	→268 神仏霊場 巡拝の道
小堀	→059 相馬新四国八十八ヵ所
大麻比古神社	→426 諸国一の宮巡拝
近江神宮	→294 湖西蓬莱七福神
大御堂(茨城県つくば市)	
	→062 坂東三十三観音霊場
大御堂(群馬県利根郡片品村)	
	→089 沼田横堂三十三番札所
大御堂寺	→188 東海三十六不動尊霊場
	→243 尾張三十三観音霊場
	→248 知多新四国八十八ヵ所霊場
大峯山寺	→258 役行者集印巡り
	→259 役行者霊蹟札所
大宮熱田神社	→214 信州七福神
大神神社(愛知県一宮市)	
	→426 諸国一の宮巡拝
大神神社(奈良県桜井市)	
	→268 神仏霊場 巡拝の道
	→338 大和七福八宝めぐり
	→426 諸国一の宮巡拝
大村寺	→351 中国四十九薬師霊場
大谷観音堂	→092 足立坂東三十三札所
大谷寺	→062 坂東三十三観音霊場
	→078 下野三十三観音霊場
	→079 下野七福神
大山神社	→349 せとうち七福神
大山祇神社	→426 諸国一の宮巡拝
大和神社	→268 神仏霊場 巡拝の道
岡田	→328 但馬六十六地蔵霊場
奥州南部観音	→008 奥州南部糠部三十三観音札所
岡寺	→264 西国三十三観音霊場
岡の堂	→118 印西大師講
岡之坊	→396 小豆島八十八ヵ所霊場
岡部神恵院	→414 篠栗八十八ヵ所霊場
岡部薬師堂	→414 篠栗八十八ヵ所霊場

沖館観音堂	→013 津軽三十三観音霊場
奥小野	→328 但馬六十六地蔵霊場
奥須井	→328 但馬六十六地蔵霊場
奥田金泉寺	→089 沼田横堂三十三番札所
小國神社	→426 諸国一の宮巡拝
奥の院(広島県尾道市因島中庄町)	
	→370 因島八十八ヵ所霊場
奥の院(広島県尾道市因島田熊町)	
	→370 因島八十八ヵ所霊場
奥の院(福岡県宗像市)	
	→411 九州八十八ヵ所霊場
奥之院(愛知県蒲郡市三谷町)	
	→255 三河新四国霊場
奥之院(愛知県知多郡南知多町)	
	→248 知多新四国八十八ヵ所霊場
奥之院(和歌山県伊都郡高野町)	
	→344 高野七福神
奥安木	→328 但馬六十六地蔵霊場
奥山	→328 但馬六十六地蔵霊場
小倉峠観音堂	→091 東上州三十三観音霊場
小倉村観音	→027 上山三十三観音霊場
小坂観音院	→213 信州(伊那・諏訪)八十八霊場
	→217 諏訪八十八番霊場
尾崎観音堂	→334 播州赤穂坂内西国三十三ヶ所
尾崎神社	→016 気仙三十三観音札所
小笹村小豆森観音	→027 上山三十三観音霊場
小笹村観音	→027 上山三十三観音霊場
王至森寺	→385 新四国曼荼羅霊場
お政大師	→370 因島八十八ヵ所霊場
小田井久保寺	→217 諏訪八十八番霊場
尾高山観音堂	→281 伊勢西国三十三観音霊場
小田中観音堂	→200 能登三十三観音霊場
小谷寺	→290 近江湖北名刹二十七ヶ所霊場
	→293 近江国・びわ湖七福神
お茶屋谷観音堂	→405 にいはま新四国八十八ヶ所霊場
乙事法隆寺	→217 諏訪八十八番霊場
乙津	→188 東海三十六不動尊霊場
	→223 美濃三十三観音霊場
	→225 美濃新四国八十八ヵ所霊場
乙宝寺	→193 越後三十三観音霊場
	→195 弘法大師越後廿一ヶ所霊場
乙訓寺	→306 洛西三十三観音霊場
長山寺	→256 南知多三十三観音霊場
鬼ガ原堂	→415 壱岐四国八十八ヵ所霊場
鬼泊巌屋観音堂	→013 津軽三十三観音霊場
御橋観音寺	→411 九州八十八ヵ所霊場
尾花沢薬師堂	→026 尾花沢大石田三十三観音霊場
小原神社	→186 倶利伽羅峠三十三観音めぐり

357

帯石観音　→377 周防国三十三観音霊場
帯石山　→376 周防大島八十八ヵ所霊場
尾曳稲荷神社　→088 つつじの館林七福神
帯解寺　→268 神仏霊場 巡拝の道
おふさ観音
　　→338 大和七福八宝めぐり
　　→341 大和ぼけ封じ二ヶ寺霊場
小俣観音堂　→215 信州筑摩三十三ヶ所観音霊場
小文間公民館　→059 相馬霊場八十八ヵ所
雄山神社・中宮祈願殿　→426 諸国一の宮巡拝
雄山神社・前立社壇　→426 諸国一の宮巡拝
雄山神社・峰本社　→426 諸国一の宮巡拝
下戸観音　→196 佐渡西国三十三観音霊場
音楽寺　→100 秩父三十四観音霊場
音岸寺　→182 三浦三十三観音霊場
遠光寺　→206 甲斐百八ヵ所霊場
恩山寺(岡山県笠岡市神島外浦)
　　→364 神島八十八ヵ所霊場
恩山寺(広島県尾道市因島中庄町)
　　→370 因島八十八ヵ所霊場
恩山寺(徳島県小松島市田野町)
　　→383 四国八十八ヵ所霊場
恩山寺(愛媛県今治市宮窪町)
　　→403 えひめ大島准四国八十八ヵ所霊場
園城寺
　　→268 神仏霊場 巡拝の道
　　→291 近江三十三観音霊場
音昌寺　→089 沼田横堂三十三札所
温泉寺(石川県加賀市)
　　→192 北陸不動尊霊場
温泉寺(長野県諏訪市)
　　→187 中部四十九薬師霊場
　　→216 諏訪湖・湖畔七福神
温泉寺(兵庫県豊岡市城崎町)
　　→265 西国薬師霊場
　　→327 但馬七福神
温泉神社　→233 源氏山七福神
温泉禅寺　→187 中部四十九薬師霊場
御嶽社　→114 与野七福神
恩徳寺(岡山県岡山市)
　　→351 中国四十九薬師霊場
恩徳寺(山口県下関市豊北町)
　　→378 長門三十三観音霊場
女堂観音堂　→194 蒲原三十三観音
唵摩訶山　→222 益田三十三観音霊場
御又　→328 但馬六十六地蔵霊場
遠妙寺
　　→202 甲斐石和温泉七福神
　　→206 甲斐百八ヵ所霊場
園養寺
　　→289 近江湖南名刹二十七ヶ所霊場
　　→291 近江三十三観音霊場
隠龍寺　→298 綾部三十三観音霊場

遠林寺　→334 播州赤穂坂内西国三十三ヶ所
恩林寺(群馬県邑楽郡邑楽町)
　　→082 おうら七福神
恩林寺(岐阜県高山市下岡本町)
　　→221 飛騨三十三観音霊場

【か】

海雲山　→376 周防大島八十八ヵ所霊場
海雲寺　→149 昭和新撰 江戸三十三観音霊場
海恵寺　→190 東海白寿三十三観音霊場
海応寺　→182 三浦三十三観音霊場
海翁寺　→378 長門三十三観音霊場
皆応寺　→092 足立坂東三十三札所
海岳院　→219 仁科三十三番札所
海岸寺(山梨県北杜市須玉町)
　　→205 甲斐国三十三観音霊場
　　→206 甲斐百八ヵ所霊場
海岸寺(長野県松本市)
　　→215 信州筑摩三十三ヶ所観音霊場
海岸寺(香川県仲多度郡多度津町)
　　→384 四国別格二十霊場
　　→393 さぬき十二支霊場
海岸寺(大分県津久見市)
　　→411 九州八十八ヵ所霊場
海口庵　→219 仁科三十三番札所
海眼寺　→272 丹波国三十三観音霊場
海元寺　→201 若狭三十三観音霊場
海厳寺　→123 九十九里七福神
開眼寺　→212 信濃三十三観音霊場
開元寺　→411 九州八十八ヵ所霊場
海好庵　→376 周防大島八十八ヵ所霊場
戒光寺(京都府京都市東山区)
　　→300 京都泉涌寺七福神
戒光寺(京都府京都市東山区泉涌寺山内町)
　　→299 京都十三仏霊場
快算院　→361 石見曼荼羅観音霊場
開山所　→051 奥多摩新四国八十八ヵ所霊場
海住山寺　→277 仏塔古寺十八尊霊場
皆成院　→351 中国四十九薬師霊場
海心寺　→411 九州八十八ヵ所霊場
海神神社　→426 諸国一の宮巡拝
快泉院　→255 三河新四国霊場
海善寺(静岡県下田市)
　　→228 伊豆八十八ヵ所霊場
海善寺(和歌山県和歌山市道場町)
　　→346 和歌山西国三十三観音霊場
海禅寺(山形県飽海郡遊佐町)
　　→009 奥の細道みちのく路三十三ヶ所めぐり霊場
　　→030 庄内三十三観音霊場

海禅寺(富山県富山市)
　　→191 北陸三十三観音霊場
海禅寺(愛媛県今治市山方町)
　　→402 伊予府中十三石仏霊場
開善寺　→108 武州本庄七福神
海蔵院跡　→051 奥多摩新四国八十八ヵ所霊場
海蔵寺(神奈川県鎌倉市)
　　→061 東国花の寺 百ヶ寺
　　→170 鎌倉三十三観音霊場
　　→171 鎌倉十三仏霊場
　　→172 鎌倉二十四地蔵霊場
海蔵寺(神奈川県三浦市三崎町)
　　→182 三浦三十三観音霊場
海蔵寺(静岡県賀茂郡南伊豆町)
　　→228 伊豆八十八ヵ所霊場
　　→229 伊豆横道三十三観音霊場
海蔵寺(静岡県焼津市)
　　→240 焼津七福神
海蔵寺(愛知県西尾市吉良町)
　　→251 三河三十三観音霊場
海蔵寺(愛知県半田市乙川若宮町)
　　→189 東海四十九薬師霊場
　　→248 知多新四国八十八ヵ所霊場
海蔵寺(広島県広島市西区)
　　→373 広島新四国八十八ヵ所霊場
戒旦寺薬師堂　→321 淡路四十九薬師霊場
海潮院　→248 知多新四国八十八ヵ所霊場
海潮寺(新潟県佐渡市)
　　→198 佐渡八十八ヶ所霊場
海潮寺(山口県萩市)
　　→378 長門三十三観音霊場
海長寺　→431 日蓮宗の本山めぐり
海庭庵　→396 小豆島八十八ヵ所霊場
海徳寺
　　→254 三河十二支霊場
　　→255 三河新四国霊場
海南神社　→183 三浦七福神
快念寺　→376 周防大島八十八ヵ所霊場
開白寺　→225 美濃新四国八十八ヵ所霊場
海福寺
　　→318 淡路四国八十八ヵ所霊場
　　→320 淡路島十三仏霊場
海宝寺　→182 三浦三十三観音霊場
海満寺観音堂　→013 津軽三十三観音霊場
海門寺(宮城県石巻市門脇町)
　　→019 石巻牡鹿三十三札所霊場
海門寺(石川県尾市大田町)
　　→200 能登国三十三観音霊場
快楽寺　→376 周防大島八十八ヵ所霊場
海龍寺　→352 中国地蔵尊霊場
花王院　→225 美濃新四国八十八ヵ所霊場
花岳寺
　　→267 新西国霊場

　　→348 瀬戸内三十三観音霊場
華岳寺　→334 播州赤穂坂内西国三十三ヶ所
額安寺　→266 聖徳太子御遺跡霊場
覚井観音　→416 相良三十三観音霊場
覚雲寺　→420 豊後西国霊場
鰐淵寺
　　→350 中国観音霊場
　　→356 出雲三十三観音霊場
覚圓坊　→063 武相卯歳観音菩薩札所
覚應院
　　→012 津軽弘法大師霊場
　　→014 陸奥国津軽七福神
覚王寺(兵庫県淡路市)
　　→318 淡路四国八十八ヵ所霊場
覚王寺(鳥取県八頭郡八頭町)
　　→353 因幡三十三観音霊場
覚園寺
　　→171 鎌倉十三仏霊場
　　→172 鎌倉二十四地蔵霊場
覚音寺　→219 仁科三十三番札所
楽音寺　→327 但馬七福神
各願寺　→192 北陸不動尊霊場
覚願寺　→060 玉川八十八ヵ所霊場
覚寿院　→046 信達坂東三十三観世音菩薩札所
覚住寺
　　→318 淡路四国八十八ヵ所霊場
　　→319 淡路島七福神
覚城院　→391 讃岐三十三観音霊場
覚性院　→255 三河新四国霊場
鶴松院　→236 遠江四十九薬師霊場
覚性律庵　→263 西国愛染十七霊場
覚天寺　→351 中国四十九薬師霊場
覚伝寺
　　→262 近畿楽寿観音三十三ヶ所霊場
　　→287 近江湖西名利二十七ヶ所霊場
額田寺　→314 河内西国三十三観音霊場
学道寺　→129 新上総国三十三観音霊場
覚念寺　→428 親鸞聖人二十四輩
角間新田大師堂址　→217 諏訪八十八番霊場
鶴満寺　→267 新西国霊場
覺良寺　→006 北海道八十八ヶ所霊場
覚林寺　→166 山手七福神
鶴林寺(兵庫県加古川市加古川町)
　　→260 関西花の寺二十五ヵ所
　　→265 西国薬師霊場
　　→266 聖徳太子御遺跡霊場
　　→267 新西国霊場
　　→276 播州薬師霊場
鶴林寺(岡山県笠岡市神島外浦)
　　→364 神島八十八ヵ所霊場
鶴林寺(広島県尾道市因島中庄町)
　　→370 因島八十八ヵ所霊場

鶴林寺（徳島県勝浦郡勝浦町）
　　→383 四国八十八ヵ所霊場
鶴林寺（愛媛県今治市宮窪町）
　　→403 えひめ大島准四国八十八ヵ所霊場
鶴林寺（福岡県糟屋郡篠栗町）
　　→414 篠栗八十八ヵ所霊場
鶴林寺（佐賀県唐津市和多田百人町）
　　→411 九州八十八ヵ所霊場
崖観音　→115 安房三十四観音霊場
籠岩　→051 奥多摩新四国八十八ヵ所霊場
鹿児島神宮　→426 諸国一の宮巡拝
葛西神社　→141 江戸川ライン七福神
笠ヶ滝　→396 小豆島八十八ヵ所霊場
笠置寺　→258 役行者集印巡り
笠間稲荷神社（茨城県笠間市）
　　→071 常陸七福神
笠間稲荷神社（東京都中央区日本橋浜町）
　　→159 日本橋七福神
笠森寺　→062 坂東三十三観音霊場
合戦嶺観音　→416 相良三十三観音霊場
橿原神宮　→268 神仏霊場 巡拝の道
鹿島神宮　→426 諸国一の宮巡拝
柏木公会堂　→217 諏訪八十八霊場
柏原薬師堂　→321 淡路四十九薬師霊場
可睡斎　→231 遠州三十三観音霊場
春日寺（三重県伊賀市）
　　→280 伊賀四国八十八ヵ所霊場
春日寺（兵庫県南あわじ市）
　　→318 淡路四国八十八ヵ所霊場
　　→320 淡路島十三仏霊場
　　→321 淡路四十九薬師霊場
春日神社　→059 相馬霊場八十八ヵ所
春日大社　→268 神仏霊場 巡拝の道
春日堂　→177 津久井観音霊場
花井寺　→206 甲斐百八ヵ所霊場
片寺　→318 淡路四国八十八ヵ所霊場
勝見薬師堂　→354 因幡薬師霊場
月輪寺　→351 中国四十九薬師霊場
勝尾寺
　　→264 西国三十三観音霊場
　　→268 神仏霊場 巡拝の道
　　→269 摂津国八十八ヵ所霊場
勝尾寺二階堂　→432 法然上人二十五霊場
月見寺　→340 大和新四国八十八ヵ所霊場
月山寺（茨城県桜川市）
　　→061 東国花の寺 百ヶ寺
　　→071 常陸七福神
月山寺（兵庫県淡路市）
　　→317 淡路西国三十三観音霊場
月蔵院
　　→032 最上三十三観音霊場
　　→034 山形十三霊場
　　→035 山形百八地蔵尊霊場

月蔵寺　→123 九十九里七福神
葛川息障明王院
　　→261 近畿三十六不動尊霊場
　　→287 近江湖西名利二十七ヶ所霊場
葛城神社　→385 新四国曼荼羅霊場
葛木神社　→258 役行者集印巡り
加藤家（埼玉県北本市）
　　→092 足立坂東三十三札所
加藤家（東京都羽村市）
　　→051 奥多摩新四国八十八ヵ所霊場
加藤家（東京都青梅市）
　　→051 奥多摩新四国八十八ヵ所霊場
門坂寺　→340 大和新四国八十八ヵ所霊場
鹿渡島観音　→200 能登三十三観音霊場
香取神宮　→426 諸国一の宮巡拝
香取神社　→144 亀戸七福神
金出観音堂　→414 篠栗八十八ヵ所霊場
金出大日堂　→414 篠栗八十八ヵ所霊場
金鑚神社　→108 武州本庄七福神
金沢泉長寺　→217 諏訪八十八番霊場
金沢村（金生）観音　→027 上山三十三霊場
金敷寺　→367 備中西国三十三所観音霊場
金屋　→328 但馬六十六地蔵霊場
金山御行堂　→217 諏訪八十八番霊場
金谷村観音　→027 上山三十三霊場
金子新田不動堂　→405 にいはま新四国八十八ヶ所霊場
加納院　→056 御府内八十八ヵ所霊場
樺山三十三観音　→016 気仙三十三観音札所
加福不動寺　→014 陸奥山津軽七福神
神峯山寺
　　→259 役行者霊蹟札所
　　→267 新西国霊場
　　→268 神仏霊場 巡拝の道
鏑射寺
　　→261 近畿三十六不動尊霊場
　　→263 西国愛染十七霊場
　　→277 仏塔古寺十八尊霊場
　　→325 神戸十三仏霊場
釜滝薬師　→345 高野長峰霊場
釜淵観音　→008 奥州南部糠部三十三観音札所
竈山神社　→268 神仏霊場 巡拝の道
上青谷観音堂　→015 江刺三十三観音霊場
上泉毘沙門堂　→405 にいはま新四国八十八ヶ所霊場
上一宮大粟神社　→385 新四国曼荼羅霊場
上長部観音堂　→016 気仙三十三観音札所
上金子金乗院　→217 諏訪八十八番霊場
上郷薬師堂　→405 にいはま新四国八十八ヶ所霊場
上小川大日堂　→217 諏訪八十八番霊場
上里の町観音　→416 相良三十三観音霊場
上神明天祖神社　→143 荏原七福神

上醍醐寺
　→261 近畿三十六不動尊霊場
　→264 西国三十三観音霊場
上東田大師堂　→405 にいはま新四国八十八ヶ所霊場
上生居村観音　→027 上山三十三観音霊場
上沼須観音堂　→090 沼田坂東三十三番札所
上藤又　→186 倶利伽羅峠三十三観音めぐり
上古田御行堂址　→217 諏訪八十八番霊場
上町氷川神社　→114 与野七福神
神山教会　→003 北海道三十三観音霊場
上柚木観音堂　→063 武相卯歳観世音菩薩札所
亀谷薬師堂　→321 淡路四十九薬師霊場
鴨江寺　→237 浜名湖七福神
加茂不動院　→381 四国三十六不動霊場
賀茂御祖神社
　→268 神仏霊場 巡拝の道
　→426 諸国一の宮巡拝
賀茂別雷神社
　→268 神仏霊場 巡拝の道
　→426 諸国一の宮巡拝
伽耶院　→267 新西国霊場
萱ヶ平観音　→027 上山三十三観音霊場
萱田長福寺　→135 八千代八福神
唐崎神社　→295 西近江七福神
烏ヶ森堂　→340 大和新四国八十八ヵ所霊場
烏谷観音堂　→334 播州赤穂坂内西国三十三ヶ所
唐船弁天堂　→334 播州赤穂坂内西国三十三ヶ所
花林院　→015 江刺三十三観音霊場
刈萱寺　→245 尾張七福神
刈萱堂　→245 尾張七福神
川上堂　→415 壱岐四国八十八所霊場
川口寺　→028 上山七福神
川口地蔵堂　→405 にいはま新四国八十八ヶ所霊場
川口新田薬師堂　→405 にいはま新四国八十八ヶ所霊場
川口村いわや観音　→027 上山三十三観音霊場
川口村若松観音　→027 上山三十三観音霊場
川倉芦野堂　→013 津軽三十三観音霊場
川崎観音堂　→377 周防三十三観音霊場
川崎大師　→065 武相不動霊場
河内観音　→196 佐渡西国三十三観音霊場
川辺寺　→417 山鹿三十三観音霊場
川前観音堂　→032 最上三十三観音霊場
河原町稲荷神社　→152 千住宿千寿七福神
瓦屋寺　→291 近江三十三観音霊場
川和薬師堂　→064 武相寅歳薬師如来霊場
岩屋寺　→048 福島百八地蔵尊霊場
観音寺（鳥取県西伯郡大山町）
　→355 伯耆三十三観音霊場
観音寺（鳥取県鳥取市河原町）
　→353 因幡三十三観音霊場

観音寺（鳥取県東伯郡北栄町）
　→355 伯耆三十三観音霊場
観音寺（鳥取県米子市）
　→355 伯耆三十三観音霊場
観音寺（岡山県笠岡市神島外浦）
　→364 神島八十八ヵ所霊場
観音寺（岡山県笠岡市神島北部）
　→364 神島八十八ヵ所霊場
観音寺（岡山県久米郡美咲町）
　→365 高野山真言宗美作八十八ヵ所霊場
観音寺（岡山県小田郡矢掛町）
　→367 備中西国三十三所観音霊場
観音寺（岡山県倉敷市）
　→366 児島四国八十八ヵ所霊場
　→367 備中西国三十三所観音霊場
観音寺（岡山県苫田郡鏡野町）
　→365 高野山真言宗美作八十八ヵ所霊場
観音寺（香川県観音寺市八幡町）
　→383 四国八十八ヵ所霊場
観音寺（香川県坂出市高屋町）
　→385 新四国曼荼羅霊場
観音寺（香川県小豆郡小豆島町）
　→396 小豆島八十八ヵ所霊場
観音寺（香川県小豆郡土庄町）
　→396 小豆島八十八ヵ所霊場
観音寺（香川県東かがわ市）
　→391 讃岐三十三観音霊場
観音寺（愛媛県今治市吉海町）
　→403 えひめ大島准四国八十八ヵ所霊場
観音寺（愛媛県今治市宮窪町）
　→403 えひめ大島准四国八十八ヵ所霊場
観音寺（愛媛県今治市伯方町）
　→349 せとうち七福神
観海寺　→412 九州四十九院薬師霊場
願海寺　→318 淡路四国八十八ヵ所霊場
勧学寺（三重県桑名市）
　→281 伊勢西国三十三観音霊場
　→286 三重四国八十八ヵ所霊場
勧学寺（鳥取県岩美郡岩美町）
　→353 因幡三十三観音霊場
岩角寺
　→009 奥の細道みちのく路三十三ヶ所めぐり霊場
　→041 安達三十三観音霊場
歓喜院（埼玉県久喜市）
　→099 埼東八十八ヵ所霊場
歓喜院（埼玉県熊谷市）
　→053 関東八十八ヵ所霊場
　→107 武州路十二支霊場
歓喜院（埼玉県大里郡妻沼町）
　→061 東国花の寺 百ヶ寺
歓喜院（千葉県印西市）
　→118 印西大師講

かんき　　　　　　　　　　　　　札所索引

歓喜院（香川県三豊市高瀬町）
　　→393 さぬき十二支霊場
巌鬼山神社　→013 津軽三十三観音霊場
歓喜寺（埼玉県飯能市）
　　→051 奥多摩新四国八十八ヶ所霊場
歓喜寺（千葉県長生郡睦沢町）
　　→129 新上総国三十三観音霊場
歓喜寺（香川県小豆郡土庄町）
　　→396 小豆島八十八ヵ所霊場
岩崎寺　→378 長門三十三観音霊場
願行寺（鳥取県鳥取市）
　　→353 因幡三十三観音霊場
願行寺（大分県大分市）
　　→422 豊後国臨済七福神
閑慶院　→385 新四国曼荼羅霊場
観慶寺　→190 東海白寿三十三観音霊場
元慶寺　→264 西国三十三観音霊場
観現寺　→373 広島新四国八十八ヵ所霊場
観興寺（京都府福知山市）
　　→272 丹波国三十三観音霊場
　　→297 天田郡三十三観音霊場
観興寺（福岡県久留米市山本町）
　　→408 九州西国三十三観音霊場
願興寺（岐阜県可児郡御嵩町）
　　→187 中部四十九薬師霊場
願興寺（島根県松江市東出雲町）
　　→356 出雲三十三観音霊場
元興寺　→265 西国薬師霊場
菅谷寺　→195 弘法大師越後廿一ヶ所霊場
換骨堂　→425 尼寺霊場
観護寺
　　→055 旧小机領三十三所観音霊場
　　→064 武相寅歳薬師如来霊場
神崎寺　→054 北関東三十六不動尊霊場
菅山寺　→290 近江湖北名刹二十七ヶ所霊場
観自在寺（岡山県笠岡市神島西部）
　　→364 神島八十八ヵ所霊場
観自在寺（広島県尾道市因島三庄町）
　　→370 因島八十八ヵ所霊場
観自在寺（愛媛県今治市吉海町）
　　→403 えひめ大島准四国八十八ヵ所霊場
観自在寺（愛媛県宇和郡愛南町）
　　→383 四国八十八ヵ所霊場
　　→406 南予七福神
勧修院　→115 安房三十四観音霊場
勧修寺　→427 真言宗十八本山巡拝
勘勝院　→219 仁科三十三番札所
歓昌院　→234 駿河三十三観音霊場
歓成院　→055 旧小机領三十三所観音霊場
観照院　→353 因幡三十三観音霊場
観正院　→182 三浦三十三観音霊場
岩松院（山形県西村山郡河北町）
　　→035 山形百八地蔵尊霊場

岩松院（山形県北村山郡大石田町）
　　→026 尾花沢大石田三十三観音霊場
願定院　→118 印西大師講
観照寺　→006 北海道八十八ヶ所霊場
観性寺（群馬県館林市仲町）
　　→053 関東八十八ヵ所霊場
観性寺（東京都町田市）
　　→063 武相卯歳観世音菩薩札所
観正寺　→235 遠江三十三観音霊場
関昌寺　→212 信濃三十三観音霊場
岩井寺　→235 遠江三十三観音霊場
岩松寺（山形県西村山郡西川町）
　　→029 さくらんぼ七福神
　　→035 山形百八地蔵尊霊場
岩松寺（静岡県湖西市）
　　→231 遠州三十三観音霊場
岩松寺（静岡県袋井市）
　　→235 遠江三十三観音霊場
岩松寺（静岡県島田市）
　　→235 遠江三十三観音霊場
願勝寺
　　→385 新四国曼荼羅霊場
　　→386 阿波西国三十三観音霊場
願成寺（岩手県一関市）
　　→018 西磐井三十三観音霊場
願成寺（宮城県東松島市）
　　→010 三陸三十三観音霊場
願成寺（福島県いわき市内郷白水町）
　　→048 福島百八地蔵尊霊場
願成寺（山梨県韮崎市神山町）
　　→206 甲斐百八ヵ所霊場
願成寺（岐阜県岐阜市）
　　→223 美濃三十三観音霊場
　　→225 美濃新四国八十八ヵ所霊場
願成寺（岐阜県岐阜市春日町）
　　→225 美濃新四国八十八ヵ所霊場
願成寺（三重県伊賀市上野農人町）
　　→263 西国愛染十七霊場
願成寺（滋賀県東近江市川合町）
　　→288 近江湖東名刹二十七ヶ所霊場
　　→430 道元禅師を慕う釈迦三十二禅刹
願成寺（兵庫県朝来市生野町）
　　→262 近畿楽寿観音三十三ヶ所霊場
願成寺（兵庫県豊岡市出石町）
　　→327 但馬七福神
願成寺（岡山県真庭市）
　　→367 備中西国三十三所観音霊場
願成寺（徳島県三好郡東みよし町）
　　→385 新四国曼荼羅霊場
　　→386 阿波西国三十三観音霊場
願成寺（徳島県徳島市寺町）
　　→389 徳島七福神

362

願成寺（熊本県人吉市願成寺町）
　→411 九州八十八ヵ所霊場
菅相寺（三重県松阪市愛宕町）
　→285 松阪霊地七福神
菅相寺（兵庫県洲本市）
　→318 淡路四国八十八ヵ所霊場
願成就寺（滋賀県近江八幡市小船木町）
　→288 近江湖東名刹二十七ヶ所霊場
　→296 比牟礼山願成就寺四国八十八ヶ所巡礼
願成就寺（大分県速見郡日出町）
　→418 国東三十三観音霊場
　→419 豊の国宇佐七福神
厳松殿　→255 三河新四国霊場
感神院　→365 高野山真言宗美作八十八ヶ所霊場
観心寺（神奈川県相模原市南区）
　→063 武相卯歳観世音菩薩札所
観心寺（大阪府河内長野市）
　→258 役行者集印巡り
　→259 役行者霊蹟札所
　→260 関西花の寺二十五ヵ所
　→267 新西国霊場
　→268 神仏霊場 巡拝の道
　→277 仏塔古寺十八尊霊場
　→312 河泉二十四地蔵霊場
寒水寺
　→348 瀬戸内三十三観音霊場
　→374 備後西国三十三観音霊場
岩水寺
　→236 遠江四十九薬師霊場
　→237 浜名湖七福神
歓盛院　→206 甲斐百八ヵ所霊場
観音寺（福島県二本松市）
　→041 安達三十三観音霊場
観音寺（京都府京都市西京区桂上野北町）
　→306 洛西三十三観音霊場
観世音（茨城県笠間市）
　→062 坂東三十三観音霊場
観世音（島根県大田市大森町）
　→360 石見銀山天領七福神
　→361 石見曼荼羅観音霊場
観世音（福岡県太宰府市）
　→408 九州西国三十三観音霊場
観世音（佐賀県藤津郡太良町）
　→408 九州西国三十三観音霊場
観世音菩薩（山口県萩市椿青海）
　→379 萩八十八ヶ所めぐり
観世音菩薩（山口県萩市椿東上野・伊集家南方山林の中）
　→379 萩八十八ヶ所めぐり
観世音菩薩（山口県萩市南古萩町）
　→379 萩八十八ヶ所めぐり
観専寺　→428 親鸞聖人二十四輩
観泉寺　→063 武相卯歳観世音菩薩札所
貫川寺　→411 九州八十八ヶ所霊場

関川寺　→048 福島百八地蔵尊霊場
岩船寺
　→260 関西花の寺二十五ヵ所
　→268 神仏霊場 巡拝の道
　→277 仏塔古寺十八尊霊場
願船寺　→428 親鸞聖人二十四輩
観蔵院（東京都台東区）
　→056 御府内八十八ヵ所霊場
観蔵院（東京都大田区西嶺町）
　→060 玉川八十八ヵ所霊場
観蔵院（東京都練馬区）
　→158 豊島八十八ヵ所霊場
観蔵院（神奈川県逗子市）
　→182 三浦三十三観音霊場
観蔵寺　→148 柴又七福神
岩蔵寺　→040 安積三十三霊場
勘代寺　→411 九州八十八ヵ所霊場
神田堂　→415 壱岐四国八十八ヶ所霊場
観智院（東京都台東区）
　→056 御府内八十八ヵ所霊場
観智院（香川県善通寺市善通寺町）
　→391 讃岐三十三観音霊場
官長寺　→232 遠州七福神
感通院　→213 信州（伊那・諏訪）八十八霊場
閑田寺　→231 遠州三十三観音霊場
岩殿寺（神奈川県逗子市）
　→062 坂東三十三観音霊場
岩殿寺（長野県東筑摩郡筑北村）
　→212 信濃三十三観音霊場
岩殿寺（静岡県賀茂郡南伊豆町）
　→228 伊豆八十八ヵ所霊場
鑑洞寺　→194 蒲原三十三観音
神門寺
　→350 中国観音霊場
　→356 出雲三十三観音霊場
甘南備寺　→361 石見曼荼羅観音霊場
甘南美寺
　→223 美濃三十三観音霊場
　→224 美濃七福神
　→225 美濃新四国八十八ヵ所霊場
冠音寺　→375 周南七福神
観音寺　→417 山鹿三十三観音霊場
感応院（神奈川県藤沢市）
　→179 藤沢七福神
感應院（大阪府八尾市恩智中町）
　→314 河内西国三十三観音霊場
感応寺
　→317 淡路西国三十三観音霊場
　→318 淡路四国八十八ヵ所霊場
願王寺　→189 東海四十九薬師霊場
神呪寺
　→267 新西国霊場
　→269 摂津国八十八ヵ所霊場

かんの　　　　　　　　　　　札所索引

　　→277 仏塔古寺十八尊霊場
　　→323 甲山八十八ヶ所
神野寺　→384 四国別格二十霊場
観音院（栃木県塩谷郡塩谷町）
　　→078 下野三十三観音霊場
観音院（群馬県桐生市）
　　→053 関東八十八ヵ所霊場
観音院（埼玉県桶川市）
　　→092 足立坂東三十三札所
観音院（埼玉県久喜市）
　　→094 忍領西国三十三札所
観音院（埼玉県鴻巣市）
　　→094 忍領西国三十三札所
観音院（埼玉県秩父郡小鹿野町）
　　→100 秩父三十四観音霊場
観音院（千葉県館山市）
　　→115 安房三十四観音霊場
観音院（石川県金沢市）
　　→191 北陸三十三観音霊場
観音院（愛知県豊田市越戸町）
　　→255 三河新四国霊場
観音院（三重県名張市）
　　→280 伊賀四国八十八ヶ所霊場
観音院（兵庫県宝塚市）
　　→331 中山寺山内七福神
観音院（奈良県御所市神宮町）
　　→279 ぼけよけ二十四霊場
観音院（鳥取県鳥取市上町）
　　→350 中国観音霊場
　　→353 因幡三十三観音霊場
観音院（岡山県岡山市北区）
　　→367 備中西国三十三所観音霊場
観音院（岡山県玉野市）
　　→348 瀬戸内三十三観音霊場
観音院（山口県萩市）
　　→350 中国観音霊場
　　→378 長門三十三観音霊場
観音院（徳島県板野郡藍住町）
　　→385 新四国曼荼羅霊場
　　→386 阿波西国三十三観音霊場
観音院・吉祥院　→408 九州西国三十三観音霊場
観音教寺
　　→061 東国花の寺 百ヶ寺
　　→120 上総国薬師如来霊場三十四ヵ所
　　→129 新上総国三十三観音霊場
観音坂観音堂　→414 篠栗八十八ヵ所霊場
観音寺（北海道赤平市若木町）
　　→006 北海道八十八ヵ所霊場
観音寺（北海道白老郡白老町）
　　→005 北海道十三仏霊場
観音寺（岩手県一関市）
　　→018 西磐井三十三観音霊場

観音寺（岩手県奥州市江刺区）
　　→015 江刺三十三観音霊場
観音寺（岩手県陸前高田市矢作町）
　　→010 三陸三十三観音霊場
　　→016 気仙三十三観音札所
観音寺（宮城県気仙沼市本町）
　　→010 三陸三十三観音霊場
　　→011 東北三十六不動尊霊場
観音寺（宮城県栗原市）
　　→007 奥州三十三観音霊場
観音寺（宮城県石巻市）
　　→010 三陸三十三観音霊場
観音寺（宮城県東松島市）
　　→010 三陸三十三観音霊場
観音寺（山形県寒河江市）
　　→032 最上三十三観音霊場
観音寺（山形県酒田市）
　　→030 庄内三十三観音霊場
観音寺（山形県上山市十日町）
　　→027 上山三十三観音霊場
　　→032 最上三十三観音霊場
観音寺（山形県西置賜郡白鷹町）
　　→025 置賜三十三観音霊場
観音寺（山形県長井市）
　　→025 置賜三十三観音霊場
観音寺（福島県伊達郡桑折町）
　　→007 奥州三十三観音霊場
　　→009 奥の細道みちのく路三十三ヶ所めぐり霊場
　　→045 信達三十三観音霊場
観音寺（福島県会津若松市大町）
　　→049 町廻り三十三観音
観音寺（福島県会津若松市北会津町）
　　→038 会津三十三観音霊場
観音寺（福島県喜多方市塩川町）
　　→038 会津三十三観音霊場
観音寺（福島県双葉郡浪江町）
　　→048 福島百八地蔵尊霊場
観音寺（福島県大沼郡会津美里町）
　　→038 会津三十三観音霊場
観音寺（福島県二本松市）
　　→041 安達三十三観音霊場
　　→048 福島百八地蔵尊霊場
観音寺（福島県白河市）
　　→048 福島百八地蔵尊霊場
観音寺（福島県福島市）
　　→046 信達坂東三十三観世音菩薩札所
観音寺（福島県福島市仲間町）
　　→046 信達坂東三十三観世音菩薩札所
観音寺（福島県本宮市）
　　→041 安達三十三観音霊場
観音寺（茨城県取手市）
　　→059 相馬霊場八十八ヵ所

364

観音寺（栃木県佐野市金井上町）
　→077　佐野七福神
観音寺（栃木県鹿沼市）
　→053　関東八十八ヵ所霊場
観音寺（栃木県日光市上鉢石町）
　→078　下野三十三観音霊場
観音寺（栃木県芳賀郡益子町）
　→053　関東八十八ヵ所霊場
観音寺（栃木県芳賀郡芳賀町）
　→053　関東八十八ヵ所霊場
観音寺（栃木県矢板市）
　→078　下野三十三観音霊場
観音寺（群馬県沼田市）
　→089　沼田横堂三十三番札所
観音寺（群馬県利根郡みなかみ町）
　→089　沼田横堂三十三番札所
観音寺（埼玉県さいたま市西区）
　→092　足立坂東三十三札所
観音寺（埼玉県加須市）
　→094　忍領西国三十三札所
観音寺（埼玉県加須市菖蒲町）
　→094　忍領西国三十三札所
観音寺（埼玉県熊谷市）
　→093　忍秩父三十四札所
観音寺（埼玉県幸手市）
　→099　埼東八十八ヵ所霊場
観音寺（埼玉県行田市）
　→093　忍秩父三十四札所
観音寺（埼玉県鴻巣市）
　→094　忍領西国三十三札所
観音寺（埼玉県秩父市）
　→100　秩父三十四観音霊場
観音寺（埼玉県飯能市山手町）
　→051　奥多摩新四国八十八ヵ所霊場
　→066　武蔵野三十三観音霊場
　→113　武蔵野七福神
観音寺（埼玉県北足立郡伊奈町）
　→092　足立坂東三十三札所
観音寺（千葉県安房郡鋸南町）
　→115　安房三十四観音霊場
観音寺（千葉県印西市）
　→118　印西大師講
　→131　利根川いんざい七福神
観音寺（千葉県我孫子市）
　→059　相馬霊場八十八ヵ所
観音寺（千葉県八千代市）
　→135　八千代八福神
観音寺（東京都荒川区）
　→158　豊島八十八ヵ所霊場
観音寺（東京都国分寺市）
　→155　多摩八十八ヵ所霊場
観音寺（東京都新宿区）
　→056　御府内八十八ヵ所霊場

観音寺（東京都世田谷区）
　→158　豊島八十八ヵ所霊場
観音寺（東京都世田谷区）
　→149　昭和新撰　江戸三十三観音霊場
観音寺（東京都青梅市）
　→053　関東八十八ヵ所霊場
観音寺（東京都多摩市）
　→063　武相卯歳観世音菩薩札所
　→155　多摩八十八ヵ所霊場
観音寺（東京都台東区）
　→056　御府内八十八ヵ所霊場
観音寺（東京都八王子市）
　→155　多摩八十八ヵ所霊場
観音寺（神奈川県横須賀市追浜東町）
　→182　三浦三十三観音霊場
観音寺（神奈川県横浜市港北区篠原町）
　→060　玉川八十八ヵ所霊場
観音寺（神奈川県横浜市都筑区）
　→058　準西国稲毛三十三所観音霊場
観音寺（神奈川県横浜市都筑区池辺町）
　→055　旧小机領三十三所観音霊場
　→065　武相不動尊霊場
観音寺（神奈川県川崎市多摩区）
　→058　準西国稲毛三十三所観音霊場
　→180　武州稲毛七福神
観音寺（神奈川県相模原市緑区）
　→177　津久井観音霊場
観音寺（神奈川県大和市）
　→063　武相卯歳観世音菩薩札所
　→064　武相寅歳薬師如来霊場
観音寺（新潟県阿賀野市）
　→194　蒲原三十三観音
観音寺（新潟県佐渡市）
　→196　佐渡西国三十三観音霊場
　→198　佐渡八十八ヶ所霊場
観音寺（新潟県新潟市秋葉区新町）
　→194　蒲原三十三観音
観音寺（新潟県西蒲原郡弥彦村）
　→193　越後三十三観音霊場
観音寺（富山県小矢部市観音町）
　→191　北陸三十三観音霊場
観音寺（石川県羽咋市本町）
　→200　能登国三十三観音霊場
観音寺（山梨県笛吹市）
　→205　甲斐国三十三観音霊場
観音寺（長野県大町市）
　→219　仁科三十三番札所
観音寺（岐阜県恵那市明智町）
　→220　恵那三十三観音霊場
観音寺（静岡県下田市）
　→228　伊豆八十八ヵ所霊場
　→229　伊豆横道三十三観音霊場
観音寺（静岡県掛川市）
　→235　遠江三十三観音霊場

観音寺（静岡県周智郡森町）
　　→235 遠江三十三観音霊場
観音寺（静岡県島田市）
　　→235 遠江三十三観音霊場
観音寺（静岡県藤枝市）
　　→234 駿河三十三観音霊場
観音寺（静岡県磐田市）
　　→231 遠州三十三観音霊場
観音寺（愛知県岡崎市城北町）
　　→251 三河三十三観音霊場
観音寺（愛知県岡崎市太平町）
　　→251 三河三十三観音霊場
観音寺（愛知県知多郡阿久比町）
　　→248 知多新四国八十八ヵ所霊場
　　→425 尼寺霊場
観音寺（愛知県知多郡東浦町）
　　→248 知多新四国八十八ヵ所霊場
観音寺（愛知県東海市荒尾町）
　　→243 尾張三十三観音霊場
　　→248 知多新四国八十八ヵ所霊場
観音寺（愛知県碧南市築山町）
　　→251 三河三十三観音霊場
　　→255 三河新四国霊場
観音寺（愛知県名古屋市中川区荒子町）
　　→243 尾張三十三観音霊場
観音寺（三重県伊賀市）
　　→280 伊賀四国八十八ヶ所霊場
観音寺（三重県四日市市）
　　→281 伊勢西国三十三観音霊場
観音寺（三重県四日市市垂坂町）
　　→189 東海四十九薬師霊場
　　→281 伊勢西国三十三観音霊場
観音寺（三重県津市大門町）
　　→286 三重四国八十八ヵ所霊場
観音寺（三重県名張市朝日町）
　　→280 伊賀四国八十八ヶ所霊場
　　→286 三重四国八十八ヵ所霊場
観音寺（三重県鈴鹿市）
　　→286 三重四国八十八ヵ所霊場
観音寺（三重県鈴鹿市高塚町）
　　→281 伊勢西国三十三観音霊場
　　→286 三重四国八十八ヵ所霊場
観音寺（滋賀県湖南市）
　　→289 近江湖南名刹二十七ヶ所霊場
観音寺（滋賀県米原市）
　　→290 近江湖北名刹二十七ヶ所霊場
　　→291 近江三十三観音霊場
観音寺（京都府京都市東山区）
　　→268 神仏霊場 巡拝の道
観音寺（京都府長岡京市）
　　→306 洛西三十三観音霊場
観音寺（京都府伏見区羽束師菱川町）
　　→306 洛西三十三観音霊場

観音寺（京都府福知山市）
　　→262 近畿楽寿観音三十三ヶ所霊場
観音寺（京都府福知山市夜久野町）
　　→297 天田郡三十三観音霊場
観音寺（大阪府大阪市天王寺区城南寺町）
　　→269 摂津国八十八ヶ所霊場
観音寺（大阪府東大阪市）
　　→314 河内西国三十三観音霊場
観音寺（大阪府東大阪市西石切町）
　　→314 河内西国三十三観音霊場
觀音寺（大阪府柏原市）
　　→314 河内西国三十三観音霊場
観音寺（兵庫県加古川市）
　　→332 播磨西国観音霊場
観音寺（兵庫県篠山市篠山町河原町）
　　→272 丹波国三十三観音霊場
観音寺（兵庫県洲本市）
　　→317 淡路西国三十三観音霊場
　　→318 淡路四国八十八ヵ所霊場
観音寺（兵庫県神崎郡市川町）
　　→333 播磨七福神
観音寺（兵庫県丹波市春日町）
　　→272 丹波国三十三観音霊場
観音寺（兵庫県淡路市）
　　→317 淡路西国三十三観音霊場
　　→318 淡路四国八十八ヵ所霊場
観音寺（兵庫県南あわじ市）
　　→317 淡路西国三十三観音霊場
　　→318 淡路四国八十八ヵ所霊場
観音寺（兵庫県明石市）
　　→332 播磨西国観音霊場
観音寺（奈良県五條市岡町）
　　→340 大和新四国八十八ヵ所霊場
観音寺（奈良県五條市小島町）
　　→340 大和新四国八十八ヵ所霊場
観音寺（奈良県五條市上野町）
　　→340 大和新四国八十八ヵ所霊場
観音寺（奈良県五條市大野町）
　　→340 大和新四国八十八ヵ所霊場
観音寺（奈良県桜井市）
　　→425 尼寺霊場
観音寺（和歌山県和歌山市）
　　→346 和歌山西国三十三観音霊場
観音寺（和歌山県和歌山市元寺町）
　　→346 和歌山西国三十三観音霊場
観音寺（島根県安来市広瀬町）
　　→356 出雲三十三観音霊場
観音寺（島根県江津市江津町）
　　→361 石見曼荼羅観音霊場
観音寺（島根県出雲市渡橋町）
　　→356 出雲三十三観音霊場
觀音寺（岡山県美作市）
　　→365 高野山真言宗美作八十八ヶ所霊場

観音寺(広島県広島市佐伯区坪井町)
　→347 山陽花の寺二十四か寺
　→373 広島新四国八十八ヵ所霊場
観音寺(広島県尾道市因島中庄町)
　→370 因島八十八ヵ所霊場
観音寺(広島県尾道市因島田熊町)
　→370 因島八十八ヵ所霊場
観音寺(広島県尾道市三庄町)
　→348 瀬戸内三十三観音霊場
観音寺(広島県福山市北吉津町)
　→374 備後西国三十三観音霊場
観音寺(山口県大島郡周防大島町)
　→376 周防大島八十八ヵ所霊場
観音寺(山口県防府市)
　→377 周防国三十三観音霊場
観音寺(徳島県徳島市国府町)
　→383 四国八十八ヵ所霊場
　→386 阿波西国三十三観音霊場
観音寺(徳島県徳島市勢見町)
　→386 阿波西国三十三観音霊場
観音寺(徳島県美馬市穴吹町)
　→386 阿波西国三十三観音霊場
観音寺(高知県須崎市大間西町)
　→385 新四国曼荼羅霊場
観音寺(福岡県久留米市田主丸町)
　→408 九州西国三十三観音霊場
観音寺(福岡県福岡市西区)
　→411 九州八十八ヵ所霊場
観音寺(長崎県長崎市脇岬町)
　→408 九州西国三十三観音霊場
観音寺(長崎県諫早市飯盛町)
　→408 九州西国三十三観音霊場
観音寺奥之院　→006 北海道八十八ヶ所霊場
観音寺観音　→416 相良三十三観音霊場
観音正寺
　→264 西国三十三観音霊場
　→268 神仏霊場 巡拝の道
　→288 近江湖東名刹二十七ヶ所霊場
　→291 近江三十三観音霊場
觀音禪寺　→314 河内西国三十三観音霊場
観音殿　→255 三河新四国霊場
観音堂(岩手県奥州市水沢区羽田町)
　→015 江刺三十三観音霊場
観音堂(山形県西置賜郡白鷹町)
　→025 置賜三十三観音霊場
観音堂(山形県西置賜郡飯豊町)
　→025 置賜三十三観音霊場
観音堂(山形県長井市)
　→025 置賜三十三観音霊場
観音堂(山形県南陽市)
　→025 置賜三十三観音霊場
観音堂(山形県尾花沢市)
　→026 尾花沢大石田三十三観音霊場

観音堂(山形県米沢市広幡町)
　→025 置賜三十三観音霊場
観音堂(福島県会津若松市)
　→049 町廻り三十三観音
観音堂(茨城県取手市)
　→059 相馬霊場八十八ヵ所
観音堂(埼玉県熊谷市)
　→093 忍秩父三十四札所
観音堂(千葉県印西市)
　→118 印西大師講
　→131 利根川いんざい七福神
観音堂(千葉県我孫子市)
　→059 相馬霊場八十八ヵ所
観音堂(千葉県山武市)
　→123 九十九里七福神
観音堂(千葉県白井市)
　→118 印西大師講
観音堂(神奈川県三浦市原町)
　→182 三浦三十三観音霊場
観音堂(長野県下伊那郡松川町)
　→213 信州(伊那・諏訪)八十八霊場
観音堂(長野県上伊那郡辰野町)
　→213 信州(伊那・諏訪)八十八霊場
観音堂(長野県上伊那郡飯島町)
　→213 信州(伊那・諏訪)八十八霊場
観音堂(長野県上伊那郡箕輪町)
　→213 信州(伊那・諏訪)八十八霊場
観音堂(長野県諏訪市)
　→213 信州(伊那・諏訪)八十八霊場
観音堂(長野県北安曇郡池田町)
　→219 仁科三十三番札所
観音堂(愛知県蒲郡市形原町)
　→255 三河新四国霊場
観音堂(愛知県蒲郡市西浦町)
　→255 三河新四国霊場
観音堂(京都府京都市東山区)
　→300 京都泉涌寺七福神
観音堂(京都府福知山市寺町)
　→297 天田郡三十三観音霊場
観音堂(岡山県倉敷市)
　→367 備中西国三十三観音霊場
観音堂(広島県廿日市市地御前北ノ町)
　→373 広島新四国八十八ヵ所霊場
観音堂(広島県福山市新市町)
　→374 備後西国三十三観音霊場
観音堂(山口県大島郡周防大島町)
　→376 周防大島八十八ヵ所霊場
観音堂(香川県小豆郡小豆島町)
　→396 小豆島八十八ヵ所霊場
観音堂(香川県小豆郡土庄町)
　→396 小豆島八十八ヵ所霊場
観音堂(愛媛県今治市宮窪町)
　→403 えひめ大島准四国八十八ヵ所霊場

観音堂（長崎県壱岐市石田町）
　　→415 壱岐四国八十八ヶ所霊場
観音林観音　→008 奥州南部糠部三十三観音札所
観音坊　→094 忍領西国三十三札所
観音山　→091 東上州三十三観音霊場
官福寺　→297 天田郡三十三観音霊場
観福寺（岩手県一関市）
　　→007 奥州三十三観音霊場
観福寺（埼玉県行田市）
　　→095 行田救済菩薩十五霊場
観福寺（埼玉県白岡市）
　　→099 埼東八十八ヵ所霊場
観福寺（千葉県香取市）
　　→053 関東八十八ヵ所霊場
観福寺（神奈川県相模原市緑区）
　　→177 津久井観音霊場
観福寺（愛知県東海市大田町）
　　→248 知多新四国八十八ヵ所霊場
観福寺（和歌山県西牟婁郡白浜町）
　　→342 紀伊之国十三仏霊場
観福寺（熊本県山鹿市）
　　→417 山鹿三十三観音霊場
観福禅寺　→279 ぼけよけ二十四霊場
観菩提寺
　　→280 伊賀四国八十八ヶ所霊場
　　→286 三重四国八十八ヵ所霊場
蚶満寺　→009 奥の細道みちのく路三十三ヶ所めぐり霊場
観明寺（千葉県長生郡一宮町）
　　→124 九十九里 浜の七福神
　　→125 心の駅 外房七福神
観明寺（東京都板橋区）
　　→140 板橋七福神
　　→158 豊島八十八ヵ所霊場
管明寺　→198 佐渡八十八ヵ所霊場
勧薬寺　→386 阿波西国三十三観音霊場
漢陽寺
　　→347 山陽花の寺二十四か寺
　　→350 中国観音霊場
歓楽院　→090 沼田坂東三十三番札所
歓楽寺　→272 丹波国三十三観音霊場
観瀧寺（長野県千曲市）
　　→212 信濃三十三観音霊場
観瀧寺（京都府福知山市）
　　→297 天田郡三十三観音霊場
観龍寺　→367 備中西国三十三所観音霊場
岩瀧寺（兵庫県丹波市氷上町）
　　→270 丹波古利十五ヶ寺霊場
　　→272 丹波国三十三観音霊場
　　→425 尼寺霊場
岩滝寺（島根県江津市波積町）
　　→361 石見曼奈羅観音霊場
願隆寺　→289 近江湖南名刹二十七ヶ所霊場

岩隣寺　→417 山鹿三十三観音霊場
観霊院
　　→004 北海道三十六不動尊霊場
　　→006 北海道八十八ヶ所霊場
観蓮寺　→411 九州八十八ヶ所霊場
甘露庵　→396 小豆島八十八ヵ所霊場
甘露寺　→238 浜松七福神
甘露堂　→222 益田三十三観音霊場

【き】

帰一寺
　　→228 伊豆八十八ヵ所霊場
　　→229 伊豆横道三十三観音霊場
貴雲寺　→181 武南十二薬師霊場
祇園寺（東京都調布市佐須町）
　　→156 調布七福神
祇園寺（岡山県高梁市巨瀬町）
　　→367 備中西国三十三所観音霊場
祇園寺（長崎県佐世保市針尾中町）
　　→412 九州四十九院薬師霊場
祇薗寺　→022 秋田三十三観音霊場
喜覚寺　→032 最上三十三観音霊場
帰郷観音　→196 佐渡西国三十三観音霊場
菊昌院　→280 伊賀四国八十八ヶ所霊場
菊水寺（埼玉県秩父市）
　　→100 秩父三十四観音霊場
菊水寺（静岡県掛川市）
　　→235 遠江三十三観音霊場
義経寺観音堂　→013 津軽三十三観音霊場
儀源寺　→091 東上州三十三観音霊場
喜光院　→120 上総国薬師如来霊場三十四ヶ所
儀光寺　→401 伊予（道前・道後）十観音霊場
喜光地薬師堂　→405 にいはま新四国八十八ヶ所霊場
輝厳殿　→255 三河新四国霊場
岸之下地蔵堂　→405 にいはま新四国八十八ヶ所霊場
岸之下西地蔵堂　→405 にいはま新四国八十八ヶ所霊場
寄水堂　→018 西磐井三十三観音霊場
木津太子堂内観音堂　→334 播州赤穂坂内西国三十三ヶ所
喜蔵院
　　→258 役行者集印巡り
　　→259 役行者霊蹟札所
北一　→186 倶利伽羅峠三十三観音めぐり
喜多院
　　→052 関東三十六不動霊場
　　→097 小江戸川越七福神
北浮田弘誓閣　→013 津軽三十三観音霊場
北内観音堂　→405 にいはま新四国八十八ヶ所霊場

北内中之坊 →405 にいはま新四国八十八ヶ所霊場
北大熊阿弥陀堂 →217 諏訪八十八番霊場
北大塩薬師堂 →217 諏訪八十八番霊場
北久保古見堂 →217 諏訪八十八番霊場
北郷童堂 →042 磐城三十三観音
北島家 →051 奥多摩新四国八十八ヵ所霊場
北谷寺 →235 遠江三十三観音霊場
北野寺
　　→288 近江湖東名刹二十七ヶ所霊場
　　→291 近江三十三観音霊場
北野天満宮 →268 神仏霊場 巡拝の道
北之坊満福寺 →348 瀬戸内三十三観音霊場
北真志野観音堂 →217 諏訪八十八番霊場
北町(称念寺)観音 →027 上山三十三観音霊場
北向観音堂 →212 信濃三十三観音霊場
北室院 →248 知多新四国八十八ヵ所霊場
北目観音堂 →042 磐城三十三観音
北横根 →186 倶利伽羅峠三十三観音めぐり
吉祥院(山形県山形市)
　　→032 最上三十三観音霊場
　　→035 山形百八地蔵尊霊場
吉祥院(埼玉県久喜市菖蒲町)
　　→094 忍領西国三十三札所
吉祥院(埼玉県児玉郡上里町)
　　→098 児玉三十三霊場
吉祥院(埼玉県川口市南町)
　　→106 武州川口七福神
吉祥院(千葉県印西市)
　　→118 印西大師講
吉祥院(東京都世田谷区)
　　→060 玉川八十八ヵ所霊場
吉祥院(東京都多摩市)
　　→061 東国花の寺 百ヶ寺
　　→155 多摩八十八ヵ所霊場
吉祥院(東京都台東区)
　　→056 御府内八十八ヵ所霊場
吉祥院(東京都八王子市長房町)
　　→063 武相卯歳観世音菩薩札所
　　→155 多摩八十八ヵ所霊場
　　→160 八王子七福神
吉祥院(東京都武蔵村山市本町)
　　→057 狭山三十三観音霊場
吉祥院(岡山県倉敷市)
　　→366 児島四国八十八ヵ所霊場
吉祥院(広島県三次市三次町)
　　→374 備後西国三十三観音霊場
吉祥寺(岩手県上閉伊郡大槌町)
　　→010 三陸三十三観音霊場
吉祥寺(宮城県石巻市)
　　→019 石巻牡鹿三十三札所霊場
吉祥寺(山形県鶴岡市)
　　→030 庄内三十三観音霊場

吉祥寺(栃木県足利市江川町)
　　→061 東国花の寺 百ヶ寺
吉祥寺(群馬県太田市下浜田町)
　　→053 関東八十八ヵ所霊場
吉祥寺(群馬県利根郡川場村)
　　→061 東国花の寺 百ヶ寺
　　→090 沼田坂東三十三番札所
吉祥寺(埼玉県加須市)
　　→094 忍領西国三十三札所
吉祥寺(埼玉県熊谷市)
　　→093 忍秩父三十四札所
吉祥寺(千葉県富津市)
　　→129 新上総国三十三観音霊場
吉祥寺(山梨県山梨市三富村)
　　→206 甲斐百八十八ヵ所霊場
　　→208 甲州東郡七福神
吉祥寺(長野県伊那市)
　　→213 信州(伊那・諏訪)八十八霊場
吉祥寺(岐阜県関市)
　　→223 美濃三十三観音霊場
吉祥寺(愛知県知多郡美浜町)
　　→248 知多新四国八十八ヵ所霊場
吉祥寺(鳥取県八頭郡若桜町)
　　→354 因幡薬師霊場
吉祥寺(岡山県笠岡市神島西部)
　　→364 神島八十八ヵ所霊場
吉祥寺(岡山県苫田郡鏡野町)
　　→365 高野山真言宗美作八十八ヶ所霊場
吉祥寺(広島県尾道市因島田熊町)
　　→370 因島八十八ヵ所霊場
吉祥寺(愛媛県今治市吉海町)
　　→403 えひめ大島准四国八十八ヵ所霊場
吉祥寺(愛媛県西条市)
　　→383 四国八十八ヵ所霊場
　　→404 四国七福神
吉祥草寺
　　→258 役行者集印巡り
　　→259 役行者霊蹟札所
吉田寺(新潟県燕市)
　　→193 越後三十三観音霊場
吉田寺(三重県伊賀市)
　　→280 伊賀四国八十八ヵ所霊場
祈直庵中正寺 →417 山鹿三十三観音霊場
吉祥院(北海道札幌市北区)
　　→004 北海道三十六不動尊霊場
　　→006 北海道八十八ヵ所霊場
吉祥院(秋田県男鹿市)
　　→011 東北三十六不動尊霊場
吉祥院(愛知県岡崎市明大寺町)
　　→255 三河新四国霊場
吉祥院(岡山県玉野市)
　　→366 児島四国八十八ヵ所霊場

吉祥院(香川県丸亀市北平山町) 　　→*394* 四国讃州七福之寺 吉祥院・観音院　→*420* 豊後西国霊場 吉祥寺(岐阜県山県市) 　　→*225* 美濃新四国八十八ヵ所霊場 吉祥寺(奈良県五條市丹原町) 　　→*340* 大和新四国八十八ヵ所霊場 吉塔寺　→*366* 児島四国八十八ヵ所霊場 吉峰寺　→*430* 道元禅師を慕う釈迦三十二禅刹 城戸釈迦堂　→*414* 篠栗八十八ヵ所霊場 城戸千手観音堂　→*414* 篠栗八十八ヵ所霊場 城戸大日堂　→*414* 篠栗八十八ヵ所霊場 城戸ノ滝不動堂　→*414* 篠栗八十八ヵ所霊場 城戸文殊堂　→*414* 篠栗八十八ヵ所霊場 城戸薬師堂　→*414* 篠栗八十八ヵ所霊場 甲子大黒天本山　→*033* 山形七福神 木ノ下庵　→*396* 小豆島八十八ヵ所霊場 吉備津神社(岡山県岡山市北区) 　　→*426* 諸国一の宮巡拝 吉備津神社(広島県福山市新市町) 　　→*426* 諸国一の宮巡拝 吉備津彦神社　→*426* 諸国一の宮巡拝 喜福寺(東京都八王子市) 　　→*063* 武相卯歳観世音菩薩札所 喜福寺(三重県伊賀市) 　　→*280* 伊賀四国八十八ヶ所霊場 貴船神社　→*268* 神仏霊場 巡拝の道 来振寺　→*225* 美濃新四国八十八ヵ所霊場 木部観音堂　→*377* 周防国三十三観音霊場 紀三井寺　→*264* 西国三十三観音霊場 木村　→*328* 但馬六十六地蔵霊場 木山寺 　　→*347* 山陽花の寺二十四か寺 　　→*350* 中国観音霊場 　　→*365* 高野山真言宗美作八十八ヶ所霊場 久安寺 　　→*260* 関西花の寺二十五ヵ所 　　→*265* 西国薬師霊場 　　→*269* 摂津国八十八ヵ所霊場 久雲寺　→*189* 東海四十九薬師霊場 久永寺　→*430* 道元禅師を慕う釈迦三十二禅刹 玖延寺　→*236* 遠江四十九薬師霊場 久屋寺　→*352* 中国地蔵尊霊場 旧御駒堂跡　→*018* 西磐井三十三観音霊場 旧御嶽堂跡　→*018* 西磐井三十三観音霊場 汲月院　→*221* 飛騨三十三観音霊場 久香寺　→*298* 綾部三十三観音霊場 久国寺　→*243* 尾張三十三観音霊場 久昌寺(秋田県雄勝郡羽後町) 　　→*022* 秋田三十三観音霊場 久昌寺(山形県上山市) 　　→*028* 上山七福神 　　→*035* 山形百八地蔵尊霊場	久昌寺(福島県伊達市霊山町) 　　→*046* 信達坂東三十三観世音菩薩札所 久昌寺(茨城県常陸太田市新宿町) 　　→*431* 日蓮宗の本山めぐり 久昌寺(群馬県桐生市天神町) 　　→*083* 桐生七福神 久昌寺(埼玉県秩父市) 　　→*100* 秩父三十四観音霊場 久昌寺(岐阜県飛騨市宮川町) 　　→*221* 飛騨三十三観音霊場 久昌寺(岡山県玉野市) 　　→*351* 中国四十九薬師霊場 　　→*366* 児島四国八十八ヵ所霊場 旧城寺　→*064* 武相寅歳薬師如来霊場 旧信盛寺跡　→*018* 西磐井三十三観音霊場 宮殿寺　→*019* 石巻牡鹿三十三札所霊場 旧八幡宮　→*396* 小豆島八十八ヵ所霊場 久法寺　→*297* 天田郡三十三観音霊場 久保寺　→*216* 諏訪湖・湖畔七福神 橋雲寺　→*012* 津軽弘法大師霊場 行圓寺　→*340* 大和新四国八十八ヵ所霊場 鏡王院　→*060* 玉川八十八ヵ所霊場 教王護国寺 　　→*263* 西国愛染十七霊場 　　→*268* 神仏霊場 巡拝の道 　　→*299* 京都十三仏霊場 　　→*305* 都七福神 　　→*307* 洛陽三十三所観音巡礼 　　→*427* 真言宗十八本山巡拝 教王寺　→*053* 関東八十八ヵ所霊場 経王寺　→*150* 新宿山手七福神 教恩寺　→*170* 鎌倉三十三観音霊場 敬恩寺　→*289* 近江湖南名刹二十七ヶ所霊場 教学院(東京都世田谷区) 　　→*052* 関東三十六不動尊霊場 　　→*146* 五色(東都五眼)不動尊 教学院(東京都練馬区) 　　→*158* 豊島八十八ヵ所霊場 　　→*264* 西国三十三観音霊場 行元寺 　　→*120* 上総国薬師如来霊場三十四ヵ所 　　→*125* 心の駅 外房七福神 行基殿　→*255* 三河新四国霊場 教興寺 　　→*311* おおさか十三仏霊場 　　→*314* 河内西国三十三観音霊場 教積寺　→*348* 瀬戸内三十三観音霊場 行者堂　→*396* 小豆島八十八ヵ所霊場 鏡照院　→*056* 御府内八十八ヵ所霊場 教信寺(北海道天塩郡天塩町) 　　→*006* 北海道八十八ヶ所霊場 教信寺(千葉県市川市) 　　→*122* 行徳三十三観音霊場

教信寺（兵庫県加古川市野口町）	
→276 播州薬師霊場	
行真寺　→411 九州八十八ヶ所霊場	
京善寺	
→261 近畿三十六不動尊霊場	
→269 摂津国八十八ヵ所霊場	
教善寺　→289 近江湖南名利二十七ヶ所霊場	
京宗寺　→213 信州（伊那・諏訪）八十八霊場	
京通寺　→417 山鹿三十三観音霊場	
教伝寺　→262 近畿楽寿観音三十三ヶ所霊場	
経堂　　→309 大坂三十三観音霊場	
京都ゑびす神社	
→302 京洛七福神	
→305 都七福神	
鏡徳寺　→053 関東八十八ヵ所霊場	
京都帝釈天　→271 丹波寿七福神	
行入寺　→418 国東三十三観音霊場	
鏡忍寺　→431 日蓮宗の本山めぐり	
教念寺　→216 諏訪湖・湖畔七福神	
郷福寺　→215 信州筑摩三十三ヶ所観音霊場	
教法院　→046 信達坂東三十三観世音菩薩札所	
行宝院　→334 播州赤穂坂内西国三十三ヶ所	
享保寺　→386 阿波西国三十三観音霊場	
玉巌寺　→085 上州太田七福神	
旭山廟　→006 北海道八十八ヵ所霊場	
玉照院　→373 広島新四国八十八ヶ所霊場	
玉性院　→225 美濃新四国八十八ヵ所霊場	
玉真院　→060 玉川八十八ヵ所霊場	
玉泉院　→340 大和新四国八十八ヵ所霊場	
玉泉寺（北海道石狩郡当別町太美町）	
→005 北海道十三仏霊場	
玉泉寺（福島県会津若松市）	
→049 町廻り三十三観音	
玉泉寺（群馬県利根郡みなかみ町）	
→061 東国花の寺 百ヶ寺	
玉泉寺（千葉県長生郡長南町）	
→120 上総国薬師如来霊場三十四ヵ所	
→129 新上総国三十三観音霊場	
玉泉寺（東京都青梅市）	
→154 多摩（青梅）七福神	
玉泉寺（東京都八王子市）	
→063 武相卯歳観世音菩薩札所	
玉泉寺（岐阜県恵那市上矢作町）	
→220 恵那三十三観音霊場	
玉泉寺（静岡県下田市）	
→228 伊豆八十八ヵ所霊場	
玉泉寺（愛知県常滑市）	
→248 知多新四国八十八ヵ所霊場	
玉泉寺（滋賀県高島市安曇川町）	
→287 近江湖西名利二十七ヶ所霊場	
→295 西近江七福神	
玉泉寺（和歌山県海草郡紀美野町）	
→345 高野長峰霊場	
玉泉寺（岡山県真庭市）	
→347 山陽花の寺二十四か寺	
→365 高野山真言宗美作八十八ヶ所霊場	
→368 美作国七福神	
玉泉寺（香川県さぬき市）	
→385 新四国曼荼羅霊場	
玉泉寺（熊本県山鹿市菊鹿町）	
→417 山鹿三十三観音霊場	
玉蔵院（神奈川県三浦郡葉山町）	
→175 湘南七福神	
→182 三浦三十三観音霊場	
玉蔵院（岐阜県瑞穂市）	
→225 美濃新四国八十八ヵ所霊場	
玉蔵院（奈良県生駒郡平群町信貴山）	
→339 大和十三仏霊場	
玉蔵院（愛媛県松山市内宮町）	
→381 四国三十六不動霊場	
玉窓寺　→136 青山七福神	
玉蔵寺（秋田県山本郡三種町）	
→011 東北三十六不動尊霊場	
玉蔵寺（埼玉県本庄市児玉町）	
→098 児玉三十三霊場	
玉塔院　→078 下野三十三観音霊場	
玉洞院（埼玉県熊谷市）	
→093 忍秩父三十四札所	
玉洞院（静岡県伊豆市）	
→228 伊豆八十八ヵ所霊場	
玉宝寺　→213 信州（伊那・諏訪）八十八霊場	
玉竜院　→334 播州赤穂坂内西国三十三ヶ所	
玉龍寺　→246 高蔵十徳禅	
玉林寺（秋田県大館市）	
→022 秋田三十三観音霊場	
玉林寺（神奈川県川崎市多摩区）	
→058 準西国稲毛三十三所観音霊場	
玉林寺（新潟県佐渡市）	
→198 佐渡八十八ヶ所霊場	
玉林寺（愛知県小牧市）	
→189 東海四十九薬師霊場	
→243 尾張三十三観音霊場	
玉林寺（徳島県吉野川市鴨島町）	
→386 阿波西国三十三観音霊場	
清荒神　→302 京洛七福神	
清荒神清澄寺　→268 神仏霊場 巡拝の道	
清滝観音堂　→212 信濃三十三観音霊場	
清滝山　→396 小豆島八十八ヵ所霊場	
清瀧（北海道室蘭市天神町）	
→004 北海道三十六不動尊霊場	
→006 北海道八十八ヵ所霊場	
清瀧寺（茨城県土浦市）	
→062 坂東三十三観音霊場	
清滝寺（埼玉県熊谷市）	
→093 忍秩父三十四札所

札所索引　　きよた

371

きよた 札所索引

清瀧寺(岡山県笠岡市神島外浦)
　→364 神島八十八ヵ所霊場
清瀧寺(広島県尾道市因島三庄町)
　→370 因島八十八ヵ所霊場
清滝寺(愛媛県今治市吉海町)
　→403 えひめ大島准四国八十八ヵ所霊場
清滝寺(高知県土佐市高岡町)
　→383 四国八十八ヵ所霊場
玉桂寺
　→278 ぼけ封じ近畿十楽観音霊場
　→289 近江湖南名刹二十七ヶ所霊場
清水庵　→213 信州(伊那・諏訪)八十八霊場
清水観音　→416 相良三十三観音霊場
清水観音堂　→149 昭和新撰 江戸三十三観音霊場
清水寺(宮城県栗原市)
　→007 奥州三十三観音霊場
清水寺(群馬県みどり市東町)
　→050 銅七福神
清水寺(群馬県高崎市石原町)
　→087 高崎観音六観音霊場
清水寺(群馬県沼田市)
　→089 沼田横堂三十三番札所
清水寺(岐阜県加茂郡富加町)
　→223 美濃三十三観音霊場
清水寺(京都府京都市東山区)
　→264 西国三十三観音霊場
　→268 神仏霊場 巡拝の道
清水寺(大阪府大阪市天王寺区伶人町)
　→261 近畿三十六不動尊霊場
　→267 新西国霊場
　→269 摂津国八十八ヵ所霊場
　→309 大坂三十三観音霊場
清水寺(兵庫県加東市)
　→264 西国三十三観音霊場
　→268 神仏霊場 巡拝の道
　→276 播州薬師霊場
　→332 播磨西国観音霊場
清水寺(兵庫県神戸市西区玉津町)
　→276 播州薬師霊場
清水寺(兵庫県淡路市)
　→317 淡路西国三十三観音霊場
清水寺(島根県安来市清水町)
　→350 中国観音霊場
　→356 出雲三十三観音霊場
清水寺(島根県大田市大森町)
　→361 石見曼荼羅観音霊場
清水寺朝倉堂　→307 洛陽三十三所観音巡礼
清水寺阿弥陀堂　→432 法然上人二十五霊場
清水寺奥の院　→307 洛陽三十三所観音巡礼
清水寺観音　→008 奥州南部糠部三十三観音札所
清水寺善光寺堂　→307 洛陽三十三所観音巡礼
清水寺泰産寺　→307 洛陽三十三所観音巡礼
清水寺本堂　→307 洛陽三十三所観音巡礼

魚籃寺　→149 昭和新撰 江戸三十三観音霊場
桐ノ木谷大日堂　→414 篠栗八十八ヵ所霊場
桐ノ木谷薬師堂　→414 篠栗八十八ヵ所霊場
切畑観音堂　→194 蒲原三十三観音
切幡(岡山県笠岡市神島内浦)
　→364 神島八十八ヵ所霊場
切幡(広島県尾道市因島中庄町)
　→370 因島八十八ヵ所霊場
切幡(徳島県阿波市市場町)
　→383 四国八十八ヵ所霊場
　→386 阿波西国三十三観音霊場
切幡(愛媛県今治市宮窪町)
　→403 えひめ大島准四国八十八ヵ所霊場
切幡(福岡県糟屋郡篠栗町)
　→414 篠栗八十八ヵ所霊場
金源寺　→046 信達坂東三十三観世音菩薩札所
近江寺
　→316 明石西国三十三観音霊場
　→332 播磨西国観音霊場
金光寺　→340 大和新四国八十八ヵ所霊場
金勝寺　→099 埼玉八十八ヵ所霊場
金昌寺　→100 秩父三十四観音霊場
金城寺　→026 尾花沢大石田三十三観音霊場
金性寺(福島県南相馬市)
　→047 福島浜三郡七福神
金性寺(三重県伊賀市)
　→280 伊賀四国八十八ヶ所霊場
金仙寺　→195 弘法大師越後廿一ヶ所霊場
金倉(岡山県笠岡市神島北部)
　→364 神島八十八ヵ所霊場
金倉(広島県尾道市因島重井町)
　→370 因島八十八ヵ所霊場
金倉(愛媛県今治市吉海町)
　→403 えひめ大島准四国八十八ヵ所霊場
金倉(福岡県飯塚市)
　→411 九州八十八ヵ所霊場
金蔵寺　→019 石巻牡鹿三十三札所霊場
近長谷寺
　→281 伊勢西国三十三観音霊場
　→286 三重四国八十八ヵ所霊場
金峯山寺
　→258 役行者集印巡り
　→259 役行者霊蹟札所
　→268 神仏霊場 巡拝の道
金峯殿　→255 三河新四国霊場
近龍寺　→078 下野三十三観音霊場
金龍寺(群馬県太田市金山町)
　→085 上州太田七福神
金龍寺(岐阜県飛騨市神岡町)
　→221 飛騨三十三観音霊場
金龍寺(兵庫県宝塚市)
　→269 摂津国八十八ヵ所霊場

372

金龍寺（岡山県小田郡矢掛町）
　→367 備中西国三十三所観音霊場
金龍禪寺　→373 広島新四国八十八ヶ所霊場
金輪寺　→158 豊島八十八ヶ所霊場

【く】

空圓寺　→312 河泉二十四地蔵霊場
空藏院
　→120 上総国薬師如来霊場三十四ヵ所
　→129 新上総国三十三観音霊場
久遠寺（山梨県南巨摩郡身延町）
　→206 甲斐百八ヵ所霊場
　→431 日蓮宗の本山めぐり
久遠寺（静岡県富士宮市）
　→431 日蓮宗の本山めぐり
弘願寺　→398 伊予七福神
弘経寺　→059 相馬霊場八十八ヵ所
草香中組薬師堂　→321 淡路四十九薬師霊場
久知河内　→196 佐渡西国三十三観音霊場
久修園院　→263 西国愛染十七霊場
鯨石堂　→415 壱岐四国八十八ヶ所霊場
國東寺　→281 伊勢西国三十三観音霊場
葛久保薬師堂　→217 諏訪八十八番霊場
九頭龍寺　→192 北陸不動尊霊場
弘誓院　→167 磯子七福神
弘誓寺（新潟県魚沼市）
　→193 越後三十三観音霊場
弘誓寺（福井県三方上中郡若狭町）
　→201 若狭三十三観音霊場
弘誓寺（岐阜県山県市）
　→223 美濃三十三観音霊場
　→225 美濃新四国八十八ヵ所霊場
弘誓寺（滋賀県東近江市建部下野町）
　→288 近江湖東名刹二十七ヶ寺霊場
弘誓寺観音堂　→013 津軽三十三観音霊場
弘誓堂　→222 益田三十三観音霊場
救世堂　→396 小豆島八十八ヵ所霊場
具足堂　→222 益田三十三観音霊場
久渡寺
　→012 津軽弘法大師霊場
　→013 津軽三十三観音霊場
久斗山　→328 但馬六十六地蔵霊場
椚平大日堂　→217 諏訪八十八番霊場
久原寺
　→053 関東八十八ヵ所霊場
　→121 上総の七福神
　→129 新上総国三十三観音霊場
弘法寺（青森県つがる市）
　→011 東北三十六不動尊霊場
　→012 津軽弘法大師霊場
　→014 陸奥国津軽七福神

弘法寺（千葉県市川市）
　→431 日蓮宗の本山めぐり
久保観音堂　→090 沼田坂東三十三番札所
久保木曇華庵　→405 にいはま新四国八十八ヶ所霊場
久保澤観音堂　→177 津久井観音霊場
久保田地蔵堂　→405 にいはま新四国八十八ヶ所霊場
久保中山観音堂　→042 磐城三十三観音
九品院
　→251 三河三十三観音霊場
　→255 三河新四国霊場
九品寺（神奈川県鎌倉市）
　→170 鎌倉三十三観音霊場
九品寺（三重県伊賀市守田町）
　→190 東海白寿三十三観音霊場
九品寺（京都府南丹市園部町）
　→272 丹波国三十三観音霊場
熊谷寺（和歌山県伊都郡高野町）
　→344 高野七福神
熊谷寺（岡山県笠岡市神島内浦）
　→364 神島八十八ヵ所霊場
熊谷寺（広島県尾道市因島中庄町）
　→370 因島八十八ヵ所霊場
熊谷寺（徳島県阿波市土成町）
　→383 四国八十八ヵ所霊場
　→386 阿波四国三十三観音霊場
熊谷寺（愛媛県今治市宮窪町）
　→403 えひめ大島准四国八十八ヵ所霊場
熊野神社　→164 港区七福神
熊野大社　→426 諸国一の宮巡拝
熊野寺　→213 信州（伊那・諏訪）八十八霊場
熊野堂　→016 気仙三十三観音札所
熊野那智大社
　→268 神仏霊場 巡拝の道
　→343 熊野古道
熊野速玉大社
　→268 神仏霊場 巡拝の道
　→343 熊野古道
熊野本宮大社
　→268 神仏霊場 巡拝の道
　→343 熊野古道
弘明寺
　→062 坂東三十三観音霊場
　→065 武相不動尊霊場
久米寺
　→265 西国薬師霊場
　→277 仏塔古寺十八尊霊場
　→338 大和七福八宝めぐり
求聞寺
　→012 津軽弘法大師霊場
　→013 津軽三十三観音霊場
　→014 陸奥国津軽七福神
狗門寺　→093 忍秩父三十四札所

くもん　札所索引

求聞持の寺　→365 高野山真言宗美作八十八ヶ所霊場
蔵内観音堂　→015 江刺三十三観音霊場
倉之堂　→415 壱岐四国八十八ヶ所霊場
鞍馬寺
　　→267 新西国霊場
　　→268 神仏霊場 巡拝の道
倶利伽羅　→186 倶利伽羅峠三十三観音めぐり
来日　→328 但馬六十六地蔵霊場
車折神社　→268 神仏霊場 巡拝の道
呉市観音寺　→373 広島新四国八十八ヵ所霊場
呉服神社　→275 阪急沿線西国七福神
黒島地蔵堂　→405 にいはま新四国八十八ヶ所霊場
黒島毘沙門堂　→405 にいはま新四国八十八ヶ所霊場
黒島明正寺　→405 にいはま新四国八十八ヶ所霊場
黒瀧寺　→385 新四国曼荼羅霊場
黒滝山　→371 黒滝山西国三十三ヶ所観音霊場
桑市　→328 但馬六十六地蔵霊場
桑實寺
　　→265 西国薬師霊場
　　→288 近江湖東名刹二十七ヶ所霊場
桑原仏法寺　→217 諏訪八十八番霊場
柞原寺　→391 讃岐三十三観音霊場

【け】

慶運寺　→055 旧小机領三十三所観音霊場
慶雲寺　→332 播磨西国観音霊場
渓雲寺　→189 東海四十九薬師霊場
慶岸寺　→366 児島四国八十八ヶ所霊場
慶岩寺　→095 行田救済菩薩十五霊場
慶宮寺
　　→197 佐渡七福神
　　→198 佐渡八十八ヶ所霊場
渓月院　→351 中国四十九薬師霊場
恵光院
　　→409 九州三十六不動霊場
　　→410 九州二十四地蔵尊霊場
桂光院　→378 長門三十三観音霊場
桂谷寺　→330 天台宗丹波七福神
慶寿院　→353 因幡三十三観音霊場
慶寿寺　→234 駿河三十三観音霊場
慶昌庵　→366 児島四国八十八ヶ所霊場
慶昌院
　　→189 東海四十九薬師霊場
　　→243 尾張三十三観音霊場
慶乗院　→080 那須三十三観音霊場
慶性寺
　　→051 奥多摩新四国八十八ヵ所霊場
　　→155 多摩八十八ヵ所霊場
恵勝寺　→386 阿波西国三十三観音霊場

慶昌寺
　　→118 印西大師講
　　→119 印旛七福神
慶性寺　→155 多摩八十八ヵ所霊場
慶正寺　→405 にいはま新四国八十八ヶ所霊場
景勝寺
　　→004 北海道三十六不動尊霊場
　　→006 北海道八十八ヶ所霊場
景清寺　→193 越後三十三観音霊場
継松寺
　　→188 東海三十六不動霊場
　　→281 伊勢西国三十三観音霊場
　　→286 三重四国八十八ヵ所霊場
桂泉観音　→008 奥州南部糠部三十三観音札所
鶏足寺　→290 近江湖北名刹二十七ヶ所霊場
慶伝寺　→309 大坂三十三観音霊場
景徳院　→206 甲斐百八ヵ所霊場
慶徳寺（群馬県邑楽郡邑楽町）
　　→082 おうら七福神
慶徳寺（新潟県佐渡市）
　　→198 佐渡八十八ヶ所霊場
景徳寺　→182 三浦三十三観音霊場
恵日堂　→222 益田三十三観音霊場
慶福寺（福島県福島市飯坂町）
　　→046 信達坂東三十三観世音菩薩札所
慶福寺（群馬県沼田市）
　　→090 沼田坂東三十三番札所
桂峯寺　→221 飛騨三十三観音霊場
慶明寺　→326 神戸六地蔵霊場
瓊林院　→187 中部四十九薬師霊場
桂林寺（愛知県丹羽郡大口町）
　　→243 尾張三十三観音霊場
桂林寺（愛知県名古屋市緑区鳴海町）
　　→189 東海四十九薬師霊場
桂林寺（奈良県天理市九条築紫町）
　　→279 ぼけよけ二十四霊場
花光院　→060 玉川八十八ヵ所霊場
華光寺　→415 壱岐四国八十八ヶ所霊場
華厳寺（千葉県松戸市）
　　→134 松戸七福神
華厳寺（長野県下伊那郡松川町）
　　→213 信州（伊那・諏訪）八十八霊場
華厳寺（岐阜県揖斐郡揖斐川町）
　　→188 東海三十六不動尊霊場
　　→190 東海白寿三十三観音霊場
　　→264 西国三十三観音霊場
仮宿庵　→425 尼寺霊場
花蔵院（群馬県邑楽郡板倉町）
　　→091 東上州三十三観音霊場
花蔵院（埼玉県加須市）
　　→099 埼東八十八ヵ所霊場
花蔵院（千葉県浦安市）
　　→122 行徳三十三観音霊場

374

花蔵院（東京都荒川区）
　　→158 豊島八十八ヵ所霊場
花蔵院（東京都青梅市友田町）
　　→051 奥多摩新四国八十八ヵ所霊場
　　→155 多摩八十八ヵ所霊場
華蔵院（埼玉県南埼玉郡宮代町）
　　→099 埼東八十八ヵ所霊場
華蔵院（神奈川県相模原市緑区）
　　→053 関東八十八ヵ所霊場
華蔵院（兵庫県宝塚市）
　　→331 中山寺山内七福神
華蔵寺（岩手県陸前高田市小友町）
　　→010 三陸三十三観音霊場
華蔵寺（栃木県栃木市梅沢町）
　　→054 北関東三十六不動尊霊場
華蔵寺（埼玉県深谷市）
　　→053 関東八十八ヵ所霊場
　　→107 武州路十二支霊場
華蔵寺（愛知県西尾市吉良町）
　　→251 三河三十三観音霊場
華蔵寺（岡山県久米郡美咲町）
　　→365 高野山真言宗美作八十八ヶ所霊場
華足寺　→007 奥州三十三観音霊場
華台寺　→432 法然上人二十五霊場
気多神社　→426 諸国一の宮巡拝
氣多大社　→426 諸国一の宮巡拝
解脱寺　→420 豊後西国霊場
解脱堂　→222 益田三十三観音霊場
結縁寺（千葉県印西市）
　　→118 印西大師講
結縁寺（静岡県掛川市）
　　→235 遠江三十三観音霊場
月江寺　→206 甲斐百八霊場
月照寺（兵庫県明石市人丸町）
　　→316 明石西国三十三観音霊場
月照寺（島根県松江市外中原町）
　　→352 中国地蔵尊霊場
傑傳寺　→106 武州川口七福神
氣比神宮　→426 諸国一の宮巡拝
華報寺　→194 蒲原三十三観音霊場
源覚寺　→145 小石川七福神
建久寺　→228 伊豆八十八ヵ所霊場
顕鏡寺　→177 津久井観音霊場
源居寺　→025 置賜三十三観音霊場
源空寺（京都府京都市伏見区瀬戸物町）
　　→432 法然上人二十五霊場
源空寺（山口県大島郡周防大島町）
　　→376 周防大島八十八ヵ所霊場
源光庵　→430 道元禅師を慕う釈迦三十二禅刹
玄光庵　→020 奥州仙臺七福神
顕孝院　→377 周防三十三観音霊場
賢光寺　→318 淡路四国八十八ヵ所霊場
顕光寺　→235 遠江三十三観音霊場

源光寺（京都府京都市右京区常盤馬塚町）
　　→301 京都六地蔵めぐり
源光寺（奈良県五條市南阿田町）
　　→340 大和新四国八十八ヵ所霊場
玄光寺
　　→094 忍領西国三十三札所
　　→099 埼東八十八ヵ所霊場
玄國寺　→158 豊島八十八ヵ所霊場
剣山寺　→411 九州八十八ヵ所霊場
眼蔵院　→381 四国三十六不動霊場
鎌秀院　→046 信達坂東三十三観世音菩薩札所
源樹寺　→367 備中西国三十三所観音霊場
建咲院　→377 周防三十三観音霊場
建昌寺　→031 出羽七福神八霊場
見性寺（山形県最上郡最上町）
　　→034 山形十三仏霊場
見性寺（福島県会津若松市）
　　→049 町廻り三十三観音
見性寺（栃木県河内郡上三川町）
　　→076 上三川七福神
見性寺（三重県三重郡菰野町）
　　→284 鈴鹿七福神
見性寺（広島県尾道市）
　　→351 中国四十九薬師霊場
見性寺（徳島県板野郡藍住町）
　　→386 阿波西国三十三観音霊場
見正寺　→365 高野山真言宗美作八十八ヶ所霊場
顕性寺　→056 御府内八十八ヵ所霊場
顕政寺　→372 鞆の浦古寺めぐり
顕正寺（埼玉県久喜市）
　　→096 くりはし八福神
顕正寺（香川県丸亀市土居町）
　　→385 新四国曼荼羅霊場
元正寺　→376 周防大島八十八ヵ所霊場
幻性寺　→376 周防大島八十八ヵ所霊場
源正寺（秋田県秋田市）
　　→022 秋田三十三観音霊場
源正寺（東京都足立区）
　　→139 いこう七福神
玄昌寺　→221 飛騨三十三観音霊場
源心寺　→122 行徳三十三観音霊場
賢瑞院　→048 福島百八地蔵尊霊場
賢聖院　→241 大府七福神
玄清寺　→314 河内西国三十三観音霊場
見宗寺　→213 信州（伊那・諏訪）八十八霊場
源宗寺　→093 忍秩父三十四札所
源蔵寺　→102 秩父三十仏霊場
建中寺　→188 東海三十六不動尊霊場
賢忠寺　→352 中国地蔵尊霊場
玄忠寺　→352 中国地蔵尊霊場
建長寺
　　→170 鎌倉三十三観音霊場
　　→172 鎌倉二十四地蔵霊場

源長寺　→220 恵那三十三観音霊場
玄通寺　→228 伊豆八十八ヵ所霊場
見桃寺
　　→182 三浦三十三観音霊場
　　→183 三浦七福神
乾徳寺　→081 八溝七福神
建徳寺　→043 いわき七福神
玄獣寺　→248 知多新四国八十八ヵ所霊場
原爆供養塔 →373 広島新四国八十八ヵ所霊場
建福寺（福島県会津若松市）
　　→039 会津七福神
建福寺（長野県伊那市高遠町）
　　→213 信州（伊那・諏訪）八十八霊場
建福寺（静岡県袋井市）
　　→236 遠江四十九薬師霊場
玄妙寺　→431 日蓮宗の本山めぐり
建明寺　→089 沼田横堂三十三番札所
賢明寺　→281 伊勢西国三十三観音霊場
建瀧寺　→048 福島百八地蔵尊霊場
見立寺　→097 小江戸川越七福神
見龍寺　→194 蒲原三十三観音
賢龍寺　→411 九州八十八ヵ所霊場
眷竜寺　→376 周防大島八十八ヵ所霊場

【こ】

小網寺　→115 安房三十四観音霊場
小網神社 →159 日本橋七福神
小池観音堂 →015 江刺三十三観音霊場
碁石山　→396 小豆島八十八ヵ所霊場
廣安寺　→040 安積三十三霊場
弘安寺（福島県大沼郡会津美里町）
　　→037 会津ころり三観音霊場
　　→038 会津三十三観音霊場
　　→048 福島百八地蔵尊霊場
弘安寺（島根県雲南市大東町）
　　→356 出雲三十三観音霊場
高安寺　→220 恵那三十三観音霊場
興雲寺（京都府福知山市三和町）
　　→271 丹波寿七福神
　　→297 天田郡三十三観音霊場
興雲寺（鳥取県八頭郡智頭町）
　　→353 因幡三十三観音霊場
光雲寺　→205 甲斐国三十三観音霊場
向雲寺　→349 せとうち七福神
紅雲寺　→231 遠州三十三観音霊場
耕雲寺（静岡県静岡市葵）
　　→234 駿河三十三観音霊場
耕雲寺（京都府亀岡市千歳町）
　　→303 丹波七福神
光榮寺　→053 関東八十八ヵ所霊場

光永寺
　　→061 東国花の寺 百ヶ寺
　　→077 佐野七福神
光圓寺（北海道斜里郡小清水町）
　　→004 北海道三十六不動尊霊場
光円寺（福島県いわき市）
　　→048 福島百八地蔵尊霊場
光円寺（岐阜県飛騨市神岡町）
　　→221 飛騨三十三観音霊場
高圓寺　→061 東国花の寺 百ヶ寺
岡応寺　→025 置賜三十三観音霊場
光恩寺（福島県二本松市杉田町）
　　→009 奥の細道みちのく路三十三ヶ所めぐり霊場
　　→041 安達三十三観音霊場
　　→048 福島百八地蔵尊霊場
光恩寺（群馬県邑楽郡千代田町）
　　→054 北関東三十六不動尊霊場
孝恩寺　→006 北海道八十八ヶ所霊場
江音寺（長野県諏訪市）
　　→187 中部四十九薬師霊場
　　→213 信州（伊那・諏訪）八十八霊場
　　→216 諏訪湖・湖畔七福神
江音寺（徳島県海部郡海陽町）
　　→385 新四国曼荼羅霊場
香園寺（岡山県笠岡市神島西部）
　　→364 神島八十八ヵ所霊場
香園寺（広島県尾道市因島熊町）
　　→370 因島八十八ヵ所霊場
香園寺（愛媛県今治市吉海町）
　　→403 えひめ大島准四国八十八ヵ所霊場
香園寺（愛媛県西条市小松町）
　　→383 四国八十八ヵ所霊場
高薗寺　→332 播磨西国観音霊場
高音寺
　　→382 四国十三仏霊場
　　→399 伊予十三佛霊場
光音堂　→087 高崎観音六観音霊場
興海寺　→361 石見曼茶羅観音霊場
光学院　→035 山形百八地蔵尊霊場
功岳寺　→010 三陸三十三観音霊場
向嶽寺　→206 甲斐百八ヵ所霊場
高岳寺　→192 北陸不動尊霊場
高岩院　→228 伊豆八十八ヵ所霊場
興巖寺　→084 城下町小幡七福神
光願寺
　　→004 北海道三十六不動尊霊場
　　→006 北海道八十八ヵ所霊場
高巖寺（福島県会津若松市）
　　→049 町廻り三十三観音
高巖寺（神奈川県相模原市中央区）
　　→063 武相卯歳観世音菩薩札所

高岩寺
　→118 印西大師講
　→119 印旛七福神
高木庵　→366 児島四国八十八ヵ所霊場
高貴寺
　→313 河内飛鳥七福神
　→314 河内西国三十三観音霊場
興久寺　→318 淡路四国八十八ヵ所霊場
光久寺　→213 信州（伊那・諏訪）八十八霊場
広教寺
　→206 甲斐百八ヵ所霊場
　→207 甲州都留七福神
高家寺（岐阜県各務原市那加北洞町）
　→225 美濃新四国八十八ヵ所霊場
高家寺（兵庫県明石市）
　→276 播州薬師霊場
江月院　→229 伊豆横道三十三観音霊場
向月寺　→318 淡路四国八十八ヵ所霊場
江月寺　→225 美濃新四国八十八ヵ所霊場
光元院
　→004 北海道三十六不動尊霊場
　→006 北海道八十八ヶ所霊場
高源院　→415 壱岐四国八十八ヵ所霊場
興源寺　→129 新上総国三十三観音霊場
光現寺　→041 安達三十三観音霊場
向原寺　→266 聖徳太子御遺跡霊場
弘源寺（富山県高岡市二上山北）
　→199 越中万葉七福神
弘源寺（京都府京都市右京区）
　→304 天龍寺山内七福神
江原寺　→365 高野山真言宗美作八十八ヶ所霊場
耕源寺　→035 山形百八地蔵尊霊場
高顕寺　→212 信濃三十三観音霊場
高源寺（山形県山形市）
　→035 山形百八地蔵尊霊場
高源寺（茨城県取手市）
　→059 相馬霊場八十八ヵ所
高源寺（群馬県邑楽郡邑楽町）
　→082 おうら七福神
高源寺（滋賀県犬上郡多賀町）
　→288 近江湖東名利二十七ヶ所霊場
高源寺（京都府綾部市小畑町）
　→298 綾部三十三観音霊場
高源寺（兵庫県丹波市青垣町）
　→260 関西花の寺二十五ヵ所
　→270 丹波古利十五ヵ寺霊場
　→272 丹波国三十三観音霊場
高源寺観音堂　→297 天田郡三十三観音霊場
興国寺（岩手県奥州市江刺区）
　→015 江刺三十三観音霊場
興国寺（和歌山県日高郡由良町）
　→342 紀伊之国十三仏霊場
光国寺　→030 庄内三十三観音霊場

好国寺
　→044 信夫新西国三十三観世音菩薩札所
　→048 福島百八地蔵尊霊場
広厳院　→206 甲斐百八ヵ所霊場
光厳寺（栃木県大田原市）
　→080 那須三十三観音霊場
光厳寺（埼玉県児玉郡美里町）
　→098 児玉三十三霊場
光厳寺（岡山県津山市西寺町）
　→365 高野山真言宗美作八十八ヶ所霊場
光厳寺（愛媛県四国中央市金生町）
　→385 新四国曼荼羅霊場
広厳寺
　→223 美濃三十三観音霊場
　→225 美濃新四国八十八ヵ所霊場
光厳禅寺　→412 九州四十九院薬師霊場
光西寺（岩手県一関市）
　→018 西磐井三十三観音霊場
光西寺（鳥取県米子市博労町）
　→352 中国地蔵尊霊場
広済寺（宮城県石巻市住吉町）
　→019 石巻牡鹿三十三札所霊場
広済寺（新潟県柏崎市高柳町）
　→193 越後三十三観音霊場
広済寺（山梨県笛吹市八代町）
　→206 甲斐百八ヵ所霊場
広済寺（愛知県あま市七宝町）
　→243 尾張三十三観音霊場
香西寺
　→384 四国別格二十霊場
　→392 さぬき七福神
神崎寺　→053 関東八十八ヵ所霊場
岡山寺
　→317 淡路西国三十三観音霊場
　→321 淡路四十九薬師霊場
興山寺
　→408 九州西国三十三観音霊場
　→411 九州八十八ヵ所霊場
功山寺
　→347 山陽花の寺二十四か寺
　→350 中国観音霊場
　→378 長門三十三観音霊場
高山寺（長野県上水内郡小川村）
　→212 信濃三十三観音霊場
高山寺（兵庫県丹波市氷上町）
　→270 丹波古利十五ヵ寺霊場
　→272 丹波国三十三観音霊場
高山寺（和歌山県田辺市稲成町）
　→342 紀伊之国十三仏霊場
高山寺（大分県豊後高田市）
　→421 豊後高田蓬莱七福神
高讃寺　→248 知多新四国八十八ヵ所霊場

香積寺
　→382 四国十三仏霊場
　→385 新四国曼荼羅霊場
　→399 伊予十三佛霊場
　→400 伊予十二薬師霊場
興宗寺　→353 因幡三十三観音霊場
広修寺　→040 安積三十三霊場
弘宗寺　→374 備後西国三十三観音霊場
弘秀寺　→365 高野山真言宗美作八十八ヶ所霊場
香住寺　→213 信州(伊那・諏訪)八十八霊場
鉤取寺　→020 奥州仙臺七福神
高照庵　→040 安積三十三霊場
迎盛院　→096 くりはし八福神
光照院　→248 知多新四国八十八ヵ所霊場
向昌院　→206 甲斐百八ヵ所霊場
広昌院　→255 三河新四国霊場
弘照院　→414 篠栗八十八ヵ所霊場
弘聖院　→006 北海道八十八ヶ所霊場
高松院　→026 尾花沢大石田三十三観音霊場
高照院(岡山県笠岡市神島北部)
　→364 神島八十八ヵ所霊場
高照院(広島県尾道市因島重井町)
　→370 因島八十八ヵ所霊場
高照院(愛媛県今治市吉海町)
　→403 えひめ大島准四国八十八ヵ所霊場
光照院門跡　→425 尼寺霊場
興昌寺(愛知県知多郡阿久比市)
　→248 知多新四国八十八ヵ所霊場
興昌寺(山口県阿武郡阿武町)
　→378 長門三十三観音霊場
興性寺
　→011 東北三十六不動尊霊場
　→015 江刺三十三観音霊場
興正寺
　→188 東海三十六不動尊霊場
　→243 尾張三十三観音霊場
　→250 なごや七福神
興生寺　→078 下野三十三観音霊場
興聖寺(静岡県田方郡函南町)
　→228 伊豆八十八ヵ所霊場
興聖寺(滋賀県高島市)
　→260 関西花の寺二十五ヵ所
　→430 道元禅師を慕う釈迦三十二禅刹
興聖寺(京都府宇治市)
　→430 道元禅師を慕う釈迦三十二禅刹
興聖寺(徳島県三好郡東みよし町)
　→386 阿波西国三十三観音霊場
郷照寺(岡山県笠岡市神島中部)
　→364 神島八十八ヵ所霊場
郷照寺(広島県尾道市因島重井町)
　→370 因島八十八ヵ所霊場
郷照寺(香川県綾歌郡宇多津町)
　→383 四国八十八ヵ所霊場

郷照寺(愛媛県今治市吉海町)
　→403 えひめ大島准四国八十八ヵ所霊場
迎接寺(山形県山形市銅町)
　→035 山形百八地蔵尊霊場
迎接寺(島根県松江市八幡町)
　→359 出雲国十三仏霊場
光勝寺(埼玉県児玉郡美里町)
　→098 児玉三十三霊場
光勝寺(山梨県西八代郡市川三郷町)
　→204 甲斐西八代七福神
　→205 甲斐国三十三観音霊場
　→206 甲斐百八ヵ所霊場
光勝寺(佐賀県小城市小城町)
　→431 日蓮宗の本山めぐり
光昌寺　→255 三河新四国霊場
光照寺(北海道札幌市手稲区)
　→001 北の都札幌七福神
光照寺(北海道札幌市中央区円山西町)
　→005 北海道十三仏霊場
光照寺(栃木県那須郡那珂川町)
　→053 関東八十八ヵ所霊場
　→080 那須三十三観音霊場
　→081 八溝七福神
光照寺(神奈川県三浦市初声町)
　→182 三浦三十三観音霊場
光照寺(神奈川県逗子市)
　→175 湘南七福神
光照寺(新潟県三島郡出雲崎町)
　→193 越後三十三観音霊場
光照寺(山梨県甲斐市)
　→206 甲斐百八ヵ所霊場
光照寺(愛知県半田市乙川高良町)
　→248 知多新四国八十八ヵ所霊場
光照寺(兵庫県洲本市中川原町)
　→318 淡路四国八十八ヵ所霊場
　→321 淡路四十九薬師霊場
光浄寺　→193 越後三十三観音霊場
光政寺　→373 広島新四国八十八ヵ所霊場
光星寺　→030 庄内三十三霊場
光正寺　→236 遠江四十九薬師霊場
向上寺　→350 中国観音霊場
孝勝寺　→431 日蓮宗の本山めぐり
広生寺　→318 淡路四国八十八ヵ所霊場
弘照寺　→003 北海道三十三観音霊場
晃照寺　→198 佐渡八十八ヶ所霊場
綱正寺　→025 置賜三十三霊場
香勝寺　→231 遠江三十三霊場
高勝寺(東京都稲城市)
　→155 多摩八十八ヵ所霊場
高勝寺(愛知県北設楽郡設楽町)
　→242 奥三河七観音霊場
高昌寺　→385 新四国曼荼羅霊場

こうそ

高松寺（山形県山形市）
　　→035 山形百八地蔵尊霊場
高松寺（山形県西村山郡大江町）
　　→035 山形百八地蔵尊霊場
高松寺（和歌山県和歌山市）
　　→346 和歌山西国三十三観音霊場
高照寺（千葉県南房総市）
　　→115 安房三十四観音霊場
高照寺（兵庫県養父市八鹿町）
　　→260 関西花の寺二十五ヵ所
高乗寺　→063 武相卯歳観世音菩薩札所
高成寺
　　→191 北陸三十三観音霊場
　　→201 若狭三十三観音霊場
高正寺
　　→051 奥多摩新四国八十八ヵ所霊場
　　→066 武蔵野三十三観音霊場
高正寺吉祥院　→297 天田郡三十三観音霊場
弘真院　→049 町廻り三十三観音
庚申様　→379 萩八十八ヶ所めぐり
光真寺　→074 おおたわら七福神
庚申寺　→242 奥三河七観音霊場
弘真寺　→006 北海道八十八ヵ所霊場
高信寺　→373 広島新四国八十八ヵ霊場
庚申堂　→396 小豆島八十八ヵ所霊場
荒神山観音寺　→282 伊勢七福神
光盛庵　→390 わじき七福神
光清寺（山形県最上郡最上町）
　　→032 最上三十三観音霊場
　　→035 山形百八地蔵尊霊場
光清寺（鳥取県鳥取市）
　　→353 因幡三十三観音霊場
弘清寺　→003 北海道三十三観音霊場
弘聖寺　→064 武相寅歳薬師如来霊場
江西寺　→190 東海白寿三十三観音霊場
香雪院　→425 尼寺霊場
興泉寺　→194 蒲原三十三観音
興善寺　→194 蒲原三十三観音
興禪寺（群馬県渋川市赤城町）
　　→086 上州七福神
興禅寺（千葉県南房総市富浦町）
　　→115 安房三十四観音霊場
興禪寺（神奈川県横浜市港北区高田町）
　　→065 武相不動尊霊場
　　→184 横浜七福神
興禅寺（長野県木曽郡木曽町）
　　→211 木曽七福神
興禪寺（静岡県熱海市桜木町）
　　→228 伊豆八十八ヵ所霊場
興禅寺（岡山県久米郡美咲町）
　　→365 高野山真言宗美作八十八ヶ所霊場
興禅寺（広島県広島市中区西平塚町）
　　→373 広島新四国八十八ヵ所霊場

光仙寺　→389 徳島七福神
光泉寺　→386 阿波西国三十三観音霊場
光前寺
　　→210 伊那七福神
　　→213 信州（伊那・諏訪）八十八霊場
光善寺（新潟県佐渡市小木町）
　　→196 佐渡国三十三観音霊場
光善寺（石川県七尾市飯川町）
　　→192 北陸不動尊霊場
光善寺（静岡県掛川市）
　　→235 遠江三十三観音霊場
光善寺（愛知県大府市北崎町）
　　→241 大府七福神
光禅寺　→035 山形百八地蔵尊霊場
向川寺
　　→009 奥の細道みちのく路三十三ヶ所めぐり霊場
　　→026 尾花沢大石田三十三観音霊場
向善寺　→239 藤枝七福神
康全寺　→251 三河三十三観音霊場
弘仙寺　→006 北海道八十八ヵ所霊場
弘泉寺（岡山県倉敷市）
　　→366 児島四国八十八ヵ霊場
弘泉寺（宮崎県えびの市）
　　→411 九州八十八ヵ所霊場
弘前寺　→012 津軽弘法大師霊場
江善寺　→321 淡路四十九薬師霊場
香泉寺　→411 九州八十八ヵ所霊場
高仙寺　→272 丹波国三十三観音霊場
高前寺　→205 甲斐国三十三観音霊場
光蔵院　→056 御府内八十八ヵ所霊場
高蔵院　→155 多摩八十八ヵ霊場
興蔵寺　→205 甲斐国三十三観音霊場
庫蔵寺　→286 三重四国八十八ヵ所霊場
高蔵寺（埼玉県大里郡寄居町）
　　→112 武蔵国十三仏霊場
高蔵寺（千葉県木更津市）
　　→062 坂東三十三観音霊場
　　→129 新上総国三十三観音霊場
高蔵寺（東京都町田市三輪町）
　　→061 東国花の寺 百ヶ寺
　　→155 多摩八十八ヵ霊場
高蔵寺（愛知県春日井市高蔵寺町）
　　→246 高蔵十徳神
高蔵寺（兵庫県佐用郡作用町）
　　→274 西日本播磨美作七福神
　　→332 播磨西国観音霊場
高蔵寺（兵庫県篠山市丹南町）
　　→272 丹波国三十三観音霊場
　　→330 天台宗丹波七福神
剛叟寺　→048 福島百八地蔵尊霊場
光触寺
　　→170 鎌倉三十三観音霊場

379

こうそ　　　　　　　　　　　札所索引

　　　→172 鎌倉二十四地蔵霊場
高祖寺　→359 出雲国十三仏霊場
高祖神宮寺　→405 にいはま新四国八十八ヶ所霊場
光台寺　→045 信達三十三観音霊場
廣泰寺　→190 東海白寿三十三観音霊場
広台寺
　　　→228 伊豆八十八ヵ所霊場
　　　→229 伊豆横道三十三観音霊場
廣大寺　→234 駿河三十三観音霊場
国府台寺　→365 高野山真言宗美作八十八ヶ所霊場
皇大神宮（神奈川県藤沢市）
　　　→179 藤沢七福神
皇大神宮（三重県伊勢市宇治館町）
　　　→268 神仏霊場 巡拝の道
廣澤寺（長野県松本市）
　　　→215 信州筑摩三十三ヶ所観音霊場
広沢寺（山口県山口市）
　　　→351 中国四十九薬師霊場
荒沢寺　→030 庄内三十三観音霊場
弘長寺（福島県会津若松市）
　　　→049 町廻り三十三観音
弘長寺（長野県松本市）
　　　→215 信州筑摩三十三ヶ所霊場
光伝寺（福島県郡山市三穂田町）
　　　→040 安積三十三霊場
光伝寺（東京都練馬区）
　　　→158 豊島八十八ヵ所霊場
高伝寺　→025 置賜三十三観音霊場
高田寺　→189 東海四十九薬師霊場
革堂
　　　→268 神仏霊場 巡拝の道
　　　→302 京洛七福神
　　　→305 都七福神
　　　→307 洛陽三十三所観音巡礼
　　　→425 尼寺霊場
講堂　→309 大坂三十三観音霊場
江洞窟　→396 小豆島八十八ヵ所霊場
弘道寺（北海道網走市桂町）
　　　→003 北海道三十三観音霊場
弘道寺（静岡県伊豆市）
　　　→226 伊豆天城七福神
　　　→228 伊豆八十八ヵ所霊場
興徳院　→411 九州八十八ヵ所霊場
光徳院　→056 御府内八十八ヵ所霊場
幸徳院　→025 置賜三十三観音霊場
高徳院　→170 鎌倉三十三観音霊場
興徳寺（福島県会津若松市）
　　　→049 町廻り三十三観音
興徳寺（大阪府大阪市天王寺区餌差町）
　　　→269 摂津国八十八ヵ所霊場
　　　→309 大坂三十三観音霊場
光徳寺（福島県尾島市）
　　　→044 信夫新四国三十三観世音菩薩札所

光徳寺（群馬県高崎市成田町）
　　　→054 北関東三十六不動尊霊場
光徳寺（東京都新宿区）
　　　→158 豊島八十八ヵ所霊場
光徳寺（長野県木曽郡南木曽町吾妻上町）
　　　→187 中部四十九薬師霊場
　　　→211 木曽七福神
光徳寺（鳥取県西伯郡琴浦町）
　　　→355 伯耆三十三観音霊場
光徳寺（徳島県徳島市不動東町）
　　　→386 阿波西国三十三観音霊場
光徳寺（徳島県鳴門市撫養町）
　　　→386 阿波西国三十三観音霊場
向徳寺　→351 中国四十九薬師霊場
好徳寺　→238 浜松七福神
孝徳寺　→006 北海道八十八ヶ所霊場
弘徳寺（北海道雨竜郡北竜町）
　　　→006 北海道八十八ヶ所霊場
弘徳寺（茨城県結城郡八千代町）
　　　→428 親鸞聖人二十四輩
弘徳寺（神奈川県厚木市）
　　　→428 親鸞聖人二十四輩
弘徳寺（島根県松江市雑賀町）
　　　→359 出雲国十三仏霊場
江徳寺　→091 東上州三十三観音霊場
高徳寺（北海道岩見沢市上志文町）
　　　→006 北海道八十八ヶ所霊場
高徳寺（茨城県久慈郡大子町）
　　　→067 奥久慈大子七福神
高徳寺（東京都港区）
　　　→136 青山七福神
高徳寺（長野県上伊那郡辰野町）
　　　→187 中部四十九薬師霊場
　　　→213 信州（伊那・諏訪）八十八霊場
高徳寺（岐阜県中津川市）
　　　→187 中部四十九薬師霊場
　　　→220 恵那三十三観音霊場
高徳寺（岡山県倉敷市船穂町）
　　　→352 中国地蔵尊霊場
広度寺（福島県郡山市西田町）
　　　→048 福島百八地蔵尊霊場
広寺（兵庫県赤穂市）
　　　→334 播州赤穂坂内西国三十三ヶ所
神門寺　→100 秩父三十四観音霊場
向長堂　→415 壱岐四国八十八ヶ所霊場
興仁寺　→048 福島百八地蔵尊霊場
弘仁寺　→198 佐渡八十八ヶ所霊場
郷ノ原地蔵堂　→414 篠栗八十八ヵ所霊場
郷ノ原薬師堂　→414 篠栗八十八ヵ所霊場
神峰寺（岡山県笠岡市神島外浦）
　　　→364 神島八十八ヵ所霊場
神峰寺（広島県尾道市因島椋浦町）
　　　→370 因島八十八ヵ所霊場

380

神峰寺（愛媛県今治市吉海町）
　→403 えひめ大島准四国八十八ヵ所霊場
神峰寺（福岡県糟屋郡篠栗町）
　→414 篠栗八十八ヵ所霊場
神峯寺　→383 四国八十八ヵ所霊場
興福院　→178 箱根七福神
光福院　→099 埼東八十八ヵ所霊場
広福院　→099 埼東八十八ヵ所霊場
弘福院　→053 関東八十八ヵ所霊場
高福院　→056 御府内八十八ヵ所霊場
興福寺（宮城県登米市南方町）
　→007 奥州三十三観音霊場
興福寺（東京都八王子市東浅川町）
　→063 武相卯歳観世音菩薩札所
興福寺（滋賀県東近江市五智町）
　→292 近江七福神
興福寺（兵庫県赤穂市）
　→334 播州赤穂坂内西国三十三ヶ所
興福寺（奈良県奈良市登大路町）
　→268 神仏霊場 巡拝の道
興福寺（山口県宇部市）
　→378 長門三十三観音霊場
迎福寺
　→118 印西大師講
　→119 印旛七福神
光福寺（埼玉県本庄市児玉町）
　→098 児玉三十三霊場
光福寺（山梨県甲府市横根町）
　→206 甲斐百八ヵ所霊場
光福寺（三重県伊賀市）
　→280 伊賀四国八十八ヶ所霊場
光福寺（京都府南区久世上久世町）
　→306 洛西三十三観音霊場
向福寺　→170 鎌倉三十三観音霊場
幸福寺　→412 九州四十九院薬師霊場
広福寺（山形県山形市）
　→035 山形百八地蔵尊霊場
広福寺（埼玉県狭山市）
　→112 武蔵国十三仏霊場
広福寺（千葉県印西市）
　→118 印西大師講
広福寺（神奈川県川崎市多摩区）
　→058 準西国稲毛三十三所観音霊場
　→180 武州稲毛七福神
広福寺（長野県長野市）
　→212 信濃三十三観音霊場
広福寺（岐阜県土岐市土岐津町）
　→187 中部四十九薬師霊場
廣福寺（山口県宇部市藤山区）
　→378 長門三十三観音霊場
弘福寺　→151 隅田川七福神
香福寺
　→187 中部四十九薬師霊場

　→213 信州（伊那・諏訪）八十八霊場
高福寺（山形県西村山郡河北町）
　→035 山形百八地蔵尊霊場
高福寺（福島県伊達市保原町）
　→045 信達三十三観音霊場
高福寺（山梨県北杜市小淵沢町）
　→203 甲斐七福神
高福寺（愛知県春日井市松本町）
　→246 高蔵十徳神
高福寺（岡山県津山市）
　→365 高野山真言宗美作八十八ヶ所霊場
光福寺上の堂　→205 甲斐国三十三観音霊場
広福寺虚空蔵堂　→118 印西大師講
光福寺下の堂　→205 甲斐国三十三観音霊場
弘峰寺　→225 美濃新四国八十八ヵ所霊場
神戸地蔵堂　→217 諏訪八十八番霊場
航浦院　→228 伊豆八十八ヵ所霊場
弘法院　→286 三重四国八十八ヵ所霊場
興法寺
　→258 役行者集印巡り
　→259 役行者霊蹟札所
　→314 河内西国三十三観音霊場
郷芳寺　→006 北海道八十八ヶ所霊場
弘法寺（北海道常呂郡置戸町）
　→006 北海道八十八ヶ所霊場
弘法寺（北海道中川郡美深町）
　→003 北海道三十三観音霊場
　→006 北海道八十八ヶ所霊場
弘法寺（大阪府和泉市万町）
　→279 ぼけよけ二十四霊場
　→312 河泉二十四地蔵霊場
弘法寺（島根県出雲市下古志町）
　→358 出雲国七福神
弘法寺（岡山県久米郡美咲町）
　→365 高野山真言宗美作八十八ヶ所霊場
弘法寺（岡山県玉野市）
　→366 児島四国八十八ヵ所霊場
弘法寺（徳島県海部郡美波町奥河内本村）
　→385 新四国曼荼羅霊場
高法寺　→269 摂津国八十八ヵ所霊場
弘法寺奥之院　→006 北海道八十八ヶ所霊場
弘法寺佛光堂　→006 北海道八十八ヶ所霊場
弘法大師（山口県萩市）
　→379 萩八十八ヶ所めぐり
弘法大師（山口県萩市越ヶ浜・公会堂高台）
　→379 萩八十八ヶ所めぐり
弘法大師（山口県萩市河添中ノ丁）
　→379 萩八十八ヶ所めぐり
弘法大師（山口県萩市瓦町）
　→379 萩八十八ヶ所めぐり
弘法大師（山口県萩市熊谷町・保福寺屋外東側石仏群中）
　→379 萩八十八ヶ所めぐり

弘法大師（山口県萩市御弓町・長泉寺東墓地）
　→379 萩八十八ヶ所めぐり
弘法大師（山口県萩市御許町）
　→379 萩八十八ヶ所めぐり
弘法大師（山口県萩市山田玉江浦）
　→379 萩八十八ヶ所めぐり
弘法大師（山口県萩市山田桜江・江月堂窯元上）
　→379 萩八十八ヶ所めぐり
弘法大師（山口県萩市椿）
　→379 萩八十八ヶ所めぐり
弘法大師（山口県萩市椿・寺山家前庭）
　→379 萩八十八ヶ所めぐり
弘法大師（山口県萩市椿・堀家前）
　→379 萩八十八ヶ所めぐり
弘法大師（山口県萩市椿・霧口公会堂内）
　→379 萩八十八ヶ所めぐり
弘法大師（山口県萩市椿沖原・思村家畑道脇）
　→379 萩八十八ヶ所めぐり
弘法大師（山口県萩市椿金谷・天神鳥居左後）
　→379 萩八十八ヶ所めぐり
弘法大師（山口県萩市椿越清海・藤田家門前）
　→379 萩八十八ヶ所めぐり
弘法大師（山口県萩市椿千坊師・佐々木家土蔵前）
　→379 萩八十八ヶ所めぐり
弘法大師（山口県萩市椿濁淵）
　→379 萩八十八ヶ所めぐり
弘法大師（山口県萩市椿東・上野荒神社境内右奥）
　→379 萩八十八ヶ所めぐり
弘法大師（山口県萩市椿東下目代・水位調査票手前左山に登る）
　→379 萩八十八ヶ所めぐり
弘法大師（山口県萩市椿東後小畑・金子家前三叉路）
　→379 萩八十八ヶ所めぐり
弘法大師（山口県萩市椿東松本市）
　→379 萩八十八ヶ所めぐり
弘法大師（山口県萩市椿東上目代・溝部家前）
　→379 萩八十八ヶ所めぐり
弘法大師（山口県萩市椿東上野・久保川家前）
　→379 萩八十八ヶ所めぐり
弘法大師（山口県萩市椿東上野台・貯水池手前右手の山の椎の木）
　→379 萩八十八ヶ所めぐり
弘法大師（山口県萩市椿東前小畑・観世音山東麓）
　→379 萩八十八ヶ所めぐり
弘法大師（山口県萩市椿東中ノ倉）
　→379 萩八十八ヶ所めぐり
弘法大師（山口県萩市椿東中ノ倉・津守家前）
　→379 萩八十八ヶ所めぐり
弘法大師（山口県萩市椿東中津江）
　→379 萩八十八ヶ所めぐり
弘法大師（山口県萩市椿東椎原）
　→379 萩八十八ヶ所めぐり
弘法大師（山口県萩市椿東椎原台・岩本家納屋下手）
　→379 萩八十八ヶ所めぐり

弘法大師（山口県萩市椿東鶴江台・香川津旧渡し上）
　→379 萩八十八ヶ所めぐり
弘法大師（山口県萩市椿鶯谷・斎藤家前）
　→379 萩八十八ヶ所めぐり
弘法大師（山口県萩市鶴江）
　→379 萩八十八ヶ所めぐり
弘法大師（山口県萩市土原）
　→379 萩八十八ヶ所めぐり
弘法大師（山口県萩市南古萩町）
　→379 萩八十八ヶ所めぐり
弘法大師（山口県萩市浜崎新町中ノ丁・西村家内）
　→379 萩八十八ヶ所めぐり
弘法堂（愛知県蒲郡市三谷町）
　→255 三河新四国霊場
弘法堂（愛知県碧南市志貴町）
　→255 三河新四国霊場
弘法堂（愛知県碧南市本郷町）
　→255 三河新四国霊場
弘法堂（山口県大島郡周防大島町）
　→376 周防大島八十八ヵ所霊場
弘法山　→111 武蔵越生七福神
江本寺　→373 広島新四国八十八ヵ所霊場
光丸山　→081 八溝七福神
講御堂寺　→340 大和新四国八十八ヵ所霊場
光明庵　→396 小豆島八十八ヶ所霊場
光妙院　→373 広島新四国八十八ヵ所霊場
光明院（山形県上山市）
　→032 最上三十三観音霊場
光明院（山形県天童市）
　→011 東北三十六不動尊霊場
光明院（福島県郡山市）
　→040 安積三十三霊場
光明院（茨城県つくばみらい市）
　→061 東国花の寺 百ヶ寺
光明院（埼玉県久喜市）
　→099 埼玉八十八ヵ所霊場
光明院（東京都府中市）
　→155 多摩八十八ヵ所霊場
光明院（東京都北区）
　→158 豊島八十八ヵ所霊場
光明院（滋賀県近江八幡市金剛寺町）
　→293 近江国・びわ湖七福神
光明院（奈良県五條市西吉野町）
　→340 大和新四国八十八ヵ所霊場
光明院（和歌山県和歌山市有田屋町）
　→346 和歌山西三十三観音霊場
光明院（広島県広島市中区白島九軒町）
　→373 広島新四国八十八ヵ所霊場
光明院（大分県杵築市）
　→411 九州八十八ヵ所霊場
高明院　→366 児島四国八十八ヵ所霊場
光明寺（宮城県気仙沼市）
　→010 三陸三十三観音霊場

光明寺（秋田県横手市）
　→022　秋田三十三観音霊場
光明寺（福島県喜多方市熊倉町）
　→038　会津三十三観音霊場
光明寺（福島県田村郡小野町）
　→048　福島百八地蔵尊霊場
光明寺（茨城県取手市）
　→070　とりで利根川七福神
光明寺（栃木県さくら市）
　→054　北関東三十六不動尊霊場
光明寺（栃木県宇都宮市本町）
　→078　下野三十三観音霊場
光明寺（群馬県桐生市宮本町）
　→083　桐生七福神
　→091　東上州三十三観音霊場
光明寺（群馬県藤岡市）
　→053　関東八十八ヵ所霊場
光明寺（埼玉県久喜市本町）
　→099　埼東八十八ヵ所霊場
光明寺（埼玉県児玉郡神川町）
　→098　児玉三十三霊場
光明寺（千葉県印西市）
　→118　印西大師講
光明寺（千葉県山武市）
　→123　九十九里七福神
光明寺（東京都西多摩郡日の出町）
　→155　多摩八十八ヵ所霊場
光明寺（東京都大田区調布鵜ノ木町）
　→429　西山国師遺跡霊場
光明寺（神奈川県横浜市港北区新羽町）
　→065　武相不動尊霊場
光明寺（神奈川県鎌倉市）
　→061　東国花の寺 百ヶ寺
　→170　鎌倉三十三観音霊場
　→172　鎌倉二十四地蔵霊場
光明寺（神奈川県相模原市緑区）
　→177　津久井観音霊場
光明寺（神奈川県平塚市）
　→062　坂東三十三観音霊場
光明寺（長野県塩尻市）
　→215　信州筑摩三十三所観音霊場
光明寺（長野県下伊那郡高森町）
　→187　中部四十九薬師霊場
光明寺（愛知県知多郡南知多町）
　→256　南知多三十三観音霊場
光明寺（愛知県豊田市下市場町）
　→255　三河新四国霊場
光明寺（三重県四日市市泊山崎町）
　→286　三重四国八十八ヵ所霊場
光明寺（京都府綾部市睦寄町）
　→272　丹波国三十三観音霊場
　→298　綾部三十三観音霊場

光明寺（京都府長岡京市）
　→306　洛西三十三観音霊場
　→429　西山国師遺跡霊場
　→432　法然上人二十五霊場
光明寺（大阪府八尾市）
　→314　河内国三十三観音霊場
光明寺（兵庫県加東市）
　→267　新西国霊場
　→329　茶之寿観音八ヶ寺霊場
　→332　播磨西国観音霊場
光明寺（兵庫県佐用郡佐用町）
　→274　西日本播磨美作七福神
光明寺（兵庫県赤穂市）
　→262　近畿楽寿観音三十三ヶ所霊場
光明寺（兵庫県美方郡香美町）
　→262　近畿楽寿観音三十三ヶ所霊場
　→327　但馬七福神
光明寺（兵庫県明石市鍛冶屋町）
　→316　明石西国三十三観音霊場
光明寺（奈良県五條市西吉野町）
　→340　大和新四国八十八ヶ所霊場
光明寺（奈良県五條市丹原町）
　→340　大和新四国八十八ヶ所霊場
光明寺（島根県雲南市加茂町）
　→356　出雲三十三観音霊場
光明寺（島根県鹿足郡津和野町）
　→352　中国地蔵尊霊場
光明寺（島根県浜田市下府町）
　→361　石見曼荼羅観音霊場
光明寺（岡山県苫田郡鏡野町）
　→365　高野山真言宗美作八十八ヶ所霊場
光明寺（岡山県備前市）
　→348　瀬戸内三十三観音霊場
光明寺（岡山県美作市）
　→365　高野山真言宗美作八十八ヶ所霊場
光明寺（広島県尾道市）
　→351　中国四十九薬師霊場
光明寺（山口県防府市）
　→377　周防国三十三観音霊場
光明寺（徳島県三好市池田町）
　→388　阿波秘境祖谷渓大歩危七福神
光明寺（香川県小豆島小豆島町）
　→396　小豆島八十八ヵ所霊場
光明寺（福岡県筑後市）
　→411　九州八十八ヵ所霊場
光明寺（佐賀県武雄市朝日町）
　→411　九州八十八ヵ所霊場
光明寺（熊本県山鹿市）
　→417　山鹿三十三観音霊場
光明寺（熊本県山鹿市鹿本町）
　→417　山鹿三十三観音霊場
光明寺（宮崎県延岡市古城町）
　→409　九州三十六不動霊場
　→411　九州八十八ヵ所霊場

こうみ　　　　　　　　　札所索引

光明寺(鹿児島県指宿市)
　→424 日向国延岡七福神
　→411 九州八十八ヵ所霊場
光明寺不動堂　→405 にいはま新四国八十八ヵ所霊場
光明禅寺　→412 九州四十九院薬師霊場
光明坊　→349 せとうち七福神
光明宝院　→425 尼寺霊場
蛟蝄神社　→069 とね七福神
高野坂観音堂　→042 磐城三十三観音
高野山奥の院　→370 因島八十八ヵ所霊場
高野山奥之院　→342 紀伊之国十三仏霊場
高野山観音堂　→013 津軽三十三観音霊場
高野山西大寺　→409 九州三十六不動霊場
高野山寺　→006 北海道八十八ヶ所霊場
高野山東京別院　→056 御府内八十八ヵ所霊場
高野山南院　→261 近畿三十六不動尊霊場
高野山別院　→149 昭和新撰 江戸三十三観音霊場
高野山明王院　→261 近畿三十六不動尊霊場
向野寺　→022 秋田三十三観音霊場
高野寺(北海道厚岸郡厚岸町)
　→006 北海道八十八ヶ所霊場
高野寺(北海道帯広市)
　→006 北海道八十八ヶ所霊場
高野寺(北海道函館市住吉町)
　→003 北海道三十三観音霊場
高野寺(大阪府大阪市西区)
　→269 摂津国八十八ヶ所霊場
高野寺(和歌山県和歌山市元寺町)
　→346 和歌山西国三十三観音霊場
高野寺(島根県大田市温泉津町)
　→360 石見銀山天領七福神
　→361 石見曼荼羅観音霊場
高野寺(福岡県朝倉市)
　→410 九州二十四地蔵尊霊場
高野寺(佐賀県武雄市北方町)
　→411 九州八十八ヵ所霊場
　→413 肥前国西海七福神
高野寺(熊本県人吉市下青井町)
　→409 九州三十六不動霊場
　→411 九州八十八ヵ所霊場
高野寺(和歌山県和歌山市元寺町)
　→279 ぼけよけ二十四霊場
甲山寺(岡山県笠岡市神島北部)
　→364 神島八十八ヵ所霊場
甲山寺(広島県尾道市因島重井町)
　→370 因島八十八ヵ所霊場
甲山寺(香川県善通寺市弘田町)
　→383 四国八十八ヵ所霊場
甲山寺(愛媛県今治市吉海町)
　→403 えひめ大島准四国八十八ヵ所霊場
光祐寺　→352 中国地蔵尊霊場

向陽院
　→227 伊豆国七福神
　→228 伊豆八十八ヵ所霊場
興陽寺　→059 相馬霊場八十八ヵ所
向陽寺　→035 山形百八地蔵尊霊場
孝養寺　→090 沼田坂東三十三番札所
子浦西林寺　→227 伊豆国七福神
高良大社　→426 諸国一の宮巡拝
小浦薬師堂　→414 篠栗八十八ヵ所霊場
興隆寺(岡山県苫田郡鏡野町)
　→365 高野山真言宗美作八十八ヵ所霊場
興隆寺(山口県山口市)
　→351 中国四十九薬師霊場
興隆寺(愛媛県西条市丹原町)
　→381 四国三十六不動霊場
　→384 四国別格二十霊場
　→404 四国七福神
興龍寺　→215 信州筑摩三十三ヶ所観音霊場
向瀧寺　→177 津久井観音霊場
広隆寺　→266 聖徳太子御遺跡霊場
弘隆寺　→005 北海道十三仏霊場
耕龍寺
　→032 最上三十三観音霊場
　→035 山形百八地蔵尊霊場
高竜寺(山梨県北杜市武川町)
　→203 甲斐七福神
　→206 甲斐百八ヵ所霊場
高龍寺(愛媛県今治市吉海町)
　→349 せとうち七福神
光輪院　→411 九州八十八ヵ所霊場
光林寺(千葉県市川市)
　→122 行徳三十三観音霊場
光林寺(愛媛県今治市川上町)
　→381 四国三十六不動霊場
　→385 新四国曼荼羅霊場
　→402 伊予府中十三石仏霊場
光輪寺　→198 佐渡八十八ヶ所霊場
廣隣寺　→236 遠江四十九薬師霊場
香林寺(埼玉県熊谷市)
　→093 忍秩父三十四札所
香林寺(神奈川県川崎市麻生区)
　→058 準西国稲毛三十三所観音霊場
　→180 武州稲毛七福神
香林寺(岐阜県関市)
　→190 東海白寿三十三観音霊場
高林寺(山形県寒河江市南町)
　→035 山形百八地蔵尊霊場
高林寺(奈良県奈良市井上町)
　→425 尼寺霊場
高輪
　→094 忍領西国三十三札所
　→099 埼東八十八ヵ所霊場
降霊寺　→340 大和新四国八十八ヵ所霊場

こくら

小榎列薬師堂 →321 淡路四十九薬師霊場
巨海院 →035 山形百八地蔵尊霊場
粉河寺 →264 西国三十三観音霊場
護願寺 →286 三重四国八十八ヵ所霊場
湖鏡庵 →198 佐渡八十八ヶ所霊場
虚空蔵寺 →102 秩父十三仏霊場
虚空蔵堂 →059 相馬霊場八十八ヵ所
国恩寺 →225 美濃新四国八十八ヵ所霊場
国衙薬師堂 →321 淡路四十九薬師霊場
國上寺(青森県平川市)
　→011 東北三十六不動尊霊場
　→012 津軽弘法大師霊場
国上寺(新潟県燕市)
　→193 越後三十三観音霊場
　→195 弘法大師越後廿一ヶ所霊場
国姓寺 →038 会津三十三観音霊場
谷性寺
　→262 近畿楽寿観音三十三ヶ所霊場
　→271 丹波寿七福神
黒石寺
　→007 奥州三十三観音霊場
　→015 江刺三十三観音霊場
國前寺 →431 日蓮宗の本山めぐり
国泰寺(富山県高岡市)
　→191 北陸三十三観音霊場
国泰寺(広島県広島市西区)
　→373 広島新四国八十八ヵ所霊場
国分寺(千葉県市川市)
　→117 市川七福神
国分寺(東京都国分寺市)
　→155 多摩八十八ヵ所霊場
国分寺(山梨県笛吹市一宮町)
　→206 甲斐百八ヵ所霊場
国分寺(長野県上田市)
　→187 中部四十九薬師霊場
国分寺(静岡県磐田市中央町)
　→236 遠江四十九薬師霊場
国分寺(三重県亀山市白木町)
　→286 三重四国八十八ヵ所霊場
国分寺(大阪府大阪市大淀区)
　→269 摂津国八十八ヵ所霊場
国分寺(大阪府大阪市北区)
　→261 近畿三十六不動尊霊場
　→265 西国薬師霊場
　→311 おおさか十三仏霊場
国分寺(兵庫県姫路市)
　→332 播磨西国観音霊場
国分寺(鳥取県鳥取市国府町)
　→354 因幡薬師霊場
国分寺(岡山県総社市)
　→367 備中西国三十三所観音霊場
国分寺(広島県東広島市西条町)
　→373 広島新四国八十八ヵ所霊場

国分寺(広島県尾道市因島三庄町)
　→370 因島八十八ヵ所霊場
国分寺(広島県尾道市因島重井町)
　→370 因島八十八ヵ所霊場
国分寺(広島県尾道市因島中庄町)
　→370 因島八十八ヵ所霊場
国分寺(広島県尾道市因島田熊町)
　→370 因島八十八ヵ所霊場
国分寺(広島県福山市)
　→351 中国四十九薬師霊場
國分寺(徳島県徳島市国府町)
　→383 四国八十八ヵ所霊場
国分寺(香川県高松市国分寺町)
　→383 四国八十八ヵ所霊場
　→392 さぬき七福神
国分寺(愛媛県今治市吉海町)
　→403 えひめ大島准四国八十八ヵ所霊場
国分寺(愛媛県今治市宮窪町)
　→403 えひめ大島准四国八十八ヵ所霊場
国分寺(高知県南国市)
　→383 四国八十八ヵ所霊場
國分寺(福岡県)
　→412 九州四十九院薬師霊場
国分寺(長崎県壱岐市芦辺町)
　→415 壱岐四国八十八ヶ所霊場
国分寺(大分県大分市)
　→420 豊後西国霊場
極楽寺(岩手県北上市稲瀬町)
　→015 江刺三十三観音霊場
極楽寺(栃木県大田原市)
　→080 那須三十三観音霊場
極楽寺(埼玉県大里郡寄居町)
　→109 武州寄居七福神
極楽寺(神奈川県鎌倉市)
　→170 鎌倉三十三観音霊場
　→171 鎌倉十三仏霊場
　→172 鎌倉二十四地蔵霊場
極楽寺(新潟県佐渡市)
　→198 佐渡八十八ヶ所霊場
極楽寺(静岡県周智郡森町)
　→231 遠江三十三観音霊場
　→232 遠江七福神
極楽寺(愛知県岡崎市中町)
　→251 三河三十三観音霊場
極楽寺(愛知県大府市北崎町)
　→248 知多新四国八十八ヵ所霊場
極楽寺(愛知県知多郡東浦町)
　→248 知多新四国八十八ヵ所霊場
極楽寺(愛知県知多郡南知多町)
　→256 南知多三十三観音霊場
極楽寺(三重県名張市赤目町)
　→280 伊賀四国八十八ヶ所霊場
　→286 三重四国八十八ヵ所霊場

385

極楽寺（京都府綾部市白道路町）
　→298 綾部三十三観音霊場
極楽寺（京都府亀岡市千歳町）
　→303 丹波七福神
極楽寺（兵庫県洲本市）
　→318 淡路四国八十八ヵ所霊場
極楽寺（兵庫県豊岡市城崎町）
　→262 近畿楽寿観音三十三ヶ所霊場
極楽寺（兵庫県明石市大久保町）
　→316 明石西国三十三観音霊場
極楽寺（鳥取県八頭郡智頭町）
　→354 因幡薬師霊場
極楽寺（島根県松江市松尾町）
　→362 松江三十三観音霊場
極楽寺（島根県浜田市三隅町）
　→361 石見曼荼羅観音霊場
極楽寺（岡山県笠岡市神島内浦）
　→364 神島八十八ヵ所霊場
極楽寺（岡山県津山市加茂町）
　→365 高野山真言宗美作八十八ヶ所霊場
極楽寺（岡山県苫田郡鏡野町）
　→365 高野山真言宗美作八十八ヶ所霊場
極楽寺（広島県廿日市市）
　→373 広島新四国八十八ヵ所霊場
極楽寺（広島県尾道市因島大浜町）
　→370 因島八十八ヵ所霊場
極楽寺（山口県岩国市周東町）
　→377 周防国三十三観音霊場
極楽寺（山口県長門市仙崎新町）
　→352 中国地蔵尊霊場
極楽寺（山口県防府市）
　→377 周防国三十三観音霊場
極楽寺（徳島県三好郡東みよし町）
　→386 阿波西国三十三観音霊場
極楽寺（徳島県鳴門市大麻町）
　→383 四国八十八ヵ所霊場
　→386 阿波西国三十三観音霊場
極楽寺（香川県観音寺市粟井町）
　→391 讃岐三十三観音霊場
極楽寺（香川県小豆郡小豆島町）
　→396 小豆島八十八ヵ所霊場
極楽寺（愛媛県今治市宮窪町）
　→403 えひめ大島准四国八十八ヵ所霊場
極楽寺（愛媛県松山市鷹子町）
　→382 四国十三仏霊場
　→399 伊予十三佛霊場
極楽寺（愛媛県西条市）
　→381 四国三十六不動霊場
　→385 新四国曼荼羅霊場
　→404 四国七福神
極楽寺（高知県安芸市）
　→381 四国三十六不動霊場

極楽寺（高知県高知市）
　→381 四国三十六不動霊場
　→407 土佐七福神
極楽寺（高知県土佐市宇佐町）
　→407 土佐七福神
極楽寺（宮崎県延岡市土々呂町）
　→412 九州四十九院薬師霊場
極楽寺（宮崎県串間市）
　→409 九州三十六不動霊場
極楽水　→145 小石川七福神
極楽堂　→376 周防大島八十八ヵ所霊場
極楽律寺　→061 東国花の寺 百ヶ寺
国領観音堂　→405 にいはま新四国八十八ヵ所霊場
御香宮神社　→268 神仏霊場 巡拝の道
護国院（茨城県鹿嶋市）
　→054 北関東三十六不動尊霊場
護国院（東京都台東区）
　→165 谷中七福神
護国院（愛知県名古屋市北区）
　→188 東海三十六不動尊霊場
護国寺（山形県山形市）
　→032 最上三十三観音霊場
護国寺（福島県郡山市三穂田町）
　→040 安積三十三霊場
護国寺（東京都文京区）
　→056 御府内八十八ヵ所霊場
　→061 東国花の寺 百ヶ寺
　→149 昭和新撰 江戸三十三観音霊場
護国寺（富山県下新川郡朝日町）
　→192 北陸不動尊霊場
護国寺（兵庫県南あわじ市）
　→318 淡路四国八十八ヵ所霊場
　→319 淡路島七福神
護国之寺
　→223 美濃三十三観音霊場
　→224 美濃七福神
　→225 美濃新撰四国八十八ヵ所霊場
小坂堂　→415 壱岐四国八十八ヵ所霊場
護浄院　→307 洛陽三十三所観音巡礼
護聖寺　→418 国東三十三観音霊場
五所神社　→124 九十九里 浜の七福神
悟真寺観音　→008 奥州南部糠部三十三観音札所
古川寺　→215 信州筑摩三十三ヶ所観音霊場
五泉寺　→298 綾部三十三観音霊場
護村寺　→198 佐渡八十八ヶ所霊場
居多神社　→426 諸国一の宮巡拝
小舘観音堂　→016 気仙三十三観音札所
古長禅寺　→206 甲斐百八ヵ所霊場
古庭観音堂　→091 東上州三十三観音霊場
小寺山観音堂　→042 磐城三十三観音
後藤堂　→415 壱岐四国八十八ヵ所霊場
五塔ノ滝　→414 篠栗八十八ヵ所霊場
事任八幡宮　→426 諸国一の宮巡拝

こんこ

琴弾八幡宮　→385 新四国曼荼羅霊場
寿不動院　→052 関東三十六不動尊霊場
琴龍庵　→366 児島四国八十八ヵ所霊場
護念寺　→346 和歌山西国三十三観音霊場
籠神社　→268 神仏霊場 巡拝の道
木ノ間阿弥陀堂　→217 諏訪八十八番霊場
小久観音堂　→042 磐城三十三観音
五百羅漢天寧寺　→292 近江七福神
牛伏寺
　　→212 信濃三十三観音霊場
　　→215 信州筑摩三十三ヵ所観音霊場
小太観音　→196 佐渡西国三十三観音霊場
孤篷庵　→290 近江湖北名刹二十七ヶ所霊場
御本陣藤屋　→218 善光寺七福神
駒形山観音堂　→089 沼田横堂三十三番札所
駒形神社（岩手県奥州市水沢区中上野町）
　　→426 諸国一の宮巡拝
駒形神社（神奈川県足柄下郡箱根町）
　　→178 箱根七福神
小松寺（茨城県東茨城郡城里町）
　　→068 佐竹七福神
小松寺（千葉県南房総市千倉町）
　　→061 東国花の寺 百ヶ寺
　　→115 安房三十四観音霊場
小松寺（愛知県小牧市）
　　→243 尾張三十三観音霊場
護摩堂　→255 三河新四国霊場
小味地山釈迦堂　→405 にいはま新四国八十八ヶ所霊場
古見堂　→415 壱岐四国八十八ヶ所霊場
小峰堂　→229 伊豆横道三十三観音霊場
古谷観音堂　→016 気仙三十三観音札所
昆陽寺
　　→265 西国薬師霊場
　　→269 摂津国八十八ヵ所霊場
子安阿弥陀寺　→312 河泉二十四地蔵霊場
子安観音　→196 佐渡西国三十三観音霊場
子安観音寺　→281 伊勢西国三十三観音霊場
子安寺（岐阜県中津川市）
　　→220 恵那三十三観音霊場
子安寺（熊本県山鹿市）
　　→417 山鹿三十三観音霊場
子安地蔵寺　→260 関西花の寺二十五ヵ所
小屋場御行堂　→217 諏訪八十八番霊場
小山家　→051 奥多摩新四国八十八ヵ所霊場
小山八幡神社　→143 荏原七福神
御霊神社（神奈川県鎌倉市）
　　→169 鎌倉・江の島七福神
御靈神社（京都府京都市上京区）
　　→268 神仏霊場 巡拝の道
御霊神社（大阪府大阪市中央区淡路町）
　　→309 大坂三十三観音霊場
御霊堂　→055 旧小机領三十三所観音霊場

小和田甲立寺　→217 諏訪八十八番霊場
金戒光明寺
　　→307 洛陽三十三所観音巡礼
　　→432 法然上人二十五霊場
権現堂村観音　→027 上山三十三観音霊場
金剛庵　→366 児島四国八十八ヵ所霊場
金剛院（福島県福島市飯坂町）
　　→046 信達坂東三十三観世音菩薩札所
金剛院（群馬県沼田市坊新田町）
　　→054 北関東三十六不動尊霊場
金剛院（埼玉県久喜市）
　　→099 埼東八十八ヵ所霊場
金剛院（埼玉県久喜市本町）
　　→099 埼東八十八ヵ所霊場
金剛院（埼玉県幸手市）
　　→099 埼東八十八ヵ所霊場
金剛院（東京都大田区）
　　→060 玉川八十八ヵ所霊場
金剛院（東京都八王子市上野町）
　　→053 関東八十八ヵ所霊場
　　→155 多摩八十八ヵ所霊場
　　→160 八王子七福神
金剛院（東京都豊島区）
　　→056 御府内八十八ヵ所霊場
　　→158 豊島八十八ヵ所霊場
金剛院（神奈川県横浜市磯子区）
　　→167 磯子七福神
金剛院（京都府舞鶴市）
　　→260 関西花の寺二十五ヵ所
金剛院（大阪府摂津市）
　　→269 摂津国八十八ヵ所霊場
金剛院（兵庫県伊丹市）
　　→269 摂津国八十八ヵ所霊場
　　→322 伊丹七福神
金剛院（島根県大田市温泉津町）
　　→361 石見曼荼羅観音霊場
金剛院（広島県広島市佐伯区五日市町）
　　→373 広島新四国八十八ヵ所霊場
金剛閣　→006 北海道八十八ヵ所霊場
金剛座寺　→281 伊勢西国三十三観音霊場
金剛山寺　→339 大和十三仏霊場
金剛三昧院
　　→263 西国愛染十七霊場
　　→277 仏塔古寺十八尊霊場
金光寺（京都府亀岡市千歳町）
　　→303 丹波七福神
金光寺（京都府福知山市）
　　→297 天田郡三十三観音霊場
金光寺（兵庫県神戸市兵庫区西仲町）
　　→269 摂津国八十八ヵ所霊場
金剛寺（北海道虻田郡倶知安町）
　　→003 北海道三十三観音霊場

387

金剛寺（北海道樺戸郡浦臼町）
　→006 北海道八十八ヶ所霊場
金剛寺（北海道帯広市）
　→004 北海道三十六不動尊霊場
金剛寺（青森県平川市）
　→012 津軽弘法大師霊場
　→014 陸奥国津軽七福神
金剛寺（岩手県陸前高田市気仙町）
　→011 東北三十六不動尊霊場
　→016 気仙三十三観音札所
金剛寺（宮城県名取市）
　→007 奥州三十三観音霊場
金剛寺（福島県郡山市富久山町）
　→040 安積三十三霊場
金剛寺（群馬県安中市松井田町）
　→053 関東八十八ヶ所霊場
　→061 東国花の寺 百ヶ寺
金剛寺（東京都世田谷区）
　→060 玉川八十八ヵ所霊場
金剛寺（東京都青梅市天ヶ瀬町）
　→051 奥多摩新四国八十八ヵ所霊場
　→061 東国花の寺 百ヶ寺
　→155 多摩八十八ヵ所霊場
金剛寺（東京都日野市）
　→052 関東三十六不動尊霊場
　→061 東国花の寺 百ヶ寺
　→155 多摩八十八ヵ所霊場
　→162 日野七福神
金剛寺（東京都北区）
　→158 豊島八十八ヵ所霊場
金剛寺（神奈川県横浜市港北区小机町）
　→181 武南十二薬師霊場
金剛寺（神奈川県横浜市鶴見区市場下町）
　→060 玉川八十八ヵ所霊場
金剛寺（新潟県新潟市西蒲区）
　→195 弘法大師越後廿一ヵ所霊場
金剛寺（山梨県甲斐市）
　→205 甲斐国三十三観音霊場
金剛寺（静岡県伊豆市）
　→228 伊豆八十八ヵ所霊場
金剛寺（愛知県蒲郡市三谷町）
　→255 三河新四国霊場
金剛寺（愛知県岩倉市東町）
　→190 東海白寿三十三観音霊場
金剛寺（大阪府河内長野市天野町）
　→267 新西国霊場
　→268 神仏霊場 巡拝の道
　→312 河泉二十四地蔵霊場
金剛寺（兵庫県南あわじ市）
　→318 淡路四国八十八ヵ所霊場
金剛寺（兵庫県豊岡市金剛寺）
　→328 但馬六十六地蔵霊場
金剛寺（奈良県五條市）
　→260 関西花の寺二十五ヵ所

　→265 西国薬師霊場
　→340 大和新四国八十八ヵ所霊場
金剛寺（奈良県五條市山陰町）
　→340 大和新四国八十八ヵ所霊場
金剛寺（奈良県高市郡明日香村）
　→266 聖徳太子御遺跡霊場
金剛寺（島根県松江市東長江町）
　→356 出雲三十三観音霊場
金剛寺（岡山県玉野市）
　→366 児島四国八十八ヵ所霊場
金剛寺（広島県安芸郡府中町）
　→373 広島新四国八十八ヵ所霊場
金剛寺（徳島県美馬市脇町）
　→386 阿波西国三十三観音霊場
金剛寺（香川県小豆郡土庄町）
　→396 小豆島八十八ヵ所霊場
金剛寺（高知県香南市野市町）
　→407 土佐七福神
金剛寺（佐賀県唐津市相知町）
　→411 九州八十八ヵ所霊場
金剛寺（熊本県熊本市）
　→411 九州八十八ヵ所霊場
金剛寺（熊本県荒尾市）
　→411 九州八十八ヵ所霊場
金剛寿院　→080 那須三十三観音霊場
金剛樹院　→030 庄内三十三観音霊場
金剛證寺　→281 伊勢西国三十三観音霊場
金剛乗寺
　→411 九州八十八ヵ所霊場
　→412 九州四十九院薬師霊場
金剛城寺
　→267 新西国霊場
　→332 播磨西国観音霊場
金剛定寺　→291 近江三十三観音霊場
金剛院　→411 九州八十八ヵ所霊場
金剛頂寺（岡山県笠岡市神島外浦）
　→364 神島八十八ヵ所霊場
金剛頂寺（岡山県瀬戸内市牛窓町）
　→348 瀬戸内三十三観音霊場
金剛頂寺（岡山県苫田郡鏡野町）
　→365 高野山真言宗美作八十八ヵ所霊場
金剛頂寺（広島県尾道市因島鏡浦町）
　→370 因島八十八ヵ所霊場
金剛頂寺（愛媛県今治市宮窪町）
　→403 えひめ大島准四国八十八ヵ所霊場
金剛頂寺（高知県室戸市室戸町）
　→383 四国八十八ヵ所霊場
金剛頂寺（大分県別府市北的ヶ浜町）
　→411 九州八十八ヵ所霊場
金剛殿　→255 三河新四国霊場
金剛の滝観音堂　→414 篠栗八十八ヵ所霊場
金剛福寺（岡山県笠岡市神島外浦）
　→364 神島八十八ヵ所霊場

金剛福寺（広島県尾道市因島三庄町）
　→370 因島八十八ヵ所霊場
金剛福寺（愛媛県今治市吉海町）
　→403 えひめ大島准四国八十八ヵ所霊場
金剛福寺（高知県土佐清水市）
　→383 四国八十八ヵ所霊場
金剛峯寺
　→268 神仏霊場 巡拝の道
　→427 真言宗十八本山巡拝
金剛輪寺
　→268 神仏霊場 巡拝の道
　→288 近江湖東名利二十七ヶ所霊場
　→291 近江三十三観音霊場
　→292 近江七福神
建治寺　→381 四国三十六不動霊場
金重殿　→255 三河新四国霊場
金乗院（栃木県那須塩原市）
　→054 北関東三十六不動尊霊場
金乗院（埼玉県加須市）
　→053 関東八十八ヵ所霊場
金乗院（埼玉県所沢市）
　→051 奥多摩新四国八十八ヵ所霊場
　→066 武蔵野三十三観音霊場
　→113 武蔵野七福神
金乗院（東京都豊島区）
　→052 関東三十六不動尊霊場
　→056 御府内八十八ヵ所霊場
　→146 五色（東都五眼）不動尊
　→149 昭和新撰 江戸三十三観音霊場
金乗院（東京都練馬区）
　→158 豊島八十八ヵ所霊場
金乗院（佐賀県神埼郡吉野ヶ里町）
　→409 九州三十六不動霊場
厳定院　→138 池上七福神
根生院　→056 御府内八十八ヵ所霊場
欣浄寺（三重県伊勢市）
　→432 法然上人二十五霊場
欣浄寺（京都府京都市伏見区墨染西桝屋町）
　→430 道元禅師を慕う釈迦三十二禅利
近松寺
　→287 近江湖西名利二十七ヶ所霊場
　→291 近江三十三観音霊場
金勝寺　→129 新上総国三十三観音霊場
金仙寺（埼玉県所沢市）
　→051 奥多摩新四国八十八ヵ所霊場
金仙寺（埼玉県秩父市）
　→101 秩父七福神
金泉寺（福島県喜多方市豊川町）
　→038 会津三十三観音霊場
金泉寺（静岡県賀茂郡南伊豆町）
　→228 伊豆八十八ヵ所霊場
金泉寺（三重県伊賀市）
　→280 伊賀四国八十八ヶ所霊場

金泉寺（岡山県笠岡市神島内浦）
　→364 神島八十八ヵ所霊場
金泉寺（広島県尾道市因島大浜町）
　→370 因島八十八ヵ所霊場
金泉寺（徳島県板野郡板野町）
　→383 四国八十八ヵ所霊場
　→386 阿波西国三十三観音霊場
金泉寺（愛媛県今治市宮窪町）
　→403 えひめ大島准四国八十八ヵ所霊場
金前寺
　→191 北陸三十三観音霊場
　→201 若狭三十三観音霊場
金蔵院（栃木県佐野市越名町）
　→077 佐野七福神
金蔵院（埼玉県加須市）
　→094 忍領西国三十三札所
金蔵院（千葉県松戸市旭町）
　→134 松戸七福神
金蔵院（東京都小金井市）
　→155 多摩八十八ヵ所霊場
金蔵院（東京都目黒区）
　→060 玉川八十八ヵ所霊場
金蔵院（神奈川県横浜市磯子区）
　→167 磯子七福神
金蔵院（神奈川県横浜市神奈川区）
　→060 玉川八十八ヵ所霊場
金倉寺　→383 四国八十八ヵ所霊場
金蔵寺（埼玉県飯能市）
　→051 奥多摩新四国八十八ヵ所霊場
金蔵寺（神奈川県横浜市港北区日吉本町）
　→052 関東三十六不動尊霊場
　→065 武相不動尊霊場
　→184 横浜七福神
金蔵寺（石川県輪島市町野町）
　→192 北陸不動尊霊場
金蔵寺（京都府京都市西京区大原野石作町）
　→306 洛西三十三観音霊場
金蔵寺（長崎県壱岐市勝本町）
　→415 壱岐四国八十八ヵ所霊場
金胎寺（三重県鳥羽市）
　→281 伊勢西国三十三観音霊場
　→286 三重四国八十八ヵ所霊場
金胎寺（滋賀県栗東市）
　→289 近江湖南名利二十七ヶ所霊場
金胎寺（京都府相楽郡和束町）
　→258 役行者集印巡り
金台寺（静岡県磐田市）
　→236 遠江四十九薬師霊場
金台寺（大阪府大阪市天王寺区下寺町）
　→309 大坂三十三観音霊場
金地院（東京都港区）
　→149 昭和新撰 江戸三十三観音霊場

こんち　　　　　　　　　　　札所索引

金地院（静岡県浜松市北区細江町）
　→189 東海四十九薬師霊場
金傳寺　→280 伊賀四国八十八ヶ所霊場
金堂　→309 大坂三十三観音霊場
金銅寺　→115 安房三十四観音霊場
金南寺　→155 多摩八十八ヵ所霊場
金毘羅寺（北海道虻田郡倶知安町）
　→005 北海道十三仏霊場
金毘羅寺（愛媛県東温市）
　→399 伊予十三佛霊場
金毘羅大本院　→005 北海道十三仏霊場
金比羅堂　→415 壱岐四国八十八ヶ所霊場
金比羅毘沙門天梨郷総社　→033 山形七福神
金毘羅密寺
　→001 北の都札幌七福神
　→005 北海道十三仏霊場
興福院　→425 尼寺霊場
金福寺　→312 河泉二十四地蔵霊場
根福寺　→245 尾張七福神
金寶寺　→005 北海道十三仏霊場
金峰寺　→003 北海道三十三観音霊場
篋峯寺
　→007 奥州三十三観音霊場
　→009 奥の細道みちのく路三十三ヶ所めぐり霊場
根本寺　→431 日蓮宗の本山めぐり
昆陽寺　→322 伊丹七福神
今瀧寺　→235 遠江三十三観音霊場
根立寺　→193 越後三十三観音霊場
金林寺　→387 阿波七福神
金礼寺　→041 安達三十三観音霊場
金蓮院　→115 安房三十四観音霊場
金蓮寺（愛知県西尾市吉良町）
　→188 東海三十六不動尊霊場
　→251 三河三十三観音霊場
金蓮寺（愛媛県伊予郡松前町）
　→400 伊予十二薬師霊場

【さ】

西栄寺　→132 流山七福神
西圓寺（滋賀県米原市）
　→290 近江湖北名刹二十七ヶ所霊場
西圓寺（京都府南区久世築山町）
　→306 洛西三十三観音霊場
最恩寺　→206 甲斐百八ヵ所霊場
西恩寺　→312 河泉二十四地蔵霊場
西音寺（千葉県我孫子市）
　→059 相馬霊場八十八ヵ所
西音（東京都北区）
　→158 豊島八十八ヵ所霊場
済海寺　→149 昭和新撰 江戸三十三観音霊場

西願寺　→272 丹波国三十三観音霊場
西巌殿寺
　→408 九州西国三十三観音霊場
　→412 九州四十九院薬師霊場
西教院
　→410 九州二十四地蔵尊霊場
　→411 九州八十八ヵ所霊場
最教寺
　→411 九州八十八ヵ所霊場
　→413 肥前国西海七福神
西教寺（滋賀県大津市）
　→268 神仏霊場 巡拝の道
　→287 近江湖西名利二十七ヶ所霊場
西教寺（香川県さぬき市大川町）
　→385 新四国曼荼羅霊場
西橋寺　→353 因幡三十三観音霊場
西慶寺　→054 北関東三十六不動尊霊場
西光庵　→366 児島四国八十八ヵ所霊場
西光院（茨城県石岡市）
　→071 常陸七福神
西光院（栃木県佐野市赤見町）
　→077 佐野七福神
西光院（埼玉県川口市）
　→106 武州川口七福神
西光院（埼玉県南埼玉郡宮代町）
　→099 埼玉八十八ヵ所霊場
西光院（東京都板橋区）
　→140 板橋七福神
　→158 豊島八十八ヵ所霊場
西光院（京都府京都市西京区嵐山山田町）
　→306 洛西三十三観音霊場
西光院（島根県出雲市斐川町）
　→358 出雲国七福神
在光寺　→373 広島新四国八十八ヵ所霊場
西迎寺　→306 洛西三十三観音霊場
西光寺（岩手県一関市）
　→018 西磐井三十三観音霊場
西光寺（岩手県西磐井郡平泉町）
　→011 東北三十六不動霊場
西光寺（宮城県石巻市門脇町）
　→019 石巻牡鹿三十三札所霊場
西光寺（宮城県仙台市太白区秋保町）
　→011 東北三十六不動尊霊場
西光寺（山形県山形市小白川町）
　→035 山形百八地蔵霊場
西光寺（山形県北村山郡大石田町）
　→026 尾花沢大石田三十三観音霊場
　→032 最上三十三観音霊場
　→035 山形百八地蔵霊場
西光寺（福島県河沼郡会津坂下町）
　→038 会津三十三観音霊場
西光寺（福島県郡山市三穂田町）
　→040 安積三十三霊場

西光寺（福島県郡山市富田町）
　　→040 安積三十三霊場
西光寺（福島県福島市松川町）
　　→044 信夫新西国三十三観世音菩薩札所
西光寺（福島県耶麻郡西会津町）
　　→048 福島百八地蔵尊霊場
西光寺（茨城県取手市）
　　→059 相馬霊場八十八ヵ所
西光寺（茨城県常陸太田市谷河原町）
　　→428 親鸞聖人二十四輩
西光寺（埼玉県秩父市中村町）
　　→053 関東八十八ヵ所霊場
　　→100 秩父三十四観音霊場
西光寺（千葉県印西市）
　　→118 印西大師講
西光寺（千葉県習志野市）
　　→133 習志野七福神
西光寺（東京都西多摩郡日の出町）
　　→155 多摩八十八ヵ所霊場
西光寺（東京都調布市）
　　→156 調布七福神
西光寺（東京都板橋区）
　　→140 板橋七福神
　　→158 豊島八十八ヵ所霊場
西光寺（神奈川県横浜市緑区）
　　→065 武相不動尊霊場
西光寺（新潟県佐渡市）
　　→198 佐渡八十八ヶ所霊場
西光寺（山梨県上野原市）
　　→205 甲斐国三十三観音霊場
西光寺（長野県長野市北石堂町）
　　→218 善光寺七福神
西光寺（岐阜県岐阜市）
　　→225 美濃新四国八十八ヵ所霊場
西光寺（静岡県磐田市）
　　→236 遠江四十九薬師霊場
西光寺（三重県伊賀市）
　　→280 伊賀四国八十八ヶ所霊場
西光寺（兵庫県洲本市）
　　→318 淡路四国八十八ヵ所霊場
西光寺（兵庫県神戸市西区玉津町）
　　→316 明石西国三十三観音霊場
西光寺（兵庫県神戸市西区神出町）
　　→326 神戸六地蔵霊場
西光寺（奈良県五條市西吉野町）
　　→340 大和新四国八十八ヵ所霊場
西光寺（鳥取県八頭郡智頭町）
　　→354 因幡薬師霊場
西光寺（香川県高松市香西本町）
　　→391 讃岐三十三観音霊場
西光寺（香川県小豆郡土庄町）
　　→396 小豆島八十八ヵ所霊場

西光寺（長崎県佐世保市上柚木町）
　　→410 九州二十四地蔵霊場
　　→411 九州八十八ヵ所霊場
　　→413 肥前国西海七福神
西光密寺　→411 九州八十八ヵ所霊場
西国寺
　　→347 山陽花の寺二十四か寺
　　→350 中国観音霊場
　　→351 中国四十九薬師霊場
　　→374 備後西国三十三観音霊場
西金寺　→340 大和新四国八十八ヵ所霊場
西照庵　→396 小豆島八十八ヵ所霊場
最勝院（青森県弘前市銅屋町）
　　→011 東北三十六不動尊霊場
　　→012 津軽弘法大師霊場
最勝院（福島県いわき市四倉町）
　　→048 福島百八地蔵尊霊場
最勝院（栃木県那須郡那須町）
　　→080 那須三十三観音霊場
最勝院（千葉県印西市）
　　→131 利根川いんざい七福神
最勝院（千葉県我孫子市）
　　→059 相馬霊場八十八ヵ所
最勝院（静岡県伊豆市）
　　→228 伊豆八十八ヵ所霊場
最勝院（鳥取県鳥取市湯所町）
　　→351 中国四十九薬師霊場
　　→353 因幡三十三観音霊場
　　→354 因幡薬師霊場
西勝院
　　→051 奥多摩新四国八十八ヵ所霊場
　　→057 狭山三十三観音霊場
西生院　→344 高野七福神
最勝寺（福島県二本松市）
　　→041 安達三十三観音霊場
　　→048 福島百八地蔵尊霊場
最勝寺（群馬県桐生市錦町）
　　→091 東上州三十三観音霊場
最勝寺（埼玉県入間郡越生町）
　　→111 武蔵越生七福神
最勝寺（東京都江戸川区）
　　→052 関東三十六不動尊霊場
　　→146 五色（東都五眼）不動尊
最勝寺（東京都新宿区）
　　→056 御府内八十八ヵ所霊場
最勝寺（神奈川県横浜市神奈川区菅田町）
　　→055 旧小机領三十三所観音霊場
最勝寺（山梨県南巨摩郡富士川町）
　　→206 甲斐百八ヵ所霊場
最照寺　→155 多摩八十八ヵ所霊場
最上寺　→052 関東三十六不動尊霊場
裁松寺　→225 美濃新四国八十八ヵ所霊場
西勝寺　→036 会津五色不動尊霊場

さいし　　　　　　　　　　　　　　札所索引

西照寺　→212 信濃三十三観音霊場
西正寺　→376 周防大島八十八ヵ所霊場
西生寺　→195 弘法大師越後廿一ヶ所霊場
西定寺
　　　→118 印西大師講
　　　→119 印旛七福神
最勝福寺
　　　→120 上総国薬師如来霊場三十四ヵ所
　　　→129 新上総国三十三観音霊場
最誓寺　→230 伊東温泉七福神
西泉寺（福島県郡山市喜久田町）
　　　→040 安積三十三霊場
西泉寺（兵庫県洲本市）
　　　→318 淡路四国八十八ヵ所霊場
西善寺（埼玉県秩父郡横瀬町）
　　　→061 東国花の寺 百ヶ寺
　　　→100 秩父三十四観音霊場
西善寺（千葉県いすみ市岬町）
　　　→120 上総国薬師如来霊場三十四ヵ所
　　　→125 心の駅 外房七福神
西蔵院（埼玉県久喜市）
　　　→099 埼東八十八ヵ所霊場
西蔵院（東京都府中市）
　　　→155 多摩八十八ヵ所霊場
西蔵寺　→058 準西国稲毛三十三所観音霊場
西大寺（長野県松本市）
　　　→215 信州筑摩三十三ヶ所観音霊場
西大寺（奈良県奈良市西大寺芝町）
　　　→263 西国愛染十七霊場
　　　→268 神仏霊場 巡拝の道
　　　→339 大和十三仏霊場
　　　→427 真言宗十八本山巡拝
西大寺（岡山県岡山市東区）
　　　→350 中国観音霊場
西堤寺　→374 備後西国三十三観音霊場
西端寺
　　　→003 北海道三十三観音霊場
　　　→004 北海道三十六不動尊霊場
西澄寺　→060 玉川八十八ヵ所霊場
西長寺　→376 周防大島八十八ヵ所霊場
佐井寺　→269 摂津国八十八ヵ所霊場
斎田寺　→386 阿波西国三十三観音霊場
斉藤観音　→196 佐渡西国三十三観音霊場
西徳寺　→287 近江湖西名刹二十七ヶ所霊場
西念寺（宮城県石巻市）
　　　→019 石巻牡鹿三十三札所霊場
西念寺（福島県二本松市）
　　　→041 安達三十三観音霊場
西念寺（茨城県坂東市）
　　　→428 親鸞聖人二十四輩
西念寺（栃木県河内郡上三川町）
　　　→076 上三川七福神

西念寺（埼玉県大里郡寄居町）
　　　→110 武州寄居十二支守り本尊霊場
西念寺（山梨県富士吉田市）
　　　→206 甲斐百八ヶ所霊場
西念寺（兵庫県淡路市）
　　　→318 淡路四国八十八ヵ所霊場
　　　→321 淡路四十九薬師霊場
西念寺（島根県大田市温泉津市）
　　　→361 石見曼荼羅観音霊場
済納寺　→330 天台宗丹波七福神
西福院　→244 尾張三霊場
最福寺（静岡県賀茂郡南伊豆町）
　　　→228 伊豆八十八ヵ所霊場
最福寺（鹿児島県鹿児島市平川町）
　　　→409 九州三十六不動霊場
西福寺（茨城県東茨城郡大洗町磯浜町）
　　　→054 北関東三十六不動尊霊場
西福寺（埼玉県児玉郡上里町）
　　　→098 児玉三十三霊場
西福寺（千葉県印西市）
　　　→118 印西大師講
西福寺（千葉県白井市）
　　　→118 印西大師講
西福寺（東京都世田谷区）
　　　→060 玉川八十八ヵ所霊場
西福寺（東京都西多摩郡日の出町）
　　　→155 多摩八十八ヵ所霊場
西福寺（東京都豊島区）
　　　→158 豊島八十八ヵ所霊場
西福寺（東京都北区）
　　　→158 豊島八十八ヵ所霊場
西福寺（神奈川県横浜市瀬谷区）
　　　→185 横浜瀬谷八福神
西福寺（新潟県阿賀野市下条町）
　　　→194 蒲原三十三観音
西福寺（富山県射水市八幡町）
　　　→192 北陸不動尊霊場
西福寺（長野県塩尻市）
　　　→215 信州筑摩三十三ヶ所観音霊場
西福寺（愛知県刈谷市一ツ木町）
　　　→255 三河新四国霊場
西福寺（愛知県西尾市吉良町）
　　　→251 三河三十三観音霊場
西福寺（滋賀県米原市）
　　　→262 近畿楽寿観音三十三ヶ所霊場
西福寺（奈良県五條市畑田町）
　　　→340 大和新四国八十八ヵ所霊場
西福寺（福岡県田川市）
　　　→410 九州二十四地蔵尊霊場
西福寺（長崎県佐世保市世知原町）
　　　→410 九州二十四地蔵尊霊場
　　　→411 九州八十八ヵ所霊場

西方院(埼玉県南埼玉郡宮代町)
　　→099 埼東八十八ヵ所霊場
西方院(大阪府南河内郡太子町)
　　→267 新西国霊場
西法院　→347 山陽花の寺二十四か寺
西報寺　→198 佐渡八十八ヶ所霊場
西方寺(福島県郡山市日和田町)
　　→040 安積三十三霊場
　　→048 福島百八地蔵尊霊場
西方寺(群馬県桐生市梅田町)
　　→083 桐生七福神
西方寺(神奈川県横浜市港北区新羽町)
　　→055 旧小机領三十三所観音霊場
　　→065 武相不動尊霊場
　　→184 横浜七福神
西方寺(山梨県富士吉田市)
　　→206 甲斐百八霊場
西方寺(岐阜県岐阜市加納新本町)
　　→225 美濃新四国八十八ヵ所霊場
西方寺(愛知県知多郡南知多町)
　　→248 知多新四国八十八ヵ所霊場
　　→256 南知多三十三観音霊場
西方寺(滋賀県草津市青地町)
　　→289 近江湖南名刹二十七ヶ所霊場
西方寺(兵庫県篠山市今田町)
　　→273 丹波光七福神
西方寺(奈良県五條市新町)
　　→279 ぼけよけ二十四霊場
　　→340 大和新四国八十八ヵ所霊場
西方寺(奈良県五條市中之町)
　　→340 大和新四国八十八ヵ所霊場
西方寺(岡山県倉敷市)
　　→366 児島四国八十八ヵ所霊場
西法寺(静岡県賀茂郡松崎町)
　　→229 伊豆横道三十三観音霊場
西法寺(愛媛県松山市下伊台町)
　　→400 伊予十二薬師霊場
最北大師真言寺　→003 北海道三十三観音霊場
サイマ堂　→415 壱岐四国八十八ヶ所霊場
西明院　→366 児島四国八十八ヵ所霊場
最明寺(千葉県夷隅郡御宿町)
　　→120 上総国薬師如来霊場三十四ヵ所
　　→129 新上総国三十三観音霊場
最明寺(新潟県三条市)
　　→193 越後三十三観音霊場
最明寺(静岡県伊豆の国市)
　　→233 源氏山七福神
最明寺(静岡県静岡市清水区由比町)
　　→234 駿河三十三観音霊場
最明寺(徳島県美馬市脇町)
　　→381 四国三十六不動霊場
　　→386 阿波西国三十三観音霊場

西明寺(山形県米沢市)
　　→025 置賜三十三観音霊場
西明寺(栃木県芳賀郡益子町)
　　→062 坂東三十三観音霊場
　　→078 下野三十三観音霊場
　　→079 下野七福神
西明寺(神奈川県川崎市中原区)
　　→058 準西国稲毛三十三所観音霊場
　　→060 玉川八十八ヵ所霊場
　　→173 川崎七福神
西明寺(長野県長野市)
　　→212 信濃三十三観音霊場
西明寺(岐阜県羽島郡笠松町)
　　→225 美濃新四国八十八ヵ所霊場
西明寺(滋賀県蒲生郡日野町)
　　→291 近江三十三観音霊場
西明寺(滋賀県犬上郡甲良町)
　　→265 西国薬師霊場
　　→268 神仏霊場 巡拝の道
　　→288 近江湖東名刹二十七ヶ所霊場
西明寺(兵庫県淡路市)
　　→317 淡路西国三十三観音霊場
　　→318 淡路四国八十八ヵ所霊場
西明寺(奈良県五條市)
　　→340 大和新四国八十八ヵ所霊場
西明寺(大分県杵築市山香町)
　　→420 豊後西国霊場
西明寺(宮崎県日南市南郷町)
　　→411 九州八十八ヵ所霊場
西来院　→378 長門三十三観音霊場
西楽寺　→236 遠江四十九薬師霊場
西隆寺　→048 福島百八地蔵尊霊場
西龍寺　→198 佐渡八十八ヶ所霊場
西林寺(滋賀県野洲市)
　　→293 近江国・びわ湖七福神
西林寺(兵庫県西脇市)
　　→332 播磨西国観音霊場
西林寺(奈良県五條市居伝町)
　　→340 大和新四国八十八ヵ所霊場
西林寺(岡山県笠岡市神島西部)
　　→364 神島八十八ヵ所霊場
西林寺(広島県尾道市因島土生町)
　　→370 因島八十八ヵ所霊場
西林寺(愛媛県今治市吉海町)
　　→403 えひめ大島准四国八十八ヵ所霊場
西林寺(愛媛県松山市高井町)
　　→383 四国八十八ヵ所霊場
　　→399 伊予十三佛霊場
西琳寺
　　→266 聖徳太子御遺跡霊場
　　→313 河内飛鳥七福神
西輪寺　→128 しろい七福神
西琳寺弥勒堂　→233 源氏山七福神

393

西蓮寺（茨城県行方市）
　→071 常陸七福神
西蓮寺（東京都八王子市）
　→155 多摩八十八ヵ所霊場
西蓮寺（東京都北区）
　→158 豊島八十八ヵ所霊場
西蓮寺（長野県小県郡長門町古町）
　→429 西山国師遺跡霊場
西蓮寺（奈良県五條市西吉野町）
　→340 大和新四国八十八ヵ所霊場
西蓮寺（山口県大島郡周防大島町）
　→376 周防大島八十八ヵ所霊場
西蓮寺阿弥陀堂　→405 にいはま新四国八十八ヶ所霊場
蔵王堂　→340 大和新四国八十八ヶ所霊場
堺寺　→317 淡路西国三十三観音霊場
坂牛観音　→008 奥州南部糠部三十三観音札所
坂口観音堂　→016 気仙三十三観音札所
坂之下大師堂　→405 にいはま新四国八十八ヶ所霊場
酒見寺
　→267 新西国霊場
　→329 茶之寿観音八ヶ寺霊場
　→332 播磨西国観音霊場
坂本堂　→016 気仙三十三観音札所
嵯峨里観音　→416 相良三十三観音霊場
桜井堂　→090 沼田坂東三十三番札所
桜田神社　→164 港区七福神
桜ノ庵　→396 小豆島八十八ヵ所霊場
桜本寺　→365 高野山真言宗美作八十八ヶ所霊場
櫻本坊
　→258 役行者集印巡り
　→259 役行者霊蹟札所
作和外手洗観音　→008 奥州南部糠部三十三観音札所
座光寺
　→351 中国四十九薬師霊場
　→354 因幡薬師霊場
楽々浦　→328 但馬六十六地蔵霊場
さざえ堂　→085 上州太田七福神
篠栗恩山寺　→414 篠栗八十八ヵ所霊場
篠栗公園大日寺　→414 篠栗八十八ヵ所霊場
篠栗地蔵堂　→414 篠栗八十八ヵ所霊場
西寒多神社　→426 諸国一の宮巡拝
佐竹寺
　→062 坂東三十三観音霊場
　→068 佐竹七福神
薩摩薬師寺　→411 九州八十八ヵ所霊場
里　→026 尾花沢大石田三十三霊場
佐渡国分寺　→198 佐渡八十八ヵ所霊場
酒波寺　→291 近江三十三観音霊場
讃岐国分寺　→364 神島八十八ヵ所霊場
佐野　→328 但馬六十六地蔵霊場
鯖大師　→370 因島八十八ヵ所霊場

鯖大師本坊
　→384 四国別格二十霊場
　→387 阿波七福神
猿羽根山地蔵堂　→033 山形七福神
寒川神社　→426 諸国一の宮巡拝
鮫川観音堂　→042 磐城三十三観音
沢津阿弥陀堂　→405 にいはま新四国八十八ヵ所霊場
沢津清水大師堂　→405 にいはま新四国八十八ヵ所霊場
三角寺（岡山県笠岡市神島北部）
　→364 神島八十八ヵ所霊場
三角寺（広島県尾道市因島中熊町）
　→370 因島八十八ヵ所霊場
三角寺（愛媛県今治市吉海町）
　→403 えひめ大島准四国八十八ヵ所霊場
三角寺（愛媛県四国中央市金田町）
　→383 四国八十八ヵ所霊場
三角寺（福岡県糟屋郡篠栗町）
　→414 篠栗八十八ヵ所霊場
三暁庵　→396 小豆島八十八ヵ所霊場
三橋堂　→219 仁科三十三番札所
三宮観音　→196 佐渡西国三十三観音霊場
三光院（群馬県沼田市）
　→089 沼田横堂三十三番札所
三光院（東京都東大和市）
　→057 狭山三十三観音霊場
　→155 多摩八十八ヵ所霊場
三光院（愛知県常滑市小倉町）
　→248 知多新四国八十八ヵ所霊場
三光院（鳥取県鳥取市鹿野町）
　→354 因幡薬師霊場
三光院（広島県廿日市市）
　→373 広島新四国八十八ヵ所霊場
三光院（山口県大島郡周防大島町）
　→376 周防大島八十八ヵ所霊場
三光院（栃木県那須郡那須町）
　→080 那須三十三観音霊場
　→081 八溝七福神
三光寺（千葉県いすみ市）
　→120 上総国薬師如来霊場三十四ヵ所
　→125 心の駅 外房七福神
三光寺（山梨県甲州市勝沼町）
　→206 甲斐百八ヵ所霊場
三光寺（岐阜県山県市）
　→223 美濃三十三観音霊場
　→225 美濃新四国八十八ヵ所霊場
三光寺（愛知県豊田市金谷町）
　→255 三河新四国霊場
三光寺（和歌山県和歌山市）
　→346 和歌山四国三十三観音霊場
三光寺（山口県周南市）
　→375 周南七福神
三光神社　→310 大阪七福神

394

三鈷寺
　→306 洛西三十三観音霊場
　→429 西山国師遺跡霊場
珊瑚寺（福島県二本松市）
　→041 安達三十三観音霊場
珊瑚寺（群馬県前橋市富士見町）
　→061 東国花の寺 百ヶ寺
　→086 上州七福神
珊瑚寺（和歌山県和歌山市鷹匠町）
　→346 和歌山西国三十三観音霊場
三日ノ原観音　→416 相良三十三観音霊場
三樹院　→182 三浦三十三観音霊場
三秀院　→304 天龍寺山内七福神
三乗院
　→045 信達三十三観音霊場
　→048 福島百八地蔵尊霊場
三千院
　→261 近畿三十六不動尊霊場
　→265 西国薬師霊場
　→268 神仏霊場 巡拝の道
三蔵院　→366 児島四国八十八ヵ所霊場
三丁目観音堂　→334 播州赤穂坂内西国三十三ヶ所
三徳寺　→373 広島新四国八十八ヵ所霊場
三會寺
　→055 旧小机領三十三所観音霊場
　→065 武相不動尊霊場
三恵寺　→378 長門三十三観音霊場
三念寺　→056 御府内八十八ヵ所霊場
山王寺　→414 篠栗八十八ヵ所霊場
山王釈迦堂　→414 篠栗八十八ヵ所霊場
山王神社　→178 箱根七福神
山王坊　→190 東海白寿三十三観音霊場
山王薬師堂　→414 篠栗八十八ヵ所霊場
三福寺　→385 新四国曼荼羅霊場
三佛寺（神奈川県横浜市旭区本村町）
　→055 旧小机領三十三所観音霊場
三佛寺（鳥取県東伯郡三朝町）
　→350 中国観音霊場
　→355 伯耆三十三観音霊場
三仏堂　→092 足立坂東三十三札所
三宝院（千葉県印西市）
　→118 印西大師講
　→131 利根川いんざい七福神
三寶院（兵庫県洲本市五色町）
　→318 淡路四国八十八ヵ所霊場
　→320 淡路島十三仏霊場
三宝寺（東京都練馬区）
　→052 関東三十六不動尊霊場
　→056 御府内八十八ヵ所霊場
　→066 武蔵野三十三観音霊場
　→158 豊島八十八ヵ所霊場
三宝寺（神奈川県横浜市神奈川区台町）
　→181 武南十二薬師霊場

三明寺　→253 三河七福神
三明院
　→409 九州三十六不動霊場
　→411 九州八十八ヵ所霊場
　→419 豊の国宇佐七福神
三養院　→228 伊豆八十八ヵ所霊場

【し】

慈雲院　→031 出羽七福神八霊場
紫雲寺（福島県会津若松市）
　→049 町廻り三十三観音
紫雲寺（熊本県山鹿市九日町）
　→417 山鹿三十三観音霊場
慈雲寺（福島県伊達郡桑折町）
　→045 信達三十三観音霊場
慈雲寺（茨城県久慈郡大子町）
　→067 奥久慈大子七福神
慈雲寺（神奈川県三浦市南下浦町）
　→183 三浦七福神
慈雲寺（山梨県甲州市）
　→206 甲斐百八ヵ所霊場
慈雲寺（長野県諏訪郡下諏訪町）
　→213 信州（伊那・諏訪）八十八霊場
慈雲寺（岐阜県高山市丹生川町）
　→221 飛騨三十三観音霊場
慈雲寺（静岡県賀茂郡南伊豆町）
　→228 伊豆八十八ヵ所霊場
　→229 伊豆横道三十三観音霊場
慈雲寺（愛知県知多市）
　→248 知多新四国八十八ヵ所霊場
慈雲寺（三重県南牟婁郡紀和町）
　→190 東海白寿三十三観音霊場
鹽竈神社・志波彦神社　→426 諸国一の宮巡拝
塩沢塩寺　→217 諏訪八十八番霊場
塩沢寺　→041 安達三十三観音霊場
塩船観音寺
　→051 奥多摩新四国八十八ヵ所霊場
　→061 東国花の寺 百ヶ寺
塩屋西観音堂　→334 播州赤穂坂内西国三十三ヶ所
慈恩寺　→019 石巻牡鹿三十三札所霊場
慈恩国禅寺　→187 中部四十九薬師霊場
慈恩寺（山形県寒河江市）
　→011 東北三十六不動尊霊場
慈恩寺（福島県福島市春日町）
　→036 会津五色不動尊霊場
　→046 信達坂東三十三観音菩薩札所
慈恩寺（埼玉県さいたま市岩槻区）
　→062 坂東三十三観音霊場
慈恩寺（埼玉県本庄市）
　→108 武州本庄七福神

慈恩寺(東京都青梅市)
　　→051 奥多摩新四国八十八ヵ所霊場
慈恩寺(長野県塩尻市)
　　→215 信州筑摩三十三ヶ所観音霊場
慈恩寺(岐阜県岐阜市)
　　→225 美濃新四国八十八ヵ所霊場
慈恩寺(静岡県磐田市)
　　→236 遠江四十九薬師霊場
慈恩寺(三重県鈴鹿市)
　　→286 三重四国八十八ヵ所霊場
慈音寺(福島県郡山市熱海町)
　　→040 安積三十三霊場
慈音寺(京都府綾部市上延町)
　　→298 綾部三十三観音霊場
滋賀院門跡　→287 近江湖西名刹二十七ヶ所霊場
鹿追寺　→006 北海道八十八ヵ所霊場
慈観寺　→206 甲斐百八ヵ所霊場
慈願寺(栃木県那須烏山市)
　　→428 親鸞聖人二十四輩
慈願寺(栃木県那須郡那珂川町)
　　→428 親鸞聖人二十四輩
慈願寺(静岡県賀茂郡西伊豆町)
　　→229 伊豆横道三十三観音霊場
持経寺　→061 東国花の寺 百ヶ寺
慈眼庵　→057 狭山三十三観音霊場
慈眼院(山形県西村山郡河北町)
　　→032 最上三十三観音霊場
慈眼院(群馬県高崎市石原町)
　　→053 関東八十八ヵ所霊場
　　→061 東国花の寺 百ヶ寺
　　→087 高崎観音六観音霊場
慈眼院(神奈川県横須賀市)
　　→182 三浦三十三観音霊場
慈眼院(長野県上伊那郡辰野町)
　　→213 信州(伊那・諏訪)八十八霊場
慈眼院(三重県津市)
　　→286 三重四国八十八ヵ所霊場
慈眼院(滋賀県蒲生郡日野町)
　　→262 近畿楽寿観音三十三ヶ所霊場
慈眼院(大阪府泉佐野市)
　　→277 仏塔古寺十八尊霊場
慈眼院(岡山県倉敷市)
　　→366 児島四国八十八ヵ所霊場
慈眼院観音堂　→091 東上州三十三観音霊場
四軒在家観音堂　→091 東上州三十三観音霊場
慈眼寺(岩手県一関市)
　　→018 西磐井三十三観音霊場
慈眼寺(山形県酒田市)
　　→031 出羽七福神八霊場
慈眼寺(山形県西村山郡河北町)
　　→035 山形百八地蔵尊霊場
慈眼寺(福島県双葉郡富岡町)
　　→047 福島浜三郡七福神
　　→048 福島百八地蔵尊霊場
慈眼寺(茨城県鹿嶋市)
　　→053 関東八十八ヵ所霊場
　　→061 東国花の寺 百ヶ寺
慈眼寺(栃木県下野市)
　　→053 関東八十八ヵ所霊場
慈眼寺(栃木県芳賀郡市貝町)
　　→078 下野三十三観音霊場
慈眼寺(群馬県太田市北金井町)
　　→091 東上州三十三観音霊場
慈眼寺(埼玉県さいたま市西区)
　　→092 足立坂東三十三札所
慈眼寺(埼玉県狭山市)
　　→066 武蔵野三十三観音霊場
慈眼寺(埼玉県熊谷市)
　　→093 忍秩父三十四札所
慈眼寺(埼玉県秩父市)
　　→100 秩父三十四観音霊場
慈眼寺(千葉県印西市)
　　→118 印西大師講
慈眼寺(千葉県習志野市)
　　→133 習志野七福神
慈眼寺(千葉県富津市)
　　→120 上総国薬師如来霊場三十四ヵ所
慈眼寺(東京都荒川区)
　　→158 豊島八十八ヵ所霊場
慈眼寺(東京都世田谷区)
　　→060 玉川八十八ヵ所霊場
慈眼寺(東京都西多摩郡奥多摩町)
　　→051 奥多摩新四国八十八ヵ所霊場
慈眼寺(東京都八王子市片倉町)
　　→063 武相卯歳観世音菩薩札所
慈眼寺(東京都武蔵村山市)
　　→057 狭山三十三観音霊場
慈眼寺(神奈川県横浜市緑区寺山町)
　　→055 旧小机領三十三所観音霊場
慈眼寺(神奈川県相模原市緑区)
　　→063 武相卯歳観世音菩薩札所
　　→177 津久井観音霊場
慈眼寺(福井県三方上中郡若狭町)
　　→201 若狭三十三観音霊場
慈眼寺(福井県南条郡南越前町)
　　→430 道元禅師を慕う釈迦三十二禅刹
慈眼寺(山梨県笛吹市一宮町)
　　→206 甲斐百八ヵ所霊場
慈眼寺(岐阜県飛騨市古川町)
　　→221 飛騨三十三観音霊場
慈眼寺(静岡県賀茂郡西伊豆町)
　　→228 伊豆八十八ヵ所霊場
慈眼寺(静岡県菊川市)
　　→235 遠江三十三観音霊場
慈眼寺(静岡県袋井市)
　　→231 遠州三十三観音霊場

　　　　　→235 遠江三十三観音霊場
慈眼寺（三重県三重郡菰野町）
　　　　　→281 伊勢西国三十三観音霊場
慈眼寺（滋賀県彦根市野田山町）
　　　　　→262 近畿楽寿観音三十三ヶ所霊場
慈眼寺（京都府綾部市上八田町）
　　　　　→272 丹波国三十三観音霊場
　　　　　→298 綾部三十三観音霊場
慈眼寺（京都府京都市右京区）
　　　　　→272 丹波国三十三観音霊場
慈眼寺（大阪府大東市）
　　　　　→314 河内西国三十三観音霊場
慈眼寺（兵庫県南あわじ市）
　　　　　→318 淡路四国八十八ヵ所霊場
　　　　　→321 淡路四十九薬師霊場
慈眼寺（兵庫県南あわじ市阿万上町）
　　　　　→317 淡路西国三十三観音霊場
慈眼寺（鳥取県鳥取市）
　　　　　→353 因幡三十三観音霊場
慈眼寺（徳島県勝浦郡上勝町）
　　　　　→384 四国別格二十霊場
示現寺
　　　　　→038 会津三十三観音霊場
　　　　　→048 福島百八地蔵尊霊場
慈眼寺大師堂　→405 にいはま新四国八十八ヶ所霊場
示現堂　→222 益田三十三観音霊場
慈光院（長野県塩尻市）
　　　　　→215 信州筑摩三十三ヶ所観音霊場
慈光院（静岡県伊豆の国市）
　　　　　→228 伊豆八十八ヵ所霊場
慈光圓福院　→346 和歌山西国三十三観音霊場
慈光寺（茨城県坂東市）
　　　　　→054 北関東三十六不動尊霊場
慈光寺（栃木県さくら市）
　　　　　→054 北関東三十六不動尊霊場
慈光寺（埼玉県比企郡ときがわ町）
　　　　　→062 坂東三十三観音霊場
慈光寺（愛知県知多郡南知多町）
　　　　　→256 南知多三十三観音霊場
慈光寺（愛知県知多市）
　　　　　→248 知多新四国八十八ヵ所霊場
慈光寺（大阪府東大阪市東豊浦町）
　　　　　→258 役行者集印巡り
　　　　　→314 河内西国三十三観音霊場
慈光寺（兵庫県赤穂市）
　　　　　→334 播州赤穂坂内西国三十三ヶ所
慈広寺　→123 九十九里七福神
持光寺　→412 九州四十九院薬師霊場
慈済院　→304 天龍寺山内七福神
自在院　→049 町廻り三十三観音
自在寺　→129 新上総国三十三観音霊場
自在堂　→222 益田三十三観音霊場

慈山寺　→274 西日本播磨美作七福神
慈氏庵　→366 児島四国八十八ヵ所霊場
四社神社　→124 九十九里 浜の七福神
慈性庵　→366 児島四国八十八ヵ所霊場
慈照院　→366 児島四国八十八ヵ所霊場
持性院（岡山県玉野市）
　　　　　→366 児島四国八十八ヵ所霊場
持性院（徳島県三好市山城町）
　　　　　→385 新四国曼荼羅霊場
　　　　　→388 阿波秘境祖谷渓大歩危七福神
自性院（岩手県奥州市江刺区）
　　　　　→015 江刺三十三観音霊場
自性院（茨城県坂東市）
　　　　　→053 関東八十八ヵ所霊場
自性院（埼玉県久喜市）
　　　　　→099 埼東八十八ヵ所霊場
自性院（千葉県君津市）
　　　　　→120 上総国薬師如来霊場三十四ヵ所
自性院（千葉県市川市）
　　　　　→122 行徳三十三観音霊場
自性院（東京都新宿区）
　　　　　→158 豊島八十八ヵ所霊場
自性院（東京都台東区）
　　　　　→056 御府内八十八ヵ所霊場
自性院（東京都大田区）
　　　　　→060 玉川八十八ヵ所霊場
自性院（東京都北区）
　　　　　→158 豊島八十八ヵ所霊場
自性院（静岡県賀茂郡東伊豆町）
　　　　　→228 伊豆八十八ヵ所霊場
自性院（大阪府大阪市中央区）
　　　　　→269 摂津国八十八ヵ所霊場
自性院（島根県松江市米子市）
　　　　　→359 出雲国十三仏霊場
　　　　　→362 松江三十三観音霊場
自性院（岡山県笠岡市）
　　　　　→367 備中西国三十三所観音霊場
自性院（香川県さぬき市）
　　　　　→385 新四国曼荼羅霊場
慈勝院　→051 奥多摩新四国八十八ヵ所霊場
慈照寺（山梨県甲斐市）
　　　　　→206 甲斐百八ヵ所霊場
慈照寺（京都府京都市左京区）
　　　　　→268 神仏霊場 巡拝の道
四條畷神社　→268 神仏霊場 巡拝の道
市場宮　→340 大和新四国八十八ヵ所霊場
静神社　→068 佐竹七福神
地泉院
　　　　　→190 東海白寿三十三観音霊場
　　　　　→244 尾張三霊場
　　　　　→245 尾張七福神
地蔵院（青森県黒石市山形町）
　　　　　→012 津軽弘法大師霊場

397

しそう　　　　　　　　　　札所索引

　　→014 陸奥国津軽七福神
地蔵院(山形県山形市東原町)
　　→035 山形百八地蔵尊霊場
地蔵院(埼玉県幸手市)
　　→099 埼東八十八ヵ所霊場
地蔵院(埼玉県南埼玉郡宮代町)
　　→099 埼東八十八ヵ所霊場
地蔵院(千葉県我孫子市)
　　→059 相馬霊場八十八ヵ所
地蔵院(東京都青梅市)
　　→051 奥多摩新四国八十八ヵ所霊場
　　→154 多摩(青梅)七福神
地蔵院(新潟県佐渡市)
　　→198 佐渡八十八ヶ所霊場
地蔵院(静岡県浜松市南区高塚町)
　　→236 遠江四十九薬師霊場
地蔵院(愛知県大府市中央町)
　　→241 大府七福神
地蔵院(三重県亀山市関町)
　　→286 三重四国八十八ヵ所霊場
地蔵院(三重県津市)
　　→286 三重四国八十八ヵ所霊場
地蔵院(三重県名張市)
　　→280 伊賀四国八十八ヵ所霊場
地蔵院(京都府京都市北区)
　　→307 洛陽三十三所観音巡礼
地蔵院(大阪府高槻市真上町)
　　→269 摂津国八十八ヵ所霊場
地蔵院(大阪府大阪市大正区)
　　→269 摂津国八十八ヵ所霊場
地蔵院(兵庫県神戸市西区枦谷町)
　　→326 神戸六地蔵霊場
地蔵院(奈良県五條市島野町)
　　→340 大和新四国八十八ヵ所霊場
地蔵院(鳥取県倉吉市関金町)
　　→352 中国地蔵尊霊場
地蔵院(岡山県玉野市)
　　→366 児島四国八十八ヵ所霊場
地蔵院(広島県福山市鞆町)
　　→352 中国地蔵尊霊場
　　→372 鞆の浦古寺めぐり
地蔵院(山口県山口市)
　　→347 山陽花の寺二十四か寺
地蔵院(徳島県徳島市名東町)
　　→385 新四国曼荼羅霊場
地蔵院(愛媛県松山市)
　　→399 伊予十三佛霊場
地蔵院(佐賀県神埼市神埼町)
　　→408 九州西国三十三観音霊場
地蔵寺(北海道広尾郡広尾町)
　　→006 北海道八十八ヵ所霊場
地蔵寺(山形県山形市)
　　→035 山形百八地蔵尊霊場

地蔵寺(東京都荒川区)
　　→158 豊島八十八ヵ所霊場
地蔵寺(長野県諏訪市)
　　→213 信州(伊那・諏訪)八十八霊場
地蔵寺(岐阜県岐阜市木挽町)
　　→225 美濃新四国八十八ヵ所霊場
地蔵寺(愛知県一宮市)
　　→188 東海三十六不動尊霊場
地蔵寺(愛知県大府市長草町)
　　→241 大府七福神
　　→248 知多新四国八十八ヵ所霊場
地蔵寺(愛知県知多市)
　　→248 知多新四国八十八ヵ所霊場
地蔵寺(京都府京都市西京区桂春日町)
　　→301 京都六地蔵めぐり
　　→306 洛西三十三観音霊場
地蔵寺(大阪府和泉市善正町)
　　→279 ぼけよけ二十四霊場
地蔵寺(兵庫県洲本市)
　　→318 淡路四国八十八ヵ所霊場
地蔵寺(奈良県五條市山田町)
　　→340 大和新四国八十八ヵ所霊場
地蔵寺(奈良県五條市塚町)
　　→340 大和新四国八十八ヵ所霊場
地蔵寺(奈良県五條市出屋敷町)
　　→340 大和新四国八十八ヵ所霊場
地蔵寺(奈良県五條市西吉野町)
　　→340 大和新四国八十八ヵ所霊場
地蔵寺(奈良県五條市釜安寺町)
　　→340 大和新四国八十八ヵ所霊場
地蔵寺(和歌山県橋本市)
　　→342 紀伊之国十三仏霊場
地蔵寺(岡山県笠岡市神島内浦)
　　→364 神島八十八ヵ所霊場
地蔵寺(広島県広島市南区北大河町)
　　→373 広島新四国八十八ヵ所霊場
地蔵寺(広島県尾道市因島大浜町)
　　→370 因島八十八ヵ所霊場
地蔵寺(山口県大島郡周防大島町)
　　→376 周防大島八十八ヵ所霊場
地蔵寺(徳島県小松島市松島町)
　　→385 新四国曼荼羅霊場
地蔵寺(徳島県板野郡板野町)
　　→383 四国八十八ヵ所霊場
　　→386 阿波西国三十三観音霊場
地蔵寺(香川県三豊市高瀬町)
　　→391 讃岐三十三観音霊場
地蔵寺(愛媛県今治市宮窪町)
　　→403 えひめ大島准四国八十八ヵ所霊場
地蔵寺(高知県香美市土佐山田町)
　　→407 土佐七福神
地蔵寺堂　→396 小豆島八十八ヵ所霊場

398

地蔵尊（山口県萩市越ヶ浜）
　→379　萩八十八ヶ所めぐり
地蔵尊（山口県萩市越ヶ浜嫁泣一丁目）
　→379　萩八十八ヶ所めぐり
地蔵尊（山口県萩市下五間町）
　→379　萩八十八ヶ所めぐり
地蔵尊（山口県萩市熊谷町）
　→379　萩八十八ヶ所めぐり
地蔵尊（山口県萩市椿東前小畑・阿武家前三叉路）
　→379　萩八十八ヶ所めぐり
地蔵尊（山口県萩市唐樋町溝部横町）
　→379　萩八十八ヶ所めぐり
地蔵尊（山口県萩市北古萩町）
　→379　萩八十八ヶ所めぐり
地蔵尊二体　→379　萩八十八ヶ所めぐり
地蔵堂（茨城県取手市）
　→059　相馬霊場八十八ヵ所
地蔵堂（奈良県五條市）
　→340　大和新四国八十八ヶ所霊場
地蔵堂（山口県大島郡周防大島町）
　→376　周防大島八十八ヵ所霊場
地蔵堂（長崎県壱岐市勝本町）
　→415　壱岐四国八十八ヶ所霊場
地蔵堂（長崎県壱岐市石田町）
　→415　壱岐四国八十八ヶ所霊場
地蔵菩薩（山口県萩市川島）
　→379　萩八十八ヶ所めぐり
地蔵菩薩（山口県萩市椿・玉炉院跡前・宮内家裏）
　→379　萩八十八ヶ所めぐり
慈尊院
　→268　神仏霊場 巡拝の道
　→277　仏塔古寺十八尊霊場
　→342　紀伊之国十三仏霊場
慈尊寺　→280　伊賀四国八十八ヶ所霊場
持地院
　→009　奥の細道みちのく路三十三ヶ所めぐり霊場
　→030　庄内三十三観音霊場
七蔵寺　→213　信州（伊那・諏訪）八十八霊場
志知難波薬師堂　→321　淡路四十九薬師霊場
七宝寺
　→262　近畿楽寿観音三十三ヶ所霊場
　→278　ぼけ封じ近畿十楽観音霊場
　→333　播磨七福神
実行寺　→002　函館山七福神
実西寺　→417　山鹿三十三観音霊場
實成寺　→431　日蓮宗の本山めぐり
実心寺　→006　北海道八十八ヶ所霊場
実心寺観音堂　→006　北海道八十八ヶ所霊場
室泉寺　→056　御府内八十八ヶ所霊場
実相庵　→376　周防大島八十八ヵ所霊場
實相院（山形県尾花沢市）
　→026　尾花沢大石田三十三観音霊場

実相院（茨城県久慈郡大子町）
　→067　奥久慈大子七福神
実相院（栃木県大田原市）
　→080　那須三十三観音霊場
実相院（群馬県沼田市）
　→090　沼田坂東三十三番札所
実相院（東京都中野区）
　→158　豊島八十八ヵ所霊場
實相院（神奈川県相模原市緑区）
　→177　津久井観音霊場
実相院（愛知県蒲郡市形原町）
　→255　三河新四国霊場
實相院（兵庫県明石市大観町）
　→316　明石西国三十三観音霊場
実相院（大分県豊後高田市）
　→409　九州三十六不動霊場
　→418　国東三十三観音霊場
実蔵院
　→051　奥多摩新四国八十八ヵ所霊場
　→066　武蔵野三十三観音霊場
実相寺（福島県会津若松市）
　→049　町廻り三十三観音
実相寺（埼玉県本庄市児玉町）
　→098　児玉三十三霊場
実相寺（山梨県北杜市武川町）
　→206　甲斐百八ヵ所霊場
實相寺（静岡県富士市）
　→431　日蓮宗の本山めぐり
実相寺（愛知県西尾市上町）
　→251　三河三十三観音霊場
実相寺観音　→008　奥州南部糠部三十三観音札所
悉地院（新潟県新潟市中央区）
　→195　弘法大師越後廿一ヶ所霊場
悉地院（滋賀県米原市）
　→290　近江湖北名刹二十七ヶ所霊場
　→293　近江国・びわ湖七福神
室内公会堂　→217　諏訪八十八番霊場
実報寺　→385　新四国曼荼羅霊場
七宝瀧寺
　→258　役行者集印巡り
　→259　役行者霊蹟札所
　→261　近畿三十六不動尊霊場
　→268　神仏霊場 巡拝の道
　→315　南海沿線七福神
四天王寺（三重県津市栄町）
　→265　西国薬師霊場
四天王寺（大阪府大阪市天王寺区）
　→258　役行者集印巡り
　→261　近畿三十六不動尊霊場
　→265　西国薬師霊場
　→266　聖徳太子御遺跡霊場
　→267　新西国霊場
　→268　神仏霊場 巡拝の道
　→269　摂津国八十八ヵ所霊場

399

しでん　　　　　　　　　　　　　札所索引

　　→310 大阪七福神
　　→311 おおさか十三仏霊場
　　→313 河内飛鳥七福神
　　→429 西山国師遺跡霊場
四天王寺阿弥陀堂　→432 法然上人二十五霊場
慈等院　→366 児島四国八十八ヵ所霊場
慈徳院　→372 鞆の浦古寺めぐり
志徳寺　→417 山鹿三十三観音霊場
慈徳院　→045 信達三十三観音霊場
志度寺（岡山県笠岡市神島北部）
　　→364 神島八十八ヵ所霊場
志度寺（広島県尾道市因島重井町）
　　→370 因島八十八ヵ所霊場
志度寺（香川県さぬき市）
　　→383 四国八十八ヵ所霊場
志度寺（愛媛県今治市吉海町）
　　→403 えひめ大島準四国八十八ヵ所霊場
倭文神社　→426 諸国一の宮巡拝
品川神社　→157 東海（品川）七福神
篠場地蔵堂　→405 にいはま新四国八十八ヶ所霊場
不忍弁天堂　→165 谷中七福神
柴　→328 但馬六十六地蔵霊場
地福庵　→376 周防大島八十八ヵ所霊場
慈福院　→213 信州（伊那・諏訪）八十八霊場
持福院（岡山県岡山市）
　　→366 児島四国八十八ヵ所霊場
持福院（徳島県那賀郡那賀町）
　　→390 わじき七福神
地福院（埼玉県加須市）
　　→099 埼東八十八ヵ所霊場
地福院（静岡県賀茂郡河津町）
　　→228 伊豆八十八ヵ所霊場
四福寺　→376 周防大島八十八ヵ所霊場
自福寺　→038 会津三十三観音霊場
地福院（宮城県気仙沼市）
　　→010 三陸三十三観音霊場
地福院（宮城県気仙沼市唐桑町）
　　→010 三陸三十三観音霊場
地福寺（山形県北村山郡大石田町）
　　→026 尾花沢大石田三十三観音霊場
地福寺（東京都北区）
　　→158 豊島八十八ヵ所霊場
地福寺（三重県伊賀市）
　　→280 伊賀四国八十八ヶ所霊場
地福寺（奈良県五條市久留野町）
　　→340 大和新四国八十八ヵ所霊場
地福寺（奈良県五條市中之町）
　　→340 大和新四国八十八ヵ所霊場
地福寺（徳島県三好市井川町）
　　→385 新四国曼荼羅霊場
　　→386 阿波西国三十三観音霊場
持佛寺　→280 伊賀四国八十八ヶ所霊場

持宝院（福島県会津若松市）
　　→049 町廻り三十三観音
持宝院（栃木県宇都宮市田下町）
　　→054 北関東三十六不動尊霊場
　　→078 下野三十三観音霊場
　　→079 下野七福神
持宝院（埼玉県行田市）
　　→095 行田救済菩薩十五霊場
持宝院（愛知県知多郡南知多町）
　　→247 知多七福神
　　→248 知多新四国八十八ヵ所霊場
　　→256 南知多三十三観音霊場
持宝院（和歌山県伊都郡高野町）
　　→344 高野七福神
持宝院（岡山県倉敷市）
　　→366 児島四国八十八ヵ所霊場
持法院　→255 三河新四国霊場
自法寺　→220 恵那三十三観音霊場
神木堂　→058 準西国稲毛三十三所観音霊場
慈本堂　→415 壱岐四国八十八ヵ所霊場
四本龍寺　→078 下野三十三観音霊場
島田家　→051 奥多摩新四国八十八ヵ所霊場
四万部寺　→100 秩父三十四観音霊場
島見観音堂　→194 蒲原三十三観音
島守観音　→008 奥州南部糠部三十三観音札所
清水庵　→366 児島四国八十八ヵ所霊場
清水観音堂　→057 狭山三十三観音霊場
清水家　→051 奥多摩新四国八十八ヵ所霊場
清水地蔵寺　→312 河泉二十四地蔵霊場
清水大師寺
　　→352 中国地蔵尊霊場
　　→360 石見銀山天領七福神
清水堂（岩手県西磐井郡平泉町）
　　→018 奥州三十三観音霊場
清水堂（長崎県壱岐市石田町）
　　→415 壱岐四国八十八ヵ所霊場
持命院　→366 児島四国八十八ヵ所霊場
持明院（石川県金沢市）
　　→192 北陸不動尊霊場
持明院（大阪府大阪市天王寺区生玉町）
　　→269 摂津国八十八ヵ所霊場
持明院（大阪府大阪市福島区）
　　→269 摂津国八十八ヵ所霊場
持明院（広島県広島市東区）
　　→373 広島新四国八十八ヵ所霊場
慈明寺　→235 遠江三十三観音霊場
持明院　→318 淡路四国八十八ヵ所霊場
下新井薬師堂　→217 諏訪八十八番霊場
下泉川林香庵　→405 にいはま新四国八十八ヶ所霊場
下大越観音堂　→042 磐城三十三観音
下岡　→328 但馬六十六地蔵霊場
下小川大日堂　→217 諏訪八十八番霊場

400

下金子薬師堂　→*217* 諏訪八十八番霊場	→*106* 武州川口七福神
下川天狗堂　→*042* 磐城三十三観音	若松院
甚目寺	→*032* 最上三十三観音霊場
→*188* 東海三十六不動尊霊場	→*035* 山形百八地蔵尊霊場
→*243* 尾張三十三観音霊場	釋蔵院　→*120* 上総薬師如来霊場三十四ヵ所
下久屋観音堂　→*090* 沼田坂東三十三番札所	釈尊寺（新潟県阿賀野市）
下郷阿弥陀堂　→*405* にいはま新四国八十八ヶ所霊場	→*194* 蒲原三十三観音
下郷地蔵堂　→*405* にいはま新四国八十八ヶ所霊場	釈尊寺（長野県小諸市）
下菅沢御行堂　→*217* 諏訪八十八番霊場	→*212* 信濃三十三観音霊場
下諏訪青雲閣　→*217* 諏訪八十八番霊場	石峯寺　→*325* 神戸十三仏霊場
下諏訪来迎寺　→*217* 諏訪八十八番霊場	岩王寺　→*298* 綾部三十三観音霊場
下関根村観音　→*027* 上山三十三観音霊場	寂光庵　→*366* 児島四国八十八ヵ所霊場
下高井集会所　→*059* 相馬霊場八十八ヵ所	寂光院
下生居村観音　→*027* 上山三十三観音霊場	→*188* 東海三十六不動尊霊場
下生居村峯岸観音　→*027* 上山三十三観音霊場	→*243* 尾張三十三観音霊場
下新穂　→*196* 佐渡西国三十三霊場	種因寺　→*412* 九州四十九院薬師霊場
下宮　→*328* 但馬六十六地蔵霊場	秀安寺　→*048* 福島百八地蔵尊霊場
下町薬師堂　→*414* 篠栗八十八ヵ所霊場	十一面観世音菩薩（山口県萩市越ヶ浜）
下山観音堂　→*355* 伯耆三十三観音霊場	→*379* 萩八十八ヶ所めぐり
治門観音　→*196* 佐渡西国三十三霊場	十一面観世音菩薩（山口県萩市山田玉江浦）
釈迦院（大阪府大阪市港区）	→*379* 萩八十八ヶ所めぐり
→*269* 摂津国八十八ヵ所霊場	十一面観世音菩薩（山口県萩市椿）
釈迦院（大阪府池田市）	→*379* 萩八十八ヶ所めぐり
→*269* 摂津国八十八ヵ所霊場	十一面観世音菩薩（山口県萩市椿東上野）
釈迦寺（奈良県五條市犬飼町）	→*379* 萩八十八ヶ所めぐり
→*340* 大和新四国八十八ヵ所霊場	十一面観世音菩薩（山口県萩市椿東中小畑）
釈迦寺（奈良県五條市西吉野町）	→*379* 萩八十八ヶ所めぐり
→*340* 大和新四国八十八ヵ所霊場	十一面観世音菩薩（山口県萩市鶴江）
釈迦寺（奈良県五條市表野町）	→*379* 萩八十八ヶ所めぐり
→*340* 大和新四国八十八ヵ所霊場	修学院　→*225* 美濃新四国八十八ヵ所霊場
釈迦堂（山口県大島郡周防大島町）	重願寺　→*309* 大坂三十三観音霊場
→*376* 周防大島八十八ヵ所霊場	住吉寺　→*115* 安房三十四観音霊場
釈迦堂（香川県小豆郡小豆島町）	周慶院　→*051* 奥多摩新四国八十八ヶ所霊場
→*396* 小豆島八十八ヵ所霊場	秋月院　→*058* 準西国稲毛三十三観音霊場
釈迦堂（長崎県壱岐市芦辺町）	秀重院　→*032* 最上三十三観音霊場
→*415* 壱岐四国八十八ヵ所霊場	住心院　→*366* 児島四国八十八ヵ所霊場
釈迦堂（長崎県壱岐市郷ノ浦町）	秀善寺　→*414* 篠栗八十八ヵ所霊場
→*415* 壱岐四国八十八ヵ所霊場	宗蔵寺　→*366* 児島四国八十八ヵ所霊場
釈迦如来（山口県萩市椿青海）	十三寺　→*191* 北陸三十三観音霊場
→*379* 萩八十八ヶ所めぐり	秀長寺　→*049* 町廻り三十三観音
釈迦如来（山口県萩市椿東上野）	十番稲荷神社　→*164* 港区七福神
→*379* 萩八十八ヶ所めぐり	鷲峰寺　→*385* 新四国曼荼羅霊場
釋王寺　→*391* 讃岐三十三観音霊場	修福寺
石行寺	→*228* 伊豆八十八ヵ所霊場
→*032* 最上三十三観音霊場	→*229* 伊豆横道三十三観音霊場
→*035* 山形百八地蔵尊霊場	集福寺　→*093* 忍秩父三十四札所
寂光院	周法寺　→*417* 山鹿三十三観音霊場
→*268* 神仏霊場 巡拝の道	鷲峰寺　→*317* 淡路西国三十三観音霊場
→*425* 尼寺霊場	秋本寺　→*128* しろい七福神
石光寺　→*260* 関西花の寺二十五ヵ所	秀明院　→*060* 玉川八十八ヶ所霊場
錫杖寺	十楽寺（岡山県笠岡市神島内浦）
→*053* 関東八十八ヵ所霊場	→*364* 神島八十八ヵ所霊場

十楽寺(広島県尾道市因島大浜町)
　　→370 因島八十八ヵ所霊場
十楽寺(徳島県阿波市土成町)
　　→382 四国十三仏霊場
　　→383 四国八十八ヵ所霊場
十楽寺(愛媛県今治市宮窪町)
　　→403 えひめ大島准四国八十八ヵ所霊場
十輪院(広島県府中市鵜飼町)
　　→348 瀬戸内三十三観音霊場
十輪院(福岡県田川郡大任町)
　　→410 九州二十四地蔵尊霊場
秀林寺　→020 奥州仙臺七福神
集林寺　→417 山鹿三十三観音霊場
住林寺　→075 小野寺七福神
十輪寺(群馬県太田市新井町)
　　→053 関東八十八ヵ所霊場
十輪寺(埼玉県深谷市)
　　→093 忍秩父三十四札所
十輪寺(京都府京都市西京区大原野小塩町)
　　→306 洛西三十三観音霊場
十輪寺(兵庫県高砂市高砂町)
　　→432 法然上人二十五霊場
十輪寺(奈良県五條市)
　　→340 大和新四国八十八ヵ所霊場
十輪寺(広島県府中市鵜飼町)
　　→374 備後西国三十三観音霊場
重林寺　→158 豊島八十八ヵ所霊場
秀麓斎
　　→007 奥州三十三観音霊場
　　→009 奥の細道みちのく路三十三ヶ所めぐり霊場
寿永寺　→147 下谷七福神
宿根木　→196 佐渡西国三十三観音霊場
宿用院　→035 山形百八地蔵尊霊場
寿慶院　→415 壱岐四国八十八ヵ所霊場
守源寺　→178 箱根七福神
寿源寺　→376 周防大島八十八ヵ所霊場
修性庵　→165 谷中七福神
取星寺
　　→382 四国十三仏霊場
　　→387 阿波七福神
壽昌寺　→057 狭山三十三観音霊場
寿正寺　→236 遠江四十九薬師霊場
珠泉院　→225 美濃新四国八十八ヵ所霊場
樹泉寺　→026 尾花沢大石田三十三観音霊場
修禅寺(静岡県伊豆市)
　　→228 伊豆八十八ヵ所霊場
修禅寺(山口県下関市豊田町)
　　→378 長門三十三観音霊場
出釈迦(岡山県笠岡市神島北部)
　　→364 神島八十八ヵ所霊場
出釈迦(広島県尾道市因島重井町)
　　→370 因島八十八ヵ所霊場

出釈迦(香川県善通寺市吉原町)
　　→383 四国八十八ヵ所霊場
出釈迦(愛媛県今治市吉海町)
　　→403 えひめ大島准四国八十八ヵ所霊場
出石寺
　　→384 四国別格二十霊場
　　→401 伊予(道前・道後)十観音霊場
　　→406 南予七福神
出蔵観音堂　→042 磐城三十三観音
種德院　→198 佐渡八十八ヶ所霊場
寿德寺(埼玉県久喜市)
　　→094 忍領西国三十三札所
　　→099 埼東八十八ヵ所霊場
寿德寺(東京都日野市)
　　→155 多摩八十八ヵ所霊場
寿德寺(東京都北区)
　　→158 豊島八十八ヵ所霊場
寿寧院　→304 天龍寺山内七福神
聚福院　→243 尾張三十三観音霊場
寿福寺(宮城県石巻市羽黒町)
　　→019 石巻牡鹿三十三札所
寿福寺(東京都練馬区)
　　→158 豊島八十八ヵ所霊場
寿福寺(神奈川県横浜市都筑区)
　　→055 旧小机領三十三所観音霊場
寿福寺(神奈川県鎌倉市)
　　→170 鎌倉三十三観音霊場
　　→171 鎌倉十三仏霊場
　　→172 鎌倉二十四地蔵霊場
寿福寺(神奈川県川崎市多摩区)
　　→058 準西国稲毛三十三所観音霊場
寿福寺(島根県雲南市三刀屋町)
　　→356 出雲三十三観音霊場
寿福寺(長崎県北松浦郡江迎町)
　　→410 九州二十四地蔵尊霊場
寿命院(埼玉県北本市)
　　→092 足立坂東三十三札所
寿命院(愛知県豊川市三谷原町)
　　→255 三河新四国霊場
寿明院　→089 沼田横堂三十三番札所
寿命寺　→428 親鸞聖人二十四輩
受楽寺　→085 上州太田七福神
寿楽寺
　　→187 中部四十九薬師霊場
　　→221 飛騨三十三観音霊場
寿量院　→090 沼田坂東三十三番札所
種林寺　→026 尾花沢大石田三十三観音霊場
樹林寺　→213 信州(伊那・諏訪)八十八霊場
珠林寺薬師堂　→414 篠栗八十八ヵ所霊場
寿老神堂　→331 中山寺山内七福神
春宮寺　→003 北海道三十三観音霊場
春光院　→027 上山三十三観音霊場
春光の丘寺　→006 北海道八十八ヶ所霊場

春山寺	→132 流山七福神
舜叟寺	→363 松江六地蔵
順木庵	→366 児島四国八十八ヵ所霊場
春林院	→231 遠州三十三観音霊場
昌安寺	→102 秩父十三仏霊場
乗安寺	→228 伊豆八十八ヵ所霊場
城安寺	→049 町廻り三十三観音
常安寺（岩手県宮古市）	
	→010 三陸三十三観音霊場
常安寺（山形県天童市）	
	→035 山形百八地蔵尊霊場
常安寺（福島県喜多方市塩川町）	
	→038 会津三十三観音霊場
常安寺（佐賀県唐津市）	
	→408 九州西国三十三観音霊場
正醫寺	
	→231 遠州三十三観音霊場
	→236 遠江四十九薬師霊場
松音寺	→189 東海四十九薬師霊場
勝因寺	
	→280 伊賀四国八十八ヵ所霊場
	→286 三重四国八十八ヵ所霊場
松藤寺	→055 旧小机領三十三所観音霊場
正因寺	→386 阿波西国三十三観音霊場
松江寺	→236 遠江四十九薬師霊場
祥雲寺（岩手県一関市台町）	
	→018 西磐井三十三観音霊場
祥雲寺（山形県村山市）	
	→031 出羽七福神八霊場
祥雲寺（東京都町田市）	
	→063 武相卯歳観世音菩薩札所
	→064 武相寅歳薬師如来霊場
祥雲寺（長野県伊那市）	
	→213 信州（伊那・諏訪）八十八霊場
祥雲寺（京都府船井郡京丹波町）	
	→262 近畿楽寿観音三十三ヶ所霊場
祥雲寺（鳥取県八頭郡八頭町）	
	→354 因幡薬師霊場
浄運寺	→091 東上州三十三観音霊場
正雲寺	→307 洛陽三十三観音巡礼
正雲寺	→221 飛騨三十三観音霊場
照栄院妙見堂	→138 池上七福神
松栄寺（福島県会津若松市）	
	→049 町廻り三十三観音
松栄寺（兵庫県洲本市）	
	→318 淡路四国八十八ヵ所霊場
常栄寺（滋賀県高島市マキノ町）	
	→430 道元禅師を慕う釈迦三十二禅刹
常栄寺（島根県松江市寺町）	
	→351 中国四十九薬師霊場
	→362 松江三十三観音霊場
常栄寺（島根県松江市八雲町）	
	→356 出雲三十三観音霊場
定恵寺	→225 美濃新四国八十八ヵ所霊場
松縁寺	→048 福島百八地蔵尊霊場
常円寺（福島県郡山市熱海町）	
	→041 安達三十三観音霊場
	→048 福島百八地蔵尊霊場
常円寺（福島県福島市）	
	→048 福島百八地蔵尊霊場
常円寺（福島県福島市松川町）	
	→044 信夫西国三十三観世音菩薩札所
常圓寺（長野県伊那市）	
	→210 伊那七福神
	→213 信州（伊那・諏訪）八十八霊場
浄円寺	→235 遠江三十三観音霊場
正円寺（群馬県前橋市堀之下町）	
	→086 上州七福神
正円寺（新潟県五泉市）	
	→193 越後三十三観音霊場
	→194 蒲原三十三観音
正圓寺（大阪府大阪市阿倍野区）	
	→269 摂津国八十八ヵ所霊場
	→311 おおさか十三仏霊場
昌翁寺	→156 調布七福神
松応寺	→251 三河三十三観音霊場
聖応寺	→206 甲斐百八十八ヵ所霊場
聖王寺	→091 東上州三十三観音霊場
松屋寺	→420 豊後西国霊場
勝音寺（福島県郡山市逢瀬町）	
	→040 安積三十三霊場
勝音寺（埼玉県日高市）	
	→066 武蔵野三十三観音霊場
浄音寺	→356 出雲三十三観音霊場
長遠寺	→206 甲斐百八十八ヵ所霊場
性海寺（兵庫県神戸市西区押部谷町）	
	→316 明石西国三十三観音霊場
	→325 神戸十三仏霊場
	→332 播磨西国観音霊場
性海寺（兵庫県姫路市夢前町）	
	→332 播磨西国観音霊場
	→337 夢前七福神
松岳院	→063 武相卯歳観世音菩薩札所
正覚院（岩手県岩手郡岩手町）	
	→007 奥州三十三観音霊場
正覚院（埼玉県幸手市）	
	→099 埼東八十八ヵ所霊場
正覚院（千葉県八千代市）	
	→135 八千代八福神
正覚院（東京都練馬区）	
	→158 豊島八十八ヵ所霊場
正覚院（神奈川県横浜市港北区）	
	→184 横浜七福神
正覚院（神奈川県茅ヶ崎市）	
	→176 相州小出七福神

403

しよう　　　　　　　　　札所索引

正覚院（石川県羽咋市寺家町）
　→192 北陸不動尊霊場
　→200 能登国三十三観音霊場
正覚院（兵庫県伊丹市）
　→322 伊丹七福神
正覚院（兵庫県神戸市須磨区須磨寺町）
　→263 西国愛染十七霊場
正覺院（広島県廿日市市）
　→373 広島新四国八十八ヵ所霊場
正覺院別院薬師堂　→373 広島新四国八十八ヵ所霊場
勝覺寺
　→053 関東八十八ヵ所霊場
　→120 上総国薬師如来霊場三十四ヵ所
照覺寺　→006 北海道八十八ヵ所霊場
紹楽寺　→007 奥州三十三観音霊場
常覚寺　→340 大和新四国八十八ヵ所霊場
正覚寺（岩手県一関市南新町）
　→018 西磐井三十三観音霊場
正覚寺（岩手県陸前高田市竹駒町）
　→016 気仙三十三観音札所
正覚寺（山形県山形市）
　→035 山形百八地蔵尊霊場
正覚寺（群馬県沼田市）
　→090 沼田坂東三十三番札所
正覚寺（埼玉県行田市）
　→094 忍領西国三十三札所
　→095 行田救済菩薩十五霊場
正覚寺（埼玉県川口市）
　→106 武州川口七福神
正覚寺（神奈川県相模原市緑区）
　→177 津久井観音霊場
正覚寺（新潟県佐渡市）
　→198 佐渡八十八ヶ所霊場
正覚寺（山梨県北杜市須玉町）
　→206 甲斐百八ヵ所霊場
正覚寺（岐阜県岐阜市神田町）
　→225 美濃新四国八十八ヵ所霊場
正覚寺（京都府乙訓郡大山崎町）
　→306 洛西三十三観音霊場
正覚寺（兵庫県姫路市夢前町）
　→337 夢前七福神
正覚寺（岡山県倉敷市）
　→366 児島四国八十八ヵ所霊場
正覚寺（長崎県長崎市矢上町）
　→409 九州三十六不動霊場
正岳寺　→240 焼津七福神
正覚寺観音堂　→013 津軽三十三観音霊場
正覚坊　→198 佐渡八十八ヶ所霊場
城ヶ峰　→186 倶利伽羅峠三十三観音めぐり
浄願院　→391 讃岐三十三観音霊場
松厳寺　→019 石巻牡鹿三十三札所霊場

松岩寺（岩手県奥州市江刺区）
　→015 江刺三十三観音霊場
松岩寺（宮城県気仙沼市）
　→010 三陸三十三観音霊場
松岩寺（山形県東田川郡庄内町）
　→031 出羽七福神八霊場
松岩寺（埼玉県熊谷市）
　→093 忍秩父三十四札所
照願寺（茨城県常陸大宮市）
　→428 親鸞聖人二十四輩
照願寺（千葉県いすみ市）
　→428 親鸞聖人二十四輩
称願寺　→206 甲斐百八ヵ所霊場
乗願寺（千葉県成田市）
　→127 しもふさ七福神
乗願寺（京都府長岡京市）
　→306 洛西三十三観音霊場
城官寺
　→056 御府内八十八ヵ所霊場
　→158 豊島八十八ヵ所霊場
常鑑寺　→050 銅七福神
浄閑寺　→122 行徳三十三観音霊場
成願寺（愛知県知多郡南知多町）
　→248 知多新四国八十八ヵ所霊場
　→256 南知多三十三観音霊場
成願寺（奈良県五條市木ノ原町）
　→340 大和新四国八十八ヵ所霊場
成願寺（愛媛県松山市）
　→399 伊予十三佛霊場
正観寺（埼玉県本庄市）
　→098 児玉三十三霊場
正観寺（神奈川県横浜市保土ヶ谷区東川島町）
　→055 旧小机領三十三所観音霊場
正観寺（広島県安芸郡府中町）
　→373 広島新四国八十八ヵ所霊場
正観寺（愛媛県松山市北梅本町）
　→400 伊予十二薬師霊場
正眼（群馬県沼田市）
　→090 沼田坂東三十三番札所
正眼（群馬県邑楽郡大泉町）
　→091 東上州三十三観音霊場
正願寺（岐阜県可児郡御嵩町）
　→190 東海白寿三十三観音霊場
正願寺（大分県大分市）
　→420 豊後西国霊場
聖眼寺　→053 関東八十八ヵ所霊場
静観寺　→372 鞆の浦古寺めぐり
聖観世音菩薩（山口県萩市御許町）
　→379 萩八十八ヶ所めぐり
聖観世音菩薩（山口県萩市川島）
　→379 萩八十八ヶ所めぐり
聖観世音菩薩（山口県萩市椿）
　→379 萩八十八ヶ所めぐり

404

しよう

聖観世音菩薩(山口県萩市椿東後小畑)
　→379 萩八十八ヶ所めぐり
聖観世音菩薩(山口県萩市椿東中小畑)
　→379 萩八十八ヵ所めぐり
聖観世音菩薩(山口県萩市椿東中津江)
　→379 萩八十八ヶ所めぐり
聖観世音菩薩(山口県萩市土原)
　→379 萩八十八地蔵尊めぐり
松亀寺　→318 淡路四国八十八ヵ所霊場
常久院　→238 浜松七福神
城玖寺　→016 気仙三十三観音札所
常久寺
　→187 中部四十九薬師霊場
　→220 恵那三十三観音霊場
浄久寺　→374 備後西国三十三観音霊場
常行院　→255 三河新四国霊場
浄教寺
　→279 ぼけよけ二十四霊場
　→342 紀伊之国十三仏霊場
浄橋寺　→429 西山国師遺跡霊場
常居寺　→040 安積三十三霊場
松吟庵　→355 伯耆三十三観音霊場
成金寺
　→231 遠州三十三観音霊場
　→236 遠江四十九観音霊場
正金寺　→048 福島百八地蔵尊霊場
上宮寺　→428 親鸞聖人二十四輩
浄空寺　→373 広島新四国八十八ヵ所霊場
荘宮寺　→375 周南七福神
常薫寺　→096 くりはし八福神
常慶庵　→366 児島四国八十八ヵ所霊場
松景院　→011 東北三十六不動尊霊場
性慶院　→248 知多新四国八十八ヵ所霊場
松慶寺　→080 那須三十三霊場
乗慶寺　→030 庄内三十三観音霊場
松月院　→230 伊東温泉七福神
松源院　→022 秋田三十三観音霊場
小原寺(山形県天童市)
　→035 山形百八地蔵尊霊場
小原寺(福島県郡山市)
　→040 安積三十三霊場
昌元寺　→412 九州四十九院薬師霊場
松原寺　→045 信達三十三観音霊場
松厳寺　→304 天龍寺山内七福神
松源寺(福井県小浜市)
　→201 若狭三十三観音霊場
松源寺(島根県安来市安来町)
　→358 出雲国七福神
常現寺　→231 遠州三十三観音霊場
浄眼寺　→098 児玉三十三霊場
成顕寺　→132 流山七福神
正眼寺(福島県福島市)
　→044 信夫新西国三十三観世音菩薩札所

正眼寺(埼玉県川口市宮町)
　→106 武州川口七福神
正眼寺(静岡県賀茂郡南伊豆町)
　→228 伊豆八十八ヵ所霊場
　→229 伊豆横道三十三観音霊場
正源寺(山形県最上郡真室川町新町)
　→034 山形十三仏霊場
　→035 山形百八地蔵尊霊場
正源寺(埼玉県鴻巣市)
　→094 忍領西国三十三札所
正源寺(千葉県市川市)
　→122 行徳三十三観音霊場
正源寺(富山県富山市)
　→191 北陸三十三観音霊場
生源寺
　→287 近江湖西名利二十七ヶ所霊場
　→291 近江三十三観音霊場
浄源坊　→396 小豆島八十八ヵ所霊場
聖護院
　→258 役行者集印巡り
　→259 役行者霊蹟札所
　→261 近畿三十六不動霊場
　→268 神仏霊場 巡拝の道
祥光院　→035 山形百八地蔵尊霊場
常光院(秋田県仙北市角館町西勝楽町)
　→022 秋田三十三観音霊場
常光院(福島県福島市松川町)
　→044 信夫新西国三十三観世音菩薩札所
　→048 福島百八地蔵尊霊場
常光院(埼玉県熊谷市)
　→112 武蔵国十三仏霊場
成孝院　→090 沼田坂東三十三番札所
正光院(東京都港区)
　→056 御府内八十八ヵ所霊場
正光院(東京都府中市)
　→155 多摩八十八ヵ所霊場
常光円満寺　→269 摂津国八十八ヵ所霊場
勝寺　→057 狭山三十三観音霊場
松岡寺　→041 安達三十三観音霊場
松光寺(北海道釧路市中島町)
　→004 北海道三十六不動尊霊場
松光寺(北海道帯広市)
　→003 北海道三十三観音霊場
照光寺(山形県鶴岡市羽黒町)
　→030 庄内三十三観音霊場
照光寺(長野県岡谷市本町)
　→187 中部四十九薬師霊場
　→213 信州(伊那・諏訪)八十八霊場
照光寺(京都府福知山市)
　→297 天田郡三十三観音霊場
称光寺
　→197 佐渡七福神
　→198 佐渡八十八ヶ所霊場

405

紹孝寺 →378 長門三十三観音霊場	正光寺(山形県山形市)
上合寺 →048 福島百八地蔵尊霊場	→035 山形百八地蔵尊霊場
乗光寺 →359 出雲国十三仏霊場	正光寺(岡山県真庭市)
城興寺 →307 洛陽三十三所観音巡礼	→365 高野山真言宗美作八十八ヶ所霊場
常光寺(岩手県一関市)	正光寺(徳島県那賀郡那賀町)
→018 西磐井三十三観音霊場	→381 四国三十六不動霊場
常光寺(福島県会津若松市)	→385 新四国曼荼羅霊場
→049 町廻り三十三観音	定光寺(鳥取県倉吉市)
常光寺(福島県福島市清明町)	→355 伯耆三十三観音霊場
→044 信夫新西国三十三観世音菩薩札所	定光寺(長崎県壱岐市芦辺町)
常光寺(埼玉県大里郡寄居町)	→415 壱岐四国八十八ヶ所霊場
→109 武州寄居七福神	常光寺観音院 →366 児島四国八十八ヵ所霊場
常光寺(東京都江東区)	常光寺観音堂 →016 気仙三十三観音札所
→144 亀戸七福神	浄光明寺
常光寺(神奈川県藤沢市)	→170 鎌倉三十三観音霊場
→179 藤沢七福神	→171 鎌倉十三仏霊場
常光寺(山梨県韮崎市清哲町)	→172 鎌倉二十四地蔵霊場
→206 甲斐百八ヵ所霊場	勝国寺 →060 玉川八十八ヵ所霊場
常光寺(長野県塩尻市)	照谷寺
→215 信州筑摩三十三ヶ所観音霊場	→038 会津三十三観音霊場
常光寺(長野県長野市)	→048 福島百八地蔵尊霊場
→212 信濃三十三観音霊場	浄国寺 →049 町廻り三十三観音
常光寺(愛知県田原市堀切町)	星谷寺 →062 坂東三十三観音霊場
→249 東海七福神	相ศ寺 →268 神仏霊場 巡拝の道
常光寺(京都府福知山市大江町)	正護寺 →316 明石西国三十三観音霊場
→273 丹波光七福神	荘厳寺(岩手県陸前高田市竹駒町)
常光寺(大阪府八尾市本町)	→010 三陸三十三観音霊場
→311 おおさか十三仏霊場	荘厳寺(東京都渋谷区本町)
→314 河内西国三十三観音霊場	→056 御府内八十八ヵ所霊場
常光寺(兵庫県加古川市)	荘厳寺(東京都練馬区)
→332 播磨西国観音霊場	→158 豊島八十八ヵ所霊場
常光寺(香川県小豆郡小豆島町)	荘厳寺(島根県出雲市斐川町)
→396 小豆島八十八ヵ所霊場	→357 出雲十大薬師霊場
常弘寺 →428 親鸞聖人二十四輩	常在院(福島県白河市)
浄光寺(山形県山形市相生町)	→048 福島百八地蔵尊霊場
→035 山形百八地蔵尊霊場	常在院(福井県三方上中郡若狭町)
浄光寺(山形県上山市)	→430 道元禅師を慕う釈迦三十二禅刹
→035 山形百八地蔵尊霊場	常在寺(山梨県笛吹市石和町)
浄光寺(茨城県ひたちなか市)	→202 甲斐石和温泉七福神
→428 親鸞聖人二十四輩	常在寺(山梨県南都留郡富士河口湖町)
浄光寺(群馬県太田市龍舞町)	→206 甲斐百八ヵ所霊場
→091 東上州三十三観音霊場	常在寺(静岡県賀茂郡松崎町)
浄光寺(埼玉県東松山市)	→228 伊豆八十八ヵ所霊場
→112 武蔵国十三仏霊場	淨西寺 →376 周防大島八十八ヵ所霊場
浄光寺(千葉県市川市大野町)	勝山寺 →255 三河新四国霊場
→117 市川七福神	小山寺 →223 美濃三十三観音霊場
浄光寺(東京都荒川区)	松山寺 →048 福島百八地蔵尊霊場
→158 豊島八十八ヵ所霊場	焼山寺(岡山県笠岡市神島内浦)
浄光寺(兵庫県尼崎市)	→364 神島八十八ヵ所霊場
→269 摂津国八十八ヵ所霊場	焼山寺(広島県尾道市因島中庄町)
浄光寺(岡山県玉野市)	→370 因島八十八ヵ所霊場
→366 児島四国八十八ヵ所霊場	焼山寺(徳島県名西郡神山町)
正興寺 →374 備後国三十三観音霊場	→383 四国八十八ヵ所霊場

焼山寺（愛媛県今治市宮窪町）	松寿寺　→256　南知多三十三観音霊場
→403　えひめ大島準四国八十八ヵ所霊場	成就寺　→374　備後西国三十三観音霊場
称讃寺　→306　洛西三十三観音霊場	松生院　→346　和歌山西国三十三観音霊場
勝持寺　→265　西国薬師霊場	常昌院　→061　東国花の寺 百ヶ寺
常住院（石川県羽咋郡志賀町高浜町）	清浄華院　→432　法然上人二十五霊場
→192　北陸不動尊霊場	清浄光寺　→061　東国花の寺 百ヶ寺
常住院（和歌山県和歌山市）	勝常寺　→038　会津三十三観音霊場
→346　和歌山西国三十三観音霊場	小松寺　→372　鞆の浦古寺めぐり
成就院（栃木県栃木市岩舟町）	上松寺　→098　児玉三十三霊場
→061　東国花の寺 百ヶ寺	常勝寺
→075　小野寺七福神	→270　丹波古刹十五ヵ寺霊場
成就院（埼玉県幸手市）	→330　天台宗丹波七福神
→099　埼東八十八ヵ所霊場	常照寺（神奈川県川崎市多摩区）
成就院（埼玉県行田市）	→058　準西国稲毛三十三所観音霊場
→095　行田救済菩薩十五霊場	常照寺（山口県大島郡周防大島町）
成就院（東京都台東区）	→376　周防大島八十八ヵ所霊場
→056　御府内八十八ヵ所霊場	常性寺
成就院（神奈川県鎌倉市）	→053　関東八十八ヵ所霊場
→170　鎌倉三十三観音霊場	→155　多摩八十八ヵ所霊場
→171　鎌倉十三仏霊場	→156　調布七福神
成就院（神奈川県川崎市川崎区）	浄勝寺　→010　三陸三十三観音霊場
→060　玉川八十八ヵ所霊場	正定寺　→228　伊豆八十八ヵ所霊場
→065　武相不動尊霊場	定勝寺　→211　木曽七福神
成就院（神奈川県川崎市中原区小杉陣屋町）	浄心院（広島県広島市西区）
→060　玉川八十八ヵ所霊場	→373　広島新四国八十八ヵ所霊場
成就院（長野県北安曇郡池田町）	浄心院（福岡県甘木市）
→219　仁科三十三番札所	→410　九州二十四地蔵尊霊場
成就院（静岡県伊豆市）	浄心院（福岡県朝倉市）
→226　伊豆天城七福神	→411　九州八十八ヵ所霊場
成就院（三重県伊賀市）	常心寺　→257　吉田七福神
→280　伊賀四国八十八ヶ所霊場	浄信寺　→096　くりはし八福神
成就院（京都府南丹市日吉町）	浄心寺（埼玉県大里郡寄居町）
→262　近畿楽寿観音三十三ヶ所霊場	→110　武州寄居十二支守り本尊霊場
成就院（兵庫県宝塚市）	浄心寺（埼玉県飯能市）
→331　中山寺山内七福神	→051　奥多摩新四国八十八ヵ所霊場
正寿院（岩手県大船渡市三陸町）	→066　武蔵野三十三観音霊場
→010　三陸三十三観音霊場	→113　武蔵野七福神
正寿院（山形県長井市）	浄心寺（東京都文京区）
→025　置賜三十三観音霊場	→149　昭和新撰 江戸三十三観音霊場
正壽院（和歌山県和歌山市東鍛冶屋町）	浄心寺（島根県松江市和多見町）
→346　和歌山西国三十三観音霊場	→362　松江三十三観音霊場
正樹院　→110　武州寄居十二支守り本尊霊場	浄水寺（大分県豊後大野市大野町）
聖樹院　→043　いわき七福神	→420　豊後西国霊場
昌住寺　→386　阿波西国三十三観音霊場	浄水寺（大分県由布市庄内町）
松秀寺	→420　豊後西国霊場
→231　遠州三十三観音霊場	浄誓院
→232　遠州七福神	→251　三河三十三観音霊場
→236　遠江四十九薬師霊場	→255　三河新四国
浄住寺　→306　洛西三十三観音霊場	正盛寺　→189　東海四十九薬師霊場
正宗寺　→221　飛騨三十三観音霊場	常清寺　→334　播州赤穂坂内西国三十三ヶ所
正衆寺　→256　南知多三十三観音霊場	浄生寺観音　→008　奥州南部糠部三十三観音札所
正住寺　→182　三浦三十三観音霊場	浄聖堂　→222　益田三十三観音霊場
聖衆来迎寺　→287　近江湖西名利二十七ヶ所霊場	常石寺　→228　伊豆八十八ヵ所霊場

しよう　　　　　　　　　　札所索引

常泉院（東京都文京区）
　→056 御府内八十八ヵ所霊場
常泉院（岡山県玉野市）
　→366 児島四国八十八ヵ所霊場
正善院
　→009 奥の細道みちのく路三十三ヶ所めぐり霊場
　→011 東北三十六不動尊霊場
　→030 庄内三十三観音霊場
生善院　→411 九州八十八ヵ所霊場
生善院観音　→416 相良三十三観音霊場
昌泉寺　→378 長門三十三観音霊場
祥泉寺　→177 津久井観音霊場
祥禅寺　→050 銅七福神
上善寺　→301 京都六地蔵めぐり
乗船寺　→026 尾花沢大石田三十三観音霊場
乗禅寺　→401 伊予（道前・道後）十観音霊場
常泉寺（福島県福島市飯坂町西滝ノ町）
　→046 信達坂東三十三観世音菩薩札所
常泉寺（埼玉県秩父市）
　→100 秩父三十四観音霊場
常泉寺（長野県上伊那郡中川村）
　→210 伊那七福神
常泉寺（愛知県春日井市大留町）
　→246 高蔵十徳神
常前寺　→213 信州（伊那・諏訪）八十八霊場
浄泉寺（静岡県賀茂郡松崎町）
　→228 伊豆八十八ヵ所霊場
浄泉寺（京都府綾部市位田町）
　→298 綾部三十三観音霊場
浄泉寺（広島県福山市鞆町）
　→372 鞆の浦古寺めぐり
浄漸寺　→411 九州八十八ヵ所霊場
浄禅寺（神奈川県相模原市緑区）
　→177 津久井観音霊場
浄禅寺（京都府京都市南区上鳥羽岩ノ本町）
　→301 京都六地蔵めぐり
正仙寺　→054 北関東三十六不動尊霊場
正泉寺（千葉県我孫子市）
　→059 相馬霊場八十八ヵ所
正泉寺（神奈川県横浜市鶴見区）
　→060 玉川八十八ヵ所霊場
　→065 武相不動尊霊場
正善寺　→228 伊豆八十八ヵ所霊場
正全寺　→213 信州（伊那・諏訪）八十八霊場
盛泉寺
　→212 信濃三十三観音霊場
　→214 信州七福神
　→215 信州筑摩三十三ヶ所観音霊場
定泉寺（山形県最上郡舟形町）
　→035 山形百八地蔵尊霊場
定泉寺（東京都文京区）
　→149 昭和新撰 江戸三十三観音霊場

定善寺　→353 因幡三十三観音霊場
常膳寺観音堂　→016 気仙三十三観音札所
松泉寺薬師堂　→354 因幡薬師霊場
勝蔵院（埼玉県加須市）
　→099 埼東八十八ヵ所霊場
勝蔵院（埼玉県久喜市）
　→099 埼東八十八ヵ所霊場
勝蔵院（千葉県我孫子市）
　→059 相馬霊場八十八ヵ所
乗蔵院　→099 埼東八十八ヵ所霊場
正蔵院（東京都大田区）
　→060 玉川八十八ヵ所霊場
　→065 武相不動尊霊場
正蔵院（岡山県玉野市）
　→366 児島四国八十八ヵ所霊場
松蔵寺　→045 信達三十三観音霊場
成相寺（兵庫県南あわじ市）
　→318 淡路四国八十八ヵ所霊場
　→321 淡路四十九薬師霊場
成相寺（島根県松江市荘成町）
　→356 出雲三十三観音霊場
　→359 出雲国十三仏霊場
正統院　→172 鎌倉二十四地蔵霊場
勝大寺　→007 奥州三十三観音霊場
正太寺　→231 遠州三十三観音霊場
聖代寺　→381 四国三十六不動霊場
定泰寺　→099 埼東八十八ヵ所霊場
上澤寺　→206 甲斐百八ヵ所霊場
正智庵　→057 狭山三十三観音霊場
常智院　→353 因幡三十三観音霊場
正智院　→099 埼東八十八ヵ所霊場
浄智寺
　→061 東国花の寺 百ヶ寺
　→169 鎌倉・江の島七福神
　→170 鎌倉三十三観音霊場
　→171 鎌倉十三仏霊場
　→172 鎌倉二十四地蔵霊場
常珍寺　→078 下野三十三観音霊場
浄通院　→241 大府七福神
聖通寺　→391 讃岐三十三観音霊場
正伝院　→105 深谷七福神・七草寺巡り
聖天院　→066 武蔵野三十三観音霊場
勝伝寺　→030 庄内三十三観音霊場
承天寺　→206 甲斐百八ヵ所霊場
松田寺　→099 埼東八十八ヵ所霊場
讓伝寺　→352 中国地蔵尊霊場
正傳寺（秋田県横手市大屋新町）
　→022 秋田三十三観音霊場
正伝寺（滋賀県高島市新旭町）
　→295 西近江七福神
　→430 道元禅師を慕う釈迦三十二禅刹
浄土庵　→396 小豆島八十八ヵ所霊場
昌東院　→022 秋田三十三観音霊場

札所索引　　　　　　　　　　　　　　しよう

浄土院　→035 山形百八地蔵尊霊場
正道庵　→376 周防大島八十八ヵ所霊場
正塔院　→245 尾張七福神
成道寺（静岡県焼津市）
　　　→240 焼津七福神
成道寺（愛知県田原市江比間町）
　　　→249 東海七福神
場頭殿　→255 三河新四国霊場
聖道殿　→255 三河新四国霊場
浄土王院　→373 広島新四国八十八ヵ所霊場
浄徳院　→061 東国花の寺 百ヶ寺
聖徳院（兵庫県神戸市中央区）
　　　→269 摂津国八十八ヵ所霊場
聖徳院（香川県綾歌郡宇多津町）
　　　→391 讃岐三十三観音霊場
勝徳寺　→255 三河新四国霊場
常徳寺（福島県福島市柳町）
　　　→044 信夫新西国三十三観世音菩薩札所
常徳寺（山梨県笛吹市石和町）
　　　→202 甲斐石和温泉七福神
浄徳寺　→006 北海道八十八ヵ所霊場
性徳寺　→067 奥久慈大子七福神
成徳寺　→048 福島百八地蔵尊霊場
正徳寺（山形県山形市上町）
　　　→035 山形百八地蔵尊霊場
正徳寺（福島県河沼郡会津坂下町）
　　　→038 会津三十三観音霊場
聖徳寺（新潟県佐渡市）
　　　→198 佐渡八十八ヵ所霊場
聖徳寺（長野県上伊那郡飯島町）
　　　→210 伊那七福神
　　　→213 信州（伊那・諏訪）八十八霊場
聖徳寺（島根県浜田市周布町）
　　　→361 石見曼荼羅観音霊場
聖徳寺（岡山県津山市）
　　　→365 高野山真言宗美作八十八ヶ所霊場
　　　→368 美作国七福神
定徳寺　→361 石見曼荼羅観音霊場
浄土寺（岩手県陸前高田市高田町）
　　　→010 三陸三十三観音霊場
浄土寺（神奈川県座間市）
　　　→174 相模七福神
浄土寺（愛知県知多郡南知多町）
　　　→248 知多新四国八十八ヵ所霊場
　　　→256 南知多三十三観音霊場
浄土寺（兵庫県洲本市）
　　　→318 淡路四国八十八ヵ所霊場
浄土寺（兵庫県小野市浄谷町）
　　　→267 新西国霊場
浄土寺（岡山県笠岡市神島西部）
　　　→364 神島八十八ヵ所霊場
浄土寺（広島県尾道市因島土生町）
　　　→370 因島八十八ヵ所霊場

浄土寺（広島県尾道市東久保町）
　　　→350 中国観音霊場
　　　→374 備後西国三十三観音霊場
浄土寺（香川県小豆郡小豆島町）
　　　→396 小豆島八十八ヵ所霊場
浄土寺（香川県木田郡三木町）
　　　→381 四国三十六不動霊場
浄土寺（愛媛県今治市吉海町）
　　　→403 えひめ大島准四国八十八ヵ所霊場
浄土寺（愛媛県松山市鷹子）
　　　→383 四国八十八ヵ所霊場
　　　→399 伊予十三佛霊場
浄土寺（愛媛県東温市）
　　　→381 四国三十六不動霊場
　　　→398 伊予七福神
浄土寺（宮崎県西都市）
　　　→412 九州四十九院薬師霊場
浄土寺観音堂　→016 気仙三十三観音札所
小豆島霊場総本院　→396 小豆島八十八ヵ所霊場
庄内地蔵堂　→405 にいはま新四国八十八ヵ所霊場
庄内薬師堂　→405 にいはま新四国八十八ヵ所霊場
城南宮　→268 神仏霊場 巡拝の道
湘南寺　→177 津久井観音霊場
上日寺（富山県氷見市朝日本町）
　　　→191 北陸三十三観音霊場
　　　→192 北陸不動尊霊場
上日寺（石川県鳳珠郡能登町）
　　　→191 北陸三十三観音霊場
称念寺（宮城県仙台市青葉区新坂町）
　　　→428 親鸞聖人二十四輩
称念寺（福島県二本松市）
　　　→041 安達三十三観音霊場
称念寺（静岡県賀茂郡河津町）
　　　→228 伊豆八十八ヵ所霊場
称念寺（山口県大島郡周防大島町）
　　　→376 周防大島八十八ヵ所霊場
常念寺（栃木県足利市）
　　　→072 足利七福神
常念寺（新潟県佐渡市）
　　　→198 佐渡八十八ヵ所霊場
浄念寺（宮城県気仙沼市）
　　　→010 三陸三十三観音霊場
浄念寺（長野県北安曇郡池田町）
　　　→219 仁科三十三番札所
正念寺　→420 豊後西国霊場
常念堂　→222 益田三十三観音霊場
城富院　→228 伊豆八十八ヵ所霊場
松風庵　→396 小豆島八十八ヵ所霊場
松福寺　→112 武蔵国十三仏霊場
常福院（青森県青森市）
　　　→012 津軽弘法大師霊場
常福院（東京都青梅市）
　　　→051 奥多摩新四国八十八ヵ所霊場

409

しよう　　　　　　　　　札所索引

正福院　→056 御府内八十八ヵ所霊場
定福院　→096 くりはし八福神
勝福寺（福島県喜多方市関柴町）
　→038 会津三十三観音霊場
勝福寺（神奈川県小田原市）
　→062 坂東三十三観音霊場
勝福寺（三重県伊賀市）
　→280 伊賀四国八十八ヶ所霊場
勝福寺（兵庫県神戸市須磨区大手町）
　→269 摂津国八十八ヵ所霊場
招福寺
　→004 北海道三十六不動尊霊場
　→006 北海道八十八ヶ所霊場
昌福寺（千葉県成田市）
　→127 しもふさ七福神
昌福寺（山梨県南巨摩郡富士川町）
　→206 甲斐百八ヵ所霊場
昌福寺（長野県岡谷市）
　→213 信州（伊那・諏訪）八十八霊場
昌福寺（愛知県春日井市松河戸町）
　→190 東海白寿三十三観音霊場
昌福寺（愛媛県松山市）
　→398 伊予七福神
松福寺（埼玉県北足立郡伊奈町）
　→092 足立坂東三十三札所
松福寺（福井県小浜市）
　→201 若狭三十三観音霊場
照福寺　→298 綾部三十三観音霊場
乗福寺（秋田県秋田市）
　→023 秋田七福神
乗福寺（岐阜県山県市）
　→225 美濃新四国八十八ヵ所霊場
城福寺
　→360 石見銀山天領七福神
　→361 石見曼荼羅観音霊場
常福寺（山形県東村山郡山辺町）
　→032 最上三十三観音霊場
常福寺（福島県いわき市）
　→011 東北三十六不動尊霊場
常福寺（茨城県つくば市）
　→428 親鸞聖人二十四輩
常福寺（埼玉県児玉郡美里町）
　→098 児玉三十三霊場
常福寺（千葉県成田市）
　→127 しもふさ七福神
常福寺（東京都西多摩郡日の出町）
　→155 多摩八十八ヵ所霊場
常福寺（東京都青梅市）
　→051 奥多摩新四国八十八ヵ所霊場
常福寺（長野県飯山市）
　→209 いいやま七福神

常福寺（愛知県新城市）
　→242 奥三河七観音霊場
常福寺（愛知県大府市半月町）
　→248 知多新四国八十八ヵ所霊場
常福寺（三重県伊賀市）
　→188 東海三十六不動尊霊場
　→280 伊賀四国八十八ヶ所霊場
　→286 三重四国八十八ヵ所霊場
常福寺（大阪府池田市）
　→269 摂津国八十八ヵ所霊場
常福寺（兵庫県神戸市長田区大谷町）
　→269 摂津国八十八ヵ所霊場
常福寺（奈良県五條市西阿田町）
　→340 大和新四国八十八ヵ所霊場
常福寺（山口県美祢市）
　→351 中国四十九薬師霊場
常福寺（愛知県四国中央市川滝町）
　→381 四国三十六不動霊場
浄福寺（東京都八王子市）
　→155 多摩八十八ヵ所霊場
浄福寺（和歌山県和歌山市）
　→346 和歌山西国三十三観音霊場
浄福寺（島根県出雲市上塩冶町）
　→357 出雲十大薬師霊場
浄福寺（広島県東広島市安芸津町）
　→351 中国四十九薬師霊場
淨福寺（山口県大島郡周防大島町）
　→376 周防大島八十八ヵ所霊場
成福寺　→266 聖徳太子御遺跡霊場
正福寺（岩手県釜石市甲子町）
　→010 三陸三十三観音霊場
正福寺（山形県東村山郡山辺町）
　→035 山形百八地蔵尊霊場
正福寺（福島県福島市）
　→046 信達坂東三十三観世音菩薩札所
正福寺（栃木県那須郡那須町）
　→080 那須三十三観音霊場
正福寺（埼玉県幸手市）
　→099 埼東八十八ヵ所霊場
正福寺（埼玉県深谷市）
　→053 関東八十八ヵ所霊場
　→107 武州路十二支霊場
正福寺（千葉県習志野市）
　→133 習志野七福神
正福寺（東京都東村山市野口町）
　→057 狭山三十三観音霊場
正福寺（東京都八王子市）
　→155 多摩八十八ヵ所霊場
正福寺（神奈川県川崎市高津区）
　→058 準西国稲毛三十三所観音霊場
　→060 玉川八十八ヵ所霊場
正福寺（岐阜県土岐市鶴里町）
　→187 中部四十九薬師霊場

410

正福寺(三重県伊賀市)
　→280 伊賀四国八十八ヶ所霊場
　→286 三重四国八十八ヶ所霊場
正福寺(三重県鳥羽市松尾町)
　→188 東海三十六不動尊霊場
　→281 伊勢西国三十三観音霊場
　→283 志摩国七福神
　→286 三重四国八十八ヵ所霊場
正福寺(滋賀県湖南市)
　→289 近江湖南名刹二十七ヶ所霊場
正福寺(滋賀県甲賀市甲南町)
　→289 近江湖南名刹二十七ヶ所霊場
　→291 近江三十三観音霊場
正福寺(兵庫県赤穂市)
　→334 播州赤穂坂内西国三十三ヶ所
正福寺(兵庫県淡路市)
　→318 淡路四国八十八ヵ所霊場
正福寺(佐賀県唐津市)
　→409 九州三十六不動霊場
生福寺(栃木県宇都宮市仲町)
　→053 関東八十八ヵ所霊場
生福寺(兵庫県淡路市)
　→318 淡路四国八十八ヵ所霊場
　→320 淡路島十三仏霊場
生福寺(兵庫県姫路市夢前町)
　→337 夢前七福神
聖福寺　→007 奥州三十三観音霊場
貞福寺　→135 八千代八福神
定福寺(新潟県佐渡市)
　→198 佐渡八十八ヵ所霊場
定福寺(高知県長岡郡大豊町)
　→385 新四国曼荼羅霊場
浄福寺跡　→219 仁科三十三札所
常福禅寺　→412 九州四十九院薬師霊場
菖蒲沢公会堂　→217 諏訪八十八番霊場
成仏寺
　→409 九州三十六不動霊場
　→418 国東三十三観音霊場
菖蒲村観音　→027 上山三十三観音霊場
正平寺　→412 九州四十九院薬師霊場
正遍寺　→321 淡路四十九薬師霊場
正寳院
　→052 関東三十六不動尊霊場
　→147 下谷七福神
正法院(埼玉県久喜市菖蒲町)
　→053 関東八十八ヵ所霊場
　→061 東国花の寺 百ヶ寺
　→092 足立坂東三十三札所
　→107 武州路十二支霊場
正法院(千葉県富津市)
　→120 上総国薬師如来霊場三十四ヵ所
　→129 新上総国三十三観音霊場

正法院(静岡県賀茂郡西伊豆町)
　→229 伊豆横道三十三観音霊場
正法院(愛知県知多市)
　→248 知多新四国八十八ヵ所霊場
照法寺　→012 津軽弘法大師霊場
称法寺　→019 石巻牡鹿三十三札所霊場
城宝寺　→249 東海七福神
正法寺(山形県長井市)
　→025 置賜三十三観音霊場
正法寺(山形県天童市)
　→035 山形百八地蔵尊霊場
正法寺(山形県東村山郡中山町)
　→032 最上三十三観音霊場
正法寺(福島県会津若松市東山町)
　→048 福島百八地蔵尊霊場
正法寺(福島県郡山市三穂田町)
　→040 安積三十三霊場
正法寺(福島県大沼郡昭和村)
　→048 福島百八地蔵尊霊場
正法寺(福島県二本松市)
　→048 福島百八地蔵尊霊場
正法寺(栃木県大田原市)
　→074 おおたわら七福神
正法寺(群馬県太田市脇屋町)
　→091 東上州三十三観音霊場
正法寺(埼玉県東松山市)
　→062 坂東三十三観音霊場
正法寺(埼玉県入間郡越生町)
　→111 武蔵越生七福神
正法寺(千葉県山武郡大網白里町)
　→431 日蓮宗の本山めぐり
正法寺(新潟県佐渡市)
　→198 佐渡八十八ヵ所霊場
正法寺(福井県小浜市)
　→201 若狭三十三観音霊場
正法寺(長野県長野市)
　→212 信濃三十三観音霊場
正法寺(岐阜県岐阜市)
　→225 美濃新四国八十八ヵ所霊場
正法寺(静岡県掛川市)
　→231 遠州三十三観音霊場
正法寺(静岡県菊川市)
　→235 遠江三十三観音霊場
正法寺(愛知県西尾市吉良町)
　→251 三河三十三観音霊場
正法寺(愛知県知多郡南知多町)
　→247 知多七福神
　→248 知多新四国八十八ヵ所霊場
　→256 南知多三十三観音霊場
正法寺(滋賀県大津市石山内畑町)
　→278 ぼけ封じ近畿十楽観音霊場
　→287 近江湖西名刹二十七ヶ所霊場

411

正法寺（京都府京都市右京区）
　　→272　丹波国三十三観音霊場
正法寺（京都府京都市西京区大原野南春日町）
　　→265　西国薬師霊場
　　→306　洛西三十三観音霊場
正法寺（兵庫県三木市）
　　→332　播磨西国観音霊場
正法寺（兵庫県洲本市）
　　→318　淡路四国八十八ヵ所霊場
正法寺（鳥取県鳥取市河原町）
　　→353　因幡三十三観音霊場
正法寺（島根県浜田市三隅町）
　　→361　石見曼荼羅観音霊場
正法寺（広島県三原市本町）
　　→374　備後西国三十三観音霊場
正法寺（広島県福山市鞆町）
　　→372　鞆の浦古寺めぐり
正法寺（山口県山陽小野田市）
　　→378　長門三十三観音霊場
正法寺（香川県小豆郡小豆島町）
　　→396　小豆島八十八ヵ所霊場
正法寺（愛媛県新居浜市）
　　→405　にいはま新四国八十八ヶ所霊場
正法寺（福岡県飯塚市）
　　→411　九州八十八ヵ所霊場
聖寶寺　→281　伊勢西国三十三観音霊場
定方寺　→063　武相卯歳観世音菩薩札所
正法禅寺　→248　知多新四国八十八ヵ所霊場
浄牧院　→161　東久留米七福神
松本寺　→225　美濃新四国八十八ヵ所霊場
浄明院　→400　伊予十二薬師霊場
勝明寺　→316　明石西国三十三観音霊場
照明寺（新潟県長岡市寺泊片町）
　　→193　越後三十三観音霊場
　　→195　弘法大師越後廿一ヶ所霊場
照明寺（広島県呉市）
　　→373　広島新四国八十八ヵ所霊場
称名寺（北海道函館市船見町）
　　→002　函館山七福神
称名寺（福島県伊達市梁川町）
　　→045　信達三十三観音霊場
称名寺（福島県会津若松市）
　　→049　町廻り三十三観音
称名寺（神奈川県横須賀市）
　　→182　三浦三十三観音霊場
称名寺（愛知県知多郡美浜町）
　　→256　南知多三十三観音霊場
称名寺（愛知県碧南市築山町）
　　→255　三河新四国霊場
称名寺（島根県松江市寺町）
　　→362　松江三十三観音霊場
稱名寺（愛媛県伊予市）
　　→385　新四国曼荼羅霊場

浄妙寺
　　→170　鎌倉三十三観音霊場
　　→171　鎌倉十三仏霊場
浄名寺　→378　長門三十三観音霊場
正明寺
　　→288　近江湖東名利二十七ヶ所霊場
　　→291　近江三十三観音霊場
精明寺　→355　伯耆三十三観音霊場
照明院　→092　足立坂東三十三札所
正祐寺　→269　摂津国八十八ヶ所霊場
松葉寺　→030　庄内三十三観音霊場
正養寺　→242　奥三河七観音霊場
常楽院（福島県南会津郡南会津町）
　　→036　会津五色不動尊霊場
常楽院（東京都板橋区）
　　→158　豊島八十八ヵ所霊場
常楽院（奈良県五條市西吉野町）
　　→340　大和新四国八十八ヵ所霊場
常楽院（奈良県五條市本町）
　　→340　大和新四国八十八ヵ所霊場
常楽院（岡山県玉野市）
　　→366　児島四国八十八ヵ所霊場
常楽院　→155　多摩八十八ヵ所霊場
勝楽寺（埼玉県所沢市）
　　→057　狭山三十三観音霊場
勝楽寺（兵庫県淡路市）
　　→321　淡路四十九薬師霊場
常楽寺（岩手県奥州市江刺区）
　　→015　江刺三十三観音霊場
常楽寺（福島県大沼郡会津美里町）
　　→038　会津三十三観音霊場
常楽寺（栃木県鹿沼市）
　　→061　東国花の寺　百ヶ寺
常楽寺（群馬県館林市木戸町）
　　→053　関東八十八ヵ所霊場
常楽寺（群馬県太田市上田島町）
　　→061　東国花の寺　百ヶ寺
常楽寺（埼玉県久喜市）
　　→099　埼玉八十八ヵ所霊場
常楽寺（埼玉県大里郡寄居町）
　　→109　武州寄居七福神
常楽寺（埼玉県秩父市）
　　→100　秩父三十四観音霊場
常楽寺（東京都町田市）
　　→064　武相寅歳薬師如来霊場
常楽寺（神奈川県川崎市中原区）
　　→060　玉川八十八ヵ所霊場
常楽寺（新潟県刈羽郡刈羽村）
　　→193　越後三十三観音霊場
常楽寺（新潟県佐渡市）
　　→198　佐渡八十八ヵ所霊場
常楽寺（富山県富山市婦中町）
　　→191　北陸三十三観音霊場

札所索引　　　　　　　　　　しよう

常楽寺（山梨県笛吹市境川町）
　→205 甲斐国三十三観音霊場
常楽寺（長野県松本市）
　→215 信州筑摩三十三ヶ所観音霊場
常楽寺（長野県上田市）
　→187 中部四十九薬師霊場
常楽寺（静岡県掛川市）
　→235 遠江三十三観音霊場
常楽寺（愛知県半田市東郷町）
　→248 知多新四国八十八ヵ所霊場
常楽寺（三重県伊賀市）
　→280 伊賀四国八十八ヵ所霊場
　→286 三重四国八十八ヵ所霊場
常楽寺（滋賀県湖南市）
　→289 近江湖南名利二十七ヶ所霊場
　→291 近江三十三観音霊場
常楽寺（京都府京都市西京区川島北裏町）
　→306 洛西三十三観音霊場
常楽寺（大阪府八尾市）
　→314 河内西国三十三観音霊場
常楽寺（兵庫県宍粟市一宮町）
　→262 近畿楽寿観音三十三ヶ所霊場
常楽寺（兵庫県洲本市）
　→318 淡路四国八十八ヵ所霊場
常楽寺（兵庫県赤穂市）
　→334 播州赤穂坂内西国三十三ヶ所
常楽寺（兵庫県南あわじ市）
　→318 淡路四国八十八ヵ所霊場
常楽寺（岡山県笠岡市神島内浦）
　→364 神島八十八ヵ所霊場
常楽寺（広島県尾道市因島中庄町）
　→370 因島八十八ヵ所霊場
常楽寺（徳島県徳島市国府町）
　→383 四国八十八ヵ所霊場
常楽寺（愛媛県今治市宮窪町）
　→403 えひめ大島准四国八十八ヵ所霊場
浄楽寺　→355 伯耆三十三観音霊場
成楽寺　→318 淡路四国八十八ヵ所霊場
正楽寺（山形県山形市幸町）
　→035 山形百八地蔵尊霊場
正楽寺（神奈川県横浜市鶴見区）
　→060 玉川八十八ヵ所霊場
正楽寺（福井県大飯郡高浜町）
　→201 若狭三十三観音霊場
正楽寺（滋賀県栗東市）
　→289 近江湖南名利二十七ヶ所霊場
正楽寺（岡山県備前市）
　→350 中国観音霊場
常立庵　→355 伯耆三十三観音霊場
正暦寺
　→262 近畿楽寿観音三十三ヶ所霊場
　→272 丹波国三十三観音霊場
　→298 綾部三十三観音霊場

勝龍寺
　→278 ぼけ封じ近畿十楽観音霊場
　→306 洛西三十三観音霊場
昌龍寺（群馬県沼田市）
　→089 沼田横堂三十三番札所
昌竜寺（宮崎県西臼杵郡日之影町）
　→412 九州四十九院薬師霊場
上隆寺　→317 淡路西国三十三観音霊場
城立寺　→108 武州本庄七福神
常瀧寺
　→262 近畿楽寿観音三十三ヶ所霊場
　→273 丹波光七福神
　→278 ぼけ封じ近畿十楽観音霊場
常隆寺　→318 淡路四国八十八ヵ所霊場
浄滝寺　→321 淡路四十九薬師霊場
正龍寺　→110 武州寄居十二支守り本尊霊場
勝林院　→432 法然上人二十五霊場
鐘林院　→346 和歌山西国三十三観音霊場
勝林寺　→225 美濃新四国八十八ヵ所霊場
少林寺（埼玉県大里郡寄居町）
　→110 武州寄居十二支守り本尊霊場
少林寺（埼玉県秩父市）
　→100 秩父三十四観音霊場
少林寺（岐阜県各務原市那加新加納町）
　→225 美濃新四国八十八ヵ所霊場
少林寺（静岡県浜松市中区）
　→236 遠江四十九薬師霊場
昌林寺　→035 山形百八地蔵尊霊場
松林寺（山形県最上郡最上町）
　→035 山形百八地蔵尊霊場
松林寺（埼玉県所沢市）
　→057 狭山三十三観音霊場
　→066 武蔵野三十三観音霊場
松林寺（千葉県佐倉市弥勒町）
　→126 佐倉七福神
松林寺（長野県塩尻市）
　→215 信州筑摩三十三ヶ所観音霊場
松林寺（静岡県浜松市東区中野町）
　→236 遠江四十九薬師霊場
松林寺（京都府福知山市）
　→297 天田郡三十三観音霊場
松林寺（岡山県岡山市）
　→366 児島四国八十八ヵ所霊場
松林寺（香川県小豆郡土庄町）
　→396 小豆島八十八ヵ所霊場
松隣寺
　→262 近畿楽寿観音三十三ヶ所霊場
　→271 丹波寿七福神
浄林寺（千葉県市川市）
　→122 行徳三十三観音霊場
浄林寺（神奈川県横須賀市馬堀町）
　→182 三浦三十三観音霊場
浄琳寺　→075 小野寺七福神

413

しよう　　　　　　　　　　　札所索引

正林寺　→432 法然上人二十五霊場
聖輪寺　→056 御府内八十八ヵ所霊場
青林寺　→099 埼東八十八ヵ所霊場
定林寺（山形県西村山郡河北町）
　　　→035 山形百八地蔵尊霊場
定林寺（埼玉県秩父市）
　　　→100 秩父三十四観音霊場
定林寺（山梨県笛吹市八代町）
　　　→206 甲斐百八ヵ所霊場
定林寺（奈良県高市郡明日香村）
　　　→266 聖徳太子御遺跡霊場
上林禅寺　→298 綾部三十三観音霊場
浄琳尼寺　→361 石見曼荼羅観音霊場
浄瑠璃寺（三重県伊賀市）
　　　→280 伊賀四国八十八ヵ所霊場
浄瑠璃寺（京都府木津川市加茂町）
　　　→260 関西花の寺二十五ヵ所
　　　→265 西国薬師霊場
　　　→268 神仏霊場 巡拝の道
　　　→277 仏塔古寺十八尊霊場
浄瑠璃寺（岡山県笠岡市神島西部）
　　　→364 神島八十八ヵ所霊場
浄瑠璃寺（広島県尾道市因島土生町）
　　　→370 因島八十八ヵ所霊場
浄瑠璃寺（愛媛県今治市吉海町）
　　　→403 えひめ大島准四国八十八ヵ所霊場
浄瑠璃寺（愛媛県松山市浄瑠璃町）
　　　→383 四国八十八ヵ所霊場
青蓮院
　　　→261 近畿三十六不動尊霊場
　　　→268 神仏霊場 巡拝の道
松蓮寺　→367 備中西国三十三所観音霊場
松連寺　→063 武相卯歳観世音菩薩札所
乗蓮寺　→048 福島百八地蔵尊霊場
浄蓮寺（宮城県石巻市）
　　　→019 石巻牡鹿三十三札所霊場
浄蓮寺（愛知県知多市）
　　　→248 知多新四国八十八ヵ所霊場
生蓮寺
　　　→279 ぼけよけ二十四霊場
　　　→340 大和新四国八十八ヵ所霊場
盛蓮寺　→219 仁科三十三番札所
青蓮寺（茨城県常陸太田市東連地町）
　　　→428 親鸞聖人二十四輩
青蓮寺（群馬県桐生市西久方町）
　　　→083 桐生七福神
青蓮寺（東京都板橋区）
　　　→056 御府内八十八ヵ所霊場
　　　→158 豊島八十八ヵ所霊場
青蓮寺（神奈川県鎌倉市）
　　　→053 関東八十八ヵ所霊場
青蓮寺（神奈川県相模原市緑区）
　　　→177 津久井観音霊場

青蓮寺（三重県名張市）
　　　→286 三重四国八十八ヵ所霊場
青蓮寺（京都府福知山市）
　　　→297 天田郡三十三観音霊場
青蓮寺（岡山県岡山市北区）
　　　→367 備中西国三十三所観音霊場
青蓮寺（徳島県三好市三野町）
　　　→386 阿波西国三十三観音霊場
丈六寺
　　　→280 伊賀四国八十八ヵ所霊場
　　　→286 三重四国八十八ヵ所霊場
昭和院　→198 佐渡八十八ヵ所霊場
所願寺　→117 市川七福神
白石阿弥陀堂　→405 にいはま新四国八十八ヶ所霊場
白岩観音堂　→090 沼田坂東三十三番札所
白川寺　→190 東海白寿三十三観音霊場
白川堂　→415 壱岐四国八十八ヵ所霊場
白河の関　→429 西山国師遺跡霊場
白滝観音寺　→370 因島八十八ヵ所霊場
白旗神社　→179 藤沢七福神
白浜阿弥陀堂　→405 にいはま新四国八十八ヶ所霊場
白浜海洋美術館　→116 安房七福神
白浜観音　→008 奥州南部糠部三十三観音札所
白髭神社（神奈川県三浦市三崎町）
　　　→183 三浦七福神
白髭神社（滋賀県高島市今津町）
　　　→294 湖西蓬莱七福神
白鬚神社（東京都墨田区）
　　　→151 隅田川七福神
白鬚神社（滋賀県高島市）
　　　→295 西近江七福神
白峯山　→376 周防大島八十八ヵ所霊場
白山比咩神社　→426 諸国一の宮巡拝
白山姫神社　→013 津軽三十三観音霊場
白銀浜清水観音　→008 奥州南部糠部三十三観音札所
治陸寺　→041 安達三十三観音霊場
白瀬観音　→196 佐渡西国三十三観音霊場
白鳥神社
　　　→385 新四国曼荼羅霊場
　　　→392 さぬき七福神
治良丸地蔵堂　→405 にいはま新四国八十八ヶ所霊場
治良丸不動堂　→405 にいはま新四国八十八ヶ所霊場
白峯寺（岡山県笠岡市神島北部）
　　　→364 神島八十八ヵ所霊場
白峯寺（広島県尾道市因島重井町）
　　　→370 因島八十八ヵ所霊場
白峯寺（香川県坂出市青梅町）
　　　→383 四国八十八ヵ所霊場

414

白峯寺（愛媛県今治市吉海町）
　　→403 えひめ大島准四国八十八ヵ所霊場
城山観音　→059 相馬霊場八十八ヵ所
真引堂　→415 壱岐四国八十八ヶ所霊場
新栄寺
　　→003 北海道三十三観音霊場
　　→004 北海道三十六不動尊霊場
眞延寺　→071 常陸七福神
神応寺　→303 丹波七福神
心岳寺　→239 藤枝七福神
真覺寺
　　→063 武相卯歳観世音菩薩札所
　　→155 多摩八十八ヵ所霊場
神角寺　→420 豊後西国霊場
信願寺　→428 親鸞聖人二十四輩
真観寺（埼玉県行田市）
　　→094 忍領西国三十三札所
真観寺（神奈川県川崎市川崎区）
　　→060 玉川八十八ヵ所霊場
真観寺（兵庫県南あわじ市）
　　→317 淡路西国三十三観音霊場
　　→318 淡路四国八十八ヵ所霊場
　　→320 淡路島十三仏霊場
真観寺（愛媛県四国中央市富郷町）
　　→385 新四国曼荼羅霊場
甚願田堂　→415 壱岐四国八十八ヵ所霊場
真願堂　→222 益田三十三観音霊場
眞久寺
　　→004 北海道三十六不動尊霊場
　　→006 北海道八十八ヵ所霊場
真休寺　→365 高野山真言宗美作八十八ヶ所霊場
信楽寺　→362 松江三十三観音霊場
心行寺　→163 深川七福神
尋居寺　→417 山鹿三十三観音霊場
新寺　→271 丹波寿七福神
神宮寺（千葉県印西市）
　　→118 印西大師講
神宮寺（千葉県白井市）
　　→118 印西大師講
神宮寺（福井県小浜市）
　　→201 若狭三十三観音霊場
神宮寺（長野県諏訪郡下諏訪町）
　　→213 信州（伊那・諏訪）八十八霊場
神宮寺（静岡県浜松市南区三島町）
　　→236 遠江四十九薬師霊場
神宮寺（愛知県豊橋市魚町）
　　→257 吉田七福神
神宮寺（三重県松阪市嬉野森本町）
　　→190 東海白寿三十三観音霊場
神宮寺（三重県多気郡多気町）
　　→188 東海三十六不動尊霊場
　　→265 西国薬師霊場
　　→281 伊勢四国三十三観音霊場
　　→286 三重四国八十八ヵ所霊場
神宮寺（三重県津市納所町）
　　→286 三重四国八十八ヵ所霊場
神宮寺（三重県鈴鹿市）
　　→189 東海四十九薬師霊場
　　→286 三重四国八十八ヵ所霊場
神宮寺（京都府亀岡市）
　　→272 丹波国三十三観音霊場
神宮寺（兵庫県南あわじ市）
　　→318 淡路四国八十八ヵ所霊場
神宮寺（奈良県五條市）
　　→340 大和新四国八十八ヵ所霊場
神宮寺（島根県出雲市）
　　→351 中国四十九薬師霊場
神宮寺（岡山県美作市）
　　→365 高野山真言宗美作八十八ヶ所霊場
神宮寺（広島県尾道市向島町）
　　→348 瀬戸内三十三観音霊場
神宮寺（山口県大島郡周防大島町）
　　→376 周防大島八十八ヵ所霊場
神宮寺（徳島県阿南市新野町）
　　→385 新四国曼荼羅霊場
神宮寺（徳島県美馬郡つるぎ町）
　　→385 新四国曼荼羅霊場
　　→386 阿波西国三十三観音霊場
神宮寺（大分県国東市国東町）
　　→409 九州三十六不動霊場
　　→418 国東三十三観音霊場
神宮寺跡地　→219 仁科三十三番札所
新宮寺観音　→416 相良三十三観音霊場
神宮寺法華寺　→217 諏訪八十八番霊場
神宮寺薬師堂　→321 淡路四国八十九ヵ所霊場
神宮禅寺　→314 河内西国三十三観音霊場
神宮密寺　→213 信州（伊那・諏訪）八十八霊場
心月院（東京都青梅市）
　　→051 奥多摩新四国八十八ヵ所霊場
心月院（山梨県笛吹市八代町）
　　→205 甲斐三十三観音霊場
真源寺　→147 下谷七福神
信香院　→240 焼津七福神
深向院　→206 甲斐百八ヵ所霊場
真光院（大阪府大阪市天王寺区夕陽丘町）
　　→269 摂津国八十八ヵ所霊場
眞光院（広島県広島市西区）
　　→373 広島新四国八十八ヵ所霊場
眞光院（福岡県糸島市）
　　→411 九州八十八ヵ所霊場
真光院（佐賀県佐賀市久保田町）
　　→409 九州三十六不動霊場
心光寺　→309 大坂三十三観音霊場
新興寺（北海道小樽市）
　　→004 北海道三十六不動尊霊場

新興寺（鳥取県八頭郡八頭町）
　→353 因幡三十三観音霊場
　→354 因幡薬師霊場
新光寺
　→051 奥多摩新四国八十八ヵ所霊場
　→057 狭山三十三観音霊場
　→066 武蔵野三十三観音霊場
深光寺　→145 小石川七福神
深廣寺　→096 くりはし八福神
深耕寺　→367 備中西国三十三所観音霊場
眞迎寺　→287 近江湖西名利二十七ヶ所霊場
真光寺（千葉県山武市松尾町）
　→123 九十九里七福神
真光寺（千葉県長生郡白子町）
　→124 九十九里 浜の七福神
真光寺（東京都北区）
　→158 豊島八十八ヵ所霊場
真光寺（長野県上伊那郡飯島町）
　→213 信州（伊那・諏訪）八十八霊場
真光寺（岐阜県加茂郡七宗町）
　→187 中部四十九薬師霊場
真光寺（静岡県浜松市浜北区）
　→236 遠江四十九薬師霊場
真光寺（兵庫県神戸市兵庫区）
　→335 兵庫七福神
真光寺（徳島県美馬郡つるぎ町）
　→386 阿波西国三十三観音霊場
真光寺（香川県丸亀市御供所町）
　→391 讃岐三十三観音霊場
真光寺（愛媛県今治市東村）
　→402 伊予府中十三石仏霊場
真光寺（福岡県北九州市小倉南区）
　→411 九州八十八ヵ所霊場
眞弘寺　→006 北海道八十八ヶ所霊場
神光寺（岐阜県関市）
　→223 美濃三十三観音霊場
　→225 美濃新四国八十八ヵ所霊場
神光寺（兵庫県洲本市）
　→318 淡路四国八十八ヵ所霊場
心光寺観音堂　→182 三浦三十三観音霊場
眞弘寺大師堂　→006 北海道八十八ヶ所霊場
神護寺（愛知県知多郡南知多町）
　→256 南知多三十三観音霊場
神護寺（京都府京都市右京区梅ヶ畑高雄町）
　→265 西国薬師霊場
　→268 神仏霊場 巡拝の道
　→277 仏塔古寺十八尊霊場
神護寺（大分県大分市）
　→412 九州四十九院薬師霊場
　→422 豊後国臨済七福神
神護寺（大分県中津市）
　→411 九州八十八ヵ所霊場
　→419 豊の国宇佐七福神

真言院（北海道虻田郡真狩村）
　→005 北海道十三仏霊場
真言院（山形県西置賜郡白鷹町）
　→025 置賜三十三観音霊場
真金寺　→213 信州（伊那・諏訪）八十八霊場
真言（北海道寿都郡黒松内町）
　→004 北海道三十六不動尊霊場
真言（北海道深川市）
　→003 北海道三十三観音霊場
真言密寺
　→001 北の都札幌七福神
　→005 北海道十三仏霊場
震災観音堂　→115 安房三十四観音霊場
新山観音堂　→007 奥州三十三観音霊場
神積寺
　→265 西国薬師霊場
　→276 播州薬師霊場
真珠院（千葉県印西市）
　→118 印西大師講
真珠院（東京都文京区）
　→145 小石川七福神
真宗院　→429 西山国師遺跡霊場
新宿不動堂
　→053 関東八十八ヵ所霊場
　→120 上総国薬師如来霊場三十四ヵ所
　→121 上総の七福神
　→129 新上総国三十三観音霊場
信松院
　→063 武相卯歳観世音菩薩札所
　→160 八王子七福神
心城院　→149 昭和新撰 江戸三十三観音霊場
真勝院　→148 柴又七福神
真乗院　→099 埼東八十八ヵ所霊場
眞城院（千葉県成田市）
　→127 しもふさ七福神
真城院（新潟県新潟市中央区西堀通8番町）
　→193 越後三十三観音霊場
　→195 弘法大師越後廿一ヶ所霊場
真浄院（福島県いわき市鹿島町）
　→048 福島百八地蔵尊霊場
真浄院（福島県福島市清明町）
　→044 信夫新西国三十三観世音菩薩札所
真浄院（岡山県倉敷市）
　→366 児島四国八十八ヵ所霊場
真成院
　→056 御府内八十八ヵ所霊場
　→149 昭和新撰 江戸三十三観音霊場
神正院　→393 さぬき十二支霊場
真正極楽寺　→268 神仏霊場 巡拝の道
信正寺　→022 秋田三十三観音霊場
新勝寺　→052 関東三十六不動尊霊場
新照寺　→060 玉川八十八ヵ所霊場
新正寺　→006 北海道八十八ヶ所霊場

真勝寺（北海道芦別市東頼城町）
　→004 北海道三十六不動尊霊場
　→006 北海道八十八ヶ所霊場
真勝寺（千葉県南房総市富浦町）
　→115 安房三十四観音霊場
真昌寺　→235 遠江三十三観音霊場
真照寺（福島県田村郡三春町新町）
　→048 福島百八地蔵尊霊場
真照寺（東京都あきる野市）
　→155 多摩八十八ヵ所霊場
真照寺（東京都日野市）
　→063 武相卯歳観世音菩薩札所
　→155 多摩八十八ヵ所霊場
　→162 日野七福神
真照寺（神奈川県横浜市磯子区）
　→167 磯子七福神
真浄寺（東京都青梅市）
　→155 多摩八十八ヵ所霊場
真浄寺（長野県下伊那郡喬木村）
　→187 中部四十九薬師霊場
真性寺（埼玉県秩父郡長瀞町）
　→103 長瀞七草寺めぐり
真性寺（東京都豊島区）
　→056 御府内八十八ヵ所霊場
　→142 江戸六地蔵
　→158 豊島八十八ヵ所霊場
神照寺（千葉県南房総市）
　→115 安房三十四観音霊場
神照寺（滋賀県長浜市新庄寺町）
　→290 近江湖北名刹二十七ヶ所霊場
神上寺　→378 長門三十三観音霊場
津照寺（岡山県笠岡市神島外浦）
　→364 神島八十八ヵ所霊場
津照寺（広島県尾道市因島鏡浦町）
　→370 因島八十八ヵ所霊場
津照寺（愛媛県今治市吉海町）
　→403 えひめ大島准四国八十八ヵ所霊場
津照寺（高知県室戸市）
　→383 四国八十八ヵ所霊場
真正寺　→226 伊豆天城七福神
神通堂　→222 益田三十三観音霊場
新須賀円福寺　→405 にいはま新四国八十八ヶ所霊場
新須賀大師堂　→405 にいはま新四国八十八ヶ所霊場
新井寺　→122 行徳三十三観音霊場
新盛寺　→004 北海道三十六不動尊霊場
真禅院　→224 美濃七福神
新善光寺（滋賀県栗東市）
　→289 近江湖南名刹二十七ヶ所霊場
新善光寺（京都府京都市東山区）
　→300 京都泉涌寺七福神
新善光寺（岡山県津山市）
　→365 高野山真言宗美作八十八ヶ所霊場

森泉寺　→367 備中西国三十三所観音霊場
真泉寺　→318 淡路四国八十八ヵ所霊場
真禅寺　→198 佐渡八十八ヶ所霊場
神仙寺（埼玉県行田市）
　→095 行田救済菩薩十五霊場
神仙寺（兵庫県南あわじ市）
　→317 淡路西国三十三観音霊場
心宗院　→236 遠江四十九薬師霊場
真蔵院（埼玉県南埼玉郡宮代町）
　→099 埼東八十八ヵ所霊場
真蔵院（山梨県大月市賑岡町）
　→205 甲斐国三十三観音霊場
　→206 甲斐百八ヵ所霊場
心造寺　→236 遠江四十九薬師霊場
新蔵寺　→256 南知多三十三観音霊場
神蔵寺（愛知県名古屋市名東区）
　→189 東海四十九薬師霊場
神蔵寺（京都府亀岡市薭田の野町）
　→265 西国薬師霊場
仁叟寺　→022 秋田三十三観音霊場
深大寺　→156 調布七福神
神代寺　→318 淡路四国八十八ヵ所霊場
甚大寺　→126 佐倉七福神
新大仏寺
　→188 東海三十六不動尊霊場
　→190 東海白寿三十三観音霊場
　→280 伊賀四国八十八ヵ所霊場
　→286 三重四国八十八ヵ所霊場
神代薬師堂　→217 諏訪八十八番霊場
神池寺
　→272 丹波国三十三観音霊場
　→330 天台宗丹波七福神
真頂院　→158 豊島八十八ヵ所霊場
新長谷寺（東京都豊島区）
　→056 御府内八十八ヵ所霊場
新長谷寺（岐阜県関市長谷寺町）
　→223 美濃三十三観音霊場
　→224 美濃七福神
　→225 美濃新四国八十八ヵ所霊場
新長谷寺（愛媛県伊予三島市寒川町）
　→401 伊予（道前・道後）十観音霊場
新長谷寺（愛媛県四国中央市寒川町）
　→385 新四国曼荼羅霊場
真長寺　→225 美濃新四国八十八ヵ所霊場
心通院　→072 足利七福神
神通寺
　→201 若狭三十三観音霊場
　→430 道元禅師を慕う釈迦三十二禅刹
神通寺円満院　→297 天田郡三十三観音霊場
心定庵　→376 周防大島八十八ヵ所霊場
心田院　→298 綾部三十三観音霊場
新田寺　→091 東上州三十三観音霊場
真田寺　→198 佐渡八十八ヶ所霊場

417

しんと　　　　　　　　　　　　札所索引

眞東寺　→098 児玉三十三霊場
真如院（北海道苫前郡羽幌町）
　　→006 北海道八十八ヶ所霊場
真如院（山口県大島郡周防大島町）
　　→376 周防大島八十八ヵ所霊場
真如院札幌別院　→006 北海道八十八ヶ所霊場
真如寺
　　→251 三河三十三観音霊場
　　→255 三河新四国霊場
真如堂（岐阜県下呂市）
　　→222 益田三十三観音霊場
真如堂（京都府京都市左京区）
　　→308 洛陽六阿弥陀巡拝
神恵院（岡山県笠岡市神島北部）
　　→364 神島八十八ヵ所霊場
神恵院（広島県尾道市因島田熊町）
　　→370 因島八十八ヵ所霊場
神恵院（香川県観音寺市八幡町）
　　→383 四国八十八ヵ所霊場
神恵院（愛媛県今治市吉海町）
　　→403 えひめ大島准四国八十八ヵ所霊場
心念堂　→215 信州筑摩三十三ヶ所観音霊場
真王寺　→004 北海道三十六不動尊霊場
神應寺　→316 明石西三十三観音霊場
神王寺
　　→189 東海四十九薬師霊場
　　→280 伊賀四国八十八ヶ所霊場
　　→286 三重四国八十八ヵ所霊場
新長谷寺（茨城県結城郡八千代町）
　　→053 関東八十八ヵ所霊場
　　→061 東国花の寺 百ヶ寺
新長谷寺（京都府京都市左京区）
　　→307 洛陽三十三所観音巡礼
新長谷寺（兵庫県神戸市西区櫨谷町）
　　→316 明石西三十三観音霊場
真福院　→286 三重四国八十八ヵ所霊場
信福寺　→115 安房三十四観音霊場
慎福寺　→286 三重四国八十八ヵ所霊場
新福寺　→235 遠江三十三観音霊場
森福寺
　　→351 中国四十九薬師霊場
　　→354 因幡薬師霊場
真福寺（埼玉県鴻巣市）
　　→095 行田救済菩薩十五霊場
真福寺（埼玉県秩父市）
　　→100 秩父三十四観音霊場
真福寺（東京都港区）
　　→056 御府内八十八ヵ所霊場
真福寺（東京都世田谷区）
　　→060 玉川八十八ヵ所霊場
真福寺（東京都武蔵村山市）
　　→057 狭山三十三観音霊場
　　→155 多摩八十八ヵ所霊場

真福寺（神奈川県横須賀市）
　　→182 三浦三十三観音霊場
真福寺（神奈川県横浜市青葉区荏田町）
　　→055 旧小机領三十三所観音霊場
真福寺（神奈川県横浜市保土ヶ谷区）
　　→052 関東三十六不動尊霊場
　　→065 武相不動尊霊場
真福寺（神奈川県川崎市川崎区堀之内町）
　　→060 玉川八十八ヵ所霊場
真福寺（新潟県小千谷市片貝町）
　　→193 越後三十三観音霊場
真福寺（長野県伊那市）
　　→213 信州（伊那・諏訪）八十八霊場
真福寺（岐阜県羽島市桑原町）
　　→225 美濃新四国八十八ヶ所霊場
真福寺（愛知県岡崎市真福寺町）
　　→189 東海四十九薬師霊場
　　→254 三河十二支霊場
真福寺（兵庫県神戸市兵庫区）
　　→269 摂津国八十八ヶ所霊場
真福寺（岡山県勝田郡勝央町）
　　→365 高野山真言宗美作八十八ヶ所霊場
真福寺（岡山県新見市）
　　→367 備中西国三十三観音霊場
眞福寺（岡山県津山市加茂町）
　　→365 高野山真言宗美作八十八ヶ所霊場
真福寺（岡山県苫田郡加茂町）
　　→368 美作国七福神
真福寺（広島県広島市安佐北区）
　　→373 広島新四国八十八ヶ所霊場
真福寺（山口県周南市福川中市町）
　　→352 中国地蔵霊場
神福寺（三重県亀山市関町）
　　→190 東海白寿三十三観音霊場
神福寺（山口県山口市）
　　→377 周防国三十三観音霊場
神変寺　→414 篠栗八十八ヵ所霊場
真法院　→198 佐渡八十八ヶ所霊場
真宝寺　→019 石巻牡鹿三十三札所霊場
真法寺　→019 石巻牡鹿三十三札所霊場
神本寺
　　→318 淡路四国八十八ヵ所霊場
　　→321 淡路四十九薬師霊場
新町観音　→196 佐渡西国三十三観音霊場
新町地蔵堂　→026 尾花沢大石田三十三観音霊場
新御堂　→092 足立坂東三十三札所
新湊弁財天　→199 越中万葉七福神
真明寺　→155 多摩八十八ヵ所霊場
神明宮　→050 銅七福神
神明宮旧跡　→309 大坂三十三観音霊場
新薬師寺
　　→265 西国薬師霊場
　　→339 大和十三仏霊場

418

真楽寺(新潟県佐渡市)
　→198 佐渡八十八ヶ所霊場
真楽寺(三重県松阪市美濃田町)
　→286 三重四国八十八ヶ所霊場
真楽寺(兵庫県姫路市夢前町)
　→337 夢前七福神
真楽寺(徳島県美馬市脇町)
　→386 阿波西国三十三ヶ所霊場
津龍院　→010 三陸三十三観音霊場
信立寺　→206 甲斐百ヶ所霊場
信隆寺　→129 新上総国三十三観音霊場
真隆寺(北海道中川郡幕別町)
　→006 北海道八十八ヶ所霊場
真隆寺(北海道北見市)
　→004 北海道三十六不動尊霊場
真龍院　→340 大和新四国八十八ヶ所霊場
真龍寺　→269 摂津国八十八ヶ所霊場
神林寺　→365 高野山真言宗美作八十八ヶ所霊場
心蓮寺
　→318 淡路四国八十八ヶ所霊場
　→321 淡路四十九薬師霊場
心蓮坊　→192 北陸不動尊霊場
神屋寺　→376 周防大島八十八ヵ所霊場

【 す 】

瑞雲院　→234 駿河三十三観音霊場
翠雲寺　→200 能登国三十三観音霊場
瑞雲寺(神奈川県横浜市都筑区川和町)
　→064 武相寅歳薬師如来霊場
瑞雲寺(神奈川県小田原市)
　→061 東国花の寺 百ヶ寺
瑞雲寺(愛知県春日井市神領町)
　→189 東海四十九薬師霊場
瑞雲寺(島根県出雲市平田町)
　→357 出雲十大薬師霊場
瑞雲堂　→396 小豆島八十八ヶ所霊場
瑞応寺(長野県下伊那郡松川町)
　→213 信州(伊那・諏訪)八十八霊場
瑞応寺(岐阜県羽島郡笠松町奈良町)
　→225 美濃新四国八十八ヵ所霊場
隋鴎寺　→334 播州赤穂坂越西国三十三ヶ所
瑞岩院　→205 甲斐国三十三霊場
水観寺　→265 西国薬師霊場
随岸寺　→298 綾部三十三観音霊場
随願寺
　→276 播州薬師霊場
　→332 播磨西国観音霊場
瑞岸寺　→221 飛騨三十三観音霊場
瑞巌寺
　→007 奥州三十三観音霊場
　→009 奥の細道みちのく路三十三ヶ所めぐり

霊場
　→010 三陸三十三観音霊場
　→011 東北三十六不動尊霊場
瑞岩寺(埼玉県所沢市)
　→057 狭山三十三観音霊場
瑞岩寺(埼玉県秩父市)
　→102 秩父十三仏霊場
瑞厳寺　→225 美濃四国八十八ヶ所霊場
瑞境寺　→248 知多新四国八十八ヶ所霊場
水月庵　→026 尾花沢大石鹿三十三観音霊場
水月堂(千葉県安房郡鋸南町)
　→115 安房三十四観音霊場
水月堂(鳥取県東伯郡琴浦町)
　→355 伯耆三十三観音霊場
瑞現寺　→220 恵那三十三観音霊場
瑞光寺(栃木県日光市)
　→073 今市宿七福神
瑞光寺(長野県上伊那郡辰野町)
　→213 信州(伊那・諏訪)八十八霊場
吹上寺　→346 和歌山西国三十三観音霊場
瑞松寺　→019 石巻牡鹿三十三札所霊場
瑞祥寺　→420 豊後西国霊場
瑞聖寺　→166 山手七福神
随心院　→299 京都十三仏霊場
隋心院　→427 真言宗十八本山巡拝
瑞泉院(岡山県久米郡久米南町)
　→365 高野山真言宗美作八十八ヶ所霊場
瑞泉院(岡山県玉野市)
　→366 児島四国八十八ヶ所霊場
水潜寺　→100 秩父三十四観音霊場
随泉寺　→368 美作国七福神
瑞川寺　→018 西磐井三十三観音霊場
瑞泉寺(神奈川県鎌倉市)
　→061 東国花の寺 百ヶ寺
　→170 鎌倉三十三観音霊場
　→172 鎌倉二十四地蔵霊場
瑞泉寺(愛知県常滑市)
　→189 東海四十九薬師霊場
瑞泉寺(鳥取県岩美郡岩美町)
　→354 因幡薬師霊場
瑞倉寺　→419 豊の国宇佐七福神
水天宮　→159 日本橋七福神
随念寺　→251 三河三十三観音霊場
瑞然寺　→010 三陸三十三観音霊場
瑞峯寺　→054 北関東三十六不動尊霊場
瑞法寺　→246 高蔵十徳神
随流院(神奈川県横浜市保土ヶ谷区川島町)
　→055 旧小机三十三所観音霊場
随流院(神奈川県横浜市緑区)
　→063 武相卯歳観世音菩薩札所
瑞龍院
　→288 近江湖東名刹二十七ヶ所霊場
　→425 尼寺霊場

すいり　　　　　　　　　　　札所索引

　　　→431 日蓮宗の本山めぐり
瑞林寺（福井県三方郡美浜町）
　　　→201 若狭三十三観音霊場
瑞林寺（京都府福知山市夜久野町）
　　　→297 天田郡三十三観音霊場
瑞輪寺　→431 日蓮宗の本山めぐり
瑞鹿庵　→019 石巻牡鹿三十三札所霊場
末廣神社　→159 日本橋七福神
椙尾地蔵院　→030 庄内三十三観音霊場
杉瀬　→186 倶利伽羅峠三十三観音めぐり
椙森神社　→159 日本橋七福神
杉本寺
　　　→062 坂東三十三観音霊場
　　　→170 鎌倉三十三観音霊場
　　　→172 鎌倉二十四地蔵霊場
菅生寺
　　　→259 役行者霊蹟札所
　　　→279 ぼけよけ二十四霊場
須栗平御堂　→217 諏訪八十八番霊場
スゲ大師堂　→415 壱岐四国八十八ヶ所霊場
洲崎寺　→391 讃岐三十三観音霊場
素盞嗚神社　→426 諸国一の宮巡拝
鈴谷大堂　→114 与野七福神
頭陀寺　→236 遠江四十九薬師霊場
洲崎神社　→426 諸国一の宮巡拝
須磨寺
　　　→267 新西国霊場
　　　→268 神仏霊場 巡拝の道
　　　→269 摂津国八十八ヵ所霊場
　　　→325 神戸十三仏霊場
　　　→326 神戸六地蔵霊場
　　　→427 真言宗十八本山巡拝
隅の観音　→008 奥州南部糠部三十三観音札所
住吉神社　→426 諸国一の宮巡拝
住三吉神社　→002 函館山七福神
住吉大社
　　　→268 神仏霊場 巡拝の道
　　　→426 諸国一の宮巡拝
栖山観音　→416 相良三十三観音霊場
巣林寺
　　　→026 尾花沢大石田三十三観音霊場
　　　→035 山形百八地蔵尊霊場
諏訪神社（山形県山形市諏訪町）
　　　→033 山形七福神
諏訪神社（神奈川県藤沢市）
　　　→179 藤沢七福神
諏訪大社・上社本宮　→426 諸国一の宮巡拝
諏訪大社・上社前宮　→426 諸国一の宮巡拝
諏訪大社・下社秋宮　→426 諸国一の宮巡拝
諏訪大社・下社春宮　→426 諸国一の宮巡拝
諏訪宮　→059 相馬霊場八十八ヵ所

【せ】

栖安寺　→120 上総国薬師如来霊場三十四ヵ所
盛安寺　→287 近江湖西名刹二十七ヶ所霊場
誓安寺　→309 大坂三十三観音霊場
清印寺　→026 尾花沢大石田三十三観音霊場
棲雲寺　→206 甲斐百八ヵ所霊場
栖雲寺　→201 若狭三十三観音霊場
清雲寺
　　　→061 東国花の寺 百ヶ寺
　　　→182 三浦三十三観音霊場
青雲寺　→165 谷中七福神
正音寺　→213 信州（伊那・諏訪）八十八霊場
清蘭寺　→270 丹波古利十五ヵ寺霊場
清音寺　→213 信州（伊那・諏訪）八十八霊場
誓海寺
　　　→248 知多新四国八十八ヵ所霊場
　　　→256 南知多三十三観音霊場
清楽寺　→220 恵那三十三観音霊場
清眼寺
　　　→365 高野山真言宗美作八十八ヶ所霊場
　　　→368 美作国七福神
清河寺　→092 足立坂東三十三札所
正岩寺　→376 周防大島八十八ヵ所霊場
清閑寺　→225 美濃新四国八十八ヵ所霊場
清岸寺　→122 行徳三十三観音霊場
清厳寺　→358 出雲国七福神
清岩寺（福岡県朝倉市）
　　　→409 九州三十六不動霊場
清岩寺（長崎県佐世保市福石町）
　　　→408 九州三十三観音霊場
清厳寺　→356 出雲三十三観音霊場
盛巌寺（岐阜県恵那市岩村町殿町）
　　　→220 恵那三十三観音霊場
盛巌寺（愛知県西尾市馬場町）
　　　→251 三河三十三観音霊場
西岸寺（長野県上伊那郡飯島町）
　　　→210 伊那七福神
　　　→213 信州（伊那・諏訪）八十八霊場
西岸寺（長野県大町市大町堀六日町）
　　　→219 仁科三十三番札所
西岸寺（和歌山県和歌山市小人町）
　　　→346 和歌山西国三十三観音霊場
誓願寺（北海道札幌市中央区）
　　　→001 北の都札幌七福神
　　　→005 北海道十三仏霊場
誓願寺（秋田県湯沢市）
　　　→022 秋田三十三観音霊場
誓願寺（山形県寒河江市）
　　　→034 山形十三仏霊場

誓願寺（山形県山形市八日町）
　→035 山形百八地蔵尊霊場
誓願寺（福島県会津若松市）
　→049 町廻り三十三観音
誓願寺（福島県福島市五月町）
　→044 信夫新西国三十三観世音菩薩札所
誓願寺（新潟県佐渡市）
　→198 佐渡八十八ヶ所霊場
誓願寺（愛知県名古屋市熱田区）
　→425 尼寺霊場
誓願寺（京都府京都市中京区新京極桜之町）
　→267 新西国霊場
　→307 洛陽三十三所観音巡礼
　→308 洛陽六阿弥陀巡拝
　→429 西山国師遺跡霊場
誓願寺（京都府京都市中京区新京極通三条下る桜之町）
　→432 法然上人二十五霊場
誓願寺（鳥取県西伯郡南部町）
　→355 伯耆三十三観音霊場
誓願寺（島根県松江市寺町）
　→362 松江三十三観音霊場
誓願寺（広島県広島市西区三滝本町）
　→373 広島新四国八十八ヵ所霊場
誓願寺（香川県小豆郡小豆島町）
　→396 小豆島八十八ヵ所霊場
誓願寺（福岡県福岡市西区）
　→411 九州八十八ヵ所霊場
青岸寺
　→290 近江湖北名刹二十七ヶ所霊場
　→292 近江七福神
誓願寺庵　→396 小豆島八十八ヵ所霊場
青岸渡寺
　→190 東海白寿三十三観音霊場
　→264 四国三十三観音霊場
　→268 神仏霊場 巡拝の道
誓願之塔　→396 小豆島八十八ヵ所霊場
清鏡寺（東京都八王子市）
　→063 武相卯歳観世音菩薩札所
清鏡寺（山口県光市）
　→375 周南七福神
井原寺　→177 津久井観音霊場
清見寺　→396 小豆島八十八ヵ所霊場
盛源寺
　→058 準西国稲毛三十三所観音霊場
　→180 武州稲毛七福神
星光院　→118 印西大師講
栖光院　→248 知多新四国八十八ヵ所霊場
清光院（福島県いわき市内郷町）
　→048 福島百八地蔵尊霊場
清光院（山梨県笛吹市一宮町）
　→205 甲斐国三十三観音霊場
清光院（島根県松江市外中原町）
　→362 松江三十三観音霊場

井岡寺　→030 庄内三十三観音霊場
清光寺（埼玉県北足立郡伊奈町）
　→092 足立坂東三十三札所
清光寺（東京都北区）
　→158 豊島八十八ヵ所霊場
清光寺（山梨県北杜市長坂町）
　→187 中部四十九薬師霊場
　→203 甲斐七福神
　→206 甲斐八ヵ所霊場
清高寺　→424 日向国延岡七福神
西江寺（滋賀県高島市今津町）
　→295 西近江七福神
西江寺（大阪府箕面市）
　→275 阪急沿線西国七福神
精周寺
　→003 北海道三十三観音霊場
　→006 北海道八十八ヶ所霊場
聖衆寺
　→282 伊勢七福神
　→286 三重四国八十八ヵ所霊場
清浄院（山形県村山市）
　→032 最上三十三観音霊場
清浄院（愛知県碧南市築山町）
　→255 三河新四国霊場
青松院　→205 甲斐国三十三観音霊場
清浄光寺　→418 国東三十三観音霊場
清勝寺　→332 播磨西国観音霊場
清照寺　→051 奥多摩新四国八十八ヵ所霊場
清浄寺　→318 淡路四国八十八ヵ所霊場
盛松寺　→312 河泉二十四地蔵霊場
青松寺　→026 尾花沢大石田三十三観音霊場
清浄寺　→222 益田三十三観音霊場
青色寺　→386 阿波西国三十三観音霊場
誠心院　→262 近畿楽寿観音三十三ヶ所霊場
棲真寺
　→347 山陽花の寺二十四か寺
　→373 広島新四国八十八ヵ寺霊場
清真寺　→177 津久井観音霊場
聖心寺　→012 津軽弘法大師霊場
青森寺
　→011 東北三十六不動霊場
　→012 津軽弘法大師霊場
清水寺（福島県福島市）
　→045 信達三十三観音霊場
　→046 信達坂東三十三観世音菩薩札所
　→048 福島百八地蔵尊霊場
清水寺（栃木県栃木市大平町）
　→061 東国花の寺 百ヶ寺
　→078 下野三十三観音霊場
清水寺（千葉県いすみ市）
　→062 坂東三十三観音霊場
清水寺（東京都台東区）
　→149 昭和新撰 江戸三十三観音霊場

清水寺(東京都町田市相原町)
　→063 武相卯歳観世音菩薩札所
清水寺(神奈川県相模原市南区)
　→063 武相卯歳観世音菩薩札所
清水寺(新潟県佐渡市)
　→197 佐渡七福神
　→198 佐渡八十八ヶ所霊場
清水寺(山梨県甲州市)
　→205 甲斐国三十三観音霊場
清水寺(山梨県山梨市)
　→205 甲斐国三十三観音霊場
清水寺(長野県大町市)
　→219 仁科三十三番札所
清水寺(長野県長野市)
　→212 信濃三十三観音霊場
清水寺(静岡県静岡市葵区音羽町)
　→234 駿河三十三観音霊場
清水寺(静岡県藤枝市)
　→234 駿河三十三観音霊場
　→239 藤枝七福神
清水寺(愛知県東海市荒尾町)
　→248 知多新四国八十八ヵ所霊場
清水寺(岡山県岡山市)
　→366 児島四国八十八ヵ所霊場
清水寺(岡山県久米郡久米南町)
　→365 高野山真言宗美作八十八ヶ所霊場
清水寺(岡山県真庭市)
　→365 高野山真言宗美作八十八ヶ所霊場
清水寺(山口県山口市)
　→377 周防国三十三観音霊場
清水寺(山口県大島郡周防大島町)
　→376 周防大島八十八ヵ所霊場
清水寺(徳島県徳島市南佐古三番町)
　→389 徳島七福神
清水寺(福岡県みやま市瀬高町)
　→408 九州西国三十三観音霊場
清水寺(長崎県長崎市鍛冶屋町)
　→408 九州西国三十三観音霊場
清水寺(大分県宇佐市)
　→408 九州西国三十三観音霊場
清水寺観音　→008 奥州南部糠部三十三観音札所
西仙寺　→332 播磨西国観音霊場
栖足寺　→228 伊豆八十八ヵ所霊場
清泰寺(埼玉県入間市)
　→051 奥多摩新四国八十八ヵ所霊場
清泰寺(埼玉県飯能市)
　→051 奥多摩新四国八十八ヵ所霊場
清泰寺(千葉県長生郡長生村)
　→124 九十九里 浜の七福神
清泰寺(山梨県北杜市白州町)
　→206 甲斐百八霊場
清澄寺(千葉県鴨川市)
　→061 東国花の寺 百ヶ寺

　→115 安房三十四観音霊場
　→116 安房七福神
　→431 日蓮宗の本山めぐり
清澄寺(兵庫県宝塚市)
　→269 摂津国八十八ヶ所霊場
　→275 阪急沿線西国七福神
　→427 真言宗十八本山巡拝
清伝寺(神奈川県三浦市三浦下南浦町)
　→182 三浦三十三観音霊場
清伝寺(岐阜県高山市江名子町)
　→187 中部四十九薬師霊場
　→221 飛騨三十三観音霊場
成道閣　→255 三河新四国霊場
清徳寺　→053 関東八十八ヶ所霊場
斉年寺　→243 尾張三十三観音霊場
清白寺　→206 甲斐百八霊場
清福寺　→099 埼東八十八ヶ所霊場
盛福寺　→189 東海四十九薬師霊場
清宝院　→154 多摩(青梅)七福神
正明院(埼玉県幸手市)
　→099 埼東八十八ヵ所霊場
正明院(奈良県五條市西吉野町)
　→340 大和新四国八十八ヵ所霊場
西来寺　→318 淡路四国八十八ヵ所霊場
清楽寺　→385 新四国曼荼羅霊場
清瀧院
　→061 東国花の寺 百ヶ寺
　→132 流山七福神
青瀧観音堂　→042 磐城三十三観音
清滝寺(栃木県日光市清滝町)
　→078 下野三十三観音霊場
清瀧寺(静岡県磐田市)
　→235 遠江三十三観音霊場
清瀧寺(岡山県津山市)
　→368 美作国七福神
清隆寺
　→003 北海道三十三観音霊場
　→004 北海道三十六不動尊霊場
清龍寺(山形県西村山郡河北町)
　→035 山形百八地蔵尊霊場
清龍寺(福島県大沼郡会津美里町)
　→048 福島百八地蔵尊霊場
青柳寺　→219 仁科三十三番札所
青龍寺(北海道紋別郡滝上町)
　→006 北海道八十八ヶ所霊場
青龍寺(青森県青森市)
　→011 東北三十六不動尊霊場
青龍寺(山形県鶴岡市)
　→030 庄内三十三観音霊場
青龍寺(新潟県佐渡市)
　→198 佐渡八十八ヶ所霊場
青龍寺(新潟県新潟市西蒲区)
　→195 弘法大師越後廿一ヶ所霊場

札所索引　　　　せつし

青龍寺（静岡県賀茂郡南伊豆町）
　→228 伊豆八十八ヵ所霊場
青龍寺（京都府京都市左京区八瀬秋元町）
　→432 法然上人二十五霊場
青龍寺（京都府京都市東山区）
　→307 洛陽三十三所観音巡礼
青龍寺（岡山県笠岡市神島外浦）
　→364 神島八十八ヵ所霊場
青龍寺（広島県尾道市因島三庄町）
　→370 因島八十八ヵ所霊場
青龍寺（愛媛県今治市吉海町）
　→403 えひめ大島准四国八十八ヵ所霊場
青龍寺（高知県土佐市宇佐町）
　→383 四国八十八ヵ所霊場
青龍寺（佐賀県三養基郡基山町）
　→412 九州四十九院薬師霊場
青龍寺（熊本県阿蘇市一の宮町）
　→408 九州西国三十三観音霊場
清瀧殿　→255 三河新四国霊場
青竜堂　→118 印西大師講
清涼寺（東京都板橋区）
　→158 豊島八十八ヵ所霊場
清涼寺（滋賀県彦根市古沢町）
　→288 近江湖東名利二十七ヶ所霊場
清涼寺（京都府京都市右京区嵯峨釈迦堂藤ノ木町）
　→299 京都十三仏霊場
清涼寺　→430 道元禅師を慕う釈迦三十二禅刹
栖林寺　→213 信州（伊那・諏訪）八十八霊場
清林寺（山形県最上郡戸沢村）
　→035 山形百八地蔵尊霊場
清林寺（東京都文京区）
　→149 昭和新撰 江戸三十三観音霊場
清林寺（静岡県藤枝市）
　→234 駿河三十三観音霊場
青林寺　→035 山形百八地蔵尊霊場
西蓮寺　→213 信州（伊那・諏訪）八十八霊場
青蓮寺（大阪府大阪市天王寺区生玉寺町）
　→269 摂津国八十八ヵ所霊場
　→311 おおさか十三仏霊場
青蓮寺（奈良県宇陀市）
　→425 尼寺霊場
清和院　→307 洛陽三十三所観音巡礼
石雲寺
　→009 奥の細道みちのく路三十三ヶ所めぐり霊場
　→048 福島百八地蔵尊霊場
積雲寺　→035 山形百八地蔵尊霊場
石間寺　→115 安房三十四観音霊場
石龕寺
　→270 丹波古刹十五ヵ寺霊場
　→273 丹波光七福神
赤岩寺　→257 吉田七福神

赤山禅院
　→268 神仏霊場 巡拝の道
　→302 京洛七福神
　→305 都七福神
世義寺
　→259 役行者霊蹟札所
　→286 三重四国八十八ヵ所霊場
石寺　→340 大和新四国八十八ヵ所霊場
石上寺（埼玉県熊谷市鎌倉町）
　→093 忍秩父三十四札所
石上寺（三重県亀山市和田町）
　→282 伊勢七福神
　→286 三重四国八十八ヵ所霊場
石城寺　→420 豊後国霊場
積翠寺　→206 甲斐百八十八ヵ所霊場
石像寺　→270 丹波古刹十五ヵ寺霊場
関田観音堂　→042 磐城三十三観音
石田寺
　→155 多摩八十八ヵ所霊場
　→162 日野七福神
石道寺
　→290 近江湖北名利二十七ヶ所霊場
　→291 近江三十三観音霊場
関宮　→328 但馬六十六地蔵霊場
石門洞　→396 小豆島八十八ヵ所霊場
関谷前越観音堂　→044 信夫新西国三十三観世音菩薩札所
夕陽庵　→219 仁科三十三番札所
瀬沢西照寺　→217 諏訪八十八番霊場
世尊院（神奈川県横浜市緑区北八朔町）
　→055 旧小机領三十三所観音霊場
世尊院（新潟県佐渡市）
　→198 佐渡八十八ヵ所霊場
世尊寺（新潟県佐渡市）
　→197 佐渡七福神
世尊寺（愛知県岡崎市欠町）
　→254 三河十二支霊場
世尊寺（奈良県吉野郡大淀町）
　→258 役行者集印巡り
　→266 聖徳太子御遺跡霊場
雪蹊寺（岡山県笠岡市神島外浦）
　→364 神島八十八ヵ所霊場
雪蹊寺（広島県尾道市因島三庄町）
　→370 因島八十八ヵ所霊場
雪蹊寺（愛媛県今治市吉海町）
　→403 えひめ大島准四国八十八ヵ所霊場
雪蹊寺（高知県高知市）
　→383 四国八十八ヵ所霊場
説現堂　→222 益田三十三観音霊場
積光庵　→366 児島四国八十八ヵ所霊場
摂取院
　→047 福島浜三郡七福神
　→048 福島百八地蔵尊霊場

423

せつし

摂心庵　→376 周防大島八十八ヵ所霊場
折木観音堂　→042 磐城三十三観音
銭島弁天堂　→334 播州赤穂坂内西国三十三ヶ所
瀬原観音　→416 相良三十三観音霊場
施福寺（京都府綾部市上杉町）
　→272 丹波国三十三観音霊場
　→298 綾部三十三観音霊場
施福寺（大阪府和泉市槇尾山町）
　→263 西国愛染十七霊場
　→264 西国三十三観音霊場
　→268 神仏霊場 巡拝の道
世楽院　→189 東海四十九薬師霊場
芹ケ沢泉渋院　→217 諏訪八十八番霊場
禅会寺　→029 さくらんぼ七福神
善応堂　→222 益田三十三観音霊場
禅海寺　→228 伊豆八十八ヵ所霊場
仙岳院　→009 奥の細道みちのく路三十三ヶ所めぐり霊場
千鶴寺　→414 篠栗八十八ヵ所霊場
善覚寺　→411 九州八十八ヵ所霊場
仙岩寺　→361 石見曼荼羅観音霊場
善願寺　→078 下野三十三観音霊場
全久院（埼玉県深谷市）
　→105 深谷七福神・七草寺巡り
全久院（静岡県磐田市）
　→236 遠江四十九薬師霊場
全久院（愛知県豊橋市東郷町）
　→189 東海四十九薬師霊場
善久寺　→221 飛騨三十三観音霊場
専教院　→056 御府内八十八ヵ所霊場
全竜院　→026 尾花沢大石田三十三観音霊場
善教寺　→174 相模七福神
善行寺　→372 鞆の浦古寺めぐり
浅間神社（千葉県印西市）
　→118 印西大師講
浅間神社（千葉県我孫子市）
　→059 相馬霊場八十八ヵ所
善光庵　→229 伊豆横道三十三観音霊場
仙光院　→175 湘南七福神
千光寺（北海道登別市中央区）
　→005 北海道十三仏霊場
　→006 北海道八十八ヵ所霊場
千光寺（新潟県新発田市）
　→194 蒲原三十三観音
千光寺（富山県砺波市）
　→191 北陸三十三観音霊場
千光寺（岐阜県高山市丹生川町）
　→221 飛騨三十三観音霊場
千光寺（滋賀県甲賀市水口町）
　→291 近江三十三観音霊場
千光寺（兵庫県洲本市）
　→317 淡路西三十三観音霊場
　→318 淡路四国八十八ヵ所霊場

　→320 淡路島十三仏霊場
千光寺（奈良県生駒郡平群町）
　→259 役行者霊蹟札所
　→277 仏塔古寺十八尊霊場
千光寺（島根県松江市上佐陀町）
　→356 出雲三十三観音霊場
千光寺（広島県尾道市東土堂町）
　→347 山陽花の寺二十四か寺
　→350 中国観音霊場
　→374 備後西国三十三観音霊場
千光寺（徳島県板野郡藍住町）
　→386 阿波西国三十三観音霊場
宣光寺　→231 遠州三十三観音霊場
泉光寺　→105 深谷七福神・七草寺巡り
善光寺（山形県東田川郡庄内町）
　→030 庄内三十三観音霊場
善光寺（東京都港区）
　→136 青山七福神
善光寺（新潟県佐渡市）
　→198 佐渡八十八ヶ所霊場
善光寺（山梨県甲府市）
　→206 甲斐百八ヵ所霊場
善光寺（長野県諏訪市）
　→213 信州（伊那・諏訪）八十八霊場
善光寺（長野県長野市元善町）
　→212 信濃三十三観音霊場
善光寺（岐阜県岐阜市）
　→225 美濃新四国八十八ヵ所霊場
善光寺（愛知県稲沢市祖父江町）
　→245 尾張七福神
善光寺（島根県松江市浜乃木町）
　→356 出雲三十三観音霊場
善光寺（岡山県真庭市）
　→365 高野山真言宗美作八十八ヵ所霊場
善光寺（広島県広島市西区竜王町）
　→373 広島新四国八十八ヵ所霊場
善光寺（大分県宇佐市）
　→419 豊の国宇佐七福神
全興寺
　→269 摂津国八十八ヵ所霊場
　→311 おおさか十三仏霊場
善光寺岡崎別院　→254 三河十二支霊場
善光寺世尊院　→218 善光寺七福神
善光寺大勧進　→187 中部四十九薬師霊場
善光寺大本願（長野県長野市元善町）
　→429 西山国師遺跡霊場
善光寺大本願（長野県長野市長野元善町）
　→187 中部四十九薬師霊場
善光寺堂　→255 三河新四国霊場
泉谷寺　→055 旧小机領三十三所観音霊場
善国寺　→150 新宿山手七福神
善谷寺　→176 相州小出七福神

禅師峰寺 (福井県大野市)
　→430 道元禅師を慕う釈迦三十二禅刹
禅師峰寺 (岡山県笠岡市神島外浦)
　→364 神島八十八ヵ所霊場
禅師峰寺 (広島県尾道市因島三庄町)
　→370 因島八十八ヵ所霊場
禅師峰寺 (愛媛県今治市吉海町)
　→403 えひめ大島准四国八十八ヵ所霊場
禅師峰寺 (高知県南国市)
　→383 四国八十八ヵ所霊場
善積寺　→198 佐渡八十八ヵ所霊場
禅寂院　→279 ぼけよけ二十四霊場
千手庵　→366 児島四国八十八ヵ所霊場
仙寿院　→136 青山七福神
千手院 (秋田県秋田市)
　→022 秋田三十三観音霊場
千手院 (山形県山形市)
　→032 最上三十三観音霊場
千手院 (福島県会津若松市)
　→049 町廻り三十三観音
千手院 (福島県二本松市)
　→041 安達三十三観音霊場
千手院 (栃木県鹿沼市)
　→078 下野三十三観音霊場
千手院 (東京都町田市小野路町)
　→053 関東八十八ヵ所霊場
　→063 武相卯歳観世音菩薩札所
　→155 多摩八十八ヵ所霊場
千手院 (神奈川県鎌倉市)
　→170 鎌倉三十三観音霊場
千手院 (愛知県西尾市東幡豆町)
　→255 三河新四国霊場
千手院 (島根県松江市石橋町)
　→356 出雲三十三観音霊場
　→359 出雲国十三仏霊場
　→362 松江三十三観音霊場
千手院 (岡山県井原市野上町)
　→348 瀬戸内三十三観音霊場
千手院 (岡山県岡山市)
　→366 児島四国八十八ヵ所霊場
千手院 (福岡県糟屋郡篠栗町)
　→414 篠栗八十八ヵ所霊場
千住院　→089 沼田横堂三十三番札所
千手院堂　→018 西磐井三十三観音霊場
専修庵　→186 倶利伽羅峠三十三観音めぐり
禅宗院　→228 伊豆八十八ヵ所霊場
千手寺
　→258 役行者集印巡り
　→259 役行者霊蹟札所
　→314 河内西国三十三観音霊場
泉秀寺　→046 信達坂東三十三観世音菩薩札所
善重寺　→428 親鸞聖人二十四輩
船宿寺　→260 関西花の寺二十五ヵ所

千手寺 (富山県氷見市幸町)
　→199 越中万葉七福神
千手寺 (京都府船井郡京丹波町)
　→272 丹波国三十三観音霊場
千手寺 (広島県庄原市東城町)
　→374 備後西国三十三観音霊場
千樹寺　→288 近江湖東名刹二十七ヶ所霊場
専修寺　→428 親鸞聖人二十四輩
千住神社　→152 千住宿千寿七福神
千手堂　→058 準西国稲毛三十三所観音霊場
千住本氷川神社　→152 千住宿千寿七福神
千松院　→206 甲斐百八ヵ所霊場
泉勝院　→348 瀬戸内三十三観音霊場
泉性院　→046 信達坂東三十三観世音菩薩札所
禅昌院　→378 長門三十三観音霊場
禅定院 (東京都中野区)
　→056 御府内八十八ヵ所霊場
　→158 豊島八十八ヵ所霊場
禅定院 (東京都練馬区石神井町)
　→056 御府内八十八ヵ所霊場
　→158 豊島八十八ヵ所霊場
専称寺 (神奈川県横浜市神奈川区菅田町)
　→055 旧小机領三十三所観音霊場
専称寺 (富山県射水市庄西町)
　→425 尼寺霊場
専称寺 (長野県松本市)
　→214 信州七福神
専称寺 (鳥取県東伯郡琴浦町)
　→355 伯耆三十三観音霊場
善勝寺 (埼玉県鴻巣市)
　→094 忍領西国三十三札所
善勝寺 (神奈川県相模原市緑区)
　→177 津久井観音霊場
善勝寺 (滋賀県東近江市佐野町)
　→288 近江湖東名刹二十七ヶ所霊場
　→291 近江三十三観音霊場
善昌寺 (福島県郡山市逢瀬町)
　→040 安積三十三霊場
善昌寺 (神奈川県横浜市瀬谷区)
　→185 横浜瀬谷八福神
善昌寺 (広島県府中市上下町)
　→348 瀬戸内三十三観音霊場
　→374 備後西国三十三観音霊場
善照寺 (北海道標津郡標津町)
　→006 北海道八十八ヶ所霊場
善照寺 (千葉県市川市)
　→122 行徳三十三観音霊場
善照寺 (千葉県松戸市)
　→134 松戸七福神
善性寺 (東京都世田谷区)
　→060 玉川八十八ヵ所霊場
善性寺 (岐阜県山県市)
　→225 美濃新四国八十八ヵ所霊場

せんし　　　　　　　　　札所索引

善生寺　　→162 日野七福神
禅昌寺（宮城県石巻市山下町）
　　→009 奥の細道みちのく路三十三ヶ所めぐり霊場
　　→010 三陸三十三観音霊場
　　→019 石巻牡鹿三十三札所霊場
禅昌寺（東京都武蔵村山市）
　　→057 狭山三十三観音霊場
禅昌寺（岐阜県下呂市萩原町）
　　→187 中部四十九薬師霊場
禅昌（山口県山口市）
　　→352 中国地蔵尊霊場
禅定寺（京都府綴喜郡宇治田原町）
　　→430 道元禅師を慕う釈迦三十二禅刹
禅定寺（島根県雲南市三刀屋町）
　　→350 中国観音霊場
　　→356 出雲三十三観音霊場
善正地蔵寺　　→312 河泉二十四地蔵霊場
先陣庵　　→366 児島四国八十八ヵ所霊場
善水寺
　　→265 西国薬師霊場
　　→289 近江湖南名利二十七ヶ所霊場
善性院
　　→385 新四国曼荼羅霊場
　　→394 四国讃州七福之寺
善政院　　→225 美濃新四国八十八ヵ所霊場
善誓寺　　→321 淡路四十九薬師霊場
千蔵院　　→193 越後三十三観音霊場
専蔵院　　→286 三重四国八十八ヵ所霊場
泉蔵院（埼玉県白岡市）
　　→099 埼東八十八ヵ所霊場
泉蔵院（愛知県知多郡南知多町）
　　→248 知多新四国八十八ヵ所霊場
　　→256 南知多三十三観音霊場
泉倉寺
　　→118 印西大師講
　　→131 利根川いんざい七福神
泉蔵寺（東京都町田市下小山田町）
　　→063 武相卯歳観世音菩薩札所
泉蔵寺（神奈川県秦野市）
　　→061 東国花の寺 百ヶ寺
泉蔵寺（岐阜県山県市）
　　→225 美濃新四国八十八ヵ所霊場
泉蔵寺（静岡県磐田市）
　　→236 遠江四十九薬師霊場
浅草寺
　　→062 坂東三十三観音霊場
　　→137 浅草名所七福神
　　→149 昭和新撰 江戸三十三観音霊場
善宗寺　　→086 上州七福神
泉増寺観音堂　　→016 気仙三十三観音札所
泉倉寺地蔵堂　　→118 印西大師講
泉澤寺　　→058 準西国稲毛三十三ヶ所観音霊場
先達常昌寺　　→217 諏訪八十八番霊場

栴檀寺　　→385 新四国曼荼羅霊場
全忠寺　　→256 南知多三十三観音霊場
善澄寺　　→225 美濃新四国八十八ヵ所霊場
善長寺　　→088 つつじの館林七福神
全超寺　　→225 美濃新四国八十八ヵ所霊場
全長寺（埼玉県北葛飾郡杉戸町）
　　→104 日光街道すぎと七福神
全長寺（滋賀県長浜市余呉町）
　　→290 近江湖北名利二十七ヶ所霊場
　　→430 道元禅師を慕う釈迦三十二禅刹
全長寺（宮崎県東臼杵郡美郷北郷区）
　　→412 九州四十九院薬師霊場
禅長寺
　　→197 佐渡七福神
　　→198 佐渡八十八ヵ所霊場
全通院勢至堂　　→185 横浜瀬谷八福神
善通寺（岡山県笠岡市神島北部）
　　→364 神島四国八十八ヵ所霊場
善通寺（広島県尾道市因島重井町）
　　→370 因島八十八ヵ所霊場
善通寺（香川県善通寺市善通寺町）
　　→383 四国八十八ヵ所霊場
　　→391 讃岐三十三観音霊場
　　→397 善通寺八十八ヶ所
　　→427 真言宗十八本山巡拝
善通寺（愛媛県今治市吉海町）
　　→403 えひめ大島准四国八十八ヵ所霊場
禅通寺　　→221 飛騨三十三観音霊場
善導院　　→006 北海道八十八ヵ所霊場
全洞院　　→111 武蔵越生七福神
千燈寺　　→418 国東三十三観音霊場
善導寺（福島県郡山市）
　　→040 安積三十三霊場
善導寺（福島県二本松市）
　　→041 安達三十三観音霊場
善導寺（群馬県館林市楠町）
　　→088 つつじの館林七福神
　　→091 東上州三十三観音霊場
善導寺（埼玉県大里郡寄居町）
　　→110 武州寄居十二支守り本尊霊場
善導寺（大阪府大阪市北区与力町）
　　→309 大坂三十三観音霊場
善導寺（島根県松江市和多見町）
　　→362 松江三十三観音霊場
禅洞寺　　→340 大和新四国八十八ヵ所霊場
泉徳寺　　→279 ぼけよけ二十四霊場
善徳寺（茨城県常陸大宮市）
　　→428 親鸞聖人二十四輩
善徳寺（埼玉県久喜市）
　　→099 埼東八十八ヵ所霊場
善徳寺（和歌山県田辺市芳養町）
　　→279 ぼけよけ二十四霊場
全徳寺　　→066 武蔵野三十三観音霊場

426

禅徳寺(岐阜県美濃加茂市伊深町)
　→223 美濃三十三観音霊場
禅徳寺(京都府綾部市上杉町)
　→298 綾部三十三観音霊場
仙南寺　→415 壱岐四国八十八ヶ所霊場
泉涌寺
　→268 神仏霊場 巡拝の道
　→299 京都十三仏霊場
　→307 洛陽三十三所観音巡礼
　→427 真言宗十八本山巡拝
千如寺大悲王院　→408 九州西国三十三観音霊場
善恵寺　→429 西山国師遺跡霊場
専念寺(神奈川県横浜市港北区新羽町)
　→055 旧小机領三十三所観音霊場
専念寺(滋賀県大津市)
　→429 西山国師遺跡霊場
専念寺(島根県松江市寺町)
　→362 松江三十三観音霊場
専念寺(長崎県壱岐市郷ノ浦町)
　→415 壱岐四国八十八ヶ所霊場
善應院　→228 伊豆八十八ヶ所霊場
善應寺(茨城県土浦市)
　→053 関東八十八ヵ所霊場
善応寺(栃木県河内郡上三川町)
　→076 上三川七福神
善応寺(栃木県栃木市吹上町)
　→078 下野三十三観音霊場
善応寺(岐阜県高山市宗猷寺町)
　→221 飛騨三十三観音霊場
善応寺(愛知県蒲郡市元町)
　→251 三河三十三観音霊場
　→255 三河新四国霊場
善応寺(広島県広島市中区本川町)
　→373 広島新四国八十八ヵ所霊場
善能寺　→307 洛陽三十三所観音巡礼
善福院(愛知県名古屋市東区)
　→243 尾張三十三観音霊場
善福院(三重県伊賀市上野町)
　→280 伊賀四国八十八ヶ所霊場
　→286 三重四国八十八ヵ所霊場
千福寺(三重県四日市市生桑町)
　→282 伊勢七福神
　→286 三重四国八十八ヵ所霊場
千福寺(三重県多気郡大台町)
　→281 伊勢四国三十三観音霊場
　→286 三重四国八十八ヵ所霊場
千福寺(三重県津市大里睦合町)
　→286 三重四国八十八ヵ所霊場
千福寺(兵庫県洲本市栄町)
　→318 淡路四国八十八ヵ所霊場
　→321 淡路四十九薬師霊場
千福寺(熊本県山鹿市)
　→417 山鹿三十三観音霊場

専福寺(東京都北区)
　→158 豊島八十八ヵ所霊場
専福寺(神奈川県横須賀市)
　→182 三浦三十三観音霊場
泉福寺(北海道標津郡中標津町)
　→004 北海道三十六不動尊霊場
　→006 北海道八十八ヵ所霊場
泉福寺(山形県山形市落合町)
　→035 山形百八地蔵尊霊場
泉福寺(山形県天童市)
　→035 山形百八地蔵尊霊場
泉福寺(千葉県印西市)
　→118 印西大師講
泉福寺(東京都板橋区)
　→158 豊島八十八ヵ所霊場
泉福寺(神奈川県川崎市宮前区)
　→058 準西国稲毛三十三観音霊場
　→065 武相不動尊霊場
泉福寺(静岡県三島市)
　→228 伊豆八十八ヵ所霊場
泉福寺(愛知県田原市山田町)
　→249 東海七福神
泉福寺(京都府向日市森本町)
　→306 洛西三十三観音霊場
泉福寺(和歌山県海草郡紀美野町)
　→345 高野長峰霊場
泉福寺(山口県大島郡周防大島町)
　→376 周防大島八十八ヶ所霊場
泉福寺(大分県国東市国東町)
　→418 国東三十三観音霊場
善福寺(北海道札幌市中央区)
　→006 北海道八十八ヶ所霊場
善福寺(群馬県利根郡片品村)
　→089 沼田横堂三十三番札所
善福寺(千葉県浦安市)
　→122 行徳三十三観音霊場
善福寺(長野県駒ヶ根市)
　→213 信州(伊那・諏訪)八十八霊場
善福寺(岐阜県岐阜市千手堂北町)
　→223 美濃三十三観音霊場
善福寺(静岡県賀茂郡南伊豆町)
　→228 伊豆八十八ヶ所霊場
　→229 伊豆横道三十三観音霊場
善福寺(三重県伊賀市)
　→280 伊賀四国八十八ヶ所霊場
　→286 三重四国八十八ヵ所霊場
善福寺(三重県松阪市嬉野薬王寺町)
　→286 三重四国八十八ヵ所霊場
善福寺(三重県名張市)
　→280 伊賀四国八十八ヶ所霊場
善福寺(京都府綾部市睦合町)
　→272 丹波国三十三観音霊場
　→298 綾部三十三観音霊場

善福寺（大阪府大阪市天王寺区空堀町）
　　→269 摂津国八十八ヵ所霊場
善福寺（大阪府箕面市）
　　→269 摂津国八十八ヵ所霊場
善福寺（兵庫県淡路市）
　　→317 淡路西国三十三観音霊場
善福寺（奈良県吉野郡吉野町）
　　→258 役行者集印巡り
　　→259 役行者霊蹟札所
善福寺（岡山県真庭市）
　　→365 高野山真言宗美作八十八ヶ所霊場
善福寺（徳島県徳島市寺町）
　　→386 阿波西国三十三観音霊場
善福寺（愛媛県西予市宇和町）
　　→385 新四国曼荼羅霊場
善福寺（長崎県松浦市今福町）
　　→411 九州八十八ヵ所霊場
禅福寺　→228 伊豆八十八ヵ所霊場
千佛堂　→196 佐渡西国三十三観音霊場
先辺堂　→415 壱岐四国八十八ヵ所霊場
善寳寺　→009 奥の細道みちのく路三十三ヶ所めぐり霊場
善法寺　→213 信州（伊那・諏訪）八十八霊場
千妙寺　→061 東国花の寺 百ヶ寺
善名称院　→425 尼寺霊場
善門寺　→076 上三川七福神
仙遊寺（三重県志摩市大王町）
　　→283 志摩国七福神
仙遊寺（岡山県笠岡市神島西部）
　　→364 神島八十八ヵ所霊場
仙遊寺（広島県尾道市因島田熊町）
　　→370 因島八十八ヵ所霊場
仙遊寺（香川県善通寺市仙遊町）
　　→382 四国十三仏霊場
仙遊寺（愛媛県今治市吉海町）
　　→403 えひめ大島准四国八十八ヵ所霊場
仙遊寺（愛媛県今治市玉川町）
　　→383 四国八十八ヵ所霊場
善雄寺　→129 新上総国三十三観音霊場
泉養院　→025 置賜三十三観音霊場
千用寺　→048 福島百八地蔵尊霊場
千葉寺
　　→053 関東八十八ヵ所霊場
　　→062 坂東三十三観音霊場
千養寺　→015 江刺三十三観音霊場
善養寺　→060 玉川八十八ヵ所霊場
善楽寺（岡山県笠岡市神島外浦）
　　→364 神島八十八ヵ所霊場
善楽寺（広島県尾道市因島三庄町）
　　→370 因島八十八ヵ所霊場
善楽寺（愛媛県今治市吉海町）
　　→403 えひめ大島准四国八十八ヵ所霊場

善楽寺（高知県高知市）
　　→383 四国八十八ヵ所霊場
仙龍寺
　　→381 四国三十六不動霊場
　　→384 四国別格二十霊場
泉龍寺（福島県南相馬市原町区）
　　→048 福島百八地蔵尊霊場
泉龍寺（栃木県小山市）
　　→054 北関東三十六不動尊霊場
泉龍寺（神奈川県相模原市南区上鶴間本町）
　　→063 武相卯歳観世音菩薩札所
泉龍寺（長野県松本市）
　　→215 信州筑摩三十三ヶ所観音霊場
泉龍寺（静岡県伊豆市）
　　→228 伊豆八十八ヵ所霊場
泉龍寺（鳥取県日野郡日野町）
　　→355 伯耆三十三観音霊場
善立寺　→215 信州筑摩三十三ヶ所観音霊場
善龍寺　→160 八王子七福神
全龍寺（東京都清瀬市）
　　→066 武蔵野三十三観音霊場
全龍寺（島根県松江市寺町）
　　→362 松江三十三観音霊場
梅林寺　→298 綾部三十三観音霊場
泉林寺　→108 武州本庄七福神
禅林寺（福井県福井市徳尾町）
　　→430 道元禅師を慕う釈迦三十二禅刹
禅林寺（岐阜県岐阜市）
　　→225 美濃新四国八十八ヵ所霊場
禅林寺（岐阜県中津川市）
　　→220 恵那三十三観音霊場
禅林寺（愛知県一宮市）
　　→189 東海四十九薬師霊場
禅林寺（三重県三重郡菰野町）
　　→189 東海四十九薬師霊場
禅林寺（京都府京都市左京区永観堂町）
　　→429 西山国師遺跡霊場
　　→432 法然上人二十五霊場
禅林寺（和歌山県海南市）
　　→265 西国薬師霊場
　　→279 ぼけよけ二十四霊場
　　→342 紀伊之国十三仏霊場
　　→345 高野長峰霊場
禅林寺（和歌山県和歌山市鷹匠町）
　　→346 和歌山西国三十三観音霊場
禅林寺（広島県広島市中区小町）
　　→373 広島新四国八十八ヵ所霊場
禅林寺（山口県萩市）
　　→378 長門三十三観音霊場
禅林堂　→248 知多新四国八十八ヵ所霊場
泉蓮寺
　　→029 さくらんぼ七福神
　　→035 山形百八地蔵尊霊場

428

【そ】

宗安寺(神奈川県相模原市緑区)
　→177 津久井観音霊場
宗安寺(静岡県浜松市東区市野町)
　→236 遠江四十九薬師霊場
窓安寺　→192 北陸不動尊霊場
宗安禅寺　→381 四国三十六不動霊場
宗印寺
　→063 武相卯歳観世音菩薩札所
　→162 日野七福神
宗運寺　→391 讃岐三十三観音霊場
壮栄寺　→006 北海道八十八ヶ所霊場
宗恵院　→269 摂津国八十八ヵ所霊場
宗圓寺(千葉県佐倉市新町)
　→126 佐倉七福神
宗円寺(静岡県袋井市)
　→236 遠江四十九薬師霊場
惣円寺　→101 秩父七福神
相円寺(新潟県新発田市中央町)
　→194 蒲原三十三観音
相円寺(島根県出雲市高松町)
　→357 出雲十大薬師霊場
相円寺(福岡県京都郡苅田町)
　→412 九州四十九院薬師霊場
相応院
　→187 中部四十九薬師霊場
　→221 飛騨三十三観音霊場
相応寺
　→011 東北三十六不動尊霊場
　→041 安達三十三観音霊場
崇恩寺　→280 伊賀四国八十八ヶ所霊場
宗格院　→160 八王子七福神
宗覚院　→035 山形百八地蔵尊霊場
宗願寺　→428 親鸞聖人二十四輩
總願寺　→052 関東三十六不動尊霊場
宗久寺
　→187 中部四十九薬師霊場
　→220 恵那三十三観音霊場
宗休寺　→225 美濃新四国八十八ヶ所霊場
宗慶寺　→145 小石川七福神
宗源院　→236 遠江四十九薬師霊場
曹源院
　→026 尾花沢大石田三十三観音霊場
　→032 最上三十三観音霊場
宗建寺　→154 多摩(青梅)七福神
宗건寺　→080 那須三十三観音霊場
曹源寺(福井県大野市明倫町)
　→430 道元禅師を慕う釈迦三十二禅刹
曹源寺(愛知県常滑市)
　→248 知多新四国八十八ヶ所霊場

曹源寺(愛知県豊明市栄町)
　→248 知多新四国八十八ヵ所霊場
曹源寺(大分県別府市中須賀元町)
　→420 豊後西国霊場
総源寺　→198 佐渡八十八ヶ所霊場
藻原寺　→431 日蓮宗の本山めぐり
蔵光院　→022 秋田三十三観音霊場
宗興寺　→055 旧小机領三十三所観音霊場
惣光寺　→346 和歌山西国三十三観音霊場
総光寺　→030 庄内三十三観音霊場
蔵光寺　→048 福島百八地蔵尊霊場
草谷寺　→340 大和新四国八十八ヶ所霊場
荘厳浄土寺　→269 摂津国八十八ヶ所霊場
惣持院　→298 綾部三十三観音霊場
相持院
　→247 知多七福神
　→248 知多新四国八十八ヵ所霊場
総持院(埼玉県さいたま市緑区)
　→061 東国花の寺 百ヶ寺
総持院(兵庫県宝塚市)
　→331 中山寺山内七福神
惣持寺(埼玉県深谷市)
　→105 深谷七福神・七草寺巡り
惣持寺(新潟県胎内市)
　→195 弘法大師越後廿一ヶ所霊場
総持寺(埼玉県秩父郡長瀞町)
　→101 秩父七福神
總持寺(東京都西東京市田無町)
　→052 関東三十六不動尊霊場
　→155 多摩八十八ヶ所霊場
總持寺(東京都足立区)
　→052 関東三十六不動尊霊場
　→053 関東八十八ヶ所霊場
総持寺(富山県高岡市関町)
　→199 越中万葉七福神
総持寺(愛知県知立市西町)
　→252 三河三不動霊場
　→255 三河新四国霊場
総持寺(滋賀県長浜市宮司町)
　→265 西国薬師霊場
　→290 近江湖北名刹二十七ヶ所霊場
総持寺(大阪府茨木市)
　→264 西国三十三観音霊場
　→268 神仏霊場 巡拝の道
　→269 摂津国八十八ヵ所霊場
　→278 ぼけ封じ近畿十楽観音霊場
総持寺祖院
　→191 北陸三十三観音霊場
　→430 道元禅師を慕う釈迦三十二禅刹
増珠寺　→177 津久井観音霊場
蔵春院　→228 伊豆八十八ヶ所霊場
宗昌寺　→359 出雲国三十仏霊場
宗生寺　→430 道元禅師を慕う釈迦三十二禅刹

429

そうし　　　　　　　　　　札所索引

惣正寺　→280 伊賀四国八十八ヶ所霊場
増上寺　→149 昭和新撰 江戸三十三観音霊場
宗真寺　→256 南知多三十三観音霊場
崇真寺　→054 北関東三十六不動尊霊場
宗清寺　→098 児玉三十三霊場
蔵泉庵　→306 洛西三十三観音霊場
宗川寺　→185 横浜瀬谷八福神
宗泉寺（神奈川県横浜市緑区北八朔町）
　　　　→064 武相寅蔵薬師如来霊場
宗泉寺（滋賀県野洲市）
　　　　→289 近江湖南名利二十七ヶ所霊利
宗泉寺（島根県松江市寺町）
　　　　→362 松江三十三観音霊場
宗善寺　→212 信濃三十三観音霊場
宗禅寺　→051 奥多摩新四国八十八ヵ所霊場
曹禅寺　→138 池上七福神
総泉寺　→355 伯耆三十三観音霊場
増船寺　→232 遠州七福神
増善寺　→234 駿河三十三観音霊場
増全寺　→174 相模七福神
蔵泉寺（静岡県袋井市）
　　　　→236 遠江四十九薬師霊場
蔵泉寺（岡山県玉野市）
　　　　→366 児島四国八十八ヵ所霊場
桑台院　→212 信濃三十三観音霊場
宗泰寺　→175 湘南七福神
曹沢寺　→430 道元禅師を慕う釈迦三十二禅刹
蔵沢寺
　　　　→210 伊那七福神
　　　　→213 信州（伊那・諏訪）八十八霊場
宗仲寺　→174 相模七福神
宗傳寺　→365 高野山真言宗美作八十八ヶ所霊場
曹洞院
　　　　→228 伊豆八十八ヵ所霊場
　　　　→229 伊豆横道三十三観音霊場
宗徳院　→228 伊豆八十八ヵ所霊場
宗徳寺（静岡県伊豆の国市）
　　　　→233 源氏山七福神
宗徳寺（三重県亀山市両尾町）
　　　　→281 伊勢西国三十三観音霊場
雙徳寺　→092 足立坂東三十三札所
総徳寺　→080 那須三十三観音霊場
宗福院
　　　　→032 最上三十三観音霊場
　　　　→034 山形十三仏霊場
　　　　→035 山形百八地蔵尊霊場
増福院　→263 西国愛染十七霊場
宗福寺（福島県郡山市三穂田町）
　　　　→040 安積三十三霊場
宗福寺（静岡県三島市）
　　　　→228 伊豆八十八ヵ所霊場
崇福寺（岐阜県岐阜市）
　　　　→223 美濃三十三観音霊場

崇福寺（愛知県岡崎市中島町）
　　　　→254 三河十二支霊場
崇福寺（島根県大田市三瓶町）
　　　　→361 石見曼荼羅観音霊場
惣福寺　→345 高野長峰霊場
増幅寺　→058 準西国稲毛三十三所観音霊場
像法寺
　　　　→120 上総国薬師如来霊場三十四ヵ所
　　　　→129 新上総国三十三観音霊場
蔵宝寺（京都府亀岡市千歳町）
　　　　→303 丹波七福神
蔵寶寺（岡山県美作市）
　　　　→365 高野山真言宗美作八十八ヶ所霊場
聡坊神宮寺　→208 甲州東郡七福神
増明院　→060 玉川八十八ヵ所霊場
瀧門寺　→018 西磐井三十三観音霊場
宗猷寺　→221 飛騨三十三観音霊場
窓誉寺　→346 和歌山西国三十三観音霊場
宗林寺（長野県安曇野市）
　　　　→214 信州七福神
宗林寺（香川県観音寺市豊浜町）
　　　　→385 新四国曼荼羅霊場
　　　　→394 四国讃州七福之寺
宗隣寺
　　　　→347 山陽花の寺二十四か寺
　　　　→350 中国観音霊場
雙輪寺　→122 行徳三十三観音霊場
息王寺　→041 安達三十三観音霊場
即成院　→300 京都泉涌寺七福神
即清寺
　　　　→051 奥多摩新四国八十八ヵ所霊場
　　　　→053 関東八十八ヵ所霊場
　　　　→155 多摩八十八ヵ所霊場
素玄寺　→221 飛騨三十三観音霊場
祖聖大寺　→414 篠栗八十八ヵ所霊場
辛台寺　→306 洛西三十三観音霊場
袖の堂　→415 壱岐四国八十八ヵ所霊場
外原（森の）観音　→027 上山三十三観音霊場
尊躰寺　→206 甲斐百八ヵ所霊場

【た】

大阿寺（北海道士別市）
　　　　→006 北海道八十八ヶ所霊場
大阿寺（埼玉県幸手市）
　　　　→099 埼東八十八ヵ所霊場
大安興寺
　　　　→353 因幡三十三観音霊場
　　　　→354 因幡薬師霊場
大安寺（福島県伊達郡桑折町）
　　　　→048 福島百八地蔵尊霊場

430

大安寺（福井県福井市田ノ谷町）
　→191 北陸三十三観音霊場
大安寺（静岡県下田市）
　→227 伊豆国七福神
　→228 伊豆八十八ヵ所霊場
大安寺（奈良県奈良市大安寺町）
　→266 聖徳太子御遺跡霊場
　→268 神仏霊場 巡拝の道
　→339 大和十三仏霊場
大安楽寺　→149 昭和新撰 江戸三十三観音霊場
大雲院（静岡県掛川市）
　→231 遠州三十三観音霊場
大雲院（鳥取県鳥取市立川町）
　→350 中国観音霊場
　→353 因幡三十三観音霊場
泰雲寺　→048 福島百八地蔵尊霊場
大雲寺（群馬県沼田市）
　→089 沼田横堂三十三番札所
　→090 沼田坂東三十三番札所
大雲寺（埼玉県桶川市）
　→092 足立坂東三十三札所
大雲寺（新潟県阿賀野市外城町）
　→194 蒲原三十三観音
大雲寺（岡山県岡山市表町）
　→352 中国地蔵尊霊場
大雲寺（岡山県玉野市）
　→366 児島四国八十八ヵ所霊場
大雲堂　→222 益田三十三観音霊場
大栄寺　→194 蒲原三十三観音
大円院　→035 山形百八地蔵尊霊場
大圓寺（青森県南津軽郡大鰐町）
　→011 東北三十六不動尊霊場
　→012 津軽弘法大師霊場
大円寺（福島県伊達郡川俣町）
　→048 福島百八地蔵尊霊場
大円寺（福島県福島市）
　→044 信夫新西国三十三観世音菩薩札所
大円寺（群馬県利根郡片品村）
　→089 沼田横堂三十三番札所
大圓寺（東京都東久留米市）
　→161 東久留米七福神
大円寺（東京都文京区）
　→149 昭和新撰 江戸三十三観音霊場
大圓寺（東京都目黒区）
　→166 山手七福神
大円寺（三重県伊賀市）
　→280 伊賀四国八十八ヶ所霊場
大淵寺　→100 秩父三十四観音霊場
泰應寺　→284 鈴鹿七福神
大應寺（埼玉県富士見市）
　→107 武州路十二支霊場
大応寺（鳥取県鳥取市）
　→353 因幡三十三観音霊場

大王寺（青森県弘前市新鍛冶町）
　→012 津軽弘法大師霊場
大王寺（奈良県五條市宇野町）
　→340 大和新四国八十八ヵ所霊場
大雄寺（宮城県本吉郡南三陸町）
　→010 三陸三十三観音霊場
大雄寺（栃木県大田原市黒羽田町）
　→061 東国花の寺 百ヶ寺
大雄寺（島根県松江市中原町）
　→362 松江坂東三十三観音霊場
大雄寺（愛媛県今治市室屋町）
　→402 伊予府中十三石仏霊場
大覚院（福島県福島市）
　→046 信達坂東三十三観世音菩薩札所
大覚院（山口県大島郡周防大島町）
　→376 周防大島八十八ヵ所霊場
大学院　→188 東海三十六不動尊霊場
大岳寺　→355 伯耆三十三観音霊場
大覚寺（滋賀県東近江市大覚寺町）
　→288 近江湖東名利二十七ヶ所霊場
　→291 近江三十三観音霊場
大覚寺（京都府京都市右京区嵯峨大沢町）
　→261 近畿三十六不動尊霊場
　→268 神仏霊場 巡拝の道
　→427 真言宗十八本山巡拝
大覚寺（大阪府大阪市天王寺区下町）
　→309 大坂三十三観音霊場
大覚寺（兵庫県尼崎市寺町）
　→269 摂津国八十八ヵ所霊場
大覚寺（山口県阿武郡阿武町）
　→378 長門三十三観音霊場
大歓寺　→411 九州八十八ヵ所霊場
大観寺（和歌山県海草郡紀美野町）
　→345 高野長峰霊場
大観寺（広島県福山市鞆町）
　→372 鞆の浦古寺めぐり
大願寺
　→351 中国四十九薬師霊場
　→373 広島新四国八十八ヵ所霊場
大義寺　→155 多摩八十八ヵ所霊場
大吉寺　→290 近江湖北名利二十七ヶ所霊場
退休寺　→352 中国地蔵尊霊場
大鏡寺　→309 大坂三十三観音霊場
大仰寺
　→007 奥州三十三観音霊場
　→010 三陸三十三観音霊場
大行寺（東京都あきる野市）
　→155 多摩八十八ヵ所霊場
大行寺（静岡県沼津市）
　→228 伊豆八十八ヵ所霊場
題経寺
　→141 江戸川ライン七福神
　→148 柴又七福神

431

たいく　　　　　　　　　　　　札所索引

大空閣寺　→060 玉川八十八ヵ所霊場
大宮寺　→318 淡路四国八十八ヵ所霊場
大空寺
　　→269 摂津国八十八ヵ所霊場
　　→322 伊丹七福神
大慶寺（群馬県太田市新田大根町）
　　→061 東国花の寺 百ヶ寺
大慶寺（新潟県佐渡市）
　　→198 佐渡八十八ヶ所霊場
大慶寺（静岡県藤枝市）
　　→239 藤枝七福神
体玄寺　→355 伯耆三十三観音霊場
大源寺　→378 長門三十三観音霊場
大悟庵　→234 駿河三十三観音霊場
大光院（山形県東置賜郡川西町）
　　→025 置賜三十三観音霊場
大光院（群馬県太田市金山町）
　　→085 上州太田七福神
大光院（愛知県知多郡南知多町）
　　→248 知多新四国八十八ヵ所霊場
大江院　→228 伊豆八十八ヵ所霊場
太江寺
　　→281 伊勢西国三十三観音霊場
　　→286 三重四国八十八ヵ所霊場
大岡寺　→291 近江三十三観音霊場
大興寺（埼玉県児玉郡美里町）
　　→098 児玉三十三霊場
大興寺（新潟県佐渡市）
　　→198 佐渡八十八ヶ所霊場
大興寺（岡山県笠岡市神島北部）
　　→364 神島八十八ヵ所霊場
大興寺（広島県尾道市因島田熊町）
　　→370 因島八十八ヵ所霊場
大興寺（香川県三豊市山本町）
　　→383 四国八十八ヵ所霊場
大興寺（愛媛県今治市吉海町）
　　→403 えひめ大島准四国八十八ヵ所霊場
大光寺（福島県喜多方市塩川町）
　　→038 会津三十三観音霊場
　　→048 福島百八地蔵尊霊場
大光寺（埼玉県久喜市）
　　→094 忍領西国三十三札所
　　→099 埼東八十八ヵ所霊場
大光寺（埼玉県飯能市）
　　→051 奥多摩新四国八十八ヵ所霊場
　　→107 武州路十二支霊場
大光寺（千葉県我孫子市）
　　→059 相馬霊場八十八ヵ所
大光寺（東京都あきる野市）
　　→155 多摩八十八ヵ所霊場
大光寺（東京都八王子市）
　　→155 多摩八十八ヵ所霊場

大光寺（新潟県佐渡市）
　　→198 佐渡八十八ヵ所霊場
大光寺（三重県伊賀市）
　　→280 伊賀四国八十八ヵ所霊場
　　→286 三重四国八十八ヵ所霊場
大光寺（島根県出雲市斐川町）
　　→357 出雲十大薬師霊場
大公寺　→206 甲斐百八十八ヶ所霊場
大光寺慈照閣　→013 津軽三十三観音霊場
大興善寺　→412 九州四十九院薬師霊場
大光普照寺　→098 児玉三十三霊場
大光明寺　→299 京都十三仏霊場
大黒院　→099 埼東八十八ヵ所霊場
大国寺（兵庫県篠山市丹南町）
　　→330 天台宗丹波七福神
大国寺（鹿児島県枕崎市瀬戸町）
　　→411 九州四十九院薬師霊場
大黒寺　→314 河内西国三十三霊場
大黒堂　→233 源氏山七福神
醍醐寺（滋賀県長浜市醍醐町）
　　→290 近江湖北名刹二十七ヶ所霊場
　　→293 近江国・びわ湖七福神
醍醐寺（京都府京都市伏見区醍醐東大路町）
　　→258 役行者集印巡り
　　→259 役行者霊蹟札所
　　→265 西国薬師霊場
　　→268 神仏霊場 巡拝の道
　　→427 真言宗十八本山巡拝
大厳寺　→236 遠江四十九薬師霊場
太山寺（栃木県栃木市平井町）
　　→061 東国花の寺 百ヶ寺
太山寺（愛知県西尾市寺部町）
　　→255 三河新四国
太山寺（愛知県西尾市東幡豆町）
　　→251 三河三十三観音霊場
太山寺（兵庫県神戸市西区伊川谷町）
　　→267 新西国霊場
　　→276 播州薬師霊場
　　→316 明石西国三十三観音霊場
　　→325 神戸十三仏霊場
　　→326 神戸六地蔵霊場
太山寺（岡山県笠岡市神島西部）
　　→364 神島八十八ヵ所霊場
太山寺（広島県尾道市因島土生町）
　　→370 因島八十八ヵ所霊場
太山寺（愛媛県今治市吉海町）
　　→403 えひめ大島准四国八十八ヵ所霊場
太山寺（愛媛県松山市太山寺町）
　　→383 四国八十八ヵ所霊場
　　→399 伊予十三佛霊場
泰山寺（岡山県笠岡市神島西部寺間）
　　→364 神島八十八ヵ所霊場

泰山寺（岡山県久米郡久米南町）
　→365 高野山真言宗美作八十八ヶ所霊場
泰山寺（広島県尾道市因島田熊町）
　→370 因島八十八ヵ所霊場
泰山寺（愛媛県今治市）
　→383 四国八十八ヵ所霊場
泰山寺（愛媛県今治市吉海町）
　→403 えひめ大島准四国八十八ヵ所霊場
大山寺（茨城県東茨城郡城里町）
　→053 関東八十八ヵ所霊場
　→068 佐竹七福神
大山寺（神奈川県伊勢原市）
　→052 関東三十六不動尊霊場
　→053 関東八十八ヵ所霊場
大山寺（広島県尾道市）
　→352 中国地蔵尊霊場
大山寺（徳島県板野郡上板町）
　→381 四国三十六不動霊場
　→382 四国十三仏霊場
　→384 四国別格二十霊場
　→386 阿波西国三十三観音霊場
大山寺（大分県大分市）
　→412 九州四十九院薬師霊場
大慈庵　→334 播州赤穂坂内西国三十三ヶ所
大慈院（山形県上山市）
　→027 上山三十三観音霊場
　→028 上山七福神
大慈院（愛知県弥富市）
　→243 尾張三十三観音霊場
大慈院（岡山県岡山市）
　→366 児島四国八十八ヵ所霊場
大師寺（三重県四日市市北納屋町）
　→286 三重四国八十八ヵ所霊場
大師寺（広島県安芸郡海田町）
　→373 広島新四国八十八ヵ所霊場
大師寺（福岡県久留米市田主丸町）
　→410 九州二十四地蔵尊霊場
　→411 九州八十八ヵ所霊場
大慈寺（宮城県登米市東和町）
　→007 奥州三十三観音霊場
大慈寺（秋田県横手市大森町）
　→022 秋田三十三観音霊場
大慈寺（福島県郡山市）
　→040 安積三十三霊場
大慈寺（栃木県栃木市岩舟町）
　→075 小野寺七福神
大慈寺（埼玉県秩父市横瀬町）
　→100 秩父三十四観音霊場
大慈寺（静岡県賀茂郡南伊豆町）
　→229 伊豆横道三十三観音霊場
大慈寺（三重県志摩市大王町）
　→283 志摩国七福神
大慈寺（広島県庄原市吉舎町）
　→374 備後西国三十三観音霊場

大慈寺（熊本県熊本市野田町）
　→409 九州三十六不動霊場
大慈寺三十三観音　→008 奥州南部糠部三十三観音札所
大師寺（大阪府河内長野市三日市町）
　→312 河泉二十四地蔵霊場
大師寺（島根県大田市温泉津町）
　→361 石見曼荼羅観音霊場
大慈殿　→231 遠州三十三観音霊場
太子堂　→118 印西大師講
太地堂　→334 播州赤穂坂内西国三十三ヶ所
大師堂（愛知県岡崎市井田町）
　→255 三河新四国霊場
大師堂（愛知県岡崎市明大寺町）
　→255 三河新四国霊場
大師堂（愛知県蒲郡市中央本町）
　→255 三河新四国霊場
大師堂（愛知県豊田市猿投町）
　→255 三河新四国霊場
大師堂（広島県広島市安佐南区）
　→373 広島新四国八十八ヵ所霊場
大師堂（山口県大島郡周防大島町）
　→376 周防大島八十八ヵ所霊場
大師堂（香川県小豆郡小豆島町）
　→396 小豆島八十八ヵ所霊場
大師之寺　→286 三重四国八十八ヵ所霊場
帝釋寺　→269 摂津国八十八ヵ所霊場
大樹院　→011 東北三十六不動尊霊場
台宿チューリップ幼稚園前　→059 相馬霊場八十八ヵ所
大樹寺（愛知県岡崎市鴨田町）
　→251 三河三十三観音霊場
　→255 三河新四国霊場
大樹寺（鳥取県八頭郡八頭町）
　→351 中国四十九薬師霊場
　→354 因幡薬師霊場
大昌院　→035 山形百八地蔵尊霊場
大照院
　→350 中国観音霊場
　→378 長門三十三観音霊場
大乗院（埼玉県久喜市）
　→099 埼東八十八ヵ所霊場
大乗院（兵庫県加東市）
　→333 播磨七福神
大正院　→108 武州本庄七福神
大聖院（埼玉県久喜市）
　→099 埼東八十八ヵ所霊場
大聖院（埼玉県南埼玉郡宮代町）
　→099 埼東八十八ヵ所霊場
大聖院（千葉県佐倉市鏑木町）
　→126 佐倉七福神
大聖院（千葉県南房総市千倉町）
　→052 関東三十六不動尊霊場

433

たいし　　　　　　　　　　　札所索引

大聖院（東京都港区）
　→056 御府内八十八ヵ所霊場
大聖院（新潟県佐渡市）
　→198 佐渡八十八ヶ所霊場
大聖院（三重県四日市市）
　→188 東海三十六不動尊霊場
　→282 伊勢七福神
　→286 三重四国八十八ヵ所霊場
大聖院（京都府京都市右京区北上弓削町）
　→262 近畿楽寿観音三十三ヶ所霊場
大聖院（広島県廿日市市宮島町）
　→347 山陽花の寺二十四か寺
　→350 中国観音霊場
　→373 広島新四国八十八ヵ所霊場
大聖院（山口県大島郡周防大島町）
　→376 周防大島八十八ヵ所霊場
大聖院（佐賀県唐津市西寺町）
　→411 九州八十八ヵ所霊場
　→413 肥前国西海七福神
大勝寺（兵庫県丹波市市島町）
　→273 丹波光七福神
大勝寺（熊本県荒尾市）
　→411 九州八十八ヵ所霊場
大松寺　→376 周防大島八十八ヵ所霊場
大照寺（北海道芦別市本町）
　→006 北海道八十八ヵ所霊場
大照寺（北海道札幌市厚別区）
　→004 北海道三十六不動尊霊場
　→006 北海道八十八ヵ所霊場
大照寺（北海道上川郡比布町寿町）
　→004 北海道三十六不動尊霊場
　→006 北海道八十八ヵ所霊場
大照寺（兵庫県洲本市中川原町）
　→317 淡路西国三十三観音霊場
　→318 淡路四国八十八ヵ所霊場
大祥寺　→007 奥州三十三観音霊場
大乗寺（新潟県佐渡市）
　→198 佐渡八十八ヶ所霊場
大乗寺（兵庫県美方郡香美町）
　→265 西国薬師霊場
大成寺　→201 若狭三十三観音霊場
大正寺（北海道室蘭市沢町）
　→003 北海道三十三観音霊場
大正寺（埼玉県熊谷市）
　→093 忍秩父三十四札所
大正寺（東京都調布市）
　→155 多摩八十八ヵ所霊場
　→156 調布七福神
大正寺（長野県駒ヶ根市）
　→213 信州（伊那・諏訪）八十八霊場
大聖寺（北海道上川郡上川町北町）
　→004 北海道三十六不動尊霊場
　→006 北海道八十八ヵ所霊場

大聖寺（山形県東置賜郡高畠町）
　→025 置賜三十三観音霊場
大聖寺（福島県伊達郡桑折町）
　→007 奥州三十三観音霊場
　→045 信達三十三観音霊場
大聖寺（福島県双葉郡浪江町）
　→048 福島百八地蔵尊霊場
大聖寺（茨城県土浦市）
　→054 北関東三十六不動尊霊場
大聖寺（埼玉県比企郡小川町）
　→112 武蔵国十三仏霊場
大聖寺（千葉県いすみ市）
　→052 関東三十六不動尊霊場
大聖寺（山梨県南巨摩郡身延町）
　→206 甲斐百八霊場
大聖寺（長野県飯山市）
　→209 いいやま七福神
大聖寺（静岡県賀茂郡西伊豆町）
　→228 伊豆八十八ヵ所霊場
大聖寺（愛知県犬山市）
　→188 東海三十六不動尊霊場
大聖寺（京都府京都市上京区）
　→268 神仏霊場 巡拝の道
大聖寺（京都府舞鶴市）
　→262 近畿楽寿観音三十三ヶ所霊場
大聖寺（岡山県美作市）
　→263 西国愛染十七霊場
　→274 西日本播磨美作七福神
　→347 山陽花の寺二十四か寺
大聖寺（香川県小豆郡土庄町）
　→396 小豆島八十八ヵ所霊場
大聖寺（佐賀県武雄市北方町）
　→409 九州三十六不動霊場
大聖寺（大分県国東市）
　→418 国東三十三観音霊場
大聖寺（大分県豊後高田市）
　→421 豊後高田蓬莱七福神
大定寺　→411 九州八十八ヵ所霊場
大照寺別院　→006 北海道八十八ヵ所霊場
大聖寺門跡　→425 尼寺霊場
大聖勝軍寺
　→266 聖徳太子御遺跡霊場
　→313 河内飛鳥七福神
　→314 河内西国三十三観音霊場
大乗殿　→396 小豆島八十八ヵ所霊場
大乗坊
　→269 摂津国八十八ヵ所霊場
　→310 大阪七福神
大信寺（群馬県邑楽郡邑楽町）
　→082 おうら七福神
大信寺（京都府福知山市）
　→297 天田郡三十三観音霊場

大心寺（北海道美唄市）
　→006 北海道八十八ヶ所霊場
大心寺（広島県廿日市市）
　→373 広島新四国八十八ヵ所霊場
泰西寺　→365 高野山真言宗美作八十八ヶ所霊場
大清寺　→287 近江湖西名刹二十七ヶ所霊場
大聖殿　→255 三河新四国霊場
大善院（青森県五所川原市新町）
　→012 津軽弘法大師霊場
大善院（愛知県常滑市）
　→248 知多新四国八十八ヵ所霊場
泰善寺　→240 焼津七福神
大山寺　→350 中国観音霊場
大仙寺　→155 多摩八十八ヵ所霊場
大川寺　→022 秋田三十三観音霊場
大泉寺（福島県南会津郡南会津町）
　→048 福島百八地蔵尊霊場
大泉寺（東京都町田市下小山田町）
　→063 武相卯歳観世音菩薩札所
大泉寺（新潟県柏崎市）
　→193 越後三十三観音霊場
大泉寺（山梨県甲府市古府中町）
　→206 甲斐百八ヵ所霊場
大泉寺（兵庫県洲本市）
　→318 淡路四国八十八ヵ所霊場
大泉寺（和歌山県和歌山市）
　→346 和歌山西国三十三観音霊場
大船寺　→220 恵那三十三観音霊場
大善寺（山梨県甲州市勝沼町）
　→206 甲斐百八ヵ所霊場
　→208 甲州東郡七福神
大善寺（滋賀県高島市）
　→287 近江湖西名刹二十七ヶ所霊場
大善寺（京都府京都市伏見区桃山町）
　→299 京都十三仏霊場
　→301 京都六地蔵めぐり
大善寺（奈良県五條市中之町）
　→340 大和新四国八十八ヵ所霊場
大善寺（鳥取県鳥取市用瀬町）
　→353 因幡三十三観音霊場
大善寺（高知県須崎市西町）
　→384 四国別格二十霊場
　→407 土佐七福神
大蔵経寺
　→202 甲斐石和温泉七福神
　→206 甲斐百八ヵ所霊場
太宗寺
　→142 江戸六地蔵
　→150 新宿山手七福神
泰蔵寺　→035 山形百八地蔵尊霊場
胎蔵寺（新潟県佐渡市）
　→198 佐渡八十八ヶ所霊場

胎蔵寺（大分県豊後高田市）
　→418 国東三十三観音霊場
　→420 豊後西国霊場
大蔵寺（福島県福島市）
　→045 信達三十三観音霊場
大蔵寺（神奈川県横浜市緑区中山町）
　→064 武相寅歳薬師如来霊場
大蔵寺（神奈川県相模原市緑区）
　→177 津久井観音霊場
大蔵寺（福井県三方上中郡若狭町）
　→201 若狭三十三観音霊場
大蔵寺（長野県駒ヶ根市）
　→213 信州（伊那・諏訪）八十八霊場
大澤寺（群馬県みどり市東町）
　→050 銅七福神
大澤寺（長野県長野市）
　→219 仁科三十三番札所
大澤寺（滋賀県長浜市木之本町）
　→291 近江三十三観音霊場
大澤寺（奈良県五條市大沢町）
　→340 大和新四国八十八ヵ所霊場
大智院（愛知県知多市南粕谷本町）
　→188 東海三十六不動尊霊場
　→243 尾張三十三観音霊場
　→248 知多新四国八十八ヵ所霊場
大智院（長崎県佐世保市戸尾町）
　→411 九州八十八ヵ所霊場
大智寺（福井県小浜市）
　→201 若狭三十三観音霊場
大智寺（岐阜県岐阜市）
　→223 美濃三十三観音霊場
　→225 美濃新四国八十八ヵ所霊場
大池寺　→289 近江湖南名刹二十七ヶ所霊場
大智寺観音堂　→297 天田郡三十三観音霊場
対潮院
　→348 瀬戸内三十三観音霊場
　→349 せとうち七福神
大長寺　→095 行田救済菩薩十五霊場
大椿寺　→182 三浦三十三観音霊場
大通寺（神奈川県相模原市緑区）
　→177 津久井観音霊場
大通寺（大阪府八尾市）
　→314 河内西国三十三観音霊場
大通寺（岡山県小田郡矢掛町）
　→352 中国地蔵尊霊場
　→369 良寛さん こころの寺めぐり
大傳寺　→355 伯耆三十三観音霊場
大洞院（岐阜県中津川市）
　→220 恵那三十三観音霊場
大洞院（静岡県周智郡森町）
　→231 遠州三十三観音霊場
大幢寺　→221 飛騨三十三観音霊場

435

大徳院(東京都西多摩郡奥多摩町)
　→051 奥多摩新四国八十八ヵ所霊場
大徳院(東京都青梅市御岳本町)
　→051 奥多摩新四国八十八ヵ所霊場
大徳院(東京都墨田区)
　→056 御府内八十八ヵ所霊場
大徳院(岐阜県美濃加茂市森山町)
　→188 東海三十六不動尊霊場
大徳院(愛知県あま市)
　→244 尾張三霊場
大徳寺(宮城県登米市津山町)
　→009 奥の細道みちのく路三十三ヶ所めぐり霊場
　→011 東北三十六不動尊霊場
大徳寺(群馬県沼田市)
　→090 沼田坂東三十三番札所
大徳寺(千葉県市川市)
　→122 行徳三十三観音霊場
大徳寺(滋賀県甲賀市水口町本町)
　→289 近江湖南名利二十七ヶ所霊場
大徳寺(高知県南国市)
　→407 土佐七福神
大日寺(愛知県大府市月見町)
　→241 大府七福神
大日寺(愛知県知多郡武豊町)
　→248 知多新四国八十八ヵ所霊場
大日寺(大阪府大阪市城東区)
　→269 摂津国八十八ヵ所霊場
大日寺(兵庫県西宮市高木東町)
　→269 摂津国八十八ヵ所霊場
大日寺(兵庫県姫路市)
　→332 播磨西国観音霊場
大日寺(奈良県吉野郡吉野町)
　→258 役行者集印巡り
　→259 役行者霊蹟札所
大日寺(奈良県五條市)
　→340 大和新四国八十八ヵ所霊場
大日寺(奈良県五條市西河内町)
　→340 大和新四国八十八ヵ所霊場
大日寺(和歌山県海草郡紀美野町)
　→345 高野長峰霊場
大日寺(鳥取県倉吉市)
　→351 中国四十九薬師霊場
大日寺(徳島県徳島市一宮町)
　→383 四国八十八ヵ所霊場
大日寺(徳島県板野郡板野町)
　→383 四国八十八ヵ所霊場
大日寺(高知県香南市野市町)
　→383 四国八十八ヵ所霊場
大日寺(福岡県久留米市)
　→411 九州八十八ヵ所霊場
大日寺(大分県佐伯市船頭町)
　→411 九州八十八ヵ所霊場
大日寺観音堂　→297 天田郡三十三観音霊場

大日寺(北海道紋別市潮見町)
　→003 北海道三十三観音霊場
大日寺(岐阜県岐阜市)
　→225 美濃新四国八十八ヵ所霊場
大日寺(三重県松阪市上川町)
　→286 三重四国八十八ヵ所霊場
大日寺(島根県浜田市港町)
　→361 石見曼荼羅観音霊場
大日寺(岡山県笠岡市神島外浦)
　→364 神島八十八ヵ所霊場
大日寺(岡山県笠岡市神島内浦)
　→364 神島八十八ヵ所霊場
大日寺(広島県尾道市因島大浜町)
　→370 因島八十八ヵ所霊場
大日寺(広島県尾道市因島中庄町)
　→370 因島八十八ヵ所霊場
大日寺(広島県尾道市因島椋浦町)
　→370 因島八十八ヵ所霊場
大日寺(愛媛県今治市吉海町)
　→403 えひめ大島准四国八十八ヵ所霊場
大日寺(愛媛県今治市宮窪町)
　→403 えひめ大島准四国八十八ヵ所霊場
大日堂　→059 相馬霊場八十八ヵ所
大日坊
　→011 東北三十六不動尊霊場
　→030 庄内三十三観音霊場
泰寧寺　→061 東国花の寺 百ヶ寺
大念寺(岩手県上閉伊郡大槌町)
　→010 三陸三十三観音霊場
大念寺(長野県大町市大町堀六日町)
　→219 仁科三十三番札所
大念仏寺
　→268 神仏霊場 巡拝の道
　→311 おおさか十三仏霊場
　→314 河内西国三十三観音霊場
妙の浦　→116 安房七福神
太梅寺　→228 伊豆八十八ヵ所霊場
大悲庵(埼玉県鴻巣市)
　→094 忍領西国三十三札所
大悲庵(埼玉県上尾市)
　→092 足立坂東三十三札所
大悲院　→340 大和新四国八十八ヵ所霊場
大悲王院　→411 九州八十八ヵ所霊場
大悲王院宝池坊　→409 九州三十六不動霊場
大悲願寺
　→061 東国花の寺 百ヶ寺
　→155 多摩八十八ヵ所霊場
大悲寺　→022 秋田三十三観音霊場
大悲殿(岐阜県下呂市小坂町)
　→222 益田三十三観音霊場
大悲殿(愛知県豊田市猿投町)
　→255 三河新四国霊場
大福院　→309 大坂三十三観音霊場

たいと　　　　　　　　　　札所索引

436

大福寺（福島県福島市）
　→045 信達三十三観音霊場
　→046 信達坂東三十三観世音菩薩札所
大福寺（群馬県高崎市中室田町）
　→054 北関東三十六不動尊霊場
大福寺（埼玉県加須市）
　→099 埼東八十八ヵ所霊場
大福寺（新潟県南魚沼市）
　→193 越後三十三観音霊場
大福寺（山梨県中央市）
　→205 甲斐国三十三観音霊場
　→206 甲斐百八ヵ所霊場
大福寺（岐阜県本巣市）
　→225 美濃新四国八十八ヵ所霊場
大福寺（静岡県浜松市北区三ケ日町）
　→237 浜名湖七福神
大福寺（三重県名張市美旗中村）
　→280 伊賀四国八十八ヶ所霊場
　→286 三重四国八十八ヵ所霊場
大福寺（兵庫県淡路市）
　→321 淡路四十九薬師霊場
大福寺（奈良県北葛城郡広陵町）
　→425 尼寺霊場
大福寺（岡山県真庭市）
　→365 高野山真言宗美作八十八ヶ所霊場
大福田寺
　→281 伊勢西国三十三観音霊場
　→282 伊勢七福神
　→286 三重四国八十八ヵ所霊場
大仏観音堂　→015 江刺三十三観音霊場
大仏寺　→425 尼寺霊場
大仏殿　→255 三河新四国霊場
太平寺（栃木県那須烏山市）
　→078 下野三十三観音霊場
太平寺（愛知県春日井市玉野町）
　→246 高蔵十徳神
太平寺（大阪府堺市太平寺町）
　→279 ぼけよけ二十四霊場
　→312 河泉二十四地蔵霊場
太平寺（大阪府大阪市天王寺区）
　→311 おおさか十三仏霊場
泰平寺（静岡県下田市）
　→229 伊豆横道三十三観音霊場
泰平寺（京都府京丹後市久美浜町）
　→262 近畿楽寿観音三十三ヶ所霊場
泰平寺（愛媛県宇和島市）
　→385 新四国曼荼羅霊場
大平寺　→361 石見曼荼羅観音霊場
大宝院　→190 東海白寿三十三観音霊場
大報恩寺
　→267 新西国霊場
　→278 ぼけ封じ近畿十楽観音霊場
　→299 京都十三仏霊場

太芳寺　→099 埼東八十八ヵ所霊場
大宝寺（北海道亀田郡七飯町）
　→006 北海道八十八ヶ所霊場
大宝寺（長野県塩尻市）
　→211 木曽七福神
大宝寺（愛知県知多郡南知多町）
　→248 知多新四国八十八ヵ所霊場
　→256 南知多三十三観音霊場
大寶寺（三重県伊賀市）
　→280 伊賀四国八十八ヶ所霊場
大宝寺（岡山県笠岡市神島西部）
　→364 神島八十八ヵ所霊場
大宝寺（岡山県倉敷市）
　→366 児島四国八十八ヵ所霊場
大宝寺（広島県尾道市因島土生町）
　→370 因島八十八ヵ所霊場
大宝寺（愛媛県今治市吉海町）
　→403 えひめ大島准四国八十八ヵ所霊場
大寶寺（愛媛県上浮穴郡久万高原町）
　→383 四国八十八ヵ所霊場
大宝寺（福岡県糟屋郡篠栗町）
　→414 篠栗八十八ヵ所霊場
大法寺（北海道枝幸郡中頓別町）
　→003 北海道三十三観音霊場
　→004 北海道三十六不動尊霊場
大法寺（東京都港区）
　→164 港区七福神
大法寺（静岡県静岡市清水区由比町）
　→234 駿河三十三観音霊場
大本願　→425 尼寺霊場
大本山永平寺　→430 道元禅師を慕う釈迦三十二禅刹
退魔寺
　→054 北関東三十六不動尊霊場
　→061 東国花の寺 百ヶ寺
當麻寺
　→258 役行者集印巡り
　→267 新西国霊場
　→268 神仏霊場 巡拝の道
當麻寺奥院
　→429 西山国師遺跡霊場
　→432 法然上人二十五霊場
當麻寺西南院
　→260 関西花の寺二十五ヶ所
　→277 仏塔古寺十八尊霊場
當麻寺中之坊
　→258 役行者集印巡り
　→338 大和七福八宝めぐり
　→339 大和十三仏霊場
大満寺（宮城県仙台市太白区）
　→009 奥の細道みちのく路三十三ヶ所めぐり霊場
大満寺（東京都北区）
　→158 豊島八十八ヵ所霊場

437

たいも　　　　　　　　　　　　　札所索引

大門寺　→269 摂津国八十八ヵ所霊場
大門村観音　→027 上山三十三観音霊場
大雄院　→091 東上州三十三観音霊場
太融寺
　　→261 近畿三十六不動尊霊場
　　→267 新西国霊場
　　→268 神仏霊場 巡拝の道
　　→269 摂津国八十八ヵ所霊場
　　→278 ぼけ封じ近畿十楽観音霊場
　　→309 大坂三十三観音霊場
　　→311 おおさか十三仏霊場
太用寺　→378 長門三十三観音霊場
太陽寺　→102 秩父十三仏霊場
大楽院
　　→060 玉川八十八ヵ所霊場
　　→173 川崎七福神
体楽寺　→089 沼田横堂三十三番札所
大楽寺（東京都大田区）
　　→060 玉川八十八ヵ所霊場
大楽寺（神奈川県川崎市中原区）
　　→060 玉川八十八ヵ所霊場
　　→173 川崎七福神
大楽寺（大分県宇佐市）
　　→408 九州西国三十三観音霊場
　　→411 九州八十八ヵ所霊場
　　→419 豊の国宇佐七福神
太龍寺（岡山県笠岡市神島外浦）
　　→364 神島八十八ヵ所霊場
太龍寺（広島県尾道市因島中庄町）
　　→370 因島八十八ヵ所霊場
太龍寺（徳島県阿南市加茂町）
　　→383 四国八十八ヵ所霊場
太龍寺（愛媛県今治市吉海町）
　　→403 えひめ大島准四国八十八ヵ所霊場
大立寺　→346 和歌山西国三十三観音霊場
大龍寺（福島県会津若松市）
　　→011 東北三十六不動尊霊場
　　→039 会津七福神
大龍寺（埼玉県熊谷市）
　　→093 忍秩父三十四札所
大龍寺（千葉県香取市）
　　→061 東国花の寺 百ヶ寺
大竜寺（東京都北区）
　　→056 御府内八十八ヵ所霊場
　　→158 豊島八十八ヵ所霊場
大龍寺（岐阜県岐阜市）
　　→223 美濃三十三観音霊場
　　→224 美濃七福神
　　→225 美濃新四国八十八ヵ所霊場
大龍寺（静岡県伊豆市）
　　→226 伊豆天城七福神
大寺（三重県伊賀市）
　　→280 伊賀国四国八十八ヶ所霊場

大龍寺（大阪府東大阪市日下町）
　　→314 河内西国三十三観音霊場
大龍寺（兵庫県神戸市中央区）
　　→261 近畿三十六不動尊霊場
　　→263 西国愛染十七霊場
　　→269 摂津国八十八ヵ所霊場
　　→278 ぼけ封じ近畿十楽観音霊場
　　→324 神戸七福神
　　→325 神戸十三仏霊場
大林寺（福島県福島市）
　　→046 信達坂東三十三観世音菩薩札所
　　→048 福島百八地蔵尊霊場
大林寺（岐阜県中津川市）
　　→220 恵那三十三観音霊場
大林寺（大阪府松原市北新町）
　　→314 河内西国三十三観音霊場
大林寺（山口県山口市）
　　→377 周防国三十三観音霊場
大輪寺　→053 関東八十八ヵ所霊場
大隣寺（岩手県奥州市江刺区）
　　→015 江刺三十三観音霊場
大隣寺（福島県二本松市成田町）
　　→009 奥の細道みちのく路三十三ヶ所めぐり霊場
大蓮寺（千葉県浦安市）
　　→122 行徳三十三観音霊場
大蓮寺（神奈川県小田原市南町）
　　→168 小田原七福神
大蓮寺（神奈川県川崎市高津区）
　　→058 準西国稲毛三十三所観音霊場
大蓮寺（新潟県佐渡市）
　　→197 佐渡七福神
大蓮寺（京都府京都市左京区）
　　→307 洛陽三十三所観音巡礼
大蓮寺（大阪府大阪市天王寺区下寺町）
　　→309 大坂三十三観音霊場
大蓮寺（兵庫県赤穂市）
　　→334 播州赤穂坂内西国三十三ヶ所
大蓮寺（愛媛県松山市東方町）
　　→399 伊予十三佛霊場
たいわん堂　→415 壱岐四国八十八ヵ所霊場
高岡関野神社　→199 越中万葉七福神
高尾山
　　→052 関東三十六不動尊霊場
　　→061 東国花の寺 百ヶ寺
　　→153 高尾山内八十八大師めぐり
　　→155 多摩八十八ヵ所霊場
高尾堂　→415 壱岐四国八十八ヵ所霊場
高木河内寺　→405 にいはま新四国八十八ヶ所霊場
高倉八幡宮　→013 津軽三十三観音霊場
高蔵観音堂　→042 磐城三十三観音
高倉神社　→013 津軽三十三観音霊場
多賀神社　→013 津軽三十三観音霊場
高瀬神社　→426 諸国一の宮巡拝

438

高田　→328 但馬六十六地蔵霊場	多田寺　→201 若狭三十三観音霊場
高田阿弥陀堂　→414 篠栗八十八ヵ所霊場	多田神社　→336 北摂七福神
多賀大社　→268 神仏霊場 巡拝の道	立岩観音　→242 奥三河七観音霊場
高田観音堂　→414 篠栗八十八ヵ所霊場	立川大師堂　→405 にいはま新四国八十八ヶ所霊場
高田虚空蔵堂　→414 篠栗八十八ヵ所霊場	立木山寺　→267 新西国霊場
高田（十一面）観音堂　→414 篠栗八十八ヵ所霊場	橘寺
高田橋爪観音堂　→200 能登国三十三観音霊場	→266 聖徳太子御遺跡霊場
高爪神社　→200 能登国三十三観音霊場	→267 新西国霊場
高寺院　→411 九州八十八ヵ所霊場	立山観音　→016 気仙三十三観音札所
高照観音堂　→042 磐城三十三観音	立江寺（北海道石狩市）
高縄寺　→401 伊予（道前・道後）十観音霊場	→001 北の都札幌七福神
高畠正霊寺　→200 能登国三十三観音霊場	→003 北海道三十三観音霊場
高幡不動尊　→065 武相不動尊霊場	立江寺（岐阜県岐阜市）
高松村観音　→027 上山三十三観音霊場	→225 美濃新四国八十八ヵ所霊場
高室院	立江寺（岡山県笠岡市神島外浦）
→265 西国薬師霊場	→364 神島八十八ヵ所霊場
→342 紀伊之国十三仏霊場	立江寺（広島県尾道市因島中庄町）
高森大師堂　→217 諏訪八十八番霊場	→370 因島八十八ヵ所霊場
高柳　→328 但馬六十六地蔵霊場	立江寺（徳島県小松島市立江町）
寶田（恵比寿）神社　→159 日本橋七福神	→383 四国八十八ヵ所霊場
滝　→328 但馬六十六地蔵霊場	→387 阿波七福神
瀧山寺　→189 東海四十九薬師霊場	立江寺（愛媛県今治市宮窪町）
瀧寺	→403 えひめ大島准四国八十八ヵ所霊場
→385 新四国曼荼羅霊場	刀尾寺　→192 北陸不動尊霊場
→386 阿波西国三十三観音霊場	田束観音堂　→016 気仙三十三観音札所
瀧谷寺　→191 北陸三十三観音霊場	達云窟西光寺　→018 西磐井三十三観音霊場
滝の入観音　→219 仁科三十三番札所	龍沢観音堂　→042 磐城三十三観音
瀧尾神社　→073 今市宿七福神	達身寺
滝ノ宮地蔵堂　→405 にいはま新四国八十八ヶ所霊場	→265 西国薬師霊場
滝ノ宮堂　→396 小豆島八十八ヵ所霊場	→270 丹波古利十五ヵ寺霊場
滝不動　→059 相馬霊場八十八ヵ所	堅岩山　→376 周防大島八十八ヵ所霊場
滝宮天満宮　→392 さぬき七福神	舘下観音　→016 気仙三十三観音札所
滝本堂　→115 安房三十四観音霊場	立野神社　→068 佐竹七福神
建穂寺　→234 駿河三十三観音霊場	多度観音堂　→281 伊勢西国三十三観音霊場
田口　→328 但馬六十六地蔵霊場	棚江堂　→415 壱岐四国八十八ヵ所霊場
竹駒寺　→009 奥の細道みちのく路三十三ヶ所めぐり霊場	田辺堂　→217 諏訪八十八番霊場
嶽の宮　→200 能登国三十三観音霊場	谷頭堂　→415 壱岐四国八十八ヵ所霊場
竹橋　→186 倶利伽羅峠三十三観音めぐり	谷の坊薬師　→390 わじき七福神
建部大社	太寧寺　→270 丹波古利十五ヵ寺霊場
→268 神仏霊場 巡拝の道	種子川口享徳寺　→405 にいはま新四国八十八ヶ所霊場
→294 湖西蓬莱七福神	多襧堂　→265 西国薬師霊場
→426 諸国一の宮巡拝	種間寺（岡山県笠岡市神島外浦）
竹元寺　→365 高野山真言宗美作八十八ヵ所霊場	→364 神島八十八ヵ所霊場
蛸浦観音　→007 奥州三十三観音霊場	種間寺（広島県尾道市因島三庄町）
太谷寺　→316 明石西国三十三観音霊場	→370 因島八十八ヵ所霊場
田沢社宮寺　→217 諏訪八十八番霊場	種間寺（愛媛県今治市吉海町）
但馬院　→089 沼田横堂三十三番札所	→403 えひめ大島准四国八十八ヵ所霊場
田後薬師堂　→354 因幡薬師霊場	種間寺（高知県高知市春野町）
多陀寺	→383 四国八十八ヵ所霊場
→350 中国観音霊場	田ノ浦阿弥陀堂　→414 篠栗八十八ヵ所霊場
→361 石見曼荼羅観音霊場	田の浦庵　→396 小豆島八十八ヵ所霊場
	田ノ浦栄福堂　→414 篠栗八十八ヵ所霊場

439

たのう　　札所索引

田ノ浦観音堂　→414 篠栗八十八ヵ所霊場
田ノ浦拝師堂　→414 篠栗八十八ヵ所霊場
田ノ浦斐玉堂　→414 篠栗八十八ヵ所霊場
田ノ浦薬師堂　→414 篠栗八十八ヵ所霊場
田之上大師堂　→405 にいはま新四国八十八ヶ所霊場
田端観音堂　→016 気仙三十三観音札所
田端地明院　→217 諏訪八十八番霊場
多福院　→019 石巻牡鹿三十三札所霊場
多福寺　→420 豊後西国霊場
多太神社　→336 北摂七福神
多宝院　→056 御府内八十八ヵ所霊場
多宝寺　→103 長瀞七草寺めぐり
玉置　→328 但馬六十六地蔵霊場
玉崎観音堂　→015 江刺三十三観音霊場
玉前神社　→426 諸国一の宮巡拝
玉祖神社　→426 諸国一の宮巡拝
玉造稲荷神社　→309 大坂三十三観音霊場
玉山観音堂　→042 磐城三十三観音
田宮寺　→281 伊勢西国三十三観音霊場
田村円福寺　→101 秩父七福神
田村寺　→286 三重四国八十八ヵ所霊場
田村神社（滋賀県甲賀市土山町）
　　→268 神仏霊場 巡拝の道
田村神社（香川県高松市一宮町）
　　→385 新四国曼荼羅霊場
　　→392 さぬき七福神
　　→426 諸国一の宮巡拝
多聞院（秋田県秋田市）
　　→011 東北三十六不動尊霊場
多聞院（埼玉県久喜市）
　　→099 埼東八十八ヵ所霊場
多聞院（千葉県印西市）
　　→118 印西大師講
多聞院（東京都新宿区弁天町）
　　→056 御府内八十八ヵ所霊場
多聞院（東京都世田谷区）
　　→056 御府内八十八ヵ所霊場
　　→060 玉川八十八ヵ所霊場
多聞院（新潟県佐渡市）
　　→198 佐渡八十八ヶ所霊場
多聞院（広島県広島市南区比治山町）
　　→373 広島新四国八十八ヵ所霊場
多聞院（山口県下松市）
　　→375 周南七福神
多聞院毘沙門堂　→118 印西大師講
多聞寺（千葉県鴨川市）
　　→116 安房七福神
多聞寺（東京都東久留米市本町）
　　→066 武蔵野三十三観音霊場
　　→155 多摩八十八ヵ所霊場
　　→161 東久留米七福神

多聞寺（東京都墨田区）
　　→151 隅田川七福神
多聞寺（新潟県佐渡市）
　　→198 佐渡八十八ヶ所霊場
多聞寺（兵庫県神戸市垂水区）
　　→316 明石西国三十三観音霊場
　　→325 神戸十三仏霊場
多聞寺（兵庫県淡路市）
　　→318 淡路四国八十八ヵ所霊場
多聞寺（香川県小豆郡小豆島町）
　　→396 小豆島八十八ヵ所霊場
達磨寺　→266 聖徳太子御遺跡霊場
達磨大師　→379 萩八十八ヶ所めぐり
檀渓寺　→201 若狭三十三観音霊場
談山神社
　　→268 神仏霊場 巡拝の道
　　→338 大和七福八宝めぐり
丹州観音寺
　　→260 関西花の寺二十五ヵ所
　　→270 丹波古刹十五ヵ寺霊場
　　→272 丹波三十三観音霊場
誕生院
　　→409 九州三十六不動霊場
　　→411 九州八十八ヵ所霊場
　　→413 肥前国西海七福神
誕生寺（千葉県鴨川市）
　　→061 東国花の寺 百ヶ寺
　　→431 日蓮宗の本山めぐり
誕生寺（京都府京都市伏見区久我本町）
　　→430 道元禅師を慕う釈迦三十二禅刹
誕生寺（奈良県奈良市三棟町）
　　→425 尼寺霊場
誕生寺（岡山県久米郡久米南町）
　　→347 山陽花の寺二十四か寺
　　→350 中国観音霊場
　　→352 中国地蔵尊霊場
　　→432 法然上人二十五霊場
誕生寺（熊本県玉名市）
　　→409 九州三十六不動霊場
　　→411 九州八十八ヵ所霊場
誕生堂　→248 知多新四国八十八ヵ所霊場
弾誓寺（新潟県佐渡市）
　　→198 佐渡八十八ヶ所霊場
弾誓寺（長野県大町市大町九日町）
　　→219 仁科三十三番札所
旦之上観音堂　→405 にいはま新四国八十八ヶ所霊場
旦之上薬師堂　→405 にいはま新四国八十八ヶ所霊場

【ち】

知恩院 →432 法然上人二十五霊場
知恩寺（京都府京都市左京区田中門前町）
　　　→432 法然上人二十五霊場
知恩寺（奈良県五條市釜窪町）
　　　→340 大和新四国八十八ヵ所霊場
智恩寺 →418 四国三十三観音霊場
智観寺 →051 奥多摩新四国八十八ヵ所霊場
知教寺 →026 尾花沢大石田三十三観音霊場
知空堂 →196 佐渡西国三十三観音霊場
筑前国分寺 →412 九州四十九院薬師霊場
竹林院
　　　→258 役行者集印巡り
　　　→259 役行者霊蹟札所
竹林寺（大阪府大阪市中央区）
　　　→269 摂津八十八ヵ所霊場
竹林寺（岡山県笠岡市神島外浦外浦公園）
　　　→364 神島八十八ヵ所霊場
竹林寺（広島県東広島市河内町）
　　　→373 広島新四国八十八ヵ所霊場
竹林寺（広島県尾道市因島三庄町）
　　　→370 因島八十八ヵ所霊場
竹林寺（愛媛県今治市）
　　　→382 四国十三仏霊場
　　　→385 新四国曼荼羅霊場
竹林寺（愛媛県今治市吉海町）
　　　→403 えひめ大島准四国八十八ヵ所霊場
竹林寺（高知県高知市）
　　　→383 四国八十八ヵ所霊場
地慶庵 →376 周防大島八十八ヵ所霊場
智光院 →376 周防大島八十八ヵ所霊場
智光寺 →115 安房三十四観音霊場
池口寺 →187 中部四十九薬師霊場
智光坊
　　　→197 佐渡七福神
　　　→198 佐渡八十八ヵ所霊場
智積院
　　　→261 近畿三十六不動尊霊場
　　　→268 神仏霊場 巡拝の道
　　　→299 京都十三仏霊場
　　　→427 真言宗十八本山巡拝
智積寺
　　　→318 淡路四国八十八ヵ所霊場
　　　→320 淡路島十三仏霊場
　　　→321 淡路四十九薬師霊場
智照院 →225 美濃新四国八十八ヵ所霊場
地勝寺 →321 淡路四十九薬師霊場
智浄寺 →423 日向之国七福神
池上寺 →213 信州（伊那・諏訪）八十八霊場
知善院 →290 近江湖北名刹二十七ヶ所霊場

智禅寺 →319 淡路島七福神
知足院 →092 足立坂東三十三札所
秩父神社 →426 諸国一の宮巡拝
智徳寺（埼玉県児玉郡美里町）
　　　→098 児玉三十三霊場
智徳寺（熊本県山鹿市）
　　　→417 山鹿三十三観音霊場
智福寺 →284 鈴鹿七福神
智満寺 →234 駿河三十三観音霊場
地命堂 →415 壱岐四国八十八ヶ所霊場
茶の木神社 →159 日本橋七福神
中宮寺
　　　→266 聖徳太子御遺跡霊場
　　　→268 神仏霊場 巡拝の道
　　　→425 尼寺霊場
仲源寺 →307 洛陽三十三所観音巡礼
仲興寺 →044 信夫新国三十三観世音菩薩札所
中山寺
　　　→190 東海白寿三十三観音霊場
　　　→281 伊勢西国三十三観音霊場
籌勝院 →352 中国地蔵尊霊場
仲正寺 →333 播磨七福神
中前寺 →340 大和新四国八十八ヵ所霊場
中禅寺（栃木県日光市）
　　　→062 坂東三十三観音霊場
　　　→079 下野七福神
中禅寺（長野県上田市）
　　　→187 中部四十九薬師霊場
仲仙寺
　　　→187 中部四十九薬師霊場
　　　→212 信濃三十三観音霊場
　　　→213 信州（伊那・諏訪）八十八霊場
中蔵院 →366 児島四国八十八ヵ所霊場
中尊寺
　　　→007 奥州三十三観音霊場
　　　→009 奥の細道みちのく路三十三ヶ所めぐり霊場
中尊寺赤堂 →018 西磐井三十三観音霊場
中尊寺経堂 →018 西磐井三十三観音霊場
中尊寺金色堂 →018 西磐井三十三観音霊場
中台院 →374 備後西国三十三観音霊場
仲福寺 →286 三重四国八十八ヵ所霊場
仲明寺 →430 道元禅師を慕う釈迦三十二禅刹
注連signed寺 →030 庄内三十三観音霊場
長安寺（群馬県伊勢崎市西小保方町）
　　　→054 北関東三十六不動尊霊場
長安寺（東京都台東区）
　　　→165 谷中七福神
長安寺（東京都八王子市並木町）
　　　→063 武相卯歳観世音菩薩札所
長安寺（神奈川県足柄下郡箱根町）
　　　→061 東国花の寺 百ヶ寺

長安寺（新潟県佐渡市）
　→198 佐渡八十八ヶ所霊場
長安寺（新潟県新潟市北区）
　→194 蒲原三十三観音
長安寺（長野県松本市）
　→212 信濃三十三観音霊場
長安寺（京都府福知山市）
　→265 西国薬師霊場
　→270 丹波古刹十五ヵ寺霊場
長安寺（大阪府大阪市天王寺区城南寺町）
　→309 大坂三十三観音霊場
長安寺（兵庫県赤穂市）
　→334 播州赤穂坂内西国三十三ヶ所
長安寺（山口県長門市油谷町）
　→378 長門三十三観音霊場
長安寺（福岡県京都郡みやこ町）
　→412 九州四十九院薬師霊場
長安寺（大分県豊後高田市）
　→418 国東三十三観音霊場
　→421 豊後高田蓬莱七福神
長安寺観音堂　→353 因幡三十三観音霊場
長運寺　→175 湘南七福神
長雲寺
　→351 中国四十九薬師霊場
　→365 高野山真言宗美作八十八ヵ所霊場
長栄寺（千葉県白井市）
　→118 印西大師講
長栄寺（岐阜県恵那市長島町）
　→220 恵那三十三観音霊場
長栄寺（愛知県名古屋市中区）
　→243 尾張三十三観音霊場
長栄寺（大阪府東大阪市高井田元町）
　→313 河内飛鳥七福神
　→314 河内西国三十三観音霊場
長栄寺（長崎県壱岐市郷ノ浦町）
　→415 壱岐四国八十八ヶ所霊場
長円寺（千葉県印西市）
　→118 印西大師講
長円寺（東京都世田谷区）
　→060 玉川八十八ヵ所霊場
長円寺（長野県茅野市）
　→187 中部四十九薬師霊場
長円寺（愛知県西尾市貝吹町）
　→251 三河三十三観音霊場
　→253 三河七福神
長圓寺（京都府京都市下京区）
　→307 洛陽三十三所観音巡礼
長円寺（兵庫県加西市福居町）
　→333 播磨七福神
長延寺　→056 御府内八十八ヵ所霊場
長王寺　→181 武南十二薬師霊場
長翁寺　→189 東海四十九薬師霊場
潮音院　→201 若狭三十三観音霊場

潮音山　→376 周防大島八十八ヵ所霊場
潮音寺（神奈川県小田原市）
　→168 小田原七福神
潮音寺（神奈川県川崎市麻生区）
　→180 武州稲毛七福神
潮音寺（静岡県賀茂郡南伊豆町）
　→229 伊豆横道三十三観音霊場
潮音寺（静岡県沼津市）
　→234 駿河三十三観音霊場
潮音寺（愛知県田原市福江町）
　→249 東海七福神
潮音寺（兵庫県淡路市）
　→318 淡路四国八十八ヵ所霊場
　→320 淡路島十三仏霊場
長遠寺
　→056 御府内八十八ヵ所霊場
　→060 玉川八十八ヵ所霊場
長恩寺　→306 洛西三十三観音霊場
長温寺
　→228 伊豆八十八ヵ所霊場
　→233 源氏山七福神
潮音堂　→222 益田三十三観音霊場
鳥海山大物忌神社　→426 諸国一の宮巡拝
潮海寺
　→316 明石西国三十三観音霊場
　→326 神戸六地蔵霊場
長岳寺（長野県下伊那郡阿智村）
　→187 中部四十九薬師霊場
長岳寺（奈良県天理市柳本町）
　→260 関西花の寺二十五ヵ所
　→279 ぼけよけ二十四観音
　→339 大和十三仏霊場
超願寺　→206 甲斐百八ヵ所霊場
長久院　→056 御府内八十八ヵ所霊場
長久寺（栃木県那須郡那須町）
　→080 那須三十三観音霊場
長久寺（埼玉県入間市）
　→051 奥多摩新四国八十八ヵ所霊場
長久寺（東京都三鷹市）
　→155 多摩八十八ヵ所霊場
長久寺（長野県上伊那郡辰野町）
　→213 信州（伊那・諏訪）八十八霊場
長久寺（岐阜県土岐市駄知町）
　→187 中部四十九薬師霊場
長久寺（愛知県名古屋市東区）
　→188 東海三十六不動尊霊場
長久寺（三重県いなべ市藤原町）
　→190 東海白寿三十三観音霊場
長久寺（滋賀県彦根市後三条町）
　→288 近江湖東名刹二十七ヵ所霊場
長久寺（大阪府大阪市中央区）
　→310 大阪七福神

長久寺(宮崎県宮崎市大塚町)
　→409 九州三十六不動霊場
　→411 九州八十八ヵ所霊場
長弓寺　→339 大和十三仏霊場
長慶寺(岩手県一関市厳美町)
　→018 西磐井三十三観音霊場
長慶寺(秋田県能代市)
　→022 秋田三十三観音霊場
長慶寺(福島県石川郡玉川村)
　→048 福島百八地蔵尊霊場
長慶寺(埼玉県熊谷市)
　→093 忍秩父三十四札所
長慶寺(神奈川県横須賀市)
　→182 三浦三十三観音霊場
長慶寺(三重県名張市蔵持町)
　→280 伊賀四国八十八ヵ所霊場
　→286 三重四国八十八ヵ所霊場
長慶寺(大阪府泉南市)
　→279 ぼけよけ二十四霊場
　→315 南海沿線七福神
長慶寺(島根県松江市福原町)
　→356 出雲三十三観音霊場
長慶寺(大分県国東市)
　→418 国東三十三観音霊場
長桂寺(岩手県気仙郡住田町)
　→016 気仙三十三観音札所
長桂寺(長野県伊那市西町)
　→213 信州(伊那・諏訪)八十八霊場
長源寺(山形県山形市七日町)
　→035 山形百八地蔵尊霊場
長源寺(山形県東根市)
　→035 山形百八地蔵尊霊場
長源寺(福島県いわき市)
　→047 福島浜三郡七福神
　→048 福島百八地蔵尊霊場
長源寺(福島県会津若松市)
　→049 町廻り三十三観音
長源寺(神奈川県横浜市旭区上川井町)
　→055 旧小机領三十三所観音霊場
長源寺(静岡県伊豆の国市)
　→228 伊豆八十八ヵ所霊場
長源寺(鳥取県八頭郡八頭町)
　→353 因幡三十三観音霊場
長現寺　→030 庄内三十三観音霊場
長源寺観音堂　→417 山鹿三十三観音霊場
長光院　→032 最上三十三観音霊場
長溝院　→236 遠江四十九薬師霊場
朝光寺(神奈川県横浜市青葉区市ヶ尾町)
　→064 武相寅歳薬師如来霊場
朝光寺(静岡県伊東市)
　→230 伊東温泉七福神
朝光寺(兵庫県加東市)
　→333 播磨七福神

長興寺(福島県いわき市好間町)
　→043 いわき七福神
長興寺(埼玉県秩父郡横瀬町)
　→100 秩父三十四観音霊場
長興寺(長野県塩尻市洗馬町)
　→214 信州七福神
　→215 信州筑摩三十三ヶ所観音霊場
長興寺(三重県四日市市)
　→281 伊勢西国三十三観音霊場
長興寺(大分県大分市)
　→422 豊後国臨済七福神
長光寺(埼玉県飯能市)
　→051 奥多摩新四国八十八ヵ所霊場
長光寺(滋賀県近江八幡市長光寺町)
　→288 近江湖東名利二十七ヶ所霊場
長光寺(兵庫県明石市大久保町)
　→276 播州薬師霊場
長好寺　→386 阿波西国三十三観音霊場
長廣寺　→090 沼田坂東三十三番札所
長江寺　→361 石見曼荼羅観音霊場
長高寺　→006 北海道八十八ヵ所霊場
長光寺観音堂　→229 伊豆横道三十三観音霊場
長国寺
　→187 中部四十九薬師霊場
　→220 恵那三十三札所
長谷寺(宮城県石巻市)
　→019 石巻牡鹿三十三札所霊場
長谷寺(宮城県登米市津山町)
　→010 三陸三十三観音霊場
長谷寺(秋田県由利本荘市)
　→022 秋田三十三観音霊場
長谷寺(山形県山形市)
　→035 山形百八地蔵尊霊場
長谷寺(福島県伊達市保原町)
　→045 信達三十三観音霊場
長谷寺(千葉県安房郡鋸南町)
　→115 安房三十四観音霊場
長谷寺(千葉県市原市)
　→129 新上総国三十三観音霊場
長谷寺(千葉県南房総市)
　→115 安房三十四観音霊場
長谷寺(新潟県佐渡市)
　→198 佐渡八十八ヶ所霊場
長谷寺(長野県長野市)
　→212 信濃三十三観音霊場
長谷寺(静岡県下田市)
　→228 伊豆八十八ヵ所霊場
長谷寺(静岡県掛川市)
　→235 遠江三十三観音霊場
長谷寺(静岡県沼津市千本緑町)
　→234 駿河三十三観音霊場
長谷寺(静岡県熱海市)
　→228 伊豆八十八ヵ所霊場

ちよう　　　　　　　　　　札所索引

長谷寺(滋賀県高島市)
　→291 近江三十三観音霊場
長谷寺(鳥取県倉吉市仲之町)
　→350 中国観音霊場
　→355 伯耆三十三観音霊場
長谷寺(鳥取県鳥取市)
　→353 因幡三十三観音霊場
長谷寺(島根県雲南市加茂町)
　→356 出雲三十三観音霊場
長谷寺(徳島県徳島市渋野町)
　→385 新四国曼荼羅霊場
長谷寺(徳島県鳴門市撫養町)
　→385 新四国曼荼羅霊場
　→386 阿波西国三十三観音霊場
長谷寺(大分県中津市)
　→408 九州西国三十三観音霊場
朝護孫子寺
　→259 役行者霊蹟札所
　→266 聖徳太子御遺跡霊場
　→268 神仏霊場 巡拝の道
　→338 大和七福八宝めぐり
　→427 真言宗十八本山巡拝
長厳寺　→084 城下町小幡七福神
長根寺
　→010 三陸三十三観音霊場
　→011 東北三十六不動尊霊場
長寿院(福島県いわき市好間町)
　→048 福島百八地蔵尊霊場
長寿院(福島県白河市本町)
　→048 福島百八地蔵尊霊場
長寿院(滋賀県彦根市古沢町)
　→288 近江湖東名利二十七ヶ所霊場
　→292 近江七福神
長壽院(香川県三豊市詫間町)
　→393 さぬき十二支霊場
長秀院　→044 信夫新西国三十三観世音菩薩札所
長寿寺(熊本県熊本市南区富合町)
　→409 九州三十六不動霊場
長寿寺(山形県寒河江市)
　→035 山形百八地蔵尊霊場
長寿寺(愛知県知多郡南知多町)
　→256 南知多三十三観音霊場
長寿寺(愛知県名古屋市緑区大高町)
　→248 知多新四国八十八ヵ所霊場
長壽寺(滋賀県東近江市池之脇町)
　→288 近江湖東名利二十七ヶ所霊場
長寿寺(徳島県鳴門市北灘町)
　→385 新四国曼荼羅霊場
長性庵　→366 児島四国八十八ヵ所霊場
長昌院　→181 武南十二薬師霊場
長松院　→035 山形百八地蔵尊霊場
長性院　→373 広島新四国八十八ヵ所霊場
長昌軒　→057 狭山三十三観音霊場

長勝寺(福島県福島市)
　→046 信達坂東三十三観世音菩薩札所
長勝寺(茨城県潮来市)
　→071 常陸七福神
長勝寺(香川県小豆郡小豆島町)
　→396 小豆島八十八ヵ所霊場
長勝寺(香川県小豆郡土庄町)
　→396 小豆島八十八ヵ所霊場
長勝寺(大分県大分市)
　→420 豊後西国霊場
長承寺　→007 奥州三十三観音霊場
長昌寺(埼玉県大里郡寄居町)
　→109 武州寄居七福神
長昌寺(神奈川県相模原市緑区)
　→177 津久井観音霊場
長昌寺(鳥取県西伯郡伯耆町)
　→351 中国四十九薬師霊場
長松寺(群馬県北群馬郡吉岡町)
　→086 上州七福神
長松寺(埼玉県鴻巣市)
　→094 忍領西国三十三札所
長松寺(千葉県市川市)
　→122 行徳三十三観音霊場
長松寺(神奈川県横浜市鶴見区)
　→060 玉川八十八ヵ所霊場
　→065 武相不動霊場
長松寺(長野県上伊那郡箕輪町)
　→213 信州(伊那・諏訪)八十八霊場
長松寺(京都府綾部市坊口町)
　→298 綾部三十三観音霊場
長正寺　→365 高野山真言宗美作八十八ヶ所霊場
長生寺(山梨県都留市)
　→206 甲斐百八所霊場
　→207 甲洲都留七福神
長生寺(大阪府泉大津市神明町)
　→312 河泉二十四地蔵霊場
澄心寺　→213 信州(伊那・諏訪)八十八霊場
長成寺　→177 津久井観音霊場
長清寺　→053 関東八十八ヵ所霊場
長禅安国寺　→205 甲斐国三十三観音霊場
長泉院(埼玉県秩父市)
　→061 東国花の寺 百ヶ寺
　→100 秩父三十四観音霊場
長泉院(東京都青梅市)
　→051 奥多摩新四国八十八ヵ所霊場
超泉寺　→309 大坂三十三観音霊場
長川寺　→369 良寛さん こころの寺めぐり
長泉寺(岩手県一関市)
　→018 西磐井三十三観音霊場
長泉寺(岩手県一関市大東町)
　→007 奥州三十三観音霊場
長泉寺(山形県山形市)
　→035 山形百八地蔵尊霊場

長泉寺（山形県新庄市鉄砲町）
　→035 山形百八地蔵尊霊場
長泉寺（山形県尾花沢市）
　→026 尾花沢大石田三十三観音霊場
長泉寺（福島県伊達郡国見町）
　→046 信達坂東三十三観世音菩薩札所
長泉寺（福島県郡山市大槻町）
　→040 安積三十三霊場
長泉寺（福島県石川郡石川町）
　→048 福島百八地蔵尊霊場
長泉寺（福島県二本松市）
　→041 安達三十三観音霊場
長泉寺（栃木県河内郡上三川町）
　→076 上三川七福神
長泉寺（栃木県大田原市）
　→074 おおたわら七福神
　→078 下野三十三観音霊場
　→080 那須三十三観音霊場
長泉寺（栃木県那須郡那珂川町）
　→080 那須三十三観音霊場
長泉寺（埼玉県入間市）
　→113 武蔵野七福神
長泉寺（埼玉県本庄市児玉町）
　→061 東国花の寺 百ヶ寺
　→098 児玉三十三霊場
長泉寺（千葉県君津市）
　→053 関東八十八ヵ所霊場
　→121 上総の七福神
　→129 新上総国三十三観音霊場
長泉寺（東京都渋谷区）
　→136 青山七福神
長泉寺（神奈川県横浜市緑区中山町）
　→055 旧小机領三十三所観音霊場
長泉寺（山梨県北杜市須玉町）
　→206 甲斐百八ヵ所霊場
長泉寺（静岡県袋井市）
　→236 遠江四十九薬師霊場
長泉寺（静岡県磐田市）
　→236 遠江四十九薬師霊場
長泉寺（兵庫県淡路市）
　→318 淡路四国八十八ヵ所霊場
長善寺（埼玉県深谷市）
　→053 関東八十八ヵ所霊場
長善寺（岡山県苫田郡鏡野町）
　→365 高野山真言宗美作八十八ヶ所霊場
長善寺（徳島県三好郡東みよし町）
　→381 四国三十六不動霊場
　→386 阿波西国三十三観音霊場
長全寺　→242 奥三河七観音霊場
長禅寺（宮城県石巻市）
　→019 石巻牡鹿三十三札所霊場
長禅寺（茨城県取手市）
　→059 相馬霊場八十八ヵ所
　→070 とりで利根川七福神

長禅寺（山梨県甲府市愛宕町）
　→206 甲斐百八ヵ霊場
長宗寺　→048 福島百八地蔵尊霊場
長通寺　→353 因幡三十三観音霊場
朝田寺　→285 松阪霊地七福神
長天寺　→185 横浜瀬谷八福神
長傳寺　→035 山形百八地蔵尊霊場
長洞寺　→017 遠野七観音
長徳寺（東京都板橋区）
　→158 豊島八十八ヵ所霊場
長徳寺（神奈川県相模原市緑区）
　→063 武相卯歳観世音菩薩札所
長徳寺（新潟県十日町市）
　→193 越後三十三観音霊場
長徳寺（岐阜県恵那市長島町）
　→220 恵那三十三観音霊場
長徳寺（山口県光市）
　→352 中国地蔵尊霊場
　→377 周防国三十三観音霊場
長徳寺（山口県山口市）
　→351 中国四十九薬師霊場
長徳寺（長崎県壱岐市芦辺町）
　→415 壱岐四国八十八ヵ所霊場
長念寺（山形県寒河江市）
　→032 最上三十三観音霊場
長念寺（群馬県太田市本町）
　→085 上州太田七福神
長念寺（埼玉県飯能市）
　→066 武蔵野三十三観音霊場
長尾寺（広島県尾道市因島重井町）
　→370 因島八十八ヵ所霊場
長尾寺（広島県福山市東深津町）
　→374 備後西国三十三観音霊場
長福寺（山形県寒河江市）
　→029 さくらんぼ七福神
長福寺（山形県鶴岡市）
　→030 庄内三十三観音霊場
長福寺（福島県会津若松市）
　→049 町廻り三十三観音
長福寺（福島県郡山市湖南町）
　→039 会津七福神
長福寺（茨城県久慈郡大子町）
　→061 東国花の寺 百ヶ寺
　→067 奥久慈大子七福神
長福寺（埼玉県比企郡小川町）
　→112 武蔵国十三仏霊場
長福寺（千葉県いすみ市）
　→120 上総国薬師如来霊場三十四ヵ所
長福寺（千葉県我孫子市）
　→059 相馬霊場八十八ヵ所
長福寺（千葉県館山市）
　→115 安房三十四観音霊場

445

ちよう　　　　　　　　　　　　　　　　札所索引

長福寺（千葉県君津市）
　→120 上総国薬師如来霊場三十四ヵ所
長福寺（東京都西多摩郡奥多摩町）
　→051 奥多摩新四国八十八ヵ所霊場
長福寺（東京都大田区）
　→060 玉川八十八ヵ所霊場
長福寺（東京都八王子市川口町）
　→061 東国花の寺 百ヶ寺
　→155 多摩八十八ヵ所霊場
長福寺（神奈川県横浜市港北区篠原町）
　→181 武南十二薬師霊場
長福寺（神奈川県川崎市中原区）
　→060 玉川八十八ヵ所霊場
長福寺（神奈川県相模原市緑区）
　→177 津久井観音霊場
長福寺（新潟県佐渡市）
　→198 佐渡八十八ヶ所霊場
長福寺（岐阜県多治見市弁天町）
　→188 東海三十六不動尊霊場
長福寺（静岡県掛川市）
　→231 遠州三十三観音霊場
　→235 遠江三十三観音霊場
長福寺（愛知県知多郡南知多町）
　→256 南知多三十三観音霊場
長福寺（滋賀県東近江市大森町）
　→291 近江三十三観音霊場
長福寺（京都府綾部市栗町）
　→298 綾部三十三観音霊場
長福寺（京都府綾部市向田町）
　→272 丹波国三十三観音霊場
　→298 綾部三十三観音霊場
長福寺（京都府京都市西京区下津林楠町）
　→306 洛西三十三観音霊場
長福寺（兵庫県三木市）
　→329 茶之寿観音八ヶ寺霊場
長福寺（兵庫県神戸市西区押部谷町）
　→316 明石西国三十三観音霊場
　→326 神戸六地蔵霊場
長福寺（兵庫県神戸市西区平野町）
　→316 明石西国三十三観音霊場
長福寺（兵庫県南あわじ市）
　→318 淡路四国八十八ヵ所霊場
長福寺（島根県浜田市内村町）
　→351 中国四十九薬師霊場
長福寺（岡山県美作市）
　→274 西日本播磨美作七福神
長福寺（徳島県三好市山城町）
　→385 新四国曼荼羅霊場
　→388 阿波秘境祖谷渓大歩危七福神
長福寺（香川県さぬき市）
　→391 讃岐三十三観音霊場
長福寺旧跡観音堂　→297 天田郡三十三観音霊場
長福寿寺　→120 上総国薬師如来霊場三十四ヵ所

長寶寺（大阪府大阪市平野区平野本町）
　→269 摂津国八十八ヵ所霊場
　→425 尼寺霊場
長寶寺（山口県岩国市周東町）
　→377 周防国三十三観音霊場
長法寺（京都府長岡京市）
　→306 洛西三十三観音霊場
長法寺（香川県仲多度郡琴平町）
　→391 讃岐三十三観音霊場
頂法寺
　→264 西国三十三観音霊場
　→307 洛陽三十三所観音巡礼
長母寺　→243 尾張三十三観音霊場
潮満入
　→409 九州三十六不動霊場
　→411 九州八十八ヵ所霊場
長明寺　→053 関東八十八ヵ所霊場
頂妙寺　→431 日蓮宗の本山めぐり
潮明寺　→385 新四国曼荼羅霊場
長命寺（宮城県気仙沼市）
　→010 三陸三十三観音霊場
長命寺（栃木県芳賀郡芳賀町）
　→078 下野三十三観音霊場
長命寺（千葉県野田市）
　→428 親鸞聖人二十四輩
長命寺（東京都板橋区）
　→140 板橋七福神
　→158 豊島八十八ヵ所霊場
長命寺（東京都墨田区）
　→151 隅田川七福神
長命寺（東京都練馬区）
　→056 御府内八十八ヵ所霊場
　→066 武蔵野三十三観音霊場
　→158 豊島八十八ヵ所霊場
長命寺（長野県長野市）
　→428 親鸞聖人二十四輩
長命寺（滋賀県近江八幡市長命寺町）
　→264 西国三十三観音霊場
　→268 神仏霊場 巡拝の道
　→288 近江湖東名利二十七ヶ所霊場
　→291 近江三十三観音霊場
　→292 近江七福神
長命寺（大阪府和泉市黒鳥町）
　→312 河泉二十四地蔵霊場
長命寺（山口県大島郡周防大島町）
　→376 周防大島八十八ヵ所霊場
澄楽寺　→228 伊豆八十八ヵ所霊場
長楽寺（秋田県男鹿市）
　→022 秋田三十三観音霊場
長楽寺（福島県会津若松市）
　→049 町廻り三十三観音
長楽寺（福島県福島市舟場町）
　→044 信夫新西国三十三観世音菩薩札所

446

長楽寺（栃木県那須郡那須町）
　→080 那須三十三観音霊場
長楽寺（群馬県甘楽郡下仁田町）
　→061 東国花の寺 百ヶ寺
長楽寺（千葉県印西市）
　→118 印西大師講
　→131 利根川いんざい七福神
長楽寺（千葉県白井市）
　→118 印西大師講
　→128 しろい七福神
長樂寺（千葉県木更津市）
　→120 上総国薬師如来霊場三十四ヵ所
長楽寺（東京都日野市）
　→056 御府内八十八ヵ所霊場
長楽寺（新潟県阿賀野市北本町）
　→194 蒲原三十三観音
長楽寺（石川県鹿島郡中能登町）
　→191 北陸三十三観音霊場
　→192 北陸不動尊霊場
　→200 能登国三十三観音霊場
長楽寺（長野県千曲市）
　→212 信濃三十三観音霊場
長楽寺（岐阜県恵那市笠置町）
　→220 恵那三十三観音霊場
長楽寺（静岡県下田市）
　→227 伊豆国七福神
　→228 伊豆八十八ヵ所霊場
　→229 伊豆横道三十三観音霊場
長楽寺（静岡県藤枝市本町）
　→239 藤枝七福神
長楽寺（静岡県浜松市北区細江町）
　→237 浜名湖七福神
長楽寺（愛知県名古屋市南区）
　→243 尾張三十三観音霊場
長楽寺（三重県伊賀市）
　→280 伊賀四国八十八ヶ所霊場
長楽寺（三重県名張市）
　→280 伊賀四国八十八ヶ所霊場
長楽寺（京都府京都市東山区）
　→302 京洛七福神
　→307 洛陽三十三所観音巡礼
長楽寺（兵庫県赤穂市）
　→276 播州薬師霊場
　→332 播磨西国観音霊場
　→334 播州赤穂坂内西国三十三ヶ所
長楽寺（兵庫県美方郡香美町）
　→327 但馬七福神
長楽寺（鳥取県鳥取市福部町）
　→354 因幡薬師霊場
長楽寺（鳥取県日野郡日野町）
　→355 伯耆三十三観音霊場
長楽寺（島根県安来市九重町）
　→356 出雲三十三観音霊場

長楽寺（徳島県三好市井川町）
　→386 阿波西国三十三観音霊場
長楽寺（愛媛県松山市西垣生町）
　→385 新四国曼荼羅霊場
　→400 伊予十二薬師霊場
長楽寺観音堂　→118 印西大師講
聽流寺　→035 山形百八地蔵尊霊場
長流寺（宮城県石巻市）
　→019 石巻牡鹿三十三札所霊場
長流寺（千葉県流山市）
　→132 流山七福神
長隆寺（福島県いわき市四倉町）
　→048 福島百八地蔵尊霊場
長隆寺（三重県伊賀市）
　→280 伊賀四国八十八ヶ所霊場
長隆寺（愛媛県松山市来住町）
　→400 伊予十二薬師霊場
長龍寺（山形県上山市）
　→028 上山七福神
長龍寺（山形県天童市）
　→035 山形百八地蔵尊霊場
長林寺（宮城県石巻市）
　→019 石巻牡鹿三十三札所霊場
長林寺（栃木県足利市西宮町）
　→072 足利七福神
長林寺（兵庫県洲本市五色町）
　→317 淡路西国三十三観音霊場
　→318 淡路四国八十八ヶ所霊場
　→319 淡路島七福神
長林寺（兵庫県明石市材木町）
　→276 播州薬師霊場
　→316 明石西国三十三観音霊場
長林寺（香川県三豊市豊中町）
　→393 さぬき十二支霊場
長林寺（大分県大分市）
　→422 豊後国臨済七福神
長蓮寺　→369 良寛さん こころの寺めぐり
頂蓮寺　→080 那須三十三観音霊場
長禄寺　→048 福島百八地蔵尊霊場
直正寺　→098 児玉三十三霊場
直心殿　→255 三河新四国霊場
勅養寺　→242 奥三河七観音霊場
千栗八幡宮　→426 諸国一の宮巡拝
知蓮寺　→235 遠江三十三観音霊場
鎮国寺（奈良県五條市西吉野町）
　→340 大和新四国八十八ヵ所霊場
鎮国寺（福岡県宗像市）
　→408 九州西国三十三観音霊場
　→409 九州三十六不動霊場
　→411 九州八十八ヵ所霊場
鎮國寺（鹿児島県いちき串木野市）
　→412 九州四十九院薬師霊場
鎮守社　→331 中山寺山内七福神

ちんせ　　　　　　　　　　　　　札所索引

枕石寺　→428 親鸞聖人二十四輩
珍蔵寺　→025 置賜三十三観音霊場
椿沢寺　→193 越後三十三観音霊場

【つ】

津居山　→328 但馬六十六地蔵霊場
塚原総持院　→217 諏訪八十八番霊場
月輪寺　→432 法然上人二十五霊場
筑波山神社　→071 常陸七福神
辻堂観音堂　→089 沼田横堂三十三番札所
辻の堂　→118 印西大師講
蔦木三光寺　→217 諏訪八十八番霊場
蔦ノ木観音堂　→015 江刺三十三観音霊場
土崎神明社　→023 秋田七福神
土橋観音堂　→058 準西国稲毛三十三所観音霊場
土橋地蔵堂　→405 にいはま新四国八十八ヶ所霊場
土屋観音　→416 相良三十三観音霊場
筒江　→328 但馬六十六地蔵霊場
都々古別神社　→426 諸国一の宮巡拝
堤堂　→415 壱岐四国八十八ヶ所霊場
角川原観音堂　→015 江刺三十三観音霊場
都農神社　→426 諸国一の宮巡拝
津峯神社　→387 阿波七福神
椿大神社　→426 諸国一の宮巡拝
椿大神社猿田彦大本宮　→284 鈴鹿七福神
椿堂　→384 四国別格二十霊場
都波岐・奈加等神社　→426 諸国一の宮巡拝
椿原堂　→415 壱岐四国八十八ヶ所霊場
燕岩　→051 奥多摩新四国八十八ヵ所霊場
壺井寺　→314 河内西国三十三観音霊場
壺阪寺
　　→258 役行者集印巡り
　　→264 西国三十三観音霊場
　　→268 神仏霊場 巡拝の道
氷柱観音　→390 わじき七福神
鶴岡八幡宮
　　→169 鎌倉・江の島七福神
　　→426 諸国一の宮巡拝
　　→429 西山国師遺跡霊場
つるし観音堂　→042 磐城三十三観音

【て】

貞寿寺　→425 尼寺霊場
貞照寺　→188 東海三十六不動尊霊場
貞信寺　→354 因幡薬師霊場
定龍寺　→046 信達坂東三十三観世音菩薩札所
鉄舟寺　→234 駿河三十三観音霊場
寺坂　→328 但馬六十六地蔵霊場

寺下観音　→008 奥州南部糠部三十三観音札所
寺原田堂　→415 壱岐四国八十八ヶ所霊場
寺前薬師堂　→354 因幡薬師霊場
天恩寺　→254 三河十二支霊場
伝記寺　→415 壱岐四国八十八ヶ所霊場
天狗岩山吉祥寺　→414 篠栗八十八ヵ所霊場
天桂院　→251 三河三十三観音霊場
天光寺　→386 阿波西国三十三観音霊場
伝嗣院　→206 甲斐百八ヵ所霊場
天昌寺　→193 越後三十三観音霊場
天照寺　→090 沼田坂東三十三番札所
天祥寺　→366 児島四国八十八ヶ所霊場
天上寺
　　→260 関西花の寺二十五ヵ所
　　→263 西国愛染十七霊場
　　→269 摂津国八十八ヶ所霊場
　　→324 神戸七福神
　　→325 神戸十三仏霊場
天浄寺　→376 周防大島八十八ヶ所霊場
天性寺（山形県東村山郡中山町）
　　→034 山形十三仏霊場
　　→035 山形百八地蔵尊霊場
天性寺（福島県郡山市安積町）
　　→040 安積三十三霊場
天性寺（栃木県那須烏山市）
　　→080 那須三十三観音霊場
天正寺　→110 武州寄居十二支守り本尊霊場
伝乗寺　→418 国東三十三観音霊場
田上寺　→367 備中西国三十三所観音霊場
天神川堂　→415 壱岐四国八十八ヶ所霊場
天神組観音堂　→090 沼田坂東三十三番札所
傳宗院　→248 知多新四国八十八ヵ所霊場
天祖神社（埼玉県さいたま市本町）
　　→114 与野七福神
天祖神社（東京都江東区）
　　→144 亀戸七福神
天祖神社（東京都港区）
　　→164 港区七福神
天祖諏訪神社　→157 東海（品川）七福神
天台院　→007 奥州三十三観音霊場
天澤院　→051 奥多摩新四国八十八ヵ所霊場
天澤寺　→206 甲斐百八ヵ所霊場
天長寺（岐阜県恵那市三郷町）
　　→220 恵那三十三観音霊場
天長寺（宮崎県都城市都島町）
　　→411 九州八十八ヵ所霊場
傳通院　→149 昭和新撰 江戸三十三観音霊場
傳燈寺（千葉県市原市）
　　→129 新上総国八十八ヶ所霊場
傳燈寺（鳥取県西伯郡伯耆町）
　　→355 伯耆三十三観音霊場
天徳寺（山形県最上郡最上町向町）
　　→032 最上三十三観音霊場

448

→035 山形百八地蔵尊霊場
天徳寺（群馬県甘楽郡甘楽町）
　→084 城下町小幡七福神
天徳寺（東京都港区）
　→149 昭和新撰 江戸三十三観音霊場
天徳寺（福井県三方上中郡若狭町）
　→191 北陸三十三観音霊場
　→192 北陸不動尊霊場
　→201 若狭三十三観音霊場
天徳寺（山口県防府市）
　→377 周防国三十三観音霊場
天徳寺（長崎県壱岐市芦辺町）
　→415 壱岐四国八十八ヶ所霊場
天衣寺　→225 美濃新四国八十八ヵ所霊場
天寧寺（福島県会津若松市東山町）
　→039 会津七福神
天寧寺（千葉県安房郡鋸南町）
　→115 安房三十四観音霊場
天寧寺（滋賀県彦根市里根町）
　→288 近江湖東名刹二十七ヶ所霊場
天寧寺（京都府京都市北区）
　→430 道元禅師を慕う釈迦三十二禅刹
天寧寺（京都府福知山市）
　→265 西国薬師霊場
　→270 丹波古利十五ヵ寺霊場
　→297 天田郡三十三観音霊場
天然寺（埼玉県川越市仙波町）
　→097 小江戸川越七福神
　→112 武蔵国十三仏霊場
天然寺（静岡県賀茂郡松崎町）
　→228 伊豆八十八ヵ所霊場
天念寺
　→408 九州西国三十三観音霊場
　→418 国東三十三観音霊場
　→420 豊後西国霊場
天王寺（福島県大沼郡会津美里町）
　→038 会津三十三観音霊場
天王寺（福島県福島市飯坂町）
　→007 奥州三十三観音霊場
　→045 信達三十三観音霊場
天王寺（東京都台東区）
　→165 谷中七福神
天王寺（京都府綾部市小畑町）
　→298 綾部三十三観音霊場
天皇寺　→383 四国八十八ヵ所霊場
天王殿　→255 三河新四国霊場
天王堂　→118 印西大師講
天平寺　→200 能登国三十三観音霊場
天福寺（奈良県五條市滝町）
　→340 大和新四国八十八ヵ所霊場
天福寺（香川県高松市香南町）
　→381 四国三十六不動霊場

天福寺（佐賀県伊万里市山代町）
　→413 肥前国西海七福神
天福寺（宮崎県延岡市小峰町）
　→424 日向国延岡七福神
伝福寺（神奈川県横須賀市）
　→182 三浦三十三観音霊場
傳福寺（長野県上伊那郡辰野町）
　→213 信州（伊那・諏訪）八十八霊場
転法輪寺（兵庫県神戸市垂水区名谷町）
　→316 明石西国三十三観音霊場
　→325 神戸十三仏霊場
転法輪寺（奈良県五條市犬飼町）
　→340 大和新四国八十八ヵ所霊場
転法輪寺（奈良県御所市）
　→259 役行者霊蹟札所
転法輪寺（鳥取県東伯郡琴浦町）
　→355 伯耆三十三観音霊場
天満神社　→059 相馬霊場八十八ヵ所
天祐寺（北海道函館市青柳町）
　→002 函館山七福神
天祐寺（北海道留萌市沖見町）
　→004 北海道三十六不動尊霊場
天養院　→235 遠江三十三観音霊場
天覧山　→051 奥多摩新四国八十八ヵ所霊場
天龍院
　→258 役行者集印巡り
　→259 役行者霊蹟札所
天龍寺（埼玉県飯能市）
　→066 武蔵野三十三観音霊場
天龍寺（埼玉県本庄市児玉町）
　→098 児玉三十三霊場
天龍寺（東京都八王子市）
　→155 多摩三十三観音霊場
天龍寺（愛知県知多郡南知多町）
　→248 知多新四国八十八ヵ所霊場
　→256 南知多三十三観音霊場
天龍寺（京都府京都市右京区）
　→268 神仏霊場 巡拝の道
天麟院　→010 三陸三十三観音霊場
天倫寺　→362 松江三十三観音霊場
天林寺　→236 遠江四十九薬師霊場

【と】

砥石経蔵　→090 沼田坂東三十三番札所
東安寺　→044 信夫新西国三十三観世音菩薩札所
洞雲院
　→243 尾張三十三観音霊場
　→248 知多新四国八十八ヵ所霊場
洞雲山　→396 小豆島八十八ヵ所霊場
東雲寺　→019 石巻牡鹿三十三札所霊場

洞雲寺(山梨県山梨市牧丘町)
　　→206 甲斐百八ヵ所霊場
洞雲寺(岐阜県加茂郡白川町)
　　→187 中部四十九薬師霊場
洞雲寺(岐阜県飛騨市神岡町)
　　→221 飛騨三十三観音霊場
洞雲寺(静岡県藤枝市)
　　→234 駿河三十三観音霊場
　　→239 藤枝七福神
洞雲寺(静岡県浜松市西区神ヶ谷町)
　　→189 東海四十九薬師霊場
洞雲寺(愛知県常滑市井戸田町)
　　→248 知多新四国八十八ヵ所霊場
洞雲寺(広島県廿日市市)
　　→373 広島新四国八十八ヵ所霊場
洞雲寺観音堂　→016 気仙三十三観音札所
東栄寺　→135 八千代八福神
東円寺(東京都杉並区)
　　→149 昭和新撰 江戸三十三観音霊場
東円寺(岐阜県中津川市東宮町)
　　→187 中部四十九薬師霊場
東円寺(鳥取県鳥取市)
　　→353 因幡三十三観音霊場
道往寺　→149 昭和新撰 江戸三十三観音霊場
道音寺
　　→382 四国十三仏霊場
　　→399 伊予十三佛霊場
東海観音堂　→334 播州赤穂坂内西国三十三ヶ所
東海寺(栃木県宇都宮市篠井町)
　　→053 関東八十八ヵ所霊場
東海寺(千葉県柏市)
　　→059 相馬霊場八十八ヵ所
東覚院　→060 玉川八十八ヵ所霊場
等覚院(神奈川県川崎市宮前区神木本町)
　　→052 関東三十六不動尊霊場
　　→061 東国花の寺 百ヶ寺
等覚院(山口県大島郡周防大島町)
　　→376 周防大島八十八ヵ所霊場
桐岳寺　→362 松江三十三観音霊場
東覚寺(東京都江東区)
　　→056 御府内八十八ヵ所霊場
　　→144 亀戸七福神
東覚寺(東京都北区)
　　→056 御府内八十八ヵ所霊場
　　→158 豊島八十八ヵ所霊場
　　→165 谷中七福神
東学寺　→122 行徳三十三観音霊場
等覚寺　→182 三浦三十三観音霊場
童学寺
　　→381 四国三十六不動霊場
　　→382 四国十三仏霊場
　　→384 四国別格二十霊場

東観寺
　　→055 旧小机領三十三所観音霊場
　　→064 武相寅歳薬師如来霊場
到岸寺　→044 信夫新西国三十三観世音菩薩札所
道喜院　→203 甲斐七福神
東行庵　→347 山陽花の寺二十四か寺
東京ドーム　→145 小石川七福神
東京別院　→053 関東八十八ヵ所霊場
等空庵　→396 小豆島八十八ヵ所霊場
東窟寺
　　→272 丹波国三十三観音霊場
　　→273 丹波光七福神
東慶寺
　　→061 東国花の寺 百ヶ寺
　　→170 鎌倉三十三観音霊場
闘鶏神社　→268 神仏霊場 巡拝の道
桃源院(山形県米沢市)
　　→025 置賜三十三観音霊場
桃源院(長野県駒ヶ根市)
　　→213 信州(伊那・諏訪)八十八霊場
東源寺(福島県福島市)
　　→045 信達三十三観音霊場
　　→048 福島百八地蔵尊霊場
東源寺(千葉県我孫子市)
　　→059 相馬霊場八十八ヵ所
東源寺(鳥取県岩美郡岩美町)
　　→351 中国四十九薬師霊場
　　→354 因幡薬師霊場
藤原寺　→396 小豆島八十八ヵ所霊場
東源寺観音堂　→297 天田郡三十三観音霊場
東光院(栃木県栃木市岩舟町)
　　→075 小野寺七福神
東光院(埼玉県桶川市)
　　→092 足立坂東三十三札所
東光院(埼玉県幸手市)
　　→099 埼東八十八ヵ所霊場
東光院(千葉県印西市)
　　→118 印西大師講
東光院(東京都大田区田園調布本町)
　　→060 玉川八十八ヵ所霊場
東光院(新潟県五泉市)
　　→194 蒲原三十三観音
東光院(新潟県佐渡市)
　　→198 佐渡八十八ヶ所霊場
東光院(岐阜県恵那市岩村町)
　　→220 恵那三十三観音霊場
東光院(京都府綾部市上延町)
　　→298 綾部三十三観音霊場
東光院(大阪府豊中市)
　　→275 阪急沿線西国七福神
東光寺(山形県酒田市)
　　→030 庄内三十三観音霊場

東光寺(山形県尾花沢市)
　　→026 尾花沢大石田三十三観音霊場
東光寺(埼玉県入間市)
　　→051 奥多摩新四国八十八ヵ所霊場
　　→066 武蔵野三十三観音霊場
東光寺(東京都青梅市)
　　→051 奥多摩新四国八十八ヵ所霊場
　　→155 多摩八十八ヵ所霊場
東光寺(東京都中野区)
　　→158 豊島八十八ヵ所霊場
東光寺(東京都町田市小野路町)
　　→064 武相寅歳薬師如来霊場
東光寺(東京都品川区)
　　→143 荏原七福神
東光寺(神奈川県横浜市神奈川区)
　　→181 武南十二薬師霊場
東光寺(神奈川県横浜市保土ヶ谷区)
　　→181 武南十二薬師霊場
東光寺(神奈川県相模原市緑区)
　　→177 津久井観音霊場
東光寺(新潟県佐渡市)
　　→198 佐渡八十八ヶ所霊場
東光寺(山梨県甲府市)
　　→206 甲斐百八ヵ所霊場
東光寺(長野県安曇野市)
　　→214 信州七福神
東光寺(岐阜県山県市)
　　→223 美濃三十三観音霊場
　　→225 美濃新四国八十八ヵ所霊場
東光寺(岐阜県揖斐郡揖斐川町)
　　→189 東海四十九薬師霊場
東光寺(静岡県島田市)
　　→234 駿河三十三観音霊場
東光寺(静岡県熱海市)
　　→228 伊豆八十八ヶ所霊場
　　→234 駿河三十三観音霊場
東光寺(愛知県常滑市)
　　→189 東海四十九薬師霊場
東光寺(愛知県半田市亀崎月見町)
　　→248 知多新四国八十八ヵ所霊場
東光寺(滋賀県守山市幸津川町)
　　→289 近江湖南名利二十七ヶ所霊場
東光寺(滋賀県大津市)
　　→287 近江湖西名利二十七ヶ所霊場
東光寺(京都府亀岡市千歳町)
　　→303 丹波七福神
東光寺(兵庫県洲本市)
　　→318 淡路四国八十八ヵ所霊場
東光寺(兵庫県洲本市五色町)
　　→321 淡路四十九薬師霊場
東光寺(兵庫県西宮市門戸西町)
　　→263 西国愛染十七霊場
　　→265 西国薬師霊場
　　→269 摂津国八十八ヵ所霊場

東光寺(兵庫県淡路市)
　　→321 淡路四十九薬師霊場
東光寺(鳥取県鳥取市用瀬町)
　　→354 因幡薬師霊場
東光寺(岡山県勝田郡勝央町)
　　→365 高野山真言宗美作八十八ヶ所霊場
東光寺(山口県下関市豊前田町)
　　→351 中国四十九薬師霊場
東光寺(徳島県板野郡藍住町)
　　→386 阿波西国三十三観音霊場
東光寺(佐賀県武雄市山内町)
　　→411 九州八十八ヶ所霊場
　　→412 九州四十九院薬師霊場
東光寺(長崎県壱岐市勝本町)
　　→415 壱岐四国八十八ヶ所霊場
東向寺　→417 山鹿三十三観音霊場
東弘寺　→428 親鸞聖人二十四輩
洞興寺　→035 山形百八地蔵尊霊場
洞光寺(山形県寒河江市)
　　→035 山形百八地蔵尊霊場
洞光寺(島根県松江市新町)
　　→358 出雲国七福神
　　→362 松江三十三観音霊場
道瀞寺　→103 長瀞七草寺めぐり
東光禅寺　→189 東海四十九薬師霊場
東谷寺(茨城県取手市)
　　→059 相馬霊場八十八ヵ所
　　→070 とりで利根川七福神
東谷寺(長野県上伊那郡飯島町)
　　→213 信州(伊那・諏訪)八十八霊場
東谷寺正行院　→287 近江湖西名利二十七ヶ所霊場
東金堂　→265 西国薬師霊場
堂崎観音　→219 仁科三十三番札所
東山寺
　　→317 淡路西国三十三観音霊場
　　→318 淡路四国八十八ヵ所霊場
　　→425 尼寺霊場
藤次寺　→269 摂津国八十八ヵ所霊場
東樹院
　　→060 玉川八十八ヵ所霊場
　　→173 川崎七福神
洞壽院　→290 近江湖北名利二十七ヶ所霊場
東宗院　→385 新四国曼荼羅霊場
藤樹神社　→294 湖西蓬莱七福神
洞春寺
　　→350 中国観音霊場
　　→377 周防国三十三観音霊場
陶昌院　→243 尾張三十三観音霊場
洞昌院
　　→052 関東三十六不動尊霊場
　　→103 長瀞七草寺めぐり
東昌寺(神奈川県逗子市)
　　→175 湘南七福神

とうし　　　　　　　　　　　札所索引

東昌寺（静岡県磐田市）
　→236 遠江四十九薬師霊場
東昌寺（鳥取県鳥取市気高町）
　→353 因幡三十三観音霊場
東照寺（山形県尾花沢市）
　→026 尾花沢大石田三十三観音霊場
東照寺（神奈川県横浜市港北区）
　→184 横浜七福神
東照寺（徳島県徳島市）
　→385 新四国曼荼羅霊場
　→389 徳島七福神
東祥寺
　→118 印西大師講
　→119 印旛七福神
東正寺（山形県南陽市）
　→025 置賜三十三観音霊場
東正寺（三重県南牟婁郡鵜殿村）
　→190 東海白寿三十三観音霊場
桃昌寺　→215 信州筑摩三十三ヶ所観音霊場
洞松寺　→369 良寛さん こころの寺めぐり
道場寺　→066 武蔵野三十三観音霊場
道成寺
　→267 新西国霊場
　→268 神仏霊場 巡拝の道
唐招提寺　→268 神仏霊場 巡拝の道
東照殿　→255 三河新四国霊場
洞水寺（長野県松本市）
　→215 信州筑摩三十三ヶ所観音霊場
洞水寺（三重県鈴鹿市小社町）
　→284 鈴鹿七福神
洞泉庵　→366 児島四国八十八ヵ所霊場
東泉院　→228 伊豆八十八ヵ所霊場
洞泉院　→074 おおたわら七福神
洞禅院　→220 恵那三十三観音霊場
東仙寺　→190 東海白寿三十三観音霊場
東泉寺（福島県福島市）
　→046 信達坂東三十三観世音菩薩札所
　→048 福島百八地蔵尊霊場
東泉寺（神奈川県横浜市神奈川区羽沢町）
　→181 武南十二薬師霊場
東泉寺（神奈川県川崎市宮前区）
　→058 準西国稲毛三十三所観音霊場
東泉寺（島根県松江市東出雲町）
　→359 出雲国十三仏霊場
東前寺
　→410 九州二十四地蔵尊霊場
　→411 九州八十八ヵ所霊場
東漸寺（茨城県取手市）
　→059 相馬霊場八十八ヵ所
東漸寺（千葉県印西市）
　→118 印西大師講
東漸寺（千葉県習志野市）
　→133 習志野七福神

東漸寺（千葉県長生郡一宮町）
　→125 心の駅 外房七福神
東漸寺（神奈川県横須賀市）
　→172 鎌倉二十四地蔵霊場
東漸寺（神奈川県横浜市鶴見区潮田町）
　→060 玉川八十八ヵ所霊場
東漸寺（神奈川県横浜市都筑区佐江戸町）
　→053 関東八十八ヵ所霊場
　→064 武相寅歳薬師如来霊場
　→065 武相不動尊霊場
東漸寺（三重県松阪市飯高町）
　→190 東海白寿三十三観音霊場
東漸寺（長崎県佐世保市中里町）
　→411 九州八十八ヵ所霊場
東禅寺（福島県二本松市）
　→041 安達三十三観音霊場
東禅寺（福島県福島市）
　→046 信達坂東三十三観世音菩薩札所
東禅寺（東京都台東区）
　→142 江戸六地蔵
東禅寺（岐阜県加茂郡七宗町）
　→190 東海白寿三十三観音霊場
東禅寺（岐阜県恵那市大井町）
　→220 恵那三十三観音霊場
東禅寺（徳島県名西郡石川町）
　→381 四国三十六不動霊場
東禅寺（愛媛県今治市蔵敷町）
　→402 伊予府中十三石仏霊場
洞泉寺（山形県東田川郡三川町）
　→030 庄内三十三観音霊場
洞泉寺（岐阜県岐阜市）
　→225 美濃新四国八十八ヵ霊場
洞泉寺（岐阜県山県市）
　→225 美濃新四国八十八ヵ霊場
洞泉寺（岐阜県飛騨市宮川町）
　→221 飛騨三十三観音霊場
東漸寺浪の堂　→118 印西大師講
東大寺（千葉県印西市）
　→118 印西大師講
東大寺（静岡県賀茂郡河津町）
　→229 伊豆横道三十三観音霊場
東大寺（奈良県奈良市雑司町）
　→268 神仏霊場 巡拝の道
東大寺指図堂　→432 法然上人二十五霊場
東竹院　→093 忍秩父三十四札所
東長院
　→409 九州三十六不動霊場
　→410 九州二十四地蔵尊霊場
東長密寺　→411 九州八十八ヵ所霊場
堂塔寺　→410 九州二十四地蔵尊霊場
東南院
　→258 役行者集印巡り
　→259 役行者霊蹟札所

452

東日寺
　→189 東海四十九薬師霊場
　→286 三重四国八十八ヵ所霊場
堂の作観音堂　→042 磐城三十三観音
塔の辻堂　→415 壱岐四国八十八ヶ所霊場
堂林観音　→196 佐渡西国三十三観音霊場
東福院(東京都新宿区)
　→056 御府内八十八ヵ所霊場
東福院(広島県福山市)
　→351 中国四十九薬師霊場
東福寺(福島県石川郡玉川村)
　→048 福島百八地蔵尊霊場
東福寺(埼玉県北葛飾郡杉戸町)
　→099 埼東八十八ヵ所霊場
東福寺(千葉県習志野市)
　→133 習志野七福神
東福寺(千葉県富津市)
　→129 新上総国三十三観音霊場
東福寺(東京都国分寺市)
　→155 多摩八十八ヵ所霊場
東福寺(東京都多摩市)
　→155 多摩八十八ヵ所霊場
東福寺(東京都大田区)
　→060 玉川八十八ヵ所霊場
東福寺(東京都中野区)
　→056 御府内八十八ヵ所霊場
　→158 豊島八十八ヵ所霊場
東福寺(東京都豊島区)
　→158 豊島八十八ヵ所霊場
東福寺(神奈川県横須賀市西浦賀町)
　→182 三浦三十三観音霊場
東福寺(神奈川県横浜市鶴見区)
　→055 旧小机領三十三所観音霊場
　→060 玉川八十八ヵ所霊場
　→065 武相不動尊霊場
東福寺(神奈川県川崎市中原区)
　→060 玉川八十八ヵ所霊場
東福寺(静岡県賀茂郡西伊豆町)
　→228 伊豆八十八ヵ所霊場
東福寺(奈良県五條市六倉町)
　→340 大和新四国八十八ヵ所霊場
東福寺(徳島県美馬郡つるぎ町)
　→385 新四国曼荼羅霊場
東福寺(香川県高松市番町)
　→391 讃岐三十三観音霊場
東明寺(福島県会津若松市)
　→049 町廻り三十三観音
東明寺(千葉県富津市)
　→120 上総国薬師如来霊場三十四ヵ所
道明寺　→266 聖徳太子御遺跡霊場
道明寺天満宮　→268 神仏霊場 巡拝の道
道面地蔵堂　→405 にいはま新四国八十八ヵ所霊場
東門院　→289 近江湖南名刹二十七ヶ所霊場

東薬寺　→192 北陸不動尊霊場
東陽院　→060 玉川八十八ヵ所霊場
東陽院跡　→219 仁科三十三番札所
東陽寺(山形県東根市神町)
　→035 山形百八地蔵尊霊場
東陽寺(埼玉県北葛飾郡松伏町)
　→053 関東八十八ヵ所霊場
東陽寺(神奈川県相模原市緑区)
　→177 津久井観音霊場
東陽寺(新潟県阿賀野市)
　→194 蒲原三十三観音
東陽寺(新潟県新潟市江南区)
　→194 蒲原三十三観音
當陽寺　→412 九州四十九院薬師霊場
洞楽寺　→297 天田郡三十三観音霊場
導理山　→376 周防大島八十八ヵ所霊場
切利天上寺
　→267 新西国霊場
　→268 神仏霊場 巡拝の道
道隆寺(岡山県笠岡市神島北部)
　→364 神島八十八ヵ所霊場
道隆寺(広島県安芸郡府中町)
　→373 広島新四国八十八ヵ所霊場
道隆寺(広島県尾道市因島重井町)
　→370 因島八十八ヵ所霊場
道隆寺(香川県仲多度郡多度津町)
　→383 四国八十八ヵ所霊場
道隆寺(愛媛県今治市吉海町)
　→403 えひめ大島准四国八十八ヵ所霊場
道了尊　→052 関東三十六不動尊霊場
東林庵　→396 小豆島八十八ヵ所霊場
東林院　→385 新四国曼荼羅霊場
東林寺(埼玉県秩父郡横瀬町)
　→101 秩父七福神
東林寺(神奈川県相模原市緑区)
　→177 津久井観音霊場
東林寺(静岡県伊東市馬場町)
　→228 伊豆八十八ヵ所霊場
　→230 伊豆温泉七福神
東林寺(静岡県賀茂郡南伊豆町)
　→228 伊豆八十八ヵ所霊場
東林寺(島根県松江市寺町)
　→362 松江三十三観音霊場
東林寺(愛媛県松山市福角町)
　→400 伊予十二薬師霊場
東輪寺　→061 東国花の寺 百ヶ寺
桃林寺
　→189 東海四十九薬師霊場
　→284 鈴鹿七福神
等琳寺　→365 高野山真言宗美作八十八ヶ所霊場
東蓮寺　→411 九州八十八ヵ所霊場
投瓔寺　→198 佐渡八十八ヵ所霊場
砥鹿神社　→426 諸国一の宮巡拝

栂尾山　→396 小豆島八十八ヵ所霊場
戸鹿野観音堂　→090 沼田坂東三十三番札所
時志観音　→247 知多七福神
徳運寺　→215 信州筑摩三十三ヶ所観音霊場
徳雲寺（埼玉県秩父市）
　　→102 秩父十三仏霊場
徳雲寺（東京都文京区）
　　→145 小石川七福神
徳雲寺（岐阜県美濃加茂市加茂野町）
　　→223 美濃三十三観音霊場
徳雲寺（広島県庄原市東城町）
　　→351 中国四十九薬師霊場
　　→374 備後西国三十三観音霊場
徳圓寺　→280 伊賀四国八十八ヶ所霊場
徳恩寺　→055 旧小机領三十三所観音霊場
徳音寺
　　→187 中部四十九薬師霊場
　　→211 木曽七福神
徳岩院　→205 甲斐国三十三観音霊場
徳願寺（千葉県市川市）
　　→122 行徳三十三観音霊場
徳願寺（静岡県静岡市駿河区）
　　→234 駿河三十三観音霊場
徳源院　→290 近江湖北名刹二十七ヶ寺霊場
徳寿院　→007 奥州三十三観音霊場
徳寿寺　→373 広島新四国八十八ヵ所霊場
得生院　→195 弘法大師越後廿一ヶ所霊場
徳性院（栃木県日光市）
　　→073 今市宿七福神
徳性院（千葉県印西市）
　　→118 印西大師講
得性寺　→035 山形百八地蔵尊霊場
得生寺　→279 ぼけよけ二十四霊場
徳勝寺（福島県喜多方市豊川町）
　　→038 会津三十三観音霊場
徳勝寺（滋賀県長浜市平方町）
　　→290 近江湖北名刹二十七ヶ寺霊場
徳昌寺（福島県南会津郡南会津町）
　　→048 福島百八地蔵霊場
徳昌寺（新潟県阿賀野市）
　　→194 蒲原三十三観音
徳祥寺　→220 恵那三十三観音霊場
徳性寺（群馬県太田市押切町）
　　→091 東上州三十三観音霊場
徳性寺（愛知県岡崎市市場町）
　　→251 三河三十三観音霊場
徳成寺　→040 安積三十三霊場
徳星寺　→061 東国花の寺 百ヶ寺
徳正寺　→248 知多新四国八十八ヵ所霊場
得浄明院　→425 尼寺霊場
徳泉寺
　　→410 九州二十四地蔵尊霊場
　　→411 九州八十八ヵ所霊場

徳善寺　→185 横浜瀬谷八福神
徳蔵院　→134 松戸七福神
徳蔵院（茨城県東茨城郡城里町）
　　→068 佐竹七福神
徳蔵寺（栃木県足利市猿田町）
　　→072 足利七福神
徳蔵寺（千葉県市川市）
　　→122 行徳三十三観音霊場
徳蔵寺（東京都東村山市諏訪町）
　　→057 狭山三十三観音霊場
　　→066 武蔵野三十三観音霊場
徳蔵寺（徳島県名西郡石井町）
　　→386 阿波西国三十三観音霊場
徳宝院　→255 三河新四国霊場
徳満寺　→069 とね七福神
徳命堂　→415 壱岐四国八十八ヶ所霊場
徳楽寺
　　→189 東海四十九薬師霊場
　　→280 伊賀四国八十八ヶ所霊場
　　→286 三重四国八十八ヵ所霊場
斗蔵寺　→007 奥州三十三観音霊場
徳林庵　→301 京都六地蔵めぐり
徳林寺（埼玉県狭山市）
　　→066 武蔵野三十三観音霊場
徳林寺（岐阜県羽島市桑原町）
　　→225 美濃新四国八十八ヵ所霊場
徳林寺（愛知県西尾市西幡豆町）
　　→251 三河三十三観音霊場
床瀬　→328 但馬六十六地蔵霊場
土佐国分寺　→364 神島八十八ヵ所霊場
土佐神社　→426 諸国一の宮巡拝
十島観音　→416 相良三十三観音霊場
兎川霊瑞寺
　　→214 信州七福神
　　→215 信州筑摩三十三ヶ所観音霊場
栃内寺　→017 遠野七観音
芋ノ木福昌院　→217 諏訪八十八番霊場
等々力不動院　→060 玉川八十八ヵ所霊場
殿　→328 但馬六十六地蔵霊場
土庄八幡神社　→401 小豆島七福神
飛石寺　→403 えひめ大島準四国八十八ヵ所霊場
富岡八幡宮　→163 深川七福神
富丘八幡神社　→395 小豆島七福神
富澤観音堂　→042 磐城三十三観音
豊受大神宮　→268 神仏霊場 巡拝の道
豊岡温故公園内　→051 奥多摩新四国八十八ヵ所霊場
十夜ヶ橋　→384 四国別格二十霊場
十夜橋霊場　→051 奥多摩新四国八十八ヵ所霊場
豊川稲荷　→379 萩八十八ヶ所めぐり
豊田観音　→196 佐渡西国三十三観音霊場
鳥越観音　→008 奥州南部糠部三十三観音札所
鳥越観音堂　→414 篠栗八十八ヵ所霊場

454

鳥渡観音寺
　→009 奥の細道みちのく路三十三ヶ所めぐり
　　霊場
　→048 福島百八地蔵尊霊場
曇華院門跡　→425 尼寺霊場

【な】

内船寺　→206 甲斐百八ヵ所霊場
苗取観音堂　→042 磐城三十三観音
永井川光白観音堂　→044 信夫新西国三十三観世音
　菩薩札所
長井寺　→093 忍秩父三十四札所
仲井堂　→118 印西大師講
長岡開山所　→051 奥多摩新四国八十八ヵ所霊場
中尾観音　→416 相良三十三観音霊場
長尾寺 (滋賀県米原市)
　→290 近江湖北名刹二十七ヶ所霊場
　→293 近江国・びわ湖七福神
長尾寺 (岡山県笠岡市神島内浦)
　→364 神島八十八ヵ所霊場
長尾寺 (香川県さぬき市)
　→383 四国八十八ヵ本山霊場
長尾寺 (愛媛県今治市吉海町)
　→403 えひめ大島准四国八十八ヵ所霊場
中尾堂　→415 壱岐四国八十八ヵ所霊場
長尾堂　→415 壱岐四国八十八ヵ所霊場
長川毘沙門堂　→405 にいはま新四国八十八ヶ所
　霊場
中河原弘法堂　→217 諏訪八十八番霊場
中郷薬師堂　→405 にいはま新四国八十八ヶ所霊場
中沢蟻鱗堂　→217 諏訪八十八番霊場
中清水観音堂　→016 気仙三十三観音札所
長瀬　→328 但馬六十六地蔵霊場
中関根村 (相生) 観音　→027 上山三十三観音霊場
長瀬堂　→415 壱岐四国八十八ヵ所霊場
永田 (芦原) 観音　→416 相良三十三観音霊場
長田神社
　→268 神仏霊場 巡拝の道
　→324 神戸七福神
仲町氷川神社　→152 千住宿千寿七福神
長戸庵大師堂　→370 因島八十八ヵ所霊場
中野観音堂　→090 沼田坂東三十三番札所
中ノ河内観音堂　→414 篠栗八十八ヵ所霊場
中ノ河内虚空蔵堂　→414 篠栗八十八ヵ所霊場
中ノ河内仏木寺　→414 篠栗八十八ヵ所霊場
中野寺　→411 九州八十八ヵ所霊場
長野青林堂　→405 にいはま新四国八十八ヶ所霊場
中野堂　→177 津久井観音霊場
中之坊寺　→248 知多新四国八十八ヵ所霊場
長登寺　→032 最上三十三観音霊場
永野村観音　→027 上山三十三観音霊場

長濱八幡宮　→268 神仏霊場 巡拝の道
中峠青年館　→059 相馬霊場八十八ヵ所
中袋観音堂　→015 江刺三十三観音霊場
中町延命寺　→414 篠栗八十八ヵ所霊場
中町屋島寺　→414 篠栗八十八ヵ所霊場
永峰観音　→416 相良三十三観音霊場
中村観音堂　→405 にいはま新四国八十八ヶ所霊場
中村沢大日堂　→217 諏訪八十八番霊場
中村正光寺　→217 諏訪八十八番霊場
中村薬師堂　→217 諏訪八十八番霊場
中屋不動堂　→217 諏訪八十八番霊場
中山奥之院　→117 市川七福神
中山観音　→416 相良三十三観音霊場
中山神社　→426 諸国一の宮巡拝
中山寺 (福井県大飯郡高浜町)
　→191 北陸三十三観音霊場
　→201 若狭三十三観音霊場
中山寺 (兵庫県宝塚市)
　→261 近畿三十六不動尊霊場
　→264 西国三十三観音霊場
　→266 聖徳太子御遺跡霊場
　→268 神仏霊場 巡拝の道
　→275 阪急沿線西国七福神
　→427 真言宗十八本山巡拝
中山寺奥之院　→269 摂津国八十八ヵ所霊場
中山寺大師堂　→269 摂津国八十八ヵ所霊場
中山寺納経所　→269 摂津国八十八ヵ所霊場
長柄神社　→082 おうら七福神
長良神社　→088 つつじの館林七福神
波切観音　→196 佐渡西国三十三観音霊場
名草弁天　→072 足利七福神
那古寺
　→053 関東八十八ヵ所霊場
　→062 坂東三十三観音霊場
　→115 安房三十四観音霊場
名色　→328 但馬六十六地蔵霊場
那谷寺　→191 北陸三十三観音霊場
名取千手観音堂　→007 奥州三十三観音霊場
七寺　→188 東海三十六不動尊霊場
浪速寺　→269 摂津国八十八ヵ所霊場
七日市　→328 但馬六十六地蔵霊場
波切不動寺
　→004 北海道三十六不動尊霊場
　→006 北海道八十八ヵ所霊場
並瀧寺　→373 広島新四国八十八ヵ所霊場
波上宮　→426 諸国一の宮巡拝
奈良観音堂　→090 沼田坂東三十三番札所
楢下村観音　→027 上山三十三観音霊場
七崎観音　→008 奥州南部糠部三十三観音札所
奈良山観音堂　→015 江刺三十三観音霊場
成相寺
　→262 近畿楽寿観音三十三ヶ所霊場
　→264 西国三十三観音霊場

成川仲ノ内観音堂　→044 信夫新西国三十三観世音
　　菩薩札所
成田山(栃木県大田原市本町)
　　→074 おおたわら七福神
成田山(埼玉県川越市久保町)
　　→097 小江戸川越七福神
成田山伝法院　→160 八王子七福神
成田山不動大教会　→158 豊島八十八ヵ所霊場
成田ゆめ牧場　→127 しもふさ七福神
南圓寺　→061 東国花の寺 百ヵ寺
南円堂　→264 西国三十三観音霊場
南岳寺　→030 庄内三十三観音霊場
南宮大社　→426 諸国一の宮巡拝
南光寺
　　→053 関東八十八ヵ所霊場
　　→054 北関東三十六不動尊霊場
南光坊(岡山県笠岡市神島西部)
　　→364 神島八十八ヵ所霊場
南光坊(広島県尾道市因島田熊町)
　　→370 因島八十八ヵ所霊場
南光坊(愛媛県今治市吉海町)
　　→403 えひめ大島准四国八十八ヵ所霊場
南光坊(愛媛県今治市別宮町)
　　→383 四国八十八ヵ所霊場
　　→402 伊予府中十三石仏霊場
南谷寺
　　→052 関東三十六不動尊霊場
　　→146 五色(東都五眼)不動尊
南松院　→206 甲斐百八ヵ所霊場
南照寺　→289 近江湖南名刹二十七ヶ所霊場
南松殿　→255 三河新四国霊場
南切堂　→415 壱岐四国八十八ヶ所霊場
南泉寺(山形県西村山郡河北町)
　　→035 山形百八地蔵尊霊場
南泉寺(岐阜県山県市)
　　→225 美濃新四国八十八ヵ所霊場
南禅寺　→229 伊豆横道三十三観音霊場
南禅坊　→372 鞆の浦古寺めぐり
南蔵院(埼玉県久喜市菖蒲町)
　　→053 関東八十八ヵ所霊場
　　→094 忍領西国三十三札所
南蔵院(東京都新宿区箪笥町)
　　→056 御府内八十八ヵ所霊場
南蔵院(東京都板橋区蓮沼町)
　　→052 関東三十六不動尊霊場
　　→158 豊島八十八ヵ所霊場
南蔵院(東京都豊島区)
　　→056 御府内八十八ヵ所霊場
　　→158 豊島八十八ヵ所霊場
南蔵院(東京都練馬区)
　　→056 御府内八十八ヵ所霊場
　　→158 豊島八十八ヵ所霊場

南蔵院(福岡県糟屋郡篠栗町)
　　→414 篠栗八十八ヵ所霊場
南貞院聖観音堂　→013 津軽三十三観音霊場
難波神社　→309 大坂三十三観音霊場
南原寺　→378 長門三十三観音霊場
楠姫庵観音寺　→314 河内西国三十三観音霊場
南明寺(山口県萩市)
　　→378 長門三十三観音霊場
南明寺(山梨県南巨摩郡富士川町)
　　→206 甲斐百八ヵ所霊場
南明寺(長崎県壱岐市郷ノ浦町)
　　→415 壱岐四国八十八ヵ所霊場
南陽院　→118 印西大師講
南陽寺　→271 丹波寿七福神
南龍寺　→059 相馬霊場八十八ヵ所
南淋寺
　　→411 九州八十八ヵ所霊場
　　→412 九州四十九院薬師霊場
楠霊庵　→396 小豆島八十八ヵ所霊場

【に】

二井寺　→347 山陽花の寺二十四か寺
新御堂　→115 安房三十四観音霊場
丹生川上神社　→268 神仏霊場 巡拝の道
丹生川上神社上社　→268 神仏霊場 巡拝の道
丹生省符神社　→268 神仏霊場 巡拝の道
丹生都比売神社
　　→268 神仏霊場 巡拝の道
　　→426 諸国一の宮巡拝
仁右衛門島　→116 安房七福神
仁王寺　→038 会津三十三観音霊場
苦木観音長谷堂　→013 津軽三十三観音霊場
西新井大師　→061 東国花の寺 百ヵ寺
西泉地蔵堂　→405 にいはま新四国八十八ヵ所霊場
西喜地町阿弥陀堂　→405 にいはま新四国八十八ヵ所霊場
西楠崎地蔵堂　→405 にいはま新四国八十八ヶ所霊場
西後町秋葉神社　→218 善光寺七福神
西沢庚申堂　→217 諏訪八十八番霊場
西土居地蔵堂　→405 にいはま新四国八十八ヶ所霊場
西の瀧　→396 小豆島八十八ヵ所霊場
西の堂　→118 印西大師講
西之坊　→269 摂津国八十八ヵ所霊場
西宮神社(栃木県足利市西宮町)
　　→072 足利七福神
西宮神社(栃木県栃木市岩舟町)
　　→075 小野寺七福神
西宮神社(富山県新湊市本町)
　　→199 越中万葉七福神

西宮神社（長野県長野市岩石町）
　→218 善光寺七福神
西宮神社（兵庫県西宮市社家町）
　→268 神仏霊場 巡拝の道
西野薬師堂 →290 近江湖北名利二十七ヶ所霊場
西原堂　→415 壱岐四国八十八ヵ所霊場
西山興隆寺　→401 伊予（道前・道後）十観音霊場
西山寺　→334 播州赤穂坂内西三十三ヶ所
二尊院　→376 周防大島八十八ヵ所霊場
日円寺
　→272 丹波国三十三観音霊場
　→298 綾部三十三観音霊場
日本寺（千葉県安房郡鋸南町）
　→061 東国花の寺 百ヶ寺
　→115 安房三十四観音霊場
日本寺（千葉県香取郡多古町）
　→431 日蓮宗の本山めぐり
日曜寺　→158 豊島八十八ヵ所霊場
日龍峰寺　→223 美濃三十三観音霊場
日輪庵　→366 児島四国八十八ヵ所霊場
日輪寺（福島県大沼郡会津美里町）
　→038 会津三十三観音霊場
日輪寺（福島県本宮市）
　→041 安達三十三観音霊場
日輪寺（茨城県久慈郡大子町）
　→062 坂東三十三観音霊場
　→068 佐竹七福神
日輪寺（長野県上伊那郡箕輪町）
　→213 信州（伊那・諏訪）八十八霊場
日輪寺（兵庫県神戸市西区玉津町）
　→316 明石西国三十三観音霊場
日光院（北海道小樽市）
　→003 北海道三十三観音霊場
日光院（兵庫県養父市八鹿町）
　→262 近畿楽寿観音三十三ヶ所霊場
　→327 但馬七福神
日光院（岡山県倉敷市）
　→366 児島四国八十八ヵ所霊場
日光寺（兵庫県南あわじ市）
　→321 淡路四十九薬師霊場
日光寺（岡山県笠岡市神島町）
　→351 中国四十九薬師霊場
日光寺（広島県三次市）
　→351 中国四十九薬師霊場
日向寺（栃木県佐野市富岡町）
　→078 下野三十三観音霊場
日向寺（奈良県橿原市南浦町）
　→266 聖徳太子御遺跡霊場
日髙寺　→003 北海道三十三観音霊場
日光二荒山神社　→426 諸国一の宮巡拝
日石寺　→192 北陸不動尊霊場
新田神社　→426 諸国一の宮巡拝
日天寺　→377 周防国三十三観音霊場

日原鍾乳洞　→051 奥多摩新四国八十八ヵ所霊場
二ノ滝寺　→414 篠栗八十八ヵ所霊場
若一王子神社　→219 仁科三十三番札所
入川観音　→196 佐渡西国三十三観音霊場
入内観音堂　→013 津軽三十三観音霊場
如意寺（埼玉県北本市）
　→092 足立坂東三十三札所
如意寺（愛知県知多市）
　→248 知多新四国八十八ヵ所霊場
如意寺（京都府京丹後市久美浜町）
　→260 関西の寺二十五ヶ所
如意寺（兵庫県神戸市西区櫨谷町）
　→316 明石西国三十三観音霊場
　→325 神戸十三仏霊場
如意殿　→255 三河新四国霊場
如意輪観世音菩薩　→379 萩八十八ヶ所めぐり
如意輪寺（岩手県北上市稲瀬町）
　→015 江刺三十三観音霊場
如意輪寺（福島県白川郡棚倉町）
　→048 福島百八地蔵尊霊場
如意輪寺（茨城県笠間市）
　→061 東国花の寺 百ヶ寺
如意輪寺（栃木県栃木市大宮町）
　→053 関東八十八ヵ所霊場
如意輪寺（栃木県栃木市大平町）
　→078 下野三十三観音霊場
如意輪寺（東京都西東京市泉町）
　→066 武蔵野三十三観音霊場
　→155 多摩八十八ヵ所霊場
如意輪寺（新潟県佐渡市）
　→198 佐渡八十八ヶ所霊場
如意輪寺（愛知県知多郡南知多町）
　→248 知多新四国八十八ヵ所霊場
　→256 南知多三十三観音霊場
如意輪寺（奈良県吉野郡吉野町）
　→258 役行者集印巡り
　→259 役行者霊蹟札所
　→261 近畿三十六不動尊霊場
如意輪寺（徳島県徳島市多家良町）
　→385 新四国曼荼羅霊場
　→387 阿波七福神
如意輪寺（福岡県小郡市）
　→410 九州二十四地蔵尊霊場
　→411 九州八十八ヵ所霊場
如意輪寺（宮崎県延岡市川島町）
　→424 日向国延岡七福神
如願寺　→269 摂津国八十八ヵ所霊場
如日堂　→222 益田三十三観音霊場
如法寺（山形県新庄市）
　→031 出羽七福神八霊場
　→035 山形百八地蔵尊霊場
如法寺（福島県郡山市堂前町）
　→040 安積三十三霊場

457

【に】

如法寺（福島県耶麻郡西会津町）
　→036 会津五色不動尊霊場
　→038 会津三十三観音霊場
如来院　→432 法然上人二十五霊場
如来寺（茨城県石岡市）
　→428 親鸞聖人二十四輩
如来寺（栃木県日光市）
　→073 今市宿七福神
　→078 下野三十三観音霊場
如来寺（東京都品川区）
　→143 荏原七福神
韮神山　→021 韮神山三十三観音
仁玄寺
　→003 北海道三十三観音霊場
　→006 北海道八十八ヶ所霊場
仁和寺
　→261 近畿三十六不動尊霊場
　→268 神仏霊場 巡拝の道
　→299 京都十三仏霊場
　→427 真言宗十八本山巡拝

【ぬ】

沼之内観音堂　→042 磐城三十三観音

【ね】

根香寺（岡山県笠岡市神島北部）
　→364 神島八十八ヶ所霊場
根香寺（広島県尾道市因島重井町）
　→370 因島八十八ヶ所霊場
根香寺（香川県高松市中山町）
　→383 四国八十八ヶ所霊場
根香寺（愛媛県今治市吉海町）
　→403 えひめ大島准四国八十八ヶ所霊場
根来寺
　→261 近畿三十六不動尊霊場
　→268 神仏霊場 巡拝の道
　→342 紀伊之国十三仏霊場
　→427 真言宗十八本山巡拝
根城隅観音　→008 奥州南部糠部三十三観音札所
子ノ神御行堂　→217 諏訪八十八番霊場
根本観音堂　→177 津久井観音霊場
念西寺　→425 尼寺霊場
念仏院
　→059 相馬霊場八十八ヶ所
　→070 とりで利根川七福神
念仏寺（京都府京都市西京区桂春日町）
　→306 洛西三十三観音霊場
念佛寺（大阪府八尾市）
　→314 河内西国三十三観音霊場
念佛寺（兵庫県神戸市北区有馬町）
　→324 神戸七福神
　→325 神戸十三仏霊場
念仏寺（奈良県五條市大津町）
　→340 大和新四国八十八ヶ所霊場

【の】

野明沢大日堂　→217 諏訪八十八番霊場
能延寺　→078 下野三十三観音霊場
能護寺　→061 東国花の寺 百ヶ寺
能成寺　→206 甲斐百八ヶ所霊場
能蔵院　→061 東国花の寺 百ヶ寺
能福寺
　→267 新西国霊場
　→325 神戸十三仏霊場
　→335 兵庫七福神
能満寺（東京都練馬区）
　→140 板橋七福神
　→158 豊島八十八ヶ所霊場
能満寺（神奈川県横浜市神奈川区）
　→181 武南十二薬師霊場
能満寺（神奈川県川崎市高津区）
　→058 準西国稲毛三十三所観音霊場
　→065 武相不動尊霊場
能満寺（広島県福山市西町）
　→348 瀬戸内三十三観音霊場
能満寺（長崎県壱岐市勝本町）
　→415 壱岐四国八十八ヶ所霊場
野坂寺　→100 秩父三十四観音霊場
野沢寺　→053 関東八十八ヶ所霊場
野津田薬師堂　→064 武相寅歳薬師如来霊場
野瀬観音　→008 奥州南部糠部三十三観音札所
能勢妙見　→336 北摂七福神
覗石大師堂　→217 諏訪八十八番霊場
野の井ぽっくり観音　→059 相馬霊場八十八ヶ所
野間大坊
　→247 知多七福神
　→248 知多新四国八十八ヶ所霊場
呑山観音寺　→414 篠栗八十八ヶ所霊場
呑山天王院　→414 篠栗八十八ヶ所霊場

【は】

梅英寺　→225 美濃新四国八十八ヶ所霊場
梅翁寺　→355 伯耆三十三観音霊場
梅岩寺（東京都青梅市）
　→051 奥多摩新四国八十八ヶ所霊場
　→155 多摩八十八ヶ所霊場

梅岩寺（東京都東久留米市久米川町）	橋場不動尊　→137 浅草名所七福神
→057 狭山三十三観音霊場	羽尻　→328 但馬六十六地蔵霊場
梅岩寺（京都府綾部市下八田町）	蓮川観音堂　→013 津軽三十三観音霊場
→298 綾部三十三観音霊場	羽豆神社　→247 知多七福神
梅岩寺（大阪府八尾市）	長谷観音（青森県三戸郡南部町）
→314 河内西国三十三観音霊場	→008 奥州南部糠部三十三観音札所
梅渓寺	長谷観音（福島県二本松市）
→007 奥州三十三観音霊場	→041 安達三十三観音霊場
→019 石巻牡鹿三十三札所霊場	長谷観音堂　→098 児玉三十三観音霊場
梅窓院	長谷寺（岩手県奥州市水沢区黒石町）
→136 青山七福神	→015 江刺三十三観音霊場
→149 昭和新撰 江戸三十三観音霊場	長谷寺（岩手県大船渡市猪川町）
梅木寺　→041 安達三十三観音霊場	→010 三陸三十三観音霊場
梅林院　→234 駿河三十三観音霊場	長谷寺（宮城県登米市中田町）
梅林寺　→022 秋田三十三観音霊場	→007 奥州三十三観音霊場
羽賀寺	長谷寺（群馬県高崎市）
→191 北陸三十三観音霊場	→062 坂東三十三観音霊場
→192 北陸不動尊霊場	長谷寺（東京都港区）
萩倉薬師堂　→217 諏訪八十八番霊場	→136 青山七福神
萩尾阿弥陀堂　→414 篠栗八十八ヵ所霊場	→149 昭和新撰 江戸三十三観音霊場
萩尾薬師堂　→414 篠栗八十八ヵ所霊場	長谷寺（神奈川県鎌倉市）
萩の寺　→267 新西国霊場	→062 坂東三十三観音霊場
萩生北之坊　→405 にいはま新四国八十八ヶ所霊場	→169 鎌倉・江の島七福神
萩生寺　→385 新四国曼荼羅霊場	→170 鎌倉三十三観音霊場
萩生大師堂　→405 にいはま新四国八十八ヶ所霊場	長谷寺（神奈川県厚木市）
萩生南之坊　→405 にいはま新四国八十八ヶ所霊場	→061 東国花の寺 百ヶ寺
萩原寺	→062 坂東三十三観音霊場
→381 四国三十六不動霊場	長谷寺（山梨県中央市）
→384 四国別格二十霊場	→205 甲斐国三十三観音霊場
→394 四国讃州七福之寺	長谷寺（山梨県南アルプス市）
白雲堂　→222 益田三十三観音霊場	→205 甲斐国三十三観音霊場
白山寺　→048 福島百八地蔵尊霊場	→206 甲斐百八ヵ所霊場
白山神社（茨城県取手市）	長谷寺（三重県津市片田長谷町）
→059 相馬霊場八十八ヵ所	→281 伊勢西国三十三観音霊場
白山神社（石川県鹿島郡中能登町）	長谷寺（兵庫県南あわじ市）
→200 能登国三十三観音霊場	→318 淡路四国八十八ヵ所霊場
白山大神社　→059 相馬霊場八十八ヵ所	長谷寺（奈良県桜井市）
白山堂　→018 西磐井三十三観音霊場	→264 西国三十三観音霊場
白心寺　→213 信州（伊那・諏訪）八十八霊場	→268 神仏霊場 巡拝の道
白鳥寺　→024 羽州山形七福神	→338 大和七福八宝めぐり
白峯寺　→176 相州小出七福神	→427 真言宗十八本山巡拝
白蓮寺　→373 広島新四国八十八ヵ所霊場	長谷寺（島根県安来市伯田町）
筥崎宮　→426 諸国一の宮巡拝	→356 出雲三十三観音霊場
函館寺　→004 北海道三十六不動尊霊場	長谷寺（島根県出雲市大社町）
箱根神社　→178 箱根七福神	→356 出雲三十三観音霊場
捨鹿寺　→332 播磨西国観音霊場	長谷寺（熊本県山鹿市菊鹿町）
麻疹不動　→059 相馬霊場八十八ヵ所	→417 山鹿三十三観音霊場
橋壁観音堂　→089 沼田横堂三十三番札所	長谷寺観音堂　→016 気仙三十三観音札所
箸蔵寺	八王寺　→066 武蔵野三十三観音霊場
→381 四国三十六不動霊場	八浄寺
→384 四国別格二十霊場	→318 淡路四国八十八ヵ所霊場
→386 阿波西国三十三観音霊場	→319 淡路島七福神
橋立堂　→100 秩父三十四観音霊場	八幡櫛引郷三十三観音　→008 奥州南部糠部三十三観音札所

八幡寺（福島県福島市飯坂町）
　→044 信夫新西国三十三観世音菩薩札所
八幡寺（兵庫県淡路市）
　→320 淡路島十三仏霊場
八幡寺（岡山県真庭市）
　→365 高野山真言宗美作八十八ヶ所霊場
八幡寺（徳島県三好市池田町）
　→386 阿波西国三十三観音霊場
　→388 阿波秘境祖谷渓大歩危七福神
八幡神社（茨城県取手市）
　→059 相馬霊場八十八ヵ所
八幡神社（千葉県我孫子市）
　→059 相馬霊場八十八ヵ所
八幡神社（東京都足立区千住宮元町）
　→152 千住宿千寿七福神
八幡神社（徳島県那賀郡那賀町）
　→390 わじき七福神
八葉寺　→332 播磨西国観音霊場
八葉峰寺　→006 北海道八十八ヶ所霊場
初馬寺　→281 伊勢西国三十三観音霊場
白華寺（静岡県浜松市中区）
　→236 遠江四十九薬師霊場
白華寺（広島県呉市倉橋町）
　→373 広島新四国八十八ヶ所霊場
八國寺　→355 伯耆三十三観音霊場
八正寺
　→329 茶之寿観音八ヶ寺霊場
　→332 播磨西国観音霊場
八相堂　→222 益田三十三観音霊場
波啼寺
　→360 石見銀山天領七福神
　→361 石見曼荼羅観音霊場
馬蹄寺　→092 足立坂東三十三札所
馬頭院（栃木県那須郡那珂川町）
　→053 関東八十八ヵ所霊場
　→061 東国花の寺 百ヶ寺
　→080 那須三十三観音霊場
馬頭院（埼玉県北葛飾郡杉戸町）
　→099 埼東八十八ヵ所霊場
　→104 日光街道すぎと七福神
馬頭観音堂（岩手県陸前高田市矢作町）
　→016 気仙三十三観音札所
馬頭観音堂（群馬県高崎市石原町）
　→087 高崎観音六観音霊場
馬頭観音堂（東京都大田区）
　→138 池上七福神
鳩尾薬師堂　→321 淡路四十九薬師霊場
鼻地蔵　→370 因島八十八ヵ所霊場
花園院　→204 甲斐西八代七福神
羽縄観音堂　→016 気仙三十三観音札所
羽入　→328 但馬六十六地蔵霊場
埴生　→186 倶利伽羅峠三十三観音めぐり
馬場の堂　→118 印西大師講

垣生観音堂　→405 にいはま新四国八十八ヶ所霊場
垣生太子堂　→405 にいはま新四国八十八ヶ所霊場
垣生法泉寺　→405 にいはま新四国八十八ヶ所霊場
垣生女乙山　→405 にいはま新四国八十八ヶ所霊場
垣生薬師堂　→405 にいはま新四国八十八ヶ所霊場
浜佐田地蔵堂　→363 松江六地蔵
早天神社　→069 とね七福神
林　→328 但馬六十六地蔵霊場
林庵　→396 小豆島八十八ヶ所霊場
林垣　→328 但馬六十六地蔵霊場
はやし堂　→057 狭山三十三観音霊場
隼山　→396 小豆島八十八ヶ所霊場
原　→186 倶利伽羅峠三十三観音めぐり
払ональный龍堂　→217 諏訪八十八番霊場
腹帯観音堂　→290 近江湖北名刹二十七ヶ所霊場
原島家　→051 奥多摩新四国八十八ヵ所霊場
原山観音堂　→057 狭山三十三観音霊場
波立寺　→043 いわき七福神
巴陵院　→259 役行者霊蹟札所
春木川地蔵寺　→312 河泉二十四地蔵霊場
春の舎堂　→415 壱岐四国八十八ヶ所霊場
春日内観音堂　→013 津軽三十三観音霊場
萬嶽寺　→220 恵那三十三観音霊場
盤脚院　→239 藤枝七福神
萬休院　→203 甲斐七福神
萬休寺　→187 中部四十九薬師霊場
般舟寺　→373 広島新四国八十八ヵ所霊場
繁昌院（宮城県柴田郡大河原町）
　→009 奥の細道みちのく路三十三ヶ所めぐり霊場
繁昌院（香川県さぬき市寒川町）
　→381 四国三十六不動霊場
繁松院　→048 福島百ヵ地蔵尊霊場
萬松寺
　→024 羽州山形七福神
　→034 山形十三仏霊場
　→035 山形百八地蔵尊霊場
万性寺　→346 和歌山西国三十三観音霊場
万蔵寺　→015 江刺三十三観音霊場
半僧坊浜松別院　→238 浜松七福神
磐台寺
　→348 瀬戸内三十三観音霊場
　→374 備後西国三十三観音霊場
半田稲荷神社　→141 江戸川ライン七福神
繁寿寺（岡山県笠岡市神島西部）
　→364 神島八十八ヵ所霊場
繁多寺（広島県尾道市因島土生町）
　→370 因島八十八ヵ所霊場
繁多寺（愛媛県今治市吉海町）
　→403 えひめ大島准四国八十八ヵ所霊場
繁多寺（愛媛県松山市畑寺町）
　→383 四国八十八ヵ所霊場
坂東寺　→417 山鹿三十三観音霊場

鑁阿寺
　　→053 関東八十八ヵ所霊場
　　→072 足利七福神
　　→078 下野三十三観音霊場
般若院（山形県尾花沢市）
　　→032 最上三十三観音霊場
般若院（静岡県熱海市）
　　→228 伊豆八十八ヵ所霊場
般若院（岡山県倉敷市）
　　→366 児島四国八十八ヵ所霊場
般若院（岡山県総社市）
　　→367 備中西国三十三所観音霊場
般若院（福岡県福岡市南区）
　　→411 九州八十八ヵ所霊場
般若寺（岩手県一関市地主町）
　　→018 西磐井三十三観音霊場
般若寺（岐阜県山県市）
　　→225 美濃新四国八十八ヵ所霊場
般若寺（奈良県奈良市般若寺町）
　　→260 関西花の寺二十五ヵ所
　　→265 西国薬師霊場
般若寺（岡山県倉敷市）
　　→366 児島四国八十八ヵ所霊場
般若寺（山口県熊毛郡平生町）
　　→347 山陽花の寺二十四か寺
　　→350 中国観音霊場
　　→377 周防国三十三観音霊場
飯能恵比寿神社　→113 武蔵野七福神
蟠竜寺（東京都目黒区）
　　→166 山手七福神
蟠龍寺（大阪府大阪市北区野崎町）
　　→309 大坂三十三観音霊場

【ひ】

稗田大師寺　→366 児島四国八十八ヵ所霊場
東強清水　→196 佐渡西国三十三観音霊場
東町観音堂　→405 にいはま新四国八十八ヵ所霊場
東向観音寺　→307 洛陽三十三所観音巡礼
東山田峯見薬師堂　→217 諏訪八十八番霊場
氷上本地　→016 気仙三十三観音札所
氷川神社（埼玉県さいたま市大宮区高鼻町）
　　→426 諸国一の宮巡拝
氷川神社（東京都港区）
　　→164 港区七福神
樋川堂　→415 壱岐四国八十八ヶ所霊場
氷川女體神社　→426 諸国一の宮巡拝
蟇の浦薬師堂　→321 淡路四十九薬師霊場
日切地蔵（山口県萩市椿）
　　→379 萩八十八ヶ所めぐり
日切地蔵（愛媛県西予市野村町）
　　→403 えひめ大島准四国八十八ヵ所霊場

久井地蔵寺　→312 河泉二十四地蔵霊場
久国神社　→164 港区七福神
毘沙門寺（三重県伊賀市）
　　→280 伊賀四国八十八ヵ所霊場
毘沙門寺（和歌山県和歌山市）
　　→346 和歌山西国三十三観音霊場
毘沙門堂（茨城県取手市）
　　→059 相馬霊場八十八ヵ所
毘沙門堂（東京都江東区）
　　→144 亀戸七福神
毘沙門堂（長野県上伊那郡辰野町）
　　→213 信州（伊那・諏訪）八十八霊場
毘沙門堂（京都府京都市山科区）
　　→268 神仏霊場 巡拝の道
毘沙門堂（広島県広島市安佐南区佐東町）
　　→373 広島新四国八十八ヵ所霊場
毘沙門堂（香川県小豆郡土庄町）
　　→396 小豆八十八ヵ所霊場
飛騨国分寺
　　→187 中部四十九薬師霊場
　　→221 飛騨三十三観音霊場
悲田院　→300 京都泉涌寺七福神
一ツ葉稲荷神社　→423 日向之国七福神
人吉恵山会　→409 九州三十六不動霊場
檜尾寺　→289 近江湖南名利二十七ヶ所霊場
日前神宮・國懸神宮　→426 諸国一の宮巡拝
火伏観音　→196 佐渡西国三十三観音霊場
日牟禮八幡宮　→268 神仏霊場 巡拝の道
白衣大観音　→087 高崎観音六観音霊場
白毫寺（兵庫県丹波市市島町）
　　→262 近畿楽寿観音三十三ヶ所
　　→270 丹波古利十五ヶ寺霊場
　　→330 天台宗丹波七福神
白毫寺（奈良県奈良市白毫寺町）
　　→260 関西花の寺二十五ヵ所
百済寺
　　→268 神仏霊場 巡拝の道
　　→288 近江湖東名利二十七ヶ所霊場
　　→291 近江三十三観音霊場
百体観音堂　→098 児玉三十三霊場
白蓮寺
　　→193 越後三十三観音霊場
　　→194 蒲原三十三観音
平等院（埼玉県鴻巣市）
　　→094 忍領西国三十三札所
平等院（埼玉県飯能市）
　　→051 奥多摩新四国八十八ヵ所霊場
平等院（京都府宇治市）
　　→268 神仏霊場 巡拝の道
平等寺（京都府京都市下京区）
　　→299 京都十三仏霊場
　　→307 洛陽三十三所観音巡礼

ひよう　　　　　　　　　　札所索引

平等寺（兵庫県南あわじ市）
　　→318 淡路四国八十八ヵ所霊場
平等寺（岡山県笠岡市神島外浦）
　　→364 神島八十八ヵ所霊場
平等寺（広島県尾道市因島外浦町）
　　→370 因島八十八ヵ所霊場
平等寺（徳島県阿南市新野町）
　　→383 四国八十八ヵ所霊場
平等寺（愛媛県今治市吉海町）
　　→403 えひめ大島准四国八十八ヵ所霊場
平等寺（大分県国東市）
　　→418 国東三十三観音霊場
日吉観音堂　→042 磐城三十三観音
日吉大社
　　→268 神仏霊場 巡拝の道
　　→294 湖西蓬莱七福神
枚岡神社
　　→268 神仏霊場 巡拝の道
　　→426 諸国一の宮巡拝
枚聞神社　→426 諸国一の宮巡拝
平栗福寿庵　→016 気仙三十三観音札所
枚田　→328 但馬六十六地蔵霊場
平大師堂　→415 壱岐四国八十八ヶ所霊場
平堂　→415 壱岐四国八十八ヵ所霊場
平野神社　→268 神仏霊場 巡拝の道
平原観音堂　→414 篠栗八十八ヵ所霊場
平原寺　→417 山鹿三十三観音霊場
蛭子神社　→390 わじき七福神
弘川寺
　　→258 役行者集印巡り
　　→259 役行者霊蹟札所
　　→265 西国薬師霊場
　　→313 河内飛鳥七福神
廣瀬大社　→268 神仏霊場 巡拝の道
廣田神社　→268 神仏霊場 巡拝の道
広船観音堂　→013 津軽三十三観音霊場
廣峯神社　→268 神仏霊場 巡拝の道
備後安国寺　→372 鞆の浦古寺めぐり

【ふ】

風雲庵　→212 信濃三十三観音霊場
風穴庵　→396 小豆島八十八ヵ所霊場
風立寺　→035 山形百八地蔵尊霊場
風輪寺　→312 河泉二十四地蔵霊場
笛ヶ森観音堂　→042 磐城三十三観音
普音寺　→229 伊豆横道三十三観音霊場
深井邸　→092 足立坂東三十三札所
深川稲荷神社　→163 深川七福神
深川神明宮　→163 深川七福神
深川不動堂　→052 関東三十六不動尊霊場

深草岩屋観音堂　→205 甲斐国三十三観音霊場
深掘観音堂　→032 最上三十三観音霊場
深水観音　→416 相良三十三観音霊場
布川神社　→069 とね七福神
布願観音　→196 佐渡西国三十三観音霊場
普寛霊場　→108 武州本庄七福神
葺不合神社　→059 相馬霊場八十八ヵ所
吹上堂　→090 沼田坂東三十三番札所
富貴寺
　　→418 国東三十三観音霊場
　　→421 豊後高田蓬莱七福神
葺田（福田）八幡神社　→395 小豆島七福神
福永寺
　　→053 関東八十八ヵ所霊場
　　→059 相馬霊場八十八ヵ所
　　→070 とりで利根川七福神
福応寺　→361 石見曼荼羅観音霊場
福王寺（北海道網走郡津別町）
　　→006 北海道八十八ヵ所霊場
福王寺（山形県酒田市南千日町）
　　→033 山形七福神
福王寺（神奈川県川崎市宮前区）
　　→058 準西国稲毛三十三所観音霊場
福王寺（神奈川県相模原市緑区）
　　→177 津久井観音霊場
福王寺（新潟県新潟市秋葉区新津本町）
　　→195 弘法大師越後廿一ヶ所霊場
福王寺（富山県射水市）
　　→192 北陸不動尊霊場
福王寺（山梨県甲府市上町）
　　→205 甲斐国三十三観音霊場
福王寺（静岡県磐田市）
　　→231 遠州三十三観音霊場
　　→232 遠州七福神
　　→236 遠江四十九薬師霊場
福王寺（岡山県真庭市）
　　→351 中国四十九薬師霊場
福王寺（広島県広島市安佐北区可部町）
　　→373 広島新四国八十八ヵ所霊場
福王寺薬師堂　→006 北海道八十八ヶ所霊場
福岡　→328 但馬六十六地蔵霊場
福海寺　→335 兵庫七福神
福源寺（福島県伊達郡国見町）
　　→045 信達三十三観音霊場
福源寺（三重県松阪市黒田町）
　　→285 松阪霊地七福神
福光園寺　→206 甲斐百八ヵ所霊場
福厳寺（栃木県足利市緑町）
　　→072 足利七福神
福厳寺（群馬県甘楽郡甘楽町）
　　→084 城下町小幡七福神
福厳寺（静岡県浜松市中区）
　　→236 遠江四十九薬師霊場

462

福定　→328 但馬六十六地蔵霊場
福島薬師堂　→217 諏訪八十八番霊場
福寿庵　→366 児島四国八十八ヵ所霊場
福寿院（埼玉県久喜市）
　　→096 くりはし八福神
　　→099 埼東八十八ヵ所霊場
福寿院（東京都足立区）
　　→139 いこう七福神
福寿院（東京都町田市）
　　→055 旧小机領三十三所観音霊場
　　→064 武相寅歳薬師如来霊場
福寿院（神奈川県相模原市緑区）
　　→177 津久井観音霊場
福寿院（山梨県甲府市）
　　→205 甲斐国三十三観音霊場
福寿院（山梨県西八代郡市川三郷町）
　　→204 甲斐西八代七福神
福寿院（岡山県玉野市）
　　→366 児島四国八十八ヵ所霊場
福寿院（広島県東広島市西条本町）
　　→347 山陽花の寺二十四か寺
　　→373 広島新四国八十八ヵ所霊場
福寿院（大分県大分市荷揚町）
　　→411 九州八十八ヵ所霊場
福聚院（宮城県仙台市）
　　→020 奥州仙臺七福神
福聚院（千葉県印西市）
　　→118 印西大師講
福聚院（東京都文京区）
　　→145 小石川七福神
福聚院（神奈川県横浜市都筑区池辺町）
　　→065 武相不動尊霊場
福聚院（静岡県富士市）
　　→234 駿河三十三観音霊場
福寿寺　→420 豊後西国霊場
福住寺　→248 知多新四国八十八ヵ所霊場
福寿寺（神奈川県三浦市南下浦町）
　　→182 三浦三十三観音霊場
福寿寺（岐阜県多治見市山下町）
　　→187 中部四十九薬師霊場
福聚寺（鳥取県鳥取市河原町）
　　→353 因幡三十三観音霊場
福聚寺（福岡県北九州市小倉北区寿山町）
　　→412 九州四十九院薬師霊場
福寿堂　→091 東上州三十三観音霊場
福聚堂（長野県大町市）
　　→219 仁科三十三番札所
福聚堂（岐阜県下呂市萩原町）
　　→222 益田三十三観音霊場
福性院　→348 瀬戸内三十三観音霊場
福正院
　　→099 埼東八十八ヵ所霊場
　　→104 日光街道すぎと七福神

福生院（東京都福生市）
　　→051 奥多摩新四国八十八ヵ所霊場
福生院（愛知県名古屋市中区）
　　→188 東海三十六不動尊霊場
　　→250 なごや七福神
福勝寺　→307 洛陽三十三所観音巡礼
福昌寺（山形県最上郡舟形町）
　　→035 山形百八地蔵尊霊場
福昌寺（山形県村山郡朝日町）
　　→035 山形百八地蔵尊霊場
福昌寺（福島県会津若松市神指町）
　　→038 会津三十三観音霊場
福昌寺（埼玉県児玉郡上里町）
　　→098 児玉三十三霊場
福昌寺（東京都青梅市）
　　→051 奥多摩新四国八十八ヵ所霊場
福昌寺（神奈川県横浜市青葉区恩田町）
　　→063 武相卯歳観世音菩薩札所
　　→064 武相寅歳薬師如来霊場
福昌寺（大分県宇佐市）
　　→418 国東三十三観音霊場
福祥寺　→324 神戸七福神
福城寺
　　→352 中国地蔵尊霊場
　　→361 石見曼荼羅観音霊場
福性寺（千葉県流山市）
　　→132 流山七福神
福性寺（東京都北区）
　　→158 豊島八十八ヵ所霊場
福性寺（徳島県三好郡東みよし町）
　　→386 阿波西国三十三観音霊場
福成寺（京都府京都市西京区樫原内垣外町）
　　→306 洛西三十三観音霊場
福成寺（広島県東広島市西条町）
　　→373 広島新四国八十八ヵ所霊場
福成寺（徳島県板野郡藍住町）
　　→386 阿波国三十三観音霊場
福正寺（東京都西多摩郡瑞穂町）
　　→057 狭山三十三観音霊場
福正寺（大分県大分市）
　　→420 豊後西国霊場
福生寺（福島県大沼郡会津美里町）
　　→038 会津三十三観音霊場
福生寺（埼玉県熊谷市）
　　→093 忍秩父三十四札所
福生寺（東京都町田市小山町）
　　→063 武相卯歳観世音菩薩札所
福生寺（神奈川県横浜市保土ヶ谷区上菅田町）
　　→181 武南十二薬師霊場
福生寺（愛知県知多市）
　　→248 知多新四国八十八ヵ所霊場
福生寺（奈良県五條市黒駒町）
　　→340 大和新四国八十八ヵ所霊場

ふくし　　　　　　　　　　札所索引

福生寺（岡山県備前市）
　　→348　瀬戸内三十三観音霊場
福盛寺
　　→348　瀬戸内三十三観音霊場
　　→374　備後西国三十三観音霊場
福成就寺
　　→189　東海四十九薬師霊場
　　→280　伊賀四国八十八ヶ所霊場
　　→286　三重四国八十八ヵ所霊場
福昌禅寺　→409　九州三十六不動霊場
福泉寺（岩手県遠野市松崎町）
　　→011　東北三十六不動尊霊場
福泉寺（福島県大沼郡会津美里町）
　　→048　福島百八地蔵尊霊場
福泉寺（千葉県市川市）
　　→122　行徳三十三観音霊場
福泉寺（神奈川県横浜市緑区長津田町）
　　→053　関東八十八ヶ所霊場
　　→064　武相寅歳薬師如来霊場
福泉寺（神奈川県小田原市）
　　→168　小田原七福神
福泉寺（山梨県大月市七保町）
　　→206　甲斐百八ヵ所霊場
福泉寺（静岡県下田市）
　　→229　伊豆横道三十三観音霊場
福泉寺（島根県江津市有福町）
　　→361　石見曼荼羅観音霊場
福泉寺（岡山県津山市西寺町）
　　→365　高野山真言宗美作八十八ヶ所霊場
福泉寺（岡山県苫田郡鏡野町）
　　→365　高野山真言宗美作八十八ヶ所霊場
福善寺（三重県鈴鹿市土師町）
　　→286　三重四国八十八ヵ所霊場
福善寺（鳥取県鳥取市佐治町）
　　→354　因幡薬師霊場
福禅寺　→374　備後西国三十三観音霊場
福禅寺観音堂　→182　三浦三十三観音霊場
福禅寺対潮楼　→372　鞆の浦古寺めぐり
福蔵院（埼玉県幸手市）
　　→099　埼玉八十八ヵ所霊場
福蔵院（東京都中野区）
　　→056　御府内八十八ヵ所霊場
福蔵院（山梨県甲州市）
　　→208　甲州東郡七福神
福増寺　→061　東国花の寺　百ヶ寺
福蔵寺　→386　阿波西国三十三観音霊場
福田庵　→396　小豆島八十八ヵ所霊場
福智院　→263　西国愛染十七霊場
福知寺　→357　出雲十大薬師霊場
福通寺
　　→191　北陸三十三観音霊場
　　→192　北陸不動尊霊場

福典寺
　　→280　伊賀四国八十八ヶ所霊場
　　→286　三重四国八十八ヵ所霊場
福傳寺
　　→063　武相卯歳観世音菩薩札所
　　→155　多摩八十八ヵ所霊場
福田寺（福島県郡山市喜久田町）
　　→040　安積三十三霊場
福田寺（福島県二本松市）
　　→041　安達三十三観音霊場
福田寺（兵庫県淡路市）
　　→318　淡路四国八十八ヵ所霊場
福田寺（山口県周南市）
　　→377　周防三十三観音霊場
福田寺行者堂　→258　役行者集印巡り
福徳寺（埼玉県飯能市）
　　→066　武蔵野三十三観音霊場
福徳寺（奈良県五條市近内町）
　　→340　大和新四国八十八ヶ所霊場
福富　→328　但馬六十六地蔵霊場
福満寺（千葉県南房総市）
　　→115　安房三十四観音霊場
福満寺（三重県津市）
　　→286　三重四国八十八ヵ所霊場
福満寺（兵庫県淡路市）
　　→318　淡路四国八十八ヵ所霊場
福見寺　→401　伊予（道前・道後）十観音霊場
福楽寺（三重県名張市）
　　→280　伊賀四国八十八ヶ所霊場
　　→286　三重四国八十八ヵ所霊場
福楽寺（三重県鈴鹿市）
　　→286　三重四国八十八ヵ所霊場
福楽寺（山口県柳井市）
　　→377　周防国三十三観音霊場
福滝寺　→017　遠野七観音
福隆寺
　　→194　蒲原三十三観音
　　→195　弘法大師越後廿一ヶ所霊場
福龍寺　→280　伊賀四国八十八ヶ所霊場
福林寺（滋賀県守山市木浜町）
　　→289　近江湖南名刹二十七ヶ所霊場
福林寺（京都府福知山市三和町）
　　→297　天田郡三十三観音霊場
福林寺（兵庫県明石市）
　　→316　明石西国三十三観音霊場
福林寺（奈良県五條市八田町）
　　→340　大和新四国八十八ヶ所霊場
福禄寿　→141　江戸川ライン七福神
普慶寺　→377　周防国三十三観音霊場
普賢院（三重県伊賀市）
　　→280　伊賀四国八十八ヶ所霊場
普賢院（岡山県岡山市北区）
　　→367　備中西国三十三所観音霊場

464

普賢寺　→040 安積三十三霊場
普光寺（兵庫県加西市）
　　　→332 播磨西国観音霊場
普光寺（岡山県久米郡美咲町）
　　　→351 中国四十九薬師霊場
普光寺（徳島県鳴門市瀬戸町）
　　　→386 阿波西国三十三観音霊場
普光寺（福岡県大牟田市）
　　　→408 九州西国三十三観音霊場
普濟寺（群馬県館林市羽附町）
　　　→088 つつじの館林七福神
普済寺（長野県上伊那郡箕輪町）
　　　→213 信州（伊那・諏訪）八十八霊場
普済寺（愛知県東海市加木屋町）
　　　→189 東海四十九薬師霊場
普済寺（兵庫県淡路市）
　　　→317 淡路西国三十三観音霊場
　　　→318 淡路四国八十八ヵ所霊場
普参寺旧跡　→297 天田郡三十三観音霊場
藤井　→328 但馬六十六地蔵霊場
葛井寺
　　　→264 西国三十三観音霊場
　　　→268 神仏霊場 巡拝の道
　　　→314 河内西国三十三観音霊場
藤井寺（岡山県笠岡市神島内浦）
　　　→364 神島八十八ヵ所霊場
藤井寺（広島県尾道市因島中庄町）
　　　→370 因島八十八ヵ所霊場
藤井寺（徳島県吉野川市鴨島町）
　　　→383 四国八十八ヵ所霊場
藤井寺（愛媛県今治市宮窪町）
　　　→403 えひめ大島准四国八十八ヵ所霊場
藤崎えびす神社　→020 奥州仙臺七福神
富士山本宮浅間大社　→426 諸国一の宮巡拝
藤白神社　→268 神仏霊場 巡拝の道
藤戸寺　→366 児島四国八十八ヵ所霊場
藤観音堂　→177 津久井観音霊場
伏見稲荷大社　→268 神仏霊場 巡拝の道
富春院
　　　→236 遠江四十九薬師霊場
　　　→238 浜松七福神
普春寺　→377 周防国三十三観音霊場
普照寺
　　　→228 伊豆八十八ヵ所霊場
　　　→229 伊豆横道三十三観音霊場
藤原観音堂　→122 行徳三十三観音霊場
普誓寺　→019 石巻牡鹿三十三札所霊場
附嘱寺　→402 伊予府中十三石仏霊場
不退寺　→074 おおたわら七福神
両子寺
　　　→408 九州西国三十三観音霊場
　　　→409 九州三十六不動霊場
　　　→418 国東三十三観音霊場
　　　→420 豊後西国霊場
補陀寺
　　　→022 秋田三十三観音霊場
　　　→023 秋田七福神
二瀬川観音堂　→414 篠栗八十八ヵ所霊場
二ツ御堂　→236 遠江四十九薬師霊場
補陀洛寺（神奈川県鎌倉市）
　　　→170 鎌倉三十三観音霊場
補陀洛寺（静岡県藤枝市）
　　　→234 駿河三十三観音霊場
補陀洛寺（福岡県糟屋郡篠栗町下町）
　　　→414 篠栗八十八ヵ所霊場
二荒山神社　→079 下野七福神
二渡観音堂　→015 江刺三十三観音霊場
普談寺
　　　→193 越後三十三観音霊場
　　　→194 蒲原三十三観音
仏眼院　→225 美濃新四国八十八ヵ所霊場
佛教寺
　　　→351 中国四十九薬師霊場
　　　→365 高野山真言宗美作八十八ヶ所霊場
佛護山観音堂　→042 磐城三十三観音
仏眼寺　→051 奥多摩新四国八十八ヵ所霊場
仏現寺
　　　→230 伊東温泉七福神
　　　→431 日蓮宗の本山めぐり
富光寺　→269 摂津国八十八ヵ所霊場
佛光寺　→190 東海白寿三十三観音霊場
佛谷山　→396 小豆島八十八ヵ所霊場
仏乗院　→056 御府内八十八ヵ所霊場
佛勝寺
　　　→189 東海四十九薬師霊場
　　　→280 伊賀四国八十八ヶ所霊場
佛城寺　→402 伊予府中十三石仏霊場
佛石寺　→199 越中万葉七福神
佛蔵院　→051 奥多摩新四国八十八ヵ所霊場
佛陀禅寺　→202 甲斐石和温泉七福神
仏地院　→243 尾張三十三観音霊場
佛通寺
　　　→347 山陽花の寺二十四か寺
　　　→350 中国観音霊場
仏土寺
　　　→280 伊賀四国八十八ヶ所霊場
　　　→286 三重四国八十八ヶ所霊場
仏徳寺　→187 中部四十九薬師霊場
佛南寺　→298 綾部三十三観音霊場
仏日庵
　　　→170 鎌倉三十三観音霊場
　　　→172 鎌倉二十四地蔵霊場
佛法寺
　　　→118 印西大師講
　　　→128 しろい七福神
佛法紹隆寺　→213 信州（伊那・諏訪）八十八霊場

仏木殿　→255 三河新四国霊場
仏母院
　　→382 四国十三仏霊場
　　→385 新四国曼荼羅霊場
仏木寺（岡山県笠岡市神島西部）
　　→364 神島八十八ヵ所霊場
仏木寺（広島県尾道市因島三庄町）
　　→370 因島八十八ヵ所霊場
仏木寺（愛媛県宇和島市三間町）
　　→383 四国八十八ヵ所霊場
　　→406 南予七福神
仏木寺（愛媛県今治市吉海町）
　　→403 えひめ大島准四国八十八ヵ所霊場
佛母寺（福島県福島市）
　　→044 信夫新西国三十三観世音菩薩札所
佛母寺（埼玉県本庄市）
　　→108 武州本庄七福神
佛母寺（千葉県富津市）
　　→061 東国花の寺 百ヶ寺
普伝寺　→011 東北三十六不動尊霊場
不動院（北海道士別市南士別町）
　　→004 北海道三十六不動尊霊場
　　→006 北海道八十八ヶ所霊場
不動院（北海道小樽市）
　　→004 北海道三十六不動尊霊場
　　→006 北海道八十八ヶ所霊場
不動院（茨城県つくばみらい市）
　　→054 北関東三十六不動尊霊場
不動院（栃木県大田原市）
　　→080 那須三十三観音霊場
　　→081 八溝七福神
不動院（千葉県山武市）
　　→120 上総国薬師如来霊場三十四ヵ所
　　→129 新上総国三十三観音霊場
不動院（千葉県富津市）
　　→053 関東八十八ヵ所霊場
　　→121 上総の七福神
　　→129 新上総国三十三観音霊場
不動院（東京都港区）
　　→056 御府内八十八ヵ所霊場
不動院（東京都台東区）
　　→052 関東三十六不動尊霊場
　　→056 御府内八十八ヵ所霊場
不動院（東京都北区）
　　→158 豊島八十八ヵ所霊場
不動院（新潟県見附市小栗山町）
　　→193 越後三十三観音霊場
不動院（新潟県佐渡市）
　　→198 佐渡八十八ヶ所霊場
不動院（新潟県新潟市中央区西堀通4番町）
　　→195 弘法大師越後廿一ヶ所霊場
不動院（新潟県柏崎市）
　　→193 越後三十三観音霊場

不動院（山梨県西八代郡市川三郷町）
　　→204 甲斐西八代七福神
不動院（岐阜県岐阜市）
　　→190 東海白寿三十三観音霊場
不動院（三重県亀山市辺法寺町）
　　→286 三重四国八十八ヵ所霊場
不動院（三重県松阪市大石町）
　　→188 東海三十六不動尊霊場
　　→286 三重四国八十八ヵ所霊場
不動院（京都府京都市伏見区竹田浄菩提院町）
　　→261 近畿三十六不動尊霊場
不動院（奈良県五條市西吉野町）
　　→340 大和新四国八十八ヵ所霊場
不動院（岡山県浅口郡里庄町）
　　→348 瀬戸内三十三観音霊場
不動院（広島県広島市中区）
　　→373 広島新四国八十八ヵ所霊場
不動院（徳島県三好市井川町）
　　→381 四国三十六不動霊場
　　→386 阿波西国三十三観音霊場
不動院（徳島県板野郡松茂町）
　　→385 新四国曼荼羅霊場
不動院（福岡県北九州市門司区）
　　→409 九州三十六不動霊場
　　→411 九州八十八ヵ所霊場
不動院（佐賀県鳥栖市大官町）
　　→411 九州八十八ヵ所霊場
不動院（熊本県荒尾市）
　　→409 九州三十六不動霊場
不動寺（北海道伊達市鹿島町）
　　→004 北海道三十六不動尊霊場
　　→005 北海道十三仏霊場
　　→006 北海道八十八ヶ所霊場
不動寺（青森県弘前市茂森新町）
　　→012 津軽弘法大師霊場
不動寺（群馬県安中市松井田町）
　　→053 関東八十八ヵ所霊場
　　→054 北関東三十六不動尊霊場
不動寺（埼玉県秩父郡長瀞町）
　　→103 長瀞七草寺めぐり
不動寺（石川県河北郡津幡町）
　　→192 北陸不動尊霊場
不動寺（石川県鳳珠郡能登町）
　　→192 北陸不動尊霊場
不動寺（三重県伊賀市）
　　→280 伊賀四国八十八ヵ所霊場
　　→286 三重四国八十八ヵ所霊場
不動寺（三重県名張市）
　　→280 伊賀四国八十八ヶ所霊場
不動寺（大阪府豊中市宮山町）
　　→261 近畿三十六不動尊霊場
　　→269 摂津国八十八ヵ所霊場
不動寺（奈良県五條市西吉野町）
　　→340 大和新四国八十八ヵ所霊場

不動寺（香川県三豊市山本町）
　　→381 四国三十六不動霊場
不動寺（福岡県久留米市三潴町）
　　→410 九州二十四地蔵尊霊場
　　→411 九州八十八ヵ所霊場
不動寺（鹿児島県鹿児島市稲荷町）
　　→411 九州八十八ヵ所霊場
不動尊院　→054 北関東三十六不動尊霊場
不動堂　→255 三河新四国霊場
不動坊　→381 四国三十六不動霊場
不動明王（山口県萩市椿）
　　→379 萩八十八ヶ所めぐり
不動明王（山口県萩市椿東松本市）
　　→379 萩八十八ヶ所めぐり
不動明王（山口県萩市北古萩町）
　　→379 萩八十八ヶ所めぐり
船魂神社　→002 函館山七福神
府南寺
　　→281 伊勢西国三十三観音霊場
　　→286 三重四国八十八ヵ所霊場
文出極楽寺　→217 諏訪八十八番霊場
普明寺　→098 児玉三十三霊場
普明堂　→222 益田三十三観音霊場
普門院（青森県弘前市）
　　→013 津軽三十三観音霊場
普門院（茨城県取手市）
　　→070 とりで利根川七福神
普門院（埼玉県久喜市）
　　→099 埼東八十八ヵ所霊場
普門院（埼玉県所沢市）
　　→051 奥多摩新四国八十八ヵ所霊場
　　→057 狭山三十三観音霊場
　　→066 武蔵野三十三観音霊場
普門院（東京都江東区）
　　→056 御府内八十八ヵ所霊場
普門院（東京都北区）
　　→158 豊島八十八ヵ所霊場
普門院（新潟県佐渡市）
　　→198 佐渡八十八ヶ所霊場
普門院（静岡県賀茂郡河津町）
　　→229 伊豆横道三十三観音霊場
普門院（京都府綾部市鍛治屋町）
　　→298 綾部三十三観音霊場
普門院（京都府南丹市日吉町）
　　→272 丹波国三十三観音霊場
普門院（和歌山県橋本市高野口町）
　　→279 ぼけよけ二十四霊場
　　→342 紀伊之国十三仏霊場
普門院（大分県中津市寺町）
　　→411 九州八十八ヵ所霊場
普門寺（岩手県陸前高田市米崎町）
　　→007 奥州三十三観音霊場
　　→016 気仙三十三観音札所

普門寺（山形県米沢市）
　　→025 置賜三十三観音霊場
普門寺（山形県北村山郡大石田町）
　　→026 尾花沢大石田三十三観音霊場
　　→035 山形百八地蔵尊霊場
普門寺（栃木県宇都宮市茂原町）
　　→078 下野三十三観音霊場
普門寺（埼玉県桶川市）
　　→092 足立坂東三十三札所
普門寺（埼玉県加須市）
　　→094 忍領西国三十三札所
　　→099 埼東八十八ヵ所霊場
普門寺（千葉県南房総市和田町）
　　→115 安房三十四観音霊場
普門寺（東京都日野市）
　　→155 多摩八十八ヶ所霊場
普門寺（東京都府中市）
　　→155 多摩八十八ヶ所霊場
普門寺（神奈川県相模原市緑区）
　　→063 武相卯歳観世音菩薩札所
普門寺（山梨県山梨市牧丘町）
　　→206 甲斐百八ヵ所霊場
普門寺（山梨県都留市）
　　→207 甲洲都留七福神
普門寺（岐阜県恵那市山岡町）
　　→220 恵那三十三観音霊場
普門寺（静岡県掛川市）
　　→231 遠州三十三観音霊場
普門寺（愛知県大府市横根町）
　　→241 大府七福神
　　→243 尾張三十三観音霊場
　　→248 知多新四国八十八ヵ所霊場
普門寺（愛知県豊橋市雲谷町）
　　→257 吉田七福神
普門寺（兵庫県赤穂市）
　　→276 播州薬師霊場
　　→334 播州赤穂坂内西国三十三ヶ所
　　→348 瀬戸内三十三観音霊場
　　→425 尼寺霊場
普門寺（兵庫県淡路市）
　　→317 淡路西国三十三観音霊場
　　→318 淡路四国八十八ヵ所霊場
普門寺（岡山県玉野市）
　　→366 児島四国八十八ヵ所霊場
普門寺（岡山県真庭市）
　　→365 高野山真言宗美作八十八ヶ所霊場
普門寺（岡山県美作市）
　　→365 高野山真言宗美作八十八ヶ所霊場
普門寺（広島県広島市中区大手町）
　　→373 広島新四国八十八ヵ所霊場
普門寺（山口県山口市）
　　→377 周防国三十三観音霊場
普門寺（山口県大島郡周防大島町）
　　→376 周防大島八十八ヵ所霊場

467

ふもん　　　　　　　　　　札所索引

普門寺観音　→416 相良三十三観音霊場
普門坊　　　→025 置賜三十三観音霊場
冬木弁天堂　→163 深川七福神
豊楽寺　　　→365 高野山真言宗美作八十八ヶ所霊場
富良野寺　　→003 北海道三十三観音霊場
古市薬師寺　→373 広島新四国八十八ヵ所霊場
古江庵　　　→396 小豆島八十八ヵ所霊場
古ヤ堂　　　→415 壱岐四国八十八ヵ所霊場
古屋薬師堂　→321 淡路四十九薬師霊場
文教寺　　　→004 北海道三十六不動尊霊場
文保寺　　　→272 丹波国三十三観音霊場

【へ】

平安神宮　　→268 神仏霊場 巡拝の道
平塩寺　　　→035 山形百八地蔵尊霊場
平間寺
　　→052 関東三十六不動尊霊場
　　→053 関東八十八ヵ所霊場
　　→060 玉川八十八ヵ所霊場
平松庵　　　→366 児島四国八十八ヵ所霊場
米津寺　　　→161 東久留米七福神
平仙寺　　　→412 九州四十九院薬師霊場
平泉寺(山形県山形市)
　　→034 山形十三仏霊場
　　→035 山形百八地蔵尊霊場
平泉寺(新潟県佐渡市)
　　→198 佐渡八十八ヵ所霊場
平泉寺(愛知県知多郡阿久比町)
　　→248 知多新四国八十八ヵ所霊場
平沢寺(岩手県遠野市宮守町)
　　→017 遠野七観音
平澤寺(静岡県静岡市駿河区)
　　→234 駿河三十三観音霊場
平田寺　　　→340 大和新四国八十八ヵ所霊場
平福寺
　　→187 中部四十九薬師霊場
　　→216 諏訪湖・湖畔七福神
平隆寺　　　→266 聖徳太子御遺跡霊場
平林寺　　　→269 摂津国八十八ヵ所霊場
別願寺　　　→170 鎌倉三十三観音霊場
別宮大山祇神社　→385 新四国曼荼羅霊場
別所胸札堂　→090 沼田坂東三十三番札所
別当寺　　　→365 高野山真言宗美作八十八ヶ所霊場
弁財天(山口県萩市瓦町)
　　→379 萩八十八ヶ所めぐり
弁財天(山口県萩市土原)
　　→379 萩八十八ヶ所めぐり
遍照庵　　　→376 周防大島八十八ヵ所霊場
遍照院(秋田県大館市上町)
　　→011 東北三十六不動尊霊場

遍照院(埼玉県久喜市)
　　→094 忍領西国三十三札所
　　→099 埼東八十八ヵ所霊場
遍照院(埼玉県行田市)
　　→061 東国花の寺 百ヶ寺
　　→095 行田救済菩薩十五霊場
遍照院(埼玉県南埼玉郡宮代町)
　　→099 埼東八十八ヵ所霊場
遍照院(東京都大田区)
　　→060 玉川八十八ヵ所霊場
遍照院(愛知県知立市弘法町)
　　→188 東海三十六不動尊霊場
　　→255 三河新四国霊場
遍照院(兵庫県伊丹市)
　　→322 伊丹七福神
遍照院(兵庫県洲本市)
　　→318 淡路四国八十八ヵ所霊場
遍照院(岡山県倉敷市)
　　→348 瀬戸内三十三観音霊場
　　→366 児島四国八十八ヵ所霊場
遍照院(岡山県倉敷市西阿知町)
　　→367 備中西国三十三所観音霊場
遍照院(愛媛県今治市菊間町)
　　→385 新四国曼荼羅霊場
遍照院(福岡県糟屋郡篠栗町上町)
　　→414 篠栗八十八ヵ所霊場
遍照寺(北海道虻田郡留寿都村)
　　→004 北海道三十六不動尊霊場
　　→006 北海道八十八ヵ所霊場
遍照寺(北海道空知郡奈井江町)
　　→003 北海道三十三観音霊場
遍照寺(福島県双葉郡大熊町)
　　→048 福島百八地蔵尊霊場
遍照寺(群馬県館林市緑町)
　　→054 北関東三十六不動尊霊場
　　→091 東上州三十三観音霊場
遍照寺(埼玉県秩父郡長瀞町)
　　→103 長瀞七草寺めぐり
遍照寺(千葉県長生郡一宮町)
　　→125 心の駅 外房七福神
遍照寺(東京都板橋区)
　　→158 豊島八十八ヵ所霊場
遍照寺(新潟県新潟市西蒲区)
　　→195 弘法大師越後廿一ヶ所霊場
遍照寺(愛知県知多郡南知多町)
　　→247 知多七福神
　　→248 知多新四国八十八ヵ所霊場
　　→256 南知多三十三観音霊場
遍照寺(奈良県五條市新町)
　　→340 大和新四国八十八ヵ所霊場
遍照寺(岡山県真庭市)
　　→365 高野山真言宗美作八十八ヶ所霊場
遍照寺(岡山県美作市)
　　→365 高野山真言宗美作八十八ヶ所霊場

468

遍照尊寺　→041 安達三十三観音霊場
遍照殿　→255 三河新四国霊場
弁天院　→147 下谷七福神
弁天峡　→051 奥多摩新四国八十八ヵ所霊場
辯天寺　→250 なごや七福神
弁天堂　→340 大和新四国八十八ヵ所霊場
遍明院（大阪府大阪市生野区）
　　→309 大坂三十三観音霊場
遍明院（岡山県瀬戸内市牛窓町）
　　→347 山陽花の寺二十四か寺

【ほ】

保安寺　→396 小豆島八十八ヵ所霊場
奉安寺　→354 因幡薬師霊場
法案寺
　　→269 摂津国八十八ヵ所霊場
　　→310 大阪七福神
法雲寺（埼玉県秩父市）
　　→100 秩父三十四観音霊場
法雲寺（長野県上伊那郡辰野町）
　　→213 信州（伊那・諏訪）八十八霊場
法雲寺（静岡県下田市）
　　→229 伊豆横道三十三ヵ観音霊場
法雲寺（静岡県磐田市）
　　→231 遠州三十三観音霊場
　　→232 遠州七福神
法雲寺（大阪府南河内郡美原町）
　　→314 河内西国三十三観音霊場
法雲寺（兵庫県美方郡香美町）
　　→262 近畿楽寿観音三十三ヶ所霊場
法雲堂　→222 益田三十三観音霊場
宝円寺（埼玉県秩父郡小鹿野町）
　　→102 秩父十三仏霊場
宝円寺（石川県金沢市宝町）
　　→191 北陸三十三観音霊場
法円寺　→225 美濃新四国八十八ヵ所霊場
鳳凰寺　→340 大和新四国八十八ヵ所霊場
鳳凰殿　→191 北陸三十三観音霊場
報恩院
　　→261 近畿三十六不動尊霊場
　　→269 摂津国八十八ヵ所霊場
　　→311 おおさか十三仏霊場
法音院
　　→300 京都泉涌寺七福神
　　→307 洛陽三十三所観音巡礼
報恩講寺　→432 法然上人二十五霊場
報恩寺（茨城県常総市豊岡町）
　　→428 親鸞聖人二十四輩
報恩寺（東京都台東区）
　　→428 親鸞聖人二十四輩

報恩寺（愛知県知多郡美浜町）
　　→248 知多新四国八十八ヵ所霊場
報恩寺（三重県伊賀市）
　　→280 伊賀四国八十八ヵ所霊場
報恩寺（滋賀県高島市新旭町）
　　→287 近江湖西名利二十七ヶ所霊場
報恩寺（兵庫県神戸市西区）
　　→316 明石西国三十三観音霊場
報恩寺（兵庫県赤穂市）
　　→334 播州赤穂坂内西国三十三ヶ所
報恩寺（和歌山県和歌山市）
　　→431 日蓮宗の本山めぐり
報恩寺（島根県松江市玉湯町湯町）
　　→359 出雲国十三仏霊場
報恩寺（徳島県吉野川市鴨島町）
　　→385 新四国曼荼羅霊場
　　→386 阿波西国三十三観音霊場
報恩寺（大分県国東市武蔵町）
　　→418 国東三十三観音霊場
報恩寺（大分県豊後高田市）
　　→418 国東三十三観音霊場
報恩寺（大分県由布市湯布院町）
　　→420 豊後西国霊場
法恩寺　→111 武蔵越生七福神
法音寺（東京都府中市）
　　→155 多摩八十八ヵ所霊場
法音寺（長野県伊那市）
　　→213 信州（伊那・諏訪）八十八霊場
法音寺（徳島県板野郡藍住町）
　　→386 阿波西国三十三観音霊場
法界寺　→350 中国観音霊場
宝戒寺
　　→169 鎌倉・江の島七福神
　　→170 鎌倉三十三観音霊場
　　→172 鎌倉二十四地蔵霊場
法海寺　→189 東海四十九薬師霊場
法界寺（京都府京都市伏見区日野西大道町）
　　→265 西国薬師霊場
法界寺（大阪府大阪市北区兎我野町）
　　→309 大坂三十三観音霊場
方外院
　　→205 甲斐国三十三観音霊場
　　→206 甲斐百八ヵ所霊場
鳳閣寺　→258 役行者集印巡り
法岩院　→059 相馬霊場八十八ヵ所
宝亀院（新潟県新潟市中央区西堀通9番町）
　　→195 弘法大師越後廿一ヶ所霊場
宝亀院（和歌山県伊都郡高野町）
　　→267 新西国霊場
法起院　→264 西国三十三観音霊場
宝鏡院　→026 尾花沢大石田三十三観音霊場
宝形院　→257 吉田七福神
豊橋閣日進禅寺　→257 吉田七福神

宝鏡寺(山形県村山市)
　→035 山形百八地蔵尊霊場
宝鏡寺(新潟県佐渡市)
　→198 佐渡八十八ヶ所霊場
宝鏡寺(山梨県都留市桂町)
　→206 甲斐百八ヵ所霊場
宝鏡寺(京都府京都市上京区)
　→268 神仏霊場 巡拝の道
宝鏡寺(岡山県高梁市川上町)
　→352 中国地蔵尊霊場
　→367 備中西国三十三所観音霊場
宝慶寺　→430 道元禅師を慕う釈迦三十二禅刹
法経寺　→083 桐生七福神
宝玉院　→051 奥多摩新四国八十八ヵ所霊場
法眼寺(青森県黒石市)
　→013 津軽三十三観音霊場
法眼寺(静岡県賀茂郡西伊豆町)
　→228 伊豆八十八ヵ所霊場
法眼寺(島根県松江市外中原町)
　→363 松江六地蔵
法眼寺(島根県松江市黒田町)
　→362 松江三十三観音霊場
寶光院(山形県山形市八日町)
　→035 山形河北百八地蔵尊霊場
宝光院(栃木県河内郡上三川町)
　→076 上三川七福神
宝光院(埼玉県久喜市)
　→099 埼東八十八ヵ所霊場
宝光院(新潟県西蒲原郡弥彦村)
　→195 弘法大師越後廿一ヶ所霊場
宝光院(岐阜県大垣市)
　→190 東海白寿三十三観音霊場
宝光院(三重県伊賀市)
　→280 伊賀四国八十八ヶ所霊場
宝光院(佐賀県西松浦郡西有田町)
　→411 九州八十八ヵ所霊場
寶晃院　→155 多摩八十八ヵ所霊場
放光院　→110 武州寄居十二支守り本尊霊場
法光寺(青森県弘前市)
　→012 津軽弘法大師霊場
法光寺(山形県鶴岡市)
　→030 庄内三十三観音霊場
法光寺(新潟県新潟市中央区)
　→195 弘法大師越後廿一ヶ所霊場
法香院　→378 長門三十三観音霊場
寶寿寺(北海道斜里郡斜里町)
　→004 北海道三十六不動尊霊場
宝光寺(福島県郡山市安積町)
　→040 安積三十三霊場
宝光寺(埼玉県飯能市)
　→051 奥多摩新四国八十八ヵ所霊場
宝光寺(京都府福知山市)
　→297 天田郡三十三観音霊場

宝光寺(兵庫県南あわじ市)
　→318 淡路四国八十八ヵ所霊場
　→321 淡路四十九薬師霊場
實光寺(香川県丸亀市土器町)
　→391 讃岐三十三観音霊場
宝光寺(香川県三豊市高瀬町)
　→393 さぬき十二支霊場
峰興寺　→385 新四国曼荼羅霊場
放光寺(埼玉県所沢市)
　→057 狭山三十三観音霊場
放光寺(山梨県甲州市)
　→206 甲斐百八ヵ所霊場
　→208 甲州東郡七福神
法光寺(埼玉県飯能市)
　→066 武蔵野三十三観音霊場
法光寺(滋賀県大津市)
　→287 近江湖西名刹二十七ヶ所霊場
法弘寺
　→004 北海道三十六不動尊霊場
　→006 北海道八十八ヵ所霊場
法光寺観音　→008 奥州南部糠部三十三観音札所
法光寺観音堂　→272 丹波三十三観音霊場
法弘寺遍照閣　→006 北海道八十八ヵ所霊場
報国寺(神奈川県鎌倉市)
　→061 東国花の寺 百ヶ寺
　→170 鎌倉三十三観音霊場
　→171 鎌倉十三仏霊場
報国寺(島根県鹿足郡吉賀町)
　→361 石見曼荼羅観音霊場
豊谷寺　→018 西磐井三十三観音霊場
法金剛院
　→260 関西花の寺二十五ヵ所
　→299 京都十三仏霊場
宝厳寺(三重県伊賀市)
　→280 伊賀四国八十八ヶ所霊場
　→286 三重四国八十八ヵ所霊場
宝厳寺(滋賀県長浜市早崎町)
　→262 近畿楽寿観音三十三ヶ所霊場
　→264 西国三十三観音霊場
　→268 神仏霊場 巡拝の道
　→290 近江湖北名刹二十七ヶ所霊場
　→293 近江国・びわ湖七福神
　→294 湖西蓬莱七福神
法厳寺　→255 三河新四国霊場
法厳尼寺　→251 三河三十三観音霊場
鳳彩寺　→385 新四国曼荼羅霊場
宝山寺(奈良県生駒市門前町)
　→258 役行者集印巡り
　→259 役行者霊蹟札所
　→261 近畿三十六不動尊霊場
　→263 西国愛染十七霊場
　→268 神仏霊場 巡拝の道
　→277 仏塔古寺十八尊霊場
　→339 大和十三仏霊場

→427 真言宗十八本山巡拝
宝山寺(福岡県糟屋郡篠栗町)
　　→414 篠栗八十八ヵ所霊場
法山寺(宮城県石巻市)
　　→019 石巻牡鹿三十三札所霊場
法山寺(愛知県知多郡美浜町)
　　→248 知多新四国八十八ヵ所霊場
宝持院　→195 弘法大師越後廿一ヶ所霊場
宝持寺　→107 武州路十二支霊場
寶積院(埼玉県幸手市)
　　→099 埼東八十八ヵ所霊場
宝積院(新潟県北蒲原郡聖籠町)
　　→193 越後三十三観音霊場
　　→194 蒲原三十三観音
宝積院(愛知県知多郡南知多町)
　　→256 南知多三十三観音霊場
宝積院(岡山県岡山市)
　　→366 児島四国八十八ヵ所霊場
宝積院(香川県三豊市豊中町)
　　→385 新四国曼荼羅霊場
宝積寺(福島県伊達郡桑折町)
　　→048 福島百八地蔵尊霊場
宝積寺(福島県会津若松市)
　　→049 町廻り三十三観音
宝積寺(福島県福島市舟場町)
　　→044 信夫新西国三十三観世音菩薩札所
　　→048 福島百八地蔵尊霊場
宝積寺(群馬県甘楽郡甘楽町)
　　→061 東国花の寺 百ヶ寺
　　→084 城下町小幡七福神
宝積寺(埼玉県行田市)
　　→094 忍領西国三十三札所
宝積寺(埼玉県深谷市)
　　→107 武州路十二支霊場
宝積寺(千葉県山武市松尾町)
　　→123 九十九里七福神
宝積寺(神奈川県横浜市磯子区)
　　→167 磯子七福神
宝積寺(岐阜県加茂郡坂祝町)
　　→223 美濃三十三観音霊場
宝積寺(三重県名張市)
　　→280 伊賀四国八十八ヵ所霊場
宝積寺(大阪府堺市)
　　→312 河泉二十四地蔵霊場
宝積寺(兵庫県南あわじ市)
　　→318 淡路四国八十八ヵ所霊場
　　→320 淡路島十三仏霊場
　　→321 淡路四十九薬師霊場
宝積寺(佐賀県伊万里市東山代町)
　　→410 九州二十四地蔵尊霊場
宝珠庵　→177 津久井観音霊場
宝珠院(埼玉県行田市)
　　→095 行田救済菩薩十五霊場

宝珠院(千葉県南房総市)
　　→115 安房三十四観音霊場
宝珠院(新潟県佐渡市)
　　→198 佐渡八十八ヵ所霊場
寶珠院(愛知県名古屋市中川区)
　　→188 東海三十六不動尊霊場
宝珠院(三重県伊賀市)
　　→280 伊賀四国八十八ヶ所霊場
寳珠院(大阪府大阪市北区与力町)
　　→269 摂津国八十八ヵ所霊場
宝珠院(大阪府箕面市)
　　→269 摂津国八十八ヵ所霊場
宝寿院(栃木県大田原市)
　　→080 那須三十三観音霊場
宝寿院(東京都小平市)
　　→155 多摩八十八ヵ所霊場
宝寿院(山梨県西八代郡市川三郷町)
　　→204 甲斐西八代七福神
　　→206 甲斐百八ヵ所霊場
宝寿院(岡山県倉敷市)
　　→366 児島四国八十八ヵ所霊場
宝寿院(広島県廿日市市宮島町)
　　→373 広島新四国八十八ヵ所霊場
寶樹院　→155 多摩八十八ヵ所霊場
法寿院　→385 新四国曼荼羅霊場
宝珠院観音堂　→118 印西大師講
宝珠院(東京都港区)
　　→164 港区七福神
宝珠院(東京都大田区)
　　→060 玉川八十八ヵ所霊場
宝珠院(愛知県西尾市吉良町)
　　→251 三河三十三観音霊場
　　→253 三河七福神
宝珠院(愛知県名古屋市中川区)
　　→250 なごや七福神
宝珠寺(愛知県知多郡南知多町)
　　→256 南知多三十三観音霊場
宝珠寺(香川県観音寺市高屋町)
　　→394 四国讃州七福之寺
宝珠寺(愛媛県伊予市)
　　→401 伊予(道前・道後)十観音霊場
宝集寺　→192 北陸不動尊霊場
宝住寺　→298 綾部三十三観音霊場
法住寺　→309 大坂三十三観音霊場
宝珠寺(北海道紋別郡湧別町北浜村)
　　→003 北海道三十三観音霊場
宝珠寺(山形県米沢市小野川町)
　　→025 置賜三十三観音霊場
寳珠寺(東京都東村山市廻田町)
　　→057 狭山三十三観音霊場
宝寿寺(福島県伊達市)
　　→045 信達三十三観音霊場

ほうし　　　　　　　　　　　　　札所索引

宝寿寺(山梨県西八代郡市川三郷町)
　→204 甲斐西八代七福神
宝寿寺(岡山県笠岡市神島西部)
　→364 神島八十八ヵ所霊場
宝寿寺(広島県尾道市因島田熊町)
　→370 因島八十八ヵ所霊場
宝寿寺(愛媛県今治市吉海町)
　→403 えひめ大島准四国八十八ヵ所霊場
宝寿寺(愛媛県西条市小松町)
　→383 四国八十八ヵ所霊場
　→404 四国七福神
宝樹寺(岐阜県岐阜市)
　→225 美濃新四国八十八ヵ所霊場
宝樹寺(大阪府泉南郡岬町)
　→279 ぼけよけ二十四霊場
寶聚寺　→096 くりはし八福神
法受寺　→139 いこう七福神
宝勝院(千葉県いすみ市)
　→052 関東三十六不動尊霊場
宝勝院(岐阜県美濃市泉町)
　→223 美濃三十三観音霊場
宝勝院(広島県広島市中区白島九軒町)
　→373 広島新四国八十八ヵ所霊場
宝乗院　→248 知多四国八十八ヵ所霊場
宝城院　→122 行徳三十三観音霊場
宝性院(岩手県一関市)
　→018 西磐井三十三観音霊場
宝性院(宮城県登米市津山町)
　→009 奥の細道みちのく路三十三ヶ所めぐり
　　霊場
　→010 三陸三十三観音霊場
宝性院(埼玉県幸手市)
　→099 埼東八十八ヵ所霊場
宝性院(埼玉県北葛飾郡杉戸町)
　→099 埼東八十八ヵ所霊場
　→104 日光街道すぎと七福神
宝性院(東京都府中市)
　→155 多摩八十八ヵ所霊場
宝生院(埼玉県南埼玉郡宮代町)
　→099 埼東八十八ヵ所霊場
宝生院(東京都葛飾区柴又)
　→141 江戸川ライン七福神
　→148 柴又七福神
宝生院(東京都港区)
　→056 御府内八十八ヵ所霊場
宝生院(愛知県名古屋市中区)
　→188 東海三十六不動尊霊場
　→243 尾張三十三観音霊場
　→250 なごや七福神
宝生院(香川県小豆郡土庄町)
　→396 小豆島八十八ヵ所霊場
法乗院　→056 御府内八十八ヵ所霊場
法城院　→411 九州八十八ヵ所霊場

宝性寺(栃木県足利市堀込町)
　→053 関東八十八ヵ所霊場
宝性寺(千葉県君津市)
　→120 上総国薬師如来霊場三十四ヵ所
宝性寺(東京都世田谷区)
　→060 玉川八十八ヵ所霊場
宝性寺(三重県四日市市)
　→281 伊勢西国三十三観音霊場
寶性寺(岡山県苫田郡鏡野町)
　→365 高野山真言宗美作八十八ヶ所霊場
宝性寺(熊本県山鹿市)
　→417 山鹿三十三観音霊場
宝生寺(群馬県館林市日向町)
　→091 東上州三十三観音霊場
宝生寺(東京都八王子市)
　→155 多摩八十八ヵ所霊場
寶生寺(神奈川県横浜市南区)
　→167 磯子七福神
宝生寺(兵庫県淡路市)
　→318 淡路四国八十八ヵ所霊場
　→319 淡路島七福神
宝生寺(徳島県美馬市穴吹町)
　→386 阿波西国三十三観音霊場
宝聖寺　→099 埼東八十八ヵ所霊場
峰浄寺　→411 九州八十八ヵ所霊場
放生寺
　→056 御府内八十八ヵ所霊場
　→149 昭和新撰 江戸三十三観音霊場
法昌寺(東京都台東区)
　→147 下谷七福神
法昌寺(神奈川県横浜市青葉区奈良町)
　→055 旧小机領三十三所観音霊場
法昌寺(神奈川県三浦市南下浦町)
　→182 三浦三十三観音霊場
法昌寺(静岡県焼津市)
　→240 焼津七福神
法城寺　→255 三河新四国霊場
法性寺
　→061 東国花の寺 百ヶ寺
　→100 秩父三十四観音霊場
北條寺　→228 伊豆八十八ヵ所霊場
寶城坊　→061 東国花の寺 百ヶ寺
報身寺　→168 小田原七福神
寶心寺　→187 中部四十九薬師霊場
法心寺　→269 摂津国八十八ヵ所霊場
法眞寺　→373 広島新四国八十八ヵ所霊場
宝泉院
　→118 印西大師講
　→131 利根川いんざい七福神
保井寺　→063 武相卯歳観世音菩薩札所
法清寺　→353 因幡三十三観音霊場
法泉庵薬師堂　→321 淡路四十九薬師霊場

472

宝泉院（福島県岩瀬郡鏡石町）
　→048 福島百八地蔵尊霊場
宝泉院（福井県三方上中郡若狭町）
　→201 若狭三十三観音霊場
宝泉院（岐阜県岐阜市）
　→225 美濃新四国八十八ヵ所霊場
宝善院　→344 高野七福神
宝泉院地蔵堂　→118 印西大師講
逢善寺　→071 常陸七福神
保泉寺　→048 福島百八地蔵尊霊場
宝仙寺
　→052 関東三十六不動尊霊場
　→056 御府内八十八ヵ所霊場
寳泉寺（北海道川上郡弟子屈町）
　→004 北海道三十六不動尊霊場
宝泉寺（群馬県甘楽郡甘楽町）
　→084 城下町小幡七福神
宝泉寺（埼玉県行田市）
　→095 行田救済菩薩十五霊場
寳泉寺（埼玉県所沢市）
　→051 奥多摩新四国八十八ヵ所霊場
宝泉寺（埼玉県深谷市）
　→105 深谷七福神・七草寺巡り
宝泉寺（東京都大田区）
　→060 玉川八十八ヵ所霊場
宝泉寺（東京都東久留米市）
　→161 東久留米七福神
宝泉寺（神奈川県相模原市緑区）
　→177 津久井観音霊場
宝泉寺（石川県輪島市門前町）
　→192 北陸不動尊霊場
　→200 能登国三十三観音霊場
宝泉寺（愛知県瀬戸市寺本町）
　→189 東海四十九薬師霊場
　→243 尾張三十三観音霊場
宝泉寺（三重県名張市）
　→280 伊賀四国八十八ヶ所霊場
　→286 三重四国八十八ヵ所霊場
宝泉寺（鳥取県鳥取市吉岡温泉町）
　→351 中国四十九薬師霊場
　→354 因幡薬師霊場
宝泉寺（岡山県倉敷市）
　→367 備中西国三十三所観音霊場
宝全寺　→248 知多新四国八十八ヶ所霊場
法宣寺　→372 鞆の浦古寺めぐり
法専寺　→428 親鸞聖人二十四輩
法泉寺（宮城県石巻市）
　→019 石巻牡鹿三十三札所霊場
法泉寺（埼玉県秩父市）
　→100 秩父三十四観音霊場
法泉寺（千葉県市川市）
　→122 行徳三十三観音霊場

法泉寺（山梨県甲府市和田町）
　→205 甲斐国三十三観音霊場
　→206 甲斐百八ヵ所霊場
法泉寺（静岡県賀茂郡南伊豆町）
　→228 伊豆八十八ヵ所霊場
法泉寺（愛知県名古屋市南区）
　→189 東海四十九薬師霊場
法泉寺（兵庫県川西市）
　→336 北摂七福神
法泉寺（岡山県井原市西江原町）
　→348 瀬戸内三十三観音霊場
　→367 備中西国三十三所観音霊場
法泉寺（岡山県真庭市）
　→365 高野山真言宗美作八十八ヶ所霊場
法泉寺（広島県大竹市）
　→373 広島新四国八十八ヵ所霊場
法泉寺（熊本県宇土市神馬町）
　→412 九州四十九院薬師霊場
法船寺　→215 信州筑摩三十三ヶ所観音霊場
法善寺（埼玉県秩父郡長瀞町）
　→103 長瀞七草寺めぐり
法善寺（千葉県市川市）
　→122 行徳三十三観音霊場
法善寺（東京都新宿区）
　→150 新宿山手七福神
法善寺（山梨県南アルプス市）
　→206 甲斐百八ヵ所霊場
法善寺（長野県東筑摩郡麻績村）
　→212 信濃三十三観音霊場
法善寺（福岡県飯塚市）
　→411 九州八十八ヵ所霊場
鳳仙寺　→083 桐生七福神
宝蔵院（栃木県那須郡那珂川町）
　→080 那須三十三観音霊場
宝蔵院（千葉県松戸市）
　→134 松戸七福神
宝蔵院（東京都稲城市）
　→155 多摩八十八ヵ所霊場
寳蔵院（東京都荒川区）
　→158 豊島八十八ヵ所霊場
宝蔵院（神奈川県横浜市鶴見区）
　→060 玉川八十八ヵ所霊場
　→065 武相不動尊霊場
宝蔵院（静岡県伊豆市）
　→226 伊豆天城七福神
宝蔵院（静岡県賀茂郡松崎町）
　→228 伊豆八十八ヵ所霊場
　→229 伊豆横道三十三観音霊場
宝蔵院（兵庫県宝塚市）
　→331 中山寺山内七福神
宝蔵院（香川県さぬき市）
　→391 讃岐三十三観音霊場

法蔵院(北海道小樽市)
　　→005 北海道十三仏霊場
法蔵院(福岡県福岡市西区)
　　→410 九州二十四地蔵尊霊場
　　→411 九州八十八ヵ所霊場
鳳巣院　→168 小田原七福神
宝増寺　→050 銅七福神
宝蔵寺(山形県酒田市)
　　→030 庄内三十三観音霊場
宝蔵寺(福島県いわき市)
　　→047 福島浜三郡七福神
　　→048 福島百八地蔵尊霊場
寳蔵寺(茨城県水戸市谷田町)
　　→053 関東八十八ヵ所霊場
宝蔵寺(栃木県宇都宮市)
　　→054 北関東三十六不動尊霊場
宝蔵寺(栃木県那須烏山市)
　　→080 那須三十三観音霊場
宝蔵寺(埼玉県加須市)
　　→094 忍領西国三十三札所
宝蔵寺(埼玉県行田市)
　　→093 忍秩父三十四札所
　　→095 行田救済菩薩十五霊場
宝蔵寺(千葉県我孫子市)
　　→059 相馬霊場八十八ヵ所
宝蔵寺(東京都西多摩郡檜原村)
　　→155 多摩八十八ヵ所霊場
寳蔵寺(神奈川県横浜市瀬谷区)
　　→185 横浜瀬谷八福神
宝蔵寺(神奈川県茅ヶ崎市)
　　→176 相州小出七福神
宝蔵寺(神奈川県川崎市中原区)
　　→060 玉川八十八ヵ所霊場
　　→173 川崎七福神
宝蔵寺(新潟県刈羽郡刈羽村)
　　→193 越後三十三観音霊場
宝蔵寺(新潟県佐渡市)
　　→198 佐渡八十八ヵ所霊場
宝蔵寺(長野県上田市)
　　→187 中部四十九薬師霊場
　　→212 信濃三十三観音霊場
宝蔵寺(愛知県常滑市大野町)
　　→248 知多新四国八十八ヶ所霊場
宝蔵寺(三重県名張市)
　　→280 伊賀四国八十八ヶ所霊場
　　→286 三重四国八十八ヵ所霊場
宝蔵寺(奈良県五條市御山町)
　　→340 大和新四国八十八ヵ所霊場
宝蔵寺(広島県庄原市東本町)
　　→374 備後西国三十三観音霊場
宝蔵寺(徳島県名東郡佐那河内村)
　　→385 新四国曼荼羅霊場

寳蔵寺(愛媛県今治市玉川町)
　　→402 伊予府中十三石仏霊場
法蔵寺(宮城県栗原市)
　　→009 奥の細道みちのく路三十三ヶ所めぐり霊場
法蔵寺(福島県三春町荒町)
　　→048 福島百八地蔵尊霊場
法蔵寺(愛知県岡崎市本宿村)
　　→251 三河三十三観音霊場
　　→253 三河七福神
　　→255 三河新四国霊場
法蔵寺(大阪府八尾市)
　　→314 河内西国三十三観音霊場
宝蔵坊　→198 佐渡八十八ヶ所霊場
宝偹寺　→064 武相寅歳薬師如来霊場
法体寺　→035 山形百八地蔵尊霊場
宝陀寺観音　→416 相良三十三霊場
寳地院　→408 九州西国三十三霊場
法長寺　→100 秩父三十四霊場
法田観音堂　→042 磐城三十三観音
法伝寺(福島県福島市飯坂町)
　　→046 信達坂東三十三観音世音菩薩札所
法伝寺(千葉県市川市)
　　→122 行徳三十三観音霊場
法伝寺(静岡県賀茂郡南伊豆町)
　　→228 伊豆八十八ヵ所霊場
宝塔院(神奈川県横浜市緑区)
　　→055 旧小机領三十三所観音霊場
　　→064 武相寅歳薬師如来霊場
宝塔院(新潟県三条市)
　　→193 越後三十三観音霊場
宝幢院(東京都大田区)
　　→060 玉川八十八ヵ所霊場
　　→065 武相不動尊霊場
宝幢院(東京都北区)
　　→158 豊島八十八ヵ所霊場
宝島寺
　　→348 瀬戸内三十三観音霊場
　　→367 備中西国三十三所観音霊場
宝幢寺　→094 忍領西国三十三札所
法導寺　→318 淡路四国八十八ヶ所霊場
法憧寺　→194 蒲原三十三観音
法道寺　→312 河泉二十四地蔵霊場
法幢寺　→198 佐渡八十八ヶ所霊場
宝幢坊　→396 小豆島八十八ヵ所霊場
宝徳寺(福島県いわき市後田町)
　　→048 福島百八地蔵尊霊場
宝徳院(静岡県下田市)
　　→228 伊豆八十八ヵ所霊場
報徳二宮神社　→073 今市宿七福神
豊寧寺　→355 伯耆三十三観音霊場
法然寺(石川県金沢市)
　　→429 西山国師遺跡霊場

法然寺（京都府京都市右京区嵯峨天龍寺立石町）
　→432 法然上人二十五霊場
法然寺（奈良県橿原市南浦町）
　→432 法然上人二十五霊場
法然寺（香川県高松市仏生山町）
　→392 さぬき七福神
　→432 法然上人二十五霊場
法念寺　→373 広島新四国八十八ヵ所霊場
豊稔寺　→373 広島新四国八十八ヵ所霊場
保福寺（福島県郡山市日和田町）
　→040 安積三十三霊場
保福寺（山梨県上野原市）
　→206 甲斐百八ヵ所霊場
保福寺（長野県松本市）
　→215 信州筑摩三十三ヶ所観音霊場
宝福寺（群馬県邑楽郡板倉町）
　→091 東上州三十三観音霊場
宝福寺（東京都中野区）
　→149 昭和新撰 江戸三十三観音霊場
宝福寺（神奈川県相模原市緑区）
　→177 津久井観音霊場
宝福寺（愛知県岡崎市梅園町）
　→251 三河三十三観音霊場
　→253 三河七福神
宝福寺（兵庫県神戸市西区櫨谷町）
　→276 播州薬師霊場
宝福寺（島根県浜田市大辻町）
　→361 石見曼荼羅観音霊場
法福寺（富山県黒部市宇奈月町）
　→191 北陸三十三観音霊場
　→192 北陸不動尊霊場
法福寺（岐阜県各務原市）
　→225 美濃新四国八十八ヵ所霊場
法福寺（岡山県真庭市）
　→365 高野山真言宗美作八十八ヵ所霊場
宝菩提院　→306 洛西三十三観音霊場
報本寺　→228 伊豆八十八ヵ所霊場
宝満寺（京都府綾部市西方町）
　→298 綾部三十三観音霊場
宝満寺（大分県別府市）
　→408 九州西国三十三観音霊場
　→420 豊後西国霊場
法明寺　→234 駿河三十三観音霊場
宝命寺
　→418 国東三十三観音霊場
　→420 豊後西国霊場
法用寺
　→038 会津三十三観音霊場
　→048 福島百八地蔵尊霊場
法養寺　→098 児玉三十三霊場
望洋寺
　→004 北海道三十六不動尊霊場
　→006 北海道八十八ヶ所霊場

法養寺薬師堂　→102 秩父十三仏霊場
蓬莱院
　→027 上山三十三観音霊場
　→028 上山七福神
法来寺
　→024 羽州山形七福神
　→035 山形百八地蔵尊霊場
宝楽寺　→201 若狭三十三観音霊場
法楽寺（群馬県桐生市広沢町）
　→091 東上州三十三観音霊場
法楽寺（大阪府大阪市東住吉区）
　→258 役行者集印巡り
　→259 役行者霊蹟札所
　→261 近畿三十六不動尊霊場
　→268 神仏霊場 巡拝の道
　→269 摂津国八十八ヵ所霊場
　→311 おおさか十三仏霊場
法楽寺（兵庫県神崎郡神河町）
　→332 播磨西国観音霊場
宝楽殿　→255 三河新四国霊場
法瀧院　→351 中国四十九薬師霊場
寳龍寺　→129 新上総国三十三観音霊場
法隆寺
　→266 聖徳太子御遺跡霊場
　→268 神仏霊場 巡拝の道
法龍寺　→286 三重四国八十八ヵ所霊場
宝林院　→102 秩父十三仏霊場
寳琳院　→412 九州四十九院薬師霊場
宝林寺（福島県いわき市大久町）
　→048 福島百八地蔵尊霊場
宝林寺（福島県福島市御倉町）
　→044 信夫新西国三十三観世音菩薩札所
宝林寺（三重県伊勢市御薗町）
　→281 伊勢西国三十三観音霊場
宝林寺（兵庫県洲本市）
　→318 淡路四国八十八ヵ所霊場
寳林寺（兵庫県明石市材木町）
　→316 明石西国三十三観音霊場
寳林寺（香川県三豊市詫間町）
　→391 讃岐三十三観音霊場
法林寺（福島県会津若松市）
　→049 町廻り三十三観音
法林寺（愛知県田原市越戸町）
　→249 東海七福神
法輪寺（福島県いわき市常磐藤原町）
　→047 福島浜三郡七福神
法輪寺（福島県相馬郡新地町）
　→048 福島百八地蔵尊霊場
法輪寺（福島県二本松市）
　→041 安達三十三観音霊場
法輪寺（栃木県大田原市）
　→061 東国花の寺 百ヶ寺
　→080 那須三十三観音霊場

法輪寺（京都府京都市西京区嵐山虚空蔵山町）
　→299 京都十三仏霊場
法輪寺（兵庫県淡路市）
　→318 淡路四国八十八ヵ所霊場
法輪寺（奈良県生駒郡斑鳩町）
　→266 聖徳太子御遺跡霊場
法輪寺（和歌山県和歌山市）
　→279 ぼけよけ二十四霊場
　→342 紀伊之国十三仏霊場
　→346 和歌山西国三十三観音霊場
法輪寺（岡山県笠岡市神島内浦）
　→364 神島八十八ヵ所霊場
法輪寺（岡山県美作市）
　→365 高野山真言宗美作八十八ヶ所霊場
法輪寺（広島県呉市和庄本町）
　→373 広島新四国八十八ヵ所霊場
法輪寺（広島県尾道市因島中庄町）
　→370 因島八十八ヵ所霊場
法輪寺（徳島県阿波市土成町）
　→382 四国十三仏霊場
　→383 四国八十八ヵ所霊場
法輪寺（愛媛県今治市宮窪町）
　→403 えひめ大島准四国八十八ヵ所霊場
法輪寺（長崎県壱岐市郷ノ浦町）
　→415 壱岐四国八十八ヶ所霊場
鳳林寺　→101 秩父七福神
法林坊　→367 備中西国三十三所観音霊場
宝蓮寺　→318 淡路四国八十八ヵ所霊場
法蓮寺　→143 荏原七福神
卜雲寺　→100 秩父三十四観音霊場
北辰寺　→187 中部四十九薬師霊場
法華経寺
　→061 東国花の寺 百ヶ寺
　→431 日蓮宗の本山めぐり
星上寺　→356 出雲三十三観音霊場
保寿院　→207 甲洲都留七福神
保寿寺庵　→396 小豆島八十八ヵ所霊場
保春寺　→228 伊豆八十八ヵ所霊場
細山寺　→017 遠野七観音
補陀庵　→229 伊豆横道三十三観音霊場
菩提院（北海道寿都郡寿都町新栄町）
　→004 北海道三十六不動尊霊場
菩提院（福島県いわき市平古鍛治町）
　→048 福島百八地蔵尊霊場
菩提院（香川県綾歌郡綾川町）
　→385 新四国曼荼羅霊場
菩提院・奥之院　→003 北海道三十三観音霊場
菩提寺（長野県飯山市）
　→212 信濃三十三観音霊場
菩提寺（大阪府大阪市天王寺区生玉町）
　→309 大坂三十三観音霊場
菩提寺（大阪府東大阪市善根寺町）
　→314 河内西国三十三観音霊場

菩提寺（兵庫県三田市）
　→264 西国三十三観音霊場
　→265 西国薬師霊場
補蛇寺　→251 三河三十三観音霊場
補陀寺　→007 奥州三十三観音霊場
北海道神宮　→426 諸国一の宮巡拝
法起寺　→266 聖徳太子御遺跡霊場
法華寺（兵庫県淡路市）
　→317 淡路西国三十三観音霊場
　→318 淡路四国八十八ヵ所霊場
　→320 淡路島十三仏霊場
　→321 淡路四十九薬師霊場
法華寺（兵庫県南あわじ市）
　→317 淡路西国三十三観音霊場
　→318 淡路四国八十八ヵ所霊場
法華寺（福島県大沼郡会津美里町）
　→038 会津三十三観音霊場
法華寺（埼玉県さいたま市岩槻区）
　→061 東国花の寺 百ヶ寺
法華寺（長野県諏訪市）
　→213 信州（伊那・諏訪）八十八霊場
　→216 諏訪湖・湖畔七福神
法華寺（岐阜県岐阜市）
　→190 東海白寿三十三観音霊場
　→223 美濃三十三観音霊場
　→225 美濃新四国八十八ヵ所霊場
法華寺（静岡県焼津市）
　→234 駿河三十三観音霊場
　→240 焼津七福神
法華寺（愛知県知多郡美浜町）
　→256 南知多三十三観音霊場
法華寺（奈良県奈良市法華寺町）
　→268 神仏霊場 巡拝の道
法華寺（愛媛県今治市）
　→385 新四国曼荼羅霊場
　→401 伊予（道前・道後）十観音霊場
　→402 伊予府中十三石仏霊場
法華寺（熊本県山鹿市）
　→417 山鹿三十三観音霊場
法興寺
　→120 上総国薬師如来霊場三十四ヵ所
　→125 心の駅 外房七福神
北光寺旧蹟　→297 天田郡三十三観音霊場
法勝寺　→386 阿波西国三十三観音霊場
法性寺　→307 洛陽三十三所観音巡礼
最御崎寺（岡山県笠岡市神島外浦）
　→364 神島八十八ヵ所霊場
最御崎寺（広島県尾道市因島外浦町）
　→370 因島八十八ヵ所霊場
最御崎寺（愛媛県今治市吉海町）
　→403 えひめ大島准四国八十八ヵ所霊場
最御崎寺（高知県室戸市室戸岬町）
　→383 四国八十八ヵ所霊場

佛ヶ滝　→396 小豆島八十八ヵ所霊場
本俵閻魔堂　→405 にいはま新四国八十八ヶ所霊場
帆山寺　→191 北陸三十三観音霊場
堀越庵　→396 小豆島八十八ヵ所霊場
本遠寺
　　→206 甲斐百八ヵ所霊場
　　→431 日蓮宗の本山めぐり
本覚院(埼玉県本庄市児玉町)
　　→098 児玉三十三霊場
本覚院(和歌山県伊都郡高野町)
　　→344 高野七福神
本覚院(岡山県岡山市)
　　→366 児島四国八十八ヵ所霊場
本覺寺(秋田県仙北郡美郷町)
　　→022 秋田三十三観音霊場
本覺寺(神奈川県横浜市神奈川区)
　　→055 旧小机領三十三所観音霊場
本覚寺(神奈川県海老名市)
　　→174 相模七福神
本覚寺(神奈川県鎌倉市小町)
　　→169 鎌倉・江の島七福神
　　→171 鎌倉十三仏霊場
　　→431 日蓮宗の本山めぐり
本覚寺(岐阜県岐阜市泉町)
　　→225 美濃新四国八十八ヵ所霊場
本覚寺(岐阜県高山市上宝町)
　　→221 飛騨三十三観音霊場
本覚寺(静岡県静岡市)
　　→431 日蓮宗の本山めぐり
本覚寺(香川県小豆郡土庄町)
　　→396 小豆島八十八ヵ所霊場
本願院　→410 九州二十四地蔵尊霊場
本還寺　→178 箱根七福神
本願寺　→372 鞆の浦古寺めぐり
本行院　→052 関東三十六不動尊霊場
本行寺　→431 日蓮宗の本山めぐり
梵行寺　→035 山形百八地蔵尊霊場
本居堂　→415 壱岐四国八十八ヵ所霊場
本敬寺　→073 今市宿七福神
本源寺　→029 さくらんぼ七福神
本光院　→378 長門三十三観音霊場
本興寺　→431 日蓮宗の本山めぐり
本郷寺　→205 甲斐国三十三観音霊場
本光寺(山梨県都留市)
　　→207 甲州都留七福神
本光寺(長野県飯山市)
　　→209 いいやま七福神
本光寺(愛知県額田郡幸田町)
　　→254 三河十二支霊場
本弘寺　→003 北海道三十三観音霊場
本郷地蔵堂　→405 にいはま新四国八十八ヶ所霊場
本圀寺　→431 日蓮宗の本山めぐり
本山庵　→376 周防大島八十八ヵ所霊場

本山寺　→364 神島八十八ヵ所霊場
本地堂　→396 小豆島八十八ヵ所霊場
本性院　→348 瀬戸内三十三観音霊場
本成院　→138 池上七福神
本将寺　→117 市川七福神
本照寺　→206 甲斐百八ヵ所霊場
本性寺　→358 出雲国七福神
本栖寺　→040 安積三十三霊場
本誓寺(岩手県盛岡市名須川町)
　　→428 親鸞聖人二十四輩
本誓寺(長野県長野市松代町)
　　→428 親鸞聖人二十四輩
本誓寺(大阪府大阪市天王寺区生玉町)
　　→309 大坂三十三観音霊場
本誓院　→189 東海四十九薬師霊場
品川寺
　　→142 江戸六地蔵
　　→149 昭和新撰 江戸三十三観音霊場
　　→157 東海(品川)七福神
本泉寺(茨城県取手市)
　　→059 相馬霊場八十八ヶ所
本泉寺(茨城県常陸大宮市)
　　→428 親鸞聖人二十四輩
本蔵院　→411 九州八十八ヵ所霊場
本増寺　→010 三陸三十三観音霊場
本田寺　→198 佐渡八十八ヵ所霊場
本堂　→396 小豆島八十八ヵ所霊場
本東寺　→423 日向之国七福神
凡導寺　→417 山鹿三十三観音霊場
本土寺　→431 日蓮宗の本山めぐり
梵音堂　→222 益田三十三観音霊場
本福寺(三重県志摩市大王町)
　　→283 志摩国七福神
本福寺(兵庫県淡路市)
　　→318 淡路四国八十八ヵ所霊場
本法寺　→431 日蓮宗の本山めぐり
本満寺　→431 日蓮宗の本山めぐり
本明院　→414 篠栗八十八ヵ所霊場
本門寺(東京都大田区)
　　→061 東国花の寺 百ヶ寺
本門寺(静岡県富士宮市)
　　→431 日蓮宗の本山めぐり
本屋敷　→196 佐渡西国三十三観音霊場
本楽寺　→386 阿波西国三十三観音霊場
本龍院　→137 浅草名所七福神
本立寺(東京都八王子市上野町)
　　→160 八王子七福神
本立寺(静岡県伊豆の国市)
　　→431 日蓮宗の本山めぐり

477

【ま】

舞寺　→386 阿波西国三十三観音霊場
前神寺（岡山県笠岡市神島西部高集落）
　　　→364 神島八十八ヵ所霊場
前神寺（広島県尾道市因島田熊町）
　　　→370 因島八十八ヵ所霊場
前神寺（愛媛県今治市吉海町）
　　　→403 えひめ大島准四国八十八ヶ所霊場
前神寺（愛媛県西条市）
　　　→383 四国八十八ヵ所霊場
　　　→404 四国七福神
麻賀多神社　→126 佐倉七福神
摩訶耶寺　→237 浜名湖七福神
牧野村観音　→027 上山三十三観音霊場
馬居寺
　　　→191 北陸三十三観音霊場
　　　→201 若狭三十三観音霊場
益山寺　→228 伊豆八十八ヵ所霊場
真清田神社　→426 諸国一の宮巡拝
馬瀬　→328 但馬六十六地蔵霊場
又野阿弥陀堂　→405 にいはま新四国八十八ヶ所霊場
斑尾山　→209 いいやま七福神
町田観音堂　→089 沼田横堂三十三番札所
松尾院　→032 最上三十三観音霊場
松尾観音寺　→281 伊勢西国三十三観音霊場
松尾山観音堂　→089 沼田横堂三十三番札所
松尾寺（石川県羽咋郡志賀町）
　　　→192 北陸不動尊霊場
松尾寺（滋賀県米原市）
　　　→290 近江湖北名利二十七ヶ所霊場
　　　→291 近江三十三観音霊場
松尾寺（京都府舞鶴市）
　　　→268 神仏霊場 巡拝の道
松尾寺（山口県大島郡周防大島町）
　　　→376 周防大島八十八ヵ所霊場
　　　→377 周防国三十三観音霊場
松尾寺（香川県仲多度郡琴平町）
　　　→385 新四国曼荼羅霊場
松尾寺（奈良県大和郡山市山田町）
　　　→258 役行者集印巡り
　　　→259 役行者霊蹟札所
松ヶ崎大黒天　→305 都七福神
松ヶ瀬阿弥陀堂　→414 篠栗八十八ヵ所霊場
松ヶ瀬地蔵堂　→414 篠栗八十八ヵ所霊場
松ヶ鼻堂　→272 丹波国三十三観音霊場
松川原観音堂　→044 信夫新西国三十三観世音菩薩札所
松木地蔵堂　→405 にいはま新四国八十八ヶ所霊場
松倉観音堂　→013 津軽三十三観音霊場

松崎寺　→017 遠野七観音
松島観音堂　→091 東上州三十三観音霊場
松島神社　→159 日本橋七福神
松野尾寺　→115 安房三十四観音霊場
松尾大社　→268 神仏霊場 巡拝の道
松尾寺（京都府舞鶴市）
　　　→264 西国三十三観音霊場
松尾寺（大阪府和泉市松尾寺町）
　　　→259 役行者霊蹟札所
　　　→315 南海沿線七福神
松野山　→376 周防大島八十八ヵ所霊場
松神子泉大師堂　→405 にいはま新四国八十八ヶ所霊場
松虫寺　→118 印西大師講
松目堂　→217 諏訪八十八番霊場
松本　→328 但馬六十六地蔵霊場
松本院　→286 三重四国八十八ヵ所霊場
松本観音　→255 三河新四国霊場
摩尼王寺　→193 越後八十八ヵ所霊場
摩尼珠院　→193 越後八十八ヵ所霊場
摩尼寺　→350 中国観音霊場
眞庭成相堂　→090 沼田坂東三十三番札所
真野寺
　　　→053 関東八十八ヵ所霊場
　　　→115 安房三十四観音霊場
　　　→116 安房七福神
摩耶寺　→143 荏原七福神
丸尾観音堂　→414 篠栗八十八ヵ所霊場
丸小野寺　→418 国東八十八ヵ所霊場
円山　→328 但馬六十六地蔵霊場
丸山寺
　　　→003 北海道三十三観音霊場
　　　→006 北海道八十八ヵ所霊場
丸山不動尊　→217 諏訪八十八番霊場
丸山薬師堂　→376 周防大島八十八ヵ所霊場
萬願寺（福島県南会津郡下郷町）
　　　→048 福島百八地蔵尊霊場
万願寺（兵庫県神戸市西区櫨谷町）
　　　→316 明石西国三十三観音霊場
萬願寺（広島県呉市）
　　　→373 広島新四国八十八ヵ所霊場
満願寺（福島県白河市）
　　　→009 奥の細道みちのく路三十三ヶ所めぐり霊場
満願寺（福島県福島市黒岩上ノ町）
　　　→044 信夫新西国三十三観世音菩薩札所
満願寺（栃木県栃木市出流町）
　　　→053 関東八十八ヵ所霊場
　　　→062 坂東三十三観音霊場
　　　→078 下野三十三観音霊場
満願寺（埼玉県行田市）
　　　→061 東国花の寺 百ヶ寺
　　　→095 行田救済菩薩十五霊場

満願寺（千葉県銚子市）
　→053 関東八十八ヵ所霊場
満願寺（東京都世田谷区）
　→060 玉川八十八ヵ所霊場
満願寺（神奈川県横須賀市）
　→182 三浦三十三観音霊場
満願寺（長野県安曇野市）
　→212 信濃三十三観音霊場
満願寺（長野県上田市）
　→187 中部四十九薬師霊場
満願寺（静岡県藤枝市）
　→234 駿河三十三観音霊場
満願寺（兵庫県三木市）
　→329 茶之寿観音八ヶ寺霊場
満願寺（兵庫県川西市満願寺町）
　→267 新西国霊場
　→269 摂津国八十八ヵ所霊場
　→336 北摂七福神
満願寺（兵庫県姫路市）
　→332 播磨西国観音霊場
満願寺（奈良県五條市霊安寺町）
　→340 大和新四国八十八ヵ所霊場
満願寺（島根県松江市西浜佐陀町）
　→356 出雲三十三観音霊場
　→359 出雲国十三仏霊場
満願寺（香川県観音寺市豊浜町）
　→391 讃岐三十三観音霊場
満願寺（愛媛県今治市）
　→381 四国三十六不動霊場
　→385 新四国曼荼羅霊場
満願寺観音堂　→194 蒲原三十三観音
満願寺別院　→052 関東三十六不動尊霊場
満願密寺　→377 周防国三十三観音霊場
万行清水観音堂　→200 能登国三十三観音霊場
満月寺浮御堂　→287 近江湖西名刹二十七ヶ所霊場
萬光寺　→220 恵那三十三観音霊場
満光寺（長野県伊那市高遠町）
　→213 信州（伊那・諏訪）八十八霊場
満光寺（愛知県新城市）
　→242 奥三河七観音霊場
万才薬師堂　→321 淡路四十九薬師霊場
満讃寺　→107 武州路十二支霊場
萬尺寺
　→187 中部四十九薬師霊場
　→223 美濃三十三観音霊場
曼殊院
　→261 近畿三十六不動尊霊場
　→268 神仏霊場 巡拝の道
万寿寺（大分県大分郡金池町）
　→422 豊後国臨済七福神
萬寿寺（愛知県春日井市坂下町）
　→189 東海四十九薬師霊場

萬寿寺（島根県松江市奥谷町）
　→362 松江三十三観音霊場
萬精院　→346 和歌山西国三十三観音霊場
萬勝寺（岐阜県恵那市山岡町）
　→190 東海白寿三十三観音霊場
　→220 恵那三十三観音霊場
萬勝寺（兵庫県小野市）
　→329 茶之寿観音八ヶ寺霊場
萬勝寺（兵庫県南あわじ市阿万上町）
　→318 淡路四国八十八ヵ所霊場
　→320 淡路島十三仏霊場
萬生寺　→391 讃岐三十三観音霊場
満昌寺　→229 伊豆横道三十三観音霊場
満照寺　→078 下野三十三観音霊場
満泉寺
　→318 淡路四国八十八ヵ所霊場
　→321 淡路四十九薬師霊場
万蔵寺（福島県河沼郡会津坂下町）
　→038 会津三十三観音霊場
萬蔵寺（神奈川県横浜市緑区）
　→064 武相寅歳薬師如来霊場
満蔵寺（岩手県気仙郡住田町）
　→016 気仙三十三観音札所
満蔵寺（福島県いわき市内郷小島町）
　→048 福島百八地蔵尊霊場
満蔵寺（埼玉県幸手市）
　→099 埼東八十八ヵ所霊場
万代寺　→315 南海沿線七福神
曼荼羅寺（新潟県佐渡市）
　→198 佐渡八十八ヵ所霊場
曼荼羅寺（岡山県笠岡市神島北部）
　→364 神島八十八ヵ所霊場
曼荼羅寺（広島県尾道市因島重井町）
　→370 因島八十八ヵ所霊場
曼荼羅寺（香川県善通寺市吉原町）
　→383 四国八十八ヵ所霊場
曼荼羅寺（愛媛県今治市吉海町）
　→403 えひめ大島准四国八十八ヵ所霊場
万燈院　→309 大坂三十三観音霊場
萬徳院　→056 御府内八十八ヵ所霊場
萬徳寺
　→188 東海三十六不動尊霊場
　→243 尾張三十三観音霊場
満徳寺　→385 新四国曼荼羅霊場
萬年寺　→373 広島新四国八十八ヵ所霊場
萬福院
　→188 東海三十六不動尊霊場
　→250 なごや七福神
萬福寺（埼玉県秩父郡皆野町）
　→102 秩父十三仏霊場
万福寺（千葉県印西市）
　→118 印西大師講
　→119 印旛七福神

479

萬福寺（千葉県富津市）
　→129 新上総国三十三観音霊場
万福寺（東京都葛飾区柴又）
　→148 柴又七福神
萬福寺（東京都八王子市）
　→155 多摩八十八ヵ所霊場
萬福寺（神奈川県横浜市青葉区田奈町）
　→064 武相寅歳薬師如来霊場
萬福寺（新潟県佐渡市）
　→198 佐渡八十八ヶ所霊場
万福寺（山梨県甲州市勝沼町）
　→206 甲斐百八ヵ所霊場
萬福寺（三重県伊賀市上野寺町）
　→280 伊賀四国八十八ヶ所霊場
万福寺（京都府宇治市）
　→305 都七福神
萬福寺（京都府南区久世大藪町）
　→306 洛西三十三観音霊場
万福寺（兵庫県淡路市）
　→317 淡路西国三十三観音霊場
　→318 淡路四国八十八ヶ所霊場
万福寺（兵庫県南あわじ市）
　→318 淡路四国八十八ヶ所霊場
　→319 淡路島七福神
　→321 淡路四十九薬師霊場
万福寺（鳥取県鳥取市河原町）
　→353 因幡三十三観音霊場
萬福寺（鳥取県日野郡江府町）
　→355 伯耆三十三観音霊場
万福寺（島根県益田市東町）
　→361 石見曼荼羅観音霊場
萬福寺（岡山県真庭市）
　→365 高野山真言宗美作八十八ヶ所霊場
萬福寺（岡山県津山市）
　→365 高野山真言宗美作八十八ヶ所霊場
万福寺（徳島県徳島市吉野本町）
　→385 新四国曼荼羅霊場
　→389 徳島七福神
萬福寺（徳島県美馬郡つるぎ町）
　→386 阿波西国三十三観音霊場
萬福寺（香川県三豊市財田町）
　→391 讃岐三十三観音霊場
萬福寺（香川県善通寺市吉原町）
　→391 讃岐三十三観音霊場
満福寺（宮城県仙台市）
　→020 奥州仙臺七福神
満福寺（山形県寒河江市）
　→029 さくらんぼ七福神
満福寺（埼玉県さいたま市北区）
　→092 足立坂東三十三札所
満福寺（埼玉県幸手市）
　→099 埼東八十八ヵ所霊場

満福寺（埼玉県鶴ヶ島市）
　→112 武蔵国十三仏霊場
満福寺（山梨県韮崎市穴山町）
　→206 甲斐百八ヵ所霊場
満福寺（京都府綾部市西坂町）
　→298 綾部三十三観音霊場
満福寺（兵庫県神戸市西区櫨谷町）
　→316 明石西国三十三観音霊場
満福寺（和歌山県海草郡紀美野町）
　→345 高野長峰霊場
満福寺（島根県雲南市木次町）
　→356 出雲三十三観音霊場

【 み 】

三井寺（秋田県横手市鍛治町）
　→022 秋田三十三観音霊場
三井寺（神奈川県相模原市緑区）
　→177 津久井観音霊場
三井寺（滋賀県大津市園城寺町）
　→264 西国三十三観音霊場
　→287 近江湖西名刹二十七ヶ所霊場
見入山観音堂　→013 津軽三十三観音霊場
美江寺
　→190 東海白寿三十三観音霊場
　→223 美濃三十三観音霊場
御上神社　→268 神仏霊場 巡拝の道
三川堂　→219 仁科三十三番札所
身代り不動　→065 武相不動尊霊場
(右)聖観世音菩薩（中）地蔵尊（左）弘法大師　→379 萩八十八ヶ所めぐり
御厨神社　→285 松阪霊地七福神
三嶋大社　→426 諸国一の宮巡拝
水沢寺　→062 坂東三十三観音霊場
水堂安福寺　→412 九州四十九院薬師霊場
水間寺
　→267 新西国霊場
　→268 神仏霊場 巡拝の道
　→315 南海沿線七福神
水薬師寺
　→189 東海四十九薬師霊場
　→225 美濃新四国八十八ヶ所霊場
水若酢神社　→426 諸国一の宮巡拝
弥山本堂　→373 広島新四国八十八ヶ所霊場
三瀧寺
　→350 中国観音霊場
　→373 広島新四国八十八ヶ所霊場
見立観音　→196 佐渡西国三十三観音霊場
弥陀堂（茨城県取手市）
　→059 相馬霊場八十八ヵ所
弥陀堂（千葉県印西市）
　→118 印西大師講

三谷　→328 但馬六十六地蔵霊場
三谷寺　→391 讃岐三十三観音霊場
道川神社　→023 秋田七福神
三ツ井戸大師　→051 奥多摩新四国八十八ヵ所霊場
密厳院(埼玉県所沢市)
　→051 奥多摩新四国八十八ヵ所霊場
密厳院(埼玉県上尾市)
　→092 足立坂東三十三札所
密厳院(東京都荒川区)
　→158 豊島八十八ヶ所霊場
密厳院(東京都大田区)
　→060 玉川八十八ヵ所霊場
密厳寺　→006 北海道八十八ヶ所霊場
密厳寺(北海道中川郡本別町)
　→003 北海道三十三観音霊場
　→006 北海道八十八ヶ所霊場
密厳寺(愛知県知多市)
　→248 知多新四国八十八ヵ所霊場
密厳寺(岡山県津山市)
　→365 高野山真言宗美作八十八ヶ所霊場
密厳寺(徳島県三好市池田町)
　→381 四国三十六不動霊場
　→386 阿波西国三十三観音霊場
密厳寺(徳島県徳島市不動本町)
　→381 四国三十六不動霊場
密修寺　→006 北海道八十八ヶ所霊場
密乗院　→060 玉川八十八ヵ所霊場
密乗寺　→365 高野山真言宗美作八十八ヶ所霊場
密蔵院(福島県会津若松市町北町)
　→038 会津三十三観音霊場
密蔵院(埼玉県久喜市)
　→099 埼東八十八ヵ所霊場
密蔵院(埼玉県川口市)
　→106 武州川口七福神
密蔵院(千葉県印西市)
　→118 印西大師講
密蔵院(東京都世田谷区)
　→060 玉川八十八ヵ所霊場
密蔵院(東京都大田区)
　→060 玉川八十八ヵ所霊場
密蔵院(東京都中野区)
　→056 御府内八十八ヵ所霊場
密蔵院(神奈川県横浜市磯子区)
　→167 磯子七福神
密蔵院(愛知県刈谷市一里山町)
　→255 三河新四国霊場
密蔵院(愛知県春日井市熊野町)
　→187 中部四十九薬師霊場
密蔵院(愛知県知多郡美浜町)
　→248 知多新四国八十八ヵ所霊場
密蔵院(三重県四日市市大治田町)
　→282 伊勢七福神
　→286 三重四国八十八ヵ所霊場

密蔵院(三重県津市大谷町)
　→281 伊勢西国三十三観音霊場
　→286 三重四国八十八ヵ所霊場
密蔵寺(埼玉県久喜市)
　→099 埼東八十八ヵ所霊場
密蔵寺(香川県三豊市財田町)
　→385 新四国曼荼羅霊場
　→394 四国讃州七福之寺
三津寺
　→269 摂津国八十八ヵ所霊場
　→309 大坂三十三観音霊場
味取　→328 但馬六十六地蔵霊場
水上寺　→054 北関東三十六不動尊霊場
皆沢村(京塚)観音　→027 上山三十三観音霊場
水無神社　→426 諸国一の宮巡拝
水無瀬神宮　→268 神仏霊場 巡拝の道
湊川神社
　→268 神仏霊場 巡拝の道
　→324 神戸七福神
南大熊観音堂　→217 諏訪八十八番霊場
南遣迎院　→429 西山国師遺跡霊場
南谷山王堂　→018 西磐井三十三観音霊場
南谷薬師堂　→321 淡路四十九薬師霊場
南真志野善光寺堂　→217 諏訪八十八番霊場
峯寺　→356 出雲三十三観音霊場
峰寺薬師堂　→354 因幡薬師霊場
峯之堂　→090 沼田坂東三十三番札所
峯之山庵　→396 小豆島八十八ヶ所霊場
蓑堂　→212 信濃三十三観音霊場
蓑毛観音　→416 相良三十三観音霊場
壬生寺中院　→307 洛陽三十三所観音巡礼
微妙庵　→138 池上七福神
見明寺　→412 九州四十九院薬師霊場
三室戸寺
　→264 西国三十三観音霊場
　→268 神仏霊場 巡拝の道
三囲神社　→151 隅田川七福神
宮内観音堂　→015 江刺三十三観音霊場
宮寺　→340 大和新四国八十八ヵ所霊場
宮脇村竹の下観音　→027 上山三十三観音霊場
宮脇村観音　→027 上山三十三観音霊場
宮原観音　→416 相良三十三観音霊場
宮本寺　→198 佐渡八十八ヶ所霊場
妙安寺(茨城県猿島郡境町)
　→428 親鸞聖人二十四輩
妙安寺(茨城県坂東市)
　→428 親鸞聖人二十四輩
妙安寺(群馬県前橋市千代田町)
　→428 親鸞聖人二十四輩
妙雲寺(兵庫県南あわじ市)
　→318 淡路八十八ヵ所霊場
　→321 淡路四十九薬師霊場

みよう　　　　　　　　　札所索引

妙雲寺 (愛媛県西条市小松町)
　　→385 新四国曼荼羅霊場
妙圓寺 (東京都港区)
　　→166 山手七福神
妙円寺 (鹿児島県日置市伊集院町)
　　→412 九州四十九院薬師霊場
明円寺　→372 鞆の浦古寺めぐり
明王院 (群馬県邑楽郡邑楽町)
　　→082 おうら七福神
明王院 (埼玉県久喜市)
　　→099 埼東八十八ヵ所霊場
明王院 (東京都港区)
　　→056 御府内八十八ヵ所霊場
明王院 (東京都台東区)
　　→056 御府内八十八ヵ所霊場
明王院 (神奈川県鎌倉市)
　　→170 鎌倉三十三観音霊場
　　→171 鎌倉十三仏霊場
明王院 (神奈川県川崎市高津区)
　　→058 準西国稲毛三十三所観音霊場
　　→060 玉川八十八ヵ所霊場
　　→065 武相不動尊霊場
明王院 (三重県名張市)
　　→280 伊賀四国八十八ヶ所霊場
明王院 (大阪府寝屋川市成田西町)
　　→261 近畿三十六不動尊霊場
明王院 (岡山県玉野市)
　　→366 児島四国八十八ヵ所霊場
明王院 (岡山県浅口市鴨方町)
　　→352 中国地蔵尊霊場
明王院 (広島県福山市草戸町)
　　→347 山陽花の寺二十四か寺
　　→350 中国観音霊場
　　→374 備後西国三十三観音霊場
明王院 (徳島県阿波市阿波町)
　　→381 四国三十六不動霊場
明王院 (徳島県吉野川市山川町)
　　→381 四国三十六不動霊場
明王院 (福岡県糟屋郡篠栗町)
　　→411 九州八十八ヵ所霊場
妙応寺 (千葉県市川市)
　　→117 市川七福神
妙応寺 (岐阜県不破郡関ケ原町)
　　→189 東海四十九薬師霊場
妙応寺 (兵庫県淡路市)
　　→318 淡路四国八十八ヵ所霊場
明王寺 (北海道札幌市西区)
　　→006 北海道八十八ヶ所霊場
明王寺 (栃木県大田原市)
　　→081 八溝七福神
明王寺 (栃木県大田原市黒羽向町)
　　→080 那須三十三観音霊場

明王寺 (山梨県南巨摩郡富士川町)
　　→206 甲斐百八ヵ所霊場
明王寺 (大阪府富田林市)
　　→261 近畿三十六不動尊霊場
明王寺 (兵庫県神戸市垂水区名谷町)
　　→316 明石西国三十三観音霊場
明王寺 (岡山県岡山市東区)
　　→348 瀬戸内三十三観音霊場
明王寺 (徳島県徳島市中前川町)
　　→389 徳島七福神
明王寺 (香川県小豆郡小豆島町)
　　→396 小豆島八十八ヵ所霊場
明王寺 (大分県日田市)
　　→411 九州八十八ヵ所霊場
明王殿　→255 三河新四国霊場
妙音寺 (福島県会津若松市)
　　→049 町廻り三十三観音
妙音寺 (群馬県桐生市西久方町)
　　→083 桐生七福神
　　→091 東上州三十三観音霊場
妙音寺 (埼玉県熊谷市)
　　→093 忍秩父三十四札所
妙音寺 (埼玉県北本市)
　　→092 足立坂東三十三札所
妙音寺 (千葉県夷隅郡御宿町)
　　→120 上総国薬師如来霊場三十四ヵ所
妙音寺 (神奈川県三浦市初声町)
　　→053 関東八十八ヵ所霊場
　　→061 東国花の寺 百ヶ寺
　　→182 三浦三十三観音霊場
　　→183 三浦七福神
妙音寺 (長野県千曲市)
　　→212 信濃三十三観音霊場
妙音寺 (愛知県知多郡南知多町)
　　→256 南知多三十三観音霊場
妙音寺 (奈良県五條市大津町)
　　→340 大和新四国八十八ヵ所霊場
妙音寺 (香川県三豊市豊中町)
　　→381 四国三十六不動霊場
　　→391 讃岐三十三観音霊場
妙音寺 (福岡県糟屋郡篠栗町)
　　→414 篠栗八十八ヵ所霊場
明音寺　→213 信州 (伊那・諏訪) 八十八霊場
明寺跡　→059 相馬霊場八十八ヵ所
妙音堂　→302 京洛七福神
妙覚寺 (千葉県勝浦市)
　　→431 日蓮宗の本山めぐり
妙覚寺 (東京都稲城市)
　　→058 準西国稲毛三十三所観音霊場
妙覚寺 (長野県木曽郡大桑村)
　　→211 木曽七福神
妙覚寺 (三重県伊賀市)
　　→280 伊賀四国八十八ヶ所霊場

妙覚寺（京都府京都市上京区）
　→431 日蓮宗の本山めぐり
妙覚寺（大分県豊後高田市）
　→418 国東三十三観音霊場
　→421 豊後高田蓬莱七福神
妙観院
　→191 北陸三十三観音霊場
　→192 北陸不動尊霊場
　→200 能登国三十三観音霊場
妙感寺
　→289 近江湖南名利二十七ヶ所霊場
　→291 近江三十三観音霊場
妙観寺（兵庫県淡路市）
　→318 淡路四国八十八ヵ所霊場
妙観寺（兵庫県南あわじ市阿万東町）
　→318 淡路四国八十八ヵ所霊場
　→321 淡路四十九薬師霊場
明観寺　→411 九州八十八ヵ所霊場
妙喜庵　→219 仁科三十三番札所
妙義寺　→352 中国地蔵尊霊場
妙喜堂　→222 益田三十三観音霊場
明見院　→112 武蔵国十三仏霊場
妙見宮鷲頭寺　→375 周南七福神
妙見寺（宮城県白石市）
　→009 奥の細道みちのく路三十三ヶ所めぐり霊場
妙見寺（長野県上田市）
　→187 中部四十九薬師霊場
妙見寺（兵庫県赤穂市）
　→334 播州赤穂坂内西国三十三ヶ所
妙顕寺（栃木県佐野市堀米町）
　→431 日蓮宗の本山めぐり
妙顕寺（京都府京都市上京区）
　→431 日蓮宗の本山めぐり
妙元寺　→174 相模七福神
妙光院　→155 多摩八十八ヵ所霊場
妙高院　→170 鎌倉三十三観音霊場
妙興寺　→431 日蓮宗の本山めぐり
妙光寺（福島県いわき市遠野町）
　→043 いわき七福神
妙光寺（埼玉県さいたま市西区）
　→092 足立坂東三十三札所
妙光寺（千葉県八千代市）
　→135 八千代八福神
妙光寺（神奈川県横浜市瀬谷区）
　→185 横浜瀬谷八福神
妙光寺（広島県広島市南区本浦町）
　→373 広島新四国八十八ヵ所霊場
明光寺（埼玉県狭山市）
　→051 奥多摩新四国八十八ヵ所霊場
明光寺（長野県上伊那郡辰野町）
　→213 信州（伊那・諏訪）八十八霊場

明光寺（広島県広島市安佐北区）
　→373 広島新四国八十八ヵ所霊場
妙国寺（福島県会津若松市一箕町）
　→431 日蓮宗の本山めぐり
妙国寺（静岡県島田市）
　→235 遠江三十三観音霊場
妙國寺（大阪府堺市堺区材木町）
　→431 日蓮宗の本山めぐり
妙国寺（宮崎県日向市）
　→423 日向之国七福神
妙厳寺
　→188 東海三十六不動尊霊場
　→255 三河新四国霊場
明積寺　→402 伊予中十三石仏霊場
妙純寺　→431 日蓮宗の本山めぐり
明照院　→156 調布七福神
明星院（茨城県取手市）
　→053 関東八十八ヵ所霊場
　→059 相馬霊場八十八ヵ所
　→070 とりで利根川七福神
明星院（栃木県宇都宮市白沢町）
　→053 関東八十八ヵ所霊場
明星院（愛知県岡崎市市場町）
　→255 三河新四国霊場
明星院（広島県広島市東区）
　→352 中国地蔵尊霊場
　→373 広島新四国八十八ヵ所霊場
明星院（愛媛県松山市平井町）
　→399 伊予十三佛霊場
妙昌寺　→097 小江戸川越七福神
妙照寺　→431 日蓮宗の本山めぐり
妙成寺　→431 日蓮宗の本山めぐり
妙正寺　→117 市川七福神
明晶寺　→209 いいやま七福神
明星寺　→412 九州四十九院薬師霊場
明正寺　→385 新四国曼荼羅霊場
明静寺
　→073 今市宿七福神
　→079 下野七福神
妙善院
　→057 狭山三十三観音霊場
　→066 武蔵野三十三観音霊場
妙宣寺　→431 日蓮宗の本山めぐり
妙善寺（埼玉県川越市菅原町）
　→097 小江戸川越七福神
妙善寺（静岡県富士市）
　→234 駿河三十三観音霊場
妙善寺（愛知県西尾市東幡豆町）
　→251 三河三十三観音霊場
　→254 三河十二支霊場
　→255 三河新四国霊場
明泉寺
　→191 北陸三十三観音霊場

みよう　　　　　　　　　　　　　札所索引

　　　　→192 北陸不動尊霊場
明善寺　→091 東上州三十三観音霊場
妙智院　→304 天龍寺山内七福神
妙智寺(埼玉県久喜市)
　　　　→099 埼東八十八ヵ所霊場
妙智寺(新潟県柏崎市)
　　　　→193 越後三十三観音霊場
明智寺　→045 信達三十三観音霊場
妙智堂　→222 益田三十三観音霊場
妙伝寺(神奈川県茅ヶ崎市)
　　　　→176 相州小出七福神
妙伝寺(京都府京都市左京区)
　　　　→431 日蓮宗の本山めぐり
明導寺　→093 忍秩父三十四札所
明德院　→227 伊豆国七福神
妙徳寺(千葉県八千代市)
　　　　→135 八千代八福神
妙徳寺(京都府綾部市渕垣町)
　　　　→298 綾部三十三観音霊場
明德寺(群馬県利根郡みなかみ町)
　　　　→089 沼田横堂三十三番札所
明德寺(静岡県伊豆市)
　　　　→226 伊豆天城七福神
明德寺(愛知県知多郡東浦町)
　　　　→248 知多新四国八十八ヵ所霊場
明忍寺　→312 河泉二十四地蔵霊場
明福院　→045 信達三十三観音霊場
妙福寺(愛知県碧南市志貴町)
　　　　→253 三河七福神
　　　　→255 三河新四国霊場
妙福寺(三重県鈴鹿市徳居町)
　　　　→286 三重四国八十八ヵ所霊場
妙福寺(岡山県瀬戸内市牛窓町)
　　　　→348 瀬戸内三十三観音霊場
妙法院(京都府京都市東山区)
　　　　→268 神仏霊場 巡拝の道
妙法院(佐賀県伊万里市東山代町)
　　　　→412 九州四十九院薬師霊場
妙法寺(福島県耶麻郡西会津町)
　　　　→037 会津ころり三観音霊場
妙法寺(茨城県桜川市)
　　　　→054 北関東三十六不動尊霊場
妙法寺(東京都杉並区)
　　　　→431 日蓮宗の本山めぐり
妙法寺(新潟県長岡市)
　　　　→431 日蓮宗の本山めぐり
妙法寺(富山県高岡市伏木)
　　　　→199 越中万葉七福神
妙法寺(山梨県南巨摩郡増穂町)
　　　　→431 日蓮宗の本山めぐり
妙法寺(山梨県南巨摩郡富士川町)
　　　　→206 甲斐百八ヵ所霊場

妙法寺(山梨県南都留郡富士河口湖町)
　　　　→206 甲斐百八ヵ所霊場
妙法寺(静岡県磐田市)
　　　　→236 遠江四十九薬師霊場
妙法寺(愛知県知多郡東浦町)
　　　　→189 東海四十九薬師霊場
妙法寺(兵庫県神戸市須磨区)
　　　　→269 摂津国八十八ヵ所霊場
妙法寺(奈良県橿原市東池尻町)
　　　　→279 ぼけよけ二十四霊場
妙法寺(徳島県名西郡神山町)
　　　　→385 新四国曼荼羅霊場
明法寺　→318 淡路四国八十八ヵ所霊場
妙法華　→431 日蓮宗の本山めぐり
妙本寺　→431 日蓮宗の本山めぐり
妙薬寺(東京都八王子市)
　　　　→155 多摩八十八ヵ所霊場
妙薬寺(徳島県板野郡板野町)
　　　　→386 阿波西国三十三観音霊場
妙楽寺(埼玉県鴻巣市)
　　　　→092 足立坂東三十三札所
妙楽寺(福井県小浜市)
　　　　→191 北陸三十三観音霊場
　　　　→201 若狭三十三観音霊場
妙楽寺(愛知県知多市)
　　　　→248 知多新四国八十八ヵ所霊場
妙楽寺(三重県名張市)
　　　　→280 伊賀四国八十八ヶ所霊場
妙楽寺(兵庫県篠山市)
　　　　→273 丹波光七福神
妙立寺　→431 日蓮宗の本山めぐり
妙隆寺(千葉県佐倉市鏑木町)
　　　　→126 佐倉七福神
妙隆寺(神奈川県鎌倉市)
　　　　→169 鎌倉・江の島七福神
妙龍寺　→006 北海道八十八ヶ所霊場
明隆寺　→272 丹波国三十三観音霊場
妙了寺　→206 甲斐百八ヵ所霊場
妙林寺　→203 甲斐七福神
妙蓮寺　→372 鞆の浦古寺めぐり
妙蓮寺境外社　→184 横浜七福神
弥勒院(山形県西村山郡河北町)
　　　　→034 山形十三仏霊場
弥勒院(山形県米沢市本町)
　　　　→025 置賜三十三観音霊場
弥勒院(埼玉県桶川市)
　　　　→092 足立坂東三十三札所
弥勒院(埼玉県南埼玉郡宮代町)
　　　　→099 埼東八十八ヵ所霊場
弥勒寺(宮城県登米市)
　　　　→009 奥の細道みちのく路三十三ヶ所めぐり
　　　　霊場

484

弥勒寺（群馬県沼田市）
　→090 沼田坂東三十三番札所
弥勒寺（東京都墨田区）
　→056 御府内八十八ヵ所霊場
弥勒寺（愛知県知多郡美浜町）
　→248 知多新四国八十八ヵ所霊場
　→256 南知多三十三観音霊場
弥勒寺（愛知県東海市大田町）
　→248 知多新四国八十八ヵ所霊場
弥勒寺（三重県名張市）
　→265 西国薬師霊場
　→280 伊賀四国八十八ヶ所霊場
　→286 三重四国八十八ヵ所霊場
弥勒寺（兵庫県姫路市夢前町）
　→337 夢前七福神
弥勒寺（奈良県五條市西吉野町）
　→340 大和新四国八十八ヵ所霊場
弥勒寺（大分県豊後高田市）
　→418 国東三十三観音霊場
弥勒堂　→415 壱岐四国八十八ヶ所霊場
三輪不動院　→373 広島新四国八十八ヵ所霊場

【む】

無為信寺　→428 親鸞聖人二十四輩
向庵　→396 小豆島八十八ヵ所霊場
向堂観音堂　→016 気仙三十三観音札所
向町堂　→415 壱岐四国八十八ヶ所霊場
向山大師堂　→376 周防大島八十八ヵ所霊場
向島百花園　→151 隅田川七福神
虫ヶ峰観音堂　→200 能登国三十三観音霊場
無常寺　→212 信濃三十三観音霊場
結　→328 但馬六十六地蔵霊場
夢宅寺　→013 津軽三十三観音霊場
陸奥國分寺　→009 奥の細道みちのく路三十三ヶ所
　めぐり霊場
陸奥護國寺　→012 津軽弘法大師霊場
無動院（岡山県玉野市）
　→366 児島四国八十八ヵ所霊場
無動院（佐賀県武雄市山内町）
　→409 九州三十六不動霊場
　→411 九州八十八ヵ所霊場
無動寺（三重県名張市）
　→280 伊賀四国八十八ヶ所霊場
　→286 三重四国八十八ヵ所霊場
無動寺（滋賀県大津市坂本本町）
　→261 近畿三十六不動尊霊場
無動寺（京都府船井郡京丹波町）
　→272 丹波三十三観音霊場
無動寺（兵庫県神戸市北区山田町）
　→261 近畿三十六不動尊霊場
　→325 神戸十三仏霊場

無動寺（大分県豊後高田市）
　→409 九州三十六不動霊場
　→418 国東三十三観音霊場
宗像観音寺
　→410 九州二十四地蔵尊霊場
　→411 九州八十八ヵ所霊場
無能寺　→045 信達三十三観音霊場
村岡　→328 但馬六十六地蔵霊場
村山観音　→416 相良三十三観音霊場
無量院（埼玉県桶川市）
　→092 足立坂東三十三札所
無量院（埼玉県北葛飾郡杉戸町）
　→099 埼玉八十八ヵ所霊場
無量院（千葉県我孫子市）
　→059 相馬霊場八十八ヵ所
無量光寺（兵庫県明石市大観町）
　→316 明石西国三十三観音霊場
無量光寺（和歌山県和歌山市）
　→346 和歌山西国三十三観音霊場
無量寺（山形県山形市双月町）
　→024 羽州山形七福神
無量寺（茨城県常総市菅生町）
　→053 関東八十八ヵ所霊場
　→061 東国花の寺 百ヶ寺
無量寺（千葉県習志野市）
　→133 習志野七福神
無量寺（東京都北区）
　→056 御府内八十八ヵ所霊場
　→158 豊島八十八ヵ所霊場
無量寺（神奈川県横須賀市）
　→182 三浦三十三観音霊場
無量寺（神奈川県横浜市南区蒔田町）
　→065 武相不動尊霊場
無量寺（神奈川県川崎市中原区）
　→060 玉川八十八ヵ所霊場
　→173 川崎七福神
無量寺（長野県上伊那郡箕輪町）
　→187 中部四十九薬師霊場
　→213 信州（伊那・諏訪）八十八霊場
無量寺（愛知県岡崎市久後崎町）
　→251 三河三十三観音霊場
無量寺（愛知県蒲郡市西浦町）
　→188 東海三十六不動尊霊場
　→252 三河三不動霊場
　→255 三河新四国霊場
無量寿庵　→019 石巻牡鹿三十三札所霊場
無量寿寺（茨城県鉾田市）
　→428 親鸞聖人二十四輩
無量寿寺（愛知県知立市八橋町）
　→255 三河新四国霊場
無量寿福寺
　→280 伊賀四国八十八ヶ所霊場
　→286 三重四国八十八ヵ所霊場

485

むりよ　　　　　　　　　　　　　札所索引

無量堂　→222 益田三十三観音霊場
ムルの堂　→415 壱岐四国八十八ヶ所霊場
室生寺
　　→258 役行者集印巡り
　　→259 役行者霊蹟札所
　　→265 西国薬師霊場
　　→268 神仏霊場 巡拝の道
　　→277 仏塔古寺十八尊霊場
室積象鼻ヶ岬　→380 室積象鼻ヶ岬八十八ヶ所霊場

【め】

明学院　→032 最上三十三観音霊場
明月院　→170 鎌倉三十三観音霊場
明石寺(岡山県笠岡市神島西部)
　　→364 神島八十八ヵ所霊場
明石寺(広島県尾道市因島土生町)
　　→370 因島八十八ヵ所霊場
明石寺(愛媛県今治市吉海町)
　　→403 えひめ大島准四国八十八ヵ所霊場
明石寺(愛媛県西予市宇和町)
　　→383 四国八十八ヵ所霊場
　　→406 南予七福神
明石寺(福岡県糟屋郡篠栗町)
　　→414 篠栗八十八ヵ所霊場
明白院　→154 多摩(青梅)七福神
明保寺　→376 周防大島八十八ヶ所霊場
南宮観音堂　→015 江刺三十三観音霊場
廻り観音　→416 相良三十三観音霊場
瑪瑙寺　→249 東海七福神
妻良善福寺　→227 伊豆国七福神

【も】

毛越寺　→007 奥州三十三観音霊場
黙要庵　→334 播州赤穂坂内西国三十三ヶ所
文知摺観音　→009 奥の細道みちのく路三十三ヶ所
　　　　めぐり霊場
持田家　→051 奥多摩新四国八十八ヶ所霊場
元伊勢籠神社　→426 諸国一の宮巡拝
元山上千光寺　→258 役行者集印巡り
元宿神社　→152 千住宿千寿七福神
元善光寺　→314 河内西国三十三観音霊場
元船木地蔵堂　→405 にいはま新四国八十八ヶ所霊場
元・法道院　→046 信達坂東三十三観音菩薩札所
元三島神社　→147 下谷七福神
本山寺(広島県尾道市因島中庄町)
　　→370 因島八十八ヵ所霊場
本山寺(香川県三豊市豊中町)
　　→383 四国八十八ヵ所霊場

本山寺(愛媛県今治市吉海町)
　　→403 えひめ大島准四国八十八ヵ所霊場
元・養ศ院　→046 信達坂東三十三観音菩薩札所
物部神社　→426 諸国一の宮巡拝
物部堂　→415 壱岐四国八十八ヵ所霊場
紅葉ヶ谷薬師堂　→414 篠栗八十八ヵ所霊場
百津観音堂　→194 蒲原三十三観音
森原観音堂　→089 沼田横型三十三番札所
守山寺　→291 近江三十三観音霊場
茂林寺　→088 つつじの館林七福神
師観音堂　→090 沼田坂東三十三番札所
諸橋明泉寺　→200 能登国三十三観音霊場
文殊院(岩手県一関市)
　　→018 西磐井三十三観音霊場
文殊院(埼玉県鴻巣市)
　　→092 足立坂東三十三札所
文殊院(東京都杉並区)
　　→056 御府内八十八ヵ所霊場
文殊院(東京都板橋区)
　　→140 板橋七福神
　　→158 豊島八十八ヵ所霊場
文殊院(新潟県佐渡市)
　　→198 佐渡八十八ヶ所霊場
文殊院(岡山県倉敷市)
　　→366 児島四国八十八ヵ所霊場
文殊院(愛媛県松山市恵原町)
　　→384 四国別格二十霊場
　　→398 伊予七福神
文殊院(福岡県糟屋郡篠栗町)
　　→410 九州二十四地蔵尊霊場
文珠院　→291 近江三十三観音霊場
聞修院　→154 多摩(青梅)七福神
文殊仙寺
　　→409 九州三十六不動霊場
　　→418 国東三十三観音霊場
文殊殿　→001 北の都札幌七福神
門満寺　→367 備中西国三十三所観音霊場
文明寺　→049 町廻り三十三観音

【や】

矢ケ崎福寿院　→217 諏訪八十八番霊場
柳下観音　→027 上山三十三観音霊場
薬王庵　→058 準西国稲毛三十三観音霊場
薬王院(埼玉県久喜市)
　　→099 埼東八十八ヵ所霊場
薬王院(東京都新宿区)
　　→056 御府内八十八ヵ所霊場
　　→061 東国花の寺 百ヶ寺
　　→158 豊島八十八ヵ所霊場
薬王院(岐阜県各務原市各務おがせ町)
　　→225 美濃新四国八十八ヵ所霊場

薬王寺(福島県福島市)
　→045 信達三十三観音霊場
　→048 福島百八地蔵尊霊場
薬王寺(栃木県那須塩原市)
　→080 那須三十三観音霊場
薬王寺(千葉県東金市)
　→120 上総国薬師如来霊場三十四ヵ所
薬王寺(千葉県白井市)
　→118 印西大師講
　→128 しろい七福神
薬王寺(東京都青梅市)
　→155 多摩八十八ヵ所霊場
薬王寺(東京都大田区)
　→060 玉川八十八ヵ所霊場
薬王寺(神奈川県横浜市神奈川区七島町)
　→181 武南十二薬師霊場
薬王寺(神奈川県横浜市青葉区大場町)
　→055 旧小机領三十三所観音霊場
薬王寺(山梨県西八代郡市川三郷町)
　→204 甲斐西八代七福神
　→205 甲斐国三十三観音霊場
　→206 甲斐百八ヵ所霊場
薬王寺(長野県上伊那郡辰野町)
　→213 信州(伊那・諏訪)八十八霊場
薬王寺(兵庫県洲本市五色町)
　→321 淡路四十九薬師霊場
薬王寺(兵庫県南あわじ市)
　→318 淡路四国八十八ヵ所霊場
　→321 淡路四十九薬師霊場
薬王寺(岡山県笠岡市神島外浦)
　→364 神島八十八ヵ所霊場
薬王寺(広島県尾道市因島外浦町)
　→370 因島八十八ヵ所霊場
薬王寺(徳島県海部郡美波町)
　→383 四国八十八ヵ所霊場
　→387 阿波七福神
薬王寺(愛媛県今治市吉海町)
　→403 えひめ大島准四国八十八ヵ所霊場
薬王寺(長崎県佐世保市新替町)
　→412 九州四十九院薬師霊場
薬師庵(山口県大島郡周防大島町)
　→376 周防大島八十八ヵ所霊場
薬師庵(香川県小豆郡土庄町)
　→396 小豆島八十八ヵ所霊場
薬師院(兵庫県明石市魚住町)
　→316 明石西国三十三観音霊場
薬師院(島根県松江市鹿島町)
　→359 出雲国十三仏霊場
薬師院(岡山県高梁市上谷町)
　→351 中国四十九薬師霊場
　→367 備中西国三十三所観音霊場
薬師院(広島県広島市西区南観音町)
　→373 広島新四国八十八ヵ所霊場

薬師院(福岡県鞍手郡鞍手町)
　→412 九州四十九院薬師霊場
薬師寺(山形県尾花沢市)
　→026 尾花沢大石田三十三観音霊場
　→032 最上三十三観音霊場
薬師寺(千葉県習志野市)
　→133 習志野七福神
薬師寺(岐阜県各務原市三井町)
　→225 美濃新四国八十八ヵ所霊場
薬師寺(岐阜県各務原市那雄飛ヶ丘町)
　→189 東海四十九薬師霊場
薬師寺(岐阜県岐阜市)
　→225 美濃新四国八十八ヵ所霊場
薬師寺(愛知県犬山市)
　→189 東海四十九薬師霊場
薬師寺(愛知県小牧市)
　→189 東海四十九薬師霊場
薬師寺(愛知県豊橋市牛川薬師町)
　→257 吉田七福神
薬師寺(愛知県豊田市越戸町)
　→255 三河新四国霊場
薬師寺(三重県伊賀市)
　→280 伊賀四国八十八ヶ所霊場
　→286 三重四国八十八ヵ所霊場
薬師寺(三重県伊賀市上野予町)
　→280 伊賀四国八十八ヶ所霊場
薬師寺(大阪府大阪市住吉区)
　→269 摂津国八十八ヵ所霊場
薬師寺(奈良県五條市)
　→340 大和新四国八十八ヵ所霊場
薬師寺(奈良県奈良市西ノ京町)
　→189 東海四十九薬師霊場
　→265 西国薬師霊場
　→268 神仏霊場 巡拝の道
薬師寺(島根県出雲市松寄下町)
　→357 出雲十大薬師霊場
薬師寺(島根県出雲市中野町)
　→357 出雲十大薬師霊場
薬師寺(広島県大竹市元町)
　→373 広島新四国八十八ヵ所霊場
薬師寺(広島県尾道市)
　→351 中国四十九薬師霊場
薬師寺(広島県福山市今津町)
　→351 中国四十九薬師霊場
薬師寺(山口県大島郡周防大島町)
　→376 周防大島八十八ヵ所霊場
薬師寺(愛媛県松山市)
　→400 伊予十二薬師霊場
薬師寺(高知県高知市)
　→385 新四国曼荼羅霊場
薬師禅寺　→373 広島新四国八十八ヵ所霊場
薬師大寺　→414 篠栗八十八ヵ所霊場

薬師堂（宮城県石巻市）
　→019 石巻牡鹿三十三札所霊場
薬師堂（茨城県取手市）
　→059 相馬霊場八十八ヵ所
薬師堂（千葉県印西市）
　→118 印西大師講
薬師堂（千葉県我孫子市）
　→059 相馬霊場八十八ヵ所
薬師堂（千葉県柏市）
　→059 相馬霊場八十八ヵ所
薬師堂（愛知県知多郡阿久比町）
　→189 東海四十九薬師霊場
薬師堂（岡山県真庭市）
　→365 高野山真言宗美作八十八ヶ所霊場
薬師堂（山口県大島郡周防大島町）
　→376 周防大島八十八ヵ所霊場
薬師堂（香川県小豆郡小豆島町）
　→396 小豆島八十八ヵ所霊場
薬師堂（長崎県壱岐市郷ノ浦町）
　→415 壱岐四国八十八ヶ所霊場
薬師堂（長崎県壱岐市石田町）
　→415 壱岐四国八十八ヶ所霊場
薬師如来（山口県萩市椿東中ノ倉）
　→379 萩八十八ヵ所めぐり
薬師如来（山口県萩市南古萩町）
　→379 萩八十八ヵ所めぐり
薬証寺　→255 三河新四国霊場
薬常寺　→276 播州薬師霊場
薬水寺　→365 高野山真言宗美作八十八ヶ所霊場
薬仙寺　→335 兵庫七福神
八雲町宗像寺　→405 にいはま新四国八十八ヶ所霊場
厄除不動明王院　→381 四国三十六不動霊場
八栗寺（岡山県笠岡市神島北部）
　→364 神島八十八ヵ所霊場
八栗寺（広島県尾道市因島重井町）
　→370 因島八十八ヵ所霊場
八栗寺（香川県高松市牟礼町）
　→383 四国八十八ヵ所霊場
八栗寺（愛媛県今治市吉海町）
　→403 えひめ大島准四国八十八ヵ所霊場
薬研堀不動院
　→052 関東三十六不動尊霊場
　→056 御府内八十八ヵ所霊場
八坂寺（岡山県笠岡市神島西部）
　→364 神島八十八ヵ所霊場
八坂寺（広島県尾道市因島土生町）
　→370 因島八十八ヵ所霊場
八坂寺（愛媛県今治市吉海町）
　→403 えひめ大島准四国八十八ヵ所霊場
八坂寺（愛媛県松山市浄瑠璃町）
　→383 四国八十八ヵ所霊場
　→399 伊予十三佛霊場

八坂神社（茨城県取手市）
　→059 相馬霊場八十八ヵ所
八坂神社（千葉県山武郡九十九里町）
　→124 九十九里 浜の七福神
八坂神社（京都府京都市東山区）
　→268 神仏霊場 巡拝の道
矢先稲荷神社　→137 浅草名所七福神
屋島寺（岡山県笠岡市神島北部）
　→364 神島八十八ヵ所霊場
屋島寺（広島県尾道市因島重井町）
　→370 因島八十八ヵ所霊場
屋島寺（香川県高松市屋島東町）
　→383 四国八十八ヵ所霊場
屋島寺（愛媛県今治市吉海町）
　→403 えひめ大島准四国八十八ヵ所霊場
安井寺　→340 大和新四国八十八ヵ所霊場
靖国寺　→430 道元禅師を慕う釈迦三十二禅刹
矢瀬が津留観音　→416 相良三十三観音霊場
矢立観音　→008 奥州南部糠部三十三観音札所
谷内妙法寺　→200 能登国三十三観音霊場
野中寺
　→265 西国薬師霊場
　→266 聖徳太子御遺跡霊場
　→312 河泉二十四地蔵霊場
八ツ手御行堂　→217 諏訪八十八番霊場
野登寺
　→281 伊勢西国三十三観音霊場
　→286 三重四国八十八ヵ所霊場
柳井寺跡　→417 山鹿三十三観音霊場
谷中観音堂　→091 東上州三十三観音霊場
柳澤観音堂　→042 磐城三十三観音
柳沢御行堂　→217 諏訪八十八番霊場
柳地蔵堂
　→362 松江三十三観音霊場
　→363 松江六地蔵
柳田光泉寺　→200 能登国三十三観音霊場
柳谷奥ノ院　→306 洛西三十三観音霊場
柳原鯉子神社　→335 兵庫七福神
柳原天神社　→335 兵庫七福神
八幡宮　→415 壱岐四国八十八ヶ所霊場
彌彦神社　→426 諸国一の宮巡拝
藪崎　→328 但馬六十六地蔵霊場
山際観音堂　→057 狭山三十三観音霊場
山崎　→235 遠江三十三観音霊場
山路　→328 但馬六十六地蔵霊場
山下恵比寿神社　→336 北摂七福神
山田　→328 但馬六十六地蔵霊場
山田寺
　→191 北陸三十三観音霊場
　→200 能登国三十三観音霊場
山田薬師堂　→405 にいはま新四国八十八ヶ所霊場
山手阿弥陀堂　→414 篠栗八十八ヵ所霊場
山手観音堂　→414 篠栗八十八ヵ所霊場

山手薬師堂　→414 篠栗八十八ヵ所霊場
山徳園洞窟　→087 高崎観音六観音霊場
山梨銘醸(株)七賢　→203 甲斐七福神
山根堂　→415 壱岐四国八十八ヵ所霊場
山根不動尊かねとの堂　→118 印西大師講
山ノ上観音堂　→015 江刺三十三観音霊場
山の坊堂　→415 壱岐四国八十八ヵ所霊場
山宮　→328 但馬六十六地蔵霊場
山本不動尊　→011 東北三十六不動尊霊場
山森　→186 倶利伽羅峠三十三観音めぐり
山谷寺　→017 遠野七観音

【ゆ】

唯信寺　→428 親鸞聖人二十四輩
遊苦庵　→396 小豆島八十八ヵ所霊場
祐源寺　→213 信州(伊那・諏訪)八十八霊場
油山寺　→236 遠江四十九薬師霊場
祐照庵　→063 武相卯歳観世音菩薩札所
宥勝寺
　　→053 関東八十八ヵ所霊場
　　→098 児玉三十三霊場
　　→107 武州路十二支霊場
用津院　→207 甲洲都留七福神
融通寺　→049 町廻り三十三観音
融通殿　→255 三河新四国霊場
有声寺　→186 倶利伽羅峠三十三観音めぐり
友仙庵　→366 児島四国八十八ヵ所霊場
祐泉寺　→223 美濃三十三観音霊場
夕張寺　→004 北海道三十六不動尊霊場
雄峯山　→376 周防大島八十八ヵ所霊場
友林寺　→177 津久井観音霊場
祐林寺　→035 山形百八地蔵尊霊場
瑜伽寺　→206 甲斐百八ヵ所霊場
湯川功徳寺　→217 諏訪八十八番霊場
行過天満宮　→294 湖西蓬莱七福神
湯島　→328 但馬六十六地蔵霊場
柞原八幡宮　→426 諸国一の宮巡拝
湯谷神社　→233 源氏山七福神
湯殿山大日坊　→033 山形七福神
湯殿山神社　→024 羽州山形七福神
湯之上堂　→090 沼田坂東三十三番札所
湯之嶽観音堂　→042 磐城三十三観音
湯の元観音　→416 相良三十三番札所
湯原寺　→090 沼田坂東三十三番札所
湯舟山　→396 小豆島八十八ヵ所霊場
由良比女神社　→426 諸国一の宮巡拝

【よ】

陽雲寺　→098 児玉三十三霊場
養運寺　→063 武相卯歳観世音菩薩札所
要害観音堂　→016 気仙三十三観音札所
養学院
　　→188 東海三十六不動尊霊場
　　→252 三河三不動霊場
養願寺　→157 東海(品川)七福神
要行寺　→124 九十九里 浜の七福神
影現寺
　　→248 知多新四国八十八ヵ所霊場
　　→256 南知多三十三観音霊場
揚源寺　→080 那須三十三観音霊場
楊厳寺　→361 石見曼荼羅観音霊場
養源寺(東京都大田区)
　　→138 池上七福神
養源寺(静岡県浜松市東区下石田町)
　　→238 浜松七福神
永弘院　→189 東海四十九薬師霊場
永江院
　　→231 遠州三十三観音霊場
　　→232 遠州七福神
永光寺
　　→191 北陸三十三観音霊場
　　→200 能登国三十三観音霊場
養廣寺　→194 蒲原三十三観音
永谷寺　→194 蒲原三十三観音
楊谷寺　→267 新西国霊場
永厳寺
　　→201 若狭三十三観音霊場
　　→430 道元禅師を慕う釈迦三十二禅刹
養山寺　→080 那須三十三観音霊場
養周院　→058 準西国稲毛三十三所観音霊場
永鷲寺　→030 庄内三十三観音霊場
陽春院　→035 山形百八地蔵尊霊場
養松堂　→222 益田三十三観音霊場
養泉院　→038 会津三十三観音霊場
永泉寺(秋田県仙北郡美郷町)
　　→022 秋田三十三観音霊場
永泉寺(秋田県由利本荘市給人町)
　　→022 秋田三十三観音霊場
陽泉寺　→044 信夫新西国三十三観世音菩薩札所
養仙寺　→303 丹波七福神
養千寺　→024 羽州山形七福神
養泉寺(山形県尾花沢市梺町)
　　→009 奥の細道みちのく路三十三ヶ所めぐり霊場
　　→032 最上三十三観音霊場
養泉寺(京都府福知山市)
　　→297 天田郡三十三観音霊場

| ようた | 札所索引 |

陽泰寺　→044 信夫新西国三十三観世音菩薩札所
養泰寺　→213 信州(伊那・諏訪)八十八霊場
永澤寺　→260 関西花の寺二十五ヵ所
養德院　→373 広島新四国八十八ヵ所霊場
養德寺　→228 伊豆八十八ヵ所霊場
養福院(栃木県那須郡那須町)
　　→080 那須三十三観音霊場
養福院(千葉県市川市)
　　→122 行徳三十三観音霊場
養福院(長野県塩尻市)
　　→215 信州筑摩三十三ヶ所観音霊場
永福寺　→231 遠州三十三観音霊場
養福寺(東京都荒川区)
　　→158 豊島八十八ヵ所霊場
養福寺(神奈川県川崎市高津区)
　　→058 準西国稲毛三十三所観音霊場
養福寺(三重県鈴鹿市東庄内町)
　　→190 東海白寿三十三観音霊場
桜本寺　→046 信達坂東三十三観世音菩薩札所
永明寺(埼玉県児玉郡美里町)
　　→098 児玉三十三霊場
永明寺(島根県鹿足郡津和野町)
　　→361 石見曼荼羅観音霊場
養命寺(神奈川県藤沢市)
　　→179 藤沢七福神
養命寺(島根県出雲市大社町)
　　→356 出雲三十三観音霊場
楊柳寺(山形県山形市飯塚町)
　　→035 山形百八地蔵尊霊場
楊柳寺(埼玉県北葛飾郡杉戸町)
　　→099 埼東八十八ヵ所霊場
陽林寺　→044 信夫新西国三十三観世音菩薩札所
養老寺　→115 安房三十四観音霊場
横川中堂　→267 新西国霊場
餘慶寺
　　→347 山陽花の寺二十四か寺
　　→350 中国観音霊場
横川真秀寺　→217 諏訪八十八番霊場
横地粉川寺　→200 能登三十三観音霊場
横枕正観音　→008 奥州南部糠部三十三観音札所
横峰寺(岡山県笠岡市神島西部)
　　→364 神島八十八ヵ所霊場
横峰寺(広島県尾道市因島田熊町)
　　→370 因島八十八ヵ所霊場
横峰寺(愛媛県今治市吉海町)
　　→403 えひめ大島准四国八十八ヵ所霊場
横峰寺(愛媛県西条市小松町)
　　→383 八十八ヵ所霊場
横峰寺別院　→404 四国七福神
横山観音　→196 佐渡西国三十三観音霊場
吉岡家　→051 奥多摩新四国八十八ヵ所霊場
吉岡薬師堂　→354 因幡薬師霊場
吉田庵　→396 小豆島八十八ヵ所霊場

吉田消防第八分団　→059 相馬霊場八十八ヵ所
吉田神社　→268 神仏霊場 巡拝の道
吉水神社
　　→258 役行者集印巡り
　　→259 役行者霊蹟札所
善峯寺
　　→264 西国三十三観音霊場
　　→268 神仏霊場 巡拝の道
　　→306 洛西三十三観音霊場
吉原神社　→137 浅草名所七福神
奥田寺　→392 さぬき七福神
四辻堂　→219 仁科三十三番札所
四柳観音堂　→200 能登三十三観音霊場
奥止日女神社　→426 諸国一の宮巡拝
米本長福寺　→135 八千代八福神
米山寺　→228 伊豆八十八ヵ所霊場
よみうりランド観音　→058 準西国稲毛三十三所観音霊場
嫁いらず観音院　→348 瀬戸内三十三観音霊場
与楽(栃木県那須郡那須町)
　　→080 那須三十三観音霊場
与楽(東京都北区)
　　→056 御府内八十八ヵ所霊場
　　→158 豊島八十八ヵ所霊場
奥楽寺(兵庫県神戸市西区)
　　→276 播州薬師霊場

【ら】

来運寺　→035 山形百八地蔵尊霊場
来雲寺　→412 九州四十九院薬師霊場
来応寺　→248 知多新四国八十八ヵ所霊場
来恩寺　→314 河内西国三十三観音霊場
雷音寺(北海道江別市朝日町)
　　→006 北海道八十八ヵ所霊場
雷音寺(福岡県糟屋郡篠栗町)
　　→414 篠栗八十八ヵ所霊場
頼久寺
　　→348 瀬戸内三十三観音霊場
　　→367 備中西国三十三所観音霊場
来見寺　→069 とね七福神
来迎庵　→366 児島四国八十八ヵ所霊場
来迎院(埼玉県北葛飾郡杉戸町)
　　→099 埼東八十八ヵ所霊場
　　→104 日光街道すぎと七福神
来迎院(京都府京都市東山区)
　　→300 京都泉涌寺七福神
来迎寺(千葉県白井市)
　　→128 しろい七福神
来迎寺(神奈川県鎌倉市)
　　→170 鎌倉三十三観音霊場
　　→171 鎌倉十三仏霊場

→172 鎌倉二十四地蔵霊場
来迎寺（神奈川県茅ヶ崎市）
　　→176 相州小出七福神
来迎寺（神奈川県相模原市緑区）
　　→177 津久井観音霊場
来迎寺（新潟県佐渡市）
　　→198 佐渡八十八ヶ所霊場
来迎寺（新潟県上越市寺町）
　　→429 西山国師遺跡霊場
来迎寺（三重県松阪市白粉町）
　　→285 松阪霊地七福神
来迎寺（滋賀県高島市安曇川町）
　　→287 近江湖西名刹二十七ヶ所霊場
来迎寺（京都府向日市物集女町）
　　→306 洛西三十三観音霊場
来迎寺（兵庫県明石市大久保町）
　　→316 明石西国三十三観音霊場
来迎寺（島根県松江市天神町）
　　→362 松江三十三観音霊場
来迎寺（徳島県三好市三野町）
　　→386 阿波西国三十三観音霊場
頼光寺（京都府福知山市）
　　→297 天田郡三十三観音霊場
頼光寺（兵庫県川西市）
　　→336 北摂七福神
来迎寺観音　→008 奥州南部糠部三十三観音札所
来迎寺別院　→118 印西大師講
来昌寺　→223 美濃三十三観音霊場
雷電神社　→088 つつじの館林七福神
来福寺（千葉県印西市）
　　→118 印西大師講
来福寺（東京都品川区）
　　→056 御府内八十八ヶ所霊場
　　→060 玉川八十八ヶ所霊場
羅漢寺（山梨県甲斐市）
　　→206 甲斐百八ヶ所霊場
羅漢寺（大阪府和泉市平井町）
　　→279 ぼけよけ二十四霊場
羅漢寺（兵庫県加西市北条町）
　　→276 播州薬師霊場
羅漢寺（島根県大田市大森町）
　　→361 石見曼荼羅観音霊場
楽法寺
　　→053 関東八十八ヶ所霊場
　　→061 東国花の寺 百ヶ寺
　　→062 坂東三十三観音霊場
楽満神　→127 しもふさ七福神
欅野寺
　　→289 近江湖南名刹二十七ヶ所霊場
　　→291 近江三十三観音霊場

【り】

利永寺　→093 忍秩父三十四札所
離宮八幡神社　→395 小豆島七福神
利済庵　→198 佐渡八十八ヶ所霊場
利生庵　→213 信州（伊那・諏訪）八十八霊場
利生院（愛知県蒲郡市形原町）
　　→251 三河三十三観音霊場
　　→255 三河新四国霊場
利生院（愛知県知多郡南知多町）
　　→248 知多新四国八十八ヵ所霊場
理正院
　　→385 新四国曼荼羅霊場
　　→399 伊予十三佛霊場
律院　→287 近江湖西名刹二十七ヶ所霊場
立持寺　→200 能登国三十三観音霊場
立石寺　→009 奥の細道みちのく路三十三ヶ所めぐり霊場
栗栖寺　→309 大坂三十三観音霊場
瀧安寺
　　→258 役行者集印巡り
　　→269 摂津国八十八ヵ所霊場
　　→275 阪急沿線西国七福神
竜雲山　→376 周防大島八十八ヵ所霊場
龍雲寺（神奈川県横浜市都筑区東方町）
　　→055 旧小机領三十三観音霊場
龍雲寺（山梨県南巨摩郡身延町）
　　→206 甲斐百八ヵ所霊場
龍雲寺（長野県諏訪市）
　　→213 信州（伊那・諏訪）八十八霊場
龍雲寺（岐阜県岐阜市）
　　→225 美濃新四国八十八ヵ所霊場
龍雲寺（静岡県賀茂郡南伊豆町）
　　→228 伊豆八十八ヵ所霊場
龍雲寺（静岡県菊川市）
　　→231 遠州三十三観音霊場
龍雲寺（静岡県静岡市清水区）
　　→234 駿河三十三観音霊場
龍雲寺（三重県いなべ市藤原町）
　　→190 東海白寿三十三観音霊場
龍雲寺（兵庫県洲本市）
　　→318 淡路四国八十八ヵ所霊場
竜雲寺（島根県浜田市三隅町）
　　→361 石見曼荼羅観音霊場
龍雲寺（広島県神石郡神石高原町）
　　→374 備後西国三十三観音霊場
龍圓寺
　　→051 奥多摩新四国八十八ヵ所霊場
　　→066 武蔵野三十三観音霊場
龍淵寺（埼玉県熊谷市）
　　→093 忍秩父三十四札所

龍淵寺(千葉県印西市)
　→118 印西大師講
龍王院(東京都大田区)
　→060 玉川八十八ヵ所霊場
龍王院(高知県南国市岡豊町)
　→407 土佐七福神
龍王院(佐賀県三養基郡上峰町)
　→411 九州八十八ヵ所霊場
滝応寺　→035 山形百八地蔵尊霊場
龍王寺　→288 近江湖東名刹二十七ヶ所霊場
龍穏寺　→111 武蔵越生七福神
龍音寺(愛知県小牧市間々本町)
　→243 尾張三十三観音霊場
龍音寺(滋賀県大津市)
　→287 近江湖西名刹二十七ヶ所霊場
龍海院　→251 三河三十三観音霊場
龍花院　→094 忍領西国三十三札所
龍覚寺(山形県鶴岡市泉町)
　→011 東北三十六不動尊霊場
　→030 庄内三十三観音霊場
龍覚寺(島根県松江市寺町)
　→358 出雲国七福神
　→362 松江三十三観音霊場
　→363 松江六地蔵
竜角寺　→040 安積三十三霊場
龍巌寺　→056 御府内八十八ヵ所霊場
竜岩寺観音堂　→353 因幡三十三観音霊場
龍鏡寺　→075 小野寺七福神
龍吟寺　→198 佐渡八十八ヶ所霊場
龍宮寺(山形県鶴岡市)
　→030 庄内三十三観音霊場
龍宮寺(埼玉県加須市)
　→094 忍領西国三十三札所
龍宮寺(福岡県福岡市博多区冷泉町)
　→408 九州西国三十三観音霊場
龍渓院　→201 若狭三十三観音霊場
龍華院　→206 甲斐百八ヵ所霊場
龍華寺
　→348 瀬戸内三十三観音霊場
　→374 備後西国三十三観音霊場
隆彦院　→425 尼寺霊場
龍源院(神奈川県座間市)
　→174 相模七福神
龍源院(福井県三方郡美浜町)
　→430 道元禅師を慕う釈迦三十二禅利
龍源院(静岡県袋井市)
　→236 遠江四十九薬師霊場
龍眼寺　→144 亀戸七福神
龍源寺(山形県天童市)
　→034 山形十三仏霊場
龍源寺(福島県福島市瀬上町)
　→045 信達三十三観音霊場

龍源寺(和歌山県和歌山市)
　→346 和歌山西国三十三観音霊場
龍源寺百観音堂　→272 丹波国三十三観音霊場
龍光院(北海道紋別郡興部町)
　→006 北海道八十八ヵ所霊場
龍光院(東京都江東区)
　→163 深川七福神
龍光院(山梨県甲州市)
　→208 甲州東郡七福神
龍光院(広島県広島市中区)
　→373 広島新四国八十八ヵ所霊場
龍光院(香川県坂出市江尻町)
　→391 讃岐三十三観音霊場
龍光院(愛媛県宇和島市天神町)
　→384 四国別格二十霊場
　→401 伊予(道前・道後)十観音霊場
　→406 南予七福神
隆興寺　→298 綾部三十三観音霊場
隆光(北海道札幌市中央区円山西町)
　→001 北の都札幌七福神
　→005 北海道十三仏霊場
隆光寺(北海道常呂郡訓子府町旭町)
　→004 北海道三十六不動尊霊場
龍岡寺　→402 伊予府中十三石仏霊場
龍興寺(福島県大沼郡会津美里町)
　→036 会津五色不動尊霊場
　→048 福島百八地蔵尊霊場
龍興寺(岐阜県岐阜市)
　→225 美濃新四国八十八ヵ所霊場
龍寺(愛知県豊田市中町)
　→255 三河新四国霊場
龍興寺(広島県庄原市総領町)
　→374 備後西国三十三観音霊場
龍興寺(大分県大分市)
　→412 九州四十九院薬師霊場
　→420 豊後西国霊場
　→422 豊後国臨済七福神
龍光寺(北海道岩見沢市志文本町)
　→006 北海道八十八ヵ所霊場
龍光寺(福島県いわき市久之浜町)
　→043 いわき七福神
龍光寺(東京都八王子市)
　→155 多摩八十八ヵ所霊場
龍光寺(奈良県五條市滝町)
　→340 大和新四国八十八ヵ所霊場
龍光寺(岡山県笠岡市神島西部)
　→364 神島八十八ヵ所霊場
龍光寺(広島県尾道市因島三庄町)
　→370 因島八十八ヵ所霊場
龍光寺(愛媛県宇和島市三間町)
　→383 四国八十八ヵ所霊場
　→406 南予七福神

札所索引　　　　　　　　　　　りゅう

龍光寺（愛媛県今治市吉海町）
　　→403 えひめ大島准四国八十八ヵ所霊場
龍口寺
　　→179 藤沢七福神
　　→431 日蓮宗の本山めぐり
龍江寺　→256 南知多三十三観音霊場
龍降寺　→246 高蔵十徳神
滝谷寺　→057 狭山三十三観音霊場
隆国寺
　　→260 関西花の寺二十五ヵ所
　　→262 近畿楽寿観音三十三ヶ所霊場
　　→327 但馬七福神
龍谷寺（山形県上山市）
　　→028 上山七福神
龍谷寺（静岡県浜松市南区飯田町）
　　→236 遠江四十九薬師霊場
龍湖寺　→118 印西大師講
龍護寺（山形県尾花沢市）
　　→026 尾花沢大石田三十三観音霊場
　　→032 最上三十三観音霊場
　　→035 山形百八地蔵尊霊場
龍護寺（石川県羽咋郡志賀町）
　　→200 能登国三十三観音霊場
龍厳寺
　　→058 準西国稲毛三十三所観音霊場
　　→065 武相不動尊霊場
龍山院　→092 足立坂東三十三札所
流山寺　→132 流山七福神
龍散寺　→061 東国花の寺 百ヶ寺
龍秀院　→231 遠州三十三観音霊場
龍春寺　→043 いわき七福神
龍照院　→243 尾張三十三観音霊場
龍常寺　→366 児島四国八十八ヵ所霊場
龍性院（山形県米沢市赤芝町）
　　→025 置賜三十三観音霊場
龍性院（三重県名張市）
　　→280 伊賀四国八十八ヶ所霊場
龍正院
　　→062 坂東三十三観音霊場
　　→127 しもふさ七福神
龍生院　→056 御府内八十八ヵ所霊場
立正寺　→206 甲斐百八ヵ所霊場
隆照寺
　　→410 九州二十四地蔵尊霊場
　　→411 九州八十八ヵ所霊場
龍勝寺　→213 信州（伊那・諏訪）八十八霊場
龍昌寺（山形県尾花沢市尾花沢上町）
　　→026 尾花沢大石田三十三観音霊場
　　→035 山形百八地蔵尊霊場
龍昌寺（埼玉県熊谷市）
　　→093 忍秩父三十四札所
龍昌寺（島根県松江市寺町）
　　→362 松江三十三観音霊場

龍昌寺（山口県山口市）
　　→378 長門三十三観音霊場
龍照寺（北海道小樽市）
　　→004 北海道三十六不動尊霊場
龍照寺（北海道勇払郡むかわ町）
　　→005 北海道十三仏霊場
龍照寺（長崎県南島原市深江町）
　　→409 九州三十六不動霊場
　　→411 九州八十八ヵ所霊場
龍心寺　→376 周防大島八十八ヵ所霊場
龍真寺　→061 東国花の寺 百ヶ寺
瀧水寺（千葉県印西市）
　　→118 印西大師講
瀧水寺（兵庫県洲本市）
　　→317 淡路西国三十三観音霊場
龍清寺　→098 児玉三十三霊場
竜石寺　→100 秩父三十四観音霊場
龍泉院（宮城県石巻市）
　　→019 石巻牡鹿三十三札所霊場
竜泉院（千葉県印西市）
　　→118 印西大師講
龍泉院（東京都新宿区）
　　→158 豊島八十八ヵ所霊場
龍泉院（和歌山県伊都郡高野町）
　　→265 西国薬師霊場
滝仙寺　→280 伊賀四国八十八ヶ所霊場
瀧泉寺（北海道登別市中登別町）
　　→004 北海道三十六不動尊霊場
　　→006 北海道八十八ヶ所霊場
瀧泉寺（埼玉県日高市）
　　→066 武蔵野三十三観音霊場
瀧泉寺（東京都目黒区）
　　→052 関東三十六不動尊霊場
　　→146 五色（東都五眼）不動尊
　　→149 昭和新撰 江戸三十三観音霊場
　　→166 山手七福神
瀧泉寺（長野県下伊那郡松川町）
　　→213 信州（伊那・諏訪）八十八霊場
隆善寺
　　→410 九州二十四地蔵尊霊場
　　→411 九州八十八ヵ所霊場
龍仙寺
　　→411 九州八十八ヵ所霊場
　　→424 日向国延岡七福神
龍泉寺（秋田県能代市清助町）
　　→022 秋田三十三観音霊場
龍泉寺（山形県東根市）
　　→035 山形百八地蔵尊霊場
龍泉寺（山形県尾花沢市）
　　→026 尾花沢大石田三十三観音霊場
龍泉寺（福島県二本松市）
　　→041 安達三十三観音霊場
　　→048 福島百八地蔵尊霊場

493

龍泉寺(栃木県大田原市)
　→054 北関東三十六不動尊霊場
　→078 下野三十三観音霊場
龍泉寺(埼玉県熊谷市)
　→053 関東八十八ヵ所霊場
　→093 忍秩父三十四札所
　→107 武州路十二支霊場
竜泉寺(埼玉県行田市)
　→095 行田救済菩薩十五霊場
龍泉寺(千葉県我孫子市)
　→059 相馬霊場八十八ヵ所
龍泉寺(神奈川県横浜市鶴見区)
　→060 玉川八十八ヵ所霊場
龍泉寺(神奈川県相模原市緑区)
　→177 津久井観音霊場
龍泉寺(福井県小浜市)
　→430 道元禅師を慕う釈迦三十二禅刹
龍泉寺(岐阜県中津川市)
　→220 恵那三十三観音霊場
龍泉寺(静岡県浜松市東区)
　→231 遠州三十三観音霊場
龍泉寺(愛知県名古屋市守山区)
　→243 尾張三十三観音霊場
龍泉寺(三重県松阪市愛宕町)
　→285 松阪霊地七福神
　→286 三重四国八十八ヵ所霊場
龍泉寺(兵庫県明石市)
　→316 明石西国三十三観音霊場
龍泉寺(奈良県吉野郡天川村)
　→258 役行者集印巡り
　→259 役行者霊蹟札所
　→261 近畿三十六不動霊場
龍泉寺(岡山県高梁市成羽町)
　→348 瀬戸内三十三観音霊場
竜泉寺(長崎県壱岐市芦辺町)
　→415 壱岐四国八十八ヶ所霊場
龍泉寺(長崎県南島原市西有家町)
　→412 九州四十九院薬師霊場
龍禅寺　→059 相馬霊場八十八ヵ所
龍泉寺観音　→416 相良三十三観音霊場
龍象院　→316 明石西国三十三観音霊場
龍巣院　→231 遠州三十三観音霊場
龍蔵院　→373 広島新四国八十八ヵ所霊場
立蔵寺　→223 美濃三十三観音霊場
龍像寺　→063 武相卯歳観世音菩薩札所
龍蔵寺(福島県白河市年貢町)
　→048 福島百八地蔵尊霊場
龍蔵寺(愛知県知多市)
　→248 知多新四国八十八ヵ所霊場
龍蔵寺(兵庫県篠山市丹南町)
　→270 丹波古刹十五ヵ寺霊場
　→272 丹波国三十三観音霊場

龍蔵寺(広島県福山市山手町)
　→374 備後西国三十三観音霊場
龍蔵寺(山口県山口市)
　→347 山陽花の寺二十四か寺
　→350 中国観音霊場
　→377 周防国三十三観音霊場
龍蔵寺(山口県萩市)
　→378 長門三十三観音霊場
龍泰院　→067 奥久慈大子七福神
龍台院　→248 知多新四国八十八ヵ所霊場
龍台寺　→065 武相不動尊霊場
瀧沢寺(山形県酒田市)
　→030 庄内三十三観音霊場
滝沢寺(福島県会津若松市一箕町)
　→038 会津三十三観音霊場
瀧谷寺　→377 周防国三十三観音霊場
柳沢寺
　→061 東国花の寺 百ヶ寺
　→086 上州七福神
龍澤寺(岩手県一関市)
　→018 西磐井三十三観音霊場
龍沢寺(福島県伊達市梁川町)
　→045 信達三十三観音霊場
　→046 信達坂東三十三観世音菩薩札所
龍澤寺(静岡県三島市)
　→228 伊豆八十八ヵ所霊場
龍澤寺(京都府南丹市日吉町)
　→271 丹波寿七福神
龍澤寺(岡山県津山市)
　→365 高野山真言宗美作八十八ヶ所霊場
龍澤寺(愛媛県西予市城川町)
　→385 新四国曼荼羅霊場
龍潭寺　→243 尾張三十三観音霊場
龍智院　→340 大和新四国八十八ヵ所霊場
龍洞院　→019 石巻牡鹿三十三札所霊場
龍頭寺　→030 庄内三十三観音霊場
隆徳寺　→381 四国三十六不動霊場
龍徳寺(北海道日高郡新ひだか町)
　→003 北海道三十三観音霊場
龍徳寺(三重県名張市)
　→280 伊賀四国八十八ヵ所霊場
龍徳寺(鳥取県東伯郡湯梨浜町)
　→355 伯耆三十三観音霊場
龍徳寺(鳥取県八頭郡若桜町)
　→354 因幡薬師霊場
龍蟠寺　→078 下野三十三観音霊場
龍福院　→056 御府内八十八ヵ所霊場
笠覆寺
　→188 東海三十六不動尊霊場
　→243 尾張三十三観音霊場
　→250 なごや七福神
龍福寺(東京都板橋区)
　→158 豊島八十八ヵ所霊場

龍福寺（長野県上田市）
　　→212 信濃三十三観音霊場
龍福寺（岐阜県関市武芸川町）
　　→223 美濃三十三観音霊場
龍福寺（三重県桑名市）
　　→286 三重四国八十八ヵ所霊場
龍福寺（滋賀県甲賀市甲賀町）
　　→289 近江湖南名利二十七ヶ所霊場
龍福寺（鳥取県鳥取市）
　　→353 因幡三十三観音霊場
龍腹寺　→118 印西大師講
龍腹寺地蔵堂　→118 印西大師講
龍峰院（神奈川県鎌倉市）
　　→170 鎌倉三十三観音霊場
龍峰院（長崎県壱岐市石田町）
　　→415 壱岐四国八十八ヵ所霊場
龍豊院　→228 伊豆八十八ヵ所霊場
瀧法寺　→342 紀伊之国十三仏霊場
龍宝寺（福島県伊達市梁川町）
　　→045 信達三十三観音霊場
竜宝寺（兵庫県洲本市）
　　→318 淡路四国八十八ヵ所霊場
龍鳳寺　→044 信夫新西国三十三観世音菩薩札所
立本寺　→431 日蓮宗の本山めぐり
龍眠寺　→231 遠州三十三観音霊場
龍門院　→228 伊豆八十八ヵ所霊場
龍門寺（秋田県男鹿市）
　　→022 秋田三十三観音霊場
龍門寺（福島県大沼郡会津美里町）
　　→048 福島百八地蔵尊霊場
龍門寺（群馬県甘楽郡甘楽町）
　　→084 城下町小幡七福神
龍門寺（鳥取県西伯郡南部町）
　　→355 伯耆三十三観音霊場
龍門寺（大分県玖珠郡九重町）
　　→420 豊後西国霊場
竜安寺　→334 播州赤穂坂内西国三十三所
龍雲寺　→314 河内西国三十三観音霊場
良縁寺　→038 会津三十三観音霊場
良観寺
　　→141 江戸川ライン七福神
　　→148 柴又七福神
良龍庵　→376 周防大島八十八ヵ所霊場
了極寺　→122 行徳三十三観音霊場
霊現堂観音　→008 奥州南部糠部三十三観音札所
滝湖寺　→396 小豆島八十八ヵ所霊場
龍護寺　→420 豊後西国霊場
楞厳寺（京都府綾部市舘町）
　　→260 関西花の寺二十五ヵ所
　　→298 綾部三十三観音霊場
楞厳寺（島根県大田市温泉町）
　　→360 石見銀山天領七福神

両山寺
　　→365 高野山真言宗美作八十八ヶ所霊場
　　→368 美作国七福神
良参寺　→248 知多新四国八十八ヶ所霊場
亮昌寺　→003 北海道三十三観音霊場
了瑞庵観音堂　→219 仁科三十三番札所
了善寺　→122 行徳三十三観音霊場
両全寺　→221 飛騨三十三観音霊場
良善寺　→048 福島百八地蔵霊場
霊山寺（福島県伊達市霊山町）
　　→045 信達三十三観音霊場
　　→048 福島百八地蔵尊霊場
霊仙寺（群馬県甘楽郡下仁田町）
　　→086 上州七福神
霊山寺（大阪府高槻市霊仙寺町）
　　→269 摂津国八十八ヵ所霊場
霊山寺（奈良県奈良市中町）
　　→258 役行者集印巡り
　　→259 役行者霊蹟札所
　　→265 西国薬師霊場
　　→268 神仏霊場 巡拝の道
　　→277 仏塔古寺十八尊霊場
　　→339 大和十三仏霊場
霊山寺（岡山県笠岡市神島内浦）
　　→364 神島八十八ヵ所霊場
霊山寺（岡山県美作市）
　　→365 高野山真言宗美作八十八ヵ所霊場
霊山寺（広島県尾道市因島大浜町）
　　→370 因島八十八ヵ所霊場
霊山寺（徳島県鳴門市大麻町）
　　→383 四国八十八ヵ所霊場
霊山寺（愛媛県今治市）
　　→403 えひめ大島准四国八十八ヶ所霊場
霊山寺（大分県大分市）
　　→408 九州西国三十三観音霊場
　　→420 豊後西国霊場
龍潭寺　→288 近江湖東名利二十七ヶ所霊場
良疇寺　→290 近江湖北名利二十七ヶ所霊場
了徳院　→269 摂津国八十八ヵ所霊場
龍福寺　→223 美濃三十三観音霊場
了法寺　→160 八王子七福神
林下寺　→386 阿波西国三十三観音霊場
林香寺　→020 奥州仙臺七福神
林光寺（神奈川県横浜市緑区）
　　→053 関東八十八ヵ所霊場
　　→064 武相寅歳薬師如来霊場
林光寺（三重県鈴鹿市）
　　→281 伊勢国三十三観音霊場
　　→286 三重四国八十八ヶ所霊場
林光坊　→198 佐渡八十八ヶ所霊場
臨済寺（兵庫県姫路市夢前町）
　　→337 夢前七福神

495

臨済寺（大分県大分市）
　→409 九州三十六不動霊場
林昌院　→035 山形百八地蔵尊霊場
鱗勝院　→023 秋田七福神
林昌寺（岐阜県恵那市山岡町）
　→187 中部四十九薬師霊場
　→220 恵那三十三観音霊場
林昌寺（静岡県磐田市）
　→236 遠江四十九薬師霊場
林昌寺（愛知県春日井市外之原町）
　→246 高蔵十徳神
隣正寺　→035 山形百八地蔵尊霊場
林泉寺（長野県北安曇郡池田町）
　→219 仁科三十三番札所
林泉寺（岐阜県山県市）
　→225 美濃新四国八十八ヵ所霊場
林泉寺（静岡県伊東市）
　→230 伊豆温泉七福神
林泉寺（愛知県碧南市本郷町）
　→255 三河新四国霊場
林泉寺（和歌山県和歌山市）
　→346 和歌山西国三十三観音霊場
林泉寺（鳥取県鳥取市佐治町）
　→354 因幡薬師霊場
臨川寺　→211 木曽七福神
林叟院　→213 信州（伊那・諏訪）八十八霊場
林蔵寺　→048 福島百八地蔵尊霊場
輪王寺　→079 下野七福神
林陽寺　→225 美濃新四国八十八ヵ所霊場

【る】

流月院　→334 播州赤穂坂内西国三十三ヶ所
瑠璃光院　→376 周防大島八十八ヵ所霊場
瑠璃光寺（埼玉県深谷市稲荷町）
　→105 深谷七福神・七草寺巡り
　→112 武蔵国十三仏霊場
瑠璃光寺（徳島県三好郡東みよし町）
　→386 阿波西国三十三観音霊場
瑠璃光寺（大分県国東市安岐町）
　→418 国東三十三観音霊場
瑠璃寺（長野県下伊那郡高森町）
　→187 中部四十九薬師霊場
瑠璃寺（京都府綾部市大畠町）
　→298 綾部三十三観音霊場
瑠璃寺（兵庫県佐用郡佐用町）
　→267 新西国霊場
　→332 播磨西国観音霊場
瑠璃寺（島根県浜田市弥栄村）
　→361 石見曼荼羅観音霊場
瑠璃殿　→255 三河新四国霊場
瑠璃堂　→396 小豆島八十八ヵ所霊場

【れ】

禮雲寺　→231 遠州三十三観音霊場
霊雲寺　→056 御府内八十八ヵ所霊場
冷岩寺
　→030 庄内三十三観音霊場
　→031 出羽七福神八霊場
霊巌寺（埼玉県日高市）
　→066 武蔵野三十三観音霊場
霊巌寺（東京都江東区）
　→142 江戸六地蔵
霊感堂　→222 益田三十三観音霊場
霊光庵　→376 周防大島八十八ヵ所霊場
霊光寺　→357 出雲十大薬師霊場
霊山寺　→234 駿河三十三観音霊場
霊芝寺　→391 讃岐三十三観音霊場
嶺松院
　→226 伊豆天城七福神
　→228 伊豆八十八ヵ所霊場
霊松院　→225 美濃新四国八十八ヵ所霊場
霊松寺　→219 仁科三十三番札所
霊性庵　→057 狭山三十三観音霊場
霊仙寺　→418 国東三十三観音霊場
霊泉寺（岐阜県高山市千島町）
　→221 飛騨三十三観音霊場
霊泉寺（福岡県田川郡添田町）
　→408 九州西国三十三観音霊場
嶺南寺　→126 佐倉七福神
嶺梅院
　→011 東北三十六不動尊霊場
　→023 秋田七福神
霊峰寺　→205 甲斐国三十三観音霊場
蓮永寺　→431 日蓮宗の本山めぐり
蓮華庵（岡山県瀬戸内市）
　→366 児島四国八十八ヵ所霊場
蓮華庵（香川県小豆郡土庄町）
　→396 小豆島八十八ヵ所霊場
蓮華寺（兵庫県洲本市）
　→318 淡路四国八十八ヵ所霊場
蓮華寺（兵庫県姫路市網干区）
　→337 夢前七福神
蓮華寺（兵庫県養父市大屋町）
　→262 近畿楽寿観音三十三ヶ所霊場
　→327 但馬七福神
蓮馨寺（埼玉県川越市連雀町）
　→097 小江戸川越七福神
蓮馨寺（静岡県三島市広小路町）
　→228 伊豆八十八ヵ所霊場
蓮花院（埼玉県久喜市）
　→099 埼東八十八ヵ所霊場

蓮花院(埼玉県幸手市)
　→099 埼玉東八十八ヵ所霊場
蓮花院(埼玉県入間市春日町)
　→066 武蔵野三十三観音霊場
蓮花院(新潟県佐渡市)
　→198 佐渡八十八ヶ所霊場
蓮花院(愛知県知多郡武豊町)
　→248 知多新四国八十八ヵ所霊場
蓮華院(栃木県宇都宮市新里町)
　→078 下野三十三観音霊場
蓮華院(群馬県前橋市下増田町)
　→053 関東八十八ヵ所霊場
蓮華院(埼玉県久喜市)
　→094 忍領西国三十三札所
蓮華院(埼玉県入間市春日町)
　→051 奥多摩新四国八十八ヵ所霊場
蓮華院(岡山県倉敷市)
　→366 児島四国八十八ヵ所霊場
蓮華王院　→307 洛陽三十三所観音巡礼
れんげ寺　→196 佐渡西国三十三観音霊場
蓮花寺(東京都大田区)
　→060 玉川八十八ヵ所霊場
蓮花寺(神奈川県川崎市高津区)
　→058 準西国稲毛三十三所観音霊場
　→060 玉川八十八ヵ所霊場
蓮花寺(三重県伊賀市)
　→280 伊賀四国八十八ヶ所霊場
蓮花寺(三重県名張市)
　→280 伊賀四国八十八ヶ所霊場
　→286 三重四国八十八ヵ所霊場
蓮花寺(大阪府茨木市)
　→269 摂津国八十八ヵ所霊場
蓮花寺(兵庫県三木市)
　→329 茶之寿観音八ヶ寺霊場
蓮花寺(和歌山県海南市)
　→345 高野長峰霊場
蓮花寺(岡山県倉敷市真備町)
　→367 備中西国三十三所観音霊場
蓮花寺(岡山県美作市)
　→365 高野山真言宗美作八十八ヵ所霊場
蓮華寺(福島県会津若松市北会津町)
　→038 会津三十三観音霊場
蓮華寺(東京都東大和市)
　→155 多摩八十八ヵ所霊場
蓮華寺(東京都板橋区)
　→158 豊島八十八ヵ所霊場
蓮華寺(富山県高岡市)
　→191 北陸三十三観音霊場
　→192 北陸不動尊霊場
蓮華寺(山梨県南巨摩郡富士川町)
　→206 甲斐百八ヵ所霊場
蓮華寺(長野県伊那市)
　→210 伊那七福神

蓮華寺(岐阜県関市)
　→225 美濃新四国八十八ヵ所霊場
蓮華寺(静岡県周智郡森町)
　→231 遠州三十三観音霊場
　→235 遠江三十三観音霊場
蓮華寺(愛知県岡崎市西本郷町)
　→189 東海四十九薬師霊場
蓮華寺(滋賀県米原市)
　→290 近江湖北名刹二十七ヶ所霊場
蓮華寺(京都府京都市右京区)
　→261 近畿三十六不動尊霊場
蓮華寺(奈良県五條市大沢町)
　→340 大和新四国八十八ヵ所霊場
蓮華寺(島根県雲南市大東町)
　→356 出雲三十三観音霊場
蓮華寺(広島県広島市安芸区)
　→373 広島新四国八十八ヵ所霊場
蓮華寺(徳島県三好市池田町)
　→385 新四国曼荼羅霊場
　→386 阿波西国三十三観音霊場
蓮華寺(愛媛県松山市谷町)
　→400 伊予十二薬師霊場
蓮華寺(大分県速見郡日出町)
　→411 九州八十八ヵ所霊場
蓮華峰寺　→198 佐渡八十八ヶ所霊場
蓮光寺(東京都大田区)
　→060 玉川八十八ヵ所霊場
蓮光院(三重県津市栄町)
　→286 三重四国八十八ヵ所霊場
蓮光院(岡山県玉野市)
　→366 児島四国八十八ヵ所霊場
蓮光院(広島県廿日市市)
　→373 広島新四国八十八ヵ所霊場
蓮光寺(埼玉県大里郡寄居町)
　→109 武州寄居七福神
蓮光寺(静岡県沼津市三芳町)
　→234 駿河三十三観音霊場
蓮光寺(三重県亀山市阿野田町)
　→281 伊勢西国三十三観音霊場
蓮光寺(大阪府河内長野市長野町)
　→279 ぼけよけ二十四霊場
　→312 河泉二十四地蔵霊場
蓮光寺(兵庫県洲本市)
　→318 淡路四国八十八ヵ所霊場
蓮厳院　→411 九州八十八ヵ所霊場
蓮乗院(東京都新宿区)
　→056 御府内八十八ヵ所霊場
蓮乗院(神奈川県鎌倉市)
　→170 鎌倉三十三観音霊場
蓮乗院(神奈川県川崎市高津区)
　→058 準西国稲毛三十三所観音霊場
　→060 玉川八十八ヵ所霊場

蓮乗院（神奈川県相模原市緑区）
　→177 津久井観音霊場
蓮正院
　→012 津軽弘法大師霊場
　→014 陸奥国津軽七福神
蓮勝寺（神奈川県横浜市港北区）
　→184 横浜七福神
蓮勝寺（三重県伊賀市）
　→280 伊賀四国八十八ヶ所霊場
蓮城寺
　→408 九州西国三十三観音霊場
　→411 九州八十八ヵ所霊場
　→412 九州四十九院薬師霊場
　→420 豊後西国霊場
蓮性寺　→201 若狭三十三観音霊場
蓮生寺（福島県東白川郡棚倉町）
　→428 親鸞聖人二十四輩
蓮生寺（愛媛県松山市）
　→385 新四国曼荼羅霊場
蓮生寺（熊本県山鹿市）
　→417 山鹿三十三観音霊場
蓮盛寺　→219 仁科三十三番札所
蓮船寺　→168 小田原七福神
蓮蔵院　→246 高蔵十徳神
蓮台寺（福島県会津若松市城西町）
　→038 会津三十三観音霊場
蓮台寺（静岡県磐田市）
　→236 遠江四十九薬師霊場
蓮台寺（島根県出雲市斐川町）
　→356 出雲三十三観音霊場
蓮台寺（岡山県倉敷市）
　→350 中国観音霊場
　→366 児島四国八十八ヵ所霊場
蓮台寺（山口県下松市）
　→377 周防国三十三観音霊場
蓮台寺（徳島県那賀郡那賀町）
　→390 わじき七福神
蓮台寺（香川県三豊市高瀬町）
　→393 さぬき十二支霊場
蓮宅寺　→377 周防国三十三観音霊場
蓮池寺　→377 周防国三十三観音霊場
蓮朝寺　→202 甲斐石和温泉七福神
蓮徳寺　→280 伊賀四国八十八ヶ所霊場
蓮王寺　→192 北陸不動尊霊場
蓮福寺（三重県名張市）
　→280 伊賀四国八十八ヶ所霊場
蓮福寺（三重県名張市赤目町）
　→280 伊賀四国八十八ヶ所霊場
蓮妙寺　→176 相州小出七福神
蓮明寺　→280 伊賀四国八十八ヶ所霊場
蓮葉院　→091 東上州三十三観音霊場

【ろ】

鹿苑寺（岐阜県美濃市）
　→223 美濃三十三観音霊場
鹿苑寺（京都府京都市北区）
　→268 神仏霊場 巡拝の道
六句観音　→196 佐渡西国三十三観音霊場
六斎堂　→057 狭山三十三観音霊場
六時堂　→309 大坂三十三観音霊場
六大院　→269 摂津国八十八ヵ所霊場
六大寺　→410 九州二十四地蔵尊霊場
6丁目長尾弁天　→072 足利七福神
六道地蔵堂　→213 信州（伊那・諏訪）八十八霊場
六波羅蜜寺
　→264 西国三十三観音霊場
　→268 神仏霊場 巡拝の道
　→302 京洛七福神
　→305 都七福神
　→307 洛陽三十三所観音巡礼
廬山寺　→307 洛陽三十三所観音巡礼
六角堂（岩手県一関市花泉町）
　→007 奥州三十三観音霊場
六角堂（長野県大町市大町南原町）
　→219 仁科三十三番札所
六角堂（京都府京都市中京区）
　→266 聖徳太子御遺跡霊場

【わ】

若狭彦神社　→426 諸国一の宮巡拝
若狭姫神社　→426 諸国一の宮巡拝
若杉山奥ノ院　→414 篠栗八十八ヶ所霊場
若部泉福寺　→200 能登国三十三観音霊場
若松堂　→415 壱岐四国八十八ヶ所霊場
若宮観音堂　→217 諏訪八十八番霊場
若宮寺　→035 山形百八地蔵尊霊場
若宮堂　→415 壱岐四国八十八ヶ所霊場
和光院（岩手県一関市地主町）
　→018 西磐井三十三観音霊場
和光院（茨城県水戸市田島町）
　→054 北関東三十六不動尊霊場
和光寺
　→269 摂津国八十八ヵ所霊場
　→425 尼寺霊場
和正院　→046 信達坂東三十三観世音菩薩札所
和勝院観音堂　→309 大坂三十三観音霊場
早稲田観音　→008 奥州南部糠部三十三観音札所
和泉寺　→386 阿波西国三十三観音霊場
和田　→328 但馬六十六地蔵霊場
和田寺　→361 石見曼荼羅観音霊場

和田神社　→335 兵庫七福神
度津神社　→426 諸国一の宮巡拝
海神社　　→268 神仏霊場 巡拝の道
渡良堂　　→415 壱岐四国八十八ヶ所霊場
和田寺　　→262 近畿楽寿観音三十三ヶ所霊場
和銅寺　　→408 九州西国三十三観音霊場

| 「知」のナビ事典
全国霊場・観音めぐり

2017年3月25日　第1刷発行

発　行　者／大高利夫
編集・発行／日外アソシエーツ株式会社
　　　　　　〒140-0013 東京都品川区南大井6-16-16 鈴中ビル大森アネックス
　　　　　　電話 (03)3763-5241(代表)　FAX(03)3764-0845
　　　　　　URL　http://www.nichigai.co.jp/
発　売　元／株式会社紀伊國屋書店
　　　　　　〒163-8636 東京都新宿区新宿 3-17-7
　　　　　　電話 (03)3354-0131(代表)
　　　　　　ホールセール部(営業)　電話 (03)6910-0519

電算漢字処理／日外アソシエーツ株式会社
印刷・製本／光写真印刷株式会社

不許複製・禁無断転載　　《中性紙H-三菱書籍用紙イエロー使用》
〈落丁・乱丁本はお取り替えいたします〉
ISBN978-4-8169-2647-1　　Printed in Japan,2017

本書はデジタルデータでご利用いただくことができます。詳細はお問い合わせください。

事典・日本の自然保護地域 ―自然公園・景勝・天然記念物

A5・510頁　定価（本体12,500円＋税）　2016.4刊

官公庁、地方自治体、学会・各種団体、国際機関によって選定・登録された日本の自然保護地域135種6,400件を通覧できるデータブック。地域特有の自然を対象とした保護地域、自然公園、風景、樹木、指定文化財（天然記念物, 名勝）を収録。選定の概要や選定された地域の認定理由などがわかる。

事典・日本の地域遺産―自然・産業・文化遺産

A5・430頁　定価（本体12,000円＋税）　2013.1刊

自然・風景・産業・文化から技術系遺産など、官公庁や地方自治体、国際機関等が選定した「○○遺産」「○○資産」などと呼ばれる地域遺産73種4,700件を通覧できる初のデータブック。種別に登録・選定の趣旨、選定機関、開始年を掲載。

日本全国 発祥の地事典

A5・560頁　定価（本体9,500円＋税）　2012.7刊

主に明治期以降におこった産業・文化、歴史の事物起源を示す発祥の地1,200件を収録した事典。製鉄、企業、大学、農産物、医学、鉄道、姓氏、祭礼、芸能など様々な発祥の地を掲載。農林水産、工業・技術、芸術・文化、スポーツなどから引ける「分野別索引」、様々な産品・人名などから引ける「事項名索引」付き。

富士山を知る事典　富士学会 企画　渡邊定元・佐野充 編

A5・620頁　定価（本体8,381円＋税）　2012.5刊

世界に知られる日本のシンボル・富士山を知る「読む事典」。火山、富士五湖、動植物、富士信仰、絵画、環境保全など100のテーマ別に、自然・文化両面から専門家が広く深く解説。桜の名所、地域グルメ、駅伝、全国の○○富士ほか身近な話題も紹介。

日本の祭神事典―社寺に祀られた郷土ゆかりの人びと

A5・570頁　定価（本体13,800円＋税）　2014.1刊

全国各地の神社・寺院・小祠・堂などで祭神として祀られた郷土ゆかりの人物を一覧できる。天皇・貴族・武将など歴史上の有名人をはじめ、産業・開拓の功労者、一揆を指導した義民など、地域に貢献した市井の人まで多彩に収録。都道府県ごとに人名のもと、その人物の概略と社寺の由緒や関連行事・史跡等も記述。

データベースカンパニー
日外アソシエーツ　〒140-0013　東京都品川区南大井6-16-16
TEL.(03)3763-5241　FAX.(03)3764-0845　http://www.nichigai.co.jp/